国家社科基金后期资助项目

汉语短语句式词典

Chinese Phrases and Sentence Patterns Dictionary

杨金华　黄晓静　编著

商务印书馆
创于1897 The Commercial Press

图书在版编目(CIP)数据

汉语短语句式词典/杨金华,黄晓静编著. —北京:
商务印书馆,2023
ISBN 978-7-100-22751-3

Ⅰ.①汉… Ⅱ.①杨… ②黄… Ⅲ.①汉语—短语—
词典 Ⅳ.①H146.3-61

中国国家版本馆CIP数据核字(2023)第137296号

本书出版获中央高校基本科研业务费及
上海外国语大学学术著作出版资助

汉语短语句式词典
杨金华 黄晓静 编著

商 务 印 书 馆 出 版
(北京王府井大街36号 邮政编码100710)
商 务 印 书 馆 发 行
北京市白帆印务有限公司印刷
ISBN 978-7-100-22751-3

2023年12月第1版　　开本 710×1000 1/16
2023年12月北京第1次印刷　　印张 54¾
定价:228.00元

国家社科基金后期资助项目
出版说明

后期资助项目是国家社科基金设立的一类重要项目，旨在鼓励广大社科研究者潜心治学，支持基础研究多出优秀成果。它是经过严格评审，从接近完成的科研成果中遴选立项的。为扩大后期资助项目的影响，更好地推动学术发展，促进成果转化，全国哲学社会科学工作办公室按照“统一设计、统一标识、统一版式、形成系列”的总体要求，组织出版国家社科基金后期资助项目成果。

全国哲学社会科学工作办公室

目　　录

编者的话

这是一本为外国人学习汉语编写的小型工具书，目的是帮助他们更好地掌握交际中常用的表达方式或句式。总的来说，这本词典有以下一些特点：

第一，这本词典收录近2000条常用短语和句式，绝大部分是一般词典中查不到的。它能告诉使用者这些短语或句式字面意思以外的实际意思和特殊的意味，说话人的感觉、态度和语气，有哪些常用搭配，对前后词语的限制和要求，出现在什么环境中或适合什么样的场合，有哪些使用条件，以及带有什么样的色彩，等等，能帮助使用者理解和掌握这些短语和句式的用法。

第二，这本词典采用的是说明解释的方法，用来解释的词语主要是初级和中级的，用来解释的句子也大多是学习者在学习和生活中常见常用的，很容易懂。语法部分给出短语或句式的表达形式，这样能帮助学习者很快记住它；此外还说明这个短语或句式在句子中有什么作用。对它们前后词语以及音节等方面有哪些要求等，也都有明确的说明。

第三，这本词典选用的例句都是日常交际中用得上的语句，而且大多是由两到三个小句组成的，意思比较完整，能帮助学习者在读懂这些句子的同时，了解短语或句式的使用环境和条件，培养语感。词条的最后部分还有“搭配扩展形式”，能帮助学习者很快掌握这个短语或句式的用法，并且造出自己想表达的句子来。

这本词典能成为汉语学习者学习汉语的助手和朋友，能帮助他们学得更快，掌握得更好，进步更大；同时它对汉语教学及教材编写也有一定的辅助作用。

Words from the compiler

This is a small tool book for foreigners to learn Chinese, in order to help them better grasp the commonly-used expressions or sentence patterns in communication.

First, this dictionary collects about 2000 commonly-used phrases and sentence patterns, the vast majority of which are not found in general dictionary. It can tell the users the actual meaning and special meaning of these phrases or sentences, the speaker's feelings, attitudes and tone, what commonly-used combinations, the limitations and requirements before or after words, environments, occasions and conditions of use, connotations and etc. It's quite helpful for users to understand and master the use of these phrases and sentences.

Second, the dictionary uses an explanatory interpretation method, the words used to explain are mainly primary and intermediate, and the sentences used to explain are most commonly-used by learners in learning and life, and are easy to understand. The grammar section gives a phrase or sentence-style expression that helps learners remember it quickly; it also explains what the phrase or sentence pattern does in a sentence. There are also clear instructions on what are the requirements for the words before or after them, as well as for syllables, etc.

Third, the dictionary selects examples of sentences are used in daily communication. Most of these examples are composed of two or three small sentences, so that the meaning is relatively complete. They can help learners to read these sentences, at the same time understand the use of phrases or sentences under correct conditions, cultivate a sense of language. The final part of a term also includes "collocation extended form" that help learners quickly master the use of the phrase or sentence pattern and create the sentence they want to express.

This dictionary can become an assistant and friend of Chinese learners to learn Chinese, which can help them learn faster, master better and make greater progress. At the same time, it also has a certain auxiliary role in Chinese teaching and teaching materials.

前書き

本書は中国語を学ぶ外国の方のための実用書で、コミュニケーションでよく使われる表現や文型を身につけることが目的である。本書は次のような特徴がある。

一、本書には2000個近くのよく使うフレーズと文型が収録されており、その多くは他の辞書には掲載されていないものである。本書では使用者にこれらの短句や文型の表面的な意味の解説以外にも、実際の意味や特殊な意味、また話し手の気持ち、態度や語気、よく使う組み合わせ、前後の単語に対する制限、使われる場面及び環境、使用条件や褒貶義も含め、使用者の理解を図ることに努めている。

二、この辞書では、主に初級や中級の単語、日常会話に頻出する文で説明・解釈が加えられており、とても理解しやすいようになっている。学習者がより早くマスターできるよう、文法部分では短句や文型などの表現形式を取り入れ、その他にも、その短句や文型が文章の中でどのような役割を果たしているのか、前後の語句や音節に関する要求なども説明している。

三、本書で使われている例文については、日常生活に使える文で、その多くは2、3個の小さな文節でできており、学習者がこれらの例文を理解すると同時に、短句や文型の使われる環境や使用条件も理解しつつ、語感を養うこともできる。また、学習者がよりよく、より早くマスターできるよう、そして自分が話したいことを文章で表すことができるよう、見出し語の最後に「他の組み合わせ」を設けた。

本書は中国語学習者が学習の際、より早く、より質の高く、レベルの高い中国語を習得する大きな手助けとなる。同時に本書には中国語教育及び教材編集に手本としての参考価値もあるだろう。

편집자의 말

본 사전은 중국어를 배우려는 외국인을 위해 편찬한 소형 사전이다. 그 목적은 학습자가 사교 생활에서 자주 사용하는 표현방식이나 문장형태를 더 잘 습득할 수 있도록 돕고자 하는 데 있다. 포괄적으로 말하자면 본 사전은 아래와 같은 특징들이 있다.

첫째, 본 사전은 약 2, 000 개의 상용구와 문장형태를 수록했으며 그 중에 대부분은 일반 사전에서 찾아 볼 수 없는 것들이다. 이 구나 문장형태들은 문자적 의미 이외에 실제적인 의미와 특별한 의미, 또는 화자의 생각, 태도와 말투, 그리고 상용결합이 어떤 것이 있는지, 앞뒤 첨부할 단어에 대한 제한과 요구가 무엇이고, 어떤 환경에서 나타나고 어떤 장소에 적합한지, 또는 사용조건이 어떤 것인지, 어떤 뉘앙스를 지니고 있는지 등을 학습자에게 알려준다. 본 사전은 학습자에게 구와 문장형태의 쓰임을 이해하고 습득할 수 있도록 도와준다.

둘째, 본 사전은 설명과 해석하는 방법을 채택하였다. 해석에 쓰이는 어휘는 주로 초급과 중급 어휘들이며 해석에 쓰이는 문장도 대부분 학습자들이 학습하고 생활 속에서 자주 보고 자주 쓰이는 문장이어서 이해하기가 쉽다. 어법 부분은 구나 문장형태의 표현양식을 보여주므로 학습자가 쉽게 기억할 수 있도록 도와준다. 그 밖에 구나 문장형태가 문장에서 어떤 역할을 하는지에 대해 설명해주었고 또 앞뒤 단어 및 음절에 대해서도 어떤 요구가 있는지도 명확한 설명을 하였다.

셋째, 본 사전에 선택된 예문들은 일상적인 사교 생활에서 쓸 수 있는 어구들이다. 그리고 대다수는 두 개나 세 개의 절로 구성되었으며 의미도 비교적 완전하여 학습자들이 문장들을 독해를 하는 동시에 구나 문장형태의 쓰인 환경과 조건을 파악하고 어감들을 키우는 데 도움을 줄 수 있다. 그리고 표제어의 마지막 부분에 '결합 확장 형식' 이 있어서 학습자가 이 구나 문장형태의 쓰임을 빠르게 습득할 수 있도록 도와주고, 또는 자기가 표현하고 싶은 말을 만들어 낼 수 있게 한다.

본 사전은 중국어를 배우려는 사람들에게 중국어공부를 도와주는 조수이자 친구이다. 학습자들이 더 빨리 배우고, 더 잘 습득하고, 진보가 더 크도록 도와줄 것이다. 동시에 본 사전은 중국어교육 및 교재 편찬에도 일정한 도움이 될 것이다.

编写说明

本词典的使用对象是对外汉语教师、具有中级及以上汉语水平的外国人、学习汉语的海外华侨或华裔，以及国内少数民族汉语学习者。

一、条目来源及收录的基本原则

这些短语和句式大部分是外国学生广泛使用的各类汉语教材及阅读材料中出现的，一部分是利用《汉语水平词汇与汉字等级大纲》中的关键词，通过对语料库语料的筛选提取出来的，还有少量是从其他的工具书或文学作品、报纸中摘录下来的。它们的共同点是简单、稳定、实用、有生命力。

由于这些常用表达方式不都是具有鲜明形式标志的，且其本身的范围比较模糊，因此在条目收录上我们只能确定一个基本范围：短语、类固定短语、框式短语、类框式短语、句式等。鉴于同一语言单位往往呈现出连续统状态，因此，我们又补充了以下几个基本原则：

1. 收录其内部成分之间存在固定、黏着关系的短语或句式，不取过于松散的、自由的、互不约束的短语或句式。

2. 尽量收录具有构式意义的，不具有构式意义的尽量不选。如：好像…一样，以…为例。

3. 收录那些前后需要添加成分的固定、类固定的短语，但不取那些前后不加任何成分的自由、独立的短语或类固定短语。

4. 主要收录以 HSK 词语构成的短语或句式，也适当收一些超纲词语，特别是常用口语词构成的短语或句式，以使整个词典条目较为平衡、完整、全面，为学习者查检提供更多的便利。

2021 年教育部发布了《国际中文教育中文水平等级标准》(GF 0025—2021，简称《等级标准》)。根据这个标准，我们对本词典所收条目的关键词进行了统计。具体如下：

表　本词典条目关键词统计简表

总词条	一级	二级	三级	四级	五级	六级	七—九级	超纲
词汇量	595	329	296	182	131	102	194	127
占比	0.304	0.168	0.151	0.093	0.067	0.052	0.100	0.065
百分比	30.40%	16.80%	15.10%	9.30%	6.70%	5.20%	10.00%	6.50%

二、编写中的具体做法

1. 收词上取那些日常交际需要、频率高、实用性强、一查就懂的短语或句式。

2. 注释范围上尽量做到完整、全面。所谓“完整”是指该给出的信息不缺漏；所谓“全面”即多方位对某短语或句式进行解释说明，帮助学生全面把握它们的用法，并在心理词库中准确定位。据统计，本词典每个条目中给出的信息项目有 13—18 项不等。

3. 具体信息上注重揭示短语和句式的结构意义和隐性含义，提供的信息与词目使用条件相匹配，如：词目的适用环境或准入场合；使用者的心态和听话人可能的反应；交际双方的地位和关系限制；对动词的倾向性搭配、常用搭配、离合形式的搭配；动词的特点（心理动词、持续性动词）；短语或句式适用的时间（过去、现在或将来等）和对象类型（具体的或抽象的事物），以及对前后词语在音节上的要求等。详细说明用法上细小的规律或特点。

4. 例证上提供的大多是现实生活中用得上的句子，意思完整、结构自足、生动活泼，富有时代性、趣味性。短句多长句少；排列通常由浅入深、由具体到抽象、由本义到转义；同时也展示结构或句式的不同语法功能。一个例句大多由两三个小句构成，可展示这些常用格式的使用环境和条件，也希望通过潜移默化的方法培养外国学生连贯表达的习惯和能力。

例句及搭配扩展形式部分在北大语料库、国家语委语料库等语料基础上加以修改、删减、调整，以适合外国学生的接受能力。此外，作为例证的一种延伸，搭配扩展形式部分也可通过给出各种搭配展示相关用法及变化，引导学习者模仿造句、举一反三。

5. 释义方面基本上采用说明解释的方法。需要时，增加对条目构成成分的解释及其他补充说明。释义尽量用浅显的语句说明解释。用于解释词目以及例句中的词语尽可能限定在基础汉语范围之内，各种注释的行文力求与读者的汉语水平和接受能力匹配，并尽可能做到表达浅显易懂、解释清楚明白。

本词典释词用量限制在2450个以内，其中包括《新汉语水平考试大纲HSK六级》（商务印书馆2010年版，简称“新HSK”）词汇及其变体词、超纲词。前两类在词典释词中的覆盖率近90%。

三、词典条目结构、相关处理及其他

1. 关于条目结构

本词典条目主要分为四大板块：例证、释义、语法和搭配扩展形式。每个条目板块信息项目多少视具体条目而定。

（1）例证部分：给出2—4个相关例句，并用下划线标出短语或句式，以凸显其位置和用法。

（2）释义部分：主要包括语义信息、语用信息、修辞信息、语体信息、补充说明、常用搭配、结构位置及与前后小句的关系、出现的形式、在时间和对象范围上的特点等。

（3）语法部分：给出句型、格式的类型，在句中的作用，动词的特点，对前后词语的限制或要求，否定表达等。

（4）搭配扩展形式部分：从各种常用搭配入手，展示短语或句式的各种变式（肯定、否定、疑问、反问、离合用法）以及各种动词及前后词语的组合。必要时根据多义表达法的义项或多个句型分别给出相应的搭配扩展形式；如义项和句型各有两项以上的，则优先考虑义项。

（5）其他部分：在条目的最上方，给出短语或句式的注音、关键词在《等级标准》中的级别，超纲词也逐一标注。

2. 关于条目相关问题的处理

（1）关于例证、释义、句型、搭配扩展形式之间的协调

词条以释义为中心，前面的例证、后面的句型以及搭配扩展形式部分的顺序基本与释义中用法出现的先后保持一致；如语法部分出现了几个句型，需要时后面的搭配扩展形式部分也与之对应。

（2）关于短语或句式的立目

a. 在动宾结构格式中，凡是常用的、典型的，且同类不多的单独立目；不很常用或不典型或同类较多的，则以空位或字母A、B出现，用以概括同类现象，并在例句中展示具体动宾搭配情况。

b. 有的表达法已被另一个表达法所概括，但因为不能展示其自身多样的个性用法，因此仍另立条目。如“从…说起”格式已被“从…V起”格式概括，但因此有很多个性表达无法展示出来，如“从何说起”“从头说起”“从实验说起”“还得从30年前说起”“从公司刚成立说起”等等。考虑到外国学生遣词造句的需要，仍单独立目。

（3）关于同近义短语或句式的条目

a. 同近义短语或句式一般以一个为主，其他作为参见条。参见条不出细条，只在词头后加以说明（“见……条”）。主副条区分的基本原则是常用的做主条，不常用的做副条；如两个表达法没有明显的区别，则按音序先出现的做主条，后出现的做副条。如两者之间在色彩和语体等方面有差别时，则分别指出差别所在。

b. 有的同近义短语或句式不是完全同义，而是部分同义，为了避免外国学生产生错觉并出现互相替代的偏误，分别予以立目，不再作为同义参见格式处理。

c. 有些短语或句式意思相近，但句型或用法不同，也分别单独立目。

（4）关于短语或句式义项的确定及不同板块的处理

a. 某表达法的几个用法之间差别不大，按其用法出现的顺序排列，表述为“指……；也指……；（还指……）”；如短语或句式的几种用法差别明显，则以“①……②……③……”的形式建立义项，并分别加以解释。个别短语或句式的几种用法虽然互不相同，但用法较简单，且搭配有限，则不分别建立义项。

b. 语法部分有与义项对应句型的，则按义项分别给出句型和语法解释；如语法部分没有对应句型的，则语法部分不再分列。

c. 搭配扩展形式部分不直接安排在义项下，短语或句式分立义项或句型分列时，通常在条目最后部分分别予以列出。如：

【不A不B】 bù A bù B ［一级］

①例句▶……　解释▶……；②例句▶……　解释▶……；③例句▶……　解释▶……。

★1）……；2）……。

扩展▶用法1）……；用法2）……；用法3）……。

（5）关于句型分合的问题

句型中如有前后成分，并且前后成分可随意选择时，多合为一个句型，中间成分多用省略号隔开；如前后成分不能随意选择时，则分别列出不同的句型。

（6）关于例证

例证呈现顺序大致为先出现本义，再出现转义。不分本义和转义的，先列简单的、容易理解的，再列复杂的，或与短语、句式的语法功能相对应。

（7）关于短语或句式中关键词的标级

短语或句式中关键词的标级是为了让学习者了解自己所掌握的汉语词汇量的情况和程度，也是为了帮助学习者设计自己下一步的学习计划。一个表达法通常包括好几个词，如果每个词都标级，标级的部分就会太多。因此，为简便起见，只把短语或句式中相对难的词作为关键词，标出它在《等级标准》中的级别。在同义关系的条目中，则把两个表达法中互相区别的词作为关键词加以标注。

（8）关于条目中省略号和A、B的使用

短语或句式中前后两个变量意义相同、相似、相反或是同类成分时，用A或A、B代替，如：爱A不A、按由A到B的顺序、避A就B；结构中有两个变量时，其中一处词性相同的变量用A表示，如：抱着…的A、不比A…；还有个别无法用"…"表示的情况也用A表示，如：A不了几B、不由得A一B；其他均用"…"表示。此外，为使语法及意义关系更加清晰，个别情况用V代表动词。

3. 其他相关说明

（1）二稿完成后，我们采用语料库方法对所用释词进行了初步统计。三稿修改后再一次采用语料库方法对所用释词进行了统计。结果显示，新HSK词汇及其变体词（但是—但）对词典释词的覆盖率为89.88%，基本做到了使90%的释词限定在新HSK范围之内；完全超纲词为632个，总释词量近2450个。

（2）在本词典编写期间，本专业2010级研究生滕沁芳、贲成程、邓忠群，2013级研究生唐玉兰等同学参加了一些工作。部分研究生协助我们完成了对外国留学生所做的问卷调查。薄一明、付明非、朴善姬三位老师在百忙中为"编者的话""条目符号说明""常用术语对照表"等部分做了英语、日语和韩语翻译。对上述同学和老师们的辛勤付出，我们一并表示诚挚的感谢！

在本词典编纂过程中，商务印书馆的前总编辑周洪波先生给予了特别的关注和支持，李智初主任帮助协调相关事宜，责任编辑段濛濛女士逐字逐句审读条目、纠错校正，为本词典的出版付出了极大的精力。我们在此向上述各位表示深深的谢意！

编者

凡　例

1. 每个条目先给出字面意思（需要时先解释关键词），再说明这个条目实际的意思、出现的场合和条件、前后常出现的其他词语、前后是否有别的句子说明补充；指出格式中的多个词语之间是什么关系、可用于哪类事物、带有什么意味、语气强弱、具有什么色彩以及是否有其他表达法。此外，对于一些要特别说明的，释义末尾也以“注意▶……”的方式进行专门的提示。

2. 释义部分用浅显易懂的语句解释条目，释义用词以初、中级词为主，少用或不用超纲词。

3. 一个条目不止一个义项时在例句前用①、②、③……分别列出；如不同义项的语法功能及搭配扩展相同时，不再随义项分别列出语法注释和搭配扩展，而是统一放在词条的末尾。一个义项的两个用法相近时，仍归在同一个义项下，释义时采用“指……；也指……；（还指……）”来区别；同一个义项用法可用于不同场合时，也分别指出不同的使用条件。

4. 语法部分先给出句型，有两个以上句型的，用1）、2）、3）……标引；再说明格式类型、在句中起什么作用、能不能单独成句、结构对所进入的词语在音节上或意义上的要求、是否组成四字格式以及是否应该重读等。

5. 例句部分注重规范实用、浅显易懂，体现不同意义和语法功能（谓语、定语、状语、补语等）；例句用词以初、中级词为主，少用或不用超纲词；例句中的格式部分标有下划线“____”。

6. 条目最后给出格式的一些搭配扩展形式。如义项分立、同一义项不同用法以及不同句型等，搭配部分用1）、2）、3）……标引，分别列出相应的搭配扩展形式。如义项和句型都不止一项时，搭配部分则根据义项分别列出扩展形式。

7. 两个条目的格式相同时，在格式右上方标1、2……，以示区别。

8. 每个条目都用黑粗体标出格式中的关键词，用汉语拼音注音，并标出关键词在《等级标准》中的词汇等级，超纲词也加标注。

9. 注音按词分写，轻声不标调号，“一”“不”的声调标变调。

10. 一个条目有其他同义表达法时，通常以常用条目作为主条，其他作为副条。几个条目之间没有明显的常用或非常用差别时，以音序中靠前的条目作为主条，并用“也说……”进行提示；排列在后面的作为副条，副条不作解释，只注明“见……条”。主条和副条在色彩、用法等方面有差别的，明确注明它们的差别。

11. 词条按音序排列，以条目中的第一个汉字为准。如：【A三B四】排在“S”下（以“三”字为准），【A是A，B是B】也排在“S”下（以“是”字为准）。为与音序索引一致，涉及“一”“不”的排序以原调为准。

12. 为便于查检，正文前设有音序索引和笔画索引。

符号说明

[ ] 国际中文教育中文水平等级标准

例句▶ 例句

解释▶ 释义和相关说明

①②③…… 义项顺序

1）2）3）…… 同一义项的不同用法；同一条目的不同句型；同一义项的不同搭配扩展形式

注意▶ 需要进行特别说明或提示

○ 格式使用的语言环境、语体色彩说明

◇ 其他表达法

★ 语法注释

‖ 隔开例句

____ 标注例句中出现的本条目的格式

扩展▶ 搭配扩展形式

Symbol Description

[ ] Chinese Proficiency Grading Standards for International Chinese Language Education

例句▶ Example sentences

解释▶ Interpretation and related instructions

①②③ ... Order of meanings

1）2）3）... Different usages of the same meaning item. Different sentence patterns for the same entry. Different collocation extended forms of the same meaning item

注意▶ It needs particular statements or reminding

○ The language environment and the color description of the format

◇ Also used as another expression

★ Grammar Note

‖ Before and after are two example sentences

____ The format of this entry appears in the example sentence

扩展▶ Collocation Extended Form

記号一覧

[　] 国際中国語教育中国語レベル等級基準

例句▶ 例文

解释▶ 解説および説明

①②③… 意味項目番号

1）2）3）… 同じ項目の異なる使い方；同じ項目の異なる文型；同じ項目の異なる組み合わせの拡張形式

注意▶ 特に説明やヒントが必要

○ 使用される場面や状況、プラスマイナス評価

◇ その他の表現

★ 文法的注釈

‖ 例文は「‖」で区切った

____ 例文での該当見出し語の形

扩展▶ 他の組み合わせ

기호 설명

[ ] 국제 중국어 교육 중국어 수평 등급 표준

例句▶ 예문

解释▶ 뜻풀이와 관련 설명

①②③… 의항 순서

1) 2) 3)… 동일 의항의 다른 용법; 동일 표제어의 다른 문형; 동일 의항의 다른 결합 확장 형식

注意▶ 특별한 설명이다 힌트가 필요함

○ 형식이 쓰인 언어환경, 문체 뉘앙스에 관한 설명

◇ 다른 표현법으로도 쓰임

★ 문법 주석

‖ 예문을 띄움

____ 예문에 나타다는 표제어의 형식을 표기함

扩展▶ 결합 확장 형식

音序索引

说明：音序索引按汉语拼音字母次序排列，同音字按笔画排列，笔画少的在前，多的在后。笔画数相同的，按起笔笔形一（横）、丨（竖）、丿（撇）、丶（点）、乛（折）的次序排列。如果起笔笔形相同，按第二笔笔形的次序排列，依次类推。

C

F

H

K

L

M

N

P

T

W

Z

笔画索引

说明：笔画索引按汉字的笔画数多少排列，笔画少的在前，多的在后。笔画数相同的，按起笔笔形一（横）、丨（竖）、丿（撇）、丶（点）、乛（折）的次序排列。如果起笔笔形相同，按第二笔笔形的次序排列，依次类推。如“又”有二画，它的起笔笔形是乛（折），即在二画的“乛”类；又如“上”为三画，它的起笔笔形是丨（竖），就可在三画的“丨”类中找到。

一画

［一］

四画

［丨］

［丿］

五画

［一］

六画

［一］

［丨］

［丿］

七画

［一］

［丶］

［乛］

十画

十一画

十二画

十三画

［一］

［丨］

［丿］

［丶］

［乛］

A

【A 啊，A 啊】 A ɑ, A ɑ ［二级］

例句▶ 他俩有一年多没见了，这次一见面就聊了起来，聊啊，聊啊，一直聊到半夜。‖ 说好了马上就来，可我等啊等啊，都两个小时了他还没回来。

解释▶ 连续不断地做某件事，动作行为持续的时间长。有时实际上动作持续的时间不太长，但说话人感觉比较长。结构中前后两个动词相同，前面常有别的句子说明情况，后面的句子通常会出现动作的结果。〇多用来叙述事情，口语。

★ **动词＋啊，动词＋啊。** 框架格式。在句中常作谓语。结构中的动词为表示持续性动作的单音节词。

扩展▶ 唱啊，唱啊，声音都唱哑了；哭啊，哭啊，哭得眼睛都肿了；吃啊，吃啊，不知不觉就吃完了；一回家就做作业，做啊做啊，直到吃晚饭才做完；睡啊，睡啊，一直睡到天亮；找啊，找啊，找了半天还是没找到；走啊，走啊，终于到了。

【A 啊，B 啊】 A ɑ, B ɑ ［二级］

例句▶ 年三十的晚上，妈妈早早地准备好了饭菜，一家人围在一起，吃啊，喝啊，聊啊，热闹极了。‖ 记得她小时候，经常和其他孩子在院子里跑啊，跳啊，玩儿啊，闹啊，混得可熟了。

解释▶（在某地或某种场合）有的做这个，有的做那个；或一会儿做这个，一会儿做那个。多用于举例说明，需要时几个结构可连着使用。结构中的前后动词不同，前面常有别的句子说明情况，后面的句子多对动作或事情进行描述说明。〇多用于叙事和对话，口语。

★ **动词$_1$＋啊，动词$_2$＋啊。** 框架格式。在句中常作谓语。结构中的动词多为表示持续性动作的单音节词。

扩展▶ 唱啊，跳啊，大家很高兴；哭啊，闹啊，吵得不得了；说啊，笑啊，时间很快就过去了；吃啊，喝啊，玩儿到了下半夜；一个人进啊，出啊，忙得不得了；孩子生病了，哭啊，闹啊，怎么都不舒服；孩子们高兴地唱啊，跳啊，玩儿啊，开心极了。

【A 啊，B 啊，都…】 A ɑ, B ɑ, dōu… ［二级］

例句▶ 昨天的太阳太大了，我才出去了两三个小时，脸啊，胳膊啊，全都晒黑了。‖ 刚进公司实习的时候，我只是负责做一些杂事，打印资料啊，复印资料啊，接听电话啊，这些我都干过。

解释▶ ……啊，……啊：用于举例。表示某个范围内的事情、事物都……。举出的一些事物大多是同类的或相关的，一般是两个或两个以上。多放在句子的后半部分，前面常有别的句子作相关的说明，“都”后面的部分是对前面情况的总括。○多用于叙事和对话，口语。

★ 1）**名词$_1$+啊，名词$_2$+啊，（名词$_3$/代词［指人］）都+动词/形容词。**

2）**动词$_1$+啊，动词$_2$+啊，（名词/代词［指人］）都+动词$_3$。**

框架格式。可独立成句。

扩展▶ **句型1）** 手啊，脸啊，都晒黑了；羊肉啊，牛肉啊，都不喜欢吃；手机啊，电脑啊，都是爸爸给我买的；老人啊，青年人啊，小孩儿啊，都会跳舞；老师啊，同学啊，都来了；钱包啊，书啊，都掉到地上了。

句型2） 逛街啊，买东西啊，都是她最喜欢的；买菜啊，烧饭啊，每天都少不了；上网啊，聊天儿啊，都是年轻人喜欢的事；谈生意啊，见客户啊，都不是那么好做的。

【A啊，B啊什么的】 A a，B a shénme de ［一级］

例句▶ 他们常常让我养点花啊，草啊什么的，可我哪有时间啊！‖—你早餐想吃什么？—包子啊，面条啊，小笼包啊什么的都行。‖ 他的爱好很多，游泳啊，唱歌啊什么的他都喜欢。

解释▶ 用两个或两个以上并列的人或事物举例说明，代表某一类人或事物。结构中的名词或动词也可以是两个以上的。前面常有别的句子作相关的说明，有时后面也有句子进行补充。○多用于叙事和对话，口语。

★ 1）**名词$_1$+啊，名词$_2$+啊什么的。**

2）**动词$_1$+啊，动词$_2$+啊什么的。**

框架格式。在句中常作主语、宾语。结构中的名词、动词多是同类的或类别相近的。

扩展▶ **句型1）** 不爱吃苹果啊，橘子啊什么的；家里有电视机啊，洗衣机啊，冰箱啊什么的；包里都是书啊，本子啊，笔啊什么的；水费啊，电费啊什么的都没交；教师啊，医生啊什么的都是比较理想的职业；红的啊，蓝的啊，紫的啊什么的都好看。

句型2） 做饭啊，洗衣服啊，整理房间啊什么的他都会；打球啊，下棋啊什么的他都拿手；上网啊，聊天儿啊什么的他都感兴趣。

【爱A不A】[1] ài A bù A ［一级］

例句▶ —今天有晚会，我们一起去吧？—不去。—我已经告诉你了，你爱去不去。‖—饭都凉了，快吃吧！—就不吃！—饭放在那儿了，你爱吃不吃。

解释▶ 做也好，不做也好，这是你的事情，我不管。多用于对方不听建议或劝说的情况，含有不满的意味，语气较强。多放在句尾，前面常有别的句子进行说明。○多用于对话，口语。

★ **爱＋动词＋不＋动词。** 框架格式。在句中常作谓语。结构中的动词多是单音节动词，宾语一般出现在结构前。

扩展▶ 爱走不走；爱去不去；爱学不学；饭你爱吃不吃；觉你爱睡不睡；书他爱借不借；东西你爱买不买；这事儿你爱做不做；歌你们爱唱不唱；你爱说不说；你爱看不看；字你爱写不写。

【爱A不A】[2] ài A bù A ［一级］

例句▶ 她最近好像心情不太好，见人总是爱笑不笑的。‖ 看她爱动不动的样子，我想她大概生病了。‖ 看她那副爱理不理的样子，谁愿意和她交朋友？

解释▶ 想……又不想……。实际指不想、不太想、不喜欢……。多因轻视、身体不适或懒得做等原因，表现出对别人或事情不主动、不积极、不热情。常用来描写某人的状态，表达否定的意思。前面常有别的句子作相关的说明，有时后面也有句子进行补充。○多用于叙事和对话，口语。

★ **爱＋动词＋不＋动词。** 框架格式。在句中常作谓语、定语。

扩展▶ 我给他的材料他爱看不看的；他不喜欢英语，每天爱学不学的；叫你来你怎么爱来不来的；妈妈说话你还爱听不听的；你别爱理不理的；他总摆出一副爱笑不笑的表情；看他爱动不动的样子就知道他累了；看他爱说不说的态度，我都懒得理他。

【爱A什么（就）A什么】 ài A shénme（jiù）A shénme ［一级］

例句▶ 今天是你的生日，你是主角（jué），爱唱什么就唱什么吧！‖ 我手里没有现金，给你一张银行卡吧，你爱买什么买什么。

解释▶ 如果喜欢做什么，就做什么。表示“只要愿意就行，什么都可以”。两个“什么”所指的内容一样，有“随（你、他、自己）便”的意味，有时带有不耐烦的语气。可用在自己或他人身上，表示不要别人多管。前面常有别的句子作相关的说明，有时后面也有句子进行补充。○多用于叙事和对话，口语。

★ **爱＋动词＋什么＋（就）＋动词＋什么。** 框架格式。在句中常作谓语。

动词一般为及物动词。

扩展▶ 爱穿什么（就）穿什么；爱带什么（就）带什么；爱学什么（就）学什么；爱玩什么（就）玩什么；爱说什么（就）说什么；爱干什么（就）干什么；爱看什么（就）看什么；爱写什么（就）写什么；爱逛什么商店（就）逛什么商店；爱点什么（菜）（就）点什么（菜）。

【爱怎么A（就）怎么A】 ài zěnme A（jiù）zěnme A ［一级］

例句▶ 这是你自己的钱，你爱怎么花怎么花，不用问我。‖ 这是小丽自己的东西，她爱怎么处理就怎么处理，咱们别多说。‖ 自行车是我的，我爱怎么骑就怎么骑，不用你管。

解释▶ 如果想怎么做，就怎么做。表示“只要愿意就行，怎么都可以”。两个“怎么”所指的内容一样，有“随（你、他、自己）便”的意味。可用在自己或他人身上，表示不要别人多管。○多用于叙事和对话，口语。

★ **爱＋怎么＋动词＋（就）＋怎么＋动词。** 框架格式。在句中常作谓语。动词一般为及物动词。

扩展▶ 爱怎么穿（就）怎么穿；爱怎么学（就）怎么学；爱怎么玩（就）怎么玩；爱怎么说（就）怎么说；爱怎么干（就）怎么干；爱怎么写（就）怎么写；爱怎么吃（就）怎么吃；爱怎么过（就）怎么过；爱怎么用（就）怎么用；爱怎么打扮（就）怎么打扮；爱怎么整理（就）怎么整理。

【按从A到B的顺序】 àn cóng A dào B de shùnxù ［四级］

例句▶ 我来考考你，请你按从左到右的顺序把这些汉字读出来。‖ 参加考试的人很多，我们按总分从高到低的顺序选择了前20名学生。

解释▶ 根据一定的规律排列。这里的顺序多指数量、程度的增加或者减少，如大和小、多和少等；或方位的变化，如左和右、前和后、上和下等。○多用于叙事和对话。◇也说“按由A到B的顺序”。

★ 1）**按从＋名词$_1$＋到＋名词$_2$＋的顺序。**

2）**按从＋形容词$_1$＋到＋形容词$_2$＋的顺序。**

介词短语，在句中常作状语。结构中前后两个名词或形容词一般为意思相反或相对的词。

扩展▶ **句型1）** 按从里到外的顺序；按从左到右的顺序；按从上到下的顺序；按从前到后的顺序；按从先到后的顺序。

句型2） 按从多到少的顺序；按从高到低的顺序；按从高到矮的顺序；按从轻到重的顺序。

【按…（来）说】 àn…（lái）shuō ［三级］

例句▶ 按目前的情况来说，这只大熊猫身体已经恢复健康了，放回自然是没问题的。‖ 虽然我跟他同岁，但按辈分来说，我该叫他叔叔。

解释▶ 根据……得出……。结构中间的部分多是“条件、情况、道理、理论、规律、标准”等。后面的句子多是得出的认识、判断或结论。○多用于叙事和对话，口语。◇也说“照…（来）说”。

★ **按＋名词＋（来）说**。 框架格式。在句中常作状语，引出后面的话。

扩展▶ 按理论（来）说；按人口平均（来）说；按比例（来）说；按书本（来）说；按他的话（来）说；按时代（来）说；按性质（来）说；按目前（来）说；按往年（来）说；按发展速度（来）说；按常规（来）说；按原则（来）说；按道理（来）说。

【按理说…，可（是）…】 ànlǐ shuō…，kě（shì）… ［二级］

例句▶ 下午四五点钟按理说是一天中生意最好的时候，可是街上行人不多，非常冷清。‖ 按理说，开车一个小时就能到家，可现在是下班高峰期，估计一个半小时都到不了家。

解释▶ 根据通常的道理或者一般的情况，事情应该是这样，但实际情况却不是这样。有时带有意外、不知该怎么办的意味。前一分句表示根据道理得出结论，后一分句由转折词引出，表示实际情况和前面的预计不同。整句的重点在后一分句。○多用于叙事和对话，口语。◇也说“按说…，可…”。

★ **按理说＋小句$_1$，可（是）＋小句$_2$**。 两个分句构成表示转折关系的复句。

扩展▶ 按理说茶比咖啡更适合中国人，可（是）我就是喜欢喝咖啡；按理说吃了药会好，可（是）现在反而更严重了；按理说他应该向我们道歉，可（是）他就是不认错；按理说孩子应该挺喜欢这个玩具，可（是）他看也不看一眼；按理说今天周末他休息，可（是）他今天比平时还忙。

【按说…，可…】 ànshuō…，kě… ［五级］

见5页【按理说…，可（是）…】条。

【按由A到B的顺序】 àn yóu A dào B de shùnxù ［四级］

见4页【按从A到B的顺序】条。

【（按）照 … 的说法】（àn）zhào … de shuōfǎ ［三级］

例句▶ —你的病现在怎么样了？—照医生的说法，没什么大问题，休息几天就好了。‖ 鸡蛋并不是吃得越多对身体越好，按照科学的说法，一般人每天吃一个就够了。

解释▶ 根据某人、某个集体、某个地方、某个时间的某种意见、看法、见解。后面的句子或说明某种观点，或说明具体情况。结构前常有别的句子作相关的说明，有时后面也有句子进一步补充。○多用于叙事和对话。◇也说“照…的说法”。

★ **（按）照 + 名词 / 代词（指人）/ 形容词 + 的说法。** 介词短语，在句中常作状语。

扩展▶（按）照他们的说法；（按）照他自己的说法；（按）照报纸上的说法；（按）照当地的说法；（按）照这家报社记者的说法；（按）照书上的说法；（按）照这个说法；（按）照当时的说法；（按）照现在流行的说法；（按）照迷信的说法；（按）照传统的说法；（按）照最新的说法。

【按照 … 来 … 】 ànzhào … lái … ［三级］

例句▶ 他特别爱画画儿，经常按照自己的想法来画，画出来的画儿很有趣。‖ 既然你来到这个地方，就应该按照当地的习惯来办事。

解释▶ 把……作为行动或做事的原则或标准。“按照”后常常加“条件、规定、时间、顺序、期限、比例、范围”等方面的词语，“来”后常常接表示目的或结果的动词。注意▶“按照”后不出现单音节词，至少是双音节词。○多用于叙事和对话。

★ **按照 + 名词 + 来 + 动词。** 框架格式。在句中常作谓语。结构中的“按照 + 名词”在句中作状语。

扩展▶ 按照他说的来做；按照时间来排列；按照学校的规定来办事；按照特别的方法来做实验；按照中国的传统来过新年；按照他的建议来安排工作；按照以前的计划来设计；按照已经做出的决定来分配；按照从高到矮的顺序来排位置；按照合同上的日期来完成工作；两部分是按照一定的比例来分配的。

【暗自 … 】 ànzì … ［超纲］

例句▶ 老师听了他的回答，暗自称赞这个孩子真聪明。‖ 虽然你取得了一些进步，可千万别暗自得意，要知道，别人也在进步。

解释▶ 暗自：私下里，背地里。在私下里做某事，没有人或不让别人看到；

也指心里想，不说出来。结构位置比较灵活，前后常有别的句子作相关的说明或补充。注意▶“暗自”后面不能是单音节词，多是双音节或多音节词。○多用于叙事，书面语。

★ **暗自＋动词/形容词。** 在句中常作谓语。

扩展▶ 暗自流泪；暗自计划；暗自疑惑；暗自调查；暗自伤心；暗自庆幸；暗自叹气；暗自下决心；暗自打算；暗自叫苦；暗自埋怨别人；暗自在努力；暗自着急；暗自激动；暗自吃惊；暗自高兴；暗自后悔。

B

【把 … 摆在第一位】 bǎ … bǎi zài dì-yī wèi ［四级］

见 12 页【把 … 放在第一位】条。

【把 … 摆在首位】 bǎ … bǎi zài shǒuwèi ［四级］

见 12 页【把 … 放在第一位】条。

【把 A 比作 B】 bǎ A bǐzuò B ［三级］

例句▶ 为什么有人把书比作朋友？因为它会像朋友一样，给你很多知识和帮助。‖ 人们常把时间比作河流，不管你愿意不愿意，它都会流走。‖ 我们把抽烟比作慢性自杀，因为它对身体危害特别大。

解释▶ 觉得事物之间在形状或特点上有某些相同相似的地方，所以把两个东西进行比较。有比喻的意味和形象色彩。前面常有“如果、常常、曾经、可以、习惯”等词。前后常有别的句子作相关的说明或补充。○多用于叙事和对话。

★ 1）**把＋名词 $_1$＋比作＋名词 $_2$。**

2）**把＋动词 $_1$＋比作＋动词 $_2$。**

框架格式。在句中常作谓语。

扩展▶ **句型 1）** 把儿童比作祖国的花朵；把月亮比作明灯；把很听话的人比作绵羊；把能吃苦的人比作老黄牛；把人生比作一场梦；把他的声音比作鸟叫；把世界比作舞台；把祖国比作母亲。

句型 2） 把教学生比作养花种草；把学习知识比作补充营养。

【把 A 变成 B】 bǎ A biànchéng B ［三级］

例句▶ 他特别喜欢狗，毕业后开了一家宠物店，把自己的爱好变成了事业。‖ 国庆节快到了，五颜六色的鲜花把广场变成了花的海洋，漂亮极了。

解释▶ 使某一种事物、状态变成另一种事物、状态。前后常有别的句子进行说明或补充，需要时结构可连用。○多用于叙事和对话。

★ **把＋名词 $_1$＋变成＋名词 $_2$。** 框架格式。在句中常作谓语。

扩展▶ 把坏事变成好事；把空地变成果园；把不可能变成可能；把压力变成动力；把挑战变成机遇；把理想变成现实；把经验变成财富；把失败变成成功。

【把A称为B】 bǎ A chēngwéi B ［五级］

例句▶ 人们常常把20世纪80年代出生的人称为80后，他们有着相同的历史背景，有着一些共同的特点。‖ 八月在秋季，十五又是这个月的中间一天，所以人们把八月十五称为“中秋”。

解释▶ 用特定的名称、专业术语或词语把某人或事物叫作……。结构前常有“如果、都、通常、习惯上、一直、分别”等词。前面常有别的句子说明情况，有时后面也有句子进行补充。○多用于叙事和对话。◇也说“称A为B”“把A称之为B”。后一用法带有书面色彩。

★ **把＋名词$_1$＋称为＋名词$_2$。** 框架格式，在句中常作谓语。

扩展▶ 把上海称为“经济之都”；把北京称为第二故乡；把在办公室里工作的人称为“白领”；把喜欢科学技术的小王称为“科技迷”；把海底爬行的虾称为爬行虾类；把火星称为“天空中的小地球”；汉语中把身体特别大、鼻子特别长的动物称为“大象”。

【把A称之为B】 bǎ A chēng zhī wéi B ［五级］

见9页【把A称为B】条。

【把A称作B】 bǎ A chēngzuò B ［五级］

见18页【把A叫作B】条。

【把A…成/在/到/给…】 bǎ A… chéng / zài / dào / gěi… ［三级］

例句▶ 你好，请帮我把这五百美元换成人民币。‖ 先生，这是公园门口，请你不要把车停在这里。‖ 桌子放在这儿不合适，还是把它搬到那儿去吧！‖ 妈妈过生日的时候，我打算把这块手表送给她，你觉得怎么样？

解释▶ 表示某个东西通过动作产生某种结果。前面常有别的句子作相关的说明，有时后面也有句子进行补充。注意▶ 1.“把”字后的宾语必须是特定的；2. 动词必须能带宾语；3. 否定词如“不、没有”，情态动词如“能、可以”等都必须放在“把”字前。○多用于叙事和对话。

★ 1）**把＋名词$_1$＋动词＋成＋名词$_2$。**

2）**把＋名词$_1$＋动词＋在＋名词$_2$（地方）。**

3）**把＋名词$_1$＋动词＋到＋名词$_2$（地方）。**

4）**把＋名词$_1$＋动词＋给＋名词$_2$（人/地方）。**

框架格式。在句中常作谓语。

扩展▶ **句型1）**把英语翻译成汉语；把21记成12；把彩色的变成黑白的。

句型2）把水倒在茶杯里；把照片存在手机里；把钱放在口袋里；把手机放在书包里。

句型3）把这封信送到他手上；把东西交到他手上；把礼物寄到上海；把桌子搬到外面。

句型4）把这个相机带给小王；把课本发给大家；把东西交给对方；把书还给图书馆。

【把 … 从 … 中 / 里 + 解放出来】 bǎ … cóng … zhōng / li +jiěfàng chūlai ［五级］

例句▶ 每周花几十块钱请个钟点工，就能把父母从家务劳动中解放出来，让他们轻松一点儿。‖ 现在的年轻人大多不愿意做饭，我们饭店推出了一些便宜而美味的饭菜，目的是把年轻人从厨房中解放出来。

解释▶ 让人不再受到……的限制，不再有……的压力。多指繁重的工作、学习、家务或任务等，说法有些夸张。结构前常有“一下子、正、应该、要、立即、同时、真正、才能”等词。前面常有别的句子作相关说明，有时后面也有句子进行补充。○多用于叙事和对话。

★ **把 + 名词 $_1$/ 代词（指人）+ 从 + 名词 $_2$+ 中 / 里 + 解放出来。** 框架格式。当名词 $_2$ 表示某种事情或抽象事物时，多用介词“中”；当名词 $_2$ 表示某个地方时，也可用介词“里”。

扩展▶ 把农民从农活中解放出来；把领导从会议中解放出来；把孩子从书本中解放出来；幼儿园、托儿所可以把妇女从沉重的负担中解放出来；把孩子从教室里解放出来；科学技术把人从体力劳动中解放出来；把科学家从大量的计算中解放出来。

【把 A 当作 B（来）… 】 bǎ A dàngzuò B（lái）… ［六级］

例句▶ —老王，我这件事就麻烦你了！—放心吧，咱俩是好朋友，我一定把你的事当作我自己的事办。‖ 虽然他不是我的亲生儿子，但这么多年来我一直都把他当作自己的亲儿子来看待。

解释▶ 心里认为 A 是 B，并以对 B 的态度对待 A，多通过语言或行为表现出来。可用于人或物。结构前常有“必须、一直、往往、不能、还是、应该、始终、真正、根本、坚持”等词。前面常有别的句子进行说明，有时后面也有句子进行补充。○多用于叙事和对话。◇也说“拿 A 当 B”。

★ **把 + 名词 $_1$+ 当作 + 名词 $_2$+（来）+ 动词。** 框架格式。在句中常作谓语。动词为及物动词，它的宾语为名词 $_1$。

扩展▶ 把他当作好朋友（来）招待；把每天都当作最后一天（来）过；把工作当作生意（来）经营；把这片草地当作自己家的花园（来）管理；把小张当作孩子（来）对待；把游戏当作职业（来）做；把顾客当作“上帝”（来）对待。

【把A…得比B+还/更…】 bǎ A … de bǐ B + hái / gèng … ［一级］

例句▶ 你不是说收拾过房间了吗，我怎么觉得你把房间弄得比以前还乱？‖ 你怎么找她借钱？她是个把钱看得比自己的命还重要的人。‖ 学习上，他对自己的要求特别严格，做作业也特别认真，总希望把每次的作业都做得更好。

解释▶ 这里包含两个格式：第一个格式是“把…（动词）+得…”，表示使……怎么样；第二个格式是“比…还/更…”，表示在已有的程度上更进一步。在比较几件事情时，把某事看得（想得、说得等）更……，也指做事情时把……做得更……。结构前常有“希望、总是、如果、怎么、要、应该”等词语。前面常有别的句子进行说明，有时后面也有句子进行补充。○多用于叙事和对话。

★ 1）**把＋名词$_1$＋动词＋得比＋名词$_2$＋还＋形容词。**

2）**把＋名词$_1$＋动词＋得比＋名词$_2$＋更＋形容词。**

框架格式。在句中常作谓语。结构中的名词$_1$和名词$_2$多是并列关系，但有时“比＋名词$_2$”省略，可通过“更”表达比较的结果。

扩展▶ **句型1）**把这件事情看得比生命还重要；把野生动物看得比自家的牛羊还宝贵；把这种动物想象得比狮子老虎还可怕。

句型2）把唱歌这件事看得比学习更重要；他们把乘客回家过春节看得比自己的事更重要；把工作做得比以前更好；他能把文章写得比老师更好；把每件事做得（比别人）更好；他把这次会议安排得（比上次）更糟。

【把…对准…】 bǎ … duìzhǔn … ［七—九级］

例句▶ 小时候爸爸给我买了个望远镜，晚上我常常把望远镜对准天空，数天上的星星。‖ 本次节目，我们把镜头对准了这些普普通通的打工者，一起来了解他们的生活。‖“十一”过后，很多旅行社把目光对准了中老年群体，纷纷推出了针对中老年的旅游项目。

解释▶ 把注意力或重点集中在某人或某物上，表示重视或关注这些人或事物。“把”前面常有“只要、开始、应、马上、正在、纷纷、立即、不能、又、常常、首先、始终、也”等词，后面常有“镜头、焦点、矛头、目光、目标”等词。前后常有句子作相关的说明或补充。○多用于叙事和对话。

★ **把 + 名词 $_1$ + 对准 + 名词 $_2$。** 框架格式。在句中常作谓语。名词 $_2$ 是名词 $_1$ 的目的或对象。

扩展▶ 把目光对准前方；把目光对准这部分人；别把枪口对准他们；纷纷把照相机对准他们；把焦点对准正在进行的事情；把目标对准了消费者的钱包；把目标对准比赛的对手；把眼光对准海边的空地；把市场对准广大民众；把合作的目标对准了中小企业。

【把 … **放在第一位**】 bǎ … fàng zài dì-yī wèi ［一级］

例句▶ 出门在外，任何时候都应该把安全放在第一位，时刻保护好自己。‖企业必须把产品质量放在第一位，只有这样，才能长久地发展下去。

解释▶ 最重视某人、某事或某物，把人或事物看成是最重要的。多用于表达要求或态度，有时含有强调的意味。结构前常有“始终、时刻、常常、应该、真正、要、坚持、永远、都、一定要”等词语。结构位置比较灵活，前面或后面常有别的句子作相关的说明或补充。○多用于叙事和对话。◇也说“把…放在首位”“把…摆在第一位”“把…摆在首位”。

★ **把 + 名词 / 动词 / 形容词 + 放在第一位。** 框架格式。在句中常作谓语。

扩展▶ 学生应把学习放在第一位；把事业放在第一位；把工作放在第一位；把家庭放在第一位；把孩子放在第一位；把对方的脾气性格放在第一位；找女朋友时他喜欢把长相放在第一位；把个人的能力放在第一位；家长要把孩子的教育放在第一位；服务行业应该把服务质量放在第一位；把快乐放在第一位。

【把 … **放在首位**】 bǎ … fàng zài shǒuwèi ［一级］

见 12 页【把 … 放在第一位】 条。

【把 … **放在一边**】 bǎ … fàng zài yìbiān ［一级］

例句▶ 那女孩看书看累了，就把书放在一边，站起来看了看远方。‖每次聚会时，他总是把自己的女朋友放在一边去跟别人聊天儿，这让他女朋友很不开心。‖我在四川旅游的那段时间里，他把生意放在一边，带我四处走走、看看，让我很感动。

解释▶ 表示把某个人或某物放在旁边，去做别的事情，这时结构中的名词是具体名词；也表示觉得某人或某物不够重要，或暂时先不管，而去做觉得更重要的事，这时结构中的名词是抽象名词，多含轻视或忽视的意味；有时指把某物放在别处，需要另外处理。结构前常有“必须、干脆、总是、常常、暂时、才、不能、有意、通常、只好、已经”等词。前后常有别的句子作相关的说明或补充。○多用于叙事和对话。

★ **把＋名词＋放在一边。** 框架格式。在句中常作谓语。否定表达为“不能（不要、别）把…放在一边”。这时常用来建议、劝说别人。

扩展▶ **用法1）**后面是具体名词：把玩具放在一边向爸爸跑去；把香烟放在一边去倒杯茶；把作业放在一边先去玩了；把材料放在一边等晚上再看；把这部分钱先放在一边，一会儿再处理。

用法2）后面是抽象名词：一回家就把学习放在一边，打起游戏来；把自己的婚事放在一边而把钱借给了别人；把出差的事放在一边先去看儿子；把小事放在一边先做大事；把工作放在一边。

【把…付＋诸/之于…】 bǎ … fù + zhū / zhī yú … ［超纲］

例句▶ 只要做出计划来，他总是很快把这些计划付诸行动。‖ 这个建筑设计得十分科学，如果能把它付之于现实，既节能又环保，那该多好啊！ ‖ 当一个作家，就是把自己的思想付诸纸笔，让大家分享你的感情。

解释▶ 付：交给；诸：之于；之：它；于：到。使一个事物用另一个事物、形式、方式表达或体现出来。多指计划、设计、想法、思想等变成现实或具体的行动。结构前常有“一定要、应该、终于、只能、为了、努力、不要、无法、只有、如何、已经、开始、尽快、会、自觉地、真正”等词。结构位置比较灵活，前后常有句子作相关的说明或补充。○多用于叙事，书面语。

★ **把＋名词$_1$＋付＋诸/之于＋名词$_2$。** 框架格式。在句中常作谓语。名词$_2$多是实践、行动等。

扩展▶ 把梦想付诸行动；把自己的意见付诸交流；把言语付之于行动；把你的计划付之于现实；把感情付之于生活中；把自己悲伤的感情付之于歌曲；把他多年的经验付之于改革之中；把这些想法付之于实践；把爱国之情付之于实际工作中；把对妻子的怀念付之于作品之中。

【把…给V了】 bǎ … gěi V le ［一级］

例句▶ —不好意思，这么早给您打电话，是不是把您给吵醒了？—没有，我早就起床了。‖ 我不小心把上次发的表格给弄丢了，您能不能再给我一份？

解释▶ 通过做某些事情或动作，使某人或某物出现某种结果。多用于一般的或不好的事情。前后常有别的句子进行说明或补充。○多用于叙事和对话，口语。

★ **把＋名词／代词（指人）＋给＋动词＋了。** 框架格式。在句中作谓语。

扩展▶ 把这些钱都给花光了；把帽子给弄坏了；把书给落（là）家里了；把茶杯给打碎了；怎么可能把你给忘了呢；把我给骗了；把他给吓坏了；把你给漏掉了；把他给气坏了；把他给问住了；把我给难住了；把女朋友给弄哭了；把计划给打乱了；把这个机会给白白浪费了；把最后一趟车给错过了；把大家给乐坏了。

【把 … 给（我）V（了）】 bǎ … gěi（wǒ）V（le）［一级］

例句▶ 你先别哭，把药给我吃了再说。‖ 快把门给（我）关上，外面都下雪了，你不觉得冷吗？ ‖ 你自己看看家里都乱成什么样了，8 点之前你必须把房间给我收拾干净了。

解释▶ 说话人命令听话人做某事。往往是长辈对晚辈、上级对下属说话。语气较强，有时含有不满、生气的情绪。前后常有别的句子进行说明或补充。○多用于对话，口语。

★ **把＋名词＋给＋（我）＋动词＋（了）。** 框架格式。在句中作谓语。

扩展▶ 把作业给我做完了再吃饭；把事情给我做好了再下班；必须把东西给我找回来；把问题给我想明白点儿；把垃圾都给我扔了；把嘴给我闭上；把嘴巴给我放干净点儿。

【把 … 归于 … 】 bǎ … guīyú … ［超纲］

①例句▶ 从他的学习态度和学习表现看，我们不该把他归于好学生。‖ 他们两人的观点是不同的，不能把它们归于一类。

解释▶ 归：集中在一起。把 A（B）归于 C：表示把 A（B）（合在一起）放到某类中。多指把某个人或某物划进某个范围或类别里。前面常有“不能、不该、很难、可以、应该、都、喜欢”等词。前面常有别的句子作相关的说明，有时后面也有句子进行补充。○多用于叙事，书面语。

②例句▶ 这次期末考试他各门成绩都是 90 分以上，我觉得得（děi）把这成绩归于他的勤奋。‖ 我这次比赛能拿第一名离不开队友小李的帮助，所以我该把这次的胜利归于小李的功劳。‖ 在这件事情上你也有错，不应

该把责任完全归于别人，把自己的责任推得一干二净。

解释▶ 归于：属于。把A归于B：觉得B是A的原因。多指把成功或失败的原因算作某人或某事物。用于好事时，有时含有感谢的意味；用于不好的事时，有时含有批评、责备的意味。前面常有“不能、总是、很难、可以、该、如果、应该、只要、常常”等词。前后常有别的句子作相关的说明或补充。多用于抽象事物。○多用于叙事，书面语。

★ **把＋名词$_1$＋归于＋名词$_2$/小句。** 框架格式。在句中常作谓语。

扩展▶ **用法1）**表示把某物放进某个类别里：应该把A公司归于B公司；怎么把世界纪录都归于自己的名下；有人把当代作家归于三个类别。

用法2）表示B是A的原因：把她的成绩归于大家的帮助；常常把孩子的成功归于父母的教育；把功劳归于大家的努力配合；把他成长的不顺利完全归于母亲；把失败归于对方；把贫困的原因归于交通不便；不该把责任归于医生。

【**把A（和B）联系在一起**】 bǎ A（hé B）liánxì zài yìqǐ ［三级］

例句▶ 看到她现在这么成熟的样子，人们无法把她和一个刚毕业的女孩子联系在一起。‖ 经济交流和文化交流把不同国家紧密地联系在一起，使他们互相合作、共同发展。

解释▶（某人或某事物）使两个或两个以上的人或事物产生关系。前面常有“无法、往往、一直、自觉、从此、都、难以、有助于、历来、能、容易、经常”等词。前面常有别的句子作相关的说明，有时后面也有句子进行补充。○多用于叙事和对话。

★ 1）**把＋名词$_1$/代词$_1$＋和＋名词$_2$/代词$_2$＋联系在一起。**

2）**把＋名词/代词＋联系在一起。**

框架格式。在句中常作谓语。结构2）中的名词或代词必须是两个或两个以上的人或事物。

扩展▶ **句型1）**请你不要总是把我和他联系在一起；把国家和人民联系在一起；把亚洲和非洲联系在一起；图书馆把读者和书联系在一起。

句型2）把两件事联系在一起；共同的兴趣把我们联系在一起；把说不同语言的人联系在一起；这个活动把不同年龄、不同性别的人联系在一起。

【**把A（和B）相提并论**】 bǎ A（hé B）xiāngtí-bìnglùn ［七—九级］

例句▶ 他每次考试都是全校第一，你怎么能把我和他相提并论呢？‖ 请不要把他和一般人相提并论，他是我心中的英雄。‖ 中餐是中餐，西餐是西餐，它们之间没什么共同点，没必要把两者相提并论。

解释▶ 将不同的或者差别很大的人或事物放在一起讨论或当作同类看待。常用否定形式或反问形式。含有批评某人做事不合适、不符合实际的意味。前面常有“如果、经常、可能、甚至、没必要、仍、甚至、不能、总是、偏偏、很想、喜欢”等词。结构位置比较灵活，前后常有别的句子作相关的说明或补充。○多用于叙事，书面语。◇也说“拿 A（和 B）相提并论”。

★ 1）**把 + 名词$_1$ / 代词$_1$ + 和 + 名词$_2$ / 代词$_2$ + 相提并论。**

2）**把 + 名词 / 代词 + 相提并论。**

框架格式。在句中常作谓语。结构 2）中的名词或代词必须是两个或两个以上的人或事物。

扩展▶ **句型 1）** 你怎么把他和普通人相提并论；不要把孩子和大人相提并论；喜欢把数学和化学相提并论；怎么能把他和他哥哥相提并论呢。

句型 2） 把两人的作品相提并论；有人经常把他俩相提并论；不应该把两个性格不同的人相提并论；怎么偏偏喜欢把这两件毫无关系的事情相提并论。

【把 … **花**在 … 上】 bǎ … huā zài … shang ［二级］

例句▶ 我既不爱吃也不爱穿，如果存了一些钱，我更愿意把它花在旅游上。‖ 快要期末考试了，你不应该把过多的时间花在课外活动上，要好好准备考试。‖ 现代社会，父母越来越重视孩子的教育，他们把大量的心血花在孩子的教育上，希望他们学到更多的知识。

解释▶ 上：方面。花时间、金钱、精力等做某事。多指对某人或某事物特别关注、重视或感兴趣。结构前常有“不该、不必、会、如果、不要、可能、很少、宁愿、宁肯、打算、不舍得、几乎、首先”等词语。前后常有别的句子作相关的说明或补充。○多用于叙事和对话。

★ **把 + 名词$_1$ + 花在 + 名词$_2$ / 动词 + 上。** 框架格式。在句中常作谓语。

扩展▶ 很少把钱花在吃和穿上；把大部分时间花在学习上；把精力花在工作上；把业余时间全花在练习书法上；不应该把过多的力气花在产品的包装上；打算把主要精力花在自己的研究上；很少把钱花在旅游上；不能把时间花在玩游戏上。

【… 把话说**清楚**】 … bǎ huà shuō qīngchu ［二级］

例句▶ —最近我手头紧，能不能借我点儿钱？—借钱没问题，不过你得先把话说清楚，什么时候还给我？‖既然你们老在我面前提起那个女孩儿，那就让我把话说清楚，我们只是普通朋友，不可能成为男女朋友。‖我们的产品保修一年，但咱们把话说清楚，如果是你自己弄坏的，我们可不负责。

解释▶ 用在问句前后，希望对方做出一个明确的回答，这时多用于第二人称，多含有要求、请求、商量的意味；也指对某方面的事情给出一个明确的态度或说明，以免引起误会，这个用法有时是为了把事情说清楚，有时是用来警告或提醒某人（这时多用第一人称）。前面常有别的句子引出话题，后面的句子多是要说明的具体内容。○多用于叙事和对话，口语。

★ **代词（指人）+把话说清楚，（小句）。** 可独立成句。

扩展▶ **用法1）**用于别人：你得把话说清楚，你指的是谁；把话说清楚，你愿意去还是不愿意去；你到底什么意思，能不能把话说清楚点儿；做选择前你最好把话说清楚。

用法2）用于自己：让我把话说清楚，这是我最后一次相信你；急什么，总得让我把话说清楚吧；要分要合我得把话说清楚；咱就把话说清楚，我跟你可不是一路人；咱们趁现在把话说清楚；咱们找个时间，当面把话说清楚。

【… 把话说在前面】 … bǎ huà shuō zài qiánmian ［三级］

例句▶ 你可以加入我们的足球队，不过咱们把话说在前面，没有特殊原因是不能退出的。‖虽然我同意帮你，可我得把话说在前面，出了任何问题，我都不负责任。‖他已经把话说在前面了，没什么要紧的事儿不要去找他，你怎么还是总往他家跑？

解释▶ 在某人做出某个决定或做某事前，提醒对方可能会遇到不希望的情况或应该注意的方面。意思是要对方考虑清楚，不要做什么或应该做什么。含提醒、警告的意味。常用于第一人称。前面或有别的句子引出话题，或有句子作相关的说明，后面的句子多是说话人要说明的具体内容。○多用于对话，口语。

★ **代词（指人）+把话说在前面，（小句）。** 可独立成句。

扩展▶ 咱们得把话说在前面，这生意不好做；有必要把话说在前面，你既然已经决定了就不能放弃；为了避免你们的误解，我把话说在前面，我这么做完全是为了你们；咱俩还是把话说在前面，赚了钱怎么分呢。

【把 … 记在 … 上】 bǎ … jì zài … shang ［超纲］

例句▶ 上课的时候，不是一定要把老师讲的每个字都记在本子上，只要记重点就可以了。‖ 虽然他已经永远离开了我们，但是大家都把他深深地记在了心上。

解释▶ 把内容（字、图画、风景等）写或记录在某个地方；也指把某人或某事、某人的话保持在头脑里。这时指抽象的事物，一般表达为“记在心上”。如果是已经去世的人，表示怀念。结构前常有“不时、并且、一定、要、能、随意、都、牢牢、必须、已经、深深、始终”等词。结构位置比较灵活，前面或后面常有别的句子作相关的说明或补充。○多用于叙事和对话。

★ **把＋名词$_1$/代词（指人）＋记在＋名词$_2$＋上。** 框架格式。在句中常作谓语。结构中的名词$_2$表示地方。

扩展▶ 把笔记记在书上；把学到的生词记在本子上；把路上的美景都记在相机卡上；把功劳记在个人账上；把父母的话牢牢记在心上；不要把别人的坏话记在心上；把她的微笑记在心上；总是把过去的事记在心上；一直把大家的需求记在心上；把人生的梦想记在心上。

【把 A 叫作 B】 bǎ A jiàozuò B ［一级］

例句▶ 你知道吗，汉语中为什么把失业叫作“丢饭碗”？‖ 在中国古代，人们常常把老师叫作先生。‖ 世界上每年死于交通事故的大约有 30 万人，有人把这叫作“路上的战争”。

解释▶ 给某人（或某事物）另外一个名字或称呼。多用于日常生活中的人或事物。前面常有别的句子作相关的说明，有时先引出话题，后面再进行补充。○多用于叙事和对话，口语。◇也说“把 A 称作 B”。这时多用于书面语。

★ **把＋名词$_1$/动词$_1$/代词＋叫作＋名词$_2$/动词$_2$。** 框架格式。在句中常作谓语。

扩展▶ 把这叫作关心；把过日子叫作生活；把美好的东西叫作宝贝；把杭州叫作人间天堂；把医生叫作白衣天使；把不长植物的地方叫作沙漠；把夫妻叫作两口子；把顾客叫作上帝；为什么把辞退某人叫作炒鱿鱼；把所爱的人叫作心上人。

【把 A 介绍给 B】 bǎ A jièshào gěi B ［一级］

例句▶ 你学习这么好，到底是怎么学的，能不能把学习方法介绍给我们大家？‖—小李今天开玩笑地问我，要不要把王小姐介绍给我认识一下？—那当然好啦，你不是一直在偷偷地喜欢她吗？

解释▶ 使双方认识或发生联系，也指使一方对另一方、一些人对一些事物有了解。前面常有“只要、已经、希望、为了、常常、愿意、决心、还会、突然、开始、直接、要、往往”等词。前面常有别的句子作相关的说明，有时后面也有句子作进一步补充。○多用于叙事和对话。

★ **把＋名词$_1$／代词$_1$（指人）＋介绍给＋名词$_2$／代词$_2$（指人）。**

框架格式。在句中常作谓语。结构中的名词$_2$多表示人。

扩展▶ 请你把她介绍给我；我想把你介绍给我朋友；我很愿意把成功的经验介绍给你们；我经常把这本书介绍给我的听众和朋友；工作人员把我介绍给这位负责人；希望把科学技术介绍给观众；直接把优秀产品介绍给消费者。

【**把…看得／想得／说得…**】 bǎ … kànde / xiǎngde / shuōde … ［三级］

例句▶ —十一楼太高了，我不太喜欢这么高的房子。—楼层高才好呢，站在楼上，可以把远处的景色看得清清楚楚。‖别把这件事想得太简单，做起来你就会发现没那么容易。‖请你把话说得大声一些，这样别人才能听清楚。

解释▶ 看（想、说）某个事物，把它看（想、说）成什么样。有时用于建议、劝说别人做什么。结构前常有“都要、可以、总是、竟、宁可、不要、还是、会、已经、尽管”等词语。结构位置比较灵活，前后多有句子进行说明或补充。可进入这个格式的动词还有一些，如“写、唱、做、画、想象、描写”等。○多用于叙事和对话，口语。

★ 1）**把＋名词＋想得／说得／看得＋程度副词＋形容词。**

2）**把＋名词＋想得／说得／看得＋形容词＋程度补语。**

框架格式。在句中常作谓语。结构1）中的程度副词多是“很、特别、非常、更、过于”等；结构2）中的程度补语多是“（一）些、（一）点儿、得很”等，有时也用重叠形式。

扩展▶ **句型1）**把音发得很清楚；把回家看得很重要；把第一份工作看得非常重要；总是把事情说得特别吓人；把事情想得十分可怕；已经把过程想得太复杂；把目标说得多么重要。

句型2）把天空画得深一点儿；把结果想得好一点儿；把关系看得重得很；把钱看得轻一些；把事情看得容易点儿；还是把事情想得简单一点儿。

【把 A 看作（是）B】 bǎ A kànzuò（shì）B ［一级］

例句▶ 你千万别紧张，就把这次比赛看作一次机会，尽自己最大的努力就行了。‖ 他这个人大方惯了，从来不把钱看作是重要的东西，花起来大手大脚。

解释▶ 心里认为 A 是 B，并以对 B 的态度对待 A，多反映的是某人的主观认识。结构前常有“一直、总是、从不、千万别、始终、应该、不仅”等词。前面常有别的句子进行说明，有时后面也有句子进行补充。○多用于叙事和对话。

★ **把＋名词$_1$/代词/动词＋看作（是）＋名词$_2$。** 框架格式。在句中常作谓语。

扩展▶ 把他看作（是）我最好的朋友；把儿童看作（是）祖国的花朵；把生命看作（是）一次旅行；大家都把这种食物看作（是）能治百病的好药；一直把这里看作（是）自己的第二故乡；从不把女儿看作（是）残疾人；把做好每一项工作看作（是）自己的责任；把画画儿看作（是）生活的乐趣。

【把目光集中在…】 bǎ mùguāng jízhōng zài … ［五级］

例句▶ 教室里的几个人互相看了看，最后都把目光集中在了他的身上。‖ 买东西没必要把目光集中在名牌商品上，也许还有其他牌子的商品更适合你。‖ 很多刚毕业的大学生都把目光集中在大城市，总觉得大城市的机会更多，对自己的发展更有利。

解释▶ 眼睛只看某人或某个地方；也指把注意力放在某人、某个地方或某类事物上。有时表示想对他（它）做什么或想从这里得到什么，有时表示对某人或物有兴趣。前面常有“却、都、纷纷、一下子、往往、喜欢”等词。前后常有别的句子进行说明或补充。○多用于叙事。◇ 也说“把眼光集中在…”。

★ **把＋目光＋集中在＋名词＋(上)。** 在句中常作谓语。

扩展▶ **用法 1）** 眼睛看……：把目光集中在墙上的这几个字；一下子把目光集中在广告上；纷纷把目光集中在他身上；上课时大家都把目光集中在了老师身上。

用法 2） 注意力在……：把目光集中在新型汽车上；把目光集中在群众身上；年轻人喜欢把目光集中在流行商品上；专家们都把目光集中在这次的调查结果上；饭店把目光集中在消费者的需求上。

【把 … 纳入 …（[之] 中）】 bǎ … nàrù …（[zhī] zhōng）［七—九级］

例句▶ 我发现自己口语不太好，所以我打算把练习口语也纳入我每天的学习计划，每天练习一小时。‖ 为了培养学生对书法的兴趣，这个学校从下学期开始，把书法纳入三、四年级的教学计划中。‖ 国家一直以来都十分重视环境保护问题，早在十年前就把环境保护工作纳入经济社会发展计划之中。

解释▶ 纳入：放进，归入。使 A 事物进入 B 事物，让 A 事物成为 B 事物中的一部分。多指和国家、集体的政策或个人计划有关的事。多用于正式场合。前面常有“逐步、坚持、希望、为了、开始、切实、一定要、尽快”等词。位置比较灵活，前后常有别的句子说明具体情况、补充目的或结果。○多用于叙事，书面语。

★ **把 + 名词$_1$ / 动词 + 纳入 + 名词$_2$ +（[之] 中）。** 框架格式。在句中常作谓语。

扩展▶ 把新知识纳入已学过的知识之中；他把得高分纳入自己的目标；把汉语角纳入学校活动规划；把小学、中学都纳入义务教育；把教育工作纳入重要日程；把食品安全问题纳入国家经济发展的计划之中；把文化纳入经济发展计划中。

【把 … 倾注到 … 上 / 中】 bǎ … qīngzhù dào … shang / zhōng ［超纲］

例句▶ 为了珍惜这来之不易的留学机会，除了吃饭睡觉以外，他几乎把全部精力都倾注到了学习上。‖ 老王退休以后，把所有的热情都倾注到了养花上，细心照料这些花花草草。‖ 自从当妈妈后，她就觉得孩子是她最大的希望，因此把自己全部的心血都倾注到了孩子身上。

解释▶ 把感情、精神或注意力都集中到某人或某物上，或把精神、力量都集中起来做某事。常指人对事业、工作、家庭、子女等方面的付出和奉献，多是自觉的、自愿做的。多用来描写、赞扬某人，具有褒义色彩。“倾注”前常有“热血、全部心血、所有的爱、精力、对某人的感情、母爱、聪明才智、智慧和汗水”等词语。前面常有别的句子进行说明，有时后面也有句子进行补充。○多用于描写和叙事，书面语。◇ 也说“把…倾注在…上 / 中”。

★ 1）**把 + 名词$_1$ + 倾注到 + 名词$_2$ / 代词（指人）+（身）上。**

2）**把 + 名词$_1$ + 倾注到 + 名词$_2$ / 动词 + 上 / 中。**

框架格式。在句中常作谓语。

扩展▶ 句型1）把全部精力倾注到他身上；医生把爱倾注到这些病人身上；把真情倾注到失学儿童身上；把所有的爱都倾注到舞台上；把对家乡的爱倾注到画上；把所有的爱都倾注到家乡的这片土地上。

句型2）把热情倾注到工作上；把精力倾注到学习上；老师把爱心倾注到教学中；把对顾客的热情倾注到服务中；把自己的全部时间和汗水倾注到创作中。

【把 … 倾注在 … 上 / 中】 bǎ … qīngzhù zài … shang / zhōng ［超纲］

见21页【把 … 倾注到 … 上 / 中】条。

【把 … 区分为 … 】 bǎ … qūfēn wéi … ［六级］

例句▶ 按照茶叶的加工方法和茶水的颜色，人们常常把茶区分为红茶和绿茶。‖ 他们把每天收到的邮件区分为三类：必须马上答复的、不必马上答复的和不必答复的。

解释▶ 区分：进行比较，找出不同。在一个大类中，根据情况、性质和特点的不同，把人或物分成不同的类。多指对人或事物、部门、行业等方面的分类。前面常有“主张、明确、自觉地、首先、经常、逐步、必须”等词。前面常有区分原则和标准的说明，有时后面也有句子进行补充。○多用于叙事，书面语。

★ 1）**把＋名词$_1$＋区分为＋名词$_2$（名词$_3$…）＋和＋名词$_n$。**

2）**把＋名词$_1$＋区分为＋（名词$_2$［名词$_3$…］＋和＋名词$_n$）＋数量短语。**

框架格式。在句中常作谓语。

扩展▶ 句型1）把颜色区分为深色和浅色；把学生区分为喜欢学习的和不喜欢学习的；把字母区分为大写和小写；把产品区分为合格的和不合格的；把孩子区分为外向的和内向的。

句型2）把课程区分为三大类；把酒店区分为五个星级；把世界区分为七大洲；把这一地区区分为两部分：东部和南部；把学生的学习分为知识的、技能的和品德的三种。

【把 … 推向高潮】 bǎ … tuī xiàng gāocháo ［四级］

例句▶ 迎新年晚会上，各班的精彩节目把晚会不断推向高潮。‖ 这是世界上最优秀的两支足球队，他们的比赛把男子足球竞争推向了新的高潮。

解释▶ 使事物发展到最高阶段。常常指会议、比赛、表演等活动，或情感等抽象事物。多是让人兴奋、愉快的事情。结构前常有“为了、更、讲、一次又一次、又、真正、逐步”等词。多放在后一小句，前面常有别的句子作相关的解释说明。○多用于描写和叙事，书面语。

★ **把＋名词＋推向高潮。** 框架格式。在句中常作谓语。

扩展▶ 把音乐会推向高潮；把生日晚会推向高潮；把演出推向高潮；逐步把这次联欢活动推向了高潮；为了把庆祝活动推向高潮；把节日气氛推向高潮；把观众的情绪推向高潮；一次一次把比赛推向了高潮。

【把 … V 为 … 】 bǎ … V wéi … ［三级］

例句▶ 我一直都把他视为自己最好的朋友，没想到他竟然会骗我。‖ 他进公司以后表现十分优秀，因此经理决定把他提升为部门经理。‖ 这个国家不同地方的人说不同的方言，因此，人们把这些地区划分为不同的方言区。

解释▶ 通过某种方式，使某人或某物的作用、性质、形式、处境等发生变化。多用于正式场合。前面常有别的句子进行说明，有时后面也有句子进行补充。○多用于叙事，书面语。

★ **把＋名词 $_1$ / 代词＋动词＋为＋名词 $_2$。** 框架格式。在句中常作谓语。

扩展▶ 把它发展为自己的爱好；把书的价格降为20元；把她的友好误解为爱情；把一年划分为四个季度；把健康理解为身体没有病；把这间厂房改为办公室；把自己的名字改为……；把它命名为……；把这个地方建设为文化中心；把这些动物列为国家一级保护动物；把这个地区变为旅游景点。

【把 A 误认为（是）B】 bǎ A wùrèn wéi（shì）B ［二级］

例句▶ 大家把他俩误认为是男女朋友了，因为两人经常在一起。‖ 妈妈长得又年轻又漂亮，很多人第一次看见我俩在一起时竟把她误认为我姐姐。‖ 很多父母把打骂孩子误认为是一种有效的教育方法，其实这种做法孩子很难接受。

解释▶ 对某人或某事物有错误的看法，错误地觉得……是……。多用于指出别人的错误看法。结构前常有“可能、会、甚至、曾经、常常、竟、别、已经、有时、仍然、如果”等词。前面或后面通常有句子说明“误认为”的原因。○多用于叙事，书面语。

★ **把＋名词 $_1$ / 动词 / 代词＋误认为（是）＋名词 $_2$。** 框架格式。在句中常作谓语。

扩展▶ 把我的脚步声误认为（是）他的；因为穿一样的衣服而把她误认为（是）我；有人第一眼会把他误认为（是）女的；把他的话误认为命令；把广告上的商品误认为（是）质量好的商品；不要把他误认为（是）我哥哥；把市长误认为（是）普通的市民；把办公室误认为（是）家里。

【把（…）希望**寄托**＋于／在…（身）上】 bǎ（…）xīwàng jìtuō + yú / zài …（shēn）shang ［七—九级］

例句▶ 节食和跑步都没能让他瘦下来，现在他只好把最后的希望寄托于减肥药了。‖ 这次比赛就看你了，大家把胜利的希望都寄托在你身上了。

解释▶ 把希望放在某人或某事物上，希望他（它）能带来惊喜、好运、变化等。多指比赛、发展、解决问题、美好的愿望，以及自己做不到的事情等。前面常有别的句子作相关的说明，有时后面也有句子进行补充。○“于”带有书面语色彩。多用于叙事和对话。◇ 也说“寄希望于…”。

★ 1）**把＋(形容词／动词／代词）＋希望寄托于＋名词。**

2）**把＋(形容词／动词／代词）＋希望寄托在＋名词＋(身）上。**

框架格式。在句中常作谓语。

扩展▶ **句型1）**把希望寄托于明天；把获胜的希望寄托于小辈；把希望寄托于孩子；应该把希望寄托于市场本身。

句型2）总是把希望寄托在运气上；不要把希望寄托在别人身上；把一切希望寄托在年轻一代的身上；父母把全部的希望都寄托在儿子身上；把所有的希望寄托在这次的比赛上；把成功的希望寄托在队员们身上。

【把…吓得…】 bǎ … xiàde … ［五级］

例句▶ 我家小猫特别胆小，外面一点点动静都会把它吓得躲到门后。‖ 刚才王经理跟你说什么了，把你吓得脸色都变了。‖ 那天不知道发生了什么事，中午的那一阵响声把我小孙子吓得哭了起来。

解释▶ 吓：使害怕。（某人或事）使……感到非常害怕。后面常表示害怕的感觉达到了很高程度或出现某种结果或后果。被吓到的多是人或动物。前面通常有别的句子说明情况或原因，有时后面也有句子进行补充。○多用于叙事和对话，口语。

★ **把＋名词／代词（指人或物）＋吓得＋动词／小句。** 框架格式。在句中常作谓语。

扩展▶ 把我吓得不得了；草丛后突然出来的人把大家吓得要命；小狗把娃娃

吓得直哭；昨天的梦把我吓得不敢睡觉了；他突然发病把车上的人吓得不知道怎么办好；你那天摔了一跤，把大家吓得什么似的；把那些人吓得四处乱跑；把他吓得病了好久；把我吓得什么都忘了。

【把…笑得…】 bǎ … xiàode … ［一级］

例句▶ 你快过来，给你看个笑话，保证把你笑得直不起腰。‖ 我正在吃饭的时候，他的一句话把我笑得饭都喷出来了。‖ 有一次我们叫他“木头”，他居然答应了，那一次把我们笑得肚子都疼了。

解释▶（一个人的话或动作等）使其他人笑得很厉害，并且产生某种结果。结果多是具体的动作、行为或状态，也可以是某种感觉。前面常有别的句子作相关的说明，有时后面也有句子补充出现的结果。○多用于叙事和对话，口语。

★ **把+名词（指人）/代词（指人）+笑得+动词/小句。** 框架格式。在句中常作谓语。

扩展▶ 把大家笑得接不上气来；这个故事可真把大家笑得停不下来了；把她笑得咳嗽起来了；把我笑得眼泪都流出来了；把小姑娘笑得嘴都合不上；把学生笑得一个个抬不起头来；把同学们笑得前仰后合；把他笑得话都说不下去了。

【把眼光集中在…】 bǎ yǎnguāng jízhōng zài … ［五级］

见20页【把目光集中在…】条。

【把…一V】 bǎ … yī V ［三级］

例句▶ 回到家，他把书包往沙发上一扔，就跟小伙伴们踢球去了。‖ 看到儿子的成绩单，爸爸气得把脸一沉，生气地问：“怎么考得这么差？”‖ 钥匙在我这儿，要是我把门一锁，谁也别想进去。

解释▶ 描述动作的发生，形容动作发生得很快或完成得很快。表示多种意思：有时是描写某个动作；有些是表达生气、不满或高兴等情绪；有时表示通过某种动作条件（达到某种目的或产生某种结果）。后面必须有别的句子作相关的说明或补充。注意▶ 结构没有否定形式。○多用于叙事。

★ **把+名词+一+动词。** 框架格式，在句中作谓语、补语。结构中的动词多为表示身体活动的单音节动作动词，且动词后不能加“着、了、过”等助词。结构中的名词是动词的受事宾语。

扩展▶ 把箱子往地上一放就不管了；把筷子往桌上一丢就出门了；把椅子一推直接冲了过来；把头发轻轻一甩；把题一看就知道答案了；把事情跟他一说他特别高兴；把账一算才发现钱不够用了；把眼睛一闭；把脸一拉；把脸一板；把嘴一擦；把嘴一张；把头一抬；把脚一抬；把手一松；把手一伸；把桌子一拍；把东西一藏。

【把…用在…（上 / 中）】 bǎ … yòng zài …（shang / zhōng） ［一级］

例句▶ 你其实是个聪明人，为什么不把你的聪明用在学习上呢？‖ 进了大学，你可别把这四年时间都用在玩电脑游戏上，要学的东西、要做的事情还很多很多。‖ 学习是为了运用，如果你能把学到的东西用在生活中，那么学习的目的也就达到了。

解释▶ 上、中：方面。用知识、能力、时间、精力、金钱以及财物等做某事。前后常有别的句子进行说明或补充。多用于抽象事物。○多用于叙事和对话。

★ **把＋名词$_1$＋用在＋名词$_2$ / 动词＋（上 / 中）。** 框架格式。在句中常作谓语。

扩展▶ 把你的能力用在为大家服务上；把更多高科技的东西用在汽车上；把全部精力都用在工作上；把大部分的时间都用在工作上；把一下午的时间都用在打游戏上；把心思都用在了做坏事上；父母把全部精力用在培养孩子上。

【把…V在一起】 bǎ … V zài yìqǐ ［一级］

例句▶ 我们把房间整理一下吧，把不要的东西放在一起，出去的时候扔掉。‖ 王老师，请把你们班的学生集中在一起，等会儿校长要给他们开个会。‖ 这两个年轻人以前互相不认识，是对音乐的爱好把他们联系在一起，让他们成了最好的朋友。

解释▶ 使两个或两个以上的人或事物在同一个地方，或产生某种联系。使……在一起的可以是某人的作用，也可以是某物的因素。结构前常有“不会、要、能、只要、通常、再、往往、首先”等词语。前面常有别的句子进行说明，后面的句子或补充结果，或说明目的等。可以进入这个结构的动词还有很多，如“放、扫、堆、捆、组织、叫、夹、连、画、混、聚集、加、排”等。○多用于叙事和对话。

★ **把＋名词 / 代词＋动词＋在一起。** 框架格式。在句中常作谓语。结构中的名词或代词常表示两个或两个以上的人或事物。

扩展▶ 把这些书捆在一起；把花和鸟画在一起；请把纸张夹在一起；把落叶扫在一起；把这些东西堆在一起；只要把这些绳子系在一起；把同一个人的照片放在一起；把大家的钱合在一起；一定要把人组织在一起；一座桥把河的两岸连在一起；不要把两件事混在一起。

【把A**转化**为B】 bǎ A zhuǎnhuà wéi B ［五级］

例句▶ 我知道学习汉语有些难，但我要把压力转化为学习的动力，把汉语学好。‖ 为了节约，人们尽量把用过的不要的东西收回来再加工，把它转化为有用的东西。‖ 书本上的知识确实很重要，但更重要的是把知识转化为自己的能力，这样才能更好地应用。

解释▶ 转化：转变，改变。经过改变、转变或加工处理，使一种事物成为另一种事物。这里的事物常常指抽象事物。多用于正式场合。结构前常有“要、努力、进一步、立即、应该、一定要、顺利地、为了、积极、必须、从而、可以”等词。前面常有别的句子进行说明，后面也有句子补充可能出现的结果。○多用于叙事和对话。

★ **把＋名词$_1$＋转化为＋名词$_2$**。 框架格式。在句中常作谓语。

扩展▶ 把想法转化为行动；把学习转化为自觉的行动；把太阳能转化为电能；把知识转化为力量；把坏消息转化为好消息；把对她的爱情转化为友情；把知识转化为技能；把科研成果转化为产品。

【把A**作为**B】 bǎ A zuòwéi B ［四级］

例句▶ 在很多国家，人们把面包和土豆作为主要食品。‖ 护士一般都很耐心、细心，正是因为这个原因，很多人把护士作为自己的结婚对象。‖ 在广阔的大草原上，当地人把骑马作为最重要的出行方式，不论男女老少，个个都会骑马。

解释▶ 心里认为A就是B。多用于某人的看法、习惯，社会的习俗、传统，以及具体地方或部门的规定等。可用于人或物。结构前常有“立即、不在、不会、如果、通常、一般都、只、已经、开始、往往、分别”等词。多放在句尾，前面常有时间、地点、原因等相关的说明。○多用于叙事和对话。

★ **把＋名词$_1$／动词＋作为＋名词$_2$**。 框架格式。在句中常作谓语。

扩展▶ 有的地方把西红柿作为水果；把拍照作为自己的爱好；把英语作为一门重要的课程来学；把红绿灯作为交通信号；游客照相往往把山水作为背景；把微笑作为自己的名片；有人把身高作为选择男朋友的主要标

准；这里通常把船作为重要的交通工具；有人把享受作为唯一的快乐；当地人把房子的大小作为富有的标准。

【白…了一场】 bái … le yìchǎng ［二级］

例句▶ 约好了三点半在公园门口见面，等到四点还不见她，看来我又白等了一场。‖ 高高兴兴地做了一桌菜等着儿子回来过生日，可儿子有事不回来了，夫妻俩白忙了一场。

解释▶ 白：没有效果。做了一件事，或花费了时间和精力，但是没有结果或没有效果，或和预料的结果不一样。多指结果不太好的事情，这时含有后悔或觉得不值得的意味；结构前常有“那不是、等于、真是、总算没”等词。多放在句尾，前面常有别的句子作相关的说明。○多用于叙事和对话，口语。

★ **白＋动词＋了一场。** 框架格式。在句中常作谓语。结构中的动词后面多不带宾语。

扩展▶ 生意没谈下来，白忙了一场；他们还是分手了，两人白好了一场；我说了半天他不听，真是白劝了一场；合同没签成，等于白干了一场；说好去看电影的，结果又不去了，白欢喜了一场；老师说这次考试不算，大家白高兴了一场。

【A 般的 B】 A bān de B ［超纲］

例句▶ 傍晚，鹅毛般的大雪从天上飘下来了，不一会儿，整个世界都变成了一片银白色。‖ 刚下飞机就受到了当地人的热情欢迎，我们一下子有了回家般的感觉。

解释▶ 像……一样的……。用十分形象的词语来比喻人、物或事情。有时表达较夸张。结构位置比较灵活，前面常有别的句子说明情况，有时后面有句子指出出现的结果。可用于具体和抽象的事物。○多用于叙事和对话，书面语。

★ **名词$_1$／动词＋般的＋名词$_2$。** 整个结构是一个名词短语。在句中常作主语或宾语。结构中的名词或动词一般是双音节词。

扩展▶ 闪电般的动作；头发般的细丝；兰花般的香味；明镜般的湖水；给我亲情般的关心和爱护；过上天堂般的日子；走出一位天仙般的姑娘；发出了雷鸣般的掌声；过着野人般的生活；以火箭般的速度冲出门去；家家住进了花园般的小区；感受到了亲情般的温暖；建立了兄弟般的友谊；有了奇迹般的突破；触电般的感觉；恋爱般的体验。

【办（理）… 手续】 bàn(lǐ) … shǒuxù ［三级］

例句▶ 本学期开学时间为9月1日，请同学们按时办理入学手续。‖ 昨天睡得比较晚，今天早上我10点多才醒。办完退房手续时，差不多已经到了中午。‖ 他们经过三年恋爱，今年春天在男方的老家办理了结婚手续。

解释▶ 手续：（办事）规定完成的几项事情。为了做某事，按有关部门的要求进行登记、填表、交费等。多用于正式场合。多用来描述事情的经过，也可用来劝说别人。结构前常有“通过、直接、暂停、早已、不用、不要、只能、顺利、加紧、要求、迅速、负责、已经、及时”等词。前面常有相关的句子说明，有时后面也有句子进行补充。○多用于叙事和对话。

★ **办（理）+ 动词 + 手续。** 动宾结构。在句中常作谓语。

扩展▶ 入学要办很多手续；抓紧办住院手续；只能办离婚手续；顺利办登记手续；还没办出国手续；早已办理了出院手续；顺利办理退休手续；不用办理相关手续；很快办理好各种手续；负责直接办理房产登记手续；及时办理合作手续。

【半A半B】 bàn A bàn B ［一级］

例句▶ 到学校办理好入学手续后，我很快找了一份兼职，也算是半工半读吧。‖ 父亲半信半疑，重新算了一遍后才发现儿子说得对，自己确实算错了。‖ 我半开玩笑半认真地对他说：“你再不告诉我，我就不理你了。”‖ 算了，还是我来做饭吧，上次你做出来半生半熟的饭，吃也不能吃。

解释▶ 一半……一半……，一边……一边……，指两件事情同时做，或者相反的两种行为或状态同时都存在。后一用法指的不是真的“一半”，而是表示“有点儿……，有点儿……”。多用来描写动作、行为或状态等。前面或先引出话题，或有别的句子作相关的说明，后面的句子多是一些具体的动作或具体的话。○多用于描写、叙事和对话。

★ 1）**半 + 动词 $_1$ + 半 + 动词 $_2$。**

2）**半 + 形容词 $_1$ + 半 + 形容词 $_2$。**

框架格式。在句中常作谓语、定语或状语。结构中前后两个动词或形容词一般为意思相对或相反的单音节词，组成四字格式。

扩展▶ **句型1）** 他现在是半工半读；对你的话，他半信半疑；感觉是半梦半醒；半站半蹲的样子；他说话怎么老是半吞半吐的；她半推半就地接受了。

句型2） 做的是半生半熟的饭；那时过的是半饥半饱的日子；半真半

假地说。

【半A不+A / B】 bàn A bù + A / B ［一级］

例句▶ 他们两个一个汉语不太好，一个英语不太好，聊起天儿来双方都半懂不懂，可有意思了。‖ 我家门前有棵苹果树，前些年一直半死不活的，不料今年竟然结了许多苹果。‖ 这饭谁烧的，半生不熟的，怎么吃啊？ ‖ 他穿着一条只有小孩子才穿的半长不短的裤子，看起来就像一个十二三岁的孩子。

解释▶（人、事物或现象）在某种中间的状态。整个结构含有“不很……”“不全……”等意思。多用于描写一般的或不愉快、不太好的情况、状态。前后常有别的句子作相关的说明或补充。○多用于描写、叙事和对话，口语。

★ 1）**半 + 动词 + 不 + 动词。**

2）**半 + 动词 $_1$ + 不 + 动词 $_2$。**

3）**半 + 形容词 $_1$ + 不 + 形容词 $_2$。**

框架格式，在句中常作谓语、定语、状语。结构1）中的前后动词相同，也是单音节词，组成四字格式。结构2）、3）中的前后两个动词或形容词一般为意思相反或相对的单音节词，组成四字格式。

扩展▶ **句型1）**看着他半信不信的样子；我半笑不笑地对她说；他半哭不哭地述说着那里发生的一切。

句型2）被打得半死不活。

句型3）衣服半长不短；你也半大不小的了；车子半新不旧；这东西半软不硬，透出半明不暗的光。

【扮演…（的）**角色**】 bànyǎn …（de）juésè ［四级］

例句▶ 小明长得很高大，在班里总是扮演着搬运工的角色，常帮同学搬桌子、搬椅子、搬书。‖ 在我们的生活中，医生、警察和教师多扮演着帮助别人的角色，被称为助人人群。‖ 在现代社会中，手机和互联网扮演着越来越重要的角色，是人们互相联系的重要手段。

解释▶ 角色：戏剧、电影中演员扮演的人物。比喻一个人或一个事物在某个方面起到……的作用。多指好的情况或现象，多用于正式场合。“角色”前多是积极、中性的词语，如“积极、越来越重要、正面、桥梁、不可缺少、不可替代”等，前后常有别的句子作相关的说明或补充。可用于抽象的事物。○多用于描写和叙事。

★ **扮演＋名词／动词／形容词＋（的）角色。** 动宾结构。在句中常作谓语。

扩展▶ 扮演着朋友的角色；一个人扮演着父母双亲的角色；扮演着领导别人的角色；扮演不同的角色；扮演次要的角色；扮演着积极的角色；扮演着不可或缺的角色；扮演着前所未有的角色；扮演着关键的角色；扮演着正面（反面）的角色；扮演了很不光彩的角色。

【**伴随**（着）… **而来**（的）】 bànsuí（zhe）… érlái（de）［七—九级］

例句▶ 每个人都有优点和缺点，优点总是伴随着缺点而来。‖ 这地方夏季很热，而伴随着夏季而来的是连连的暴雨。‖ 他终于成功了，伴随着成功而来的是鲜花和掌声。

解释▶ 伴随：随同，跟随。（某事物）跟着……一起出现，或在……之后马上出现。常用于描写前后或同时发生的几件事情或出现的现象。多用于抽象事物。前面常有句子作相关的说明，有时后面也有句子进行补充。○多用于描写、叙事，书面语。

★ 1）**伴随（着）＋名词＋而来（的）。** 在句中常作谓语。

2）**伴随（着）＋名词$_1$＋而来的＋是＋名词$_2$。** 框架格式。可独立成句。结构中的名词$_1$多是双音节或多音节词语。

扩展▶ **句型 1）** 成功是伴随（着）努力而来的；风雨伴随（着）电闪雷鸣而来。

句型 2） 伴随（着）花香而来的是春天；伴随（着）新年而来的是鞭炮声和欢笑声；伴随（着）年龄增长而来的是自信和成熟；伴随（着）风险而来的是巨大的经济利益；伴随（着）科学技术而来的是新产品的出现；伴随（着）贫困而来的往往是失业；伴随（着）旧目标实现而来的是对新目标的追求。

【**帮** … **一把**】 bāng … yìbǎ ［一级］

例句▶ 没有其他办法，我只好给他打电话，希望他能帮我一把。‖ 这次多亏你帮了他一把，他才找到了这份工作。‖ 我们各方面条件已经很好了，希望大家都能帮那些上不起学的孩子一把，让他们早日回到学校。

解释▶ 尽自己的力帮助一个人或一个集体一下。被帮助的人遇到的通常不是小问题，而是较大的困难和问题，自己的能力基本不能解决。前面常有“能、希望、要、需要、应该、主动、有责任、多”等词。结构位置比较灵活，前后常有别的句子作相关的说明或补充。注意▶ 当某人表示不愿意帮助别人，用第一人称表达时，后面不加“一把”。如“我不愿意帮你、我不帮你、我不想帮你”等。但“一把”可以用在反问句中。

○多用于叙事和对话，口语。

★ **帮 + 名词 / 代词（指人）+ 一把。** 框架格式。在句中常作谓语。

扩展▶ 帮父母一把；请你帮我一把；决定帮这些人一把；赶快过来帮我一把；很想帮他们一把；你就帮他一把吧；你们一定要帮我们一把；他主动上去帮了她一把；你有责任帮他一把；我们都应该帮这些学生一把；你愿意帮我一把吗；你不想帮他一把吗；你不帮他一把谁帮他；你有难处我不应该帮你一把吗？

【包括 … 在内】 bāokuò … zàinèi ［四级］

例句▶ 在上个月召开的运动会上，包括你在内，我们班一共有 3 名同学拿了第一名。‖ 我们去旅行的人不包括你在内，如果你也想去，请先报名。‖ 在那里旅行的两个星期里，我们去了包括海边在内的很多地方，几乎逛完了当地所有景点。

解释▶ 包括：里边有。有一些人或一些事等在某个范围里面。放在句子前面，强调某人或物的特殊性或重要性；放在句子后面有附加、补充说明的作用。前后通常有别的句子作相关的说明或补充。○多用于叙事和对话。

★ **包括 + 名词 + 在内。** 框架格式。在句中常作谓语、定语、状语。否定形式用“不、没”。

扩展▶ 旅行包括他在内；这次比赛不包括专业人员在内；车上包括司机在内共有 23 人；教室里一共 20 个人，包括老师在内；任何人都不能进入，包括记者在内；车祸造成 10 人受伤，包括儿童在内；请来了包括电视台在内的新闻媒体；不包括本次大赛在内，他今年已经获得了 10 块金牌。

【（…）包在 … 身上】（…）bāo zài … shēnshang ［超纲］

例句▶ —请帮我通知大家，今天会议的时间推迟一个小时。—放心吧，包在我身上，我马上就去通知。‖ 你先打车去上班吧，别迟到了，修车的事就包在我身上。‖ 我临时有点儿事儿，得出去一趟，准备晚饭的事就只能包在你身上了。

解释▶ 包：承担（任务或责任）。用于第一人称，表示答应别人做什么事，自己完全有信心和能力做好某件事或解决某个问题；用于其他人称，指相信某人能做好某事。用在事情发生之前。说话人往往会主动承担，所以多用于第一人称。含有希望对方放心或很自信的意味。结构位置比较灵活，前后常有别的句子作相关的说明或补充。○多用于叙事和对话，口语。

★（名词）+包在+代词（指人）/名词+身上。 框架格式。可独立成句，也可作谓语。

扩展▶ 用法1）用于自己：一切都包在我身上；其他的事都包在我身上；家里有什么事儿，包在我身上；一切困难全包在我身上；这点儿小事儿包在我身上好了。

用法2）用于他人：包在你身上，我就不用担心了；订车的事就包在小王身上；这事包在李老师身上，你放心吧。

【保持…（的）关系】 bǎochí…（de）guānxi ［三级］

例句▶ 上学时我们俩是同屋，现在我们是生意上的伙伴，一直保持朋友关系，从没有发生过矛盾。‖ 两国自建交以来，一直保持着良好的关系。‖ 近十年来，我们公司与国外的许多客户都保持着合作关系，合作项目不断增加。

解释▶ 保持：使原来的情况不变。使人和人、事物和事物之间互相的联系不发生变化。这种关系多指好的或较好的情况或状态，有时也指不好的、不正常的情况。多用于正式场合。结构前常有“必须、仍然、和……都、一直、始终、继续”等词语。前面的句子中常有时间、原因等相关说明，有时后面也有句子进行补充。○多用于叙事和对话。

★ 保持+名词/动词/形容词+（的）关系。 动宾结构。在句中常作谓语。

扩展▶ 继续保持伙伴关系；必须保持密切关系；始终保持兄弟般的关系；保持两国的军事关系；两国保持着传统友好关系；保持长期的贸易合作关系；保持正常贸易关系；保持紧密协作关系；仍然保持着经常合作和交流关系；两国保持双边友好关系。

【保持…（的）状态】 bǎochí…（de）zhuàngtài ［三级］

例句▶ 为了让老板能随时联系到自己，他的手机要24小时保持开机状态，不管是上班时间还是周末。‖ 坚持每天做运动，能使你的身体保持健康的状态。

解释▶ 保持：使原来的情况不变。使人或事物表现出来的样子不变。多用来描述工作、身体、学习等各方面一般的或好的情况，不好的情况较少。结构前常有“一直、始终、基本、依旧、随时、如能、继续、长期、时常、要”等词语。前面常有别的句子作相关的说明，有时后面也有句子进行补充。○多用于叙事和对话。

★ **保持+动词/形容词+(的)状态。** 动宾结构。在句中常作谓语。

扩展▶ 保持现有状态；始终保持紧张状态；保持积极状态；保持天然状态；保持自然的状态；保持原始状态；长期保持如此好的状态；保持良好的工作状态；如能保持一个好的精神状态；依旧保持最佳的状态；继续保持相对稳定的状态；头脑一直保持着清醒的状态；双方保持敌对的状态。

【**抱**着 … 的 A】 bàozhe … de A ［四级］

例句▶ 他们听人介绍这本书不错，抱着试试看的心理，每人买了一本。‖ 根据调查，大部分父母是抱着培养孩子兴趣的心态让孩子参加这些兴趣班的。‖ 我是抱着认真的态度来向你道歉的，希望你能原谅我。

解释▶（一个或一些人）带着……的想法、心态、心理、态度或目的（去做什么事）。多用来描述做某事的状态或说明做某事的原因。结构前常有“只是、都是、当然是、一般都、仍、正是、就是、完全、虽是、一直”等词语。前面常有别的句子作相关的说明，后面有别的动词说明去做某事。〇多用于叙事和对话。

★ **抱着+动词/形容词/小句+的+名词。** 框架格式。在句中作连动句的前一部分，也作谓语。

扩展▶ 抱着乐观开放的态度；抱着玩玩的心理参加了活动；抱着跟你一样的想法来报名学习；抱着结婚的心理去谈恋爱；抱着怀疑的态度看着我；抱着“过一天算一天”的心态工作；抱着无所谓的态度去了那里；抱着愉快的心情去参加会议；抱着观望的心态看事情的进展。

【被 … **打动了**】 bèi … dǎdòng le ［六级］

例句▶ 无论刮风下雨，他每天都在楼下等着这个女孩，女孩被他的坚持打动了，终于答应做他的女朋友。‖ 虽然不太懂音乐，但这次我确实被她美丽的歌声打动了。‖ 叔叔说：“别担心，我一定会帮助你完成学业的。”我被他的这番话深深打动了。

解释▶ 打动：使人感动。一个（或一些人）因为一句话（一个行为或一件事）而感动。多用来描述人心里的感觉。后面常接句子表示因为感动而做什么事。“被”后常有“热情、效率、诚意、歌声、个性、精神、真诚、讲话、语言、魅力、真心”等词语；“打动”前多用“深深（地）”表示程度。多放在句尾，前面常有别的句子解释说明。〇多用于描写和叙事。

★ **被+名词+打动了。** 框架格式。在句中作谓语。结构中的名词短语中常有定语修饰。

扩展▶ 被他的真诚打动了；被她的真心打动了；被他刻苦学习的精神打动了；被年轻人的热情打动了；一家人被这本书深深打动了；被他那深深的情谊打动了；被这种精神打动了；被细致、周到的服务和工作态度打动了；被这种神秘的力量打动了；被他风趣幽默的话打动了。

【被 … 看好】 bèi … kànhǎo ［六级］

例句▶ 地铁是一种新的交通工具，它具有快速、准时、舒适、节能等优点，正越来越被大城市看好。‖ 这个年轻人加入球队以后表现十分突出，是一个被很多人看好的队员。‖ 他们刚结婚时，一直不被双方父母看好，可结婚到现在三十多年了，两人感情一直都很稳定。

解释▶ 看好：认为有好的发展。某人或某事让人觉得成功的希望很大、发展的前景很好，有时也指很受欢迎。多用来描写大家对某人某事的看法和态度。具有褒义色彩。结构前常有“一度不、一直、越来越、开始、始终、会、更加、已经、更”等词语表示“被……看好”的情况。结构位置比较灵活，前面常有别的句子说明情况或原因，有时后面也有句子进行补充。○多用于描写和叙事。◇ 也说“为…看好”。这时表达的完整格式为“为＋名词 / 代词（指人）＋看好”。注意▶“为…看好”格式中间的名词、代词不能省略。

★ **被＋(名词 / 代词［指人］)＋看好。** 框架格式。在句中常作谓语，构成被动句。也作定语。否定形式为“不被…看好”。

扩展▶ 他的前途被大家看好；这种商品被人们普遍看好；埋头苦干的人一直被民众看好；这个国家的经济正越来越被世人看好；这种行业一开始并不被大家看好；这里的经济一度不被看好；这种技术的发展前景被各方普遍看好；它的艺术价值被专家广泛看好；这是一个最被商家看好的行业；并不被大家看好的年轻队员。

【被 … 所 … 】 bèi … suǒ … ［六级］

例句▶ 他一直都被这古老的文明所吸引，这次终于来到这个国家。‖ 随着科学技术的进步，一些大的、笨重的电脑、相机、手机等逐渐被小的、轻的、灵巧的所代替。‖ 直到 19 世纪，地球上最南边的这块寒冷的土地才被人们所发现。

解释▶ 一个人或一个事物被怎么样。强调被动语气。可以作为原因，也可以作为结果。前面常有别的句子作相关的说明，有时后面也有句子进行补充。能进入这个结构的动词很多，如：关注、淹没、击倒、吸引、拒绝、接受、包围、代替、抛弃、围绕、取代、截断、冲垮、破坏、遗忘、污染、采用、改变，等等。注意▶ 口头表达中“所”往往可用可不用。○多用于叙事，书面语。◇也说“为…所…”。这时多用于书面语。

★ **被＋名词＋所＋动词。** 框架格式。在句中常作谓语，结构后不能带其他成分。结构中的动词是双音节时，“所”字可省，说成“被＋名词＋动词”。否定表达为“不被…所…”“没有被…所…”。

扩展▶ 被他的歌声所吸引；被更优秀的人所代替；有的地方平房被高楼所取代；房子被大树所掩盖；他的要求被我所拒绝；小狗被它的家人所抛弃；这块土地四周被大山所围绕；这个做法被越来越多的人所接受；大家都被他的真诚所感动；这个建议不被大家认可；有的旧东西没有被新的代替。

【被（…）V为…】 bèi（…）V wéi… ［三级］

例句▶ 小李不但能力强，而且工作负责，因此被大家选为班长。‖ 这些年他工作表现一直很好，被公司提拔为部门经理。‖ 这次会议是在一个被命名为“东方花园”的宾馆举行的，那里环境安静、优美，真像一座花园。

解释▶ 因为外部的作用，一个人担任某种职务或被看作某种人；也指一个事物被归到一种类别或出现某种结果。多用于正式场合。前面常有别的句子作相关的说明，有时后面也有句子进一步补充。能进入这个结构的还有一些动词，如：选、任命、提升、嘲笑、比喻、划分、称、误解、视、确定、列、分、想象，等等。○多用于叙事和对话，书面语。

★ **被＋（名词$_1$／代词［指人］）＋动词$_1$＋为＋名词$_2$／动词$_2$。** 框架格式。在句中常作谓语、定语。

扩展▶ **用法1）** 担任某职务或被看作某种人：被上级任命为校长；他被提升为队长；他被提拔为部门经理；我关心她，却被她误认为多管闲事；被很多人嘲笑为无知。

用法2） 某物归为某类或出现某种结果等：微笑被理解为表示友好；他的生活被划分为工作和休闲两部分；狮子、老虎被列为最凶猛的动物；人生常被比喻为一场梦。

【被…吸引住了】 bèi…xīyǐn zhù le ［四级］

例句▶ 走进张老师的家，大家立刻被院子里五颜六色的花草吸引住了。‖ 一个夏天的晚上，几个孩子在江边玩，突然被远处江面上那一闪一闪的灯光吸引住了。

解释▶ 因为……而使（一个人或一些人的）注意力都集中到了一个方面。“吸引”人的多是某人、某地或某事物的特别之处。“被”前面常有“突然、首先、立即、立刻、不是、渐渐、完全、不禁、深深地”等词。前面常有别的句子作相关的说明，有时后面也有句子描写出现的情况或补充结果。○多用于叙事和对话，口语。

★ **被＋名词＋吸引住了。** 框架格式。在句中作谓语。

扩展▶ 我们很快就被比赛吸引住了；渐渐被这个故事吸引住了；学生们立刻被他的画吸引住了；完全被这美妙的歌声吸引住了；深深地被这张照片吸引住了；完全被眼前的景色吸引住了；被他的才艺和能力吸引住了；听众被他生动的语言吸引住了；被这雄伟的建筑吸引住了。

【被…一空】 bèi … yìkōng ［三级］

例句▶ 离开学还有一星期，这所学校附近的房子已经被租借一空了。‖ 早在两三个月前，这家酒店的年夜饭就被预订一空。‖ 这种新产品很受欢迎，短短几天时间在各大超市就被抢购一空了。

解释▶ 空：没有了，全被……，一点儿也不剩。多指某物品等很受欢迎，在市场上很快就没有了；也指位置被占满了，如房间、座位等；还指某人、某地的东西被抢光了，钱被花光了等。结构前常有“可、但、立刻、很快、已经、再次、均、早就、全部、统统”等词。前面常有别的句子作相关的说明，有时后面也有句子进行补充。○多用于描写和叙事，书面语。

★ **被＋动词＋一空。** 框架格式。在句中常作谓语。结构中的动词多是双音节词。

扩展▶ **用法1）**物品等很快就没了：商品被销售一空；提前十天的火车票被预订一空；上千本书立刻被索要一空；演出票再次被领取一空；满桌饭菜很快被席卷一空；全部展品被认购一空。

用法2）位置被占满了：空位全被抢占一空；新年晚宴被预订一空。

用法3）东西、钱等被抢光、花光：身上的东西被抢劫一空；途中车上货物被偷盗一空；钱已经被他挥霍一空；身上的6000元被洗劫一空。

【被…这么一…】 bèi … zhème yī … ［三级］

例句▶ 他突然做了个怪动作，旁边的人被他这么一逗，大笑起来。‖ 本来我高高兴兴地想带她去看电影的，被她这么一闹，完全没心情了。‖ 这事我自己都想不起来了，但被你这么一说，我记起来了，我是有个朋友在北京做生意。

解释▶ 因为一个人的一个动作或行为，在另一个或一些人那里出现了一种结果。动作或行为大多是偶然的、突发的。“这么”有加强语气的作用，可以换成“这 / 这样”。“一”后面多是和说话、吵架以及短时间的动作或行为等有关的词语，语气较强。前面常有别的句子作相关的说明，后面的句子多说明动作的结果或事情的进展。○多用于叙事和对话，口语。◇也说“让…这么一…”。

★ **被 + 名词 / 代词（指人）+ 这么一 + 动词。** 框架格式。单独成小句，后面接表示结果的句子。结构中的动词多是单音节词。结构中的名词或代词和后面小句的主语不是同一人或物。

扩展▶ 被他这么一吓，出了一身汗；被你这么一提醒，我倒想起来了；被你这么一说，我都不好意思了；母亲被我这么一问，脸上显出了不安的表情；被小伙子这么一喊，他从梦里醒过来了；被她这么一叫，老王可来火了；被她这么一骂，我反倒清醒了；被她这样一推，那人都吓傻了；被你这么一拉，他就摔倒了。

【本想 …，**但 / 可（是）**… 】 běn xiǎng …，dàn / kě（shì）… ［二级］

例句▶ 周末本想睡个懒觉的，可一大早电话就响个不停，觉也没睡好。‖ 本想回老家过年，但看到车票这样难买，今年只好不回了。‖ 本想向他打招呼，但没等我说话，他已经从我身边走过去了。

解释▶ 原来打算做什么，但因为一些原因而改变了以前的计划。有时含有无奈的意味。多用来描述事情发生的经过。“但是、可是”后常引出变化的情况。多放在句首，有时前面或后面有别的句子作相关的说明或补充。○多用于叙事和对话，口语。

★ **本想 + 动词$_1$ / 句子$_1$，但 / 可（是）+ 动词$_2$ / 句子$_2$。** 可独立成句，也可在句中作谓语。结构中的两个小句有转折关系。

扩展▶ 本想进去参观，可门票太贵；本想去逛街，可是突然下雨了；本想加件外衣，但是窗外出太阳了；本想暑假去旅游，但临时有事去不了了；本想告诉你，但一直没时间跟你见面；本想去跳舞，可没人陪我去；本想去图书馆看书，可一大早就有客人来了。

【本想 …，**结果** … 】 běn xiǎng …，jiéguǒ … ［二级］

例句▶ 这种笔超市里正在打折，又好写又便宜，我本想买一支，结果买了一盒回来。‖ 本想和朋友一起租房子，结果朋友搬到亲戚家去住了，我只好自己把这套房子租下来了。‖ 我这个人嘴笨，看到她难过，本想安慰她，结果说错了话，她更加难过了。

解释▶ 原来打算做什么，但因为一些原因，出现了意外情况，事情没有按照自己的想法或计划发展，有时甚至出现了相反的结果。结构位置比较灵活，前面常有别的句子作相关的说明，有时后面也有句子进行补充。○多用于叙事和对话，口语。

★ **本想＋动词$_1$／小句$_1$，结果＋动词$_2$／小句$_2$。** 可独立成句，也可在句中作谓语。结构中的两个小句有转折关系。

扩展▶ 本想请她看电影，结果她没时间，没看成；本想今天回家，结果火车票卖光了；本想对孩子的家长说些什么，结果还是放弃了；本想给他留下个好印象，结果他连我是谁都不知道；本想跟他把这件事情解释一下，结果一直没见着他。

【**本着 … 精神／原则／方法／态度 …**】 běnzhe … jīngshén / yuánzé / fāngfǎ / tàidù … ［七—九级］

例句▶ 我们虽然来自不同的国家，但本着相互理解、相互帮助的态度，大家相处得还不错。‖ 本着对后代负责的原则，我们应该保护好环境，保护好家园。

解释▶ 根据某个原则和方法；遵守某个精神或采取某种态度。多指做某事的态度和观点，常用于比较正式的场合。前面常有"同意、应该、正是、继续、一贯、始终、都要、愿意、还将、一直"等词语。结构位置比较灵活，前后常有别的句子作相关的说明或补充。○多用于叙事和对话，书面语。

★ **本着＋动词／形容词＋的精神／原则／方法／态度…。** 介词短语，在句中作状语。可以放在主语前，也可放在主语后、动词前。

扩展▶ 本着团结的精神；本着公平的原则处理问题；本着科学的态度对待各种问题；本着认真负责的精神努力工作；本着合作的态度来完成任务；本着学习的态度进行参观访问；本着知识和趣味相结合的方法给大家讲课；本着互相尊重、平等的原则和别人交往；本着助人为乐的精神帮助别人。

【**甭提（有）多…（了）**】 béng tí（yǒu）duō …（le）［超纲］

例句▶ 那天的生日晚会来了好多人，甭提有多热闹了。‖ 听了她的一番话，我这心里甭提多感动了。‖ 邻居老王的小孙女才三岁，小小的年纪又会唱又会跳，甭提有多可爱了。

解释▶ 甭：不用。不用说有多么……。表示程度非常高，高得难以形容。多用来描述某人或某物的情况。有夸张的意味。多放在句尾，前面常有别的句子说明相关的情况或原因，有时后面也有句子进行补充。○多用于叙事和对话，口语。

★ **甭提（有）多＋形容词＋(了)。** 框架格式。在句中作谓语，也可独立成句。

扩展▶ 甭提（有）多好看（了）；甭提心里（有）多高兴（了）；今后生活甭提（有）多好（了）；甭提（有）多兴奋（了）；甭提（有）多顺利（了）；甭提（有）多有意思（了）；甭提（有）多讨厌（了）；甭提（有）多难受（了）；甭提（有）多难过（了）；甭提（有）多惨（了）；甭提（有）多烦人（了）。

【A 比 B … 】 A bǐ B … ［一级］

例句▶ 今天比昨天冷一点儿，出门的时候多穿些衣服吧。‖ 虽然我是弟弟，但个子却比哥哥高得多。‖ 这家超市比那家更大，可东西却没有那家便宜。

解释▶ 两个人或一些人之间、两个事物之间相比较，后面都有比较的结果。可对比的方面很多，包括速度、时间、程度、数量、范围等。前面或引出话题，或有别的句子进行说明，有时后面也有句子进行补充。○多用于叙事和对话，口语。

★ 1）**名词$_1$＋比＋名词$_2$＋形容词＋(一点儿／一些)。**

2）**名词$_1$＋比＋名词$_2$＋形容词＋得多／多了。**

3）**名词$_1$＋比＋名词$_2$＋形容词＋数量短语。**

4）**名词$_1$＋比＋名词$_2$＋(更／还)＋形容词。**

框架格式。可独立成句。否定表达为“A 不比 B…”“A 没有 B…”。

扩展▶ **句型 1）**这个城市的人口比那个城市的少；他的成绩比我高（一点儿）；我的体育比他好（一点儿）；这双鞋比那双大（一点儿）；这件衣服颜色比那件深（一些）。

句型 2）你去过的地方比我们多得多；南方比北方热得多；这件衣服比那件贵多了；你比我高多了；他花钱比我少多了；我每个月打电话的费用比你多多了。

句型 3）今天的气温比昨天高两度；你比我矮两厘米；他的成绩比你低一分；我比你重两公斤；他家离学校比我家近一站路；书比杂志贵 20 块。

句型 4）他学习比我更努力，成绩比我更好；大象比熊猫更重；这个苹果比那种更甜一点儿；今天比昨天还冷；他比你还年轻；这条路比那条路还近一点儿。

【（A）比B低一等】（A）bǐ B dī yì děng ［二级］

见191页【（A）低B一等】条。

【比A还A】 bǐ A hái A ［一级］

例句▶ 你怎么说起来一套一套的，真是比专家还专家。‖ 他的心特别细，考虑得很周到，比女人还女人。‖ 你看到小张了没？她今天打扮得比明星还明星，很可能是有重要的约会。

解释▶ 比……还，比……更。强调一个人的性格、特点、能力或某方面等很突出，有时也强调一个事物的特点很突出。结构中的第一个"A"表示在某方面具有典型的、公认的特点的人或事物，第二个"A"强调人或事物的这种特点达到了相当高的程度，多指超出了同类中典型的情况。带有夸张的意味，引人发笑。前面常有别的句子说明情况，有时后面也有句子补充或说明结果。○多用于叙事和对话，口语。

★ **比＋名词＋还＋名词。** 框架格式。在句中常作谓语、定语或补语。

扩展▶ 那个地方真的比天堂还天堂；有时候生活比电影还电影；回到家，他比贵族还贵族，什么事儿都不干；练起功夫来，他比成龙还成龙；今年夏天武汉比火炉还火炉；这是一场比世界级还世界级的比赛；比老板还老板的口气；遇到陌生人时，他害羞得比女孩儿还女孩儿；他的脑子快得比电脑还电脑。

【比起…来】 bǐqǐ … lái ［一级］

例句▶ 他学什么都很快，我比起他来差远了。‖ 比起过去来，现在的生活水平已经提高了很多。‖ 第一次见到大海时他才认识到，家乡的河虽然大，可是比起海来，实在太小了。

解释▶ 和一个人或一个事物比较（另一个人或物的情况怎么样）。用来比较，被比较的人或物插在结构中间，后面一般都有比较的结果。前后常有别的句子作相关的说明或补充。○多用于叙事和对话，口语。

★ **比起＋名词/代词＋来。** 介词短语，在句中常作状语。

扩展▶ 比起那件来，这件衣服也许你穿更合适；比起第一次考试来，这次要放松一些；比起现在来，那时的条件差远了；比起台式电脑来，手提电脑轻便多了；比起北京来，上海的夏天更热；比起鲜奶来，我更喜欢酸奶。

【比如 A、B … 等】 bǐrú A、B … děng ［二级］

例句▶ 我们班成绩好的人多着呢，比如张明、李军、王海等，学习都很厉害。‖ 年轻人的爱好很广泛，比如运动、音乐、上网、游戏等都是他们感兴趣的。‖ 刚留学时都会遇到这样或那样的困难，比如不会做饭、不认识路、语言不通等，时间长了，这些困难自然就克服了。

解释▶ 举出两个或两个以上的人或事物作为例子来说明情况。放在句中适当的位置，用来解释说明前面所提到的事物，或有补充说明的意思。前面或者先引出话题，或者有别的句子作相关的说明，后面通常有句子再进行总结或补充。○多用于叙事和对话，口语。

★ 1）**比如 + 名词$_1$、名词$_2$… 名词$_n$ + 等。**

2）**比如 + 动词$_1$、动词$_2$… 动词$_n$ + 等。**

框架格式。在句中作为插入语。

扩展▶ **句型 1）** 他特别爱吃水果，比如西瓜、苹果、梨等；中国的传统节日，比如春节、中秋节、端午节等都很有特点；比如公交车、地铁、火车等交通工具；电子产品，比如手机、电脑、游戏机等都是年轻人每天离不开的东西；比如彩电、冰箱等电器都进入了普通人的家庭。

句型 2） 比如慢跑、快走、散步等运动，每天都可以坚持；手机除了可以打电话以外，其他功能真不少，比如发微信、看新闻、读书、听歌等。

【A 毕竟是 A】 A bìjìng shì A ［五级］

例句▶ 孩子毕竟是孩子，他们有自己的想法，作为家长应该尊重他们。‖ 你看，老朋友毕竟是老朋友，几年没联系，一见面还是那么亲切。‖ 虽然我们是同学，可考试毕竟是考试，试卷我不能给你看。

解释▶ 毕竟：讲到根本的原因、特点或事实。先找出某人或某物的特点，然后再对这个特点进行解释或说明，强调某人或某事物的特点跟其他人或事物不同。多用于说明原因、道理或关系。语气较强。结构位置比较灵活，前后常有别的句子作相关的说明或补充，有时也指出应该怎么样。○多用于叙事和对话，口语。

★ **名词 + 毕竟是 + 名词。** 框架格式。可独立成句。

扩展▶ 母亲毕竟是母亲，她说的话总要听；老朋友毕竟是老朋友，互相都很帮忙；你毕竟是你，不能代替我；商人毕竟是商人，不会做亏本生意的；艺术毕竟是艺术，不是现实生活；现实毕竟是现实，哪有那么理想的事。

【闭着眼睛都能 … 】 bìzhe yǎnjing dōunéng … ［二级］

例句▶ 我上下班一定要走这条路，每天来回要走两趟，可以说闭着眼睛都能走到家门口。‖ 尽管我已经多次告诉父母，学校的课不太难，我闭着眼睛都能通过考试，但他们还是为我担心。

解释▶ 某件事对于说话人来说太熟悉、太简单，很容易就能做到；也指说话人对某事很有把握、很有信心。带有轻松的语气、夸张的意味。结构位置比较灵活，前后常有别的句子作相关的说明或补充。○多用于叙事和对话，口语。

★ **闭着眼睛都能＋动词。** 在句中常作谓语。没有否定表达。

扩展▶ 闭着眼睛都能知道他们是谁；闭着眼睛都能做这活儿；闭着眼睛都能赢你；闭着眼睛都能找到出口；闭着眼睛都能毕业；闭着眼睛都能把球投进去；这里的街道我闭着眼睛都能说出来；在我们店里，我闭着眼睛都能知道什么东西放在什么地方；闭着眼睛都能知道这是谁的东西。

【避 A 就 B】 bì A jiù B ［四级］

例句▶ 考试时，应该避难就易，把自己有把握的题先做好，之后再做难的题目。‖ 年轻人应该勇敢地接受挑战，面对困难，而不该避重就轻。‖ 做研究做学问应该有避热就冷的态度，去研究大家没研究过的东西，成功的机会自然大得多。

解释▶ 避：躲开；就：靠近。躲开、远离、避免某些事情，而去做另一些事情。多指在面对问题时的态度和做法，如做什么，不做什么；或者想做什么，不想做什么。用于建议人们应该做什么不应该做什么，或批评某人遇到问题、困难或工作时不正确的态度。结构位置比较灵活，前后常有别的句子作相关的说明或补充。○多用于评价和叙事，书面语。

★ 1）**避＋名词$_1$＋就＋名词$_2$。**

2）**避＋形容词$_1$＋就＋形容词$_2$。**

框架格式。在句中常作谓语、定语。结构中的前后两个名词或形容词一般为意思相反或相对的单音节词，组成四字格式。

扩展▶ **句型 1）** 父母希望我能避祸就福，一生都顺顺利利；要坚持自己的看法，不能避毁就誉。

句型 2） 做工作避难就易，这不是应有的工作态度；遇到问题不能避重就轻、避害就利、避实就虚，这样是解决不了问题的；自然界中的很多动物都会避凶就吉；他做生意的思路和一般人不同，他选择避热就冷。

【避A趋B】 bì A qū B ［四级］

例句▶ 现在很多年轻人找工作避苦趋乐，喜欢找那些环境好、工作轻松的单位。‖ 希望这次他能避凶趋吉，平安顺利地回来。‖ 很多人在说话上避俗趋新，喜欢跟别人不一样，所以产生了那么多新的词语。‖ 我在房子装修时一直坚持避繁趋简的原则，简简单单才最美。

解释▶ 避：躲开；趋：朝着，向着。避免做某些事情，而尽可能做或追求另一些事情。多指人们在做事情上的态度和做法，如找对自己有利的做，而避开对自己不利的情况；或者想做什么，不想做什么等。用于评论某些做法是好的，应该坚持的；某些态度是不应该的或不正确的；也用于建议人们该怎么做。○多用于评论、建议或批评，书面语。◇ 也说“趋A避B”。

★ **避＋形容词$_1$＋趋＋形容词$_2$。** 框架格式。在句中常作谓语、定语。结构中的前后两个形容词一般为意思相反或相对的单音节词，组成四字格式。

扩展▶ 小孩子在学写字的时候总是习惯于避难趋易；大学生选择专业也应考虑避热趋冷；人们习惯采用避凶趋吉的办法来面对困难；现在新年用手机短信拜年的方式就是避俗趋新的做法；汉字发展的总规律是避繁趋简；在经济发展的大好时机应加紧工作，避害趋利。

【边A边B】 biān A biān B ［二级］

例句▶ 昨天的联欢会上，她在舞台上边跳边唱，高兴极了。‖ 像你这样边听音乐边学习，能学好吗？ ‖ 刚抬头，就看见远处有两个人边说边笑地朝我这边走来，仔细一看，原来是我的同班同学。

解释▶ 在做一件事的同时也在做另一件事，两件事同时进行。多用来描写动作行为。结构位置比较灵活，前后常有别的句子作相关的说明或补充。○多用于描写、叙事和对话，口语。◇也说“一边A一边B”“一面A一面B”。

★ **边＋动词$_1$＋边＋动词$_2$。** 框架格式。在句中常作谓语、状语。

扩展▶ 边听边说；边听边写；边说边想；边走边吃；边跑边叫；边工作边学习；边学习边讨论；边做饭边聊天儿；边看电视边吃饭；边上网边打电话；边聊天儿边做作业；边坐车边打手机。

【变A为B】 biàn A wéi B ［二级］

例句▶ 虽然这次失败了，可你千万不要失去信心，可以从另一个角度考虑考虑，说不定能变坏事为好事呢。‖ 在大家的帮助下，他终于变退步为进步，在考试中取得了好成绩。‖ 他不理你，你就不能变被动为主动，先去找他吗？

解释▶ 使事物、事情从原来的情况变成相反的情况。有的是自然出现的情况，也有的是通过努力使情况发生变化。多用来描写人或事情的变化，也可用来建议别人做什么。结构位置比较灵活，前面常有句子说明相关情况，有时后面也有句子进行补充。○多用于叙事和建议，书面语。

★ 1）**变＋名词 $_1$＋为＋名词 $_2$**。

2）**变＋动词 $_1$＋为＋动词 $_2$**。

3）**变＋形容词 $_1$＋为＋形容词 $_2$**。

框架格式。在句中常作谓语。结构中的前后两个名词、动词或形容词在音节上大致相同，在意思上相对或相反。

扩展▶ **句型 1**）要努力变梦想为现实；要学会废物利用，变废为宝；变坏处为好处。

句型 2）经过不断的努力，他们终于变失败为成功；我一定要变不可能为可能；比赛时，要善于变防守为进攻。

句型 3）十年后，这个地区变穷为富了；希望你们变不利为有利；经过她这么一说，竟然变拙为巧了；努力建设，使国家变弱为强。

【V 遍了（…）】V biàn le（…）［二级］

例句▶ 整个暑假，为了找到那本书，全市所有的图书馆我几乎都跑遍了。‖ 她的手机关机了，我找遍了她可能去的地方，还是没有找到她。‖ 这几年我在外做生意，几乎走遍了大半个中国，也交了很多朋友。

解释▶ 遍：全部，整个。表示动作涉及范围内所有的地方、人或物，很全面。多用来描述某人或物的情况、状态。结构中的名词前面常有“所有、整个、全部、各个”等词语。结构位置比较灵活，前后常有别的句子作相关的说明或补充。需要时结构可连用。○多用于描写、叙事和对话。

★ **动词＋遍了＋（名词）**。 在句中常作谓语。结构中的动词多是单音节词。结构中的名词可以放到句子前面作主语。

扩展▶ 各个地方找遍了；所有人都问遍了；游遍了整个意大利；翻遍了书店的复习资料；春风吹遍了大地；他的名字传遍了全世界；玩遍了可以玩的游戏；花开遍了草原；踏遍了那里的山山水水；各种奖牌拿遍了；这首歌红遍了全球。

【表达…之情】biǎodá … zhī qíng ［三级］

例句▶ 古人喜欢用写诗的方式来表达对家乡的思念之情。‖ 多亏了张医生，小丽的病才好得这么快，我们说什么都无法表达自己的感激之情。‖ 这位蒙古族的年轻人以具有民族特色的表演，表达了对客人们的欢迎之情。

解释▶（用语言、表情、动作或别的方式）表现自己对……的感情。结构前常有“用…形式”“以…方式”等格式。前面的句子常有关于什么原因或用什么方式、对谁等相关的说明，有时后面也有句子进行补充。○多用于叙事，书面语。

★ **表达＋动词 / 形容词＋之情。** 动宾结构。在句中常作谓语。否定形式为“无法 / 不能 / 难以＋表达…之情”“表达不出…之情”。

扩展▶ 用书画表达爱国之情；表达了自己的兴奋之情；丰收的农民表达了喜悦之情；表达他们的悲痛之情；以文章的形式表达对烈士们的崇敬之情；他们以独特的方式表达了对祖国的热爱之情；以歌舞的方式表达对外国人民的友好之情。

【表现出…的样子】biǎoxiàn chū … de yàngzi ［三级］

例句▶ 看起来他准备得十分充分，一走上台，他就表现出一副很自信的样子。‖ 经理拿着手中的文件，不停地摇头，表现出很不满意的样子。

解释▶（在做某件事情的时候，脸上或动作）显出了……的样子。多指心理状态或态度可以直接从表情或动作看出来。结构前常有“真正、显然、虽然、偏偏、不要、有意、的确、出处、时常会”等词语，前面常有句子对某人的动作行为等进行描写和说明，有时后面也有句子进行补充。○多用于描写、叙事和对话。

★ **表现出＋动词 / 形容词＋的样子。** 动宾结构。在句中常作谓语。否定形式为“没有 / 不能＋表现出…的样子”“表现不出…的样子”。

扩展▶ 表现出很担心的样子；表现出十分亲热的样子；脸上表现出快乐的样子；表现出很悲伤的样子；表现出什么都不知道的样子；表现出十分吃惊的样子；表现出和自己不相干的样子；表现出一副奇怪的样子；表现出准备战斗的样子；表现不出很勇敢的样子；不能表现出自己本来的样子；没有表现出认真倾听的样子。

【表现在…上】biǎoxiàn zài … shang ［三级］

例句▶ 我认为汉语难学主要表现在汉字和声调上，这两点在大部分语言中是没有的。‖ 一般说来，心情的变化还会引起身体不同部位的变化，尤其表现在面部上。‖ 这位画家很善于观察，他能把孩子们在雪地上玩乐的场面表现在画纸上。

解释▶（人或物的某个特点、心理等）在……方面，或……地方，或……方式显露出来。结构前常有“主要、不仅仅、尤其、重点、首先、突出、集中”等词语。结构位置比较灵活，前面或后面常有别的句子进行说明或补充。○多用于叙事和对话。

★ **表现在＋名词＋上。** 框架格式。在句中常作谓语。

扩展▶ 认真负责的态度表现在工作上；两种产品的区别表现在制作方法上；将所有的知识都表现在试卷上；将自己的喜怒哀乐都表现在脸上；这种思想表现在工作上，就是采用不负责任的态度对待一切；生活水平的提高表现在生活方式上是消费观念的改变。

【别AA的】 bié A A de ［一级］

例句▶ —大姐，你……—别大姐大姐的，我都被你叫的不好意思了。‖ 别朋友朋友的，我们刚认识，还没熟到这个程度。‖ 你别好老婆好老婆的，我知道你这么叫我准没好事儿。

解释▶ 不要这么叫我。说话人不愿意接受这个称呼，觉得这个称呼不合适，或者觉得对方是为了其他目的而故意拉近关系。多用来直接打断或回答别人的话，结构中的名词只能是用来称呼人的词。可用于第一次见面的人之间，也可以是熟人之间。有时带有不好意思、不满、开玩笑的意味。多放在句首，后面常有别的句子补充说明。○多用于对话，口语。

★ **别＋名词＋名词＋的。** 框架格式。在句中常作谓语，也可独立成句。

扩展▶ 别大嫂大嫂的，有事求我帮忙吧；别阿姨阿姨的，我有这么老吗；别大哥大哥的，谁是你大哥；别老乡老乡的，我不买你的东西；别哥们儿哥们儿的，谁是你的哥们儿。

【别的不说，就说…吧】 biéde bù shuō，jiù shuō … ba ［一级］

例句▶ —这家餐厅怎么样？—各方面都不错，别的不说，就说里面的服务员吧，态度特别好。‖ 我是个特别粗心的人，经常丢三落四，别的不说，就说眼镜吧，今年都丢过好几副了。‖ 他的记性是出了名的好，别的不说，就说记电话号码吧，他能记住一百多个人的。

解释▶ 有很多方面都能说明问题，但这里只拿其中一个方面作为例子来说明。多用来说明某人、某地或某物的某个特点。前面通常有别的句子对某人某地某物的特点进行总的概括，后面的句子常引出例子对前面的部分作补充说明。○多用于对话，口语。

★ **别的不说，就说＋名词／动词＋吧。** 可独立成句，后面必须有后续句。

扩展▶ 别的不说，就说他给我买的笔吧，大概有十多支；别的不说，就说他做事的那份认真吧，值得学习；别的不说，就说南京吧，……；别的不说，就说你这次考试的成绩吧，……；别的不说，就说他的脾气吧；别的不说，就说他的兴趣吧，唱歌、画画儿，样样拿得起来；别的不说，就说打篮球吧，班级里没有人打得过他。

【别放在心上】 bié fàng zài xīnshang ［一级］

例句▶ 他的性格就这样，直来直去，有什么说什么，你千万别放在心上。‖—王大哥，前天多亏了你帮忙把我小孩儿送到医院，太感谢你了！—没什么，小事一桩，你真的别放在心上。‖他们爱在背后说人家坏话，就让他们说去，别放在心上，就当没听见好了。

解释▶ 对方遇到不开心或不顺利的事时，劝对方不要生气或难过，带有安慰或鼓励的意味；也指给别人提供帮助后，告诉对方不用总是记在心里，表示自己的帮助不算什么，这时带有谦虚的意味。结构前常有“一定、千万、真的”等词语。结构位置比较灵活，前后常有别的句子作相关的说明或补充。○多用于对话，口语。◇第一个意思也说“别往心里去”。

★ **别放在心上。** 在句中作谓语，也可独立成句。

扩展▶ **用法1）**用于对方不开心或不顺利时：我开玩笑的，请别放在心上；想开点儿，别放在心上；如果他说了什么错话，你千万别放在心上；没事儿了，千万别放在心上；总之是我不好，你别放在心上。

用法2）用于给别人帮助时：这件事儿你就别放在心上了；我只是做了我该做的事，别放在心上；这是我应该的，你别总放在心上。

【别光…】 bié guāng … ［三级］

例句▶ 别光站着，快过来帮忙吧。‖你呀，别光想着我不好的地方，也想想我对你好的地方嘛！‖买书的时候别光看书的名字，其实有的书名字不怎么样，但内容还是挺不错的。

解释▶ 做事的时候，不要只做或只考虑某一个方面，而不做或不考虑其他方面。意思是只做或只考虑这一方面是不对或不够全面的，应该做或考虑另一方面或其他几方面。含有对方看问题不够周全、做事不够妥当的意味。多用来劝说、提醒别人。前面常有别的句子作相关的说明，后面常有句子说明应该做的或应该考虑的事。○多用于叙事和对话，口语。

★ **别＋光＋动词。** 可独立成句，也可在句中作谓语。

扩展▶ 别光说我了，说说你自己吧；别光顾工作，也得休息休息；你别光吃东西了，跟我来一下办公室；别光笑，认真一点儿；别光说得好听；别光在国内旅行，去国外看看呀；买衣服别光看样子，还得看质量和价钱；做任何事都别光想着自己，一定得考虑别人的感受。

【别看…，但／可（是）…】 bié kàn…，dàn／kě（shì）… ［二级］

例句▶ 别看他们都不是设计专业的，但做起设计来一点儿都不比专业的差。‖ 这孩子可懂事了，别看她才5岁，但人家已经能自己管理自己了。‖ 我们印象最深的就是这墙上的照片，别看屋子面积不大，但墙上却挂满了他和名人的合影。

解释▶ 不要以为是这样子的，其实……。意思是这种情况是表面的，实际情况不是这样的；也指这是一部分情况，还有另一部分情况。后面的情况大多和前面的相反或差别比较大，或一般人想不到，相当于“虽然……，但是……”。多用于提醒人们注意事情的另一面。有强调的意味。前面常有句子引出某方面的事情或情况，有时后面也有句子进行补充。○多用于描写、叙事和对话，口语。

★ **别看＋小句，但／可（是）＋（名词／代词［指人］）＋（却）＋动词／形容词。** 可独立成句，结构中的两个小句有转折关系。

扩展▶ **用法1）**实际情况不是这样：别看爷爷年纪大了，但身体却好得很；别看他不爱说话，但他却是个爱唱歌的孩子；别看他人不大，可那张嘴特别会说；别看她是个女的，可什么家务都不会干；别看孩子们年龄小，可参加过多次国际比赛。

用法2）除了这个还有别的：别看这电脑表面很简单，可设计的时候很复杂；别看他们表演的时候很轻松，但表演之前得练习很多遍。

【别人不A，你还不A吗】 biérén bù A，nǐ hái bù A ma ［一级］

例句▶ 这个道理别人不明白，你还不明白吗？‖ 你我认识十几年了，我是什么样的人，别人不了解，你还不了解吗？‖ 我做的这一切都是为了你，别人不理解我，你还不理解我吗？

解释▶ 如果别人不怎么或即使别人不怎么，你也应该怎么。说话人觉得某人的身份、地位、能力、关系等不一般，应该怎么样，或对某事完全能够怎么样。结构中的后半部分用否定形式的反问句表示肯定，含有埋怨、批评对方不应该或应该……的意思。有时带有责备的意味，语气较强。结构中的动词多是“明白、知道、理解、了解、懂”等词语。多放在句尾，结构前常有别的句子作相关的说明。○多用于对话，口语。

★ **别人不＋动词，你还不＋动词＋吗。** 可独立成句。结构中的两个分句有并列关系。

扩展▶ 别人不知道，你还不知道吗；别人不懂，你还不懂吗；别人不认识，你还不认识吗；别人不熟悉，你还不熟悉吗；别人不会，你还不会吗；别人不能做，你还不能做吗；别人完不成，你还完不成吗？

【**别**是…吧】 bié shì … ba ［一级］

例句▶ 这两天他好像有些不开心，别是跟女朋友闹矛盾了吧？‖ 都什么时候了，他怎么还不回来？可别是出了什么事吧？‖ 这孩子怎么啦？坐着不动也不说话，别是生病了吧？

解释▶ 难道是……。表示猜测，多根据前面已有的情况进行猜测，所猜测的事情多是不希望发生的、不好的或不愉快的。含有担心的意味。多放在句尾，前面常有别的句子说明情况。○多用于对话，口语。

★ **别是＋动词／小句＋吧。** 框架格式。可独立成句，也可作谓语。

扩展▶ 别是没考好吧；别是要下大雨吧；我别是钥匙忘在家里了吧；别是你把我的电脑弄坏了吧；别是酒喝多了吧；别是你把东西丢了吧。

【**别**说A，就是B也／都…】 biéshuō A，jiùshì B yě / dōu… ［一级］

①例句▶ —听说这家公司在北京很有名。—别说在北京，就是在全国都很有名。‖ 衣服只要你喜欢就买，别说几百块钱，就是几千块钱我也给你买。

解释▶ 不要说……，即使……也／都……。用肯定句时，先把某个人或某事物往低处说，来突出后面的人或事。前一小句多往小、少、轻、容易等方面说，后一小句多往大、多、重、难的方面说，含有后一种情况都出现了、都行，前一种情况更不用说了的意思。有时也有相反的情况，只要行，后一种情况也能接受。有时含有夸张的意味。具有强调作用。前面常有别的句子作相关的说明。○多用于对话，口语。

②例句▶ 他这么一打扮，别说那些同事认不出，就是他父母不细看也很难认出来。‖ 这种病很可怕，就是神医都治不好，别说是一般的医生了。

解释▶ 不要说……，即使……也／都（不）……。用否定句时，表示无论怎么样，结果都不会改变。前一小句多往小、少、轻、容易等方面说，后一小句多往大、多、重、难的方面说，含有后一种情况不会改变结果，前一种情况更不可能改变结果的意思。“就是”引出的小句也可放在前面，这时表示从前一句自然得出后一句的结果。有时含有夸张的意味。具有强调作用。前面常有别的句子作相关的说明。○多用于叙事和对话，口语。

★ 1）**别说＋名词$_1$，就是＋名词$_2$＋也 / 都＋（不）＋动词。**

2）**别说＋动词$_1$，就是＋动词$_2$＋也 / 都＋（不）＋动词$_3$ / 形容词。**

可独立成句。结构中的两个小句有让步关系。

扩展▶ **句型 1**）别说巧克力了，就是天上的星星我也会给你摘下来；别说几百万了，就是有几万也好啊；别说是外语了，就是母语我也说不好；别说是这么难的数学题了，就是最简单的他也不会做；别说你了，就是他妈妈也不知道这件事。

句型 2）别说他只说声谢谢了，就是给我钱我也不高兴；别说买两套房子，就是买一套我也愿意；别说要我买，就是送给我，我也不想要；别说是现在了，就是你再练习十年也不一定是他的对手。

【别说 A，连 B+ 都 / 也 …】 biéshuō A，lián B ＋dōu / yě … ［一级］

例句▶ 我小的时候爸爸妈妈工作特别忙，别说节日了，就连自己的生日都经常忘了。‖ 刚到那个地方，别说和别人交谈了，我连听都听不懂。‖ 这地方别说动物了，连一根草也没有。

解释▶ 不要说……，甚至……都没有或都不……。举出两个程度差别大的事物或情况，第一种情况是以第二种情况为前提或条件的，第二种情况都不能实现，第一种情况更不可能实现。含有根本就不可能实现的意思，具有加强否定的作用。前面常有别的句子作相关的说明。○多用于叙事和对话，口语。

★ 1）**别说＋名词$_1$，连＋名词$_2$＋都 / 也＋动词。**

2）**别说＋动词$_1$，连＋动词$_2$ / 名词 / 小句＋都 / 也＋动词$_3$。**

可独立成句，结构中的两个分句有让步关系。“都 / 也”后的动词常用否定形式。

扩展▶ **句型 1**）别说十块钱了，连一分钱都没有；别说汽车了，连一个人影都没有；别说八点，连九点都早过了；别说你的生日了，就连我自己的生日都忘了。

句型 2）别说帮他了，连我自己的事情都没做完；那时别说买衣服了，连吃饭的钱都没有；别说到国外旅行了，连到国内旅行也没有钱；别说做饭了，连煮个鸡蛋都不会。

【别提（有）多…了】 biétí（yǒu）duō … le ［二级］

例句▶ 每年春节，家人都聚在一起，吃吃饭聊聊天儿，别提多热闹了。‖ 再过二十分钟火车就要出发了，可我现在还在出租车上，心里别提有多着急了。‖ 我一直有个愿望，那就是来中国留学，现在愿望终于实现了，我的心里别提多激动了。

解释▶ 提：谈，说；多：多么。表示人心里的感觉或事物的程度非常高，不用细说。含有夸张的语气。前面常有句子说明事情的经过或原因。○多用于叙事和对话，口语。

★ **别提（有）多＋动词/形容词＋了。** 框架格式。可独立成句，也可在句中作谓语。结构中的动词多是表示程度的心理动词。

扩展▶ 别提多美了；我心里别提多难过了；别提多好看了；心里别提多高兴了；别提多开心了；别提多有意思了；别提多伤心了；别提多精彩了；这工作别提多难做了；心里别提多羡慕了；别提多得意了；别提多紧张了；那时的生活别提多困难了；这关系别提多复杂了；现在的孩子别提多幸福了。

【别往心里去】 bié wǎng xīnli qù ［二级］

例句▶ 你爸批评你几句，别往心里去，他也是为了你好。‖ 我昨天说的那些话，是跟你开玩笑的，你可别往心里去呀。‖ 我刚才也是生气随口那么一说，并不是真那么想。原谅我吧，千万别往心里去。

解释▶ 往心里去：记在心里。对方遇到不顺心或不愉快的事时，劝对方不要生气或难过；有时也可能在自己说了什么让对方不高兴，向对方解释时使用。多用于劝说别人。结构前常有“一定、千万、真的、可”等词语。结构位置比较灵活，前后常有别的句子解释说明原因或补充。○多用于对话，口语。◇ 也说“别放在心上”。这时和“别放在心上”的第一个意思一样。

★ **别往心里去。** 可独立成句，也可在句中作谓语。

扩展▶ **用法 1）**用在对方不愉快时：这事儿你千万别往心里去；她说话喜欢直来直去，你一定别往心里去；过去的事已经过去了，别往心里去；有矛盾讲清楚就好了，别往心里去；如果他真的和你这么说，你也别往心里去。

用法 2）向对方解释：我只是随便说说，你别往心里去；我跟你开玩笑的，你千万别往心里去。

【别…着（…）】 bié … zhe（…）［一级］

例句▶ 行李太多，慢慢拿吧，别累着。‖ 你得让孩子多吃点儿，现在正是长身体的时候，别饿着他们了。‖ 你们说话声音干嘛那么大，小声点儿，别吓着孩子了。

解释▶（做事或说话的时候要注意）不要或避免产生某种不好的结果。多用于建议、劝说、责备、提醒对方。动词大多表示让人受到伤害或对人、物不利的意思。前面常有别的句子说明情况。○多用于对话，口语。

★ **别 + 动词 / 形容词 + 着 +（名词 / 代词）。** 框架格式。可独立成句，也可在句中作谓语。

扩展▶ 注意休息，别累着；当心身体，别冻着；多带些衣服，别冷着；少穿点儿，别热着；少吃点儿，别撑着胃；当心，别烫着手；少拿点儿，别扭着腰；这门矮，当心别碰着头；看着点儿，别撞着门；针很细，别刺着手；小心着点儿，别切着手；孩子该做什么就让做什么，别惯着他；玩儿的时候千万别伤着人。

【并不因此（而）…，反而…】 bìng bù yīncǐ（ér）…，fǎn'ér …［四级］

例句▶ 虽然他这次没考好，但并不因此而感到失望，反而更加努力学习。‖ 我帮了他很大的忙，他并不因此感谢我，反而觉得我多管闲事。‖ 那是我第一次走夜路，一路上没碰上一个人，我并不因此而害怕，反而觉得很刺激。

解释▶ 不因为……而（按常理去想、去做或去说），而是（做出完全相反或出人意料的事）。多指某人说的或做的不同于一般的情况，突出后面的动作、行为或事情。具有强调作用。前面常有句子说明情况。○多用于叙事。

★ **并不因此（而）+ 动词$_1$，反而 + 动词$_2$ / 小句。** 在句中作谓语。结构中的两个部分有转折关系。

扩展▶ 并不因此满足，反而提出更多要求；我并不因此而后悔，反而更珍惜现在的生活；并不因此而停止工作，反而没日没夜地加班；并不因此而不敢出门，反而天天和朋友去喝酒；朋友们并不因此而小看他，反而更加尊重他。

【不 / 没（有）+ 把…当回事】 bù / méi（yǒu）+ bǎ … dāng huí shì［二级］

例句▶ 刚开始我只是觉得头痛，并不把它当回事，没想到现在变得这么严重。‖ 小时候他说自己长大后想当数学家，但大家觉得他只是个孩子，都没把他的话当回事。‖ 在接受别人的礼物时，一定要当面把礼物打开看看，并表示自己很喜欢，否则别人会觉得你不把他当回事，会不愉快的。

解释▶ 对……不重视、不在意或没有放在心上。认为有没有……都无所谓或者不重要。“不”可以用来表达过去、现在或将来的事情，表示说话人不愿意重视；“没有”用来表达过去的事情，表示事实上没有做。多用来描述事情的经过，含轻率、轻视、无所谓的意味。结构前常有“根本、并、完全、都、从来、确实、的确、一直、从、全、谁也”等词语表示某人的态度等。前面常有别的句子说明原因或情况，有时后面有句子补充出现的结果。○多用于叙事和对话，口语。◇ 也说“没把…当回事”。

★ **不 / 没（有）+ 把 + 名词 / 代词 + 当回事。** 框架格式。在句中常作谓语。肯定形式为“把…当回事”，这时多用于反问句。

扩展▶ **句型 1）** 不 + 把：谁也不把他的话当回事；他从来不把钱当回事；原先并不把这病当回事，觉得没关系；他从不把孩子的话当回事；我说什么都没用，你根本就不把我说的话当回事；怎么能不把身体当回事呢；完全不把家庭当回事。

句型 2） 没（有）+ 把：确实没把对方的要求当回事；一直没把自己的身体当回事；谁没把他的看法当回事；你从来没把她当回事；他没有把这孩子当回事；并没有把这件事当回事；都没有把这次比赛当回事。

【不 / 没（有）+ 把 … **放在眼里**】 bù / méi（yǒu）+ bǎ … fàng zài yǎnli ［一级］

例句▶ 他很有钱，才不把这点儿钱放在眼里呢，想怎么花就怎么花。‖“你怎么把我送你的礼物弄丢了呢？看样子你根本不把我买的东西放在眼里！”她不高兴地说。‖ 因为他长得矮小，大家根本没把他放在眼里，没想到他这次竟得了第一名，真了不起。

解释▶ 觉得……不重要。表示对某人某事不重视。含有轻视的意味。“不”是指某人不愿意或不想……；“没有”表示事实上没有做。结构前常有“根本、从、更、完全、并、都、一直、渐渐、竟、哪里、同样、早已、绝、压根儿就、一点儿也”等词语。前面常有别的句子说明原因或情况，后面的句子有时顺着往下说，有时补充说明出现的相反情况。有时也用反问形式“谁会 / 怎么会 + 把…放在眼里”。○多用于叙事和对话，口语。◇ 也说“没把…放在眼里”。

★ **不 / 没（有）+ 把 + 名词 / 代词 + 放在眼里。** 框架格式。在句中常作谓语。

扩展▶ **句型 1**）不 + 把：从来不把朋友放在眼里；不想把这样的小事放在眼里；并不把他放在眼里；不把法律放在眼里；他们太不把我们放在眼里了；怎么会把它放在眼里呢；谁会把这样一个小厂放在眼里；他习惯了不把我这个新来的放在眼里。

句型 2）没（有）+ 把：没有把我放在眼里；因为工作太忙，他没把家里的事情放在眼里；小时候一起玩儿，长大了也没把她放在眼里；没把这几间破房子放在眼里；没把她的这些事放在眼里。

【不 A 白不 A】 bù A bái bù A ［三级］

例句▶ 今晚老板请客，不吃白不吃，干嘛不去啊？‖ 现在这家商场在免费送小礼品，抱着不要白不要的心态，我们也去拿了一份。‖ 昨天朋友约我去钓鱼，我想反正一个人在家也没什么意思，不去白不去，所以就答应了。

解释▶ 白：不花钱，没有代价。一件事，做的话不用付出就可以得到便利或好处，不做就浪费了不用付出而得到的（机会或东西）。对某人来说没有坏处，可能只有好处。用在自己身上，表示说话人的态度是选择去做某事；用在别人身上，表示说话人提示、劝说对方应该做某事。用于不付出就可得到好处的事情，含有好处就应充分利用，别浪费了的意味。前面常有别的句子作相关的说明，后面的句子或是劝说、建议，或是补充结果。○多用于叙事和对话，口语。

★ **不 + 动词 + 白不 + 动词。** 框架格式。在句中常作谓语、定语，也可独立成句。结构中的动词多是单音节词。动词的宾语多放在结构前面。

扩展▶ 电影不看白不看；东西不要白不要；免费的不拿白不拿；不读白不读；不用白不用；钱不花白不花；礼品不收白不收；不买白不买；不得白不得；酒不喝白不喝；不玩儿白不玩儿；音乐不听白不听。

【不比 A …】 bù bǐ A … ［一级］

例句▶ 你到学校 20 分钟，他到学校的时间也差不多，不比你家近。‖ 他本来就比你高，速度又不比你慢，篮球当然比你打得好。‖ 别看他只是大学毕业生，他的工作能力尤其是外语水平不比研究生差。

解释▶（相比较一个人或物）另一个人或物差不多或区别不太大。用否定形式否定某人某物的不足或过错，实际上是突出他（它）至少或可能达到和另一个人或物同样的程度，含有“差不多或甚至更……”的意味，多用于强调或不同意对方看法。结构前常有“至少、一点儿、其实、并、丝毫、更、真是”。前面常有别的句子作相关的说明，有时后面也有句子补充情况或下结论。○多用于叙事和对话，口语。

★ **不比＋名词 / 代词＋形容词。** 在句中常作谓语。

扩展▶ 至少不比你慢 / 快；一点儿也不比平时少 / 多；她长得不比你漂亮 / 难看；他的收入不比你高 / 低；找工作并不比 5 年前容易 / 难；这里的东西并不比上海便宜 / 贵；他并不比你知道得多 / 少；你的工作不比我的累 / 轻松；那里的天气不比这里冷 / 热。

【不必非得 …】 búbì fēiděi … ［三级］

例句▶ 我看买东西不必非得上街，网上也可以买，而且价钱更便宜。‖其实，如果不那么讲究的话，不必非得带相机，用手机拍出来的照片效果也挺不错的。‖我认为，孩子不必非得进名校，根据他的水平为他选择合适的大学才是最好的决定。

解释▶ 非得：必须，一定要。不一定要……才行。表示这个条件或情况不是必须具备的，还可以有其他的选择或做法，有时他更倾向于选择后一种做法。多用来分析情况、说明道理、提出建议，有缓和语气的作用。前面常有别的句子作相关的说明，后面的句子多补充说明其他的可能性。○多用于叙事和对话，口语。

★ **不必非得＋动词。** 在句中常作谓语。

扩展▶ 这作业不必非得今天完成，明天也可以做；看小病不必非得去大医院，小医院也可以看啊；现在不必非得花这个钱，能省就省点儿；你不必非得和他交朋友，他这种人不值得你交；我们不必非得现在买房子，过几年买也可以；这事不必非得等到下个月再决定，现在就可以决定；这件事不必非得告诉他，他不知道更好。

【不 A 不 B】 bù A bù B ［一级］

①例句▶ 他不高不矮的个子，穿着一件白衬衣，给人的感觉很舒服。‖—怎么样，这鞋大不大？颜色怎么样？—不大不小，正合适。颜色我也挺喜欢的。‖—你来看看，这幅画挂歪了没有？—嗯，不左不右，不高不低，位置正好。

解释▶ 在数量、大小、高低或其他方面正好，正合适。把事情往好的方面说。结构位置比较灵活，前后常有别的句子作相关的说明或补充。○多用于叙事和对话，口语。◇也说“不 A 也不 B”。

②例句▶ 我的学习在班里不好不坏，没有拿过第一名，但也没拿过最后一

名。‖—你说说，她男朋友长得怎么样？—不高不矮，不胖不瘦，不好看也不难看，一般吧。‖他虽然刚开始做生意，但运气不错，前些日子还在朋友帮助下做成了一笔不大不小的生意呢。

解释▶ 一个人或物的情况属于一般或中间状态，没有什么很特别的地方。多用于描写人或事物。结构位置比较灵活，前后常有别的句子作相关的说明或补充。○多用于描写、叙事和对话，口语。◇ 也说“不A也不B”“说A不A，说B不B”。

③例句▶ 你怎么穿这样的衬衫，看起来不男不女的，赶快把它脱了。‖你这是怎么说话的，同意就同意，不同意就不同意，干嘛不阴不阳的？‖那时候我整天泡在游戏房里玩游戏，白天当晚上，晚上当白天，过的是不人不鬼的日子。

解释▶ 超出常人可接受的范围。多指某人说话做事，或某些情况、现象超出了常规，一般人往往难以接受。多把人或物往不好的方面说，具有贬义色彩。结构位置比较灵活，前后常有别的句子作相关的说明或补充。需要时结构可以连用。注意▶ 搭配比较有限。○多用于叙事和对话，口语。

★ 1）**不＋名词$_1$＋不＋名词$_2$。**

2）**不＋形容词$_1$＋不＋形容词$_2$。**

框架格式。在句中常作谓语、定语。结构中的前后两个名词或形容词多是意思相反或相对的单音节词。

扩展▶ **用法1）**正好，正合适：不高不低；不胖不瘦；不多不少；不长不短；不重不轻；不亮不暗；不咸不淡；不前不后；不薄不厚；不远不近；不左不右；不深不浅；不甜不咸；不快不慢；不冷不热。

用法2）在中间状态：不美不丑；不积极不落后；不聪明不笨；不冷不热；不上不下；不前不后；不漂亮不难看。

用法3）超出常人接受范围：不人不鬼；不男不女；不古不今；不僧不俗；不阴不阳。

【A不A，B不B的】 A bù A，B bù B de ［一级］

例句▶ —今天怎么放起鞭炮来了，年不年，节不节的？—你不知道吗？老张家的儿子今天结婚。‖这种饼干的味道有点儿奇怪，甜不甜，咸不咸的，说不出的一种味道。‖—我养的两只乌龟最近好像生病了，死不死活不活的，什么也不吃，一动也不动。—你不懂了吧，它们是在冬眠呀！

解释▶ 在完全不同的两种情况中，既不是A，也不是B。强调两方面的特点都不明显，让人难以分清或判断。多表示不符合一般或常规的情况。用于对某人某物的评价，带有不满意、不合适、不舒服的意味，有时带有贬义色彩。前面常有别的句子作相关的说明，有时后面也有句子进行补充或下结论。○多用于描写、叙事和对话，口语。

★ 1）**名词** $_1$ **+ 不 + 名词** $_1$**，名词** $_2$ **+ 不 + 名词** $_2$。

2）**动词** $_1$ **+ 不 + 动词** $_1$**，动词** $_2$ **+ 不 + 动词** $_2$。

3）**形容词** $_1$ **+ 不 + 形容词** $_1$**，形容词** $_2$ **+ 不 + 形容词** $_2$。

框架格式，在句中常作谓语，也可独立成句。结构中的两个名词、动词或形容词为意思相近或相反的单音节词。

扩展▶ **句型 1**）他人不人，鬼不鬼的。

句型 2）这人坐不坐站不站的，挡在前面。

句型 3）这天气冷不冷热不热的；这根绳子怎么长不长短不短的；这书包大不大小不小的，拿着还挺重；这菜的式样中不中，西不西的；衣服式样洋不洋，土不土的；说话怎么阴不阴，阳不阳的；这人男不男，女不女的。

【不 … 不行】 bù … bùxíng ［一级］

例句▶ 他第一次来这里，语言又不通，你不去接他不行。‖—这么晚了，怎么还不睡？—明天就要考试了，今天晚上不看书不行啊。‖ 这个会很重要，我不参加不行。

解释▶ 一定要……，必须……，如果不……就会产生严重的后果；也指在某种情况下某事一定会发生，人控制不了。用两个否定来加强肯定，有强调的意味，有时也含无奈的意味。多放在句尾，前面常有别的句子说明情况或原因，有时后面也有句子进行补充。○多用于叙事和对话，口语。

★ **不 + 动词 +（名词）+ 不行。** 框架格式。在句中常作谓语。

扩展▶ **用法 1**）一定要，必须：书不借不行；作业不交不行；报告今晚要交，不写不行啊；东西不拿出来不行；工作不完成不行；这件事不找人不行；你不早作准备不行；这事不汇报不行；不去见他不行啊；这顿饭不去吃不行。

用法 2）人控制不了：不想他不行；不笑不行；不说不行。

【不 A 不知道，一 A 吓一跳】 bù A bù zhīdào，yì A xià yí tiào ［五级］

例句▶ 好久没来这家商场了，真是“不看不知道，一看吓一跳”，商场里面大变样了。‖ 以前我买东西从不计划，想买就买，今天我算了一下，这不算不知道，一算吓一跳，原来我每月花这么多钱。‖ 上周我去了趟医院检查身体，不查不知道，一查吓一跳，我才发现自己身上有这么多小毛病。

解释▶ 以前不了解或不知道，通过某一次的动作或行为，发现了意想不到的事实或情况，让人有些吃惊。用前后两个差别明显的小句表明动作前的想象和之后的情况差距非常大，带有夸张的意味。前面常有别的句子作相关的说明，后面的句子补充让人吃惊的具体内容。○多用于描写、叙事和对话，口语。

★ **不 + 动词 + 不知道，一 + 动词 + 吓一跳。** 可独立成句。结构中的两个分句有并列关系。

扩展▶ 不比不知道，一比吓一跳；不去不知道，一去吓一跳；不试不知道，一试吓一跳；不找不知道，一找吓一跳；不谈不知道，一谈吓一跳；不调查不知道，一调查吓一跳；不整理不知道，一整理吓一跳。

【不 … 才怪】 bù … cái guài ［四级］

例句▶ 到朋友家玩儿了一整夜，连电话都没打回家，爸爸妈妈不着急才怪！‖ 老虎天生就会咬人的，不咬人才怪呢！ ‖ 台下坐着那么多观众，他这又是第一次上台演讲，不紧张才怪呢！

解释▶ 怪：奇怪。不……反而不正常。表示按正常情况推理，这件事一定会发生，这种情况出现这个结果也是正常的。有时是一般规律，有时是凭经验对某事、某情况的推测。多用来预测某事或解释说明出现某种情况的原因，带有夸张的语气。前面常有别的句子说明相关情况或原因。○多用于叙事和对话，口语。

★ **不 + 动词 + 才怪。** 框架格式。在句中作谓语。

扩展▶ 你这么聪明的人学不会才怪呢；这么好的礼物他不要才怪；不爱劳动的人不穷才怪呢；看到你这副样子他不吓坏了才怪；你这样不讲卫生不生病才怪呢；这样的书不抢手才怪；这样的管理不亏本才怪呢；这种事不让人笑掉大牙才怪；像你这样盲目地干，不出事才怪；他这样乱吃下去，不出问题才怪呢。

【不愁 … 不 / 没（有）… 】 bù chóu … bù / méi（yǒu）… ［五级］

例句▶ 这个地方很缺技术工人，你只要来了，就不愁找不到工作。‖“这下好了，把路修好了，我们的水果就不愁卖不出去了。”村民们看着修好的路激动地说。‖ 别担心，你朋友那么多，不愁没人帮忙。

解释 愁：担心。不用担心不能……。表示担心是多余的，因为这种情况一般不会发生。多用来安慰别人。用两个否定的形式表示肯定，具有强调的意味。结构前常有“也、至少、一直、都、就、自然”等词。前面常有别的句子作相关的说明，有时后面也有句子进行补充。○多用于叙事和对话，口语。

★ 1）**不愁＋动词＋不＋补语＋（名词）。**

2）**不愁＋没（有）＋名词＋（动词）。**

框架格式。在句中常作谓语。结构中的名词为动词的对象。

扩展 **句型1）**不愁找不到那本书；不愁交不到朋友；不愁买不到电影票；不愁上不了学；不愁找不到他；每天都加班，不愁发不出工资；不愁开发不了市场；戏票不愁卖不出去；不愁请不到技术人员；有了医疗保险不愁看不起病了；听报告的人很多，不愁坐不满；有了汽车，就不愁菜运不出去。

句型2）附近到处都是图书馆，不愁没有书看；有本事不愁没有机会；你还年轻，不愁没有孩子；有高质量的产品，就不愁没有市场；他爸是开公司的，自然不愁没有钱花；只要演出精彩，就不愁没人来看。

【不大好 … 】 bú dà hǎo … ［二级］

例句 天黑了，路不大好走，出门一定要小心点儿。‖ 班长说的都是真心话，也的确是为我好，可就是让人不大好接受。‖ —你到底同意不同意？—这件事我不大好自己一个人做决定，得跟我爸妈商量一下。

解释 做这件事情不很容易、不太方便或有一些困难。多指事情不太顺利，做的过程中会出现一些问题，或让人的感觉不很好。有委婉，降低程度或缓和语气的作用。结构前常有“似乎、却、就、一直、都、恐怕、有些、还是、也”等词，前面常有别的句子作相关的说明，有时后面也有句子进行补充。○多用于叙事和对话，口语。◇ 也说“不太好…”。

★ **不大好＋动词／小句。** 在句中常作谓语。

扩展 这个问题不大好说；事情不大好办；电影票不大好买；东西有时不大好吃；这地方似乎还不大好找；他说的不大好理解；问题恐怕不大好提；这事情不大好跟他直说；我和她不熟，不大好跟她提这事；行不行不大好我一个说了算，得看看大家的意见。

【不单（单）是为了…，也是为了…】 bù dān（dān）shì wèile…，yěshì wèile… ［超纲］

例句▶ 现在我每天坐公交车上下班，不单是为了省钱，也是为了保护环境。‖ 我跑步不单单是为了减肥，也是为了锻炼身体。‖ 他在大城市里找工作不单是为了自己的发展，也是为了给孩子提供一个更好的学习条件。

解释▶ 单：一个。不只是为了……，也是为了……。说明做一件事有两个原因或目的。多用来说明理由、讲明道理。结构前先出现相关的话题，接着说明原因或目的。需要时“单”可以重复，有加强语气的作用。○多用于叙事和对话，口语。

★ **不单（单）是为了＋名词$_1$／动词$_1$，也是为了＋名词$_2$／动词$_2$。** 在句中作谓语，主语常表示做某事或出现某种情况。结构中的两个分句之间是并列关系。

扩展▶ 来这里不单是为了旅游，也是为了来见见老朋友；努力学习不单是为了父母，也是为了你自己；这样做不单是为了工作本身，也是为了帮助我们的同事；他这样说不单是为了安慰我们，也是为了让我们看清楚这个问题；人活着不单是为了金钱，也是为了事业。

【…不到哪儿去】 … búdào nǎr qù ［一级］

例句▶ —我这几年什么也没做成，你呢，过得怎么样？—我比你好不到哪儿去，差不了（liǎo）多少。‖ 我家网速太慢，以为你家的网速快些，现在看来你家的网速也快不到哪儿去。‖ —听说最近鸡蛋的价格涨了。—也就几块钱的东西，再涨也涨不到哪儿去。

解释▶（和某个人或物相比）另一个人或物的状态不会太好，或程度不会太深，表示不会有太大的变化或太多的意外。多用来估计、评价两种情况。用于两个人或物比较时，表示他（它）们的程度差别不大，都不怎么样。多放在句尾，前面常有别的句子说明情况，有时后面也有句子进行补充。○多用于叙事和对话，口语。

★ 1）**动词＋不到哪儿去。**

2）**形容词＋不到哪儿去。**

在句中常作谓语。

扩展▶ **句型1）** 跌不到哪儿去；再跑也跑不到哪儿去；鸭子再飞也飞不到哪儿去。

句型2） 强不到哪儿去；差不到哪儿去；高不到哪儿去；坏不到哪儿

去；好听不到哪儿去；贵不到哪儿去；冷不到哪儿去；水平高不到哪儿去；手段高明不到哪儿去；多不到哪儿去；错不到哪儿去；车再挤也挤不到哪儿去。

【不 / 没 + 等 … 就 … 】 bù / méi+děng … jiù … ［一级］

例句▶ 我站在门外，想着怎么跟她打招呼，可是不等我开口她就走过来对我说："你好。"‖ 高三的最后一年学习压力特别大，很多人没等考大学就累倒了。‖ 为了能赶上 7 点的火车，爸爸起得特别早，没等天亮就出发了。

解释▶ 在第一件事情发生以前，第二件事情就发生了。强调第二件事情发生得很快、很早，有时也说明第二件事情来得突然，比较偶然。多用于事情发生的过程中突然出现的情况，有强调的意味。多放在句尾，前面常有别的句子说明原因或情况。注意▶"不"是指某人不愿意或不想……。○多用于叙事和对话，口语。

★ **不 / 没 + 等 + 名词 / 动词 $_1$ / 小句 + 就 + 动词 $_2$。** 框架格式。在句中作谓语，也可独立成句。前后两个小句可以是同一个主语，也可以有两个不同的主语。

扩展▶ **句型 1**）不等毕业他就离开了学校；不等天亮就出发了；不等我答应，他就拿出钱来了；不等我说完他就哈哈大笑起来了；不等会议结束我们就匆匆出发了。

句型 2）他没等听到更多消息就离开了；没等身体完全恢复就又去工作了；没等我说完他就哈哈大笑起来；没等他开口，老板就发起脾气来；他没等考试结果出来就放弃了。

【不等 …，早 … 了】 bù děng …，zǎo … le ［一级］

例句▶ 他想对妹妹说点儿什么，可不等他开口，妹妹早已转身离开了。‖ 她急着出去见个朋友，所以不等你回来，她早走了。‖ 这个孩子学习特别自觉，很多时候不等回到家，他早就在学校把课后作业写完了。

解释▶ 一般的情况是前一个动作完成之后，后一个动作才进行并完成。但在这类事件中，前一个动作还没有完成，后一个动作已经结束。后一动作因为结束早或来得快而让人感到有些意外。多用来描述事情发生的过程，略含夸张的意味。前后两个句子多是有关联的，它们有各自的主语。多放在句尾，前面常有别的句子作相关的说明。可用于现实中存在的事情。○多用于叙事和对话，口语。

★ **不等＋小句，（名词 / 代词）＋早＋动词＋了。** 可独立成句。

扩展▶ 不等你说，他早做好了；不等你来，他早把饭吃了；不等我说完，他早把电话给挂了；不等你批评，他早把这个毛病改了；不等父亲开口，他早把事情办好了。

【**不都是** …，**也有** …】 bù dōu shì …，yě yǒu … ［一级］

例句▶ 我们班的同学不都是亚洲人，也有欧洲人。‖ 在国外留学的这段生活留给他们的不都是美好的感觉，也有一些痛苦的回忆。‖ 虽说他的生意比较好，但并不都是赚钱，也有亏本的时候。

解释▶ 在一个大类中，不是所有的情况都一样，也有不一样的或相反的情况。表示事情包括两个部分，一部分是这样的，另一部分是那样的。后一小句对前一小句进行补充说明，使事情变得更完整。多用于包括两方面相反或不同情况的事情。多放在句尾，结构前先引出相关的话题，或者有别的句子作相关的说明。○多用于叙事和对话，口语。

★ **不都是＋名词 $_1$ / 动词 $_1$，也有＋名词 $_2$ / 动词 $_2$。** 在句中作谓语。结构中的前后两个名词或动词多是意思相反或相对的词语。

扩展▶ 这个超市卖的不都是国内的产品，也有进口产品；该总结的不都是经验，也有教训；说你的不都是好话，也有坏话；我的爱好不都是关于运动的，也有关于艺术的；这些不都是你给的，也有我自己买的；礼品不都是送给你的，也有送给她的；老师对我们不都是表扬，也有批评。

【**不** … **对劲儿**】 bù … duìjìnr ［超纲］

例句▶ 一大早进教室就发现大家看我的表情不大对劲儿，原来我的衣服穿反了。‖ 儿子早上一起来就出门了，也没打声招呼，我看他今天不太对劲儿，好像有什么心事。‖ 妈，这菜的味道不怎么对劲儿，怎么是甜的，你是不是把盐放成糖了？

解释▶ 不对劲儿：不正常。觉得人、物或某事有点儿问题或跟往常不一样。多用来叙述事情的经过，有时也表示疑问，表达较委婉。结构前常有"有点儿、好像、感到、觉得"等词，结构中插入的有"太、大、那么、怎么"等词。前面常有别的句子对相关的情况进行说明描写，有时后面也有句子进行补充。○多用于叙事和对话，口语。

★ **不＋（程度副词 / 代词 / 疑问词）＋对劲儿。** 框架格式。在句中常作谓语。

扩展▶ 你这道题目的答案不太对劲儿，你再算算；你今天眼睛有点儿不大对劲儿，怎么红红的；我的腿不大对劲儿；他好像不怎么对劲儿；这件事不那么对劲儿；我感觉天气不怎么对劲儿，要下雨了吧。

【不A而B】 bù A ér B ［四级］

例句▶ 我想毕业以后自己开公司，没想到你的想法跟我不谋而合，真是太巧了。‖ 听完她的讲座，大家都不约而同地鼓起掌来，讲得实在太精彩了。‖ 他俩一见面就吵起来了，最后弄得不欢而散。

解释▶ 没有发生前面的动作就出现了后面的情况或结果。这种情况大多是没有预料的、偶然的，也有的是有计划的。结构位置比较灵活，前后常有别的句子作相关的说明或补充。可用于已经发生和没有发生的事情。注意▶ 还有些结构有自己独特的意思，如“不欢而散”指“很不高兴地分手了”；“不言而喻”指道理很明显，不用说就可以明白。○多用于叙事，书面语。

★ **不＋动词$_1$＋而＋动词$_2$**。 框架格式。在句中常作谓语、定语、状语或补语。结构中的两个动词都是单音节词，构成四字格式。

扩展▶ 怎么东西放在这里就不翼而飞了呢；两家公司合并所带来的好处是不言而喻的；别想不劳而获；他怎么不辞而别了；你能做到不言而信吗；那天我和他在街上不期而遇；这是一条不言而喻的道理，大家都懂；这句话让人不寒而栗。

【不甘…】 bùgān… ［超纲］

例句▶ 自从上次篮球比赛输给我们队后，他们一直不甘认输，总想找个时间再比一场。‖ 如果每个员工都不甘落后，努力工作，相信公司的影响力会大大提高。‖ 去年，他因为三分之差没考上大学，但不甘失败的他很快就去报名继续学习，打算再考一次。

解释▶ 甘：自愿，乐意。不甘心、不愿意……。多指某人不愿意处在一种不太好的状态，希望尽快改变这种情况，并且会有相关的行动或做法。结构中的动词常常表示不太好的情况。结构前常有“始终、却、也、还是、从来、再也”等词语。多放在句首，后面的句子多是对某人做某事的描写或叙述。○多用于叙事和对话，书面语。

★ **不甘＋动词/形容词**。 在句中常作谓语、定语。结构中的动词多是双音节，组成四字格式。

扩展▶ 我也不甘示弱，争取这次考试拿第一名；她始终不甘沉默，用画笔表达自己的心愿和态度；这里的农民却不甘贫困，办起了养鱼场、养鸡场；消费者再也不甘受骗，向媒体反映这些情况；他不甘亏本，又投了一笔钱做生意；他是不甘屈服的人。

【不敢不…】 bù gǎn bù … ［三级］

例句▶ 在我们这里，父母的话做子女的一般不敢不听。‖ 这事情虽然不大，但老板要我亲自去办，我不敢不去。‖ 小王在这里虽然时间最长，但我相信他不敢不听大哥的话，您要他怎样他是不会反对的。

解释▶ 因为胆子小或害怕而只能去做某件事情。表示因为怕什么人，没有别的办法而只好去做某事。带有不情愿的意味。结构前常有“却又、决、倒、再也、都、万万、还是、更”等词语。结构位置比较灵活，前后常有句子进行说明或补充。○多用于叙事和对话，口语。

★ **不敢不＋动词（＋名词）。** 在句中常作谓语、定语。

扩展▶ 她喝我不敢不喝；对于他说的话，我不敢不信；这是上面的规定，我们不敢不那么办；我叫他回来，他绝不敢不回；他要我做的事我万万不敢不做；他要借钱，我不想借给他，但却又不敢不借给他；他要我亲自去，我还是不敢不从；经理说了，我们都不敢不支持；他们不敢不说真话。

【…A 不 A，关键看…】 … A bù A，guānjiàn kàn … ［五级］

例句▶ 喝酒好不好，关键看喝多少，每天喝一点儿还是没问题的。‖—你吃得不多嘛！—是啊，我吃得多不多，关键看心情怎么样。心情好，就多吃点儿；心情不好，就少吃点儿。‖ 买汽车很重要的一点是看它的发动机怎么样，因为汽车好不好，关键看发动机。

解释▶ 关键：对事物起决定作用的因素。人或事物的情况怎么样，最重要的标准或条件是……。多表明说话人的看法和观点。结构位置比较灵活，前面常有别的句子作相关的说明，后面也有句子进行补充。○多用于叙事和对话，口语。◇ 也说“…A 不 A，关键是…”。

★ 1）**名词$_1$＋形容词＋不＋形容词，关键看＋名词$_2$／小句。**

2）**动词＋（得）＋形容词＋不＋形容词，关键看＋名词／小句。**

框架格式。可独立成句。结构中的“形容词＋不＋形容词”有时也说“怎么样”，结构中的小句一般为疑问句，有时疑问句中的主语可以省略。

扩展▶ **句型 1）** 心情好不好，关键看天气；学习好不好，关键看态度；孩子好不好，关键看父母的教育；鞋子好不好，关键看合适不合适。

句型 2） 学习得怎么样，关键看成绩；工作做得好不好，关键看效果；

公司发展得快不快，关键看人才。

【… A 不 A，**关键**是 … 】 … A bù A，guānjiàn shì … ［五级］

见 65 页【 … A 不 A，关键看 … 】 条。

【**不管** …，都 / 总 … 】 bùguǎn …，dōu / zǒng … ［四级］

例句▶ 不管是英语还是汉语，他都说得十分流利。‖ 她是个特别好（hào）客的人，不管大家什么时候去她家，她总那么热情。‖ 这就是生活，不管你愿意不愿意，酸甜苦辣你都得尝一遍。

解释▶ 表示在任何条件或情况下（结果或结论都是不变的）。多用来叙述有规律的事情。结构前常有别的句子对相关情况进行说明，或先引出话题，有时后面也有句子进行补充。○多用于叙事和对话，口语。

★ 1）**不管 + 疑问句，（名词 / 代词）+ 都 / 总 + 动词。**

2）**不管 + 疑问句，（名词 / 代词）+ 都 / 总 + 程度副词 / 代词 + 形容词。**

可独立成句。结构中的两个分句有条件关系。结构 2）中的程度副词或代词一般为“十分、非常、特别、很、这么、那么”等。

扩展▶ **句型 1**）不管你去不去，我都会去；不管你做什么，我都同意；不管什么时候找他帮忙，他总会答应的；不管你用多少时间，都要完成这个任务；不管你在美国还是在中国，我都能联系到你；不管是谁，不管背景如何，总能和他找到共同的话题；不管你同意不同意，都按上面说的做；不管你怎么说，事情总是要做的。

句型 2）不管穿什么，都很好看；不管是谁走过来，服务员都非常礼貌，且面带微笑。

【**不管** …，就是（不）… 】 bùguǎn …，jiùshì（bù）… ［四级］

见 78 页【不论 …，就是（不）… 】 条。

【**不管**怎么说，… 】 bùguǎn zěnme shuō，… ［四级］

例句▶ 不管怎么说，每个人都会长大，总不可能一辈子当个孩子吧。‖ 孩子已经上大学了，不管怎么说，我们做父母的都不要管得太多。‖ 这件衣服虽然贵了点儿，但不管怎么说，既然喜欢就买了吧！

解释▶ 无论在什么情况或条件下，也无论发生了什么（后面的结果不会发生改变）。多用来说明理由、道理、提出建议、劝说某人等。句子的重点在结构后面的部分。结构前常有别的句子对相关情况进行说明，后面常接总结性的句子。后一小句中常有“终于、总是、还是、都是、毕竟、已经、也要”等词语。○多用于叙事和对话，口语。◇ 也说“不管怎么样，…”。

★ **不管＋怎么说，句子。** 可独立成句。结构中的两个分句有条件关系。

扩展▶ 不管怎么说，你总是我的朋友；不管怎么说，也要坚持下去；不管怎么说，我已经决定的事是不会改变的；不管怎么说，事情还算顺利；不管怎么说，他都是个孩子；不管怎么说，父亲终于原谅了我；不管怎么说，我们毕竟成功了；不管怎么说，你都不能做这样的事；不管怎么说，你也要先向他道歉。

【**不管**怎么样，… 】 bùguǎn zěnmeyàng，… ［四级］

见 66 页【不管怎么说，… 】 条。

【**不管** …，总算 … 】 bùguǎn …，zǒngsuàn … ［四级］

例句▶ 不管怎么说，总算考完了，可以放松一下了。‖ 打零工的钱虽然不多，但不管收入多少，钱总算拿到手了。‖ 他从小就希望去大城市生活，不管以前遇到过什么困难，现在他总算实现自己的梦想了。

解释▶ 前面的什么情况或发生的什么事情都不重要了，因为某种愿望终于实现，或者希望看到的结果终于出现。这种愿望或结果多是经过了较长的时间或花费了很多的精力，最后才出现的。含有终于可以安心、不再担心的意味。多放在句子的后半部分，结构前常有别的句子作相关的说明。○多用于叙事和对话，口语。

★ **不管＋疑问句，（名词／代词）＋总算＋动词。** 可独立成句。结构中的两个分句有条件关系。

扩展▶ 不管开不开心，大学总算毕业了；不管以前认识不认识，现在我们总算是好朋友了；不管以前多么苦，她总算顺利地建立了家庭；不管花了多少钱，总算把这座楼建成了；不管多么艰难，他总算回到了家乡；不管以前发生了什么，现在总算自由了；不管以前有多大的矛盾，现在两人总算和好了。

【**不光** …，… 也／还 … 】 bùguāng …，… yě／hái … ［三级］

例句▶ 他说的这些话，不光你不相信，其实我也不相信。‖ 老实告诉你，我这样做不光是为了你，也是为了我自己。‖ 他不光聪明，还特别努力，所以考试总拿第一。‖ 去了这个地方才知道，这个地方不光山水很美，人也很美。

解释▶ 不只……，……也 / 还……；不但……而且……。用来说明两种并列的情况、原因、目的或结果，适用范围比较广。结构前或先引出话题，或有别的句子作相关的说明。○多用于叙事和对话，口语。

★ 1）**不光 + 动词 $_1$ / 小句 $_1$，（名词 / 代词）+ 也 / 还 + 动词 $_2$**。
2）**不光 +（名词 $_1$）+ 形容词 $_1$，（名词 $_2$ / 代词）+ 也 / 还 + 形容词 $_2$**。
在句中作谓语，也可独立成句。结构中的两个分句有并列关系。

扩展▶ **句型 1**）这群游客中不光有外国人，还有中国人；不光我们没有经验，别人也没有经验；他不光会说也会做；不光我有自己感兴趣的事，他们也有；这事不光你知道，也要让大家都知道；他家不光有电视机，还有音响；他家的房子不光自己住，还租给别人住；他们不光搞设计，还自己生产产品。

句型 2）这里不光风景好，特产也很多；他不光聪明，还很善良；这人不光高，还很胖；这衣服不光时髦，价钱还很实惠。

【不过 …（罢了）】 búguò …（bàle）［六级］

见 791 页【只（是）…（而已）】条。

【不过 …（而已）】 búguò …（éryǐ）［七—九级］

见 791 页【只（是）…（而已）】条。

【不 A，还能 B】 bù A，hái néng B ［一级］

例句▶ —今天周末，你在哪儿呢？—不在家，还能去哪儿？ ‖ 你就别不承认了吧，这件事不是你干的，还能是谁干的？ ‖ 其实我也是没办法才这么做的，你想想，不这么做，还能有什么别的选择吗？

解释▶ 如果不是某种情况，还有什么别的情况或可能呢？多指说话人认为在这种条件下前一种情况最有可能发生。用肯定形式的反问句表示否定的意思，强调只有前一种可能或情况，没有别的可能。多用于对某事的猜测以及做事没有别的选择的情况。前一用法含埋怨或指责的意味，后一用法含无奈的意味，有时语气较强。多放在句子的后半部分，前面常有别的句子作相关的说明。○多用于叙事和对话，口语。

★ **不 + 动词 $_1$，还能 + 动词 $_2$**。在句中作谓语，也可独立成句。结构中的两个分句有假设关系。结构中的“还能 + 动词 $_2$”多是疑问形式。

扩展▶ **用法1**）表示猜测：不是你，还能是谁；不是你写的，还能是谁写的；东西不是你拿的，还能是谁拿的。

用法2）表示没有别的选择：不找你，还能找谁；不吃这些，还能吃什么；不让你陪，还能让谁陪；不坐车去，还能怎么去；不是去工作，还能去干什么；生病了不找医生，还能找谁；不去借钱，还能有什么好办法。

【… 不好说】 … bùhǎo shuō ［二级］

例句▶ —医生，检查下来我爸没什么大问题吧！—目前还不好说，等结果出来了才知道。‖ 今天天气不太好，会不会下雨可不好说，你还是把伞带上吧。‖ —我猜小王来的时候，一定会送你一束花儿或一盒巧克力作为生日礼物。—他今天那么忙，来不来都不好说呢。

解释▶ 不能准确地说。对事情是否发生或出现什么结果不太确定。多指因为事情的发展不明朗，所以不能明确地估计情况或结果。有时含有谨慎、小心的意味。结构前常有"可、还、都、确实、真、也"等词语。前面常有别的句子作相关的说明，有时后面也有句子进行补充。○多用于叙事和对话，口语。

★ **名词 / 疑问句 + 不好说**。可独立成句。结构中的动词或小句多是疑问形式。

扩展▶ 具体情况还不好说；比赛中会发生什么情况谁都不好说；明年会有哪些变化就不好说了；具体什么时候涨价可不好说；对于如何处理这个问题，目前还不好说；这里卖得这么便宜，是不是真的还不好说呢；等会儿来多少人，怎么安排真不好说，看情况吧。

【不好 … 说】 bù hǎo … shuō ［二级］

例句▶ 其实大家都对他有意见，可不好明说，直到现在他都不知道。‖ 他想向你借钱，可又不好直接说，所以让我问问你行不行。‖ 辞职的事是他自己决定的，我们又不好怎么说，也没法儿劝。

解释▶ 不方便用某种方式表达。多指因说的内容和对方的关系等原因，不能用明确、直接的方式表达。多用于因为面子或其他因素而不能明确表达的情况。结构前常有"可、但、又、只是、也"等词。前面和后面都有说明或补充的句子。○多用于叙事和对话，口语。

★ **不好 + 动词 / 形容词 / 副词 / 疑问代词 + 说**。 框架格式。在句中常作谓语。结构中的动词、形容词、副词、疑问代词指表达的方式。

扩展▶ 这事情也不好公开说，知道就行了；家里的事情不好大声说，让别人听见了多不好；这事情说一遍就行了，但不好一直说，别老挂在嘴上；这是他们自己的事情，我们做长辈的又不好总说，让他们自己处理吧。

【不会不…（的）】 bú huì bù …（de）［一级］

例句▶ 如果你叫他去，我相信他不会不去，这点儿面子他还是会给的。‖ 我早就说过你不会不回来的，看，你这不是回来了吗？‖ 有话好好跟他说，孩子大了，不会不明白道理的。‖ 你都跟我在一起这么久了，不会不懂我说这句话的意思吧！

解释▶ 一定会……。说话人根据以往的经验和对某人某事的感觉来推测事情的发展和结果，表示说话人对某人某事有较大的把握。用两个否定的形式表示肯定的意思。用在别人或某事上表示估计判断、解释说明；用在自己身上表示预先答应一定会做某事。带有强调的语气，有时也有安慰对方的意味。结构前常有"决、绝、也、想必、都、一般、更"等词语。结构位置比较灵活，前后常有别的句子进行说明或补充。○多用于叙事和对话，口语。

★ **不会不＋动词＋（的）**。在句中常作谓语、定语。

扩展▶ 你不会不知道（的）；他不会不负责任（的）；他不会不同意（的）；他不会不吃饭就走（的）；这事你不会不考虑（的）吧；这种事情一般人不会不知道（的）；父母不会不支持你的决定（的）；相信我，他不会不把事情处理好（的）；再怎么急，我也不会不毕业就离开学校（的）；这是大家不会不感兴趣的问题。

【不会是…吧】 bú huì shì … ba ［一级］

例句▶ 这两天孩子一直哭，不会是生病了吧？‖ 外面刮风了，天也越来越暗，不会是要下雨了吧？‖ 她见了我一声招呼也不打，该不会是生我的气了吧？‖ 他说好比赛后打电话给我，怎么还没打电话来，不会是输了比赛吧？

解释▶ 应该不会……吧。表示猜测。多指眼前或已经发生的事使说话人产生了怀疑，促使他进行猜测，但他又不希望猜测的事情发生。有时表示说话人的一种担心，有时表示说话人对眼前的事情不相信。含有不确定的意味和语气。结构前常有"该、应该、恐怕、总、想必、怕、大概、也、想来"等词语表示猜测。前面常有别的句子说明情况，有时后面也有句子进行补充。○多用于叙事和对话，口语。◇ 也说"该不会是…吧""该不会…吧"。

★ **不会是＋名词／代词／动词／句子＋吧。** 框架格式。在句中作谓语，也可独立成句。

扩展▶ 你不会是来找她的吧；想来不会是迟到了吧；这件事怕不会是假的吧；来的人该不会是她吧；你说的想必不会是一件坏事吧；看他这么会说，他应该不会是一个骗子吧；昨天发生的事情总不会是因为我吧；他不说话，该不会是怕我了吧；他大概不会是有别的目的吧。

【不见得…】 bújiàndé… ［七—九级］

例句▶ 他虽然年纪大了，但干起活儿来却不见得比年轻人慢。‖—我们今天下午去步行街买东西吧！—那里的东西不见得便宜，还不如去商场买呢！‖你这两天这么忙，不见得一定要今天来我这儿，以后哪天有空顺便过来也行啊。

解释▶ 不一定……。说话人根据某人或物的具体情况进行估计，表示有别的可能，并且认为这种可能性更大。多用来表达和一般的看法不同，语气委婉。结构前常有“并、倒、也、都、但、却、真、就、可”等词。前面常有别的句子作相关的说明，有时后面也有句子进行补充。○多用于叙事和对话，口语。

★ **不见得＋动词／形容词／小句。** 在句中常作谓语。

扩展▶ 他说的不见得都对；不见得每件事都很顺利；事情真不见得像你说的那样；失败倒不见得是件坏事；习惯也不见得是好事；好学生不见得非当班长；这样的事谁也不见得天天碰到；他去比赛可不见得能赢；学习好并不见得能找到好工作；这事对工作的影响也不见得小多少；这样做倒不见得合理；但不见得大家都对这种安排满意。

【不见得非得…（不可）】 bújiàndé fēiděi…（bùkě） ［七—九级］

例句▶ 你们不见得非得跟我一块儿去，你们先去吧，我一会儿就去。‖这件事不见得非得他亲自去送不可，你替他送一趟吧。‖找工作不见得非得找大公司，公司不论大小，有发展前途就行。

解释▶ 不是一定要、必须……才行，表示也可以有别的选择和做法。多指说话人并不赞成一定要这么做，觉得别的办法也是可以的。结构中“非…不可”连用有加强语气的作用。前面或者有句子作相关的说明，或者引出话题，有时后面也有句子进行补充。○多用于叙事和对话，口语。

★ **不见得非得＋动词／小句＋（不可）。** 框架格式。在句中常作谓语。结构由两个子结构，即“不见得…”和“非得…（不可）”组合而成。

扩展▶ 我只是随口说说，不见得非得去买（不可）；这事不见得非得让他知道（不可）；这病不见得非得开刀（不可）；这衣服没什么好，我看不见得非得买这衣服（不可）；送礼不见得非得花很多钱（不可）；你不见得非得考北京大学（不可）；他说的不一定对，我们不见得非得按他说的做（不可）；有能力的人不见得非得门门考试都第一（不可）。

【不仅（仅）…，也 / 还 / 更 …】 bù jǐn（jǐn）…，yě / hái / gèng … ［三级］

例句▶ 我跟我妈妈不仅仅是母子关系，也是朋友关系，我们之间没什么秘密。‖ 出国留学不仅仅能学习地道的语言，还能了解当地文化，交许多新朋友。‖ 竞争不仅仅靠价格，更要靠服务和质量，所以我们要不断提高服务水平和产品质量。

解释▶ 不仅：不但；也：和前面的相同；还：对前面的情况进行补充；更：比原来的程度还高。都表示“不但……而且……”，但说话的语气和听话者的感觉不一样，有“还”的句子强调后面补充的部分；有“更”的句子重心在后半部分。含有补充、强调的意味。结构前引出话题，后面有别的句子作相关的说明补充。多用于抽象事物。○多用于叙事和对话。

★ **不仅（仅）+ 动词$_1$，也 / 还 / 更 + 动词$_2$。** 可独立成句，也可在句中作谓语。结构中的两个分句有递进关系。

扩展▶ 这不仅（仅）对你有帮助，对大家也有好处；读书不仅能扩大知识面，还能提高个人的修养；学习不仅仅是记忆，更是运用；做饭做菜不仅是为了温饱，也被作为一门技艺广泛讨论和交流；摄影不仅仅是一种爱好，还被当作了一门艺术；这不仅仅是个医学问题，更是个社会问题。

【不 A 就不 A】 bù A jiù bù A ［一级］

例句▶ —我看车还是别买了吧！ —好啊，不买就不买吧，需要用车的时候坐出租就是了。‖ 他不来就不来，别去求他了，我们还是自己去吧。‖ 电脑你不送就不送，等我挣钱了自己去买。

解释▶ 同意别人的建议，觉得这样的选择也可以；也指别人的决定自己无法改变，只好接受，这时含有无奈的意味；有时还表示对不理想的情况不在乎，含有无所谓、不满、赌气的意味。多放在句首，后面常有别的句子作补充说明。○多用于叙事和对话，口语。

★ **不 + 动词 + 就不 + 动词。** 框架格式。在句中常作谓语。

扩展▶ 用法1）表示同意别人的建议：不想见就不想见，不见也好；不去就不去，等以后有机会再去吧。

用法2）表示别人的决定自己无法改变：不去就不去，我们自己去；不同意就不同意，我们自己干吧；不愿意就不愿意，我们找别人借吧；不接受就不接受，没关系；不想说就不想说，别人也会告诉我的。

用法3）表示不在乎：不告诉就不告诉，我还不想听呢；不借就不借，我还不想借了呢；不请就不请，有什么了不起的。

【不A就不A，一A（就）…】 bù A jiù bù A，yì A（jiù）… ［一级］

例句▶ —看样子，他是个挺安静的孩子。—你不太了解他，他平时不说就不说，一说就说个没完。‖他买东西有个习惯，不买就不买，一买就得买个最好的，价格最高的。‖我在一家房产公司做销售，工作时间不太规律，不忙就不忙，一忙起来连饭都吃不上。

解释▶ 某件事要么就不做或不发生，如果做或发生就必须或一定会达到很高的程度或很大的数量，后一动作多是持续的时间长、数量多、程度高的，强调前后的动作及结果差别很大。多用于有规律的或习惯性的动作、事情或现象。前面常有别的句子作相关的说明，有时后面也有句子进行补充。可用于带有规律的事情。○多用于叙事和对话，口语。◇也说"要么不A，要A（就）A…""要么不A，要么（就）A…"。但不同的是，这个格式可同时用于过去和将来的事情。

★ 1）**不＋动词＋就不＋动词，一＋动词＋（就）＋动词＋数量短语/名词。**

2）**不＋动词$_1$＋就不＋动词$_1$，一＋动词$_1$＋（就）＋动词$_2$＋数量短语/名词。**

3）**不＋动词＋就不＋动词，一＋动词＋（就）＋小句。**

在句中作谓语，也可独立成句。

扩展▶ 句型1）不吃就不吃，一吃（就）吃一大碗；不睡就不睡，一睡（就）睡一天一夜；不下雨就不下雨，一下雨（就）连着下好几天；电视剧不看就不看，一看（就）得都看完；不玩就不玩，一玩（就）得玩个够。

句型2）不回就不回，一回就住上好几个月；比赛不参加就不参加，一参加就拿第一名；不上街就不上街，一上街就逛一天。

句型3）他不学就不学，一学（就）连饭都不吃；游戏机不玩就不玩，一玩就几天不回家。

【…不就 + 得了 / 行了】 … bú jiù + déle / xíngle ［一级］

①例句▶ 想见她还不容易，给她打个电话不就得了吗？‖ 这事一定要你亲自去，如果你一个人不敢去，再找个朋友一起去不就得了？‖ 电脑出问题了没关系，我明天帮你修理一下不就行了？

解释▶ 得了、行了：可以了。用在说话结束的时候，表示对怎么去做某事的肯定。多用来为对方出主意，表示事情很容易解决，不难做，含有轻松的意味。用否定形式的反问句表示肯定的意思。多放在句尾，前面常有别的句子作相关的说明。○多用于叙事和对话，口语。

②例句▶ 不管他对别人怎么样，只要对你好不就得了？‖—选这个专业以后找工作会怎么样？—别想那么多，这个专业你喜欢不就得了，四年以后还不知道怎样呢！‖—听说了吗，这件事老板同意了，可是……—别“可是”了，老板同意不就行了吗？你还担心什么？

解释▶ 得了、行了：可以了。用在说话结束的时候，表示对某种情况的肯定。多指只要出现了某种情况，就满足了或达到了目的，其他都不重要。含有轻松的意味。多用来安慰对方不必太担心。用否定的反问形式表示肯定的意思。结构位置比较灵活，前后常有别的句子说明情况或补充。○多用于叙事和对话，口语。

★ **动词 / 小句 + 不就 + 得了 / 行了。** 可独立成句。

扩展▶ **用法 1**）为对方出主意：回家去不就行了吗；不舒服吃点儿药，睡一觉不就行了；你们俩好好谈谈不就得了；书上有的不必讲，我们自己看看不就行了；互相都理解和原谅对方不就得了；买房钱不够贷款不就得了。

用法 2）表示达到目的就行：你同意不就行了，别人不同意也没关系；事情成功了不就得了，管别人说什么；他愿意帮你不就行了，还有什么可担心的。

【不就是…吗 / 嘛】[1] bú jiù shì … ma / ma ［一级］

例句▶ 急什么，不就是一本书嘛？看完了自然会还给你。‖ 哎呀，别客气了，不就是吃顿饭嘛？花不了多少钱。‖ 别难过了，不就是这次考试没及格嘛？下次好好复习一定会通过的。

解释▶ 就是：只是。把事情往小的方面、轻的方面说，相当于“只是……”“……没什么，不严重”。用否定的反问形式表示肯定的意思。如果后面带的是数量词，表示说话人认为数量少；如果后面带的是表示事件的词，表示说话人认为事情没有大问题、不严重或没什么了不起，有时含有轻视的意味。前后常有别的句子作相关的说明或补充。○多用于叙事和对话，口语。

★ **不就是＋名词／动词／小句＋嘛／吗？** 框架格式。可独立成句，也可在句中作谓语。

扩展▶ **用法 1**）表示数量少：不就是 50 元嘛；不就是写了几本书嘛；不就是买了这几样东西吗；他不就是借了你几十块钱吗；你不就是为他说了几句话吗；不就是差一点儿钱嘛。

用法 2）表示没什么了不起：你不就是个小组长吗；他不就是个大学生吗；我们不就是没按他说的做吗；不就是想要个新手机吗；不就是帮了你一个小忙嘛。

【不就是 … 吗】² bú jiù shì … ma ［一级］

例句▶ 你丢的不就是这部手机吗？你在哪儿找到的？ ‖ 看，这不就是你要的那个电话号码吗？你把它写在书里了，所以一直没找到。‖ 你也别嫌他了，他每天这么辛苦不就是为了这个家吗？

解释▶ 就是：强调肯定。表示通过指出某人、某物来肯定某种情况、事实、目的或原因。用否定形式的反问句表示肯定的意思。有强调的意味。多放在句尾，前面常有别的句子说明情况或道理。○多用于叙事和对话，口语。

★ **不就是＋名词／动词＋吗。** 框架格式。在句中作谓语。

扩展▶ 这不就是你说的那种帽子吗；你的事不就是我的事吗；我不就是为了节省几块钱吗；今天不就是八月十五吗；这张新床不就是您送给我的礼物吗；这不就是你父母希望出现的情况吗；你喜欢的不就是这种类型的人吗；你要的不就是这个结果吗；这件事不就是他亲自参加的吗；他不就是这么分析的吗。

【不看 …，而看 … 】 bú kàn …，ér kàn … ［一级］

例句▶ 我不看你怎么说，而看你怎么做，所以你说得再漂亮也没有用。‖ 找男朋友的时候要记住，不看他是不是有钱，而看他是不是真的对你好。‖ 我买东西时，不看服务员说得怎么样，而看商品质量和价格，这样才能买到好东西。

解释▶ 不重视……，却重视……。从不同角度看，同一个人或物等往往同时有两个对立的方面，对这两个方面进行比较，认为后一个更重要。表示某人在观察、判断时更注重后一个方面或因素。这种看法可能是对的，也可能是错的。结构前常引出话题，后面常有别的句子进行补充说明。○多用于叙事和对话。

★ **不看 + 名词$_1$ / 疑问句$_1$，而看 + 名词$_2$ / 疑问句$_2$。** 在句中作谓语。结构中的两个分句有转折关系。

扩展▶ 看一本书好不好不看它的书名，而看它的内容；不看电影的内容，而看演员的名气；并不看你得到了多少帮助，而看你给予了多少帮助；不看眼前的利益，而看长远的利益；买商品不看商家介绍得怎么样，而看它的质量怎么样。

【不可不 … 】 bù kě bù … ［五级］

例句▶ 这次会议很重要，而且是我主持的，所以我不可不去。‖ 你现在已经上大学了，有些道理不可不懂，有些书不可不读。‖ 想学好这门语言，我得给你一些不可不听的建议。

解释▶ 不可以不，不能不……。表示应该……，一定要……，必须……。意思是做某事一定要……。用两个否定强调肯定。有时带有勉强、无奈的意味，语气较强。前面常有别的句子作相关说明，或引出话题，有时后面也有句子进行补充。○多用于叙事和对话，口语。

★ **不可不 + 动词。** 在句中常作谓语、定语。结构中的动词多是单音节词，组成四字格式。

扩展▶ 这些事不可不信；这事很重要，不可不做；这是常识，不可不学；这些道理你不可不知；新闻不可不看；这材料不可不写，这是你的工作；这字不可不签；有些人不可不防；这些都是不可不看的书；这是我不可不做的决定。

【不可一日无 … 】 bù kě yí rì wú … ［五级］

例句▶ 中国人很早就有了喝茶的习惯，宁可百日无肉，不可一日无茶。‖ 俗话说，家不可一日无主，爸爸离开后，我们一下子感到家不像家了。‖ 人不可一日无水，这句话说出了水对人体健康的重要性，所以我们应该多喝水。

解释▶ 不可以一天没有……。表示……很重要，每天都不可缺少，有必须……的意味。多用来说明一般的道理和规律。用两个否定强调肯定。结构位置比较灵活，前后常有别的句子进行相关的解释说明。○多用于叙事，书面语。

★ **不可一日无 + 名词。** 在句中常作谓语，也可独立成句。结构中的名词为单音节词。

扩展▶ 人不可一日无金；人不可一日无钱；人不可一日无粮；田不可一日无肥；国不可一日无君。

【不愧 + 是 / 为 … 】 búkuì + shì / wéi … ［超纲］

例句▶ 他办事细心，又爱帮助别人，真不愧是我们的好班长。‖ 专家不愧为专家，我们解决不了的问题，他都能帮我们解决。‖ 这种鸟不愧是“森林医生”，树木中 95% 的害虫都被它们吃掉了。

解释▶ 不愧：当得起（某个好名声）。指一个人或物承担得起某个名称，或因某方面（特点、才能）的因素而可以称得上是……。多指一个人或物在某方面很突出或特别好，多用来称赞、赞美某人、某物，具有褒义色彩。结构前常有“真、都、果然、仍、的确”等词。结构位置比较灵活，前后常有别的句子作相关的解释和说明。○多用于叙事和对话，书面语。

★ **不愧 + 是 / 为 + 名词。** 在句中作谓语。结构中的名词常常是具有专长或优点的名称。

扩展▶ 他不愧是一名优秀的教师；他不愧是我的朋友；你可真不愧是学计算机的；他真不愧是聪明人；这名运动员的确不愧是世界冠军；你果然不愧为一流演员；他们不愧为最值得尊敬的人；这些医生都不愧为抢救生命的天使；这个城市仍不愧为国际大都市；这里不愧为最适宜居住的地区。

【不利于 … 】 búlì yú … ［七—九级］

见 202 页【对 … 不利】条。

【 … 不了多少】 … bù liǎo duōshǎo ［一级］

例句▶ 孩子不就是想买个手机嘛，就给他买一个吧，又花不了多少钱。‖ 有时候网上买东西比在实体店便宜不了多少，可万一买到不合适的东西，还得换来换去，多麻烦啊！ ‖ 今后你也别先生先生地叫我了，我比你也大不了多少，你还是叫我小李吧！

解释▶ 比较两个人或事物，一个不比另一个差很多。表示两人或物的程度、情况等差不多；也指某些人或物不多。多用于比较或估计，包括程度、数量、水平、范围等，把人或物往小的、少的方面说，语气较轻。前面常有别的句子作相关的说明，有时后面也有句子作进一步补充。○多用于叙事和对话，口语。

★ 1）**形容词＋不了多少。**（表示二者程度差不多）

2）**动词＋不了多少＋（名词）。**（表示某些人或物很少或不多）

在句中常作谓语，也可独立成句。

扩展▶ **句型1）**两人或物的程度、情况等差不多：她比他好不了多少；这两个差不了多少；那个贵不了多少；他聪明不了多少；这鞋大不了多少；这东西重不了多少；那个少不了多少；这房子的面积大不了多少。

句型2）某些人或物不多：他吃不了多少（东西）；你喝不了多少（酒）；我买不了多少（东西）；他们订不了多少（货）；他拿不了多少（东西）。

【A不了几B】 A bù liǎo jǐ B ［一级］

例句▶ 这些天公司特别忙，我一天到晚都在加班，几乎睡不了几个小时。‖我比你大不了几岁，你还是叫我姐姐吧。‖你常年在外地工作，一年跟父母也见不了几次面，这次回来多待一段时间吧！

解释▶ 几：数目不大。表示动作的数量少、范围小或时间短。说话人尽量把事情往小的、少的方面说。结构位置比较灵活，前面或后面常有别的句子进行说明或补充。○多用于叙事和对话，口语。

★ **动词/形容词＋不了几＋量词＋（名词）。** 框架格式。在句中常作谓语。

扩展▶ 花不了几个钱；走不了几步；吃不了几口饭；说不了几句；开不了几次会；用不了几年；过不了几天；拿不了几件东西；解决不了几个问题；去不了几回；卖不了几个钱；比你多不了几块钱；高不了几厘米。

【**不论…，就是（不）…**】 búlùn … jiùshì（bù）… ［三级］

例句▶ 不论是谁劝她，也不论是怎么劝她，她就是要去，我们能有什么办法呢？‖他从小就不爱吃苹果，不论什么样的苹果，他就是不吃。‖以前我上过他的当，这次不论他怎么说，我就是不相信。

解释▶ 不管什么条件或情况，后面的结果不会改变。说话态度坚决，语气强硬。“就是”有加强语气的作用。结构前常有别的句子作相关的说明。○多用于叙事和对话，口语。◇也说“无论…，就是（不）…”“不管…，就是（不）…”。前一个多用于书面语，后一个多用于口语。

★ **不论＋疑问句，就是（不）＋动词。** 可独立成句，也可在句中作谓语。结构中的两个分句有条件关系。

扩展▶ 不论贵还是便宜，我就是不买；不论好看不好看，她就是不穿裙子；

不论你的话是真是假，我就是不信；不论你愿意不愿意，他就是不愿意；不论我们说什么好听的话，他就是不同意；不论他说什么，你就是不能答应。

【不论（是）… 还是 … 】 búlùn（shì）… háishi … ［三级］

例句▶ 为了使孩子感到温暖，母亲一直把孩子抱在怀里，不论是白天还是晚上。‖ 这种动物很奇特，它们不论是睡觉还是吃东西都把自己挂在树上。‖ 我一直希望能有一套属于自己的房子，不论大还是小，我都会觉得很满足。

解释▶ 列出两种或两种以上情况（指出在这两种情况下，结果不会发生改变）。多指在这些范围内人或物的行为、动作等情况是一样的，带有一定的规律性。结构位置比较灵活，前面常有别的句子进行说明，后面常用“都、总”等副词引出另一小句。○多用于叙事和对话。

★ 1）**不论（是）＋名词$_1$＋还是＋名词$_2$。**

2）**不论（是）＋动词$_1$＋还是＋动词$_2$。**

3）**不论（是）＋形容词$_1$＋还是＋形容词$_2$。**

框架格式。不可单用，常与另一分句连用，两者表示条件关系。

扩展▶ **句型1）** 不论（是）国内还是国外，人们都离不开手机；不论（是）中学还是小学，都离我家不远；不论（是）同学还是朋友都喜欢他；不论（是）南方还是北方，我都愿意去；不论（是）在过去、现在还是将来，人们都重视知识。

句型2） 不论（是）练习还是比赛，他都很积极；不论（是）去学校还是回家，我都和他在一起；不论（是）打球还是游泳他都很厉害；不论（是）上班还是休息，他都起得很早。

句型3） 不论（是）胖还是瘦，只要健康就行；手机不论（是）大还是小，能用就行；笔不论是好看还是不好看，只要能写出字都可以。

【不瞒 … 说】 bù mán … shuō ［七—九级］

例句▶ 不瞒你说，你提出的这个问题我最近也在考虑。‖ 不瞒你们说，我都三个月没付房租了，现在真的没钱。‖ 不瞒大家说，我确实在路上捡到个手机，不过已经交给学校了。

解释▶ 对……说实话。通常是把自己的想法或已经存在的情况直接向对方说出来。多放在句首，后面是说话人要说的具体内容。注意▶ 对象都是在场的听话人，结构中不出现“不瞒他（们）说”。○多用于叙事和对话，口语。

★ **不瞒＋代词（指人）/名词＋说。** 框架格式。在句中作插入语。结构中的名词多是对对方的称呼。

扩展▶ 不瞒大人说；不瞒经理说；不瞒夫人说；不瞒老师说；不瞒同学们说；不瞒大哥您说；不瞒老张你说；不瞒夫人你说；不瞒各位朋友说。

【不拿A当A/B】 bù ná A dàng A/B ［六级］

见418页【拿A不当A/B】条。

【…不（能）当饭吃】 … bù（néng）dàng fàn chī ［六级］

例句▶ 我觉得人还是实际点儿的好，那么要面子干嘛？面子又不能当饭吃！‖—听说你很会打游戏，改天教教我吧！—这又怎么样，玩得再好也不能当饭吃，对吧？‖长得漂亮有什么用，漂亮又不能当饭吃，提高自己的能力才是最重要的。

解释▶ 比喻做某事维持不了生活。意思是说话人觉得某事没那么重要，应该考虑实际生活或把事情的关系想清楚；有时也指某些事情没有什么用处，不实惠。前一个用法多用于某人一心做某事而（可能）影响到现实生活，这时多用来劝说别人要现实些，不要再这样继续下去，带有责备、不满的意味；后一个用法多用开玩笑的方式回答别人的表扬、夸奖等，也可用于表达自己的看法或劝说某人。前面常有别的句子作相关的说明，有时后面的句子是建议、劝说的具体内容。○多用于叙事和对话，口语。◇也说"…当不了饭吃""…哪能当饭吃"。前一个用的是否定形式，后一个用的是反问形式，语气较强。

★ **名词/动词/形容词＋不（能）当饭吃。** 可独立成句。

扩展▶ 书又不（能）当饭吃；理想又不（能）当饭吃；画得再好也不（能）当饭吃；爱情不（能）当饭吃；表扬不（能）当饭吃；下棋不（能）当饭吃；跳舞不（能）当饭吃；唱歌不（能）当饭吃；可爱不（能）当饭吃。

【不怕…，就怕…】 bú pà …, jiù pà … ［二级］

例句▶ 很多小孩子不怕父母，就怕老师，在家特别调皮，一去学校就听话了。‖虽然我很瘦，但从小不怕冷就怕热，一热就受不了。‖学语言的时候要开口说，不怕说错，就怕不知道错在哪儿。‖老实说，我这人买东西，不怕东西贵，就怕东西假。

解释▶ 不担心……，只担心……。表示后一种情况比前一种情况更让人感到不安或害怕。意思是说话人担心的不是前一种情况，而是后一种情况。多用于互相有关联、但又形成对立的两件或几件事情，强调对后一件事应更加重视。前面常有别的句子作相关说明，有时后面也有别的句子进行补充。○多用于叙事和对话，口语。

★ 1）**不怕＋名词$_1$，就怕＋名词$_2$。**

2）**不怕＋形容词$_1$，就怕＋形容词$_2$。**

3）**不怕＋动词$_1$，就怕＋动词$_2$。**

4）**不怕＋小句$_1$，就怕＋小句$_2$。**

可独立成句，也可在句中作谓语。结构中的两个分句有并列关系。

扩展▶ **句型1）**不怕一万，就怕万一；不怕冬天，就怕夏天；他不怕妈妈，就怕爸爸。

句型2）作业不怕难，就怕多；东西不怕多，就怕乱；穿衣不怕旧，就怕不整洁。

句型3）不怕做不到，就怕想不到；不怕没有理，就怕不讲理；不怕干不好，就怕不想干；不怕挣得少，就怕起得早；不怕不识货，就怕货比货；不怕苦干，就怕白干。

句型4）不怕意见不同，就怕发生矛盾；不怕工作忙，就怕条件差。

【A不如B（…）】 A bùrú B（…）［二级］

例句▶ 他到这家公司一个月后，发现公司的情况远不如自己想象的那样。‖人到了一定的年龄，明显感觉身体不如从前，时不时就会有点儿小毛病。‖我不喜欢坐公交车，一来坐公交车不如坐地铁快，二来也没有坐地铁舒服。

解释▶ 前后两种情况进行比较，前一种情况没有后一种情况那么……，或……比不上……。如果格式中有形容词，表示"……没有……这么/那么＋（形容词）"。如果格式中没有形容词，多表示"……没有……这么/那么＋好"。前面常有别的句子作相关说明，有时后面也有别的句子进行补充。○多用于叙事和对话，书面语。

★ 1）**名词$_1$＋不如＋名词$_2$＋（形容词）。**

2）**动词$_1$＋不如＋动词$_2$＋（形容词）。**

框架格式。可独立成句。

扩展▶ **句型1）**远亲不如近邻；一年不如一年；那里的收入不如这里高；对这儿的情况不如那儿那么熟悉；这种工作不如那种理想；以前的活儿不

如现在的轻松，收入也不如现在多；A 地的生活不如 B 地方便。

句型 2）晚起不如早起；喝饮料不如喝水；多说不如少说，少说不如不说；多一事不如少一事；求别人不如求自己；百闻不如一见。

【… 不是**办法**（呀）】 … bú shì bànfǎ（ya）［二级］

例句▶ 你都感冒好几天了，这样下去也不是办法，还是去医院检查检查吧。‖ 过了几天，那个公司还没给我打电话，我想，一直等着总不是办法呀，于是我就又找了别的公司。‖ 既然你知道自己做错了，就应该主动承认自己的错，这样躲下去真不是办法。

解释▶ 这样做不合适，不能解决问题。多用于说话人劝听话人不要再这么做了；有时也用于某人碰到问题时自己做出的判断。含有建议、劝说、责备等意味，语气委婉。“不是办法”前常有“真、可、也、总、并、绝、终究”等词。前面有别的句子作相关说明，有时前后都有句子进行补充。〇多用于叙事和对话，口语。

★ **（这样 / 这么）+ 动词 + 不是办法（呀）。** 可独立成句。肯定形式用双重否定表达，如“未必不是办法、未尝不是办法、很难说不是办法”等。

扩展▶ 我想想这样下去可不是办法；就这么等着真的不是办法；整天待在家里也不是个办法；每天睡到这个时候才起床，这终究不是个办法；一直闹下去绝不是个办法；吵来吵去并不是个办法；给人打工不是办法，得自己当老板。

【不 A 是不 A，… 】 bù A shì bù A，… ［一级］

例句▶ 我工作忙今年春节不回家。不回家是不回家，但是我还挺想念家人的。‖ 他们说作业不需要明天交，不交是不交，但我可以先做好。‖ 她长得不漂亮是不漂亮，不过性格特别好，很讨人喜欢。

解释▶ 承认情况是这样，后面接转折句，有“虽然……但是……”的意思。说话人的重点在后一小句。多用于叙述、解释或劝说别人。语气较委婉。前面常有别的句子作相关的说明，后面多用“但是、可是、不过”等词引出后一小句。〇多用于叙事和对话，口语。

★ **1）不 + 动词 + 是不 + 动词，但是（可是 / 不过）…。**

2）不 + 形容词 + 是不 + 形容词，但是（可是 / 不过）…。

框架格式。前半部分在句中作谓语，和后一分句有转折关系。

扩展▶ **句型 1）**不喜欢是不喜欢，但还是可以去看看；他不愿意是不愿意，但还是应该和他谈谈；你不想见是不想见，不过应该见一见面；工作做不好是做不好，可是不能没有信心；你不同意是不同意，不过说话可以客气点儿。

句型 2）他脾气不好是不好，但人不坏；箱子不重是不重，但提久了还是觉得不轻松；房间不大是不大，可还是要花点儿时间整理；这工作不累是不累，不过需要特别细心。

【不 … 是不可能的】 bù … shì bù kěnéng de ［二级］

例句▶ 我虽然和他分手了，但我俩在一家公司，不见面是不可能的。‖ 她每天饭后还吃这么多甜的东西，这样下去，不胖是不可能的。‖ 人们常说“活到老，学到老”，人的一生都在学习，不学习是不可能的。

解释▶ 没有可能不做……。表示在某种情况或条件下，某事或某种情况一定会发生，没有别的可能。用两个否定表示肯定的意思。有强调的意味。多放在句尾，前面常有别的句子作相关的说明和解释。○多用于叙事和对话，口语。

★ 1）**不 + 动词 + 是不可能的。**

2）**不 + 形容词 + 是不可能的。**

框架格式。在句中作谓语。

扩展▶ **句型 1**）不去是不可能的；不回来是不可能的；不吃饭是不可能的；不答应他是不可能的；不跟他说话是不可能的；不讲出来是不可能的；不商量是不可能的；不参加是不可能的；不同意是不可能的；在这里不学开车是不可能的。

句型 2）走这么多路，不累是不可能的；两天不睡觉，现在不困是不可能的；都七八月份了，天气不热是不可能的；在这么美丽的环境中，心情不愉快是不可能的；说实话，每天都受到表扬，不骄傲是不可能的。

【不是 …，不能 … 】 bú shì …，bù néng … ［一级］

例句▶ 我不是你，我有自己的想法，不能按你的想法去做。‖ 你看清楚，这可不是篮子，不能什么都往里面装。‖ 他不是我的家人，不能什么事都和他商量，有问题还得自己想办法解决。

解释▶ 先否定前面的情况，再推出不可以做后面事情的结论。相当于“因为不是……，所以不能……”，前后句往往有逻辑关系。多用来说明道理、劝告或说服对方。结构位置比较灵活，前面或后面常有别的句子作相关的说明或补充。○多用于叙事和对话，口语。

★ **不是 + 名词，不能 + 动词 / 小句。**在句中作谓语。结构中的两个分句有承接关系或因果关系。

扩展▶ 小学生不是大学生，不能像对待大学生一样去对待他们；这件事情不是做买卖，不能讨价还价；这不是外国，不能在圣诞节放假；她不是你，不能用你的标准要求她；学校不是公司，不能按照公司的规则处理事情；这家公司不是那家公司，不能按那家公司的办法来管理；他不是老板，不能一个人决定这件事。

【(不)是 … 的料】(bú) shì … de liào ［六级］

例句▶ 他天生就是当演员的料，才三四岁就已经开始参加各种表演了。‖ 你的手指又细又长，绝对是弹钢琴的料。‖ 他根本就不是做生意的料，连最简单的加法减法都会算错。

解释▶ 某人(没)有某方面的天赋，(不)具备从事某种职业或技能的基础。用于肯定句表示夸奖某人；用于否定句表示某人不适合做某事或怀疑某人的才能；也可用反问句强调肯定。常用于否定句，表示对某人情况的判断。用在自己身上，含有谦虚的意味；用在别人身上，有时含有批评或看不起的意味。结构前常有“完全、天生、本来、实在、当然、根本”等词，结构位置比较灵活，前后常有别的句子作相关的说明或补充。○多用于叙事和对话，口语。

★ **(不)是＋动词＋的料。** 框架格式。在句中常作谓语。

扩展▶ 天生是做翻译的料；绝对是跳舞的料；天生就是拿第一名的料；命中注定是做大事的料；他本来是当老师的料；实在不是读书的料；你就是读博士的料；根本不是当官的料；绝对不是当医生的料；她完全不是当妈的料。

【不是 …，而是 … 】 bú shì …，ér shì … ［四级］

例句▶ 海马，并不是生活在海里的马，而是一种形状特别的小型鱼类。‖ 我这次来北京不是来旅游的，而是准备在这儿学习汉语的。‖ 虽然说这里有一定的发展，但和其他地区相比，这里发展得不是太快，而是太慢。‖ 我到现在还没买车，不是我没钱，而是我觉得没这个必要。

解释▶ 否定前面的情况，肯定后面的情况。说话人的重点在后面一部分，带有强调意味。前面通常先引出话题，或有别的句子作相关的说明。○多用于叙事和对话，口语。

★ 1) **不是＋名词$_1$，而是＋名词$_2$。**

2) **不是＋动词$_1$，而是＋动词$_2$。**

3）不是＋形容词$_1$，而是＋形容词$_2$。

4）不是＋小句$_1$，而是＋小句$_2$。

在句中常作谓语、补语。结构中的两个分句有并列关系。

扩展▶ 句型 1）迎接你的不是失败而是成功；最大的对手不是敌人而是自己。

句型 2）人的兴趣不是天生的，而是后天养成的；它给你带来的不是感动，而是伤感。

句型 3）有才能的人不是太多，而是太少；你的工作不是太少了，而是太多了；人不是因为美丽才可爱，而是因为可爱才美丽；你对孩子不是太好了，而是太娇惯了。

句型 4）结果证明不是我错了，而是你错了；会议不是我去参加，而是你去参加。

【… 不是（个）事儿】 … bú shì（ge）shìr ［一级］

例句▶ 一直住你家总不是事儿，我过几天就去租房子。‖ 都快三十了，还没找女朋友，你这样下去可不是个事儿。‖ 虽然你们工作不忙，可你整天请假也不是个事儿，至少你得给我个理由吧？

解释▶ 不好，不正常。说话人觉得某种情况或状态不好、不像样子，应该改变。有时用来说明或评价某事，有时用来劝说对方。语气委婉。结构中的动词前常有“总、可、也”等词语，前面常有别的句子作相关的说明，后面的句子多补充应该怎么做。○多用于叙事和对话，口语。

★ 动词 / 小句＋不是（个）事儿。 可独立成句。

扩展▶ 你这样下去不是事儿；我看这么等不是事儿；一个人过日子可不是个事儿；老这么晚睡总不是个事儿；成天跟她吵吵闹闹，也不是个事儿；一天到晚工作也不是个事儿；年纪轻轻整天在家不工作，这不是个事儿。

【不是（…）回事儿】 bú shì（…）huí shìr ［一级］

例句▶ 听人说这个地方很落后，可我来了以后却发现根本就不是那么回事儿。‖ 这是他第一次出国，以前听说办理出国手续特别麻烦，自己办过一次后发现完全不是那么回事儿。‖ 他说的和做的不一样，嘴上说得好好的，可做起来就不是一回事儿了。

解释▶ ……并不像……的那样。指一种情况和另一种情况差别很大。可以指看到的、听到的、想到的或表面的情况和实际的情况完全不一样，也可以指说的和做的、做的和要求的之间差距很大。有时含有抱怨、不满的意味。结构前常有“完全、根本、并、才、远、全（都）、好像、其实、恐怕、显然”等词语。多放在句尾，前面有别的句子作相关的说明描述。○多用于叙事和对话，口语。

★ **名词 / 代词（指人）/ 动词＋不是＋那么 / 这么 / 一＋回事儿。** 可独立成句。结构中“回事儿”前可以是“那么、这么、一”，也可以不加任何词，如“不是回事儿”。

扩展▶ 事实上远不是那么一回事儿；其实并不是那么回事儿；显然不是那么回事儿；在这里好像不是这么回事儿；实际上并不是这么回事儿；结果却不是这么回事儿；实际情况和我们听到的恐怕不是一回事儿。

【不是 … **就是** … 】 bú shì … jiù shì … ［一级］

例句▶ 每天的早饭不是面包就是蛋糕，都吃腻了，下次换点儿别的吧。‖ 他找工作遇到了很多困难，因为公司不是需要高学历，就是需要有工作经验。‖ 前面那辆车开得不是太快就是太慢，你当心点儿。‖ 想去买件衣服，可不是价格太高，就是我看不上，所以一直都没买到合适的。

解释▶ 举出两种情况，或者是这种情况，或者是那种情况，但一定是其中的一种情况，没有另外的情况。结构中插入的成分不多时，前后小句可以合为一个句子。前面常有句子进行说明，或先引出话题，有时后面也有句子进行补充。○多用于叙事和对话，口语。

★ 1）**不是＋名词$_1$，就是＋名词$_2$。**

2）**不是＋动词$_1$，就是＋动词$_2$。**

3）**不是＋形容词$_1$，就是＋形容词$_2$。**

4）**不是＋小句$_1$，就是＋小句$_2$。**

在句中常作谓语、补语。结构中的两个分句有并列关系。

扩展▶ **句型1）** 干这件事的不是你，就是他；这个杯子不是爸爸的就是妈妈的；在学校的不是老师就是学生；他不是你哥哥就是你弟弟，长得很像你。

句型2） 他一下课不是看电视就是玩游戏；他下班后不是在家睡觉，就是出去和朋友们喝酒；对记者的提问他不是不回答，就是说几句客气话。

句型3） 挂在墙上的画不是高了就是歪了；那些房子不是太远就是太贵，没有合适的。

句型4） 这件事不是他对就是你对；两个人比赛不是你赢就是我赢。

【不是 … **了吗**】 bú shì … le ma ［一级］

例句▶ 你不是早就出发了吗，怎么现在还没到？ ‖ 不是已经找过他一次了吗？既然他没答应，你就不要再去求他了。‖你的感冒不是好了吗？怎么今天还去医院？

解释▶ 反问句。知道前面的事情已经发生，但因为情况没有按原来预料的发展，或结果不是希望的那样，不明白怎么回事，所以要问。多用已经发生的事来提示对方。含有强调的意味。多放在句首，后面的句子或者对不明白的情况进行提问，或者补充说明其他的内容。〇多用于叙事和对话，口语。

★ **不是＋动词/形容词＋了吗？** 框架格式。在句中作谓语，有时也可独立成句。

扩展▶ 她不是走了吗，怎么还在这儿；这样做不是方便多了吗，为什么不这样做；你不是肚子饿了吗，还不快吃；我不是早就告诉你了吗，怎么又忘了；你不是下午要出差吗，怎么还没走；他不是不愿意吗，那就不用找他了，找别人吧。

【不是…吗，怎么＋又/还…】 bú shì … ma，zěnme +yòu / hái … ［一级］

例句▶ 你这不是刚吃过饭吗，怎么又饿了？是不是刚才没吃饱？‖你不是已经买邮票了吗，怎么还要买？‖你怎么又改变主意了，刚才开会的时候不是已经决定了吗？

解释▶ 已经发生的事情，正常的情况下不应该再次发生，可又发生了；也指出现了新情况，说话人不明白，所以用反问句表示疑惑。用已经发生的事来提示对方，含有提示的意味。多放在句首，后面常有别的句子进一步补充或提问。〇多用于叙事和对话，口语。

★ 1）**不是＋动词/句子＋吗，怎么＋又＋动词＋（了）。**

2）**不是＋动词/句子＋吗，怎么＋还＋动词。**

可独立成句。有时前后小句也可以倒过来，如“**怎么又/还…，不是…吗**”。

扩展▶ **句型1）**你们不是叫我去吗，怎么又叫上她了；你不是在公司工作吗，怎么又卖起衣服来了；待在家里不是很好吗，怎么又跑出去了；不是都约好了吗，怎么又改变主意了。

句型2）不是都同意了吗，怎么还说要考虑考虑；不是下班了吗，怎么还要去公司；你不是说好戒烟了吗，怎么还在抽；不是电脑送去修了吗，怎么还在这里。

【不是没（有）…】 bú shì méi（yǒu）… ［一级］

例句▶ 他并不是没有钱，他有的是钱，只是舍不得花。‖他说的这些话也不是没有道理，你还是好好考虑考虑吧！‖优秀学生不是没有缺点，也不是特别聪明，而是特别自觉，各方面对自己要求比较严格。

解释▶ 是有……的。用两个否定来强调肯定，以引起听话人的注意。含有强调的意味。结构前常有“并、也、尽管”等词语。多放在句首，或者先引出话题，后面常有别的句子或者作进一步的补充说明，或者劝说别人应该做什么。○多用于叙事和对话。口语。

★ **不是没（有）+名词。** 在句中作谓语，多用于前一小句。

扩展▶ 他说的不是没道理，只是不是时候；他并不是没有时间，只是不愿意花时间罢了；你不是没有记性，而是没有把这事放在心上；做这份工作不是没有困难，只是需要勇气去克服；他不是没有所爱的人，只是现在分手了。

【…（不）是**时候**】 …（bú）shì shíhou ［一级］

例句▶ 小王，你来得真是时候，饭菜刚上桌，还没开始吃呢，快过来一起吃吧。‖你这些话是应该说，但现在说还不是时候，我觉得晚点儿说比较好。‖这场雪下得正是时候，明天就是圣诞节了，大家都希望在圣诞节这天看到满天的白雪。

解释▶ 事情来得很巧，正好（不巧）。说话人认为某人某事在某个时间、某种条件下、某种场合比较合适（或不合适）。多指说话、办事符合（或不符合）环境和当时情况的需要。肯定表达时结构前常有“正、真、才”；否定表达时结构前常有“还、很、真、已经、实在、似乎、太、极”等词语。前面或引出话题，或有别的句子作相关的说明，后面的句子进一步补充“巧”的具体内容，或者“不合适”的理由。○多用于叙事和对话，口语。

★ 1）**动词+得+（不）是时候。**在句中作谓语。结构中的“（不）是时候”在句中作补语。

2）**时间名词/动词+（不）是时候。** 独立成句。结构中的“（不）是时候”在句中作谓语。

扩展▶ **句型1）**这场大雨下得正是时候；他来得才是时候；结婚结得正是时候；这病生得真不是时候；你来得极不是时候；这话说得很不是时候。

句型2）可惜已经不是时候了；现在还不是时候；天气不暖，现在去那里旅行似乎还不是时候；手头钱不多，买房子还真不是时候；做这个决定实在不是时候。

【不是我说（你），…】 bú shì wǒ shuō（nǐ），… ［一级］

例句▶ 不是我说你，毕业都大半年了，整天在家看电视上网，想等着工作来找你吗？‖—我打算这个暑假一个人去西安旅行。—不是我说你，你胆子也太大了吧，十六岁的女孩子怎么能一个人去这么远的地方？‖不是我说，你们家老张年纪都这么大了，怎么还跟年轻人一样拼命工作呢？

解释▶ 说话人不是有意指责或批评某人，而是感到某人说的话、做的事确实不合情理、太过分，让人看不下去。含有劝说、批评、责备、不满的意味。语气较弱，较委婉，多用于第二人称和第三人称。注意▶ 一般少用或不用于比自己年纪大的人或长辈。放在句首，后面的句子多是批评、责备、不满的具体内容。○多用于叙事和对话，口语。

★ **不是我说＋（名词／代词［指人］），小句。** 可独立成句。结构中的“不是我说（你）”作插入语。

扩展▶ 不是我说你，你这么做考虑过后果吗；不是我说您，年纪都这么大了，还跟年轻人比什么赛；不是我说她，她今天穿得也太奇怪了吧；不是我说他，从来没见过这么说话的人；不是我说，这老张做得也太过分了。

【不是想 A 就能 A（…）的】 bú shì xiǎng A jiù néng A（…）de ［一级］

例句▶ 你们恋爱了两年，互相已经有了感情，这种感情不是想结束就能结束的，你得认真考虑。‖先生，这么好的房子，这么便宜的价格，不是你想买就能买到的，还犹豫什么？‖—你感冒这么长时间了，怎么还没好？—感冒这种病可不是想好就能好的，有时候会拖上十天半个月的。

解释▶ 不能符合自己或某人的意愿。表示事情的实际情况不是由自己或某人控制的，所以不会按照自己或某人的想象和意愿发展，往往无法避免意外的事情或不理想的情况。多用来说明问题和道理，语气委婉。多放在后半部分，前后常有别的句子进行说明、补充或建议。○多用于叙事和对话，口语。

★ 1）**不是想＋动词＋就能＋动词（…）＋的。**

2）**不是想＋形容词＋就能＋形容词＋的。**

框架格式。在句中作谓语。结构 1）中第二个动词后可以加补语。

扩展▶ **句型 1）** 不是想干什么就能干什么的；钱不是想挣就能挣到的；英语不是想学就能学好的；任务不是你想完成就能完成的；公司不是想办就能办的。

句型 2） 工作不是想快就能快的；不是想漂亮就能漂亮的；不是想瘦就能瘦下来的。

【不是…，也不是…，更不是…】 bú shì…，yě bú shì…，gèng bú shì… ［二级］

例句▶ 这里的石头颜色很奇特，既不是白色，也不是红色，更不是黑色的，而是有着特别花纹的双色或多色。‖ 发生这样的事不是你的错，也不是我的错，更不是大家的错，错就错在我们没经验。‖ 希望你能理解我，我不是不想帮忙，也不是没有能力帮忙，更不是故意不帮忙，是我有更重要的事要做。

解释▶ 连续对三种情况进行否定，后面再进行补充，给出明确的结论或说明原因。多用于原因复杂，需要多次否定的情况。三个否定语气逐渐加强，前面的部分或引出话题，或有别的句子作相关的说明，后面常有句子进一步补充说明。○多用于叙事和对话，口语。

★ 1）**不是＋名词$_1$，也不是＋名词$_2$，更不是＋名词$_3$。**

2）**不是＋动词$_1$，也不是＋动词$_2$，更不是＋动词$_3$。**

在句中作谓语。结构中的三个分句有并列关系。

扩展▶ **句型 1）** 这事不是我干的，也不是他干的，更不是你干的，那会是谁干的呢；既不是文化人，也不是企业家，更不是商人；这不是爱情，也不是亲情，更不是友情；出现了这样的情况，不是你愿意看到的，也不是我愿意看到的，更不是老板愿意看到的。

句型 2） 我不是没有同情心，也不是自私，更不是看不起别人；这不是哭，也不是笑，更不是半哭半笑。

【不是…，也不应该（是）…】 bú shì…，yě bù yīnggāi（shì）… ［二级］

例句▶ 他不是不讲道理的人，也不应该是这样的人。你有事要跟他好好商量。‖ 这些道理我不是不懂，也不应该不懂，就是实际做起来有些难。‖ 我知道这件事情不是你做的，也不应该是你做的，好孩子是不会做这种事情的，对吧？

解释▶ 事实上不是……，从情理上说也不是……。后句是对前句的补充说明，通过推理分析，表示说话人对某人某事的肯定或否定的态度。多用来陈述事实或讲道理。前面常先引出话题，后面有别的句子作总结或进一步补充。○多用于叙事和对话，口语。

★ 1）**不是＋名词，也不应该（是）＋名词。**

2）**不是＋动词＋（的），也不应该（是）＋动词＋（的）。**

3）**不是＋名词$_1$＋动词$_1$＋（的），也不应该（是）＋名词$_2$＋动词$_2$＋（的）。**

在句中作谓语。结构中的两个分句有并列关系。结构 3）中前后两个名词或动词所表达的意思或所指内容是一样的。

扩展▶ 句型1）这不是我的错，也不应该是我的错；这个事故不是他的责任，也不应该是他的责任；你不是不爱学习的人，也不应该是这样的人。

句型2）你不是不明白，也不应该不明白；我看你不是不理解他，也不应该不理解他；他不是不懂事，也不应该不懂事；这份工钱不是给你的，也不应该给你。

句型3）这句话不是你说出去的，也不应该是你说出去的；这封信不是我写的，也不应该是我写的。

【不是也 … 吗】 bú shì yě … ma ［一级］

例句▶ 很多优秀的儿童文学作品，我们成年人不是也非常喜欢看吗？ ‖ 你不是也上过高中吗，难道这个字都不认识？ ‖ 过生日不一定要送吃的，送给他一本书做生日礼物不是也很好吗？

解释▶（A是……或做了某事，或出现了某种情况）B也是……或做了某事，或也出现了某种情况。用否定形式的反问句表示肯定的意思，用某人、某事、某个做法也怎么样来证明某事或者说明某个道理。含有强调的意味。结构位置比较灵活，前后常有别的句子说明或补充。○多用于叙事和对话，口语。

★ **不是也＋动词/形容词＋吗？** 框架格式。在句中作谓语，构成反问句。

扩展▶ 你不是也这样做的吗；你不是也想买车吗；你们不是也没吃饭吗；图书馆不是也关门了吗；你不是也想换一个新的手机吗；他们不是也要住一段时间吗；那个办法不是也很有用吗；这电影不是也很有意思吗；送书不是也挺好的吗。

【不是 …，只是 … 】 bú shì …，zhǐshì … ［二级］

例句▶ 别误会，我们不是恋人，只是朋友。‖ 放心吧，我不会生气的，我知道你不是说真的，只是在开玩笑。‖ —昨天你怎么没来参加他的晚会，他没邀请你吗？—不是他没邀请我，只是我身体不舒服，没有去。

解释▶ 否定前一种情况，肯定后一种情况。用“只”对后一种情况在性质、范围、程度、数量等方面进行限制，把事情往小的、轻的方面说。多用来说明原因或情况。结构位置比较灵活，前面或后面常有句子进一步说明或补充。○多用于叙事和对话，口语。

★ 1）**不是＋名词$_1$，只是＋名词$_2$。**

2）**不是＋动词$_1$，只是＋动词$_2$。**

3）**不是＋小句**$_1$**，只是＋小句**$_2$。

在句中作谓语，也可独立成句。结构中的两个分句有并列关系。

扩展▶ **句型1**）不是大问题，只是个小麻烦；不是朋友，只是同学；不是固定工作，只是临时工作。

句型2）不是不想去，只是现在不能去；不是不想做，只是没时间做；不是觉得有意思，只是看着比较好奇；不是真的想买，只是随便看看；不是很生气，只是觉得很突然；不是发脾气，只是想吓她一下。

句型3）不是他没提醒我，只是我有事没法儿去；不是她没跟我说，只是我不愿意去；不是我没告诉他，只是他忘了。

【A不B谁B】 A bú B shuí B ［一级］

例句▶ —刚才这里站着的那个男孩儿，你认识吗？—我不认识他谁认识他，他就是我儿子。‖ 小王在工作上遇到了困难，我们不去帮助他解决谁去呢？‖ 你不能整天忙自己的工作，他是你的孩子，孩子有事你不管谁管？

解释▶ 如果某人不该/是……，那还有谁……？也指如果某人不去做某事，那还有谁会做？用否定形式的反问句表示肯定的意思。表示按照实际情况，某人才是最应该做某事，或最具备做某事的条件、资格或义务。用在自己身上，有时表示自己应该去做；用在别人身上，有时责备别人不去做，含有埋怨、不满的意味。语气较强。多放在句尾，前面常有别的句子作相关分析说明。○多用于叙事和对话，口语。

★ **名词/代词（指人）＋不＋动词＋谁＋动词。** 框架格式。可独立成句，也可在句中作谓语。结构中的两个分句有假设关系。

扩展▶ 这事我不去谁去；家人生病，我不照顾谁照顾；他这么努力，他不进步谁进步；不好好学习，你不得零分谁得零分；像他这么会做生意，他不发财谁发财；这样的好演员，他不受欢迎谁受欢迎；他做了这么多坏事，他不倒霉谁倒霉；你孩子的学习你不关心谁关心。

【不说别的，光…】 bù shuō biéde，guāng… ［三级］

例句▶ 他喜欢看小说，不说别的，光武打小说就有好几十套。‖ 不说别的，光是因为他是你哥哥，我也要帮他这个忙。‖ 他是个音乐迷，不说别的，光音乐光盘他就有好几百张。

解释▶ 光：只。（总的情况比较复杂、总的事物比较多）这里只挑其中的一种情况说。后面常有“就”连用突出后面的数量多。可用于事物的原因、条件、形式、方法、时间、地方等。多用来举例说明。结构位置比较灵活，前面或者引出话题，或者进行概括说明，有时后面也有句子进行补充。○多用于叙事和对话，口语。

★ 1）**不说别的，光＋名词 / 动词 $_1$ ＋就＋动词 $_2$ ＋数量短语。**

2）**不说别的，光＋动词，小句。**

可独立成句，结构 1）中的数量短语常含有数量比较多的意思。

扩展▶ **句型 1）** 不说别的，光鞋子她就有几十双；不说别的，光美国他就去过好多次；不说别的，光一个月的收入就够我们吃一年了；不说别的，光手机费就要花好几百块；不说别的，光是打球的基本功，我们就要练上好几年。

句型 2） 不说别的，光是为了我自己，我也得找一份像样的工作；不说别的，光是因为他们是我父母，我也应该听听他们的建议；不说别的，光为了练口语，他已经找了好几个外国朋友了。

【A 不说，还 / 都 / 也 B …】 A bù shuō，hái / dōu / yě B … ［一级］

例句▶ 说实话买那儿的房子真的不方便，路远不说，还要换好几次车，每天上班累死了。‖ 他也太过分了吧，你回来他没来接你不说，电话都不打一个。‖ 那是我第一次去北京，二姨给我买衣服、裙子不说，还带着我吃遍了京城的特色饭店，逛遍了大商场，好开心啊！

解释▶ 不算……，还有其他的（事情或方面）。除了这一情况，还有另外的情况（更重要、更麻烦、更有意思等），强调后一件事情。表示说话人对某人或某事物的看法，有时带有不满、埋怨或满足、感激的意味。多用于不理想的事情，也有好的事情。多放在句子的后半部分，前面常有别的句子作相关的说明，有时后面也有句子作进一步补充。○多用于叙事和对话，口语。

★ 1）**动词 $_1$ / 小句＋不说，还＋动词 $_2$。**

2）**动词 $_1$ / 小句＋不说，名词＋都 / 也＋动词 $_2$。**

可独立成句。结构中的两个分句有递进关系。

扩展▶ **句型 1）** 没买水果不说，还把钱花光了；帮助我学习不说，还送了我一台电脑；玩得不愉快不说，还感冒了；给我钱不说，还把我接到他家里住下；花钱受累不说，还会生一肚子气；把病人送进医院不说，还帮他付了医药费。

句型 2） 耽误时间不说，人都累坏了；丢了钱包不说，身份证也丢了；我去他家他不出来陪不说，招呼都不打一个；你生病没来看你不说，问候都没一声。

【不说 …，就说 … 】 bù shuō …，jiù shuō … ［一级］

例句▶ 我的朋友个个都是音乐爱好者，不说别人，就说小李吧，钢琴弹得特别好。‖ 那里的房价太贵，不说新房，就说二手房吧，我们三五年里也买不起。‖ 你要去国外读书，不说路远，各方面不熟，就说这钱吧，也不是小数目。

解释▶ 要说的人或事情有很多，这里只拿其中一项说。通常挑比较简单，或容易说的，或有代表性的方面来说，用来表明自己的看法或态度。多用来举例说明。结构位置比较灵活，前面常有句子说明要讨论的主要内容，后面也有别的句子把意思补充完整。○多用于叙事和对话，口语。

★ **不说＋名词 $_1$ / 句子，就说＋名词 $_2$。** 不独立成句，后面常有后续句。

扩展▶ 不说别人，就说小王吧，也得过三等奖呢；不说别的，就说我这个老板吧，做事特够朋友；不说远的，就说近的吧，我这一个月也损失了好几万；不说这钱了，就说全家人的精力也花了不少；不说我自己，就说你，也浪费了很多时间。

【… 不说，万一 … 】 … bù shuō，wànyī … ［四级］

例句▶ 这个礼物还是别给他买吧，价格贵不说，万一买了他不喜欢呢？ ‖ 这些零食饮料之类的东西少买，花了钱不说，万一对身体有害，那就不合算了。‖ 车有点儿小毛病一定要马上修好，使用不方便不说，万一突然发生交通事故，那后果就不可想象了。

解释▶ 万一：可能性极小的假设。举了两个方面的因素，第一个因素相比不很重要，不用多说，说话人非常担心的是第二个因素的出现，这会引起不（太）好的结果，也是他不希望出现的。常用来劝说或建议别人做某事，用于自己时多是说明不选择的原因。前面常有别的句子作相关的说明，后面的句子多补充可能出现的结果。○多用于叙事和对话，口语。

★ **动词 $_1$ / 句子 $_1$＋不说，万一＋动词 $_2$ / 句子 $_2$。** 独立成句。

扩展▶ 要花那么多时间不说，万一考不上呢；语言不通不说，万一找不着人帮忙呢；人生地不熟的不说，万一碰上坏人呢；路远不说，万一晕车，身边又没有药，那就麻烦了；他不在不说，万一他事后知道了怎么办；一个人去旅行有困难不说，万一生病了，谁帮助你。

【不算 … 的话，已经 … 】 bú suàn … dehuà，yǐjīng … ［二级］

例句▶ —你怎么还在喝咖啡？你一共喝了几杯啦？—不算这杯的话，已经喝了三杯了。‖ 我很喜欢旅行，来中国后，不算这次的话，我已经去过北京、上海、西安、黄山等五六个地方了。‖ 试卷改到现在，有不少学生通过考试了。不算这张卷子的话，已经有七个学生通过了。

解释▶ 如果不包括……在内，已经有多少了。叙述的内容大多是计算同类事物的数量。在对话中可直接用于回答问题；叙述时，前面有时有别的句子作相关的说明。○多用于叙事和对话，口语。

★ **不算 + 名词 / 代词 + 的话，已经 + 动词 + 数量短语 +（了）。** 可独立成句。结构中的两个分句有假设关系。

扩展▶ 不算这个学期的话，我已经学了两年了；不算你的话，我已经有三个外国朋友了；不算这本书的话，我已经读过他三本书了；不算机票钱的话，这次旅行我们已经花了三千块了；不算这个孩子的话，他们家已经有两个上大学了；不算这次比赛的话，他已经拿了两个第一名了。

【… 不算什么】 … bú suàn shénme ［二级］

例句▶ 50 岁并不算什么，我始终认为自己很年轻。‖ 少赚点儿钱不算什么，给公司留下坏印象可就不好了。‖ 在我看来，手机的功能少点儿不算什么，只要能打电话、发短信就行。

解释▶ 觉得……不是很重要，没有太大关系。把事情尽量往小的方面说，含有不在乎的意味。结构位置比较灵活，前面常有别的句子说明情况，有时后面有句子补充其他标准或说话人认为更重要的内容。○多用于叙事和对话，口语。

★ **名词 / 动词 / 小句 + 不算什么。** 可独立成句。

扩展▶ 对别人来说，1000 元钱也许不算什么；过去取得的一点点成就不算什么；我的这一点儿困难实在不算什么；这点儿苦不算什么；累一点儿不算什么；钱少点儿不算什么，只要人好就行；路远点儿不算什么，工作轻松就行。

【A 不 A 随你】 A bù A suí nǐ ［三级］

见 102 页【A 不 A 由 + 你 / 我】 条。

【不太好 …】 bú tài hǎo … ［一级］

见 60 页【不大好 …】 条。

【不停地 …，直到 …】 bùtíng de …，zhídào … ［三级］

例句▶ 昨天晚上，他不停地咳嗽，直到半夜。‖ 不知为什么，小宝宝不停地哭，直到妈妈把她抱起来她才安静下来。‖ 演出结束后观众仍在不停地鼓掌，直到他离开会场。

解释▶ 动作、行为或状态一直持续到某个时候（才停止或出现新情况）。多用于描写动作、现象。结构前或先引出话题，或有别的句子作相关的说明，后面的句子多是使动作停止的内容。可用于过去的事情。○多用于叙事和对话，口语。

★ **不停地＋动词$_1$，直到＋名词／动词$_2$／句子。** 在句中常作谓语。动词多是表示持续动作的动词。

扩展▶ 雪不停地下，直到第二天晚上；风不停地刮，直到下半夜；不停地写，直到天亮；不停地努力直到最后病倒；不停地唱啊跳啊，直到唱不动、跳不动为止；不停地喝，直到喝醉了为止；不停地呼救，直到有人来救。

【不外乎 … 】 búwàihū … ［超纲］

例句▶ 中国菜讲究的不外乎色、香、味这几方面，这些方面都是评价菜品好坏的标准。‖ 每次朋友们聚在一起的活动不外乎吃顿饭、唱唱歌、聊聊天儿。‖ 晨练对于普通人来说不外乎这几种：早上起来到公园里跑跑步、散散步、打打拳。

解释▶ 不超出某种范围，表示就包括……几种。把事情往简单、少的方面说。含有种类不多、不复杂的意味。结构位置比较灵活，前面先引出话题，或有别的句子作相关的说明，结构中常举出一些具体的方面，有时后面也有相关的补充。○多用于介绍、叙事、评论，书面语。

★ 1）**不外乎＋名词$_1$、名词$_2$（……）名词$_n$。**

2）**不外乎＋动词$_1$、动词$_2$（……）动词$_n$。**

3）**不外乎＋（数量短语），小句。**

在句中作谓语。结构中的名词或动词可以为两种或两种以上的事物或情况。

扩展▶ **句型 1）** 这个学校的留学生来源不外乎亚洲、欧洲、非洲一些国家；当年不管男女老少，穿的不外乎黑、蓝、灰、绿、白这几种颜色。

句型 2） 过去学习语言的方法不外乎读、写、背；百姓过日子，不外乎吃穿住用行；他在家里的任务不外乎擦地、做饭、洗衣服。

句型 3） 原因不外乎这么几个；这种小说最后的结局不外乎两种；这事不外乎两种结果；一首歌能受欢迎，不外乎有两个原因，一是曲子好，二是歌词好；吵架的原因，不外乎生活习惯不一样，性格不合。

【不想A也得A】 bù xiǎng A yě děi A ［四级］

例句▶ 这些艺术品这么精美，售货员的服务又这么周到，我不想买也得买。‖ 我都三十好几了，看着周围的朋友都结婚生孩子了，我是不想找老婆也得找一个呀！‖ 这饭虽然不怎么好吃，但不吃饭哪有力气工作呢，所以你就是不想吃也得吃上几口。

解释▶ 得（děi）：必须。虽然不愿意……，但是只好……。多指因为某种环境或外在压力等因素，或为了达到某种目的使某人必须去做某事，没有别的选择。有时后面有数词，表示最少或最基本的量。含有没办法、勉强的意味。多用于说明情况或劝说别人。多放在句尾，前面常有别的句子说明原因或理由。○多用于叙事和对话，口语。

★ 1）**不想＋动词＋也得＋动词。**

2）**不想＋动词＋也得＋动词＋数量短语。**

框架格式。在句中常作谓语。结构2）中数词常表示比较小的数，如"一、一两、几"等。

扩展▶ **句型1）**不想考也得考呀；我不想干也得干；你不想要也得要；只可惜你不想看也得看；大家都去了，你不想去也得去啊。

句型2）别人都说了，你不想说也得说几句；不想吃也得吃几口；不想跑也得跑几步；看见大家都买了好几个，我不想买也得买一两个；不想看也得看一眼。

【不像…的那么…】 bú xiàng … de nàme … ［二级］

例句▶ 都说汉语难学，可我自己学习了以后发现汉语并不像别人说的那么难。‖ 人的一生其实很短，远不像我们想象的那么长，我们要珍惜生活中的每一分每一秒。‖ 我原想放假出去玩玩，好好放松一下，可事情并不像我计划的那么顺利。

解释▶（某人或物）不是说的、表达的或想象中的那样。表示事实和听到的、看到的、计划的或想象中的有一定的差距。事情可以往好的方面说，也可以往坏的方面说。结构中的动词多是"想、说、计划、想象、看到、形容"等。多放在句尾，前面常有别的句子作相关说明，结构前也常有"可"等转折词把后面的句子引导出来。○多用于叙事和对话，口语。

★ **不像＋（名词／代词）＋动词＋的＋那么＋形容词。** 框架格式。在句中常作谓语。

扩展▶ 事情不像想的那么简单；她不像他们想的那么害羞；这事不像我们想

象的那么重要；电影不像人们形容的那么可怕；她实际年龄并不像我看到的那么大；他的情况不像大家说的那么糟糕；治疗的效果不像大夫说的那么理想。

【不亚于…】 bú yà yú… ［七—九级］

例句▶ 就工作能力来说，他不亚于小李，你得好好向他学习。‖养了多年的鸽子突然飞走了，老王的伤心程度不亚于丢失了自己的孩子。‖圣诞节是西方的传统节日，它热闹的程度不亚于中国人过春节。

解释▶ 亚：较差。不比……差，意思是和……差不多，至少不会更低（差）。多用来把一个人或物同另一个人或物进行比较，强调一个和另一个几乎相同。结构前常有“丝毫、一点儿也、已、绝对、并、甚至”等词表示已经达到了某种水平或强调不差。结构位置比较灵活，前面常有别的句子作相关的说明，有时后面也有句子进行补充。○多用于叙事，书面语。

★ **不亚于＋名词／动词／小句。** 在句中常作谓语。构成一个表示比较的句子。结构前常有名词、动词或小句表示比较的主体或内容。

扩展▶ 他的精力不亚于年轻人；他的学习成绩并不亚于你；虽然这个菜看起来不怎么好，但味道一点儿也不亚于那个菜；网球比赛的精彩程度绝不亚于足球赛；两队的竞争丝毫不亚于国际竞争；这种动物的珍贵程度并不亚于大熊猫；虽然这是个小手术，但其危险程度一点儿也不亚于大手术。

【…不要紧，（只要）…就行（了）】 … bú yàojǐn,（zhǐyào）… jiù xíng（le）［四级］

例句▶ 你的表慢了几分钟不要紧，只要不耽误事就行了。‖—我就这么出来了，钱包里都没带什么钱。—急什么？没带钱不要紧，带银行卡就行。‖我觉得，日子过得苦一点儿不要紧，只要一家人平平安安就行了。

解释▶ 不要紧：没有太大关系或问题。表示后面的情况或条件更重要，如果有了后面的情况或条件，前面的问题就不是问题了。多用来安慰别人。在对话里，可直接用于回答；用于叙述事情，前面或后面常有别的句子作相关的说明或补充。○多用于叙事和对话，口语。

★ **动词$_1$／小句$_1$＋不要紧，（只要）＋动词$_2$／小句$_2$＋就行（了）。** 可独立成句。结构中的两个分句有让步关系。

扩展▶ 这次没考好不要紧，（只要）你以后努力就行了；贵不要紧，（只要）

你喜欢就行；房子远一点儿不要紧，（只要）有地铁就行了；不会做不要紧，（只要）愿意学就行；做不好不要紧，（只要）下功夫练就行了；做错了不要紧，（只要）改过来就行了。

【不…也罢】 bù…yěbà ［超纲］

例句▶ 别犹豫了，这件衣服不怎么样，再说价钱也不便宜，不买也罢。‖这样的工作不做也罢，不但累得很，而且工资也很低。‖这个问题不说也罢，说起来，大多数人是有意见的。

解释▶ 也罢：算了，也就算了。因为某事物本身存在缺点或问题，所以不……就算了；也表示不做某事也不后悔、没有什么遗憾。含有安慰自己或劝说别人的意味。结构位置比较灵活，前后常有别的句子指出相关的缺点、不足或理由。可用于不很理想的或不愉快的事情。○多用于叙事和对话。

★ **不＋动词＋也罢。** 框架格式。在句中常作谓语。

扩展▶ 音乐会不怎么样，不听也罢；电影不很好看，不看也罢；这个问题还没考虑好，不谈也罢；买这东西没有大用处，不买也罢；这件事不跟他说也罢，说了他会难过的；那里的风景不怎么样，不去旅行也罢。

【不A也不B】 bù A yě bú B ［一级］

见56页【不A不B】条①②。

【不A也得A】 bù A yě děi A ［四级］

例句▶ 药虽然有点儿苦，可你感冒了，为了早点儿好，你不吃也得吃啊！‖本来我还没打算换手机，可今天我的手机丢了，看来我不换也得换了。‖—别看书了，晚上一起去吃个饭吧？—我也想去，可没时间。明天就要考试了，这书我不想看也得看。

解释▶ 得（děi）：必须。虽然不愿意或没想过要，或以前不需要做……，但没有别的办法，不得不做或只好做……。多指在某种条件下或因为情况发生了变化，或事情已经无法改变，某人必须去做某事，没有别的选择或可能。有时含有没办法、勉强的意味。多用于说明情况，也可用来劝说别人。多放在句尾，前面常有别的句子说明原因或理由。○多用于叙事和对话，口语。

★ **不＋动词＋也得＋动词。** 框架格式。在句中常作谓语。

扩展▶ 大家都去，你不去也得去；送给你，不要也得要；为了病早点儿好我不吃也得吃；这是学校的规定，他不来也得来；这是我亲眼看见的，不信也得信；不可以不学，不学也得学；理解也得理解，不理解也得理解；同意也得同意，不同意也得同意。

【A B不一】 A B bùyī ［一级］

例句▶ 这两把钥匙大小不一，怎么能开同一扇门呢？‖图书馆的书，知识程度深浅不一，你应该先选择一下，看一些适合自己水平的书。‖你别听他的，他是个心口不一的人，别看他表面上还在生气，其实心里早原谅你了。

解释▶ 不一：不相同，不一样。表示人或物在内容和外表等方面不一样，如水平或程度、表面和实质、形式大小等多方面；有时也指不同个体的行为、动作、状态等不一样。在指人的言行、做事时，多含有批评、不满的意味，这时具有贬义色彩。前面常有别的句子进行说明，后面的句子多指出不一样的具体情况。○多用于叙事和对话，书面语。

★ 1）**名词** $_1$ + **名词** $_2$ + 不一。（表面和实质不一样）

2）**动词** $_1$ + **动词** $_2$ + 不一。（行为、动作不一样）

3）**形容词** $_1$ + **形容词** $_2$ + 不一。（水平、程度等不一样）

在句中常作谓语、定语。结构中的两个名词、动词或形容词多是意思相对或相反的单音节词，组成四字格式。

扩展▶ **用法1**）表示表面和实质不一样：说话做事怎么能表里不一；他说话总是心口不一；他反感言行不一的人。

用法2）表示行为、动作不一样：大家对他褒贬不一；对此事大家毁誉不一。

用法3）表示水平、程度等不一样：两个东西高低不一；这两把钥匙大小不一；两根绳子长短不一；两根棍子粗细不一；说话轻重不一；大家对他的了解深浅不一；对这本书的评价好坏不一。

【…不已】 … bùyǐ ［七—九级］

例句▶ 听说下周要去杭州旅游，这个消息一传出来，所有的人都兴奋不已。‖爷爷生病住院了，而且病情一直不见好转，这一情况让全家担心不已。‖杰克从小就喜欢弹琴，6岁时，他的琴技就已令人惊叹不已，12岁时就在校内比赛中获得一等奖。

解释▶ 某种行为或状态连续不停，一直在持续。多指人对某些情况的感觉和反应，包括好的方面和不好的方面。多放在句尾，前面常有别的句子对事情和过程进行说明解释。○多用于叙事，书面语。

★ **动词/形容词+不已。** 在句中常作谓语。结构中的动词、形容词多是表持续或心理的双音节词，组成四字格式。

扩展▶ 欢呼不已；羡慕不已；激动不已；惊喜不已；欣喜不已；伤心不已；痛心不已；悲痛不已；佩服不已；争论不已；称赞不已；赞叹不已；钦佩不已；愤慨不已；懊恼不已；感慨不已；悔恨不已；嫉妒不已；惋惜不已；惊讶不已；心酸不已；担忧不已。

【不以…的意志为**转移**】 bù yǐ … de yìzhì wéi zhuǎnyí ［四级］

例句▶ 人只是历史长河中的一粒沙子，历史的发展是不以人的意志为转移的。‖我知道许多事情是不以我的意志为转移的，我们不知道将会发生什么，只是希望它能朝好的方面发展。‖价格随着市场而变化，这是不以人的意志为转移的规律，任何人都改变不了。

解释▶（某件事）不因为某个人的某种想法而发生改变，也不会顺着某人的想法发展。表示事情有自己的发展规律和特点，不会按照人的意愿进行。多用来说明道理或劝说别人。前面常先引出话题，有时也有别的句子作相关的说明，后面的句子或者进行补充，或者得出结论。○多用于叙事和对话，书面语。

★ **不以+名词/代词（指人）+的意志为转移。** 框架格式。在句中常作谓语、定语。

扩展▶ 事情的发展不以人们的意志为转移；这件事也不以你的意志为转移；他就是再想，情况也不以他的意志为转移；它不以任何人的意志为转移；这是不以某些人的意志为转移的规律。

【不由得…】 bùyóude … ［七—九级］

例句▶ 都这么晚了，女儿还没有回来，他不由得有些担心，一个小姑娘，路上会不会遇到什么危险呢？‖讲座一结束，大家都不由得鼓起掌来，王教授的这场讲座实在太有趣了。‖看着这些大学生阳光的笑脸，我不由得想起了自己年轻的时候，那时我也像他们一样乐观、自信。

解释▶ 不能控制（自己）。多因为某种情况自然地产生某种想法或感觉，或做出某种动作。结构位置比较灵活，前面常有别的句子说明产生这些想法或动作的原因，有时后面也有句子进行补充。○多用描写、叙事，口语。

★ **不由得+动词。** 在句中常作谓语。多用于第一人称“我（们）”，或第三人称“他、她、他们”。

扩展▶ 我不由得停住了脚步；听着听着，我不由得掉下了眼泪；不由得让我想起他说的那句话；他不由得苦笑；读到精彩之处，他不由得大声叫好；让人不由得放慢脚步。

【不由得A一B】 bùyóude A yī B ［七—九级］

例句▶ 我上午一直在找钥匙，找啊找啊，突然我不由得眼睛一亮，终于找到了！‖ 考试的时候，看到卷子上大多是自己复习过的内容，我不由得心中一喜，这回最少能得 90 分。‖ 听了奶奶讲她少年时代艰苦日子的故事，我不由得鼻子一酸流下泪来。

解释▶ 不由得：不能控制（自己）。不能控制住自己，身体的某个部位突然或自然地出现某种动作。这些部位常常是心、鼻子、眼睛等感觉器官。多是因为看到、听到、想到、遇到、讲到某事而自然出现的动作。多用来叙述事情发生的经过。前面常有别的句子说明相关的情况，结构中的动词常带出结果，有时后面还有别的句子进行补充。○多用于描写、叙事，口语。

★ **不由得＋名词＋一＋动词/形容词。** 框架格式。在句中常作谓语。结构中的名词常表示身体部位。“一”后面的动词、形容词多是单音节，和前面的名词往往组成四字格式。

扩展▶ 看到他在场，不由得心里一慌；看到标题，他不由得心中一惊；想到年迈的父母，他不由得感到心里一酸；听了这话，我不由得心头一热；看到这个结果，他不由得心中一喜；看到眼前的这一幕，我不由得鼻子一酸，流下泪来。

【A不A由＋你/我】 A bù A yóu + nǐ / wǒ ［三级］

例句▶ 都叫了你这么久，怎么还不来，饭已经准备好了，吃不吃由你。‖ 该说的我都说完了，这一切都是真的，信不信由你。‖ 这事他再操心也没用，他说他的，去不去由我。

解释▶ 做或者不做某件事，你/我自己决定。用于对方时，有时表示随某人的便，有时是气话，说话人还是希望对方做这件事；有时也指说话人知道自己管不了，也不想多管。用于自己时，多指不要别人多管。带有随便、生气、埋怨的意味。多放在句尾，前面常有别的句子作相关的说明。需要时结构可连用。○多用于叙事和对话，口语。◇也说“A不A随你”。

★ **动词＋不＋动词＋由＋你／我。** 框架格式。可独立成句。结构中的动词多是单音节词。

扩展 **用法 1**）用于对方：地点我告诉你了，去不去由你；茶泡好了，喝不喝由你；价钱就这个，买不买由你；书放在这儿，读不读由你；我都介绍过了，参加不参加由你。

用法 2）用于自己：说不说由你，听不听由我；教不教由他，听不听由我；管不管由我，听不听由他；交不交由他，管不管由我。

【不再是…（了）】 bú zài shì …（le）［一级］

例句 妈，我已经不再是小孩子了，这些事情我知道怎么安排。‖—你知道吗，小丽拿了一等奖学金。—这不再是什么新闻了，全班人都知道了。‖随着经济的快速发展，乡村盖起了高楼，通公共汽车在许多地方已经不再是新鲜事了。

解释（某人某物）从现在或某个时间开始不是……。表示情况发生了变化，出现了新的情况。多用来说明情况。结构前常有“已经、或许、几乎、从此、就、也、却、都”等词语。前面常有别的句子说明时间、事件或情况，有时后面也有句子进行补充。○多用于叙事和对话。

★ **不再是＋名词＋（了）。** 框架格式。在句中作谓语。

扩展 你说的这些都不再是什么大问题（了）；他已不再是过去的他（了）；这已不再是什么秘密（了）；这事不再是梦想（了）；理想也不再是一句空话（了）；她不再是一个毫无经验的新手（了）。

【…不在话下】 … bú zài huà xià ［一级］

例句 他很能喝啤酒，一天两三瓶自然不在话下。‖如果你把这些书都仔细看上几遍，通过考试当然不在话下。‖外语学院的人有很强的语言能力，有的会西班牙语，有的会意大利语、法语等，英语更不在话下。

解释 不在谈论的范围内。这里指事情很小、很容易或很简单，不值一提。多指某人某方面的能力强，某事物或某件事情对他来说根本就不算什么；也指事情很自然，用不着说。含有夸张的意味。结构前常有“自然、更、也就、已、都、似乎、全、想必、统统”等词。前面常有别的句子进行相关说明。○多用于叙事和对话，口语。

★ **名词／动词＋不在话下。** 可独立成句。

扩展 **用法 1**）表示某人能力强：这点儿小事对他来说更不在话下；什么困难似乎都不在话下；这方面他熟得很，做这些事想必不在话下；只要你一个电话，借个八千一万的全不在话下；打败他自然不在话下；他有的是钱，买车买房统统不在话下。

用法 2）表示事情很自然，用不着说：你要我帮忙，当然不在话下；这点儿小事算什么，不在话下。

【不怎么…】 bù zěnme … ［一级］

例句▶ 学生时期，他不怎么努力学习，反而对学习以外的一些事情特别感兴趣。‖ 几年不见，他的坏习惯全都不见了，酒也不怎么喝了，烟也不怎么抽了。‖ 这个队不怎么走运，刚开始比赛就已经输了两个球了。

解释▶ 不太……，不很……。如后面是动词，表示某事做得不多或程度不太高；如后面是形容词，多表示程度不太高。有时略含委婉的语气。结构位置比较灵活，前面常有别的句子作相关的说明，后面的句子常指出"不怎么…"的结果。○多用于叙事和对话，口语。

★ **不怎么 + 动词 / 形容词。** 在句中常作谓语。

扩展▶ 我们对这人不怎么了解；他不懂，也不怎么问；我开始不怎么愿意去；她不怎么喜欢看这样的电影；她很忙，不怎么去逛街；我的字不怎么漂亮；对这事他不怎么积极；这里的东西不怎么贵；那里的环境不怎么好；这地方的物价不怎么高。

【…不怎么样】 … bù zěnmeyàng ［二级］

例句▶ 记得我第一次做饭，做完尝了尝，味道确实不怎么样。‖ 这首歌刚出来的时候觉得挺一般，唱得不怎么样，但多听几次后还觉得挺好听的。‖ 虽然看上去他不怎么样，但是人很好，能力也特别强，这事交给他你就放心吧！

解释▶ 一般，不算好。感觉不太好，但不明说不好，用"不怎么样"表达。多用于对人或物的评价。语气比较委婉。结构前常有"实在、似乎、好像、真的、也、并"等词。结构位置比较灵活，前面或后面常有别的句子说明情况或补充。○多用于叙事和对话，口语。

★ **名词 +（动词 + 得）+ 不怎么样。** 可独立成句。

扩展▶ 他的生意不怎么样；这地方可真不怎么样；他的能力也不怎么样；那里的生活条件好像不怎么样；两个地方的差别不大，似乎都不怎么样；他俩的关系并不怎么样；那里的风景确实不怎么样，没什么特别的；这次我考得实在不怎么样，我准备再考一次。

【不正好可以…吗】 bú zhènghǎo kěyǐ … ma ［二级］

例句▶ 在办公室工作到下午多少会感到有点儿累，这个时候出去见个客户，不正好可以放松一下吗？‖ 别不高兴了，没工作这段时间不正好可以休息一下、散散心吗？‖ 没时间吃晚饭也没关系，不正好可以减肥吗？

解释▶ 正好可以做某事。用否定形式的反问来表示肯定的意思。表示某个时间或某种情况对做某事非常合适；也指某事、某种偶然的情况来得很巧，很符合说话人的心愿，可以用来做某事。有时含有庆幸的意味，带有快乐、轻松的语气。多放在句尾，前面常有别的句子进行相关的说明。○多用于叙事和对话，口语。

★ **不正好可以＋动词＋吗？** 框架格式。在句中作谓语，也可独立成句。

扩展▶ 这样不正好可以见见他吗；下午在家不正好可以照顾孩子吗；晚上没事不正好可以好好休息吗；不正好可以把这个事情解决了吗。

【不知…不】 bù zhī … bu ［一级］

例句▶ 衣服我倒是给妈妈买了几件，只是不知合适不。‖ 今天我特意准备了几个好吃的菜，不知你喜欢不？‖ 我想请你跟我一起去看电影，不知你愿意不？

解释▶ 不知道是不是……。表示不能肯定。说话人有时想听取对方意见，也有时希望得到听话人肯定的回答，还有时只是告诉对方已经做的事情，这时表达比较委婉。多放在句尾，前面常有别的句子说明相关情况。○多用于叙事和对话，口语。

★ **不知＋形容词／主谓短语＋不？** 框架格式。在句中作谓语，也可独立成句，前面有别的句子说明某种情况。

扩展▶ 这人不知漂亮不；不知您满意不；不知你们认识不；不知你同意不；不知你能去不；不知你看过不；不知你们了解不；不知你去过不；不知他看得上不；不知这样做行不；不知这次考试通得过不；这些年不知他有变化不。

【不知（道）…（才）好】 bù zhī（dao）…（cái）hǎo ［一级］

例句▶ 走进大院儿一看，这里的房子差不多一个样儿。我放慢了脚步，左看看，右看看，不知该进哪个门才好。‖ 在我最困难的时候，北京的一位朋友给我寄来500块钱，当时我感动得不知说什么才好。‖ 每次去找他他都不在，我都不知该怎么办才好，真让人头疼。

解释▶ 不知道怎么做才是最好的方式。多指眼前碰到的事情，不知道该怎么做。有时用来描述事情的经过，有时想听听对方的建议。中间常用疑问代词，如“什么、怎么、哪里、哪个、如何”等表示各种各样的事物或方式、方法。多放在句尾，前面常有别的句子说明情况，有时后面也有句子进行补充。○多用于叙事和对话，口语。

★ **1）不知（道）+ 动词 + 疑问代词 +（才）好。**

2）不知（道）+ 疑问代词 + 动词 +（才）好。

框架格式。在句中常作谓语、补语。结构 1）中的疑问代词常有“什么、哪里、哪个、多少”等；结构 2）中的疑问代词常有“怎么、如何、什么时候”等。

扩展▶ **句型 1）**不知道送她什么才好；不知道选哪一个好；第一次当家，不知道买什么才好；刚到这里时，我不知道去哪儿买东西好；一开口，不知道跟大家说点儿什么才好；都这么好玩儿，我不知道买哪个好。

句型 2）不知道怎么说才好；自己不知该如何处理才好；不知道怎么给他才好；感动得不知怎么谢他才好；他不知该怎么安慰我才好；他对我这么好，真不知道如何感谢他才好。

【不知怎么，…】 bù zhī zěnme，… ［一级］

例句▶ 不知怎么，最近他老是不理我，看到我就装作没看见。‖ 听了他的话，不知怎么，我鼻子一酸，眼泪就下来了。‖ 同学们聚会后都各自离开了，不知怎么，回到家里，我发现自己的手机竟落（là）在饭店里了。

解释▶ 不知道为什么，不明白是什么原因……。表示对造成现在情况的原因不清楚，不明白为什么会有这样的结果。多用来叙述事情的经过。有时放在句首；有时前面有别的句子说明情况，后面的句子进一步说明具体内容。○多用于叙事和对话，口语。

★ **不知怎么，句子。** 可独立成句。

扩展▶ 不知怎么，头突然很痛；不知怎么，我就是不想吃饭；不知怎么，他的病就这样好了；不知怎么，我感到全身没有力气；不知怎么，我最近很想去旅行；不知怎么，每次去都没碰到他；不知怎么，一吃这种东西就胃疼；不知怎么，他俩一见面就吵架。

【不值一 V】 bù zhí yì V ［六级］

例句▶ 这部电影没什么新意，不值一看。‖ 谢什么呀，不就是顺便帮你买了点儿东西吗？这点儿小事根本不值一提。‖ 他问的这些问题太简单了，在普通人看来也许是不值一问的事。

解释▶ 不值得做……。意思是觉得某事或某物很小、不重要或不太好，不值得为它花时间和精力。多把事情往小的、轻的方面说。多用于其他人或物，含有轻视的意味；用于自己表示谦虚。放在句尾，前面常有别的句子说明情况或理由。○多用于叙事和对话，书面语。

★ **不值一 + 动词。** 在句中常作谓语、定语。结构中的动词多是单音节词，组成四字格式。

扩展▶ 不值一读；不值一谈；不值一买；不值一驳；不值一见；不值一去；不值一试；不值一做。

【… 不止】 … bùzhǐ ［五级］

例句▶ 你怎么咳嗽不止，是不是感冒了，快去医院看看吧！‖ 如果你在伤口上压 20 分钟以后，仍然血流不止，你应该用更大力气压在伤口上。‖ 这部电影实在太有意思了，每次观众都会看得大笑不止，看了一遍还想看第二遍。

解释▶ 某种行为或状态连续不停，控制不住，一直在持续。多用于持续性的动作或状态。前面常有别的句子说明解释，后面的句子或进行描述，或提出建议。可以进入这个结构的有很多动词，如大笑、大骂、哭泣、惊讶、咳嗽、循环、流动、战斗、冲突、运动等等。○多用于叙事和对话，书面语。

★ **动词 + 不止。** 在句中常作谓语、补语。结构中的动词多是表示持续性的双音节动词，组成四字格式。

扩展▶ 伤口血流不止；他大骂不止；她哭泣不止；孩子哭闹不止；我们惊讶不止；他喷嚏不止；生命不停，运动不止；这个人呻吟不止；生命不息，工作不止；热得出汗不止。

【不至于 … 】 bú zhìyú … ［五级］

例句▶ 在他学习最困难的时候如果能帮助他一下，他肯定不至于放弃学习。‖ 如果当初能好好努力，再多掌握一门外语，也不至于失去这次出国的机会。‖ 别担心，这里的环境他非常熟悉，周围都是老师和朋友，发言的时候应该不至于很紧张。

解释▶ 不会发展到（某种地步），不会达到（某种程度）。如果是没发生的事情，表示对将来的预测；如果是已发生的事情，多含有不相信、后悔、遗憾的意味，有时带有责备的语气。后一用法多指不太好的、不愉快的事情。前面常有“绝、也、又、才、就、还、也许”等词。多放在句尾，前面常有别的句子说明情况、原因或理由。○多用于叙事和对话，书面语。

★ 1）**不至于 + 动词。**

2）**不至于 +（这么 / 那么）+ 形容词。**

在句中作谓语。

扩展▶ **用法 1**）事情没有发生：只有不断努力才不至于失败；你亲自去找他，他不至于不给你面子吧；这事不至于对别人产生很大的影响；他还不至于这样做吧；后果不至于这么严重吧。

用法 2）事情已经发生：有人帮助他不至于走到这一步；认真复习不至于不及格；小心点儿手指不至于受伤；平时节约点儿不至于生活不下去；经常锻炼也不至于身体发胖；好好管理公司不至于那么快倒闭；一家好公司不至于管理这么混乱。

【A 不重要，重要的是 B】 A bú zhòngyào，zhòngyào de shì B ［一级］

例句▶ 我觉得比赛的结果不重要，重要的是参与和体验。‖ 我刚大学毕业，在一家小公司工作，对我来说，赚不赚钱不重要，重要的是能学到东西。‖ 不用去管别人怎么看，别人怎么看你不重要，重要的是你自己怎么看自己。

解释▶ 前面的人、物或事情不重要，后面的很重要。多表明某人看待事物的态度，以及他更在乎什么。前后两个小句在内容上形成对立。多放在句子的后半部分，前面常有别的句子说明情况。可用于过去的和将来的事情。○多用于叙事和对话，书面语。

★ **名词 $_1$ / 小句 $_1$ + 不重要，重要的是 + 名词 $_2$ / 小句 $_2$ / 动词。**

可独立成句。结构中的小句多为疑问句，可以是一般疑问句形式“A 不 A”；也可以是带疑问词“怎么、为什么、如何、什么”等的特殊疑问句。

扩展▶ 她觉得衣服的质量不重要，重要的是式样；钱多钱少不重要，重要的是能学到东西；孩子是男是女不重要，重要的是健康；漂亮不漂亮不重要，重要的是人好；这本书新不新不重要，重要的是内容好；怎么做不重要，重要的是为什么做；我们是干什么的不重要，重要的是我们干得好不好。

【不足 …】 bùzú … ［五级］

例句▶ 他工作太忙了，每天很早出门，很晚才到家，在家的时间不足 8 个小时。‖ 虽然她来这个城市不足 5 年，可已从一个打工妹变成小老板了。‖ 刚来北京时，为了省钱，我在远离市中心的地方租了间不足 10 平方米的房子，开始了我的打工生活。

解释▶ 不足：不满，不到……（数量词）。（人或物等）没有达到某种数量或水平。多用来描写具体事物，有时也可用于抽象事物。结构位置比较灵活，前后常有别的句子说明情况或进行补充。〇多用于叙事和对话，书面语。

★ **不足＋数量短语。** 在句中常作谓语、定语。

扩展▶ 他在上海居住不足5年；他身高不足180厘米；这个班的学生减到不足20个；人均年收入不足300美元；这本书印数不足1000本；本地区去年的雨量不足50毫米；这个地区人均月消费不足2000元；体长不足1厘米的鱼；不足10万的人口。

C

【才不……呢】 cái bù … ne ［二级］

例句▶ 这话只能对你说，要是对别人，我才不说呢！‖ 那么远的地方，又没什么好吃的好玩儿的，我才不去呢！ ‖—我去找找他，说不定他会和我一起去看这场足球比赛。—他才不会去看呢，他又不喜欢足球！

解释▶ 表示强调。不愿意做……，不会做……，不可能做……。用于自己，多指自己一定不做某事；用于别人，指对别人不做某事的有把握的推测。带有强调的语气。结构位置比较灵活，结构前常有别的句子说明情况或理由，有时后面也有句子进行补充。○多用于叙事和对话，口语。

★ **才不＋动词＋（名词）呢。** 框架格式。在句中作谓语。结构中的名词可以在主语前面。

扩展▶ **用法1）**用于自己：这种事我才不干呢；我才不想你呢；这些话我才不信呢；我才不告诉你呢；这东西我才不要呢；这种东西我才不买呢；你最爱吵架，我才不理你呢；你瞎说，我才不上你的当呢。

用法2）用于别人：这种事人家才不管呢；他才不会帮我呢；他们才不怕呢；现在的小孩儿才不会看这些书呢；这样的饮料他才不喝呢。

【……才怪呢】 … cái guài ne ［四级］

例句▶ 昨天温度那么低，你只穿一件衣服，不感冒才怪呢！ ‖ 你把他的手机摔坏了，他知道了不找你麻烦才怪呢！ ‖ 不瞒您说，如果不是这份医院的报告证明我受伤的话，他们相信我的话才怪呢！

解释▶ 强调程度高。……让人觉得很奇怪。根据一般的情况推测，某些动作或事情一定会或者不会出现某种结果，如果出现了就会让人觉得很奇怪、不正常，意思是一定（不）会……。多用来对现在情况的结果进行推测。句子表达的实际意思和形式相反，带有强调的语气。多放在句尾，前面常有别的句子说明情况或原因，有时后面也有句子进行补充。○多用于叙事和对话，口语。

★ **动词／小句＋才怪呢。** 在句中作谓语。结构中的动词或小句有时用否定形式。

扩展▶ 你这么累，不病倒才怪呢；他这样做不出事才怪呢；公司这样管理，没问题才怪呢；他妈不生气才怪呢；这题目你能看懂才怪呢；他要真的帮你才怪呢；你能翻译出来才怪呢；像他这种人不倒霉才怪呢。

【才叫 … 呢】 cái jiào … ne ［一级］

例句▶ —小李，你画的画儿真漂亮！—我这算不了什么，你去看看王教授画的，那才叫艺术呢！ ‖ 院子中间放一台电视机，球迷们都围在一起，叫声、笑声不断，这才叫看球呢！ ‖ 你买的这件毛衣也就一般，我买的那件才叫漂亮呢！

解释▶ 才能叫作……，才能算作……。表示“只有这个才算……”“别的都不算什么”“别的都不是”的意思。多把某人、某物跟别的人或物相比较，得出结论。带有强调的语气。多放在句尾，前面常有别的句子说明情况。○多用于叙事和对话，口语。

★ **才叫＋名词/动词/形容词＋呢。** 框架格式。在句中作谓语。结构前有时用“这”或“那”代替前面提到的事物。

扩展▶ 钱自己送上门来了，这才叫运气呢；在家过生日，那才叫有意义呢；听这样的音乐，那才叫享受呢；在中国过春节，那才叫有趣呢；放假到国外旅行，那才叫好玩儿呢；尝尝这里的海鲜，那才叫美味呢；这算什么辛苦的，没日没夜地干才叫辛苦呢。

【才 … 呢】 cái … ne ［二级］

例句▶ 小丽擦了擦眼睛，生气地对他说：“我没哭，你才哭了呢！” ‖ 钱挣得多有什么用，身体才是最重要的呢，没有健康的身体钱再多也享受不到啊！ ‖ 今天这场球实在不怎么样，昨天那场踢得才精彩呢！

解释▶ 表示（事情、现象的）程度很高。多把某人、某物跟别的人或物相比较，得出结论，含有别的都比不上的意味。带有强调的语气。结构位置比较灵活，结构前常有别的句子说明情况或理由，有时后面也有句子进行补充。○多用于叙事和对话，口语。

★ **才＋形容词/动词＋呢。** 框架格式。在句中作谓语、补语。

扩展▶ 他才有本领呢；他的字写得才好呢；你才害怕呢；我才倒霉呢；他英语才好呢；你才绝顶聪明呢；我平时从不乱花钱，你才花得多呢；你也算会玩儿手机，他才会玩儿呢；这种地方才高消费呢；这部小说才有意思呢；屋里不热，外面才热呢。

【才算 … 】[1] cái suàn … ［二级］

例句▶ 那种看到别人有困难就主动帮忙的人才算是真正的朋友，你说的这种人算什么朋友？ ‖ 长城是北京有名的景点，到北京来旅游的人都会去爬长城，因为他们觉得这才算到了北京。‖ 经常听人说你很幸福，在你的眼里，究竟怎样才算幸福呢？

解释▶ 算：认作，当作。只有……才能被当作……。如后面的词语为形容词或名词以及某些动词，“才算”表示才能当作……，才能被认为……。多用来表示个人的看法、评价，也可用来向别人提问。多放在句尾，结构前常有别的句子进行说明，把时间、程度或要求等作为条件或标准，有时后面也有句子进行补充。○多用于叙事和对话。

★ **才算＋名词／动词／形容词。** 在句中作谓语。否定表达为“不算…”。

扩展▶ 这才算标准发音；工作十个小时以上才算加班；这样的人生才算是成功的人生；不是什么报道都是新闻，这才算新闻；18岁之后才算成人；达到这个程度才算标准；一个城市发展到什么程度才算是国际大城市。

【才算…】[2] cái suàn … ［二级］

例句▶ 看着孩子已经不发烧，在病床上安静地睡着了，父母紧张的心才算放了下来。‖ 你都换了好几个工作了，可每个工作都干不长，你到底要找个什么样的工作才算满意呢？‖ 听到孩子安全到达的消息以后，我们才算松了一口气。

解释▶ 终于，总算……。多是经过努力或较长的过程之后才出现结果，多指好的结果。可用来说明情况或表示疑问。放在句尾，前面常有别的句子说明情况或过程，有时后面也有句子进行补充。○多用于叙事和对话，口语。

★ **才算＋动词。** 在句中作谓语。

扩展▶ 听到孩子的声音，母亲才算放心；直到今天，这个问题才算正式解决；听到这个消息他们才算安下心来；等检查全部通过，工程才算完成。

【参加…**活动**】cānjiā … huódòng ［二级］

例句▶ 大家应该积极参加各种体育活动，身体好了，才能更好地工作和学习。‖ 同学们积极参加课外实践活动，既学到了知识和技能，也了解了社会。‖ 为了参加今天的晨跑活动，许多市民很早就来到了广场。

解释▶（某人）加入到（某部门组织的体育比赛、表演、联欢等）各种活动中。前后常有时间、地点、内容、目的、结果等相关内容。多用于健康有益的方面，少用于不好的方面。结构位置比较灵活，前后常有别的句子解释或补充说明结果。○多用于叙事和对话。

★ **参加＋名词／动词／形容词＋活动。** 动宾结构。在句中常作谓语。名词前常有别的修饰语。

扩展▶ 参加课堂活动；参加集体活动；参加各种各样的俱乐部活动；参加节日活动；参加外交活动；参加演出活动；参加环境保护活动；参加推广活动；参加学术活动；参加社交活动；参加秘密活动；参加了有意义的活动。

【曾经…过】 céngjīng … guò ［三级］

例句▶ 这个地方看起来很熟悉，我好像曾经来过。‖我曾经在上海住过几年，觉得城市很干净，气候也不错。‖—这里的天气可真凉快啊！—其实前些天曾经热过一阵子，不过这几天又凉快些了。

解释▶ 表示以前有过某种行为、状态或情况。多用来叙述以前发生过的事情。结构位置比较灵活，前后常有别的句子作相关的说明或补充。○多用于叙事和对话，书面语。

★ 1）**曾经＋动词＋过＋（名词/代词/数量短语）。**

2）**曾经＋形容词＋过＋（数量短语）。**

框架格式。在句中常作谓语。

扩展▶ **句型1）** 曾经到过北京；曾经一块儿工作过；我们曾经见过他；曾经联系过他；曾经找过他；曾经帮助过她；这里曾经发生过一件事情；曾经向他说过这件事；曾经发生过误会；曾经问过他这个问题；曾经住过院。

句型2） 曾经漂亮过；曾经冷过一段时间；曾经犹豫过几天；身体曾经好过一段时间；曾经苦过一阵子。

【差点儿（就）…了】 chàdiǎnr（jiù）… le ［五级］

①例句▶ 这次考试我得了58分，差点儿就通过了，真遗憾！‖小王刚走，你差点儿就见到他了，太可惜！‖最后一张去北京的火车票被排在我前面的那个人买走了，我差点儿就买到了。

解释▶ 因为还差一点儿，所以没能做成。表示想做的事情没能做，想实现的事情没能实现。含有可惜、遗憾的意味。多放在句尾，前面常有别的句子作相关的说明。○多用于叙事和对话，口语。

②例句▶ 今天起得晚，而且路上堵车堵得厉害，我差点儿就迟到了。‖他们说的像真的一样，我差点儿被他们骗了，好在旁边有人提醒我。‖你看我跟你聊了这么久，差点儿把重要的事儿给忘了。

解释▶ 因为还差一点儿，所以没做成。表示不想做的事情没做，不想实现的事情几乎要发生了，但是最后没发生。多指不太好的事情。含有庆幸的意味。多放在句尾，前面常有别的句子作相关的说明，有时后面还有句子进行补充。○多用于叙事和对话，口语。◇ ②也说“差点儿（没）…”。

★ **差点儿（就）+动词+了。** 框架格式。在句中作谓语，也可独立成句。

扩展▶ **用法1）**表示想做的事情没能做：旅行的事差点儿（就）定下了；差点儿（就）完成了任务；差点儿（就）成功了；差点儿（就）全部完成了；差点儿（就）找到他了；差点儿（就）签了合同；差点儿（就）得了冠军。

用法2）表示不想做的事没做：差点儿（就）摔倒了；差点儿（就）把手机给丢了；差点儿（就）流下了眼泪；差点儿（就）把我搞糊涂了；气得差点儿（就）跳起来了；差点儿（就）叫出声来了；差点儿（就）哭出声来了；差点儿（就）把东西打翻了。

【差点儿（没）…】 chàdiǎnr（méi）… ［五级］

①例句▶ 我一大早就去电影院排队买票，但排队的人太多，差点儿没买到。‖ 刚刚我在想别的事，老师问的问题我差点儿没答上来。‖ 早上起得晚，急急忙忙出门，差点儿没坐上班车。

解释▶ 差一点儿就没成功，最后还是成功了。希望实现的事情几乎不能实现，但最后还是实现了，含有庆幸的意味。多放在句尾，前面常有别的句子作相关的说明。注意▶ 动词采用否定形式。○多用于叙事和对话，口语。

②例句▶ 他跑步时，手机突然从口袋里飞了出去，差点儿（没）摔坏。‖ 今天起得晚，而且路上车堵得厉害，我差点儿（没）迟到。‖ 你这几天去哪儿了，去你家找你又不在，打你手机又关机了，差点儿（没）把我急死。

解释▶ 因为还差一点儿，所以没发生。不想实现的事情几乎要发生了，但还是没发生，含有庆幸的意味。注意▶ 动词的肯定式、否定式意思相同。多放在句尾，前面常有别的句子作相关的说明。○多用于叙事和对话，口语。◇ ②也说“差点儿（就）…了”。

★ **差点儿（没）+动词。** 在句中作谓语。结构中的动词多是“动词+补语”，表示动作的结果或趋向。

扩展▶ **用法1）**表示希望实现的事最后实现了：差点儿没赶上飞机；差点儿没找到人；差点儿没通过考试；差点儿没碰到他；差点儿没命了；差点儿没（不）及格了；差点儿没完成任务；差点儿没找到他人；差点儿没打败对手。

用法2）表示不想实现的事情最后没有发生：朋友们吓得差点儿（没）晕过去；差点儿（没）有哭出来；差点儿（没）大叫起来；差点儿（没）晕倒；差点儿（没）打起来；差点儿（没）喝醉；汽车差点儿（没）撞上人；差点儿（没）被淹死；差点儿（没）病倒。

【A差于B】 A chà yú B ［一级］

见155页【A大于B】条。

【A长+A/B+短…】 A cháng + A/B + duǎn … ［二级］

①例句▶ 你女儿的那张小嘴可甜了，一见面就奶奶长，奶奶短地叫个不停，真讨人喜欢。‖今天班里来了个新老师，同学们对她很好奇，一下课就新老师长新老师短的，全在议论她呢。‖女儿特别喜欢听爷爷讲故事，不明白的地方还喜欢问，每天都爷爷长爷爷短地问很多问题。

解释▶ 嘴上常叫（提、问、说）某人、某事或某地。表示对这个人、这事或这个地方特别感兴趣。多用于经常挂在嘴上说的情况。前面常有别的句子作相关的说明，有时后面也有句子进行补充。○多用于叙事和对话，口语。

②例句▶ 有事情都做自己的事情去，别张三长李四短地议论人！‖你们几个待在一起就没有别的事儿，老是张家长李家短地说别人，这有什么意思？‖—你们在干嘛呢？—没事儿，在闲扯呢，不过你放心，我们可不喜欢说张三长李四短的，我们在聊自己的事儿。

解释▶ 几个人没事儿喜欢凑在一起议论别人，说别人的长短、好坏。这里的张三、李四、张家、李家不是具体的某人或某户人家，是泛指别人。含有责备的意味，具有贬义色彩。前面常有别的句子作相关的说明，有时后面也有句子进行补充。○多用于叙事和对话，口语。

★ 1）**名词$_1$＋长＋名词$_1$/名词$_2$＋短＋的。**

2）**名词$_1$＋长＋名词$_1$/名词$_2$＋短＋地＋动词。**

框架格式。在句中常作谓语。结构2）动词前面的部分在句中作状语。

扩展▶ **句型1**）你怎么老是上海长上海短的，你想去上海吗；今天来了个新老板，怪不得大家休息时都在老板长老板短的；这小孩儿一路上就是妈妈长妈妈短地问个不停；他最近老是大学长大学短的，是不是要考大学了。

句型2）他怎么总是张家长李家短的；你们又在张家长李家短的了；别张家长李家短地议论别人。

【长则 A，短则 B】 cháng zé A，duǎn zé B ［七—九级］

例句▶ 这种小小说非常短，长则一千多字，短则二三十字。‖ 他们公司每年都会派员工去外国学习，长则两年，短则半年。‖—先生，请问我多久才能知道我面试的结果？—你先回去等着吧，短则三四天，长则两个星期。

解释▶ 表示时间、长度等的最大量和最小量。指同类事物的长短不同，有的长，有的短。多用于列举和数字、时间等有关的两方面的情况。多放在句尾，前面常有别的句子对某方面进行概括或说明。○多用于叙事，书面语。◇也说“短则 A，长则 B”。

★ **长则＋数量短语$_1$＋（名词），短则＋数量短语$_2$＋（名词）。** 可独立成句，也可在句中作谓语，有时也可作状语。结构中的两个分句有并列关系。

扩展▶ 这个任务长则半年，短则一月；他俩打电话长则一两个小时，短则几分钟；他的发言长则半个小时，短则十五分钟；这个工程长则 5 年，短则 2 年；不同民族的历史长则几千年，短则几百年；双方的合作长则十年八年，短则一年半年；通知长则两星期，短则两三天就会发给你的。

【朝着 … 的方向】 cháozhe … de fāngxiàng ［三级］

例句▶ 不远处传来了动听的歌声，他朝着声音传来的方向望去，只见广场上坐着一个年轻人，弹着吉他唱着歌。‖ 老师找你谈话的目的，是希望你意识到自己的问题，不要再朝着错误的方向走下去。‖ 虽然这次他伤得很重，但经过两个月的治疗，他的身体情况正朝着好的方向发展。

解释▶ 表示动作、行为的方向，也指事情向某个方面发展。前者多用于具体事物，后者多用于抽象事物。后面接表示动作或抽象的动词。多用于叙述事情发生的过程。结构位置比较灵活，前后常有相关的说明或补充。多用于好的、一般的情况，少用于不好的情况。○多用于叙事和对话。◇也说“向着…的方向”“往…的方向”。

★ **朝着＋名词／动词／形容词＋的方向。** 框架格式。整个结构是一个介词短语，在句中作状语。

扩展▶ **用法 1）** 表示动作、行为的方向：朝着家的方向出发；朝着学校的方向走去；朝着车站的方向跑去；人们朝着出事的方向涌去；朝着一个方向运动。

用法 2） 表示事情向某个方面发展：朝着积极的方向发展；朝着成功的方向努力；朝着对自己有利的方向发展；市场朝着正确的方向前进；朝着现代化的方向迈进；朝着稳定健康的方向发展；朝着和平、合作的方向继续下去。

【趁 … 工夫】 chèn … gōngfu ［七—九级］

例句▶ 趁她出去接电话的工夫，小王悄悄地把一封信放在她桌子上了。‖ 现在的人手机都不离身，总会趁聊天儿、休息、走路、等人的工夫，看看手机上的信息。‖ 平时上班很忙，眼睛一直看着电脑屏幕得不到休息，其实有一个好方法就是趁喝水的工夫站起来望一望四周。

解释▶ 趁：利用；工夫：时间。（某人、某部门等）利用时间、机会做某事。后面跟表示目的或结果的动词词组或句子。结构位置比较灵活，前面常有别的句子作相关的说明。○多用于叙事和对话，口语。

★ **趁 + 动词 / 小句 + 工夫。** 动宾结构。整个结构是一个介词短语，在句中作状语。

扩展▶ 趁吃饭的工夫和他见一面；趁午休的工夫跟朋友打了个电话；趁聊天儿的工夫打听件事儿；趁见面的工夫问他个问题；趁做练习的工夫听音乐；趁休假的工夫写点儿材料；趁开会的工夫先讨论这个问题；趁和同学聚会的工夫拍个集体照；趁他喝茶的工夫请他帮忙。

【趁 … 机会】 chèn … jīhuì ［七—九级］

例句▶ 我想趁今天大家在一起的这个机会，好好儿谈一谈这个问题。‖ 去年秋天我正好去家乡出差，趁着这个难得的机会，顺便看望了家乡的父母和朋友。‖ 最近大姐买了辆新车，我趁她午睡的机会，开着她的车出去玩了一会儿。

解释▶（某人、某部门）利用某个合适的条件或时间做某事。后面常常跟表示目的或结果的动词词组或句子。结构位置比较灵活，前面常有别的句子作相关的说明，有时后面也有句子进行补充。○多用于叙事和对话，口语。

★ **趁 + 代词 +（形容词）/ 动词 / 小句 + 机会。** 动宾结构。整个结构是一个介词短语，在句中作状语。当前面说明了某种情况或条件时，结构有时可简单地说成“趁机（会）”。

扩展▶ 趁这个机会去图书馆找找资料；趁此机会去看一场电影；趁着这个大好机会认真地干一番；趁课间休息的机会我打个电话；趁吃饭的机会让大家尝尝我买的葡萄酒；趁同屋不在的机会我把房间打扫一下。

【称 A 为 B】 chēng A wéi B ［五级］

见 9 页【把 A 称为 B】条。

【成了 … 的一部分】 chéngle … de yí bùfen ［二级］

例句▶ 他在这里留学一年多了，看书学习已经成了他每天生活的一部分。‖ 现在手机已经成了我们生活中不可缺少的一部分，我们用手机打电话、发短信，和朋友交流感情。‖ 由于原来的客厅面积太小，我们把阳台改了一下，现在阳台已经成了客厅的一部分。

解释▶（某人、某事物）包括在……中，是……中的一部分，表示某人某物对……十分重要。结构前常有“已经、也”等词。结构位置比较灵活，前面常有别的句子作相关的说明，有时后面也有句子进行补充。○多用于叙事和对话。

★ **成了＋名词＋(形容词)＋的一部分。** 动宾结构。在句中常作谓语。

扩展▶ 管理成了他工作中很重要的一部分；面试成了大学生活的一部分；他已经成了她生命的一部分；国内市场也成了国际市场的一部分；它们已经成了她故事的一部分。

【成 … 气候】 chéng … qìhòu ［三级］

例句▶ 如果你一个人干这件事，想成大气候是很难的，大家一起做可能还有成功的希望。‖ 他这个人成不了气候，他总觉得自己很了不起，其实什么都做不好。‖ 现在农民有钱了，可如果这些钱不用在发展生产上，农村经济是不可能成什么大气候的。

解释▶ 比喻某人有成就或某事有发展的前途。常用否定式，表示没有可能取得成就或没有发展前途。多用来对人或事情进行估计。结构前常有“想、一定、能、不可能、不会、渐、已、未、不、初、难、尚未”等词语。结构位置比较灵活，前面常有别的句子进行说明，有时后面也有句子补充解释。○多用于叙事和对话。

★ **成＋(不了／什么／大)＋气候。** 动宾结构。在句中常作谓语。

扩展▶ **用法1）**表示肯定：一定能成气候；成得了气候；渐成气候；已成气候；初成气候。

用法2）表示否定：未成气候；难成气候；尚未成气候；不会成气候；成不了什么大气候；这还能成什么气候。

【… 成什么样儿了】 … chéng shénme yàngr le ［六级］

例句▶ 怎么了你，看你笑成什么样儿了！真的有那么好笑吗？‖ 我不过就是开个玩笑嘛，看把你吓成什么样儿了！‖ 不要再说要减肥了，你看你都瘦成什么样儿了！

解释▶（某人、某事的）状态的程度很深，都没办法形容了。句子用疑问的形式，表示说话人对看到的人或事感到特别意外和吃惊。结果多是不太好的，有时含有责备、同情的意味，带有夸张的语气。前面常有别的句子作相关的说明，有时后面也有句子进行补充。○多用于叙事和对话，口语。

★ **动词 / 形容词 + 成什么样儿了。** 在句中常作谓语。结构中的“成什么样儿了”作结果补语。

扩展▶ 都气成什么样儿了；看你弄成什么样儿了，怎么回家见你妈；他都病成什么样儿了；你都变成什么样儿了；吵成什么样儿了；闹成什么样儿了；看你慌成什么样儿了；你不知道，他喜欢跳舞喜欢成什么样儿了；看看你的脸色黑成什么样儿了；都饿成什么样儿了；把你累成什么样儿了。

【成为 … 的**桥梁**】 chéngwéi … de qiáoliáng ［六级］

例句▶ 这次汉语比赛有来自世界各地的外国人参加，汉语已成为中国同各国友谊的桥梁。‖ 两国之间开通的航班达到了 800 多次，成为连接两国人民的空中桥梁。‖ 虽然他们听不懂对方的语言，但音乐是相通的，可以成为他们互相沟通的桥梁。

解释▶ 比喻（某人某物）成为人和人、事物和事物之间产生联系、保持关系的方式或方法。多用于抽象事物，用于正式场合。结构前常有“已、应该、愿意、能、可以、希望、还、真正、更、努力”等词。多放在句尾，前面常有别的句子作相关的说明。○多用于叙事，书面语。

★ **成为 + 名词 / 动词 / 小句 + 的桥梁。** 动宾结构。在句中常作谓语。结构中的名词多是两个或两个以上的对象。

扩展▶ 让语言成为人与人之间接近的桥梁；许多留学回国人员已成为国际交流的桥梁；这次访问能成为改善两国关系的桥梁；环保组织努力成为人和自然之间的桥梁；海上航线的开通将成为各国海上往来的桥梁；希望这次会议真正成为各国加强沟通、增加互信的桥梁。

【呈 … 形 / 状 / 色】 chéng … xíng / zhuàng / sè ［超纲］

例句▶ 足球赛场呈长方形，一般长为 90—120 米，宽为 45—90 米。在气候变化的影响下，熊猫的生活范围逐渐减小，并呈孤岛状分布。‖ 这种鸟生活在中国南方，羽毛呈蓝绿色，脚趾呈鲜红色。

解释▶ 某人或某事物表现出来的样子，如形状、颜色等。多用于描写人或事物。结构位置比较灵活，前后常有别的句子进行说明或补充。需要时结构可连用。○多用于叙事和对话，书面语。

★ **呈+名词+形/状/色。** 动宾结构。在句中常作谓语、定语。

扩展▶ **用法1）**形：树枝呈Y字形；数量呈金字塔形递减；这座建筑从外面看上去呈圆形；形成了一个呈长方形的半岛。

用法2）状：叶呈三角状生长；这个湖呈带状分布；开出呈杯状或碗状的花。

用法3）色：海水呈浅蓝色；嫩叶多呈乳白色；煎炸过的食物多呈金黄色；全身上下呈银白色的鱼。

【**吃在A，睡在A**】 chī zài A，shuì zài A ［一级］

见120页【吃在A，住在A】条。

【**吃在A，住在A**】 chī zài A，zhù zài A ［一级］

例句▶ 大学离家远，平时我吃在学校，住在学校，一个月才回一次家。‖虽然他回国了，但他每天吃在宾馆，住在宾馆，我难得和他见上一面。‖有些渔民没有自己的房子，这些船就是他们的家，每天他们吃在船上，住在船上。

解释▶（某人）吃和住都是在同一个地方，表示一直待在这个地方，不常离开。多指因为某种原因而不是常人习惯的活动和居住情况。含有情况特殊的意味。多用于描写人的情况。前面常有别的句子说明时间、地点等，后面的句子再进行总结概括。○多用于叙事和对话。◇也说“吃在A，睡在A”。

★ **吃在+地点名词，住在+地点名词。** 在句中常作谓语。结构中的两个分句有并列关系。

扩展▶ 吃在果园，住在果园；吃在山上，住在山上；吃在野外，住在野外；他吃在厂里，住在厂里；吃在农村，住在农村；天天吃在工地，住在工地；几个月里一直吃在海上，住在海上。

【**冲着…（而）来的/去的**】 chòngzhe…（ér）lái de/qù de ［六级］

例句▶ 我来这里学习的目的很明确，我是一心冲着这里的工作机会而来的。‖一大早，接机大厅里就围满了球迷，他们都是冲着今天这位大球星来的。‖上届长跑比赛的冠军就是小王，既然这届比赛他也报名参加了，肯定是冲着金牌去的。

解释▶ 把……作为做某事最主要的原因或目的。意思是某人因为（或为了）某人某物而去做某事。结构前常有“肯定是、都是、就是、一心、而是、不是、真是、正是”等词语。多放在句尾，前面常有别的句子说明情况，有时后面也有句子进行补充。○多用于叙事和对话，口语。

★ **冲着＋名词/代词（指人）＋（而）来的/去的。** 框架格式。在句中常作谓语。注意▶ 过去的、已经完成的，或离自己、现在近的，后面多用“来”；将来的、没有完成的，或离自己、现在远的，后面多用“去”。

扩展▶ 其实我是一心冲着她（而）来的；许多病人都是冲着专家（而）来的；我真是冲着广告（而）来的；来这儿工作的人不是冲着高工资（而）来的；把孩子送到这儿来读书肯定是冲着学校的名声（而）来的；我就是冲着冠军（而）去的；我去狼山旅游，正是冲着它的名字（而）去的。

【出于（对）…（的）**考虑**】 chūyú（duì）…（de）kǎolǜ ［四级］

例句▶ 出于个人兴趣的考虑，他选择来中国学习汉语。‖ 学期里我很少外出旅行，这主要是出于对学习上的考虑，因为外出旅行往往不能正常上课。‖ 由于他在当地比赛期间得了重感冒，出于保护球员的考虑，教练决定让他留在那里休息。

解释▶ 考虑到……的原因或目的（计划做或做了某事）。多用于解释做事的原因或目的，用于正式场合。结构位置比较灵活，有时前面别的句子进行说明，后面多是带有表示某种结果或说明某种原因的句子。○多用于叙事和对话，书面语。

★ **出于（对）＋名词/动词＋（的）考虑。** 框架格式。在句中常作状语、谓语。

扩展▶ 出于以下考虑；出于（对）健康的考虑；出于（对）安全的考虑；出于（对）个人发展的考虑；出于（对）生产成本的考虑；出于（对）政治方面的考虑；出于（对）经济利益的考虑；出于（对）政策上的考虑；出于（对）气候方面的考虑；出于（对）降低成本的考虑；出于（对）环保的考虑。

【…，**除非**… 】 …，chúfēi… ［五级］

例句▶ —妈妈，我想看这个节目。—你现在还不能看，除非你把作业做完。‖ 我看这次我得不了第一名，除非你帮助我。‖ 谁也用不了那台计算机，除非知道密码。

解释▶ 一般情况下会出现这种情况或得到这种结果，只有一个条件或一种情况下例外。意思是排除一种条件或情况，其他情况都（不）……。前一小句常否定某种结果，后一小句表示产生这种结果的唯一条件；也有相反的情况。有时相当于“只有”。○多用于叙事和对话。◇ 也说“除非…，否则…”。但两者结构有些不同。

★ **小句$_1$，除非+小句$_2$。** 可独立成句。结构中的两个分句有条件关系。

扩展▶ 我一定不去，除非他请我去；他不会不来，除非他病了；我一定做不下去，除非你现在帮助我；我不会相信，除非我亲眼看见；他一定会骑自行车上下班，除非刮风下雨；我不买，除非你给我打八折；你不会真正理解，除非你亲身经历；他不会这么努力地帮你，除非他有什么特殊的目的。

【除非 …，否则 … 】 chúfēi …，fǒuzé … ［五级］

例句▶ 除非你把功课做完，否则不能去看电影。‖ 除非你帮助我，否则这次我得不了第一名。‖ 除非知道密码，否则谁也用不了那台计算机。

解释▶ 只有这样，只有在这种条件下，才能……，如果不是这样就不能（会）……。“除非”后有表示产生某种结果或出现某种情况的唯一条件。有时相当于“只有”。○多用于叙事和对话。◇ 也说“…，除非…”。但两者结构有些不同。

★ **除非+小句$_1$，否则+小句$_2$。** 可独立成句。结构中的两个分句有条件关系，其中小句$_2$常用否定形式。

扩展▶ 除非他请我去，否则我一定不会去；除非我亲眼看见，否则我不会相信；除非你现在帮助我，否则我一定做不下去；除非他有什么特殊目的，否则他不会这么努力地帮你；除非你亲身经历，否则你不会真正理解；除非刮风下雨，否则他一定会骑自行车上下班。

【除了 A 还是 A】 chúle A háishi A ［三级］

例句▶ 国庆节那几天我实在不想出门，无论在商场还是在街上，除了人还是人。‖ 森林公园的环境很不错，一眼望去，除了树还是树，满眼的绿色。‖ 为了迎接比赛，近 10 天来他连宿舍旁的超市都没有去过，每天除了训练还是训练。

解释▶ 只有某人或某事物，没有别的；或表示只做某事，不做别的。用于人或物时，形容人或物很多；用于行为或动作时，形容某事一直在进行。带有夸张的意味。多用来描写人物事件。多放在句尾，前面常有别的句子作相关的说明。○多用于叙事和对话，书面语。

★ 1）**除了+名词，还是+名词。**

2）**除了＋动词，还是＋动词。**

在句中作谓语。结构中的两个部分有并列关系。

扩展▶ **句型1）**服务员每天面对的除了顾客还是顾客；中秋节除了月饼还是月饼；天热的时候，他冰箱里除了饮料还是饮料；车展上除了好车还是好车；书架上除了小说还是小说。

句型2）我对你除了道歉还是道歉；留在我心里的除了难过还是难过；他锻炼身体的方法除了跑步还是跑步；对他除了劝还是劝，不能做别的；你怎么除了玩儿还是玩儿呢，不会做点儿别的；你怎么除了看书还是看书。

【除了…（外）就是…（了）】 chúle…（wài）jiùshì…（le）［三级］

例句▶ 能完成这个任务的，除了小张之外就是你。如果小张不去，你一定得去。‖ 虽然我不知道照片是在哪儿拍的，但是这么漂亮的地方，除了青岛外就是厦门了。‖ 他是一名出租车司机，没有朋友，也没有业余爱好，整天除了开车就是回家睡觉。

解释▶ 不是这个就是那个。如果后面是名词，强调两个中间一定有一个是；如果后面是动词，强调在某一段时间内交替出现的两种行为或现象。多放在句子的后半部分，前面常有别的句子说明情况，有时后面也有句子进行补充。○多用于叙事和对话，书面语。

★ 1）**除了＋名词$_1$＋（外）就是＋名词$_2$＋（了）。**

2）**除了＋动词$_1$＋（外）就是＋动词$_2$＋（了）。**

在句中作谓语。整个结构有选择关系。

扩展▶ **用法1）**后面接名词：办公室里除了我就是小张；他的活动范围除了公司就是图书馆了；这里除了可乐就是牛奶；夫妻除了爱情外就是责任。

用法2）后面接动词：除了上课外就是打工；他除了上网跟人聊天儿外，就是玩游戏；他最喜欢的运动除了游泳就是打篮球；他退休在家，每天除了看报就是喝茶；对你除了感动外就是感谢了；节假日除了走亲戚之外，就是看电视。

【除了…（以/之）外】 chúle…（yǐ / zhī）wài［三级］

①例句▶ 我除了有一台笔记本电脑外，还有一本电子书，这样看书学习都很方便。‖ 学生们的生活十分丰富，除了上文化课以外，课余时间还参加了各种各样的兴趣班。‖ 现在找工作越来越难，公司除了对学历有要求外，对专业也有具体的要求。

解释▶ 除了……（以 / 之）外，还 / 也……。表示某人或物包括在其中。结构位置比较灵活，有时前面有句子说明情况，后面通常有别的句子把意思补充完整。○多用于叙事和对话。

②例句▶ —今天还有谁会来你家？—除了你以外，没有别人了。‖ 他除了上网聊天儿以外，几乎没有别的爱好。‖ 他对画画儿十分热爱，他曾向父母说过，除了画画儿之外，他不愿意做其他的工作。

解释▶ 除了……（以 / 之）外，都 / 全 / 也 / 不 / 没有……。表示把某人或物排除在外。多放在句首，有时前面有别的句子进行说明，后面通常有句子把意思补充完整。○多用于叙事和对话。

★ 1）**除了 + 代词 / 动词 / 名词 +（以 / 之）外，还 / 也 + 动词。**

2）**除了 + 代词 / 动词 / 名词 +（以 / 之）外，都 / 全 / 也 / 不 / 没有 + 动词 / 形容词。**

3）**除了 + 代词 / 名词 $_1$ +（以 / 之）外，没有 + 名词 $_2$。**

框架格式。在句中作状语。其中结构 1）表示把……包括在其中；结构 2）和结构 3）表示把……排除在外。

扩展▶ **句型 1）** 除了他以外，还有他的几个朋友也来了；除本地游之外，还想去国外旅游；除了音乐以外，他还喜欢看书；除了你以外，我们也得参加。

句型 2） 除了啤酒以外，他不喜欢喝别的；除了懒之外，他什么都好；除了英语以外，他各门成绩都不错；除了音乐以外，他全都不喜欢；除了家之外，我哪儿也不想去。

句型 3） 除了工作以外，他没有别的专长；除了他以外，没有别人；他家除了专业书以外，没有别的书；屋子里除了电视机以外，没有别的家用电器。

【处于 … **地位**】 chǔyú … dìwèi ［四级］

例句▶ 音乐在我的生活中处于非常重要的地位，如果哪一天没听音乐，我会觉得整个人都不舒服。‖ 你们队已经处于不利地位了，再不赢几个球，很可能会输掉整场比赛。‖ 在传统的爱情中，男方一般处于主动地位，女方一般处于被动地位。也就是说，男方表现得更主动些。

解释▶ 人或事物在事情、活动或社会中的位置。包括重要和不重要、主要和次要、主动和被动、特殊和平等、有利和不利、领先和落后等等。句中多出现和别的人或事物比较的内容。多用于抽象事物。结构前常有“还、一直、仍、将、都、长期、始终、常常、基本上、总是”等词语。

前面常先引出话题，有时也有别的句子说明情况，后面有句子再进行补充。○多用于叙事和对话，书面语。

★ **处于＋动词／形容词＋地位。** 动宾结构。在句中常作谓语。

扩展▶ 始终处于领先地位；处于什么样的地位；基本上处于有利地位；常常处于主要地位；都处于次要地位；这个队一直处于特殊地位；常常处于从属地位；总是处于主导地位；仍处于比较落后的地位；将处于不可取代的地位；双方长期处于平等地位。

【处于 … **阶段**】 chǔyú … jiēduàn ［四级］

例句▶ 今年我刚开始学习汉语，现在还处于初级阶段，很多字不认识，很多话还听不懂。‖ 世界上到底有没有外星人？这个问题还处于研究阶段，目前不能给大家一个肯定的回答。‖ 当时我刚结婚，而且刚参加工作不久，经济上处于相当困难的阶段。

解释▶ 人或物在某个状态，或在事物发展的某个时期。多用来描写人或物在某个过程中。结构前常有“正、仍、已、还”等词。前面常有别的句子说明情况，后面也有句子进行补充或说明。○多用于叙事和对话。

★ **处于＋名词／动词／形容词＋阶段。** 动宾结构。在句中常作谓语。

扩展▶ 他的汉语处于打基础阶段；他的事业正处于上升阶段；产品还处于试验阶段；公司正处于发展阶段；生意仍处于起步阶段；两国关系处于历史最好阶段；两人关系处于稳定阶段；经济发展正处于一个重要阶段。

【处于 … **状态**（之中）】 chǔyú … zhuàngtài（zhī zhōng）［三级］

例句▶ 在冬天，很多动物都处于冬眠状态，不吃不喝，一睡就是几个月。‖ 上大学的时候，他长期处于学习紧张的状态，这使他养成了一个好习惯，每天都要看一会儿书。‖ 整场比赛，观众们都处于兴奋的状态之中，掌声不断，欢呼声不断。

解释▶ 人或事物在某个阶段或做某事时表现出来的样子或情况。结构前常有“一直、长期、永远、仍然、还、经常、几乎”等词。结构位置比较灵活，前面常有别的句子作相关的说明，后面也有句子进行补充。○多用于描述人或物，书面语。

★ **处于＋动词／形容词＋状态（之中）。** 动宾结构。在句中常作谓语、定语。

扩展▶ 处于休息状态；一直处于上升状态；处于战争状态；经常处于活动状态；仍然处于饥饿状态；处于过渡状态；几乎处于无计划状态；处于快速发展的状态之中；处于温饱状态；处于明显不同状态；处于原始状

态；病人处于清醒状态；经济建设处于稳定状态；股市处于下跌的状态；社会处于安定状态。

【从 … 出发】 cóng … chūfā ［二级］

例句▶ 今天早上堵车堵得太厉害了，我从家里出发，整整用了 2 个小时才到公司。‖ 他选择这家公司工作，完全是从经济利益出发的，这家公司的工资比较高。‖ 他很想出国留学，但从他家的实际情况出发，目前他还不具备这个条件。

解释▶ 从一个地方到另一个地方去，这时宾语为地点名词；也指从某一角度考虑或处理问题，这时宾语为抽象名词，这个用法多用于正式场合。前面常有别的句子作相关的说明，有时后面也有句子指出结果或作其他补充。前一用法用于具体事物，后一用法用于抽象事物。○多用于叙事和对话。

★ **从 + 名词 + 出发。** 框架格式。在句中常作谓语。结构中的“从 + 名词”是介词短语。

扩展▶ **用法 1）**结构中是地点名词：从这里出发；从北京出发；我们一小时之前就从公司出发了。

用法 2）结构中是抽象名词：从现实生活出发；从客观实际出发；从直觉出发；从中国目前国情出发；从长远利益出发；从这一原理出发；从本国的国情出发；从这一前提出发。

【从 … 传来（…）】 cóng … chuánlái（…） ［三级］

例句▶ “阿姨，您好！”一个甜甜的声音从我背后传来，我回头一看，原来是邻居家的小明在跟我打招呼。‖ 电话终于打通了，从电话那头传来了好消息：女儿考上了北京大学。‖ 电脑给人们的生活带来了极大的方便，使用者只需要点一下鼠标，就可以欣赏到从电脑里传来的音乐、图片和数字电影等。

解释▶ 指从某个地方来到某人所在的地方。通常是声音、消息、信息或感觉等。多用来描述事物的发生过程。结构前常有时间、地点方面的内容。结构位置比较灵活，前面常有别的句子说明情况，后面是传来声音、消息或信息等的具体内容。○多用于叙事和对话。

★ 1）**从 + 名词 $_1$ + 传来 +（名词 $_2$）。** 在句中常作谓语。结构中的名词 $_2$ 也可以在句子前面作主语。结构中的“从 + 名词 $_1$”是介词短语。

2）**从 + 名词 $_1$ + 传来的 + 名词 $_2$。** 在句中常作主语或宾语。

扩展▶ 句型 1）只听见他的声音从远处传来；急促的喊声从远处传来；从远处传来优美的琴声；从屋后传来一阵巨响；从不远处传来了枪声；从四面八方传来了鞭炮声。

句型 2）从国外传来的好消息；从电话那端传来的问候；从身体里传来的热量；从家乡传来的期盼已久的消息；从火星传来的信号；从卫星上传来的画面；从西方传来的习俗。

【从 A 到 B】 cóng A dào B ［一级］

例句▶ 从北京到上海，如果坐高铁，大概只要花四五个小时。‖ 上个周末，学校组织了一次春游活动，从老师到学生都参加了。‖ 这么多年来，我看着这家公司从无到有，从小到大，心里有种说不出的高兴。‖ 从两点半到四点我一直在跟妈妈打电话，聊的都是关于我学习和生活方面的事。

解释▶ 表示时间或地点的起点和终点，也表示事物包括的范围以及事物的发展变化。后一种用法是指从一种情况逐渐变成另一种情况，这时用于抽象事物。说明时间、地点、范围等方面的多放在句首，其他则结构灵活。前面常有句子进行说明，后面的句子多是关于某人某事的具体内容。○多用于叙事和对话，书面语。

★ 1）**从＋名词 $_1$＋到＋名词 $_2$**。

2）**从＋动词 $_1$＋到＋动词 $_2$**。

3）**从＋形容词 $_1$＋到＋形容词 $_2$**。

4）**从＋数量短语 $_1$＋到＋数量短语 $_2$**。

框架格式。在句中常作状语、谓语、主语。结构中的两个名词、动词、形容词或数量短语属于同类，或表示时间、地点、人物等，或表示事物发展变化的两种程度。结构中的“从＋名词 $_1$”“从＋动词 $_1$”“从＋形容词 $_1$”“从＋数量短语 $_1$”是介词短语。

扩展▶ 句型 1）从西边到东边；从南方到北方；从校内到校外；从学校到宿舍；从古到今；从过去到现在；从以前公司的小职员到现在的大老板；从初学者到专业技术人员；从外行到内行。

句型 2）从不了解到了解；从提出到计划；从计划到实施；从不懂到懂，从不会到会；从开始到结束；从天黑到天明。

句型 3）从小到大；从弱到强；从低到高；从近到远；从短到长；从早到晚。

句型 4）从 2008 年到 2012 年；从两点到四点；上课从 3 月到 6 月。

【从 A … 到 B】 cóng A … dào B ［一级］

例句▶ 他每天都刻苦地学习汉语、练习口语，特别是放假的时候，从早上学习到晚上，现在已经有了很大的进步。‖ 老板今天让我写个报告，我晚上从七点写到十点，加了三个小时的班，总算完成了。‖ 从地铁站走到学校要三十分钟，时间有点儿紧，你还是打的（dī）去吧！

解释▶ 动作从某个时间持续到另一个时间，或动作从某个地方持续到另一个地方。表示某人做事、某事发生的具体时间段或范围。结构位置比较灵活，前面或先引出话题，或有别的句子说明情况；后面或进行补充，或指出结果。〇多用于叙事和对话，口语。

★ 1）**从 + 名词 $_1$ +（动词 $_1$）+ 动词 $_2$ + 到 + 名词 $_2$ +（动词 $_3$）。**

2）**从 + 地点名词 $_1$ + 动词 + 到 + 地点名词 $_2$。**

框架格式。在句中常作谓语，有时也作主语。结构 1）中的名词常表示时间，或组成主谓短语表示时间。结构中的动词多是表示持续性的词。结构中的“从 + 名词 $_1$”是介词短语。

扩展▶ **用法 1）**结构中是时间词：从三年前等到现在；从上午坐到中午；从小长到大；从晚上聊到半夜；从上午争论到晚上；电影从早上拍到晚上；从晚上七点吃到饭店关门；从天黑睡到天亮；从比赛开始一直看到比赛结束。

用法 2）结构中是地点词：从电影院一口气跑到家；从住处坐车到饭店；从中国说到美国；首饰从头戴到脚；从四面八方聚集到首都。

【从 A 到 B 不等】 cóng A dào B bùděng ［一级］

例句▶ 每天我们上课的时间从 4 小时到 6 小时不等，下课以后还要回家练习。‖ 这些信的日期从 1972 年到 1977 年不等，有父亲的来信，也有女儿的回信。‖ 这个 40 多平方米的小店里摆满了各种颜色和品种的花，价格从几十元到几百元不等。

解释▶ 表示在一定范围内，时间、价格、面积、长度等的数量各不相同。多用来描述同类事物的不同情况。结构位置比较灵活，前后常有表示有关范围的词组或句子作补充说明。〇多用于叙事，书面语。

★ **从 + 数量短语 $_1$ + 到 + 数量短语 $_2$ + 不等。** 框架格式。在句中常作谓语。结构中的“从 + 数量短语 $_1$”是介词短语。

扩展▶ 水的深度从 2.8 米到 80 米不等；年龄从十几岁到六七十岁不等；服务期从 3 个月到半年不等；面积从 40 多平方米、60 多平方米到 150 平方米不等；加工资的幅度从 5% 到 15% 不等。

【从A到B(再)到C】 cóng A dào B(zài)dào C ［一级］

例句▶ 从小学到中学再到大学，他一直都是老师和同学眼中的优秀学生。‖到一个国家去留学，对这个国家的语言和文化都会有一个熟悉过程：从不了解到了解再到熟悉。‖网上也能买东西？人们对这个问题经历了一个从不相信到相信再到乐意接受的过程。

解释▶ 从一个到另一个再到另一个。多根据时间、地点、范围、事物的规律或事物发展的程度从一个阶段到另一个阶段；也指从低到高或从一个过程到另一个过程。多用来描述人或物的不同阶段或变化。结构位置比较灵活，前面或后面常有别的句子作相关的说明或补充。○多用于叙事和对话，口语。

★ 1）**从＋名词$_1$＋到＋名词$_2$＋(再)到＋名词$_3$**。框架格式。在句中常作状语、主语。

2）**从＋动词$_1$＋到＋动词$_2$＋(再)到＋动词$_3$**。框架格式。在句中常作谓语、定语。

结构中的"从＋名词$_1$""从＋动词$_1$"是介词短语。

扩展▶ **句型1）**从北京到上海再到香港；从少年到中年再到老年；从过去到现在再到将来；从农业到工业再到服务业；从农村到工厂再到部队；从议员到学者再到普通民众。

句型2）从不认识到认识再到很熟悉；从不喜欢到喜欢再到非常喜欢；从互不联系到开始接触再到广泛合作；从设计到制作再到宣传；从提出到设计再到实施的过程很长。

【从…得到…】 cóng … dédào … ［一级］

例句▶ 真的很感谢你，我从你那儿得到了很多的帮助。‖如果你能戒烟，那你从中得到的好处一定是你用金钱买不到的。‖虽然工作很忙，但他一点儿也不觉得累，因为他从工作中得到快乐。

解释▶ 在（某人那里或某物中）获得……。所获得的可以是具体的东西，也可以是抽象的东西。多指好的和一般的事物。结构位置比较灵活，前面或后面常有别的句子作相关的说明或补充。○多用于叙事和对话。

★ 1）**从＋名词$_1$＋得到＋名词$_2$**。框架格式。在句中常作谓语。结构中的"从＋名词$_1$"是介词短语。

2）**从＋名词$_1$＋得到＋的＋名词$_2$**。框架格式。在句中常作主语或宾语。

扩展▶ **句型1）**从食物中得到营养；从空气中得到氧气；从中得到动力；从她那儿得到答案；从中应该得到什么知识，解决什么问题；从树叶中得到了足够的水分；从上级部门得到任务。

句型 2） 从太阳得到的热量；从食物中得到的营养；从偶然的事情中得到的认识；从这件事得到的教训；从材料中得到的证明；从他的话里得到的答案；从别的地方得到的补偿。

【从 … **发现** … 】 cóng … fāxiàn … ［二级］

例句▶ 收拾老人房间的时候，他找到了一个笔记本，并从笔记本中发现了几个重要的数字，看起来像是一组密码。‖ 我从和他交谈中发现了他情绪的变化，仔细一问，原来他家最近出了些事情。‖ 得到奖学金后，他兴奋得整晚都睡不着，他从这次的成功发现了自己的价值，也找到了自己的努力方向。

解释▶ 在（某处或事物发展的过程）中看到了……。多指从细微的地方发现了不易发现的东西。被发现的可以是具体的东西，也可以是抽象的东西。包括：新现象、疾病、生物、秘密、机会、变化、问题等等。结构位置比较灵活，前后常有别的句子作相关的说明或补充。○多用于叙事和对话。

★ **从 + 名词 $_1$ + 发现 + 名词 $_2$。** 框架格式。在句中常作谓语。结构中的“从 + 名词 $_1$”是介词短语。

扩展▶ 从杂志上发现了他的名字；从问题中发现机会；从交谈中发现了他态度的变化；从实验中发现了一些奇怪的现象；从检查中发现了一些严重的问题；从平凡中发现了美；从话语中发现了他的成熟；从普通的现象中发现了有价值的东西；从一件小事中发现他助人为乐的精神。

【从 … **角度来** … 】 cóng … jiǎodù lái … ［二级］

例句▶ 你能不能换个角度看呢？如果你从我的角度来看这个问题，得到的答案可能跟你的完全不同。‖ 光从赚钱的角度来考虑，目前你在这家公司的工资确实不很高，但你的专业会得到很大的发展。‖ 虽然这本小说的内容很老，但从艺术的角度来说，它的写作手法是很成功的。

解释▶ 角度：看事情的出发点。从某个方面或站在某人一方来（看或思考问题）。同一个事物从不同的方面看，结果不同。多用于正式场合。结构位置比较灵活，前面常有别的句子作相关的说明，后面的句子多是“看”或“思考”等的具体内容。○多用于讨论和叙事。◇也说“以…（的）角度来…”。

★ **从 + 名词 / 代词（指人）/ 动词 + 角度来 + 动词。** 框架格式。在句中常作谓语。结构中的"从＋名词/代词（指人）/动词＋角度"是介词短语。

扩展▶ 从历史角度来说；从长远的角度来讲；从经济学角度来看；从不同的角度来写；从现实的角度来说；从另外一个角度来理解这个名词；从有利于合作的角度来发展两国关系；从经济的角度来衡量；从军事的角度来观察；从个人的角度和从集体的角度来看这个问题，结果肯定不同。

【从…（就）开始…（了）】 cóng…（jiù）kāishǐ…（le）［三级］

例句▶ 这个地区比较重视英语教学，学生从小学一年级就开始学习英语了。‖ 她进了当地一家大公司，决心从这儿开始，努力工作，做出成绩来。‖—听说现在医院挂号不用排队，可以在网上预约了。—你才知道啊，医院从几年前就开始实行网上挂号了。

解释▶ 在某个时间或阶段开始做某件事情。可以表示事情发生得很早（"就、了"），也可表示现在或将来要发生的事。结构中常有表示时间或数字的词语，前后常有别的句子作相关的说明或补充。○多用于叙事和对话，口语。

★ **从＋名词/动词$_1$＋（就）开始＋（动词$_2$）＋（了）。** 框架格式。在句中常作谓语。结构中有"就"字，常强调事情发生得很早。结构中的"从＋名词/动词$_1$"是介词短语。

扩展▶ 从今天开始练习写汉字；从下个月（就）开始我的留学生活；他从八岁（就）开始学习弹钢琴（了）；她从15岁（就）开始学习武术（了）；从夜间（就）开始排队（了）；从下周（就）正式开始学画（了）；一切从零开始；事情还得从头开始说；工作必须从基础开始做。

【从…（开始）抓起】 cóng…（kāishǐ）zhuāqǐ ［三级］

例句▶ 父母不应该只关心孩子的学习，不注意培养他们的良好习惯，其实好习惯是要从小时候抓起的。‖ 学习钢琴要从基础抓起，如果不重视基础训练，会产生很多问题。‖ 很多体育项目，如体操、足球、乒乓球等都是从小就开始训练的，因此，体育应该从娃娃抓起。

解释▶ 从某个方面、某个阶段开始重视。这些方面多是人比较小、比较早的阶段或工作比较基础的部分。意思是先要从小的、基础的事开始做，以后才能做大的、复杂的事。多用在培养、教育、学习和工作等方面。结构前常有"要、需要、应该、必须、还需、注重、首先、只有"等词。结构位置比较灵活，前后常有别的句子作相关的说明或补充。需要时结构可连用。○多用于讨论和叙事，口语。

★ **从 + 名词 +（开始）抓起。** 框架格式。在句中常作谓语。名词常表示时间的初期或事情的初级阶段。结构中的“从 + 名词”是介词短语。

扩展▶ 首先从未成年（开始）抓起；从中小学（开始）抓起；从青少年（开始）抓起；从年轻时（开始）抓起；教育必须从小（开始）抓起；还需从源头（开始）抓起；只有从现在（开始）抓起；应从小事（开始）抓起；从具体事情（开始）抓起；从基本功（开始）抓起。

【从 … 看到 … 】 cóng … kàndào … ［一级］

例句▶ 2000 元的奖学金对他来说也许算不了什么，但他却从中看到了自己努力的希望。‖ 你不用再说了，从你刚刚说的话中，我已经看到了你的态度，你是绝对不会同意我去的。‖ 他发表的文章虽然是一篇很短的数学论文，但专家们从文章中看到了他极高的数学才华。

解释▶ 通过……发现或了解到……。多指从细微之中发现了不易发现的东西，包括原因、希望、态度、优势、才能、商机、利益、变化等。可用于具体的事物，但多用于抽象事物。结构位置比较灵活，前后常有句子作相关的说明或补充。○多用于叙事和对话。

★ **从 + 名词 $_1$ + 看到 + 名词 $_2$。** 框架格式。在句中常作谓语。名词 $_2$ 多是抽象的事物。结构中的“从 + 名词 $_1$”是介词短语。

扩展▶ 从儿子的眼里我看到了希望；从相处中看到了他的工作态度；从失败中看到了成功的希望；从他的发言中看到了他的才能；从她身上看到了自己小时候的影子；从报告中看到了更多的发展机会；从合作中看到了商机；从北京的胡同看到了中国的历史；从协议书中看到了双方的诚信。

【从 … 可以看出】 cóng … kěyǐ kànchū ［一级］

例句▶ 上星期我们进行了期中考试，从考试结果可以看出，同学们的进步很大。‖ 从她的脸上可以看出，她对这里的学习和生活比较满意。‖ 我猜前面那个宿舍楼一定是女生宿舍，这一点从阳台晒的衣服就可以看出。

解释▶ 在某个方面可以发现，可以了解到……。多指需要通过对某些现象的仔细观察、分析、比较才能发现某方面的情况并得出结论。多用于抽象事物。结构位置比较灵活，前面常有句子作相关的说明，后面的句子表示发现或了解到的具体内容。○多用于叙事和对话。

★ **从 + 名词 + 可以看出。** 框架格式。在句中常作状语、谓语。结构中的“从 + 名词”是介词短语。

扩展▶ 从图中可以看出；从本次比赛可以看出；从表格中的数字可以看出；从哪些地方可以看出；从这个例子中可以看出；从照片可以看出；从这些分析可以看出；从不同角度可以看出；从调查中可以看出；从她的外表可以看出；从他的变化中可以看出。

【从…来（…）】 cóng … lái（…）［一级］

例句▶ 她刚从外地来到这里，可能还没完全习惯这里的生活，你关照她一下。‖ 他这次考试没好好准备，却一直跟我说一定会通过的，真不知道他的信心从哪里来的？ ‖ 中医有一句话："病从寒中来。"意思是如果你的体温降低，那你生病的可能性就大大增加。

解释▶ 某人或某物是从某个地方来的，这时结构中多为地点名词；也指某个地方是出发点或事情产生的原因，这时结构中多为抽象名词。结构位置比较灵活，前面或后面常有句子作相关的说明或补充。○多用于叙事和对话。

★ **从＋名词$_1$／代词＋来＋（名词$_2$）。** 框架格式。在句中常作谓语。结构中的"从＋名词$_1$／代词"是介词短语。

扩展▶ **用法1）** 某人或某物是从某个地方来的：风从东边来；他从美国来；他从家乡来；他刚从训练场来；他们是从内地来的；我刚从上海来；钱从哪里来。

用法2） 某个地方是出发点或事情产生的原因：悲伤从心中来；消息是从外面来的；信心从何而来；自信从实力中来；经验从工作中来。

【从（来）不…】 cóng（lái）bù …［三级］

例句▶ 爸爸的大多数朋友都喝酒，可爸爸从来不喝，每次还劝别人不要多喝。‖ 我家的狗从来不出门，可今天却不见了，真是怪事。‖ 新来的老师看起来很严肃，从来不笑，而且总是给我们很多作业。

解释▶ 表示从过去到现在不发生某种事情。这种事情常和人有关，是经常性、习惯性或规律性的事情，有时也指不喜欢、不愿意做的事情。多用来描写人或事物。结构位置比较灵活，前面常有别的句子说明情况，后面也有句子进行补充。○多用于叙事和对话，口语。

★ **从（来）不＋动词。** 在句中常作谓语。

扩展▶ 他身上从来不带钱；他们从来不吵架；我从来不看电视；他从来不做计划；他从来不自己去买衣服；我从来不逛街；他从来不拒绝别人；他好像从来不发脾气；我从来不向别人借钱；不管做什么，我从不后悔；他做事从来不和别人商量。

【从来（就）没 … 过（…）】 cónglái（jiù）méi … guò（…）［三级］

例句▶ 对不起，你说的这个人我从来就没有见过，更别说认识了。‖ 这些年我画了很多画，但我对自己的画从来没有满意过。‖ 长这么大，他从来没经历过什么苦难，一直被父母保护得很好。

解释▶ 表示事情一次也没有发生过。指的是从过去到说话的这段时间没有……。多用来描写某人某事，有强调的意味。前面常先引出话题，有时也有别的句子说明情况，后面的句子再进行补充。○多用于叙事和对话，口语。

★ **从来（就）+ 没 + 动词 + 过 +（名词）。** 框架格式。在句中常作谓语。结构中的名词也可在句子前面作主语。

扩展▶ 从来没去过；从来没看过；从来没吃过；从来没进过；我从来就没有想过；从来没有哭过一声；从来没听说过；从来没邀请过；从来就没享受过；从来没犹豫过；从来就没发现过；从来就没得到过；从来就没答应过我的要求。

【从 … 来看】 cóng … lái kàn ［一级］

例句▶ 根据一项调查，62% 的年轻人爱看美国电影，从性别比例上来看，男性比女性多。‖ 看问题不能只从单方面来看，如果你从我的角度来看，你就会理解我为什么会这样做了。‖ 虽然现在我们公司还处在发展阶段，但从长远来看，公司的情况一定会越来越好。

解释▶ 从某个方面或角度来观察和考虑。结构中的名词多是观察和考虑问题的范围和角度，对讨论的问题进行限定，再引出具体的内容。多用来说明情况或分析问题，多用于正式场合。结构位置比较灵活，前面有相关的句子进行说明，后面是观察或考虑的结果。○多用于讨论和叙事。

★ **从 + 名词 + 来看。** 框架格式。在句中常作状语，可在主语前，也可在主语后。有时也作谓语。结构中的“从 + 名词”是介词短语。

扩展▶ 从总的来看；从这一点来看；从客观来看；从文字来看；从全球来看；从技术来看；从个人性格来看；从全社会来看；从历史来看；从细节来看；从外表来看；从过程来看；从内部成分来看；从生活习惯来看；从体型来看；从表达方式来看；从每人的表现来看。

【从来没（有）+ 这么 / 那么 … 过】 cónglái méi（yǒu）+ zhème / nàme … guò ［三级］

例句▶ 现在还没到夏天，可天气却热得不得了，好像从来没有这么热过。‖

这三年来我从来没有这么高兴过，因为我终于考上了我想考的大学。‖在车站的广场上，孩子突然发现父母不见了，他从来没这么害怕过，一个人急得直哭。

解释▶ 在说话者的记忆中，从过去到说话的这段时间，同样程度的情况一次也没有发生过，这次是最……的。“这么”多指当前的、现在的、近处的；“那么”多指过去的、远处的。多用于对人或物的描写。前面常有别的句子说明情况，有时后面也有句子进行补充。○多用于叙事和对话，口语。

★ 1）**从来没（有）+这么/那么+形容词+过。**

2）**从来没（有）+这么/那么+动词+过+（名词）。**

框架格式。在句中常作谓语。结构中的动词多是表示心理活动或感受的词语。

扩展▶ **句型1）**天从来没（有）那么蓝过；写小说还从来没（有）这么认真过；院子里从来没（有）这么热闹过；从来没（有）那么痛苦过；从来没（有）那么糟糕过；从来没（有）那么尴尬过。

句型2）从来没（有）那么后悔过；从来没（有）这么担心过；从来没（有）那么丢过脸。

【从…来说】 cóng … lái shuō ［一级］

例句▶ 从学习上来说，大卫学习进步很快；但从生活上来说，他还没有完全适应新的环境。‖这家公司吸引我的一个重要原因就是，从专业上来说，我能学到很多新东西。‖从长远的利益来说，经济贸易往来对发展两国友好关系都有好处，因此应大力推动双方的进出口贸易合作。

解释▶ 从某个方面或某个角度来谈问题。结构中的名词多是要谈问题的范围和角度，把要说的事情限定在某个范围内，再引出具体的内容。多用来说明情况或分析问题，多用于正式场合。结构位置比较灵活，前面常有别的句子进行说明，后面是要讨论的具体内容。需要时结构可重复。○多用于讨论和叙事。

★ **从+名词+来说。** 框架格式。在句中常作状语，可以在主语前，也可以在主语后。结构中的“从+名词”是介词短语。

扩展▶ 从他的角度来说；从个人来说；从根本上来说；从经济上来说；从技术上来说；从收入来说；从一个民族来说；从某种意义上来说；从某种程度上来说；从这个地区来说；从历史角度来说；从理论上来说；从文

化方面来说；从整个国家来说；从国际关系来说。

【从 … 里 V 出 … 】 cóng … lǐ V chū … ［一级］

例句▶ 那天我正在逛街，从旁边的商店里走出一个人来，我仔细一看，原来是我的大学同学。‖ 听到外面的爆炸声，大家都从房间里跑了出来，想看看究竟发生了什么事。‖ 你想让我告诉你？没门儿！别想从我嘴里套出一个字来！

解释▶ 通过某个动作，使人或事物由内向外移动。用来描写动作或事情的经过。多用于具体的事物，也可用于抽象的事物。结构位置比较灵活，前后常有别的句子作相关的说明或补充。○多用于叙事和对话。

★ **从＋名词$_1$＋里＋动词＋出＋(名词$_2$)。** 框架格式。在句中常作谓语，也可独立成句。结构中的名词$_1$常表示地点，名词$_2$可以在“出”后面，有时也可以在整个结构的前面作主语。结构中的“从＋名词$_1$＋里”是介词短语。

扩展▶ 从书包里拿出两本书；从口袋里掏出钱；从家里拿出一个袋子；从银行里取出一笔钱；从朋友家里走出来；从西服口袋里摸出一个打火机；从洞里爬出一只老鼠；从角落里钻出一个人；从洞里喷出一股水流。

【从 … 起】 cóng … qǐ ［一级］

例句▶ 今天的事儿特别多，我从早上八点钟起就一直忙个不停，直到现在才有空休息一会儿。‖ 尊敬的顾客朋友，本商店从 7 月 1 日起将关闭休整，给您造成的不便，敬请原谅。‖ 从参加工作起，我每个月都会寄些钱给父母，希望能够帮助他们改善一下生活。

解释▶ 起：开始。从某个时间或发生的某件事情开始。结构中常出现时间词、数量词。多用来说明、描述事情。结构位置比较灵活，前面常有别的句子说明情况，后面的句子补充具体的内容。○多用于叙事和对话。

★ **从＋名词 / 动词 / 小句＋起。** 框架格式。在句中常作状语。后面必须接动词短语或句子。结构中的“从＋名词 / 动词 / 小句”是介词短语。

扩展▶ 从现在起；从入学时起；从我大学毕业起；从见面的那一刻起；从年轻的时候起；我从十四岁起就得自己照顾自己；从那时起，我一直想跟他见一面；从明天起我要去学校读书了；这个宾馆从九月份起开始使用。

【从 … V 起】 cóng … V qǐ ［一级］

例句▶ 时间过得真快，从我搬进来那天算起，住在这儿已经两年多了。‖ 一你怎么会认识他的？—这事说来话长，还得从几年前说起。‖ 保护环境，要从身边的小事做起，比如节约用水用电、乘坐公共交通工具等。

解释▶ 起：开始。做……从某个时间、地方或发生某种行为的时候开始。多用来说明、描述事情。结构前常有“还得、要、应该、必须”等词语，结构中的动词多是“谈、问、算、做、讨论、说”等。结构位置比较灵活，前后常有别的句子进行说明或补充。○多用于叙事和对话。◇ 也说“由…V起”“自…V起”。这时带有书面色彩。

★ **从＋名词＋动词＋起。** 框架格式。在句中常作谓语、状语。“起”的前面多用单音节动词。结构中的“从＋名词”是介词短语。

扩展▶ 从今天算起；从这件事谈起；从工厂的工人做起；外语得从最简单的字母学起；保护环境得从自己做起；我就从第一排的人问起；文化教育要从孩子抓起；两人的矛盾要从一开始说起；学汉字要从最简单的认起；事情要从头做起。

【从 … 入手】 cóng … rùshǒu ［七—九级］

例句▶ 我认为，要解决这个问题，需要从教育和管理这两个方面入手。‖ 要让孩子自己愿意学习，应该从培养他们的兴趣入手，只有他们爱学习，才能主动去学。‖ 了解中国要从了解中国的文化入手，而了解中国文化，需要从学习语言入手。

解释▶ 入手：开始做。从某一方面开始做，把某一方面作为解决问题的开始部分。多用来说明、分析问题。多用于抽象事物、正式场合。结构前常有“应该、先要、将、首先、需要、主要、只有”等词。前面常有句子引出话题，后面的句子补充说明原因或目的。需要时结构可重复使用。○多用于讨论和叙事。◇ 也说“由…入手”。这时带有书面色彩。

★ **从＋名词/动词＋入手。** 框架格式。在句中常作谓语、状语。结构中的“从＋名词/动词”是介词短语。

扩展▶ 教育孩子要从小事入手；培养好习惯应从细节入手；从以下三个方面入手；从什么地方入手；管理要从计划入手；从感情入手，帮助双方取得相互谅解；从教育入手，让学生有健康的成长环境；发展农村应该从农业入手；了解别国文化应从传统习俗入手。

【从 …（上/中）＋**表现**出来】 cóng …（shang/zhōng）＋ biǎoxiàn chūlái ［三级］

例句▶ 你说下次一定考第一名，光嘴上说是没用的，爸爸妈妈希望你从行动上表现出来。‖ 他的心情早就从表情上表现出来了，高兴和难过都写在了脸上。‖我们商店的手表特别精致，这点可以从多个方面表现出来，比如它的表带和数字设计得十分特别。

解释▶ 通过语言、行为以及其他现象或形式使人们能看到……。大多是语言、行为中自然出现的情况，也有的是有意的，或通过专门的设计、加工而表现出来。多用于描写人或物。结构前常有"而且、必然、自然、可、就、集中地、又、不时、正在"等词语。前面常有别的句子说明情况，后面的句子再进行补充。○多用于叙事和对话。◇ 也说"在…（上/中）+表现出来"。

★ **从+名词+(上/中)+表现出来。** 框架格式。在句中常作谓语。结构中的"从+名词+(上/中)"是介词短语。

扩展▶ 从她的脸上表现出来；从她那双眼睛中表现出来；从态度上表现出来；从管理活动中表现出来；从危难中表现出来；从作品中表现出来；这些问题可以从多方面表现出来；一些矛盾从另一个侧面表现出来；公司的经营情况可从数字中表现出来。

【从…上讲】 cóng … shàng jiǎng ［二级］

见 138 页【从…上说】条。

【从…上说】 cóng … shàng shuō ［一级］

例句▶ 现在的手机从功能上说比以前丰富多了，既可以当电脑，又可以当书本。‖大卫最近通过了汉语水平考试的 6 级，从成绩上说已经达到了本科毕业的水平，但这离精通汉语还有不小的差距。‖现代企业之间的竞争越来越激烈，21 世纪的竞争，从根本上说是人才的竞争。

解释▶ 这么说的依据和根据。多指讨论问题的某个角度或依据标准。多用于分析、讨论问题，多用在正式场合。结构位置比较灵活，前面常有别的句子说明情况，后面引出依据或根据的具体内容。○多用于叙事和对话。◇ 也说"从…上讲"。

★ **从+名词+上说。** 框架格式。在句中常作状语，可在主语前，也可在主语后。结构中的"从+名词+上"是介词短语。

扩展▶ 从某种意义上说；从某种程度上说；从心理学上说；从名义上说；从本质上说；从理论上说；从总体上说；从这个意义上说；从文化传统意义上说；从标准上说已经完全合格。

【从事…工作】 cóngshì … gōngzuò ［三级］

例句▶ 毕业以后，我一直在电视台从事新闻工作，至今已有七年了。‖母亲是一名教师，她从事教育工作已经有三十多年了，她把一生的精力都献给了教育事业。‖ 我一直很羡慕那些从事文学创作工作的人，他们工作时间很自由，而且在家就可以工作。

解释▶ 做某种工作或和某方面有关的工作，大多不很确切，只是一个概括性的。可分为两类：一类不指具体工作，多是按行业分类的，如教育、卫生、文学创作、农业、外交、文化、军事、地质、贸易等；另一类指比较具体的工作，如律师、秘书、服装、护理、研究、科研、翻译、领导、新闻业务、医护、教学、宣传、救援、执法、管理、加工、慈善、保安、儿童、咨询、社区、统计分析等等。结构位置比较灵活，前面常有别的句子说明情况，后面的句子补充某人工作的具体情况。○多用于叙事和对话，书面语。

★ **从事＋名词／动词＋工作。** 动宾结构。在句中常作谓语，有时也作定语。

扩展▶ 从事研究工作；从事儿童工作；从事秘书工作；从事服装工作；从事统计工作；从事咨询工作；从事护理工作；从事管理工作；从事保安工作；从事军事工作；从事危险工作；从事高温工作的人。

【从…说起】 cóng … shuōqǐ ［一级］

例句▶ 我跟他是多年的老朋友了，我们的相识还得从七年前的一个夏天说起。‖ 我感觉自己有很多话要对你说，可见了面却不知从哪里说起。‖ 要说明什么是化学变化，我们可以从一个简单的实验说起。

解释▶ 起：开始。从某个时间、某个事件、某个方面或某个事物开始说。指一个复杂的事物，可以从某些基本的、能说明问题的部分开始说；也指一件比较大的事，可以从它的开始叙述，这样比较容易理解。后一用法多是过去的、离现在较远的事情。有时含有故事比较长、事情比较复杂、时间久远的意味。结构前常有“还得、要、应该、可、得、不知”等词语。多放在句尾，前面先引出某方面的话题，接着是叙述有关的事件。可用于复杂的或过去的事情。○多用于叙事和对话，口语。

★ **从＋名词／代词／动词／小句＋说起。** 框架格式。在句中常作谓语。结构中的“从＋名词／代词／动词／小句”是介词短语。

扩展▶ **用法 1）**表示从能说明问题的部分开始说：这事得从一个简单的设计说起；一棵大树可以从一棵小苗说起；汉语的特点应该从汉字说起；他的事情还是得从他的老伴儿说起。

用法 2）表示事情从开始说：这事你让我从何说起；事情还得从头说

起；这事要从这份报告说起；故事还得从30年前说起；他俩的矛盾要从公司刚成立说起；我们俩组建家庭还得从那次偶然见面说起。

【从A往B】 cóng A wǎng B ［二级］

例句▶ 一般说来，从地面往上，大约每升高200米，温度下降1.2℃。‖十八岁的生日已经过了，从今往后我就是成人了，很多事情都得自己决定。‖很久没去奶奶家了，这次见面，她把我从上往下、从里往外仔细打量了一遍，嘴里还不停地说："长大了，长成大姑娘了。"

解释▶（人的动作或事物）从某个时间或地点向某个方向移动或发展。多用来叙述事情或描述人、物等。结构位置比较灵活，前后常有句子作相关的说明或补充。需要时结构可连用。○多用于叙事和对话，口语。◇也说"自A往/向B"。这时带有书面色彩。

★ **从＋名词$_1$＋往＋名词$_2$。** 框架格式。在句中常作状语，可在主语前，也可在主语后。结构中的名词常表示时间或地点。结构中的"从＋名词$_1$"是介词短语。

扩展▶ 从屋里往窗外看；从口袋里往外掏；从窗口往下跳；从下往上爬，一直爬到山顶；从上往下看得很清楚；从韩国往中国打电话；从这里往北走一百米就到了；水从高处往低处流；人从低处往高处走；火车从北京往上海开。

【从A一直延续到B】 cóng A yìzhí yánxù dào B ［四级］

例句▶ 新学期又开始了，一开学大家就忙起来了，并且这种情况将从开学一直延续到学期结束。‖刚刚结束的文化节从五月一直延续到七月，这两个月里，市民欣赏到了代表各国文化风俗的表演和展览。‖森林从这里一直延续到几公里外的草原，有效地保护了草原的自然环境。

解释▶（某物、现象、事件或状态）从某个时间或地点继续下去，到另一个时间或地点。多用于叙述事情或过程。结构中有表示时间或地点的词语，有时也有表示事件的词语。前面常引出话题，有时有别的句子说明情况，后面的句子多是某事的具体内容或结果。○多用于描写和叙事。

★ 1）**从＋名词$_1$＋一直延续到＋名词$_2$。**

2）**从＋动词$_1$＋一直延续到＋动词$_2$。**

框架格式。在句中常作谓语。结构中的"从＋名词$_1$""从＋动词$_1$"是介词短语。

扩展▶ **句型1）** 时间从2003年一直延续到2005年；从过去一直延续到现在；

从五六十年代一直延续到七十年代；从古希腊时期一直延续到 20 世纪；堵车的长龙从人民路一直延续到火车站；山坡从我们的脚下一直延续到小树林。

句型 2）从你上学一直延续到毕业；这种声音从上课一直延续到下课；从他工作一直延续到退休；从一个生命的开始一直延续到这个生命的结束。

【从…以后】 cóng … yǐhòu ［二级］

例句▶ 从那以后他再也不整天玩游戏了，各门成绩都有了很大提高。‖ 一个星期前他在上班的路上被车撞伤了腿，从那天以后，他就一直在家休息。‖ 从毕业以后，他已经换了三份工作了，到现在他对自己的工作还是不满意。

解释▶ 在某个时间、事件、动作以后，也指在发生某件事情以后。多用于叙述事情或过程。结构中的名词常表示时间、动作或活动。结构位置比较灵活，前面常有句子说明情况，后面的句子补充发生的具体事情或结果。○多用于叙事和对话。

★ **从＋名词 / 动词 / 代词＋以后。** 框架格式。在句中常作状语。结构中的名词常表示时间。结构中的“从＋名词 / 动词 / 代词”是介词短语。

扩展▶ 从今以后；从此以后；从认识他以后；从结婚以后；从找到工作以后；从开始工作以后；从换了工作以后；从回国以后；从来到北京以后；从离开父母以后；从和他分手以后；从昨天开完会以后；从 19 世纪 20 年代以后；从第二次世界大战以后。

【从…以来】 cóng … yǐlái ［三级］

例句▶ 他学习非常努力，从开学以来，他哪儿也不去，一下课就跑图书馆。‖ 他在生活上非常节约，从认识他以来，几乎没见他穿什么新衣服，也没见他吃一顿好的。‖ 从公司建立以来，他就一直在这里上班，一干就是十几年。

解释▶ 表示从过去的某个时间、事件、动作或活动到说话的这一段时间。多用于叙述事情或过程。结构中的名词常表示时间、动作或活动。结构位置比较灵活，前面常有句子引出话题或说明情况，后面多叙述在这一段时间内发生的事情。只用于以前的事情。○多用于叙事和对话。◇ 也说“自…以来”。

★ **从＋名词 / 动词 / 小句＋以来。** 框架格式。在句中常作状语，可在主语前面，也可在主语后面。有时也作定语。

扩展▶ 从 1935 年以来；从去年夏天以来；从上星期以来；从参加工作以来；从 19 世纪初以来；从第二次世界大战以来；从汉代以来；从开展这个活动以来；从开始这项研究以来；从电脑进入百姓家庭以来。

【从 … 中 V 出来】 cóng … zhōng V chūlai ［一级］

例句▶ 一看见我，他便很快从人群中走了出来，朝我挥了挥手，表示欢迎我的到来。‖ 在这个问题上，他的态度始终很明确，这从去年他的一次讲话中就可以看出来。‖ 失败是常有的事，重要的是善于从失败中总结出教训来，改变方法，重新开始。

解释▶（某人、某物在某地）由内向外移动、离开原来在的地方，或离开某种不正常、不太好的情况或状态；也指某些事物或现象从不明显到明显。多用来描述动作或事件。第一种用法用于具体或抽象事物，后两种用法用于抽象事物。结构位置比较灵活，前后常有别的句子作相关的说明或补充。○多用于叙事和对话。

★ **从＋名词$_1$＋中＋动词＋出＋（名词$_2$）＋来。** 框架格式。在句中常作谓语。结构中的“从＋名词$_1$＋中”是介词短语。

扩展▶ **用法 1**）由内向外、离开原来在的地方：东西是从家中带出来的；从水中长出来的；小虫从洞中钻出来；从植物中分离出来；从动物中分化出来；从本义中引申出来；从心中冒出来。

用法 2）离开某种不正常、不太好的情况：把孩子从火中救了出来；从困境中走出来；从自卑的阴影中走出来；把女人从繁重的家务劳动中解放出来。

用法 3）从不明显到明显：这意思从他的话中听得出来；从他的眼神中可以看出来；从生活中提炼出来；从行为中表现出来；规律从实践中总结出来。

【从 … 中解脱出来】 cóng … zhōng jiětuō chūlai ［七—九级］

例句▶ 他现在的情况还是老样子，无论大家怎么安慰他，都不能让他从失去亲人的痛苦中解脱出来。‖ 虽说现在工作很忙，但我们应该偶尔给自己放个假，把自己从工作压力中解脱出来。‖ 科学家已经发现了几种方法，不用吃药就能有效地把人们从坏心情中解脱出来。

解释▶ 使（人或物）摆脱……的烦恼或限制，得到自由和解放。多用来描述或叙述事情。含有夸张的意味，多用于正式场合。结构中的名词多表示不好、让人不愉快的情况。多放在句尾，前面常有别的句子作相关的解释说明。○多用于叙事。

★ **从＋名词＋中解脱出来。** 框架格式。在句中常作谓语。结构中的名词多是抽象名词，结构中的“从＋名词＋中”是介词短语。

扩展▶ 使病人从病痛中解脱出来；要从个人的不幸中解脱出来；刚从上一次失恋中解脱出来；把公司从困境中解脱出来；从繁重的体力劳动中解脱出来；从繁忙的管理中解脱出来；从失败的情绪中解脱出来。

【从 A **转向** B】 cóng A zhuǎnxiàng B ［三级］

例句▶ 还有几个月你就要毕业了，所以现在你得把重点从学习转向就业。‖ 随着语言水平的提高，我们的学习重点已经从语法转向词汇、文化等方面。‖ 现在人们对旅游的要求高了，越来越多的人从到风景名胜“看热闹”转向舒适、放松、自然的休闲式旅游。‖ 自从工作以来，他的穿衣风格慢慢地从休闲转向正式。

解释▶（把精力、注意力、重点或某种方式）从一个领域或方面转移到另一个领域或方面。可以是形式上的转变，也可以是质量上的转变。多用于抽象事物，用于正式场合。结构位置比较灵活，前面常有别的句子解释原因，后面有时也有句子说明目的。○多用于叙事和对话。

★ 1）**从＋名词$_1$＋转向＋名词$_2$**。

2）**从＋动词$_1$＋转向＋动词$_2$**。

3）**从＋形容词$_1$＋转向＋形容词$_2$**。

框架格式。在句中常作谓语。结构中的“从＋名词$_1$”“从＋动词$_1$”“从＋形容词$_1$”是介词短语。

扩展▶ **句型 1）** 注意力从国内转向国外；人口从农村转向城市；把注意力从欧洲转向亚洲和非洲；从语言文化转向经济贸易；专业从文科转向理科；眼光从家庭转向社会。

句型 2） 从为别人打工转向自己当老板；从注重管理转向注重服务；疾病从治疗转向预防。

句型 3） 经济发展从快速转向稳定；学习态度从被动转向主动。

【从 … **着眼**】 cóng … zhuóyǎn ［七—九级］

例句▶ 我之所以放弃了老家的工作来到这里，是从长远着眼的，我认为在这里我的事业会有更好的发展。‖ 这位作家写文章总是从小处着眼，以小事情说明大道理，让读者读起来很亲切。‖ 既然大家在一起工作，就要从大局着眼，相互理解相互合作。

解释▶ 从某个方面观察、考虑问题。多指对待或处理问题的方法，主要是长远的、大的、总的、有发展的、有规律的，以便取得更好的效果。多用在正式场合。结构前常有“一切、应、主要、必须”等词。多放在句首，前面常引出主题，后面常有句子或解释、说明新的情况，或说明目的。○多用于叙事，书面语。◇ 也说“由…着眼”。

★ **从＋名词＋着眼。** 框架格式。在句中常作谓语。结构中的“从＋名词”是介词短语。

扩展▶ 下一代的教育应从未来着眼；搞经济要从市场着眼；方案的设计须从效果着眼；公司工作必须从宏观着眼；从经济效益着眼；两国经济关系应从中长期着眼；提高生活水平应从整体着眼。

【从 … 做起】 cóng … zuòqǐ ［一级］

例句▶ 做好事不一定要等到将来，你可以从现在做起，从身边的小事做起。‖ 社会是由个人和家庭组成的，保护环境应该从个人做起，从每个家庭做起。‖ 培养孩子的能力应该从小事做起，尽量让他们在遇到困难时自己想办法解决。

解释▶ 表示从某个地方、某方面、某个时间或某个人开始做。多指从小的、基础的、身边的、具体的方面。事情都是由小渐大的，这里的意思是只有把身边的、具体的事做好了，整体才可能好起来。多用来说明道理。结构前常有“只能、要、应、都、一定要、必须、坚持、注意”等词语。前面常有别的句子作相关的说明，有时后面也有句子进行补充。○多用于分析说明。

★ **从＋名词 / 代词＋做起。** 框架格式。在句中常作谓语。结构中的名词或代词常表示时间、地点或人。结构中的“从＋名词 / 代词”是介词短语。

扩展▶ 从你我做起；从自己做起；从今天做起；从小做起；从每一个人做起；从基础做起；从每一个具体工作做起；从一点一滴做起；从孩子做起；从大家做起；从每一天做起；从每一件小事做起。

【错过 … **机会**】 cuòguò … jīhuì ［二级］

例句▶ 他病情不但没有好转，反而越来越严重，最后错过了治疗的最好机会。‖ 今年这类比赛只有两个名额，你不能再犹豫了，否则就会错过这次难得的机会。‖ 他利用休假来看我，可不巧我被公司派去外地出差，错过了同他见面的机会。

解释▶ 错过：失去（时间、机会）。失去某种时机。多指因为某种原因而失去本来可以做某事的条件和时间。用于已经发生的事情，含有惋惜、遗憾的意味；用于将来的事情，表示有可能发生。结构前常有“不能再、已经、就、不会、至少、不远、不应、不想、不要、遗憾地、假如”等词语。多放在句尾，前面常有别的句子进行说明，后面有时也有句子进一步补充。○多用于叙事和对话。

★ 1）**错过＋(一个)＋动词/形容词＋(的)机会。**

2）**错过＋(一个)＋动词＋的＋(形容词)＋机会。**

动宾结构。在句中常作谓语。

扩展▶ **句型1）**错过了一个好机会；错过了学习的机会；错过了得分机会；错过很多进球机会；错过了重要的机会；错过了发展自己的机会；错过到现场观看比赛的机会。

句型2）错过了到国外留学的好机会；错过扩大发展的好机会。

D

【达到…目标】 dádào … mùbiāo ［三级］

例句▶ 这家汽车公司正准备扩大规模，加快生产，争取达到年产160万辆的目标。‖今年公司的发展没有达到预期的目标，因此老板最近心情不太好。‖为达到这个长远的目标，每人都应该先制订出一些短期计划作为自己的近期目标。

解释▶（通过一段时间的努力）使愿望或事先定下的标准或要求（程度、数量等）成为现实。可以是（没）完成的，也可以是要去完成的。多用于政治、生产、学习、工作、生活等方面的长远的、较大的计划，搭配的词语也是积极的。结构前常有“可以、现已、努力、为了、尽快、以期、分别、总体上、仍、难以、一定要”等词语。结构位置比较灵活，前面常有句子说明情况，后面也有句子补充出现的结果。○多用于叙事和对话。

★ **达到＋动词/名词/代词/形容词＋（的）目标。** 动宾结构。在句中常作谓语。

扩展▶ 达到预定的工作目标；达到销售目标；达到下一个发展目标；达到人生的目标；达到更高的目标；达到最接近的目标；达到这一远大的目标；达到双赢的目标；达到获奖的目标。

【达到…目的】 dádào … mùdì ［三级］

例句▶ 为了达到减肥的目的，小丽每天早上六点就起床到操场去跑步。‖中外合作办学项目使学生不出国就能达到学习目的，因此受到了很多人的欢迎。‖—这个实习的工作又累又没工资，我真不想干了。—你不是想积累经验吗？要是现在就不干了，怎么能达到最终目的呢？

解释▶（通过某种手段、办法）得到想要的结果。包括好的和不好的、个人的或集体的。多指有计划的行为或事情，多用于抽象事物。结构前常有“为了、企图、已经、从而、逐步、才能、以、就能、必须、最终、并未、试图”等词语。多放在句尾，前面常有别的句子说明情况，后面有时也有句子进行补充。○多用于叙事和对话。

★ **达到＋名词/动词/代词/形容词＋（的）目的。** 动宾结构。在句中常作谓语。

扩展▶ 已经达到最初的目的；逐步达到自己的目的；达到减少压力的目

的；达到保护环境的目的；达到改善生活条件的目的；必须达到预防疾病的目的；从而达到教育人民的目的；才能达到造福人类的最终目的；为了达到一定的目的；达到不可告人的目的；并未达到缓解矛盾的目的。

【达到 … 要求】 dádào … yāoqiú ［三级］

例句▶ 他经过三个月的努力学习，终于通过了考试，达到了入学的基本要求。‖ 在所有参加面试的人员中，只有他能达到公司提出的一切要求。‖ 虽然这个球员的身体恢复得不错，但要完全达到参加比赛的要求，还需要再等两到三个星期。

解释▶ 要求：提出具体的愿望或规定具体的条件。（某人能力或成绩）符合……标准，也指（某人）自身具备某种条件（如身高、相貌等身体条件），还指（某物）质量符合……标准。多指通过努力或一定的手段使某人某物符合有关的条件。结构前常有“必须、应该、基本、希望、进一步、以便、为了、已经、可、只有、总体上、真正”等词语。多放在句尾，前面常有别的句子说明情况，有时后面也有句子进行补充。○多用于叙事和对话。

★ **达到 + 名词 / 动词 / 形容词 / 代词 +（的）要求。** 动宾结构。在句中常作谓语。

扩展▶ 达到老师的要求；达到他们的要求；达到什么要求；已经达到最低要求；达到最高要求；希望达到设计要求；为了达到技术要求；只有达到教学大纲要求；基本达到对方规定的要求；进一步达到国家规定的要求；真正达到环境质量要求。

【打 … 开始】 dǎ … kāishǐ ［三级］

见 147 页【打 … 起】条。

【打 … 起】 dǎ … qǐ ［一级］

例句▶ 我和她第一次见面是在图书馆，也就是打那天起，我和她成了好朋友。‖ 女儿是去年8月2日出生的，打她出生起我就没睡过一个好觉。‖ 他知道自己的家庭经济困难，所以打上大学起，他就利用课余时间去打工，给自己赚取生活费。

解释▶ 从某一天、某个时候、某个阶段或某个活动开始。多用来描述某人某事。前面常有关于时间、地点、事件方面的说明，后面常引出具体的事情，有时也有句子进一步补充。可用于过去的和将来的事情。○多用于叙述事情，口语。◇ 也说“打…开始”。

★ **打＋名词 / 动词＋起。** 框架格式。在句中常作状语，可以在句子前，也可以在主语后。结构中的名词常表示时间。结构中的“打＋名词 / 动词”是介词短语。

扩展▶ 打明天起；打那刻起；打那年起，打这儿起；打这时起；打开学起；打上课起；打开始工作起；打第一次学习英语起；打两人认识起；打懂事起我就帮助妈妈做家务了；打上幼儿园起我俩就成为朋友了。

【打下 …（的）基础】 dǎxià …（de）jīchǔ ［三级］

例句▶ 学校规定，在进入大学一年级前，留学生必须通过语言考试，以便为以后的学习打下一定的基础。‖ 两家公司的领导今天见了面，这次见面为双方未来合作打下了良好的基础。‖ 她从六岁就开始学习钢琴，从小就打下了扎实的基础，后来终于成为一名钢琴家。

解释▶ 基础：事物发展的起点。为某人、某事的发展或成功提供不可缺少的条件。常说“为……打下……基础”。“基础”可以是具体的（钱财等）和抽象的（学习、合作等），“基础”前常有“稳固的、坚实的、深厚的、必要的、良好的、初步的、牢固的、扎实的、一定的、重要的”等。多放在句尾，前面常有别的句子进行说明，有时后面有句子补充出现的结果。○多用于叙事和对话。

★ **打下＋形容词＋（的）基础。** 动宾结构。在句中常作谓语。

扩展▶ 打下了初步基础；打下必要的基础；打下了重要的基础；打下了深厚的基础；打下坚实基础；打下了牢固的基础；打下永久的基础；打下了比较稳固的基础。

【打心眼儿里 … 】 dǎ xīnyǎnr lǐ … ［七—九级］

例句▶ 能够取得这么大的成就，我们做父母的打心眼儿里替你感到高兴。‖ 他是打心眼儿里热爱这份工作，虽然工资不多，但是能够帮助很多人，让别人生活得更美好。‖ 上次他做得太过分了，从那以后，我打心眼儿里不愿意跟他多说一句话。

解释▶ 心眼儿：心里。发自内心的，真心真意的（说、做某事）。通常表示程度较深，相当于“非常……”。多用于好的方面，有时也和“讨厌、恨”等动词以及否定形式一起用。结构位置比较灵活，前面常有句子作相关的说明，结构引出心里的具体感觉和做法，后面有时补充具体事情或结果。○多用于叙事和对话，口语。

★ **打心眼儿里+动词。** 在句中常作谓语。结构中的“打心眼儿里”在句中常作状语。结构中的动词多是表示心理活动或感受的词语。

扩展▶ 打心眼儿里赞成；打心眼儿里感谢你；打心眼儿里羡慕他；打心眼儿里敬重他；打心眼儿里佩服你；她其实打心眼儿里喜欢小刘；打心眼儿里不怕他；打心眼儿里祝福你们；打心眼儿里想跟你在一起；打心眼儿里不感兴趣；打心眼儿里讨厌这人。

【**打（…）主意**】 dǎ（…）zhǔyi ［三级］

例句▶ 要真的喜欢她就得赶快告诉她，她那么漂亮，性格那么好，说不定早就有别人在打她的主意呢！‖ 我太了解他了，你别看他一副很老实的样子，其实心里不知道在打什么坏主意。‖ 你要打定了主意就马上行动，别再浪费时间了。

解释▶ 主意：办法。表示想办法，希望从某人、某物那里得到某些好处或利用某人或某物为自己带来好处；多带有贬义色彩。也可以说成“在……（指物）上打主意、在……（指人）身上打主意”。结构前常有“想、别、开始、如果、主张、不能、也在”等词语。结构位置比较灵活，前后常有别的句子进行说明或补充。注意▶“打”后如果是形容词“定”，构成“打定主意”时，指决定做某事，下决心做某事。○多用于叙事和对话，口语。

★ **打+（名词/代词/形容词）+（的）主意。** 动宾结构。在句中常作谓语。

扩展▶ **用法1）**表示想办法，希望得到好处：你想打谁的主意；少打我的主意；别打父母的主意；不再打我的钱包的主意；自然会有人打他的主意；怎么就想打别人的主意；骗子们都打银行的主意；打的是什么歪主意；谁想在孩子身上打主意；主张在市场上打主意。

用法2）表示决定做某事：他打定主意就出发了；在这件事情上我已经打定主意了。

【**大不了…**】 dàbuliǎo… ［超纲］

例句▶ 这衣服现在大小正好，如果明年衣服小了，大不了再买一件。‖ 做生意如果失败了我也不害怕，我本来就是农民，大不了回家种田去。‖ 看到我没考上大学很伤心，朋友们都来安慰说：“没关系，大不了你明年再考一次。”

解释▶ 最不理想的、最坏的结果也就是这样了，没有什么了不起的。通常是在目前或已出现某种情况的条件下进行假设和推测，表示说话人已经预料到可能会出现的结果，并有了心理准备或进一步的计划。把事情多往小的、轻的方面说。含有轻松、无所谓的意味。多用来安慰自己或别人。前面常有别的句子作相关的说明，结构引出要做的事情。○多用于叙事和对话，口语。

★ **大不了 + 动词 / 句子。** 不单说，前面常有别的句子，两者有让步关系。

扩展▶ 大不了从头再来；大不了多花点儿钱；大不了多走几步；大不了不参加比赛；大不了给大家唱首歌；没钱了大不了再去赚；大不了你把钱退回去；大不了自己付钱；大不了再去找他。

【大 A 大 A】 dà A dà A ［一级］

例句▶ 小明，不要大口大口地吃饭，这样对身体不好。‖ 他是个做水果生意的个体户，因为人聪明，没几年就赚了大把大把的钞票。‖ 十年不见，过去的荒地早已变了样，公路两旁种上了各种植物，大片大片的苹果园、梨园望不到头。

解释▶ 动作行为的规模大、程度深，也指人或事物的数量多。多用于描写人、物或动作等，有时含有夸张的意味。结构位置比较灵活，前后常有别的句子进行说明或补充。○多用于叙事和对话，口语。

★ **大 + 量词 + 大 + 量词。** 框架格式。在句中常作状语、定语。

扩展▶ **用法 1**）表示动作行为的规模大、程度深：大瓶大瓶地买；大碗大碗地喝着酒；大口大口地喘着气；大块大块地吃肉；大步大步地往外走；产品大批大批地向灾区送。

用法 2）表示人或事物的数量多：大片大片的乌云；大片大片的农田；大把大把的钞票；大群大群的牛、羊、马。

【大 A 大 B】 dà A dà B ［一级］

例句▶ 有话不可以好好说吗？为什么一定要对别人大喊大叫呢！‖ 这些刚工作的年轻人花钱大手大脚的，一个月的工资根本不够他们花的。‖ 他一边朝我挥手，一边对我说："旅途愉快！"说完就大摇大摆地走了。

解释▶ 规模大、程度深地做某事；也指人或事物的数量多。多用于描写动作、事物等，含有夸张的意味。结构位置比较灵活，前面常有别的句子进行说明，有时后面也有句子进行补充。注意▶ 这类格式中有一些是固定组合，这时的意思需要根据具体词语来定。如"大是大非"指重要的原则问题；"大手大脚"表示花钱不控制等。○多用于叙事和对话。

★ 1）大 + 动词 $_1$ + 大 + 动词 $_2$。

2）大 + 名词 $_1$ + 大 + 名词 $_2$。

3）大 + 形容词 $_1$ + 大 + 形容词 $_2$。

框架格式。在句中常作谓语、定语、状语、主语、宾语。结构中的两个动词、名词或形容词多是意思相近的单音节词，构成四字格式。

扩展▶ **句型 1）** 小孩儿坐在地上大哭大闹；在大街上大吵大闹；对着别人大叫大嚷；发疯似的大吼大叫。

句型 2） 在大风大浪里锻炼；每天都是大鱼大肉；大是大非面前应该保持清醒的头脑；你的大恩大德我怎么报答。

句型 3） 希望你能大富大贵；这是个大吉大利的日子；他已经大红大紫了；这是一个大智大勇的人。

【大大（地）A（了）一番】 dàdà（de）A（le）yìfān ［六级］

例句▶ 如果我的孩子考上了北京大学，我一定要大大地庆祝一番。‖ 老师看到同学们期末考试成绩有很大进步，大大表扬了大家一番。‖ 由于这个产品才刚刚上市，为了让顾客了解，你们需要对产品大大宣传一番。

解释▶ 番：量词，多用于持续性的动作、行为。表示动作进行的时间长或程度深。多用于好的、愉快的事情。表达比较形象，有强调、夸张的意味。多放在句尾，前面常有别的句子作相关的说明。○多用于叙事和对话，口语。

★ **大大（地）+ 动词 +（了）一番。** 框架格式。在句中作谓语。结构中的动词多是表示持续性动作的双音节词。“一番”后较少出现宾语。

扩展▶ 大大夸奖了一番；大大享受了一番；大大赞扬他一番；大大风光了一番；对他大大教育了一番；不得不大大调整一番；大大讨教了一番；为此大大争论了一番；对产品大大吹嘘了一番；大大发泄了一番；大大嘲笑了一番他的兴趣；大大赞赏了一番他的才能。

【大到 …，小到 … 】 dà dào …，xiǎo dào … ［一级］

例句▶ 长长的步行街上有各种各样的商店，大到汽车，小到铅笔、橡皮，都可以在这里找到。‖ 由于他聪明好学，大到电视机，小到手表，他都能熟练地修理。‖ 我们家的事都是我妈说了算，大到买房子买汽车，小到买米买油，爸爸从来不参与。

解释▶ 无论是大的还是小的，都……。表示每个东西都没有例外。“大”和“小”相对而言，包括物体的大小、钱财的贵和便宜、事情的重要和不重要等。这里的“大的、小的”只是举例说明，通过举出两方面的事物来表示在一个范围内所有的都……。前面常有别的句子作相关的说明，后面常由“都”引出这个范围内的具体情况。○多用于叙事和对话。

★ 1）**大到＋名词$_1$，小到＋名词$_2$**。

2）**大到＋动词$_1$，小到＋动词$_2$**。

在句中常作主语。结构中的两个部分有并列关系。

扩展▶ **句型1）**大到一生的工作，小到一顿的饭菜；大到整个国家，小到一个家庭；大到电脑，小到衣架都要花钱买；大到一辆汽车，小到一束鲜花都可以是一份礼物；大到十几斤，小到几两的鱼都有；大到电器，小到服装都从国外买回来。

句型2）大到买房子买汽车，小到买针线；大到当老板，小到当服务员都干过。

【大…的】dà…de ［一级］

例句▶ 大清早的，你干嘛去啊？‖大晴天的，你实在不该待在家里，多出来走走看看，身体也许会好起来。‖老板，这大过年的，我可不想加班，好几年没回老家了，我得回家看看父母。

解释▶ 和时间名词（如节日、季节、气候或年、月、日、星期等），表示距离的词组合，强调程度深。多因为对眼前发生的事情不明白或不满而提出疑问或责备、质问等。放在句首，后面的句子多是疑问、建议、劝说、责问的具体内容，含有强调的意味。○多用于叙事和对话，口语。

★ **大＋名词/动词＋的**。框架格式。在句中常作状语。结构中的名词或动词多是表示节日、季节、气候或年、月、日、星期等时间的词语。

扩展▶ 大白天的开什么灯；大冷天的怎么穿这么少；大热天的没风扇怎么行；大晴天的带什么伞；大清早的吵什么；大夏天的还穿这么多；大半夜的还不睡觉；大星期天的也不在家休息；大冬天的怎么不带顶帽子；大雪天的你上哪儿去；大过年的也不在家待着。

【大V（了）一…】dà V（le）yī… ［一级］

例句▶ 把一切都做好以后，他还以为老板会表扬他，没想到老板把他大骂了一顿。‖终于拿到了第一笔工资，我心里特别高兴，打算请朋友们大吃一顿。‖我和他是多年的好朋友，听到他突然去世的消息，我伤心地大哭了一场。

解释▶ 大：程度深、数量多。表示动作行为的程度深、动作结果的数量多。

多用来描写动作行为等，含有夸张的意味。多放在句尾，前面常有别的句子说明情况或原因。○多用于叙事和对话。

★ **大+动词+(了)一+量词。** 框架格式。在句中常作谓语、补语。动词一般为单音节。

扩展▶ 对他大喊了一声；往前大跨一步；他大赚一笔；两人大吵了一场；惹得她大病了一场；跟老板大闹了一场；已经大捞了一笔；看到他我大吃一惊。

【大A特A】 dà A tè A ［一级］

例句▶ 你这样想真的是大错特错，他做的这一切都是为了你好。‖ 对这样的好人好事我们一定要大书特书，在全社会形成助人为乐的好风气。‖ 你的这篇文章总体框架还可以，但想发表还需要大改特改。

解释▶ 大：程度深；特：超出一般。强调规模大、程度深，也有尽情、尽量、尽可能的意思，多用来描写动作行为，含有夸张的意味。结构前常有“希望、很想、还需、要、应该、不能”等词语。多放在句尾，前面常有别的句子进行说明。○多用于叙事和对话。

★ **大+动词+特+动词。** 框架格式。在句中常作谓语。结构中动词多是单音节词，构成四字格式。

扩展▶ 买东西时大杀特杀他的价钱；要大谈特谈个人理想；很想大赚特赚一把；到接待处大闹特闹了一场；放假了，真想大睡特睡一天；希望能大唱特唱一场。

【大A小B】 [1] dà A xiǎo B ［一级］

例句▶ —今天老师让我们写一篇关于生活的作文。—生活可是个大题目，你就按照大题小做的办法，写写生活中的小事吧。‖ 别以为让你一个名牌大学毕业生做这种工作是大材小用，这可是对你的最好锻炼。‖ 你计划了这么久，就是为了让她认识你，你不觉得有点儿大计小用吗？

解释▶ 把大的事情当作小的事情来处理，有事情被简单化了或用现实的小事去表现大问题的意味；也指人或事物很重要、作用大，但人们很少注意他（它）。有某人或某事物没有受到应有的重视或没有充分发挥作用的意思，这时含可惜或浪费的意味。结构位置比较灵活，前后常有别的句子作相关的说明或补充。可用于抽象事物，但搭配很有限。○多用于叙事和对话，书面语。

★ **大+名词+小+动词。** 框架格式。在句中常作谓语、定语。结构中的名词和动词都是单音节词，构成四字格式，其中名词是动词的受事宾语。

扩展▶ **用法 1**）表示把大的事情当作小的事情来处理：这么重要的事情，不能大题小做。

用法 2）表示某人或某事物没有受到应有的重视：这东西好像大材小用了，可惜；这个办法只用在这里，不是大计小用吗；让他负责这个部门，有点儿大材小用。

【大 A 小 B】² dà A xiǎo B ［一级］

例句▶ 多大点儿事啊，别大惊小怪的！‖虽然这条街有上百家商店，但所卖商品都大同小异。‖李医生，您快过去看看吧，有个病人疼得大呼小叫的。‖如果你到当地的大街小巷去走走，会发现一个很特别的现象，这里的自行车特别多。

解释▶ 这类格式中有些是固定组合，意思不完全一样，需要根据具体词语来定。有的表示一声大一声小地乱叫（大呼小叫、大呼小喝、大吆［yāo］小喝［hè］）；有的指对小事情过分地吃惊（大惊小怪）；有的指大部分相同，小部分不同（大同小异）；有的指城市里的各个地方（大街小巷）；还有的指有好的开始，却没有好的结束，有重视开始、轻视结束的意味（大头小尾）。多用来描写动作、态度和事物。结构位置比较灵活，前后常有别的句子作相关的说明或补充。注意▶ 搭配很有限。○多用于叙事和对话。

★ 1）**大＋动词$_1$＋小＋动词$_2$**。 在句中常作谓语、补语。

2）**大＋名词$_1$＋小＋名词$_2$**。 在句中常作主语、宾语。

框架格式。结构中的两个动词或名词为意思相同、相近或相反的单音节词，构成四字格式。

扩展▶ **用法 1**）表示一声大一声小地乱叫：你不要大呼小叫的，有事好好说；大呼小喝干嘛。

用法 2）表示对小事情过分的吃惊：别这么大惊小怪的；干什么大惊小怪的。

用法 3）表示大部分相同，小部分不同：这两个东西大同小异，差得不多。

用法 4）表示城市里的各个地方，很多等：大街小巷里到处都是节日的气氛；走遍了大街小巷；桌子上摆满了大瓶小罐。

用法 5）形容有好的开始，却没有好的结束：这些人办事一向大头小尾。

【大有…】 dà yǒu… ［一级］

例句▶ 下雪后，大家可以去外面走走，雪后的空气不但新鲜，而且清洁，对身体健康大有好处。‖ 自从读研究生以来，他花了大量的时间阅读专业方面的书籍，学问大有长进。‖ 住院后，经过医生的专业治疗和家人的细心照顾，李爷爷的病情大有好转。

解释▶ 大有：有很大的……。形容程度很深。多用于评价人或物，多用于好的方面的事情，也有一般的和不好的事情。多放在句尾，前面有别的句子作相关的说明。○多用于叙事和对话，书面语。

★ **大有＋名词／动词。** 在句中常作谓语。结构中的名词或动词多是双音节词，构成四字格式。

扩展▶ 看着简单，其实大有学问；他和这事大有关系；我看他大有问题；这里面大有文章；这个人大有希望；他大有前途；这本书对你大有用处；学了以后大有收获；你的分析对我大有帮助；他和半年前大有不同；生活的水平大有提高；这里面大有讲究；这本书大有看头；你在这里大有用武之地；在这里你会大有作为的；生活环境大有改善。

【A 大于 B】 A dà yú B ［一级］

例句▶ 这个月我一共花了4000多块，可工资总共才3000多，支出都大于收入了，看样子以后得省点儿花。‖ 近些年来，一些城市和地区空气污染严重，但这个城市的空气质量好于全国平均水平。‖ 据统计，北京、上海的生活水平高于我国其他地区，但这两个大城市只占中国的很小一部分。

解释▶ 前面的数字或情况比后面的数字或情况大（小、高、低、多、少、好、差等）。多用于人、物或各种情况（数量、范围、程度）的比较和计算，多用于正式场合。前后常有别的句子作相关的说明或补充。可以进入这个结构的还有：小于、高于、低于、多于、少于、好于、差于等。○多用于叙事，书面语。◇ 也说“A 差于 B”“A 低于 B”“A 多于 B”“A 高于 B”“A 好于 B”“A 少于 B”“A 小于 B”。

★ 1）**名词$_1$＋大于＋名词$_2$。**

2）**动词$_1$＋大于＋动词$_2$。**

框架格式。可独立成句。“大”的同类词还有：小、高、低、多、少、好、差等。

扩展▶ 大于：功大于过；利大于弊；进口大于出口。

小于：参加工作年龄不小于18岁；北美洲面积小于亚洲和非洲。

高于：收入高于往年；温度高于去年；产量高于其他地区。

低于：高考年龄不低于18岁；误差低于0.01。

多于：睡眠不多于7小时；这种情况男性多于女性。

少于：一天的食物量少于2000克；人均面积不少于10平方米。

好于：今年的成绩好于往年；空气质量好于全国平均水平。

差于：这里的教育情况差于其他地区；这个地区儿童健康状况差于周围地区。

【代A向B问好】 dài A xiàng B wènhǎo ［超纲］

例句▶ 这次我不能去，他们一定会想我的。如果看见他们，一定要代我向他们问好。‖ 不好意思，王先生今天有事来不了了，他要我代他向在座的各位问好。‖ 您放心好了，我一定代您向张经理和王经理问好。

解释▶ 代替某人询问对方身体、生活情况，或表示关心和祝愿。多是某人不能跟对方见面，委托其他人表示问候。多用于礼节性的对话。放在句尾，前面常有别的句子作相关的说明。○多用于对话。◇ 也说“替A向B问好”。

★ **代＋名词$_1$／代词$_1$（指人）＋向＋名词$_2$／代词$_2$（指人）＋问好。** 框架格式。在句中作谓语。

扩展▶ 请代我向大家问好；他要我代他向你问好；我代王先生向你问好；到了家一定要代他向全家问好；我会代你向他问好的；别忘了代我们大家向你父母问好；在这里，我代李老师向同学们问好。

【带…去…】 dài … qù … ［二级］

例句▶ 我想知道你们农村现在的生活情况，你带我去看看好吗？‖ 爸爸很早就答应带我去吃韩国菜，可都等了一个星期了，还没去呢！‖ 上个星期我带孩子去海南旅行，回来以后他很兴奋地说下次还要再去。

解释▶ 领某人（到某个地方）去做什么；也指某物随着某人去做某事。结构位置比较灵活，前面常有别的句子说明情况，有时后面也有句子进行补充。○多用于叙事和对话，口语。

★ **带＋名词$_1$／代词＋去＋（名词$_2$）＋（动词）。** 框架格式。在句中常作谓语。结构中的代词常常指人，后一个动词可以重叠。

扩展▶ **用法1）**领某人（到某个地方）去做什么：不让我带儿子去；我能带人去吗；带他去见见我妈；带我去熟悉熟悉情况；带我去看风景；我想带他去打球；我带你去参观参观吧；带我去远方玩玩；哥哥带我去好吗。

用法2）某物随着某人去做某事：带小狗去外面散步；有的学校规定，学生不能带手机去教室；我只带一个小箱子去出差；带一些随身物品去度假。

【待到…的时候】 dàidào … de shíhou ［七—九级］

见157页【待到…时】条。

【待到…时】 dàidào … shí ［七—九级］

例句▶ 60%的普通家庭不喜欢去买价格很高的商品，而是待到打折时，再去购买。‖今天陪客户吃饭吃到很晚，待到回来时，妻子和孩子早就睡着了。‖平时两口子工作很忙，待到两人休息时，他们不去商店不看电影，而喜欢去公园散步。

解释▶ 待：等。等到……的时候（某人做了某事或有别的事情发生）。多用来描述事情。结构位置比较灵活，前面常有别的句子说明情况，后面是要做某事或出现某种情况的具体内容。○多用于叙事，书面语。◇ 也说“待到…的时候”。

★ **待到＋动词／小句＋时。** 框架格式。在句中常作状语。

扩展▶ 待到开学时；待到退休时；待到下车时；待到太阳下山时；待到大家找到他时；待到时机成熟时；待到他再次出现时。

【当…的时候】 dāng … de shíhou ［二级］

例句▶ 当我问老师问题的时候，老师总是耐心地为我解答。‖我在这个地方生活了好几年了，也认识了很多朋友，当感到寂寞时，我总会给他们打电话。

解释▶ 在某事发生的时间里（后面某人做了某事或有别的事情发生）或某种状态存在的时间里。多放在句首，后面有别的部分把句子补充完整，有时前面也有句子说明具体情况。○多用于叙事。◇ 也说“（当）…时”，书面语里面常用。

★ **当＋动词／小句＋的时候。** 介词短语，在句中常作状语，常在前句。

扩展▶ 当遇到问题的时候；当感到难过的时候；当我累的时候；当你失败的时候；当我们离开酒店的时候；当夏天来临的时候；当上课铃声响起的时候。

【（当）…时】（dāng）… shí ［二级］

见157页【当…的时候】条。

【当（着）… 的面 …】 dāng（zhe）… de miàn … ［二级］

例句▶ 虽然他有些生气，但不好当着大家的面发脾气，只好尽量忍着。‖你要抽烟可以去阳台，千万别当着孩子的面抽，这样会对他造成不好的影响。

解释▶ 在某人面前说、做某事，让某人直接听到、看到。前面常有别的句子作相关的说明，后面的句子或者进一步补充，或者是说话者说的具体内容。○多用于叙述、描写某事。

★ **当（着）+ 名词 / 代词（指人）+ 的面 + 动词。** 动宾结构。在句中常作谓语。结构中的“当（着）…的面”在句中作状语。

扩展▶ 他当着我的面拿走了那些东西；你竟然敢当着我的面撒谎；当着他的面把门重重地关上了；第一次当着那么多学生的面流下了眼泪；爸爸曾当着老师的面批评他；当着大家的面宣布了这件事；当着所有人的面道歉。

【… 当不了饭吃】 … dàngbùliǎo fàn chī ［六级］

见 80 页【… 不（能）当饭吃】条。

【A 到不能再 +A / B】 A dào bù néng zài + A / B ［一级］

例句▶ —老板，可以再便宜点儿吗？—我的价钱已经压到不能再低了，你不能接受我也没办法。‖我现在虽然到了退休年龄，但我还要继续干下去，一直干到不能再干为止。‖随着科技的发展，地球已变得小到不能再小了，人们几秒钟就可以和地球上任何一个地方的人联系。

解释▶ 到：达到。不能再……了。某人做某事，一直做到某物的程度达到最高，无法再继续做了。含有夸张的意味。多用于人能对数量、程度、范围等方面起作用的情况，或表示事情发展变化的程度。前面常有别的句子说明情况，有时后面也有句子补充或说明变化的结果。○多用于叙事和对话，口语。◇也说“A 得不能再 A”。这时结构中的 A 多是形容词。

★ 1）**动词 $_1$ + 到不能再 + 动词 $_1$ / 动词 $_2$ / 形容词。**

2）**形容词 + 到不能再 + 形容词。**

框架格式。在句中常作谓语、定语。

扩展▶ **句型 1）**手写到不能再写了；走到不能再走了；衣服穿到不能再穿了；东西用到不能再用了；练到不能再练了；坚持到不能再坚持了；压缩到不能再省的地步；减到不能再少的量。

句型 2）好到不能再好了；问题简单到不能再简单了；东西多到不能

再多了；他俩熟到不能再熟了；让你满意到不能再满意了；问题严重到不能再严重了；这人小气到不能再小气了。

【**到处都是…**】 dàochù dōu shì… ［二级］

例句▶ 这条街上到处都是我喜欢吃的小吃，一到周末我就来这儿逛。‖ 这个城市的绿化做得很好，走在大街上，你会发现到处都是绿地和公园。

解释▶ 每个地方都是……。形容……非常多。多用来描写风景、人或物，含有夸张的意味。结构位置比较灵活，前后常有别的句子作相关的说明或补充。○多用于叙事和对话，口语。

★ **到处都是＋名词。** 在句中常作谓语。

扩展▶ 到处都是你的书；到处都是商店；墙上到处都是你的照片；到处都是鲜花；我们那边到处都是山；到处都是苹果树、梨树；到处都是灰尘；到处都是高楼大厦；到处都是广告；到处都是孩子们的笑声。

【**到…（的）程度**】 dào…（de）chéngdù ［三级］

例句▶ 他看书看到了入迷的程度，为了看书，他饭可以不吃，觉也可以不睡。‖ 小王的英语水平已经到了很高的程度，和外国人对话，一点儿问题也没有。‖ 虽然她的病已经严重到了这种程度，可为了不让大家担心，她谁都没告诉。

解释▶ 到了某种水平、状况。多指知识、能力、人或事物的状态变化达到比较高的程度。多用于评价、描写人和物。多放在句首，结构前常引出话题，后面大多是关于某人做某事的具体内容。○多用于叙事和对话。

★ **到＋动词／形容词／代词＋（的）程度。** 动宾结构。在句中常作谓语、补语。结构中的代词多是疑问代词，构成疑问句。

扩展▶ 爱到了离不开她的程度；严重到了让人担心的程度；提高到了很精密的程度；发展到了不可承受的程度；事情到了危机的程度；热爱到了疯狂的程度；降到最低的程度；冷到结冰的程度；发展到什么程度；具体到了哪种程度。

【**到…（的）地步**】 dào…（de）dìbù ［七—九级］

例句▶ 好些人认为，汉语正变得越来越重要，已经到了非学不可的地步。‖ 这原来只是两个人之间的小矛盾，可现在已发展到如此严重的地步，这是谁也没有想到的。‖ 老人病情加重，已经病到了喝一口水就吐的地步，身体十分虚弱。

解释▶ 地步：处境，情况，程度。事情发展到了某种样子、状态，多指不好的事情达到了比较高的程度。用在不好的事情时，表示某人某事到了某种处境或情况，其他的表示“到了某种程度”。多用于评价、叙述事情。前面常有别的句子说明情况和原因，后面有时有句子补充事情的结果。○多用于叙事和对话。

★ **到＋动词／形容词／代词＋(的)地步。** 动宾结构。在句中常作谓语、补语。

扩展▶ 到了什么地步；已经到了这种地步；问题到了非解决不可的地步；忙到不可开交的地步；穷得到了没钱吃饭的地步；价格低到不能再低的地步；怎么会到这么困难的地步；提出的条件到了无法忍受的地步；问题到了非改不可的地步；水污染到了无法直接饮用的地步。

【到底A不A】 dàodǐ A bù A ［三级］

例句▶ 我们都等他一个小时了，饭菜都凉了，他到底来不来？‖下周就要进入这家公司工作了，可这份工作到底合适不合适，她自己也不清楚。‖他告诉我那套房子价格挺合算，但就是上班远了很多，所以很犹豫，不知道到底该买不该买。

解释▶ 究竟怎么样。表示说话人一定要知道最后的结果；也指在遇到事情的时候不能很快决定做什么。前一种用法多用来问别人，后一种用法多用来说明自己的感觉或某人的情况。后一种用法结构前后常有“不清楚、不知道”等词语，表示犹豫或在考虑。含有强调的意味。多放在句尾，前面常有别的句子说明情况。○多用于叙事和对话，口语。

★ 1）**到底＋动词＋不＋动词＋(名词)。**

2）**到底＋形容词＋不＋形容词。**

框架格式。在句中常作谓语，也可独立成句。

扩展▶ **用法1）**表示说话人一定要知道最后的结果：到底说不说；他到底想不想去；你们到底接受不接受；老板到底同意不同意；你到底回不回家；她到底漂亮不漂亮。

用法2）表示遇到事情时不能很快决定做什么：我真的不知道到底去不去；到底告诉不告诉他，我也拿不定主意；这东西到底给不给他，我还没想好。

【到底不如…】 dàodǐ bùrú… ［二级］

例句▶ 虽说现在他学习很努力，但因为很长时间没上课了，所以汉语能力到底不如别的学生。‖ 我到底不如你对这儿熟悉，现在你就是我的活地图，我想去哪儿，还得问你怎么走呢！ ‖ 一个人旅行到底不如两个人一起旅行有意思，下次我要去旅行的话，一定叫上你。

解释▶ 讲到根本原因，比不上……。表示两个人或事物的两方面相互比较，前一个比后一个差，或后一个比前一个好。多用来说明某人的看法和一般的情况，含有强调的意味。结构位置比较灵活，前面常有别的句子说明情况，有时后面也有句子进行补充。○多用于叙事和对话。

★ **到底不如 + 名词 / 动词 / 小句 +（形容词）。** 在句中作谓语。

扩展▶ 现在人老了，身体到底不如以前；老年人到底不如年轻人；没工作经验的到底不如有工作经验的；女人的力气到底不如男人大；在饭店吃到底不如自己做；百闻到底不如一见；我的技术到底不如你；对我来说，手机功能多了到底不如功能少的好。

【到底是 …（啊）】 dàodǐ shì …（a）［三级］

例句▶ 到底是南方啊，四月就很暖和了。‖ 小孩儿到底是小孩儿，这些道理他现在还不懂，大一些自然就会懂了。‖ 到底是学习经济的，张口闭口都离不开钱。

解释▶ 毕竟是……；讲到根本原因。表示因为某种原因，所以会出现后面的结果。多用来解释事情的原因，含有强调的意味。多放在句首，后面常有句子进行补充或说明出现的结果。可用于已经发生的事情。○多用于叙事和对话，口语。

★ **到底是 + 名词 +（啊）。** 在句中作谓语，也可独立成句。作谓语时，有时结构中的名词与句子中的主语一样，构成“A 到底是 A”的结构，如“小孩儿到底是小孩儿”。

扩展▶ 到底是大学生，说起话来就是和别人不同；到底是自己的孩子，管起来容易些；上海到底是国际性的大城市；到底是有钱人家，花起钱来大手大脚的；到底是学管理的，头脑就是清楚；到底是出过国的，眼界开阔；到底是拿过枪打过仗的，老练得很；工作到底是工作，不能开玩笑。

【到底是 A 还是 B】 dàodǐ shì A háishi B ［三级］

例句▶ 我经常在这个学校看见她，但我不清楚她到底是学生还是老师。‖ 再过几个月你就要大学毕业了，可听说最近工作不好找，你到底是直接工作还是继续读书？ ‖ 今天他一句话也没说，别人问他他却说没事儿，我们也不知道他到底是高兴还是不高兴。‖ 这次出差到底是我去还是小王去，老板至今还没有明说。

解释▶ 表示说话人想要知道最后的结果，也指在碰到事情的时候不能很快决定做什么，或碰到问题时不知道答案是什么。前一种用法多用来问别人，后一种用法多用来说明自己的感觉或某人的情况。后一种用法结构前后常有“不清楚、不知道”等词语，表示犹豫或在考虑。含有强调的意味。多放在句尾，前面常有别的句子作相关的说明。○多用于叙事和对话，口语。

★ 1）**到底是＋名词$_1$＋还是＋名词$_2$。**

2）**到底是＋动词$_1$＋还是＋动词$_2$。**

3）**到底是＋形容词$_1$＋还是＋形容词$_2$。**

4）**到底是＋小句$_1$＋还是＋小句$_2$。**

框架格式。在句中作谓语，也可独立成句。结构中的两个名词、动词、形容词或小句表示的意思常常相反或相对。

扩展▶ **句型1**）你到底是第一名还是第二名；这到底是男孩儿还是女孩儿；到底是大学生还是研究生；到底是他父母还是他的亲戚。

句型2）到底是听你的还是听她的；不清楚他到底是走还是留；到底是去北京还是去上海；到底是去吃上海菜还是吃四川菜；大家到底是同意还是不同意；你到底是喜欢她还是爱她。

句型3）这裙子到底是漂亮还是不漂亮；不知道那里的天气到底是冷还是热；这套衣服到底是合适还是不合适；你觉得这件事情到底是好还是不好；不知道看得到底是清楚还是不清楚。

句型4）你们到底是今天去还是明天去；到底是你们说得对还是他们说得对；到底是我去还是你来。

【到该…的时候】 dào gāi … de shíhou ［二级］

例句▶ 小明，到该起床的时候了，再不起床上课就要迟到了。‖ 时间过得真快，转眼我来这里已经两年了，已经到该离开这里的时候了。‖ 他这人真是奇怪，平时说起话来没完，到该说话的时候却一句话也不说。

解释▶ 到了应该做某事的时间。用来提示别人，有“应该去做某事”的意思；有时也用来描述某人做某事。前一用法多含有提示别人的意味，后一用法有时含有埋怨的意味。结构位置比较灵活，前后常有别的句子作相关的说明或补充。可用于过去的和将来的事情。○多用于叙事和对话。

★ **到该＋动词＋的时候。** 框架格式。在句中作时间状语、谓语。

扩展 **用法 1**）用来提示别人：到该做饭的时候了；到该睡觉的时候了；到该学习的时候了；到该为她做点儿什么的时候了；到该和他讲清楚的时候了。

用法 2）用来描述某人做某事：到该睡觉的时候还在玩；到该上学的时候就自己背着书包去上学；没到该下班的时候总是提前下班；到该下课的时候还不下课；到该毕业的时候毕不了业。

【到…还+不/没（有）…】 dào … hái + bù / méi（yǒu）… ［一级］

①**例句** 他怎么到现在还没来？是不是路上出什么事了？‖听说考试成绩已经出来了，可是到今天我还没查到自己的成绩。

解释 到了某个时间还没做或发生某事。用来说明事情发展的情况。结构位置比较灵活，前后常有别的句子作相关说明或补充。可用于过去的和现在的事情。○多用于叙事和对话。

②**例句** 她到十八岁还不会做饭，真正学做饭是工作以后才开始的。‖她的丈夫被公司派到日本出差，到三月底还不能回来。

解释 到某个时间某种事情应该发生，却由于主观意愿或客观条件等原因而没有发生。结构位置比较灵活，前后常有别的句子作相关说明或补充。可用于过去、现在和将来的事情。○多用于叙事和对话。

★ 1）**到+名词+还没（有）+动词。**

2）**到+名词+还不+（能/会/要/想）+动词。**

框架格式。在句中作谓语。结构中的名词为表示时间的词语。

扩展 **用法 1**）表示到某个时间事情发展的情况：到今天我还没和她说过话；问题到现在还没解决；到目前为止还没给我打电话；到去年年底还没达到目标；情况到今天还没明显改变；到昨天还没有联系上；到今天材料还没有送出去。

用法 2）表示事情应该发生却还没有发生：到现在我还不知道；到三十岁还不想结婚；到现在他还不会写汉字；工程到下个月还不能结束；到现在还不能回答你的问题。

【…到家（了）】[1] … dào jiā（le）［一级］

例句 这家超市服务真周到，不但可以免费帮你送货，还借雨伞给顾客，绝对是服务到家了。‖—尝尝我做的麻婆豆腐，刚在网上学的。—你算是学到家了，味道和饭店做的一模一样。‖——看你这弹钢琴的姿势，就知道你钢琴还没练到家。—人家才学呀，哪能跟你们专业的比！

解释▶ 到家：到达目的地，终点。比喻技术或水平达到了很高的程度；也指服务周到、考虑周全、事情做得完美等。多用于夸奖某人某事，具有褒义色彩。结构前常有“算是、终于、还真、已经、总算、真正、绝对”等词语。结构中的动词多是“学、练、研究、做”等反映技术、水平、能力的词语。结构位置比较灵活，前面或后面常有别的句子作相关的说明或补充。○多用于评价、叙事和对话，口语。

★ **名词 / 动词 + 到家（了）。** 在句中常作谓语，也可独立成句。否定表达为“不到家，没到家”。

扩展▶ **用法 1）**比喻技术或水平达到了很高的程度：功夫已经练到家了；还真研究到家了；手艺没学到家，差得远呢。

用法 2）形容服务周到、考虑周全等：真正把工作做到家了；生意做到家了；搞关系真是搞到家了。

【… 到家了】 2… dào jiā le ［一级］

例句▶ 我今天真是倒霉到家了，不但钱包和手机都丢了，连走路都摔了一跤。‖ 你算是傻到家了，居然把他当朋友，难道你还看不清楚他是什么人吗？ ‖ 好不容易请朋友来吃顿饭，居然饭都没煮熟，菜也忘了放盐，我今天可真是把脸丢到家了。

解释▶ 到家：到达目的地，终点。比喻状态或程度达到极点。多指不理想、不愉快、不想发生或看见的事。多用于对人或事情的评价，可以指自己和别人，含有自责、埋怨、指责、无奈的意味。多跟带有贬义色彩的词语组合。结构前常有“算是、真是”等词语。或者在句首，后面有别的句子进行补充；或者在句尾，前面有别的句子说明情况。○多用于评价、叙事和对话，口语。

★ **形容词 / 动词 + 到家了。** 在句中常作谓语。结构中的形容词或动词多是贬义词，表示不好的情况。

扩展▶ 坏到家了；笨到家了；丑到家了；狡猾到家了；这人憨到家了；精明到家了；愚蠢到家了；糊涂到家了；对人冷漠到家了；滑头到家了；没良心到家了；这回把人得罪到家了。

【到 … 来 / 去 + 一趟】 dào … lái / qù+ yítàng ［六级］

例句▶ 小王，请你到我的办公室来一趟，我有一份文件要给你。‖ 最近她总说头疼，过两天等我不那么忙了，打算陪她到医院去一趟。‖ 今天王老师来电话了，要我和你爸爸到学校去一趟。

解释▶ 来或去一下某个地方。"来"指接近说话人，"去"指远离说话人。多用于叙述事情或叫某人做某事。前面有时引出话题，有时有句子作相关的说明，后面常有句子进行补充。可以用于过去、现在和将来的事。○多用于叙事和对话，口语。

★ **到＋名词＋来/去＋一趟。** 框架格式。在句中常作谓语。结构中的名词多是表示地方的词语。

扩展▶ 你赶快到我这儿来一趟；请你到我家来一趟；我想到上海去一趟；到美国去一趟；到你家去一趟；等我到银行去一趟就有现金了；曾打算到苏州去一趟；决定到那个小镇去一趟。

【… 到哪儿，就 … 到哪儿】 … dào nǎr，jiù … dào nǎr ［一级］

例句▶ 我没做好发言的准备，想到哪儿就说到哪儿，说得不好的地方还请见谅。‖ 年轻时，他曾开着车全国旅游，车开到哪儿，好事就做到哪儿。‖ 这只小狗太黏人了，我们走到哪儿，它就跟到哪儿。

解释▶ 前后两个动作或两件事情，前一个到哪里，后一个就到哪里。做动作可以是同一个个体，也可以是不同的个体。表示两件事情几乎同时进行，多用于叙述事情。多放在句尾，前面或先引出话题，或有别的句子进行相关的说明。○多用于叙事和对话，口语。

★ 1）**（名词/代词）＋动词$_1$＋到哪儿，就＋动词$_2$＋到哪儿。**

2）**名词$_1$/代词$_1$＋动词$_1$＋到哪儿，名词$_2$/代词$_2$＋就＋动词$_2$＋到哪儿。**

结构中的"哪儿"是特指的用法，即两个"哪儿"所指的是相同的地方。结构中的两个分句有承接关系。

扩展▶ **句型1）** 走到哪儿就卖到哪儿；想到哪儿就写到哪儿；来到哪儿，就把希望带到哪儿；你怎么走到哪儿就吃到哪儿。

句型2） 你走到哪儿我就追到哪儿；你说到哪儿，我们就做到哪儿；你指挥到哪儿，大家就冲到哪儿。

【… 到哪儿算哪儿】 … dào nǎr suàn nǎr ［一级］

例句▶ —这本书这么厚，你这今天肯定看不完。—没事，看到哪儿算哪儿，没看完明天接着看。‖ 那天和女朋友分了手之后，我沿着街一直往前走。去哪儿？不知道，走到哪儿算哪儿吧，直到第二天早上才回家。‖ 我写小说只是为了打发时间，写到哪儿算哪儿，也没有想过要出版。

解释▶ 做事没有明确的目标、要求或任务，缺乏强烈的目的，想怎么做或做到什么程度、怎么发展等都得看具体的情况来定。意思是做到哪儿都行，要求不严格。可用于安慰别人，也可用于自己，含有轻松、随便的意味。前面常有别的句子说明情况，后面有时有句子把意思补充完整。○多用于叙事和对话，口语。

★ **动词＋到哪儿算哪儿。** 在句中常作谓语，也可独立成句。结构中的动词多是表持续性动作的词语。

扩展▶ 随便说，你说到哪儿算哪儿吧；没关系，你做到哪儿算哪儿；随便，我们玩到哪儿算哪儿；上课不能上到哪儿算哪儿，要有计划；聊到哪儿算哪儿；想到哪儿算哪儿；讨论到哪儿算哪儿；车开到哪儿算哪儿；学到哪儿算哪儿。

【A 到 B 头上来】 A dào B tóushang lái ［一级］

①**例句▶** 从没想过小偷儿会偷到我头上来，才坐了几站公共汽车，手机转眼间就不见了。‖ 你这个小子，居然欺负到我头上来了，你也不睁大眼睛好好看看我比你大多少，我就那么好欺负吗？

解释▶ 某件不好的事情发生到某人身上，使某人处于不好的情况之中。按照一般情况，不应该发生在某人身上的事情竟然发生了，因此常抱怨或指责对方搞不清楚双方的关系、身份和地位，不知高低。含有气愤、意外的意味，语气较强。结构前常有"竟、竟然、居然、没想到"等词语，结构中动词常有"骗、搞、欺负、闹、推、烧、罚、爬、打、计算"等。前面常有别的句子作相关的说明，后面的句子或进行补充，或用反问的形式指责某人。○多用于叙事和对话，口语。

②**例句▶** 你们搞的事情跟我有什么关系，怎么这事弄到我头上来了？‖ 他们做什么我根本就不知道，怀疑到我头上来了，真有意思！‖ 如果这件事跟你毫不相干，怎么会说到你头上来呢？

解释▶ 某件不好的事和某人一点儿关系都没有，可最后把责任推到他身上；说话人不明白原因，或急着想说清楚。含有气愤、意外的意味。有时也用来埋怨某人多少有些关联，这时通常用反问句。语气较强。结构中动词常有"弄、打、说、怀疑、怪、赖"等。前面常有别的句子进行说明，后面的句子或进行补充，或用反问的形式指责某人。○多用于叙事和对话，口语。

★ **动词＋到＋代词（指人）＋头上来。** 框架格式。可独立成句，也可在句中作谓语。结构中的代词多用第一人称或第二人称。

扩展▶ **用法 1）**不该发生在某人身上的事情竟然发生了：没想到骗到我头上来了，真是奇怪；居然算计到我头上来了，太不像话了；爬到我头上来了，简直不得了了。

用法2）和某人一点儿关系都没有的事被推到某人身上：这事怎么怪到我头上来了，和我有什么关系；怎么会批评到我头上来，我一点儿都不知道；怎么搞到我头上来了，我又没有参加他们的事。

【**到…为止**】 dào … wéizhǐ ［五级］

例句▶ 事故发生后一共有20个人住院，到目前为止，这些病人已经全部出院。‖ 他是一个非常努力的学生，作业一次做不好就做两次，两次做不好就做三次，直到做好为止。‖ 她最爱逛街，每次出去，总要买到钱包空了为止。

解释▶（动作、状态等）一直到某个时间或某种事情结束。多用来叙述事情的过程。多放在句尾，前面的句子有时引出话题，有时作相关的说明，有时后面也有句子补充出现的结果。○多用于叙事和对话。

★ **到＋时间名词／动词／小句＋为止。** 框架格式。在句中常作谓语、补语、时间状语。结构中的“到＋时间名词／动词／小句”是介词短语。

扩展▶ 到1982年年底为止；到现在为止；到11日为止；活动到今天上午为止；加班到完成任务为止；练习到学会为止；看书看到全部看完为止；吃饭吃到吃不下为止；玩游戏玩到累了为止；聊天儿聊到不想聊了为止；陪伴他到能够独立生活为止。

【**…到这个地步**】 … dào zhège dìbù ［七—九级］

例句▶ 如果当初你帮我一把，我现在也不会落到这个地步。‖ 她怎么会粗心到这个地步，居然做出那样的事来呢？‖ 很难想象，还有人穷到这个地步，连饭都吃不饱。

解释▶ 地步：处境，情况。说话、做事、事情的发展达到了一定的程度。多是说话人没想到，也不希望出现的结果。这里的“地步”常预示着不好的情况，如某人因某种原因在权利、能力、行为、经济等方面受到限制。这时往往由“只能、只有”等词引导出后面的部分，也常用反问句表达说话人的疑问。含有埋怨、指责、无奈的意味。结构位置比较灵活，前后常有句子作相关的说明或补充。可用于到说话时为止的不好的情况或状态。○多用于叙事和对话。

★ **动词／形容词＋到这个地步。** 在句中常作谓语。其中结构中的“到这个地步”在句中作结果补语。

扩展▶ 事情发展到这个地步；你怎么弄到这个地步；我只能做到这个地步；

事情已经闹到这个地步；怎么搞到这个地步；身体怎么差到这个地步；你已经懒到这个地步啦；不应该傻到这个地步；他俩的关系怎么僵到这个地步。

【**倒**不是 …，只是 … 】 dào búshì …，zhǐshì … ［二级］

例句▶ 其实倒不是我们说她很胖，只是她一直觉得自己很胖。‖ 我很喜欢参加朋友的晚会，倒不是为了吃喝，只是想去认识一些新朋友。

解释▶ 不是……，只是……。指前面的情况不是真的，后面的情况才是真正的原因或目的。多用来解释说明情况或原因。“倒”在这里有缓和语气的作用。前面常先引出话题，或有句子说明情况。○多用于叙事和对话，口语。

★ **倒不是＋小句$_1$ / 动词$_1$，只是＋小句$_2$ / 动词$_2$**。可独立成句，也可在句中作谓语，结构中的两个分句有并列关系。

扩展▶ 这种菜倒不是不好吃，只是我吃不习惯；我倒不是很生他的气，只是觉得他做得不太好；我不买倒不是因为价格高，只是今天没带那么多钱；我认识这两位画家倒不是想跟他们学画画儿，只是想了解画家的生活；我这样做倒不是因为什么立场，只是想出出气。

【… **倒**好】 … dào hǎo ［二级］

例句▶ 今天国庆节，大家都出去玩了，你可倒好，一个人躲在房间睡大觉。‖ 以前还有个工作，虽说工资不高，但还是可以维持生活，现在倒好，工作也丢了，以后生活怎么办？ ‖ 我本来不想现在告诉她，打算给她一个惊喜，这下倒好，你这么一说，她全都知道了。

解释▶ 倒：表示超出预料。发生的情况或出现的结果和说话人的预期或希望不一样。这里的“好”是反话，通常表示不好的情况。有时带有埋怨、失望、讽刺的意味。结构前常有“如今、现在、这下、结果、这回、反、可”等词语。前面常有别的句子说明一般的或原来的情况，后面的句子指出意想不到的新情况或相反的结果。可用于现实中已经存在的情况。○多用于叙事和对话，口语。

★ **名词 / 代词（指人）＋倒好**。可独立成句，后面须有后续句，说明不好的情况。

扩展▶ 行李都在别人那儿，你们倒好，不用拿了；别人都忙着，他可倒好，什么也不干；锁坏了也不修，如今倒好，怎么也打不开了；年轻时不学习，结果倒好，现在什么都不会；别人碰到问题急得很，她们可倒好，一个劲儿地乐。

【… 倒是 …，就是 … 】 … dàoshì …，jiùshì … ［二级］

例句▶ 你做的这菜味道倒是不错，就是样子不是很好看。‖ 这家商店的东西倒是挺好，就是老板的服务态度实在太差，我还是想去别的地方买。‖ 你说的这个旅行计划听起来倒是挺有意思的，就是我现在没有时间和你一起去。

解释▶ ……挺好的，但是……。表示说话人对前面的情况比较满意，但觉得还有一点儿不够满意，或不完美，或有些遗憾。多用来评价人或物。前面常先引出话题，用"就是"引出不很满意、感到遗憾的具体内容。可用于现实中已经存在的情况。○多用于叙事和对话，口语。

★ **名词 + 倒是 + 动词 $_1$ / 形容词 $_1$，就是 + 动词 $_2$ / 形容词 $_2$ / 小句。** 可独立成句，结构中的两个小句有转折关系。

扩展▶ 东西倒是不错，就是价格高了点儿；环境倒是挺好，就是房间有点儿小；衣服质量倒是很好，就是颜色太深了；你送的水果味道倒是很新鲜，就是有点儿少；他这人倒是挺讲义气，就是脾气大了点儿；这地方生活物价倒是不高，就是不太安静。

【… 得不得了】 … de bùdéliǎo ［五级］

例句▶ 这双新鞋小了点儿，穿了一上午，我的脚痛得不得了。‖ 这家饭馆的菜价格便宜，而且服务也不错，所以生意好得不得了。‖ 虽然王阿姨家庭条件一般，但三个孩子个个都很争气，这让邻居们佩服得不得了。

解释▶ 不得了：非常……。表示某人或物的状态达到了很高的程度，带有夸张的意味。结构位置比较灵活，前面常有别的句子说明情况，有时后面也有句子作进一步补充。○多用于叙事和对话，口语。

★ **动词 / 形容词 + 得不得了。** 在句中常作谓语。其中结构中的"得不得了"在句中作状态补语。结构中的动词多是表示心理活动或状态的词。

扩展▶ 紧张得不得了；挤得不得了；气得不得了；忙得不得了；累得不得了；热得不得了；喜欢得不得了；开心得不得了；急得不得了；激动得不得了；兴奋得不得了；羡慕得不得了；担心得不得了；伤心得不得了；难过得不得了；害怕得不得了；讨厌得不得了。

【… 得不可开交】 … de bùkě kāijiāo ［超纲］

例句▶ 虽然这家店的营业员一个个都忙得不可开交，脸上却始终带着微笑，热情地迎接着每一位来客。‖ 说实话，他们两人都挺好的，可就是性格不合，常常为了一点儿小事吵得不可开交。‖ 我可不放心把两个孩子留在家里，如果没有大人在，他俩会闹得不可开交。

解释▶ 不可开交：无法摆脱或结束。表示某人或某事的状态达到了很高的程度而没有办法解开，或没有办法摆脱。多指人忙、急的状态；也指（多人或动物）争、斗、打、闹的程度。多用于描写叙述事情。结构前常有“正、更是、整天、果真、最后、总是、实在、常常”等词。结构位置比较灵活，前面常有别的句子说明情况，有时后面的句子多对具体的动作、状态等进行描写。○多用于叙事和对话。

★ **动词 / 形容词 + 得不可开交。** 在句中常作谓语。其中结构中的“得不可开交”在句中作补语。结构中使用动词的情况下，主语一般为两个或两个以上人或物。

扩展▶ 大家正急得不可开交；车上果真挤得不可开交；双方常常争得不可开交；两只狗打得不可开交；两只鸡斗得不可开交；一群人争论得不可开交。

【A 得不能再 A】 A de bù néng zài A ［一级］

例句▶ —你来过这个地方吗？—当然，我在这儿生活过十多年，对这儿熟得不能再熟了。‖ 现在的孩子幸福得不能再幸福了，几乎是要什么有什么，要什么给什么。‖ 她 15 岁开始学习烹饪，从一个只有小学文化、普通得不能再普通的姑娘，成为全市闻名的特级女厨师。

解释▶ 形容人或物已经到了最高的程度，没有比这更高的了。多指自然出现的现象、结果或人的一种感觉。多用来描写人或物，含有夸张的意味。前面常先引出话题，或有别的句子说明情况，后面有时有句子补充或说明变化的结果。○多用于叙事和对话，口语。◇ 有时也说“A 到不能再 + A / B”。这时结构中的 A 多是形容词。

★ **形容词 + 得不能再 + 形容词。** 框架格式。在句中常作谓语、补语、定语。

扩展▶ 这药苦得不能再苦了；他家离学校近得不能再近了；今天真的是累得不能再累了；昨天热得不能再热了；那间房子旧得不能再旧了；她漂亮得不能再漂亮了；他球打得好得不能再好了；简单得不能再简单的经历；开着一辆破得不能再破的车；平常得不能再平常的生活。

【… 得不像样子】 … de bú xiàng yàngzi ［二级］

例句▶ 你现在别去找他，他喝了很多酒，醉得不像样子，你跟他说什么也是白说。‖ 经过了这场大病，他瘦得不像样子了，人也一下子老了很多。‖ 我还是改天请你来我家玩儿吧，家里一个星期没收拾，现在已经乱得不像样子了。

解释▶ 某人或物的状态或程度非常高或达到了极点，已经超出了正常的情况，一般人难以接受或不能容忍。多用来描述某人或物的不好的状态或情况，含有难以接受和容忍，夸张的意味。结构前常有"实在、真是、简直、已经"等词语。结构位置比较灵活，前面常有别的句子说明情况，有时后面有句子补充出现的结果。○多用于叙事和对话，口语。

★ **动词 / 形容词 + 得不像样子。** 在句中常作谓语。其中结构中的"得不像样子"在句中作状态补语。结构中的动词或形容词常表示不好的情况。

扩展▶ 破坏得不像样子了；那天他们俩闹得不像样子；这人被打得不像样子；病得不像样子了；脏得不像样子了；胖得不像样子了；穷得不像样子了；旧得不像样子了；懒得不像样子了；调皮得不像样子了；老得不像样子了。

【… 得不行】 … de bùxíng ［二级］

例句▶ 才走了两公里，她就累得不行了，怎么也走不动了。‖ 爸妈都出去了，就我一个人在家，下午觉得闷得不行，于是就到门口的小店逛逛，顺便买点儿小东西。‖ 在意大利住了两个月之后，我就胖得不行了，因为那儿的东西实在太好吃了。

解释▶ 某人或物的状态或程度非常高或达到了极点。主要指身体、体力上等难以忍受或承受不了，也指感觉、心理上等达到很高的程度。多用于描述事情或感觉，含有夸张的意味。结构位置比较灵活，前后常有别的句子作相关的说明或补充。可用于具体事物和抽象事物、已经出现或发生的事情。○多用于叙事和对话，口语。

★ **形容词 + 得不行。** 在句中常作谓语。其中结构中的"得不行"在句中作程度补语。结构中的形容词多是表示心理活动或感受的词语。

扩展▶ 疼得不行；冷得不行；热得不行；饿得不行；困得不行；难受得不行；渴得不行；紧张得不行；心慌得不行；笨得不行；后悔得不行；美得不行；感动得不行；高兴得不行。

【… 得成 / 不成】 … dechéng / buchéng ［二级］

例句▶ 你就相信老张吧，只要他出去办，什么事都办得成。‖ 小王，原来说好这个周末去你家做客，我可能去不成了，公司临时有事儿，我得加班。‖ 我只是给你们两家公司做个介绍，至于你们的生意谈得成谈不成，我就不负责了。

解释▶ 某个动作行为能（否）成功、完成或实现。多用于对将要发生的事情进行估计和预料，也用于问话中听取别人的意见。结构前常有"一定、应该、能、估计、可能"等词，前面常有别的句子作相关的说明，有时后面也有句子进行补充。○多用于叙事和对话，口语。

★ **动词 + 得成 / 不成。** 在句中常作谓语。其中结构中的"得成 / 不成"在句中作可能补语。宾语常放在动词前。

扩展▶ 事情做得成；游戏玩得成；活儿干得成；节目演得成；这本书肯定写得成；你们吃得成吗；看得成电影；协议签得成吗；打不成电话；估计觉也睡不成了；可能会开不成；看样子做不成生意了。

【得出 …（的）**结论**】 déchū …（de）jiélùn ［四级］

例句▶ 父亲的病情到底怎么样，目前我们也不清楚，医生说需要更多的时间才能得出最后结论。‖ 通过这么多年的教学，我得出了这样一个结论，想要教好这些学生，首先必须和他们搞好关系。‖ 希望你们进行认真的调查，仔细分析各种原因，尽早得出正确的结论。

解释▶ 结论：对人或事物做出的最后判断。根据一定的情况，得出某种认识或最后的结果。多指通过观察、研究和分析做出判断。结构前常有"只能、可能、不会、最后、不难、可以、最终、已经、尚未"等词语。多放在句尾，前面有别的句子作相关的说明，有时后面是结论的具体内容。可用于过去的和将来的事情。○多用于叙事和对话。

★ **得出 + 名词 / 动词 / 形容词 / 代词 +（的）结论。** 动宾结构。在句中常作谓语。

扩展▶ 得出上面的结论；可以得出如下结论；只能得出肯定的结论；最终得出一致结论；只能得出错误的结论；已经得出重要结论；可以得出公正结论；不难得出初步的结论；最后得出基本的结论；不会得出惊人的结论；尚未得出自己的结论。

【… **得出奇**】 … de chūqí ［超纲］

例句▶ 走进这套房子，就会发现客厅大得出奇，几乎占了整个房子的三分之二。‖ 我家养了一只小猫，胆子小得出奇，一见来了人，就不知道躲到哪里去了。‖ 这些画看起来很普通，却以高得出奇的价格卖出，绝不是一般人买得起的。

解释▶ 出奇：特别，不平常。表示某人或物的状态达到了很高的程度，超出了一般的、正常的感觉、想象和规律。多用于那些让人感觉有些不正常、奇怪的情况或事物，表达夸张。结构位置比较灵活，前后常有别的句子作相关的说明或补充。○多用于叙事和对话，口语。

★ **形容词＋得出奇。** 在句中常作谓语、定语。其中结构中的“得出奇”在句中作程度补语。

扩展▶ 这地方安静得出奇；衣服贵得出奇；天冷得出奇；他冷静得出奇；老师严得出奇；这人成绩好得出奇；你懒得出奇；他腿脚慢得出奇；我妈做起家务来快得出奇；外面传来沉闷得出奇的声音；胖得出奇的男人。

【得到…的A】 dédào … de A ［一级］

例句▶ 他刚把开公司的计划说出来，就立刻得到了大家的支持。‖ 我去旅行得到了父母的同意，所以我的旅行费都是爸爸给的。‖ 我们从电影票的销售情况可以看出，这部电影得到了广大观众的喜爱。

解释▶ 一个人说的话、做的事从别人那里获得积极的反应。多指好的事情，多跟具有褒义色彩的词语搭配。结构前常有“能否、真的、已经、就能、未曾、显然、渴望、别想、很快、应该”等词语。结构位置比较灵活，前后常有别的句子作相关的说明或补充。○多用于叙事和对话。

★ **得到＋名词/代词（指人）＋的＋动词。** 动宾结构。在句中常作谓语。结构中的名词或代词为动作的发出者。结构中的动词多为双音节动词。

扩展▶ 得到了大部分人的认可；不能得到家人的理解；能否得到父亲的夸奖；得到同事们的关心；得不到朋友的帮助；渴望得到老师的表扬；很快得到同学们的肯定；显然得到有关部门的保护；应该得到我们的爱护。

【…得动/不动】 … dedòng / budòng ［一级］

例句▶ 这张桌子太重了，我一个人实在搬不动，你能帮帮我吗？‖ —上了年纪了，这些简单的农活儿你还做得动吗？—做是做得动，就是做得慢。‖ 他这人很固执，自己决定了的事情谁都说不动，你也就别再劝他了。

解释▶ 人有能力使某物移动、完成某个动作或事情、事物能正常被人使用，这时用于具体事物；也指使某人改变主意或使事情完成，这时用于抽象事物。有时用于估计和预料将要发生的事情，有时用来说明事实。结构前常有“实在（否定表达）、怎么、一定、肯定、应该、保证、都、基本上”等词语，结构位置比较灵活，前后常有别的句子作相关的说明或补充。○多用于叙事和对话，口语。

★ **动词 + 得动 / 不动。** 在句中常作谓语。多用疑问形式或否定形式。其中结构中的“得动 / 不动”在句中作可能补语。

扩展▶ **用法 1）**表示移动、完成等：怎么还端得动盘子；肯定背得动；应该扛得动；一定拿得动；推得动这辆车么；提得动包；怎么也拉不动他；他走得动；你跑得动；我爬得动；车坏了，开不动了。

用法 2）表示使某人改变主意或使事情完成：我请不动他；劝得动他吗；东西卖得动吗。

【A 得多，B 得多】 A de duō，B de duō ［二级］

例句▶ 别看他工资高，赚得多花得多，最后也存不了多少钱。‖ 我特别喜欢花，常常去路边的鲜花店逛逛，逛得多也买得多，家里到处都是花。‖ 我们公司把工资和个人的工作表现联系起来，干得多拿得多，干得少拿得少，希望大家好好干。

解释▶ 做某事比较多，做另一件事也比较多。前后两件事情通常有一定的联系，多指前面的“多”引出后面的“多”，后面的“多”是以前面的“多”为基础的；有时前后两种情况不是必然的。前后常有别的句子作相关的说明或补充。○多用于叙事和对话，口语。◇ 也说“A 得少，B 得少”，这时表示做某事比较少，而做另一件事也比较少。

★ **动词 $_1$ + 得多，动词 $_2$ + 得多。** 可独立成句。结构中的两个动词多是表示承接关系或意思相关的单音节词。结构中的两个分句有并列关系。

扩展▶ 想得多做得多；说得多做得多；听得多说得多；学得多会得多；出得多进得多；看得多买得多；收得多送得多。

【A 得多，B 得少】 A de duō，B de shǎo ［二级］

例句▶ 很多中国学生在学习外语时，总是写得多说得少，练习的机会少了，口语水平自然不太高。‖ 每个人都有两只耳朵，却只有一张嘴，这就是为了让大家听得多，说得少。‖ 刚工作的那几年，要用钱的地方特别多，可工资却很低，这样花得多，赚得又少，没存下多少钱。

解释▶ 做某事比较多，而做另一件事比较少。两件事情通常有一定的联系，并且往往同时出现，形成对立的情况。多用于说明前后情况不平衡或不一致。前面常有别的句子说明情况，有时后面的句子指出（可能）出现的结果。○多用于叙事和对话，口语。◇ 也说“A 得少，B 得多”，这时表示做某事比较少，而做另一件事比较多。

★ **动词 $_1$ + 得多，动词 $_2$ + 得少。** 可独立成句。结构由两个表示转折关系的小句构成。结构中的两个动词常是承接关系或意思相反的词语。

扩展▶ 想得多做得少；说得多做得少；学得多会得少；出得多进得少；看得多买得少；收得多送得少；拿得多干得少。

【…得（跟）什么似的】 … de（gēn）shénme shìde ［四级］

例句▶ 一接到大学的入学通知书，他兴奋得跟什么似的，马上拿起手机给朋友们打电话，告诉他们这个好消息。‖我觉得小王一定有什么好事儿，你看他，高兴得什么似的，连吃饭的时候都忍不住笑起来了。‖不就是一只老鼠吗？怕得跟什么似的，它又不会吃了你。

解释▶ 某人的动作、状态达到了很高的程度，都不知道怎么形容。这种状态可以是具体的动作状态，也可以是心理活动。多用于描写某人的表情或状态，表达夸张。前后常有别的句子作相关的说明或补充。○多用于叙事和对话，口语。

★ **动词 / 形容词 + 得（跟）什么似的。** 在句中常作谓语。其中结构中的“得（跟）什么似的”在句中作程度补语。结构中的形容词多是表示心理活动或感受的词语。

扩展▶ 急得什么似的；笑得什么似的；欢喜得什么似的；气得什么似的；后悔得什么似的；激动得什么似的；累得什么似的；心疼得什么似的；把他宝贝得什么似的；把他乐得什么似的；丑得什么似的。

【…得够呛】 … de gòuqiàng ［七—九级］

例句▶ 习惯了在南方生活的我，第一次去哈尔滨时正好碰上冬天，寒冷的天气把我冻得够呛。‖快给我点儿水喝，我刚吃到了辣椒，辣得够呛，舌头都是火辣火辣的。‖出门忘了带伞，回来的时候遇到了大雨，我被淋得够呛。

解释▶ 够呛：太厉害，够受的。表示某人或物的状态达到了很高的程度，几乎难以承受。用来叙述、描写人的感觉或物的情况，多指不好的或不愉快的事情。前面常有别的句子说明情况，后面也有句子作进一步补充。○多用于叙事和对话，口语。

★ **动词 / 形容词 + 得够呛。** 在句中常作谓语。其中结构中的“得够呛”在句中作程度补语。结构中的形容词多是表示心理活动或感受的词语。

扩展▶ 热得够呛；冷得够呛；忙得够呛；急得够呛；累得够呛；饿得够呛；折腾得够呛；吓得够呛；被打得够呛；被整得够呛；气得够呛；这菜咸得够呛。

【… 得过来 / 不过来】 … de guòlái / bu guòlái ［二级］

例句▶ 虽说有这么多朋友，但真正能交心的朋友一只手都数得过来。‖ 现在的孩子，除了学习以外，还要去参加各种各样的兴趣班、补习班，时间怎么安排得过来？ ‖ 我们商店的生意特别好，可这么大一家店，就两个人，实在是忙不过来呀！

解释▶ 在一定的时间和空间里，某人有足够的能力来得及完成某件事。多用来对事情进行估计，有时也用来说明情况。通常是时间短，但事情、东西多，有可能无法完成的事，因此常用反问和否定形式表达。多放在句尾，前面常有别的句子说明情况或原因。○多用于叙事和对话，口语。

★ **动词 + 得过来 / 不过来。** 在句中常作谓语。其中结构中的“得过来 / 不过来”在句中作可能补语。如果有受事宾语，一般放在结构的前面。

扩展▶ 作业做不过来；照顾得过来；活儿干得过来吗；查不过来；应付不过来；反应得过来吗；管得过来吗；东西太多，吃不过来；这账还算得过来吧；怎么顾得过来。

【A 得好不如 B 得好】 A de hǎo bùrú B de hǎo ［二级］

例句▶ 你说得倒挺好的，可说得好不如干得好，除了说以外，你还得拿出点儿实际行动。‖ 一首歌写得好不如唱得好，因为一首好歌，人们往往记住了歌手的名字，却不知道是谁作的。‖ 有人说，女人干得好不如嫁得好，我不这么看，我觉得女人应该有自己的事业。

解释▶ 做一种事情不如做另一种事情好。指前面的情况比不上、不如后面的情况。用于比较及评价某事。结构位置比较灵活，前后常有别的句子进行说明或补充。○多用于叙事和对话，口语。

★ **动词$_1$ + 得好 + 不如 + 动词$_2$ + 得好。** 框架格式。在句中常作谓语，也可独立成句。

扩展▶ 学得好不如做得好；嫁得好不如干得好。

【… 得很】 … dehěn ［二级］

例句▶ 以前回家只能坐火车，得（děi）十多个小时才能到，现在通航班了，两个小时就到了，方便得很。‖ 虽然我年纪大了，可视力还好得很，不管远的近的，我都看得特别清楚。‖ 第一次骑自行车上路的时候，说实话，我的心里害怕得很，可已经出来了，我只好硬着头皮骑下去。

解释▶ 特别……，非常……。表示某人或物的状态达到了很高的程度。多跟口语性强的词组合。结构位置比较灵活，前后常有别的句子进行说明或补充。〇多用于叙事和对话，口语。

★ **动词 / 形容词 + 得很。** 在句中常作谓语。其中结构中的“得很”在句中作程度补语。结构中的动词多是表示心理活动或状态的词。

扩展▶ 感激得很；担心得很；佩服得很；高兴得很；奇怪得很；多得很；乱得很；忙得很；远得很；大得很；早得很；甜得很；穷得很；热得很；轻得很；累得很；热闹得很；有趣得很；简单得很。

【… 得慌】 … dehuāng ［五级］

例句▶ 退休以后，我整天在家闲得慌，所以打算去老年大学学画画儿、学学琴。‖—都快12点了，小刘，一起去食堂吃饭吧！—我心里堵得慌，吃不下，你先去吧！ ‖—我有些话不知道该不该对你讲，可不讲我心里又憋得慌。—没关系，有什么话你尽管说。

解释▶ 十分难受。表示某种感觉达到了很高的程度。多是描写感觉，用于不舒服、不愉快的事情。结构位置比较灵活，前后常有别的句子作相关的说明或补充。〇多用于叙事和对话，口语。

★ **动词 / 形容词 + 得慌。** 在句中常作谓语。其中结构中的“得慌”在句中作状态补语。结构中的形容词多是表示心理活动或状态的词。结构中的动词或形容词多是单音节的。

扩展▶ 脚疼得慌；饿得慌；闷得慌；烦得慌；馋得慌；手冻得慌；车里挤得慌；肚子胀得慌；觉得亏得慌；孩子晚上闹得慌；这事情真冤得慌；想家人想得慌。

【… 得进 / 不进】 … dejìn / bujìn ［一级］

例句▶ —刚刚你的电话一直打不进，是怎么回事？—我刚跟我妈在打电话呢！ ‖ 你还是别去劝他了，劝了也白劝，就他现在的情况，听得进别人的意见吗？ ‖ 最近他和谈了三年的女朋友分手了，整天闷闷不乐，书也读不进，饭也吃不下，觉也睡不好。

解释▶ 通过动作，能使某事物从外面到里面去；也指能安心、专心做事或接受别人的意见、劝告和建议等。多用来描写叙述事情。结构位置比较灵活，前后常有别的句子作相关的说明或补充。〇多用于叙事和对话，口语。

★ **动词 + 得进 / 不进 +（名词）。** 在句中常作谓语。其中结构中的“得进 / 不进 +（名词）”在句中作可能补语，结构中的动词为及物动词，结构中的名词是动词的宾语，可以放到句子前面作主语。

扩展▶ 用法 1）通过动作，使某事物从外面到里面：手机充得进电；球踢不进去；这个大学考得进；东西塞得进；人太多，挤不进；现在查得紧，混不进去。

用法2）表示能安心、专心做事或接受别人的意见等：课听得进；他学得进东西；看得进书；听不进别人的意见；什么话都听不进；你别什么劝都听不进。

【…得惊人】 … de jīngrén ［六级］

例句▶ 别看小王那么瘦，饭量可大得惊人，平均每顿饭要吃三碗呢！‖他看上去很普通，但记忆力却好得惊人，凡是他读过的书都可以一字不差地背出来。‖她特别爱逛街，也特别会买东西，常常以低得惊人的价格买到一些质量不错的东西。

解释▶ 某人或物的状态达到了很高的程度，让人感到吃惊。多指超出了一般的想象。多用来描写叙述人或物，表达夸张。结构位置比较灵活，前后常有别的句子作相关的说明或补充。○多用于叙事和对话，口语。

★ **形容词＋得惊人。** 在句中常作谓语、定语。其中结构中的“得惊人”在句中作程度补语。

扩展▶ 东西贵得惊人；便宜得惊人；判断准得惊人；速度快得惊人；人数多得惊人；成本高得惊人；高得惊人的费用；大得惊人的代价；丰富得惊人的创造力。

【…得可怜】 … de kělián ［五级］

例句▶ 刚毕业的时候，我好不容易找到一份工作，每天都早起晚睡，工资却少得可怜。‖—看你这身体，瘦得可怜，多吃点儿吧！—我胃口不小，吃得也不差，可怎么吃也吃不胖。‖因为租金便宜，他租了这间小得可怜的房间，只能放下一张床和一个衣柜。

解释▶ 人或物的情况或状态不很好，让人感到可怜。多指少、小、不足等不很好的情况，通常达不到一般的程度、标准或水平。多用来描述某人或物的情况，表达夸张。结构位置比较灵活，前后常有别的句子作相关的说明或补充。○多用于叙事和对话，口语。

★ **形容词＋得可怜。** 在句中常作谓语、定语。其中结构中的“得可怜”在句中作程度补语。结构中的形容词为“少、小、穷、瘦、短”等。

扩展▶ 知识少得可怜；傻得可怜；老实得可怜；穷得可怜；房子破得可怜；休息的时间少得可怜；人的生命短得可怜；少得可怜的绿地；细得可怜的胳膊。

【… 得来 / 不来】 … delái / bulái ［一级］

①例句▶ 看样子他俩很谈得来，都坐那儿两个多小时了，有说有笑的。‖我看你和他挺聊得来的，我怎么就和他合不来，两人在一起觉得很别扭。

解释▶ 人和人之间关系比较好（或不好），常常和性格或兴趣爱好等方面的因素有关系。动词限于"聊、谈、处、合"等几个。注意▶ 前面的主语多是复数，或者某人和某人，但不能是单数。结构位置比较灵活，前面常有别的句子作相关的说明，有时后面也有句子作进一步补充。多用于已经存在的情况。需要时结构可重复使用。○多用于叙事和对话，口语。

②例句▶ 到这儿工作这么久了，干什么都比较有经验了，所以活儿虽然复杂，但还做得来。‖—真羡慕他，那么幽默，到哪儿都很受欢迎。—幽默是一个人天生的能力，这是学不来的。‖—你看我这顶帽子，怎么样？我妈妈织的。—真的？太漂亮了！哇，你妈妈好厉害，我妈妈可织不来。

解释▶ 有能力完成某一动作、事情、工作等；也指有可能做……。后一种情况表示估计某种可能性。多放在句尾，前面有别的句子作相关的说明。○多用于叙事和对话，口语。

★ **动词 + 得来 / 不来。** 框架格式。在句中常作谓语、定语。其中结构中的"得来 / 不来"在句中作可能补语。第二种情况时，结构后面有时可以带名词宾语。

扩展▶ **用法 1）**表示人和人之间关系比较好：他性格很好，跟谁都合得来；他俩处不来，总吵架；这种脾气，谁跟他处得来。

用法 2）有能力完成某一动作、事情、工作等：这种歌我唱不来，换个吧；你会系（jì）领带吗，教教我，我系不来。

【得了吧，… 】 déle ba，… ［五级］

例句▶ —我打算以后有钱了买一架飞机，怎么样？—得了吧，还买飞机呢，我看你连汽车都买不起！‖—生日想要什么礼物，送你一双鞋怎么样？—得了吧，看看你自己的鞋，还是给你自己买吧！‖得了吧，你就别为他说好话了，他是什么样的人，谁不清楚！

解释▶ 对对方说的话表示不同意、不相信。含有不满、嘲笑的意味，语气较强。多用来回应对方的话。放在句首，后面的句子多是表示不同意、不相信的具体内容。注意▶ 不能用于长辈、上级或不熟悉的人。可用于现实生活中存在的情况。○多用于叙事和对话，口语。

★ **得了吧，句子。** 可独立成句。“得了吧”在句中作插入语。

扩展▶ 得了吧，别总是拿我开玩笑；得了吧，别相信她的话；得了吧，我才不喜欢他呢；得了吧，你要做什么我早就知道了；得了吧，他怎么舍得花钱请客；得了吧，你怎么会真心愿意帮我；得了吧，你想看我的好戏吧；得了吧，别打他的主意了。

【… 得厉害】 … de lìhai ［五级］

例句▶ 看书看到夜里两点多，他突然感到饿得厉害，急忙跑到厨房里去找吃的。‖—我开车送你回去吧。—不用了，我这会儿头疼得厉害，先在这儿休息一会儿再走。‖ 最近苹果的价格涨得厉害，前段时间去买的时候才三块多，现在涨成五块多了。

解释▶ 厉害：程度深，难以忍受。表示人或事物的某种状态达到了很高、很严重的程度。多用于病痛或其他不舒服、不愉快的事情。多用来描述某人或物的情况。可用于具体事物和抽象事物。结构位置比较灵活，前后常有别的句子作相关的说明或补充。○多用于叙事和对话，口语。

★ **形容词 / 动词 + 得厉害。** 在句中常作谓语。其中结构中的“得厉害”在句中作程度补语。动词宾语常放在结构前面。

扩展▶ 口渴得厉害；病得厉害；伤得厉害；手抖得厉害；咳嗽得厉害；他的脖子肿得厉害；病人烧得厉害；车堵得厉害；车摇晃得厉害；风正刮得厉害；酒喝得厉害；喘得厉害；手冻得厉害；烟抽得厉害；他性格变得厉害。

【… 得了 / 不了】 … deliǎo / buliǎo ［三级］

例句▶ —四川菜那么辣，你吃得了吗？—当然吃得了，我最爱吃四川菜了。‖—你刚大学毕业，这份工作你干得了吗？—虽然我刚毕业，但我曾经实习过，对这方面还是比较熟悉的。‖ 对手那么厉害，这场比赛恐怕你们赢不了他们。

解释▶ 得了（liǎo）：能……；不了（liǎo）：不能……。说话人估计动作、行为能不能实现。结构前常有“一定、肯定、估计”等词表示把握大小。结构位置比较灵活，前面或后面常有别的句子作相关的说明或补充。○多用于叙事和对话，口语。

★ **动词 + 得了 / 不了 +（名词）。** 在句中常作谓语。多用疑问形式或否定形式。其中结构中的“得了 / 不了 +（名词）”在句中作可能补语。宾语常放在结构前面。

扩展▶ 去得了；跑得了；估计他办得了；买得了；玩得了；做得了；洗得了；完成得了；回答得了；写得了；劝得了；他动不了了；理解得了；毕得了业；唱得了歌；肯定发现不了问题。

【… 得起 / 不起】 … deqǐ / buqǐ ［一级］

例句▶ 我一个月的工资就那么点儿，付得起房租就已经很不错了，哪敢乱花。‖ 因为旅游花了不少钱，回家时买不起机票了，他只好坐火车回家。‖ 要让别人看得起你，首先你得自己看得起自己。

解释▶ 表示有足够的能力、力量做某事或经受住（某事），常常跟工作、学习、经济方面的能力以及性格等因素有关；也指能受到别人尊重。结构前常有"一定、能否、要、都、也、保证"等词。前后常有别的句子作相关的说明或补充。○多用于叙事和对话，口语。

★ **动词 + 得起 / 不起 +（名词 / 代词）。** 框架格式，在句中常作谓语。其中结构中的"得起 / 不起 +（名词 / 代词）"在句中作可能补语。宾语可以在结构前面。

扩展▶ **用法 1）**表示有足够的能力、力量做某事等：住得起；读得起书；上得起学；养得起孩子；开得起汽车；车买得起用不起；没关系，我负担得起；请得起律师；要经得起考验；产品经得起检验；她这人说不起；开不起玩笑，一说就生气。

用法 2）表示能受到别人尊重：被人看不起；没人瞧得起。

【… 得上 / 不上】 … deshang / bushang ［一级］

例句▶ 你们叫我专家，其实我哪里算得上专家，只是对这方面的研究比较感兴趣罢了。‖ 现在的衣服，价钱便宜的都不太好看，真看得上的却又买不起。‖ 算了吧，这事你又帮不上忙，还是别替我操心了。

解释▶ 表示能（不能）达到一定的目的、标准或要求，也指动作有（没）结果。结构前常有"才能、只、能、可以、已经、真正、还、可能"等词，结构位置比较灵活，前后常有别的句子作相关的说明或补充。○多用于叙事和对话，口语。

★ **动词 + 得上 / 不上 +（名词）。** 在句中常作谓语。其中结构中的"得上 / 不上 +（名词）"在句中作可能补语。

扩展▶ **用法 1）**表示达到目的、标准或要求：你跟得上大家吗；称得上优秀；我比得上你；你赶得上吗；他配得上她；他算得上个人物；没有规模怎么谈得上效益。

用法2）表示动作有结果：帮得上忙；吃得上饭；对得上号；派得上用处；顾不上别人；住不上新房子。

【A得少，B得多】 A de shǎo，B de duō ［二级］

见174页【A得多，B得少】条。

【A得少，B得少】 A de shǎo，B de shǎo ［二级］

见174页【A得多，B得多】条。

【…得受不了】 … de shòubuliǎo ［四级］

例句▶ —昨晚睡得还好吧？—别提了，房间的空调坏了，又被蚊子咬得受不了，整晚都没睡好。‖早上七八点正是上班高峰期，地铁上挤满了人，那天我被挤得实在受不了了，下了地铁改乘公交车了。‖虽然说好了大家整晚不睡觉来迎接新年，但不到夜里十一点，大家都困得受不了，纷纷回房间睡觉去了。

解释▶ 表示某人或物的状态达到了很高的程度，难以忍受。多指身体上的，有时也指心里感觉不舒服、不愉快的事情。多用来描写叙述事情的经过。前面常有别的句子说明情况，后面的句子对事情的结果进行补充。○多用于叙事和对话，口语。

★ **动词/形容词+得受不了。**在句中常作谓语。其中结构中的“得受不了”在句中作状态补语。结构中的动词可以表示主动，也可以表示被动。

扩展▶ 冷得受不了；冻得受不了；热得受不了；疼得受不了；累得受不了；渴得受不了；晒得受不了；吵得受不了；胃胀得受不了；痒得受不了；声音响得受不了；被打得受不了了；被生活折磨得受不了了。

【…得下/不下】 … dexia / buxia ［一级］

例句▶ —小王，这个会议室坐得下多少人？—大概一百人吧。‖—我们三个来你家住，会不会太挤了？—我家大得很，别说三个，就是十个人也住得下。‖这件衣服太小了，他肯定穿不下，你还是买大一号的吧！

解释▶ 是否有足够的空间，能让一定数量或一定大小的人或物在里面；也表示动作是否完成或有了结果。多表示对人或物的估计。结构前常有“可能、估计、可以、只、才能、也、真、自然、怎么”等词，结构中的动词多是“坐、站、睡、躺、停、装、容、盛、放、住”等表示具体动作的。较少用于抽象事物。结构位置比较灵活，前后常有别的句子作相关的说明或补充。○多用于叙事和对话，口语。

★ **动词＋得下／不下＋(名词／数量短语)。** 在句中常作谓语。其中结构中的"得下／不下＋(名词／数量短语)"在句中作可能补语。

扩展▶ **用法1)** 表示有足够的空间，能让……在里面：都吃得下；包里怎么装得下；东西放不下；这地方只躺得下一个人；才停得下二十辆车；站得下很多人；只喝得下这瓶酒；自然盛得下这些东西；心里容不下别人。

用法2) 表示动作完成或有了结果：事情别放不下；让人放不下心。

【…得要命】 … de yàomìng ［七—九级］

①**例句▶** 我有一个特别的爱好，就是爱看恐怖电影，看的时候虽然心里怕得要命，可还是会好奇地继续往下看。‖—我看你今天表演得不错嘛！—是吗？其实我在台上紧张得要命，差点儿把台词都忘了。

解释▶ 几乎要了人的性命。表示因为某些外在的因素使人心里的感觉或状态到了极点，难以承受。多用于描写不好的情况，用于描写好的情况较少，表达夸张。前面常有别的句子说明情况，后面的句子或进行补充，或指出可能会出现的结果。○多用于叙事和对话，口语。◇ 也说"…得要死"。

★ **动词／形容词＋得要命。** 在句中常作谓语。其中结构中的"得要命"在句中作程度补语。结构中的形容词多是表示心理活动或感受的词语。

②**例句▶** 他在这附近开了家饭馆，由于价钱便宜，而且菜的味道也好，生意红火得要命。‖他这个人在认路方面笨得要命，出了门就不知道东南西北了，有的时候在自己家门口都会走丢。

解释▶ 几乎要了人的性命。表示人或事物的状态达到了最高程度。多用来描述心里感觉以外的不好的情况，用于描写好的情况较少，表达夸张。前面常有别的句子说明情况，后面的句子或进行补充，或指出可能会出现的结果。○多用于叙事和对话，口语。◇ 也说"…得要死"。

★ **形容词＋得要命。** 在句中常作谓语。其中结构中的"得要命"在句中作程度补语。结构中的形容词多用来描述客观事物。

扩展▶ **用法1)** 心里感觉达到了最高的程度：累得要命；急得要命；忙得要命；开心得要命；烦得要命；寂寞得要命；饿得要命；讨厌得要命；难受得要命；羡慕得要命；气得要命；吓得要命；暑假在乡下快活得要命。

用法2) 用来描述心里感觉以外的不好的情况：挤得要命；穷得要命；难吃得要命；风大得要命；难听得要命；馋得要命；动作慢得要命；穷得要命；难看得要命；难闻得要命；这人坏得要命。

【… 得要死】 … de yàosǐ ［超纲］

见 183 页【… 得要命】 条。

【… 得着 / 不着】 … dezháo / buzháo ［四级］

例句▶ 衣服挂得太高了，她怎么也够不着，只好搬来一把椅子，站在椅子上把它取了下来。‖—导游，明天早上我们见得着日出吗？—这可不一定，要看明天早上的天气怎么样。‖ 衣服就剩这件了，你如果真喜欢就买了吧，否则下次来就买不着了。

解释▶ 表示能接触到某物或某个动作行为能否实现，目的能否达到。多用来估计和描述事情。结构前常有“一定、肯定、只、都、也许、还、就、已经”等词。结构位置比较灵活，前后常有别的句子作相关的说明或补充。○多用于叙事和对话，口语。

★ **动词 + 得着 / 不着 +（名词）。** 在句中常作谓语。其中结构中的“得着 / 不着 +（名词）”在句中作可能补语。

扩展▶ 我摸得着；买了用得着；我听得着；放心，他找得着路；东西烧得着吗；你打不着我；点得着火；这样的东西捡得着；你猜得着这是谁干的；他猜不着你说的事。

【… 得直 … 】 … de zhí … ［三级］

例句▶ 这部电影太恐怖了，有的女孩子看了吓得直叫。‖ 看节目的那天晚上，有个女孩儿衣服穿得少，冻得直哆嗦。‖ 这次比赛他得了冠军，赛后，他在赛场上激动得直跳直叫。

解释▶ 直：不断地，一个劲儿地。因为某种原因或情况（达到了相当的程度），使某人在短时间里产生某种连续不断的反应。有些是生理上的反应，有些是情绪上的反应。多用来描写人的动作状态，表达夸张。结构位置比较灵活，前后常有相关的说明和补充。○多用于叙事和对话，口语。◇ 也说“…得…直…”，引出动作的发出者。如“吓得她直叫”。

★ **动词 $_1$ / 形容词 + 得直 + 动词 $_2$。** 框架格式。在句中常作谓语。其中结构中的“得直 + 动词 $_2$”在句中作状态补语。结构中的动词或形容词常用表示身体或心理感觉的词语。

扩展▶ 急得直哭；兴奋得直说话；高兴得直点头；气得直摇头；急得头上直冒汗；她乐得直笑；疼得直冒冷汗；难过得直叫；辣得直吐舌头；累得直想躺着；他饿得直叫；感动得直掉眼泪；恨得直咬牙；怕得直发抖。

【…得…直…】 …de…zhí… ［三级］

见 184 页【…得直…】条。

【…得住 / 不住】 …dezhù / buzhù ［一级］

例句▶ 他可是个坐不住的人，刚出差回来，一到家放下行李就出去了。‖这么短的时间，要记住这么多生词，我怎么记得住？‖孩子都已经二十多岁了，有自己的生活，而且又不跟你住在一起，你管得住他吗？

解释▶ 通过某种动作，使某种结果出现：①能使某人或某物停止做……，不再变化；②能使某物牢固稳定，或能让某事物不丢失；③能控制自己或某种情况。多放在句尾，前面常有别的句子作相关的说明，有时后面也有句子作进一步补充。○多用于叙事和对话，口语。

★ **动词＋得住 / 不住。** 在句中常作谓语、定语。其中结构中的“得住 / 不住”在句中作可能补语。

扩展▶ **用法 1**）表示能使某人或某物停止：车停得住；东西接得住；人待得住；留得住人；血止得住；东西放得住；东西保得住；你拉得住他吗；这些吃的存得住吗。

用法 2）表示能使某物牢固稳定：你拿得住吗；放心，我把握得住；谁捉得住他。

用法 3）表示能控制自己或某种情况：这人靠得住；没关系，我忍得住；这种寂寞，你受得住吗；吃惯了苦，他顶得住；经受得住考验；承受得住压力；很难抵挡得住这种诱惑。

【A…A 的】 A … A de ［一级］

例句▶ 我建议我做我的，你做你的，做好了以后我们再交换意见，看看有什么可以改进的。‖虽然大家毕业后都在北京工作，但各忙各的，难得有机会聚在一起。‖—老王不同意我们这么干怎么办？—没事儿，他说他的，我们干我们的。

解释▶ 一个在整体内部互相联系的几个部分都自己做自己的事情，互相可能会有关联；也指每个人都做自己的，互相没有关联；还指某人只管自己做，不管别人怎么样，或不受别人的影响。多用来描述事情。结构位置比较灵活，前后常有别的句子作相关的说明或补充。需要时结构可以连用，构成“A…A 的，B…B 的”。○多用于叙事和对话，口语。◇ 也说“A…A 的，B…B 的”。

★ **代词（指人）＋动词＋代词（指人）＋的。** 框架格式。可独立成句，也可在句中作谓语。

扩展▶ 用法 1）互相联系的几个部分都自己做自己的：你写你的，我写我的，之后统一意见；你做你的，我做我的，最后合在一起。

用法 2）每个人都做自己的，互相没有关联：你忙你的，不用管我；你打你的电话，我不打；你管你的，我做我的；大家都各做各的去；我写我的；他干他的。

用法 3）只管自己做，不管别人怎么样等：各说各的；他们两人你说你的，我说我的，谁都不听谁的；我做我的，他说他的。

【… 的不说】 … de bù shuō ［一级］

例句▶ 我已经预付了四万块的货款，等货到了，多的不说，我们可以赚两三万呢！‖ 别的不说，光看他那几本厚厚的笔记本，就知道他为什么学习这么好了吧！ ‖ 我的丈夫开出租车一天到晚忙个不停，远的不说，今年九月以来，他几乎没有晚上 12 点以前回家的。

解释▶ 有很多方面可以说明一个问题，但不必举很多例子，只举一个方面的例子就完全可以说明。多以时间近的、自己身边的、小的或实际的事物，而不以远的、大的、不实际的作为例子。意思是：小的、近的都到了很高的程度，大的、远的方面就更可以想象了。有时也选较为典型的作为例子来说明问题。前面常有句子说明情况，后面是举例的具体内容。○多用于举例说明，口语。

★ **名词 / 代词 / 形容词 + 的不说。** 在句中作插入语，不单用，后续句常举出具体的例子。

扩展▶ 其他的不说，就说他的态度；旁的不说，就说你看见的；远的不说，就说昨天；大的不说，就说家里吧；很成功的不说，看看不很成功的；有名的不说，就说普通人；外国的不说，单说国内；古代的不说，就说现代的。

【A … A 的，B … B 的】 A … A de，B … B de ［一级］

见 185 页【A … A 的】条。

【A 的 A，B 的 B】 A de A ，B de B ［一级］

例句▶ 虽说今天是周末，可家里的人上班的上班，出差的出差，就我一个人待在家里。‖ 上下班高峰时间，公共汽车上的乘客坐的坐站的站，把整个车挤得满满的。‖ 我特别喜欢这样的气氛，几个好朋友在一起，喝酒的喝酒，聊天儿的聊天儿，打牌的打牌，痛快极了。

解释▶ 有的……，有的……。大家各自干各自的事情；也指在一个范围内不同的人表现出来的不同状态。多用于描写动作行为。结构前常有句子指明范围，前后还有句子作相关的说明或补充。需要时可以多个结构连用。○多用于叙事和对话，口语。

★ **动词$_1$+的+动词$_1$，动词$_2$+的+动词$_2$。** 在句中常作谓语，也可独立成句。结构中前后两个动词在意思上对立或者关联。结构中的两个分句有并列关系。

扩展▶ 说的说，唱的唱；坐的坐，站的站，躺的躺；走的走，跑的跑；工作的工作，玩儿的玩儿；逛街的逛街，睡觉的睡觉；跑步的跑步，打太极拳的打太极拳；唱歌的唱歌，跳舞的跳舞。

【… 的话，… 】 … dehuà，… ［一级］

见 335 页【假如 … 的话，… 】条。

【… 的就是 … 】 … de jiùshì … ［一级］

例句▶ —这么晚了，你在这儿等谁呢？—没看出来吗，等的就是你。‖ 最近电视上、书上不是常说宅男吗，我看说的就是他，他就是那种整天都不出门、一坐可以坐一天的人。‖ 我最喜欢的就是他的性格，直来直去，有什么说什么。

解释▶ 强调动作的对象就是某人或某事物，而不是别的。对象可以是人或物，可以是对方或别的人。语气较强。结构的前后常有别的句子作相关的说明或补充。○多用于叙事和对话，口语。

★ **动词+的就是+代词（指人）/ 名词。** 在句中常作谓语，也可独立成句。结构中的动词多是带有关联性的及物动词。

扩展▶ 指的就是他；找的就是这种东西；爱听的就是这样的话；怕的就是虫子；惦记的就是孩子；利用的就是这类工具；需要的就是在座的；我们管的就是你们；依靠的就是大家；让人放心不下的就是你们几个；恨的就是这类人；缺的就是这样的货；想到的就是这些。

【… 的是，… 】 … de shì，… ［一级］

例句▶ 毕业那年，我们都以为小王会留在这里找份工作，可出人意料的是，他选择了去美国留学。‖ 今天中午在人民路上发生了一起交通事故，万幸的是，司机只是受了点儿小伤，没有生命危险。‖ 张明是我中学同学，长得很帅，值得一提的是，他还特别有才华，经常在报纸杂志上发表文章。

解释▶（在叙述事情的过程中）引出需要说明的、比较特别的，或需要提示听话者注意的信息。多用于提示别人，有强调的意味。前面常有别的句子说明情况，后面的句子多从某方面叙述要对方注意的具体内容。○多用于叙事和对话。

★ **动词 / 形容词 + 的是，小句。** 可独立成句。前面常有别的句子说明事情的背景或前提。

扩展▶ 值得注意的是；需要补充的是；没有料到的是；更为严重的是；更巧的是；奇怪的是；有趣的是；可惜的是；令人遗憾的是；令人难以想象的是；让人痛心的是；让人失望的是；让人不解的是；唯一不同的是；更要命的是；最糟糕的是；令人难忘的是。

【A 的同时，B 也随之 … 】 A de tóngshí，B yě suí zhī … ［二级］

见 548 页【随着 A，B 也随之 … 】条。

【… 的一代】 … de yídài ［六级］

例句▶ 你们年轻的一代接受新事物特别快、学习能力特别强，具有创造能力和想象能力，以后一定会大有前途的。‖ 我没有上过大学，没有受到好的教育，但我想把我的孩子们培养成有知识、有能力的新一代。‖ 他们是在顺利环境下成长起来的新一代，没有吃过苦，没有受过委屈，能成为有远大理想、适应社会需要的人吗？

解释▶ 代：辈分。指出生时间差不多，具有某种共同特点的一群人。多用来概括、总结、评价年龄相近的社会群体。多用于好的、积极的群体，多用于正式场合。结构位置比较灵活，前面常有别的句子作相关的说明，有时后面也有句子作进一步补充。○多用于叙事和对话。

★ **动词 / 形容词 + 的一代。** 在句中常作主语或宾语。

扩展▶ 追求享受的一代；值得信赖的一代；幸运的一代；有远大理想的一代；自主创业的一代；艰苦奋斗的一代；勤奋学习、忘我工作的一代；自私的一代；迷惘的一代。

【得 … 才行】 děi … cái xíng ［四级］

例句▶ 你要改改你的坏习惯，每天得按时吃早饭才行，否则会饿出病来的。‖ 虽然我出院了，但我不能整天待在家里，得出去找点儿事情做才行。‖ 要让孩子学习好，得先让孩子对学习产生兴趣才行。

解释▶ 才行：才可以。应该做什么，必须做什么。表示说话人对某人、某事有一定的要求。对自己，表示思考以后的决定；对别人含有建议、劝说的意思。结构位置比较灵活，有时先引出话题，有时前面有别的句子说明情况，后面也有句子进行补充。○多用于叙事和对话，口语。

★ **得＋动词＋才行。** 框架格式。在句中作谓语。

扩展▶ 画画儿得花时间才行；和你合作，你也得拿出一笔钱才行；这地方总得有人管才行；这件事也得有人干才行；送东西得让对方喜欢才行；不管做什么得有点儿能力才行；唱歌得有点儿音乐天赋才行；修车得有点儿动手能力才行。

【得好好 A A】 děi hǎohāo A A ［四级］

见 189 页【得好好 … 一下】 条。

【得好好 … 一下】 děi hǎohāo … yíxià ［四级］

例句▶ 明天的会议很重要，很多有名的专家都会来，所以你得好好准备一下会议材料。‖ 小王都连着加了三天班了，今天他得好好休息一下。‖ 这部手机的确很好，可我的旧手机还没坏，我回去得好好考虑一下买还是不买。

解释▶ 应尽可能好地做某事；有时也指尽情地或耐心地做某事。多用于命令或建议别人做某事，也可用于自己。结构前常有“真、都、是、还、首先”等词。多放在句尾，前面常有别的句子作相关的说明，有时后面也有句子进行补充。○多用于叙事和对话，口语。◇也说“得好好 A A”。如“得好好准备一下”也说“得好好准备准备”。

★ **得好好＋动词$_1$＋一下＋（动词$_2$／名词／代词／小句）。** 框架格式。在句中作谓语。结构中的动词一般为持续性的动词。结构中“一下”后面多是动词$_1$的对象或内容。

扩展▶ 得好好学习一下；得好好分析一下；得好好总结一下；得好好考察一下；得好好商量一下；得好好调查一下；得好好检查一下；得好好讨论一下这件事；得好好放松一下心情；得好好劝一下她；得好好思考一下该怎么办。

【等 … 的时候再说吧】 děng … de shíhou zàishuō ba ［一级］

例句▶ —我想去海边旅行，你陪我一起去好吗？—最近我有点儿忙，等有时间的时候再说吧。‖ 这件事你先别告诉她，等适当的时候再说吧！‖ 我现在在上班，不方便接电话，你有什么事等我今天回家的时候再说吧！

解释▶ 前后两件事情，第一件事（有时已经发生）需要等第二件事出现以后再考虑和处理。表示第二件事是第一件事的条件，实际是要告诉对方需要等一段时间。多用来回答或安慰对方，常用于第一、第二人称。多放在句尾，前面常有别的句子说明原因或条件。可用于过去和将来的事情。〇多用于叙事和对话，口语。

★ **等＋动词／形容词／小句＋的时候再说吧。** 框架格式。在句中作谓语，也可独立成句。

扩展▶ 等上班的时候再说吧；等想起来的时候再说吧；等下课的时候再说吧；等有机会出差的时候再说吧；等她问起来的时候再说吧；等他来找你的时候再说吧。

【等A（以后）才B】 děng A（yǐhòu）cái B ［二级］

例句▶ 你的孩子还太小，不能上小学，要等六岁才开始上学呢！‖ 小时候父母对我管得特别严，我不知道为什么他们这么做，等大了才体会到父母做的一切都是为我好。‖ 你现在着急也没用，要等分班考试结果出来以后才知道你要去哪个班。

解释▶ A完成后，B才有可能发生或者会发生，强调B发生得比较晚或比较慢。表示A是B的条件。多用于安慰对方不要着急，意思是不到时间B是不可能出现的；有时也表示B来得晚。多放在句尾，前面常有别的句子说明情况。多用于过去的和一般的事情。〇多用于叙事和对话，口语。

★ **等＋名词／动词$_1$／小句＋（以后）才＋动词$_2$。** 框架格式。在句中常作谓语。

扩展▶ **用法1）**表示不到时间B不可能出现：等我走了以后他才回来；等过年了才穿漂亮衣服；等孩子睡着了才离开房间；等你的病好了以后才可以出院；等做完了作业才可以出去玩。

用法2）表示B来得晚：等一切都发生了我才知道自己错了；等丢了工作才知道这事不是开玩笑的；等他说出来以后我们才明白这是怎么回事；等他解释以后我才明白他的用意；等老师进行了分析我们才知道其中的道理。

【等A（以后）就B】 děng A（yǐhòu）jiù B ［一级］

例句▶ 我一直想换台笔记本电脑，可钱不够，等这个月发工资了以后就去买。‖ 雨太大了，我们又没带雨伞，还是在商店门口避一会儿雨吧，等雨停了就走。‖ 你还是醒醒吧，他们都是骗你的，等你明白过来就晚了。

解释▶ A完成后，B就会发生。强调前后两件事情紧接着发生。表示A是B的条件。多用于说明自己的计划和安排，也可用于建议别人怎么做，也可对将来要发生的某件事做出判断和评价。多放在句尾，前面常有别的句子说明情况或原因。多用于将来的事情。○多用于叙事和对话，口语。

★ **等＋动词$_1$／小句＋（以后）就＋动词$_2$／形容词**。框架格式。可独立成句。结构中的两个部分有条件关系。

扩展▶ 等毕业了以后就搬出去住；等洗完澡就给他打电话；等他来了就告诉他；等你饿了就吃一口；等船一靠岸就上去；等客人都走了以后你就可以休息了；等你去找他就来不及了；等孩子长大以后就轻松了。

【等A（以后）再B】 děng A（yǐhòu）zài B ［一级］

例句▶ 这款手机刚刚上市，价格挺贵的，还是等一段时间再买吧，说不定会便宜点儿。‖孩子还这么小，没必要学书法，等孩子大一点儿再说吧。‖—不早了，快睡吧。—作业还有一点儿没做完，等做完了以后再去睡。

解释▶ 先发生A然后发生B，表示A是B的条件。强调一定要等到前一个行为或事情发生或实现。可用于建议别人怎么做，也可用于说明自己的计划和安排。前后常有别的句子说明情况或原因。多用于将来的事情。○多用于叙事和对话，口语。

★ **等＋名词／动词$_1$／小句＋（以后）再＋动词$_2$／形容词**。框架格式。可独立成句。结构中的两个部分有条件关系。

扩展▶ 等十点半再打开电视；等两个小时以后再来拿结果；等找到了再说；等没了我再帮你买；等他睡着了再收拾吧；等我瘦了以后再去拍照片；等我回去再做给我吃；等我好了以后再去见你们；等天亮了再说吧；等病好了再一起去。

【（A）低B一等】（A）dī B yì děng ［二级］

例句▶ 我们都干同样的工作，不存在谁低谁一等的问题，凭什么我要听你的？‖虽然他读的书不多，一直在饭店当服务员，但他从没觉得低人一等，每天都快乐地生活着。‖现在的社会，很多重要的工作都有女性参加，女人们在用自己的实际行动告诉大家，女人并不低男人一等。

解释▶ 等：等级；低：等级在……下面。表示某人某物的地位比别人或其他的事物低一个等级，包括地位、职业、工种等。用于人或物的比较。结构位置比较灵活，前面常有别的句子说明情况，有时后面也有句子进行补充。○多用于叙事和对话。◇也说“（A）比B低一等”。

★ 1）**（名词$_1$）＋低＋名词$_2$＋一等**。

2）**（代词$_1$［指人］）＋低＋代词$_2$（指人）＋一等**。

框架格式。在句中常作谓语或定语，也可独立成句。

扩展▶ 句型 1）这种工作被看作低人一等的精神劳动；个体户没有低人一等的感觉；小王一直有低同事一等的自卑心理。

句型 2）各方面都低他们一等；难道我就低你一等吗；觉得大家都低自己一等；他处处觉得低人一等；你认为他低你一等吗。

【A 低于 B】 A dī yú B ［二级］

见 155 页【A 大于 B】 条。

【第一次 … 就 … 】 dì-yī cì … jiù … ［一级］

例句▶ 你真不错，第一次做饭就做得这么好吃，以后一定要多做做。‖ 每个人都应该注意自己的穿着（zhuó），不能第一次见面就给别人留下不好的印象。‖ 以前只知道黄山四季都很美，尤其是冬天。没想到我第一次来黄山就能看到雪景，雪中的黄山比电影、电视上看到的更美。

解释▶ 在第一次做某事的时候，相关的现象、程度、状态、结果已经出现。"就" 在这里表明两件事情紧接着发生。多用于叙述已经发生的事情。结构位置比较灵活，前面常有别的句子说明情况，有时后面也有句子进行补充。○多用于叙事和对话，口语。

★ **第一次 + 动词 $_1$ + 就 + 动词 $_2$。** 框架格式。在句中常作谓语，也可独立成句。

扩展▶ 第一次见她就爱上她了；第一次参加比赛就得了第一名；第一次在北京过生日就赶上了中国的春节；第一次到北京就去参观了长城；第一次上讲台就出现了问题；第一次参加会议就迟到了；别第一次见面就闹得不开心；不希望你第一次去那儿就不顺利。

【A 点儿 B 点儿 … 】 A diǎnr B diǎnr … ［一级］

例句▶ 日用品家里每天都需要用，所以贵点儿便宜点儿都得买，不买你就不能生活了。‖ 小孩子嘛，胖点儿瘦点儿问题不大，只要健康就行。‖ —小王，我给你介绍个女朋友吧，说说你有什么要求？—高点儿矮点儿都行，胖点儿瘦点儿无所谓，关键是要脾气好。

解释▶ 不管（人或物）情况怎么样（结果都不变）。多指只要符合某个条件或达到某个目的，其他要求不很高或不重要。多用于对人或物提出要求。结构位置比较灵活，前面常有别的句子说明情况，后面的句子有时进行补充，有时提出具体的要求。需要时结构可以连用。○多用于叙事和对话，口语。

★ **形容词 $_1$ + 点儿 + 形容词 $_2$ + 点儿 + 动词 / 形容词 $_3$ / 小句。** 框架格式。可独立成句。结构中的形容词 $_1$ 和形容词 $_2$ 多是意思相反的词语。结构常和后面的小句构成让步关系。

扩展▶ 多点儿少点儿没关系，给就行；房子大点儿小点儿无所谓，一定要地段好；早点儿晚点儿都一样，只要来就好；近点儿远点儿都行，只要交通方便；饭好点儿差点儿都可以，有就行。

【东 A 西 +A / B】 dōng A xī+A / B ［一级］

例句▶ 桌子上放着本笔记本，他翻开一看，里面是一行行写得东倒西歪的字。‖ 他东拼西凑向朋友借了两万块钱，请了几个师傅，就把服装厂开起来了。‖ 他自从进门以后就没好好儿坐过，在房间里东看西看，好像在找什么东西。

解释▶ 东西不整齐，说话、做事情没有计划和条理，做得很乱；也指在完成一件事情的过程中用了多种方式和动作。多用于描写叙述。这里的“东”“西”相当于“这里……”“那里……”。多用来描述人的行为。结构位置比较灵活，前后常有句子作相关的说明或补充。○多用于叙事和对话，口语。

★ 1）**东 + 动词 $_1$ + 西 + 动词 $_2$。**

2）**东 + 动词 + 西 + 动词。**

框架格式。在句中常作谓语、定语、状语、补语。结构 1）中的两个动词多是意思相近的单音节动词，组成四字格式。结构 2）的前后动词是相同的，动词可重叠。

扩展▶ **句型 1）** 别东拉西扯的；他东张西望看不停；我东奔西走找关系；他东躲西藏不想被人发现；你怎么整天东游西逛的。

句型 2） 别东找西找了，你是找不到的；别东摸摸西摸摸的；最讨厌那些东问西问的人了；别东想西想了，事情会过去的；别给我东整理西整理，一会儿我的东西都找不到了；你没事做啊，怎么整天东逛逛西逛逛的呀。

【东一 A 西一 +A / B】 dōng yī A xī yī+A / B ［一级］

例句▶ 我这样东一句西一句地说，也没个重点，不知道你听明白了没？‖ 踢完球回宿舍后，他俩兴奋地把臭鞋踢得东一只西一只的，房间被弄得乱七八糟。‖ 他买的房子东一套西一间的，没有人知道他一共买了多少套。

解释▶ 说话做事没有计划和条理；也指事物不整齐，到处都有；还指比较乱地多次重复某个动作。多用来叙述事情，后两种情况的“东”“西”相当于“这里……”“那里……”。结构位置比较灵活，前面常有句子作相关的说明，后面或进行补充，或出现动作的结果。○多用于叙事和对话，口语。

★ 1）**东一＋量词＋西一＋量词。**

2）**东一＋量词$_1$＋西一＋量词$_2$。**

框架格式。在句中常作谓语、状语、补语。结构2）中的两个量词多是意思相近的词语。结构中的量词多是单音节词。

扩展▶ **句型1）**东一脚西一脚地踩；放得东一堆，西一堆；摆得东一处，西一处；吃得东一口西一口；房子东一片，西一片；东一下，西一下；放得东一个西一个的；东一画，西一画地画得乱七八糟。

句型2）排得东一头，西一道；房子东一座，西一幢；房子买得东一套西一间的。

【**动不动就**…】 dòng bú dòng jiù … ［一级］

例句▶ 这里的冬天动不动就下雨，你出门最好带把雨伞。‖ 这孩子最近怎么了，动不动就发烧？‖ 这辆车动不动就出毛病，是该换辆新的了。‖ 现在的学生动不动就请客吃饭，有时连自己的生活费都不够了。

解释▶ 有一点儿情况或变化，某人就会做出某种反应或动作，某种现象就会出现。有时指某种自然现象频繁出现（下雨、打雷等）；有时指身体、性格等过于敏感（感冒、发烧等）；也有时指习惯性的动作或做法频繁出现（加班、开会、哭闹、吵架、打人、辞职、搬家等）。后一用法多指不喜欢、也不希望发生的事情，含有不满的意味。如用在不容易做到的事情时，多含轻率、不慎重的意味。结构位置比较灵活，前面常引出话题或说明情况，有时后面再进行补充。○多用于叙事和对话，口语。

★ **动不动就＋动词。** 在句中常作谓语。其中结构中的“动不动就”在句中作状语。

扩展▶ **用法1）**某种自然现象频繁出现：动不动就打雷；这里的气候很奇特，动不动就闪电；动不动就刮风。

用法2）身体、性格等过于敏感：动不动就感冒；孩子体质不好，动不动就发烧；他小时候动不动就上医院。

用法3）习惯性的动作或做法频繁出现：动不动就要辞职；动不动就说分手；动不动就想搬家；怎么动不动就哭；动不动就大喊大叫；动不

动就向父母要钱；动不动就发脾气；动不动就生气；动不动就打人；动不动就得加班；动不动就开会；动不动就罚款；动不动就批评别人。

【A B 都 / 也 A 不 … 】 A B dōu / yě A bù … ［一级］

例句▶ 都已经工作这么多年了，你怎么连份报告都写不清楚？ ‖ 他最不爱旅游，每次出来玩儿，饭也吃不好，觉也睡不着。‖—如果你有时间，可以去花鸟市场买些鱼回来养养。—我看还是算了吧！别说养鱼了，我就是养个花都养不活。

解释▶ 很基本的要求都不能满足；也指连最简单的事情都不能做好。前一种情况表示说话人对某人某物的不满，多希望有别的办法解决；后一种情况指最简单的都做不好，别的就更别提了。对自己，含有能力有限、无奈的意味；对别人，含有不满、失望、责备或埋怨的意味。前面常有别的句子说明情况，后面的句子或补充相关的内容，或出现相关的结果。○多用于叙事和对话，口语。

★ **动词$_1$+（量词）+名词+都 / 也+动词$_1$+不+形容词 / 动词$_2$。** 框架格式。在句中作谓语，也可独立成句。其中结构中的“不+形容词 / 动词$_2$”在句中作可能补语。

扩展▶ 买个水果都买不到；画个画儿也画不像；写个字也写不好；送封信都送不到；逛次街都逛不痛快；你怎么搞的，讲个事情也讲不明白；说句话都说不完整；做个饭也做不熟；洗（个）衣服都洗不干净；拿（个）东西都拿不住。

【A 都 A 不 … 】 A dōu A bù … ［一级］

例句▶ —请你把这句话读一遍。—你写的字那么小，我看都看不清楚，怎么读？ ‖—听说最近有个新电影不错，我们一起去看看吧！—我也想啊，可看的人太多了，买都买不到票，我们过几天再去吧！ ‖ 昨晚我吃饭的时候，不小心把一滴油滴在白衬衫上了，洗都洗不干净。

解释▶ 无论怎么做都不能达到目的或出现希望看到的结果。多用于不好的事情，少用于好的事情。有时表示对某人某事不满，多含有埋怨、抱怨的意味。结构位置比较灵活，前面常有别的句子作相关的说明解释，有时后面也有句子作进一步补充。○多用于叙事和对话，口语。◇ 也说“A 也 A 不…”。

★ **动词$_1$+都+动词$_1$+不+形容词 / 动词$_2$+（名词）。** 框架格式。在句中作谓语，也可独立成句。其中结构中的“不+形容词 / 动词$_2$+（名词）”

在句中作可能补语。

扩展▶ 我练了好久，唱都唱不好；太多了，喝都喝不完；人太挤了，坐都坐不下；东西太多了，吃都吃不下；这题真难，想都想不出来；脚肿了，鞋子穿都穿不进去；事情太多了，记都记不住；声音好轻啊，听都听不见；别说了，说都说不明白；太兴奋了，睡都睡不着觉。

【A 都不 A】 A dōu bù A ［一级］

例句▶ 都快半个小时了，他的眼睛一直盯在墙上眨都不眨，我觉得他一定有什么心事。‖—你爸找你谈话，你怎么不去？—不用去了，我听都不想听，我知道他要说什么。‖ 你也太不够意思了吧，书拿走了说都不说一声，害得我找了好长时间。

解释▶ 否定某种行为动作，表示根本没做。用于描写伴随性动作，说明某人很专心；也指因为某种原因（架子大、觉得自己了不起、懒、不在乎、不感兴趣等）而很不愿意或很不喜欢做某事。前一用法用于夸奖某人；后一用法多用于责备某人，说明这人做事不合情理或过分，含有不满、抱怨的意味。语气较强。前后常有别的句子作相关的说明或补充。○多用于叙事和对话，口语。◇也说“A 也不 A”。

★ **动词＋都不＋动词。** 框架格式。在句中常作谓语。结构中的动词多是单音节词。

扩展▶ **用法 1**）表示没做或某人很专心：站在那儿动都不动；听得眼睛眨都不眨；看着黑板眼睛转都不转。

用法 2）表示因为某种原因，不愿意或不喜欢做某事：送给他的礼物他看都不看；我们邀请他，可他来都不来；看到我他理都不理；这种事情我想都不想；这种地方我去都不去；人走时，看都不看我们一眼；桌子脏了，擦都不擦；鞋坏了，补都不补。

【都怪…】 dōu guài … ［五级］

例句▶ 都怪你，也不早点儿告诉我他晚上来家里吃晚饭，都这个时候了叫我怎么准备啊？‖ 都怪我多嘴，把没做成的事情说出去，坏了大家的事。‖ 都怪这天气，又闷又热的，好好的心情也跟着变坏了。

解释▶ 责备或埋怨（某人或某事物）。正是由于……的错或原因，才使自己或某人出现了……不希望出现的事情。多指把不好、不开心的原因或事情的责任推到某人某物上。意思是，要不是……的话，就不会这样了，多强调某人、某物的责任。责备的对象可以是别人（或物），也可以是自己。常含有不满的意味，带有责备、埋怨、气愤的语气。放在句首，后面的句子是责备埋怨的原因以及不想看见的结果。可用于不愉快的事情。○多用于叙事和对话，口语。◇ 也说“都是…”。

★ 1）**都怪＋代词（指人）/ 小句。**

2）**都怪＋这 / 那＋名词。**

可独立成句。

扩展▶ **句型 1**）都怪我，没好好管孩子；都怪你，乱说话；都怪我自己不好；都怪她自己；都怪那孩子太小；都怪我们没听你的话；都怪他年轻不懂事；都怪我姐，把什么都告诉爸妈了；都怪你，非要走路去，累死我了；都怪你，让我吃这吃那，看我现在胖成什么样了。

句型 2）都怪这该死的交通，害我迟到半个小时；都怪这阳光，把我给晒黑了；都怪这大雨，把我的衣服都浇湿了；都怪这倒霉的雨季。

【**都 … 了**】 dōu … le ［一级］

例句▶ 你看，住在对面的张大爷都七十多了，每天还很早就起床锻炼身体。‖ 都什么时候了，他怎么还没回来呢，是不是路上出了什么意外？ ‖ 这都春天了，怎么外面温度还是这么低，我穿了大衣都觉得有点儿冷。‖ 别玩儿电脑了，过来吃饭吧，再不吃的话饭都凉了。

解释▶ 已经……了，表示某件事发生或将要实现了；表示事物、状态已经达到了一定的程度、数量。有时用来叙述事情，有时用来说明事情应该……。后一用法多含有责备、劝告、建议、疑问、不满等意味。结构位置比较灵活，前面常有别的句子作相关的说明，后面的句子进行补充。表示疑问或不满的时候，常用反问句的形式。○多用于叙事和对话，口语。

★ **都＋数量短语 / 名词 / 动词 / 形容词＋了。** 框架格式。在句中常作谓语，也可独立成句。

扩展▶ 都过年了，你就吃顿好的吧；他都生病了，还要去公司开会；他都退休了，工作还这么紧张；我都老了，走不动了；都十二点了，你怎么还不睡觉；都星期六了，你就不可以停下来休息休息吗；你都赔本了，怎么还做生意；再不去买都卖没了。

【**A 都 A 了，还 …** 】 A dōu A le，hái … ［一级］

例句▶ —这件事我不希望别人知道，你千万别说出去。—你做都做了，还怕人知道吗？ ‖—我今天去商场买了台新冰箱，没事先告诉你，你不生气吧？—买都买了，我还有什么好说的。‖—你说我是不是答应得太快了，应该再等等比较好？—你同都同意了，还说这些做什么？

解释▶ 表示事情已经发生了或已经这样了，再做或再说某事就显得没有必要或多余。意思是即使后面再做某事也没什么意义或改变不了什么。“还”后面的小句用肯定形式的反问句表示否定的意思。多用于不愉快的事情，有时带有埋怨、无奈或不满的意味，语气较强。有时直接用来回答问题，有时前后有别的句子作相关的说明或补充。○多用于对话，口语。

★ **动词$_1$＋都＋动词$_1$＋了，还＋动词$_2$。** 可独立成句。结构中的小句多是反问句。动词一般不带宾语，如需要就放在动词前面。结构中的动词$_1$多是单音节词，如为双音节动词，则构成“A都AB了”结构，如“同都同意了”。

扩展▶ 吃都吃了，还说什么；过都过去了，还讨论什么；读都不读了，还考什么试；知都知道了，还问什么；走都走了，还打什么招呼；搬都搬好了，还有必要说吗；东西坏都坏了，还道什么歉。

【A都没A就…】 A dōu méi A jiù … ［一级］

例句▶ 你也真是的，好不容易来一趟，坐都没坐就走了！‖你怎么知道自己不行呢，试都没试就放弃了，这不可惜吗？‖开始他让我帮他个忙，我想都没想就答应了，后来才知道是让我帮他介绍工作。

解释▶ 前后有两个动作，第二个动作应在第一个动作完成之后再出现。可某人连第一个动作都没发生就做了第二个动作。表示说话人觉得应该先做一个动作，或者觉得第二个动作发生得太快、太早了，有“不应该这么做”的意思。对自己，表示有些后悔；对别人，表示不满。有时含有埋怨的意味，语气较强。前面常有别的句子说明情况，有时后面也有句子进行补充。○多用于对话，口语。◇也说“A也没A就…”。

★ **动词$_1$＋都没＋动词$_1$＋就＋动词$_2$。** 框架格式。在句中常作谓语，也可独立成句。

扩展▶ 说都没说就走了；找都没找就说不见了；看都没看就说不合适；吃都没吃就说不好吃；跑都没跑就说跑不动；游都没游就说游不了；比都没比就说比不上；唱都没唱就说不会唱；学都没学就说学不好。

【B都没（有）A（就）…】 B dōu méi（yǒu）A（jiù）… ［一级］

例句▶ 他最近工作特别忙，一早就起床，饭都没吃就出门了。‖他也太不懂礼貌了吧，我们特地邀请他来参加聚会，结果他招呼都没打就走了。‖一听说有人找，他外套都没穿就急着跑下楼去了，什么事那么急啊？

解释▶ 前后有两个动作，按照道理、情理来说，第二个动作应在第一个动作完成之后再做。可某人连第一个动作都没发生就做了第二个动作。表示说话人觉得应该先做一个动作，或者觉得第二个动作发生得太快、太早了。有时含有意外、埋怨、责备的意味，语气较强。结构位置比较灵活，前后常有别的句子作相关的说明或补充。○多用于叙事，口语。

★ **名词 + 都没（有）+ 动词 $_1$ +（就）+ 动词 $_2$。** 框架格式。在句中常作谓语，也可独立成句。结构中的名词多是动词 $_1$ 的宾语。

扩展▶ 牙都没刷就吃早饭；面都没见就被拒绝了；检查都没做就说自己没问题；下课铃都没响就冲出教室；天都没亮就起床；准备都没有做就跳下水了；手机都没带就出门了。

【A 都没（有）A 一 … 】 A dōu méi（yǒu）A yī … ［一级］

例句▶ 别看这个孩子才三岁多，可特别勇敢，打针的时候，他哭都没有哭一声。‖我给你买的礼物，你看都没有看一眼，这也太让人伤心了。‖—你要出门这么久，怎么你父母问都没问一句？—我从小就特别独立，父母也对我非常放心。

解释▶ 最小的正整数，表示数量少。否定某种行为动作，表示一点儿也没有做或根本没做（按常理应该做的）。含义有多种：有的指遇事勇敢（哭都没哭一声），含有夸奖的意思；有的指果断不犹豫（想都没想一下就同意了）；有的指不想、不愿意（问都没有问一句、来都没来一趟）；有的指很急（吃都没有吃一口就走了）；等等。可用于自己和别人。有时含有称赞、不满、埋怨等意味，语气较强。结构位置比较灵活，前面常有别的句子说明情况，有时后面也有句子进行补充。○多用于叙事和对话，口语。

★ **动词 + 都没（有）+ 动词 + 一 + 量词。** 框架格式。在句中常作谓语，也可独立成句。结构中的量词可以是名量词，也可以是动量词。

扩展▶ **用法 1**）表示勇敢：叫都没有叫一声；喊都没有喊一下。

用法 2）表示不犹豫：想都没有想一下就同意了；停都没有停一下就离开了；问都没有问一下就答应了。

用法 3）表示不想、很急等：吃都没有吃一口；票买都没有买一张；碰都没有碰一下；坐都没有坐一下；说都没有说一声；找都没有找一下；动都没有动一下；来都没有来一趟；写都没写一个字；走都没有走一步。

【都是…】 dōu shì… ［一级］

见196页【都怪…】条。

【都是ABA的】 dōu shì A B A de ［一级］

例句▶ —听说你最近身体不太好，怎么了？—没什么大问题，都是喝酒喝的，医生劝我少喝点儿。‖—你怎么今天一整天都好像没什么精神？—都是加班加的，昨晚我一直加到十点多才回家，休息的时间太少了。‖我现在视力这么差，都是小时候看电视看的。那时候爸爸妈妈常常不在家，我一看就是一整天。

解释▶（之所以产生了某种不好的结果）是因为做某事或某事做得太多的关系。有时带有后悔、抱怨、无奈的意味。结构位置比较灵活，有时前面提出问题，后面有别的句子或者进行补充，或者说明问题发生的具体情况。多用于直接回答对方的问题。○多用于叙事和对话，口语。

★ **都是＋动词＋名词＋动词＋的。** 框架格式。可独立成句，也可在句中作谓语。

扩展▶ 他又黑又瘦，都是踢球踢的；眼睛近视都是写字写的；钱花得多都是买东西买的；嗓子哑了都是唱歌唱的；衣服脏了，都是打球打的；浑身是汗，都是跑步跑的；满手的油，都是修车修的。

【短则A，长则B】 duǎn zé A，cháng zé B ［二级］

见116页【长则A，短则B】条。

【对…抱有…】 duì… bào yǒu… ［超纲］

例句▶ 每个父母都对自己的孩子抱有很高的期望，希望他们能做得最好。‖这么大的体育场只来了三百多名球迷，看来大家对这场比赛并不抱有太大的信心。‖这位法国观众是一名教师，对中国文化抱有浓厚的兴趣，特别喜欢中国的书法和京剧。

解释▶ 抱：心里有某些（想法、意见）。对某人或某事有某种想法、意见或态度。可能是带着某个想法或态度去做某事，也可能是看到、听到某事而产生某种想法或意见。"抱有"的宾语多是好的方面的，较少不好的。结构位置比较灵活，前面或引出话题，或有别的句子说明情况，后面或进行补充，或是某种想法或看法的具体内容。○多用于叙事和对话。

★ **对＋名词$_1$＋抱有＋名词$_2$。** 框架格式。在句中常作谓语。否定形式为

“对A不抱有B”。结构中的名词$_2$多是双音节抽象名词。结构中的“对+名词$_1$”是介词短语。

扩展▶ 对对方抱有好感；你对他还抱有什么希望吗；对公司的发展抱有信心；不同人对考试抱有不同的心态；对这位老总抱有敬意；对此事也抱有心理准备；对合作伙伴抱有诚意；对女朋友还抱有幻想；对对手抱有敌意。

【对…表示…】 duì … biǎoshì … ［二级］

例句▶ 虽然这次比赛他只拿了个第二名，但教练对他在比赛中的表现表示很满意。‖ 王先生，我代表我们公司对您表示感谢，谢谢您长期以来对我们公司的信任与支持。‖ 当地的老百姓十分好客，他们纷纷把家中最好的食物拿出来，对客人表示最大的尊敬。

解释▶ 表示：用言语行为显出自己的思想、态度、感情。表示对某人或某事的态度或情感。这种态度和情感范围很广，包括：感谢、祝福、赞赏、尊重、支持、敬意、不满、理解、怀疑、反对、遗憾等。多用于正式场合。结构中的名词（代词）和动词多是动宾关系，如“对我的工作表示支持”意思是“支持我的工作”。结构位置比较灵活，前面常有句子说明情况，后面有时也有句子进行补充。○多用于叙事和对话。

★ **对+名词$_1$/代词（指人）+表示+名词$_2$/动词。** 框架格式。在句中常作谓语。结构中的“对+名词$_1$/代词（指人）”是介词短语。

扩展▶ 对他表示祝福；对他的工作表示认可；对你们的情况表示理解；对助人为乐的行为表示赞赏；对大家的工作表示支持；对他的做法表示怀疑；对这样的做法表示反对；对对方的态度表示遗憾；对这位老人表示敬意；对他的不幸表示同情。

【对…不客气】 duì … bú kèqi ［五级］

①例句▶ 这孩子怎么这样，对谁说话都这么不客气，怎么说都改不了。‖ 那天在赛场上，他第一次对队友很不客气，朝着大伙儿大发脾气。

解释▶ 不客气：说话做事比较随便。表示（说话、做事）很随便，对某人或在公众场合不表现出一般的礼节。多指某人言行过于随便，缺少应有的礼貌。多用于第二、第三人称，含对某人的不满、责备的意味。“不客气”前常有“很、特别、非常、太、有点儿、更”等词表示不客气的程度。前面或引出话题，或有别的句子说明情况，后面有时也有句子补充具体做法或表现。○多用于叙事和对话，口语。

②例句▶ 你要是再这样胡闹，就对你不客气！ ‖ 这次就原谅你了，如果你以后再这样做，别怪我对你不客气了。‖ 公司老板对员工说过，顾客就是我们的上帝，谁得罪了顾客就对谁不客气。

解释▶ 不客气：说话做事比较随便。表示因为某种原因而对某人批评、训斥甚至采取某种不太好的行动等。多用来对付那些言行过分、违反规范和规定的人。多用于第二人称，含有警告、提醒的意味。语气较强。“不客气”前常有“就、一定、再……就、别怪我”等词语。多放在句尾，前面常有别的句子作相关的说明。○多用于叙事和对话，口语。

★ **对 + 名词 / 代词（指人）+ 不客气。** 框架格式。在句中常作谓语。结构中的“对 + 名词 / 代词（指人）”是介词短语。

扩展▶ **用法 1**）表示（说话、做事）很随便：对老板也很不客气；对朋友太不客气了；对父母一点儿都不客气；对大家毫不客气；对别人有点儿不客气。

用法 2）表示对某人采取某种不太好的行动等：再这样就对你不客气；下次不改一定对你不客气；如果你再这样做，就对你不客气了。

【对 … **不理解**】 duì … bù lǐjiě ［三级］

例句▶ 我小时候对父母很不理解，觉得他们对我太严格了，直到我也当了母亲才明白他们这么做的原因。‖ 明明是他做错了，为什么要我向他道歉呢？对这一点我真的不理解。‖ 好好的工作说不干就不干，非要辞职，当时很多人对他的做法感到十分不理解。

解释▶ 表示不明白，不知道为什么要这样说或者这样做。“不理解”前常有“很、非常、一点儿也 / 都、十分、更、太、相当、特别、真”等词表示不理解的程度。结构位置比较灵活，有时通过话题引出，有时作为总结。说明不理解的具体内容有时在前，有时在后。○多用于叙事和对话。

★ **对 + 名词 / 代词 +（动词）+ 不理解。** 框架格式。在句中常作谓语。结构中的“不理解”也可与名词或代词组成动宾结构，如“对父母很不理解”，也说“很不理解父母”。结构中的“对 + 名词 / 代词”是介词短语。

扩展▶ 对这种行为有点儿不理解；对一些制度有些不理解；对他很不理解；对这一决定太不理解；对这一规定真不理解；对此感到十分不理解。

【对 … **不利**】 duì … búlì ［五级］

例句▶ 抽烟对身体很不利，想要有一个健康的身体，应该尽量少抽烟或不抽烟。‖ 虽然她很有能力，但刚毕业没什么工作经验，这对她找工作十分不利。‖今天一大早我就听到了一个对我们公司不利的消息，一个客户取消了一个大订单，这对公司来说是一个不小的损失。

解释▶ 对某人或某物没好处，甚至有坏处，有时也指使……不能顺利进行。多用来分析、说明道理和情况。“不利”前常有“非常、很、十分、更、特别、越来越”等词表示不利的程度。前面或引出话题，或有别的句子说明不利的情况或原因，有时后面也有别的句子补充原因，或指出应该怎么做。○多用于叙事和对话。◇也说“不利于…”。这时带有书面色彩。

★ **对＋名词／代词（指人）／动词／小句＋不利。** 框架格式。在句中常作谓语、定语。肯定形式为“对…有利”。结构中的“对＋名词／代词（指人）／动词／小句”是介词短语。

扩展▶ 对他真的不利；对你们很不利；对双方都不利；从长远看对我们更不利；对保护环境非常不利；对孩子的成长越来越不利；对两国的友好发展不利；对全球的经济特别不利；这是一个对我们不利的消息；压力过大对学习不利。

【对 … **产生** … 】 duì … chǎnshēng … ［三级］

例句▶ 爸爸是个画家，受爸爸的影响，我从小就对画画儿产生了兴趣。‖世界上有四大文明古国，这些国家对世界的历史和文化都产生了深远的影响。‖你过来看看，这篇文章介绍了很多对健康产生危害的坏习惯，说得很有道理。

解释▶ 因为某种原因，使某人或某物有了原来没有的情况或新的现象。这里的情况或现象多指抽象的事物，包括影响、危害、兴趣、希望、作用、好感、依赖等。多用来叙述事情的经过。结构位置比较灵活，前面常有别的句子说明情况，有时后面也有句子进行补充。○多用于叙事和对话。

★ **对＋名词$_1$／代词（指人）／动词＋产生＋名词$_2$。** 框架格式。在句中常作谓语、定语。结构中的“对＋名词$_1$／代词（指人）／动词”是介词短语。

扩展▶ 对身体产生毒害作用；对生活产生希望；对你产生了好感；对身体产生了作用；对他的说法产生怀疑；对环境产生污染；对车产生阻力；对对方产生了依赖。

【对 … **充满** … 】 duì … chōngmǎn … ［三级］

例句▶ 最近小王出了事故，同事们对小王的不幸充满了同情，都希望能尽力帮助他。‖ 最近这段时间我一直在复习，所以我对这次考试充满了信心，相信一定能考好。‖ 这个孩子对学习语言充满了兴趣，而且学得特别快，只要好好努力，一定会大有前途。

解释▶ 充满：填满，布满，有很多。对某人或某物有某种很强的感觉或感情。这里多指抽象的事物，包括同情、信心、兴趣、希望、留恋、期待、幻想、好奇、热爱等。多用于好的事情，较少用于不好的事情。结构前常有“始终、仍然、由于、还是、都”等词语。前后常有别的句子作相关的说明或补充。○多用于叙事和对话。

★ **对 + 名词 $_1$ / 代词（指人）/ 动词 + 充满 + 名词 $_2$。** 框架格式。在句中常作谓语。结构中的“对 + 名词 $_1$ / 代词（指人）/ 动词”是介词短语。

扩展▶ 对将来充满了希望；对大自然充满好奇；对未来充满幻想；对顾客充满热情；对工作充满激情；对两国的合作充满期待；对爱情充满了渴望；对过去的生活充满了留恋；对故乡充满了浓浓的亲情；对敌人充满了仇恨。

【对 … **达成** … 】 duì … dáchéng … ［五级］

例句▶ 我们俩对互帮互学的问题基本达成了一致的意见，决定每个星期一起学习两次。‖ 两个公司的领导举行了会谈，并在会谈中对双方的合作计划达成了共识。‖ 虽然大家都认识到了这个问题的存在，但是对如何处理这个问题仍然没有达成协议。

解释▶ 两方或者多方对一个事情或问题形成一样的认识或看法，有时以某种形式表达这种共同的认识和看法。多指跟双方或多方有关或双方都关心的事情，如政治、经济、发展、合作、教育、国际形势等。用于正式场合。结构中的前一个名词多是“计划、问题、方法、合作”等；后一个名词是“协议、意见、对话、共识”，或形容词“一致”等。结构位置比较灵活，前后常有别的句子作相关的说明或补充。○多用于叙事，书面语。◇ 也说“在…上达成…”。

★ **对 + 名词 $_1$ / 动词 + 达成 + 名词 $_2$。** 框架格式。在句中常作谓语。结构中的“对 + 名词 $_1$ / 动词”是介词短语。

扩展▶ 对今后的合作计划达成了一致；对双方各自的观点达成对话；对这个问题达成共识；对比赛的规则达成协议；对违规处理办法达成一致；对解决的方法还没达成共识。

【对 … **打手势**】 duì … dǎ shǒushì ［七—九级］

例句▶ 刚下车，就看见他远远地对我打手势，并笑着向我走来。‖ 他在门外已经等了半个小时了，终于大夫对他打手势让他进去。‖ 演员一边大声地唱歌，一边对台下的观众热情地打手势，台下的观众也立刻跟着唱了起来。

解释▶ 手势：表达意思时用手做出的动作。对某人用手做一些特定的动作，表达一定的意思或看法。这些动作往往是能表达比较明确的或比较容易理解的意思。多用于距离远、不易交流或语言不通等需要用手帮助表达意思的情况。结构位置比较灵活，前面常有描写打手势的时间、地点或伴随性动作的句子作相关的说明，后面常有句子补充“手势”的具体意思，或对方的反应等。○多用于叙事和对话。

★ **对 + 名词 / 代词（指人）+ 打手势。** 框架格式。在句中常作谓语。结构中的“对 + 名词 / 代词（指人）”是介词短语。

扩展▶ 对你打手势；很远就看见他对我打手势；他边对我打着手势边走过来；对他打手势鼓励他说下去；一边笑一边对她打手势；对观众友好地打手势；对大家打了个手势；交警对司机打了个手势要求减慢速度。

【对 … 的 A】 duì … de A ［二级］

例句▶ 虽然他是一个外国人，但是他对中国文化的了解可能比你我都要多。‖ 作为一名观众，您对“好看的电影”这个说法的理解是什么？ ‖ 他十五年来一直在这里工作，从没请过假，从没出过错，这是他出于对这份工作的热爱。

解释▶ 对某人某物的想法、做法以及表现出来的行为、态度等。结构适用的范围很广，多用于抽象事物。结构位置比较灵活，前面或引出话题，或有别的句子说明某人的具体表现或总体的情况；后面或有相关的补充，或指出应该怎么做。○多用于叙事和对话。

★ **（名词 $_1$ / 代词 $_1$）+ 对 + 名词 $_2$ / 代词 $_2$（指人）+ 的 + 名词 $_3$ / 动词。** 整个结构是一个名词短语，在句中常作主语、宾语。后面接的多是双音节抽象名词。结构中的“对 + 名词 $_2$ / 代词 $_2$（指人）”是介词短语。

扩展▶ 对困难同学的帮助；对顾客的热情；对我的支持；对朋友的友谊；对工作的态度；对大家的关心；对别人的尊重；对梦想的追求；对紧急情况的处理；对正确观点的坚持；对事业的投入；对领导的配合；对体育运动的兴趣；对这件事的看法；对艺术的向往；对作品的评价；对不良行为的厌恶。

【对 … 的态度】 duì … de tàidu ［二级］

例句▶ 说起他对学习的态度，大家想到的第一个词就是“努力”。‖ 他是个好老师，对每个学生的态度都非常好。‖ 他生病住院后，虽然身体不如以前，但对生活的态度却大大改变了，变得比以前更热爱生活，珍惜生活了。

解释▶ 对待某人、某物的看法或采取的行动。多指个人、集体对某人、工作、学习或其他事物的行为和做法（支持、反对、同意、友好等），也可用来评价某人。多用于表达抽象事物。结构位置比较灵活，前面或后面常有别的句子作相关的说明或补充。○多用于叙事和对话。

★（**名词 $_1$ / 代词 $_1$**）+ **对** + **名词 $_2$ / 代词 $_2$** + **的态度**。整个结构是一个名词短语。在句中作主语或宾语。结构中的"对 + 名词 $_2$ / 代词 $_2$"是介词短语。

扩展▶ 对朋友的态度；对孩子的态度；对父母的态度；对女人的态度；对集体的态度；对工作的态度；对爱情的态度；对金钱的态度；对人生的态度；对现实的态度；对将来的态度；对历史的态度；对不同意见的态度。

【对 … 的希望 / **期望**】 duì … de xīwàng / qīwàng ［五级］

例句▶ 考试之前，老师要求我们认真复习、仔细准备，同时也表达了他对我们取得好成绩的希望。‖ 妈妈对我的期望很大，她总希望我什么都做得最好，所以我的压力一直都很大。‖ 公司对这部电影的期望很高，希望这部电影能在本届电影节上拿奖。

解释▶ 希望某人或某事能达到某种目的或出现某种情况。其中"期望"有迫切希望能实现的意思，所以主观愿望较强，用于书面语。多用于理想的、美好的事情。结构位置比较灵活，前后常有别的句子作相关的说明或补充。○多用于叙事和对话。

★（**名词 $_1$ / 代词 $_1$**）+ **对** + **名词 $_2$ / 代词 $_2$** + **的希望 / 期望**。整个结构是一个名词短语。在句中常作主语或宾语。否定形式为"对…没有希望""对…不抱希望 / 期望"。结构中的"对 + 名词 $_2$ / 代词 $_2$"是介词短语。

扩展▶ **用法 1**）希望：对生活的希望；对新年的希望；对和平的希望；对青年一代的希望；对美好未来的希望；对会谈的希望；对双方合作的希望。

用法 2）期望：对自己的期望；对孩子的期望；对新工作的期望；对公司的期望；对未来的期望；对家乡的期望；对教育的期望；对爱情的期望；对经济发展的期望；对奥运会的期望；对双方合作的期望；对这次会谈不能有过高的期望。

【对 … 的**印象**】 duì … de yìnxiàng ［三级］

例句▶ 既然都跟她见了三次面了，那就说说你对她的印象吧！ ‖ 第一次来中国时，对中国的第一印象就是人真的很多。‖ 说起这家公司，大家对它的一致印象就是管理十分严格。

解释 印象：外界事物在人的头脑中留下的感觉。对某人或某事的一种感觉或者看法，一般是通过考察、观察、接触和了解得到。表示对某人某物的一种总的评价。结构位置比较灵活，前面常有别的句子说明时间、地点、范围等，后面是对某人某物印象的具体内容。○多用于叙事和对话。

★ **（名词$_1$ / 代词$_1$）+ 对 + 名词$_2$ / 代词$_2$ + 的印象。** 整个结构是一个名词短语。在句中常作主语或宾语。结构中的代词常常指人。结构中的“对 + 名词$_2$ / 代词$_2$”是介词短语。

扩展 对我的印象；对老板的印象；对上海的印象；对香港的印象；对非洲的印象；对这件事的印象；对大家的印象；对外国的印象；对这支球队的印象。

【对 … 感兴趣】 duì … gǎn xìngqù ［四级］

例句 从我记事开始就常常看到父亲在画画儿，受父亲的影响，我从小就对画画儿特别感兴趣。‖ 在一般人的中间，对唱歌感兴趣的人不少，但唱歌唱得好的就不太多了。‖ 刚上大学时，我对大学的一切活动都很感兴趣，除了上课以外，每天都忙着去参加各种各样的活动。

解释 喜欢某人或某物，对他（它）们有好的感觉，并去做和这些人或物有关的事情。结构前常有“从小、一直、只是、大多、也会、也、表示”等词语。“感兴趣”前常有“很、更、特别、非常、格外”等词来表达兴趣的程度。结构位置比较灵活，前面常有别的句子说明情况，后面的句子多补充感兴趣的具体内容。○多用于叙事和对话。

★ **对 + 名词 / 代词 / 动词 + 感兴趣。** 框架格式。在句中常作谓语或定语。否定形式为“对…不感兴趣”。结构中的“对 + 名词 / 代词 / 动词”是介词短语。

扩展 对他感兴趣；一直对上网感兴趣；对中医感兴趣；对文学感兴趣；对此深感兴趣；对比赛感兴趣的人；从小就对学习感兴趣；对政治不感兴趣；对音乐极感兴趣；对这个职位非常感兴趣；只是对他的话特别感兴趣；对两国贸易合作都很感兴趣；对少数民族的节日格外感兴趣。

【对 … 给以 … 】 duì … gěiyǐ … ［超纲］

例句 她不但是我们的老师，更是我们的朋友，常常对生活困难的学生给以帮助。‖ 他到我们公司的时间不长，但大家对他的工作能力和专业水平都给以很高的评价。‖ 关于你的论文，有几个地方我还不太明白，希望你现在对这些问题给以明确的解释。

解释▶ 给以：给。给某人或某物某一事物。这里的“事物”多是抽象事物。如“帮助、理解、说明、关注、关心、支持、解释、奖励、处分、评价、表扬”等。这些抽象名词前通常有别的双音节词，构成名词短语。多用于正式场合。多放在句尾，前面常有别的句子作相关的说明。○多用于叙事，书面语。◇ 也说“对…给予（jǐyǔ）…”。

★ **对 + 名词$_1$ / 代词（指人）+ 给以 +（名词$_2$ / 形容词）+ 名词$_3$ / 动词。** 框架格式。在句中常作谓语。有时也说“给…以…”。如“对他给以更多的理解”可以说成“给他以更多的理解”。结构中的“对 + 名词$_1$ / 代词（指人）”是介词短语。

扩展▶ 对学生的正确回答给以表扬；对他给以更多的理解；对这个问题给以关注；对他的工作给以积极的指导；对他的决定给以支持；对你的生活给以关心；对犯错误的青年给以耐心的教育；对不合规范的做法给以禁止；对这幅画的颜色给以重点考虑。

【对 … **构成** … 】 duì … gòuchéng … ［四级］

例句▶ 每个人都应该养成合理的饮食习惯，如果只吃肉或者只吃蔬菜，都会对人的健康构成威胁。‖ 这个建筑工地对附近居民的生活构成了很大的影响，很多人反映最近这里实在太吵了。‖ 空气污染会对人的健康构成危害，因此如何控制并减少污染是我们面临的一个大问题。

解释▶ 构成：形成，造成。对某人或某物造成一种不太好的结果或情况。多指某些做法、生活习惯、事情、现象等对人或物的正常情况产生影响。多用来描述事情，用于正式场合。结构位置比较灵活，前面或引出话题，或有别的句子说明情况；后面或是不好结果的具体内容，或是提出改变这种情况的办法。○多用于叙事，书面语。

★ **对 + 名词$_1$ + 构成 + 名词$_2$ / 动词。** 框架格式。在句中常作谓语。否定形式为“对…不构成…”。结构中的“对 + 名词$_1$”是介词短语。

扩展▶ 对环境构成了挑战；对周围构成了极大的破坏；对国内市场构成冲击；对这个地方构成包围；对全球经济构成打击；对股市不构成风险；对本国经济发展不构成问题；对改革开放不构成阻碍；这次失败对她的心理构成了压力。

【对 … **毫无** … 】 duì … háo wú … ［七—九级］

例句▶ 这孩子对看书毫无兴趣，每天回家后放下书包就上网玩游戏。‖ 工作是他生活的全部，他甚至对自己的生日也毫无印象，生日那天他都在公司加班。‖ 这个地方我来过好几次了，所以我对这里的风景毫无新鲜感。

解释▶ 无：没有；毫无：一点儿也没有。表示对某人或某物一点儿也没有……。“毫无”的宾语大多是抽象事物：办法、常识、效果、反映、抵抗力、察觉、损伤、准备、保留、印象等。结构位置比较灵活，前面或引出话题，或有别的句子说明情况，后面对毫无……的具体内容进行补充。○多用于叙事和对话，书面语。

★ **对 + 名词 $_1$ / 动词 / 代词（指人）+ 毫无 + 名词 $_2$。** 框架格式。在句中常作谓语。结构中的名词 $_2$ 多是双音节词，常构成四字格式。结构中的“对 + 名词 $_1$ / 动词 / 代词（指人）”是介词短语。

扩展▶ 对这事毫无选择；对你毫无保留；对身体毫无损伤；对眼前的事情毫无准备；对今后发展毫无计划；对眼前的事情毫无办法；对各种观点毫无辨别能力；对突发的事情毫无准备；药物对疾病毫无效果；对事情的发展毫无作用；对公司计划毫无意义；对会谈毫无诚意。

【对 … **好奇**】 duì … hàoqí ［三级］

例句▶ 由于他对中国文化十分好奇，大学毕业以后就选择了来中国工作和生活。‖ 孩子喜欢玩电脑游戏，一开始只是对这些游戏感到好奇，但到后来就发现自己停不下来了。‖ 听说这位著名的天文学家小时候就对天上的星星特别好奇，在外面看星星一看就是半天。

解释▶ 对自己不了解的人或事物觉得新奇、感兴趣，很想知道是怎么回事。好奇的对象可以是具体的和抽象的事物，范围很广。“好奇”前常有“很、特别、非常、十分”等词表示程度。前面常引出话题，或有别的句子说明情况；后面是因好奇而做的事情。○多用于叙事和对话。

★ **对 + 名词 / 代词 +（动词）+ 好奇。** 框架格式。在句中常作谓语。否定形式为“对…不好奇”。结构中的“对 + 名词 / 代词”是介词短语。

扩展▶ 对他很好奇；对新鲜的事物很好奇；对他们的工作很好奇；对社会很好奇；对自然现象很好奇；对科学很好奇；对她的过去很好奇；孩子们都对周围的事物很好奇；对外星人十分好奇；对这一切都感到好奇；对住在楼上的人感到很好奇。

【对 … **给予** … 】 duì … jǐyǔ … ［六级］

见 207 页【对 … 给以 … 】条。

【对…加以…】 duì … jiāyǐ … ［五级］

例句▶ 我不想对这件事情加以评价，毕竟事情都过去这么久了。‖ 你的这篇文章总体上挺好的，但如对一些小地方加以完善就会更好。‖ 虽然现在城市的发展速度很快，但是希望有关专家能够对城市化发展带来的问题加以关注。

解释▶ 强调对某人或某事应该怎么样。"加以"没有实际的意思，后面通常跟双音节动词。短语的实际意思就是后面动词和宾语组合的意思。用于严肃、正式的话题，有庄重的色彩。结构位置比较灵活，前面或引出话题，或有句子说明情况；后面的句子或进行补充，或指出动作的结果或目的。○多用于叙事和对话，书面语。

★ **对＋名词＋加以＋动词。** 框架格式。在句中常作谓语。动词"加以"要求后面是双音节的持续性动词。结构有时也可用动宾词组表达，如"对这件事情加以评价"可以说成"评价这件事情"。结构中的"对＋名词"是介词短语。

扩展▶ 对这个问题加以说明；对这两个地方加以比较；不愿对朋友加以伤害；对错误的做法加以批评；要对这种情况加以控制；对他的行为加以阻止；对妇女儿童加以保护；对能够利用的东西充分加以利用；对各种活动加以合理安排；对这一决定加以充分考虑；对实验结果加以分析。

【对…进行…】 duì … jìnxíng … ［二级］

例句▶ 为了了解外国学生的学习生活情况，学校专门对在校的外国学生进行了调查。‖ 这个学校的老师经常带领学生们去公园对动物和植物进行观察，培养他们的观察能力。‖ 研究发现，儿童开始学习的最合适年龄是5—6岁，在这段时间对儿童进行教育的效果特别好。

解释▶ 对某人或某物做某些事情。这里的"事情"范围很广，如研究、教育、观察、分析、调查、选择、改革、训练等等。多用于严肃话题或正式场合。结构位置比较灵活，前面常有别的句子说明情况，后面或进行补充或说明目的。○多用于叙事和对话。

★ **对＋名词＋进行＋动词。** 框架格式。在句中常作谓语、定语。动词"进行"要求后面必须是双音节的持续性动词。结构有时也可用动宾词组表达。如"对活动进行采访"可以说成"采访活动"。结构中的"对＋名词"是介词短语。

扩展▶ 对学生作业进行检查；对结果进行分析；对居民进行宣传；对这个国家进行访问；对公司员工进行培训；对河流进行考察；对现象进行研

究；对电脑程序进行改进；对经济进行调整；对做广告进行控制；对比赛进行直播；对各种条件进行分析；对这次活动进行报道；对病人进行治疗；对此次活动进行采访的目的。

【对 … 了解】 duì … liǎojiě ［四级］

例句▶ 我们虽然不是兄弟，但一起生活了几年，我对你太了解了，你高兴还是难过我一眼就能看出来。‖ 他三岁就随父母来到南京生活，所以对他老家的习俗不太了解。‖ 我们只知道这个国家在地球的南边，对它的具体情况一点儿也不了解。

解释▶ 对某人或某事知道得比较多或者很清楚。"了解"前常有"很、非常、更、太、十分、比较、不（太）"等词表示了解的程度。结构位置比较灵活，前面常有别的句子说明情况或对某人某事了解的原因，有时后面补充对某人某事了解的具体内容。○多用于叙事和对话。

★ **对＋名词/代词＋了解。** 框架格式。在句中常作谓语。否定形式为"对…不了解"。结构中的"对＋名词/代词"是介词短语。

扩展▶ 对这方面很了解；对动物的习性十分了解；对你的情况比较了解；对自己的特点非常了解；对整个事情不太了解；对市场还不了解；对这方面的信息不是很了解；你对他不够了解；对这里的文化一点儿也不了解；对此并不了解；对这一切都不了解。

【对 … 满意】 duì … mǎnyì ［二级］

例句▶ 经过多次面试，公司的老板表示对我很满意，并通知我明天一早就去上班。‖ 父亲对我的比赛结果不太满意，因为在他的眼中，我可以拿第一。‖ 三十多岁的他有一份收入不错的工作，一个漂亮的老婆和一个可爱的孩子，应该说他对自己目前的生活状态很满意。

解释▶ 觉得某人或某事很符合自己的意愿和心意，没有不好的感觉。通常是和工作、学习、生活等方面有关。含有高兴、轻松的意味。"满意"前常有"很、特别、非常、十分、相当、不很、不太"等词表示程度。结构位置比较灵活，前面或后面常有句子作相关的说明或补充。○多用于叙事和对话。

★ **对＋名词/代词（指人）＋满意。** 框架格式。在句中常作谓语。否定形式为"对＋名词/代词（指人）＋不满意"。结构中的"对＋名词/代词（指人）"是介词短语。

扩展▶ 对他的各方面都很满意；对我的画非常满意；对你的回答很满意；对

考试的成绩非常满意；对自己的工作很满意；对球队的表现很满意；对双方的合作特别满意；对他的表现相当满意。

【对 … 起（到）… **作用**】 duì … qǐ（dào）… zuòyòng ［二级］

例句▶ 妈妈对中国文化一直很感兴趣，这对我影响很大，对我决定来中国留学起到了关键的作用。‖ 好的学习方法对学习能起积极作用，因此每个人都应该根据自己的学习特点找到最合适的学习方法。‖ 广告对商品起到了推广的作用，它能让更多的顾客了解某个商品，进而购买某个商品。

解释▶ 对某人或某事产生一定的影响或效果。多用于正式场合。多指好的、积极的影响，也有不好的、消极的影响。结构位置比较灵活，前面或引出话题，或有别的句子说明情况，后面的句子对作用进行补充。○多用于叙事和对话。

★ **对 + 名词 / 动词 $_1$ / 小句 + 起（到）+ 动词 $_2$ / 形容词 +（的）作用。** 框架格式。在句中常作谓语。否定形式为“对…没（有）+ 起（到）…（的）作用”。结构中的“对 + 名词 / 动词 $_1$ / 小句”是介词短语。

扩展▶ 对保护环境起到促进作用；对两国的交流起推进作用；对皮肤起保护作用；内容对文章起决定作用；对保护野生动物起到了很好的作用；对制度的完善起到显著的作用；对身体健康起到重要作用；对经济发展不会起很大的作用；对环境起破坏作用；对社会进步起到阻碍作用。

【对 … **入迷**】 duì … rùmí ［超纲］

例句▶ 刚学汉语的时候，这个英国学生对汉字十分入迷，每天都会问老师汉字背后的小故事。‖ 儿子才 2 岁就特别喜欢手机，甚至对它入了迷，哭的时候只要把手机拿到他面前马上就不哭了。‖ 他对京剧很入迷，虽然还听不太懂，但每星期都会去剧场看京剧演出。

解释▶ 喜欢某人或某事物到了很高的程度，在这些方面一般会花很多的时间和精力。可入迷的范围很广，包括音乐、绘画、书法、电影、足球、跳舞、唱歌、小说等。多用于好的、积极的情况，也用于不好的、消极的情况。“入迷”前常有“很、特别、非常、十分、相当”等表示程度的词。结构位置比较灵活，前面常有别的句子说明时间、原因等情况，后面的句子补充具体内容。○多用于叙事和对话。

★ **对 + 名词 / 代词 / 动词 + 入迷。** 框架格式。在句中常作谓语。“入迷”是离合词，中间可插入“了”，但不能插入“着”。否定形式为“对…没入迷”。结构中的“对 + 名词 / 代词 / 动词”是介词短语。

扩展▶ 对它入了迷；对中国画入了迷；对游戏很入迷；对小说真入迷；对音乐特别入迷；对这个作家很入迷；对浪漫的电影都很入迷；对足球相当入迷；对跳舞也很入迷；对唱歌特别入迷；对打乒乓球十分入迷。

【对 … **失望**】 duì … shīwàng ［四级］

例句▶ 我们一次次地给你机会，你却一次次地错过了，我们对你真的很失望。‖ 他大学毕业后到现在虽然还没找到一份好工作，但从没对自己的处境失望过，始终相信自己的能力。‖ 明明知道我暑假很想去旅行，爸爸妈妈却怎么也不同意，我对他们的态度感到很失望。

解释▶ 表示对某人或某事没有信心，不满意；也表示因希望不能实现而不愉快。可用于别人和自己。含有沉重、难过的意味。“失望”前常有“很、特别、非常、十分、彻底”等词表示程度。前面常有别的句子解释说明失望的原因，后面也有句子进行补充。○多用于叙事和对话。

★ **对 + 名词 / 代词（指人）+（动词）+ 失望。** 框架格式。在句中常作谓语。结构中的“对 + 名词 / 代词（指人）”是介词短语。

扩展▶ 对自己最近的成绩很失望；对考试结果感到很失望；对生活很失望；对现状十分失望；对前途和将来彻底失望；对这个计划真的失望；对这次比赛失败表示极度失望；对自己这次表演彻底失望了；对自己所生活的环境非常失望；对两国之间发生的事情深感失望。

【对 … **实行** … 】 duì … shíxíng … ［三级］

例句▶ 最近很多学校发布了新的规定，对那些学习刻苦、成绩优秀的学生实行奖学金制度。‖ 中国和很多别的国家一样，对年龄满六周岁的儿童实行义务教育。‖ 随着暑假的到来，不少旅游景点都对学生实行半价票的优惠制度，受到广大学生的欢迎。

解释▶ 采取具体的行动去做，使政策、法规、制度、计划等能够实现。多指集体或管理部门针对各种情况而采取措施、手段或办法。多用于严肃话题或正式场合。前面常有别的句子说明时间、条件、原因或其他情况，后面也有句子进行补充。○多用于叙事。

★ **对 + 名词$_1$ + 实行 + 名词$_2$ / 动词。** 框架格式。在句中常作谓语。动词“实行”后面多接名词短语，有时也可以是双音节动词，但不能是单音节词。当结构中使用动词时，这个结构有时也可用动宾词组表达。如“对旧的工作制度实行改革”可以说成“改革旧的工作制度”。结构中的“对 + 名词$_1$”是介词短语。

扩展▶ 对孩子实行早期教育；对价格实行开放政策；对工作制度实行改革；对野生动物实行有效的保护；对食品生产过程实行严格的管理；对少数民族实行优惠政策；对违反交通规则的车辆实行惩罚；对市场实行自由化管理；对外国游客实行免签证制度；对老人和小孩儿实行免费体检。

【对 … **熟悉**】 duì … shúxi ［五级］

例句▶ 他从小就在北京长大，对北京非常熟悉，哪儿有好吃的好玩儿的他都知道。‖我只和他见过一次面，说过几句话，所以对他还不太熟悉。‖我是一个新员工，对公司的各方面都还不太熟悉，希望大家在今后的工作中多帮助我。

解释▶ 对某人、某事或某地了解得很清楚、知道得很多，如果需要的话，还能做。“熟悉”前常有“很、特别、非常、十分、相当”等词表示程度。结构位置比较灵活，前面常有别的句子说明原因，有时后面的句子或叙述“熟悉”的具体内容，或补充别的情况。○多用于叙事和对话。

★ **对＋名词 / 代词（指人）＋熟悉。** 框架格式。在句中常作谓语。否定形式为“对…不熟悉”。结构中的“对＋名词 / 代词（指人）”是介词短语。

扩展▶ 对电脑已经很熟悉；对工作比较熟悉；对环境非常熟悉；对上海特别熟悉；对民间音乐不够熟悉；对京剧十分熟悉和喜爱；对这个情况不太熟悉；对这方面的材料相当熟悉；对那里的地形不太熟悉。

【对 … **无可奈何**】 duì … wúkěnàihé ［七—九级］

例句▶ 最近由于天气越来越冷，学生常常迟到，王老师对这个问题无可奈何。‖这种病世界上很少见，医生对这种病也无可奈何，认为没有彻底治好的可能。‖虽然你知道这件事是他干的，但你没什么可以证明这一点，所以还是对他无可奈何。

解释▶ 无可奈何：没办法。表示对某人或某事、某些做法或情况没有办法，不知道怎么办。含有难过、失望、遗憾等意味。多放在句尾，前面常有别的句子解释原因，有时后面也有句子进行补充。○多用于叙事和对话，书面语。

★ **对＋名词 / 代词（指人）＋无可奈何。** 框架格式。在句中常作谓语。结构中的“对＋名词 / 代词（指人）”是介词短语。

扩展▶ 对他的决定无可奈何；对他的回答无可奈何；对他的行为无可奈何；对这种情况无可奈何；对缺电、停电现象无可奈何；对这种不好的做法一时无可奈何；任何人对此都无可奈何；他对我们也无可奈何。

【对…习惯】 duì … xíguàn ［二级］

例句▶ 刚到四川，我对当地的饮食不太习惯，感觉什么都很辣。‖ 公司刚换了老板，大家对新老板的办事风格还不太习惯。‖ 你不要生气，其实他的心还是好的，只是说话让人不容易接受，对他的性格习惯了就没事了。

解释▶ 对某人、某物或某种情况慢慢地适应了。可以是好的，也可以是不好的、不愉快的情况；“习惯”前常有“很、非常、特别、不太、不很”等词表示程度。结构位置比较灵活，前面或引出话题，或有别的句子说明情况，后面常有句子进行补充。○多用于叙事和对话。

★ **对＋名词＋习惯。** 框架格式。在句中常作谓语。结构中的名词可以和“习惯”组成动宾词组，如“对这里的饮食不太习惯”可以说成“不太习惯这里的饮食”。否定形式为“对…不习惯”。结构中的“对＋名词”是介词短语。

扩展▶ 对这种事情习惯了；对周围的环境很习惯；对他的声音早就习惯了；对你的态度已经习惯了；对公司的规定比较习惯；对这里的生活还不太习惯；对当地的风俗差不多已经习惯了；对这里的天气还不太习惯；对这种事情特别不习惯；对这种热闹的气氛非常不习惯。

【对…有…】 duì … yǒu … ［一级］

例句▶ 多吃点儿鱼吧，对你的身体很有好处。‖ 该说的我都说完了，如果大家对我的话有什么意见，现在可以提出来。‖ 你可以去问问他，他对电脑画图很有经验，一定能够帮助你。

解释▶ 对某人或某事可以起到某种作用；也指对某人或某事有某种看法或经验。“有”后面可加的名词范围很广，可分为好的和不好的两种评价。构成好的评价的名词有“作用、意义、价值、帮助、认识、能力、兴趣、办法、经验”等；构成不好的评价的名词有“态度、意见、看法、想法、影响、情绪、幻想、顾虑”等。结构位置比较灵活，前面常有别的句子说明情况，有时后面也有句子进行补充。○多用于叙事和对话。

★ **对＋名词$_1$／代词／动词＋有＋名词$_2$。** 框架格式。在句中常作谓语。否定形式为“对…没有…”。结构中的“对＋名词$_1$／代词／动词”是介词短语。

扩展▶ **用法1）**表示好的评价：对大家都有好处；对学习有帮助；对双方十分有利；对困难有办法；对音乐很有兴趣；对学习外语有天赋；对这次考试有充分的信心。

用法2）表示不好的评价：对他有看法；对孩子的成长有影响；对在

当地找工作有想法；对工作有情绪；抽烟对身体有害；对这项工作有顾虑；对她有幻想。

【对 … 有 … 的认识】 duì … yǒu … de rènshi ［一级］

例句▶ 跟她聊了两个小时，我对她有了新的认识。在我的眼里，她再也不是那个不懂事的小孩子了。‖ 很长一段时间，人们对这种病没有足够的认识，以为这种病是治不好的。‖ 我没有读过多少书，对自然界只有简单的认识和了解，所以对有些现象讲不出太多的道理来。

解释▶ 对某人或某事有某种了解，这种了解可以是某个方面的（以前没有看到的）或程度上（更深）的。"认识"前的词多是表达好的、积极意义的。结构位置比较灵活，前面常有别的句子说明情况，有时后面有句子补充认识的具体内容。○多用于叙事和对话。

★ **对＋名词／代词（指人）＋有＋形容词＋的认识。** 框架格式。在句中常作谓语。否定形式为"对 A 没有 B 的认识"。结构中的"对＋名词／代词（指人）"是介词短语。

扩展▶ 对你有一个基本的认识；对学习有深刻的认识；对环境有了相当的认识；对植物有了初步的认识；对事物的发展没有正确的认识；对当前的情况有了清楚的认识；对这个国家有了一定的认识；对月球有系统的认识；对这种病有了清醒的认识。

【对 … 有吸引力】 duì … yǒu xīyǐnlì ［四级］

例句▶ 我知道这个工作有点儿危险，但这里的工资是其他地方的好几倍，这对我很有吸引力。‖ 动画片里的人物形象很可爱，而且语言很天真，所以对孩子有很大的吸引力。‖ 在冰雪中度过新年，亲身感受哈尔滨的节日气氛，对南方游客来说非常有吸引力。

解释▶ 某物、某事能引起人的注意、关注和兴趣（使人直接参与或为了它去做什么）。多指好的事情或情况。"有吸引力"前常有"非常、很、太、十分、极、特别、越来越、更"等词表示程度和变化。多放在句尾，前面常有别的句子说明有吸引力的原因，或引起人注意、关注和兴趣的事物。○多用于叙事和对话。

★ **对＋名词／代词（指人）＋有吸引力。** 框架格式。在句中常作谓语。否定形式为"对…没有吸引力"。结构中的"对＋名词／代词（指人）"是介词短语。

扩展▶ 对年轻人更有吸引力；这个观点对我很有吸引力；这个职位对我太有

吸引力了；这个节目对听众特别有吸引力；这本杂志对读者有一定的吸引力；这个政策对老百姓越来越有吸引力；钱对他没有吸引力；这点儿奖学金对他没有什么吸引力。

【对（于）… 而言】 duì（yú）… ér yán ［四级］

见 217 页【对（于）… 来讲】条。

【对（于）… 来讲】 duì（yú）… lái jiǎng ［四级］

例句▶ 5 月 28 日对我来讲有着特别的意义，因为十年前的今天，我结婚了。‖ 对于每个中国人来讲，春节是一个具有特别意义的日子。‖ 第一次工作我领到了 2000 元的工资，这对我这个刚刚毕业的大学生来讲，是一笔很大的数目。

解释▶ 从某个人或某事的角度来看。多指从某人或某个方面看，某人或某物是怎么样的。强调和谈到的情况有关的人或事物。结构位置比较灵活，前面常以时间、地点等词或事情引出话题，后面是从某个角度看的具体内容。○多用于叙事和对话，口语。◇ 也说“对（于）…来说”“对（于）…而言”。后一用法带有书面色彩。

★ **对（于）+ 名词 / 代词（指人）+ 来讲。** 框架格式。在句中常作状语。可以在句子前；也可在主语后，动词前。结构中的“对（于）+ 名词 / 代词（指人）”是介词短语。

扩展▶ 对每个人来讲；对一般人来讲；对世界来讲；对于她来讲；对我们公司来讲；对一个演员来讲；对这家公司来讲；对病人来讲；对健康的人来讲；对老百姓来讲；对儿童来讲。

【对（于）… 来说】 duì（yú）… lái shuō ［四级］

见 217 页【对（于）… 来讲】条。

【对（于）… 重要】 duì（yú）… zhòngyào ［一级］

例句▶ 健康是用金钱也买不到的，它对每个人都很重要。‖ 树木对于环境保护特别重要，所以我们应该多种树，并且爱护树木。‖ 父母对孩子的成长极为重要，人们常说父母是孩子的第一任老师。

解释▶（某人或某物）对某人或某事有很大的影响、作用或意义。多用来说明情况和道理。“重要”前常有“很、十分、尤为、非常、特别、越来越、相当、比较”等词说明重要的程度。结构位置比较灵活，而且有时作原因，有时作结果，前后常有别的句子作相关说明或补充。○多用于叙事和对话。

★ **对（于）+名词/代词（指人）+重要。** 框架格式。在句中常作谓语。否定形式为“对（于）…不重要”。结构中的“对（于）+名词/代词（指人）”是介词短语。

扩展▶ 对我不太重要；你对我们太重要了；我对你有多重要；这事对你有那么重要吗；运动对人体的健康相当重要；教育对人的成长非常重要；这本词典对你的学习特别重要；10 万元对于他来说很重要；观众对演员来说再重要不过了。

【对 … **造成** … 】 duì … zàochéng … ［三级］

例句▶ 最近的雨雪天气对机场造成了一定的影响，很多航班都推迟起飞了。‖ 现在越来越多的家庭选择买小汽车作为出行工具，这虽然很方便，但越来越多的汽车对道路交通造成了很大的压力。‖ 塑料袋的使用会对环境造成严重的污染，所以大家都应该减少使用。

解释▶ 对某人或某事形成一定的结果或产生了一定的影响。这里的结果或影响多是不好的情况，如“影响、伤害、污染、危害、压力、威胁、灾害”等。结构位置比较灵活，前面或引出话题，或有别的句子说明情况；后面或指出受到影响的结果，或是相关的建议。可用于抽象事物。○多用于叙事和对话。

★ **对+名词$_1$/代词（指人）+造成+名词$_2$。** 框架格式。在句中常作谓语。结构中的名词$_2$前常有表示程度的词语作定语。结构中的“对+名词$_1$/代词（指人）”是介词短语。

扩展▶ 对你造成了很大的影响；对身体造成不适的感觉；对经济造成破坏；对他造成了一生的伤害；对社会造成了极大的危害；对国家利益造成很大的损害；对经济发展造成严重的威胁；对农业造成一定的灾害；一个小失误对公司造成了巨大的损失；离婚对夫妻双方都造成了很大的痛苦。

【对 … **怎么看**】 duì … zěnme kàn ［一级］

例句▶ 你是刚从国外来北京的，请问你对这里的交通怎么看？ ‖—比赛结束了，你们对输了这场比赛怎么看？—虽然我们输了，但是大家都已经尽力了，没什么可遗憾的。‖ 如果我们只接受别人的帮助，而不去帮助别人，大家会对我们怎么看，以后还会帮助我们吗？

解释▶ 对某人或某物有什么样的感觉或看法。觉得……怎么样。希望了解对方的看法或想法。多用于问句，主语多是第二人称。多放在句尾，前面或有别的句子说明情况，或引出话题，有时后面还有句子进行补充。可用于现实生活中存在的情况。○多用于提问，口语。

★ **对＋名词/动词/小句/代词（指人）＋怎么看。** 框架格式。在句中常作谓语。结构中的“怎么看”也可与名词或小句组成动宾结构，如“对这里的交通怎么看”，也说“怎么看这里的交通”。结构中的“对＋名词/动词/小句/代词（指人）”是介词短语。

扩展▶ 你对他们俩的这种关系怎么看；你对目前的经济发展怎么看；对现在的市场您怎么看；他对这件事会怎么看；对这个问题应该怎么看；您对此到底怎么看；大家对此事怎么看；对农民进城打工怎么看。

【对…着迷】 duì … zháomí ［七—九级］

例句▶ 自从小时候我看了一部关于中国的电影后，就对中国文化特别着迷，也特别希望能来中国看看。‖—听说你特别爱打球？—不是所有的球类运动，我只是对打乒乓球着迷。‖ 这是一批对事业着迷的年轻人，他们都怀有梦想，希望通过自己的努力获得成功。

解释▶（某人）对某事或某物产生极大的兴趣，被它深深地或强烈地吸引着，并且把很多时间和精力放在这些事情上。多用来描述某人的行为和特点，多指有益的和健康的事情，有时也指不好的事情。结构位置比较灵活，前后常有别的句子进行说明或补充。○多用于叙事和对话，口语。

★ **对＋名词/动词＋着迷。** 框架格式。在句中常作谓语、定语。结构中的“对＋名词/动词”是介词短语。

扩展▶ 对一切小动物着迷；对音乐是那么着迷；小时候对外面的世界特别着迷；不但喜欢历史，而且对书画也着迷；为什么对太极拳这么着迷；老百姓现在对新技术可着迷了；这是一群对电子游戏着迷的人。

【多的是】 duō de shì ［一级］

例句▶ 他多的是朋友，无论走到哪里，都有认识的人。‖ 这次没去成香港也不要紧，以后机会多的是，想什么时候去都行。‖ 这里的气候很适合水果的生长，所以这个地方水果多的是，据说当地人把水果当饭吃。

解释▶ 人、物或某种情况、现象很多。常含有不必担心不够或没有的意思。含有夸张的意味。结构位置比较灵活，前面常有别的句子说明“多”的理由或相关情况，后面的句子再进行补充。○多用于叙事和对话，口语。

★ 1）**名词＋多的是。**

2）**名词$_1$/代词（指人）+多的是+名词$_2$。**

框架格式。可独立成句。

扩展▶ **句型1）**赚钱的办法多的是；这种现象多的是；比我们辛苦的人多的是；这个地方漂亮的房子多的是；她衣服多的是呢；别的没有，人多的是。

句型2）多的是机会；我多的是书，你想看什么；我多的是时间，可以陪你；我多的是衣服，你随便挑；这里多的是好玩儿的地方。

【多A多B】[1] duō A duō B ［一级］

例句▶ 学习语言没有什么别的好方法，只要多听多说，就一定会学得好，学得快。‖父母不要总把孩子抱在手里，应该让孩子多爬多动，这样孩子就能较快学会走路。‖我们公司实行多劳多得的工资制度，想要赚得多，就得干得多。

解释▶ 表示动作的次数很多，频率很高。多用来建议别人应该怎么做，或对某种做法进行描写。结构位置比较灵活，前面或引出话题，或有别的句子说明情况；后面或进行补充，或指出结果。○多用于叙事和对话，口语。

★ **多+动词$_1$+多+动词$_2$。** 框架格式。在句中常作谓语、定语。结构中的前后两个动词多是意思相近的单音节词，表示并列关系；有时也为意思相关或相反的单音节词，表示条件关系或因果关系，构成四字格式。

扩展▶ 学习就应该多学多问；只要多说多做；必须多学多练；多吃多睡很快就能恢复；争取多产多销。

【多A多B】[2] duō A duō B ［一级］

例句▶ 小王是一个多才多艺的学生，不但学习好，而且每次唱歌比赛都拿第一名。‖今天是你们结婚的好日子，在这里我衷心祝福你们，幸福长久，多子多孙。‖面对这个多灾多难的家庭，看着眼泪不断的孩子，他有一种讲不出的难过。

解释▶ 事物、现象的数量很多，规模大。多用来对人或物进行描写。结构位置比较灵活，前后常有别的句子作相关的说明或补充。○多用于叙事和对话，口语。

★ **多+名词$_1$+多+名词$_2$。** 框架格式。在句中常作谓语、定语。结构中的前后两个名词多是意思相近的单音节词，构成四字格式。

扩展▶ 培养多才多能的人；祝奶奶多福多寿；每天过着多鱼多肉的日子；这

地方春季多风多雨；那地方四季都是多雷多电。

【多多少少有点儿 … 】 duōduōshǎoshǎo yǒudiǎnr … ［二级］

见 224 页【多少有点儿 … 】 条。

【… 多了】 … duō le ［一级］

例句▶ 前几天还挺热的，下了两场雨以后，天气凉快多了。‖ 我又搬了个新地方，这里热闹多了，坐车、买东西也方便多了。‖ 这副眼镜是我昨天刚去配的，戴上新眼镜后，看得比以前清楚多了。

解释▶（跟某种情况相比）某人或物的状态或程度更高，意思是比以前的情况更……。用于表达感觉舒服或不舒服，好的或不好的方面。多用于比较和评价。多放在句尾，句子前面常有别的句子说明前后的两种情况。○多用于叙事和对话，口语。

★ **形容词 + 多了。** 在句中常作谓语、补语。

扩展▶ 身体好多了；这次好吃多了；这个比那个大多了；我比你差多了；这次考试容易多了；你年轻多了；你比我累多了；有意思多了；这两天冷多了；东西便宜多了；品种丰富多了；他比以前自信多了；他变得成熟多了；说得流利多了。

【多（么）… 啊】 duō（me）… a ［三级］

例句▶ 你看公园里那些正在玩的小孩子，他们多么开心啊！ ‖ 向她借钱这种事，多不好开口啊，我可不好意思说。‖ 你让我主动去找她，万一她不理我呢，那多没面子啊！

解释▶ 表示程度很高。感叹句，用来描写人、物或心情，或对某种情况进行评价等，带有强烈的感情色彩，语气夸张。结构位置比较灵活，前后常有别的句子作相关的说明或补充。可用于现实生活中存在的事情。○多用于叙事和对话，口语。

★ 1）**多（么）+ 形容词 + 啊。**

2）**多（么）+ 不好 + 动词 + 啊。**

3）**多（么）+ 没 + 名词 + 啊。**

框架格式。在句中作谓语或补语，也可独立成句。结构 1）中只有少数形容词有对应的否定表达，形式为“多（么）+ 不 +（形容词）+ 啊”，如“多不好啊”“多不方便啊”等。结构 2）和结构 3）为否定表达。

扩展▶ **句型 1）** 多漂亮啊；多难看啊；多好啊；多好吃啊；多有意思啊；多

认真啊；多有趣啊；多重要啊；多讨厌啊；多烦人啊；多严重啊；多可怜啊；多困难啊；多孤单啊；多（不）好玩啊；多（不）简单啊；多（不）方便啊；多（不）好啊；多（不）好看啊。

句型2）多不好写啊；多不好说啊；多不好打招呼啊；多不好表达啊；多不好联系啊；路不平，车多不好开啊。

句型3）多没意思啊；多没劲啊；多没趣啊；多没出息啊；多没安全感啊；多没知识啊。

【多A少B】 duō A shǎo B ［一级］

例句▶ 现在的生活水平都提高了，要想保持身体健康，饮食应该做到多菜少肉、多醋少盐。‖ 练习听力没有什么特别的好方法，需要多听少看，只要坚持一段时间，就一定会有进步。‖ 你刚到这个公司，对各方面的情况都不了解，还是多做少说比较好。

解释▶ 做某类事多一点儿，做另一类事少一点儿。多用来建议别人应该做什么或怎么做，有时也用于描写做事的情况。结构前常有“应该、必须、还是、要、得、需要”等词语。结构位置比较灵活，前后常有别的句子作相关的说明或补充。**注意▶** 也说“少A多B”，有少数表达不能互相替换。如说“少吃多餐”，不说“多餐少吃”或“多吃少餐”。○多用于叙事和对话。

★ 1）**多+名词$_1$+少+名词$_2$**。

2）**多+动词$_1$+少+动词$_2$**。

框架格式。在句中常作谓语，也作定语。结构中的动词多是意思相反的单音节词，有时也为意思相关的单音节词，表示并列关系。多是四字格式。结构可以连用。

扩展▶ **句型1**）保持身体健康要多素少肉；吃饭应多醋少盐；想减肥，就要多菜少肉。

句型2）做事要多看少问；学习要养成多想少问的习惯；多学少练是学不好的；多开心少生气；多走少坐。

【A多少B多少】 A duōshao B duōshao ［一级］

例句▶ —我了解的情况不多，就不说了吧？—没关系，你知道多少说多少吧！‖ 吃自助餐的时候，要根据自己的实际情况，吃多少拿多少，千万不要浪费了。‖ —这橘子可真甜，可以送我一些吗？—这橘子都是我们自家种的，多的是，你要多少，我有多少。

解释 根据自己或对方的实际能力给出，或根据自己或对方的需要获取，或根据要求做。强调后面的数量和前面的一样多。多用于说明、提醒、安慰别人。有时语气夸张。结构位置比较灵活，有时前后有别的句子作相关的说明或补充。○多用于叙事和对话，口语。

★ **动词$_1$＋多少＋动词$_2$＋多少。** 框架格式。在句中常作谓语，也可独立成句。结构中的前后两个动词的主语可以相同，也可以不同。

扩展 他送多少，你收多少；你们生产多少，我买多少；老师要求多少，我做多少；你们进多少我买多少；你借多少还多少；我卖多少进多少；有多少花多少；有多少存多少。

【… 多少是多少】 … duōshao shì duōshao ［一级］

见 223 页【… 多少算多少】条。

【… 多少算多少】 … duōshao suàn duōshao ［二级］

例句 —菜点得太多了，我们肯定吃不完。—没关系，我们吃多少算多少，剩下的打包带回去。‖ 我在一个学校做兼职英语老师，每个月的收入不很固定，做多少算多少。‖ —张经理要你下周一把这份报告交给他？怎么可能呢？—我也知道自己做不完，但尽力吧，能写多少算多少。

解释 根据自己的实际能力做某事，有多大能力就做多少，不强迫、不勉强。强调后面的数量和前面的一样多。有时含有劝说、安慰某人的意味。结构位置比较灵活，前面常有别的句子作相关的说明，有时后面也有句子作进一步补充。○多用于叙事和对话，口语。◇ 也说“…多少是多少”。

★ **动词＋多少＋算＋多少。** 在句中常作谓语。结构可以连用。

扩展 你干多少算多少；他给多少算多少；你拿多少算多少；我做多少算多少；今天种多少算多少；你能带多少算多少；他洗多少算多少；能换多少算多少；你用多少算多少；你赚多少算多少。

【多少 … 也得 … 】 duōshǎo … yě děi … ［四级］

例句 跟老同学一起喝酒，我可不能丢了面子，只要高兴，多少酒也得喝呀！‖ 老师给的作业很多，可多少作业今天也得写完，明天老师还要检查呢！‖ 我们做买卖的，多少钱也得赚，只要不亏本就行！

解释 或者多或者少，但不管多还是少，都要……。这里的“多少”并不总是指量多或者量少，而是有时指多，有时指少。如“多少酒也得喝”指的是“再多也得喝”，而“多少钱也得赚”指的是“再少也得赚”。根据上下文才知道指的是多还是少。有时含有不得不这样或无奈的意味。结构位置比较灵活，前后常有别的句子作相关的说明或补充。○多用于叙事和对话，口语。

★ **多少 + 名词 + 也得 + 动词。** 框架格式。在句中常作谓语，也可独立成句。结构中的动词和名词是动宾关系。宾语提到了动词前面，不出现在动词后面。

扩展▶ **用法 1**）表示多：多少问题也得解决；多少书也得读；多少钱也得借；结婚多少钱也得花；多少水电费你也得交；多少任务今天也得完成；多少人也得住下来；多少生词也得背下来；多少衣服也得洗完；多少钱也得租房子。

用法 2）表示少：多少钱也得赚；多少人也得上课；多少人也得干活儿；多少人也得吃饭；多少人也得值班；多少钱也得存；多少钱也得租出去；多少钱也得卖了它。

【多少也得 … 一点儿】 duōshǎo yě děi … yìdiǎnr ［四级］

例句▶ 大家别不说话啊，多少也得给我提一点儿意见，我该知道自己怎么做呀！‖ 这是你妈忙了两个小时做的菜，你多少也得吃一点儿吧！‖ 每次去药店，感冒药多少也得买一点儿，因为我家孩子常常感冒。

解释▶ 不管事物是多还是少，总应该……。意思是，可能多一点儿，可能少一点儿，但一定要（有 / 做），实际是说再少也要……。在上下文意思比较清楚的情况下，后面的宾语常省略。多用于建议、劝说、请求别人。语气委婉。结构位置比较灵活，前后常有别的句子作相关的说明或补充。○多用于叙事和对话，口语。

★ **多少也得 + 动词 + 一点儿 +（名词）。** 框架格式。在句中常作谓语，也可独立成句。

扩展▶ 多少也得说一点儿（话）；多少也得做一点儿（事）；我多少也得赚一点儿吧；你多少也得拿出一点儿；他多少也得送一点儿；大家多少也得写一点儿；每个人多少也得拿一点儿；每顿饭多少也得喝一点儿酒。

【多少有点儿 … 】 duōshǎo yǒudiǎnr … ［二级］

①例句▶ 虽然他已经说了不怪我，但我总觉得多少有点儿对不起他，不知道该说些什么。‖ 我们只是一般的朋友，他这次帮了我很多忙，我心里多少有点儿不好意思。‖ 他平时成绩一般，但这次考试居然得了第一名，

我觉得他多少都有点儿走运。

解释▶ 可能多，可能少，但一定有。表示程度不高。后面接形容词或动词。多用于抽象的事物。多放在句尾，前面常有别的句子作相关的说明，有时后面也有句子进行补充。○多用于叙事和对话，口语。◇ 也说“多多少少有点儿…”。

②例句▶ 别把那件衣服扔了，虽然现在不穿，但留着它多少还有点儿用处。‖ 做了这么多年生意，不说发了大财，他多少还是有点儿钱的。‖ 人到了我们这个年纪，身体多少都有点儿毛病，什么毛病都没有的人很少。

解释▶ 人或物的数量可能多点儿，可能少点儿，但一定有。表示量不很多。后面接名词。多放在句尾，前面常有别的句子作相关的说明，有时后面也有句子进行补充。○多用于叙事和对话，口语。◇ 也说“多多少少有点儿…”。

★ 1）**多少有点儿＋形容词 / 动词**。

2）**多少有点儿＋名词**。

框架格式。在句中常作谓语。

扩展▶ **句型 1**）多少有点儿不高兴；多少有点儿明白了吧；这事让人多少有点儿失望；多少有点儿难过；多少有点儿不理解；多少有点儿遗憾；多少有点儿不习惯；多少有点儿难为情；多少还有点儿生我的气；这种工作多少有点儿危险。

句型 2）多少有点儿希望；多少有点儿朋友；年轻人多少有点儿理想；每个人多少有点儿特别的习惯；这里多少有点儿问题；这两件事多少有点儿关系；我对她多少还有点儿感情；虽然年纪还小，但他多少还有点儿力气。

【多 … 也得 … 】 duō … yě děi … ［四级］

例句▶ —这辆玩具车要 300 多块，太贵了吧！—没办法，孙子喜欢，多贵也得买。‖ 我从不在外过夜，多晚也得回家，因为我知道爸妈在家等我。‖ 他是一名乡村医生，只要村民生病了需要他，不论刮风下雨，多远也得去。

解释▶ 后面的动作或结果不会受前面事情程度的影响而改变，相当于“不管怎么……，都得……”。有时指经常发生的事，有时是暂时的或一次性的事。结构中的形容词多是说话人不希望发生的情况，有时含有无奈的意味。结构位置比较灵活，前后常有别的句子进行说明或补充。○多用于叙事和对话，口语。

★ **多＋形容词＋也得＋动词**。 框架格式。可独立成句，也可在句中作谓语。形容词“多”不能用于此结构。

扩展▶ 工作多辛苦也得做；外语多难也得学；多热也得出门；没人帮我，多累也得自己干；身体是自己的，多忙也得休息；多痛也得忍着；只有这个菜了，多难吃也得吃；多辛苦也得坚持下来。

【A 多 B 也多】 A duō B yě duō ［一级］

例句▶ 今天是周六，街上人多车也多，公共汽车一定很挤，我们还是骑自行车去吧！‖他很喜欢交朋友，朋友多，活动自然也多，下班后他常常跟朋友一起玩儿。‖现在城市里的花草树木越来越多了，花草树木多，鸟也多了，环境也更好了。

解释▶ 因为 A 多，所以 B 也多，指 A 的多引出 B 的多，前后有联系。多用来描述人或物的情况。前面常有句子说明情况，后面常有句子表明结果。○多用于描写、叙事和对话，口语。

★ **名词$_1$+多+名词$_2$+也多。** 框架格式。可独立成句，也可和后面的句子构成表示并列关系或因果关系的复句。

扩展▶ 人多事也多；买的多，退的也多；习题多，笔记也多；结婚的人多，离婚的人也多；汽车多，交通事故也多；参加运动的人多，比赛的人也多；有钱的人多，出国旅行的也多；钱多了，买车买房的人也多。

【多一些 A，少一些 B】 duō yìxiē A，shǎo yìxiē B ［一级］

例句▶ 如果大家都坚持锻炼身体，养成良好的生活习惯，相信大家都能多一些健康，少一些疾病。‖不管是你认识的还是不认识的人，都应该多一些理解，少一些埋怨，那样你会有更多的朋友。‖希望世界上每一个地方都能多一些快乐，少一些悲伤。

解释▶ 让某一方面更多或程度更高，某一方面更少或程度更低。“多一些”后的内容多是积极的或好的方面的词语，“少一些”后的内容多是消极的或不好方面的词语，这两方面的词语在意思上互为反义或对立。多用于叙述、建议、劝说别人。结构位置比较灵活，前后常有别的句子作相关的说明或补充。○多用于建议和叙事。

★ 1）**多一些+名词$_1$，少一些+名词$_2$。**

2）**多一些+动词$_1$，少一些+动词$_2$。**

3）**多一些+形容词$_1$，少一些+形容词$_2$。**

在句中常作谓语。结构中的前后两个名词、动词或形容词多是意思相反的词语。结构中的两个分句有并列关系。

扩展▶ **句型1**）多一些友谊，少一些敌意；多一些好习惯，少一些坏习惯。

句型2）多一些欢笑，少一些争吵；多一些付出，少一些索取；多一些思考，少一些冲动；多一些引导，少一些命令；多一些鼓励，少一些批评；多一些关爱，少一些争吵。

句型3）多一些健康，少一些疼痛；多一些无私，少一些自私；多一些精彩，少一些单调。

【A 多于 B】 A duō yú B ［一级］

见155页【A 大于B】条。

F

【发出…的A】 fāchū … de A ［三级］

例句▶ 飞机起飞的时候，一般都会发出巨大的轰鸣声。‖ 他的鞋子已经湿透了，走起路来发出吱吱的响声。‖ 当地的少数民族向全国游客发出了热情的邀请，欢迎大家来当地体验特色的民族文化。

解释▶ 表示某人或某物产生……声音、气味、亮光、信息等。有的是自然的声音、光亮，有的是为了某种目的而发出的信息。多用来描写人或事物的声音、状态等。结构中的词常用来描写声音、亮光、状态、强弱等各种特点。结构位置比较灵活，前后常有别的句子作相关的说明或补充。○多用于叙事。

★ **发出＋形容词／拟声词／动词＋的＋名词。** 动宾结构。在句中常作谓语。

扩展▶ 发出微弱的灯光；发出难闻的气味；发出惊恐的叫声；发出了热烈的欢呼声；发出一阵痛苦的叫喊声；发出求救的信号；花朵发出淡淡的清香；舞台上发出美丽的亮光；发出闪闪的火花；发出了严重的警告；发出强烈的抗议。

【发挥…（的）能力】 fāhuī …（de）nénglì ［四级］

例句▶ 这个问题的回答不很难，关键就看你能不能发挥想象能力。‖ 作为父母，应该让孩子独立地去完成一些事情，因为在这个过程中，孩子能充分地发挥各方面的能力。‖ 其实，比赛的输赢不是一个方面决定的，比赛前的准备是否充分、比赛时能不能发挥综合能力等，都决定了比赛的最终结果。

解释▶（人）把能够做好某事的才能表现出来，也指事物在某方面能达到某种程度。多用来说明描写人或物的积极方面。多用于抽象事物。结构位置比较灵活，前后常有句子作相关的说明或补充。○多用于叙事和对话。

★ **发挥＋动词／形容词／代词＋（的）能力。** 动宾结构。在句中常作谓语。有时可将“能力”提前，变为主语，整个句子成为被动句，意思不变。

扩展▶ 发挥创造能力；发挥个人的能力；发挥出自己潜在的能力；发挥不出自己应有的能力；把大家的能力都发挥出来；发挥领导能力；让人的能力得到充分的发挥；只发挥了一半的发电能力；充分发挥杀菌能力。

【发挥…（的）作用】 fāhuī …（de）zuòyòng ［四级］

例句▶ 汉字在汉语中发挥着重要的作用，想要学好汉语就必须学写汉字。‖随着英语的广泛使用，它已经成为世界上重要的工作语言，在现代社会中发挥着巨大的作用。‖妇女的力量不可忽视，在现代社会中，妇女在各个行业中都发挥着积极作用。

解释▶ 人或物等在自然状态或参与整体活动的过程中对其他的人、物或环境等产生影响。这种影响的存在能保证物体、人体或社会生活的正常运行，因此通常是积极的。多用于正式场合。结构位置比较灵活，前面常有别的句子说明情况，后面有时也有句子进行补充。○多用于叙事。

★ **发挥＋动词/形容词/代词＋（的）作用。** 动宾结构。在句中常作谓语。

扩展▶ 发挥更大的作用；发挥很大的作用；发挥一种奇妙的作用；发挥了怎样的作用；发挥越来越大的作用；发挥不可忽视的作用；发挥不可替代的作用；发挥不了应有的作用；发挥举足轻重的作用。

【翻（了）…番】 fān（le）… fān ［六级］

例句▶ 母亲节快到了，市场上鲜花价格连翻两番，平时一两块一枝的花，现在至少要卖五六块。‖由于这种产品需求量大，这家厂的第二条生产线去年底投入生产，计划今年产量再翻一番。

解释▶ 番：倍。表示数量增加了……倍。用来表示数量增长得很快，多用于正式场合。结构前常有“计划、已经、几乎、又、仍然、可能、至少、连续、将近、甚至、逐年”等词语。结构位置比较灵活，前后常有句子作相关的说明或补充。注意▶ 翻一番＝增加了一倍；翻两番＝增加了三倍。○多用于叙事和对话，书面语。

★ **翻（了）＋（数词）＋番。** 框架格式。在句中常作谓语。

扩展▶ 至少要翻一番；几乎翻了几番；又翻了一番；已经翻了番；连翻数番；实现经济翻番的目标；总产值一定能翻两番；翻了近一番；接近翻番；逐年翻番。

【…翻天】 … fāntiān ［四级］

例句▶ 他俩是死对头，一见面就吵翻天，所以尽量不要让他俩在一起。‖前天我在电脑里存了一部电影，可今天我想看的时候，在电脑里找翻天了，还是没找到。‖越来越多的人喜欢在网上买年货，一到年底，快递公司就忙翻了天。

解释▶ 翻天：天翻过来。形容吵闹得很厉害或场面很混乱，也指（工作、学习或欢乐等）状态达到了很高的程度，到了顶点。多用来描述事情，含有夸张的意味。结构位置比较灵活，前后常有别的句子作相关的说明或补充。

注意▶ 可搭配的动词或形容词很有限。○多用于叙事和对话，口语。

★ **动词/形容词+翻天。** 框架格式。在句中常作谓语。助词“了”可以放在“翻天”的中间，即“翻了天”；也可以放在“翻天”的后面，即“翻天了”。

扩展▶ 里面乱哄哄的，闹翻天；两人吵翻天了；找东西找翻了天；他们几个唱歌唱翻了天；这几天我忙翻了天；大家嘻嘻哈哈的，乐翻天了。

【凡（是）… 都 … 】 fán（shì）… dōu … ［七—九级］

例句▶ —儿子，快来尝尝妈妈做的红烧肉，味道怎么样？—不用尝都知道，凡是妈妈做的菜都特别好吃。‖ 凡在这家公司工作的职员，都毕业于中国著名大学，比如北京大学、复旦大学等。

解释▶ 在……范围内的一切都……，表明没有例外。也可以简单地说成“凡…都…”。多放在句首，后面常有别的句子或解释原因，或说明补充。○多用于叙事。

★ **凡（是）+名词+都+动词/形容词。** 框架格式。可独立成句。否定形式为“不是凡（是）…都…”，或“凡（是）…都不（是）…”。

扩展▶ 凡是我能想到的，你早都想到了；凡是想取得好成绩的人都应该努力；凡是容易满足的人都是快乐的人；凡这个地方出来的产品都是好东西；凡是超过 18 岁的都算成年人；凡是去过大连的人都说大连很美；凡是认识她的人都喜欢她；凡是新的产品都比较贵。

【犯+得上/不上 … 】 fàn + deshàng / bushàng … ［六级］

见 230 页【犯+得着/不着 … 】条。

【犯+得着/不着 … 】 fàn + dezháo / buzháo … ［六级］

例句▶ 他就是那样的人，犯不着为这点儿小事跟他生气。‖ 我知道英语的重要性，但现在工作那么难找，你要辞了职去学英语，真的犯不着。‖ 不就是丢了几十块钱嘛，犯得着这么着急吗？

解释▶ 值得或者不值得这样做，有必要或者没必要这么做。说话人多认为事情太小或不重要，没必要或不值得为了它做某事，所以“犯得着”常用于反问句，如“犯得着…吗？”。常用来安慰或者劝说别人。多放在句尾，前面常有句子说明原因和道理，有时后面也有句子作进一步补充。

○多用于叙事和对话，口语。◇也说“犯 + 得上 / 不上…”。

★ 1）**犯得着 + 动词 + 吗？**

2）**犯不着 + 动词。**

在句中作谓语，也可独立成句。

扩展▶ **句型 1）**犯得着哭吗；你犯得着跟这种人计较吗；犯得着因为这种事搬家吗；给我打个电话就行了，犯得着来我家吗；只出去两天，犯得着带这么大的箱子吗；只是比平时便宜一两块钱，犯得着排这么长的队去买吗。

句型 2）犯不着去找这个麻烦；完全犯不着这么做；我看犯不着花精力在这事上；犯得着还是犯不着，你自己想想；这么小的事，犯不着惊动这么多人。

【**仿佛 … 似的**】 fǎngfú … shìde ［六级］

见 311 页【好像 … 似的】 条。

【**仿佛 … 一样**】 fǎngfú … yíyàng ［六级］

见 311 页【好像 … 似的】 条。

【放下 … 的**架子**】 fàngxià … de jiàzi ［七—九级］

例句▶ 既然他都放下了经理的架子来向你赔礼道歉，你就原谅他吧。‖ 如果要真正了解孩子，父母应该放下家长的架子，和孩子交朋友，耐心了解他们的想法和需求。

解释▶ 架子：因为有职位或有（经济、社会）地位而摆出和普通人不同的样子。改变某人的思想或态度，使他处于和别人平等的地位。多用于有较高的职位、地位或生活条件较好的人；有时也用于自高自大、觉得自己了不起的人。用于建议别人时，含有不满的意味，带有贬义色彩。前面常有别的句子说明情况，后面的句子或进行补充，或是关于应该怎么做的具体内容。○多用于叙事和对话。

★ **放下 + 名词 / 代词（指人）+ 的架子。** 动宾结构。在句中常作谓语。结构中的名词多是表示某种职位或称谓的词语。否定形式为“不放下…架子”“放不下…架子”。

扩展▶ 放下老板的架子；放下了领导的架子；放下知识分子的架子；别自以为是，放下你那大小姐的架子吧；你没什么了不起，放下你的臭架子；有钱怎么样，放下你有钱人的架子吧；他总放不下架子；不放下架子就学不到东西。

【放…(一)点儿】 fàng…(yì) diǎnr ［一级］

例句▶"哎，你把脚步放慢一点儿，我都快跟不上你了！"小李在身后喘着粗气喊道。‖ 大家都是朋友，请你说话放客气点儿，不要说不够朋友的话，也不要做不够朋友的事儿。‖ 虽然毕业后直接工作可以改善目前的生活情况，但咱们得把眼光放长远一点儿，还是让孩子多读点儿书吧！

解释▶控制自己的行动，或者改变一下速度、态度、语气、方式、角度等，使它达到合适的程度或要求。常表示建议，有时带警告的意味。结构位置比较灵活，前后常有别的句子作相关的说明或补充。○多用于叙事和对话，口语。◇ 也说"放…(一)些"。

★ **放＋形容词＋(一)点儿。** 框架格式。在句中常作谓语。结构中的形容词多是人可以控制的形容词。这个结构也常用"把"字句表达，如"把…放…点儿"。

扩展▶别紧张，放轻松一点儿；放聪明点儿；胆子放大一点儿；动作放自然一点儿；速度放缓一点儿；办事放稳重点儿；走路脚步放轻点儿；告诉你，你得放老实点儿；你脑子放明白点儿；你说话嘴放干净点儿。

【放…(一)些】 fàng…(yì) xiē ［一级］

见232页【放…(一)点儿】条。

【放着…不…】 fàngzhe…bù… ［一级］

例句▶他住十一楼，为了锻炼身体，他放着电梯不坐，每天走楼梯爬上爬下的。‖ 她放着好好的大学不读，偏偏跑去世界各地旅行，真不明白她是怎么想的。

解释▶有现成的好事、方便的事或应该做的事不做（却去做一件相比之下费心、费力，甚至吃苦的或不应该做的事）。多表示说话人对某人的做法不理解、不赞同。带有责备、埋怨的意味。结构位置比较灵活，前面常有别的句子进行说明，后面的句子多通过"偏偏、倒、却"等词引出说话人不明白或认为不应该做的事。○多用于叙事和对话，口语。

★ **放着＋名词＋不＋动词。** 框架格式。在句中常作谓语，或单独成句，与后面的句子构成表示转折关系的复句。结构中的名词是动词的宾语。

扩展▶放着好好的工作不干，到处旅行；放着好车不开，每天走路；放着大路不走，偏偏走小路；放着新房不住，倒想搬回以前的旧房子；放着好好的公司经理不做；放着好日子不过，却要去山区吃苦。

【非 … 不成】 fēi … bùchéng ［四级］

例句▶ 前天晚上，儿子在电视上看到和平公园有儿童表演，非要妈妈带着来看不成。‖ 外面下着大雨，有什么事不可以在电话里说，非要现在去找他不成？ ‖ 家里的收音机已经用了很久了，但还没到非换不成的地步，还是用一段时间再说吧。

解释▶ 一定要……，如果不这样就不行。有时是事情的客观规律无法改变，有时是指某人一定要做某事。用两个否定表示肯定，带有强调的意味。结构位置比较灵活，前面常有别的句子作相关的说明，有时后面有别的句子作进一步补充。○多用于叙事和责问，口语。◇ 也说“非…不可”“非…不行”。

★ **非 + 代词 / 动词 / 小句 + 不成。** 框架格式。在句中常作谓语、定语。

扩展▶ 这事非你不成；非得这样不成吗；有什么事非办不成；有些话非说不成；非给我打电话不成；这事非得你亲自去不成；这些法规非现在制定不成；现在还没到非做不成的时候；已经到了非改不成的地步了。

【非 … 不可】 fēi … bùkě ［四级］

见 233 页【非 … 不成】 条。

【非 … 不行】 fēi … bùxíng ［四级］

见 233 页【非 … 不成】 条。

【非 … 才 … 】 fēi … cái … ［四级］

例句▶ 为什么非要等到早上十点才起床？如果好好利用这些时间，你可以做很多事情。‖ 她一直对自己的要求很高，上学的时候，她非考第一名才高兴。

解释▶ 只有或者一定要出现某种情况或具备某种条件才……。表示前面的情况是后面的条件。多用来描述某人的意愿，某种规律、规定等，带有强调的意味。结构位置比较灵活，前后常有别的句子作相关的说明或补充。○多用于叙事和对话，口语。

★ **非 + 动词$_1$ + 才 + 动词$_2$ / 形容词。** 框架格式。在句中常作谓语。

扩展▶ 非要亲眼看到才相信；非帮我这个忙我才答应你；非要大声说才能引起他们的注意；非保持清醒的头脑才能做好；非要检查每件行李才能通过；非把她气哭才高兴；非把所有的钱都用完才安心。

【非A即B】 fēi A jí B ［四级］

例句▶ 他俩坐在咖啡厅的角落，边聊边笑，看起来是非亲即友的关系。‖有些事情不是非黑即白的，看问题不能太绝对。‖铁路运输一旦发生交通事故，非死即伤，后果相当严重。

解释▶ 非：不是；即：就是。不是这种情况就是那种情况。结构位置比较灵活，前后常有别的句子作相关的说明或补充。○多用于叙事，书面语。

★ 1）**非＋名词$_1$＋即＋名词$_2$**。

2）**非＋动词$_1$＋即＋动词$_2$**。

3）**非＋形容词$_1$＋即＋形容词$_2$**。

框架格式。在句中常作谓语、定语。结构中的前后两个名词、动词或形容词多是意思相近或相对的单音节词，构成四字格式。

扩展▶ **句型1**）这俩人看起来非亲即友。

句型2）武术动作非攻即守；这个地方自然灾害频繁，非旱即涝；高校开始实行“非升即走”的用人制度。

句型3）这些都是非富即贵的客人。

【逢人就…】 féng rén jiù … ［七—九级］

例句▶ 今天能见到你我特别高兴，上次开同学会的时候我还逢人就打听你呢！‖自从她孩子英语考试得了第一名以后，她逢人就夸她孩子有多聪明，英语成绩有多好。

解释▶ 逢：遇到，遇见。遇到人就做……。多指有些事让说话人非常感动、兴奋或很生气，他们往往控制不住自己，见人就说自己觉得重要的、应该让大家都知道的事情；有时也指向别人打听某人某事。多用来描述人的动作，含有夸张的意味。结构中的动词多是说、问、讲、夸、打听、埋怨等指言语动作的词。前面常有别的句子说明情况，后面的句子多补充说话人要说的具体事情。○多用于叙事，书面语。

★ **逢人就＋动词**。在句中常作谓语。后面有别的句子，说明要表达的内容。

扩展▶ 逢人就说；逢人就问；逢人就打招呼；逢人就夸这种医疗保险多么好；逢人就讲他自己的经历；逢人就打听他的孩子。

【赴…V…】 fù … V … ［七—九级］

例句▶ 代表团已经到达上海，三天以后，他们将赴北京参加国际数学会议。‖根据调查我们可以发现，今年赴西安旅游的人数是去年的1.5倍。

解释▶ 到某个地方去做某事或进行某种活动。多指人离开原来生活、工作或学习的地方，外出参加活动。多用于正式场合。放在句尾，前面常有别的句子说明谁（什么时间），“赴”后面说明去哪儿，后面常说明（什么时间）什么样的活动。○多用于叙事，书面语。

★ **赴＋地点名词＋动词。** 框架格式。在句中常作谓语、定语。整个结构由两个动词短语构成连动结构。

扩展▶ 赴学校参加考试；赴北京参加运动会；赴欧洲进行考察和培训；赴国外留学；赴日本演出；赴美国出差；赴京开会；赴医院看望朋友；赴国外的大学参观访问；赴上海签订合同。

【A复一A】 A fù yī A ［超纲］

例句▶ 他是一名网球运动员，为了明年的比赛，他日复一日地训练，连周末都不休息。‖ 这条街很窄，来往的车辆和行人却特别多，因此交通拥挤成了这儿年复一年的问题。

解释▶ 一天又一天，一月又一月，一年又一年，等等，每个时间段都重复做同一件事，或保持同一种状态。搭配较为固定，结构中的A都为表示时间段的词。结构位置比较灵活，前后常有别的句子作相关的说明或补充。注意▶ 搭配较有限。○多用于描写、叙事和对话，书面语。

★ **时间名词＋复一＋时间名词。** 框架格式。在句中常作谓语、状语、定语。结构中的名词多是单音节词，组成四字格式。

扩展▶ 母亲每晚讲故事，我们夜复一夜地听着；他周复一周地坚持锻炼。

【富有…感】 fù yǒu … gǎn ［六级］

例句▶ —我选男朋友的要求首先是必须富有幽默感，这样和他在一起才不会觉得无聊。‖ 这段音乐富有节奏感，无论你会不会跳舞，只要听到它就会不由自主地动起来。‖ 这是一篇富有美感的散文，很适合一个人在安静的环境里独自阅读。

解释▶ 富有：有很多；感：感觉，印象。人或物能充分给他人某种感觉或印象。这种感觉或印象多指好的方面，用于抽象的事物。结构位置比较灵活，前后常有别的句子作相关的说明或补充。○多用于叙事和对话，书面语。

★ **富有＋名词/形容词＋感。** 动宾结构。在句中常作宾语、定语。

扩展▶ 富有成就感；富有责任感；富有乐感；富有质感；富有动感；富有立体感；富有正义感；富有时代感；富有荣誉感；富有真实感；富有神秘感；富有使命感。

【富有 … 力】 fù yǒu … lì ［六级］

例句▶ 小草是一种富有生命力的植物，就是在很差的环境中，它也能生长。‖ 从画作我们可以感觉到，这位画家富有想象力和创造力。

解释▶ 富有：有很多（具体的或抽象的事物）。表示人或物充分具有某种能力或作用。这种能力或作用多指好的、积极方面的。结构位置比较灵活，前后常有别的句子作相关的说明或补充。○多用于描写、叙事，书面语。

★ **富有 + 名词 / 动词 + 力。** 动宾结构。在句中常作谓语、定语。

扩展▶ 这孩子富有表现力；现代社会富有竞争力；这幅画富有活力；表演富有吸引力；他的话富有感染力；这位领导富有亲和力；钱是富有诱惑力的东西；这支部队富有很强的战斗力；她的发言富有说服力。

【富有 … 色彩】 fù yǒu … sècǎi ［四级］

例句▶ 我很喜欢看爱情小说，因为爱情小说是最富有浪漫色彩的了。‖ 在云南，我们参观了一些少数民族村，那些人穿的衣服、盖的房子、吃的东西都富有民族色彩。

解释▶ 富有：有很多（具体的或抽象的事物）。色彩：特点或倾向。表示某人、某物或者某地充分具有……特点或倾向。多指人或物有个性，不同一般。多用于抽象的事物。结构位置比较灵活，前后常有别的句子作相关说明或补充。○多用于描写、叙事，书面语。

★ **富有 + 名词 / 形容词 + 色彩。** 动宾结构。在句中常作谓语、定语。

扩展▶ 那里的餐馆、学校都富有国际色彩；这种建筑富有中国色彩；当地的歌曲富有地方色彩；这部电影富有时代色彩；他的演讲富有个人色彩；他的一生富有传奇色彩；这人富有神秘色彩；这些故事都富有神奇色彩；富有传奇色彩的经历。

【富有 … 性】 fù yǒu … xìng ［六级］

例句▶ 除了工作以外，我的最大爱好就是看小说和漫画了，因为小说和漫画富有趣味性。‖ 小时候他就特别喜欢冒险，所以他打算大学毕业后找一份富有挑战性的工作。‖ 法国的建筑和法国人一样，很富有艺术性，有很多建筑在世界上都是十分有名的。

解释▶ 富有：有很多（具体的或抽象的事物）。充分具有某种性质或性能。多指语言、文学艺术作品、建筑、电影、音乐等具有某种好的方面或不一般的特点。结构位置比较灵活，前后常有别的句子作相关的说明或补充。可用于抽象的事物。○多用于描写、叙事，书面语。

★ **富有＋名词/动词＋性。** 动宾结构。在句中常作谓语、定语。

扩展▶ 这首诗歌富有音乐性；这套服装富有民族性；这个讲座富有知识性；这个事件富有代表性；这个舞蹈富有创造性；他提出了富有建设性的意见；新作品要富有创新性；这种曲目的节奏富有刺激性；这是个富有争议性的话题。

G

【该不会…吧】 gāi bú huì … ba ［二级］

见70页【不会是…吧】条。

【该不会是…吧】 gāi bú huì shì … ba ［二级］

见70页【不会是…吧】条。

【该…的】 gāi … de ［二级］

例句▶ 你不要觉得不好意思接受这笔钱，这是该给你的，是你该拿的，你就拿着吧。‖—他那么忙，你怎么不帮帮他呢？—工作上的事情，该谁做的谁做，我为什么要帮他？‖—谢谢你，帮了我大忙。—其实你该感谢的不是我，而是他。

解释▶ 应该……的事情、东西或者人。在有些用法中，因上下文或动词意思比较清楚，后面的宾语通常省略。如：句中“该拿的”表示该拿的钱；“该做的”表示该做的事情。结构位置比较灵活，前后常有别的句子作相关的说明或补充。○多用于叙事和对话，口语。

★ 1）**该＋动词＋的。**

2）**该＋疑问代词＋动词＋的，（副词）＋疑问代词＋动词。**

结构2）中“该＋疑问代词＋动词＋的”整个结构组成一个名词短语。在句中常作主语、宾语。

扩展▶ **句型1）** 那是他该付的；这些是我该得的；该来的没有来；该买的和不该买的都买了；该给你的一定给你；该批评的还是得批评；该要的还得要回来；该注意的还没注意到；该发生的还会发生；把该做的都做好。

句型2） 该谁负责的谁负责；该怎么说的就怎么说；该怎么处理的还得怎么处理。

【该A的时候＋不/没有＋A，不该A的时候又A】 gāi A de shíhou + bù / méiyǒu + A, bù gāi A de shíhou yòu A ［二级］

例句▶ 你为什么总是这样，上课该你回答问题的时候你不回答，不该你回答的时候你又在下面一直说。‖ 这孩子最近是怎么了？该吃饭的时候不愿意吃，不该吃饭的时候又吃了很多点心，这样下去会把身体都搞坏的。‖ 昨天参加晚会你不打扮，今天在家却穿得这么漂亮，真是该漂亮的时候不漂亮，不该漂亮的时候又打扮得很漂亮。

解释▶ 应该发生的没有发生，不该发生的却发生了。前后两句互相配合，表示事情和发生的时间、场合不合适，或正好相反。多用来批评、责备某人做事有点儿不符合常规，含有不满、责备或抱怨的意味。多用于已经发生的事情。多放在句尾，前面常引出话题，或有句子作相关的说明，有时后面也有句子作进一步补充。○多用于叙事和对话，口语。

★ 1）**该＋动词＋的时候＋不/没有＋动词，不该＋动词＋的时候＋又＋动词短语。**

2）**该＋形容词＋的时候＋不＋形容词，不该＋形容词＋的时候＋又＋动词短语/形容词。**

在句中作谓语，也可独立成句。结构中的两个分句有并列关系或转折关系。

扩展▶ **句型1）**该说话的时候没有说话，不该说话的时候又说了一大堆；该去的时候不去，不该去的时候又总想去；该工作的时候不工作，不该工作的时候又说自己忙不过来；该来帮忙的时候不来，不该帮忙的时候又来了；该做作业的时候不做，不该做的时候又做得欢。

句型2）该漂亮的时候不漂亮，不该漂亮的时候又在打扮；该安静的时候不安静，不该安静的时候又不说一句话。

【**该A的＋（也/都）＋A了**】 gāi A de＋（yě/dōu）＋A le ［二级］

例句▶ 我该说的都说了，可他还是不原谅我，我也没有别的办法了。‖ 到了我这个年纪，房子、车子、妻子和孩子，该有的我都有了，生活挺幸福的。‖ 我们举行婚礼的时候，朋友和同事们，该请的都请了，该来的也都来了，参加的人特别多。

解释▶ 做了所有应该做的事，事情已经发生了。表示已经努力了或者已经尽力了；也指情理上应该做的也都完成了。可以用于别人或自己，有时带有满足、欣慰的意味。多用于解释说明。结构位置比较灵活，前后常有别的句子作相关的说明或补充。需要的时候两个格式连用。○多用于叙事和对话，口语。

★ 1）**该＋动词＋的＋（也/都）＋动词＋了。**

2）**该＋动词＋的＋（也都）＋动词＋了。**

框架格式。在句中作谓语，也可独立成句。否定有两种，可以否定前面，如“不该来的也来了”；也可以否定后面，如“该来的都没来”。

扩展▶ **句型1）**该想到的都想到了；该干的都干了；该完成的都完成了；该

参加的也参加了；该做的都做成了；该说的都说了，不该说的都没说；该提的都提了，不该提的也提了。

句型 2） 该有的也都有了；该考的也都考了；该改的也都改了；该建的建了，不该建的也都建了；该说的说了，不该说的也都说了。

【该 A 就 A】 gāi A jiù A ［二级］

例句▶ 你们现在正是长身体的时候，该吃就吃，该喝就喝，不要总想着减肥。‖ 你是公司的经理，你说该怎么办就怎么办，我没意见。‖ 我们只是公司的小职员，公司规定我们该做什么就做什么，否则会丢了饭碗的。

解释▶ 不要受某件事情或因素的影响，应该按规定、情理或事实去做。多用来劝说别人，有时也用来描写某人的性格或做事的习惯。多用于建议或劝说。前面常有别的句子作相关的说明，后面的句子或进行补充，或劝别人不要做什么，或说明这样做的结果等。○多用于叙事和对话，口语。

★ 1）**该＋动词＋（就）＋动词。**

2）**该＋疑问代词＋动词＋（就）＋疑问代词＋动词。**

3）**该＋动词＋疑问代词＋（就）＋动词＋疑问代词。**

框架格式，在句中作谓语，也可独立成句。“该”后的两个动词、代词形式相同。结构可以重复使用。结构 1）中动词多不加宾语，一般意思明确的话宾语可省略；结构 2）中的疑问代词多是“怎么、怎样、什么时候、谁”等；结构 3）中的疑问代词多是“什么、多少、谁、哪儿”等。

扩展▶ **句型 1）** 该睡就睡；该玩儿就玩儿；该做就做；该说就说；该给他就给他；该道歉就道歉；该学习就学习；该留留，该走走；该骑车骑车，该坐车坐车。

句型 2） 该谁出面就谁出面；该谁去就谁去；该什么时候说就什么时候说；该从哪儿走就从哪儿走；该怎么做就怎么做；该怎么处理就怎么处理。

句型 3） 该给多少就给多少；该去哪儿就去哪儿；该给谁就给谁；该得多少就得多少；该干什么就干什么；该请谁就请谁；该干嘛就干嘛；该学什么就学什么；该上哪儿去上哪儿去；该找谁找谁。

【该…了】 gāi … le ［二级］

例句▶ 都七点半了，该起床了，再不起床就要迟到了。‖ 别看电影了，已经十二点了，该睡觉了。‖ 哎，这个球重发，该你发球了，刚才的球不算。

解释▶ 时间到了或按程序应该做某件事情了。常用在两方的对话中，表示建议和提醒别人。有时用在第一人称，表示说明自己的计划和安排。有时也不出现人称，得看上下文。多用于提醒自己或别人。结构位置比较灵活，前后常有别的句子作相关的说明或补充。○多用于叙事和对话，口语。

★ **该＋动词／小句＋了。** 框架格式。在句中作谓语，也可独立成句。

扩展▶ 该吃饭了；该上课了；该走了；该下班了；该罚你了；该换位置了；该他们表演了；你等会儿，该我打了；该你出牌了；该你做了；该你上场了；该我值班了。

【**该**A什么，不**该**A什么】 gāi A shénme, bù gāi A shénme ［二级］

例句▶ 你都这么大了，该吃什么，不该吃什么，不能完全由着自己的喜好。‖ 第一次拿到工资，我感觉特别兴奋，因为从此该买什么不该买什么，我可以自己说了算。‖ 第一次去参加朋友的舞会，我很不习惯，完全不知道该做什么不该做什么，所以一直呆坐着看别人跳舞。

解释▶ 应该做什么事情，不该做什么事情。前后一正一反两个结构连用，常用来说明对各种事情应该怎样把握尺度和分寸。多用来建议别人，也用来叙述事情。前后常有别的句子作相关的说明或补充。○多用于叙事和对话，口语。

★ **该＋动词＋什么，不该＋动词＋什么。** 在句中常作主语、宾语。结构中的两个分句有并列关系。结构中的“什么”也可以换成其他疑问代词，构成以下结构：

1）**该＋动词＋疑问代词，不该＋动词＋疑问代词**。

2）**该＋疑问代词＋动词，不该＋疑问代词＋动词**。 在句中常作主语、宾语。

扩展▶ **句型1**）该讲什么，不该讲什么；该问谁，不该问谁；该找谁，不该找谁；该去哪儿，不该去哪儿；该给多少，不该给多少；该拿多少，不该拿多少。

句型2）该什么时候说，不该什么时候说；该怎么做，不该怎么做；该怎么交朋友，不该怎么交朋友；该怎么说，不该怎么说；该怎么写，不该怎么写；该怎么看，不该怎么看；该怎么处理，不该怎么处理；该跟谁交朋友，不该跟谁交朋友。

【**该**有多…（啊）】 gāi yǒu duō …（a）［二级］

例句▶ 要是这个时候能够吃上一块冰西瓜，该有多好啊！ ‖ 你们都出去玩儿了，怎么把你妈一个人留在家里，她该有多寂寞啊！‖刚来的时候还不太习惯，可现在却喜欢上了这儿，如果能在这儿长期发展下去该有多幸福啊！

解释▶ 说话人估计或想象某事、某状态会出现很高的程度。多用来推测、假设某事的发生。有时说话人希望事情发生，这时的结果多是好的，多含有期盼的意味；有时不希望它发生，这时结果多是不太好或不愉快的，多含有遗憾的意味。多放在句尾，前面常有相关的句子说明情况。〇多用于叙事和对话，口语。

★ **该有多＋形容词＋(啊)。** 框架格式。可独立成句，也可在句中作谓语。

扩展▶ 该有多美啊；他们该有多高兴啊；该有多痛快啊；该有多方便啊；该有多走运啊；该有多迷人啊；该有多舒服啊；市场该有多大啊；该有多难受啊；该有多糟糕啊；该有多丢人啊；该有多疼啊；该有多吵啊。

【改 A 换 B】 gǎi A huàn B ［二级］

例句▶ 如果你再不好好管理这家公司的话，说不定公司就真的要改名换姓，换老板了。‖在这座城市修一条地铁可是一件改天换地的大工程，希望能尽早看到工程完成的这一天。‖经过二十年的建设，这个小镇彻底改头换面，成为一座现代化的小城市。

解释▶ 这里的“改”和“换”是近义词，都是改变的意思，改变某种事物。其中，有的是表面的或形式上的改变，有的是深刻的或性质上的改变。多用于描述事物变化大。前面常有别的句子作相关的说明，后面也有句子进行补充。注意▶ 相关搭配有限。〇多用于叙事和对话，书面语。

★ **改＋名词$_1$＋换＋名词$_2$。** 框架格式。在句中常作谓语、定语。结构中的名词多是意思相近或相关的单音节词，构成四字格式。

扩展▶ 不合格产品不能再改头换面卖出去；历史上改朝换代的事很多；想改名换姓并不容易；这是一场改天换地的运动；已经定下的合同怎么能改梁换柱呢。

【敢 A 敢 B】 gǎn A gǎn B ［三级］

例句▶ 自己做错了事应该主动承认错误，作为一个男人，应该敢做敢当。‖他是一个敢爱敢恨的人，不管喜欢不喜欢，他都会表现出来。

解释▶ 有勇气有胆量说或者做某件事。多用来建议别人怎么做；也用来描写一个人的性格、特点或做事习惯。前面常引出话题，或有别的句子作相关的说明，有时后面也有句子作进一步补充。〇多用于叙事和对话，口语。

★ **敢 + 动词 $_1$ + 敢 + 动词 $_2$。** 框架格式。在句中常作谓语、定语。否定有两种，一种是前后都否定，如“不敢做不敢当”；另一种是否定部分（多是否定后部分），如“敢怒不敢言”。结构中的动词多是意思相关或相反的单音节词，构成四字格式。

扩展▶ 他的特点就是敢想敢做；运动场上他敢抢敢拼；他有一种敢抢敢拼的个性；胆子太小，一不敢想，二不敢为；他一直是敢怒不敢言；他是个敢作敢为的人。

【干嘛非得 … 啊】 gànmá fēiděi … a ［四级］

例句▶ 干嘛非得去超市买东西啊，去附近的小商店买不也挺方便的吗？‖不就是去个公园吗，干嘛非得让我和你一起去啊，我今天上午还有别的事呢！

解释▶ 为什么一定要……。反问句，常用于说话人不同意或劝听话人不一定要……，有时说话人也会在前或在后给出不同意的原因或更好的选择。带有不理解或不满的语气。结构位置比较灵活，前后常有别的句子作相关的说明或补充。○多用于叙事和对话，口语。

★ **干嘛非得 + 动词短语 + 啊。** 框架格式。可独立成句，谓语。

扩展▶ 干嘛非得坐飞机啊，坐火车不也挺好的吗；干嘛非得要这样做啊；干嘛非得下雨才出门啊；干嘛非得让我去啊；干嘛非得和我过不去啊；干嘛非得把事情想得那么复杂啊；干嘛非得这样看我啊；干嘛非得表示同意啊，不同意不行吗。

【刚 … 不久】 gāng … bùjiǔ ［二级］

例句▶ 我刚来上海不久，对周围的环境还不太熟悉，希望你有时间能带我出去走走。‖ 昨天中午，我刚睡下不久就听见外边一声巨大的响声，出门一看，不知谁家的花盆被风刮下来了。

解释▶ 某件事发生或完成的时间不长（后面多有别的句子说明又发生了某事）。多用于叙述事情的经过。前面往往有时间、动作、状态等方面的相关说明，后面是对具体事情的叙述。○多用于叙事和对话，口语。

★ **刚 + 动词短语 + 不久。** 框架格式。在句中常作谓语、时间状语。

扩展▶ 刚出生不久；刚回到家不久；刚认识不久；刚吃完饭不久；刚开会不久；刚离开不久；刚出去不久；家刚搬了不久；房子刚买了不久；刚找到工作不久；出差刚回来不久；刚吃完药不久。

【刚…就…】 gāng…jiù… ［二级］

例句▶ —怎么刚来就要走了，不多坐一会儿吗？—不了，我还得去别的地方办事。‖ 今天真倒霉，刚下火车就发现钱包丢了，找了半天也没找到。‖ 真是太有意思了，我刚想给他打电话就接到他打来的电话了。

解释▶ 前后两件事情，第一件事完成或发生以后，紧接着第二件事发生了。有时表示两件事发生的时间间隔很短，有时也表示一种偶然。结构位置比较灵活，有时前面有别的句子进行说明，有时后面有句子作进一步补充。○多用于叙事和对话，口语。

★ **刚＋动词$_1$＋就＋动词$_2$。** 框架格式。在句中常作谓语。有时前后可以是不同的主语。

扩展▶ 刚吃完就饿；刚到家就洗澡；刚坐下你就来了；刚睡下电话铃就响了；刚考完试就上新课；出差刚回来就上班了；刚出门就下雨了；刚坐上车就睡着了；刚进门就又出去了。

【A高于B】 A gāo yú B ［一级］

见155页【A大于B】条。

【搞…的】 gǎo…de ［五级］

例句▶ —他打扮得这么特别，一看就是个搞艺术的。—是啊，搞艺术的就是和一般人不一样。‖ 他是搞翻译的，曾经翻译过几部外国名著，在翻译界小有名气。

解释▶ 搞：做，干。（某人）从事某种职业或工作。多指大致的工作范围和工作类型，不确切。注意▶ 不是所有的工作都能用这个结构表达，如门卫、售货员等工作。结构位置比较灵活，前后常有别的句子进行说明或补充。○多用于叙事和对话，口语。

★ **搞＋名词/动词＋的。** 框架格式。整个结构是一个名词短语，在句中常作主语或宾语。

扩展▶ 搞音乐的；搞文学的；搞数学的；搞语言的；搞调查研究的；搞设计的；搞教学的；搞国际交流的；搞运输的；你是搞什么的；搞外交的；搞体育的；搞文艺的；搞宣传的；搞销售的。

【告诉你（们），…】 gàosu nǐ（men），… ［一级］

①例句▶ —你一个女孩子，怎么这么爱看足球比赛？—没想到吧，告诉你，我上大学的时候，是校女子足球队的呢。‖—这么偏僻的地方你都知道，真厉

害。—告诉你，我以前开过出租车，这个城市大大小小的路没有我不知道的。

解释▶ 告诉对方不太了解的情况。因为对方不了解而自己知道，所以话中往往带有炫耀的语气，含有骄傲的意味。结构位置比较灵活，前面或后面常有别的句子作相关的说明或补充。○多用于叙事和对话，口语。

②例句▶ 你们可千万别惹他生气，告诉你们，他发起火来，没有谁不害怕的。‖ 我告诉你，这次考试如果没有 90 分，你就等着回家挨批评吧。

解释▶ 提醒对方注意或警告对方。常放在句首，有时前面有别的句子作相关的说明，后面的句子是提醒或警告的具体内容。带有威胁、警告的意味，语气较强。○多用于对话，口语。

★ **告诉你（们），小句。** 可独立成句。结构中的“告诉你（们）”在句中作插入语。

扩展▶ **用法 1）**告诉对方不太了解的情况：告诉你，我会做的事儿多着呢；告诉你，我从三岁就开始学钢琴了；我告诉你，这里最好吃的是糖醋鱼。

用法 2）提醒对方注意或警告对方：我告诉你，千万别惹我生气；我告诉你们，这样下去迟早会出事；我告诉你，你最好别动他的东西；我告诉你，这可是要罚很多钱的；告诉你，下次再也别让我看见你；我告诉你，你做的坏事我都清楚。

【… 个半死】 … ge bànsǐ ［三级］

例句▶ 谢天谢地，你终于醒过来了。刚才你突然晕倒，把我吓个半死。‖ 我工作忙起来的时候，连上洗手间的时间都没有，一天下来，累个半死。‖ 我妈一直不许我谈恋爱，如果她知道我交了男朋友，一定会气个半死的。

解释▶ 半死：快要死了。表示状态的程度相当高或难以承受。多指因为某种原因而使人或动物等的情况变得很不好。多是不愉快、不希望出现或看到的事情，很少指好的方面的事，含有夸张的意味。多放在句尾，前面常有别的句子作相关的说明。○多用于叙事和对话，口语。

★ **动词 / 形容词 + 个半死。** 在句中常作谓语。结构中的形容词常是表示心理活动或感受的词语。

扩展▶ 让我跑个半死；他被打个半死；猫从上面掉下来，摔个半死；狼把羊咬个半死；把这盆花冻个半死；整天忙个半死；一天没吃，把他饿个半死；这个人被折磨个半死；天太热了，把人热个半死；太搞笑了，大家都笑个半死。

【…个不停】 …ge bù tíng ［二级］

例句▶ 他本来打算去公园走走，可雨一直下个不停，他只好待在家里。‖ 你快去接电话，电话一直响个不停，说不定是女儿打来的。‖ 饭菜都做好了，只等他过来吃，可他还在书房里写个不停。

解释▶ 表示某种动作或状态一直持续，没有停止。多用来描述人或物的动作或状态。结构前常有“总是、整天、天天、仍然、还是、常常、一直”等词说明动作状态，也常有别的句子说明情况，有时后面有句子作进一步补充。○多用于叙事和对话，口语。

★ **动词＋个不停。** 在句中常作谓语。结构中的动词多是表示持续性动作的单音节词。

扩展▶ 说个不停；唱个不停；吵个不停；问个不停；叫个不停；笑个不停；吃个不停；喝个不停；照相机拍个不停；忙个不停；骂个不停；屋顶的雨漏个不停；伸出头去瞧个不停；大风一直刮个不停。

【…个够】 …gegòu ［二级］

例句▶ 你不是喜欢看动画片吗？今天我买了很多动画片的光盘回来，让你看个够！ ‖ 这个星期太忙了，每天都很早就起床，晚上也忙到很晚，周末我一定要睡个够。

解释▶ 尽情地做某事，直到不想做了为止。多指吃、玩、乐、唱、跳等人们喜欢并能得到乐趣的，感到过瘾、满足等享乐的事情；较少是不愉快的事情。多放在句尾，前面有别的句子作相关的说明。○多用于叙事和对话，口语。

★ **动词＋个够。** 在句中常作谓语。结构中的动词为表持续性动作的词语。

扩展▶ 让他们吃个够；让你一次喝个够；一次赚个够；让你把照片拍个够；把音乐听个够；我们要逛个够；舞只管跳个够；酸甜苦辣尝了个够；要抽烟就让你抽个够；两人坐着聊了个够；你想骂人就让你骂个够。

【…个没完（没了）】 …ge méiwán（méiliǎo）［二级］

例句▶ 你别往心里去，她就是这么个人，即使是一件小事，她也可以说个没完没了。‖ 今天的雨可真不小，还下个没完，什么时候我才能出门呀？ ‖ 不知怎么的，这个月的会开个没完没了。

解释▶ 了（liǎo）：结束。（某人或某些人）一直做某事；也指某种状态一直持续，没有结束的时候；还指事情太多。多用于说话人觉得时间已经很长了，但某人还没有结束的意思；或某事情、状态一直没有结束。有时带有夸张、埋怨、不耐烦的意味。结构位置比较灵活，前后常有别的句子作相关的说明或补充。○多用于叙事和对话，口语。

★ **动词 + 个没完（没了）。** 在句中常作谓语。

扩展▶ **用法 1）**表示一直做某事：哭个没完（没了）；骂个没完（没了）；吵个没完（没了）；唱个没完（没了）；问个没完（没了）；写个没完（没了）；闹个没完（没了）；聊个没完（没了）。

用法 2）表示某种状态一直持续：风刮个没完（没了）；这事情怎么拖个没完（没了）；忙个没完（没了）。

用法 3）表示事情太多：这星期会怎么开个没完（没了）；作业布置个没完没了。

【… 个什么劲儿】 … ge shénme jìnr ［超纲］

例句▶ —这里一个观众都没有，你唱个什么劲儿？—我唱给自己听还不行吗？ ‖ —拿第一的又不是你，你高兴个什么劲儿？—拿第一的是我朋友，我是在替他高兴啊！

解释▶ 劲儿：做某事有精神、有情绪。为什么要……。表示说话人不明白对方这样做的原因，也指觉得对方没必要或不值得做某事。用在后一个意思时用肯定形式的反问句表示否定。含有不满、责备的意味，语气较强。多放在句尾，前面常有别的句子说明情况或原因。○多用于叙事和对话，口语。

★ **动词 / 形容词 + 个什么劲儿。** 在句中作谓语。结构中的形容词多是表示心理活动、感受的词语。

扩展▶ 你心疼个什么劲儿；你紧张个什么劲儿；你脸红个什么劲儿；你哭个什么劲儿；你看个什么劲儿；你跑个什么劲儿；你闹个什么劲儿；你吵个什么劲儿；你急个什么劲儿；他兴奋个什么劲儿。

【… 个痛快】 … ge tòngkuai ［四级］

例句▶ 难得有机会出来喝酒，今天我们一定要喝个痛快，不醉不归！ ‖ 小王，你先别去安慰她，让她一个人哭个痛快，哭出来就好了。

解释▶ 痛快：欲望或兴趣得到尽量的满足。让某人尽可能地按照自己的心愿做某事，让他（她）感到心情愉快、十分满足。多指吃、玩、乐、唱、跳等生活和娱乐方面，也指能得到乐趣的、感到过瘾的事情。较少是不愉快的事情。前面常有别的句子进行说明，有时后面也有句子作进一步补充。○多用于叙事和对话，口语。

★ **动词＋个痛快。** 在句中常作谓语。结构中的动词多是单音节词。一般上下文比较清楚，动词后面不加宾语，需要时可放在动词前面。

扩展▶ 玩个痛快；吃个痛快；游泳游个痛快；看个痛快；唱个痛快；读个痛快；洗个痛快；聊个痛快；吵个痛快；说个痛快；写个痛快；买个痛快；赢个痛快；骂个痛快。

【各 … 各的（…）】 gè … gè de（…）［三级］

例句▶ 自从离婚以后，他俩就各过各的了，再也没有联系过。‖ 考试的时候，希望大家各做各的，不要和别人讨论，也不要互相看答案。‖ 虽然这些学生学习成绩不很好，但是他们各有各的长处，比如这个学生热爱音乐，那个同学对画画儿很感兴趣。

解释▶ 每个人都有自己的……，做自己的……。表示互相不一样，或互不影响。多用于描述群体内不同人的情况。结构前常有一个表示一定范围的代词，如“你们、大家、他们”等，表示在这个范围内的每个人都有……，做……。前后常有别的句子作相关的说明或补充。○多用于叙事和对话，口语。

★ **各＋动词＋各的＋（名词）。** 框架格式，在句中常作谓语。结构中的动词多是单音节词。

扩展▶ 各忙各的；各说各的；各玩各的；各想各的；各唱各的；各学习各的；各读各的书；各赚各的钱；各找各的朋友；各吃各的饭；各走各的路；各出各的差；各睡各的觉。

【给 A B 】 gěi A B ［一级］

见 252 页【给…以…】 条。

【给 … 拜年】 gěi … bàinián ［七—九级］

例句▶ 爸爸、妈妈，今年我不能回老家了，就在电话里给你们二老拜年了！‖ 随着手机、微信、网络的普及，越来越多的人在春节期间通过短信、微信、邮件的方式给朋友、同事拜年。

解释▶ 向某人（长辈、亲戚、朋友、邻居等）表达新年的祝福。拜年是中国民间的传统习俗，是送旧年、迎新年、相互表达美好祝愿的一种方式。除了去别人家里拜年外，现在还有以网络传信、手机电话或短信的形式给人拜年。结构位置比较灵活，前后常有别的句子作相关的说明或补充。○多用于叙事和对话，口语。

★ **给 + 名词 / 代词（指人）+ 拜年。** 框架格式，在句中常作谓语。结构中的“给 + 名词 / 代词（指人）”是介词短语。否定表达为“没给…拜年”“不给…拜年”。

扩展▶ 给您老人家拜年；给你们拜年；给爷爷奶奶拜年；给父母拜年；给大家拜年；给亲人拜年；给朋友拜年；给家里老人拜年。

【给 … **带来** … 】 gěi … dàilái … ［一级］

例句▶ 孩子的出生，给家庭带来了无穷的乐趣，父母觉得每天最快乐的事就是和孩子在一起。‖ 她希望跟你结婚不仅能给她带来生活上的变化，还能给她带来真正的幸福。‖ 五十年前我还是个小女孩，亲身经历了那场战争，我知道战争给人民带来的只有巨大的痛苦和永久的悲伤。

解释▶ 人、事物的出现或一件事情的发生引起某人心理或状态的变化，以及引出某种结果。“带来”的宾语多是抽象的东西，包括好的和不好的。多用于抽象事物。结构位置比较灵活，前面常有别的句子作相关的说明，后面的句子或解释具体的情况，或指出出现的结果等。○多用于叙事和对话。

★ **给 + 名词 $_1$ / 代词（指人）+ 带来 +（名词 $_2$ / 形容词 + 的）+ 名词 $_3$。** 框架格式。在句中常作谓语。结构中的“给 + 名词 $_1$ / 代词（指人）”是介词短语。否定表达为“没给…带来…”。

扩展▶ 他的帮助给我们带来极大的方便；事业上的成功给他带来无比的兴奋；谁能给我带来真正的幸福；他的话给我带来了很大的伤害；大雾给交通带来麻烦；环境的破坏给人类带来无穷的灾难；不负责任的做法给大家带来严重的后果；自然灾害给人民带来极大的损失。

【给 …（点儿）**颜色看**（看）】 gěi …（diǎnr）yánsè kàn（kan）［二级］

例句▶ 这次我就原谅你，但是如果你再不听话，非给你点儿颜色看看不可。‖ 这次考试怎么这么差，下次如果还是考成这样，小心你爸爸给你颜色看。‖ 其实要管好孩子，必要时应该给他点儿颜色看，让他知道什么事情不该做。

解释▶ 颜色：显示出厉害的脸色或做法。指对某人采取一些不客气的做法或行动，让对方感到害怕或屈服。多是因为之前这个人做了不好、不对，或者让人不满意的事。多用于将要发生的事，带有警告、威胁的语气和意味。结构前常有“一定要、想、非要、小心、会”等词语表示说话人的决心或警告。结构位置比较灵活，前后常有别的句子作相关的说明或补充。○多用于叙事和对话，口语。◇ 也说“给…（点儿）颜色瞧瞧”。

★ **给 + 名词 / 代词（指人）+（点儿）颜色看（看）。** 框架格式。在句中常作谓语。结构中的“给 + 名词 / 代词（指人）”是介词短语。否定表达为“不会给…颜色看”“不想给…颜色看”“没有给…颜色看”等。

扩展▶ 再不听话就给你点儿颜色看看；他想给我颜色看；到时候得给他点儿颜色看；一定要给他点儿颜色看吗；没人会给你颜色看；谁敢给他颜色看。

【给 …（点儿）颜色**瞧瞧**】 gěi …（diǎnr）yánsè qiáoqiao ［五级］

见 249 页【给 …（点儿）颜色看（看）】条。

【给 … **介绍**（…）】 gěi … jièshào（…）［一级］

例句▶ —你怎么连她都不认识？—你又没有给我介绍过，我怎么会认识她呢？‖ 欢迎大家来我们公司参观，下面，就由我给大家简单介绍一下我们公司的情况。‖ 在这家自行车店，售货员正在给顾客介绍，说明他们自行车的材料、质量和特点。

解释▶ 通过口头或通过电话、书信等方式告诉某人有关的事情，让他（们）认识或初步了解某人或某事物；有时也可以是要求对方告诉自己某人某物的一些情况。结构位置比较灵活，前后常有别的句子作相关的说明或补充。○多用于叙事和对话，口语。◇ 也说“向…介绍（…）”。

★ **给 + 名词 $_1$ / 代词 $_1$（指人）+ 介绍 +（名词 $_2$ 短语 / 代词 $_2$［指人］）。** 框架格式。在句中常作谓语。结构中的“给 + 名词 $_1$ / 代词 $_1$（指人）”是介词短语。

扩展▶ 一路上他不停地给我介绍；来，我给你们两位介绍一下；给大家介绍这部电影；给朋友介绍这个饭店的特色菜；给读者介绍故事发生的背景；你能给我们介绍一下这个城市的情况吗；给别人介绍说我是他朋友；你从没给我介绍过她。

【给 … V 来 … 】 gěi … V lái … ［一级］

例句▶ 生病的那几天，朋友们都来医院看我，还给我买来了很多营养品和水果，我特别感动。‖ 他虽然常年在国外生活，但是每个月总会给在国内的我发来几封电子邮件，打来几个电话。

解释▶（某人）使某人或某物得到了某种东西，也指某种情况或现象使得某人或某物发生变化。结构中的动词多是表示行为的（带、送、买、拿、寄、运）动词。结构位置比较灵活，前后常有别的句子作相关的说明或补充。○多用于叙事和对话。

★ **给 + 名词$_1$ / 代词（指人）+ 动词 + 来 + 名词$_2$短语。** 框架格式。在句中常作谓语。结构中的名词$_1$常指人，名词$_2$短语常指东西。结构中的“给 + 名词$_1$ / 代词（指人）”是介词短语。否定表达为“没给 A …来 B”。

扩展▶ 给你送来了一件礼物；给母亲寄来了一封信；给病人拿来了一些药；一场雨给大地带来了清新的空气；给灾区运来了各种物资；给大家带来了希望；这些东西下周我给你寄来；这个消息给小王带来了沉重的打击；给公司带来了巨大的经济损失。

【给 … 留下 … 的**印象**】 gěi … liúxià … de yìnxiàng ［三级］

例句▶ 第一次见到她时，她在安静地看书，那认真学习的样子一下子就给我留下了很好的印象。‖ 还记得我们的中学同学张丽吗？她在毕业晚会上跳了一支舞，给同学们留下了难忘的印象。

解释▶ 某人或某事在某人的记忆里很深或很特别。多指通过直接接触而使某人在记忆中对别人有一种感觉。这种感觉多指好的方面，也可指不好的。结构位置比较灵活，前面常有别的句子进行说明，后面有时有句子作进一步补充。○多用于叙事和对话。

★ **给 + 名词 / 代词（指人）+ 留下 + 形容词 + 的印象。** 框架格式，在句中常作谓语。结构中的“给 + 名词 / 代词（指人）”是介词短语。否定表达有两种，一种是事前否定，如“不要给…留下不好的印象”；一种是事后否定，如“没有给…留下不好的印象”。

扩展▶ 给他留下了深刻的印象；给每个人都留下了特别的印象；给他留下了很差的印象；怎么才能给人留下好印象；不希望给人留下不好的印象；没有给大家留下很深的印象。

【**给我 …（一）点儿**】 gěi wǒ …（yì）diǎnr ［一级］

例句▶ 你们听着，都给我安静点儿，老板马上就要到了！‖ 过马路的时候，给我小心点儿，要先看看两边，确定没有车经过再走。‖ 我们现在不赶时间，你给我走慢一点儿，不用那么快。

解释▶ 希望听话人……一点儿。这里的“给我”没有实在的意思，表示命令别人。带有建议、要求、提醒或警告的语气。结构中的形容词为可以变化或可以控制的。多用于长辈对晚辈，或者地位较高的人对地位较低的人或下属。前后常有别的句子作相关的说明或补充。多用于第二人称。○多用于叙事和对话，口语。

★ **给我+(动词)+形容词+(一)点儿。** 框架格式。在句中常作谓语，也可独立成句。结构中的“给我”是介词短语。

扩展▶ 给我慢一点儿；给我努力点儿；给我热情点儿；给我老实点儿；给我乖点儿；给我快点儿；你给我客气点儿；你得给我主动点儿；给我放聪明点儿；给我做仔细点儿。

【给 … 一种 … 的**感觉**】 gěi … yìzhǒng … de gǎnjué ［二级］

例句▶ 比赛后我坐在球场上，他朝我得意地一笑，给我一种胜利者的感觉，好像在说：“怎么样，我比你厉害吧！”‖ 这里除了大山和密林，就是轻轻的流水声，给我们一种进入仙境的感觉，实在是太美了。‖ 他遇到谁都不打招呼，装作不认识，给人一种很冷淡的感觉，所以没有人愿意和他交朋友。

解释▶ 某人、某事或某种现象和环境使人产生一种……的感觉，让人觉得……。多是通过观察、接触得到的。多用来描述人或事情。前面常有别的句子作相关的说明和描写，后面多是对某种感觉的补充。○多用于描写、叙事和对话。

★ **给+名词$_1$/代词(指人)+一种+名词$_2$/动词/形容词+的感觉。** 框架格式。在句中常作谓语。结构中的“给+名词$_1$/代词(指人)”是介词短语。

扩展▶ 给大家一种成功人士的感觉；给我一种温暖的感觉；给人一种快乐的感觉；给我一种幸福的感觉；他的话给人一种成熟的感觉；给人一种说不出的感觉；给人一种失望的感觉。

【给 … 以 … 】 gěi … yǐ … ［一级］

例句▶ 他们都是刚来我校学习的留学生，对这里的一切都不熟悉，请大家给他们以更多的关心和照顾。‖ 观众朋友们，让我们给表演者以热烈的掌声，感谢他们给我们带来的精彩演出。‖ 这幅画给人以清新的感觉，看到画中的绿树和草地，人们就会感到自己又回到了大自然中。

解释▶ 使某人得到某物。这里的某物多是抽象的，比如感觉、印象、帮助、影响、关心、照顾等。多用来描述事物和建议。用“以”引出的名词前一般要有定语。结构位置比较灵活，前后常有别的句子作相关的说明或补充。○多用于叙事，书面语。◇ 也说“给 A B”。这时可用于书面语、口语。

★ **给+名词$_1$/代词(指人)+以+形容词+(的)+名词$_2$。** 框架格式。在句中常作谓语。结构中的“给+名词$_1$/代词(指人)”是介词短语。

扩展▶ 给有困难的人以更多的帮助；给顾客以最大的优惠；给人以好的印象；他总给人以阳光、帅气的感觉；给孩子们以优越的生活条件；给今后的生活以深远的影响；给优胜者以极大的鼓励；给敌人以沉重的打击。

【根据…（的）A】 gēnjù…（de）A ［四级］

例句▶ 根据学生们的建议，学校从这个学期开始开设了太极拳、武术、绘画等课程，受到了大家的欢迎。‖ 根据最新的气象资料，明天到后天本市温度将下降 5—8 度。‖ 根据中国法律的规定，男的结婚年龄不能早于 22 周岁，女的不能早于 20 周岁。

解释▶ 把某种资料、规定、法律以及建议、要求、理论等作为前提、基础或参考条件，在这基础上做出判断、决定，或提出某种观点，或做某事。多用于抽象事物、正式场合。多放在句首，后面是关于某方面或某件事情的完整叙述。○多用于叙事。

★ **根据＋名词$_1$ / 动词 / 形容词 / 主谓短语＋（的）＋名词$_2$。** 介词短语。常在句首，作状语。

扩展▶ 根据大家的意见；根据你提出的建议；根据顾客的要求；根据学校规定；根据相关知识；根据新闻报道；根据最新信息；根据气象部门预报；根据现有的资料；根据我们掌握的资料；根据作文规定的题目；根据植物生长的规律。

【根据…来…】 gēnjù…lái… ［四级］

例句▶ 上大学之前，每个人都应该根据自己的兴趣和爱好来选择专业。‖ —怎么能知道一棵树长了几年了？—我们可以根据树的年轮来计算出它的年龄。‖ 王叔叔已经开好几年车了，他能根据身后汽车发出的声音来判断它的远近。

解释▶ 把……作为办事的前提、判断的基础，或参考条件。结构位置比较灵活，前后常有别的句子作相关的说明或补充。注意▶“根据”后一般不出现单音节词，至少是双音节词。○多用于叙事和对话。

★ **根据＋名词$_1$＋来＋动词＋（名词$_2$ / 小句）。** 框架格式。在句中常作谓语。结构中的“根据＋名词$_1$”是介词短语。

扩展▶ 根据同学们的个子来安排座位；根据自己的经验来判断；根据自己的想法来找女朋友；根据自己的特点来选择职业；根据自己的爱好来买东西；这部电影是根据小说来改编的；根据他（她）穿的衣服来判断他（她）是一个什么样的人。

【跟 …（保持）联系】 gēn …（bǎochí）liánxì ［三级］

例句▶ 如果你一直不打电话给他，他自然会主动跟你联系的。‖ 妈妈告诉我，她已经跟一个音乐老师联系好了，让我每个周末去老师那儿学音乐。‖ 毕业以后，我一直跟小王保持联系，所以他的情况我很清楚。

解释▶ 保持：在一段时间里情况、状态不变。在一段时间内，通过打电话、写信、网络或见面等方式和某人有接触和关系。结构位置比较灵活，前后常有别的句子作相关的说明或补充。○多用于叙事和对话。◇也说“和…（保持）联系”“与 …（保持）联系”，后一用法用于书面语。

★ **跟 + 名词 / 代词（指人）+（保持）联系。** 框架格式。在句中常作谓语。结构中的“跟 + 名词 / 代词（指人）”是介词短语。结构中的“联系”也可以直接带宾语，如“跟你联系”也说“联系你”。否定表达为“不（想 / 会）跟…（保持）联系”“没有跟…（保持）联系”。

扩展▶ 到时再跟我联系；随时跟我们联系；我怎么跟你联系；我跟他们好久没有联系了；应该跟同学保持联系；跟家里失去了联系；不愿意跟那些人保持联系。

【跟 … 比】 gēn … bǐ ［一级］

例句▶ —小王，你做的菜可真好吃。—哪里哪里，跟我妈比，我还差得远呢！ ‖ 自从这家饭店换了老板以后，无论是菜的味道还是服务都跟以前没法儿比了，生意也大不如以前了。‖ 我怎么能跟她比跳舞呢，她从小就练跳舞，现在已经十多年了，而我是最近才开始学习的。

解释▶ 跟某人或某事比较，意思是看谁或者哪个更好。结构位置比较灵活，前后常有别的句子作相关的说明或补充。○多用于叙事和对话，口语。◇也说“和…比”。

★ **跟 + 名词 $_1$ / 代词（指人）+ 比 +（名词 $_2$ / 动词）。** 框架格式。在句中常作谓语。结构中的“跟 + 名词 $_1$ / 代词（指人）”是介词短语。结构中的名词 $_2$ 或动词为比较的内容。否定表达为“跟…没法儿比”“没法儿跟…比”“跟…不能比”“不能跟…比”，意思是没有某人或某事好。

扩展▶ 谁想跟我比；不想跟他比跑步；你应该跟他比成绩；他能跟你比；我跟他简直没法儿比；她跟她姐姐不能比；在数量上跟他们没法儿比；打篮球的水平跟你没法儿比；我们跟他都不能比；我怎么能跟你比；谁都不能跟他比；我们没法儿跟你们比。

【跟…比起来】gēn … bǐ qǐlái ［一级］

例句▶ 在北京家家都有暖气，即使是冬天，家里的温度跟外面比起来，差不多要高二十多度。‖跟不吃饭比起来，跑步的减肥效果可能更好，而且对身体也没有坏处。‖你不要总觉得自己的房子小、工资低，其实我的情况跟你比起来，也好不了多少。

解释▶ 和（某人某物）相比较。后面常有“比”的差别或结果。结构位置比较灵活，前后常有别的句子进行说明或补充。○多用于叙事和对话，口语。◇也说“和…比起来”。

★ **跟＋名词／动词／代词（指人）＋比起来。** 框架格式。在句中常作状语。作状语时，后面的内容常表示比较出的差别或结果。注意▶ 结构没有否定形式。结构中的“跟＋名词／动词／代词（指人）”是介词短语。

扩展▶ 跟当年比起来，现在条件好多了；跟他们比起来，我算是很幸福了；跟你的成绩比起来，我的太差了；跟年轻人比起来，我真的老了；跟同学比起来，我差得远呢；跟专业人士比起来，我们是门外汉；跟一般人比起来，你已经很不错了；这里的环境跟我老家比起来好多了；鲜奶跟酸奶比起来味道更好。

【跟…不同的是…】gēn … bùtóng de shì … ［一级］

例句▶ 每个女孩子都爱美，我也是。但是我跟别的女孩子不同的是，虽然爱美，但我更爱健康。‖这种冰箱跟那种冰箱样子差不多，但是这种跟那种不同的是用电量更少，所以你还是买这种吧！‖跟以前学校的运动会不同的是，这次运动会从以前的半天改成了现在的一天。

解释▶ 两人或两物的区别是……。通常指出同类人、事物或相近事物之间的不同的地方。有时先指出相同的情况，再说明不同的情况。含有强调的意味。结构位置比较灵活，前面有别的句子说明情况，后面的句子补充说明不同的地方在哪儿。○多用于叙事和对话，口语。◇也说“和A不同的是B”。

★ **跟＋名词＋不同的是＋小句。** 框架格式。在句中作谓语，也可独立成句。结构中的“跟＋名词”是介词短语。

扩展▶ 跟你不同的是，他对这件事很有信心；跟以前不同的是，她现在有了新的男朋友；跟中国不同的是，这个国家的女人大都不工作；跟以前的比赛不同的是，这次比赛参加的人数更多了；跟别的动物不同的是，狗能了解人类的感情；跟别的疾病不同的是，这种病还没有特效药。

【跟 … 不相干】 gēn … bù xiānggān ［超纲］

例句▶ 我不管你了，以后你想干什么就干什么，想去哪儿就去哪儿，跟我再也不相干了！‖ 你说的这些我都同意，可跟我们今天谈的话题不相干，不能解决实际问题。‖ 他并没正面回答我的问题，只给了我一个答案，而且是一个跟我的问题毫不相干的答案。

解释▶ 相干：有关联。跟……没有什么关系和联系，不相互影响。“不相干”前常有“根本、毫、并、最、完全、一点儿”等词来加强否定语气。结构位置比较灵活，前面常有别的句子作相关的说明，有时也直接引出话题，有时后面有句子作进一步补充。○多用于叙事和对话，口语。◇ 也说“和…不相干”“跟…无关”“与…不相干”，后两个用法多用于书面语。

★ **跟 + 名词 / 代词（指人）+ 不相干。** 框架格式。在句中常作谓语、定语。结构中的“跟 + 名词 / 代词（指人）”是介词短语。肯定表达多用于反问句，也表示不相干，如“跟你相干吗？”“跟你有什么相干的？”。

扩展▶ 跟你有什么相干的；我的失败跟你并不相干；这事好像跟你不相干似的；这事由我负责，跟他不相干；你怎么说的跟做的一点儿不相干；问一些跟课堂不相干的问题；我是一个跟你不相干的人；从事与专业不相干的工作。

【跟 … 不相上下】 gēn … bùxiāng shàngxià ［七—九级］

例句▶ 你买的这款手机价格跟我的不相上下，但却比我的更漂亮，更好用，真想跟你换着用。‖ 虽然他年纪不大，但论能力，他跟他哥哥不相上下，甚至比他哥哥更厉害。

解释▶ 不相上下：分不出高低。跟某人或某物相比较，分不出好坏、高低。实际意思是某人或某物不比……的差，或跟……差不多，把事情多往好的方面说。比较的内容多是数量、程度等方面。结构位置比较灵活，前后常有别的句子作相关的说明或补充。○多用于叙事和对话，书面语。◇ 也说“和…不相上下”。

★ **跟 + 名词 / 代词（指人）+ 不相上下。** 框架格式。在句中常作谓语。结构中的“跟 + 名词 / 代词（指人）”是介词短语。

扩展▶ 他的水平跟我的不相上下；我跟他速度不相上下；他们的产品跟大公司的不相上下；在质量方面，跟名牌产品不相上下；产量和去年不相上下。

【跟 … 差不多】 gēn … chàbuduō ［二级］

例句▶ —这次数学考试我得了 90 分，你呢？—我考得跟你差不多，91

分。‖ 你长得真快啊，以前你跟我差不多高，才两年不见，你就比我高了这么多。‖ 在商店里卖衣服的这个女孩子，跟我女儿差不多的年龄，可她已经在这里工作了好几年了。

解释▶ 跟某人或某物没有太大差别或者相近。用来和某人或某物对比，前后常有别的句子作相关的说明或补充。○多用于叙事和对话，口语。◇ 也说“和…差不多”。

★ 1）**跟＋名词/代词（指人）＋差不多。**

2）**跟＋名词/代词（指人）＋差不多＋形容词。**

框架格式。在句中常作谓语、定语或补语。结构中的“跟＋名词/代词（指人）”是介词短语。“差不多”否定表达为“不是差不多”，反义表达为“比…差得多”。

扩展▶ **句型1）**一切跟往常差不多；这个跟那个差不多；这里的气候跟我家乡的差不多；他们家的生活习惯和我们家差不多；你家交通跟我家差不多，都挺方便；跟你差不多的分数；跟这个桌子差不多的高度。

句型2）天气跟北京差不多冷；他跑的速度跟你差不多快；这箱子跟原来买的差不多大；这种纸跟以前的差不多厚。

【跟…**吵架**】 gēn … chǎojià ［三级］

例句▶ 我有一个朋友，说话声音特别大，不了解的人总以为她在跟人吵架，因此闹了不少误会。‖ 他平时跟妻子关系不错，但偶尔也会因为孩子的教育问题跟妻子吵架。

解释▶ 因在某事上想法、意见对立而跟某人大声说不礼貌的话，有时还用难听的话攻击对方。多是一种不文明的行为。结构前常有“动不动、不该、不要、曾经、已经、天天、平时、以前、怎么”等词。结构位置比较灵活，前后常有别的句子作相关的说明或补充。○多用于叙事和对话，口语。◇也说“和…吵架”。

★ **跟＋名词/代词（指人）＋吵架。** 框架格式。在句中常作谓语。结构中的“跟＋名词/代词（指人）”是介词短语。结构中的“吵架”是动宾结构，中间可插入别的成分，如“吵了一架、吵了三次架、吵完架”等。

扩展▶ 你跟你朋友吵过架吗；为了很小的事天天跟老婆吵架；怎么会跟一个孩子吵架；你今天是来跟我吵架的吧；动不动就跟人吵架；你怎么说话像跟人吵架似的；不应该跟父母吵架；已经跟他吵了三次架；有话好好说，跟他吵什么架。

【跟 … 成正比】 gēn … chéng zhèngbǐ ［超纲］

例句▶ 一般说来，一个人的学习成绩跟他的学习兴趣成正比，也就是说，越有兴趣，学习成绩就越好。‖ 一幅画是不是值钱，除了跟画儿本身有关以外，更重要的是跟这个画家的名气成正比。‖ 人的能力不一定跟年龄成正比，更多的是跟个人的性格和经验成正比。

解释▶ 两个事物，或一个人（或事物）的两个方面，因为一个方面发生变化，另一个方面也有相同方向的变化。多用于说明一般的情况、规律，用于正式场合。前面先引出话题，或有相关的说明，有时后面也有句子作进一步补充。○多用于叙事和对话。◇也说“和…成正比”。

★ **跟 + 名词 + 成正比。** 框架格式。在句中常作谓语。结构中的“跟 + 名词”是介词短语。反义表达为“跟…成反比”“和…成反比”，表示向相反方向的变化。比如：在同样的体重条件下，人的个子越高，人就越瘦，这是成反比。

扩展▶ 心情一般跟天气成正比；收入跟学历成正比；价格和质量不一定成正比；人的年龄跟富有程度也不一定成正比；青年人的年龄跟体力成正比；老年人的年龄跟体力成反比；美丽跟年龄不一定成正比。

【跟 … 打交道】 gēn … dǎ jiāodao ［七—九级］

例句▶ —你觉得她怎么样？—我跟她打交道的时间不长，所以不太了解她。‖ 我是一个公司职员，我们这种工作要求每天都跟电脑打交道，时间长了，眼睛看东西越来越模糊了。

解释▶ 打交道：交际，来往，联系。跟……互相来往，跟……联系或接触。对象可以是人，也可以是物或某些部门。跟人或部门打交道多指因工作或临时需要发生联系或来往；跟物打交道多指生活或工作中接触得多。有时直接引出话题，后面再作补充；有时前后有别的句子作相关的说明或补充。○多用于叙事和对话，口语。◇也说“跟…交往”“和…打交道”“和…交往”。前者的对象是人。

★ **跟 + 名词短语 / 代词（指人）+ 打交道。** 框架格式。在句中常作谓语。结构中的“打交道”是动宾短语，中间可以插入别的成分，如“打了一辈子交道、打了多少交道”。

扩展▶ **用法 1）**跟别人打交道；不要跟那些人打交道；你现在还跟他打交道吗；跟外国人打了十年的交道；跟这类人没有什么好打交道的；他什么时候开始跟你打交道的；不想和这种人打交道；不愿意和陌生人打交道；不跟他打交道；没跟他打过交道。

用法2) 跟书本打交道；他整天和熊猫打交道；跟动物打了一辈子交道；整天跟一堆数字打交道。

【跟…的**差距**】 gēn … de chājù ［五级］

例句▶ 既然这次考试考得不好，你就应该找出跟其他同学的差距，努力赶上。‖ 来中国之前，我觉得中国是一个很古老的国家；来了以后才发现跟我想象中的差距这么大，原来中国也有很多现代化的城市。

解释▶ 人之间、事物之间或情况之间相差的距离。通常结构中出现的人或物相对是更好的。如“我跟他的差距”指“我不如他”；“他跟你的差距”指“他不如你”。后面常常加上形容词“大”或“小”说明差别的程度。结构位置比较灵活，前后常有别的句子作相关的说明或补充。多用于抽象事物。○多用于叙事和对话。◇也说“和…的差距”。

★ **跟＋名词 / 代词（指人）＋的差距。** 整个结构是一个名词短语，在句中常作主语、宾语。结构中的“跟＋名词 / 代词（指人）”是介词短语。

扩展▶ 跟第一名的差距比较大；你跟他的差距多大啊；跟现实生活之间的差距；国内跟国外的差距；跟国内先进水平的差距；跟世界强队的差距并不大；我们跟人家的差距太大了。

【跟…**发脾气**】 gēn … fā píqi ［七—九级］

例句▶ 你心情不好，又不是我的错，为什么要跟我发脾气呢？ ‖ 那段时间我心情不好，动不动就跟妻子发脾气。现在想起来，真是不应该。

解释▶ 发脾气：人在不如意的情况下，不能控制自己的语言或行为。通过大声训斥、吵架、骂人，甚至哭闹等行为来表示自己的不愉快或不满，程度通常比较高。结构位置比较灵活，前后常有别的句子作相关的说明或补充。○多用于叙事和对话，口语。◇也说“和…发脾气”“向…发脾气”。

★ **跟＋名词 / 代词（指人）＋发脾气。** 框架格式。在句中常作谓语。结构中的“跟＋名词 / 代词（指人）”是介词短语。结构中的“发脾气”是动宾结构，中间可插入其他成分，如“发这么大脾气、发起脾气来”等。

扩展▶ 不要总是跟我发脾气；我没有跟你发脾气；我是不会跟他发脾气的；你跟她发什么脾气呀；跟谁发这么大的脾气；就是不能跟车子发脾气；我心里有苦说不出，只好跟家人发脾气；父亲跟儿子发脾气。

【跟…分手】 gēn…fēnshǒu ［四级］

例句▶ —昨天晚上我们吃完饭后你去哪儿了？—昨晚跟你分手后，我哪儿也没去，直接回家了。‖—你和你的女朋友最近怎么样了？—还什么女朋友呀，我跟她早就分手了！

解释▶ 跟某人一起活动后各自离开；也指不再维持男女朋友关系或夫妻关系。结构前常有"决定、已经、马上、想、很快、不得不、真的、不希望"等词表示分手的时间和状态等。结构位置比较灵活，前后常有别的句子作相关的说明或补充。○多用于叙事和对话，口语。◇也说"和…分手"。

★ **跟＋名词/代词（指人）＋分手。** 框架格式。在句中常作谓语。结构中的"跟＋名词/代词（指人）"是介词短语。

扩展▶ **用法1**）跟某人一起活动后各自离开：得在这儿跟你们分手了；聊了好一会儿才跟他分手；我跟她分手之后各回各的家；我们该分手了，已经很晚了。

用法2）不再维持男女朋友关系或夫妻关系：真的要跟你男朋友分手吗；她不想跟你分手；刚跟他分手没多久；你为什么要跟他分手啊；决定跟丈夫分手；你们到底是谁跟谁分手啊；终于下决心跟他分手；你跟他分手以后怎么办。

【跟…告别】 gēn…gàobié ［三级］

例句▶ 明天我就要跟生我养我的家乡告别，去一个遥远的地方，开始自己新的人生。‖今天我是来跟你告别的，公司派我去国外工作，可能我要在那儿待三年。‖我决定跟自己的过去告别，重新开始新的生活。

解释▶ 离开，和某地分别；打招呼告诉某人要离开他；也比喻远离过去某个阶段，如做的事、从事的工作或学习等，包括犯过的错误、自己不喜欢的某阶段或希望改变一下，所以多用于抽象事物。结构位置比较灵活，前后常有别的句子作相关的说明或补充。○多用于叙事和对话。◇也说"和…告别""向…告别""与…告别"，后一用法用于书面语。

★ **跟＋名词短语/代词（指人）＋告别。** 框架格式。在句中常作谓语。结构中的"跟＋名词短语/代词（指人）"是介词短语。

扩展▶ **用法1**）离开某地：跟家乡暂时告别；跟故乡告别。

用法2）离开某人：走的时候忘了跟他告别；高高兴兴地跟他们握手告别；没有跟他和家人告别就离开了；我都不知道该怎么开口跟老人告别。

用法3）远离过去某个阶段：很快就要跟大学生活告别了；退休了，得跟熟悉的工作岗位告别。

【跟…沟通】gēn…gōutōng ［五级］

例句▶ 我们公司的老板是个外国人，在中国已经生活十多年了，现在他已经能用流利的汉语跟公司职员沟通。‖ 虽然父子俩坐着不说一句话，但看得出来，儿子在用眼神跟父亲沟通，好像在说："对不起，我错了。"‖ 您能不能尝试改变一下跟他沟通的方式，说不定你们俩之间的矛盾能少很多。

解释▶ 沟通：（通过语言或其他手段）使两方面连接起来。表示跟某人交换想法或意见，通过了解对方的想法或看法，消除矛盾和误解。多用在生活、工作、学习等活动中。结构位置比较灵活，前后常有别的句子作相关的说明或补充。○多用于叙事和对话。◇也说"跟…交流""和…沟通""和…交流""与…沟通"，后一用法用于书面语。

★ **跟＋名词／代词（指人）＋沟通。** 框架格式。在句中常作谓语、定语。结构中的"跟＋名词／代词（指人）"是介词短语。表示方式的介词短语可以放在"跟…沟通"结构的前面或者中间，如：用汉语跟职员沟通／跟职员用汉语沟通。否定表达为"不（想／会／能）跟…沟通""没跟…沟通"。

扩展▶ 跟学生多沟通；跟他很难沟通；需要跟你沟通一下；必须事先跟大家沟通好；学会跟人交流和沟通；就这个问题跟孩子沟通过；跟设计师多沟通沟通；公司以电话的形式跟顾客沟通；应该增加你和大家沟通的机会；注意跟对方沟通的方式。

【跟…过不去】gēn…guòbúqù ［一级］

例句▶ 你有的是钱，干嘛日子过得这么节省，总跟自己过不去呢？‖ 看样子"老天爷"似乎有意跟人过不去，又是下雪，又是刮风，在外面眼睛都睁不开。‖ 我们提出的每个建议你都反对，我看你就是想跟我们过不去！

解释▶ 让某人为难或不好过，给人出难题，或反对某人某事，或给人造成阻碍，使事情不能顺利进行。有的是故意的，有的不是故意的。对象主要是别人，也可以是自己。可用来劝说别人或表示不明白。结构前常有"干嘛、存心、似乎、有意、好像在"等词语。结构位置比较灵活，前面常有别的句子作相关的说明，有时后面也有句子作进一步补充。○多用于叙事和对话，口语。◇也说"和…过不去""同…过不去"。

★ **跟＋名词／代词（指人）＋过不去。** 框架格式。在句中常作谓语。结构中的"跟＋名词／代词（指人）"是介词短语。

扩展▶ 不知为什么总跟我过不去；你这是故意跟我们过不去；倒不是想跟你过不去；就是想跟他过不去；干嘛跟他过不去；你怎么总跟自己过不去；你这样做不是在跟自己过不去吗；似乎有意跟人过不去；好像在跟大家过不去。

【跟…见面】 gēn … jiànmiàn ［一级］

例句▶ 还记得我家附近的那个小公园吗？那是我第一次跟你见面的地方。‖我去年跟这个人只见过一次面，以后再也没有见过他了。‖这个月我一直都在加班，跟朋友见面的次数比较少。

解释▶ 和某人相见。前面常引出话题，或时间、地点等，后面有别的句子作进一步补充。有时前后都有别的句子作相关的说明或补充。○多用于叙事和对话。◇也说"和…见面"。

★ **跟＋名词/代词（指人）＋见面。** 框架格式，在句中常作谓语、定语。结构中的"跟＋名词/代词（指人）"是介词短语。结构中的"见面"是动宾结构，中间可插入其他成分，如"见了一面""见的面"等。否定表达为"没跟…见面""不（想/愿意/能）跟…见面""别跟…见面"。

扩展▶ 跟大家见面；什么时候跟他见面；总是想跟朋友见一面；不想再跟你见面了；没跟他见过面；曾经跟他见过面；昨天在学校跟他见了一面；无法跟家人见上面；作者希望跟读者见见面；他不愿意跟我见面；跟你第一次见面的地方；上次跟我见面的时间。

【跟…讲道理】 gēn … jiǎng dàoli ［二级］

例句▶ 孩子太小，还不懂事，跟他讲这些大道理没用，还不如讲些实际的。‖他明明借了你的钱还说没借，太过分了，我看跟这种人是不能讲道理的，再不还就对他不客气。

解释▶ 道理：事情对错的根据和理由。跟……谈对错是非。用事实和情理对自己认为正确的事情一点儿一点儿地进行分析，目的是要对方分清对错或认识到自己的错。多用于双方意见不一、对方不知错或错了不改等情况。多是教师对学生、长辈对晚辈、上级对下级等，也有同学、朋友或一般人之间的。○多用于叙事和对话，口语。◇也说"和…讲道理"。

★ **跟＋名词/代词（指人）＋讲道理。** 框架格式。在句中常作谓语。结构中的"跟＋名词/代词（指人）"是介词短语。否定表达为"不能跟…讲道理""跟…没什么道理可讲"。

扩展▶ 跟学生讲道理；从小就跟孩子讲道理；他就爱跟人讲大道理；跟这种

人没办法讲道理；为什么不跟他讲道理；跟他们有什么道理可讲；跟你们没什么道理好讲；怎么能跟这种人讲道理；跟他讲道理讲得通吗。

【跟…交流】 gēn … jiāoliú ［三级］

见 261 页【跟…沟通】条。

【跟…交朋友】 gēn … jiāo péngyou ［二级］

例句▶ 小王又活泼又热情，我们公司谁都愿意跟他交朋友。‖ 刚来的时候他一个同学都不认识，但由于他性格开朗，很快就跟很多同学交上了朋友。‖ 他总是需要你的时候就联系你，不需要你的时候就忘记你了，所以千万不要跟这种人交朋友。

解释▶ 跟某人成为朋友或保持朋友关系。结构前常有“可以、愿意、喜欢、开始、为什么、不同意、敢、经常、千万别”等词语。前面常有别的句子说明“交朋友”的原因，有时后面也有句子作进一步补充。○多用于叙事和对话，口语。◇也说“和…交朋友”。

★ **跟＋名词/代词（指人）＋交朋友。** 框架格式。在句中常作谓语。结构中的“跟＋名词/代词（指人）”是介词短语。结构中的“交朋友”是动宾结构，中间可以插入别的成分，如“交上了朋友”“交什么朋友”。否定表达为“不/没有＋跟…交朋友”。

扩展▶ 同意跟我交朋友；想跟你交个朋友；你怎么能跟他交朋友；继续跟她交朋友；没有跟他交朋友；不会跟他交朋友；她跟他已经交上朋友了；跟他交什么朋友；不敢跟他交朋友。

【跟…交往】 gēn … jiāowǎng ［三级］

见 258 页【跟…打交道】条。

【跟…较劲】 gēn … jiàojìn ［七—九级］

例句▶ 别说大话，有本事明天比赛的时候你去跟他们较劲，看你怎么对付他们。‖ 中午在饭馆里喝了两瓶啤酒，他感觉自己头有点儿晕，想早点儿回家休息，可两条腿好像跟他较劲似的，就是不往回家的路上走。‖ 你还是好好休息吧，再忙也不能跟自己的身体较劲，生病了麻烦可就大了。

解释▶ 较劲：比力气，比高低。跟某人或某物比高低，比强弱；也指说完全相反的话、做完全对立或跟希望完全相反的事情。“较劲”的对象大多是别人，也可以是自己。结构前常有“别、爱、老、怎么、喜欢、总、又、非要”等词语。前后常有别的句子作相关的说明或补充。多用于抽象事物。○多用于叙事和对话，口语。◇也说“和…较劲”。

★ **跟+名词/代词（指人）+较劲。** 框架格式。在句中常作谓语。结构中的“跟+名词/代词（指人）”是介词短语。结构中的“较劲”是动宾结构，中间可插入别的成分，如“较什么劲、较一较劲、较起劲来”等。

扩展▶ 别总是跟他较劲；喜欢跟自己较劲；又开始跟人较劲了；你这是在跟我较劲吧；这人特爱跟人较劲；他算什么，敢跟你较劲；干嘛跟自己家人较劲；你怎么跟我较起劲来了；非要跟我较一较劲；跟他较什么劲；别跟他较劲；我不（想）跟你较劲。

【跟…**结婚**】 gēn … jiéhūn ［三级］

例句▶ 我还没跟她结婚呢，她现在还只是我的女朋友。‖ 小李跟他很早就谈恋爱了，大学一毕业就想尽快跟他结婚，可因为双方工作都太忙，一直拖到去年才把婚事办了。

解释▶ 跟某人成为法律上的夫妻，建立家庭。结构位置比较灵活，有时前面先引出话题，或有别的句子作相关的说明，后面再作进一步补充。○多用于叙事和对话，口语。◇也说“和…结婚”。

★ **跟+名词/代词（指人）+结婚。** 框架格式。在句中常作谓语。结构中的“跟+名词/代词（指人）”是介词短语。结构中的“结婚”是动宾结构，中间可插入其他成分，如“结了婚、结的婚”；有时也可倒装，如“婚也结不成了”。

扩展▶ 到底要跟谁结婚；跟自己爱的人结婚；很想跟他结婚；最后跟他结了婚；不会跟他结婚吧；不能跟他结婚；家人不同意我跟他结婚；跟他一直结不了婚；跟他连婚也结不了；姐姐跟姐夫结婚以前认识很多年了。

【跟…结下**不解之缘**】 gēn … jiéxià bùjiězhīyuán ［超纲］

例句▶ 他是乒乓球世界冠军，从六岁时他父亲送给他一副乒乓球拍开始，他就跟乒乓结下了不解之缘。‖ 他做梦也没想到，这辈子会跟中国结下不解之缘。他早期是在中国学习，后来娶了个中国妻子，现在已经定居在北京。

解释▶ 跟某人或某物产生了密切的联系或深厚的感情。最初多是偶然的接触，之后通常是较长时间不分离，长久从事相关工作或活动。结构前常有“倒是、因而、因此、没想到、却、居然”等词。前面常有别的句子说明接触或建立感情的原因或情况，有时后面有句子作进一步补充。

○多用于叙事，书面语。◇也说“和…结下不解之缘”“与…结下不解之缘”。

★ **跟+名词/代词（指人）+结下不解之缘。** 框架格式。在句中常作谓语。结构中的“跟+名词/代词（指人）”是介词短语。

扩展▶ 跟他结下不解之缘；从小就跟电影结下不解之缘；跟篮球结下了不解之缘；跟中国文化结下了不解之缘；这位诗人跟酒结下了不解之缘；他小小年龄，居然跟小说创作结下了不解之缘。

【跟…**开玩笑**】 gēn … kāi wánxiào ［超纲］

例句▶ 请你不要笑，我不是在跟你开玩笑，我说的一切都是真的。‖ 他的名字听起来比较像女孩子，所以朋友和同事们常拿他的名字跟他开玩笑。‖ 你在跟我开什么玩笑，现在都什么时候了，半夜让我陪你去爬山，我看你是在做梦吧！

解释▶ 为了自己开心或一时高兴，用言语或动作等逗别人或引人发笑，使气氛变得轻松愉快些；也指某人说出的话或做出的事不合适或难以让人相信，感觉是在开玩笑。“开玩笑”的对象往往是平辈或比自己小。一般不出现在正式、严肃场合。含有随便的意味。结构位置比较灵活，前后常有别的句子作相关的说明或补充。○多用于叙事和对话，口语。◇也说“和…开玩笑”。

★ **跟+名词/代词（指人）+开玩笑。** 框架格式。在句中常作谓语。结构中的“跟+名词/代词（指人）”是介词短语。结构中的“开玩笑”是动宾结构，中间可以插入别的成分，如“开一个玩笑、开什么玩笑”，前后还可以倒装，如“这种玩笑怎么好开呢”。

扩展▶ **用法 1**）表示用言语或动作等逗别人或引人发笑：不该跟你开玩笑；以为你在跟我开玩笑；拿这件事跟她开玩笑；跟你开个玩笑，别当真；跟老师开了个玩笑；别跟她开玩笑，她开不起玩笑；跟谁开玩笑呢；他尽爱跟人开玩笑；这种玩笑怎么好随便跟人开呢。

用法 2）表示某人说出的话或做出的事不合适或难以让人相信：这事不是在跟你开玩笑；开什么玩笑，谁相信啊；谁在跟你开玩笑，这是真的；我可没在跟你开玩笑，我是认真的；你开玩笑吧，怎么可能。

【跟…**聊天儿**】 gēn … liáotiānr ［六级］

例句▶ 跟你聊天儿很有意思，每次跟你聊天儿的时候，我都觉得时间过得特别快。‖ 他刚学会上网的时候，觉得上网特别有意思，而且总爱在网上跟人聊天儿。‖ 他是一个作家，有时候为了找写作的材料，常常去外边跟一些不认识的人聊天儿。

解释▶ 跟某人说说，谈谈。含有轻松、随便的意味。结构位置比较灵活，前后常有别的句子作相关的说明或补充。○多用于叙事和对话，口语。◇也说“和…聊天儿”。

★ **跟＋名词／代词（指人）＋聊天儿。** 框架格式。在句中常作谓语。结构中的“跟＋名词／代词（指人）”是介词短语。表示方式的介词短语可以放在“跟…聊天儿”结构的前面或者中间，如“在网上跟父母聊天儿”“跟父母在网上聊天儿”。结构中的“聊天儿”是动宾结构，中间可以插入别的成分，如“聊一会儿天儿”“聊聊天儿”。

扩展▶ 跟客人聊天儿；跟人聊起天儿来就没完没了；你在跟谁聊天儿呢；他怎么老爱跟你聊天儿；没时间跟你聊天儿；不想跟他聊天儿；你跟他聊什么天儿；我没怎么跟他聊过天儿；我一个人无聊，过来跟我聊聊天儿吧。

【跟 … **没什么两样**】 gēn … méi shénme liǎngyàng ［超纲］

例句▶ 你不用担心我的身体，我每天都去锻炼，身体跟十年前没什么两样，健康得很。‖ 虽然你是我最好的朋友，但在这件事上，你跟其他人没什么两样，一点儿也不理解我。

解释▶ 跟……没什么区别，差不多。用否定形式来强调和……差得不多或相同。多用于评价、比较人、物或情况。前面常有别的句子作相关的说明，后面也有句子补充没有两样的具体情况，有时后面也会指出不同的地方。○多用于叙事和对话，口语。◇也说“和…没什么两样”。

★ **跟＋名词／代词（指人）＋没什么两样。** 框架格式。在句中常作谓语。结构中的“跟＋名词／代词（指人）”是介词短语。

扩展▶ 跟一般的家庭没什么两样；他跟别的孩子没什么两样；对他简直跟自家人没什么两样；药片的味道跟水果没什么两样；当地的警察跟其他地方的没什么两样；情况跟报上说的没什么两样；两部手机是同一个牌子的，我的当然跟你的没什么两样。

【跟 … **面谈**】 gēn … miàntán ［超纲］

例句▶ 这件事在电话里说不清楚，我还是找个时间找个地方好好跟你面谈吧！ ‖ 其实你跟他没有太大的矛盾，只是没有好好沟通，如果有机会跟他面谈的话，我觉得很多问题都是可以解决的。

解释▶ 面谈：面对面地谈话。跟某人进行比较正式的对话，强调直接交流。

多跟工作、学习、生意等有关，或者比较重要的事情。多是因为电话或其他方式不方便或不合适。结构位置比较灵活，前面常有别的句子说明需要面谈的原因或目的，后面有时作进一步补充。○多用于叙事和对话。◇ 也说“和…面谈”。

★ **跟 + 名词 / 代词（指人）+ 面谈。** 框架格式。在句中常作谓语。结构中的“跟 + 名词 / 代词（指人）”是介词短语。

扩展▶ 找个机会跟她面谈一次；出去跟他们直接面谈；经理要跟你面谈；领导跟他已经面谈一个小时了；你什么时候去跟他面谈；听说你要跟我面谈；他正在跟校长面谈呢。

【**跟 … 请假**】 gēn … qǐngjià ［一级］

例句▶ 老师，麦克让我跟你请个假，他发烧了，不能来上课。‖ 这个月我因为家里有急事，一共跟老板请了五次假。

解释▶ 表示因为某种原因或特别的情况向某部门请求在一定时间内不工作或不学习。前面常有别的句子说明请假的原因、时间或目的等，有时后面有别的句子再进行补充。○多用于叙事和对话，口语。◇ 也说“和…请假”“向…请假”，后一用法比较正式。

★ **跟 + 名词 / 代词（指人）+ 请假。** 框架格式。在句中常作谓语。结构中的“跟 + 名词 / 代词（指人）”是介词短语。结构中的“请假”是动宾结构，中间可插入其他成分，如“请一个假、请半天假、请了假”等。

扩展▶ 跟领导请了两天假；跟公司请个假；没有跟学校请假；想跟老师请假去看病；你跟谁请的假；已经跟我请了很多次假了；我得（děi）跟老师请个假去医院。

【**跟 … 商量**】 gēn … shāngliang ［二级］

例句▶ 你现在是大人了，有些事不需要跟别人商量，应该自己决定。‖ 买房子是件大事，你还是先回去跟家人商量商量吧。‖ 高中毕业上大学那年，我没跟父母商量就选了一个离我家很远的学校，希望这样能培养自己独立生活的能力。

解释▶ 为了某件事情跟某人交换意见，寻找解决的办法或答案。多指双方不正式地交换意见，通常达成基本一致的看法；也指为了达成一致的意见而互相交换看法。结构前常有“先、必须、一定、打算、抓紧、已经、曾经、没必要、需要”等词语。结构位置比较灵活，前后常有别的句子说明需要商量的原因和内容等。○多用于叙事和对话，口语。◇ 也说

"和…商量"。

★ **跟+名词/代词(指人)+商量。** 框架格式。在句中常作谓语。结构中的"跟+名词/代词(指人)"是介词短语。

扩展▶ 先跟他商量一下;你赶快跟他们商量吧;我想跟大家商量商量;已经跟父母商量过了;这事不能跟他商量;我们不需要跟他们商量;跟他们商量不了;没有跟任何人商量;必须跟对方商量出解决的办法;曾经和对方商量过,但一直没有结果。

【跟…生气】 gēn … shēngqì [一级]

例句▶ 你有气明天找他去,现在可不要跟自己的身体生气,不吃饭身体会受不了的。‖一连两个月,太阳好像跟我们生气似的,总是躲在云后不出来,每天都是阴天。‖我知道他不高兴了,可刚劝了一句,他反倒说:"生气?跟谁?跟你?我敢吗?跟孩子?我忍心吗?跟别人?我犯得上吗?"一句话把大家说乐了。

解释▶ 因为不合自己的心意而不愉快或不满。多通过表情、语言或行为表现出来,如有时大声说让人听了不愉快的话,有时对谁都不理。生气的对象可以是别人,也可以是自己;可以是人,也可以是物。结构前常有"正、在、有、好像、爱、假装、别"等词语。前后常有别的句子作相关的说明或补充。○多用于叙事和对话,口语。◇也说"和…生气"。

★ **跟+名词/代词(指人)+生气。** 框架格式。在句中常作谓语。结构中的"跟+名词/代词(指人)"是介词短语。结构中的"生气"是动宾结构,中间可插入其他成分,如"生这么大气、生起气来"等。

扩展▶ 跟自己生气;你跟她生什么气呀;我是不会跟你生气的;不要总是跟我生气;跟谁生这么大的气;他爱跟谁生气我管得着吗;他又跟谁生气了;他爱跟人生气;父亲跟儿子生气;好像他在跟谁生气;我假装跟他生气。

【跟…似的】 gēn … shìde [四级]

见607页【像…似的】条。

【跟…说得来】 gēn … shuōdelái [一级]

例句▶ 他是一个性格开朗的人,跟谁都有话说,跟谁都说得来。‖孩子坐在公共汽车上,跟周围的叔叔阿姨都很说得来,别人问他什么,他就回答什么。‖我跟他性格不太合,跟他不怎么说得来,他说的东西我不感兴趣,我说的东西他也不爱听。

解释▶ 双方思想、脾气性格、兴趣爱好接近，有共同的话题，在一起有很多话说。多用来描写某人和别人在一起的情况。结构前常有“一向、倒是、怎么”等词语。结构位置比较灵活，前面常有别的句子说明某人的性格、特点等情况，后面的句子多是补充具体情况。○多用于叙事和对话，口语。◇也说“和…说得来”。

★ **跟 + 名词 / 代词（指人）+ 说得来。** 框架格式。在句中常作谓语。结构中的“跟 + 名词 / 代词（指人）”是介词短语。“说得来”前可加程度副词修饰，如“跟他特别说得来”“很说得来”。否定表达为“跟…说不来”。

扩展▶ 她一向跟别人说得来；倒是跟那些人都说得来；觉得跟你特别说得来；没人跟他说得来；怎么会有人跟他说得来；大家跟他都说不来；有谁跟他说得来吗；跟他说得来的人不多。

【跟 … 说（得）**清楚**】 gēn … shuō（de）qīngchu ［二级］

例句▶ 这件事说来话长，一时半会儿没法儿跟你说清楚，这样吧，咱们约个时间，坐下来好好聊聊。‖ 你现在别跟他说，他已经喝醉了，你跟他说得清楚吗？ ‖—你租的房子怎么样？大不大，好不好？—我跟你说不清楚，还是你自己来我家看看吧！

解释▶ “跟…说清楚”表示要和某人把事情明白地讲一讲，是将要去做某事；“跟…说得清楚”表示跟某人能够或可以说清楚，是对某事进行估计、预料或说明它的可能性。预料可能性不大的时候，常用反问句“怎么能跟…说（得）清楚”。否定表达“说不清楚”多是因为时间不够，事情太复杂或一些主客观情况。多用于双方意见、看法不同的情况。结构位置比较灵活，前后常有别的句子作相关的说明或补充。○多用于叙事和对话，口语。◇ 也说“和…说（得）清楚”。

★ **跟 + 名词 / 代词（指人）+ 说（得）清楚。** 框架格式。在句中常作谓语。结构中的“跟 + 名词 / 代词（指人）”是介词短语。否定形式为“跟…说不清楚”“没法儿跟…说清楚”。

扩展▶ **用法 1**）表示要和某人把事情明白地讲一讲：你去跟他说清楚；这件事我想跟大家说清楚；我现在就得跟你说清楚；你放心，会跟他说清楚的；怎么能跟他说清楚。

用法 2）表示跟某人能够或可以说清楚：这件事跟他说得清楚的；一句两句跟你说得清楚吗；跟你怎么说得清楚；一时半会儿跟你说不清楚；跟他怎么也说不清楚。

【跟…说好（了）】gēn … shuōhǎo（le）［一级］

例句▶ 不是早就跟你说好了吗，今天晚上来我家吃饭，你怎么一个人吃完了？‖你第一天来上班，公司的一些规定我要事先跟你说好，省得以后出现问题。

解释▶ 事先跟某人约定好某事；也指事先把相关的要求、规定向某人都说清楚，这样可以避免发生不该发生的事情。结构位置比较灵活，前面或后面常有别的句子作相关的说明或补充。○多用于叙事和对话，口语。◇也说"和…说好（了）"。

★ **跟+名词/代词（指人）+说好（了）。** 框架格式。在句中常作谓语。结构中的"跟+名词/代词（指人）"是介词短语。否定表达为"没跟…说好"。

扩展▶ **用法1）**表示事先跟某人约定好某事：没跟我说好；是什么时候跟你说好的；要不要先跟他说好；我已经跟你妈妈说好了，你放心吧；都已经说好了怎么又变了；我事先跟你说好了价格的。

用法2）表示事先把要求、规定向某人都说清楚：公司的规定我还是先跟你说好；这事在这里得先跟你说好了。

【跟…说话】gēn … shuōhuà［一级］

例句▶ 师傅，这是昨天在你们店里买的东西，质量有些问题，请你们经理出来，我要跟他说话。‖你也太不像话了！他是你爸，你怎么能这么跟你爸说话呢，一点儿礼貌也没有！‖—小王，你看见小丽了吗？—看见了，她跟王老师在教室里说话呢！

解释▶ 用言语对某人表达自己的意思或想法，多指有原因、目的的说话；也指跟某人聊天儿，这时多是无目的的。在前一用法中，说话的双方常常在年龄、地位、利害关系等方面有差别。结构位置比较灵活，前后常有别的句子作相关的说明或补充。○多用于叙事和对话，口语。◇也说"和…说话"。

★ **跟+名词/代词（指人）+说话。** 框架格式。在句中常作谓语。结构中的"跟+名词/代词（指人）"是介词短语。结构中的"说话"是动宾结构，可以说成"说说话、说了很长时间话、说了一会儿话"等。

扩展▶ **用法1）**表示有原因、目的的说话：别这么跟我说话；你过来，我要跟你说话；把你们老板叫出来，我要跟他说话；他亲自走出去跟司机说了一会儿话；有个人突然要跟我说话。

用法2）表示跟某人聊天儿：跟陌生人说了几句话；邻居们不再跟他

说话；找个合适的机会跟他说话；过来跟我说说话吧。

【跟…谈话】 gēn … tánhuà ［三级］

例句▶ —听说他要升职了？—是啊，昨天领导跟他谈了一次话，想让他做部门经理。‖ 我想找个时间跟您谈谈，把一些问题解决掉，不知道您有没有时间。

解释▶ 谈话：跟某人进行比较正式的对话，或者要了解情况，或者要对方做某事等，有明确目的。内容比较严肃，多是上级对下级、长辈对晚辈。多是面对面的交流，也可能是通过电话等其他方式。结构位置比较灵活，前后常有别的句子说明谈话的内容或目的。注意▶ 当面要求和某人谈话时，为了显得不那么严肃，多用“跟你谈谈”。○多用于叙事和对话，口语。◇ 也说“和…谈话”“同…谈话”“与…谈话”，后一用法多用于书面语。

★ **跟＋名词／代词（指人）＋谈话。** 框架格式。在句中常作谓语。结构中的“跟＋名词／代词（指人）”是介词短语。结构中的“谈话”是动宾结构，可以说成“谈谈话、谈过话、谈了一次话、谈了一下午话”等。

扩展▶ 老师已经跟他谈过话了；经理想跟我谈话，我有点儿担心；跟他谈话非常愉快；放假前，校长跟他谈了一次话；我现在通过手机跟你谈话；希望以后有机会跟你谈谈；可以跟您谈谈吗。

【跟…无关】 gēn … wúguān ［六级］

见 256 页【跟…不相干】条。

【跟…瞎闹】 gēn … xiānào ［超纲］

例句▶ 小王，你怎么能跟领导瞎闹呢，没大没小的！‖ 别再跟弟弟一起瞎闹了，他还小不懂事，难道你做姐姐的也不懂事吗？‖ 都这么晚了，你还跟孩子瞎闹什么，早点儿睡觉吧，明天还得上早班呢！

解释▶ 瞎闹：胡闹，乱闹。没有正当理由或没有目的地跟对方说一些话，做一些事，多不会有结果，双方也会不愉快；也指随便跟某人开玩笑，逗着玩儿。前一用法有的时候是下级对上级，同事、同学之间等；后一用法有的时候是大人对孩子、孩子对大人，更多的是同事或朋友之间等。一般不出现在正式、严肃场合。结构位置比较灵活，前后常有别的句子作相关的说明或补充。○多用于叙事和对话，口语。◇ 也说“和…瞎闹”。

★ **跟＋名词／代词（指人）＋瞎闹。** 框架格式。在句中常作谓语。结构中的“跟＋名词／代词（指人）”是介词短语。

扩展▶ **用法1）**表示没有理由或没有目的地说一些话，做一些事：好好的，不可以跟老师瞎闹；别跟经理瞎闹啊，他忙着呢；别跟爸爸瞎闹，爸爸没空。

用法2）表示随便跟某人开玩笑：就喜欢跟大家瞎闹；总是跟我瞎闹；谁跟你瞎闹啦；你以为我跟你瞎闹吗；别再跟他一起瞎闹；你还在跟他瞎闹什么呀。

【跟…**相比**】gēn … xiāngbǐ ［三级］

例句▶ 我出门喜欢坐地铁，因为跟坐公共汽车相比，坐地铁去方便多了。‖今年的生意跟往年相比差别太大了，以前随便做个什么生意都能赚钱，可现在做什么生意都赚不了钱。‖这家面包店已经开了十几年了，他们店的面包可好吃了，没有哪家的面包可以跟他们店的面包相比。

解释▶ 和（某人或某物）进行比较。结构位置比较灵活，可在前可在后，还可以放在小句的开始或后半部分。前面常有别的句子作相关的说明，后面多是比较的结果。○多用于叙事和对话。◇也说“和…相比”“与…相比”，后一用法用于书面语。

★ **跟＋名词／代词／动词＋相比。** 在句中常作状语、谓语。作状语时，后面的内容常表示比较出的差别或结果。作谓语时，表示“不如……”。结构中的“跟＋名词／代词／动词”是介词短语。否定形式为“不能跟…相比”“没法儿跟…相比”。

扩展▶ 我们跟他相比，差得太远了；跟他们相比，我们好一些；跟平常相比，没有什么两样；现在跟8年前相比，他的变化可大了；跟那些国家相比，我们有自己的优势；跟两年前相比，他进步很大；为什么拿我跟他相比；没有办法跟他们相比。

【跟…**相处**】gēn … xiāngchǔ ［四级］

例句▶ 我只是跟他相处了两个星期，不可能知道他究竟是一个怎样的人。‖如果你不和大家说话，不和大家交流，大家怎么跟你相处下去呢？‖你应该多学学跟人相处的方法，多交些朋友，这样对你的将来很有好处。

解释▶ 相处：（两个人或一些人）在一起，有接触和来往。通过在一起或经常接触互相才有感觉和了解，因此往往不指一次性的、短时间的情况，多指跟……在一起学习、工作、活动、生活一段时间。结构位置比较灵活，前面常有“很难、难以、常、一旦、已经、不愿意、怎么、没法儿、仍要”等词语。“相处”后常有其他成分补充。○多用于叙事和对话。◇也说“和…相处”“与…相处”，后一用法用于书面语。

★ **跟 + 名词 / 代词（指人）+ 相处。** 框架格式。在句中常作谓语、定语。结构中的“跟 + 名词 / 代词（指人）”是介词短语。

扩展▶ 跟同学相处得很好；跟周围的人相处得还不错；和邻居友好相处；谁能跟他相处；跟对方相处了一段时间；跟他相处久了才了解他是个什么样的人；不想再跟他相处下去；跟他相处很愉快；跟邻国友好相处；跟他相处的那段日子里。

【跟 … 相等】 gēn … xiāngděng ［五级］

例句▶ 蓝队的实力跟红队基本相等，所以今天的比赛会很精彩。‖ 这次会谈，他们公司派了一名副总经理，我们也得派一名跟他地位相等的负责人出席。‖ 一个人的学习成绩有时候跟他付出的努力不相等，也就是说，有的人付出很多，可成绩一直不太理想。

解释▶ 和……一样。多指不同的人或物，或一个人或物的两个方面在数量、重量、程度，以及其他方面（身份、地位、能力等）一样或差不多。结构前常有“完全、几乎、大体、基本”等词表示相等的程度。结构位置比较灵活，前后常有别的句子作相关的说明或补充。○多用于叙事和对话。◇ 也说“和…相等”“与…相等”，后一用法用于书面语。

★ **跟 + 名词 + 相等。** 框架格式。在句中常作谓语、定语。结构中的“跟 + 名词”是介词短语。否定形式为“跟…不相等”。

扩展▶ 跟他水平几乎相等；跟另一地区的总数相等；权利跟义务是相等的；这东西的长度跟宽度不相等；比赛结果，我们队跟他们队的分数相等；吃下跟自己体重相等的食物；请保持跟前车相等的速度。

【跟 … 相反】 gēn … xiāngfǎn ［四级］

例句▶ 她姐姐很安静，喜欢读书、上网；她的性格跟姐姐刚好相反，爱热闹，喜欢交朋友和旅行。‖ 比赛开始前，大家都觉得红队一定会赢，可最后却恰恰出现了跟大家的预期相反的结果，红队输了。

解释▶ 跟……的情况或特点完全不一样。适用的范围比较广，包括性质、数量、程度、方向等。多用来描写人或物。“相反”前常有“正好、刚好、恰恰、完全”等词来加强“不一样”的语气。前面常有别的句子进行说明，后面的句子多补充相反的情况或结果。○多用于叙事和对话。◇也说“和…相反”“与…相反”，后一用法用于书面语。

★ **跟 + 名词 / 代词（指人）+（动词 + 的）+ 相反。** 框架格式。在句中常作谓语、定语。结构中的“跟 + 名词 / 代词（指人）”是介词短语。

扩展▶ 我跟你的情况相反；我的看法跟你的刚好相反；这跟我想象的完全相反；意思跟原文恰恰相反；这里跟上文的意思正好相反；你回答的恰恰跟我提的相反；事情的结果跟我们希望的相反；经济的发展跟原先估计的相反；他走的方向跟目的地的方向相反。

【跟 … 相结合】 gēn … xiāng jiéhé ［三级］

例句▶ 要学会一门语言不能光靠课堂上老师教，还得（děi）跟课外活动相结合，把课上学到的知识用到课外实践中去。‖ 要让企业更顺利地发展，应该走发展生产跟保护环境相结合的道路。

解释▶ 结合：事物之间发生密切联系。指在做一件事的同时，也考虑到相关的其他事物的特点或因素，或者把有关联的事物、因素放在一起统一考虑、安排做……。多用于正式场合。结构前常有“坚持、实行、采取、建立、突出、推动、必须、重视、采用”等词语。结构前或先引出话题，或有别的句子进行说明，后面的句子多是相关的目的或可能的结果。○多用于叙事。◇ 也说“和…相结合”“同…相结合”“与…相结合”，后一用法用于书面语。

★ **跟 + 名词 / 动词 / 小句 + 相结合。** 框架格式。在句中常作谓语、定语。结构中的“跟 + 名词 / 动词 / 小句”是介词短语。

扩展▶ 个人学习跟小组讨论相结合；坚持分组讨论跟自由发言相结合；学习知识要跟培养能力相结合；科学研究应尽量跟企业生产相结合；生产长期产品应跟生产短期产品相结合；推动生产和供应相结合；采取教学和指导相结合的形式；突出技术和力量相结合的风格。

【跟 … 相撞】 gēn … xiāngzhuàng ［五级］

例句▶ 那天下雨路滑，我的车差点儿跟前面的车相撞，把我吓出了一身冷汗。‖ 那天我看见一个人边走路边看手机，正低着头往前走时，跟迎面走来的另一个人重重地相撞，手机也掉在地上了。

解释▶ 相：互相。物体或人碰在一起。有时是碰在一起的物体或人同时运动，有时是一个运动，另一个静止。运动的物体包括车、船、飞机等交通工具，人、动物、天体等。“相撞”前常有“偶然、重重地、迎面、正好”等词表示相撞的情况或状态。前面常有别的句子说明时间、地点或情况，后面的句子多指出可能出现的情况或结果。○多用于叙事和对话。◇ 也说“和…相撞”“与…相撞”，后一用法用于书面语。

★ **跟 + 名词 / 代词（指人）+ 相撞。** 框架格式。在句中常作谓语。结构中的“跟 + 名词 / 代词（指人）”是介词短语。

扩展▶ 他的身体跟墙重重地相撞；火车跟火车相撞；行星跟地球相撞；一辆货车跟轿车相撞；足球运动员的头部跟对手相撞。

【跟 … 协商】 gēn … xiéshāng ［六级］

例句▶ 如果您觉得房租还是太高了，可以跟房东协商一下，看他能不能再便宜点儿。‖—您好，这个柜子买回家发现太大了，放不下。—我跟我们老板协商一下，看看是不是可以换货。‖ 这件事我不同意跟你协商解决，我打算采取法律手段，保护自己的权益。

解释▶ 为了取得一致的意见，跟某人共同商量。可协商的范围很广，涉及人参与的生活、活动或工作方方面面。多用于比较正式的场合，比如谈判、商业、贸易、法律等方面。结构位置比较灵活，前后常有别的句子说明协商的内容或目的。○多用于叙事和对话。◇ 也说“和…协商”“同…协商”“与…协商”。后一用法带有书面色彩。

★ **跟 + 名词 / 代词（指人）+ 协商。** 框架格式。在句中常作谓语。结构中的“跟 + 名词 / 代词（指人）”是介词短语。

扩展▶ 跟客户协商后，我们签下了合同；问题得你跟大家协商解决；公司将跟客户共同协商，希望取得一致意见；今天是想跟大家协商一下会议的安排；有问题最好跟他们协商解决。

【跟 … 学 … 】 gēn … xué … ［一级］

例句▶ 我父母都是生意人，他们总让我跟他们学做生意，但我对做生意真的不感兴趣。‖ 每个星期四下午，他都要坐一个小时地铁去一位中国老师家，跟老师学书法。

解释▶ 向某人学习知识、技能或者做某事。结构位置比较灵活，前面常有句子说明跟某人学做什么的原因、时间或其他情况，后面的句子或补充情况，或说明结果。○多用于叙事和对话，口语。

★ **跟 + 名词 / 代词（指人）+ 学 + 名词 / 动词。** 框架格式。在句中常作谓语。结构中的“跟 + 名词 / 代词（指人）”是介词短语。

扩展▶ 跟老师学法语；从小跟父亲学医；跟朋友学管理；在家顺便跟爷爷学

做包子；跟音乐老师学唱歌；希望跟中国人学唱京剧；五岁就跟母亲学会了弹琴；我想跟你学打太极拳。

【跟…一般见识】 gēn … yìbān jiànshi ［七—九级］

例句▶ 在这件事情上，她是有错，可她是个老太太，你何必跟一个老太太一般见识呢？‖ 对不起，我朋友今天喝多了，如果他说错了什么，你们千万别往心里去，别跟他一般见识。

解释▶ 见识：见解，认识。常用于否定句或反问句。意思是不要跟比自己水平低、素质低或能力差的人计较或争论。用在对方身上，表示劝说、安慰的意思；用在自己身上，表示不计较对方。带有劝说、安慰、不计较的意味。结构前常有“别、怎么、不要、不必、何必”等词，多放在句尾，前面常有别的句子说明原因或情况，有时后面也有句子进行补充。○多用于叙事和对话。◇ 也说“和…一般见识”。

★ **跟＋名词 / 代词（指人）＋一般见识。** 框架格式。在句中常作谓语。结构中的“跟＋名词 / 代词（指人）”是介词短语。多用否定或疑问的形式。

扩展▶ 别跟孩子一般见识呀；不必跟这种人一般见识；别跟我们这些人一般见识；我就不跟你一般见识；你怎么跟他一般见识；何必跟这些不讲道理的人一般见识。

【跟…一样】 gēn … yíyàng ［一级］

例句▶ —我是个音乐迷，特别喜欢音乐。—我跟你一样也喜欢音乐，尤其是流行音乐。‖ 我一直觉得很奇怪，你吃得跟我一样多，可为什么你这么瘦，而我却这么胖呢？‖ 自从结婚以后，她发现自己过着跟以前大不一样的生活，每天不是打扫卫生就是买菜做饭。

解释▶ 某人或物跟另一个（些）人或物没有不同，包括同一人、物在不同时间、地点、范围等没有不同，适用范围很广。“一样”后面不接其他词语时，多有别的句子补充说明情况；“一样”后面接动词或形容词时，强调达到了一样的数量、程度或状态等。前面常有别的句子作相关的说明，后面的句子多直接指出“一样”的情况或状态，有时还有别的句子作进一步补充。○多用于叙事和对话。◇ 也说“和…一样”。

★ 1）**跟＋名词 / 代词（指人）＋（不）一样。**

2）**跟＋名词 / 代词（指人）＋（不）一样＋形容词 / 动词短语。**

框架格式。在句中常作谓语、定语、补语。结构中的“跟 + 名词 / 代词（指人）”是介词短语。否定表达为“跟…不一样”。

扩展▶ **句型 1**）现在过春节跟以前不一样了；他跟我一样，都通过了考试；我跟你一样，胃口都不大；他跟我一样，长得都很高；我们单位和你们学校一样，都放三天假。

句型 2）气温跟昨天一样高；他跟我们一样大；这里跟平时一样热闹；他的英语跟你一样好；儿子长得跟父亲一样高；跟她一样喜欢跳舞。

【跟 … **有关** / 无关】 gēn … yǒuguān / wúguān ［六级］

例句▶ 毕业后，她一直在找跟自己的专业有关的工作。‖ 新来的王老师很特别，他总是让学生提问题，什么问题都可以问，包括跟课文无关的问题。‖ 我该找工作还是继续读研究生，是我自己的事儿，跟你无关，你就别操心了。

解释▶ 跟……有关系或者没有关系。适用对象范围很广，包括社会生活和自然界的很多方面。结构位置比较灵活，前后常有别的句子作相关的说明或补充。○多用于叙事和对话。◇ 也说“跟…有关联 / 没关联”“跟…有关系 / 没关系”“和…有关 / 无关”“与…有关 / 无关”，后一用法用于书面语。

★ **跟 + 名词 / 代词 + 有关 / 无关。** 框架格式。在句中常作谓语、定语。结构中的“跟 + 名词 / 代词”是介词短语。

扩展▶ **用法 1**）用于肯定：跟你说的话有关；跟他生活的环境有关；他这样做跟他的经历有关；人的行为跟当时的情绪有关。

用法 2）用于否定：这事跟我无关；我们的事跟别人无关；这跟你无关，别多管闲事；不要讨论跟会议无关的内容。

【跟 … **有关联** / 没关联】 gēn … yǒu guānlián / méi guānlián ［六级］

见 277 页【跟 … 有关 / 无关】 条。

【跟 … **有关系** / 没关系】 gēn … yǒu guānxi / méi guānxi ［三级］

见 277 页【跟 … 有关 / 无关】 条。

【跟 … 有**密切**（的）关系】 gēn … yǒu mìqiè（de）guānxi ［四级］

例句▶ 他的话不多，朋友也不多，这跟他的性格有密切关系。‖ 研究表明，孩子的身高跟运动有密切关系，多运动有利于身体长高。‖ 你知道吗，你的血压之所以这么高跟你经常喝酒有密切的关系。为了身体健康，还是少喝点儿吧。

解释▶ 人之间、人与事物之间、各事物之间关系很近。事物之间的关系往往包括直接关系、因果关系等。“跟”后面的部分多是形成某种情况的原因，或在……中起主要作用。多用来分析情况。结构位置比较灵活，前面常有别的句子作相关的说明，有时直接引出话题，后面再作进一步补充。○多用于分析和叙事。◇也说“和…有密切（的）关系”“与…有密切（的）关系”，后一用法用于书面语。

★ **跟＋名词/动词/代词＋有密切（的）关系。** 框架格式。在句中常作谓语。结构中的“跟＋名词/动词/代词”是介词短语。结构中的“有密切（的）关系”有时也可简单说成“关系密切”，如“跟喝酒关系密切”。

扩展▶ 人跟自然有密切的关系；他的画总是跟自然山水有密切关系；他的成功跟他的努力有密切关系；精神差跟睡得晚有密切的关系；玩具跟教育之间有什么密切的关系。

【跟…有同感】 gēn … yǒu tónggǎn ［七—九级］

例句▶ 老王认为这本小说不错，尤其是里边的人物写得很成功，我跟他有同感。‖—我觉得这个商场的东西有点儿贵，不太适合我。—我跟你有同感，咱们还是换个地方逛吧！‖我跟那位先生有同感，都觉得她的舞跳得美极了，我们都从没看见过这么优美的舞蹈。

解释▶ 同感：相同的感觉或感受。跟某人有相同的感觉，表示双方的意见、看法差不多，有赞同某人的说法和看法的意思。结构位置比较灵活，前面常有别的句子说明原因或情况，有时后面有句子补充“有同感”的具体内容。○多用于叙事和对话。◇也说“和…有同感”“与…有同感”，后一用法用于书面语，但少用。

★ **跟＋名词/代词（指人）＋有同感。** 框架格式。在句中常作谓语。结构中的“跟＋名词/代词（指人）”是介词短语。

扩展▶ 朋友们都说跟我有同感；我们和他有同感；难道你们跟我没有同感吗；谁说我跟你没有同感；你敢说你跟我没有同感；你跟我不可能没有同感。

【跟…约好】 gēn … yuēhǎo ［三级］

例句▶ 他这个人总是不准时，今天我跟他约好了，下午一起去看足球比赛，现在足球比赛都开始了，他还没来呢！‖—你打算什么时候见李大夫？—我还没跟他约好时间呢，今天下午我跟他约一下吧。‖—我不是跟你约好了在公园的东门见面吗？你怎么还没到？—不好意思，路上堵车，还得过一会儿才能到。

解释▶ 约好：约定。某人和另一个（些）人事先商量并决定在某个时间、地点，关于某件事而见面，或计划好做某事。结构前常有“提前、事先、已经、曾经、应该、必须、最好、得”等词语。结构位置比较灵活，前面常有别的句子作相关的说明，后面多对“约”的具体内容进行说明。○多用于叙事和对话，口语。◇也说“和…约好”“与…约好”，后一用法用于书面语，但少用。

★ **跟＋名词$_1$／代词（指人）＋约好＋（名词$_2$／动词短语）。** 框架格式。在句中常作谓语。结构中的“跟＋名词$_1$／代词（指人）”是介词短语。

扩展▶ 我已经跟人家约好了；必须提前两天跟医院约好；我什么时候跟你约好的；我跟她约好了一起来；最好事先跟他约好带什么东西。

【跟 … **约会**】 gēn … yuēhuì ［四级］

例句▶ —就你一个人啊？小李今天怎么不在宿舍？—今天是星期六，他跟女朋友约会去了。‖ 根据调查，男人跟女人第一次约会的时候，常常把公园或电影院作为约会地点。‖ 上大学以后，他才开始跟女孩子约会。

解释▶ 一个人和另一个人事先商量好在某个时间、地点见面。大多是指男女朋友之间的见面。结构位置比较灵活，前后常有别的句子作相关的说明或补充。○多用于叙事和对话。◇也说“和…约会”“与…约会”，后一用法用于书面语。

★ **跟＋名词$_1$／代词（指人）＋约会。** 框架格式。在句中常作谓语、定语。结构中的“跟＋名词$_1$／代词（指人）”是介词短语。

扩展▶ 两次跟他约会都没来；他跟一个姑娘在公园里约会；她跟很多人都约会过；第一次跟我约会的时候；跟他约会的那个女孩儿是我同事；你怎么又跟他约会了；没有跟他约会；不想跟你约会，你老迟到。

【跟 …（在）**一起** … 】 gēn …（zài）yìqǐ … ［一级］

例句▶ 暑假快到了，我打算一放暑假就跟朋友一起去外地旅行。‖ 从图书馆出来，我就去看他打球，还跟他一起打了一会儿。‖ 由于父母要工作，不能照顾我，我从小就跟爷爷奶奶在一起生活。

解释▶ 跟某人共同做……事。适用的范围很广，包括工作、学习、生活、游玩等各种活动。多用来描述事情。结构前常有“想、一直、已经、曾经、不必、从小就、正、决心、多、只有、由于、总、只要能、有机会”等词语。结构位置比较灵活，前面常有句子作相关的说明，有时后面有句子补充“一起”做事的具体内容。○多用于叙事和对话，口语。◇也说“和…(在)一起…”“与…(在)一起…”，后一用法用于书面语。

★ **跟+名词/代词(指人)+(在)一起+动词。** 框架格式。在句中常作谓语。注意▶ 结构中的“在”不能和“来”“去”等表示位置移动的词语组合。结构中的“跟+名词/代词(指人)”是介词短语。

扩展▶ **句型1)** 他一直跟她一起去上学；他不是跟她一起去的；我今天不想跟她一起去；你不必跟我们一起走；跟我一起回家吧。

句型2) 一直跟大家(在)一起学习；决心跟老师(在)一起练习唱歌；总跟朋友(在)一起喝酒；他曾经想跟我(在)一起玩儿；我想跟你(在)一起拍张照。

【跟…作对】gēn … zuòduì ［七—九级］

例句▶ 我们计划最近开车去南部旅行几天，可天气似乎故意跟我们作对，雨一直下个不停。‖既然我们没有跟他作对的实力就不要去惹他，否则得不到什么好结果。‖—这次足球比赛怎么样？—别提了，足球好像跟我们作对似的，一点儿也不听话，结果可想而知。

解释▶ 作对：站在相反的一面。通过言语(观点、理论、意见等)或行为表示跟某人或某物形成对立，这时有自然形成的，也有故意的；也指事情不能顺着某人的心愿，这时多指天气、时间以及事情等不是某人希望的那样。前一用法多用于抽象的事物，后一用法多和自然有关。结构位置比较灵活，结构前常有“就是要、非要、正在、仍旧、故意、想、一直在、偏要、不能、喜欢、好像、别”等词。前面常有别的句子说明情况，后面的句子常补充“作对”的具体内容。○多用于叙事和对话，口语。◇也说“和…作对”“与…作对”，后一用法用于书面语。

★ **跟+名词/代词(指人)+作对。** 框架格式。在句中常作谓语、定语。结构中的“跟+名词/代词(指人)”是介词短语。

扩展▶ **用法1)** 表示跟某人或某物形成对立：就是要处处跟我作对；不喜欢别人跟我作对；不想跟你作对；你怎么知道别人都跟你作对呢；你是在跟他作对吧；谁敢跟他作对；他存心跟领导作对；小心，别跟老板作对；没有敢跟它作对的动物。

用法2) 表示事情不能顺着某人的心愿：怎么这天气也跟我们作对；好像什么事都在跟我作对；什么事情都不顺利，连电脑也要跟我作对；连这个破手机都跟我作对。

【跟…做生意】 gēn … zuò shēngyi ［三级］

例句▶ 你买进来的价格是50，却卖150，人家又不傻，才不会跟你做这种生意呢！‖像张三这样的总经理现在太少了，跟他这样的人做生意，我们感到非常放心。

解释▶ 做生意：一方买，另一方卖。“跟…做生意”不是指卖家和顾客的情况，而是两个卖家互相合作（如从别人那里买进来再卖出去）。结构前常有“一直、往往、从没、怎么、不再、为什么不、还、又、总、也、经常、马上、正在”等词。结构位置比较灵活，前面常有别的句子对做生意的情况或原因进行说明，有时后面也有句子作进一步补充。○多用于叙事和对话，口语。◇也说“和…做生意”“与…做生意”，后一用法用于书面语。

★ **跟＋名词／代词（指人）＋做生意。** 框架格式。在句中常作谓语。结构中的“跟＋名词／代词（指人）”是介词短语。

扩展▶ 愿不愿意跟我做生意；想跟你做一笔大生意；不再跟他做生意了；从没跟他做过生意；我们怎么敢跟他做生意；像你这样怎么跟人做生意；要学会跟外商做生意。

【更别提…了】 gèng biétí … le ［二级］

例句▶ 在我小的时候，家里很穷，连饭都吃不饱，更别提水果和牛奶了！‖—这个题目有点儿难，你们来试试吧！—我看就算了吧，连你都不会做，更别提我们了。‖刚到这里时觉得很新鲜，想出去走走、看看，可一开学每天连作业都做不完，更别提出去玩儿了。

解释▶ 不要说……了，更别说……了。意思是前面一般的情况都不能实现，后面的（比前面的更难、更复杂、程度更高或更进一步等）就更不可能了。含有强调的意味。前面的句子常有“连……都、很少、不、不敢、不行、再也不”等格式或否定表达表示不能实现。多放在句尾，前面常有别的句子对相关的情况或条件进行说明。○多用于叙事和对话，口语。◇也说“更不要说…了”“更不用说…了”。

★ **更别提＋名词／动词／代词（指人）＋了。** 框架格式。可独立成句。

扩展▶ 自行车都没有，更别提汽车了；刚来时话都听不懂，更别提交朋友了；上面的字一个都不认识，更别提写了；我以后再也不敢玩水了，更别提到河中游泳了；什么都不懂，更别提做生意了；他都不行，更别提你了。

【更不要说…了】 gèng búyào shuō … le ［一级］

见 281 页【更别提…了】条。

【更不用说…了】 gèng búyòng shuō … le ［一级］

见 281 页【更别提…了】条。

【更 A 更 B】 gèng A gèng B ［二级］

例句▶ 最近我找到了一份新工作，比以前的那份更轻松更舒服。‖ 虽然第一次考试我就得了第一名，但我会更认真更努力地学习，希望取得更好的成绩。‖ 我们的报纸一定会为大家带来更多更新的消息，让大家及时了解社会的时事。

解释▶ 更加……更加……。表明在这以前某人某事等已经达到了一定的程度。虽然“更”前面的内容在句子中大多不出现，但实际上还是有比较的。多用于好的事情，也可用于不好的事情。结构位置比较灵活，前后常有别的句子作相关的说明或补充。○多用于比较、描写、叙事和对话，口语。

★ **更＋形容词$_1$＋更＋形容词$_2$。** 框架格式。在句中常作谓语，也作补语、状语或定语。结构中的前后两个形容词为意思相关、具有相同感情色彩的词。

扩展▶ 天气更湿更热；比起哥哥来，弟弟更黑更瘦；他长得更高更壮；做事更谨慎更小心；这样的人更可靠更安全；东西变得更大更重；飞得更高更远；变得更强更大；考虑得更长更远；认识得更深更全面；更快更好地完成任务；科学家期待更多更有趣的发现。

【更（为）…的是】 gèng（wéi）… de shì ［二级］

例句▶ 对于小学生来说，学习基本知识是重要的，但更为重要的是教会他们怎样学习。‖ 今天我跟小王聊天儿的时候才知道，原来他也住在我们小区，更让人意外的是，他就住在我家楼上。

解释▶ 跟前面的情况相比，程度更高或更进了一步。多用于说话人想突出某个部分，以引起别人注意的情况。有强调的意味。结构位置比较灵活，前面常有别的句子对相关的事情进行说明，后面的句子是要强调的具体内容。○多用于叙事和对话，口语。

★ **更（为）＋形容词 / 动词＋的是。** 框架格式。在句中作主语及谓语。结构中的动词多是表示心理活动或感受的词语。

扩展▶ 更要命的是；更糟糕的是；更可怕的是；更有趣的是；更有意思的是；

更为不幸的是；更为神奇的是；更为奇特的是；更令人难忘的是；更让人不解的是；更让人担心的是；更让人想不通的是；更让我生气的是。

【供…V】 gōng…V ［七—九级］

例句▶ 这家宾馆的条件很一般，洗手间的角落里只有一个水龙头，供客人洗脸、刷牙和洗衣服。‖ 先生，您是来买车的吗？我们展厅有很多车供您选择，您可以随便看看。

解释▶ 提供某些事物或某方面的条件方便某人或准备让某人使用。多用于公共场所中向某人介绍某物等，多用于正式场合。结构位置比较灵活，前后常有别的句子进行说明或补充。○多用于叙事和对话，书面语。

★ **供+名词/代词（指人）+动词。** 框架格式。在句中常作谓语。结构中的名词、代词既是“供”的宾语，又是动词的主语，形成兼语式。

扩展▶ 提供一个房间供大家休息；有足够的被子供大家使用；这里有茶水供游客饮用；没有一张大床供他睡觉；他将房子出租供游客居住；展出的作品免费供大家参观和拍照；给出很多资料供大家研究；湖中放养了很多金鱼供游人观赏。

【够…的了】 gòu…de le ［二级］

例句▶ 你的生活条件已经够好的了，有房子有车子，有妻子有孩子，工作又轻松，我要有你的一半就满足了。‖ 不少观众表示，电视台每天播出的广告已经够多的了，希望播电视剧的时候，中间不要再插广告了。

解释▶ 表示程度很高了，数量很多了，含有“已经很……了”的意思。有时表示对……已经满足了或应该满足；有时表示对不太好的事情、状态抱有不满、抱怨或同情的情绪。多用来评价人或物，结构前常有“本来、已经”等词表达不同的语气。结构位置比较灵活，有时直接引出话题；有时前面常有别的句子说明情况，后面的句子补充某种情况，或说明目的等。○多用于叙事和对话，口语。

★ **够+形容词+的了。** 框架格式。在句中常作谓语。

扩展▶ 你已经够幸运的了；他的地位够高的了；你现在的条件够不错的了；这些活儿够忙的了；他们的关系已经够复杂的了；这工作够累的了；学习够辛苦的了；本来就够乱的了；生活本来就够苦的了。

【…够朋友】 …gòu péngyou ［二级］

见284页【…够意思】条②。

【够（…）受的】 gòu（…）shòude ［二级］

例句▶ 连开一夜的车已经够这位货车司机受的了，没想到高速公路上又遇到了堵车，还不知道什么时候才能送到。‖ 他收入不高，但又喜欢上网玩游戏，每个月的上网费就够他受的了。‖ 我不会做家务，妻子住院的那段时间，每天光工作和照顾孩子就够我受的了，那时我才真正体会到平时妻子的辛苦。

解释▶ 表示事情的发展、压力、状况达到了很高或严重的程度，人比较难承受或忍受。可以是心理的、体力的、经济的或其他方面的。用在自己身上，表示不能再……了；用在别人身上，带有同情的意味。多指不好的、让人不愉快的事情。结构位置比较灵活，前面常有别的句子说明情况，有时后面也有句子进行补充。○多用于叙事和对话，口语。

★ **够 + 名词 / 代词（指人）+ 受的。** 框架格式。在句中常作谓语。

扩展▶ 接连的变故已经够这个家庭受的；这么多家务活儿够我妈妈受的了；单是这些病就够他受的了；和他住在一起就够你受的了；这家里的事够他们受的了；这一家老小的生活就够他受的了。

【… 够意思】 … gòu yìsi ［二级］

①例句▶ 听说了没有，他这次参加全国游泳比赛，一口气拿了四块金牌，真够意思！ ‖ 那个旅游区里有天然的山洞和瀑布，还可以在湖上划船，这样玩儿才够意思！

解释▶ 某人某事达到相当的水平。指人，表示有能力，有水平；指物，表示很高级，很好，让人满意。多用来评价、赞赏某人某物，有“很厉害、很不错、让人佩服”的意思。具有褒义色彩。结构前常有“这才、真、很、可不”等词语。多放在句尾，前面常有别的句子说明情况。○多用于叙事和对话，口语。

②例句▶ 你们俩约会了那么多次，他居然一顿饭也没请你吃过，太不够意思了吧！ ‖ 小王和我算不上很好的朋友，他能这样帮我，已经很够意思了。

解释▶ 某人所做事情符合一定的（朋友、同事、夫妻或其他关系）标准，能够为满足别人的要求或需要而尽力（付出自己的时间、精力、钱财等）。多用来赞赏某人，具有褒义色彩。结构前常有“实在、很、真的、已经、太不、很不”等词语。多放在句尾，前面常有别的句子作相关的说明，有时后面也有句子进行补充。○多用于叙事和对话，口语。◇ 也说“…够朋友”。

★ **名词 / 代词（指人）+ 够意思。** 框架格式。可独立成句。多用于否定句。

扩展▶ **用法 1**）表示某人某事达到相当的水平：他考试总拿第一名，很够意思；这风景太美了，真够意思；别给他了，这礼品不够意思；吃完饭休息一会儿，再去海边游个泳，那才够意思呢。

用法 2）表示某人所做事情符合一定的标准：其实我不想去，可不去又怕他们说我不够意思；王老板做事实在不够意思；你要是不干了，就太不够意思了；你同意了，真够意思；你说说我对你够意思了吧。

【**挂**在嘴上】 guàzài zuǐshang ［三级］

例句▶ 父母在教育孩子的时候常挂在嘴上的一句话是："你看人家的孩子做得多好，你应该向他学习。" ‖ 你有没有发现小张最近有点儿变化，她总是把那个男孩子的名字挂在嘴上，是不是已经爱上他了？ ‖ 你已经是大人了，遇到困难，不要总挂在嘴上，应该放在心里，多去想想解决的办法。

解释▶ 经常说，老是提到。有时指某人习惯了说某句话或某事；有时指可能特别注意某人某事，总是提起；也有时指只放在嘴上，表面说说，实际不去做。表达比较夸张，有时含有不满的意味。结构前常有"常常、不能、何必、仅仅是、天天、只是、难道、怎么、老、总是"等词语。结构位置比较灵活，前面常有别的句子说明情况，后面的句子或进行补充，或是说的内容。○多用于叙事和对话，口语。

★ **挂在嘴上。** 在句中常作谓语、定语。可以说成"把"字句，如"把 + 名词 + 挂在嘴上"，也可说成"被字句"，如"名词 + 被 +（代词）+ 挂在嘴上"。

扩展▶ **用法 1**）表示习惯了说某句话或某事：别总挂在嘴上；他天天把这句话挂在嘴上；人人都把它挂在嘴上；过去人们总把"穷"字挂在嘴上；那件事时常被我们挂在嘴上。

用法 2）表示特别注意某人某事，总是提起：何必经常把他挂在嘴上；何必总是把生死挂在嘴上。

用法 3）表示只放在嘴上，表面说，实际不做：仅仅是挂在嘴上的；不是为了挂在嘴上；难道你只会挂在嘴上吗；原来你只是挂在嘴上的啊。

【**怪不得**…】 guàibude … ［七—九级］

①例句▶ 这事不是他的错，他已经尽了责任了，怪不得他。‖ 我每天下课后都来帮他两个小时，不过他学习成绩太差，考不及格怪不得我吧？ ‖ 你又带孩子又做家务，一个人够辛苦的了，饭没做好怪不得你。来，我

替你做吧。

解释▶ 不是某人的错，不是他的责任；或因为有某种原因，所以不能责备、责怪。含有应该或能够理解的意味。多放在句尾，前面常有别的句子说明情况或原因，有时后面也有句子进一步补充。用于已经出现的事情。○多用于叙事和对话，口语。

②例句▶ —朴小姐的家在韩国，但她从小就跟父亲在中国生活。—怪不得她能讲一口流利的汉语。‖ 怪不得他今天上课的时候没有精神，原来昨天晚上玩了一夜的游戏。‖ 哦，今天是情人节啊，怪不得大街上很多女孩子都抱着一束花。

解释▶ 明白了原因，不再觉得奇怪。含有突然明白了什么的意味。多放在句尾，前面常有别的句子说明原因。有时也可倒过来表达，"怪不得"放在句首，后面的句子解释原因。用于已经出现的事情。○多用于叙事和对话，口语。

★ 1）**怪不得＋名词／代词（指人）。**

2）**怪不得＋动词／句子。**

可独立成句。结构 2）放在前一小句时，后一小句常由"原来"引出。

扩展▶ **用法 1）**表示不是某人的错，不能责怪：这事责任不在他，怪不得他；下大雨，来晚了怪不得你；他太忙了，事情没做好怪不得他。

用法 2）表示明白了原因，不再觉得奇怪：原来是你，怪不得看着面熟；他去晚了，怪不得没买到那本书；他去国外了啊，怪不得最近没看到他；怪不得没见到她，原来她生病了；怪不得你们长得那么像，原来你们是姐妹。

【怪…的】guài…de ［四级］

例句▶ 经常打扰您，怪不好意思的，请您原谅。‖ 这行李箱提着怪沉的，我们别走了，还是坐出租车吧！ ‖ 这个孩子从小就没有父母，跟爷爷奶奶一起生活，怪可怜的。‖ 这姑娘长得怪漂亮的，白白的皮肤，大大的眼睛。

解释▶ 很……，非常……，挺……。表示程度很高。前面常有别的句子说明相关的原因，有时先引出话题，后面的句子再进行补充。注意▶ 这里的"怪"没有不好的意思。○多用于叙事和对话，口语。

★ **怪＋形容词＋的。** 框架格式。在句中常作谓语、补语。

扩展▶ 好好的一个手机丢了，怪可惜的；这孩子怪有趣的；这部电影怪有意思的；这孩子带得怪费劲的；表演怪好看的；参加会议的人怪多的；当面说怪难为情的；生活得怪辛苦的；这场球打得怪累的。

【关键在于 … 】 guānjiàn zàiyú … ［五级］

例句▶ 人在智力上的差别并不大，是否能够学得好，关键在于个人的努力。‖—王老师，您的太极拳怎么打得这么好？有什么方法吗？—其实要练好太极拳没什么特别的方法，关键在于坚持。‖一个人幸福不幸福的标准不在于你有什么，关键在于你需要什么，如果你需要的东西都得到了，那么你一定是个幸福的人。

解释▶ 关键：事物的最重要部分。最重要的，起决定性作用的是……。多用于严肃的话题，用于分析情况或问题。前面常有别的句子提出一个问题或目标，有时后面的句子再进行补充。○多用于叙事和对话，口语。

★ **关键在于＋名词／动词／句子。** 在句中常作谓语。结构中的句子多是表示疑问的句子。

扩展▶ 这事关键在于你的态度；孩子的成长关键在于环境；输赢的关键在于心态；人生成功的关键在于做；表演的关键在于放松；解决缺水问题的关键在于节水；事情的关键在于他同意不同意；关键在于你怎么做。

【关系到 … 】 guānxi dào … ［三级］

例句▶ 他在我们足球队是最重要的球员，他是不是上场关系到我们比赛的输赢。‖选择合适的专业是关系到一个人的前途和将来的大问题，每个人都应该认真考虑。‖我一定要报名参加这次考试并且好好准备，因为考试的结果直接关系到我能否进入这家公司。

解释▶ ……和……有联系。表示前面的事情或情况往往对后面的事情、状态、情况等产生重要的、决定性的影响，说明前面事情的状况和决定非常重要。多用于重要的事情、严肃的话题和正式场合。结构前常有“直接、不仅、似乎、会、更、还”等词。结构位置比较灵活，前后常有别的句子作相关的说明或补充。○多用于叙事和对话。◇ 也说“关系着…”。

★ **关系到＋名词／句子。** 在句中常作谓语、定语。结构中的句子多是表示疑问的句子。

扩展▶ 这个决定关系到人的一生；关系到大家的收入是否增加；直接关系到经济发展的速度；关系到人民的生命安全；公司是否经营下去关系到所有职工的利益；这是一个关系到人民身心健康的问题；饮水问题是关系到身体健康的重要问题；这是关系到我们公司前途的大事。

【关系着 … 】 guānxi zhe … ［三级］

见287页【关系到 … 】条。

【管A叫（作）B】 guǎn A jiào（zuò）B ［三级］

例句▶ 她特别适合做生意，那张嘴甜得像抹了蜜，只要年龄比她大，她都管人家叫大哥。‖ 有的地方管土豆叫马铃薯，这两个名称其实指一样的东西，只是叫法不同而已。‖ 最早的手机出现在20世纪70年代初期，人们管它叫作“大哥大”。

解释▶ “管”，这里相当于“把”，和“叫”连用，表示“把……叫作……”。“叫作”的结果多是一个特定的名称。多用来叙述事情。结构位置比较灵活，或者前面有别的句子作相关的说明，或者后面有句子再进行补充。○多用于叙事和对话，口语。

★ **管 + 名词$_1$ / 代词 / 动词 + 叫（作）+ 名词$_2$**。框架格式。在句中常作谓语。

扩展▶ 你管他叫什么；有的地方管护士也叫医生；他从小就管妈妈的好朋友叫作“妈妈”；你们的语言里管这个叫作什么；物理学上管这种声音叫作乐音。

【光A不B 】 guāng A bù B ［三级］

例句▶ 小王为了减肥，每天晚上光吃菜不吃饭，一个月下来，真的瘦了好几斤。‖ 你说去学开车都说了一个月了，怎么还没去报名啊，看来你是个光说不做的人。‖ —我最大的爱好是逛街购物，现在我的衣柜里挂满了衣服。—我没看你穿几件新衣服，光买不穿有什么用？

解释▶ 只做某事，不做另一件事。这两件事多是两个有紧密联系的部分，有的人往往把它们对立起来，只做一方面而不做另一方面，有时让人觉得不合适、违反常理，或难以接受。有时含有不满、批评的意味。结构位置比较灵活，前面的句子对相关的情况进行描写说明，后面的句子或进行补充，或说明结果。○多用于叙事和对话，口语。◇ 也说“只A不B”。

★ **光 + 动词$_1$ + 不 + 动词$_2$**。 框架格式。在句中常作谓语、主语、定语。

扩展▶ 光花钱不挣钱；不能光讲不听；这人光吃不做；学习外语不能光听不说；他这人太小气，光进不出；光浇水不浇肥怎么长得好。

【光顾着 … 】 guāng gùzhe … ［六级］

例句▶ 做人不能光顾着自己，不考虑他人的感受。这样是交不到真心朋友的。‖—小王，怎么到现在都没找个女朋友啊？—工作太忙了，我光顾着工作，没想别的事情。‖ 遇到失败的时候不要光顾着从别人身上找原因，应该多看看自己错在哪里。

解释▶ 只考虑……，只注意……。多表示因为只注意了某一方面而忽略了另一方面或其他方面。用于自己，表示抱歉；用于别人，含有考虑不周、不满、责备等意味。有时只是一般情况的描写。前面常引出话题，或有别的句子进行说明，后面的句子多说明被忽略的情况。○多用于叙事和对话，口语。◇也说"只顾着…"。

★ **光顾着＋代词／名词／动词。** 在句中常作谓语。

扩展▶ 你怎么光顾着自己的孩子；开车不能光顾着前面，不顾后面；光顾着听你说了，忘了手里的活儿；光顾着接电话，还没顾得上想呢；光顾着说话了，快请进；光顾着赚钱，没时间花钱；光顾着走路，没注意旁边的人。

【光 … 还不行】 guāng … hái bùxíng ［三级］

例句▶ 你想要人家做你的女朋友，光想还不行，你得有些实际的行动。‖ 我说你呀，说跑步减肥都说了一个月了，光在嘴上说还不行，说了不去做，有什么用吗？ ‖ 我仔细地看了你写的那本小说，觉得挺不错的，但是光我觉得不错还不行，得读者觉得不错。

解释▶ 只有一方面的情况或条件还不够，还得有别的条件或达到别的要求。多用于分析问题或建议别人。结构位置比较灵活，前面的句子提出问题或作相关说明，后面的句子多用来补充其他的条件或要求。○多用于叙事和对话，口语。

★ **光＋动词／句子＋还不行。** 框架格式。独立成句，但意思不完整，需要后面的句子把意思补充完整。

扩展▶ 光有钱还不行；光靠运气还不行，你自己得好好努力；光告诉他答案还不行，得让他自己懂；比赛光有速度还不行，还得用脑子；光有力量还不行，还需要有智慧；光我同意还不行，你得去问问你妈；光他一个人干还不行，需要大家一起干。

【光 … 就 … 】 guāng … jiù … ［三级］

①例句▶ 参加这次唱歌比赛的人还真不少，光我们班就有一半的同学报名，估计报名的总人数要超过 100 人。‖ 这是他第一次出远门，光书就带了十几本，别说其他行李了。‖—小李，你们有没有考虑生二胎？—光一个孩子就够我们忙的了，哪有时间和精力生第二个？

解释▶ 光：只。在一个小的范围内就达到了相当的数量、程度，暗含的意思是，如果在更大的范围内数量就更多、程度就更深了。"光"引出的部分数字或范围通常较小，"就"引出的数字比较大、程度比较深。含有后面的数量大、程度深的意味。结构位置比较灵活，前面常有别的句子作相关的说明，有时后面也有句子进行补充。○多用于叙事和对话，口语。◇ 也说"仅（仅）…就…"。这时带有书面色彩。

②**例句▶** 他的房间不大，光一盏灯就很亮了。‖—老王，这件事我再派两名员工配合你吧！—哪里需要那么多人，光我一个人就够了。‖ 好了，光这桌上的就够我们吃了，还要加什么菜啊！

解释▶ 很小的数量就能满足要求或达到目标。说明要求不高、目标不远。含有不需要很多的意味。结构位置比较灵活，前面常有别的句子说明情况，有时后面也有句子进行补充。○多用于叙事和对话，口语。◇ 也说"仅（仅）…就…"。这时带有书面色彩。

★ 1）**光＋名词＋就＋动词＋数量短语。**

2）**光＋名词／代词（指人）／动词$_1$＋就＋动词$_2$／形容词。**

框架格式。可独立成句。

扩展▶ **用法1）**表示在一个小的范围内就达到了相当的数量、程度：光手机就换了四五个；光他一人就喝了五瓶啤酒；光吃的东西就买了几百块钱；光这一方面的事情就够你受的了；光一天的顾客就是往常的好几倍；天气热，光冷饮就卖掉了十几箱。

用法2）表示很小的数量就能满足要求或达到目标：光这个小电脑就够用了；公司光派一个人去就行了；这部机器光我们俩就能修好了；光这瓶水就能维持一上午；光这一笔钱就够他们用好长时间。

【A归A，…】 A guī A，… ［四级］

例句▶ —这些东西你就不用给我钱了，就当我送给你的吧。—那怎么行呢，咱们朋友归朋友，该给你多少还得给多少。‖ 因为考试没通过，我昨晚大哭了一场，但哭归哭，哭完了我还得静下心来好好复习。‖ 旅行的这几天，我们走了好多路，人都快累死了。不过累归累，玩得还是挺开心的。

解释▶ 归：放在两个词之间，表示前面的情况和后面的事情没有必然联系，后面的事情不受前面情况的影响。句子的重点在后一句。两个小句之间常有"可是、但是、不过"等表示转折的词。多放在后半部分，前面常有别的句子作相关的说明。○多用于叙事和对话，口语。

★ 1）**名词＋归＋名词，小句。**

2）**动词＋归＋动词，小句。**

3）**形容词＋归＋形容词，小句。**

可独立成句。结构中两个分句有转折关系。

扩展▶ **句型1）**兄弟归兄弟，不该问的别问；小说归小说，现实生活是不一样的。

句型2）说归说，做归做；不开心归不开心，该吃的还是要吃；喜欢归喜欢，但是因为太贵，我还是不想买；有意见归有意见，事情还是要做的；表扬归表扬，事后还得好好工作；生气归生气，别动手伤了和气。

句型3）辛苦归辛苦，但工资还比较高；老实归老实，但一点儿不傻；他调皮归调皮，但做事态度还是挺认真的。

【归功于…】 guīgōng yú… ［超纲］

例句▶ 我今天的成功其实要归功于我的父母，没有他们的支持和帮助，我是不可能有今天的。‖ 这次能赢得足球比赛，要归功于我的队友们，大家在球场上配合得实在太好了。‖ 几年前的一场事故使他双腿失去了知觉，现在他又能像以前一样正常走路了，这一切都要归功于他妻子几年如一日的细心照顾。

解释▶ 归：属于（某人或物）。功劳属于某人或某物，因为某人或某些事情的成功离不开这些人或物，或者说和这些人或物有着直接的关系。含有感谢、感激的意味。结构前常有“全、都要、主要、应（该）、不能、不能不、都、不仅、首先要”等词。结构位置比较灵活，前面的句子先引出话题，后面的句子再进行补充，有时前后常有别的句子作相关的说明或补充。○多用于叙事和对话，书面语。

★ **归功于＋名词/代词（指人）。** 在句中常作谓语。有时可用“把”字句，如“把A归功于B”。

扩展▶ 这成绩要归功于我的朋友们；都要归功于大家的努力；不要把什么都归功于他；我的成功首先要归功于图书馆；我的成功都应归功于教练的指导；社会的发展应归功于改革开放。

【归…所有】 guī…suǒyǒu ［二级］

例句▶ 这位著名的画家去世了，他留下的所有作品都归他妻子和子女所有。‖ 他们俩虽然离婚了，但婚内的一切财产都应归夫妻共同所有，而不单独属于某一方。‖ 这两只大熊猫是中国租给这个国家的，按照两国的合作协议，它们生的熊猫宝宝归中国所有。

解释▶ 归：属于（某人或物）。某物属于某人，意思是某物是某人的。多用于有关法律方面的描述，用于正式场合。结构前常有“一律、应该、理应、全部、都、仍、将”等词。结构位置比较灵活，前面常有别的句子作相关的说明，有时后面也有句子作进一步补充。○多用于叙事和对话，书面语。

★ **归 + 名词 / 代词（指人）+ 所有。** 框架格式。在句中常作谓语。

扩展▶ 财产归其本人所有；公司归老板所有；这些房子归谁所有；这些收入一律归国家所有；图书理应归学校所有。

【贵在 …】 guìzài … ［一级］

例句▶ 要我说呀，学习贵在刻苦，只要一直保持刻苦努力的状态，没有学不好的。‖ 其实名牌的东西并不是说它有多漂亮，而是贵在质量，同样的东西能使用更长的时间。‖ 要保持身体健康，贵在坚持锻炼。你只锻炼一两天是不起作用的。

解释▶ 贵：最重要，最难得。……是最好、最可贵、最重要的。多用来说明一般的道理或个人的看法。多用来分析现象、说明道理，用于抽象事物。结构位置比较灵活，前面常引出话题，或提出问题或目标，后面的句子或就相关的问题进行说明，或就应该怎么做进行补充。○多用于叙事和对话，书面语。

★ **贵在 + 名词 / 动词 / 形容词。** 在句中常作谓语。结构中动词、名词、形容词多是双音节词，构成四字格式。

扩展▶ 做生意贵在诚信；人与人之间贵在友情；传统产品贵在特色；做人贵在真情；成功贵在坚持；比赛贵在参与；成功贵在积累；机会贵在把握；艺术贵在创新；国与国之间贵在尊重；合作贵在真诚；表演贵在自然。

【过 … 的日子】 guò … de rìzi ［二级］

例句▶ 自从结婚、生了孩子以后，她就开始过上了忙碌的日子，又要工作，又要照顾孩子。‖ 这个地方处在偏远的农村，那时候当地还没通电，所以村民们一直过着没有电灯的日子。

解释▶ 在一段时间里……生活。结构中通常有词语说明是什么样的生活。多放在句尾，前面常有别的句子对生活的条件、环境，以及具体的情况进行说明。○多用于叙事和对话，口语。

★ **过 + 形容词 / 动词 + 的日子。** 动宾结构。在句中常作谓语。结构中的

“过”后常带补语，如“过上了…的日子”“过着…的日子”等。

扩展▶ 过普通的日子；过简单的日子；过幸福的日子；过快乐的日子；过充实的日子；终于过上了好日子；过上安定的日子；过不上平静的日子；过着艰苦的日子；过了几个月无忧无虑的日子；想过没有压力的日子；那时过着吃不饱穿不暖的日子。

【… 过来】 … guòlai ［二级］

例句▶ 前天下午打了一场球，昨天一起床就觉得全身疼痛，到现在还没恢复过来。‖ 他就是这性格，心直口快，都这么多年了就是改不过来，你千万别往心里去。‖ 我以为这棵树已经死了，没想到今年春天它竟然活过来了，还长出了好多新叶。

解释▶ 随着行为动作的进行，某人或物回到了原来的、正常的或较好的状态。多用来描述人或物的情况或状态。结构前常有“刚刚、已经、尽力、必须、好像、有点儿、都、总算”等词，结构位置比较灵活，前面常有别的句子说明情况，后面的句子多补充出现的结果等。○多用于叙事和对话，口语。

★ **动词＋过来。** 在句中常作谓语。否定表达为“还没…过来”“（动词）＋不过来”。

扩展▶ 已经醒过来；还没调整过来；还没反应过来；尽力把他抢救过来；这么苦的日子都挺过来了；已经熬了过来；这脾气改得过来吗；气都喘不过来；总算清醒过来了。

【A 过来 A 过去】 A guòlai A guòqu ［二级］

①例句▶ 看来小狗一定是饿了，否则它不会围着我跑过来跑过去，我去给它弄点儿吃的吧！ ‖ 听到这个坏消息，他急得在房间里走过来走过去，不知道该怎么办。

解释▶ 动作的方向从一处到另一处，再从另一处回到原地。多用来描写具体的动作和事物。前后常有别的句子作相关的说明或补充。○多用于叙事和对话，口语。

②例句▶ 我们还是去第一家商店买吧，我在这个商场里看过来看过去，还是觉得第一家最便宜。‖ 因为工作关系，我常常在外面吃饭，吃过来吃过去，没几家做得特别好吃的。

解释▶ 某个行为动作持续、反复地变化，有时含有比较的意思。多用来对某事的描写、比较、考虑。前面常有别的句子说明情况，后面的句子常说明比较的结果。○多用于叙事和对话，口语。

★ **动词＋过来＋动词＋过去。** 框架格式。在句中常作谓语、状语、补语。

扩展▶ **用法1**）表示从一处到另一处，再从另一处回到原地：搬过来搬过去；飞过来飞过去；游过来游过去；端过来端过去地练习；干嘛拿过来又拿过去的。

用法2）表示行为动作持续、反复地变化：改过来改过去；找过来找过去；问过来问过去；比过来比过去；想过来想过去；翻过来翻过去。

【过了（…）半天才…】 guòle（…）bàntiān cái… ［一级］

例句▶ 当时我不明白他的话是什么意思，回家以后想了很久，过了大半天才明白。‖他的手机总是不在身边，给他发短信，常常过了好半天才回复。

解释▶ 在很长时间以后才出现某种结果。这里的“半天”不是实际意义上的半天，只是说话人觉得时间很长。表达夸张，有时含有不满、埋怨的意味。多用于描述一般或不愉快的事。结构中常有“大、好、老”等词表示强调。多放在句尾，前面常有别的句子说明情况。○多用于叙事和对话，口语。

★ **过了＋（形容词）＋半天才＋动词。** 框架格式。在句中常作谓语。结构中的动词常表示出现的结果。结构中“半天”和“才”中间可以有名词或代词，表示动作的主体。

扩展▶ 过了好半天才说一句话；过了半天他才到；过了半天才反应过来；过了好半天才回答我的话；过了大半天才向我们说明情况；过了老半天才把电话打通。

【…过（了）头】 …guò（le）tóu ［七—九级］

例句▶ 可能我刚刚太激动了，有些话说过了头，希望你不要在意。‖—刚刚不是说饿吗？怎么现在不想吃东西呢？—我已经饿过了头，现在已经不觉得饿了。‖—怎么现在才来？—不好意思，昨晚很晚才睡，所以今天早上睡觉睡过了头。

解释▶ 说话、做事（太）过分，或某些情况超出了限度。结果大多是不好的。结构位置比较灵活，前面常先引出话题，有时前面也有别的句子说明情况，后面有句子再进行补充。○多用于叙事和对话，口语。

★ 1）**动词/形容词＋过（了）头。**

2）**动词＋名词＋动词＋过（了）头。**

在句中常作谓语。

扩展▶ 句型1）别把事情做过了头；什么事情都不能做过了头；有些人聪明过了头反而出问题；别得意过了头；工作累过了头把身体搞坏了。

句型2）坐车坐过了头；喝酒喝过了头；开玩笑开过了头就不好了。

【…过去】[1]… guòqu ［二级］

例句▶ 听到这个坏消息，老太太气得几乎晕过去了，半天都没说一句话。‖病人现在的情况不太好，因为流血过多，已经昏迷过去了。‖你别去打扰他，今晚他喝了很多酒，现在昏睡过去了。

解释▶ 失去了原来的正常状态。多指因为某种原因，人出现了不好的情况。多用来描述人的状态变化。结构前常有"又、已经、刚"等词，结构位置比较灵活，前面常有别的句子说明情况，有时后面也有句子作进一步补充。○多用于叙事和对话，口语。

★ **动词＋过去。** 在句中常作谓语。结构中常用的动词只有"昏、晕、死"等少数表示失去知觉的动词。

扩展▶ 他晕过去了；老人晕死过去了；小孩儿昏了过去；我已经昏睡了过去，什么都不知道；流血过多会昏过去的。

【…过去】[2]… guòqu ［二级］

①例句▶ 这种事怎么瞒得过去，你还是老老实实告诉他吧，否则会出大问题的。‖这些年虽然家里情况不好，但还有一年你就大学毕业了，这一年挺过去，一切都会好起来的。

解释▶ 事情顺利，动作完成。多指"骗、熬、挺、躲、瞒、应付、混"等不怎么好的事情或比较难过的日子。多用来描述事情的经过。结构前常有"总是、想、还、又、怎么"等词，结构位置比较灵活，前后常有别的句子作相关的说明或补充。○多用于叙事和对话，口语。

②例句▶ 大过年的，你不回家看看父母，说得过去吗？‖那天放学回家，看到有位老大爷提着很重的东西上楼，我看不过去，接过了老大爷的东西，帮他送到了家。

解释▶ 事情合情理，让人可以接受。多指说的、做的符合一般的情理、有道理或可以接受。多用于否定表达或反问句形式。结构前常有"总是、又、才、怎么、实在、有点儿"等词。结构位置比较灵活，前后常有别的句子作相关的说明或补充。○多用于叙事和对话，口语。

★ **动词＋过去。** 在句中常作谓语。动词和"过去"中间常加"得、不"，形成可能补语，如"动词＋得过去 / 不过去"。

扩展▶ **用法 1**）表示事情顺利，动作完成：骗人骗得过去吗；你以为瞒得过去；这事骗不过去的；咬咬牙挺过去；应付得过去；躲得过去；熬得过去；日子还混得过去。

用法 2）表示事情合情理，让人可以接受：怎么说得过去；这样做才说得过去；解释得过去；实在看不过去；怎么讲也讲不过去。

【过一会儿再 …（吧）】 guò yíhuìr zài …（ba）［一级］

例句▶ 他的电话一直都打不通，可能正在打电话呢，我过一会儿再打。‖ 现在外面雨下得很大，你还是过一会儿再走吧，说不定那时候雨就停了。

解释▶ 经过一小段时间后再做某事。这里的“再”有两个意思：1. 接着，继续做前面的事；2. 然后，开始做另外一件事。多用于建议、劝说某人，也可用于自己。带有建议或请求的语气。结构位置比较灵活，前面常有别的句子进行说明，有时后面也有句子进行补充。○多用于叙事和对话，口语。

★ **过一会儿再＋动词＋（吧）。** 框架格式。在句中作谓语，也可独立成句。

扩展▶ 你过一会儿再来吧；你过一会儿再睡觉吧；现在你太忙，我过一会儿再来找你吧；过一会儿再说吧；过一会儿再休息吧；让他过一会儿再联系我。

【… 过意不去】 … guòyì búqù ［七—九级］

例句▶ 由于一些原因，在她毕业离校的时候我没有去送她，心里一直很过意不去。‖ 上菜时，服务员不小心把红酒洒在了客人的衣服上，可客人一句抱怨的话也没有，还微笑地说没事儿，这让服务员挺过意不去的。

解释▶ 因从别人那里得到了好处或给别人造成不便，或情理上该做的而没有做，心里感到不安。含有自责的意味。多用来描述事情的经过。结构前常有“太、非常、很、有点儿、一直、真的、实在、挺、有些、更加”等词语表示不安的程度。多放在句尾，前面常有别的句子作相关的说明，有时后面也有句子进行补充。○多用于叙事和对话，口语。

★ **名词 / 代词（指人）＋过意不去。** 可独立成句。

扩展▶ 把这些事都留给你去做，我感到有点儿过意不去；这样打扰你们我真的过意不去；给你添了这么多麻烦非常过意不去；把他的书弄丢了，我很过意不去；你要是不收下我的礼物，我心里实在过意不去。

【过于 … 反倒 … 】 guòyú … fǎndào … ［七—九级］

例句▶ 在家里招待朋友，饭菜可以随意一点儿，准备得过于复杂，朋友下次反倒不敢再来了。‖ 孩子十四五岁的时候，总喜欢玩很复杂的游戏，游戏过于简单反倒让他觉得没有意思。‖ 一个人在成长中需要学会独立，对家庭过于依赖反倒不利于个人的成长。

解释 做事情超过了应该有的标准（大致的范围和数量等），会出现相反的结果：让人感到不太适合、不舒服、不好意思或出现不好的情况。意思是任何事情都有它自己的合适程度，过了头的事通常不是好事。多用于分析评判某事。前后两句带有对比的意思，相当于“太……反而……”。多放在句尾，前面常有别的句子作相关的说明。○多用于叙事和对话，书面语。

★ **过于 + 动词 $_1$ / 形容词 $_1$ + 反倒 + 动词 $_2$ / 形容词 $_2$**。 框架格式。在句中作谓语，也可独立成句。结构中的形容词多是双音节词。

扩展 过于客气反倒让人觉得不好意思；过于高兴反倒不正常；过于优秀反倒不好；过于安静反倒让我感觉害怕；打球过于紧张反倒出不了好成绩；打扮得过于漂亮反倒会引起注意；过于自信反倒不是件好事儿。

H

【还不（就）是…】 hái bù (jiù) shì… ［一级］

例句▶ 我是你爸，我的钱还不就是你的钱，不够你拿去用就是了。‖你说来说去，还不就是为了多赚点儿钱吗，那这样，我再给你安排一份工作就是了。‖跳舞还不就是让人开心开心嘛，别管跳得好不好，水平怎么样，自己高兴就行。

解释▶ 就是……，只是……。尽管事情表面上比较复杂，或者有些话不能说得太直接，但说话人对眼前事情的实质看得很清楚，对其中的关系、目的、作用或意义等很明白，因此把事情的关键概括为一句话。采用否定反问句的形式有加强语气的作用，语气较重。结构位置比较灵活，或者前面引出话题，后面的句子进行补充；或者前后有别的句子作相关的说明或补充。〇多用于叙事和对话，口语。

★ **还不（就）是＋名词／动词＋(吗／嘛)**。在句中作谓语，也可独立成句。

扩展▶ 人老了还不（就）是那样；每天还不（就）是这样过吗；来这里学习还不（就）是为了学得更好嘛；她的目的还不（就）是要跟他分手吗；出了这些事还不（就）是因为你；这还不（就）是为了我们的家；不愿意离开他还不（就）是为了孩子吗；报考研究生还不（就）是为了以后好找工作吗。

【还不快…】 hái bú kuài… ［一级］

例句▶ 小莉，李叔叔已经答应帮你了，你还不快好好谢谢李叔叔。‖都十二点多了，还不快去休息，明天还要早起呢。‖不是叫你去超市买东西吗，你怎么还站在这儿，还不快走。

解释▶ 快点儿……。用否定的反问形式表示肯定。说话人用命令、要求、建议或劝说的方式催对方做某事，含有催促的意味。祈使句，只用于第二人称。一般是上级对下级、长辈对晚辈，有时也用于平级或熟人之间。多放在句尾，前面常有别的句子作相关的说明，有时后面也有句子作进一步补充。〇多用于对话，口语。

★ **还不快＋动词**。在句中作谓语，也可独立成句。

扩展▶ 你来干什么，还不快给我回去；还不快来；还不快下来见见朋友；还不快把衣服拿给我；还不快放手；还不快去找；送给你的，你还不快接着；还不快拿出来。

【还不如不 … 呢】 hái bùrú bù … ne ［二级］

例句▶ —你年纪也不小了，怎么还不结婚呢？—主要是没找到合适的，没有合适的还不如不嫁呢！‖读书不能读死书，读死书会越读越笨，还不如不读呢！‖早知道你会这么伤心，当初我还不如不告诉你呢。

解释▶ 把一件事情的两个方面进行比较，觉得不做这件事比做更好。用于已经发生的或将要发生的事情。用于已经发生的事时，有后悔或遗憾的意思；用于将要发生的事时表示自己感觉或建议、劝说别人应该怎样。多用来劝说别人。多放在句尾，前面常有别的句子说明情况或原因。○多用于叙事和对话，口语。

★ **还不如不 + 动词 + 呢。** 框架格式。在句中作谓语，也可独立成句。

扩展▶ 你知道还不如不知道呢；我这文章还不如不写呢；还不如不用呢；如果是这样，还不如不出国呢；回去没意思，还不如不回去呢；早知道这样，还不如不做手术呢；他们见面这样伤心，还不如不见呢；这里条件这么差，还不如不接孩子回来呢。

【… 还差不多】 … hái chàbuduō ［二级］

例句▶ 那件羽绒服太薄了，这件还差不多，你还是买这件吧。‖你的这些话，骗骗小孩子还差不多，想骗过我，那怎么可能呢？‖他只是公司新来的实习生，让他代表公司去谈业务实在不合适，你去还差不多。

解释▶ 这个人或物、这件事、这么说、这样做比较合适、符合某种情况、要求或某种条件（换个情况就不行了）。多用于评价、分析某人某事，用于已经发生的或将要发生的事情。用于已经发生的事时，有遗憾、可笑的意味；用于将要发生的事时表示建议别人应该怎样，含有赞同和建议的意味。句子的前面或后面常有相反的或另一种情况来作为对比，说明换成别的情况不合适，有时也有别的句子作相关的说明。○多用于叙事和对话，口语。

★ **代词 / 动词 / 小句 + 还差不多。** 可独立成句。

扩展▶ 这还差不多；他不行，你还差不多；这么做还差不多；穿这件衣服还差不多，那件不行；买这本书送给我还差不多，送他没用；让他帮我做还差不多；有车来接我还差不多；你去帮他还差不多，不用帮我；他负责不合适，你负责还差不多。

【还来不及 … 就 … 】 hái láibují … jiù … ［四级］

例句▶ 我前几天刚买的一件新衣服，还来不及穿一次就被妹妹拿走了。‖课堂上老师问了我一个问题，我还来不及回答小王就抢着替我回答了。‖他把这个行李箱送到了我家，我还来不及说一句谢谢他就离开了。

解释▶ 按理先做完第一件事再出现第二件事，但因为时间很短没有做或没赶上做第一件事，紧接着另一件事已经发生了。表示事情来得很快，也很突然。多用于叙述事情的经过。多放在句尾，前面常有别的句子说明情况。○多用于叙事和对话，口语。◇ 也说“还没来得及…就…”。

★ **还来不及＋动词$_1$＋(名词/代词[指人])＋就＋动词$_2$**。框架格式。在句中作谓语，也可独立成句。

扩展▶ 我还来不及开口就被他们拒绝了；话还来不及说完就被打断了；门还来不及开就被踢开了；我还来不及说你就把人赶走了；大家还来不及看清楚它就跑远了；人还来不及上岸就被海水卷走了；还来不及跟他说再见他就走了；还来不及谈恋爱就毕业了。

【还没…就…】 hái méi … jiù … ［一级］

例句▶ —你怎么还没放学就把今天的作业做完了？—我是利用下课的时间把它写完的。‖因为今天有一个重要的面试，我昨晚一直睡不着，今天早上天还没亮我就起床了。‖我跟妈妈说今晚想吃鱼香肉丝，一下班就往家里赶，还没进门就闻到鱼香肉丝的香味了。

解释▶ 前一件事情还没完成，后一件事情就发生了。前一个现象、状态或动作是延续性的，而后一个动作是一次性完成的，当前一个现象、状态或动作还在进行的过程中，后一个动作已经出现了。强调后一件事情发生得很早、很快。多用于叙述事情的经过。结构位置比较灵活，前后常有别的句子作相关的说明或补充。○多用于叙事和对话，口语。

★ **还没＋动词$_1$＋(名词/代词[指人])＋就＋动词$_2$**。框架格式。在句中作谓语，也可独立成句。

扩展▶ 天还没亮他们就到了；我还没说她就已经猜到了；还没毕业就结婚了；天还没暖和就开始穿裙子了；我们还没出门他就已经到了；考试还没结束他就离开教室了。

【还没来得及…就…】 hái méi láidejí … jiù … ［四级］

见299页【还来不及…就…】条。

【还没(…)呢】 hái méi(…) ne ［一级］

例句▶ —吃早饭了吗？—还没呢，我睡到现在才起床。‖到上海已经半年了，我还没去过东方明珠塔呢！‖ 小明，现在还没放假呢，讨论暑假旅游的事还不是时候，快放假的时候再说吧！

解释▶ 到现在或说话人所指时间为止事情没有发生（但以后可能会发生）。有时只是说明没有做某事，有时是希望有机会做，有时想说明时间还早，还不到做某事的时间。含有强调的意味。前后常有别的句子作相关的说明或补充。○多用于叙事和对话，口语。

★ **还没+（动词）+呢**。 框架格式。在句中作谓语，也可独立成句。

扩展▶ 还没问我呢；还没告诉我呢；还没吃饭呢；还没睡觉呢；还没到两点呢；还没发工资呢；还没机会读他的小说呢；这事还没讨论呢；他还没上中学呢；我还没感谢你呢；这事我还没考虑过呢。

【还…哪/呢】 [1] hái … na / ne ［一级］

例句▶ 都瘦成这样了，还减肥哪，你也不照照镜子看看自己，再这样下去，小心把身体弄坏了。‖ 你还说呢，上次要不是你不同意，我早就买那套房子了。‖ 我不是已经告诉你正确答案了吗，你怎么还问哪？

解释▶ 反问句，表示相反的意思。用肯定形式表达否定，用否定形式表达肯定。如“你还说呢”意思是“你不应该再说了”；“你还不起床哪”意思是“你该起床了”。多表示说话人觉得某人（不）应该怎么样，含有惊讶、不满、责备或劝告的意味，语气较强。结构位置比较灵活，前后有别的句子说明情况，或指出对方的问题，或提示对方。可用于到说话为止一直在继续的动作或将要发生的事情。○多用于对话，口语。

★ **还+动词+哪/呢**。 框架格式。在句中作谓语，也可独立成句。

扩展▶ 还出去哪，天都黑了；还哭呢，你是不是还觉得自己没错；还给他打电话哪，他不是不理你了吗；还生气呢，算了吧；还看书哪，都什么时候了；还在炒菜哪，哪里吃得完啊；还等他哪，他不会来了；都什么时候了，还玩哪；几点了，还不下班哪。

【还…呢】 [2] hái … ne ［一级］

例句▶ 你怎么当哥哥的，弟弟学习有问题找你你都不愿意帮他解决，还哥哥呢！‖ 还翻译专业毕业的呢，这么简单的东西半天都翻译不好，你怎么学的！‖ 这样的人少见，还好朋友呢，你有困难他都不帮忙，什么朋友呀！

解释▶ 某人说的话、做的事情不符合他的职业、身份或地位等，表示对他的不满。带有批评、责备、不满、讽刺的语气和意味。结构位置比较灵活活，前后有别的句子指出某人做得不好的地方。○多用于叙事和对话，口语。

★ **还＋名词＋呢。** 框架格式。可独立成句。

扩展▶ 还研究生呢，这么简单的问题都不会回答；这么简单的东西都不懂，还大学生呢；这么小气，还老板呢；还老师呢，自己不会怎么教学生。

【还能不是…（吗）】 hái néng bú shì …（ma）［一级］

例句▶ 你说说，他做了这么多坏事，还能不是个坏人吗？‖ 这件事还能不是他做的吗，这里除了他没有人知道应该怎么做。‖ 你看看这套房子的房型，这装修，还有这家具，还能不是一流的吗？

解释▶ 除了这种情况，没有别的选择。根据对某种情况和现象的观察，很快或不难得出一个肯定的结论。用否定式反问句的形式强调肯定，语气较强。多用来对人或物进行分析和判断。结构位置比较灵活，前后常有别的句子作相关的说明或补充。○多用于叙事和对话，口语。

★ 1）**还能不是＋名词／代词（指人）＋吗。**

2）**还能不是＋名词／代词（指人）＋动词＋的＋吗。**

3）**还能不是＋形容词＋的＋吗。**

框架格式。在句中作谓语，也可独立成句。

扩展▶ **句型 1）** 你还能不是第一名吗；这个人还能不是胖子吗；你再怎么样还能不是我儿子吗；帮了我这么多忙还能不是我朋友吗；他还能不是好人吗。

句型 2） 这事还能不是你干的吗；这种事情还能不是你们答应下来的吗；这书上的字还能不是他写的吗；这学费还能不是你父母交的吗。

句型 3） 这样价格的商品还能不是高档的吗；这样的学生还能不是绝顶聪明的吗。

【还是…吧】 háishi … ba ［一级］

例句▶ 工作永远都做不完，身体更要紧，不舒服的话还是先休息几天吧！‖ 看这天色，应该快要下雨了，你还是把雨伞带上吧！‖ 批评孩子这种事，还是孩子的父母去做吧，我们外人最好不要插手。

解释▶ 经过比较、考虑，做出选择。用“还是”引出要选择的内容。可用于别人和自己，用于别人表示建议或劝说，用于自己表示说明自己的选择或态度。多用于建议别人做某事，语气委婉。多放在句尾，前面常有别的句子说明情况或原因。用于将要发生的事情。○多用于叙事和对话，口语。

★ **还是＋动词 / 句子＋吧。** 框架格式。在句中作谓语，也可独立成句。

扩展▶ 我们还是回国吧；你还是回来吧；这件事情还是让他去办吧；我们还是把这件事情讨论完吧；你还是把东西收起来吧；还是说说你将来的打算吧；这事还是过些日子再说吧；还是你过来吧，我就不去了。

【还是…（的）好】 háishi…（de）hǎo ［一级］

例句▶ 这是你第一次出远门，爸爸妈妈不在身边，所以做什么事还是小心些好。‖ 她抱怨地说道："早知道结婚后的生活这么累，当初还是不结婚的好。‖—究竟发生了什么事，你能不能告诉我？—你就别问了，这件事你还是什么都不知道的好。

解释▶ 经过比较、考虑，说话人觉得某种做法更合适，更好，也可用于评判不同的事物。多用于将要发生的事情，用于已经发生的事情时表示后悔做某事。用于自己，表示说明自己的想法；用于别人，表示建议某人怎么做。含有慎重选择、比较的意味。多放在句尾，前面常有别的句子作相关的说明，有时后面也有句子作进一步补充。○多用于叙事和对话，口语。

★ **还是＋动词 / 形容词 / 小句＋（的）＋好。** 框架格式。在句中作谓语，也可独立成句。

扩展▶ 这种事你还是别参加（的）好；我觉得还是说出来（的）好；我看还是旅行结婚（的）好；看样子，你还是去一趟（的）好；这衣服没什么特别的，还是不买（的）好；我们还是分手（的）好；做事还是仔细些（的）好；还是把事情讲清楚（的）好；在这里还是什么都不说（的）好。

【…还是得V】 …háishi děi V ［四级］

见 304 页【…还是要 V 的】条。

【还是…来吧】 háishi…lái ba ［一级］

例句▶ 这台电视机我试了好几次也修不好，还是维修师傅来吧，毕竟他比较专业。‖ 其他的我可以帮忙，但填写报名表需要很多个人信息，还是你们自己来吧！

解释▶ 来：来做。表示经过比较、考虑，觉得某个人做这件事更合适，更好。含有建议的意味，语气委婉。结构位置比较灵活，前后常有别的句子说明情况或原因。可用于将要发生的事情。○多用于对话，口语。

◇ 也说“还是让…来吧”。

★ **还是 + 名词 / 代词（指人）+ 来吧。** 框架格式。在句中作谓语，也可独立成句。

扩展▶ 这个我很熟，还是我来吧；还是让你哥哥来吧；别客气，还是自己来吧；这里有专家，还是让专家来吧；还是老板来吧；还是李老师来吧。

【还是让 … 来吧】 háishi ràng … lái ba ［二级］

见 303 页【还是 … 来吧】 条。

【… 还是要 V 的】 … háishi yào V de ［一级］

例句▶ —算了吧，这点儿钱你不用付了。—虽然我们是好朋友，但买东西钱还是要付的，否则我下次不好意思再来了。‖ 我和他已经说好了，这次他过生日虽然不办生日晚会了，但我们的礼物还是要送的。

解释▶ 表示不管前面发生了什么，某件事仍然要做，它不应该受到其他因素的影响。多表明说话人的态度和想法，说话态度比较明确，语气委婉。结构前常有“但是、可是”等转折词引导。结构位置比较灵活，前面常有别的句子说明情况，有时后面的句子补充可能会出现的结果。○多用于叙事和对话，口语。◇ 也说“…还是得 V”。

★ **名词 + 还是要 + 动词 + 的。** 框架格式。可独立成句。结构中的名词是动词的宾语。

扩展▶ 你心情不好，但饭还是要吃的；尽管他脾气不太好，但这个朋友我还是要交的；我们虽然只是一般的朋友，可这个忙还是要帮的；有意见归有意见，工作还是要干的；日子有点儿苦，但生活还是要继续的。

【还有 … 就 … 】 hái yǒu … jiù … ［一级］

例句▶ 今天是十二月二十三号，还有两天就要到圣诞节了，我们举行一个圣诞晚会怎么样？ ‖ 同学们，还有一百米我们就爬到山顶了，大家加油啊，坚持就是胜利！

解释▶ 现在的情况离标准、要求、目的等不远了，表示很快就要结束、完成或达到目标。常带有轻松、愉快的语气。前面常有别的句子说明情况或时间、数量、距离等，后面的句子是要做某事的具体内容。○多用于叙事和对话，口语。

★ **还有 + 数量短语 +（名词 / 代词［指人］）+ 就 + 动词 +（了）。** 框架格式。在句中作谓语，也可独立成句。

扩展▶ 我还有一年半就毕业了；还有两天我就回国了；还有十五米就到终点了；还有一个人就到齐了；还有两个星期学期就要结束了；还有十分钟我就做完功课了；还有一页我就写完了。

【… 还在后头呢】 … hái zài hòutou ne ［一级］

例句▶ 奶奶，您一定要好好保重身体，您的好日子还在后头呢！‖ 前段时间老王的妻子总和他吵架，可糟糕的还在后头呢，最近老王的工作也丢了。‖ 我们一定要坚持住，困难才刚刚开始，更大的困难还在后头呢。‖ 你现在先别笑，不要得意得太早，让你哭的时候还在后头呢！

解释▶ 更好的或更差的情况还没发生，或还没说出来。用在已经发生的事情时，引出更好或更不好的事情；用在没有发生的事情时，提示或警告自己或对方。有时含有安慰、看笑话、提示等意味，语气较强。结构位置比较灵活，前面常有别的句子说明情况，有时后面有句子补充好的或不好的具体内容。○多用于叙事和对话，口语。

★ 1）**名词＋还在后头呢。**

2）**形容词／动词＋的＋（名词）＋还在后头呢。**

可独立成句。

扩展▶ **句型1）** 大生意还在后头呢；苦日子还在后头呢；好戏还在后头呢。

句型2） 更坏的还在后头呢；更艰难的（事）还在后头呢；更严厉的（惩罚）还在后头呢；难受的日子还在后头呢；令人伤心的事还在后头呢；发财的机会还在后头呢。

【（还）… 着干嘛】（hái）… zhe gànmá ［三级］

例句▶ 进来这么久了，你还站着干嘛，赶快坐下吧！‖—这些衣服不是小了吗，都穿不了了，还留着干嘛？—我打算把它整理好以后送给贫困地区的孩子们。

解释▶ 干嘛：干什么。用肯定形式的反问句否定某个动作或状态，意思是（对方）不应该做某事。多用来提示对方，但说话不客气。除少数情况外，多含有提示、不满、责备的意味。语气较强。注意▶ 只能用于自己十分熟悉，或关系密切，或年幼的人，或下属、晚辈等。前面常有别的句子说明情况，后面的句子常建议对方赶快做什么或怎么做。○多用于叙事和对话，口语。

★ **（还）＋动词＋着＋（名词）干嘛。** 框架格式。在句中作谓语，也可独立成句。

扩展▶ 你（还）愣着干嘛；房子不租出去，（还）空着干嘛；你（还）拿着这东西干嘛；（还）等着我干嘛，该做什么做什么去；你们都待着干嘛；你看着我干嘛。

【**毫无**…可言】 háo wú … kě yán ［七一九级］

例句▶ 他说的那些话毫无根据可言，你们千万不要相信。‖ 这场足球比赛，你们十一个男生对我们十一个女生，虽然人数一样，但其实毫无公平可言。

解释▶ 毫无：丝毫都没有。表示一点儿也没有。多是根据前面的情况下结论，用于对某人某事的判断、评价。带有不满、批评、指责的意味，语气较强。放在句尾，前面常有别的句子说明原因或情况。○多用于叙事和对话，书面语。◇ 也说“没有…可言”“哪有…可言”。这时不带有很浓的书面色彩。其中“哪有…可言”是反问句。

★ **毫无＋名词／形容词＋可言**。 框架格式。在句中作谓语，也可独立成句。结构中的名词或形容词多是褒义的词语，并且不可以是单音节词。

扩展▶ 毫无幸福可言；毫无前途可言；毫无信用可言；毫无诚信可言；毫无优势可言；毫无规则可言；毫无规范可言；毫无新闻价值可言；毫无想象力可言；毫无艺术性可言；毫无神奇可言；毫无标准可言；毫无安全可言。

【好半天＋才／都／也 … 】 hǎo bàntiān +cái / dōu / yě … ［一级］

例句▶ 下班的时候是晚上十点多，街上的公共汽车大部分已经停开了，好半天才来一辆，车上还挤满了人。‖ 老人拉着我的手一直说个不停，可他说的是方言，好半天我都没听懂他到底在说什么。‖ 上了床，他好半天也睡不着，回想起最近发生的事情，总觉得像做梦一样。

解释▶ 好：很。表示过了很长时间某个事情才发生、某种情况才出现，或者过了很长时间事情还是没发生。多用来描述事情的经过。结构位置比较灵活，前面常有别的句子作相关的说明，有时后面也有句子进行补充。○多用于叙事和对话，口语。

★ 1）**好半天＋才＋动词**。（这时表示肯定，事情发生了。）

2）**好半天＋都／也＋不／没有＋动词**。（这时表示否定，事情没有发生。）在句中常作谓语，也可独立成句。

扩展▶ **用法 1**）表示肯定，事情发生了：好半天才说一句话；好半天才反应过来；好半天才想起来；好半天才醒过来；问了好半天才问明白；走了好半天才走到；等了好半天才坐到位置；排了好半天的队才买到。

用法2）表示否定，事情没发生：好半天都不吃一口；好半天都不开口；好半天也没解释清楚；好半天也没明白他们想干什么；好半天也想不起来；找了好半天也没找着；做了好半天也没做完。

【好不…】 hǎobù… ［超纲］

例句▶ 第一次去面试时，我心里好不紧张，一直低着头，回答问题时声音小得连自己都听不见。‖ 晚饭后，老人们聚在大树下谈天说地，好不热闹。

解释▶ 好不：很。状态或程度很高。在这里“好不…”和“好…”的意思一样，相当于“好、多么、很”，语气较强。多用来描写人或物。结构位置比较灵活，前面常有别的句子说明原因，有时后面也有句子进行补充。○多用于叙事和对话，口语。

★ **好不＋形容词**。 在句中常作谓语。结构中的形容词多是表示心理活动或状态的双音节词（“热闹”除外）。

扩展▶ 心情好不轻松；玩儿得好不痛快；心情好不激动；我心里好不难受；准考证找不着了，我好不着急；女朋友离开了他，他好不伤心；这事想起来好不后悔；这事让我好不担心；一个人的时候，我好不寂寞。

【好（不）容易才…】 hǎo（bù）róngyì cái… ［三级］

例句▶ 一听我说马上就要回去，朋友急忙说：“你好不容易才出来一趟，在这里多玩儿一段时间再回去吧！”‖ 我给他解释了半天，好不容易才让他明白。‖ 一连下了好几天雨，好容易才遇见这么一个晴天。

解释▶ 很不容易……，需要花很多时间、功夫或钱等……（发生了某事，出现了某种结果等）。这里的肯定式“好容易才…”和否定式“好不容易才…”意思是一样的，都表示不容易。含有来得很不容易的意味。结构位置比较灵活，前后常有别的句子作相关的说明或补充。○多用于叙事和对话，口语。

★ **好（不）容易才＋动词**。 在句中常作谓语。

扩展▶ 好（不）容易才找到他；票好（不）容易才买到；好（不）容易才把书卖完；好（不）容易才让自己忍住没哭；好（不）容易才陪她看好病；好（不）容易才爬上山顶；好（不）容易才找到你家；好（不）容易才赶上火车。

【好歹＋（也／还）…】 hǎodǎi＋（yě／hái）… ［七—九级］

①例句▶ 这部手机虽然旧了点儿，但没有坏，好歹还可以用，扔掉挺可惜

的。‖ 我家小是小了点儿，你好歹住下吧，去外边找房子太麻烦了。

解释▶ 好歹：不管条件好坏，将就地、随便地（做某事）。表示某人、某物，以及条件、情况等不够好，但不计较好坏，有“只要能……，就行”的意思。用于自己，含有要求不高的意味。用于对方，多含建议的意味。结构位置比较灵活，前面或后面常有别的句子作相关的说明或补充。○多用于叙事和对话，口语。

②**例句▶** 好歹你也是个知识分子，不要跟他们这种人计较。‖ 他要是在这儿，好歹也能帮我出出主意，总比我一个人想要好得多。

解释▶ 不管怎么样，无论条件如何，都……。意思是，再怎么差，也（是）……，总比不是 / 没有好。把事情往好的方面说。多用来分析或建议别人。后面常有“也、算、也算、还”等词。可以在句首，也可以在句尾，前面或后面常有别的句子作相关的说明或补充。○多用于叙事和对话，口语。

★ 1）**好歹 +（也 / 还）+ 动词。**

2）**好歹 + 小句。**

在句中作谓语，也可独立成句。

扩展▶ **用法 1）**表示只要能……，就行：不用准备太多，我们好歹吃点儿就行了；准备点儿水，你好歹洗几下就行了；这么多人在，你好歹说几句吧；好歹也应该注意一下自己的形象；你急着用，好歹先买下来吧；好歹你得把学费付了。

用法 2）表示再差，总比不是 / 没有好：虽然受了点儿伤，好歹还活着；他好歹能帮忙做些事；我们好歹有了自己的房子；好歹你也学了好几年英语了；好歹他也算是个画家；好歹你也是个大学生啊。

【好端端的 …】 hǎoduānduān de … ［超纲］

见 309 页【好好儿的】 条。

【好好儿 …】 hǎohaor … ［超纲］

例句▶ 都工作一天了，你也累了，好好儿休息吧。‖ 我想我们之间一定有什么误会，找个机会，咱们好好儿谈谈吧！ ‖ 我的房间太乱了，得找个时间好好儿整理一下。

解释▶ 尽力地、尽情地，或耐心地（做某事），或认真努力地（做某事）。用于第一人称时，常表示自己打算（怎么做）；用于第二人称时，常表示要求或建议对方（怎么做）。常用于建议、劝说别人。结构位置比较灵活，前面多有别的句子作相关的说明，有时后面也有句子作进一步补充。○多用于叙事和对话，口语。

★ **好好儿+动词**。 在句中常作谓语。

扩展▶ 我得好好儿准备；我得好好儿谢谢你；我要好好儿想想；叫他好好儿算算，别算错了；一个人在外，好好儿照顾自己；好好儿干；好好儿工作；好好儿考虑一下；好好儿听我说；有话好好儿说。

【好好儿的】 hǎohaor de ［超纲］

①例句▶ —好像收音机突然就没声音了？—没啊，你看，这不好好儿的吗？ ‖—小明，快起来，都什么时候了？—睡得好好儿的，叫他干什么？今天休息，让他多睡会儿吧！ ‖—我最近想换个工作。—你在这家公司干得好好儿的，干嘛要换工作？

解释▶ 形容某人、某事物情况正常、完好；也指某件事进展顺利。多用于对人或物的状态的描写。结构位置比较灵活，前后常有别的句子作相关的说明或补充。○多用于叙事和对话，口语。◇也说“好端端的…”。

②例句▶ 这怎么可能呢？好好儿的一个玩具车，怎么会被他弄成这样呢？ ‖ 听说了吗，小王和小李这好好儿的一对儿因买房子的事，竟然分手了！—啊？怎么会这样？ ‖—上午天还好好儿的，怎么这会儿说变就变？—别着急，这是阵雨，过一会儿就停了。

解释▶ 某人、某事物原先情况正常、完好（但很快就出现了不好的结果或不正常的、不愉快的事情）。因为事情突然，超出预料，让人无法理解，所以后面多用疑问句。多含有意外、不满、埋怨等意味。多用于已经发生的事情。结构位置比较灵活，前面常有别的句子说明情况，后面的句子多是表示不理解的内容。○多用于叙事和对话，口语。◇也说“好端端的…”。

★ **好好儿的**。 在句中常作谓语、定语、补语。

扩展▶ **用法1**）表示某人、某事物情况正常：不是好好儿的吗；两个人都好好儿的，你就别去管他们了；那棵百年老树至今还长得好好儿的；别担心，我在这儿好好儿的。

用法2）表示原先正常，突然出现了不好的情况：好好儿的收音机，怎么说坏就坏了呢；好好儿的一本书，让你给丢了；好好儿的一件事，怎么会变成这样；好好儿的一句话，到你嘴里就变味儿了；他刚才还好好儿的，怎么发烧了呢；早上还好好儿的呢，怎么现在说没就没了呢。

【好了，…】 hǎole，… ［一级］

①例句▶ 好了，花了一天的时间，房间终于打扫干净了，看上去真舒服。‖ 好了，我终于把我想说的话都说出来了，现在心情好多了。

解释▶ 事情已经完成或终于解决。表示说话人觉得可以松一口气了。带有轻松、愉快的语气和意味。放在句首，后面的句子补充说明某事的具体内容。可用于已经完成的事情。○多用于叙事和对话，口语。

②例句▶ —真的要走吗，你还是再考虑考虑吧！—好了，我已经决定了，你别劝我了。‖ 好了，先说到这儿吧，我挂电话了。‖ 好了，好了，别说了，多说也没什么意思。

解释▶ 说话人想结束一个话题，或建议听话人停止做某件事情；有时也用来直接打断对方的话，这时含有不耐烦的意味。表达不很礼貌，所以多用于熟人或长辈对晚辈之间。放在句首，后面有别的句子说明解释。○多用于对话，口语。

★ **好了，小句。** 可独立成句。结构中的“好了”作插入语，需要时“好了”这一表达可重复使用。

扩展▶ **用法 1）** 表示事情已经完成或终于解决：好了，我的作业终于做完了；好了，苦日子总算熬到头了；好了，终于到家了。

用法 2） 结束话题或直接打断对方的话：好了，我已经决定了，你别劝我了；好了，别吵了，有什么好吵的；好了，我们的谈话到此为止吧；好了，时间不早了，睡觉吧。

【好说话】 hǎo shuōhuà ［一级］

例句▶ —你们俩也太好说话了吧，房东说涨多少房租你们就给多少。—有什么办法呢，搬家实在太麻烦了。‖ 这件事王太太不一定会同意，你还是等王先生回来再说吧，王先生比较好说话。‖ —我家里有点儿事，想向张经理请个假。—他可不是个好说话的人，不一定会同意的。

解释▶ 某人的性格随和、宽容，容易沟通和商量，容易答应别人的要求或请求。多用于描写人的性格和办事习惯，具有褒义色彩。结构前常有“比较、还、十分、不太、很不、不怎么、倒是”等词语表示某人能协商的程度。结构位置比较灵活，前面常有别的句子作相关的说明，有时后面也有句子进行补充。○多用于叙事和对话，口语。

★ **好说话。** 在句中常作谓语、定语。

扩展▶ 别以为老乡就好说话；这个人很不好说话；我从没见过像他那么好说话的；他们俩都是比较好说话的人；他倒一直都是个好说话的顾客。

【好像 … 似的】 hǎoxiàng … shìde ［四级］

例句▶ 羊群好像天上的云朵似的，雪白雪白的，一团团地围在一起。‖ 我走过他身边时跟他打了个招呼，可是他好像不认识我似的，把脸转向一边。‖ 他总喜欢告诉别人他去过法国，说得好像真的似的。其实他从来都没有去过。‖ 他喜欢看书，晚上睡觉时常给我们讲故事，讲的故事好像自己经历过似的。

解释▶ 好像……一样。某人说的话、做的事或某些事给人的感觉像……。这只是一种感觉，像真的但其实不是真的。多用来描述人和物。结构位置比较灵活，前面常有别的句子作相关的说明和描写，有时后面也有句子进行补充。○多用于叙事，书面语。◇ 也说“好像…一样”“仿佛…一样”“仿佛…似的”“似乎…似的”。第一种用法用于口语。

★ **好像＋名词 / 动词 / 形容词 / 小句＋似的。** 框架格式。在句中常作谓语、补语。

扩展▶ 同学们好像一群快乐的小鸟似的跑出了教室；太阳好像大火球似的挂在天上；好像在哪里见过他似的；好像变了个人似的；他好像很为难似的；他俩好像很熟似的；好像有什么不好的事要发生似的。

【好像 … 一样】 hǎoxiàng … yíyàng ［一级］

见 311 页【好像 … 似的】 条。

【好一 … 】 hǎo yī … ［一级］

例句▶ 好一场精彩的京剧！不但服装很美，唱得也非常专业，我打算下次再来看一场。‖ 好一张厉害的嘴，我说她一句，她可以回我十句，实在受不了。

解释▶ 程度很高，感叹语气。多把事情往好的方面说，含有赞叹、夸张的语气和意味；有时也用于不好的人或物。结构中的名词前常有形容词说明是什么样的。比如“好一场精彩的京剧”强调京剧非常精彩。多放在句首，后面的句子进一步补充说明值得夸奖、赞叹的具体内容。○多用于叙事。

★ **好一＋量词＋形容词＋(的)＋名词。** 可独立成句。

扩展▶ 好一个美丽的人间天堂；好一个活广告，效果太好了；好一个聪明的李小姐；好一片热闹的气氛；好一桌丰盛的午餐；好一栋高层建筑，简直看不到顶；好一个国际大都市，太漂亮了。

【A 好于 B】 A hǎo yú B ［一级］

见 155 页【A 大于 B】条。

【好在 … 】 hǎozài … ［七—九级］

例句▶ 今天不小心在路上摔了一跤，好在问题不大，只擦破了一点儿皮。‖比赛开始后，黄队的分数一直比我们队高，好在我们队后来也进了两个球，终于把比分追平了。

解释▶ 多亏有某种有利的条件或因素，能够使本来不好的情况变得不那么坏。当事情已经发生时，常庆幸事情没有变得那么糟糕；当事情没有发生时，常庆幸可以避免不好的事情发生。多带有庆幸的意味和语气。前面常有别的句子说明原有的条件或情况，有时后面也有句子进行补充。○多用于叙事和对话，口语。

★ **好在 + 动词 / 小句**。 可独立成句。

扩展▶ 好在没有出大事；好在没有生命危险；好在她同意了；好在她没有再多问；好在现在不会再有这种事了；好在他今天没有坐这班飞机；好在很快他就把钱都还了；好在他很快就把车修好了；好在他身体已经恢复了；好在事情不严重。

【合 … 心意】 hé … xīnyì ［七—九级］

例句▶ 这是我特地为你挑选的生日礼物，你打开看看合不合你的心意。‖这本小说写得特别精彩，可是小说的结局却不太合读者的心意，读者都希望故事有个好结局。‖今天我高高兴兴地到了商场，可逛了大半天，却找不到一件合我心意的衣服。

解释▶ 合：符合。说话做事符合某人的爱好、兴趣、希望或愿望等，让人感到满意，给人带来愉快的感觉。结构前常有“一定、希望、肯定、似乎、比较、正”等词语。结构位置比较灵活，前面常有别的句子作相关的说明，有时后面也有句子作进一步补充。○多用于叙事和对话，口语。

★ **合 + 名词 / 代词（指人）+（的）+ 心意**。 动宾结构。在句中常作谓语、定语。

扩展▶ 正合我的心意；似乎挺合他的心意；希望能合大家的心意；肯定不合老人家心意；这事同样也合农民的心意；希望能找到合你心意的工作。

【何必非得 … 】 hébì fēiděi … ［七—九级］

例句▶ —下个月放暑假，我打算去国外度假放松放松。—中国也有很多适合度假的地方，何必非得去国外？‖家里就你一人抽烟，你何必非得在房间里抽，弄得满屋子的味道怪难受的。

解释▶ 为什么一定要……。用反问的形式表示否定的意思：不是一定要……才行，其实还有别的选择。表明说话者对某事的态度是不赞成的，语气较强。结构位置比较灵活，前面常有别的句子说明情况或原因，有时后面也有句子说明出现的结果。○多用于叙事和对话，口语。

★ **何必非得 + 动词。** 可独立成句，也可在句中作谓语。

扩展▶ 租房挺好的，何必非得买房子；到哪儿不是学，何必非得上名校呢；既然那儿条件比这儿好，你又何必非得留在这儿；何必非得让他难受；何必非得为难别人。

【何必 … 呢】 hébì … ne ［七—九级］

例句▶ 其实你家离公司挺近的，住在家里也很方便，何必住在外边呢？‖既然图书里有各种各样的杂志供大家阅读，又何必自己再去花钱买呢，那不是浪费钱吗？‖家务是两个人的事，应该双方分着做，你何必这么辛苦呢？‖你明明知道他不会听你的，又何必跟他说那么多呢？

解释▶ 为什么一定要……呢？表示不必要、不值得这么做。用反问句的形式表示不理解和劝告。用于已经发生的事时，表示不赞同对方这么做；用于没有发生的事情时，表示建议对方应该怎么做。常用来建议或劝说别人，有时语气较强。结构位置比较灵活，前后常有别的句子对相关事情或原因进行分析说明或补充。○多用于叙事和对话，口语。

★ 1）**何必 + 动词 / 小句 + 呢。**

2）**何必 +（动词 + 得）+ 这么 / 那么 + 形容词 + 呢。**

3）**何必 + 动词 + 这么 / 那么 + 形容词 +（名词）+ 呢。**

框架格式。在句中作谓语，也可独立成句。

扩展▶ **句型 1）** 不想去，何必要出去呢；别人没空，何必去麻烦人家呢；何必在乎别人说呢；他是开玩笑的，你何必生气呢；你不喜欢，何必买呢；你舍不得，何必送给她呢。

句型 2） 你何必这么认真呢；知道他不会同意，何必做得那么辛苦呢；何必搞得这么累呢。

句型 3） 何必说那么多呢；何必吃那么多苦呢；何必去那么远的地方呢。

【何不 …（呢）】 hébù …（ne）［超纲］

例句▶ 国庆节快到了，到时候会放七天假，待在家里没什么意思，你何不跟我一块儿出去旅行呢？‖李老师对这个部分的问题非常熟悉，何不请他来给我们讲讲呢？‖既然奶茶这么好喝，制作方法也简单，何不自己在家做一杯呢？

解释▶ 为什么不（做某件事）。意思是应该做……事。用否定形式的反问句表示应该、完全可以做……。多表示有充分的理由……，或者这样做更好，语气较强。常用来建议或劝说别人，有时也用于自己。多放在句尾，前面常有别的句子对相关事情、条件或情况进行说明、分析。○多用于叙事和对话，口语。

★ 1）**何不 + 动词 + 呢**。 框架格式。在句中作谓语，也可独立成句。

2）**何不 + 句子 + 呢**。 框架格式。可独立成句。

扩展▶ **句型 1**）现在还年轻，何不趁机学点儿东西（呢）；何不好好休息休息（呢）；何不去问问他（呢）；何不出去玩玩（呢）；何不和他谈谈你的想法（呢）；何不改变一下自己（呢）；既然来了，何不让我把事情都做完（呢）。

句型 2）难得在一起，何不大家见个面聚一聚（呢）；既然你知道怎么做的，何不自己做（呢）；既然他同意了，何不你先去找他呢；天气这么好，何不咱们一起去玩玩。

【何尝不 … 呢】 hécháng bù … ne ［超纲］

例句▶ 每个女孩子都爱美，她何尝不想穿裙子呢？可是她总觉得自己胖，出门从不穿裙子。‖都说家长苦，孩子又何尝不苦呢？每天的课程被安排得满满的，几乎没有休息的时候。

解释▶ 何尝：哪里，怎么能，怎么会……。“何尝”和否定词“不”连用表达肯定的意思。如“何尝不想去呢”意思是“想去”，“何尝不是这么想”意思是“是这么想”。在感叹句、疑问句中用“反问 + 否定”的形式强调肯定，进行解释，语气较强。结构位置比较灵活，前面常有别的句子对相关事情进行说明，有时后面也有句子进行补充。○多用于叙事和对话，书面语。

★ **何尝不 + 动词 / 形容词 + 呢**。 框架格式。在句中常作谓语。

扩展▶ 这又何尝不是好事呢；这何尝不是一个机会呢；我们何尝不想上学呢；家长何尝不希望孩子留在身边呢；其实你又何尝不是这样做的呢；我们又何尝不担心呢；内心何尝不矛盾呢；他又何尝不着急呢；这样的生活何尝不累呢。

【何苦（…）呢】 hékǔ（…）ne ［七—九级］

例句▶ 你不能喝酒就别喝，现在醉成这样，你这是何苦呢？‖你是大人，他只是个孩子，你又何苦因为这点儿小事跟他生气呢？‖既然她对我没好感，我又何苦把心思都放在她身上，浪费自己的时间呢？

解释▶ 为什么要自找苦吃，自找烦恼呢？用肯定形式的反问句表示不值得这么做，没有必要这么做。多用来建议或劝说别人，含有埋怨的意味；也可用于自己，含有后悔的意味，语气较强。多放在句尾，前面常有别的句子说明以前做的事情，有时后面也有句子进行补充。○多用于叙事和对话，口语。

★ 1）（这）+（又 / 是 / 又是）+ **何苦呢**。 可独立成句。

2）**何苦 + 动词 + 呢**。 框架格式。在句中作谓语，也可独立成句。

扩展▶ **句型 1**）你们这又是何苦呢；我是何苦呢；这又何苦呢。

句型 2）何苦生他的气呢；他不理你，何苦再来找他呢；他何苦让自己这么累呢；何苦多花那么多钱呢；你何苦搞得这么辛苦呢；你何苦为他做这些事呢；有轻松的日子不过，你何苦找麻烦呢。

【和 …（保持）**联系**】 hé …（bǎochí）liánxì ［三级］

见 254 页【跟 …（保持）联系】 条。

【和 … **比**】 hé … bǐ ［一级］

见 254 页【跟 … 比】 条。

【和 … **比起来**】 hé … bǐ qǐlái ［一级］

见 255 页【跟 … 比起来】 条。

【A 和 B（不）是**一码事**】 A hé B（bú）shì yì mǎ shì ［超纲］

例句▶ 很多人直到结婚后才发现，爱情和婚姻不是一码事，爱情比较浪漫，而婚姻比较实际。‖—上次借你的钱我还给你老婆了。—没事儿，还给我和还给她是一码事。‖有的人觉得如果英语好就可以当英语老师，其实这种看法是错误的，因为会说英语和会教英语完全不是一码事。

解释▶ 码：量词，用于事情。A 和 B（不）是同一件事情，（不）一样，意思是（不）可以把他们（它们）当作同一件事情看待。多用于分析说明，多用于否定形式。“是”前常有“完全、实质、基本上、毕竟、根本”等词。结构位置比较灵活，前面常有别的句子说明情况，有时后面也有句子进行补充。○多用于叙事和对话，口语。◇用于否定的时候也说“A和B是两码事”，意思是“A与B不是一码事”。

★ 1）**名词$_1$+和+名词$_2$+（不）是一码事。**

2）**动词$_1$+和+动词$_2$+（不）是一码事。**

框架格式。可独立成句。

扩展▶ **句型1**）你说的和我问的不是一码事；同学和朋友不是一码事；这个考试和你们学校的考试不是一码事；个性和性格不是一码事；梦想和理想不是一码事。

句型2）付出和回报不是一码事；爱和喜欢不是一码事；一般人认为，生产和消费是一码事。

【和A**不同的是**B】 hé A bùtóng de shì B ［二级］

见255页【跟…不同的是…】条。

【和…**不相干**】 hé … bù xiānggān ［超纲］

见256页【跟…不相干】条。

【和…**不相上下**】 hé … bùxiāng shàngxià ［七—九级］

见256页【跟…不相上下】条。

【和…**差不多**】 hé … chàbuduō ［二级］

见256页【跟…差不多】条。

【和…**差得远**】 hé … chàdeyuǎn ［一级］

见386页【离…差得远】条。

【和…**吵架**】 hé … chǎojià ［三级］

见257页【跟…吵架】条。

【和…**成正比**】 hé … chéng zhèngbǐ ［超纲］

见258页【跟…成正比】条。

【和…**打交道**】 hé … dǎ jiāodao ［七—九级］

见258页【跟…打交道】条。

【和…的差距】 hé … de chājù ［五级］
见 259 页【跟…的差距】条。

【和…发脾气】 hé … fā píqi ［七—九级］
见 259 页【跟…发脾气】条。

【和…分手】 hé … fēnshǒu ［四级］
见 260 页【跟…分手】条。

【和…告别】 hé … gàobié ［三级］
见 260 页【跟…告别】条。

【和…沟通】 hé … gōutōng ［五级］
见 261 页【跟…沟通】条。

【和…过不去】 hé … guòbúqù ［一级］
见 261 页【跟…过不去】条。

【和…见面】 hé … jiànmiàn ［一级］
见 262 页【跟…见面】条。

【和…讲道理】 hé … jiǎng dàoli ［二级］
见 262 页【跟…讲道理】条。

【和…交流】 hé … jiāoliú ［三级］
见 261 页【跟…沟通】条。

【和…交朋友】 hé … jiāo péngyou ［二级］
见 263 页【跟…交朋友】条。

【和…交往】 hé … jiāowǎng ［三级］
见 258 页【跟…打交道】条。

【和…较劲】 hé … jiàojìn ［七—九级］
见 263 页【跟…较劲】条。

【和 … **结婚**】 hé … jiéhūn ［三级］
见 264 页【跟 … 结婚】条。

【和 … 结下**不解之缘**】 hé … jiéxià bùjiězhīyuán ［超纲］
见 264 页【跟 … 结下不解之缘】条。

【和 … **开玩笑**】 hé … kāi wánxiào ［超纲］
见 265 页【跟 … 开玩笑】条。

【和 … **聊天儿**】 hé … liáotiānr ［六级］
见 265 页【跟 … 聊天儿】条。

【和 … 没什么**两样**】 hé … méi shénme liǎngyàng ［超纲］
见 266 页【跟 … 没什么两样】条。

【和 … **面谈**】 hé … miàntán ［超纲］
见 266 页【跟 … 面谈】条。

【和 … **请假**】 hé … qǐngjià ［一级］
见 267 页【跟 … 请假】条。

【和 … **商量**】 hé … shāngliang ［二级］
见 267 页【跟 … 商量】条。

【和 … **生气**】 hé … shēngqì ［一级］
见 268 页【跟 … 生气】条。

【A 和 B 是**两码事**】 A hé B shì liǎng mǎ shì ［超纲］
见 315 页【A 和 B（不）是一码事】条。

【和 … **说得来**】 hé … shuōdelái ［一级］
见 268 页【跟 … 说得来】条。

【和 … 说（得）**清楚**】 hé … shuō（de）qīngchu ［二级］
见 269 页【跟 … 说（得）清楚】条。

【和 … **说好（了）**】 hé … shuōhǎo（le）［超纲］

见 270 页【跟 … 说好（了）】条。

【和 … **说话**】 hé … shuōhuà ［一级］

见 270 页【跟 … 说话】条。

【和 … **谈话**】 hé … tánhuà ［三级］

见 271 页【跟 … 谈话】条。

【和 … **瞎闹**】 hé … xiānào ［超纲］

见 271 页【跟 … 瞎闹】条。

【和 … **相比**】 hé … xiāngbǐ ［三级］

见 272 页【跟 … 相比】条。

【和 … **相处**】 hé … xiāngchǔ ［四级］

见 272 页【跟 … 相处】条。

【和 … **相等**】 hé … xiāngděng ［五级］

见 273 页【跟 … 相等】条。

【和 … **相反**】 hé … xiāngfǎn ［四级］

见 273 页【跟 … 相反】条。

【和 … **相结合**】 hé … xiāng jiéhé ［三级］

见 274 页【跟 … 相结合】条。

【和 … **相撞**】 hé … xiāngzhuàng ［五级］

见 274 页【跟 … 相撞】条。

【和 … **协商**】 hé … xiéshāng ［六级］

见 275 页【跟 … 协商】条。

【和 … **一般见识**】 hé … yìbān jiànshi ［七—九级］

见 276 页【跟 … 一般见识】条。

【和 … 一样】 hé … yíyàng ［一级］

见 276 页【跟 … 一样】 条。

【和 … 有关 / 无关】 hé … yǒuguān / wúguān ［六级］

见 277 页【跟 … 有关 / 无关】 条。

【和 … 有密切（的）关系】 hé … yǒu mìqiè（de）guānxi ［四级］

见 277 页【跟 … 有密切（的）关系】 条。

【和 … 有同感】 hé … yǒu tónggǎn ［七—九级］

见 278 页【跟 … 有同感】 条。

【和 … 约好】 hé … yuēhǎo ［三级］

见 278 页【跟 … 约好】 条。

【和 … 约会】 hé … yuēhuì ［四级］

见 279 页【跟 … 约会】 条。

【和…（在）一起…】 hé …（zài）yìqǐ … ［一级］

见 279 页【跟…（在）一起…】 条。

【A 和 B 之间】 A hé B zhījiān ［七—九级］

例句▶ 随着社会的发展，城市和乡村之间的差别越来越小了。‖ 你说的这事我知道，但我从来不插手她和他之间的事，也从来不谈这个话题。‖ 我总觉得他和主任之间好像有什么问题，因为他俩已经三天没说一句话了。

解释▶ 在人、地方、情况等两部分的距离内。这里的人、地方和情况主要包括地点、时间、范围等。结构位置比较灵活，前后常有别的句子作相关的说明或补充。○多用于叙事和对话。

★ **名词$_1$ / 代词$_1$ + 和 + 名词$_2$ / 代词$_2$ + 之间。** 框架格式。在句中常作主语、宾语、定语。

扩展▶ 医生和病人之间；亚洲和非洲之间；动物和植物之间；人和人之间有差异；公司和公司之间有竞争，也有合作；这个岛和那个岛之间的距离很近；我们和老师之间并没有任何误会；我和他之间的矛盾；他和你之间的小秘密。

【和 … 作对】 hé … zuòduì ［七—九级］

见 280 页【跟 … 作对】 条。

【和 … 做生意】 hé … zuò shēngyi ［七—九级］

见 281 页【跟 … 做生意】 条。

【很想再 V 一 … 】 hěn xiǎng zài V yī … ［一级］

见 781 页【真想再 V 一 … 】 条。

【很有些 … 】 hěn yǒuxiē … ［一级］

例句 要在这么短的时间里把学习成绩搞上去，我看是很有些难度的。‖ 他们的婚礼是在当地一家很有些名气的饭店举行的，而且参加的人也特别多。‖ 这次考试之前她很努力地复习，可是最后成绩还是不理想，她很有些失望地坐在那儿，一句话也不说。

解释 表示某方面量较多、较大或者程度较高。比"很有 + 名词"程度稍弱。比如"很有名气"指名气很大；"很有些名气"指名气比较大，但不是非常大。多指抽象的事物，有时语气较委婉。结构位置比较灵活，前后常有别的句子进行说明或补充。○多用于叙事和对话，口语。

★ **很有些 + 名词 / 动词**。 在句中常作谓语、定语、状语、补语。结构中的动词多是表示心理活动或感受的词语。

扩展 现在离那时候很有些日子了；在国内也会很有些影响；对这个问题他很有些感受；文章很有些新意；这就很有些问题了；他开始很有些不愿意；对这事我很有些不理解；很有些学问的人；说得很有些道理；这些话很有些夸张；他很有些得意地说。

【恨不得 … 】 hènbude … ［五级］

例句 当知道自己考上了理想的大学时，他高兴得跳了起来，恨不得马上把这个消息告诉所有的朋友。‖ 自从他拿起这本书后，就没放下过，恨不得 24 小时都用来看书。‖ 这部手机老是出问题，一会儿没有信号，一会儿突然关机，真恨不得把它扔了。

解释 迫切希望马上就做某事或出现某种情况。表示说话人非常急切的心情，但这里的事情或情况大多是不可能实现的。多放在句尾，前面常有别的句子作相关的说明，有时后面也有句子作进一步补充。○多用于叙事和对话，口语。

★ **恨不得＋动词。** 框架格式。在句中常作谓语。

扩展▶ 恨不得马上毕业；恨不得现在就坐到课堂里去；恨不得把所有的劲儿都用上；恨不得马上飞到他身边；恨不得现在就见到父母；老板恨不得员工一天到晚工作；我恨不得明天就长大。

【忽而 A 忽而 B】 hū'ér A hū'ér B ［超纲］

例句▶ 快看前面那条船，忽而东忽而西，也不知道它到底想往哪个方向开。‖ 这条路骑车不太好，忽而上坡，忽而下坡，足足骑了半个小时才到，累死了。‖ 喂，是电脑维修公司吗？我家的电脑出问题了，显示器忽而清晰忽而模糊，能不能派个师傅过来看一下？

解释▶ 有时候这样，有时候那样；一会儿这样，一会儿那样。表示在一段时间内，两种或两种以上相对或相反的情况交换着出现。多用来描写人、事物和现象变化的过程，含没有规律的意味。前后常有别的句子作相关的说明或补充。〇多用于叙事，书面语。

★ 1）**忽而＋名词$_1$，忽而＋名词$_2$。**

2）**忽而＋动词$_1$，忽而＋动词$_2$。**

3）**忽而＋形容词$_1$，忽而＋形容词$_2$。**

在句中常作谓语。结构中的两个名词、动词或形容词多是意思相对或相反的词或词组。结构中的两个分句有并列关系。

扩展▶ **句型 1）** 那条船忽而东，忽而西，不知道想去哪儿；风筝在空中忽而上忽而下。

句型 2） 市场变化太快，这些商品忽而难买忽而难卖，我不敢多进货；成群的鸟儿忽而飞进树丛，忽而飞入阳光里；这里的天气变化太快了，忽而出太阳，忽而下雨。

句型 3） 她忽而高兴，忽而难过；电脑的显示器忽而亮忽而暗。

【忽 A 忽 B】 hū A hū B ［超纲］

例句▶ 一阵秋风吹过，树上掉落下来的几片叶子，在半空中忽上忽下地飞扬。‖ 夜晚，坐在海边，你可以看到远处海面上忽隐忽现的灯光。‖ 这天气真是奇怪，忽冷忽热的，不知道该穿什么衣服。

解释▶ 忽：忽然。有时候这样，有时候那样；一会儿这样，一会儿那样。表示两种相反的情况在较短的时间内交换着出现，很不稳定。有时带有不定、不满、不舒服的意味。结构位置比较灵活，前面常有别的句子说明情况，有时后面也有句子补充情况变化的结果。〇多用于叙事和对话，书面语。

★ 1）**忽＋名词$_1$＋忽＋名词$_2$**。

2）**忽＋动词$_1$＋忽＋动词$_2$**。

3）**忽＋形容词$_1$＋忽＋形容词$_2$**。

框架格式。在句中常作谓语、定语、状语、补语。结构中的前后两个名词、动词或形容词多是意思相反或相对的单音节词，构成四字格式。

扩展▶ **句型 1**）一道亮光忽东忽西，闪个不停；船忽左忽右地摇摆；遇到了气流，飞机忽上忽下。

句型 2）两支队伍忽分忽合；潮水忽涨忽落。

句型 3）灯光忽明忽暗；他的呼吸忽长忽短，脚步声忽远忽近；书法中的字忽轻忽重，字写得忽大忽小；心脏跳得忽快忽慢。

【化 A 为 B】 huà A wéi B ［三级］

例句▶ 咱们都是住了几十年的老邻居了，难免会有些矛盾，还是化大事为小事，好好商量吧！‖ 这次考试没有考好，是我准备得不够，我会化压力为动力，好好准备，争取下次考出好成绩。‖ 在考前复习时，应该采取化整为零的方法，有计划地把所有的部分都仔细地复习一遍。

解释▶ 化：使……变化。使某种情况或者事物改变成另一种情况或另一种事物。前后两种情况或两件事物常常具有相反的意思或相反的状态。多是为了使事情向好的方面发展而考虑或提出应该怎么做。多用于建议别人，也可用于自己。前面常有别的句子说明情况或原因，后面的句子是怎么做的具体内容和方法。○多用于叙事，书面语。

★ 1）**化＋名词$_1$＋为＋名词$_2$**。

2）**化＋形容词$_1$＋为＋形容词$_2$**。

框架格式。在句中常作谓语、定语。结构中的两个名词或形容词多是意思相反或相对的单音节词，构成四字格式。

扩展▶ **句型 1**）民族与民族之间要化敌为友；化消极因素为积极因素；化悲伤为力量。

句型 2）矛盾还是应该化大为小；工作必须化虚为实，做些实实在在的事情；他化险为夷，总算逃了出去；化复杂为简单。

【话是这么说，不过 …】 huà shì zhème shuō, búguò … ［二级］

见 324 页【话是这么说，但（是）…】条。

【话是这么说，但（是）… 】 huà shì zhème shuō，dàn（shì）… ［二级］

例句▶ 儿子说不需要我的帮助了，话虽然是这么说，但我保证过不了几天，他还是会来找我的。‖—你都生病了，还是向老板请个假去一下医院吧！—话是这么说，不过我走了，这事谁来做呢？‖—听说你女儿要出国留学了，真是件好事啊！—话是这么说，可是一想到她就要离开我了，我就是高兴不起来。

解释▶ 话本来是对的，有道理的，但是……。先肯定或同意对方说的话，然后提出一个更重要、更让人担心或难以解决的问题。句子的重点在后半部分。常用于对话中的回答，语气委婉。"但是"引出的是说话人感到为难或担心的具体内容，有时前后还有别的句子作说明或补充。○多用于叙事和对话，口语。◇ 也说"话是这么说，不过…""话是这么说，可（是）…"。

★ **话是这么说，但（是）+ 句子。** 可独立成句。两个分句有转折关系。结构中的"但（是）"可用"可（是）、不过、然而"等代替。

扩展▶ 话是这么说，但是他心里还是很生气；话是这么说，可我真的很担心啊；话是这么说，可他心里比谁都难过；话是这么说，不过我还是不相信；话是这么说，不过有谁又真的愿意这样做呢；话是这么说，可是你真的可以原谅他吗。

【话是这么说，可（是）… 】 huà shì zhème shuō，kě（shì）… ［二级］

见 324 页【话是这么说，但（是）… 】条。

【话说回来，… 】 huà shuō huílai，… ［一级］

例句▶ 他怎么这么粗心，连这么简单的题都做错了。不过话又说回来了，紧张的时候，我们也可能会出错。‖ 这件事他居然做了一个月还没做完，不过话说回来，他一个人能做完这么多已经很不容易了。‖ 他是个特别节约的人，话又说回来，他本来收入就不高，不节约不行。

解释▶ 前一句话已经说出来了，后一句不顺着前面的意思往下说，而是从另一个角度说。表示转折、补充和上文相反的意思，有减少前面的否定评价、理解某人、缓和气氛的作用。常和连词"不过、当然、可是"同用。多放在句子的后半部分，前面有别的句子说明已经出现的情况或条件。○多用于叙事和对话，口语。◇ 也说"话又（得）说回来，…"。

★ **话说回来，句子。** 可独立成句。结构中的"话说回来"作为插入语。

扩展▶ 发生这种事你有很大责任，不过话说回来，这件事我也有不对的地方；他是不对，不过话说回来，他这样做也有一定的道理；有机会很好，不过话又说回来，一般的大学生不一定能得到你那样的机会；我不买，话说回来，你要是免费给我，我还是会考虑的。

【话又（得）说回来，…】 huà yòu（děi）shuō huílai，… ［一级］

见 324 页【话说回来，…】条。

【或多或少 …】 huò duō huò shǎo … ［二级］

①例句▶ 每次来我家，他或多或少都会带些礼物过来，有时候是一些水果，有时候是一些点心。‖ 刚来中国时，我一句汉语也不会说，现在或多或少能听懂他们的话了。

解释▶ 有的时候多，有的时候少；有的多，有的少。多因人或物的各种情况不同而有所不同，适用范围较广。多用于正式场合。结构位置比较灵活，前后常有别的句子进行说明或补充。○多用于叙事和对话。

②例句▶ 一个寒假不见，大家都有了或多或少的变化，有的人头发变短了，有的人长胖了。‖ 随着收入的增加，越来越多的人在银行里有了或多或少的存款。

解释▶ 一定程度上的……（后面是抽象名词），一定数量上的……（后面是具体名词）。多因人或物的各种情况不同而有所不同，适用范围较广，多用于正式场合。结构位置比较灵活，前面或后面常有别的句子进行说明或补充。○多用于叙事和对话。

★ 1）**或多或少 + 动词 / 小句。** 在句中作谓语，也可独立成句。

2）**或多或少 + 的 + 名词。** 在句中常作宾语。

扩展▶ **句型 1）** 希望这个说明对大家或多或少有些帮助；在人数上或多或少都增加了；很多商家都或多或少在打折销售；对于这次比赛，很多选手或多或少有些遗憾；这事或多或少他都有责任。

句型 2） 给我们造成了或多或少的压力；他们也能享受或多或少的方便条件；对这方面有或多或少的了解；人们把自己或多或少的钱财投入到各种股票市场中。

【或 A 或 B】 huò A huò B ［二级］

例句▶ 我已经决定在这附近买房了，或多层或高层，打算下周去看一下。‖ 第一次开公司，肯定没那么顺利，你一定会遇到或这或那的麻烦。‖ 由于天气原因，今天多家航空公司或推迟或取消了飞往北京的航班。‖ 在这张照片中，我们可以看到带有各种各样表情的人，他们或快乐或兴奋或难过。

解释▶ 或者……或者……；有的……有的……；有时候……有时候……。表示选择，替换。多用来描述具体的和抽象的事物。结构位置比较灵活，前面或后面常有别的句子作相关的说明或补充，需要时结构可连用。○多用于叙事和对话，书面语。

★ 1）**或 + 名词 $_1$ + 或 + 名词 $_2$**。

2）**或 + 代词 $_1$ + 或 + 代词 $_2$**。

3）**或 + 动词 $_1$ + 或 + 动词 $_2$**。

4）**或 + 形容词 $_1$ + 或 + 形容词 $_2$**。

框架格式。在句中常作谓语、定语、主语。结构中的两个名词、代词、动词或形容词多是意思相近或相反的词语。结构中的“或”可以是两个以上并列连用。

扩展▶ **句型 1**）天气或晴或雨；或北京或广州，你自己选吧。

句型 2）或你或他，总得去一个；出现了或这或那的问题。

句型 3）或买房或租房；人们或进或出；或今天去或明天去，行吗；或喝咖啡或喝啤酒。

句型 4）价钱或高或低；事情或大或小；天气或冷或热；或实或虚；队伍或快或慢地走着；结果或好或坏我都不在乎；工具或长或短，或大或小，你自己选吧。

【**或是 A 或是 B**】 huò shì A huò shì B ［二级］

例句▶ 我最近一直想去旅行，或是南京或是上海，还没决定好到底去哪儿。‖ 医院大厅里的那个志愿者，或是接听电话，或是解答问题，看起来十分忙碌。‖ 步行街上到处是旅游的人，他们或是在商店买手工艺品，或是四处拍照，显得轻松而快乐。

解释▶ 表示说话人的一种猜测，如：也许……也许……；也指一个人（动物）在不同时间做不同的事，如：有时候……有时候……；还指大家分别做不同的事，如有的人做这个，有的人做那个。多用来描述人或事情发生的经过。放在句子的后半部分，前面常有别的句子说明情况，有时后面也有句子进行补充。需要时结构可连用。○多用于叙事和对话，口语。

★ 1）**或是 + 名词 $_1$ + 或是 + 名词 $_2$**。

2）**或是 + 动词 $_1$ + 或是 + 动词 $_2$**。

框架格式。在句中常作谓语。这里的“或是”可以是两个以上并列连用。

扩展▶ **用法 1）**表示说话人的一种猜测：或是去外地旅行，或是在家陪父母；或是我，或是他，还没最后定。

用法 2）表示一个人（动物）在不同时间做不同的事：停留的时间或是几个小时，或是几分钟；它把头贴着地面或是为了找食物，或是方便听远处的声音；它或是把孩子背在身上，或是坐下来给孩子喂奶。

用法 3）表示大家分别做不同的事：大家意见不一，或是支持，或是反对；人们或是同情他，或是讨厌他；节日里或是三三两两，或是全家出动去旅游。

【**或者** A，**或者** B】 huòzhě A，huòzhě B ［二级］

例句▶ 下个月准备举行一个晚会，欢迎大家表演节目。节目形式不限，或者唱歌跳舞，或者小品相声，总之，开心就好。‖ 周末，我或者逛街买衣服，或者和朋友一起看电影，一般没有特别的安排。‖ 这件事情说到底是我们俩的任务，或者你做，或者我做，或者我们一起做。

解释▶ 有时候出现这种情况，有时候出现那种情况；有时也表示选择其中之一。多用于描述、选择。结构位置比较灵活，前后常有别的句子作相关的说明或补充。需要时结构可连用。○多用于叙事和对话。◇ 也说“要么…，要么…”，这时口语色彩更浓，结构也有差别。

★ 1）**或者 + 名词** $_1$，**或者 + 名词** $_2$。

2）**或者 + 动词** $_1$，**或者 + 动词** $_2$。

3）**或者 + 小句** $_1$，**或者 + 小句** $_2$。

在句中作谓语，也可独立成句。结构中的“或者”可以是两个以上并列连用。结构中的两个分句有并列关系。

扩展▶ **句型 1）**这种花的花期比较长，或者两个月，或者两个半月。

句型 2）周末或者看电影，或者找好一点儿的饭馆吃饭；他们或者打电话，或者上网联系；或者送给爸爸，或者送给妈妈；买上几斤葡萄，或者自己吃，或者送给朋友。

句型 3）或者他去，或者我去，不可能两人一起去；这个工作或者你承担，或者他承担。

J

【及早…】 jízǎo… ［七—九级］

例句▶ 感觉身体不舒服或生了病要及早去医院看病，否则会越来越严重。‖十一月份有好几个会议，所以我们开会的地点最好及早预订，晚了可能会订不到。‖随着期末的到来，买票回家的人越来越多，春节回家的同学要提前做好计划，及早买票。

解释▶ 碰到问题抓紧时间处理，或在事情没有发生之前就做。这样可避免临时解决不了的问题或出现其他不利的情况。多用于建议或劝说某人怎么做，用于正式场合。结构前常有"要、能、应该、必须"等词语。前面常有别的句子说明情况或原因，后面有时也会作进一步补充。○多用于叙事和对话，书面语。

★ **及早+动词**。在句中常作谓语。

扩展▶ 必须及早行动起来；及早发现，及早解决；及早展开调查研究；及早掌握情况；及早做好准备；我们应该及早出发；希望你及早做出决定；建议你及早解决问题；未能及早准备；没有及早给你回信，真对不起。

【即使…都/也…】 jíshǐ…dōu/yě… ［五级］

①例句▶ 说吧，想说什么就说什么，别怕说错，即使说错了也没关系。‖现在外面已经零下好几度了，即使穿上厚厚的羽绒服，都会觉得冷。

解释▶ 就算……也……，就是……也……。前后两部分指有关的两件事，前一部分常表示一种假设情况，后一部分表示结果或结论不受这种情况的影响。多指已发生的事或现实中的情况，也可以是都没有发生的事情。多用于分析、说明情况。结构位置比较灵活，前面或先引出话题，或有别的句子说明情况，有时后面也有别的句子补充原因或结果。○多用于叙事和对话。◇也说"就（算）是…都/也…"。

②例句▶ —我今天忘了带伞，万一下雨就麻烦了。—没关系，即使下雨也是阵雨，一会儿就过去了。‖—今晚我打算去看电影，不知道到时候票好不好买。—你还是早点儿订吧，这种热门电影即使有票也不会多的。

解释▶ 就算……也……，就是……也……。前后两部分指两件事，后一部分表示在退一步的情况下对人或物的估计。多用于对将要发生的事情的估计。结构位置比较灵活，前面常有别的句子说明情况，后面有时有句子进行补充。○多用于叙事和对话。◇也说"就（算）是…都/也…"。

★ 1）**即使＋动词 $_1$／形容词 $_1$，都／也＋动词 $_2$／形容词 $_2$。**

2）即使＋小句 $_1$，（名词／代词［指人］）＋都／也＋动词／形容词。

可独立成句，也可在句中作谓语。两个分句有让步关系。其中结构 1）前后主语相同，结构 2）前后主语可以相同，可以不同。

扩展▶ **用法 1）**表示假设及其结果：即使是很小的声音都能听到；即使不会喝酒都要喝一点儿；他即使生病都想着工作；即使工作不累，他都感觉累；即使不对都不愿意承认错误；即使不能得第一名，也要努力；即使没有污染，也要预防；即使你不问，我都会告诉你的；即使你去我都不去。

用法 2）表示退一步的估计：即使通过也只是少数人同意；即使花钱也花不了多少；即使吵架也吵不了两句；即使生气也不会大吵大闹；即使有意见都不会提出来；即使他再不喜欢你，也不敢对你怎么样；两个人即使是吵架，也只是一会儿的事儿。

【集…为一体】 jí … wéi yìtǐ ［六级］

例句▶ 这是条有名的古街，它集旅游、购物、娱乐为一体，深受游客喜爱。‖ 在未来五年之内，本市计划建立一个集幼儿园、小学、中学、大学为一体的具有特色的教学中心。‖ 这家电脑公司展示了下一代个人电脑，它集录像机、播放机、电话、电话留言机、电视和电脑的功能于一体，使用简单而方便。

解释▶ 集：集中。把几个独立的不同部分联系在一起，使它成为功能、作用、内容丰富但又能互相协调、统一管理的整体。多指为了给人们学习、工作及社会生活提供方便而设计安排的设施、设备、活动场所以及其他互有关联、形成整体的系统等。多用于描述、介绍情况，用于正式场合。结构位置比较灵活，前后常有别的句子进行说明或补充。○多用于叙事，书面语。◇也说“集…于一体”。

★ 1）**集＋名词 $_1$、（名词 $_2$…名词 $_n$）＋为一体。**

2）集＋动词 $_1$、动词 $_2$…动词 $_n$＋为一体。

框架格式。在句中常作谓语、定语。

扩展▶ **句型 1）**集餐饮、客房、会议为一体；集餐饮、娱乐、酒店功能为一体；集自然景观和人文景观为一体。

句型 2）集教学、科研为一体；集旅游、休闲、健身、疗养为一体；集生产、销售为一体；集生产、教学、研究为一体；集茶叶种植、加工、观光为一体。

【集…于一身】 jí … yú yìshēn ［六级］

例句▶ 这个地区以前是一个集老、少、穷、小于一身的小地方，但最近几年发展得非常快，特别是服务业和旅游业。‖ 从小别人就夸她聪明、漂亮，又听话，父母的优点都能在她的身上找到，可以说她是集妈妈的美丽与爸爸的聪明于一身的。‖ 苏州园林集自然美、建筑美、绘画美于一身，吸引着世界各地的人前来旅游、观光和居住。

解释▶ 集：集中。各种不同的特点、功能都在同一人身上或同一事物中体现出来。多用于正式场合。结构位置比较灵活，前后常有别的句子进行说明或补充。○多用于叙事，书面语。

★ 1）**集＋名词$_1$、名词$_2$…名词$_n$＋于一身。**

2）**集＋动词$_1$、动词$_2$…动词$_n$＋于一身。**

3）**集＋形容词$_1$、形容词$_2$…形容词$_n$＋于一身。**

框架格式。在句中常作谓语、定语。

扩展▶ **句型1）** 风景区集高山与大河于一身；集两者优点于一身；这座建筑集古典与现代于一身；集各种高科技于一身；集全国高明医师于一身；中国画集诗、书、画于一身。

句型2） 电站集发电与供暖于一身；集吃喝玩乐于一身的购物中心。

句型3） 有些作品的人物常集美丑于一身；他们的服装集美丽大方于一身。

【集…于一体】 jí … yú yìtǐ ［六级］

见329页【集…为一体】条。

【几经…】 jǐjīng … ［七—九级］

例句▶ 这座建筑已经有几百年的历史了，虽然几经风雨，但依然保存完好。‖ 今天我逛街的时候看中了一双鞋，价格是200元，几经讨价还价，最后以120元的价格买了下来。‖ 我们足球队虽然几经努力，但最后仍然以2:3输给了对手，真让人伤心。

解释▶ 经：经过。经过（很）多次……。指事物或事情在多次的……之后（出现了……结果）。结构位置比较灵活，前面常有别的句子说明情况，后面的句子说明出现的结果。○多用于叙事，书面语。

★ **几经＋名词／动词。** 动宾结构。在句中常作谓语。结构中的名词或动词多是双音节词，构成四字格式。偶尔也用四音节词语。

扩展▶ 几经岁月；几经修理，电脑仍然有问题；几经考虑；几经选择；几经变化；几经反复；几经修改；几经协商；几经破坏；那辆汽车几经转手。

【既不 … 也不 … 】 jì bù … yě bù … ［四级］

例句▶ 现在市场上有很多一次性纸杯，其实这种纸杯既不环保也不健康，建议还是少用的好。‖—周末快到了，有什么打算，打球还是看电影？—我既不想打球也不想看电影，只想在家好好休息。‖—这次考试怎么样？难不难？—这次考试既不难也不容易，和平时的考试差不多。

解释▶ 不……，不……。前一部分否定一种情况，后一部分否定另一种情况。两个方面的情况有时相近，有时相反。结构位置比较灵活，有时前面有别的句子说明情况，有时直接回答问题；后面句子的补充有时是两种情况以外的第三种，有时是两种情况之间的。○多用于对话和叙事。

★ 1）**既不 + 动词 $_1$，也不 + 动词 $_2$。**

2）**既不 + 形容词 $_1$，也不 + 形容词 $_2$。**

在句中常作谓语、补语。结构中的两个部分有并列关系。结构中的前后两个动词或形容词多是意思相近或相反的词语。

扩展▶ **句型 1）** 对这件事既不支持也不反对；既不出门也不看电视；既不买房，也不买车；东西既不是抢来的，也不是偷来的；既不允许，也不提供方便；既不肯定也不否认。

句型 2） 他既不聋也不哑；你说的既不现实，也不可能；既不乐观也不悲观；这东西既不好也不坏；既不紧张也不放松；既不难办也不好办。

【既然 … 还 … 】 jìrán … hái … ［四级］

例句▶ —他脾气太坏了，我实在是受够了。—既然受不了他，还跟他一起生活做什么？‖你不是说等我来了就告诉我的吗，既然我已经来了，怎么还不说呢？‖—听说张老板每天都走路上下班，来回要近一个小时呢。—既然他那么有钱，为什么还走路上下班呢？

解释▶ 前一部分提出已经出现的实际情况，后一部分根据这种情况做出推论，推论虽然顺着前句的意思往下推，但用反问句的形式表达，来加强否定的意思，含有不明白、不满、责备、质问等意味，语气较强。多放在句子的后半部分，前面常有别的句子说明情况；有时直接用来回答问题。○多用于对话。

★ 1）**既然 + 动词 $_1$ / 小句，还 + 动词 $_2$ + 干什么 / 做什么。**

2）**既然 + 动词 $_1$ / 小句，何必 / 为什么 / 怎么 + 还 + 动词 $_2$。**

可独立成句，也可在句中作谓语。结构中的两个部分有因果关系。

扩展▶ 句型 1）既然他这么有钱，还过得这么辛苦干什么；既然你都知道了，还要我说干什么；既然你都吃完饭了，我还给你留饭做什么。

句型 2）既然知道没有结果，为什么还这么做；既然你知道是自己的错，为什么还不承认呢；既然你这么讨厌这儿，何必还在这儿住下去；你既然觉得他在骗你，怎么还继续听下去。

【既然 … 就 … 】 jìrán … jiù … ［四级］

例句▶ —今晚的电视剧太没意思了！—你既然觉得没意思，就看别的呗！‖本来想让他参加表演的，既然他有别的事儿，我们就找别人吧！‖早就听说北京香山的红叶非常漂亮，既然这次有机会来北京，就一定要去那儿看看。

解释▶ 前一部分提出已经出现的实际情况，后一部分根据这种情况做出推论，推论顺着前句的意思往下推。多用于分析、建议等。多放在句子的后半部分，前面常有别的句子对事情作相关的说明；有时直接用来回答问题。○多用于叙事和对话。

★ **既然 + 动词$_1$ / 小句，（名词 / 代词［指人］）+ 就 + 动词$_2$。** 可独立成句，也可在句中作谓语。结构中的两个部分有承接关系。前后两个小句有时主语相同，有时主语不同。

扩展▶ 既然来了就在这儿吃饭吧；既然想说就说出来；既然累了，就早点儿休息吧；既然大家选我，我就得把事情做好；既然你愿意，就一块儿来做吧；既然说这件事是他干的，就应该拿出证据来；既然参加了，就不能中途退出；既然你不想听，我就不说了。

【既然 … 也 … 】 jìrán … yě … ［四级］

例句▶ —明天飞上海的机票已经卖完了，我没买到。—既然没买到机票，我们也只好晚走两天了。‖既然我们是好朋友，你也别客气，把我家当成自己家就行了。‖有些批评的话，你既然不想听，我也不说了，但是爸爸希望你知道自己该做什么，不该做什么。

解释▶ 前一部分提出已经出现的实际情况，后一部分做出相应的反应。有时为肯定，有时为否定。否定表示认为自己不必、不用……，有时建议听话者不必、不用……。语气委婉。结构位置比较灵活，前后常有别的句子对事情进行说明或补充，有时直接用来回答问题。○多用于叙事和对话。

★ **既然 + 动词$_1$ / 小句，名词 / 代词（指人）+ 也 + 动词$_2$。** 可独立成句，也可在句中作谓语。结构中的前后两部分有时主语相同，有时主语不同，但都有承接关系。

扩展▶ 既然你一定要去，我也不反对；既然他没有问，我自然也不用回答；既然他已经道歉了，我也就不生气了；既然已经开始干了，也只能硬着头皮干下去；既然老板提出了这个计划，我们也要积极配合；既然考不上研究生，也只好去找工作了。

【既A也B】 jì A yě B ［四级］

见333页【既A又B】条。

【既A又B】 jì A yòu B ［四级］

例句▶ 别一天到晚总是玩游戏，这样既影响身体，又影响学习，对你一点儿好处也没有。‖ 这位老师讲得既生动又有趣，小朋友们都被她的故事吸引住了。‖ 这么一个既小又暗的房子，房租还要三千块一个月，谁会来租？

解释▶ 又……又……。表示同时具有两个方面的性质或情况，但有时意义相近，有时相反。多用来描写、叙述、评价人或物。前后常有别的句子作相关的说明或补充。○多用于叙事和对话。◇ 也说“既A也B”。

★ 1）**既＋动词$_1$＋又＋动词$_2$**。

2）**既＋形容词$_1$＋又＋形容词$_2$**。

框架格式。在句中常作谓语、定语、补语。结构中的两个部分有并列关系。结构中的前后两个动词或形容词多是意思相近或相反的词语，音节大体相同。

扩展▶ **句型1**）既有好处又有坏处；他既是你的朋友，又是我的朋友；既吃不饱又穿不暖；这两者既有相同点又有不同点；这动物长得既像牛又像羊；这种工作既能赚钱又能出名。

句型2）这份工作既辛苦又危险；既高兴又难过；既漂亮又聪明的姑娘；既便宜又好吃的菜；把每个字写得既清楚又准确。

【继…之后】 jì…zhīhòu ［七—九级］

例句▶ 上海是继厦门、北京之后，我在中国学习和生活的第三个城市。‖ 继小明之后，我是第二个拿到这个奖项的人。‖ 这个运动员在这次比赛中有很好的表现，并且是继2008年北京奥运会之后第二次得到冠军。

解释▶ 继：紧随着某一情况或动作之后。表示在某种情况发生或某人、某种事物出现以后（紧接着发生了某种情况或出现了某人或物）。这里前后的情况、人或事物属于同一种类型。多用来叙述比较重要的或重大的人或事情。结构位置比较灵活，前面有别的句子说明情况，后面的部分引出具体的人或物。○多用于叙事，书面语。

★ **继+名词$_1$、(名词$_2$…名词$_n$)+之后。** 框架格式。在句中常作定语、状语。

扩展▶ 继北京之后，我去了上海学习；继本科之后，我又读了研究生；这是继上海第一届展览会之后的第二届展览会；继人物画、山水画之后，花鸟画也出现了；继中国、日本之后，我去了美国工作；这种病是继心脏病和癌症之后的第三大疾病。

【**寄**希望于…】 jì xīwàng yú … ［四级］

见24页【把（…）希望寄托+于/在…（身）上】条。

【加入…（的）**队伍**】 jiārù …（de）duìwu ［六级］

见334页【加入…（的）行列】条。

【加入…（的）**行列**】 jiārù …（de）hángliè ［七—九级］

例句▶ 随着出国留学的年龄越来越小，很多初中、高中生纷纷加入到出国留学的行列。‖“跳舞可以使身体得到运动，还可以放松心情呀！”说完老大爷又加入到跳舞行列中去了。‖快要到年底了，很多商场都加入了打折的行列，目的是为了吸引顾客。

解释▶ 行列：（人或物）排成的队。参加某种活动、工作或成为某个集体中的一员。多用来描述人或其他组织参加各种活动等，用于正式场合。“加入”后常有“到……里/中”，结构前也常有“纷纷、也、希望、申请、积极、自觉、开始、仍然、随时、都、准备”等词语表示“加入”的状况和态度等。结构位置比较灵活，前后有别的句子作相关的说明或补充。○多用于叙事，书面语。◇也说“加入…（的）队伍”。

★ **加入+名词/动词+（的）行列。** 动宾结构。在句中常作谓语。

扩展▶ 越来越多的人加入了健身的行列；加入到竞争者的行列；加入了志愿者这一行列；加入“有车一族”的行列；他毕业后加入了教育行列；很多成年人也加入了读书的行列；一些农民走出农村加入打工行列；加入了生产销售的行列。

【**假如**…，…】 jiǎrú …，… ［四级］

见335页【假如…的话，…】条。

【假如 … 的话，… 】 jiǎrú … dehuà，… ［四级］

例句▶ 这是我的电话号码，你把它存好，假如需要帮忙的话，随时给我打电话。‖ 刚躺下睡觉的时候，我听到了一些奇怪的响声，而且假如我没听错的话，这种声音越来越近了。

解释▶ 如果……的话，要是……的话。前面提出假设，后面得出结论。如果出现前面的这种情况，就会有后面的这种情况或结果的发生。结构位置比较灵活，可以放在一段话的前一部分或后一部分，前后有别的句子作相关的说明或补充。○多用于叙事和对话，口语。◇也说"假如…，…""…的话，…"。

★ **假如 + 动词 / 小句 + 的话，句子。** 框架格式。可独立成句。结构中的两个分句有假设关系。

扩展▶ 假如没有意外的话，礼物明天就能收到；假如需要的话，我随时可以帮助你；假如你同意的话，我们就这样决定了；假如大家还是不明白的话，我再给大家解释一遍；假如他对这个感兴趣的话，他会主动问的；假如让我选择职业的话，我想当一名医生；假如你想上大学的话，你得努力学习。

【兼顾 A 和 B】 jiāngù A hé B ［七—九级］

例句▶ 我把家搬到离公司很近的地方，就是希望能兼顾工作和家庭，既能安心工作，又能照顾家庭。‖ 这是一款兼顾学习和办公的平板电脑，无论是给孩子上课还是给商务人士办公，都是不错的选择。

解释▶ 兼顾：同时照顾几个方面。同时照顾、注意或处理好两个或两个以上的方面。这两个或几个方面可以是同类的、相关的，也可以是相对或相反的。多用于正式场合。多放在句尾，前面常有别的句子说明情况，有时后面也有句子作进一步补充。○多用于叙事，书面语。◇ 也说"兼顾 A 与 B"。这时带有书面色彩。

★ 1）**兼顾 + 名词 $_1$ + 和 + 名词 $_2$。**

2）**兼顾 + 动词 $_1$ + 和 + 动词 $_2$。**

动宾结构。在句中常作谓语、定语。

扩展▶ **句型 1）** 兼顾特长和兴趣；兼顾成人和儿童；兼顾全面与重点；兼顾经济与文化；兼顾工业和农业；兼顾城市和农村；兼顾国家和个人；兼顾现实利益和长远计划的规划。

句型 2） 兼顾供给和需求；兼顾生产和环境保护；兼顾节水与节能方法；兼顾游戏和学习的玩具。

【兼顾 A 与 B】 jiāngù A yǔ B ［七—九级］
见 335 页【兼顾 A 和 B】条。

【兼有 A 和 B】 jiān yǒu A hé B ［七—九级］

例句▶ 这种水果兼有苹果的外表和梨的味道，所以叫作苹果梨。‖ 虽然这是一部普通的手机，但它兼有拍照、录音和上网等多种功能，最重要的是它的价格十分便宜。

解释▶ 兼有：同时具有。表示（人或物）同时具有两个或几个方面（性质、功能、特点等）。这两个或几个方面可以是同类的、相关的，也可以是相对或相反的。多用来分析、评价、介绍人或物，多用于正式场合。结构位置比较灵活，前后常有别的句子作相关的说明或补充。○多用于叙事，书面语。◇ 也说“兼有 A 与 B”。

★ 1）**兼有＋名词$_1$、（名词$_2$…）＋和＋名词$_n$+（的）+（名词$_{n+1}$）**。
2）**兼有＋动词$_1$、（动词$_2$…）＋和＋动词$_n$+（的）＋名词**。
动宾结构。在句中常作谓语。

扩展▶ **句型 1**）兼有风雨和阳光；作品兼有解释和翻译；这部作品里兼有美妙的音乐和精彩的舞蹈；中年人兼有青年与老年的长处；这个花园兼有法式和英式风格；散文诗兼有散文和诗歌的特点。

句型 2）兼有拍照、录像和上网等多种功能；兼有洗衣和烘干衣物的功能。

【兼有 A 与 B】 jiān yǒu A yǔ B ［七—九级］
见 336 页【兼有 A 和 B】条。

【简直不相信自己的…】 jiǎnzhí bù xiāngxìn zìjǐ de … ［三级］

例句▶ 今天上课时，当听到老师宣布自己获得第一名时，我简直不相信自己的耳朵。‖“什么？这条名牌裤子只要 80 块？”她简直不相信自己的耳朵，因为这在北京可要卖 500 块呢！‖“啊！你是阿明哥？”老李简直不相信自己的眼睛，站在面前这位老人竟然是他儿时的朋友阿明。

解释▶ 简直：差不多是……（后接比喻或夸张的话）。虽然是自己亲身经历、亲眼看见、亲耳听到的，但仍然不敢相信它是真的。表示某人对自己看到、听到、经历的事情感到十分意外，几乎达到怀疑自己的程度。带有夸张的意味和强调的语气。结构位置比较灵活，前后常有别的句子进行说明或补充。注意▶ 结构搭配有限。○多用于叙事和对话。

★ **简直不相信自己的 + 名词。** 在句中常作谓语。结构中的名词多是“眼睛”和“耳朵”。

扩展▶ 我简直不相信自己的眼睛，以为这是在做梦；听到这个意外的消息，他简直不相信自己的耳朵。

【简直像 … 似的】 jiǎnzhí xiàng … shìde ［三级］

见 337 页【简直像 … 一样】条。

【简直像 … 一般】 jiǎnzhí xiàng … yìbān ［三级］

见 337 页【简直像 … 一样】条。

【简直像 … 一样】 jiǎnzhí xiàng … yíyàng ［三级］

例句▶ 这里的水很干净，一点儿也没有受到污染，水清得简直像镜子一样。‖ 他平时十分活泼，可遇到问题时，却表现得十分冷静，简直像换了一个人一样。‖ 你知道吗，那天我在街上第一次看到了 3D 技术做的动物广告，那画面简直像动物直接朝我走过来一样，真吓人。

解释▶ 简直：差不多是……（后接比喻或夸张的话）。几乎是一样的，差不多是一样的。强调和……差不多，表达夸张，其实不是真的。多用于描写人或物，带有夸张的意味和强调的语气。前面常有别的句子作相关的说明，有时后面也有句子作进一步补充。○多用于叙事和对话。◇ 也说“简直像…似的”“简直像…一般”。这时带有书面色彩。

★ **简直像 + 名词 / 动词 / 小句 + 一样。** 框架格式。在句中常作谓语、补语。

扩展▶ 简直像一个笑话一样；简直像一场梦一样；他简直像个孩子一样；简直像进入了另一个世界一样；从远处看简直像只蝴蝶一样；简直像做梦一样；动作轻得简直像飞一样；车慢得简直像人在步行一样；他感觉热得简直像火烧一样。

【见 … 就 … 】 jiàn … jiù … ［一级］

例句▶ 这些饼干见空气就软，没吃完的你得（děi）放好，否则就不好吃了。‖ 你听说了吗，小王他儿子才 4 岁就认识很多字了，而且特别喜欢看书，见书就拿起来读，可有意思了。

解释▶ 一跟某人见面或跟某物接触，或遇到某事，就会发生某种情况或变化。“见”引出的是某种条件，“就”引出的是某种结果，这两部分在时间上联系得很紧。多用来描述人的动作、行为，或物的状态，或有规律的现象，有时也用于抽象事物。有时带有夸张的意味。结构位置比较灵活，前后常有别的句子作相关的说明或补充。○多用于叙事和对话，口语。

★ **见 + 名词 +（代词）+ 就 + 动词 / 形容词。** 框架格式。在句中常作谓语。

扩展▶ 眼睛见光就流泪；干草见火就烧着了；冰见热就化；见你就生气；她见人就打招呼；她见妈妈就哭；孩子见爸爸就吵着要抱；这些酒别让他看见，他见酒就喝；他见人就打；这东西见风就干；底片见光就洗不出来了；累死了，我现在见床就想躺。

【将 … 等同起来】 jiāng … děngtóng qǐlái ［五级］

例句▶ 有的人说的是一回事，做的是另一回事，所以不要将他说的和他做的等同起来，重要的是看他做得怎么样。‖ 学习外语的时候一定不要将听和说等同起来，这是互有关系，但又不同的两个部分。‖ 虽然收入是衡量生活质量的重要标准，但不能将收入高与生活幸福等同起来。‖“度过”和“渡过”这两个词发音相同，字形也差不多，但意思不一样，大家千万不要将这两个词等同起来。

解释▶ 将：把。把……当作同样的事物来看待，不加区别。因为被“等同”的事物并不相同，所以句中多用否定形式。多用来分析事物和现象，用于正式场合。结构前常有“盲目地、不能、很容易、并不是、似乎、如果、不要、却、不可以、不应、便”等词语。结构位置比较灵活，前后常有别的句子作相关的说明或补充。○多用于叙事和对话，书面语。

★ 1）**将 + 名词 $_1$ + 与 / 和 + 名词 $_2$ + 等同起来。**

2）**将 + 动词 $_1$ + 与 / 和 + 动词 $_2$ + 等同起来。**

3）**将 + 小句 $_1$ + 与 / 和 + 小句 $_2$ + 等同起来。**

4）**将 + 名词 / 代词（复数）+ 等同起来。**

框架格式。在句中常作谓语。如果句子中不用“与”“和”等词，前面的主语一般是复数。被“等同”的可以是两个或两个以上的事物。

扩展▶ **句型 1）** 将“两”和“二”等同起来；人们总是将金钱和成功等同起来；别将我给你的和他给你的等同起来。

句型 2） 将喝茶与喝咖啡等同起来；不要将说和做等同起来；不能将课堂教学和课外自学等同起来。

句型 3） 将孩子需要什么和孩子喜欢什么等同起来；不要将事业成功和家庭幸福等同起来。

句型 4） 将二者完全等同起来；不要盲目地将这两者等同起来；不能

把矛盾的双方等同起来。

【将…进行到底】 jiāng … jìnxíng dàodǐ ［三级］

例句▶ 吸烟不但对自己有害，身边的家人和朋友都要受到影响，所以为了您和家人的健康，请将戒烟进行到底。‖ 小刘是个著名的歌唱家，从小就喜欢唱歌，将兴趣进行到底就是他成功的关键。‖ 虽然他俩谈恋爱的时间有好几年，但婚后还是没能将婚姻进行到底，不到两年就分手了。

解释▶ 将：把。使某种事物或某种行为一直进行下去，中途不停，直到达到目的或生命结束。通常用于较重大的活动及可延续性的行为，表示做某件事的态度、决心和勇气，语气较强。多指有益的活动、运动以及好的事情。结构位置比较灵活，前面常有别的句子说明情况，有时后面也有句子作进一步补充。〇多用于叙事，书面语。

★ **将＋名词/动词＋进行到底。** 框架格式。在句中常作谓语。否定表达为“不能将…进行到底”“没能将…进行到底”。

扩展▶ 决心将爱情进行到底；不能将这次行动进行到底；必须将事业进行到底；决心将战争进行到底；希望能将这次讨论进行到底；我们一定会将这项实验进行到底的；将改革进行到底。

【将A视为B】 jiāng A shìwéi B ［五级］

见339页【将A视作B】条。

【将A视作B】 jiāng A shìzuò B ［超纲］

例句▶ 我和同屋一起住了五年，他始终将我视作朋友，在学习上给了我许多帮助。‖ 桂林风景优美，很多人都将它视作旅游胜地。‖ —老师要求我们看这么多书，怎么看得完？—如果你将读书视作一种乐趣，就不会有这么大的压力了。

解释▶ 将：把；视作：看作。把……看作……。多指根据某人或物的特点、作用等其他因素而把他（它）当作另一个人或物看待、对待（或处理）。多往好的方面说，用于正式场合。结构前常有“一直、始终、如果、仍、更、甚至”等词语，结构位置比较灵活，前后有别的句子作相关的说明或补充。〇多用于叙事，书面语。◇ 也说“将A视为B”。

★ **将＋名词$_1$/代词/动词＋视作＋名词$_2$。** 框架格式。在句中常作谓语。

扩展▶ 将每个学生视作自己的孩子；将药品视作特殊商品；将这部作品视作经典；将服装视作身份地位的标志；将意外事视作平常事；将技术视作

发展的重要条件；将中国视作越来越重要的市场；将她视作自己最重要的人；将偶然相遇视作一次机遇。

【将A…为B】 jiāng A … wéi B ［五级］

例句▶ 他不仅学习好，还特别愿意帮助别人，所以大家将他选为班长。‖ 随着中国经济的快速发展，很多外国公司将中国视为重要的合作伙伴，发展互相友好关系。‖ 虽然我们目前面临的压力很大，但我们一定能将压力转化为动力，继续前进。

解释▶ 将：把。把某人、某事物看作、算作或当作……。多用于正式场合。"为"后面必须带宾语。结构位置比较灵活，前面常有别的句子说明情况，有时后面也有句子作进一步补充。○多用于叙事，书面语。

★ **将＋名词 $_1$／代词＋动词＋为＋名词 $_2$。** 框架格式。在句中常作谓语。

扩展▶ 将朋友拜为师父，向他学习技术；将这些老人视为自己的父母来照顾；将这种现象称为自然现象；将这个球队视为第一对手，刻苦训练。

【AB交加】 A B jiāojiā ［超纲］

例句▶ 现在外面风雨交加，你就别回去了，等明天天气好了再去吧！‖ 说起电脑，我对它真是爱恨交加，它让我学会了很多知识，给了我很多乐趣，但同时也浪费了我很多时间。‖ 在警察的帮助下，饥寒交加的李大爷终于安全到家了。

解释▶ 两种事物或情况同时出现；也指一个人的情绪、状态同时出现了两种情况，或两种情况同时落在一个人身上，相当于"又……又……"。这两种情况意义或相近或相反。多用于描写某人的心情、处境或某种情况。结构位置比较灵活，结构前或先引出话题，或有别的句子进行说明；后面的句子多对某人、某事进行描写。○多用于叙事，书面语。

★ 1）**名词 $_1$＋名词 $_2$＋交加。**

2）**动词 $_1$＋动词 $_2$＋交加。**

3）**形容词 $_1$＋形容词 $_2$＋交加。**

框架格式。在句中常作谓语、定语。结构中的前后两个名词或动词多是意思相近或相反的单音节词，组成四字格式。

扩展▶ **句型1）** 那是一个雷电交加的夜晚；他一生贫病交加；对孩子应以教育为主，不能拳脚交加；见到多年不见的亲人，我涕泪交加。

句型2） 我悔恨交加；他总是对孩子打骂交加。

句型3） 两人的竞争明暗交加；爬了半天的山，我饥渴交加；听到这个消息，他悲喜交加。

【叫你 A 你还真 A 啊 / 呀】 jiào nǐ A nǐ hái zhēn A a / ya ［一级］

例句▶ —你不是叫我来吗，有什么事？—叫你来你还真来啊，其实我没什么事，跟你开玩笑的。‖—你不是让我说你的缺点吗，那我就说说吧。—叫你说你还真说啊，说了不怕我难过吗？

解释▶ 要求对方做某事，没想到对方真的做了。其实说话者原先是开玩笑或随便说说，偶尔也有的是为了验证落在自己身上的好事是真是假，对这些情况一般不能当真。含有出乎意料的意味，带有开玩笑或埋怨的语气。结构位置比较灵活，前后常有别的句子作相关的说明或补充。○多用于对话，口语。◇ 也说“让你 A 你还真 A 啊 / 呀”。

★ **叫你 + 动词 + 你还真 + 动词 + 啊 / 呀。** 框架格式。可独立成句。结构中的两个分句有承接关系。

扩展▶ 叫你走你还真走啊；叫你停你还真停呀；叫你拿你还真拿呀；叫你吃你还真吃呀；叫你画你还真画呀；叫你骂你还真骂呀；叫你出去你还真出去啊；叫你别睡你还真不睡啊；叫你打你还真打呀，我只是想知道这等好事是不是真的。

【结束 … 的历史】 jiéshù … de lìshǐ ［三级］

例句▶ 2010 年 12 月 3 日是一个值得庆祝的日子，因为在这一天我找到了女朋友，结束了我单身的历史。‖ 考虑到爷爷奶奶年纪大了，今年父母亲为他们换了一套住房，把家从三楼搬到了一楼，爷爷奶奶从此结束了每天爬上爬下的历史。‖ 西藏铁路于 2001 年开始建设，2006 年建成通车，这条铁路的建立结束了西藏没有铁路的历史。

解释▶ 某种情况已经结束或发生了改变，出现了一种新的情况。多指对某个具体的人或部门来说，延续的时间较长且较为重大的情况的结束或改变。多放在句尾，前面常有别的句子对相关的情况进行说明解释。○多用于叙事，书面语。

★ **结束了 + 动词 / 小句 + 的历史。** 动宾结构。在句中常作谓语。

扩展▶ 结束了饥饿的历史；这个地区结束了没有学校的历史；结束了没有五星级饭店的历史；结束了当地没有高速公路的历史；这个国家结束了不允许离婚的历史；结束了用电难的历史；结束了以打鱼为生的历史；结束了两国不往来的历史。

【介绍（…）认识…】 jièshào（…）rènshi… ［一级］

例句▶ 他把我带到咖啡店坐了下来，并介绍我和对面的女孩认识，不久他就先离开了。‖ 李先生是1984年经朋友介绍认识现在的妻子的，3个月后他们就结婚了，婚后的生活一直很幸福。‖ 在一次晚会上，小丁介绍我认识了两位后来我终生难忘的朋友：老王和老李。在我后来的工作和生活中，他们给了我很大的帮助。

解释▶ 通过中间人，使某人和某人见面，互相了解情况。多用来叙述事情的经过。结构位置比较灵活，前面常有句子说明时间、地点等情况，后面的句子补充“认识”以后的情况或结果。○多用于叙事和对话。

★ 1）**介绍＋代词$_1$（指人）/ 名词$_1$＋认识＋代词$_2$（指人）/ 名词$_2$。**

2）**介绍＋名词$_1$/ 代词$_1$（指人）＋和＋名词$_2$/ 代词$_2$（指人）＋认识。**

3）**介绍＋名词 / 代词（指人，复数）＋认识。**

框架格式。在句中常作谓语。整个结构是一个兼语式，即“介绍”后的宾语，也作“认识”的主语。

扩展▶ **句型1）** 是李先生介绍我认识小王的；介绍我认识了这位名记者；什么时候介绍我认识认识你太太；介绍我认识了这位著名的科学家；介绍我认识了你。

句型2） 什么时候介绍我和他认识啊；我不想介绍你和他认识；是你介绍我和她认识的。

句型3） 我得介绍你们俩互相认识一下；真应该介绍你们互相认识（认识）；介绍我们俩认识一下吧。

【禁不住…】 jīnbuzhù… ［超纲］

例句▶ 看到女儿在舞台上的出色表现，一直坐在台下的母亲，禁不住流下了激动的泪水。‖ 真没想到爸妈会来看我，当他们突然出现在我面前的时候，我禁不住紧紧地抱住了他们，一句话也说不出来。‖ 雪不停地下着，我站在雪地里，看着空中的雪花慢慢地随风落下，禁不住伸出手去接它，可雪一到手里就化了。

解释▶ 忍不住，不由得，不能控制自己。多指在某种情况下自然而然地出现某种行为或动作。结构位置比较灵活，前后常有别的句子作相关的说明或补充。可用于已经发生的事情。○多用于叙事，口语。

★ **禁不住＋动词。** 在句中常作谓语。结构中的动词为可控制的动词，有两种：一种表示心理动作，如想、怀疑；另一种表示表情、肢体动作，如笑、哭、问、喊、走等。

扩展▶ 禁不住笑了起来；禁不住问一声；禁不住上前打招呼；禁不住跳了起来；禁不住哭出了声；禁不住怀疑他说的话；禁不住地感叹道；禁不住在心里大喊一声；禁不住地抱怨道；禁不住放声大哭；禁不住称赞一番；禁不住发出阵阵赞叹。

【仅（仅）… 就 …】 jǐn（jǐn）… jiù … ［三级］

见 289 页【光 … 就 …】 条。

【仅仅（是）…（而已）】 jǐnjǐn（shì）…（éryǐ）［七—九级］

见 791 页【只（是）…（而已）】 条。

【尽管 …，但（是）…（却）…】 jǐnguǎn …，dàn（shì）…（què）… ［五级］

例句▶ 丽莎很喜欢汉语，她说，尽管汉语很难学，但是将来会很有用，所以一定要把它学好。‖ 我不小心把他的手机弄坏了，尽管他没说什么，但我心里却总觉得过意不去。‖ 尽管天气炎热，却挡不住人们出游的热情，本月景区的游客人数再创新高。

解释▶ 虽然……，但是……。前一小句承认事实的存在，后一小句出现转折。多放在句子的后半部分，前面常有别的句子说明情况，有时后面也有句子作进一步补充。○多用于叙事和对话，口语。

★ 1）**尽管 + 小句，但（是）+ 名词 / 代词（指人）+ 动词 / 形容词。**

2）**尽管 + 小句，（名词 / 代词［指人］）+ 却 + 动词 / 形容词。**

3）**尽管 + 小句，但（是）+ 名词 / 代词（指人）+ 却 + 动词 / 形容词。**

可独立成句。结构中的两个分句有转折关系，可以是一个或两个主语。

注意▶ 1）结构中的“但（是）”可以换成“可（是）、然而、不过”等表示转折关系的连词。2）当“但（是）”和“却”同时出现时有加强语气的作用。

扩展▶ **句型 1）** 尽管他回答我了，但我还是不明白；尽管我们互相不认识，但是我仍然先打了个招呼；尽管离开了父母，不过我还是可以和他们电话联系；尽管他很不舒服，但是他还是坚持工作。

句型 2） 尽管我心里不同意，却没有说出来；尽管人数众多，却想不出一个好办法；尽管字数不多，却表达了复杂的意思；尽管他年纪小，却很有能力。

句型 3） 尽管父母都没时间管他，但是他却十分听话；尽管事实就在面前，但他却装作没看见；尽管我说得对，但他却不愿意听。

【尽可能（地）…】 jǐn kěnéng（de）… ［二级］

例句▶ —小王，来尝个蛋糕，挺好吃的。—谢谢，但是最近我在减肥，应该尽可能少吃甜的东西。‖ 父母作为孩子的第一任老师，应该尽可能地多和孩子交流，了解他们的心情变化，给他们更多的关心和指导。

解释▶ 尽量……，达到最大的程度。后面引出的部分可以是“多”，也可以是“少”或别的，但唯一标准就是朝着个人或集体的主观愿望去发展。结构位置比较灵活，前面常有别的句子说明情况，有时后面也有句子补充怎么做的具体内容。○多用于叙事和对话。

★ **尽可能（地）+ 动词**。 在句中常作谓语。根据不同情况，有时也说“尽可能地 + 多 / 少 + 动词”“尽可能 + 多 / 少 +（地）+ 动词”。

扩展▶ 尽可能（地）多提问题；尽可能（地）提高自己；尽可能（地）去帮助需要帮助的人；尽可能（地）让自己快乐；尽可能（地）减少排队的时间；尽可能（地）减少损失；尽可能（地）增加产量；尽可能（地）发挥大家的作用；尽可能（地）做真实的报道。

【尽量少 A 或（者）不 A】 jǐnliàng shǎo A huò（zhě）bù A ［三级］

例句▶ 你还是尽量少抽或者不抽烟，抽烟对你的身体一点儿好处都没有。‖ 读大学的时候，我的生活费都是自己辛苦打工挣来的，所以我知道不该花的钱应尽量少花或者不花。‖ 这种人太不讲道理了，明明是他的错，他反而说是别人不对，以后要尽量少跟他说话或者干脆不说。

解释▶ 做某事的次数应该尽可能地减少，如果有可能就不做。多指对某人、生活、环境、部门、社会等不利的事情。常用来劝说、提醒或警告别人，有时也用于自己。结构前常有“必须、要、应该、最好”等表示劝诫的词语。结构位置比较灵活，前面常有别的句子说明情况或原因，有时后面也有句子作进一步补充。○多用于叙事和对话。

★ **尽量少 + 动词 + 或（者）不 + 动词**。 框架格式。在句中常作谓语。

扩展▶ 尽量少用或不用；尽量少买或不买；尽量少看或不看；不好的事尽量少做或者不做；尽量少影响或者不影响别人；尽量少占用或者不占用别人的时间；没有用的会议尽量少开或者不开。

【A 进 A 出】 A jìn A chū ［一级］

见 482 页【A 上 A 下】 条。

【经…（的）许可】 jīng …（de）xǔkě ［五级］

例句▶ 未经医生许可，请不要乱用药，否则会出问题的。‖ 这是别人的信件，你必须经信件主人的许可才能看，否则是违法的。‖ 考试的时候，如果要去厕所，须经老师许可，待老师同意后才能出去。

解释▶ 经过（某人）答应，经过（某部门）批准、同意（某人、某部门做某事）。多用于商业、贸易、管理等方面制定规则、法律条文。用于正式场合。多用于否定句。结构前常有“必须、未、不”等词。结构位置比较灵活，前面常有别的句子说明情况，后面的句子多是可以做什么、不可以做什么的具体内容。○多用于叙事，书面语。

★ **经＋名词／代词（指人）＋（的）许可。** 动宾结构。在句中常作谓语，也可在连动句中作第一个动词。否定形式为“未经…（的）许可。”

扩展▶ 经政府许可；未经有关部门许可；未成年人未经家人许可不能独自外出；未经海关许可不能进口……；未经作者许可使用他的作品；未经上级许可离开岗位；未经老板许可私自和对方签合同。

【经过 …（的）**同意**】 jīngguò …（de）tóngyì ［三级］

例句▶ —你们用他的照片做广告，经过他的同意了吗？—当然经过了他的同意，他还很愿意呢。‖ 中小学生买手机必须有家长陪同，如果没有经过家长同意，商场不能把手机卖给孩子。

解释▶（做某事）得到某人或某方面的赞成、许可。“同意”的主体一般指人。常用于比较严肃的话题。结构位置比较灵活，前面常有别的句子说明情况，后面的句子对同意或不同意的情况作进一步补充说明。○多用于叙事和对话。

★ **经过＋名词／代词（指人）＋（的）同意。** 动宾结构。在句中常作谓语。否定形式为“不／没（有）＋经过…（的）同意”“未＋经…（的）同意”。后一种带有书面色彩。

扩展▶ 经过他本人同意；好像经过双方的同意；必须经过父母的同意；一定要经过老师同意；经过公司的同意；经过有关部门的同意；没有经过大家的同意；经过参加会议的全体成员的同意。

【**经过** …（之）后】 jīngguò …（zhī）hòu ［二级］

例句▶ 这学期我们班级要组织一次活动，经过几次讨论之后，大家一致同意去博物馆参观。‖ 今天上午这个房间还是又脏又乱的，经过一番打扫之后，现在已经变得又干净又整齐了。‖ 刚开始他只是个普通工人，但经过十多年的努力之后，现在已经成了著名的专家了。

解释▶ 通过……以后。意思是经历了一些活动、时间、事件，后面会出现相关的结果。多指一段较长的时间或比较复杂的过程。结构中常有和时间有关的词语，如“几十年、长期的、一段时间、几天、一番、一定的、多次”等词。结构位置比较灵活，前面常有别的句子说明情况，后面的句子多是活动或事件后的结果。○多用于叙事和对话。

★ **经过＋名词/动词＋(之)后。** 框架格式。在句中常作状语。结构中的“(之)后”也可以不说，即简单地说成“经过……”。

扩展▶ 经过多次的会谈（之）后；经过几天的飞行（之）后；经过几番谈判（之）后；经过多次的调查（之）后；经过长期的战争（之）后；经过几天的海上航行（之）后；经过这场变故（之）后；经过长期协商（之）后；经过几次实验（之）后；经过冬眠（之）后。

【经由A到达B】 jīngyóu A dàodá B ［三级］

例句▶ 这次长跑比赛的具体路线是这样的，从学校正门出发，经由图书馆、体育场、校医院、宿舍楼，最后到达南门。‖ 欢迎大家乘坐本次航班，本航班从成都出发，经由杭州到达上海。‖ 去年下半年，我去国外出差，顺便去旅行，经由数个国家，最后到达了法国。

解释▶ 从……经过，到某个地方。表示某个事件或活动的一种路线、行程，中间一般多由较长的一段时间、路程或不同的几个部分组成。多用来叙述一个较完整活动或事件的行程。多放在句尾，前面常有别的句子对事情的时间、范围、原因、过程等作相关的说明。○多用于叙事，书面语。

★ **经由＋名词$_1$＋(名词$_2$…名词$_n$)＋到达＋名词$_{n+1}$。** 框架格式。在句中常作谓语。

扩展▶ 经由其他路线到达目的地；经由大西洋到达英国；飞机经由香港到达上海；国际列车经由莫斯科几个小时就能到达；空气经由呼吸道到达肺部；从埃及经由印度到达那个岛。

【A就A】[1] A jiù A ［一级］

例句▶ —想不想跟我比游泳，看谁游得快？—比就比，谁怕谁？ ‖ —这个暑假我们一起去旅行吧？—去就去，反正我也没别的事儿。‖ —你怎么还不走啊，都在这儿坐了半天了。—走就走，我还不愿意坐这儿呢！

解释▶ 说做某事马上做，答应别人马上就做，形容说话或做事十分干脆、果断、不害怕或表示一种态度；也表示同意别人的提议，后面常有别的句子顺着上面的话说；还表示对某事的容忍或无所谓，后面也常有别的句子补充自己不在乎的态度，或因为无奈而产生的气愤等。多用来直接回答对方的要求、命令、疑问等。语气较强，后面加“吧”时，语气缓和。多放在句首，后面常有句子进行补充、说明原因或可能的结果或态度。〇多用于叙事和对话，口语。

★ **动词＋就＋动词。** 框架格式。在句中常作谓语，也可独立成句。

扩展▶ **用法1）**表示说的、答应的马上就做：打就打，我怕你啊；干就干，反正大家都得干；拿就拿，每个人都得拿；找就找，找不到别怪我。

用法2）表示同意别人的提议：请就请吧，那干脆多请几个；去就去，我们几个都去；比就比，来，都来比一比。

用法3）表示容忍或无所谓：不许就不许，我自己去；说就说，有什么不好说的；去就去，有什么关系；来就来，我不介意；不卖就不卖，我还不想买呢；不卖就不卖，有什么了不起的。

【A就A】^{2} A jiù A ［一级］

例句▶ 你吃饭就吃饭，别拿本书放桌子上，吃完饭再看吧！‖咱俩说好是出来玩的，玩儿就玩儿，你别跟我谈工作上的事情。‖妈妈，你刚才不是在说我的生日吗，说生日就说生日吧，怎么现在又说起我的学习来了呢？

解释▶ 做什么事情就专心做什么事情，意思是不要同时做其他事情；也指说话时不要从一件事引出其他（不相关）的事情。常表示对某人的行为、做法不满，建议、抱怨或批评对方不应该这么做/说。语气较强。结构位置比较灵活，有时前面有别的句子说明情况，后面的句子说明不要做某事。〇多用于叙事和对话，口语。

★ **动词＋就＋动词。** 框架格式。在句中常作谓语，也可独立成句。

扩展▶ **用法1）**表示做事要专心：睡觉就睡觉，别玩手机；看书就看书，怎么又听起音乐了；学习就学习，聊着天儿能学好吗；弹琴就弹琴，别吃东西；画画儿就画画儿，画画儿怎么还听音乐。

用法2）表示不要从一件事引出其他事：说我写信就说我写信，怎么又说起我学习了呢；批评弟弟就批评弟弟，跟我有什么关系；说我就说我，怎么又说别人呢。

【A就A吧】A jiù A ba ［一级］

例句▶ —家里没饭了，我给你煮一包方便面，行吗？—方便面就方便面吧，吃点儿总比饿着好。‖—下午有空吗，想约你一起去逛街。—去就去吧，反正待在家也是待着。‖—你要买的数码相机是这款吗，怎么这么贵？—贵就贵吧，谁叫我喜欢呢？

解释 没有关系、不要紧或没有办法。多用于某种场合中没有别的选择的情况。说话者有时是被动的服从，有时是不在乎，有时是自由不受限制。含有容忍、无所谓或无奈的意味，语气轻松或委婉。多放在句首，用来直接回答别人的（问）话，后面常有别的句子补充说明。○多用于对话，口语。

★ 1）**名词＋就＋名词＋吧**。

2）**动词＋就＋动词＋吧**。

3）**形容词＋就＋形容词＋吧**。

框架格式。可独立成句。

扩展 **句型1**）两块就两块吧；雨天就雨天吧；高温就高温吧；红的就红的吧。

句型2）走就走吧；买就买吧；唱就唱吧；比就比吧；不参加就不参加吧；没人去就没人去吧；不愿意就不愿意吧；退就退吧；不答应就不答应吧；想换就换吧。

句型3）难就难吧；多就多吧；少就少吧；矮就矮吧；衣服大点儿就大点儿吧。

【**A就A吧，干嘛…**】A jiù A ba，gànmá… ［一级］

例句 都这么晚了，你睡觉就睡觉吧，干嘛把音乐开得那么大声，吵得大家都睡不着。‖—阿姨，这些东西是买给您和叔叔的。—哎呀，你看你，来就来吧，干嘛带这么多礼物！‖—我一想起那件事，心里就特别难过。—聊天儿就聊天儿吧，干嘛要提那些伤心事，还是说点儿高兴的吧！

解释 做某事就做某事，为什么还要多出其他的事情。这些事情在说话人看来是不必要的，有时可能会带来不便或烦恼。多表示说话人对某人的行为、做法表示不理解和不满；如对别人送礼时则表示客气。用肯定形式的反问句表示否定。多用于对话，多含有责备、不满的意味，语气较强。结构位置比较灵活，前面常有别的句子说明情况，有时后面也有句子进行补充。○多用于对话，口语。

★ **动词$_1$＋就＋动词$_1$，干嘛＋动词$_2$**。 框架格式。在句中作谓语，也可独立成句。

扩展 你说他就说他吧，干嘛又说起我来了；你自己减肥就减肥吧，干嘛要求别人也少吃；打球就打球吧，干嘛叫那么多人去看；吃饭就吃饭吧，干嘛一直说个不停。

【… 就不叫 … 了】 … jiù bú jiào … le ［一级］

例句▶ 你放心，用钱能解决的事儿就不叫事儿了，这件事没什么大不了的。‖—你说你戒烟都戒了这么久，怎么还没戒掉？—你以为那么容易戒啊，烟好戒就不叫烟了。‖—自从我丈夫当了警察以后，就没闲过，每天都特别忙。—你想开点儿，他这种工作就是这样，不忙就不叫警察了。

解释▶ 如果某人或某事不具有某种特点，那就不是他 / 它了。从反面说明了某人或某事物本来或一般情况下就具有这样的特点。注意▶ 有的说法不符合逻辑和事实，不能按逻辑来推理，只是个人的观点、习俗或某些说法。带有诙谐的意味。结构位置比较灵活，前后常有别的句子作相关的说明或补充。○多用于叙事和对话，口语。

★ 1）**动词 / 形容词 +（的 + 名词）+ 就不叫 + 名词 + 了。**

2）**名词 + 动词 / 形容词 + 就不叫 + 名词 + 了。**

框架格式。独立成句。

扩展▶ **句型 1）** 不喝酒的男人就不叫男人了；不吵不闹的生活就不叫生活了；不疼爱孩子的父母就不叫父母了。

句型 2） 生活太顺利就不叫生活了；鱼不鲜就不叫鱼了；机会多了就不叫机会了。

【A 就 A，不 A 就不 A】 A jiù A，bù A jiù bù A ［一级］

例句▶ 你同意就同意，不同意就不同意，倒是说句话呀，别一句也不说。‖我给你的是最低的价格了，你买就买不买就不买，自己想清楚。‖—这次的唱歌比赛，你说我到底参加不参加？—你参加就参加，不参加就不参加，那么犹豫干什么？

解释▶ 做某事也可以，不做某事也可以，自己决定。意思是随便你自己怎么决定，但必须做出决定，不要犹豫不决、担心或不明确表态。多用在某人没有明确的决定或态度的情况下，催促、劝说他快点儿决定；有时也用于安慰对方。多含有责备对方不果断的意味，语气较强。结构位置比较灵活，有时前面有别的句子说明情况，后面的句子多劝对方应该怎么样、不应该怎么样。○多用于叙事和对话，口语。

★ **动词 + 就 + 动词，不 + 动词 + 就不 + 动词。** 可独立成句，也可在句中作谓语。结构中的两个分句有并列关系。

扩展▶ 说就说，不说就不说，自己决定；来就来，不来就不来，别犹豫；去就去，不去就不去，没什么关系。

【就…(的)问题进行…】 jiù…(de) wèntí jìnxíng… ［二级］

例句▶ 这两所大学的校长今天下午见了面，就互换学生学习的合作问题进行了广泛的交流。‖ 为了使留学生的管理工作能顺利展开，各部门就外国学生普遍关心的问题进行了热烈的讨论。‖ 这篇文章主要介绍了目前食品市场上存在的问题，并就某些具体问题进行了深入的研究。

解释▶ 就：引出后面做事要涉及的人或物。某人和某人之间，或某些人关于某一方面问题举行一些活动。这些活动包括谈判、讨论、交流、分析、研究、会谈、调查、合作、宣传等，用于正式场合。结构位置比较灵活，前面常有别的句子说明事情，有时后面也有句子作进一步补充。○多用于叙事和对话，书面语。

★ **就＋名词／动词$_1$／形容词／小句＋(的)问题＋进行＋动词$_2$。** 框架格式。在句中常作谓语。结构中的动词$_2$多是表示持续性的双音节词。

扩展▶ 有关部门就百姓关心的问题进行了调查；就两国的贸易问题进行了会谈；希望世界各国就交通安全问题进行广泛的交流与合作；记者就大家关心的问题进行提问；考试中心的负责人就考试问题进行解答；该公司就商品的质量问题进行道歉。

【就…而言】 jiù…éryán ［超纲］

例句▶ 他各门学习成绩都不错，但就兴趣而言，他更喜欢上网玩游戏。‖ 这种高跟鞋穿起来很漂亮，不过就我个人而言，我还是更喜欢那种传统的、舒服的平跟鞋。‖ 虽然现在买车的人越来越多，但就城市交通而言，乘坐地铁等公共交通工具更方便、更环保。

解释▶ 从某方面讲。从……来说，引出要说明的内容和方面。“就”后面的名词可以和人有关，也可以和物有关。多指人或事物的某一方面，有时含有跟其他人或其他方面比较的意思。多用于分析事物、说明情况等。前面常有别的句子说明情况，后面的句子多是某个方面的具体内容。○多用于叙事和对话，书面语。◇ 也说“就…来说”。这时多用于口语。

★ **就＋名词／代词(指人)＋而言。** 框架格式。在句中常作状语。

扩展▶ 就大多数人而言；就外表而言；就目前而言；就全球而言；就农村改革而言；就客观环境而言；就这个国家而言；就具体城市而言；就投资市场而言；就全国的范围而言。

【A就A(个)…】 A jiù A(gè)… ［一级］

①例句▶ 既然是出来玩，不开心的事就别想了，咱们玩就玩个痛快。‖ 一

妈，今天怎么做了那么多蛋糕？—我看你们都爱吃，所以特地多做了些，要吃就吃个够。

解释▶ 如果做某事就应该尽情地做，让人感到满足、痛快。这里常说的是吃、喝、玩、乐等方面的事，含有不（受）限制的意味。多用于好的愉快的事情，较少用于不愉快的事。多放在句尾，前面常有别的句子作相关的说明。○多用于叙事和对话，口语。

②例句▶ 你这是怎么干活儿的？事情不做就不做，做就做好，做了一半人就走了，这怎么行！‖ 你怎么话说到一半就不说了，是什么意思？说就说个明白，别这么支支吾吾的。

解释▶ 如果做某事就应该有一个结果，或达到一定的标准、要求。多指做事不能马马虎虎、糊里糊涂、随便对付或有头没尾。含有不满、责备、批评的意味。结构位置比较灵活，前面或后面常有别的句子进行说明或补充。○多用于叙事和对话，口语。

★ 1）**动词＋就＋动词＋个＋形容词。**

2）**动词＋就＋动词＋形容词＋(名词)。**

框架格式。在句中作谓语，也可独立成句。结构中的形容词表示动作的结果。整个结构表示假设关系。

扩展▶ **句型 1）**玩儿就玩儿个痛快；跳就跳个痛快；吃就吃个饱；听就听个够；喝就喝个够；哭就哭个痛快；断就断个彻底。

句型 2）查就查彻底；说就说明白；讲就讲清楚；扫就扫干净；学就学好；吃就吃饱；演就演好；练就练熟了。

【就…来说】 jiù … láishuō ［一级］

见 350 页【就…而言】条。

【A 就是 A】 A jiùshì A ［一级］

例句▶ —你上次送给我儿子的玩具枪，他特别喜欢。—男孩儿就是男孩儿，什么枪啊、刀啊的都是他们喜欢的玩具。‖ —我给你拿的葡萄酒可是我朋友从法国带来的。—高档酒就是高档酒，喝起来味道就是不一样。‖ —你看他，怎么老出问题！—能力差就是能力差，什么都干不好。

解释▶ 就是：强调肯定。某人或某物确实有自己的特点，在某方面跟其他的不一样。表达了说话人对某人某物特点的突出和肯定。多用来夸奖某人某物，有时也用来批评或埋怨不好的人或物，语气较强。多放在句首，直接回答对方的话，后面有别的句子进一步补充某人或物的具体特点或不足。○ 多用于对话，口语。

★ 1）**名词＋就是＋名词。**

2）**小句＋就是＋小句。**

框架格式。可独立成句。

扩展▶ **句型 1）**学者就是学者，讲起理论来一套一套的；老师就是老师，说起话来就是有水平；父母就是父母，任何时候都为孩子操心；法国人就是法国人，到哪儿都这么浪漫；电脑就是电脑，计算速度比人脑快得多。

句型 2）技术好就是技术好，很多方面做得很细致；年纪大了就是年纪大了，反应不如年轻人那么快。

【A **就**是 A，不 A **就**是不 A】 A jiùshì A，bù A jiùshì bù A ［一级］

例句▶ 你到底喜不喜欢我？喜欢就是喜欢，不喜欢就是不喜欢，你倒是给我个明确的答复啊？‖ 懂就是懂，不懂就是不懂，如果你不懂，就一定要说出来，这样我可以给你再解释一遍。‖ 我这人从不说假话，好就是好，不好就是不好；对就是对，不对就是不对。

解释▶ 是什么就是什么。表示态度明确、干脆，不含糊。多用于说明某人的态度、性格；也用于劝别人应该怎么做。多用来分析说明情况，语气较强。结构位置比较灵活，前面常有别的句子概括地说明，有时后面有别的句子再进行补充。需要时结构可连用。○多用于叙事和对话，口语。

★ 1）**动词＋就是＋动词，不＋动词＋就是＋不＋动词。**

2）**形容词＋就是＋形容词，不＋形容词＋就是＋不＋形容词。**

框架格式。可独立成句，结构中的两个分句有并列关系。

扩展▶ 答应就是答应，不答应就是不答应；愿意就是愿意，不愿意就是不愿意；好就是好，不好就是不好；难就是难，不难就是不难。

【… 就是**不同**】 … jiùshì bùtóng ［二级］

见 352 页【… 就是不一样】 条。

【… 就是不**一样**】 … jiùshì bù yíyàng ［一级］

例句▶ 在家的感觉就是不一样，无论在外面遇到多大的困难，多伤心的事，回家以后心都能平静下来。‖ 你看看，学了跳舞就是不一样，连走起路来都那么精神、有力。‖ 女人结了婚就是不一样，以前把很多时间花在穿衣打扮上，现在更多的是关心家人的衣食住行。

解释▶ 经过比较，明确肯定某人、某事物或某情况不同。多找出某人某物的优点赞赏他 / 它，把事情往好的方面说，有强调的意味，语气较强。多放在句首，后面的句子常常指出两人或两种情况的不同，或者介绍某人、某种事物或情况的优点或好的地方。可用于一般的和已经存在的事情。○多用于对话，口语。◇ 也说“…就是不同”。

★ **名词 / 动词 / 小句 + 就是不一样。** 在句中常作谓语。

扩展▶ 专家就是不一样；他说的话就是不一样；哥哥就是跟弟弟不一样；大超市和小市场就是不一样；名牌就是不一样；大企业就是不一样；这质量就是不一样；受过高等教育就是不一样；当过兵就是不一样；进大公司工作就是不一样；孩子长大了就是不一样。

【… **就是了**】[1] … jiùshì le ［一级］

①例句▶ 这部分你抄错了，重新抄一遍就是了。‖ 把半年的生活费一次都给他就是了，让他自己安排，也省得每个月给，多麻烦啊！ ‖ 照片掉下来了，你把它贴上去就是了。

解释▶ ……就可以了，就好了，就行了。表示要求不高，事情不难，只要做到……就可以解决问题或达到目的。含有事情很容易解决的意味。可以是说明自己的想法和决定，也可以是建议别人怎么做。语气缓和，结构位置比较灵活，前后常有别的句子作相关的说明或补充。可用于将要发生的事情。○多用于对话，口语。

②例句▶ 你千万别客气，想吃多少就吃多少，吃完我再去买就是了。‖ 你放心，既然你那么不愿意我去，我不去就是了。‖—这本书可以借给我看看吗？—别跟我客气，你拿去就是了。

解释▶ 不用担心和怀疑。意思是尽可能按照对方的想法和意愿去做，给对方提供便利或不给对方造成麻烦。多用于安慰对方，带有轻松的语气。多放在句尾，前面常有别的句子作相关的说明。可用于将要发生的事情。○多用于对话，口语。

★ **动词 / 小句 + 就是了。** 可独立成句。

扩展▶ **用法 1**）表示只要做到……就可以解决问题或达到目的：没事儿，多睡一会儿就是了；你不饿，少吃一点儿就是了；感觉太热，脱一件衣服就是了；不用吃药，你只要多喝点儿水就是了；想去看风景，跟我走就是了；没关系，脏了洗一下就是了。

用法 2）表示不用担心和怀疑：别担心，尽量想办法就是了；尽我们的努力，把事做好就是了；你要，还给你就是了；想知道结果，我陪你看下去就是了；你说的我认真做就是了；别担心，我帮你联系就是了；你要用车，拿去用就是了。

【…就是了】[2]… jiùshì le ［一级］

例句▶ 你说的这些事情谁不知道？大家只是不说就是了。‖ 我不很了解他，我们只是认识，打过几次招呼就是了。‖ 你同意就同意，不同意当我没说过就是了。

解释▶ 只是这样。就这些，没有别的，没有什么的。尽量把事情的影响往小的方面说，有时带有不满的意味。常和“不过、只是”连用，相当于“罢了”。多放在句尾，前面常有别的句子作相关的说明。○可用于叙事和对话，口语。

★ **动词 / 小句 + 就是了。** 可独立成句。

扩展▶ 这事我不说就是了；我只跟他见过几次面就是了，没什么深交；他只是有点儿钱就是了，没什么了不起；你不过学习成绩好一点儿就是了，其他不见得怎么样；大不了吃点儿亏就是了。

【就是 A … 了（一）点儿】 jiùshì A … le（yì）diǎnr ［一级］

见 355 页【就是 A 有点儿 … 】条。

【就是说 … 】 jiùshì shuō … ［三级］

例句▶ 三天打鱼，两天晒网，就是说工作三天要休息两天，比喻在工作、学习上不能坚持。‖ 好借好还再借不难，就是说借了别人的东西要及时归还，以后再借的时候也就不会开不了口了。‖ 看事容易做事难，这就是说真正做一件事比随便说说要难得多。

解释▶ 它的意思是……。用更简单的话来解释、说明。通常前面有别的句子，或者不很容易懂，或者说话人觉得有必要再进行解释，这样别人更容易明白。有时结构前面有“这、那、也”等词语，后面也有别的句子进一步补充。○多用来解释前面的句子或话，口语。

★ **就是说 + 小句。** 在句中常作谓语。主语多是小句或代词的形式。

扩展▶“远亲不如近邻”，就是说如果遇到困难事，身边的邻居可以及时帮助你；“天下无难事，只怕有心人”，就是说如果你有坚定的决心，那么世界上没有什么难事；他是个十分听话的孩子，就是说，父母要他干什么他就干什么。

【就是 A 有点儿 … 】 jiùshì A yǒudiǎnr … ［二级］

例句▶ —老王，你觉得我做的菜怎么样？— 挺好的，就是鱼有点儿咸。‖这个花瓶我挺喜欢的，也很想把它买下来，就是价格有点儿贵。‖—你怎么去医院了，发生什么事了？—就是血压有点儿高，没什么大问题。

解释▶ 就是：确定范围。只是某个方面有些问题，不那么好。意思是其他方面都很好，只有一点儿不够理想或不足。前面先肯定，接着指出不够或不理想的地方，有时肯定部分在后。把问题往小的方面说。语气较轻，有时含有可惜的意味。结构位置比较灵活，有时直接回答前面的话。○多用于对话，口语。◇ 也说“就是 A …了（一）点儿”。

★ **就是＋名词＋有点儿＋形容词。** 框架格式。在句中作谓语，也可独立成句。

扩展▶ 他别的都挺好，就是个子有点儿矮；没什么别的感觉，就是肚子有点儿不舒服；式样可以，就是颜色有点儿深；这部电影有意思是有意思，就是时间有点儿长；年纪大了，就是想法有点儿传统；房子不错，就是路有点儿远；颜色挺好，就是质量有点儿差；房子的结构还好，就是面积有点儿小。

【就说 … 吧】 jiù shuō … ba ［一级］

见 420 页【拿 … 来说吧】 条。

【… 就算了】 … jiù suànle ［六级］

例句▶ 如果你想去就跟我一起去，不想去也就算了，反正也不是什么重要的事情。‖这不是什么好事，传出去影响不好，我们大家知道就算了，不要再告诉其他人了。‖既然你这是第一次发生这样的问题，而且事先不知道，那就算了，下次可不能再出现同样的错误了。

解释▶（话、事情）到这里为止，不继续了；也指不再计较，不追究（某人、某事）了。多用来建议、劝说、安慰、警告别人应该怎么做，有时也表示自己的态度。用来劝说、安慰别人。前面常有别的句子作相关的说明，后面或者作进一步补充，或者指出不要做什么。○多用于叙事和对话，口语。

★ **动词 / 小句 / 代词＋就算了。** 可独立成句。

扩展▶ 打个电话就算了；不要只是看看就算了；过去了就算了；跟他说声对不起就算了；不习惯这里换个地方就算了；吃点儿亏就算了；少一个人玩儿就算了；事情解决了就算了；一两句话把他打发了就算了；东西找

不到就算了；这次就算了，下次不能这样了。

【就（算）是 … 都 / 也 … 】 jiù（suàn）shì … dōu / yě … ［六级］

见 328 页【即使 … 都 / 也 … 】条。

【就算是 …（了）】 jiù suànshì …（le）［二级］

例句▶ 那个时候，手表、电视机等就算是贵重物品了，不是每个家庭都买得起的。‖—我还是觉得这部手机太贵。—你花了 500 块能买到这样的手机就算是很不错了。怎么，你还不满意？ ‖ 我第一次参加这样的比赛，没有把握好时间，输了就算是交一次学费吧！

解释▶ 算是：当作，看作。认为是……，把某事或某物当作……。多表示说话人对某人某物的个人看法、判断或评价，有时也反映了一般的看法、习惯或习俗。结构位置比较灵活，前面常有别的句子说明情况，有时后面也有句子作进一步补充。○多用于叙事和对话，口语。

★ **就算是 + 名词 / 动词 / 形容词 +（了）。** 框架格式。在句中作谓语。

扩展▶ 喝完这杯酒就算是真正的朋友了；长得这样就算是美女了；三个人去饭店吃了顿饭就算是认识了；一个星期不出两次差就算是不正常了；学了几个月，能把话讲清楚就算是不错了；一年赚十多万就算是很不错了；每门 80 分以上，就算是优秀了。

【就要 … 了】 jiù yào … le ［一级］

例句▶ 就要下雨了，你还是带把伞吧！免得被雨淋湿。‖ 你终于来了，我们赶快进去吧，演出就要开始了！ ‖ 姐姐的孩子不久就要出生了，我们得准备点儿礼物送给她。

解释▶ 某件事将要发生。事情可以是很快就发生，也可以是几个月或更长的时间之后发生，多是根据说话人的感觉。结构位置比较灵活，结构前可以加“下星期、明年、后天”等时间副词说明事件发生的时间。前后常有别的句子作相关的说明或补充。○多用于叙事和对话，口语。◇ 也说“快要…了”。这时结构前不能加时间副词。

★ **就要 + 动词 + 了。** 框架格式，在句中作谓语，也可独立成句。

扩展▶ 听说你很快就要毕业了；我们就要放假了；他们就要考完了；学期就要结束了；下星期我们就要出发了；他就要退休了；午饭马上就要做好了；我们马上就要发工资了；那辆车差一点儿就要撞到我了；圣诞节就要到了。

【A 就 A 在 … 】 A jiù A zài … ［一级］

例句▶ 他这人什么都好，差就差在脾气上，动不动就发脾气。‖ 这家医院好就好在对病人特别负责，耐心又细致，让人十分放心。‖ 这件事难就难在我们没有经验，不知道该怎么做，如果有人教教我们就好了。

解释▶ 说明人或物的主要问题或特点是什么；有时也表示说话人的想法或担心，想引起别人的注意。常用于分析、评价某人或某物，语气较强。结构位置比较灵活，有时先引出话题，有时前面有别的句子说明情况，后面有别的句子作进一步说明。○多用于叙事和对话，口语。

★ **形容词 $_1$ + 就 + 形容词 $_1$ + 在 + 名词 / 动词 / 形容词 $_2$ / 小句 / 代词。** 框架格式。在句中作谓语，也可独立成句。

扩展▶ **用法 1**）表示……的主要问题或特点是什么：他好就好在不发脾气；这东西好就好在它特别方便；你傻就傻在不明白这个道理；我错就错在太相信他了；他讨厌就讨厌在经常说个不停；你聪明就聪明在知道什么该说什么不该说。

用法 2）表示说话人的想法或担心：怕就怕在他一时想不开；苦就苦在没工作；麻烦就麻烦在找不到人；担心就担心在他来了也解决不了问题。

【就在于 … 】 jiù zàiyú … ［四级］

例句▶ 这种花最吸引人的地方就在于它的形状和颜色，人见人爱。‖ —好好的两个人怎么会分手呢？—我觉得他们俩分手的原因就在于工作太忙，缺少交流。‖ 其实他和别人没什么不同，他之所以能成功，关键就在于他比别人付出了更多的努力。

解释▶ 就是 / 正是……，或决定于……。某人或事情的某个结果或现象（好的或不足的）最关键、最重要的部分，原因是什么。多用于介绍、分析、评价人或物，找出他们的关键、特点等。用于正式场合，带有强调的语气。结构位置比较灵活，前面常有别的句子说明情况，“就在于”引出说话人觉得（人或物）最重要的部分的具体内容，有时后面也有句子进行补充。○书面语。◇ 也说“在于…”。这时语气没有那么强。

★ **就在于 + 名词 / 动词 / 小句。** 在句中作谓语。

扩展▶ 产品能不能卖出去，关键就在于质量；最大的失败之处就在于他们的粗心；这部电影的成功之处就在于真实的记录；我参加比赛的目的就在于多认识一些朋友；现在的问题就在于能不能坚持下去；赢得比赛的关键就在于心情要放松；产品的优势就在于质量特别好。

【A 就这 … 】 A jiù zhè … ［一级］

例句▶ —我手里还没忙完，今天晚上你来做饭吧？—我就这水平，做出来的饭不好吃，你可别怪我！‖ 我爸这人就这脾气，有什么说什么，说完就好了。他刚才说的话你千万别往心里去。‖ 无论大家说什么，他都不听，他就这态度，谁也拿他没办法。

解释▶ 某人的外表、能力等方面不怎么样，或性格、脾气已经定型，无法改变。多往不好的方面说。用在自己身上表示谦虚或固执，含有坚决或无奈的意味；用在别人身上表示无法改变，含有无奈或不满的意味。有时具有贬义色彩。结构位置比较灵活，前面常有别的句子进行说明，后面的句子多表示没有办法。○多用于叙事和对话，口语。

★ **名词 $_1$ / 代词（指人）+ 就这 + 名词 $_2$。** 可独立成句。

扩展▶ 我也就这能力，你别用我；我就这臭脾气，没办法；我就这眼光，买的东西也不一定好；你就这出息，没用的家伙；你也就这素质，我不跟你吵；他也就这长相，爸妈给的；你别生他的气了，他就这性格；我爸就这性格，谁说得了他。

【就这样，… 】 jiù zhèyàng，… ［一级］

例句▶ 我和他是在一次画展上认识的，两人都对看画展很感兴趣，就这样，我们成了好朋友。‖ 小王总说自己的答案是正确的，小李却说不对，他们就这样争论起来了。‖ 他画画儿的时候总是很细心，画了一个部分，觉得不满意，又修改，就这样他画了又改，改了又画，完成一幅画往往需要很长时间。

解释▶ 像这种情况，因此……，所以……。像这样的动作、状态等一直延续下来，一段时间以后就出现了相应的结果。前面的句子说明事情的经过和过程，“就这样”后的动词或小句引出自然的状态或结果。多用来描述事情的经过。结构常在句子之间或中间，有时前后有停顿，起连接上下句的作用。○多用于叙事和对话，口语。

★ 1）**就这样 + 动词 / 小句。**

2）**名词 / 代词（指人）+ 就这样 + 动词。**

可独立成句。结构中的“就这样”在句中作插入语。

扩展▶ **句型 1）** 就这样度过了一个寒冷的晚上；就这样，我一个人来到了北京；就这样我成了个没有朋友的人；就这样，我在国外度过了一整年。

句型 2） 他们就这样你一句我一句地吵了起来；谈了一年的朋友就这样分手了；他们就这样慢慢地成长起来了；你来我往，我们就这样成了好朋友。

【就知道…】 jiù zhīdào… ［一级］

例句▶ 就知道睡觉，都几点了？人家都去上班了，你怎么还在床上呢！‖—这道五香牛肉做得真好吃，特别香。—你就知道吃，也不问问是谁做的！ ‖ 你每次遇到困难就知道哭，哭能解决问题吗？

解释▶ 就：仅仅，只。只知道……，只关心……，只会……。意思是除了这方面以外，其他什么都不关心、都不考虑；也指碰到问题或困难不知道想办法，只会做一些不会有结果或对事情没有帮助的事。说话不客气，多用于长辈对晚辈或关系密切的人之间。带有责备、不满、埋怨的意味，语气较强。多放在句首，后面的句子多是埋怨、指责对方的具体内容。○多用于叙事和对话，口语。◇ 也说“只知道…”。

★ **就知道＋动词。** 在句中作谓语，也可独立成句。

扩展▶ 就知道玩游戏，作业也不做了；就知道想着自己，一点儿都不为别人考虑；就知道看电影，还知道别的什么吗；一天到晚就知道想男朋友，怎么不想想自己的父母；整天就知道工作、工作，家也不管。

【具体到…】 jùtǐ dào… ［三级］

例句▶ 为了学好汉语，他给自己定下了计划，具体到每天都有详细的学习安排。‖ 如果你想参加这次会议，请写个报告说明一下整个行程，具体到会议内容、地点和往返的时间等。‖ 对整个城市来讲，这些问题似乎都是小事，但对于群众来讲，具体到每一个人、每一个家庭却是实实在在的大事。

解释▶ 把某活动或事情等和特定的人、物、地方、时间等联系起来，体现在具体的某个方面（应该做什么或怎么做）；有时也表示把某方面的情况做得或说得更清楚、明确。多用来解释、分析问题，用于正式场合。前面常有别的句子从总的方面进行说明（或提出一个大的问题，或给出一个总的原则），后面的句子引出特定的人、物或范围，再从特定的方面补充说明具体的事情。可用于现实生活存在的现象。○多用于叙事。

★ **具体到＋名词。** 在句中常作谓语，后面必须有后续句。

扩展▶ 具体到每个孩子；具体到各个地区；具体到每个地方；具体到个人；具体到自己的学习工作；具体到每顿饭的安排；具体到上海的地铁交通；具体到老百姓的日常生活；具体到近期的目标；具体到这一次比赛；具体到每月的产量。

【具有 … 的**吸引力**】 jùyǒu … de xīyǐnlì ［四级］

例句▶ 这么多人到这个国家学习语言，这说明这个国家的经济、文化等对世界各国的年轻人具有很大的吸引力。‖ 这个国家各地的自然风光不仅美丽，而且独特，因此对国内外游客都具有相当大的吸引力。‖ 虽然新工作的工资和原来的差不多，但它的工作环境对我来说具有特殊的吸引力。

解释▶（某人或某物）能引起（某人或某物的）注意、关注。多用来描述事情的过程或说明原因，用于正式场合。“吸引力”前常有“很大的、特别的、较强的、一定的、强大的、相当的、巨大的、非常大的”等定语表示“吸引力”的强度。结构位置比较灵活，前面常有别的句子说明情况，有时后面有句子进行补充。○多用于叙事和对话，口语。

★ **具有＋形容词＋的吸引力。** 动宾结构。在句中常作谓语。结构中的形容词不能是单音节词。

扩展▶ 具有较大的吸引力；具有一定的吸引力；具有同样的吸引力；具有极大的吸引力；具有巨大的吸引力；具有天然的吸引力；具有如此强大的吸引力；具有越来越大的吸引力；具有很强的吸引力；具有相当的吸引力。

【具有 …（的）**意义**】 jùyǒu …（de）yìyì ［三级］

例句▶ 改革开放对于新中国的发展来说，具有里程碑式的意义。‖ DNA 的发现，在科学史上具有划时代的意义，它用科学解释了许多以前无法解释的难题。‖ 据科学研究，睡觉对于人的记忆和学习具有十分重要的意义，睡觉的时间充足能使人的记忆和学习更加有效。

解释▶（某物某事）对某人、事、物有价值、作用。多指重要的、重大的事物和事件，用于较正式的场合。结构位置比较灵活，前后常有别的句子进行说明或补充。○多用于叙事，书面语。

★ **具有＋名词 / 动词 / 形容词＋（的）意义。** 动宾结构。在句中常作谓语。

扩展▶ 具有人生（的）意义；具有教育（的）意义；具有纪念意义；具有承前启后的意义；具有历史（的）意义；具有现代（的）意义；具有深远的意义；具有积极（的）意义；具有不同（的）意义；具有特殊（的）意义。

【具有 …（的）**作用**】 jùyǒu …（de）zuòyòng ［二级］

例句▶ 这场比赛具有决定性的作用，希望你们好好准备，好好表现，不要让大家失望。‖ 手机在人们生活中具有越来越重要的作用，很多人已经到了离不开它的地步了。‖ 太极拳作为中国文化的一部分，不仅具有锻炼身体的作用，而且同时可以加强记忆、让人放松心情。

解释▶ 对某人、某物产生……的影响，有效果。这个影响和效果因时间和对象等因素的不同而不同。多用来描写这种影响以及它的原因或结果，多用于好的方面，较少用于不好的方面。用于较正式的场合。“作用”前常有“十分重要的、非常重要的、重要的、独特的、不可估量的、不可替代的、举足轻重的、积极的、决定性的”等词语表示“作用”的重要程度。结构位置比较灵活，前后常有别的句子进行说明或补充。○多用于叙事。

★ **具有+名词/形容词/动词+(的)作用**。 动宾结构。在句中常作谓语。

扩展▶ 具有多方面的作用；具有积极的作用；具有独特的作用；具有积极而重要的作用；具有不可替代的作用；具有保护皮肤的作用；具有保护眼睛的作用；具有预防疾病的作用；具有不可估量的作用。

【据…】 jù… ［六级］

例句▶ 他们几个月前开了一家小餐厅，据说生意挺不错，每天至少有上千元的收入。‖ 据报纸上介绍，春节期间，博物馆的开放时间延长了，从以前的9:00—17:00调整为8:30—18:00。‖ 据气象部门预报，从4日晚到5日，上海部分地区出现大雨天气，同时还有大风，希望各有关方面做好准备工作。

解释▶ 据：依据。根据说话人或他人的某些活动，了解到一些情况或得到相关信息。用于正式场合。多放在句首，引出具体的消息或内容（时间、地点、情况等）。○多用于叙事和对话，书面语。

★ **据+(名词/代词)+动词**。 介词短语。常在句首，有时也在主语后动词前，作状语。“据”后接动词时，通常不出现消息的来源；“据”后接小句的，多有相关的消息来源，如“据群众反映、据相关部门研究”等。

扩展▶ 据他说；据了解；据调查；据分析；据试验；据报道；据估计；据实验；据考察；据有关部门统计；据当时初步统计；据群众反映；据相关部门研究；据他请求；据科学家发现；据科学测定。

【据…所知】 jù…suǒzhī ［六级］

例句▶ 据我所知，她说的都是真的，你不应该再怀疑她了。‖ —我想去买几本书，学校附近哪儿比较方便？—据目前所知，学校附近一共有三家书店，都在学校旁边的街上。‖ 据记者调查所知，该工厂生产的食品完全符合卫生标准。

解释▶ 据：依据。根据某人或某种情况知道……，后面引出相关的情况或具体的内容。用于正式场合。中间插入的主要是代词（我、我们、他）和部分名词（多是指人：记者、中方、外方、笔者等）。多放在句首，引出具体的消息或内容（时间、地点、情况等）。用于现实生活存在的事情。○多用于叙事，书面语。

★ **据＋代词（指人）/ 名词 / 小句＋所知。** 框架格式。常在句首，作状语。结构中的“据＋代词（指人）/ 名词 / 小句”是介词短语。结构中的名词常指人或时间。

扩展▶ 据笔者所知；据他所知；据我们所知；据中方所知；据外方所知；据目前所知；据我们研究所知。

【**决定**于 … 】 juédìng yú … ［三级］

见 458 页【取决于 … 】条。

【**绝对**是 …，不可能（是）… 】 juéduì shì …，bù kěnéng（shì）… ［三级］

例句▶ 不要相信她，她说的这些话绝对是假的，不可能是真的。‖ 这个女人绝对是他妻子，不可能是他妹妹，因为我以前见过他妹妹，跟这个人长得完全不一样。‖—好久没看见他了，他是不是已经回国了？—他绝对是去旅游了，不可能是回国，前几天他还说要去四川旅游呢。

解释▶ 绝对：一定。一定是……，没有可能出现别的情况。表示说话人对某人某事有充分的把握，认定不会有错。多用于对某人某事相关情况的讨论，含有很有把握的意味，语气十分肯定。结构位置比较灵活，前后常有别的句子进行说明或补充。○多用于叙事和对话，口语。

★ **绝对是＋名词$_1$ / 动词$_1$，不可能（是）＋名词$_2$ / 动词$_2$。** 在句中作谓语。结构中的两个分句有并列关系。

扩展▶ 那天进来的绝对是她，不可能是别人；绝对是他干的，不可能是其他人干的；这个东西绝对是用的，不可能是吃的；这件事绝对是个意外，不可能再发生；这声音说明绝对是有人进来，不可能是其他东西。

K

【看把 A … 的】 kàn bǎ A … de ［三级］

例句▶ —啊！怎么灯突然不亮了，怎么回事？—不就是停个电吗，看把你吓的！‖—老师，快告诉我考试的结果，我考得怎么样？—看把你急的，结果还没出来呢！‖你是怎么当父亲的，有话不好好跟他说，只知道打他，看把孩子打的，屁股都红了。

解释▶ 把 A……的，使得某事某人怎么样。因为某些现象或某人的原因使……出现了某种不正常的情况或状态，让说话人感到吃惊、不满、埋怨或同情等。在不同情况下，有不同意味。语气较强。结构位置比较灵活，前后常有别的句子作相关的说明和补充。○多用于对话，口语。◇也说“看把 A…得”。

★ **看把 + 名词 / 代词（指人）+ 动词 / 形容词 + 的。** 框架格式。可独立成句。结构中的代词多是表示第二人称的“你、您、你们”和第三人称的“他、他们”。结构中的动词或形容词多是表示心理活动或状态的词语。

扩展▶ **用法 1）**表示吃惊：看把你乐的；看把你们高兴的；看把你积极的；看把你们美的；看把你能的；看把你得意的；看把她笑的。

用法 2）表示不满、埋怨、同情等：看把你渴的；看把他气的；看把他热的；看把你父母愁的；看把你妈担心的；看把我手弄的；看把这些马累的；看把房间弄的。

【看把 A … 得】 kàn bǎ A … de ［三级］

见 363 页【看把 A … 的】条。

【… 看不过】 … kàn bú guò ［一级］

见 363 页【… 看不过去】条。

【… 看不过去】 … kàn bú guòqù ［二级］

例句▶ 孩子躺在床上，哭声越来越大，一旁的妈妈看不过去了，把孩子抱了起来。‖小明在整理书桌的时候，把废纸扔了一地，同学们有些看不过去，批评他不该这么做。

解释▶ 不忍心或不能容忍眼前的事情。通常是可怜对方或觉得某事太过分而主动采取行动。多用来描写叙述事情的经过，含有同情或气愤的意味。

结构前常有“有点儿、实在、真的、有些、自然、有时”等词表示强调，前后常有别的句子作相关的说明或补充。可用于现实生活存在的事情。○多用于叙事或对话，口语。◇也说“…看不过”。

★ **名词/代词（指人）+看不过去。** 可独立成句。肯定表达为“…看得过去”。

扩展▶ 我再也看不过去了；坐在一旁的我实在看不过去了；这种事让人看不过去；他一定会看不过去的；大家都看不过去了；谁都会看不过去的；真叫人看不过去；有点儿看不过去了。

【看…（的）了】 kàn…（de）le ［一级］

例句▶ 该做的我们已经都做了，该帮的忙我们也都帮了，至于这次能不能成功，就要看小王他自己的了。‖ 我们五个人参加比赛只有两个赢，你是最后一个，这次比赛能不能赢就看你的了！

解释▶ 别人或以前能做的都做了，能说的也都说了，这次轮到……做了，好坏、成功或不成功都由……做的情况决定了。含有一种期待的意味和语气。可用于别人和自己。结构前面常常加“得、都、该、就（要）、要、只有”等词。多放在句尾，前面常有别的句子作相关的说明。可用于将要发生的事情。○多用于对话，口语。

★ **看+名词/代词（指人）+（的）了。** 框架格式。在句中作谓语。

扩展▶ 怎么做都得看老板的了；现在该看你们的了；将来的发展只有看你自己的了；一切都要看我自己的了；这回就看他的了；就要看他们的了；一切都要看这个人了；那只有看姐姐你的了。

【看…的样子】 kàn…de yàngzi ［二级］

例句▶ “一看你的样子，就知道你还没吃午饭，快进来吧，饭还是热的呢！”李阿姨急忙把儿子让进了屋。‖ 本来我和他在聊天儿，可看他有心事的样子，我也就没继续聊下去了。‖ 长这么大记忆中还是第一次打针，心里不免有些紧张。妈妈看我不自然的样子，就开玩笑说：“就像虫子咬一下，有什么好紧张的！”

解释▶ 根据某人的脸部表情或整个人的状态判断、估计（他有什么想法或怎么样）。表示说话人的一种猜测，后面常有别的动作或反应。多用来描述事情的经过。结构位置比较灵活，有时前面有句子说明，后面引出的句子多是得出判断和估计的具体内容，之后常有别的句子补充说明进一步怎么做。用于已经发生的事情。○多用于叙事和对话，口语。

★ **看+代词/名词（指人）+（动词/形容词）+的样子。** 动宾结构。在句中常作谓语，和后面的句子有条件关系。

扩展▶ 看他的样子，他好像生病了；看我不相信的样子，他又解释了好几回；看他没人管的样子太可怜；看他气呼呼的样子，我什么都不敢说；看她胆小的样子，笑死我了；看孩子惊慌、痛苦的样子，妈妈很心疼；看她平静的样子，一点儿反应都没有。

【**看来…，不然…**】 kànlái…，bùrán… ［四级］

例句▶ 看来他是真的累了，不然他不会一躺下马上就睡着了。‖ 电话响了一遍又一遍，看来一定有急事，不然不会响那么长时间，于是他急忙跑过来拿起了电话。‖ 看来她应该出门时带了雨伞，不然她回家的时候早就淋湿了。

解释▶ 看起来……，如果不是这样（后面的事情就不会发生）。“看来”后面表示说话人的估计和判断，“不然”后面引出的是一个跟现实相反的情况。说话人是根据后一句中已经发生的情况做出估计和判断的，表示对所说的事情有较准确的估计。两句之间有“不然、否则”等词表示转折，有时前面有别的句子作相关的说明。○多用于叙事和对话，口语。◇ 也说“看起来…，否则…”。

★ **看来＋小句$_1$，不然＋小句$_2$。** 可独立成句，结构中的两个分句有转折关系。结构中的小句$_2$多是否定句。

扩展▶ 看来他真的爱上她了，不然不会送她花；看来领导很重视这件事，不然他不会派这么多人来调查；看来他没赚到钱，不然他早就告诉我们了；看来他真的生我的气了，不然他一定会接我的电话。

【**看A那…（的）样儿**】 kàn A nà…（de）yàngr ［一级］

例句▶ 小王哈哈大笑对他说：“看你那傻样儿，你以为是真的呢？我们是跟你闹着玩儿的。”‖ 家里的小狗最爱从我的手里抢东西了，看它那调皮的样儿，可爱极了。‖—怎么样，我们还继续往上爬吗？—算了吧，看他那气喘吁吁（xūxū）的样儿，多半是爬不动了。

解释▶ 某人或某事物看上去很……。某人的言行、外表或某动物的样子表现出某些特点，引起说话人的高兴、不满、同情等，或对某人、物做出判断。有时表示责备，带有不满的意味；有时表示开玩笑，带有愉快、喜爱、好笑的意味；还有时带有心疼、爱惜的意味等。注意▶ 不用于“我、我们”。前面常有别的句子作相关的说明，后面的句子多对某人某物的样子做出判断或补充。○多用于叙事和对话，口语。◇ 也说“瞧A那…（的）样儿”。

★ **看＋代词＋那＋动词/形容词＋（的）样儿。** 动宾结构。在句中作插入语。也作谓语。

扩展▶ 看你那不高兴的样儿；看你那胆小怕事的样儿；看他们那可怜样儿；看它那贪吃样儿；看他那皮包骨头的样儿；看你那没文化的样儿；看你那没见过大场面的样儿；看他那有气无力的样儿。

【看起来…】 kàn qǐlái… ［一级］

①例句▶ 这位老爷爷特别爱运动，所以显得很年轻，都八十多岁的人了，看起来还不到七十岁。‖ 他浓密的头发下是一张孩子气的脸，穿着一身校服还背着个书包，看起来他还是个高中生。‖ 这张床又大又软，看起来非常舒服。

解释▶ 根据某人或某事物的样子、外表估计或判断。多指说话人从某人或某物的样子、外表来推出结论。多放在句尾，前面有别的句子说明情况。○多用于叙事和对话，口语。◇ 也说"看样子…"。

②例句▶ 我跟她说什么她都不理我，看起来她不高兴了。‖ 孩子看起来对这个玩具不感兴趣，我把玩具放在他面前，他连看都不看一眼。

解释▶ 根据已有的经验或了解、观察到的情况，对将要发生的事情或事情的发展及复杂的程度进行推测和判断。多指把前后的动作、现象，表面的和实际的情况联系在一起进行分析得出结论。多用于分析推断。结构位置比较灵活，前后常有相关的分析说明。○多用于叙事和对话，口语。◇ 也说"看样子…"。

★ **看起来＋形容词／动词／小句。** 在句中作谓语，也可独立成句。结构中的"看起来"在句中作插入语。

扩展▶ **用法1**）表示根据人或物的样子、外表估计或判断：他看起来很失望；你的头发看起来有点儿乱；这道题看起来很简单；他只是看起来很厉害；这样做看起来更容易；她看起来比她的实际年龄年轻。

用法2）表示把前后的动作、现象等联系在一起进行分析，推出结论：看起来你是第一个来这儿的；看起来你生活得不错；看起来这场辩论不会马上结束；他问了你这么多问题，看起来对你很感兴趣。

【看起来…，**否则**…】 kàn qǐlái…，fǒuzé… ［四级］

见365页【看来…，不然…】条。

【看上去…】 kàn shàngqu… ［一级］

例句▶ 这次乒乓球比赛的冠军年纪轻轻的，看上去最多20岁，可打球的技术让所有人都吃了一惊。‖ 这道菜看上去很好吃，不过因为我已经吃饱了，所以还是下次再来尝吧。‖ 看上去天有点儿暗，可能马上就要下雨了，我们还是赶快回家吧。

解释▶ 完全根据说话人看到的某人或某事物的样子、外表或状态来描述。多用来描写人或物。结构位置比较灵活，前面常有别的句子从某个角度进行概括，后面的句子再作进一步补充。○多用于叙事和对话，口语。

★ **看上去 + 动词 / 形容词 / 小句。** 可独立成句，也可在句中作谓语。结构中的“看上去”在句中作插入语。

扩展▶ 他们看上去很快乐；他看上去有点儿瘦；看上去和同龄人没有什么差别；这些东西看上去都一样；看上去天气很不错；看上去他好像在等人；看上去他有点儿不开心；看上去他挺高兴的；他看上去比实际年龄年轻多了；这套衣服看上去像是专门为你做的。

【看谁 … 】 kàn shuí … ［一级］

例句▶ 既然你在回家的路上，我也在回家的路上，那么我们比比，看谁先到家。‖ 请大家注意，我读完一道题目，你们就开始抢答，看谁反应快。‖ 我们三个人比赛吧，从这儿往前跳，看谁跳得最远。

解释▶ 通过比较，了解谁做事的速度快、程度高、能力强等等。含有竞争比赛的意思。多用于建议、倡议、评比等好的事情。多放在句尾，前面常有别的句子说明解释。可用于将要发生的事情。○多用于对话，口语。

★ 1）**看谁 + 动词 +（名词）。**

2）**看谁 +（名词）+ 形容词。**

3）**看谁 +（动词 + 得）+ 形容词。**

框架格式。可独立成句。前面有别的句子，说明比较的对象。

扩展▶ **句型 1）**看谁能得冠军；看谁得第一名；看谁能赢这场比赛；看谁会打扮；看谁能吃苦；看谁有耐心。

句型 2）看谁本领大；看谁学习努力；看谁成绩好；看谁动作快；看谁厉害；看谁快；看谁聪明。

句型 3）看谁跑得快；看谁说得好；看谁唱得最好；看谁做得更好；看谁到得早。

【看样子 … 】 kàn yàngzi … ［二级］

见 366 页【看起来 … 】 条。

【看在 … 的分儿上】 kàn zài … de fènr shang ［超纲］

例句▶ 虽然他们夫妻关系不太好，而且经常吵架，但是看在孩子的分儿上，他们仍然一起生活。‖—他只是你曾经的同事，你打算帮他吗？—看在曾经一起工作过的分儿上，我还是帮帮他吧。‖ 这几年我要去国外出差，看在我们是多年老朋友的分儿上，麻烦你替我照顾一下我的孩子。

解释▶ 分儿：情分，感情。从某人、某事、某种关系的角度，或因某人或某件事的原因（做某事）。多指希望、请求对方在某方面给予帮助，或勉强为自己或某人做某种事情等。请求对方帮助时含有请求、乞求对方的意思，答应帮助别人时含有勉强的意味。前面常有别的句子说明情况，后面引出说话人要求对方或自己给予帮助，或决定做某事的具体内容。○多用于叙事和对话，口语。◇ 也说“看在…的面子上”。这时主要是指人的情况。

★ **看在＋名词／动词／代词（指人）／小句＋的分儿上。** 框架格式。在句中作谓语，也可和后面的句子构成表示因果关系的复句。

扩展▶ 看在我的分儿上帮他一下吧；看在老天爷的分儿上帮你这一次；看在钱的分儿上，就答应他这一次吧；看在一起工作过的分儿上把这个消息告诉你；看在吃过一次饭的分儿上我提醒你一下；看在咱们是亲戚的分儿上我帮你这个忙；看在你是学生的分儿上我借给你钱。

【看在 … 的**面子上**】 kàn zài … de miànzi shang ［五级］

见 367 页【看在 … 的分儿上】 条。

【看 … **怎么／什么** … 】[1] kàn … zěnme / shénme … ［一级］

例句▶ —这是什么东西，我从没见过。—你别碰，这东西很贵，碰坏了看你怎么赔！ ‖ 他想跟你比赛？别开玩笑了！你是学校连续三年的乒乓球冠军，看他拿什么跟你比！ ‖ 虽然大家都相信不是你，但他一口咬定这事儿是你干的，看你有什么办法！

解释▶ 看某人有什么办法做……，有什么能力做……。表示说话人认为对方或某人没办法或没有能力做……。用肯定形式的反问句表示否定的意思，含有说话人想吓唬人、看笑话、看到别人倒霉很高兴或者气愤等意味，语气较强。**注意▶** 语气的重音在“看你（他）”二字上。结构中的代词多是第二或第三人称单复数。多用于将要发生的事情。多放在句尾，前面常有别的句子说明情况。○多用于叙事和对话，口语。

★ 1）**看＋代词（指人）＋怎么＋动词。**

2）**看＋代词（指人）＋动词＋什么＋动词／名词。**

框架格式。可独立成句，也可在句中作谓语。

扩展▶ **句型 1）** 看你怎么说；看你怎么解释；看你怎么处理这事儿；看你怎

么对他；看你怎么回答；看他怎么爬得上去；看他怎么做得完；看他怎么跟我比。

句型2）看你拿什么赔；看他用什么还她；看他拿什么帮你；看你们拿什么向上面汇报；看他们拿什么来证明自己；我倒要看你有什么本事。

【看（…）怎么…】[2] kàn（…）zěnme…　［一级］

例句▶ 拍电影的花费可多可少，关键是看怎么拍，其实有时候用不多的钱也可以拍出不错的电影。‖ 每个人每天的时间是一样的，主要看你怎么过，乐观的人会过得很开心，而悲观的人却过得很痛苦。

解释▶ 怎么想、怎么说、怎么做决定了事情的结果。意思是不同角度看问题或处理问题，结果也不同。多用来帮助别人从不同角度分析、看清事情的关系和利弊等。结构前常有“主要、要、就、完全、关键是、得”等词语。前面常有别的句子先提出要讨论分析的事情，后面引出说话人从不同角度分析问题和提出建议的具体内容。注意▶ 语气的重音在“怎么”二字上。○多用于对话，口语。

★ **看＋（代词［指人］）＋怎么＋动词。** 框架格式。在句中常作谓语。

扩展▶ 事情还得看怎么去讲；主要看你怎么做；就看你怎么想了；还是得看你怎么解释；她能否原谅你关键看你怎么说；事情能不能办看你跟对方怎么商量；关键看他怎么组织；合同能不能签完全看双方怎么看这项合作。

【看…这…】 kàn…zhè…　［一级］

例句▶ 看我这记性，刚买回来的菜，就忘记放哪儿了。‖ 看你这耳朵，我都叫了你三四遍，你竟然没听见！‖ 看你儿子这臭脾气，动不动就跟人生气、发火，这都是跟你学的！

解释▶ 看：这里用来提示对方注意。用“看”引出要说的话题，后面常有对这个话题进行解释和说明的具体内容。这里的代词或名词指人，可以指别人和自己。“这”后面的名词多是指某人的样子或特点（多是不能让人满意的部分或事情），带有不满、失望、无奈或责备的语气。结构位置比较灵活，前后常有别的句子进行说明或补充。○多用于对话，口语。

★ **看＋名词$_1$／代词（指人）＋这＋（形容词／量词）＋名词$_2$。** 框架格式。在句中作插入语。结构中的形容词常带有贬义。

扩展▶ 你看我这水平；看他这穷样；看他这脏嘴；看你兄弟这倒霉样；看你儿子这坏习惯；看你儿子这调皮劲儿；看你弟弟这坏心眼儿；看他这副德性；看我这副模样；看他说话的这副腔调。

【看…（这话）说的】 kàn …（zhè huà）shuō de ［一级］

例句▶ —王小姐，几年不见，你大概已经忘了我是谁了吧！—看您这话说的，怎么会呢，您不是李医生嘛！‖—最近给你添了很多麻烦，真不好意思。—看你说的，咱们是朋友，互相帮忙是应该的。‖—王阿姨，几年不见，您是越来越年轻漂亮了啊！—看你说的，都这么大把年纪了，哪里谈得上漂亮啊！

解释▶ 不同意对方说的话，觉得对方说的话不合适。出于礼貌，用婉转的方式回应对方，有时也用于回应对方的夸奖。用于熟人或朋友之间，表示客气。放在句首，引出后面的解释说明。解释说明中反映出说话人的态度（［不］愉快、不同意、辩解、谦虚等）。可用于直接回应别人的话。○多用于对话，口语。◇也说“瞧…说的”。

★ **看＋代词（指人）＋（这话）说的。** 框架格式。在句中作插入语。结构中的代词只用于表示第二人称的“你、您、你们”。

扩展▶ 看你这话说的，我哪是这样的人啊；看您说的，这怎么可能呢；看您这话说的，我没这个意思啊；看你说的，我就这么看重钱么；看您说的，他哪有那么傻；看您说的，他哪能干这种事儿啊；看您说的，我都被您夸得不好意思了。

【…看着办】 … kànzhe bàn ［二级］

例句▶ —先生，想理一个什么发型？—随便，您看着办吧，只要理短一点儿就行。‖—我们需要给服务员小费吗？—没有要求一定要给。给不给，你自己看着办。‖每次你有困难，他总是第一个站出来帮你的，这次他遇到困难了，帮还是不帮，你看着办。

解释▶ 有两种意思：1. 要求某人根据具体的情况处理相应的问题，也指某人可以自己决定；多是没有具体的、明确的要求，这两个用法把权力交给对方，这时多用来回答对方的请示或问话。2. 指警告、威胁对方如果不按自己的意愿或要求办事，就会有麻烦。这时带有威胁的语气。结构位置比较灵活，前面有别的句子说明情况，有时后面也有句子作进一步补充。可用于直接回应对方的话。○多用于对话，口语。

★ **名词／代词（指人）＋看着办。** 可独立成句。多用于第二人称，有时也用于第三人称。

扩展▶ **用法 1）**表示要求某人根据具体情况处理问题或可以自己决定：我先走了，到时候该做什么，你们就看着办吧；这里有几张音乐会的票，给谁不给谁，你看着办；吃什么，你看着办，我都可以；我现在得出门，晚饭你看着办好了；你看着办吧，我们都没意见；接下来该怎么做，他自己看着办。

用法2）表示警告、威胁对方：再不把那些坏习惯改了，你看着办吧；答不答应，你看着办；让他想清楚了，怎么做他自己看着办吧；他是你亲哥哥，帮不帮他，你看着办。

【… 看着**眼熟**】 … kànzhe yǎnshú ［超纲］

例句▶ —你好，还认识我吗？我是张丽，去年在上海我们见过面。—我说怎么看着眼熟呢，原来是你，好久不见了。‖—我在地上捡到了一本书，可不知道是谁的。—书里的笔迹看着眼熟，可我一下子也想不起来是谁写的。‖ 这辆车看着眼熟，虽然我不知道是谁的，但我可以肯定一定是我们公司同事的。

解释▶ 好像认识、在哪里见过某人或某物，但一时想不起具体的情况。多因为接触不多而只有模糊的印象，用于双方见面时或看到某人某物时的直接反应，有时也用于对方的提醒之后。结构前常有“怪不得、怎么”等词语。多放在句首，后面常有别的句子说明具体情况或猜测。○多用于叙事或对话，口语。

★ **名词 / 代词（指人）+ 看着眼熟。** 可独立成句。

扩展▶ 我说怎么看着眼熟呢，原来是……；这人看着眼熟；怪不得看着眼熟；你看着挺眼熟的，说不定我们以前见过面；刚才那个人我看着眼熟。

【**考虑到** … 】 kǎolǜ dào … ［四级］

例句▶ 春游的那天，我们做好了一切准备，却没考虑到天气情况，不巧的是那天下大雨，每个人都被淋湿了。‖ 朋友请我下班去参加他的生日晚会，但考虑到工作还没做完，我打算留在办公室加班。

解释▶ 从某方面想或想到某些方面的问题。通常在做出决定之前想到了某人、某事或某种因素，这些方面和因素都会直接影响人们做出和这些情况或因素相符合的决定来。多用来叙述事情（变化）的过程。前面常有别的句子做相关的说明，后面的句子多是因为某种因素而做出决定的具体内容。○多用于叙事或对话。

★ **考虑到 + 名词 / 句子。** 在句中常作谓语。否定表达为“没考虑到…”。

扩展▶ 我还没考虑到这一步；没考虑到这一点；考虑到他的年龄；这件事我倒没考虑到；考虑到你的安全；连最细小的地方都考虑到了；考虑到这给后代带来的机会；考虑到一些地方的水灾和旱灾；考虑到人们的心情和感情；考虑到给本公司带来的经济效益。

【(…)可别这么说】(…) kě bié zhème shuō ［超纲］

例句▶ —真的太感谢您了，上次帮了我一个大忙！—可别这么说，我都不好意思了。‖—老板，你就给我便宜点儿吧，就当你少赚一笔！—您可千万别这么说，我这点儿小东西根本赚不到多少钱。‖—你可真是太聪明了，每次考试都第一名。—小明，你可别这么说，我并不是聪明，只是比别人多花了些时间。

解释▶ 一定不要这么说。表示这么说不合适，或者说话人不同意这种说法。多用于别人的夸奖、请求等。受到夸奖时表示谦虚，得到建议或受到指责时表示不同意。含有谦虚或不满的意味，多放在句首，直接回答对方的话，后面常有别的句子表示补充、纠正、解释等。○多用于对话，口语。

★ **(代词［指人］) + 可别这么说。** 可独立成句。结构中的代词只用于表示第二人称的“你、您、你们”。

扩展▶ 可别这么说，弟弟听到会不高兴的；可别这么说，妹妹知道了会生气的；千万可别这么说，我做得还很不够；可别这么说，咱们是一家人；你这小子可别这么说话，太没良心了；您可别这么说，我没做什么；刘医生，您可别这么说，这是我该做的。

【(可)不是一天半天就…的】(kě) bú shì yìtiān bàntiān jiù … de ［一级］

例句▶ 我们这个年纪的人，多多少少有点儿生活经验，这些可不是一天半天就能讲完的，等以后有空，我慢慢讲给你听。‖这种病可不是一天半天就会好的，你应该向公司请一段时间的假，在家好好休息。‖写小说不是写作文，可不是一天半天就可以写成的，你别想得太容易了。

解释▶ 某事在短时间内不可能完成，不可能有结果。这里的“一天半天”不是实际意义的一天或半天，是指较短的一段时间。“可”在这里起强调作用。意思是某些事情是需要长时间积累或需要更多的时间和耐心才能实现的。多用来说明道理，也用来安慰、劝说别人。结构位置比较灵活，前面多引出话题，有时也有别的句子说明情况，后面的句子再进行补充。○多用于分析或叙事，口语。◇也说“(可)不是一天两天就…的”。

★ **(可)不是一天半天就 + 能愿动词 + 动词 / 形容词 + 的。** 框架格式。在句中作谓语。结构中的能愿动词有“会、能、可以”等。结构中的动词后常带有表示结果的补语。

扩展▶ 这可不是一天半天就能干完的事；这可不是一天半天就能到的；可不是一天半天就能做成的；好成绩绝对不是一天半天就能得到的；合同可不是一天半天就能签成的；这些道理不是一天半天就能讲清楚的；调查肯定不是一天半天就可以完成的。

【（可）不是一天两天就 … 的】（kě）bú shì yìtiān liǎngtiān jiù … de ［一级］
见 372 页【（可）不是一天半天就 … 的】 条。

【可 A 而不可 B】 kě A ér bùkě B ［四级］

例句▶ —你年纪也不小了，怎么不找个女朋友呢？—爱情这个东西是可遇而不可求的，我也想找，可是找不到啊！ ‖ 每个家庭都希望有一套自己的住房，但过高的房价却让买房成为一个可望而不可及的梦。

解释▶ 可以……但是不可以……。表示前一件事情是可以或者容易做到的，而后一件事却不能做、不容易做或做不到的。多用来告诉人们事情是各种各样的，有些是能力上做不到的，有些是再怎样也解决不了的，有些事情应该怎么去对待，等等。有时含有建议、提示的意味。结构位置比较灵活，前后常有别的句子进行说明或补充。○多用于叙事，书面语。

★ **可 + 动词 $_1$ + 而不可 + 动词 $_2$。** 框架格式。在句中常作谓语、定语。结构中的前后两个动词为意思相对的词。

扩展▶ 有些事是可想而不可及的；这话可意会而不可言传；这个人可用而不可大用；孩子可引导而不可任其发展；有些画只可远观而不可近看。

【可（…）还是 … 】 kě（…）háishi … ［一级］

例句▶ 我知道你工作很忙，可我还是得来麻烦你，因为除了你，没人能在这方面帮我了。‖ 她特别爱吃这家店的烤鸭，虽然这里的价钱比其他饭店贵得多，可她还是经常来吃。‖ 经过一整年的认真准备，他参加了今年的研究生考试，可最后他还是没考上。

解释▶ 前面做了很多努力或出现了某种新情况，最后的结果不因为前面的努力或新情况而改变。表述可分为两类："还是 + 肯定" 表示虽然有困难或不愿意，但是能坚持做，或发生某些事情（可以是希望的和不希望出现的）；"还是 + 否定" 表示虽然尽力了，但是最后没有成功或达到目的。多用来描述事情的经过，有时含有不得已或失望、难过、无奈等意味。结构位置比较灵活，前面常有别的句子说明情况，有时后面也有句子补充说明。○多用于叙事和对话。

★ **可 +（名词 / 代词［指人］）+ 还是 + 动词。** 可独立成句。前面别的句子和这个结构有转折关系。

扩展▶ **用法 1**）还是 + 肯定：可让我担心的事情还是发生了；不让他说可他还是要说出来；可他还是让大家失望了；大家都不让我回来，可我还是回来了；可我们还是去参加了他的生日晚会；可他还是向老师承认了错误。

用法2）还是+否定：可他还是不原谅我；可妈妈还是不同意让我去；虽然尽力了，可还是没找到；很想占便宜，可还是没占到便宜；他很努力了，可还是没能超过对手。

【…（可）好（了）】 …（kě）hǎo（le）［一级］

①例句▶ 期末考试就要到了，大家都在紧张地准备，他可好，一点儿也不担心，还躺在床上睡大觉呢。‖ 我的电影票昨天还在桌子上的，怎么现在不见了？这下可好了，票没了，电影也看不成了。

解释▶ 某人或某事的情况和过去、他人或别的事物相比正好相反；也指突然发生了意外或事情出现了不好的结果。出现的情况多是说话人不希望发生的。这里的“可好”是一种反话，强调人或物和一般的情况，或人们的希望正相反。把事情往不好的方面说。含有不满、讽刺、指责、批评或倒霉等意味，语气较强。前面常有别的句子说明一般的情况或叙述事情，后面的句子多是和前面相反的具体内容。○多用于对话，口语。

②例句▶ 新家离学校近多了，这下可好，上学走十分钟就到了，不用再坐地铁了。‖ 他最近换了一份新工作，这下（可）好了，不仅工资比以前高，环境也好多了，真是一举两得啊！

解释▶ 因为某种原因或情况的变化，某人或某事现在的情况和以前、他人或别的事物比起来，向好的方面发生了变化。这些情况多是说话人希望出现的。含有高兴、庆幸等意味，语气较强。前面常有别的句子说明以前的情况或原因，后面的句子多是和前面相反的、现在的具体内容。○多用于对话，口语。

★ **名词/代词+（可）好（了）。** 可独立成句。

扩展▶ **用法1**）表示情况和过去或别的正好相反；突然出现了不好的情况：这下可好，老人不高兴了；这下可好，我的秘密被大家发现了；你可好，那么贵重的东西，说扔就扔；现在可好，没有人相信你的话了。

用法2）表示情况和以前或别的比，向好的方面变化：过去出门不方便，现在可好，一出门就有车，方便多了；这下（可）好了，环境好多了；这下可好，买菜近多了；这可好，有个大商场逛街就方便了。

【可A可B】[1] kě A kě B ［五级］

例句▶ 这种组合式沙发特别方便，它可分可合，分开时可以变成好几个单人沙发，合在一起就组成了一整套沙发。‖—我想买这件衣服，可家里好像有一件差不多的。—对于这种可买可不买的衣服，你还是不要买了。‖

这件事情可大可小，处理好了什么事情也没有，处理得不好，会影响你和他的关系。

解释▶ 可以这样，也可以那样；或表示两种情况都可以做或可能发生。有时指采用不同的方法和态度，得到不同的结果；有时指某些事物同时具备两种功能或作用；有时也指两种做法都行，但需要衡量好处和坏处。多用于介绍、分析和建议。结构位置比较灵活，前面或后面常有别的句子作相关的说明或补充。○多用于叙事和对话，书面语。

★ 1）**可 + 动词 $_1$ + 可 + 动词 $_2$**。

2）**可 + 形容词 $_1$ + 可 + 形容词 $_2$**。

框架格式。在句中常作谓语、定语。结构中的前后两个动词或形容词为意思相反的词语，多构成四字格式。有时结构 1）中可以是同一个动词的肯定形式和否定形式。

扩展▶ **句型 1）**可伸可缩；可坐可卧；可进可退；可去可不去；可谈可不谈；可做可不做，可吃可不吃；可学可不学。

句型 2）可多可少；可重可轻；可有可无；可厚可薄；可近可远；可高可低；可长可短；可胖可瘦；可亮可暗；可圆可方。

【可 A 可 B】[2] kě A kě B ［五级］

例句▶ —小王，听说你已经当爸爸了，真是可喜可贺！—谢谢，改天请你们吃喜蛋。‖ 他的这篇文章写得一般，没什么可圈可点的地方，看过也不会留下深刻的印象。‖ 给你介绍一本书，这本书里描写的是一位平凡而又可敬可佩的人，他有很多可歌可泣的故事，你看了一定会感动的。

解释▶（某人做得特别好，某事十分精彩，或者事情很让人感动）值得别人为他（它）做某事。做的事情多指表扬、赞美、歌颂、祝贺、赞叹等好事，少有不好的让人感到悲伤和感叹的事。多和褒义词组合。结构位置比较灵活，前后常有别的句子进行说明或补充。○多用于叙事，书面语。

★ **可 + 动词 $_1$ + 可 + 动词 $_2$**。框架格式。在句中常作谓语、定语。结构中的前后两个动词为意思相近的词语，构成四字格式。

扩展▶ 他很平凡，没有很多可说可道的；他是一位可敬可佩的军人；比赛中他们队取得了可喜可贺的成绩；他们的处境是可悲可叹的。

【可 … 了】[1] kě … le ［五级］

例句▶ 这本小说我可喜欢了，前前后后看了三遍，建议你也看看。‖ 这个小姑娘可漂亮了，大大的眼睛，白白的皮肤，笑起来像一朵花。‖ 他天生就是个演员，在舞台上表演一点儿也不紧张，表演得可自然，可放松了。

解释▶ 可：表示强调。（某人或某物的）程度很高。多用于对人或事情的描写，表达比较夸张，带有强调意味和语气。前面或者引出话题，或者有别的句子进行说明，后面多是对某人某物在某方面的具体描写或补充。○多用于叙事和对话，口语。

★ **可＋动词／形容词＋了。** 框架格式。在句中作谓语、补语，也可独立成句。结构中的动词多是表示心理活动或感受的词语。

扩展▶ 可高兴了；他可讨厌了；这活儿可累人了；可难看了；这地方可脏了；事情可烦了；电影可吓人了；可自由了，想做什么就做什么；房子可大了；水可深了；灯可亮了；人可好了；长得可高了；车开得可快了；活动举办得可成功了。

【可…了】² kě … le ［五级］

例句▶ 王大爷，我们找了你三天，可找到你了，这几天您都去哪儿了？‖李教授最近很忙，原先没打算来给我们做讲座，但后来我们请了他好几次，最后可把他请来了。‖电话可打通了，你知道吗，刚才我已经给你打了十多个电话，可一直没人接听。

解释▶ 可：表示强调。经过一番努力、来回反复或长时间的等待以后，事情终于成功或有了结果。这些成功或结果多是说话人十分期待的，有“好不容易才……”，庆幸的意思。含有期盼的意味，带有兴奋的语气。结构位置较灵活，前后常有别的句子作相关的说明或补充。可用于现实生活存在，并在一段时间后终于出现所希望的结果的事情。○多用于叙事和对话，口语。

★ **可＋动词＋了。** 框架格式。在句中作谓语，也可独立成句。结构中的动词后常带有表示结果的补语。

扩展▶ 你可答应了；你可来了；他们可同意了；你们可下课了；老师可来了；他可回国了；任务可完成了；事情可搞清楚了；我们可见到你了；你可想明白了；考试成绩可出来了。

【快…了】 kuài … le ［一级］

例句▶ 快春节了，大家都把家里打扫得干干净净，布置得漂漂亮亮的。‖都快十二点了，关电脑睡觉吧，明天还要上班呢！‖快到飞机场了，你赶快把护照拿出来，我们准备办理登机手续。‖我家院子里的苹果快熟了，你下个月如果有时间，欢迎来我家品尝。

解释 离……的时间很近。（某事）很快就要发生了，很快就要实现了或完成了。适用范围很广，包括时间、程度、范围、数量等。结构位置比较灵活，前后常有别的句子作相关的说明或补充。○多用于叙事和对话，口语。

★ **快 + 名词 / 动词 / 形容词 / 数量短语 + 了。** 框架格式。可独立成句，也可在句中作谓语。结构中的名词常表示时间。

扩展 快冬天了；快毕业了；我们快到了；东西快买齐了；饭快做好了；油快用光了；合同快签了；货物快装完了；事情快办好了；家快搬完了；我们都快饿死了；好日子就快到了；天快黑了；快三十岁了。

【**快**要 … 了】 kuài yào … le ［一级］

见 356 页【就要 … 了】 条。

【亏 + 你 / 他（们）… 】 kuī + nǐ / tā（men）… ［五级］

例句 公司出现了这么大的问题，大家都很着急，亏你还有心情玩游戏。‖亏他说得出口！一个大学生，怎么说话这么难听。‖他出门怎么穿得这么少？外面很冷，特别容易感冒，亏他还是个大夫呢，一点儿也不当心自己的身体。

解释（某人）不怕难为情、不怕失去面子、好意思去说这种话，做这种事；也指按某人的职业、身份、地位、自身条件来说，完全能做好某事，但实际他却没有做好或表现让人失望。这里是反话，带有否定的意思：因为某人说的、做的不符合一般的情理、他的身份或某个场合，说话人批评某人不应该这么说、这么做。含有讽刺、指责、失望的意味，语气较强。多用于第二、第三人称（单复数）。结构位置比较灵活，前后常有别的句子作相关的说明或补充。○多用于对话，口语。

★ **亏 + 代词（指人）+ 动词。** 可独立成句。结构中的代词常是用于表示第二人称的“你、您、你们”和第三人称的“他、他们”。

扩展 **用法 1）**表示不怕难为情、不怕失去面子：这事都这样了，亏你睡得着觉；这种事，亏你干得出来；这么贵重的礼品，亏你好意思拿；这种鬼点子，亏你们想得出；这种计划，亏你们做得出；别人都吃不下，亏他还吃得下饭；别人都不好意思做，亏他们做得出。

用法 2）表示能做好但实际没有做好，说话做事和相关身份不符：亏你还是个大学生，连这么简单的问题都回答不了；亏你还是个老手，连这个都修不好；这种事哪能随便谈，亏你还是聪明人。

L

【A来+A/B+去】 A lái +A/B +qù ［一级］

①例句▶ 我们上周不是就决定了吗？你怎么现在又把计划改来改去？‖他为什么要这么做呢？我思来想去，总也弄不明白。‖—你怎么就出来了，跟他聊完了？—就那么点儿事，他颠来倒去地说个没完，我都不想听了。

解释▶ 某人或某部门反复做某事，指动作重复多次；也指某人或某部门不断做某事。多用来描写人的动作行为。前后常有别的句子作相关的说明或补充。○多用于叙事，口语。

②例句▶ 就为了谁先谁后这么点儿小事，他俩争来争去地一直从上午争到下午还没争完。‖我很想买这块手表，但价钱太贵，和老板商量来商量去，最后终于把它买了下来。

解释▶ 几个人或两个方面互相做某事。主语为复数或某人和某人。多指人与人之间互相往来：请、吃、送、玩；或为了自己的利益或某些情况相互争、抢、吵、推等。多用来叙述事情，有时具有贬义色彩。前面常有别的句子说明情况，后面或描写具体情况，或指出事情的结果。可用于过去或现在一段时间内常发生的事情。○多用于叙事和对话，口语。

★ 1）**动词＋来＋动词＋去。**

2）**动词$_1$＋来＋动词$_2$＋去。**

框架格式。在句中作谓语、状语。结构中的动词多是意思相近的单音节词，构成四字格式。

扩展▶ **用法1）**表示反复做，重复做，不断做：走来走去；跑来跑去；游来游去；搬来搬去；动来动去；飞来飞去；逛来逛去；绕来绕去；说来说去；唱来唱去；想来想去；讨论来讨论去；翻来覆去；呼来喝去。

用法2）表示人与人之间互相做某事：互相请来请去；大家吃来吃去；他俩吵来吵去；别争来抢去了；股票炒来炒去；做作业不要抄来抄去；问题怎能踢来踢去不解决。

【A来+A/B+往】 A lái + A/ B + wǎng ［二级］

①例句▶ 这个商场专门卖打折的商品，所以顾客特别多，尤其周末更是人来人往。‖那个地方是市中心，大街上车来车往的，你一个人去我不放心，还是我陪你一起去吧！‖北京的烤鸭特别有名，许多南来北往的

游客都会去烤鸭店买些尝尝。

解释▶ 人或物过来或过去，经过、路过某地，表示某地人很多。多用于描写某地十分热闹的场面。结构位置比较灵活，前后常有别的句子作相关的说明或补充。○多用于叙事和对话，口语。

②**例句▶** 我们原先不认识，只是生意上有些接触，一来二往地时间长了，就这么熟悉了。‖ 做朋友当然是有来有往的，人家来你不去，还做得成朋友吗？

解释▶ 两方面互相有接触，做某事，逐渐建立起关系。多指人与人之间因工作、生意上的需要而互相有联系或来往。这时主语为复数或某人和某人。结构位置比较灵活，前后常有别的句子作相关的说明或补充。○多用于叙事，口语。

③**例句▶** 上大学后因为学习紧张，她就逐渐退出了各种课外活动。从那时起，她养成了一种独来独往的习惯。‖ 除了最冷的时候外，东北虎一年大部分时间都是到处走，独来独往，没有固定住所。‖ 高速公路是单向行驶的，全段都没有红绿灯，可使车辆以很高的速度独来独往。

解释▶ 一个人很少或不和别人交往，动物很少或不和别的动物接触，独立活动；也指事物（车、船、飞机等）单独行驶，不受影响。结构位置比较灵活，前后常有别的句子作相关的说明或补充。**注意▶** 这个用法没有其他搭配。○多用于描述叙事，口语。

★ 1）**名词＋来＋名词＋往。**

2）**名词$_1$＋来＋名词$_2$＋往。**

3）**动词＋来＋动词＋往。**

4）**代词$_1$＋来＋代词$_2$＋往。**

5）**一＋来＋一/二＋往。**

6）**独＋来＋独＋往。**

框架格式，“独来独往”为固定结构。在句中常作谓语、定语、状语。结构2）中的前后两个名词多是意思相关或相反的单音节词，组成四字格式。

扩展▶ **用法1）**表示过来或过去，人或物很多：大街上人来人往；马路上车来车往；许多南来北往的游客。

用法2）表示人互相有接触，做某事：我和他经常你来我往的；人跟人有来有往，没有来往就不叫朋友；他俩一来二往地通信。

用法3）人或动物独立活动；交通工具单独行驶：他从来都是独来独往；很多动物都有独来独往的习性；他这辆车从来都是独来独往的。

【… 来着】 … láizhe ［超纲］

例句▶ 你刚才说什么来着？我没听清楚，麻烦再说一遍。‖我以前怎么说的来着，少玩儿电脑多学习，你就是不听，现在考成这样，知道后悔了吧！‖—听说了没，小张下星期结婚。—是的，小王告诉过我来着，可这一忙又把事情给忘了。

解释▶ 放在小句的句尾，表示曾经做过某事或发生过某事。有时是问别人某事，有时是告诉别人某事。只出现在对话中。结构位置比较灵活，前后常有别的句子作相关的说明或补充。注意▶ 只用于已经发生的事情。○多用于叙事和对话，口语。

★ **小句 + 来着。** 可独立成句。结构中的小句可以是陈述句也可以是疑问句。句中间不能加“了、过”；表疑问时，句子里必须有“谁、什么”等疑问代词。没有否定形式。

扩展▶ **用法 1）**问别人：你去超市买什么来着；他叫什么来着；你去哪儿来着；他们怎么说来着。

用法 2）告诉别人：我们刚才还说她来着；我在图书馆看书来着；他刚才正打电话来着；不久前有人找你来着；上周末我们还一起逛街来着。

【劳 …（的）驾】 láo …（de）jià ［超纲］

例句▶ 劳您的驾，请让一下路好吗？‖—晚上我们一起吃饭吧，我去你家接你？—谢谢，不用劳您大驾，饭店离我家不远，我自己走过去就行了。‖就这点儿小事，还是不要劳您的驾了，我自己可以解决。

解释▶ 劳驾：请对方帮忙或让路。用否定或反问的形式时，如“不用劳您的驾”“怎么敢劳您的驾呢”等，表示不想麻烦对方，是一种客套的说法。结构前常加“要、得、（不）敢、不用”等词语。多放在句首，后面常有别的句子补充说明请人帮忙的具体内容，或不麻烦对方的理由。○多用于对话，口语。

★ **劳 + 代词（指人）+（的）驾。** 在句中作谓语，也可以放在句首作插入语。结构中的“劳驾”是离合词。结构中的代词多用于表示第二人称的“你、您”。否定表达为“不劳您的驾”“不敢劳您的驾”“不用劳您的驾”等。

扩展▶ 不敢劳您的驾，您忙自己的吧；怎么敢劳您的驾呢；哪敢劳您的驾；恐怕还得劳您的驾；又要劳您的驾；劳您驾，替我把这东西转给他；大妈，劳您的驾，您是怎么跟他说的。

【老是 + 这么 / 那么 … 】 lǎoshì + zhème / nàme … ［二级］

例句▶ —她怎么了？—我来了以后就发现她老是这么哭，我也不明白怎么回事。‖ 我父母是做生意的，我小的时候，他们老是那么忙，根本没有什么时间陪我。‖ 现在你长大了，应该成熟点儿，跟人见面的时候，别老是那么不说话，多跟大家交流交流。

解释▶ 一直是某种情况或状态，指在一段时间里没有变化。“这么 / 那么”在这里表程度较深，有强调的作用。多用来描述事情的经过。多用于不愉快、不好的事情，较少用于好的事情。有时含有不理解、不满的意味。前后常有别的句子作相关的说明或补充。○多用于描述叙事，口语。◇ 也说“老是 + 这样 / 那样…”。

★ **老是这么 / 那么 + 动词 / 形容词。** 在句中常作谓语。结构中的动词多是表示持续性动作的词语。否定形式为“老是这么 / 那么 + 不…”。

扩展▶ 他老是这么站着；父母老是这么担心；怎么你老是那么没出息；他做事怎么老是那么犹豫；他老是这么小气；别老是那么傻；你老是那么大方干什么；为什么我老是这么瘦；我考试怎么老是这么紧张；怎么老是那么急急忙忙的；他怎么老是那么年轻。

【老是 + 这样 / 那样 … 】 lǎoshì + zhèyàng / nàyàng … ［二级］

见 381 页【老是 + 这么 / 那么 … 】 条。

【A 了半天才 B】 A le bàntiān cái B ［一级］

例句▶ —你手机找到了没？—我找了半天才找到，原来在沙发底下。‖ 今天的事情太多了，我忙了半天才忙完，一直做到现在都没休息。‖ 这个女孩儿特别害羞，一句话都不说，我问了半天她才告诉我她叫什么名字。

解释▶ 表示动作或状态持续了很长时间以后才出现某种结果或达到某个目的。这里的“半天”不是真的半天，有时跟做的事情有关，有时跟说话人感觉有关。实际的时间可能是几分钟，也可能是一两个小时甚至更长。含有时间长、好不容易的意味，语气较强。结构位置比较灵活，前后常有别的句子作相关的说明或补充。可用于已经发生的事情。○多用于叙事和对话，口语。

★ **动词 $_1$ + 了半天 +（名词 / 代词［指人］）+ 才 + 动词 $_2$。** 框架格式。在句中常作谓语。有时结构中的动词 $_2$ 为动词 $_1$ 带上表示结果的补语。结构中的前后两个动词可以是同一个主语，也可以是不同的主语。否定形式为“A 了半天都 + 不 / 没 +B”。

扩展▶ 听了半天才听懂；想了半天才想明白；洗了半天才洗干净；修了半天才修好；等了半天他才来；看了半天才反应过来；犹豫了半天才说；请了半天他才说话；叫了他半天他才出来。

【…了不是】 … le búshì ［一级］

①例句▶ 叫你骑车的时候小心点儿，你总不听，这下可好，摔倒了不是？‖早就提醒你上班别迟到，你总说没关系，这回倒好，奖金被扣了不是？‖前两个月叫你找工作你不找，说还没毕业，现在看到人家都有工作了，你急了不是？

解释▶ 对某种事情的状态或结果进行确认。用否定形式的反问句表示肯定的意思。表示说话人预料的事情终于发生了，或说话人以前说的情况得到了验证。这时带有责备对方不听提醒或幸灾乐祸的意味。多用来劝说某人，语气较强。多放在句尾，前面常有别的句子作相关的说明，有时后面也有句子进行补充。多用于过去的和现在的事情。○用于对话，口语。

②例句▶ 你傻了不是，这么好的工作机会，人家找都找不到，你居然拒绝了。‖—现在又没出太阳，他怎么老戴着副墨镜？—你这就不懂了不是，这叫时尚，现在年轻人都喜欢这样。

解释▶ 对某种事情的状态或结果进行确认。用否定形式的反问句表示肯定的意思。说话人不赞同听话人前面说的话，认为听话人做的事不符合常理，或听话人不了解情况，这时带有责备、埋怨或得意的意味，语气较强。注意▶ 多用于互相比较熟悉的人之间。多用于抽象的事物，可直接用于回答。多放在句首，后面的句子多从听话人没有想到的角度去说明解释。○用于对话，口语。

★ **动词／形容词／小句＋了不是。** 可独立成句。

扩展▶ **用法1**）表示说话人预料的事情终于发生了：你错了不是；他伤心了不是；他吓坏了不是；事情搞坏了不是；又出问题了不是；你把事情搞大了不是；我老了不是；我发胖了不是；我不行了不是。

用法2）表示某人做事不合常理或不了解情况：你见外了不是；你外行了不是；他误会了不是；你疯了不是；你又来了不是。

【A了（…）就B】 A le（…）jiù B ［一级］

例句▶ 我现在有点儿忙，不能跟你说话，等我忙完了就给你打电话。‖我在这儿没什么朋友，一般下了班我就回家，不常参加外面的活动。‖我知道你出了门就会忘了要买的东西，所以给你写了张清单，你照着清单上去买就行了。

解释▶ 两个动作先后发生。第一个动作刚完成，第二个动作就开始了；有时表示第二个动作发生得很快。结构位置比较灵活，前后常有别的句子作相关的说明或补充。可用于已经和将要发生的事情。○多用于叙事和对话，口语。

★ **动词$_1$+了+(名词/代词[指人])+就+动词$_2$。** 框架格式。在句中作谓语，也可独立成句。

扩展▶ 吃了早饭就去公司；洗了澡就睡觉；买了东西就走了；结了婚就不工作了；喝了几杯就醉了；上了车就睡着了；回了国就联系我；买了手机就丢了；考完了我们就一起出去旅行；买好了你就给我打电话。

【…了去了】 … le qù le ［一级］

例句▶ —你来上海后，都到什么地方去旅行了？—去过的地方多了去了，我数都数不清。‖—我去公园找你吧！—这个公园大了去了，你不一定找得到，还是我出来吧。‖—先生，请问人民公园怎么走？—人民公园离这儿远了去了，你坐出租车去吧。

解释▶ 表示事物的数量、范围、程度等达到了很高的程度，无法形容，相当于“很”。带有夸张的意味，语气较强。结构前先引出话题，后面有别的句子作进一步补充说明。注意▶ 说话时，结构中的“去”字重读。○多用于对话，口语。

★ **形容词+了去了。** 在句中作谓语。

扩展▶ 要做的事情多了去了；他水平高了去了；事情复杂了去了；时间早了去了；这天气热了去了；那日子苦了去了；这事麻烦大了去了。

【V(了)一…】 V(le) yī … ［一级］

例句▶ —辛苦你了，还麻烦你跑一趟，快进屋坐坐！—不用了，我还有事儿，先走了。‖他唱着歌儿经过小树林时，一只猫突然从树林里跑了出来，把他吓了一跳。‖他生气极了，重重地朝门上踢了一脚，然后头也不回地走了。

解释▶ 表示动作发生了一次，“一”有时也指一个整数。动词后面宾语大多不出现，有时宾语放在动词的前面，有时通过动词本身的含义及动词和量词的组合，显示出动作是关于哪方面的。多用于描述具体动作，有时也用于抽象事物。结构位置比较灵活，前后常有别的句子作相关的说明。○多用于叙事和对话，口语。

★ **动词+(了)一+量词。** 框架格式。在句中常作谓语。结构中的量词有的是专门的动量词，如“趟、声、下、遍、次、回、顿、番”等，也有的是临时借用为量词，如“拳、眼、脚、刀、跤”等。

扩展▶ 说了一声；等了一下；听了一遍；看了一次；去了一回；骂了一顿；表扬了一番；吃了一惊；摔了一跤；打了一拳；看了一眼；绕了一圈；喝了一口；尝了一块；挨了一刀；绊了一下；赚了一把；抓了一手泥；插了一嘴。

【… 了一遍又一遍】 … le yíbiàn yòu yíbiàn ［二级］

例句▶ 这部电影实在太好看了，我看了一遍又一遍，里边的一些台词都能背下来了。‖ 我没有其他复习资料，只有一本习题集，所以把习题做了一遍又一遍，最后考得还不错。

解释▶ 表示从头到尾反复不断地做某件事。形容做这件事的次数很多，也表示做事仔细认真。结构位置比较灵活，前面常有别的句子说明情况，有时后面的句子指出事情的结果。○多用于描写叙述，口语。

★ **动词+了一遍又一遍。** 在句中常作谓语。结构中的动词多是表示持续性动作的词语。

扩展▶ 听了一遍又一遍；想了一遍又一遍；说了一遍又一遍；找了一遍又一遍；练了一遍又一遍；数了一遍又一遍；读了一遍又一遍；翻了一遍又一遍；检查了一遍又一遍；修改了一遍又一遍。

【A 了又 A】 A le yòu A ［二级］

例句▶ 我把这篇文章改了又改，前前后后一共改了七八遍，现在终于满意了。‖ 凡是他喜爱的书，他总是读了又读，并且常常做一些笔记。‖ 她出门前总要准备好长时间，我们在门外催了又催，她才慢慢地从里边走出来。

解释▶ 反复不断地做某事，有时表示动作的重复、补充；有时也表示做事十分认真、仔细。结构位置比较灵活，前后常有别的句子作相关的说明或补充，有时后面的句子也说明动作的结果。○多用于描写叙述，口语。

★ **动词+了又+动词。** 框架格式。在句中常作谓语。结构中的动词多是表示持续性动作的单音节词。

扩展▶ 看了又看；想了又想；等了又等；擦了又擦；试了又试；敲了又敲；数了又数；查了又查；劝了又劝；点了又点；加了又加，减了又减；拿了又拿；补了又补；紧了又紧。

【A了（又）B，B了（又）A】 A le（yòu）B ，B le（yòu）A ［二级］

例句▶ 猫抓住了老鼠后，一般先不吃，而是把它们抓了又放，放了又抓，一直弄着玩。‖—小王和小李这两天怎么了？一会儿不说话，一会儿黏在一起。—他们俩就这样，好了吵，吵了好，已经好几回了。‖一年年过去了，花儿开了又谢，谢了又开，小草绿了又黄，黄了又绿，母亲还是不见儿子回家。

解释▶ 两个动作或两种情况轮换进行，重复出现。动作或状态一般反复多次。有时是自然现象，有时是人或动物在活动中反复出现的动作。前面常有别的句子作相关的说明解释，有时后面也有句子作进一步补充。需要时结构可连用。○多用于描写叙述，口语。

★ 1）**动词$_1$+了（又）+动词$_2$，动词$_2$+了（又）+动词$_1$**。

2）**形容词+了（又）+动词，动词+了（又）+形容词**。

3）**形容词$_1$+了（又）+形容词$_2$，形容词$_2$+了（又）+形容词$_1$**。

在句中常作谓语。结构中的两部分有并列或承接关系。

扩展▶ **句型1**）吃了睡，睡了吃；来了又走，走了又来；写了撕撕了写；机器装了拆，拆了装；来了又去，去了又来。

句型2）月亮圆了又缺，缺了又圆；胡子长了又刮，刮了又长。

句型3）好了又坏，坏了又好；天黑了又亮，亮了又黑。

【…了又能怎样】 … le yòu néng zěnyàng ［二级］

例句▶ —如果你再这样，我就打电话报警了。—你把警察叫来了又能怎样，这件事又不是我的错。‖—我现在有点儿担心，万一我失败了怎么办？—失败了又能怎样，继续努力，从头再来呗！

解释▶ 又能怎么样，又会有什么作用，又会有什么改变。用肯定形式的反问句表示否定的意思。意思是不管做什么对事情都不会有什么影响，改变不了事情原来的状态和现实。多用来说明情况或劝说别人。带有不在乎或无奈的意味，语气较强。结构位置比较灵活，前后常有别的句子作相关的说明或补充。○多用于叙事和对话，口语。

★ **动词/小句+了又能怎样**。 可独立成句。

扩展▶ 去了上海又能怎样；做到了又能怎样；拿了第一又能怎样；有钱了又能怎样；见了面又能怎样；不听你的又能怎样；承认错了又能怎样；他知道又能怎样；他生气了又能怎样；你后悔了又能怎样；你做对了又能怎样。

【A了（…）再B】 A le（…）zài B ［一级］

例句▶ —你都工作了这么久了，休息一会儿吧！—没多少了，我做完了再休息。‖—你现在大学四年级了吧，找工作没？—还没有呢，我还在写毕业论文，等写了论文再找工作，这样也比较安心。‖ 你们先等等，别急着过马路，现在还是红灯，绿灯亮了你再过去。

解释▶ 等某件事做完，或某种新情况出现以后再做另一件事。前面的事情是后面的事情的条件。多用来安慰对方不要着急，用于自己表示自己有计划。结构位置比较灵活，前后常有别的句子作相关的说明或补充。可用于将要发生的事情。〇多用于叙事和对话，口语。

★ 1）**动词 $_1$+（形容词）+ 了 +（名词 / 代词）+ 再 + 动词 $_2$。**

2）**形容词 + 了 + 再 + 动词。**

框架格式。在句中常作谓语。结构 1）中的形容词常有“好、完、清楚”等补充说明动作的情况。

扩展▶ **句型 1）** 比赛完了再离开；考虑好了再买；想好了再写；看清楚了再说；试了再买；有钱了再买；吃了饭你再走；车停稳了你再下车。

句型 2） 病好了再出院；事情清楚了再走；伤好了再上班；果子熟了再摘。

【离不开 … 】 lí bù kāi … ［二级］

例句▶ 我看你一刻也离不开手机，吃饭在玩手机，睡觉在玩手机，连上厕所手机都不离手。‖ 每个人的成功都离不开自己的努力，但有时候还要加上点儿机会和运气。‖ 非常感谢大家，我们这次试验的成功离不开在座各位的支持，成功是大家共同努力的结果。

解释▶ 某人、某物不能没有（某人或某物）；也用于指抽象的事物，表示某人或某物对某人或某物来说很重要。多用来分析事情和问题。结构位置比较灵活，前面常有别的句子引出话题，后面的句子多从不同角度解释说明。需要时结构可连用。〇多用于叙事和对话。

★ 1）**离不开 +（形容词 / 名词 $_1$+ 的）+ 名词 $_2$。**

2）**离不开 + 名词 / 代词 + 的 + 动词。**

在句中作谓语，也可独立成句，有时可两个以上的结构连用。

扩展▶ 他整天都离不开办公桌；孩子小时候自然离不开妈妈；他三句两句离不开钱；人离不开空气就像鱼离不开水一样；植物的生长离不开阳光、空气和水；发展生产离不开市场；一个国家的发展离不开世界；这个问题的解决离不开大家的理解；他病还没好，离不开家人的照顾。

【离 … 差得远】 lí … chàdeyuǎn ［一级］

例句▶ 你千万别骄傲，虽然学习有了一些进步，但离优秀学生的标准还差得远呢！‖—你不是工作好几年了吗？怎么不考虑买套房子？—就我那点儿工资，离买房差得远呢。‖这个小城市虽然居住环境好、生活舒适，但发展得比较慢，离现代还差得远。

解释▶ 和某个标准、要求等距离很大。多指学习、工作、环境、条件以及水平、能力等方面。后面常有"呢"，表示强调。用在自己身上表示谦虚，用在别人身上表示不满意。多放在句尾，前面常有别的句子说明已经取得的成绩、进步或达到的程度，有时后面也有句子进行补充。○多用于叙事和对话，口语。◇ 也说"和…差得远"。

★ **离＋名词／动词／形容词＋差得远。** 框架格式。在句中常作谓语。否定表达为"离／和…差得不远"。

扩展▶ 离奖学金的标准差得很远；离老师提出的要求还差得远；说的离做的差得远呢；离发达国家的生活水平差得很远；离翻译的资格差得远呢；他做的离大家希望的差得远呢；离完全理解还差得远；离成熟还差得远呢；离完美差得远着呢。

【离 … 还有 … 】 lí … háiyǒu … ［二级］

例句▶ 这里离我家还有5公里左右，走路回去太远了，还是坐个公交车吧。‖离放假还有一个星期，我打算现在好好复习，考完试去旅行一周，之后就回国。‖虽然我已经很努力了，但是我知道离你们的要求还有一定的差距，所以今后我会更加努力的。

解释▶ 从说话人在的地方到某地还有多长距离，从说话人说话的时间到某个时间还有多久；也可表示没有达到某种程度和水平。结构中常有表时间和距离的词语，适用范围较广。结构位置比较灵活，前后常有别的句子作相关的说明或补充。○多用于叙事。

★ **离＋名词$_1$＋还有＋名词$_2$／数量短语。** 框架格式。在句中作谓语，也可独立成句。结构中的名词$_1$表示时间或地方，名词$_2$或数量短语表示时间或距离。

扩展▶ 这里离开会的地方还有半个小时的车程；离目的地还有300米；离我的生日还有三天；离演出开始还有五分钟；离比赛结束还有三分钟；离这座岛不远的地方还有另外一座岛；现在离欧洲杯还有一周；离现代化的生活水平还有距离。

【离 … 近／远】 lí … jìn／yuǎn ［二级］

例句▶ 我们所看到的星星之所以很小，是因为它们离地球很远很远，实际上它们有的比地球还大。‖ 他在离公司比较近的地方租了个房子，虽然房租比较贵，可上班特别方便。‖ 你以前做了那么多努力，现在已经离成功很近了，怎么能说放弃就放弃呢？

解释▶ 从说话人在的地方到某个地方，或者从说话人说话的时间到某个时间（很）近或（很）远；也可指抽象事物，表示快要达到目标了，或者远没有达到要求的标准。结构中常有表时间和距离的词语，适用范围较广。前后常有别的句子进行说明或补充。○多用于叙事和对话。

★ **离 + 名词 / 动词 +（很）近 /（很）远。** 框架格式。在句中常作谓语、定语。结构中的名词表示某个地方或某个时间。否定形式为“离…不（太）+ 近 / 远”。

扩展▶ 我家离公园很近；我们的座位离球门不算近；离地面很近的地方；我住的地方离医院比较远；现在离春节还很远；我们的人离他不远；这种感觉离我越来越远；现在说的离结论很远；总觉得火灾离我们很远；设计离实用还很远。

【离 … 远（一）点儿】 lí … yuǎn（yì）diǎnr ［二级］

例句▶ 我知道你现在长大了，想在离父母远点儿的地方独立地生活，这不错，但不要忘了常回家看看。‖ 你得离电脑屏幕远点儿，否则视力会越来越差。‖ 最近老板是不是遇到了什么麻烦事，一直都不太开心，咱们还是尽量离他远点儿，少惹麻烦。

解释▶ 某人或某物离某地、某人或某物有一定的距离；也可指抽象事物，表示少接触、少和……来往。用来建议或警告其他人时，有时表示别惹麻烦；如要对方离自己远点儿时，有时表示自己讨厌对方。这时表达不客气，含有厌恶（wù）的意味。用于建议、警告或叙事，语气较强。前面常有别的句子作相关的说明，后面多是建议性的话。○多用于对话，口语。

★ **离 + 名词 / 代词（指人）+ 远（一）点儿。** 框架格式。可独立成句，也作谓语、定语。

扩展▶ **用法 1**）表示人或物离某地、人或物有一定的距离：孩子大了都想离家远一点儿；你离我太近，很危险，快离远点儿；请你快离我远点儿；坐得离他远点儿；谁叫你不离我远一点儿。

用法 2）表示少接触、少来往：你还是离他远点儿吧；你现在最好离我远点儿；我故意离他远点儿。

用法 3）表示自己讨厌对方：离我远点儿，我不想看见你；叫他离我远一点儿，我讨厌他。

【A 里 A 外】 A lǐ A wài ［一级］

见 482 页【A 上 A 下】条。

【连 A 带 B】[1] lián A dài B ［三级］

例句▶ 她在外面跟父母打了半个小时电话后，连蹦带跳地跑回宿舍去了。‖ 十分钟的路程，你五分钟就到了，看样子你是连走带跑赶回来的吧？

解释▶ 一边……一边……。两个动作同时发生或轮换出现，没有先后。多用来描写具体动作和状态，这些动作动词在意义上有关联。多放在句尾，有时前后也有别的句子作相关的说明或补充。○多用于描写、叙事和对话，口语。

★ **连＋动词$_1$＋带＋动词$_2$。** 框架格式。在句中常作谓语、状语。结构中的前后两个动词多是意思相近的单音节词，构成四字格式。

扩展▶ 他们在饭馆里连吃带喝起来；他连说带骂，大家都不吭声；他连滚带爬逃了出去；孩子连哭带喊要妈妈；这两只狗打起来时连咬带撕，谁都不让谁。

【连 A 带 B】[2] lián A dài B ［三级］

例句▶ 今天太晚了，还是明天白天再出发吧，夜里开车走山路很危险，稍微不小心就可能连人带车翻下山去。‖ 你能借我一些钱吗，最近公司资金有点儿紧张，一个月以后我一定连本带利地还给你。‖ 最近我家附近新开了家理发店，连理发带染发才 50 块，挺便宜的。

解释▶ 两个人或事物都……。表示做事的时候，前后两个人或事物，或两个完整的事情都包括进去，或者都参与进去。多用来描写具体动作和事情。前后两个事物或事情有一定的关联。结构位置比较灵活，前后常有别的句子作相关的说明或补充。○多用于叙事和对话，口语。

★ 1）**连＋名词$_1$＋带＋名词$_2$。**

2）**连＋动词$_1$＋带＋动词$_2$。**

框架格式。在句中作主语、状语。

扩展▶ **句型 1）** 公司连领导带职工才 20 人；连老人带孩子都在这儿；连白酒带啤酒喝了 4 瓶；连鞋带袜全破了；连衣服带裤子都湿了；连茶带杯全扔出去；连脖子带脸都洗干净。

句型 2） 连洗发带吹发一共 50 块；连吃带喝花了 300 块；连买衣服带吃饭花了 2000 块。

【连 … 都 … 】 lián … dōu … ［三级］

例句▶ 这么简单的道理，连我都知道，你怎么就是不明白呢？ ‖ 他是中午来我家的，来了以后，急急忙忙跟我说了几句话，连水都没喝就走了。‖ 我昨天在地铁站碰见了我的高中同学，可聊的时间太短，临走的时候我连他住在哪儿都忘了问。

解释▶ 突出某人或某事怎么样，多用来描述事情的经过，含有强调的意味。有时可表示让步的意思：A 都这样，别的就更不用说了。结构位置比较灵活，有时前面有句子作相关说明，有时前后都有别的句子作相关的说明或补充。○多用于叙事，口语。◇ 也说"连…也…"，"也"后面部分多表示否定的意思。

★ **连 + 名词 / 代词 / 小句 + 都 + 动词。** 框架格式。可独立成句，也可在句中作谓语。结构中的动词可用肯定形式也可用否定形式，如"连…都 + 不 / 没…"。

扩展▶ 连周末都要上班；连我都知道这值多少钱；这道题连他都会做，你更不应担心；连老师都不知道这是个什么字；难道连你都不相信我吗；连这么简单的问题都不会回答；连他自己都不知道怎么回事；有时忙得连饭都顾不上吃；连他叫什么名字都没想起来。

【连 … 都 + 不 / 没有 … 】 lián … dōu + bù / méiyǒu … ［三级］

例句▶ 我给他做的饭菜，他连看都不看一眼，就更别说吃了。‖ 我比较喜欢热闹，总觉得一个人待在家里太无聊了，连个说话的人也没有。‖ 最近工作很忙，连一天都没休息，真想马上放假。

解释▶ 强调没有做什么，或者没有什么。多用来描述某人某事，含有强调的意味。结构位置比较灵活，前后常有别的句子作相关的说明或补充。○多用于叙事和对话，口语。◇ 也说"连…也 + 不 / 没有…"。

★ 1）**连 + 动词 + 都 + 没 / 不 + 动词。**

2）**连 + 名词 / 数量短语 / 数量名短语 + 都 + 不 / 没有 + 动词。**

框架格式。在句中作谓语，也可独立成句。结构 1）中的"都"后面的动词可以是带"一"的动量词组。如"看一眼"。结构 2）中数量短语或数量名短语中的数词只能是"一"，不能是别的数字。如"连一天都没休息"。数量名短语中的数词"一"有时候可以不说。如"连（一）个招呼都没打"。

扩展▶ 句型 1）连见都没见过；连想都没想过；连个招呼都没打；连个箱子也没带；连茶都没喝一口；连话都不敢说一句；连住的地方都没有。

句型 2）茶连一口都没喝；连一口茶都没喝；作业连一个字都没写；连一个人都不认识；连一眼都不敢看；连一次都没去过。

【（连）**想都别想**】（lián）xiǎng dōu bié xiǎng ［一级］

见 602 页【想都别想】 条。

【（连）**想也别想**】（lián）xiǎng yě bié xiǎng ［一级］

见 602 页【想都别想】 条。

【**连** … 也 … 】 lián … yě … ［三级］

见 390 页【连 … 都 … 】 条。

【**连** … 也 + 不 / 没有 … 】 lián … yě + bú / méiyǒu … ［三级］

见 390 页【连 … 都 + 不 / 没有 … 】 条。

【连 … 也不**例外**】 lián … yě bú lìwài ［五级］

见 632 页【 … 也不例外】 条。

【了却 … **心事**】 liǎoquè … xīnshì ［七—九级］

例句▶ 我早就想去看望李阿婆，可一直抽不出时间，今天正好放假，终于可以了却我的心事了。‖ 这沙发放在家里太占地方，扔掉又有点儿可惜，一直都不知道该怎么处理，今天我拿到你们回收站，也算了却了一桩心事。‖ 爸妈年纪大了，只希望看到你成个家，生个孩子，你怎么就不能了却做父母的这点儿心事呢？

解释▶ 了却：结束。心事：心里放不下的，感到为难的事。完成……愿望，达到……目的。多指某人长久以来想做的事或想解决的问题。结构前常有“终于、总算、也算是”等词语。多放在句尾，前面常有别的句子说明心事的具体内容。○多用于叙事和对话。

★ **了却 + 名词 / 代词（指人）/ 数量短语 +（的）心事。** 动宾结构。在句中常作谓语。结构中的量词多是“桩、件、宗、点”等。否定形式为“未能了却…心事”“无法了却…心事”。

扩展▶ 终于了却了一件心事；也算了却了我的一件心事；能了却这两大心事；怎么就不能了却我这宗心事呢。

【了却 … 心愿】 liǎoquè … xīnyuàn ［超纲］

例句▶ 父母虽然常年生活在国外，但一直都希望老了能回国来住，我们做儿女的应该帮他们了却这个心愿。‖ 去年我去德国出差，顺便参观了歌德故居，了却了自己多年来的一个心愿。‖ 我愿意把父母生前的财产全部捐给希望工程，这是为了了却他们最后的心愿。

解释▶ 了却：结束。心愿：愿望。完成……愿望，达到……目的。多指某人长久以来想做，但一直没有机会实现的愿望，对某人的一生来说很重要。多用来描述完成愿望的过程。结构前常有“也算、总算、为了、以、终于、算是、难以、真正”等词语。前面常有别的句子说明原因或情况。○多用于叙事，书面语。

★ **了却 + 名词 / 代词（指人）/ 数量短语 +（的）心愿。** 动宾结构。在句中常作谓语。否定形式为“难以了却…心愿”“无法了却…心愿”。

扩展▶ 无法了却老人的心愿；为了了却老母亲的心愿；了却他生前的心愿；了却一个老知识分子的心愿；了却老人家的心愿；了却了他 18 年来的心愿；了却一个始终没有完成的心愿；了却了一桩多年的心愿；难以了却这个心愿；了却久远的心愿。

【临 … 的时候】 lín … de shíhou ［七—九级］

例句▶ 在机场临别的时候，朋友送给我一份礼物，是我非常喜欢的一本小说。‖ 我长期睡眠不好，医生建议我临睡的时候喝一杯牛奶，这样可以帮助睡眠。‖ 临考的时候，由于心情紧张，很多考生会产生头痛失眠的情况。

解释▶ 临：快到。某个动作或某件事将要发生的时候。表示后一句中的动作或事情离前句将要发生的动作或事情在时间上的距离很短，非常接近前面动作的时间。多用来描述事情发生的过程。多放在句首，后面的句子引出相关的动作、事情。○多用于叙事和对话。◇ 也说“临…（以）前”“临…之前”“临…时”“临…之时”。后三者带有书面色彩。

★ **临 + 动词 + 的时候。** 框架格式。在句中作时间状语，可在主语前，也可在主语后。

扩展▶ 临死的时候；临行的时候；临产的时候；临走的时候；临到商店的时候；临毕业的时候；临闭幕的时候；临进门的时候；临倒闭的时候；临手术的时候。

【临 … 时】 lín … shí ［七—九级］

见 392 页【临 … 的时候】 条。

【临…（以）前】 lín…（yǐ）qián ［七—九级］

见 392 页【临…的时候】条。

【临…之前】 lín…zhīqián ［七—九级］

见 392 页【临…的时候】条。

【临…之时】 lín…zhīshí ［七—九级］

见 392 页【临…的时候】条。

【令 A…的是】 lìng A…de shì ［五级］

例句▶ 和其他城市比起来，我更喜欢上海，这里令我感兴趣的是现代化的城市和便利的交通。‖ 这些志愿者大多在 18—35 岁之间，其中 65% 是女性。最令人吃惊的是，志愿者中还有一位会讲 7 国语言的 75 岁老爷爷。

解释▶ 令：让，使。（某人或物）让某人产生了某种感觉，可以是好的或不好的。多用于叙述事情，具有提示人们注意的作用。前面常有别的句子进行说明，后面引出和这种感觉相关的内容。注意▶ 可进入这个结构的有心理动词和形容词，主要包括沮丧、惊奇、吃惊、惊讶、费解、不可思议、高兴、注目、奇怪、遗憾、深思、担忧、震惊、欣慰、欣喜、骄傲、感兴趣、意外、赞叹、称奇、感动、悲哀、自豪、困惑、难忘、失望等。○多用于叙事，书面语。◇ 也说“让 A…的是”。

★ **令＋名词 / 代词（指人）＋动词 / 形容词＋的是。** 框架格式。在句中作主语及谓语。结构中的动词或形容词多是表示心理活动或感受的词语。

扩展▶ 令观众难忘的是；令人赞叹的是；令他们自豪的是；令人不安的是；令我们更加遗憾的是；更令他心中悲伤的是；令人不可思议的是；令人担忧的是；令世人震惊的是；令人失望的是。

【令…**难以置信**】 lìng…nányǐ zhìxìn ［七—九级］

例句▶ 说来实在令人难以置信，他以前从没学过汉语，才学了短短一年，他的汉语就说得像中国人一样了。‖ 这地方每年都举办鲜花节，节日期间，鲜花的种类多得简直令你难以置信。‖ 虽然上次比赛他输给了对手，但经过一年的努力训练，在这次比赛中他取得了令所有人都难以置信的好成绩。

解释▶ 令：使。置信：相信，多用于否定。表示某人某事让……人很难相信。多指超出了一般人想象的情况或程度。结构前常有“实在、真是、简直、更加、最、几乎”等词语表示所达到的程度。结构位置比较灵活，前后常有别的句子作相关的说明或补充。○多用于叙事，书面语。◇ 也说“让…难以置信”“使…难以置信”。

★ **令 + 名词 / 代词（指人）+ 难以置信。** 框架格式。在句中常作谓语、定语、补语。

扩展▶ 这种做法实在令人难以置信；真是令人难以置信；发生了令人难以置信的事情；到了令人难以置信的程度；令他难以置信的情况出现了；这里的水果多得令你难以置信。

【令人 …】 lìng rén … ［五级］

例句▶ 虽然他可以出院了，但是他的身体状况仍然令人担心，因为他的病随时都可能复发。‖ 最近几年，我们公司进行了一系列改革，这些改革取得了令人满意的效果。‖ 国庆节前夕，艺术家们都在积极地准备着各自的节目，他们希望能带给观众一个令人难忘的夜晚。

解释▶ 令：使。使人产生某种感觉或行为。多用来评价某人某事。结构前常有“如此、几乎、非常、特别、更、真是、说来”等词语。结构位置比较灵活，前面常有别的句子作相关的说明，有时后面也有句子作进一步补充。○多用于评价和叙述，书面语。

★ **令人 + 动词 / 形容词。** 在句中常作谓语、定语。结构中的动词、形容词多是表示心理活动或状态的词语。

扩展▶ 太令我失望了；实在令人难以相信；令人惊讶；这事令人不安；这个地方令人向往；音乐令人陶醉；这消息令人讨厌；令人难以想象；更令人惊奇；结果令人失望；令人激动的时刻；这种解释令人无法接受；发生了令人惊异的事情。

【留有 …】 liú yǒu … ［二级］

例句▶ 我只去过一次上海，现在仍然对上海留有深刻的印象，我认为它是一个年轻而现代的城市。‖ 游客们，参观完这个景点后，旅行社给各位留有充足的时间，大家可以自由活动。‖ 年轻人应该勇敢点儿，努力追求自己的梦想，不要让青春留有遗憾。

解释▶ 自然地留下，或专门为某人提供或保留；也指因为某种原因而出现（不理想的情况或结果）。前两类用法多用于具体的事物，后一种用于抽象的事物。前两种用于过去的事情，后一种用于过去和将来的事情。结构位置比较灵活，前后常有别的句子进行说明或补充。○书面语。

★ **留有 + 名词。** 动宾结构。在句中常作谓语。结构中的名词多是双音节或四音节名词。

扩展▶ **用法 1）**表示自然的：留有痕迹；留有记忆；留有动物特征；墙上留有花纹；留有风俗民情；留有古迹。

用法 2）表示专门留的：留有发展的余地；留有想象的空间；留有大胡子；留有记录；留有手机号码；留有联系方式；留有遗书；留有工作人员看管。

用法 3）表示不理想的：留有隐患；留有缺口；留有可乘之机；留有死角。

【履行…（的）义务】 lǚxíng…（de）yìwù ［七—九级］

例句▶ 既然我们已经签好了合同，那么双方都应该认真履行合同规定的义务，不能随意改变。‖ 社会是属于每个人的，每个人都应该履行自己的义务。‖ 劳动法规定，每个劳动者都享有法律规定的各项权利，同时也必须履行相应的义务。

解释▶ 履行：去做曾经答应或应该做的事。义务：法律上或道德上某人应该做的事。按照法律或道德的要求，做自己该做的、必须做的事。多用来解释说明情况，用于正式场合。多放在句尾，前面常有别的句子说明原因。可用于抽象事物。○多用于叙事，书面语。

★ **履行 + 名词 / 动词 / 小句 / 代词 / 介词短语 +（的）+ 义务。** 动宾结构。在句中常作谓语。

扩展▶ 履行公民的义务；履行个人的义务；履行应尽的义务；履行好自己的义务；履行国际公约的义务；履行法律规定的义务；履行对祖国的责任和义务。

【履行…（的）责任】 lǚxíng…（de）zérèn ［七—九级］

例句▶ 其实我并没有你们想的那么伟大，我只是在自己的工作岗位上，履行着自己的责任。‖ 对一个孩子来说，教育是十分重要的，所以父母应该履行好教育孩子的责任，当好孩子的第一任老师。‖ 一个公司不但要保证自己的发展，还应该多履行一些社会责任，给社会献上一份爱心。

解释▶ 履行：去做曾经答应或应该做的事。责任：某人或某个团体应该做的，一定范围内的事。表示根据自身的身份、职务、职业、地位等，做自己该做的、必须做的事。多用来解释说明情况，用于正式场合。多放在句尾，前面常有别的句子说明情况，有时后面也有句子作进一步补充。可用于抽象事物。○多用于叙事，书面语。

★ **履行 + 名词 / 动词 / 小句 / 代词 / 介词短语 +（的）+ 责任。** 动宾结构。

在句中常作谓语。

扩展▶ 时刻履行人民教师的责任；对儿子履行一个母亲的责任；履行法律规定的责任；必须履行各自的责任；履行公民的责任；履行保护世界遗产的责任；履行对祖国的责任和义务。

【论…，还得数…】 lùn…，hái děi shǔ… ［二级］

见396页【论…，还得说…】条。

【论…，还得说…】 lùn…，hái děi shuō… ［超纲］

例句▶ —我看你挺细心的嘛！—我这还不算什么，论细心，还得说我妈。‖—我打算买辆车，你有什么好的建议没有？—论安全，还得说德系车，它在安全方面确实做得比较好。‖每年各地都有大量的新型建筑，可要是论设计，还得说这家公司的好。你看，他们设计出来的建筑就是不一样。

解释▶ 论：从某个方面来讲，要讲……。要谈论某个话题，有必要提某人或某物，因为这个人或事物在这方面十分突出。多指好的情况。多用于讨论、评价某方面的问题。结构位置比较灵活，前面常有别的句子说明情况，有时后面也有别的句子进行补充。○多用于叙事和对话，口语。◇也说“论…，还得数…”。

★ 1）**论＋名词$_1$／形容词，还得说＋名词$_2$**。

2）**论＋名词$_1$／形容词，还得说＋名词$_2$＋（的）＋（最）＋形容词。**

可独立成句。结构中的两个分句有假设关系。

扩展▶ **句型1）** 论成绩，还得说班长；论关系，还得说小丽，她和谁的关系都好；论饮食，还得说中国菜。

句型2） 论体育，还得说李明最厉害；论油画，还得说法国和意大利的最精致；论身高，还得说欧美人最高；论家务，还得说她最能干。

【落到…（的）地步】 luòdào…（de）dìbù ［七—九级］

例句▶ 如果不是你帮助我，我真不知道现在自己会落到什么样的地步，可能连住的地方都没有。‖年轻时，他和妻子离了婚，和两个孩子关系也不太好，到了老年，一个人落到十分孤独的地步。‖—他以前不是公司的老板吗？怎么现在落到了当临时工的地步？—听说公司管理出了问题，早就破产了。

解释▶ 落：从好的情况变成不好的情况。人的工作、地位、生活、关系、身体状况等，事物或事情从很好的情况转变为较差的、不利的情况；也指人因某种原因变坏。多用来描述一个人或部门从好到差的变化。有时含有同情、嘲笑等意味，多具有贬义色彩。结构前常有“防止、竟、几乎、之所以、不幸、不至于、势必、却、不料”等词语。结构位置比较灵活，前面常有别的句子作相关的说明，有时后面也有句子作进一步补充。○多用于叙事和对话。◇ 也说“落到…（的）境地”。

★ **落到＋代词/形容词/动词/小句＋（的）地步。** 框架格式。在句中常作谓语。

扩展▶ 竟然落到这样的地步；落到如此地步；他再不行也不会落到太差的地步；落到被别人笑话的地步；商品落到打折销售的地步；公司落到破产的地步；落到不可挽回的地步；落到饱一顿饥一顿的地步；他已经落到不可救药的地步；落到了连生活都不能自理的地步。

【落到…（的）**境地**】 luòdào…（de）jìngdì ［七—九级］

见396页【落到…（的）地步】条。

【落得…（的）**下场**】 luòde…（de）xiàchǎng ［七—九级］

例句▶ 考试不及格完全是他自己的责任，如果不是当初学习太不认真，他也不会落得现在的下场。‖ 小王怎么也想不通，年轻时有那么多人主动追求自己，现在却落得请人介绍对象的下场。‖ 赌博不是什么好事，如果你不想落得一无所有的下场，趁早离开它吧！

解释▶ 落：从好的情况变成不好的情况。下场：不好的结局、结果。人的工作、地位、生活、关系、身体状况等，事物或事情由很好的情况转变为较差的、不利的情况；也指人因某种原因变坏。多是因为某人的主观原因（固执、做坏事等）而出现的不好的结果，多具有贬义色彩。多放在句尾，前面常有别的句子作相关的说明，有时后面也有句子作进一步补充。○多用于叙事和对话。

★ **落得＋动词/形容词/代词/小句＋（的）下场。** 动宾结构。在句中常作谓语。

扩展▶ 必然落得失败的下场；落得个大败的下场；落得个应有的下场；怎么会落得如此下场；你怎么也落得这种下场；不希望你落得那样的下场；落得被别人笑话的下场；终将落得个可悲可耻的下场；不一定会落得最坏的下场；落得家破人亡、妻离子散的下场。

M

【A 嘛，总是要 … 的】 A ma，zǒngshì yào … de ［六级］

例句▶ —你昨晚怎么花了那么多钱？—请朋友吃饭嘛，总是要花点儿钱的。‖ 人嘛，总是要老的，我希望在年轻的时候多做点儿事情，将来老了才不会后悔。‖ —王总，你怎么最近开始学英语了？—我们是外贸公司，跟外国人做生意嘛，总是要用些外语的。

解释▶ 讲到某个话题，一定会出现某种情况或产生某种结果。多用于谈论某方面的事情或回应对方的话。“A 嘛”放在句首，引出话题，后有停顿，后面的句子说明相关的内容，有时还有别的句子进行补充。○多用于叙事和对话，口语。

★ **名词 $_1$ / 动词 $_1$ / 小句 + 嘛，（名词 $_2$ / 动词 $_2$）+ 总是要 + 动词 $_3$ / 形容词 + 的。** 框架格式。可独立成句。

扩展▶ 刚结婚嘛，总是要出现一些小问题的；买东西嘛，总是要多看看的；参加晚会嘛，总是要穿漂亮一点儿的；第一次骑车嘛，总是要有人陪着的；想考好成绩嘛，总是要多花工夫的；到饭店吃饭嘛，花费总是要大一些的；孩子已经长大了嘛，总是要离开父母的。

【满 … 的 A】 mǎn … de A ［二级］

例句▶ 他从小就喜欢大自然，对各种自然现象都十分好奇，尤其喜欢看满天的星星。‖ 回到家，满桌的饭菜摆在我面前，一家人围坐在一起，我顿时觉得特别温暖。‖ 你看你，到哪里去了，怎么搞得满脸的汗，快拿条干毛巾擦一擦。

解释▶ 满：全，整个。某个空间到处都是某种东西或人，形容多。这里的空间表示在某个地方，也可以表示身体的某个部位。多用来描写具体情节或情况，表达夸张。结构位置比较灵活，前后也常有别的句子作相关的说明或补充。○多用于叙事和对话，口语。

★ **满 + 名词 $_1$ + 的 + 名词 $_2$。** 框架格式。整个结构是一个名词短语。在句中作主语、谓语、宾语、补语，也可独立成句。

扩展▶ 满眼的泪水；满手的伤；满脸的血；满街的咖啡吧；满桌子的饮料；满本子的汉字；满屋子的书；满山的花；进去一看啊，满屋子的人；他满身的酒气；满脑子的游戏；看他满脸的得意劲儿；涂得满嘴的口红。

【满足于 … 】 mǎnzú yú … ［三级］

例句▶ 有的人满足于已有的生活，不再努力奋斗，因此他的一生也就不会有多大的成就。‖ 大学毕业后，他不满足于在一个学校当图书管理员，每天利用业余时间看书学习，终于考上了研究生。

解释▶ 对……感到满意，觉得已经足够了。满足的内容常属于抽象的事物，如某种工作、成绩、收入、状态、环境以及某些做法等。多用否定形式。用于不再继续努力时带有贬义色彩。结构中的名词前常有定语。结构位置比较灵活，前后也常有别的句子作相关的说明或补充。○多用于叙事，书面语。

★ **满足于＋名词／动词。** 在句中常作谓语。

扩展▶ 满足于已有的成就；往往满足于表面上的成绩；满足于现在的情况；只是满足于那种热闹的形式；不再满足于国内市场；不会只满足于取得第二的成绩；不能满足于为别人加工产品；满足于吃老本；不满足于当小老板。

【慢慢 … 】 mànman … ［一级］

例句▶ 我知道你没时间做饭，就多点了些点心，一会儿叫服务员来打包，你带回家慢慢吃吧。‖ 你先安心工作，这件事我们不急着做决定，等你回来再慢慢商量。‖ 我们来早了，电影一个小时后才开始呢，咱们就坐在这儿慢慢等吧。

解释▶ 不着急做某事。多用于建议、劝告、安慰对方，或是一种礼貌的说法。语气缓和。多放在句尾，前面有别的句子说明情况。○多用于对话，口语。

★ **慢慢＋动词。** 在句中常作谓语，结构中的“慢慢”在句中作状语。

扩展▶ 你就慢慢想吧；不急，慢慢说；有事慢慢说，别发火；慢慢喝，别烫着；慢慢走，时间还早着呢；慢慢写，别写错了；你们慢慢聊，我有事先走一步；这事情急不出来的，你慢慢做。

【忙 A 忙 B】 máng A máng B ［一级］

例句▶ 她离婚 4 年了，一个人带着孩子，整天忙里忙外，又当爸又当妈，生活得很辛苦！ ‖ 最近我和朋友们都没怎么联系，大家都在忙，有的忙学习忙工作，有的忙结婚忙买房，谁也顾不上谁。‖ 他总是帮别人忙这忙那，却很少考虑自己。

解释▶ 忙着做某方面的事，也形容很忙的状态。两个“忙”连用通常表示很忙，没有空余时间。有突出强调的意味。结构前常有“总是、整天、每天”等表时间的词语。前面常有别的句子说明情况或原因，后面的句子多是“忙”的具体内容或结果。可用于过去的和将来的事情。

注意▶“忙”的前后音节要相等。○多用于叙事和对话，口语。

★ 1）**忙＋名词$_1$＋忙＋名词$_2$。**

2）**忙＋动词$_1$＋忙＋动词$_2$。**

3）**忙＋代词$_1$＋忙＋代词$_2$。**

框架格式。在句中常作谓语。结构 1）中的名词多是意思相反的方位名词，构成四字格式。

扩展▶ **句型 1）**忙上忙下；忙前忙后；忙东忙西；忙孩子忙家务。

句型 2）忙进忙出；忙工作忙生活；忙洗衣忙做饭；忙挖土忙种树；忙浇肥忙播种。

句型 3）忙这忙那。

【忙着 … 】 mángzhe … ［一级］

例句▶ 公园的椅子上，有几个阿姨正在织毛衣，她们一边忙着手里的活儿，一边闲聊。‖ 每年六月，随着毕业季的到来，大学毕业生又要开始忙着找工作了。‖—怎么最近好长时间没看见李大夫了？—他整天都忙着给病人看病，你哪儿有机会看到他。

解释▶ 把很多的时间和精力放在某事上。多用来描述人忙的具体内容。忙的时间可长可短，忙的事情可大可小。结构前常有“一直、整天、始终、正、一年到头、又、都”等词语。结构位置比较灵活，前面或后面常有别的句子作相关的说明或补充。○多用于叙事和对话，口语。

★ **忙着＋名词／动词。** 在句中常作谓语。结构中出现动词时，“忙着”和后面的动词构成连动式。

扩展▶ 忙着学校的工作；忙着自己的事；忙着打扫房间；忙着做饭；忙着打电话；忙着招呼客人；忙着写信；忙着做笔记；忙着照顾妈妈；忙着提行李；忙着为亲戚朋友买礼物。

【没把 … 当回事】 méi bǎ … dāng huí shì ［二级］

见 53 页【不／没（有）＋把 … 当回事】条。

【没把 … 放在眼里】 méi bǎ … fàng zài yǎnli ［一级］

见 54 页【不／没（有）＋把 … 放在眼里】条。

【没白…】 méi bái… ［三级］

例句▶ —妈妈，等我长大了，一定让你过上更好的生活！—我可真没白疼你这个儿子，这么小就知道要报答妈妈。‖ 从没来过杭州的小王，兴奋地对大家说："这次我可真没白来，杭州的风景太美了！" ‖ 他这个朋友还真没白交，每当我遇到困难的时候，他总会在第一时间出现，帮我想办法。

解释▶ 白：没有效果。在这以前为某事付出的心血、精力、钱财等是值得的，会从中得到或已经得到了好处，或达到了目的，含有庆幸、得意或满足的意味。结构前常有"就算、还真、还算、可、可真、也、也真、真、总算"等词语。结构位置比较灵活，前后也常有别的句子作相关的说明或补充。○多用于叙事和对话，口语。

★ **没白＋动词＋(名词)。** 在句中作谓语。结构中的名词也可放在句子前，作为一个话题，有突出、强调的作用。

扩展▶ 大学真没白读；工作也没白做；你这趟可没白跑；也真没白吃那顿饭；他这一辈子真没白活；我这些话可真没白说；爸爸真是没白培养你；这功夫总算没白费。

【没…多会儿】 méi… duōhuìr ［超纲］

例句▶ 今天放学，我一回家就开始写作业，没过多会儿，作业就写完了。‖ 他前两天单位加班晚上回来得太晚，今天回来还算早，不过没坐多会儿他就上床睡觉了。‖ 他在我这里没聊多会儿就走了，可能还有别的事吧。

解释▶ 做某事的时间很短，不长。多用来叙述事情的经过。前面常有别的句子作相关的说明，后面常常说明原因、结果，或者事情的情况。用于已经出现的事情。○多用于叙事和对话，口语。

★ **没＋动词＋多会儿。** 框架格式。在句中作时间状语、谓语，也作连动式中的前一个动词短语。结构中的动词多是表示持续动作的词语。

扩展▶ 没睡多会儿就醒了；没等多会儿我就走了；没来多会儿就离开了；没找多会儿就找到了；没喝多会儿，醉了；没吃多会儿已经饱了；没看多会儿睡着了；没说多会儿就说完了；他没离开多会儿。

【没什么可…的】 méi shénme kě… de ［一级］

例句▶ 在我小时候，家里没什么可玩的，做完作业只能在电视机前看动画片。‖ 该说的大家都已经说完了，而且说得很全面很具体，我没什么可补充的了。‖ 挤过来看热闹的人越来越多，警察有些着急了："大家都走吧，没什么可看的，没什么可看的！”

解释▶ 表示不值得……，或没有……的内容。多用来描述或劝说别人不用继续做某事。适用范围很广。结构位置比较灵活，前面常有别的句子说明情况或原因，有时后面也有句子进行补充。○多用于叙事和对话，口语。

★ **没什么可＋动词＋的。** 框架格式。在句中常作谓语。

扩展▶ 我自己没什么可写的；我和他没什么可谈的；我没什么可想的；这也没什么可奇怪的；那也就没什么可担心的了；天天打电话，没什么可想念的；家里已经很整齐了，没什么可收拾的；已经这样了，没什么可后悔的；我没什么可抱怨的；行就行，不行就不行，没什么可商量的。

【… 没说的】 … méishuōde ［一级］

例句▶ 妈妈做的蛋糕实在是没说的。我觉得没有人比她做得更好吃了。‖ 这姑娘真是没说的，照顾人既耐心又仔细，虽然不是我女儿，却比我女儿还亲啊。‖ 我家这台电视机，质量可没说的，用了好多年了，一点儿问题也没有。

解释▶ 没有什么可以说的。（人或物）找不到任何让人不满意的地方，没有任何毛病，很完美。表示说话人对某人或某事物十分满意，多用于夸奖某人某物，具有褒义色彩。结构中常有“绝对、实在、真（是）、真叫、可”等词表示说话人的态度。结构位置比较灵活，前面直接引出话题，后面的句子多是表示满意的具体内容。○多用于叙事和对话，口语。

★ **名词＋（副词）＋没说的。** 可独立成句，其中结构中“没说的”在句中作谓语。

扩展▶ 这人的水平没说的；你们的条件没说的；他的学习绝对没说的；那里的生活真没说的；这里的工作环境实在没说的；这种服务才叫没说的；衣服颜色大小叫你没说的；他们俩的关系真叫没说的。

【没完没了（地）… 】 méiwánméiliǎo（de）… ［七—九级］

例句▶ 他从小就喜欢自然风景，旅行时，每到一个地方，他就拿出相机没完没了地拍照。‖ 我问她发生了什么事情，她也不回答我，只是没完没了地哭。

解释▶ 完、了：结束。事情进行的时间比较长，没有停止。说话人感觉时间很长，有些厌烦和不满，含有夸张的意味，有时带抱怨的语气。多用来描述事情的过程。多放在句尾，前面常有别的句子作相关的说明。○多用于叙事和对话，口语。

★ **没完没了（地）＋动词。** 在句中常作谓语。其中结构中的“没完没了

（地）”在句中作状语。结构中的动词多是表示持续动作的词语。

扩展▶ 你怎么没完没了地问我；别没完没了地打电话；他们没完没了地喝酒；没完没了地道歉；老人没完没了地重复着同样的话；没完没了地检查；没完没了地咳嗽；那天他喝醉了，没完没了地唱歌；他们俩没完没了地争吵；电话铃没完没了地响着。

【没想到会 … 】 méi xiǎngdào huì … ［一级］

例句▶ 早就听说你回国了，一直想去看你，没想到会在这儿见到你，真是太巧了！‖ 考试前，我就一道题没有复习，可怎么也没想到会那么倒霉，考试时偏偏出现了那道题，而且分数还特别高。‖ 所有队员都在刻苦训练，积极准备了一个月后，居然输了这次比赛，我们完全没想到会这样。

解释▶ 对发生的事情感到很意外。事情并没有按原来打算或计划的发展，结果出现事先没有预料到的情况。这种意外可能是好的，也可能是不好的、不希望发生的。结构前常有“做梦、根本、只是、从来、真的、完全、绝、确实、万万、压根儿、偏偏”等词表示意外的程度。前面常有别的句子进行说明，有时后面也有句子指出说话者对意外事情的态度，或进行其他补充。○多用于叙事和对话，口语。

★ 1）**没想到会＋动词＋（名词）。**

2）**没想到会＋形容词。**

3）**没想到会＋代词。**

在句中作谓语，也可独立成句。结构中的动词、名词或形容词前常有“这么、那么、这样、那样、这个”等词。

扩展▶ **句型 1）**没想到会进这么多球；没想到会有这么好的结果；没想到会成这个样子；没想到会有这么多人参加；没想到会住上这样的好房子；没想到会出那样的问题；没想到会伤害到你。

句型 2）没想到会这么容易；没想到会这么快；没想到会坏；没想到会这么好；没想到会这么大；没想到会这么重；没想到会这么小；没想到会这么轻；没想到会这么急；没想到会这么远；没想到会这么难。

句型 3）真没想到会这样；没想到会那样。

【没有比 … 更 …（的）】 méiyǒu bǐ … gèng …（de）［二级］

例句▶ 上个月他不仅顺利毕了业，还很快找到了自己喜欢的工作，他觉得没有比这事儿更让他高兴的了。‖ 世界上痛苦的事有很多，但没有比失去亲人更痛苦的事情了。‖ 嗨，我看再也没有比你更傻的了，你怎么能相信那个陌生人的话，把钱白白送给他呢？

解释▶ 在同类情况中最……，表示……的程度最深。多是为了强调某人或某物最怎么样。可用于好的和不好的事情：用于好的，含有高兴、兴奋、满足的意思；用于不好的，带有悲伤、难过、气愤、抱怨的意味，语气较强。结构位置比较灵活，前后常有别的句子作相关的说明或补充。○多用于叙事和评价，口语。◇ 也说"没有比…再…（的）"。

★ **没有比 + 名词 / 代词（指人）/ 动词 $_1$ + 更 + 形容词 / 动词 $_2$ +（的）。** 框架格式。在句中作谓语、定语，也可独立成句。

扩展▶ 没有比这更麻烦的事；没有比这更理想的结果；没有比她做得更好的；没有比他更讨厌的；没有比这家更便宜的了；没有比你更适合当演员的；没有比她更漂亮的女人；没有比这本小说更吸引人的。

【没有比 … 再 …（的）】 méiyǒu bǐ … zài …（de）［一级］

见 403 页【没有比 … 更 …（的）】 条。

【没有必要非得 … 】 méiyǒu bìyào fēiděi … ［四级］

例句▶ 他真的没有必要非得选择这份工作，现在的工作机会多的是，他完全可以找到一份更好的。‖—我得去一趟小王家，把这件事情告诉他。—没有必要非得你亲自去吧，打个电话就行了。

解释▶ 不一定必须做某事。表示这不是唯一的，可以有别的选择。常用来表示自己的意见、看法，也可劝说、建议他人，带有强调的语气。前面先引出话题，后面常有别的句子补充说明具体情况。○多用于叙事和对话，口语。

★ **没有必要非得 + 动词 / 小句。** 在句中常作谓语。

扩展▶ 没有必要非得这么做；没有必要非得听他的话；没有必要非得买这件衣服；没有必要非得今天去；没有必要非得做完这些才睡觉；你没有必要非得和她一起生活；没有必要非得他参加；这事儿没有必要非得你来干。

【没（有）… 不 / 没 … 】 méi（yǒu）… bù / méi … ［一级］

例句▶ 你别把大家当三岁小孩，这件事儿说出去，没有谁不会笑话你的。‖—你看过哪些中国电影？—多着呢，只要是有名的中国电影，没有哪部我没看过。‖ 你要相信他，没有什么事情是他不行的，把工作交给他你完全可以放心。

解释▶ 任何人都（会）做……，或任何事情或情况都会 / 是……。用两个否定表示全部肯定的意思，表示强调。多用来说明道理或情况。结构中常有“什么、哪儿、谁、什么时候、哪”等疑问代词表示指代任何人或物。结构位置比较灵活，有时前后都有别的句子作相关的说明或补充。○多用于对话和叙事，口语。

★ 1）**没（有）+疑问代词+（名词/代词［指人］）+不+动词/形容词。**
2）**没（有）+疑问代词+（名词/代词［指人］）+没+名词/动词。**
框架格式。在句中作谓语，也可独立成句。

扩展▶ **句型1）**没有谁不认识他；没有什么人我不认识；没有什么不可能；没有哪件事儿他不知道；没有什么不正常；这个班的学生没有谁成绩不好。

句型2）没有哪个人没有特点的；没有哪个人没有个性；没有哪儿他没去过；没有什么名著他没看过；没有哪些地方菜他没吃过。

【没（有）… 的事儿】 méi（yǒu）… de shìr ［一级］

例句▶ 你们双方的事儿已经讲清楚了，看样子这里没我的事儿了，我就先走了。‖ 这是我们家庭内部的问题，没有你的事儿，你别管。‖ —他怎么来了，我不是说不让他来的吗？—没有他的事儿，是我叫他来的。

解释▶ 跟某人没有关系，或不需要某人（插手）做……，或不要把某人拉进来。多用于对话。用于安慰别人，暗含的意思是某人不用负责任或不用某人管，表示事情解决了，不再需要了；用于威胁别人，语气强硬，表示警告某人不要多管闲事；也指主动（为某人）担当责任等。结构位置比较灵活，前后常有别的句子作相关的说明或补充。可用于一般的和不好的事。○多用于叙事和对话，口语。

★ **没（有）+名词/代词（指人）+的事儿。** 框架格式。在句中作谓语，也可独立成句。

扩展▶ **用法1）**表示某人不用负责任或不用某人管：没有你的事儿了，回去吧；我们找他，没你们的事儿；小孩子家，一边玩儿去，没你的事儿；放心，没你的事儿；这里没有你们的事儿。

用法2）表示警告某人不要多管闲事等：老老实实的，就没有你们的事儿；没有他的事儿，我找的是你；把他放了，没有这孩子的事儿。

【没（有）…（的）影儿】 méi（yǒu）…（de）yǐngr ［超纲］

例句▶ 她跟我说好六点半在电影院门口见面，可现在都七点了，还没见她的影儿。‖ 来到这条步行街上，满街只有衣服、手表、食品、化妆品等，却没有书的影儿。‖ 网络公司早就说来我们这边装设备，钱都交了两个月了，连个设备的影儿都没有。

解释▶ 影儿：影子。某事物没有出现，或者某事物已经消失了；也可指某些抽象事物，表示离这件事情很远，或很难实现，表达十分形象。多放在句尾，前面常有别的句子说明原因或情况。○多用于叙事和对话，口语。◇ 也说“没（有）…（的）影子”。

★ 1）**没（有）+ 动词 + 名词 / 代词（指人）+（的）影儿。**

2）**没（有）+ 名词 / 代词（指人）+（的）影儿。**

框架格式。在句中常作谓语、补语。结构中的动词常为“（看）见”。

扩展▶ **句型 1）**一连三天都没见他的影儿；等了三天，却没有看见儿子的影儿；在河边站了好久，还没看见鱼的影儿。

句型 2）天空没有一点儿太阳的影儿；连只猫的影儿都没有；他走得很快，一会儿就没影儿了；天气预报说今天要下雨，可到现在都没有一丝阴云的影儿。

【没（有）…（的）影子】 méi（yǒu）…（de）yǐngzi ［四级］

见 405 页【没（有）…（的）影儿】条。

【没（有）… V 得 … 】 méi（yǒu）… V de … ［一级］

例句▶ —我这次数学考试得了 95 分，你呢？—我没你考得高，只得了 90 分。‖ 我现在不太看他写的作品了，总觉得他现在的作品没有他早期的写得好。‖ 我今天虽然从早到晚都在外面卖水果，却因为天气转凉的原因，还没有前两天卖得快。

解释▶ 同类的两个事物或两件事情进行比较，前一个不如后一个……，或后一个比前一个……。多是往好的方面比较，指前面的不如后面的……（好）。多放在句尾，前面常有别的句子说明原因或情况，有时后面也有句子作补充。○多用于对话和叙事，口语。

★ **没（有）+ 名词 / 代词（指人）+ 动词 + 得 + 形容词。** 框架格式。在句中常作谓语。

扩展▶ 没你做得好；车没他开得快；字没他写得漂亮；他跑步没你跑得快；这件衣服没那家店卖得便宜；我的汉语没你说得流利；你行李没我带得多；这次试验没上次做得成功。

【没（有）多 … 】 méi（yǒu）duō … ［一级］

例句▶ —前面来了辆出租车，咱们打的去吧！—没多远的路，咱们还是走过去吧！‖—从今天开始，我要实行我的减肥计划，每天少吃多运动。—你又没有多胖，减什么肥？‖他这个人没多大本事，脾气却不小，经常因为小事跟人吵架。

解释▶ 程度不深，数量不大，表示否定后面出现的情况，涉及时间、数量、范围、程度等，表达比较委婉。结构位置比较灵活，前后常有别的句子作相关的说明或补充。○多用于叙事和对话，口语。

★ 1）**没（有）+多+形容词。**

2）**没（有）+多+大+名词。**

在句中常作谓语、定语。注意▶ 结构中的形容词只用一对反义词中表示程度深的词，如“大、小”中的“大”；“胖、瘦”中的“胖”；“深、浅”中的“深”等。

扩展▶ **句型1**）没（有）多久；要求也没（有）多高；我觉得他唱歌也没（有）多好听；其实水没（有）多深；觉得他没（有）多厉害。

句型2）没（有）多大的区别；这工作没（有）多大技术；他没（有）多大能力；没（有）多大作用；没（有）多大意思；没（有）多大希望；他俩没（有）多大关系。

【没有A，就不会有B】 méiyǒu A，jiù búhuì yǒu B ［一级］

见408页【A没（有）了，B也就没（有）了】条。

【没有A就等于没有B】 méiyǒu A jiù děngyú méiyǒu B ［二级］

例句▶ 我住的地方离市区比较远，对我来说，没有车就等于没有腿，我哪儿也去不了。‖对于每个人来说，健康是最宝贵的，如果你没有健康，就等于什么都没有了。‖北京最有名的景点就是长城，大家常说没有爬过长城就等于没有到过北京，所以你一定要去长城看看。

解释▶ 没有A和没有B是一样的。这里的相等只是在某种意义上来说的，表示某人某物对另一人、物来说非常重要，是不可缺少的；也用来说明一些道理，或告诉人们应该做什么。有时含有夸张的意味。前后常有别的句子作相关的说明或补充。○多用于叙事。

★ 1）**没有+名词$_1$+就等于没有+名词$_2$。**

2）**没有+动词$_1$+就等于没有+动词$_2$。**

框架格式。在句中作谓语，也可独立成句。

扩展▶ **句型1**）没有理想就等于没有真正的生活；没有完善的法律就等于没有完善的市场经济；一个城市没有古建筑就等于没有记忆；没有好的睡

眠就等于没有健康。

句型2）没有吃过小笼包，就等于没有到过上海；没有吃过烤鸭就等于没有尝过中国名菜；没有读过这本书就等于没有读过任何有趣的东西。

【**没有 … 可言**】 méiyǒu … kě yán ［一级］

见306页【毫无 … 可言】条。

【**A没（有）了，B也就没（有）了**】 A méi（yǒu）le，B yě jiù méi（yǒu）le ［一级］

例句▶ 三年前他的妻子离开了他，妻子没了，生活的希望也就没了，从那以后他一直很伤心，整天喝酒。‖ 这幅画最美的地方就是那棵树，如果那棵树没了，画的美感也就没了。‖ 不管怎么样，你都应该继续工作。你想想，工作没有了收入也就没有了，没有收入你怎么生活下去？

解释▶ 没有A，就没有B。有时前后两者具有因果关系，前面的原因引起后面一系列的变化。有时前后两者具有假设关系，用于没有发生的事情，说明前面的事物对后面的事情很重要；也指在某种情况下必然是这样的。结构位置比较灵活，前后常有别的句子作相关的说明或补充。需要时结构可连用。○多用于叙事，口语。◇ 也说"没有A，就不会有B""没有A，也就没有B"。后一用法多用于假设关系。

★ **名词$_1$+没（有）了，名词$_2$+也就没（有）了。** 可独立成句。结构中的两个分句有因果关系或假设关系。

扩展▶ 鸡没了，蛋不也就没了么；竞争没有了，压力也就没有了；朋友没了，友谊也就没了；对他来说，家庭没了，人活着的意义也就没了。

【**没（有）A没（有）B**】 méi（yǒu）A méi（yǒu）B ［一级］

例句▶ 我本来打算在家做饭，可家里没米没油，我们还是出去吃吧！‖ 我去过云南，那个地方没有寒冷的冬季，也没有炎热的夏季，四季如春，舒服极了。‖ 他没有说同意没有说反对，我也不清楚他到底是什么态度。

解释▶ 两种事物、现象都没有，也指两件事情都没有做过。可用于具体事务，也可用于抽象事物。两个"没（有）"连用通常强调在某方面什么都没有（做），多用来描述某人或物的情况。有时前后列出的事物或事情意思相关或相近，这时属于同一类型；有时也有相对或相反的。前面常有别的句子说明情况，后面的句子多补充具体的状态或结果。○多用于叙事和对话，口语。◇ 也说"没（有）A也没（有）B"。

★ 1）**没（有）+ 名词 $_1$ + 没（有）+ 名词 $_2$**。
2）**没（有）+ 动词 $_1$ + 没（有）+ 动词 $_2$**。
框架格式。在句中常作谓语。结构中的前后两个名词或动词多是意思相对或相关的词语。

扩展▶ **用法 1**）表示两种事物都没有：没（有）书没（有）笔；没（有）家人没（有）朋友；没（有）电视机没（有）冰箱；没（有）驾照没（有）保险；那里没（有）名山大川，没（有）名胜古迹；没（有）情没（有）义；没（有）皮没（有）脸。

用法 2）表示两件事情都没有做过：没（有）喝过水，没（有）吃过东西；他没（有）哭，也没（有）说话；没（有）说对，也没（有）说错；没（有）表示参加，也没（有）表示不参加；没（有）说愿意，也没（有）说不愿意。

【**A A 没有，B B 没有**】 A A méiyǒu，B B méiyǒu ［一级］

例句▶ —你怎么还没做饭？—我一回到家，水水没有，电电没有，叫我怎么做饭？‖ 都三十岁的人了，我家庭家庭没有，事业事业没有，感觉自己挺失败的。

解释▶ 又没有……，又没有……。说话人列举或能说明问题的，或比较重要的东西，表示这个那个都没有，结果可想而知。多用于不好的或不愉快的事情，带有失望、不满或无奈的意味。结构前或先引出话题，或有别的句子作相关的说明，后面常出现总结性的话或反问句。语气较强。○多用于对话，口语。

★ **名词 $_1$ + 名词 $_1$ + 没有，名词 $_2$ + 名词 $_2$ + 没有**。 可独立成句，也可在句中作谓语。结构中的两个分句有并列关系。

扩展▶ 房子房子没有，汽车汽车没有，还结什么婚；朋友朋友没有，家人家人没有，一个人太孤单；那时候饭吃的吃的没有，穿的穿的没有，真苦啊；小时候家里学的学的没有，玩的玩的没有，什么都没有。

【**没（有）什么好 … 的**】 méi（yǒu）shénme hǎo … de ［一级］

例句▶ —下午跟我一起去看电影，怎么样？—电影没什么好看的，还不如在家睡觉呢！ ‖—你听我跟你解释啊！—事情已经很清楚了，没有什么好解释的。‖ 不就是丢了几十块钱嘛，又找不回来了，没什么好难过的，再挣就是了。

解释▶ 不必、不用、不值得做某事。多指没什么意义和价值的事。多用于对话，有时用于安慰别人，有时含埋怨、指责的意味。前后常有别的句子作相关的说明或补充。○多用于叙事和对话，口语。

★ **没（有）什么好＋动词/形容词＋的。** 框架格式。在句中作谓语，也可独立成句。结构中的形容词多是表示心理活动或感受的词语。

扩展▶ 没什么好说的；没什么好听的；没什么好谈的；没什么好问的；没什么好说明的；没什么好解释的；没什么好讨论的；没什么好商量的；没什么好奇怪的；没什么好客气的。

【没（有）什么 … 头儿】 méi（yǒu）shénme … tour ［一级］

例句▶ 这份菜看上去有很大一盘，其实没有什么吃头儿，大部分都是辣椒。‖ 父母本来指望我考上个大学，找份好工作，可我现在大学都没考上，他们也没什么盼头儿了。

解释▶ “头儿”和前面的动词组合，表示值得做某事。没有什么好做的，不值得做。多指没希望、没指望、没意思、没价值、没好处的事情。多用于不能使人产生兴趣或让人不怎么愉快的事情，有时略含埋怨、失望的意味。结构位置比较灵活，前面常有别的句子说明情况，有时后面的句子补充不值得做的原因。○多用于对话，口语。

★ **没（有）什么＋动词＋头儿。** 框架格式。在句中常作谓语。结构中的动词多是单音节词。

扩展▶ 这电影没有什么看头儿；事情很清楚了，没有什么想头儿；没什么搞头儿；游戏太简单，没什么玩头儿；这种小东西没什么买头儿；这酒味道太淡，没什么喝头儿；好了，不是原则问题，没什么争头儿。

【没有 A，也就没有 B】 méiyǒu A，yě jiù méiyǒu B ［一级］

见 408 页【A 没（有）了，B 也就没（有）了】条。

【没（有）A 也没（有）B】 méi（yǒu）A yě méi（yǒu）B ［一级］

见 408 页【没（有）A 没（有）B】 条。

【没（有）A，B 也行】 méi（yǒu）A，B yě xíng ［一级］

例句▶ —今晚怎么睡啊，我家床不够。—没关系，没有空床，睡沙发也行。‖ 请问，你能借一支钢笔给我吗？没有钢笔，铅笔也行。‖ —你想喝点儿什么？—最好是啤酒，没有啤酒，喝点儿别的也行。

解释▶ 如果没有理想的东西或希望的条件，别的东西或条件也可以。表示说话人为了达到最终目的，愿意退一步；或者只要达到最终目的，什么情况都可以接受。常用来请求或要求其他人，有缓和语气的作用。多放在句尾，前面常有别的句子提出理想的条件。○多用于对话，口语。

★ **没（有）+（动词$_1$）+ 名词$_1$，（动词$_2$）+ 名词$_2$ + 也行。** 可独立成句。结构中的两个分句有假设关系。

扩展▶ 没有肉，鱼也行；没有你，我一个人也行；没有四星级的，三星级的也行；没有一等的，二等三等的也行；没有最好的，差一点儿的也行；没有饭，喝粥也行；没有钱，去个人也行；没有当上经理，当个职员也行。

【没 A 找 + A / B】 méi A zhǎo + A / B ［一级］

例句▶ 你真是个没事找事的人，这么热的天，待在家里不挺凉快的吗，干嘛要出来。‖ 身体好好儿的，你吃什么药，这不是没病找麻烦吗？ ‖ 你是不是又想跟我吵架啊？我可不想跟你吵，别没事找骂。

解释▶ 故意制造麻烦，故意找借口麻烦别人，有时也指故意多事。多用于不好的、不愉快的事情。用来批评、指责某些人做事不合情理、过分、不正常，带有责备、厌恶、抱怨的意味，语气较强。说话不客气，不礼貌。结构前常有“真是、别、何必、根本就是”等词。结构位置比较灵活，有时前面常有别的句子作相关的说明，有时后面也有句子进一步补充。○多用于叙事和对话，口语。

★ **没 + 名词$_1$ + 找 + 名词$_1$ / 名词$_2$ / 动词。** 框架格式。在句中常作谓语、定语。中间插入的多是单音节名词或动词，构成四字格式。

扩展▶ 回去吧，别没事找事了；她根本就是没事找事；这些人都是没病找病；我看你是没话找话；我根本不想没事找刺激；你何必没事找罪受。

【每次 … 的时候】 měi cì … de shíhou ［三级］

例句▶ 他每次感冒的时候，都会喝一大杯热水，然后睡一大觉，第二天就好了。‖ 我非常喜欢雪，每次下雪的时候，我都跟朋友们一起出去堆雪人，打雪仗，好玩极了。‖ 他家养了很多金鱼，每次朋友来他家的时候，他都会带着大家去看看那些金鱼。

解释▶ 每：同一个动作有规律地反复出现。在每一次发生某事或做某事的这个时间（怎么样）。多用来叙述有规律的事情的过程或经过。或放在句首，或前面有别的句子说明情况，后面引出经常出现的动作或发生的事情。○用于叙事或对话，口语。◇ 也说“每次…时”。这时带有书面色彩。

★ **每次＋动词 / 小句＋的时候。** 框架格式。在句中常作时间状语。

扩展▶ 每次开会的时候；每次起床的时候；每次母亲来的时候；每次上街买东西的时候；每次游泳的时候；每次复习功课的时候；每次和他商量事情的时候；每次到饭店吃饭的时候；每次看到自己喜欢的东西的时候；每次我遇到不愉快的事情的时候。

【每次 … 时】 měi cì … shí ［三级］

见 411 页【每次 … 的时候】 条。

【每当 … 的时候】 měi dāng … de shíhou ［二级］

例句▶ 每当遇到困难的时候，我总是对自己说："没关系，你一定行。" ‖ 这个三岁的小女孩儿看起来很喜欢音乐，每当播放音乐的时候，她就会随着音乐跳起舞来。‖ 小时候，每当我生日的时候，妈妈总会做一碗长寿面给我吃，还给我加两个鸡蛋。

解释▶ 每：同一个动作有规律地反复出现。当：正在（某个时候）。每一次在发生某事的时候，到了发生某事的时候（怎么样）。多用来叙述有规律的事情的发生过程。多在句首，后面引出经常出现的动作，有时前面也有别的句子说明情况。○用于对话或叙事。◇ 也说"每当…时""每到…时""每到…的时候""每逢…的时候""每逢…（时）"，其中除了"每到…的时候"以外，其他几种用法都带有书面色彩。

★ **每当＋名词 / 动词 / 小句＋的时候。** 框架格式。在句中常作时间状语。

扩展▶ 每当深夜的时候；每当讲课的时候；每当过年的时候；每当开饭的时候；每当吃饭的时候；每当下雨的时候；每当在街头散步的时候；每当我生气的时候；每当比赛结束的时候；每当老师提问的时候。

【每当 … 时】 měi dāng … shí ［二级］

见 412 页【每当 … 的时候】 条。

【每到 … 的时候】 měi dào … de shíhou ［三级］

见 412 页【每当 … 的时候】 条。

【每到 … 时】 měi dào … shí ［三级］

见 412 页【每当 … 的时候】 条。

【每逢…的时候】 měi féng … de shíhou ［七—九级］

见 412 页【每当…的时候】条。

【每逢…（时）】 měi féng …（shí）［七—九级］

见 412 页【每当…的时候】条。

【每个人有每个人的…】 měi gè rén yǒu měi gè rén de … ［三级］

例句▶ 如果他不愿意帮你就算了，每个人有每个人的难处，可能他真的没有能力帮这个忙。‖ 关于爱情，每个人有每个人的看法，每个人也有每个人的表达方式。‖ 每个人都有每个人的生活经历，正是这些不同的生活经历，使大家形成了各自的性格。

解释▶ 所有的人都有自己的……，表示每个人的……都是不同的。多用来说明不同人之间在思想、行为、处理方法和态度等各方面都是不一样的，含有应该努力去理解，而不能用自己的需求和标准去衡量、要求别人的意思。多通过讲道理来说服、劝说某人应该怎么做。有时在句首，有时前面有别的句子说明情况，后面有别的句子进行补充。需要时结构可连用。○多用于叙事。

★ **每个人有每个人的＋名词。** 可独立成句。

扩展▶ 每个人有每个人的命运；每个人有每个人的烦恼；每个人有每个人要面对的困难；每个人有每个人的故事；每个人有每个人的学习方法；每个人有每个人的生活习惯；每个人有每个人的兴趣爱好；每个人有每个人的风格。

【每…就…】 měi … jiù … ［三级］

例句▶ 最近天气太热了，每出去一次就会出一身汗，看来还是在家里待着比较好。‖ 这几年我不在家，他总是替我照顾我的父母，每隔几天就去看他们一次，对此我真的很感激。‖ 这家购物网站在搞活动，每买 100 块的东西就送 20 块，你看看有什么需要买的没有？

解释▶ 每：每一次。这里表示同一个动作或现象有规律地反复出现。每次第一个动作或状态发生后，第二个动作或状态就会发生。表示前一动作是后一动作发生的条件。多用来叙述已经出现的事情的经过。前面常有句子说明总的情况，后面的句子再进行补充。○多用于叙事和对话。

★ **每＋动词$_1$＋数量短语＋（名词）＋就＋动词$_2$＋（数量短语＋［名词］）。** 框架格式。在句中作谓语，也可独立成句。

扩展▶ 每打三天工就休息一天；每上两节课就休息二十分钟；每来一次市中

心就去一次书店；每来一次就要找我玩一次；每爬一次山就感觉自己老了一些；每过一小时就发布一次新闻；每升高 200 米气温就降低约 1 度；每开 200 公里就加一次油。

【每时每刻都 … 】 měi shí měi kè dōu … ［三级］

见 589 页【无时无刻不 … 】条。

【门儿都没有】 ménr dōu méiyǒu ［一级］

例句▶ 我已经不是三岁小孩儿了，你们想骗我，门儿都没有！ ‖ 上次借我的钱还没还给我，这次又要借，门儿都没有！

解释▶ 没有门，表示没有通向某地的出口或入口。这里比喻某件事情根本就不可能发生，或没有任何成功的希望。多用来直接拒绝某人想通过某种手段达到某种目的。态度坚决，语气强硬。也用于估计某人做某事没有一点儿可能性。多用于不好或不愉快的事情。多放在句尾，前面常有别的句子说明原因或情况。○多用于叙事和对话，书面语。

★ **门儿都没有。** 在句中作谓语，也可独立成句。

扩展▶ 让我们俩分开，门儿都没有；想要从我口里得到什么消息，门儿都没有；你想来就来想走就走，门儿都没有；这么低的分数要上大学，门儿都没有；没完成工作就想走，门儿都没有；你想跟他作对，门儿都没有；想要他们拿出钱来，你门儿都没有。

【明明 …，但（是）/ 还 … 】 míngmíng …，dàn（shì）/ hái … ［五级］

例句▶ 我真拿自己没办法，明明吃得很少，但还是很胖。‖ 这件事明明是你的错，还不承认，你还是向他认个错吧！

解释▶ 明明：很明显。某种情况十分明显或确实是这样，但结果却是相反的；也指某人不愿意根据这个情况做出相应的反应。多用来叙述、批评或劝说别人。用于叙述事情带有意外、无奈的意味；用于批评、劝说带有不满、指责、埋怨的意味，语气较强。多用于不愉快的、不好的事情。结构位置比较灵活，前后常有别的句子作相关的说明或补充。○多用于叙事和对话，口语。◇ 也说“明明…，可（是）…”。

★ **明明 + 动词 $_1$ / 形容词 $_1$ / 小句，但（是）+（名词 / 代词［指人］）+ 却 / 还（是）+ 动词 $_2$ / 形容词 $_2$。** 在句中作谓语，也可独立成句。结构中的两个分句有转折关系。其中“但（是）”可以和“却、还（是）”同时使用。

扩展▶ **用法1**）表示情况十分明显或确实是这样，但结果却相反：明明想哭但还得笑；明明难过却还不说；明明知道希望很小却还不愿放弃；明明已经很努力了，但怎么就不成功呢。

用法2）表示不愿根据实际情况做出相应反应：明明自己是对的还得说自己错了；明明生病了却说自己身体好；明明心里不愿意却还是得答应。

【明明…，可（是）…】 míngmíng…，kě（shì）… ［五级］

见414页【明明…，但（是）/还…】条。

【明（明）知道…，但（是）…】 míng（míng）zhīdào…，dàn（shì）… ［五级］

例句▶ 最近天气太冷了，每天明知道时间已经不早了，但还是不想起床。‖作为朋友，你明知道我当时很难过，但是却不来安慰我，帮助我。我对你特别失望。‖据说明天的那场面试是几十个人中选一个，我明明知道自己不可能成功，但还是想去试试。

解释▶ 明（明）：很明显。表示对某人某事或某事的结果很清楚，但还是做了不合情理的动作或事情。用在自己身上表示有特殊的原因和目的；用在别人身上常带有不满、埋怨、指责的意味，语气较强。多用于不愉快的事情。前面常有别的句子引出话题或说明情况，有时后面也有句子进行补充。○多用于叙事和对话，口语。◇ 也说"明（明）知道…，可（是）…"。

★ **明（明）知道＋动词$_1$/形容词/小句，但（是）+（名词/代词［指人］）+（却）＋动词$_2$。** 可独立成句。结构中的两个分句有转折关系。其中"但（是）"可以和"却"同时使用。

扩展▶ 明明知道自己受骗了，但还是愿意被骗下去；明知道他不会同意，但还是想跟他说一说；明明知道自己必须休息，但还是每天坚持上班；他明明知道不对，却总是要那样做。

【明（明）知道…，可（是）…】 míng（míng）zhīdào…，kě（shì）… ［五级］

见415页【明（明）知道…，但（是）…】条。

【莫非 … 不成】 mòfēi … bùchéng ［七—九级］

见 431 页【难道 … 不成】 条。

【A 模 A 样】 A mú A yàng ［五级］

例句▶ 这人看起来人模人样的，没想到竟然做出这种事情。‖ 今天在公园，我看到一个孩子跟在一位老大爷身后，有模有样地学打太极拳，挺有意思的。‖ 你穿的这件衣服是在哪里买的，怎么怪模怪样的，还是去换一件吧。‖ 她女儿跟她长得几乎一模一样，也是圆圆的脸，高高的鼻子，大大的眼睛。

解释▶ 根据某人或某物的外表，描述他们的样子像什么，或者人在做某事时的样子，或者某事物临时显出的样子。多是对某人某物的评价。由于人或物显出的样子不同，所以包括好的和不好的方面。有的带有褒义色彩，有的带有贬义色彩。结构位置较灵活，前后常有别的句子作相关的说明或补充。注意▶ 搭配比较有限。○多用于评价和对话，口语。

★ 1）**名词 $_1$ + 模 + 名词 $_1$ / 名词 $_2$ + 样。**

2）**动词 $_1$ + 模 + 动词 $_1$ / 动词 $_2$ + 样。**

3）**形容词 + 模 + 形容词 + 样。**

4）**一模一样。**

框架格式。在句中常作谓语、状语、定语或补语。结构中的前后两个名词、动词、形容词是相同或意思相近的单音节词，构成四字格式。

扩展▶ **句型 1**）一打扮，她还真人模人样起来；别看他人模人样的，其实……。

句型 2）这西装一穿，挺像模像样的；别装模作样了，谁不知道你装病；他穿着西装，显得有模有样的。

句型 3）他大模大样地走进去；这东西怪模怪样的，别买了。

句型 4）跟你有一件一模一样的衣服；他长得和他爸爸一模一样。

【目的是为了 … 】 mùdì shì wèile … ［二级］

例句▶ 这次来中国，我打算待久一点儿，目的是为了看望一些老朋友。‖ —我不想干这份工作，工资太低了。—难道你工作的目的只是为了钱吗？告诉你，这份工作能让你学到很多东西。

解释▶ 目的是……，是为了……。两个表目的的结构连用，表示……的目的是什么。多用来说明自己或别人做某事的目的是什么。“是为了”前常有“也、都、仅仅、主要、就、显然、仍然、完全”等词。多放在句尾，前后常有别的句子作相关的说明或补充。○多用于叙事和对话，口语。

★ **目的是为了 + 名词 / 动词。** 在句中常作谓语。否定形式为“目的不是为了……”。

扩展▶ 学习的目的不是为了考试；他来北京，目的是为了找我；了解儿童，目的是为了教育儿童；调查事情，目的是为了解决问题；批评你目的是为了帮助你；他们在外面等了一晚，目的是为了跟她见一面；发展经济的目的是为了改善人民的生活；广告的主要目的是为了引人注目。

N

【拿A不当A/B】 ná A bù dāng A / B ［一级］

例句▶ 什么？这么点儿菜就花了两百多块，你真是拿钱不当钱。‖ 他还真拿自己不当外人，我跟他才认识几天，他就要向我借这么多钱。你说怪不怪？ ‖ 你不要总拿病不当一回事儿，等到小病变大病的时候，后悔就来不及了。

解释▶ 把……不当作……，把……不看作……。一般表示小看某人或某事物，觉得不重要、无所谓；也指没有正确看待自己和别人的关系。多用于批评、指责、劝说某人不该不正确地对待自己、某人或某事。含抱怨、责怪的意味，语气较强。多用于不好的和不愉快的事情。结构前常有"常常、尽、老、会、别、有时、真会、平时、总"等词语表示具体的状态或情况。前面常有别的句子说明情况，后面的句子或者补充具体情况，或者指出可能出现的结果等。○多用于叙事和对话，口语。◇ 也说"不拿A当A/B"。

★ **拿＋名词$_1$/代词＋不当＋名词$_1$/名词$_2$。** 框架格式。在句中常作谓语。

扩展▶ 常常拿病不当病；拿人不当人；拿朋友不当朋友；拿家人不当家人；拿人命不当回事儿；拿我完全不当回事儿；他拿什么都不当回事儿；拿领导的话不当话；拿妇女不当人。

【拿不定主意】 nábudìng zhǔyi ［三级］

例句▶ 到底是去还是不去呢，她越想越烦恼，越想越拿不定主意。‖ —老王，你说这事儿该怎么办呢？—确实难办，我也拿不定主意。‖ 小李，工作上遇到什么拿不定主意的事儿，你可以问老王，他很有经验。

解释▶ 不能做出决定，不能给出准确的回答。表示某人在处理事情上犹豫的态度。可用于自己和别人。多用于抽象的事物。结构前常有"一时、还、有点儿、还是、往往、都、确实、真、倒、却、又、一直、迟迟、半天、但、可是"等词语。结构位置比较灵活，前面常有别的句子说明需要决定的事情或解决的问题，有时后面也有句子进行补充。○用于叙事和对话，口语。

★ **拿不定主意。** 在句中常作谓语、定语。否定表达为"别拿不定主意"。

扩展▶ 一时拿不定主意；一直拿不定主意；迟迟拿不定主意；仍然拿不定主意；好长时间都拿不定主意；想了半天也拿不定主意；拿不定主意的时

候告诉我。

【拿A当B】 ná A dāng B ［一级］

见10页【把A当作B（来）…】条。

【拿得起放得下】 nádeqǐ fàngdexià ［一级］

例句▶ 一个人要是能拿得起放得下，就会少一些烦恼，日子过得比较轻松。‖ 失败没什么大不了的，你是个男子汉，要学会做一个拿得起放得下的人。‖ 对待感情，拿得起就应该放得下，失恋了也不要难过，调整好心情，让自己快快好起来。

解释▶ 拿得起：想做什么事情，就敢于去做，并且有能力做。放得下：做一件事时能根据情况来做决定，该放手时就放手，该退让就退让。多指在对待不容易决定的问题上，能果断做出决定；也指心态很好，能够像平常的事一样对待成功和失败。有时用于赞扬某人面对各种问题能正确做出选择，有时也用来告诉人们碰到问题该怎么面对。带有褒义色彩。结构前常有"应该、能、学会、要"等词语。结构位置比较灵活，前面常有别的句子说明情况，后面的句子多补充可能出现的结果。可用于抽象的事情。○多用于叙事和说明道理。

★ **拿得起放得下。** 在句中常作谓语、定语。需要时前后部分可以拆开。否定表达为"拿得起放不下"。

扩展▶ 对感情无法拿得起放得下；拿得起放得下是最重要的；你不应该拿得起放不下；不仅要拿得起，更要学会放得下；要有拿得起放得下的勇气；要有一种拿得起放得下的心态。

【…拿得起来】 …ná de qǐlái ［一级］

例句▶ 篮球、乒乓球等一般的体育项目都不难学，但射箭可不是随便就拿得起来的，得下功夫学。‖ 她从小就不爱干活儿，到现在还是什么都拿不起来，都已经20多岁了，居然连饭也做不了。‖ 他在文艺上很有才能，唱歌、跳舞、相声，他样样拿得起来，每次公司的晚会上都少不了他。

解释▶ 拿得起来：学习、工作或某事能做得很好。表示一个人在某方面能力很强，多用于夸奖、评价某人，带有褒义色彩。用于好的、具体的事情。结构位置比较灵活，前后常列出一些方面来说明某人做事的能力和情况。有时也有别的句子进行补充。○多用于叙事，口语。

★ **名词/代词+拿得起来。** 在句中常作谓语。否定表达为"…拿不起来"。

扩展▶ 扫地、做饭、针线活儿什么都拿得起来；这些活儿不是随便就能拿得起来的；从小就养成了这种习惯，到现在还是什么都拿不起来；我不信，怎么就拿不起来；现在不好好学，以后什么都拿不起来。

【拿 A（和 B）相提并论】 ná A（hé B）xiāngtí-bìnglùn ［一级］

见 15 页【把 A（和 B）相提并论】条。

【拿 A 来比喻 B】 ná A lái bǐyù B ［七—九级］

例句▶ 我今年快七十了，拿一天来比喻人的一生，现在已经快到晚上了。‖ 他俩的性格完全不同，彼此很难相处，可以拿水与火来比喻这两人的性格。‖ 我们常常拿走下坡路来比喻一个人情况由好到差的过程。

解释▶ 拿：用。为了有特别好的表达效果，用相近或有相同点的事物来说明、形容另一事物。多用美好的事物来说明、形容日常生活中普通的人或物，让人产生一种美好的感觉。也有把人或物往不好的方面形容的，让人产生不好的或不愉快的感觉。结构位置比较灵活，前后常有别的句子作相关的说明或解释。多用于好的和愉快的事情。○多用于描述人或物，书面语。

★ **拿＋名词$_1$／动词$_1$＋来比喻＋名词$_2$／动词$_2$**。 在句中常作谓语。

扩展▶ 拿花儿来比喻漂亮的女孩儿；拿鹅毛来比喻大雪；拿园丁来比喻教师；拿一只雄鸡来比喻中国地图；拿蜜蜂采蜜来比喻积累知识；总是拿下雨来比喻自己的心情；我们习惯拿母亲来比喻祖国；拿夕阳来比喻人生的晚年；拿狐狸来比喻狡猾的人。

【拿…来说吧】 ná … lái shuō ba ［一级］

例句▶ 我们班的每个同学都有自己的爱好和特长，拿王强来说吧，他什么球都会打，特别是羽毛球，可厉害了。‖ 我最近总是不能集中精神，就拿看书来说吧，我眼睛看着书，脑子却在想别的事情，我自己也不知道为什么会这样。‖ 对他来说有什么事不可能呢，拿上次来说吧，他为了救一只小狗，自己差点儿被车撞了。

解释▶ 比如，例如，举出例子。找出一个例子解释、说明或证明前面提出的观点或看法，往往是具体的人、事情或事情发生的经过等。多用来分析问题或说明情况。结构位置比较灵活，前面常提出一个概括的话，后面是某方面的具体内容。○多用于叙事和对话，口语。◇也说“就说…吧”。

★ **拿＋名词／动词／代词＋来说吧**。 框架格式。在句中作插入语。

扩展▶ 拿上次考试来说吧；拿这件事来说吧；拿这次比赛来说吧；拿这顿午饭来说吧；拿交通工具飞机来说吧；就拿厂长您来说吧；拿我们公司来说吧；拿现在来说吧；就拿这个办公室的人来说吧；拿这次去香港来说吧；拿我们来说吧。

【拿…（来）说事儿】 ná …（lái）shuōshìr ［一级］

例句▶ 小王有点儿胖，平时朋友们爱拿他的身材说事儿，这让他更没自信了。‖ 你是不是对我有什么意见，怎么动不动就拿我说事儿，我好像没做什么对不起你的事吧？ ‖ 孩子的学习是不太好，可你别总拿学习来说事儿，这样会更影响他学习的。

解释▶ 拿：用。把……作为谈论的话题或批评的内容。无论是说话、开会，还是吵架、争论，都可能把某人或某事作为话题提出来，多有提示、责备、警告、批评等作用，有时也用来开玩笑。一般被“说事儿”的人有时做错了事，有时有各种各样的问题，所以多带有不满、责备、抱怨的意味。前面常有别的句子说明情况，后面常出现相关的结果。○多用于对话，口语。

★ **拿＋名词 / 动词 / 代词（指人）＋（来）说事儿。** 框架格式。在句中常作谓语。否定表达为“不能 / 不要 / 别拿…（来）说事儿”。

扩展▶ 爱拿别人说事儿；我就爱拿你们这些年轻人说事儿；总拿老人说事儿；一吵架就拿他的过去说事儿；少拿这种东西说事儿；你怎么就爱拿别人的家庭说事儿啊；别总拿离婚说事儿。

【拿…没办法】 ná … méi bànfǎ ［二级］

例句▶ 这只小猫是刚买回家的，什么也不吃，见人就逃，真拿它没办法。‖ 该说的我们都说了，该做的也都做了，如果你一定要去，我们也拿你没办法。‖ 老王的脾气你又不是不知道，他决定的事情，谁都拿他没办法。

解释▶ 没有办法对付某人或某物。多指没有什么可能使某人某物改变。含有失望、无奈的意味；也可用于自己，这时含有自己很厉害的意味。多用于不好或不愉快的事情。结构前常有“真、实在、还是、都、就是、也、居然、竟”等词来加强语气等。多放在句尾，前面常有别的句子说明原因或情况。○多用于叙事和对话，口语。

★ **拿＋名词 / 代词（指人或物）＋没办法。** 框架格式。在句中常作谓语。

扩展▶ 父母也拿他没办法；你居然拿他们没办法；拿她的坏脾气没办法；谁说拿小偷儿没办法；我看你就拿我没办法。

【拿 … 撒气】 ná … sāqì ［超纲］

例句▶ 他不接你电话是他的问题，你拿自己的手机撒气干嘛，摔坏了还不得买新的！‖ 别人欺负你，有本事你找他算账去，你回家拿我撒什么气？‖ 不知道他今天遇到什么不开心的事了，一回家就又摔杯子又摔碗，尽拿东西撒气。

解释▶ 借别人或别的事物把心里的不满、怒气等发出来。多指某些人在工作、学习或生活中遇到了不愉快的事情（被批评、被冤枉、吵架或碰到倒霉的事等），把心里的怒气往别人的身上发或把气出在东西上。带有不满或抱怨的情绪。结构前常有“喜欢、常常、尽、忍不住、爱、老、会、别、没准儿、有时”等词语表示具体的状态或情况。前面常有别的句子说明情况，有时后面也有句子进一步补充。用于不好的、不愉快的、具体的事情。○多用于对话，口语。

★ **拿＋名词／代词（指人或物）＋撒气。** 框架格式。在句中作谓语，有时也作主语。结构中的“撒气”是动宾结构，中间可加入别的词语。

扩展▶ 拿自己撒气干嘛；你等着，没准儿他会拿你撒气；我看你就是故意拿她撒气；拿家里人撒什么气；别拿孩子撒气；他一不高兴就爱拿别人撒气；电话打不通就拿电话撒气。

【拿 … 寻开心】 ná … xún kāixīn ［二级］

例句▶ 我在同班同学中算是最矮的了，一直都有人拿我的身高寻开心，但这并不让我感到烦恼。‖ 如果别人总拿你寻开心，最好的办法就是不要理他们，这样他们慢慢地就不会再这么干了。

解释▶ 寻：找。把某人作为取笑的对象。多为了自己高兴或改变一下气氛等而跟某人开玩笑，通常没有恶意。对象多是别人，也可以是自己。结构前常有“喜欢、常常、尽、爱、老、会、别、反而、有时、真会、平时、总、以为”等词语表示具体的情况。结构位置比较灵活，前面常有别的句子说明情况，有时后面也有句子进行补充。○多用于对话，口语。

★ **拿＋名词／代词（指人）＋寻开心。** 框架格式。在句中常作谓语。结构中的“寻开心”是动宾结构，中间可加入别的词语。

扩展▶ 你可别拿我寻开心；有些孩子喜欢拿我寻开心；就是要拿你寻开心；你干嘛老拿他寻开心；他以为我在拿他寻开心；你真会拿人寻开心；你怎么还拿人家寻开心；别总拿他的不幸寻开心；你拿他寻什么开心。

【哪儿跟哪儿】 nǎr gēn nǎr ［一级］

例句▶ 她只不过跟我一起吃了顿饭，就被你误会成我的女朋友，你这是哪儿跟哪儿啊！ ‖ 我在跟你说参加比赛的事，你却跟我讲旅游，这都哪儿跟哪儿呀，你完全没有听我说。‖ —你怎么哭了，别伤心了，想开一点儿。—哪儿跟哪儿呀，刚才只是灰尘吹到我眼里，眼睛流泪了而已。

解释▶ 某人说的某事和实际情况完全不同或不符；或者两个人说的话题根本没有关系，但因某种偶然的原因连接在一起了。多是说话者对某件事情或情况的评价或反应，含有不赞同、不相信、不满的意味，带有吃惊或疑惑的语气。前面常用“这是……”“这都……”等词。结构位置比较灵活，前面常有别的句子说明情况，有时后面也有句子进行补充。○多用于对话，口语。

★ **哪儿跟哪儿**。 在句中常作谓语、宾语。

扩展▶ 这都哪儿跟哪儿啊，你说的是什么，我说的是什么；这是哪儿跟哪儿啊，两件事情没有任何联系啊；这是怎么回事，连我自己也不知道哪儿跟哪儿了；这到底是哪儿跟哪儿啊，你们两个说的我怎么听不懂啊。

【哪儿像 … 】 nǎr xiàng … ［二级］

例句▶ 你从没留过长发，也从不穿裙子，连件花衣服都没穿过，哪儿像个女孩子？ ‖ 你们俩整天忙工作，家里的事什么也不管，看看你们的家，哪儿像个家，乱七八糟的。‖ 这哪儿像过年，商店都关门，到处静悄悄的，一点儿节日的气氛都没有。

解释▶ 一点儿也不像……。用肯定形式的反问句表示否定的意思。多用于批评、指责、抱怨某人某物不合常规，不符合某类人或某事物所应有的情况和样子，有时含有不相信、指责、不满和抱怨的意味，语气较强。结构位置比较灵活，或者放在句首，后面有别的句子补充不满意的情况，或者放在句尾，前面有相关的说明。可用于不好的、不愉快的事情。○多用于对话，口语。

★ 1）**哪儿像＋(个)＋名词。**

2）**哪儿像＋动词。**

在句中常作谓语。

扩展▶ **句型1）** 他哪儿像老师，倒像个学生；你哪儿像个男孩子，一点儿都不勇敢；这哪儿像个大学生，上学还得家长送；这哪儿像15岁孩子的手，这么粗糙；现在的小孩儿哪儿像我们小时候，一点儿都不听话。

句型2） 哪儿像在开会，简直就像在茶馆喝茶；她哪儿像生病，还在玩儿呢。

【哪里顾得上…】 nǎlǐ gùdeshàng… ［六级］

例句▶ —你怎么穿件睡衣就出来了？—接到你的电话，我急急忙忙就出来了，哪里顾得上换衣服！‖—怎么今天又没吃晚饭？—最近来医院看病的人特别多，我们从早忙到晚，哪里顾得上自己啊！‖白天工作太辛苦了，回家就想好好休息，哪里顾得上孩子？

解释▶ 顾不上。（因为太忙或时间太短）没有时间做某事或把时间精力放在某人或某物上。用肯定形式的反问句表示否定的意思。强调根本就没有时间或不可能有精力……。多放在句尾，前面常有别的句子说明情况，有时后面也有句子作进一步补充。可用于不愉快的事情。○多用于叙事和对话，口语。

★ **哪里顾得上＋名词／动词／代词。** 在句中作谓语，也可独立成句。结构中的“哪里”可换成“哪儿”。

扩展▶ 哪里顾得上家；哪里顾得上休息；哪里顾得上学习；哪里顾得上过节；现在这么忙，哪里顾得上结婚；他整天不知道忙什么，哪里顾得上我呢；孩子自己都忙得什么似的，哪里顾得上我们呢；我自己都忙不过来，哪里顾得上他呀。

【哪里有A，哪里就有B】 nǎlǐ yǒu A，nǎlǐ jiùyǒu B ［一级］

例句▶ 他是个活泼开朗的人，特别爱讲笑话，哪里有他哪里就有笑声，所以大家都很喜欢他。‖我们最应该感谢的是那些警察，哪里有危险哪里就有他们。‖本市最近新增了1000多辆出租车，大大缓解了乘客打车难的问题，基本做到了哪里有乘客哪里就有出租车。

解释▶ 有某人或某物的地方就有另外一个人或事物。前者是条件，后者是结果。这里的“哪里”是任指的，前后指的是相同的地方。AB之间有时是必然联系（如太阳和阳光，运动和生命），有时不是必然联系（危险和警察，困难和某人）。后一种用法多指某人经常会出现在某种地方帮助别人解决困难，或给人带来欢乐等。这时带有夸张的语气和夸奖的意味，带有褒义色彩。结构位置比较灵活，前面常有别的句子说明情况，有时后面也有句子进行补充。○多用于叙事和对话，口语。

★ **哪里有＋名词$_1$／代词$_1$，哪里就有＋名词$_2$／代词$_2$。** 可独立成句。结构中的“哪里”可换成“哪儿”。结构中的两个分句有条件关系。

扩展▶ 哪里有需要，哪里就有他们；哪里有爱哪里就有欢乐；哪里有太阳哪里就有光明；哪里有病人，哪里就有白衣天使；哪里有需要哪里就有产品；哪里有困难哪里就有他的身影；哪里有森林哪里就有新鲜的空气。

【哪里知道…】 nǎlǐ zhīdào … ［一级］

例句▶ —你怎么买苹果给我呢，我最不爱吃苹果了。—我哪里知道你不爱吃苹果，你又没告诉过我。‖—我昨天离开饭店以后发生了什么事情？—你离开不到两分钟我就离开了，我哪里知道这以后的事情？‖第一天来这家公司上班的小王，对这里的一切都不熟悉，他哪里知道坐在他旁边的这位就是公司的老板。

解释▶ 不知道，没有机会或不可能知道。用肯定形式的反问句表示否定的意思。强调根本就不知道或不可能知道，语气较强。有时含有不满的意思，有时含有意外、同情、理解的意味。多放在句尾，前面常有别的句子说明情况，有时后面也有句子进行补充。可用于不愉快的事情。○多用于叙事和对话，口语。

★ **哪里知道＋名词／小句。** 在句中常作谓语。结构中的“哪里”可换成“哪儿”。

扩展▶ 你哪里知道他们的秘密；我哪里知道这些情况；你哪里知道我的压力；哪里知道他已经被骗了；我哪里知道你已经吃完饭了；我哪里知道你们想什么；我们哪里知道结果会这么严重。

【…哪能当饭吃】 … nǎ néng dàng fàn chī ［六级］

见 80 页【…不（能）当饭吃】条。

【哪怕…也／都／还…】 nǎpà … yě / dōu / hái … ［四级］

①例句▶ 关于环保问题，玛丽你来说说。不要怕，哪怕说得不对也没关系。‖学习语言，光背而不去使用，哪怕学得再多也没有用。‖别人的意见，哪怕不完全正确，我们也应该认真听取。

解释▶ 前后两句话，前句是假设，后句是结果或结论。假设在某种情况下，也不会影响后面的结果或结论。多用于一般的情况，语气较强。多放在句尾，前面常有别的句子作相关的说明。○多用于叙事和对话，口语。

②例句▶ 这部电影很热门，现在去买票，哪怕有也不会剩太多。‖既然是你去问他，哪怕他不愿意也得同意，谁叫你们俩是好朋友呢。‖他们俩在一起生活了三年多，哪怕现在已经跟他分手了，她的心里还爱着他。

解释▶ 前后两句话说的是同一件事，前句提出话题，后一句是退一步的估计。多用于一般的情况。语气较强。多放在句尾，前面常有别的句子作相关的说明，有时后面也有句子进行补充。○多用于叙事和对话，口语。

③例句▶ 每年春节我都会抽时间回一趟家，哪怕只待一天我也愿意。‖ 他花钱太节约，哪怕是花一块钱，他也要考虑考虑。‖ 为了让孩子上大学，哪怕再苦再累他们也愿意。

解释▶ 前后两句话，前句是假设，后句是结果或结论。假设在极端的条件下（好的或者不好的），后句的结果或结论都不变。有时表示为了达到某个目的也愿意，不计较、不在乎付出多少。用于已发生的事情，表示不后悔；用于将要发生的事情，表示决心和态度，语气较强。多放在句尾，前面常有别的句子作相关的说明。○多用于对话，口语。

★ 1）**哪怕+（是）+名词/动词/形容词/小句+也/都/还+动词/形容词。**

2）**哪怕+再+动词/形容词+（名词/代词［指人］）+也/都/还+动词/形容词。**

框架格式。在句中作谓语，也可独立成句。结构中的两个分句有假设关系。

扩展▶ **用法1）**表示前句的假设不会影响后面的结果或结论：哪怕半夜回家都不应该担心安全问题；哪怕是开玩笑，也不要说这种话；哪怕是不锁门都不会丢东西；学了不去用，哪怕学了再多也没有用。

用法2）表示前句提出话题，后一句退一步估计：哪怕打一个电话给他也好；哪怕能休息十分钟也行；哪怕是一个微笑，我也心满意足了；哪怕半夜12点还可以打电话叫外卖；哪怕让我见一面也行。

用法3）表示假设在极端的条件下结果或结论都不变：为了你，哪怕受再多的苦也值得；如果你喜欢，哪怕花再多的钱也要买；只要孩子喜欢，哪怕再贵我也愿意买；为了早回家，哪怕买站票也行；哪怕是白送给我我都不要。

【哪有 … **可言**】 nǎ yǒu … kě yán ［超纲］

见306页【毫无 … 可言】条。

【哪有 … **这样的**】 nǎ yǒu … zhèyàng de ［一级］

例句▶ 哪有你妹妹这样的，说好今天下午一块儿上街买东西，人家都来了，她又说不去了。‖ 哪有你这样的，在别人家住了半个月，走的时候连一声招呼都不打。‖ 上次借给他那么多钱没还，现在还来借，哪有他这样的！

解释▶ 没有这样的人或事。用肯定形式的反问句表示否定的意思。某人做了一些常人认为过分的或不合常理的事情，让人很生气，表示说话人对他或某事的指责。含有不满、抱怨或责问的语气。带有贬义色彩。放在句首或句尾，前面或后面常有别的句子说明不满的原因。用于不好的、不愉快的事情。○多用于对话，口语。

★ **哪有 + 名词 / 代词（指人）+ 这样的。** 框架格式。独立成句。

扩展▶ 哪有王太太这样的；哪有他爸爸这样的；哪有他家这样的；哪有他们学校这样的；哪有这家公司这样的。

【那才 … 呢】 nà cái … ne ［二级］

例句▶ —你做的菜真好吃！—我这算不了什么，你没吃过我妈做的，那才好吃呢！‖ 你现在来早了点儿，等过两个月，我家院子里的花儿都开了，红一片绿一片的，那才叫美呢！‖ 小张就是这么不爱说话，我已经习惯了，如果哪天他突然很爱说话了，那才让我感到奇怪呢！

解释▶ 某事物的程度更高，常用于比较。意思是，现在这个不算什么，很一般或正常，后面说的才是真正的……。多用来描述某人或物的情况，带有强调意味，语气夸张。多放在句尾，前面常有别的句子说明比较的内容或假设等。○多用于对话，口语。

★ 1）**那才 +（叫）+ 形容词 + 呢。**

2）**那才 + 让 / 使 / 叫 + 代词（指人）+ 动词 / 形容词 + 呢。**

框架格式。可独立成句，也可在句中作谓语。

扩展▶ **句型 1）** 那才好看呢；那才热闹呢；那才可怜呢；那才叫过瘾呢；那才叫过分呢；那才叫痛快呢；那才奇怪呢；那才没意思呢；那才有志气呢；那才有意义呢。

句型 2） 那才使人难忘呢；那才让人着急呢；那才叫人难受呢；那才让人放心不下呢；那才叫你吃不消呢；那才让你受不了呢。

【那 …（的）劲儿】 nà …（de）jìnr ［超纲］

例句▶ 虽然我不知道他成绩怎么样，但看他学习时的那股认真劲儿，我觉得一定不会太差。‖ 连输了两盘棋后，小王那股不服输的劲儿又上来了，一定要拉着老李再下一盘。‖ 终于要搬进新学校了，孩子们听到这个消息后的那种高兴劲儿，好像现在就已经到了新教室似的。

解释▶ 那种……态度或神情，那种……样子。表示某人对待某事情的态度达到了很高的程度，往往从外表或行为上能显露出来。多用来描写人在学习、工作以及比赛或其他事情上的态度、状态等，多含有赞赏、夸奖的意味。有时也指看不惯某人，这时含有不满的意味。前后常有别的句子作相关的说明或补充。○多用于对话，口语。

★ **那+(量词)+动词/形容词+(的)劲儿。** 整个结构是一个名词短语。在句中常作主语或宾语。结构中的量词常用“股、种”等。

扩展▶ 那股兴奋劲儿；那股得意劲儿；那股执着劲儿；那股钻研劲儿；那种热情劲儿；那种狂热劲儿；那种痴迷劲儿；那种骄傲劲儿；那种狠劲儿；那种神气劲儿。

【那得看…】 nà děi kàn … ［四级］

例句▶ 我已经尽力了，至于能不能成功，那得看运气了。‖ 我很愿意帮助你，但不是所有的忙我都能帮，那得看是什么事儿。‖—这样说来，难道就没有别的办法了吗？—其实办法不是没有，那得看你愿不愿意做。

解释▶ 得（děi）：要。（前面说的事情）要根据具体情况来决定，或者没有别的办法，只能靠某人或某物（抽象），由他们来决定。意思是这个/些人或物是决定事情的关键。多用于将要发生的事情。多放在句尾，前面常有别的句子作相关的说明。○多用于对话，口语。◇ 也说“那要看…”。

★ **那得看+名词/动词/句子。** 独立成句。结构中的动词或句子多是疑问形式，表示要根据句子中的具体情况来决定。

扩展▶ 那得看具体情况；那得看你妈了；那得看老天爷了；那得看他的表现；那得看他喜欢不喜欢你；那得看你有没有这个福气；那得看你怎么说；那得看公司领导的态度；那得看他是个什么样的人；那要看那里天气怎么样了。

【那个…啊】 nàge … a ［一级］

例句▶ 当听到自己得了第一名的时候，他心里那个高兴啊，真是难以形容。‖ 累了一天终于可以吃饭了，餐桌上他吃得那个香啊，感觉吃的都是人间美味。‖ 心爱的玩具丢了以后，孩子那个哭啊，谁劝他都劝不住。

解释▶ 很，非常。形容程度很高。意思是，……达到的程度简直没办法用语言来形容。多用来描写人和物，表达生动、夸张。通常前面的句子说明情况，后面的句子补充相关的结果。○多用于对话，口语。

★ **那个+动词/形容词+啊。** 框架格式。可单独成小句，也可在句中作谓语或补语。

扩展▶ 他闷头那个干啊，小伙子都赶不上他；当时那个激动啊，真不知道说什么好；冬天那个冷啊，叫你受不了；连续开了四个小时的车，那个累啊；昨晚牙疼了一夜，那个难受啊；衣服那个大啊，简直就像个唱京剧的。

【…那还得了】 … nà hái déliǎo ［超纲］

①例句▶ 我都已经工作好几年了，如果再花父母的钱，这事儿让别人知道了那还得了！‖ 小小年纪就不学好，专门做坏事，长大了那还得了。‖ 你今天喝了酒，就不要开车了，万一发生了事故那还得了！

解释▶（某事）很严重，或会出现很严重的后果。用肯定形式的反问句语气表达否定的意思。意思是，如果是……或这样下去，后果不得了。多表示说话人的一种担心，也是他不希望看见的。多指不好的方面，表达夸张。结构前半部分常出现假设，前面常有别的句子进行说明，有时后面也有句子补充相关的结果。○多用于对话，口语。◇ 也说“…那还了得”。

②例句▶ 他才十来岁钢琴就弹得这么好，长大了那还得了！‖—我给你看的这张照片是她的生活照，没怎么打扮。—没打扮就这么漂亮，要是打扮了那还得了？‖—我们商店现在是生意淡季，顾客不太多。—淡季都有这么多顾客，旺季的时候那还得了？

解释▶ 某事到达一个很高的程度。用肯定形式的反问句语气表达否定的意思。意思是，以前或现在已经很不错了，如果继续发展下去或认真做起来，更……了，会达到无法想象的程度或地步。多用于评价某人某事，多指好的方面，表达夸张。多放在句尾，前面常有别的句子说明情况并作为比较。○多用于对话，口语。◇ 也说“…那还了得”。

★ **名词 / 动词 / 小句 + 那还得了。** 可独立成句。结构中的名词常表示时间。

扩展▶ **用法 1）** 往不好的方面说：现在就老出错，以后那还得了；飞机出问题了，那还得了；一直不结婚那还得了；这样病下去那还得了；他这样闹下去那还得了。

用法 2） 往好的方面说：他现在书法这么好，以后那还得了；他大学没毕业就开公司，几年后那还得了；随便做做菜就那么好吃，要是认真做起来那还得了。

【那还…得了】 nà hái … déliǎo ［一级］

例句▶ 相信我吧，这件事是他自己跟我说的，那还假得了？‖ 你放心，他在这儿都住了二十多年了，对这里再熟悉不过了。跟他走，那还错得了？

解释▶ 不可能……。用肯定形式的反问句表示否定的意思。表示说话人有十分的把握判断、估计某人或某事是怎么样的。有时用于回答对方说的话，有时用来安慰对方，语气较强。多放在句尾，前面常有别的句子说明情况，有时后面也有句子进行补充。○多用于对话，口语。

★ **那还＋形容词／动词＋得了。** 框架格式。可独立成句。结构中的形容词多表示不太好的意思。

扩展▶ 我亲眼看见的，那还错得了；这是名牌，那还差得了；得这种病，那还好受得了；在这种地方买，那还便宜得了；和这种人在一起，那还好得了；东西这么多，那还吃得了；雨这么大，那还走得了；整天带着孩子，那还干得了（活儿）。

【… 那还了得】 … nà hái liǎodé ［超纲］

见 429 页【… 那还得了】条。

【那还 … 什么】 nà hái … shénme ［一级］

例句▶ 东西都准备好了，那还等什么，我们赶紧出发吧！‖既然我说的价格你接受不了，那还谈什么，你还是去别的地方买吧！‖你不是都知道了吗，那还问什么？该别人问你才是。

解释▶ 不用做某事。用肯定形式的反问句表示否定的意思。表示因为条件已经具备，或没有实现的可能，所以没有必要做某事。多用来催促、责备、劝说别人，带有不满、埋怨的意味，有时带有不耐烦的语气，语气较强。前面常有别的句子说明情况，有时后面也有句子进行补充。○多用于对话，口语。

★ **那还＋动词＋什么。** 框架格式。可独立成句。

扩展▶ 已经这样了，那还说什么；已经买了，那还买什么；事情很清楚了，那还考虑什么；来不及了，那还吃什么；既然不同意，那还合作什么；现在去都快散场了，那还看什么。

【那还用说】 nà hái yòng shuō ［一级］

例句▶ —你生日的时候爸爸打算给你买一台电脑作为礼物，高兴不高兴？—那还用说，当然高兴啦！‖—你买的这些苹果真不错，个个又大又红。—那还用说，这些都是我专门挑出来的，当然好啦！

解释▶ 不用说。用肯定形式的反问语气表示否定，赞同别人的话。通常用来回答对方的问话，语气十分肯定。多放在句首，后面常有别的句子进一步补充说明。○多用于对话，口语。

★ **那还用说。** 可独立成句。

扩展▶ 那还用说，我早准备好了；那还用说，你决定的事我当然同意；那还用说，我一定回去；那还用说，我们是好朋友嘛；那还用说，我仔细复习过了；那还用说，再难我也不怕；那还用说，为了你我干什么都行。

【那要看 … 】 nà yào kàn … ［一级］

见 428 页【那得看 … 】条。

【**难道** … 不成】 nándào … bùchéng ［三级］

例句▶ 这么好的工作机会，别人找都找不到，难道你要放弃不成？‖ 有质量问题去找他呀，难道怕他把你吃了不成？‖ 我们俩闹矛盾以后，我晚上给她打电话，不是占线就是没人接，难道她真的生我的气了不成？

解释▶ 难道：用于反问句。不成：反问句的句尾，相当于“吗”。用反问句表示怀疑，表示不太可能、难以相信，有质问的语气，语气很强。多是不希望或不赞同的事情。放在句尾，前面常有别的句子进行说明，有时后面也有句子进行补充。○多用于叙事和对话，口语。◇ 也说“莫非…不成”。这时多用于书面语。

★ **难道＋动词 / 小句＋不成。** 框架格式。可独立成句，也可在句中作谓语。结构也可简单说成“难道…”或“…不成”。

扩展▶ 难道已经被他发现了不成；难道都是真的不成；难道我要骗你不成；难道他说的都是真的不成；难道其中还有什么秘密不成；难道你做了什么坏事不成；难道他还怕了你不成。

【…，**难怪** … 】 …，nánguài … ［七—九级］

见 431 页【难怪 …，原来 … 】条。

【**难怪** …，原来 … 】 nánguài …，yuánlái … ［七—九级］

例句▶ 难怪她跳舞跳得那么好，原来她从五岁就开始学习，到现在已经有十多年了。‖ 难怪刚才你的手机打不通，原来你在飞机上。‖ 难怪这对老人每年都要去国外住一段时间，原来他们的儿女都在国外。

解释▶ 对某件事不再觉得奇怪了，是因为明白了事情的原因。“难怪”后的内容表示原先感到奇怪的事情，“原来”引出原因，有终于明白了的意思。有时前后有别的句子作相关的说明或补充。○多用于对话，口语。◇也说“…，难怪…”。这时前一句不用“原来”。

★ **难怪＋小句$_1$，原来＋小句$_2$。** 可独立成句。结构中的两个分句有因果关系。

扩展▶ 难怪你普通话说得那么标准，原来你是北京人；难怪你昨天没来上班，原来是生病了；难怪公园那么干净，原来每天都有人打扫；他家里在开晚会，难怪那么热闹；快餐不仅快而且香，难怪年轻人都喜欢。

【… 脑筋】 … nǎojīn ［七—九级］

例句▶ 他就是这样一个死脑筋，只要是他觉得正确的事，他一定会坚持下去。‖ 对待工作，一定要认认真真，踏踏实实，不能为了方便而动歪脑筋。‖ 别总是用你的老脑筋来看未来，社会在进步，你也应该用发展的眼光看待新事物。

解释▶ 脑筋：意识。表示某种思想、意识或看法。多指人从某个角度去看待各种事物、用什么方法解决问题，反映了某种倾向。多用于描写叙述事情，多用于不好的、不正常的、陈旧的、带有不良目的的情况，相关组合多带有贬义色彩。或放在句首，后面有别的句子进行补充；或在句尾，前面有别的句子说明情况。多用于不好的、不愉快的事情；少用于好的、愉快的事情。○多用于对话，口语。

★ **形容词＋脑筋。** 在句中常作宾语或主语，结构中的形容词多是单音节词。

扩展▶ 这家伙真是死脑筋，一点儿都不灵活；你看我这笨脑筋，怎么都算不好；你这是旧脑筋，根本行不通；我们老人老脑筋，跟不上你们年轻人；警告你，别动歪脑筋；这小伙子是个新脑筋，转得真快。

【闹了半天，（原来）… 】 nàole bàntiān，（yuánlái）… ［四级］

例句▶ 闹了半天，原来你们都认识呀，我还打算给你们介绍介绍呢！‖ 闹了半天，你在这儿啊，我们还在到处找你呢！

解释▶ 过了较长的一段时间，忽然终于知道了某事的实际情况，或明白了某一原因。这里的“半天”不是真正意义上的“半天”，而是说话人感觉上的一段时间。多放在句首，后面常有别的句子补充说明。○多用于叙事和对话，口语。

★ **闹了半天，（原来）＋小句。** 可独立成句。结构中的“闹了半天”作插入语。

扩展▶ 闹了半天，问题在这里；闹了半天，你没走啊；闹了半天，你还是个大学生；闹了半天，他是个这样的人；闹了半天，原来我找错了人；闹了半天原来真是他干的。

【能 … 到哪儿去】 néng … dào nǎr qù ［一级］

例句▶ 他只学了半年的英语，水平能高到哪儿去，让他给你当翻译，太为难他了。‖ 这套沙发虽然样子不太好看，但是真皮的，能差到哪儿去呢？

解释▶ 不可能太……，不会太……，意思是不会达到很高的程度。用肯定形式的反问句表示否定的意思。表示说话人对某人某物比较有把握的估计，语气较强。前面常有别的句子作相关的说明，有时后面也有句子进行补充。○多用于叙事和对话，口语。

★ **能＋形容词＋到哪儿去。** 框架格式。在句中作谓语，也可独立成句。

扩展▶ 这么便宜的东西，能好到哪儿去；她能漂亮到哪儿去；这题目能难到哪儿去；他是你哥，能对你坏到哪儿去；都是现代化的城市，生活能苦到哪儿去；这又不是名牌，能贵到哪儿去。

【能 A 会 B】 néng A huì B ［一级］

例句▶ 他虽然没读多少书，但是人很聪明，能写会算。‖ 老王家的孙女真是个能说会道的孩子，见到大人就爷爷奶奶叔叔阿姨地叫，嘴巴甜着呢！

解释▶ 又会……又会……。多指某人在某方面很能干，多用于夸奖、评价某人。A 和 B 在意义上有关联。结构位置比较灵活，前后常有别的句子进行说明或补充。可用于好的事物。注意▶ 搭配有限。○多用于叙事和对话。

★ **能＋动词$_1$＋会＋动词$_2$。** 框架格式。在句中常作谓语、定语。结构中的两个动词多是意思相近或相关的单音节词，构成四字格式。

扩展▶ 谁不知道他能说会道；现在能写会算就能找到工作；听说你能掐会算，不妨为我算一算；他能说会唱，很厉害；那是个能说会道的女孩儿。

【能 A 就 A】 néng A jiù A ［一级］

例句▶ 虽然他每个月的生活费不少，但是为了存钱去旅行，他在生活上能省就省。‖ 师傅，我把车先放在你们这儿，麻烦你们尽早修理，能快就快，越快越好。‖—最近感冒了不想吃东西。—一点儿也不吃是不行的，你能吃多少就吃多少吧！

解释▶ 只要条件允许，或如果可能，尽力去做某事。可以是为别人做某事，也可以是为自己享受某事。多用于描写某人或命令、建议、劝说别人该做什么。适用的范围很广，结构位置比较灵活，前后常有别的句子进行说明或补充。需要时结构可连用。〇多用于叙事和对话，口语。◇ 也说“能 A 则 A”。这时带有书面色彩，结构中往往省略宾语。

★ 1）**能＋动词＋就＋动词。**

2）**能＋形容词＋就＋形容词。**

3）**能＋动词＋疑问代词＋就＋动词＋疑问代词。**

框架格式。在句中常作谓语。结构 3）中的前后两个疑问代词多是“多少、什么、哪个、谁”等，所表示的是相同的内容，是特指的用法。结构中的动词可用否定形式，如“能不 A 就不 A”。

扩展▶ **句型 1）** 能去就去；能吃就吃；能睡就睡；能说就说；能帮就帮；能解释就解释；能完成就完成；能提前就提前；能利用就利用；能内部解决就内部解决；能节约就节约；能参加就参加；能写点儿就写点儿；能不说就不说。

句型 2） 能早就早；能慢就慢；能多就多；能少就少；能大就大；能小就小。

句型 3） 能走多远就走多远；能为他做多少就做多少；能找到什么就吃什么；能做什么就做什么；能复习到什么程度就复习到什么程度；能找到谁就请谁；能唱哪个就唱哪个。

【能 … 就行】 néng … jiù xíng ［一级］

例句▶ 手机嘛，能打电话发短信就行，干嘛要买那么贵的？‖ 我都饿死了，帮我随便做点儿吃的吧，能填饱肚子就行。

解释▶ 只有一个要求或条件，达到这个要求就可以了。表示说话人的要求不高。结构位置比较灵活，或者前面先引出话题，或者有别的句子说明情况，有时后面也有句子进行补充。〇多用于对话，口语。

★ **能＋动词＋就行。** 框架格式。可独立成句，也可在句中作谓语。

扩展▶ 车不用太新，能开就行；再坏的车，能骑就行；随便什么，能吃就行；有音乐吗，能听就行；钱不要多，能养活自己就行；没有别的要求，能让我出去就行。

【能 … 全靠 … 】 néng … quán kào … ［二级］

例句▶ 我最想感谢的人是我的妈妈，我能取得今天的成功全靠她的辛勤付出。‖—几年不见，他已经当经理啦，真有能力。—有什么能力，能当上经理，全靠他那张嘴，太会说了。‖ 这是我第一次去那个地方，回来的路上我什么人都没问，能从那儿开车回来全靠我的记忆力。

解释▶ 由于有某人的帮助或多亏了某种事物，所以有了某种结果。结构中“能…”说明结果，“全靠…”说明原因。把事情往好的方面说。“全靠”后面如果是别人，有感谢或夸奖的意味；后面如是自己或某事物，说明自己能力强或某方面特别厉害。多放在句尾，前面常有别的句子进行说明，有时后面也有句子进行补充。○多用于叙事和对话，口语。◇ 也说“能…全凭…”。

★ **能＋动词，全靠＋名词**。 框架格式。可独立成句，也可在句中作谓语。结构中的两个部分有因果关系。

扩展▶ 能取得成功全靠你的帮助；能把事情做好全靠你的坚持；能走到今天这一步全靠自己的努力；这事能成功全靠大家的合作；在那个地方能到处走全靠这辆车。

【能 … 全凭 … 】 néng … quán píng … ［五级］

见 434 页【能 … 全靠 … 】 条。

【能 A 则 A】 néng A zé A ［七—九级］

见 433 页【能 A 就 A】 条。

【你才 … 呢】 nǐ cái … ne ［二级］

例句▶ —你喝醉了，少喝点儿吧。—我没喝醉，你才醉了呢！ ‖—真不够朋友，说好了一起去，你却一个人先去了。—你才不够朋友呢，我等了一个小时你还没来，所以我才走。‖—你真笨，这么容易的事都做不好。—你才笨呢，人家是第一次做。

解释▶ 不赞同对方对自己的责备，用对方话中使用的词或短语反过来指责对方，表示否定或反驳对方的说法。含有不满的意味，语气较强。多是接着对方的话说，后面常有句子进一步补充说明解释。多用于不好的、不愉快的事情，较少用于好的事情。○多用于对话，口语。

★ **你才＋动词 / 形容词＋呢**。 框架格式。可独立成句。结构中的动词或形容词常表示不好的意思。

扩展▶ 我怎么做不好，你才做不好呢；我不知道，你才不知道呢；我不懂，我看你才不懂呢；我不及格，笑话，你才不及格呢；你才不懂音乐呢，音都唱不准；你说我可怕，我看你才可怕呢；你说我老，你才老了呢；我怎么胆小，你才胆小呢；你说我傻，我觉得你才傻呢。

【你给我 … 】 nǐ gěi wǒ … ［一级］

例句▶ 你给我听着，如果下次再这么晚回家，我就不让你进门！‖小王在前面大步走着，后面的小张怎么也赶不上，小王大声喊：“你给我快点儿，再这么走就迟到了！”

解释▶ 要求或命令某人做某事。前后常有相关说明，或有要求对方做某事的具体内容。带有生气或着急的语气。语速较快、较强，态度坚决、不客气。多用于上级对下级、长辈对晚辈、年长的对年幼的说话。可用于不好的、不愉快的事情。○多用于对话，口语。

★ 1）**你给我＋动词。**

2）**你给我＋形容词＋点儿。**

框架格式。可独立成句，结构中的动词后常常有补语或宾语，表示某种结果。

扩展▶ **句型1）** 你给我出去；你给我过来；你给我起来；你给我住口；你给我站住；你马上给我下车；你给我站好了；你给我把东西放回来；你给我搬出去。

句型2） 你给我认真点儿；你给我聪明点儿；你给我客气点儿；你给我老实点儿；你给我乖点儿。

【（你）还别说，… 】（nǐ）hái bié shuō，… ［一级］

例句▶ 上次我感冒了，吃了感冒药也没好。后来用了你教我的方法，还别说，这方法真管用，两天就好了。‖—昨天的晚会你去了吧，怎么样？—你还别说，昨天的晚会还真热闹，节目也特别精彩。‖—你看我穿这身衣服怎么样？—你还别说，穿上这身衣服，你显得精神多了。

解释▶ 确认某种说法或事实，引出后面具体内容。有的内容多是顺着前面的人说，也有的是出乎意料的，但多往好的方面说。多用来回答并引起对方的注意。结构位置比较灵活，有时前面有别的句子进行说明。多用于好的、愉快的事情。○多用于对话，口语。

★ **（你）还别说，小句。** 可独立成句。结构中的“（你）还别说”常在句首，作为插入语。

扩展▶（你）还别说，这孩子挺聪明的；（你）还别说，从那以后，他安静多了；（你）还别说，真有那么回事儿；（你）还别说，现在生活好得天天跟过年似的；（你）还别说，他还真的亲自来了；你还别说，他现在比以前进步多了。

【你看看（…），…】 nǐ kànkan（…），… ［一级］

①例句▶ 你看看，一个大学生，竟然做出这种事情来，书真是白读了。‖你看看，别人都在外面挣钱，只有你整天待在家里，什么也不干。‖我才出了几天差，你看看这个家，都脏成什么样子了！

解释▶ 放在句首，引起对方的注意。后面是说话人不满意某人、某事的具体内容。多用来责问、批评某人，含有生气、埋怨或责备的意味，语气较强。多用于不好的、不愉快的事情。○多用于对话，口语。

②例句▶ 老板在听完那家公司的成功经验后说："你看看人家公司，做什么都有计划，咱们真该好好学习学习。"‖看到学生把生病的老师照顾得这么好，同屋的病友都说："还是当老师好，你看看人家这学生，真比亲儿子还亲呀！"

解释▶ 放在句首，引起对方的注意。后面是说话人表扬、赞赏某人、某事的具体内容。多用来表扬别人，较少用在自己身上。含有夸奖、赞赏或羡慕的意味，有时带有感叹的语气。前后往往有比较对照，暗含自己或某人不如的意思；也常有别的句子说明相关情况。○多用于对话，口语。

★ 1）**你看看，小句。**

2）**你看看＋名词，动词／小句。**

可独立成句。结构1）中的"你看看"在句中作插入语。

扩展▶ **用法1）**说话人不满意某人、某事：你一出去就是几年，你看看，我们这几年是怎么生活的；你看看，你都做了什么好事儿；你看看你们自己，一个个都像什么样子；你看看你的手，都脏成什么样了；你看看你写的字，谁能认出来；你看看你的成绩，差到什么地步了。

用法2）说话人表扬某人、某事：你看看，他们做得多好；你看看，人家孩子分多高啊；你看看，他表演得多棒；你看看，这姑娘多漂亮；你看看人家这学生，成绩多好啊；你看看他写的字，写得多么整齐。

【你看＋我／你／他…】 nǐ kàn+wǒ／nǐ／tā… ［一级］

①例句▶ 哎呀，现在都五点多了吧，你看你，光顾着聊天儿，都忘了做晚饭了！‖你看我，洗好的水果放在厨房里忘了拿出来，你等会儿，我马上去拿。‖你看他，对我说话是什么态度，一点儿也不礼貌，太过分了，怎么说我也是他的长辈。

解释▶ 引起对方注意，引出谈论的对象。多放在句首，后面是说话人对自己或别人的错事或不利情况的说明。多把自己或别人往不好的方面说。说自己，表示自嘲；说别人含有批评、埋怨的意味，带有责备的语气。多用于不好的、不愉快的事情。○多用于对话，口语。

②例句▶ 你看你，年纪虽然比我们大，可身体却比我们棒多了。‖ 你看我，每天坚持锻炼，身体不比你们年轻人差吧？‖ 你看他，每次别人有困难，他总是主动去帮助。多热心，多够朋友！

解释▶ 引起对方注意，引出谈论的对象。放在句首，后面说话人认为自己或某人做得比别人好，或有特点、有个性或有成功的经验等。把自己或别人往好的方面说。说自己，含有自信、自豪的意思；说别人，含有赞赏、羡慕的意味。语气较轻松。多用于好的、愉快的事情。○多用于对话，口语。

★ **你看＋代词（指人），小句。** 可独立成句。结构中的代词可以是第一人称的“我（们）”，第二人称的“你（们）”或第三人称的“他（们）、她（们）”。结构中的“你看＋代词”在句中作插入语。

扩展▶ **用法1**）往不好的方面说：你看你，想到哪儿去了；你看你，怎么把事情搞成这样；你看我，差点儿又做错事儿了；你看我，什么也干不好；你看他，越来越不像样了；你看他们，哪像个做生意的。

用法2）往好的方面说：你看我，越锻炼越精神；你看他，这身板，这腿脚，不比你们年轻人差吧；你看他，长得多精神、多帅气。

【你看 … 行不行】 nǐ kàn … xíng bu xíng ［一级］

见438页【你看 … 怎么样】条。

【你看 … **怎么样**】 nǐ kàn … zěnmeyàng ［二级］

例句▶ 如果你们实在想不出什么办法，我倒是有个主意，你们看这个主意怎么样？‖ 老李，你写报告比较有经验，你看这样写怎么样，如果不行我再改。‖ 他明天上午就要坐飞机回美国了，你看我去机场送送他怎么样？

解释▶ 你觉得……怎么样。常用在对话中，先对将要做的事提出自己的计划或想法，再听听对方的意见；或者先说自己已经做的事情，希望听听别人的意见和建议。带有商量的语气，有时含有礼貌、谦虚的意味。○多用于对话，口语。◇ 也说“你看…行不行”。

★ **你看＋名词/动词/小句＋怎么样。** 框架格式。可独立成句。可以作特殊疑问句，也可作一般陈述句。

扩展▶ 你看这样写怎么样；你看用这个盒子装怎么样；你看在这里买房子怎么样；你看这个菜这样做怎么样；你看让他参加怎么样；你看我们下周

一出发怎么样；你看我这样布置怎么样；你看我穿这件衣服怎么样。

【你…你的（吧）】 nǐ … nǐ de（ba）［一级］

例句▶ 你做你的，只要自己觉得是对的，就别管别人怎么想、怎么说。‖ 你快睡你的吧，都夜里十二点了，明天还要上班呢。‖ 我就在这儿随便看看，你忙你的，不用管我。

解释▶ 建议、劝说别人（继续）做自己的事，不要受周围或外面的影响。具体意思比较多：有时是鼓励对方继续做，不用多考虑其他因素；有时是不想给对方添麻烦，这时含有安慰的意味；也有时是嫌对方不能安心做事，这时含有埋怨的意味；等等。语气较缓和。结构位置较为灵活，或者在句首，或者前面有别的句子说明，后面多有别的句子进行补充。○多用于对话，口语。

★ **你＋动词＋你的（吧）。** 框架格式。可独立成句。结构中的动词多是表示持续动作的动词。

扩展▶ 你说你的吧，他们等会儿再说；你走你的吧，时间来不及了；你玩儿你的吧，妈妈没空陪你；你等你的吧，我先走了；你就吃你的吧，后面还有呢；你复习你的吧，考试结束了再说；你看你的吧，我不去看；你买你的吧，她不买了；你学你的，不要多管闲事。

【你A你的（…），我A/B我的（…）】 nǐ A nǐ de（…），wǒ A / B wǒ de（…）［一级］

①例句▶ 会上，大家你说你的理，我说我的理，看法很不一样，最后也没达成一致的意见。‖ 虽然大家在一个房间，但是你写你的作业，我上我的网，互相并没有影响。

解释▶ 双方各干各的事、各说各的话。有时含有互相没有关系或者互不影响的意味；有时含有双方差异很大，不一致的意味。结构位置比较灵活，前后常有别的句子作相关的说明或补充。○多用于对话，口语。

②例句▶ 每个人都有选择自己生活的权力，我过我的穷日子，你过你的富日子，谁也别管谁。‖ 我们虽然一块儿长大，不过现在你当你的老板，我打我的工，我不管你的闲事，你也别找我的麻烦。

解释▶ 指自己跟对方不是同类人。表达时多是抬高对方的地位，降低自己的地位，使双方地位互相形成对立。表示说话人的态度和志气，含有宁可穷、坏、差也不求对方的意味。多用于不好的、不愉快的事情。○多用于对话，口语。

③例句▶ 有些调皮的孩子很让家长头疼，他们对付家长的办法是，你说你的，我做我的，或者你说我时我听着，你走了我又做自己的了。‖ 这些人就是这样，你罚你的，我做我的，根本就不把上面的规定当回事。

解释▶ 不管家长或上级管理部门怎么决定、怎么做，孩子或下面的人往往采用隐蔽的办法，坚持自己的做法；有时也指总有办法对付上面管理上的规定，不把上面的规定当回事。用于他人，含有无奈、责备、批评的意味；用于自己，含有自认为很厉害的意味。多用于不好的、不愉快的事情。○多用于对话，口语。注意▶ 除了第二种以外，第一、三种用法中的“你、我”泛指事情的双方，插入的动词可以相同，也可以不同；后面的宾语可以相同，也可以不同。

★ 1）**你 + 动词 + 你的 +（名词），我 + 动词 + 我的 +（名词）。**

2）**你 + 动词 $_1$ + 你的 +（名词 $_1$），我 + 动词 $_1$ / 动词 $_2$ + 我的 +（名词 $_2$）。** 可独立成句。结构中的两个分句有并列关系。

扩展▶ **用法 1**）表示双方各干各的事、各说各的话：你种你的地，我种我的地；你说你的意见，我提我的想法；你玩你的游戏，我上我的网；你唱你的歌，我看我的电视。

用法 2）表示自己跟对方不是同类人：你开你的车，我走我的路；你当你的大领导，我做我的穷学生。

用法 3）表示晚辈或下级采用隐蔽的办法和……作对：你管你的，我做我的；你查你的，我卖我的。

【你让我 A，我能不 A / B 吗】 nǐ ràng wǒ A，wǒ néng bù A / B ma ［二级］

例句▶ —你来得可真早啊！—你让我早点儿到，我能不早点儿到吗？‖—有个文件必须今天写完，所以你得晚点儿回家，有问题吗？—老板，您让我加班，我能不听您的吗？‖—实在感谢你，帮了我一个大忙！—快别这么说，我们是多年的老朋友，你让我帮你这个忙，我能不帮吗？

解释▶ 因为某种原因（上下级、亲人、朋友等关系），你让我做某事，我当然会做，或不得不做，或不敢不做。后一个小句用否定形式的反问句表示肯定的意思。多用于回答对方的话。有时含有无奈的意味，语气较强；有时也用来开玩笑。结构位置比较灵活，前后常有别的句子作相关的说明或补充。○多用于对话，口语。

★ **你让我 + 动词 $_1$，我能不 + 动词 $_1$ / 动词 $_2$ + 吗。** 可独立成句。结构中的两个分句有因果关系或条件关系。结构中的动词 $_1$ 和动词 $_2$ 多是意思相同或相近的词组。

扩展▶ 你让我马上回家，我能不快点儿回来吗；你让我等你，我能不听你的吗；你让我用心学习，我能不用心吗；你让我考第一名，我能不好好准备吗。

【你说A吧，…，你说不A吧，…】 nǐ shuō A ba，…，nǐ shuō bù A ba，… ［一级］

例句▶ 这个手机确实好，可我心里有点儿矛盾，你说买吧，我觉得价格有点儿高，你说不买吧，我又确实很喜欢。‖ 今天他给我打电话，非要我参加他的生日晚会。你说去吧，我又没时间，你说不去吧，他又会不高兴，唉！‖ 这次考试也不知道是怎么回事，你说难吧，有好几个学生得满分，你说不难吧，大家总体又考得不太好。

解释▶ 从正反两个方面说明某件事情或评价某种情况。表示说话人拿不定主意的矛盾、犹豫心理或不确定的态度。带有为难、无奈的意味。多放在句尾，前面常有别的句子作相关的说明。○多用于对话，口语。

★ 1）**你说＋动词＋吧，小句$_1$，你说不＋动词＋吧，小句$_2$。**

2）**你说＋形容词＋吧，小句$_1$，你说不＋形容词＋吧，小句$_2$。**

可独立成句。结构中的两个分句有并列关系。

扩展▶ **句型1）**你说他知道吧，他又装作什么都不知道，你说他不知道吧，他又好像知道些什么；你说同意吧，下属不开心，你说不同意吧，上级不开心。

句型2）你说重要吧，又不太重要，你说不重要吧，有时候又重要；你说胖吧，班上比他胖的还有好几个，你说不胖吧，以前的衣服都穿不下了。

【你说A不A】 nǐ shuō A bù A ［一级］

例句▶ 你说气人不气人，我们明明说好了两点见面，可他却睡过头了，让我白等了一个小时。‖ 你都大学毕业了，连一份报告都不会写，你说丢人不丢人。‖ 一个人在外地，钱包丢了，手机也没电了，你说我当时急不急。

解释▶ 你觉得怎么样。表面上是想问对方的意见，其实不需要对方回答。多用于说话人告诉对方某人某事，希望引起对方的注意，得到他的赞同，如："真……（啊）、是啊、那是、那可不"等；有时也用于责问对方。含有责备、抱怨、无奈的意味，语气较强。放在句首，后面有别的句子解释原因；也可以放在句尾作为总结，前面有别的句子说明情况。多用于不好的、不愉快的事情。○多用于对话，口语。

★ 1）**你说＋动词＋不＋动词。**

2）**你说＋形容词＋不＋形容词。**

框架格式。可独立成句。

扩展▶ 句型1）你说可以不可以；你说他们这样讲不讲理；你说我该不该这样批评他们；你说他这样做好意思不好意思；你说我舍得舍不得。

句型2）你说傻不傻；你说难过不难过；你说他们这样做过不过分；你说难不难；你说对不对；你说好笑不好笑。

【你A我B】 nǐ A wǒ B ［一级］

例句▶ 为了能在期末考试中取得第一名，同学们在学习上你追我赶，就怕自己落在后边。‖ 结婚是你情我愿的事，如果你觉得他不合适，就早点儿拒绝他。‖ 朋友之间本应该你来我往，今天我送点儿东西给你，明天你再送点儿东西给我。

解释▶ 双方互相……。多指双方在同一件事情上的态度、做法和关联，或者比喻互相配合、经常往来，或者比喻互相争抢、互不相让，等等。这里的“你、我”泛指事情的双方。结构位置比较灵活，前后常有别的句子作相关的说明或补充。○多用于描写和叙事，口语。

★ **你＋动词$_1$＋我＋动词$_2$。** 框架格式。在句中常作谓语、定语。结构中的前后两个动词多是意思相近或相关的单音节词，构成四字格式。

扩展▶ 他们俩你争我夺，差点儿打起来；相声表演经常是你问我答，一来一往；这两个演员你说我唱，配合得很好；看到空座位不能你争我抢，要让给需要的人坐；上车的时候免不了你推我挤。

【你A我，我A你】 nǐ A wǒ，wǒ A nǐ ［一级］

例句▶ 老师的问题一提出，大家你看看我，我看看你，都不知道该怎么回答。‖ 地铁比公共汽车速度快很多，但是人太多。尤其是上下班时间，地铁里你挤我我挤你的，有的时候动也动不了。‖ 社会本来就是一个大家庭，人与人之间应该形成你尊重我，我尊重你的好风气，这样才能感受到大家庭的温暖。

解释▶ 两个或两个以上的人或部门互相做同一动作或事情。有的是描写互相之间的动作，有的是指互相的态度等。这里的“你、我”不指具体的人，表示动作或事情的双方或多方。前后插入的动词相同。结构位置比较灵活，前面常有一个句子作总体的说明，后面再分说，并且有别的句子作进一步补充。○多用于叙事和对话，口语。

★ **你＋动词＋我，我＋动词＋你。** 在句中作谓语、定语，也可独立成句。结构中的动词可以重叠。结构中的两个分句有并列关系。

扩展▶ 你帮我，我帮你，这是应该的；你们不能你骗我我骗你的；每年都是你请我我请你；你骂我我骂你的，这样好吗；你问我，我问你，互相问来问去；你讲我，我讲你，有什么意思；这些男孩子没事就你打我我打你，整天打打闹闹的；问题怎么可以你推给我我推给你呢。

【你 / 他 + 呀，就是 … 】 nǐ / tā + ya，jiù shì … ［一级］

例句▶ 你呀，就是太粗心了，明明一点儿都不难的题目，你却总是做错，不能仔细点儿吗？‖ 她呀，就是不喜欢打扮自己，其实她长得挺漂亮的，如果稍微打扮一下，一定更漂亮。‖ 你呀，就是不爱惜自己的身体，每天都工作到深夜，这样下去身体会受不了的。

解释▶ 放在句首，引起听话人的注意，“就是”引出的句子表明说话人对听话人的不理解或批评，劝听话人不要再那样做或者应该怎么做。含有责备的意味，语气较强。用于第三方时，表示对第三方的不理解、责备，或议论第三方不该怎么样。话说得比较直接，所以多用在关系密切的人（如好朋友、夫妻）之间，或相互比较熟悉的长辈与晚辈之间。○多用于对话，口语。◇ 也说“他呀，就是…”。

★ **你 / 他 + 呀，就是 + 形容词 / 动词。** 可独立成句。

扩展▶ 你呀，就是太傻了，什么都听他的；你呀，就是太好说话了；他呀，就是胆小怕事；你呀，就是太不懂事了；他呀，就是永远睡不醒；他呀，就是什么都不在乎；他呀，就是干起活儿来不要命。

【你也不 A A】 nǐ yě bù A A ［一级］

例句▶ —他怎么英语说得这么流利？—那当然，你也不问问他在哪儿工作，他一直在外企，同事都是老外。‖ 我给你的这个价格是最低的了，你也不打听打听，其他商店卖多少钱。

解释▶ 说话人建议对方应该试试做某事。表示某种情况已经很明显了，对方应该意识到。用否定形式的反问句表示肯定“你应该……”的意思，用来提示对方，后面进一步说明事实、道理或情况，有时带有责备、埋怨的意味，语气较委婉。结构前常有别的句子作相关的说明。○多用于对话，口语。

★ **你也不 + 动词 + 动词。** 可独立成句。

扩展▶ 你也不看看，外面什么价；你也不听听，别人怎么说；你也不说说，你自己做得怎么样；你也不试试，你能穿吗；你也不考虑考虑，这样下去行吗。

【你以为…啊】 nǐ yǐwéi … a ［二级］

例句▶ —这个数学题我算了很久还没算出结果。—你以为那么简单啊，连老师都觉得很难。‖—他去旅游都这么久了，怎么还不回来呢？—你以为他还在旅游啊，人家早已经回来了。

解释▶ 以为：以前觉得是这样的，但实际不是这样。多用于回答对方的话，提醒听话人他的想法是错误的。用肯定形式的反问句表示否定的意思。有时含有责备、埋怨、讽刺的意味。多放在句首，后面有别的句子补充说明事实、情况或道理。多用于一般的、不愉快的事情；有时也用于好的、愉快的事情。〇多用于对话，口语。

★ **你以为＋形容词／小句＋啊。** 框架格式。独立成句。

扩展▶ 你以为你还小啊；你以为他会原谅你啊；你以为他把你当朋友啊；你以为我怕他啊；你以为他真的喜欢你啊；你以为你说的都是对的啊；你以为我是为他来找你的啊；你以为你是什么人啊；你以为我们不想你啊；你以为父母不爱你啊。

【你有你的A，我有我的A／B】 nǐ yǒu nǐ de A，wǒ yǒu wǒ de A／B ［一级］

例句▶ 我知道，在这件事情上，你有你的理，我有我的理，但我们能不能坐下来好好谈一下呢？‖在生活方式上，你有你的观点，我也有我的看法，你总不能要求我接受你的观点吧。‖—我不是告诉你买那款手机吗？—你有你的追求，我有我的选择，买什么应该由我自己决定。

解释▶ 双方都有自己的……。用来说明两人想法、情况等不一样，要互相商量、理解；有时也表示说话人不想按照对方的想法去做，希望对方不要强求。多用来说明道理或反驳对方。也可以用于第三方。前面常有别的句子作相关的说明，后面的句子或进行补充，或说明理由。多用于有争议的事物。〇多用于对话，口语。

★ 1）**你有你的＋名词，我有我的＋名词。**

2）**你有你的＋名词$_1$，我有我的＋名词$_2$。**

可独立成句。结构中的两个分句有并列关系。其中结构2）中的名词$_1$和名词$_2$多是意思相关或相近的词语。

扩展▶ **句型1）**你有你的观点，我有我的观点；你有你的无奈，我有我的无奈；你有你的理由，我有我的理由。

句型2）你有你的人生，我有我的旅程；你有你的生活，我有我的方向；你有你的难处，我有我的无奈；他有他的道理，我有我的解释。

【你再 …】 nǐ zài … ［一级］

例句▶ 说过多少遍了，晚上别吃这些东西。你怎么不听啊？你再吃！‖一到周末整天就在家里玩儿电脑，也不做点儿别的。你听到没有？你再玩儿，我把电脑给你搬走了。‖笑什么笑？有什么好笑的！你还笑？你再笑，看我怎么收拾你！

解释▶ 如果你敢继续做某事（将会发生严重的后果，或说话人会采取某种行动）。多用来制止或吓唬、威胁、警告对方，有时带有不耐烦的意味，语气很强。多是长辈对孩子说的。有时也用于朋友、亲人之间，这时含有开玩笑的意味。放在句首，后面多补充要采取行动的具体内容；放在句尾，前面常有进行批评指责的话。多用于不愉快的事情。○多用于对话，口语。

★ **你再＋动词。** 可独立成句。结构中的动词多是表示持续性动作的词语。

扩展▶ 你再哭，就出去哭；你再闹，就把你赶出去；你再吃，我就把它扔了；你再叫，给我出去叫。

【宁可 A 也（不）B】 nìngkě A yě（bù）B ［七—九级］

例句▶ —都这么晚了，别再做了，快休息吧！—我宁可少睡点儿觉，也要把今天的作业做完。‖你怎么老出错？仔细一些，宁可做得慢一点儿，也不要出错。‖暑假期间，有半数以上的孩子每天上网超过 4 个小时，他们宁可和电脑在一起也不想和家人在一起。

解释▶ 经过比较后的选择，表示从两种情况中选择自己喜欢或者自己认为合适的一种，而不愿意做另一件事。多用来表明对某人、某事的态度，含有决心已定的意味。有时表示这样选择的目的，有时表示对某人或某事的态度，语气较强。结构有时直接用于回答，有时前面有别的句子说明情况。○多用于叙事和对话。◇也说“宁愿 A 也（不）B”“情愿 A 也（不）B”。

★ **宁可＋动词$_1$ / 小句＋也（不）＋动词$_2$。** 在句中作谓语，也可独立成句。结构中的两个分句有选择关系。结构中的动词$_2$常以“要、愿意、想、得”等词语开头。

扩展▶ 宁可不吃不喝也要买下这件衣服；宁可多花些钱也要住上舒服的房子；宁可花一天的时间也要去见他；宁可穿旧衣服也不穿他送的新衣服；宁可饿着也不接受别人的东西；宁可一辈子单身也不跟他过。

【宁愿 A 也（不）B】 nìngyuàn A yě（bù）B ［七—九级］

见 445 页【宁可 A 也（不）B】条。

P

【排名第…，仅次于…】 páimíng dì…，jǐn cì yú… ［三级］

例句▶ 在关于最受消费者欢迎的饮料调查中，咖啡排名第二，仅次于茶。‖中国陆地面积约为960万平方千米，在世界上排名第三，仅次于俄罗斯和加拿大。

解释▶ 第……名，只比……低，只在……的后面。表示介绍某人或事物，说明某人或某物在……中的地位较高。其中的数字不只限于第二位，但一般都是靠前的。多用于正式场合介绍或叙述情况。放在句尾，前面有别的句子作相关的说明。多用于已经出现结果的事物。○书面语。◇ 也说"位列第…，仅次于…"。

★ **排名第＋数词，仅次于＋名词$_1$＋(名词$_2$…＋和＋名词$_n$)。** 在句中作谓语。结构前有时会出现"在＋名词"作状语，说明比较的范围。

扩展▶ 他考试成绩排名第二，仅次于小明；网民人数排名第二，仅次于上海；这个国家的富人在世界排名第三，仅次于美国和德国；国民收入排名第三，仅次于美国和英国；综合实力排名第三，仅次于北京大学和清华大学。

【派…来…】 pài…lái… ［三级］

例句▶ —小王怎么没来？—他今天有事儿，不会来了，所以公司派我来跟你谈一谈。‖—听说公司派小李来上海出差了，你知道吗？—是吗？没听说啊，我打个电话问问他。

解释▶ 单位或公司要求或安排某人到某地，或做某事。"来"表示某人要到或已经到说话人或听话人在的地方做某事。多用在部门、单位、国家内或国家之间的工作方面。结构位置比较灵活，前后常有别的句子作相关的说明或补充。○多用于叙事和对话。◇ 也说"派…去…"。这时表示某人要或已经远离说话人在的地方做某事。

★ 1）**派＋名词/代词（指人）＋来＋地点名词/动词。**

2）**派＋名词/代词（指人）＋来＋地点名词＋动词。**

框架格式。在句中常作谓语。兼语式。结构中的"名词/代词"既是"派"的宾语，又是动词"来"的主语。

扩展▶ **句型1）** 派我来北京；派他来上海；派他来参加这次会议；派人来看望我们；派人来调查；派检查团来检查工作；派市民来旁听会议；派负

责人来解答问题。

句型 2）派我来你们公司解决问题；派学生来中国学习；派他来我们学校开会；派我们几个人来上海参观。

【派 … 去 … 】 pài … qù … ［三级］

见 446 页【派 … 来 … 】条。

【赔（…）不是】 péi（…）bùshi ［五级］

例句▶ 多大的事儿呀，你就向他赔个不是吧，他一定会原谅你的。‖ 我已经向他赔过一次不是了，可他还是不肯原谅我，你说怎么办啊？ ‖ 小李因路上堵车约会晚了十分钟，到了以后赶紧跟女朋友赔了许多不是，女朋友总算原谅他了。

解释▶ 表示向人赔礼道歉，承认错误。结构前常有“向 / 给 / 跟 + 名词 / 代词（指人）”介词短语表示对象。用在自己身上表示向对方道歉；用在对方身上表示劝他向别人道歉。结构前常有“已经、赶紧、应该、赶快”等词语。前后常有别的句子作相关的说明或补充。○多用于对话，口语。

★ **赔 +（数量短语）+ 不是。** 动宾结构。在句中常作谓语。结构中的“赔不是”是动宾结构。结构中的“赔”可表达为“赔了不是、赔过不是、赔赔不是”等；结构中的“不是”可表达为“许多不是”。

扩展▶ 赔了半天不是也不行；赔完了不是；赔赔不是就好了；我是来向你赔不是的；你赶紧跟她赔个不是；还不快赔不是。

【赔着笑脸 … 】 péizhe xiàoliǎn … ［五级］

例句▶ 我平时连话都不爱跟他说，你居然让我赔着笑脸去求他，我真的办不到。‖ 因为一个小小的误会，顾客生气了，服务员没办法，只能赔着笑脸跟他耐心解释。

解释▶ 心里不愉快，但是脸上得表现出没事的样子，还必须微笑地对待别人，实际上是假装的笑。多是指在做某个动作的同时面带微笑。多因某种原因、求别人做事或地位较低等，而不得不做出的样子。前后常有别的句子作相关的说明或补充。可用于不愉快的事情。○多用于叙事和对话。

★ **赔着笑脸 + 动词。** 在句中常作谓语。

扩展▶ 赔着笑脸向他们道歉；赔着笑脸听他说；赔着笑脸为他们服务；连忙

赔着笑脸说好话；赔着笑脸不断地劝他；赔着笑脸听他讲话；赔着笑脸跟老板喝酒。

【碰（…）运气】 pèng（…）yùnqi ［四级］

例句▶ 昨天他就是在人民路附近卖小吃，生意特别好，所以今天他还打算去那儿碰碰运气。‖ 大家都觉得他这次数学考试第一名是碰运气碰上的，只有他自己明白，最近他在数学上下了多大功夫。‖ 你今天迷路遇上他，算你运气，下次可再也碰不到这样的好运气了。

解释▶ 运气：幸运的机会。试试自己的运气怎么样，看看能不能得到成功的机会。多带有一种侥幸的心理。用于已经发生的事时，含有某人运气很好的意味。结构位置较灵活，前后常有别的句子作相关的说明或补充。○多用于对话，口语。

★ **碰＋（补语）＋（形容词）＋运气。** 动宾结构。在句中常作谓语。结构中的“碰运气”是动宾结构。结构中的补语多是“（不）到、（不）上、一下”等。

扩展▶ 我想碰一下运气；你别想碰运气；有时也要碰运气；你真是碰到了好运气；这次碰上了好运气；这显然不是碰运气碰来的。

【凭…对…的了解】 píng … duì … de liǎojiě ［五级］

例句▶ 不用担心，凭我对你的了解，这次考试你肯定能通过。‖ 我知道你比较懂汽车，凭你对车的了解，这个价格买什么车比较合适？ ‖—这件事难道真的是他干的？—凭咱俩多年对他的了解，我觉得他干不出这种事情来的。

解释▶ 凭：根据。根据某人对某事物或另一个人的认识。多作为对人、事物或事情发展变化进行判断和估计的基础，引出后面的问题或者判断、推理。可用于记者访谈的问话，也可用于一般的回答。结构位置比较灵活，前后常有别的句子说明情况或进行判断。○多用于分析和对话，口语。

★ **凭＋名词$_1$/代词$_1$（指人）＋对＋名词$_2$/代词$_2$（指人）＋的了解。** 介词短语。在句中常作状语。

扩展▶ 凭我们对专业的了解；凭我对计算机技术的了解；凭你对中国历史的了解；凭他对经济市场的了解；凭他对员工的了解；凭他对科学知识的了解；凭着商家对消费者心理的了解。

【凭什么…】 píng shénme … ［五级］

例句▶ 这些事儿都只是你自己说出来的，我们又没有亲眼看到，凭什么相信你？‖他说的有道理，我说的更有道理，你凭什么要支持他呢？‖我就是想不通，全班学习差的有好几个，怎么就我一个人没通过，凭什么我就这么倒霉，别人都那么走运？

解释▶ 凭：根据。为什么……。质问某人某事的原因或根据。表示说话人对某件事表示怀疑或不满，认为没有理由……。质问的原因有时是不了解，有时是觉得不合理、不公平，有时是其他偶然因素等。有时含有不满、抱怨的意味，带有气愤的语气。多放在句尾，前面常有别的句子说明情况和理由。多用于已经发生的、不愉快的事情。○多用于叙事和对话，口语。

★ **凭什么＋动词／小句。** 在句中作谓语，也可独立成句。

扩展▶ 凭什么不让我走；我的房子凭什么一定要卖给你；他凭什么不邀请我；他们凭什么吹这个牛；凭什么让人瞧不起；买一样的东西，你们凭什么多收我 20 块；凭什么说我们的东西是假的。

【凭着 …】 píngzhe … ［五级］

例句▶ 几年前我曾经来过这个地方，还有点儿印象，所以这次我凭着记忆找到了这儿。‖—他不是已经工作了吗？怎么总是说自己没钱？—他打工的收入太少了，凭着他那点儿工资，根本养不活自己。‖这家商店已经开了很长时间了，凭着便宜的价格和良好的服务，受到了广大顾客的欢迎。

解释▶ 依靠某种能力、依赖某事物（做某事或得到某种结果）。多用来叙述某人怎样做某事。多指积极的事情或好的结果，含有表扬、夸奖的意味。多放在句尾，前面常有别的句子作相关的说明。多用于已经发生的事情。○多用于叙事。

★ **凭着＋名词＋动词。** 在句中常作谓语。结构中的“凭着＋名词”和动词构成连动式。

扩展▶ 凭着信心和能力，他们终于成功了；凭着多年的经验修理好了那台机器；凭着优质的服务受到了广大顾客的欢迎；凭着自己的双手创造了幸福的生活；不应该凭着感觉做事情；凭着坚强的意志完成了任务。

【颇受 …】 pō shòu … ［七—九级］

例句▶ 最近学校来了位新老师，他年轻幽默、性格开朗活泼，教学方法灵活多变，颇受学生喜爱。‖这种品牌的电视机质量跟进口电视机差不多，价格却比它们便宜近一半，因此颇受市场欢迎。‖这是一部颇受争议的电影，有人认为它拍得很成功，有人却认为它拍得特别差。

解释▶ 颇：很。很受……，非常受……。多用来评价描写某人某物，可指好的或不好的事情。结构或者放在句首，后面有句子说明原因或情况；或者放在句尾作为结果，前面有别的句子解释原因。○多用于叙事，书面语。

★ **颇受 +（名词 / 代词［指人］+［的］）+ 动词。** 在句中常作谓语、定语。结构中的名词、代词、动词多是双音节词。

扩展▶ 颇受好评；令人颇受感动；使人颇受启发；效果颇受影响；颇受食客（的）欢迎；颇受学生（的）尊敬；颇受客人（的）赞赏；颇受读者（的）关注；颇受人们（的）重视；他是一个颇受争议的作家；这是一个颇受关注的话题。

【颇为 … 】 pō wéi … ［七—九级］

例句▶ 这个故事虽然很简单，却颇为有趣，孩子们听得津津有味的。‖ 这家博物馆的馆长颇为自豪地说，馆内的许多文物都是世界上唯一的，十分珍贵。‖ 看着总经理颇为不满的表情，我就知道，这次开会准没什么好事儿。

解释▶ 颇：很。表示某种性质或状态的程度很高。多用于评价或描写某人某物。可指好的或不好的事情。结构位置比较灵活，前后常有别的句子说明情况或补充。○多用于叙事，书面语。

★ **颇为 + 动词 / 形容词。** 在句中常作谓语、定语、状语或补语。结构中的动词多是表示心理活动或状态的词语。结构中的形容词或动词多是双音节词，构成四字格式。

扩展▶ 对他颇为了解；那里工作颇为紧张；他讲话的语气颇为乐观；两地情况颇为相似；我们颇为担心；领导颇为满意；这事件颇为引人注意；对此颇为遗憾；他颇为直接地问道；干得颇为出色；这几年过得颇为平静。

Q

【七A八+A/B】 qī A bā +A/ B ［一级］

例句▶ 见到老师，大家都围了上来，七嘴八舌地说着刚才发生的事情。‖ 接到你的电话，知道你现在安全了以后，我这颗七上八下的心终于落下来了。‖ 得知他的孩子生了大病以后，同事们七拼八凑，凑了两万块，希望能帮助他解决一些实际的困难。

解释▶ 表示多而杂乱或者不整齐。大多指不太好的事情或现象，有些带有贬义色彩。前后常有别的句子作相关的说明或补充。注意▶ 有的格式有自己特有意义，如："七老八十" 指年纪大，"七折八扣" 指扣掉很多，"七推八阻" 指有意为难，等等。多用于不愉快的、不太好的抽象事物。○多用于描写和叙事、对话。

★ 1）**七+名词$_1$+八+名词$_2$**。

2）**七+动词$_1$+八+动词$_1$/动词$_2$**。

3）**七+形容词$_1$+八+形容词$_2$**。

框架格式。在句中常作主语、宾语、谓语、定语、状语、补语等。结构中的前后两个名词、动词、形容词多是意思相近或相反的单音节词，构成四字格式。

扩展▶ **句型1）** 七手八脚；七姑八姨；七荤八素；七灾八难。

句型2） 七搭八搭；七搞八搞；七弯八绕；七零八落；七倒八歪；七拐八弯；七死八活。

句型3） 七长八短；七肥八瘦；七歪八斜。

【其中之一】 qízhōng zhī yī ［二级］

例句▶ —听说这次的英语考试挺难的，你考得怎么样？—班上一共才8个人通过考试，我就是其中之一。‖ 他有很多爱好，听音乐就是其中之一，除了上课、做作业以外，大部分时间他都在听音乐。‖ 进入大学学习前，爸爸给我提了几点要求，其中之一就是多锻炼身体。

解释▶ 之：的。前面说的人或事物中的一个。多用于正式场合或书面表达。结构位置比较灵活，前后常有别的句子进行说明或补充。○多用于叙事和对话，书面语。

★ 1）**名词/代词/动词+（就）是+其中之一**。

2）**其中之一+（就）是+名词/代词/动词**。

可独立成句，结构中的“其中之一”在句中作主语、宾语。

扩展▶ **句型1）**很多人不爱吃辣椒，我（就）是其中之一；有很多理想的职业，医生（就）是其中之一；好几个人都被他骗了，你（就）是其中之一；他有很多爱好，画画儿（就）是其中之一。

句型2）他的新工作有几个好处，其中之一（就）是环境好；妈妈给我提了几点要求，其中之一（就）是多参加活动；那两封信其中之一（就）是从法国寄来的。

【岂止（是）…，**简直**（是）…】 qǐzhǐ（shì）…，jiǎnzhí（shì）… ［三级］

例句▶ 你做的这个菜岂止是菜，它简直就是艺术品，从色香味各个方面来看都是完美的。‖—他只是借走了你的一本书，你用得着那么生气吗？—岂止是借，那简直就是抢。我说不借，他就直接拿走了！‖—他真不聪明，把这么好的机会白白丢了！—他岂止是不聪明，简直就是笨！

解释▶ 岂：怎么，哪。不止是……，几乎、差不多可以说是……。前一小句用肯定形式的反问句表示否定的意思，意思是这个说法远远不够；后一小句提出更进一步、程度更高的说法。多用来对某人某事进行评价，有时带有激动或气愤的语气，表达夸张，语气较强。结构位置比较灵活，前后常有别的句子作相关的说明或补充。○多用于叙事、对话等。

★ 1）**岂止＋是＋名词$_1$，简直＋是＋名词$_2$**。

2）**岂止＋是＋动词$_1$，简直＋是＋动词$_2$**。

3）**岂止（是）＋形容词$_1$，简直（是）＋形容词$_2$**。

在句中作谓语，也可独立成句。结构中的两个分句有递进的关系。

扩展▶ **句型1）**岂止是笑话，简直是一个讽刺；岂止是人才，简直是天才。

句型2）岂止愿意，简直非常渴望；岂止是不喜欢，简直是讨厌；岂止是失望，简直是绝望；岂止是有点儿不足，简直是失败；岂止是误导，简直是在骗人；岂止是不赚钱，简直就是亏本。

句型3）岂止（是）一般，简直（是）太漂亮了；岂止是像，简直是一模一样。

【V起…】 V qǐ… ［一级］

例句▶ 只要一谈起那个女孩儿，小王总是显得很兴奋，就好像又回到了那次的旅行途中。‖每当唱起这首歌，我就会想起我妈妈，因为这首歌是我小时候妈妈教我的。‖在我们的谈话中，他很少讲到他以前的经历，似乎很不愿意提起那段不愉快的往事。

解释▶ 动作涉及（某个人或物）。这里的动词多是“谈、说、讲、问、想、唱、提、回忆”等表示人的思想或持续性动作的词语，后面常引出某方面的具体事情。多用于叙述过去的人或事情。结构位置比较灵活，前后常有别的句子说明原因或补充情况。○多用于叙事和对话，口语。

★ **动词＋起＋名词 / 代词。** 在句中常作谓语。

扩展▶ 说起这件事，他就很兴奋；突然问起这个问题；讲起那些故事，我们好像又回到了那个时代；你好像不愿意提起她；妈妈回忆起了小时候艰苦的生活。

【起…（的）**作用**】 qǐ…（de）zuòyòng ［二级］

例句▶ 水在人们生活中起着重要的作用，人们的生产生活都离不开它。‖ 绿色植物能起到保护环境的作用，所以为了身体健康，我们要多种树。

解释▶ 对某人或某物产生……影响或有效果。这种影响大多是积极方面的，较少是消极方面的。可用于工作、学习、社会生活的各个方面，多用来分析、评价、说明、介绍某人或物。结构位置比较灵活，前后常有别的句子作相关的说明或补充。○多用于叙事和对话。

★ **起＋形容词 / 动词＋（的）作用。** 动宾结构。在句中常作谓语。否定形式为“起不了…（的）作用”“不能起…（的）作用”“没有起…（的）作用”。

扩展▶ 起关键（的）作用；起积极（的）作用；起到很好的作用；起治疗（的）作用；起主导（的）作用；起约束（的）作用；起推进（的）作用；起干扰（的）作用；起保温（的）作用；起防火（的）作用；起净化大气的作用；起保存食物的作用。

【…**起**（…）**来**】[1] …qǐ（…）lai ［一级］

例句▶ 他生日晚会的那天，有的人高兴地大声唱起来了，还有些人跳起舞来，好不热闹。‖ 外面又刮起风来了，快把衣服收进来吧，可能一会儿就要下雨了。‖ 这次的演出太成功了，演出结束时，观众们都热情地鼓起掌来。

解释▶ 动作开始，并且有继续下去的意思。多用来描写人的动作或自然现象。结构前常有“又、都、马上、立即、一会儿、一块儿”等词。结构位置比较灵活，前后常有别的句子作相关的说明或补充。○多用于叙事和对话，口语。

★ **动词＋起＋（名词）＋来。** 框架格式。在句中常作谓语。结构中的名词是动词的受事宾语。

扩展▶ 笑起来；哭起来；很快就走了起来；下起雨来；两人吃起饭来；喝起酒来；一会儿读起书来；马上开起车来；立即拍起手来；一块儿干起工作来；很快就说起汉语来；大把地花起钱来；一到家就玩起游戏来。

【…起（…）来…】[2] …qǐ（…）lai… ［一级］

例句▶ —他跳舞跳得怎么样？—别看他胖胖的，跳起舞来还挺灵活的。‖他平时虽然爱玩儿，但读起书来却很认真，成绩一直都不错。‖—看你开起车来挺熟练的，开了很长时间了吧？—我以前开过十多年的出租车。

解释▶ 表示某人、某动物在做某事的时候表现出来的状态或程度（怎么样）。多用于对某人或某动物的描写和评价，有时带有出乎意料的意味。多是积极的、好的评价，也有消极的评价。结构常由"可是、但是、不过"等转折词引导出来。前面常有其他的句子，或者表示疑问，或者说明情况，后面还有别的句子再进行补充。○多用于叙事和对话，口语。

★ **动词＋起＋名词＋来＋形容词。** 框架格式。在句中常作谓语。结构中的"动词＋起＋名词＋来"在句中作状语。

扩展▶ 别说，大伙儿干起工作来很卖力；他年纪不大，但谈起做生意来挺在行的；他很胖，不过跑起步来挺快的；他不爱说话，可干起活儿来特别厉害；她俩要么不见面，一见面聊起天儿来没完没了。

【…起来没（个）够】 …qǐlai méi（ge）gòu ［二级］

例句▶ 爷爷最喜欢跟我们讲他过去的事情了，说起来没个够。‖我不太愿意和他一起去唱歌，他唱起来没个够，我们都没机会唱。‖在我们公司，就数小王最努力了，干起活儿来没个够，谁也比不上他。

解释▶ 表示开始做某事以后就没有满足的时候，没有结束的时候。形容某人做事十分专注，或想要的太多；有时也指做事情不过瘾。用在好的方面有夸奖的意思，用在不好的方面含有不满、指责、埋怨等意味。前面常有别的句子说明情况，后面的句子有时进行补充，有时指出事情的结果。○多用于叙事和对话，口语。◇也说"…起来没（个）完"。

★ **动词＋起＋（名词）＋来没（个）够。** 在句中作谓语，也可独立成句。结构中的名词也可放在动词前。

扩展▶ 讲起来没个够；吃起来没个够；睡起来没个够；聊起来没个够；写起来没个够；买起衣服来没个够；玩起电脑游戏来没个够；舞跳起来没个够；酒喝起来没个够。

【… 起来没（个）完】 … qǐlai méi（ge）wán ［二级］

见454页【… 起来没（个）够】条。

【… 起（…）来一套一套的】 … qǐ（…）lái yí tào yí tào de ［二级］

例句▶ 我还不了解你吗？讲起大道理来一套一套的，谁说得过你啊！‖ 他虽然年轻，但做生意已经好几年了，谈起做生意来一套一套的。‖ 爷爷最大的爱好就是看报纸，他特别关心新闻，说起国内外的新闻来更是一套一套的。

解释▶（某人）能说出关于某方面的一般的知识和自己的看法，或者一些道理，表达流利、清楚、完整，大多对某方面的情况了解得比较全面，给人感觉有经验、知识丰富或水平比较高，很会说。多用来夸奖别人，有时也用来批评某人。有时带有夸张的意味。结构前常有别的句子进行说明，有时后面也有句子进行补充。○多用于叙事和对话，口语。◇ 也说"说起…（来）一套一套的"。

★ **动词 $_1$ +起+（名词 / 动词 $_2$）+来一套一套的。** 在句中作谓语，也可独立成句。结构中的动词多是"说、谈、讲、教训"等跟表达有关系的词语。

扩展▶ 他别的不行，但说起吃来一套一套的；这人很有水平，谈起理论来一套一套的；别看他学历不高，但讲起道理来一套一套的；他在台上做起报告来一套一套的；这父母怎么教训起人来一套一套的；你可别学他，骂起人来一套一套的。

【千A万B】 qiān A wàn B ［二级］

例句▶ 二十年以前，电脑还很少见，如今，它已经走进了千家万户，成为人们工作学习和生活中必不可少的工具。‖ 休息的时候，我总喜欢抬头看天空，看看那千变万化的云。‖ 经过了千辛万苦，我们终于到达了西藏，看到眼前美丽的景色，我们都兴奋得叫了起来。

解释▶ 千、万：数量多、程度高。人或某物的数量、状态、变化等很多或者某个动作进行了很多次。书面表达中多用来比喻、描写范围大、数量多、程度深、时间长的情况或状态。结构位置较为灵活，前后常有别的句子作相关的说明或补充。○多用于叙事，书面语。

★ 1）**千+名词 $_1$ +万+名词 $_2$。**

2）**千+动词 $_1$ +万+动词 $_2$。**

3）**千+形容词 $_1$ +万+形容词 $_2$。**

框架格式。在句中常作主语、宾语、定语、状语。结构中的两个名词、动词或形容词多是意思相近或相关的单音节词，组成四字格式。

扩展▶ 句型 1）千言万语也表达不了；走过千山万水；一个人怎能比得上千军万马；经历了千难万险；千姿万态的桂林山水；千秋万代地延续下去；有着千差万别。

句型 2）千呼万唤才出来。

句型 3）千辛万苦地来找你。

【千万 … 】 qiānwàn … ［三级］

例句▶ 这是你的机票，登机的时候要检查的，你千万要放好，不能把它丢了。‖ 我把这件事告诉你，你千万不要说出去，否则麻烦可就大了。‖ 我这次是偷偷出来的，千万别让我妈知道。

解释▶ 一定要…… ；一定不能……。有肯定和否定两种形式，用来劝阻、嘱咐或要求他人必须怎么做，语气较强。前后常有别的句子作相关的说明或补充。可用于将要发生的事情。○多用于对话，口语。

★ **千万 + 动词。** 在句中作谓语，也可独立成句。表示肯定时，动词多是“要…”。否定形式为“千万不要…”“千万别…”“千万不能…”等。

扩展▶ 用法 1）用于肯定：千万要小心；千万要仔细；千万要认真听；你千万要听我劝；千万要珍惜啊；千万要保重身体。

用法 2）用于否定：千万不要忘记；千万不要错过这次机会；千万别上当；千万别听他的；千万别当真；千万不能忽视；千万不能打孩子。

【… 前后】 … qiánhòu ［三级］

例句▶ 大概在 2010 年前后，我搬到了这儿，一直住到现在。‖ 春节前后，各个超市的生意都特别好，大家都忙着购买年货或新年礼物。‖ 我是一名教师，每个学期开学前后，是我最忙的时候，既要参加各种会议，又要做详细的教学计划。

解释▶ 前后：比某个特定时间稍早或稍晚的一段时间，可长可短。表示大概在某个时间或发生某件事情的一段时间里。多用来叙述这段时间里发生的事情。结构位置比较灵活，前面通常有表示时间、活动、动作或节庆假日的名词，后面常出现具体的事件、活动内容或相关的说明。○多用于叙事和对话。

★ **名词 / 动词 + 前后。** 在句中作时间状语。结构中的名词表示时间。

扩展▶ 上课前后；新年前后；圣诞节前后；本月 20 日前后；午饭前后；每年中秋前后；他搬家的那天前后；第二次世界大战前后；日出前后；开会前后；天亮前后。

【前者…，后者…】 qiánzhě…，hòuzhě… ［七—九级］

例句▶ 你考虑清楚了再结婚，因为爱和婚姻不一样，前者是一种感觉，而后者则是一种责任。‖ 这件红的和这件蓝的都不错，前者比较大气，后者比较成熟，我都不知道该买哪件了。

解释▶ 前者：代替前面出现的两个人或事物中的前一个。后者：代替前面出现的两个人或事物中的后一个。前一个人或事物怎么样，后一个人或事物怎么样。前面必须出现过这两个人、事物或两种情况，后面再分别说明他们（它们）的不同。有时前面或后面常有别的句子作相关的说明或补充。○多用于叙事、评论等，书面语。

★ 1）**前者＋动词$_1$，后者＋动词$_2$。**

2）**前者＋形容词$_1$，后者＋形容词$_2$。**

框架格式。可独立成句。结构中的两个分句有并列关系。

扩展▶ **句型1）**泪水和汗水虽然都是水，但前者能为你换来同情，后者却能为你赢得成功；让孩子学习球类运动和乐器，前者可以锻炼身体，后者可以培养孩子的艺术能力。

句型2）这两台电视，前者很便宜，后者太贵了；两本书价格一样，但前者很薄，后者很厚；这一男一女，前者高大，后者矮小。

【瞧A那…（的）样儿】 qiáo A nà…（de）yàngr ［五级］

见365页【看A那…（的）样儿】条。

【瞧…说的】 qiáo…shuō de ［五级］

见370页【看…（这话）说的】条。

【且不说…】 qiě bù shuō… ［七—九级］

例句▶ 他最大的爱好就是收集服装杂志，且不说中国的，外国的他就有好几百本。‖ 毕业这么久了，你得出去找份工作，且不说过上好日子，至少你得养活自己吧。‖—听说他参加了这次的唱歌比赛。—我也听说了，能去参加已经很不错了，且不说他唱歌的水平怎么样。

解释▶ 且：暂且，姑且。暂时不说……，先不说……。意思是这个部分暂时不说，先说别的方面。暂时不谈的多是那些程度深的、难度大的、复杂的、离得远的方面，而拿浅显的、难度小的、眼前的、基本的、现实的、简单的方面来谈，并且用这些方面的情况来说明问题。前面常先引出话题，或有别的句子说明情况，后面的句子是说话人主要谈的内容

（有时也放在前面）。○多用于分析和叙事等，书面语。

★ **且不说＋名词／动词／小句。** 可独立成句。前面或后面常有别的句子，和这个结构有让步关系。结构中的小句多是疑问句。

扩展▶ **句型 1**）放在前面：且不说什么大事，就算小事也做不好；且不说他行不行，他能去就已经很不错了；且不说你喜欢不喜欢这份礼物，至少你应该对他说声谢谢。

句型 2）放在后面：他外文杂志都订了不少，且不说中文杂志；光它的名字就让大家感兴趣，且不说电影拍得怎么样；就是让他说都说不好，且不说让他做翻译了。

【**情愿** A 也（不）B】 qíngyuàn A yě（bù）B ［七—九级］

见 445 页【宁可 A 也（不）B】 条。

【**请** A B，A 还不 B（呢）】 qǐng A B ，A hái bù B（ne）［一级］

见 464 页【让 A B，A 还不 B（呢）】 条。

【**请允许我** … 】 qǐng yǔnxǔ wǒ … ［六级］

例句▶ 如果第一次不成功，请允许我再试一次。‖ 今天是一个值得纪念的日子，请允许我把这首歌送给大家。‖ 在新年即将到来的时候，请允许我向大家表示节日的问候，祝大家身体健康，万事如意。

解释▶ 允许：同意某人的要求。请让我……。是礼貌用语。前面常有别的句子对时间、条件或情况进行说明，结构引出要说的内容。○多用于外交、正式会议等。

★ **请允许我＋动词。** 可独立成句。兼语句，结构中的“我”既是“允许”的宾语，又是动词的主语。

扩展▶ 请允许我介绍一下；请允许我向您表示欢迎；请允许我再次说声“谢谢”；请允许我提个小建议；请允许我保留我的意见；请允许我代表公司领导对大会的召开表示热烈的祝贺；请允许我向您转达来自中国人民的美好祝福。

【趋 A **避** B】 qū A bì B ［四级］

见 44 页【避 A 趋 B】 条。

【**取决于** … 】 qǔjué yú … ［超纲］

例句▶ 一场球赛能否胜利，并不取决于其中的某一个人，而是取决于所有人的相互合作。‖ 植物生长的快慢不但跟植物本身有关，还取决于周围的环境及气候情况。‖ 除了个人是不是聪明以外，成绩的高低往往取决于他的学习方法以及努力程度。

解释▶ 取决：由……决定。某事由某方面或某种情况决定。多指事物的发展变化由事物的某个方面的因素来决定，包括自然因素（如时间、地点、环境、温度）和非自然因素（如人、方式、方法、努力程度）等。多用于分析、说明情况和关系，用于正式场合。结构前常有“主要、一切、不仅仅、完全”等词语。前面常有别的句子说明情况，有时后面也有句子进行补充。○多用于叙事，书面语。◇ 也说“决定于…”。

★ **取决于＋名词／代词（指人）／小句。** 在句中常作谓语。结构中的小句多是疑问句。

扩展▶ 一切取决于最后几天；这不仅仅取决于他；他的成功完全取决于他的勤奋；你的进步完全取决于你自己；这种笔的好坏取决于笔尖的质量；会谈能否成功取决于双方的态度是不是友好；取决于科技的进步；取决于他是不是同意；并不取决于人数多少。

【取消 A 的（…）**资格**】 qǔxiāo A de（…）zīgé ［三级］

例句▶ 在考试中，每个人必须独立完成考题，如有谁看别人的答案，马上取消他的考试资格。‖ 因为上课缺席情况严重，他申请奖学金的资格被取消了。‖ 由于检查出来他服用了特殊药物，有关部门取消了他参加比赛的资格。

解释▶ 取消：使制度、规定、资格、权利不再起作用。使某人或某部门失去了参加或进行某种活动的身份和条件。意思是某人或某部门不能再参加某种工作或活动。多用来说明某种情况或事件，用于正式场合。多放在句尾，前面常有别的句子说明原因或情况，有时后面也有句子进行补充。多用于已经发生的、不好的、不愉快的事情。○多用于叙事、宣布决定。

★ **取消＋名词／代词（指人）／小句＋的＋（动词）＋资格。** 动宾结构。在句中常作谓语。

扩展▶ 取消医生从业资格；取消律师资格；取消考生的入学资格；取消该公司的药品生产资格；取消运动员的获奖资格；取消公司的经营资格；取消他的选举资格；取消这几家宾馆星级的资格；取消他参加世界杯的资格；取消你免费学习的资格。

【取信于…】 qǔxìn yú … ［超纲］

例句▶ 我认为一个人说话办事都得讲信用，如果连这个基本原则也做不到，怎么能取信于他人呢？‖ 为了取信于顾客，很多商店都做出保证，绝不卖假货，否则假一罚十。‖ 公司只有说到做到，才能取信于大家，大家才会真心真意地为公司服务。

解释▶ 取信：取得别人的信任。某人或某部门通过对某些事情的态度和做法使自己得到别人的信任。多用来说明道理或描述事情，用于正式场合。结构前常有“真正、重新、才能、难以、一定要、无法”等词语。结构位置较为灵活，前后常有别的句子作相关的说明或补充。○多用于分析和叙事，书面语。

★ **取信于＋名词/代词（指人）。** 在句中常作谓语。反义表达为“失信于…”。

扩展▶ 取信于民；取信于员工；取信于消费者；取信于国内人民；取信于周边国家；取信于广大民众；取信于国际社会；取信于用户。

【…却不同】 … què bùtóng ［四级］

见 754 页【…则不同】条。

R

【让…不由得…】 ràng … bùyóude … ［七—九级］

例句▶ 今天她穿了条很漂亮的裙子，还穿了双高跟鞋，让我不由得多看了她几眼。‖ 她去朋友家玩儿的时候在墙上看到了一些老照片，这些照片让她不由得想起已离开多年的家乡。

解释▶ 不由得：在某种情况下很自然地……。表示某人或某事使某人很自然地……，或者在某种情况下某人很自然地（出现了某种想法或行为）。多用来描写、叙述人在某种情况下的动作或状态。结构位置比较灵活，前面常有别的句子作相关的说明，有时后面也有句子进行补充。可用于已经发生的事情。○多用于叙事。◇ 也说"使…不由得…"。

★ **让＋名词／代词（指人）＋不由得＋动词。** 兼语式。在句中作谓语，也可独立成句。

扩展▶ 这封信让我不由得想起了另一个人；这件事让我不由得对他产生了感激之情；他这么做让我不由得大吃一惊；汽车声让他不由得跳了起来；一句话让小王不由得心痛了；这个消息让人不由得产生了一丝担忧。

【让A成为B】 ràng A chéngwéi B ［三级］

例句▶ 三年前，我还不认识他，是网络让我们相识，让我们成为好朋友。‖ 现在喜欢看书的年轻人越来越少了，让看书成为自己的一个习惯，对年轻人来说非常重要。‖ 每个人都应该自信，自信能让不可能成为可能，让可能成为现实。

解释▶ 让：使。表示使某人某物变成……。多指通过某种手段或办法使某人或某物发生变化，变成另一种情况或状态。多是不理想的、一般的情况变成理想的、好的情况。前后常有别的句子作相关的说明或补充，需要时结构可连用。○多用于叙事和对话。◇ 也说"使A成为B"。

★ **让＋名词$_1$／代词（指人）／动词＋成为＋名词$_2$。** 兼语式。在句中作谓语，也可独立成句。

扩展▶ 让我们公司成为一家大公司；刻苦学习让他成为著名画家；如何能让自己成为一名优秀的学生；让学校成为儿童真正生活的地方；让这个地方成为一个有名的旅游景点；让唱歌成为你的一门特长；集中的市场让这个地方成为贸易中心。

【让 A … 的是】 ràng A … de shì ［二级］

见 393 页【令 A … 的是】 条。

【让 … 费心（了）】 ràng … fèixīn（le）［超纲］

例句▶ —记得有事儿给我打电话。—真是太感谢您了，我的事儿让您费心了。‖ 你这孩子，怎么每天都这么晚回家，能不能体谅一下爸妈，少让人费心啊！ ‖ 我都这么大了，不想让父母太费心，能自己做的事都会尽量自己做。

解释▶ 费心：多花时间、精力等。麻烦某人，让某人操心。多用于请求对方帮忙或得到帮助后表示感谢，是一种客气的表达法；也可用在自己身上，这时是觉得某人、某事麻烦，很让人操心，含有抱怨的意味。结构前常有“实在、不好意思、不想、真是、又、太、这么、别”等词语表示费心的程度或其他情况。结构位置比较灵活，前后常有别的句子进行说明或补充。○多用于叙事和对话，口语。

★ **让 + 名词 / 代词（指人）+ 费心（了）。** 兼语式。在句中作谓语，也可独立成句。

扩展▶ 又要让您费心了；让老师费心了；怎么好意思让您费心呢；我真不想再让她为我们费心了；他怎么这么让人费心；不要再让我费心了；那时候你让我们费不少心啊；这孩子实在太让人费心了。

【让 … 给 … 】 ràng … gěi … ［二级］

①例句▶ 爸爸平时不常给我打电话，这次打电话给我，是想让我给寄点儿钱回去。‖ 你怎么这么不懂事，爷爷让你给倒杯水你还不愿意，还不快去！

解释▶ 让：使、叫。要求某人做某事。因上下文比较清楚，这里让某人做事的受益者（给谁做）通常可以省略。多用于长辈对晚辈、上级对下级等。结构位置比较灵活，前后常有别的句子作相关的说明或补充。注意▶ 结构中加不加“给”意思相同。○多用于叙事和对话，口语。

②例句▶ 对不起，你借给我的书让我给弄丢了，明天我再去买一本还给你。‖ —昨天一家有名的公司打电话来通知我今天上午去面试，可我一睡就睡过头了。—真可惜，这么好的机会就这样让你给错过了。

解释▶ 让：被。表示由于出现了某种情况而产生了某种结果。多用于不理想的事情，有时也用于好的事情。有时含有可惜、遗憾的意味。多指已经发生的事情。结构位置比较灵活，前后常有别的句子作相关的说明或补充。注意▶ 结构中加不加“给”意思相同。○多用于叙事，口语。

★ **1）让＋名词$_1$／代词$_1$（指人）＋给＋（名词$_2$／代词$_2$［指人］）＋动词。**
2）让＋名词／代词（指人）＋（给）＋动词。
兼语式。在句中作谓语，也可独立成句。结构中的“给”是助词，没有实际意义。

扩展▶ **用法1）**要求某人做某事：让我给画幅画儿；怎么又让我给想办法；让你给他帮帮忙；你就让他给找找看吧；让我给他辅导功课；让他给你讲讲；他饿了，让我给他出去买吃的。

用法2）产生了某种结果：人让我给找到了；事情让她给办好了；东西让老师给没（mò）收了；好机会让他给耽误了；对方终于让我给联系上了。

【让…（给）赶上了】 ràng…（gěi）gǎnshàng le ［六级］

例句▶ 真不公平，别人什么都得不到，好事儿都让他赶上了。‖ 你就在我家吃饭吧，我难得在家做一次饭，让你给赶上了。‖ 我今天一回家就停电了，刚要打电话发现手机也没电了，想出去吃个饭，却发现钱包忘在公司了，你说倒霉的事儿怎么都让我给赶上了？

解释▶ 让：被。某人碰到了某事，说明事情非常地巧。这些事可以是好事、坏事或不常发生的事。说到好事，含有幸运的意味；说到不好的事，含有倒霉的意味。结构前常有“偏偏、就、怎么、谁想、可、都”等词语表示事情巧的程度。多放在句尾，前面常有别的句子说明情况或原因。可用于已经发生的事情。○多用于叙事和对话，口语。

★ **让＋名词／代词（指人）＋（给）赶上了。** 兼语式。在句中作谓语，也可独立成句。结构中的“给”是助词，没有实际意义。

扩展▶ 这回可让我（给）赶上了；机遇让我们这一代（给）赶上了；一来就让咱们（给）赶上了；怎么就让你（给）赶上了呢；这事儿让她（给）赶上了；偏偏让他（给）赶上了；难题都让他们（给）赶上了。

【让…（给）说着了】 ràng…（gěi）shuōzháo le ［二级］

例句▶ —妈，我不想参加这个音乐班了。—看看，让你爸给说着了，你这孩子，做什么事儿都只有三分钟热情。‖ 还真让大哥说着了，我回去把我们的计划跟妈妈一说，她果然不同意。‖ 小王，让你说着了，今天下午果然下大雨，好在我带了伞出门才没被淋湿。

解释▶ 说着了：说对了，猜对了。在事情发生或出现之前，某人估计事情将会是怎样的；等事情发生之后，结果证明他的估计是对的，有“你估计得对”的意思。有时含有赞赏、佩服的意味，语气较强。结构前常有“果然、真的、还真、也还、全、算”等词语表明估计的准确程度。多放在句首，后面有别的句子补充猜对的具体内容。可用于过去的事情。○多用于叙事和对话，口语。

★ **让＋名词/代词（指人）+（给）说着了。** 兼语式。在句中作谓语，也可独立成句。结构中的“给”是助词，没有实际意思。

扩展▶ 没错，全让您（给）说着了；这事情真让你（给）说着了；看吧，让我（给）说着了；没错，还真让他（给）说着了；果然又让小王（给）说着了；你怎么就这么有远见，什么都让你（给）说着了。

【让 A B，A 还不 B（呢）】 ràng A B，A hái bù B（ne）［二级］

例句▶ —小李，听说你的同屋出去旅行了，你怎么不一起去呢？—就那个地方，他让我去我还不想去呢！‖ 这里空气好，环境也好，老实说，你让我去城里住，我还不愿意去呢！‖ 讲到学习，别的孩子都是自己要学，我家孩子倒好，让他好好学，他还不想学。真没办法！

解释▶ 就是让某人做某事，他（她）也不愿意做。多指某人对某物有自己的想法和选择，不会因某种原因或情况而改变。有时含有不稀罕、没什么了不起的意味。前面常有别的句子说明情况或原因，有时后面也有句子进行补充。○多用于叙事和对话，口语。◇ 也说“请 A B，A 还不 B（呢）”“要 A B，A 还不 B（呢）”。

★ **让＋名词/代词（指人）＋动词，名词/代词（指人）＋还不＋动词＋呢。** 框架格式。可独立成句。结构中的两个小句有假设关系。结构前可加关联词“即使/就是…”。第二个动词前常有助动词“想、愿意、会、肯”等。

扩展▶ 就是让我吃，我还不吃呢；以后让我管我还不管呢；让小王来做，他还不愿意做呢；让他当班长他还不喜欢当呢；免费让你享受你还不会享受呢；你让我见他，我还真不想见呢。

【让 … 见笑了】 ràng … jiànxiào le ［超纲］

例句▶ —你那么喜欢钢琴，给我们弹一段吧！—我刚学不久，弹得不太好，让大家见笑了。‖ 昨天晚上多喝了点儿酒，在大家面前说话有些随便，让大家见笑了！‖ 看样子我这性格是改不了了，遇到不开心的事儿只会哭，让你见笑了。

解释▶ 见笑：被人笑或笑某人。自认为在大家面前表现不好、水平不高，希望得到谅解；也指为自己做了不恰当的事情而觉得不好意思，向别人表示歉意。前一用法用于做某事前；后一用法用于做某事后，含有谦虚、客气的意味。多放在句尾，前面常有别的句子说明解释。○多用于对话，口语。

★ **让＋名词／代词（指人）＋见笑了。** 框架格式，在句中作谓语，也可独立成句。结构中的代词一般是第二人称的“你、您、你们”。

扩展▶ 让你们见笑了；我的这些想法让您见笑了吧；那就真是让人见笑了；实在让各位见笑了；不好意思，让各位见笑了。

【让 … **难以置信**】 ràng … nányǐ zhìxìn ［七—九级］

见 393 页【令 … 难以置信】 条。

【让你（们）… 好了】 ràng nǐ（men）… hǎo le ［二级］

见 467 页【让＋他（们）/ 她（们）… 好了】[1] 条。

【让你 A，你不 A】 ràng nǐ A，nǐ bù A ［二级］

例句▶ 当初让你好好学习，你不好好学习，现在看到别人都顺利毕业了，你后悔了吧！‖我让你过来吃饭你不来，现在我们吃完了，你倒来了！‖—小李，我可以参加你们的篮球队吗？—对不起，当初让你参加你不参加，现在我们已经找好队员了。

解释▶（事情一开始就）要求某人做某事，但是他不答应。后来他后悔了，或重新决定要做某事，但因事情发生了变化，已经没有可能了。意思是“当时让你做你不做，现在已经没有机会了，后悔也晚了”。多用于对话，含有责备、埋怨、遗憾的意味；用于将要发生的事，有提示的意味。放在句首，后面多接表示拒绝对方或补充说明的句子。○多用于对话，口语。

★ **让你＋动词＋（名词），你不＋动词。** 可独立成句，也可在句中作谓语。结构中的两个分句有转折关系。

扩展▶ **用法 1**）用于已经发生的事情：让你去你不去，现在别人去了；写信让你回来你还不回来；为什么刚才让你停车你不停；当初让你跟老师学，你不好好学。

用法 2）用于将要发生的事情：让你拿你不拿，我拿了你别后悔啊；让你走你不走，最后吃亏的是你自己；给你机会让你说，你还不说，以后没机会说了。

【让你A你还真A啊/呀】 ràng nǐ A nǐ hái zhēn A a / ya ［一级］

见341页【叫你A你还真A啊/呀】条。

【让你A，你就A】 ràng nǐ A，nǐ jiù A ［二级］

例句▶ —我们把车停在这儿不合适吧！—让你停你就停，别跟我说那么多！‖—你怎么这么听他的话，他让你干什么，你就干什么？—没办法，谁叫他是我的老板呢。‖—怎么周末还叫我们去公司？—别问那么多，老板让你什么时候来，你就什么时候来！

解释▶ 某人要求你做某事，你就应该按照他的要求做。意思是，只能按照他的要求做，没有商量的可能。多是命令的话，语气较强，不客气。用于长辈对晚辈，上级对下级说话。有时也用于埋怨某人过于听从别人的话，这时含有责备的意味和语气。用于命令对方时多放在句首，后面常引出相关的说明或命令；其他的则结构位置比较灵活。○多用于对话，口语。

★ 1）**让你＋动词＋（名词），你就＋动词。**

2）**让你＋动词＋疑问代词，你就＋动词＋疑问代词。**

3）**让你＋疑问代词＋动词，你就＋疑问代词＋动词。**

可独立成句，结构中的两个分句有承接关系。结构2）中的疑问代词多是“什么、谁、哪儿、哪个”等。结构3）中的疑问代词多是“怎么、什么时候”等。

扩展▶ **句型1）**让你吃你就吃吧；让你干你就干；让你下去你就下去；让你坐你就坐；让你说你就说；让你唱你就唱，让你跳你就跳，别说那么多。

句型2）让你干到什么时候你就干到什么时候；让你说什么你就说什么。

句型3）让你怎么干你就怎么干；让你和谁一起干你就和谁一起干；让你什么时候去你就什么时候去。

【让…去】 ràng … qù ［二级］

见546页【随…去】条。

【让人…的是】 ràng rén … de shì ［二级］

例句▶ 毕业后，他找到了一份很好的工作，但让人没想到的是，才过了一年他就不干了。‖一开始他的学习成绩并不是特别好，但让人吃惊的是，他期末考试居然是全班第一。

解释▶（某人或某事）让某人感到……。多不是指平常的情况，往往超出了一般的想象和程度，有提示别人注意后面内容的作用。可以是好的或不好的事情，包括伤心、痛苦、意外、担心、害怕、兴奋、奇怪等等。前面常有别的句子作相关的说明，后面多是某方面的具体内容。○多用于叙事、说明。

★ **让人＋动词＋的是。** 框架格式。在句中作主谓语，后面带出的宾语表示内容或对象。结构中的动词多是有程度高低的心理动词。这时也说"让人感到＋动词＋的是"。

扩展▶ 让人高兴的是；让人怀疑的是；让人无法接受的是；让人痛心的是；让人担心的是；让人奇怪的是；让人害怕的是；让人头疼的是；让人不可思议的是；让人惊叹的是；让人意外的是；让人兴奋的是；让人感到欣慰的是；让人无法理解的是。

【让 … **伤脑筋**】 ràng … shāng nǎojīn ［七—九级］

例句▶ 儿子其他功课都很好，就是英语不好，实在是让我伤脑筋。‖ 看你一脸不高兴的样子，遇到什么让你伤脑筋的事儿了？ ‖ 最近女朋友对小王爱理不理的态度，让他大伤脑筋。

解释▶ 伤脑筋：事情难办，让人费心。（某人或某事）让某人觉得很为难，不知道怎么办才好。多是遇到了不好处理、没法儿处理的事情。多是不愉快的事，含无奈的意味。多放在句尾，前面有别的句子作相关的说明，有时也放在句首，后面有句子补充让人为难的具体内容。○多用于叙事和对话，口语。

★ **让＋名词 / 代词（指人）＋伤脑筋。** 兼语式。在句中常作谓语、定语。

扩展▶ 真让人伤脑筋；往往让我大伤脑筋；让他去伤脑筋；绝不会让你伤脑筋；有些事让人很伤脑筋；我不想让你伤脑筋；让我最伤脑筋；让顾客最伤脑筋的事；最让人伤脑筋的事。

【让＋他（们）/ 她（们）… 好了】[1] ràng＋tā（men）/ tā（men）… hǎo le ［二级］

例句▶ —都十点了，你怎么不叫他起床？—让他睡好了，昨天他加班到很晚才回来。‖ —你觉得这个项目谁做比较合适？—小王他们组不是一直想试试吗？就让他们做好了。

解释▶ 好了：放在句尾，带有商量的口气，使语气变得委婉。自己要求或安排某人做某事，或同意某人做某事。表示说话人的请求、决定或建议。

注意▶ 说话时，结构中的代词常常重读。结构位置比较灵活，前后常有别的句子作相关的说明或补充。可用于将来的事情。○多用于对话，口语。◇ 也说“让你（们）…好了”。这时的第二人称只能用于叙述事情。

★ **让＋他（们）/ 她（们）＋动词＋好了。** 框架格式。可独立成句，也可在句中作谓语。

扩展▶ 这事让我做好了；让他排队好了；让她读好了；让他们试试好了；让他们先去准备好了；这材料让他送去好了；让他自己去取行李好了；让她一块儿去好了；我向经理建议让你去参加好了。

【让＋他（们）/ 她（们）… 好了】[2] ràng+tā（men）/ tā（men）… hǎo le ［二级］

例句▶ 别人要误会你，让他误会好了，只要自己没做错就行。‖ 她不是爱哭吗，让她哭好了，我们谁也别管她，看她能哭到什么时候。

解释▶ 好了：放在句尾，表示许可、容忍等。随便某人做某事。表示说话人不想管，也不在乎。多用于超出说话人控制的范围和能力，并且多是不愉快的事情。带有生气、无奈或不在乎的意味，语气委婉。注意▶ 说话时，结构中的“让”字重读。前后常有别的句子作相关的说明或补充。多用于已经发生并且继续发生的事情。○多用于对话，口语。

★ **让＋他（们）/ 她（们）＋动词＋好了。** 框架格式。可独立成句。

扩展▶ 让他去好了；让他说好了；让他生气好了；让他难过好了；让他等好了；让她骂好了；让他闹好了；让她听见好了；让他上法院好了；让他把事情闹大了好了。

【让 …（为之）倾倒】 ràng …（wéi zhī）qīngdǎo ［超纲］

例句▶ 这位著名画家很爱画山水画，画中的一石一木，都是让大家倾倒的原因。‖ 他是一位十分受欢迎的明星，只要他一出场，就会让观众为之倾倒。

解释▶ 倾倒：让某人十分地佩服、羡慕或者让人非常地喜爱。对象多是某人的相貌、魅力、能力、某种艺术等。多用于有吸引力、美好的人或物，具有褒义色彩。前面常有别的句子作相关的说明，有时后面也有句子作进一步补充。多用于愉快的事情。○多用于叙事，书面语。

★ **让＋名词 / 代词（指人）+（为之）倾倒。** 兼语式。在句中常作谓语、定语。

扩展▶ 表演再次让所有观众倾倒；她的美丽让大家为之倾倒；她的风采和魅力又一次让人们倾倒；这是一位让观众为之倾倒的音乐家；最初让我倾倒的是……；让人倾倒的艺术；在明星中最让他倾倒的是……。

【让 A 与 B … 】 ràng A yǔ B … ［六级］

例句▶ 口语比赛、互帮互学等活动不仅能让课内知识与课外活动相结合，还能提高学生的学习兴趣。‖ 公交车站靠近地铁站，这能让地下交通与地面交通连接起来，方便人们的出行。

解释▶ 让：使。使某人、某物和某人、某物……，多指以某种手段、方式等建立某方面的联系。多因各种原因，需要在人与人、人与物、物与物之间建立各种各样的联系。多用来说明、解释、处理各种事物或不同部分的关系。结构位置比较灵活，前后常有别的作相关的说明或补充。○多用于叙事，书面语。◇ 也说"使 A 与 B…"。

★ **让 + 名词 $_1$ + 与 + 名词 $_2$ + 动词 / 形容词。** 框架格式。在句中作谓语，也可独立成句。

扩展▶ 让女人与男人具有相等的地位；让作者与读者见面交谈；让人与人之间的关系更加紧密；他的这些发明，让他的名字与许多伟大科学家的名字并列在一起；让人口的增长与经济的发展相适应；让人的能力与工作要求相符合。

【让 … **着迷**】 ràng … zháomí ［七—九级］

例句▶ 不就是个玩具汽车吗？怎么让孩子那么着迷，都已经玩了一下午了。‖ 拿到这本书以后，他饭也不吃觉也不睡，一口气读完了。我简直无法相信世界上还有这样让人着迷的书。

解释▶（某人被某人或某事物）深深地吸引着。也指（某人对某事物）产生极大的兴趣。适用的范围较广，大多是好的，也可以是不好的情况。结构前常有"非常、够、很、总是、能、真、如此"等词语表示着迷的程度等。结构位置比较灵活，前面常有别的句子说明情况，有时后面也有句子进行补充。多用于已发生或未发生的事情。○多用于描述、叙事、对话。

★ **让 + 名词 / 代词（指人）+ 着迷。** 兼语式。在句中常作谓语、定语。

扩展▶ 已经够让人着迷的了；如此让我着迷；最让他着迷的还是……；相信这东西会让他很着迷；让人们这样着迷；他是个让人着迷的小伙子；遇到了一个让他着迷的人。

【让 … 这么一 … 】 ràng … zhème yī … ［二级］

见 37 页【被 … 这么一 … 】条。

【人在 A，心在 B】 rén zài A，xīn zài B ［一级］

例句▶ 教学楼边的操场上正好有场足球比赛，有些同学便人在教室心在窗外，思想怎么也集中不起来。‖ 他光吃饭不吃菜，眼睛也不动，一看就知道他人在吃饭心在想事。

解释▶ 某人虽然身在某地，但心里一直想着、关注着别的人或别的事情；或者因为某种原因，某人虽然在做某事，但却把心思放在另一件事上。前一个用法表示外面的东西更有吸引力，后一种用法多因为某人或某事让他不能安心地工作或学习，或让他牵挂。含有不专心或不能专心的意味。结构位置比较灵活，前面常有别的句子说明情况，或者先引出话题，后面常补充不专心的具体情况。○多用于叙事、对话，口语。

★ 1）**人在＋名词$_1$，心在＋名词$_2$。**

2）**人在＋动词$_1$，心在＋动词$_2$。**

可独立成句，也可在句中作谓语。结构 1）中的前后两个名词表示地点。结构中的两个分句有并列关系或转折关系。

扩展▶ **用法 1）**表示某人在某地，但心却想着别的人或事：人在家中，心在公司；你不要人在西边心在东边；他人在这儿，心在别处；你怎么老是人在房间里，心在房间外呢；人在店里，心却在家里；这真是人在书里，心在书外啊。

用法 2）表示某人在做某事，但心思在别的上面：这孩子人在学习，心在玩游戏；人在开会，心在休息。

【忍不住 … 】 rěn bu zhù … ［五级］

例句▶ 当小明看到自己的考试结果时，忍不住大声欢呼起来：“我得了满分，我得了满分！”‖ 这条街上新开了家服装店，里面摆满了漂亮的衣服，经过的人都会忍不住停下来多看几眼。‖ 面对记者，讲起自己这几年的经历，他忍不住哭了。

解释▶ 因为某种原因，某人控制不了自己的行为和情绪而做某事。多用来描写人的动作行为。适用范围较广，可用于好的和不好的、愉快的和不愉快的、过去的和将来的事情。结构位置比较灵活，前面常有别的句子作相关的说明，有时后面也有句子进行补充。○多用于叙事和对话，口语。

★ **忍不住＋动词。** 在句中常作谓语。

扩展▶ 忍不住笑了起来；忍不住流口水；忍不住流下了眼泪；忍不住偷偷吃了几口；忍不住骂了几句；忍不住叫出了声；忍不住问他；忍不住和他吵了起来。

【任何…都…】 rènhé … dōu … ［三级］

例句▶ 我家附近有一个二十四小时开放的公园，游客任何时间都可以进去玩儿。‖—来，吃个梨吧，可甜了！—我刚吃饱饭，现在任何东西都吃不下。‖ 阳光对大自然有着不可替代的作用，任何植物的生长都离不开它。

解释▶ 不论……都 / 也……。表示一个范围内所有的人或事物都……，没有特殊情况。语气较强。适用范围较广。结构位置比较灵活，前面常有别的句子说明总的情况，有时后面也有句子进行补充。○多用于叙事。◇ 也说“任何…也…”。这时结构中的动词只能用否定式。

★ **任何 + 名词 + 都 + 动词。** 框架格式。可独立成句，也可在句中作谓语。结构中的名词除了“人、事”外，一般都是两个或两个以上音节的词。

扩展▶ 任何问题都可以解决；任何人都能做到；任何想要这东西的人都可以拿到；任何事情都好商量；任何人都不例外；任何困难都吓不倒我；任何情况都改变不了我的决心。

【任何…也…】 rènhé … yě … ［三级］

见 471 页【任何…都…】条。

【如此之…】 rúcǐ zhī … ［五级］

例句▶ 只有短短两年的时间没见，大家谁也没想到，他的变化会如此之大。‖ 他从大学毕业后就开始当翻译，到现在已经有三十年了，在国内，水平如此之高的翻译恐怕找不到几个。‖—外面那么吵，他怎么能睡得如此之香？—可能他昨晚加班太累了，一躺下就睡着了。

解释▶ 如此：这么……。形容程度很高。强调人或事物、事情发生得特别，不同一般。多用来描写叙述人或事物的情况或状态，有时带有意外、惊讶的意味，语气较强。多放在句尾，前面常有别的句子作相关的说明。○多用于叙事，书面语。

★ **如此之 + 形容词。** 在句中常作谓语、定语、补语。“之”后多是单音节形容词，组成四字格式。

扩展▶ 太阳看上去如此之小；数量如此之多；房租怎么会如此之贵；在如此之短的时间内；人数为什么会如此之少；如此之差的技术；如此之快

的速度；这件事竟然如此之难；消息传播得如此之远；事情弄得如此之乱；雨下得如此之大；这些画册保存得如此之好。

【如果 … 便 … 】 rúguǒ … biàn … ［二级］

见 472 页【如果 … 就 … 】 条。

【如果 …，不妨 … 】 rúguǒ …，bùfáng … ［七—九级］

例句▶ 小张，这个周末有空吗，如果有空，不妨一起去体育馆打羽毛球。‖这就是我的想法，如果大家有不同意见，不妨说出来。‖ 这个项目如果你做不了，不妨让他来试试，他在这方面比较有经验。

解释▶ 不妨：这样做没什么妨碍。假设条件成立，那么可以做什么，或者怎么做。用于建议别人，含有尝试的意味。结构位置比较灵活，前后常有别的句子作相关的说明或补充。多用于好的、愉快的、将来的事情。○多用于叙事和对话，书面语。

★ **如果 + 动词 $_1$ / 小句 $_1$，（名词 / 代词［指人］）+ 不妨 + 动词 $_2$ / 小句 $_2$。** 可独立成句，也可在句中作谓语。结构中的两个分句有假设关系。

扩展▶ 如果你感兴趣，不妨试一试；如果你压力大，不妨出去旅行放松放松；如果大家没有更好的办法，不妨试试这个；如果发生矛盾，不妨从对方的角度想想；如果这个办法行不通，不妨换个角度去思考。

【如果 … 的话】 rúguǒ … dehuà ［二级］

见 623 页【要是 … 的话】 条。

【如果 … 就 … 】 rúguǒ … jiù … ［二级］

例句▶ —我到现在都决定不了去读哪个大学。—如果我是你，我就会选择离家近一点儿的。‖ 上个周末的聚会，大家都玩得挺高兴的，唯一感到遗憾的是小王不在，如果他在就好了。‖—你为什么觉得他不是你的朋友？—如果他把我当朋友，就一定会帮助我，可是他什么忙也不帮，还躲得远远的。

解释▶ 假设条件成立，就会产生下面的结果。如果是没有发生的事情，表示可能会出现某种结果；如果是已经发生的，多表示事情不那么理想，含有遗憾的意味。适用范围较广。结构位置比较灵活，前后常有别的句子作相关的说明或补充，有时直接用来回答问题。○多用于叙事和对话，口语。◇ 也说"如果…便…""要是…就…"。前一用法多用于书面语。

★ **如果 + 动词 $_1$ / 小句，（名词 / 代词［指人］）+ 就 + 动词 $_2$ / 形容词。** 可独立成句。结构中的两个分句有假设关系。

扩展▶ **用法 1**）用于没有发生的事：如果你请我来我就来；如果他能来，那就太好了；如果下班了就给你打电话；如果周末不加班就在家好好陪孩子；如果天气不这么热就出去游泳；如果我父母同意，我就跟你结婚。

用法 2）用于已经发生的事：如果我是他，我就会努力学习；如果我是你，我就不这么做；如果让我来决定，我就不会这么处理；如果他在这里就好了。

【如果 … 就好了】 rúguǒ … jiù hǎo le ［二级］

见 624 页【要是 … 就好了】 条。

【如果 …，**恐怕** … 】 rúguǒ …，kǒngpà … ［三级］

例句▶ —你为什么不把这件事告诉他们？—如果告诉他们，恐怕大家都不会相信。‖—我们终于赶到火车站了，火车应该还没开吧！—还没开呢，但是如果你们再晚到十分钟，恐怕火车就开走了。‖ 我住院这件事你不要告诉我妈，这件事如果她知道了，恐怕她会吃不下饭，睡不着觉的。

解释▶ 恐怕：估计，担心。假设条件成立，那么可能会发生某事。这里的事多是一些不希望发生的事情，含有担心的意味。结构位置比较灵活，有时前后有别的句子作相关的说明或补充，也可直接用于对话。多用于不好的、不愉快的、将要发生的事情。○多用于叙事和对话，口语。

★ **如果 + 动词 $_1$ / 小句 $_1$，（名词 / 代词［指人］）+ 恐怕 + 动词 $_2$ / 小句 $_2$。** 可独立成句，也可在句中作谓语。结构中的两个分句有假设关系。

扩展▶ 她如果知道老师来了，恐怕不会来的；如果现在不说，恐怕就再也没机会说了；如果说他学习不好，恐怕没人会相信；如果不解释清楚，恐怕还会有麻烦；这件事如果让妈妈知道了，恐怕她会生气的。

【如果 …，那么 … 】 rúguǒ …，nàme … ［二级］

例句▶ 我们原计划今天下午去踢足球，如果下午继续下雨，那么就改天吧。‖ 我们再等两天吧，如果那个时候你的病还没有好转，那么我们还是到别的医院去看看吧！

解释▶ 假设条件成立，可以产生下面的结论、判断、建议或疑问。多根据前一句的假设推出后面的判断等。适用范围较广。结构位置比较灵活，前后常有别的句子作相关的说明或补充。○多用于对话、分析等。

★ **如果＋动词$_1$ / 小句$_1$，那么＋动词$_2$ / 小句$_2$。** 可独立成句，也可在句中作谓语。结构中的两个分句有假设关系。

扩展▶ 如果想取得好成绩，那么就得努力学习；如果我的口袋里只有一块钱，那么我也会把这一块钱给你；如果你是来找麻烦的，那么请离开这儿；如果你觉得这样玩儿有意思，那么下次再搞这样的活动。

【如A如B】 rú A rú B ［六级］

例句▶ 小王和他男朋友是大学时认识的，到现在已经快四年了，两人的感情如胶如漆，最近正打算结婚呢。‖ 他一下车，就被这里如诗如画的美景吸引住了，他觉得这趟真没白来。‖ 他坐在台上，安安静静地弹着钢琴，台下的观众听得如痴如醉。

解释▶ 如：好像。像……一样，又像……一样。比喻某种美好的事物、环境、关系或人对某事物的感觉等达到了很高的程度。通常用于描写人或事物，表达夸张。结构位置比较灵活，前面常有别的句子作相关的说明或补充。○多用于描述，书面语。

★ 1）**如＋名词$_1$＋如＋名词$_2$。**

2）**如＋动词$_1$＋如＋动词$_2$。**

框架格式。在句中常作谓语、定语、状语、补语。结构中的前后两个名词或动词是意思相近或相关的单音节词，构成四字格式。

扩展▶ **句型1）** 这一切来得太突然，如梦如幻；他们是如手如足的兄弟；这个年龄应该是如狼如虎的年纪；活动进行得如火如荼。

句型2） 如泣如诉的音乐打动了多少人的心；过着如梦如醉的生活；这音乐他听得如痴如醉。

【如A似B】 rú A sì B ［超纲］

例句▶ 他从年轻时起每天早上跑一个小时步，已经坚持30年了，身体如狼似虎，好得很呢！ ‖ 他本来有一个如花似锦的前程，就是因为前年的那次事故，让他永远地离开了我们。‖ 找了好几家图书馆，终于找到了这本书，一拿到手，他马上如饥似渴地读了起来。

解释▶ 如、似：好像。像……一样，又像……一样。用相近相似的事物或现象来比喻某种美好的事物、环境、关系，或人对某事物的感觉等达到了很高的程度。通常用于描写人或事物，表达夸张。有时可以和“如…如…”替换，但有时因搭配不同不能替换。结构位置比较灵活，前后常有别的句子作相关的说明或补充。多用于好的、愉快的事情，较少用于不愉快的事情。○多用于描述，书面语。

★ 1）**如＋名词$_1$＋似＋名词$_2$**。

2）**如＋动词$_1$＋似＋动词$_2$**。

框架格式。在句中常作谓语、定语、状语、补语。结构中的前后两个名词或动词是意思相近或相关的单音节词，构成四字格式。

扩展▶ **句型1）**两人关系如胶似漆；墙上的画如锦似绣，五彩缤纷；他看到了一种如云似雾的特殊石头；有一个如花似玉的女朋友；他俩好得如鱼似水的。

句型2）他如饥似渴地读书。

【如同…**一样**】 rútóng … yíyàng ［一级］

见475页【如…（一）般】条。

【如…（一）**般**】 rú …（yì）bān ［二级］

例句▶ 时间如流水一般，不知不觉就过去了，转眼间，我们都已经长大成人了。‖ 那个地方热情好客的人们，如画一般美的风景，都给我留下了很深的印象。‖ 那天出门的时候没带伞，一场大雨把我浇得如泡在水里了一般，全身都湿透了。

解释▶ 如：好像。一般：一样。像……一样……。用相近相似的事物或现象来比喻某人、事物、风景或环境等。多用来描写美好的人或事物，较少描写不好的或不愉快的情况。结构位置较为灵活，前面常有别的句子说明情况，有时后面也有句子补充出现的结果。○多用于描述，书面语。◇也说"如同…一样"。

★ **如＋名词／动词＋（一）般＋（形容词）**。框架格式。在句中常作谓语、定语、补语。

扩展▶ 笑容如阳光一般灿烂；如风一般自由；如雪一般纯洁；如孩子一般可爱；这文字如天书一般难懂；如石头一般坚固的城墙；有时候这种感觉如雾里看花一般；持续的高温天气使这个城市如火烤一般；他的心情如掉进冰库里一般。

【如…**之类**】 rú … zhī lèi ［六级］

例句▶ 这个地方十分落后，在当地人家里，我们找不到如冰箱、洗衣机、电视机之类的生活电器。‖ 妹妹特别爱吃零食，如巧克力、饼干、面包之类的东西是她的最爱。

解释▶ 像……这种……；比如……这些……。表示列举。“如”后引出的相关事物可以是一个，也可以是多个；可以是具体的，也可以是抽象的。前面有别的句子作总体的介绍，后面再作进一步补充。○多用于叙事，书面语。◇ 也说“像…之类”。

★ **如 + 名词 $_1$ +（名词 $_2$+…+ 名词 $_n$）+ 之类。** 框架格式。在句中作定语，也作插入语。结构中的几个名词有某种相同的特点。

扩展▶ 牛皮可做成如衣、鞋、包之类的皮制品；多吃如水果、青菜之类的食物；包括如美国之类的发达国家；说了很多如“好多年不见”之类的话；应该吃如土豆、南瓜之类容易消化的食物；她最爱吃小吃，如蛋糕、饼干之类的。

【若能 … 就 … 】 ruò néng … jiù … ［六级］

例句▶ 我们坐下来好好谈谈吧，若能把问题解决，就早点儿解决了。‖ 这道题我再好好算一算，我若能算出来，就第一时间告诉你。‖ 其实这些年你在外地工作，父母不指望你赚多少钱，若能平平安安，我们就满足了。

解释▶ 若：如。如果能……，那么……。表示对某人某事的假设，适用的范围较广。多是没有发生的但希望发生的或看见的事情。多放在句尾，前面常有别的句子作相关的说明，有时后面也有句子进一步补充。多用于好的、愉快的、将来的事情。○多用于叙事、对话，书面语。

★ **若能 + 动词 $_1$ / 形容词 $_1$，（名词 / 代词［指人］）+ 就 + 动词 $_2$ / 形容词 $_2$。** 可独立成句，也可在句中作谓语。结构中的两个分句有假设关系。

扩展▶ 你若能想起我，就来看看我；你若能来就最好；若能今天做完就不要等到明天；你若能自己决定就不用找我商量；他若能来参加比赛就是个奇迹；你若能答出这个问题就算你赢；若能办成这件事就好了。

【若 A 若 B】 ruò A ruò B ［六级］

例句▶ 他很清楚，妻子对他来说早就若有若无，两人之间的距离越来越远。‖ 他们最近怎么了，两人的关系变得若即若离的，是不是吵架了？ ‖ 晚饭后，他拿着一根烟坐在阳台上抽着，烟头发出若明若暗的红光。

解释▶ 若：好像。不太确定，表示好像这样，又好像那样。多用来形容那些感觉上不能确定，或经常变化的现象。多用于描写已经出现的情况或状态，可以是具体的或抽象的。前后常有别的句子作相关的说明或补充。○多用于叙事，书面语。

★ 1）**若＋动词$_1$＋若＋动词$_2$。**

2）**若＋形容词$_1$＋若＋形容词$_2$。**

框架格式。在句中常作谓语、定语、状语、补语。结构中的前后两个动词或形容词是意思相反的单音节词，构成四字格式。

扩展▶ **句型1）**远处若隐若现地发出亮光；他们俩的关系变得若即若离，到底怎么了；她身上散发出若有若无的香味；这部书的早期版本若存若亡，现在很难找到了。

句型2）那声音若远若近，不知道是从哪儿传来的；这飞行物若明若暗，看不清楚。

【若有所…】 ruò yǒu suǒ … ［六级］

例句▶ 听了张教授的报告，很多人若有所得，不住地点头。‖ 孩子刚去外地上大学那段时间里，老王觉得若有所失，总要给他打电话问问情况。‖ 夜深人静的时候，他经常一个人坐在窗户旁，一副若有所思的样子。

解释▶ 若：好像。好像在做什么，好像怎么样了。根据外表或动作状态等判断某人在做什么，多用来描写人的行为、动作或心里感觉。结构位置比较灵活，前面常有别的句子说明情况，有时后面也有句子进行补充。○多用于叙事，书面语。

★ **若有所＋动词。** 在句中常作谓语、定语、状语。结构中的动词多是单音节词，构成四字格式。

扩展▶ 告别的那一刻，他表情严肃，若有所想；这些消息人们若有所闻；看着他若有所悟的样子，老师笑了；他若有所虑地望着窗外。

S

【三A两B】 sān A liǎng B ［一级］

①例句▶ 这件事太复杂了，不是三言两语就能说清楚的，我下次有时间再跟你细说吧。‖ 电脑坏了，我看了半天看不出问题，可他三下两下就把电脑修好了。

解释▶ 三、两：数字。数量不多，表示话语或动作不多，时间隔得不长。把数字往少的方面说。多用来描述人的动作。前后常有别的句子作相关的说明或补充。注意▶ 搭配有限。○多用于叙事和对话，口语。

②例句▶ 坐公共汽车时，可以利用坐车时间看看书，不过，要是换车次数太多，三番两次被打断，效果自然大打折扣。‖ 刚到国外，父母放心不下，三天两头给我打电话，一打就是一个小时。

解释▶ 三、两：数字。表示一段时间内频繁出现，形容次数多。把次数往多的方面说。前后常有别的句子作相关的说明或补充。注意▶ 搭配有限。○多用于叙事和对话，口语。

③例句▶ 天一下子暗了下来，男女老少三步两脚全往家里赶，希望趁下雨之前赶到家。‖ 听到喊叫声，大家三步两步跑了出去，可是到外面一看，人已经不见了。

解释▶ 三、两：数字。表示为了赶时间，大步或快速地走或跑向某地，表现出某人急切的心情。多用来描述人的动作。前后常有别的句子作相关的说明或补充。注意▶ 搭配有限。○多用于叙事，口语。

★ 1）三＋**名词**$_1$＋两＋**名词**$_1$／**名词**$_2$。

2）三＋**量词**$_1$＋两＋**量词**$_1$／**量词**$_2$。

框架格式。在句中常作主语、宾语、状语。结构中的两个名词、量词为相同或意思相近的单音节词，组成四字格式。

扩展▶ **用法1**）表示话语或动作不多，时间隔得不长：只要说上三句两句，我就能猜出他想干什么；三言两语说不清楚。

用法2）表示一段时间内频繁出现：他三番两次打断我的话；他三天两头来找我，真麻烦。

用法3）表示大步或快速地走或跑向某地：看到女友，他三步两脚地跑了过去；大家三步两脚跑了出去。

【A三B四】 A sān B sì ［一级］

例句▶ 你还这么年轻，对工作不应该挑三拣四，这也不干那也不干。‖ 他是个丢三落四的人，昨天带着一把雨伞出门，回来的时候雨伞就不知道去哪儿了。‖ 我这部新手机刚用几天就出问题了，拿到手机店要求换一部，可工作人员推三阻四地拒绝。

解释▶ 三、四：表示这个、那个，这样、那样，数量多。前后的搭配比较固定，多表示一些不太好的情况，多带有贬义色彩。结构位置比较灵活，前后常有别的句子作相关的说明或补充。多用于抽象事物。搭配有限。○多用于叙事和对话，口语。

★ **动词$_1$+三+动词$_2$+四。** 框架格式。在句中常作谓语、定语、状语。结构中的前后两个动词多是意思相近的单音节词，组成四字格式。

扩展▶ 这些人就喜欢说三道四；他说话做事总是颠三倒四的；有问题不能推三阻四，应该及时解决；别低三下四地去求他。

【三A五B】 sān A wǔ B ［一级］

①例句▶ 为了让我帮他这个忙，他三番五次地来到我家，但是都被我拒绝了。‖ 虽然政府三令五申司机开车时不能用手机打电话，并说明了其中的危害，可还是有人那样做。

解释▶ 三、五：数字。表示在一段较短的时间多次说或做某事。把数字往多的方面说，含次数多的意味。结构位置比较灵活，前后常有别的句子作相关的说明或补充。注意▶ 搭配有限。○多用于叙事。

②例句▶ 尽管儿子一出门就是三年五载不回家，但一想到儿子在那儿生活得很幸福，她也就放心了。‖ 要说他呀，成不了什么大事儿，打游戏三天五天就打得很厉害了，可要他学技术，三年五年都学不会。

解释▶ 三、五：数字。时间长短和数字后面的时间词有关，如"三"后面是"天"，表示时间不长，如是"年"则表示时间长，含时间长的意味。前后常有别的句子作相关的说明或补充。注意▶ 搭配有限。○多用于叙事。

③例句▶ 虽然他已经答应下星期来，但这段时间内要是有什么三差五错，那就难说了。‖ 有的人学开车时间不长、技术还不熟练就上路了，碰到这样的情况，谁能保证不出个三差五错的。

解释▶ 三、五：数字。表示次数多、种类多。差错：意外的事情。表示（会发生）想不到的或这样那样的事情。多指不太好的情况，含料想不到的意味。前后常有别的句子作相关的说明或补充。注意▶ 搭配有限。○多用于叙事、对话，口语。

★ 1）三+**名词$_1$**+五+**名词$_2$**。

2）三+**动词$_1$**+五+**动词$_2$**。

3）**三＋量词** $_1$ **＋五＋量词** $_2$。

框架格式。在句中常作谓语、宾语、状语。结构中的前后两个名词、动词或量词为意思相同或相近的单音节词，组成四字格式。

扩展▶ **用法1**）表示一段时间内多次说或做：他三番五次来找我；政府三令五申司机不能在开车时打手机。

用法2）时间长短和后面的时间词有关：他一去就是三年五载；这东西他三天五天就学会了。

用法3）表示（会发生）想不到的事情：谁能保证不出个三差五错的。

【**散发**出 … 的香味 / 气味 / 味道】 sànfā chū … de xiāngwèi / qìwèi / wèidào ［七—九级］

例句▶ 她一个人坐在窗边，眼睛望着窗外，身上散发出特别的香味。‖ 你厨房里那两条鱼是不是有点儿问题啊，怎么老远就闻到它散发出一种难闻的气味呢？ ‖ 我家院子里有一棵梨树，每年秋天，当梨成熟的时候，梨树总会散发出淡淡的梨香。

解释▶ 人体或物体发出某种味儿。“味道”等词前面常有别的词语修饰，说明是一种什么味道。多用来描写人或物。多放在句尾，前面通常有别的句子作相关的说明，有时后面也有句子进行补充。可用于具体的事物。○多用于叙事。

★ **散发出＋名词 / 动词 / 形容词＋的香味 / 气味 / 味道。** 动宾结构。在句中常作谓语。

扩展▶ 散发出醉人的香味；头发散发出好闻的香味；食品店里散发出各种食品的香味；厨房里散发出浓浓的中药味道；这种糖果散发出一种香甜的味道；河边散发出各种各样的气味；垃圾箱散发出难闻的气味。

【**晒**（…）太阳】 shài（…）tàiyáng ［四级］

例句▶ 你应该把花儿搬到院子里去，这样晒得到太阳，花儿会长得更好。‖ 傍晚小王从海边回到酒店，晒了一天的太阳，他的皮肤变得红红的。‖ 今天天气特别好，我们去外面的草地上坐坐吧，晒晒太阳看看书，一定特别舒服。

解释▶ 晒：使……直接接触阳光。指人或物在阳光下吸收光和热。多用来描写叙述事情。前面常有别的句子作相关的说明，后面的句子多补充相关的结果。○多用于叙事和对话，口语。

★ **晒＋（补语）＋太阳。** 动宾结构。在句中常作谓语。“晒”后的成分多是“晒、着、得到/不到、得着/不着”、时间名词、形容词等。

扩展▶ 晒着大太阳；院子里晒不到太阳；这个地方冬天晒不着太阳；每天最好晒半小时的太阳；晒了一会儿太阳；我们晒够了太阳；孩子老人要多晒太阳。

【…（上）V的】 …（shàng）V de ［一级］

例句▶ —哪个手机是你的？—桌上放的那个就是。‖—这种东西很少见，你吃过吗？—这算什么，我吃过的东西多着呢，天上飞的，地上跑的，水里游的，世界各地的各种美味，我都吃过。‖你是父母一手养大的，身上穿的，嘴里吃的，哪样不是父母给买的，你怎么能不听父母的话呢？

解释▶ 在某个地方，某个事物以某种动作或状态存在。结构中“的”代替事物，包括具体的和抽象的事物，一般能根据上下文推出。多用来描述事物。前后常有别的句子作相关的说明或补充。需要时结构可以连用。○多用于叙事、对话，口语。

★ **名词＋动词＋的。** 框架格式。整个结构是一个名词短语，在句中常作主语、定语。结构中的名词常表示地点。

扩展▶ 树上爬的；土里钻的；手里拿的；头上戴的；袋里装的；脚上穿的；包里放的；书上写的；锅里烧的；地里种的；树上长的；银行里存的；墙上挂的；画儿上画的；衣服上印的；车里坐的。

【…上来】 …shànglai ［三级］

例句▶ 老师出了个题，让大家想想，可同学们想了半天，还是没人能答上来。‖他对各国的国旗特别了解，哪国的国旗是什么颜色，什么样子，他都能一一说上来。‖今天朋友请我去吃泰国菜，满满一桌菜，虽然菜名我都叫不上来，但却觉得非常好吃。

解释▶ 成功地完成某个动作，表达某个意思。常用动词为“叫、答、说、背、念、唱、学”等跟表达有关系的动词。结构前常有“都、也、能、可能、有时候、一时、已经”等词，前后常有别的句子作相关的说明或补充。○多用于叙事、对话，口语。

★ **动词＋上来。** 在句中常作谓语。动词和“上来”中间常加“得、不”，如“动词＋得上来/不上来”，表示可能补语。

扩展▶ 他的样子你学得上来；这首歌我唱不上来；我说不上来好还是不好；答不上来；说得上来；背得上来；念上来。

【上了（…）年纪】 shàng le（…）niánjì ［三级］

例句▶ 人越是上了点儿年纪，越是怀念故乡，即使身在外地，也总会希望能到故乡去看看。‖ 在跳舞的人群中，有年轻漂亮的家庭主妇，也有上了年纪的老大妈和老大爷。‖ 提起这支歌，上了些年纪的人谁不熟悉呢？他们都是唱着这支歌长大的。

解释▶ 年龄比较大。多指五六十岁以上的人，用来描述事情。结构位置比较灵活，前后常有别的句子作相关的说明或补充。○多用于叙事、对话，口语。◇ 也说“上了（…）岁数”。这时带有口语色彩。

★ **上＋了＋(点儿、些)＋年纪。** 动宾结构。在句中常作谓语、定语。

扩展▶ 人越是上了点儿年纪，就越注意饮食；他是上了年纪的人；这儿有上了年纪的老太太；据当地上了年纪的老人介绍；学习班里都是些上了年纪的老大妈。

【上了（…）岁数】 shàng le（…）suìshù ［六级］

见 482 页【上了（…）年纪】 条。

【A 上 A 下】 A shàng A xià ［一级］

例句▶ 家里的老人每星期看病他都得陪着，每去一次医院，他都要跑上跑下，忙个不停。‖ 刚搬进新家，很多东西需要整理。整整一天，他和妻子搬上搬下，搬进搬出，一直忙到晚上。‖ 小王的老婆最近刚生孩子，一家人忙上忙下，忙里忙外的，一点儿都闲不下来。

解释▶ 某人上下移动或某物随着某人上下移动。有时表示忙或乱的情况，有时也指不同的部位。多用来描述事情的过程，前面常有别的句子说明情况，后面的句子进行总结。需要时结构可以连用。○多用于叙事、对话，口语。◇ 也说“A 进 A 出”“A 里 A 外”。这时位移的方向是从外边到里边或从里边到外边。

★ **动词＋上＋动词＋下。** 框架格式。在句中常作谓语。结构中的动词多是表示位移的单音节词，组成四字格式。

扩展▶ 别爬上爬下的，当心摔着；工人们把一台台冰箱抬上抬下；这东西不要拿上拿下，拿进拿出的，当心碰坏了；他擦上擦下，把车擦得干干净净的。

【… 上下】 … shàngxià ［五级］

例句▶ 据天气预报说，明天的气温大概是 20 度上下，不用穿那么厚的衣服。‖ 这些歌迷大多是20岁上下的年轻人，为了亲眼看到自己喜欢的明星，他们从各个地方赶到了这里。‖ 这种鱼产自中国北方，体长一般有20—40厘米，体重500克上下。

解释▶ 表示大概的数，比某个数量多一点儿或少一点儿。多用于描述年龄、温度、数量或重量等方面。结构位置比较灵活，前后常有别的句子作相关的说明或补充。可用于具体的事情。○多用于叙事和对话，口语。

★ **数量短语＋上下。** 在句中常作谓语、定语。

扩展▶ 礼品送给70岁上下的老人；每天参观的人数在10万人次上下；这种白酒的价格一般在100元上下；目前电话线的电压在36伏上下；一些有名的酒楼平均上客率也只有60%上下。

【上有A下有B】 shàng yǒu A xià yǒu B ［一级］

①例句▶ —根据您现在的身体情况，我们建议您马上住院。—医生，我家上有老下有小，我要是住院，家里谁来管啊？ ‖ 他俩现在的情况是一样的，上有老下有小，真不容易。

解释▶ 上：上面。老：年纪大的。下：下面。小：年纪小的。表示家里的老人和小孩儿。多指家庭负担很重，老的年纪大了，小的还没成年，含有特别辛苦的意味。前后常有别的句子作相关的说明或补充。○多用于叙事、对话，口语。

②例句▶ 人们常说“上有天堂下有苏杭”，我这个周末去了一趟杭州，果然很不错。‖ 我真的没有骗你，上有天下有地，我保证我说的句句都是真的。

解释▶ 上：天上。下：地上。“上有天堂下有苏杭”表示天上有天堂，人间有苏州和杭州。形容苏州、杭州的美丽、繁荣和富有，含有风景美丽、生活富足的意味。“上有天下有地”指要让天和地来为自己作证，证明自己发的誓或答应做的事情。前后常有别的句子作相关的说明或补充。○多用于描写、叙事、对话，口语。

③例句▶ 学校按规定除正常上课外不再给学生补课，可有的家长却认为“上有政策下有对策”，想尽办法让孩子周末到校外上课。‖ 新的一年开始了，公司的计划下来了，我们小组也得有个小计划，这就叫“公司上有大目标，小组下有小目标”。

解释▶ 上：上级；下：下级。表示上级做出相关的规定，下面的部门或人表面上服从或执行，暗地里却用别的办法来对付这种规定；有时也指部门和家庭有各自的计划和安排。前一种做法有时是违背法律、政策、规定的行为，含有不怕违法、违规的意味，有时具有贬义色彩。前后常有别的句子作相关的说明或补充。〇多用于分析、叙事和对话，口语。

★ 1）**上有＋名词$_1$，下有＋名词$_2$**。

2）**上有＋形容词$_1$，下有＋形容词$_2$**。

框架格式。在句中作谓语，也可独立成句。结构中的两个分句有并列关系。结构中的前后两个名词或形容词多是意思相反或相近的词语。

扩展▶ **用法1**）表示家庭负担很重：他上有老下有小，很辛苦；我现在可是上有老下有小啊。

用法2）形容苏州、杭州的美丽和富有：俗话说，上有天堂下有苏杭。

用法3）上级和下级有各自的规定或计划：我看你是上有政策下有对策吧；你们上有大目标，我们下有小目标。

【上至A，下至B】 shàng zhì A，xià zhì B ［五级］

例句▶ 听说他在这次比赛中得了大奖，学校上至领导，下至老师和同学，没有一个不为他高兴的。‖ 提起王大夫，当地上至七八十岁的老人，下至两三岁的孩子，没有一个不认识他。‖ 他的知识面十分广泛，上至天文，下至地理，他都能说出个一二来。

解释▶ 至：到。在一个范围里的所有的人或物（职务或社会地位、机构的层级、年纪的大小，以及知识的广度）。使用时往往只指明人或物两端的情况，其实把中间的部分都包括进去了，表示“从……到……”。前后常有别的句子作相关的说明或补充。〇多用于描写、叙事，书面语。

★ **上至＋名词$_1$，下至＋名词$_2$**。 框架格式。在句中常作主语。

扩展▶ 那里上至大学下至幼儿园都是免费教育；上至领导下至百姓都在讨论这件事；上至总经理下至一般职员都应该遵守法律法规；上至天文下至地理他无所不知。

【稍（微）不留神就…】 shāo（wēi）bù liúshén jiù … ［七—九级］

见484页【稍（微）不注意就…】条。

【稍（微）不注意就…】 shāo（wēi）bú zhùyì jiù … ［五级］

例句▶ 最近天气变化太快了，一会儿冷一会儿热，稍不注意就会感冒。‖ 前段时间我努力减肥，终于瘦了两斤，可最近稍微不注意就胖回来了。

解释▶ 稍（微）：一点儿，数量不多，程度不高。有一点儿不当心就会出现问题。多指不希望出现的情况或发生的事情。前面常有别的句子作相关的说明。○多用于叙事和对话。◇ 也说“稍（微）不留神就…”。

★ **稍（微）不注意就＋动词。** 在句中作谓语，也可独立成句。可加不同的助词表示不同的时态。其中“稍（微）不注意就＋动词＋了”表示过去时，“稍（微）不注意就会＋动词”表示将来时。

扩展▶ 上课稍（微）不注意就跟不上了；稍（微）不注意她就不高兴了；稍（微）不注意就会产生危险；稍（微）不注意就会迷路；只要稍（微）不注意就会有问题；这个地方稍（微）不注意就会上错车。

【稍（微）… 了（一）点儿】 shāo（wēi）… le（yì）diǎnr ［五级］

例句▶ —他不是挺好的吗，怎么不考虑让他做你男朋友？—他是挺好的，可个子稍微矮了一点儿。‖ 这房间虽然稍微小了点儿，但是我一个人住足够了。

解释▶ 稍微：数量不多，程度不高。“稍微”跟“一点儿”组合表示比“一点儿”更少。指某人或某物有那么一点儿的让人不满意的地方，其他的都好。把事情往小的、轻的方面说，语气委婉。结构位置比较灵活，前后常有别的句子作相关的说明或补充。○多用于描写、叙事、对话，口语。◇ 也说“稍（微）有（一）点儿…”。

★ **稍（微）＋形容词＋了（一）点儿。**框架格式。在句中常作谓语、补语。

扩展▶ 时间稍微晚了一点儿；这件衣服稍微小了点儿；你说话的速度稍微快了点儿；别的都好，就是稍微贵了一点儿；参加的人稍微多了一点儿；他的报告稍微长了一点儿；你的话说得稍微重了一点儿，他不会不高兴吧。

【稍（微）…（一）点儿】 shāo（wēi）…（yì）diǎnr ［五级］

例句▶ 我们都在等你说呢，稍微说一点儿吧，别让大家失望了。‖ 如果你考试的时候能答得稍仔细点儿，就可以避免一些错误，你也就可以得到更高的分数。‖ —好久不见，感觉你比之前稍微瘦点儿。—是吗？可能是因为我最近经常锻炼身体吧。

解释▶ 稍（微）：一点儿，数量不多，程度不高。“稍微”跟“一点儿”组合表示比“一点儿”更少。用于将要发生的事时，表示要求不高，只要有那么一点儿的……就行，多是希望出现的情况。把事情往小的、轻的方面说，表示不难做到，语气委婉。用于已经发生的事时，指动作或状态变化的程度不高。多用来描写人或物。结构位置比较灵活，前面常有别的句子作相关的说明，后面往往有句子补充结果。○多用于对话、叙事，口语。

★ 1）**稍微＋动词＋(一）点儿。**

2）**稍（微）＋形容词＋(一）点儿。**

框架格式。在句中作谓语、补语，也可独立成句。

扩展▶ **句型1）**最好稍微拿一点儿过来；还是稍微写一点儿吧；别紧张，稍微放松一点儿吧；他的话我稍微能听懂一点儿了。

句型2）他的心情稍（微）平静一点儿了；这衣服稍（微）大一点儿就好了；坐在这里稍（微）舒服点儿；她的身体稍（微）好点儿了。

【稍（微）有（一）点儿…】 shāo（wēi）yǒu（yì）diǎnr… ［五级］

见485页【稍（微）…了（一）点儿】条。

【少…】 shǎo… ［一级］

例句▶ —其实我是打算来的，可突然有事情来不了。—少找借口，我才不会相信你呢！‖ 你又不是我父母，我生活得好不好跟你没关系，以后少管我的事情。‖ 别吵了，你们俩都少说两句行不行，又不是什么大事。

解释▶ 叫某人少做或不要做某事。多用于建议、劝阻或命令；也表示对某人不满，这时带有厌恶、不耐烦的意味，语气较强，说话不客气，不礼貌。多用于比较熟悉的人之间。结构位置较灵活，前后常有别的句子作相关的说明或补充。○多用于对话，口语。

★ **少＋动词。** 在句中作谓语，也可独立成句。

扩展▶ 睡不好少喝咖啡；以后少跟这种人交朋友；你少给我找麻烦好不好；少去外边玩儿；少说别人的坏话；这事和你没关系，你少打听；小孩子家，少多嘴；少给我在这儿丢人；叫他少来这一套。

【少A多B】 shǎo A duō B ［一级］

例句▶ 你刚到新单位，对很多东西都不熟悉，应该少说多做，在实践中学习新知识。‖ 有的父母一遇到孩子做错事情就批评他们，其实，父母在教育子女时应该少批评多鼓励。‖ 老年人的饮食应该少肉多菜，营养均衡，才能保持健康。

解释▶ 做某类事少一点儿，做另一类事多一点儿；也指多选择某一物，少选择另一物。多用于建议人们应该做什么，不应该做什么；有时也用于描写人做事的情况。结构前常有"应该、最好"等词语表示该怎么做。前后常有别的句子作相关的说明或补充。○多用于对话，口语。注意▶ 多数情况下也说“多B少A”，也有少数表达不能互相替换。如：说“少吃多餐”，不说“多餐少吃”或“多吃少餐”；说“少见多怪”，不说“多怪少见”或“多见少怪”。

★ 1）**少+动词$_1$+多+动词$_2$**。

2）**少+名词$_1$+多+名词$_2$**。

框架格式。在句中常作谓语、定语。结构中的前后两个动词多是意思相反或相关的单音节词，表示并列关系。多是四字格式。结构可以连用。

扩展▶ **句型1）**你别少见多怪了，这种事多着呢；想减肥的人应该少食多餐；他已经养成了少吃多餐的习惯。

句型2）少油多奶；少糖多果；少烟多茶；少荤多素。

【少说也…（吧）】 shǎoshuō yě …（ba）［一级］

例句▶ 我在这个公司少说也干了三四年了，怎么从没见过你？‖你怎么一条也没买呢？这种名牌裤子难得今天打折，少说也得买两条吧！‖从这儿到超市，少说也有四五里，我们还是坐公交车去吧！

解释▶ 某人某事从少的一方面说，至少应该……。多用来估计时间、数量、距离、程度等。前面引出话题，后面再作进一步补充；有时前后有别的句子作相关的说明或补充。○多用于叙事、对话，口语。

★ **少说也+动词+数量短语+（吧）**。在句中作谓语，也可独立成句。

扩展▶ 他少说也有30岁；这里电脑少说也有几百台吧；他们班的女同学少说也有十个；一个月少说也有几千块钱的收入吧；同样的东西在那里少说也得贵一倍吧。

【A少于B】 A shǎo yú B ［一级］

见155页【A大于B】条。

【舍不得…】 shěbude… ［五级］

例句▶ 春节期间，他只和家人吃一顿年夜饭就去店里工作了，因为他实在舍不得那几天的好生意。‖这两瓶酒是在他六十岁生日时朋友送给他的，到现在已经过去好几年了，他一直舍不得喝。‖你看，大家都舍不得你走，你还是留下来吧。

解释▶ 表示不愿意放弃或离开（因为很爱惜某物或某人，或对……很有感情）；也表示不愿意使用人或物（因为某物很珍贵，或个人比较节约）。

适用范围很广，包括人或物等具体的事物以及时间、情感等抽象事物。结构位置比较灵活，前面或后面常有别的句子作相关的说明或补充。○多用于叙事和对话，口语。

★ **舍不得＋名词／代词（指人）／动词／小句。** 在句中常作谓语。

扩展▶ **用法 1**）表示不愿意放弃或离开：说来说去还是舍不得你；舍不得离开；舍不得跟自己的孩子分别；舍不得亲人离去；舍不得孩子去外国学习；其实他还是舍不得这段感情；舍不得把东西送给别人。

用法 2）表示不愿意使用人或物：舍不得那点儿时间；舍不得吃；舍不得穿；舍不得花钱；舍不得给自己买一件衣服；因为缺水舍不得用水；舍不得孩子干重活儿、累活儿；舍不得孩子外出打工吃苦。

【**深表＋同情／遗憾／不满**】 shēn biǎo + tóngqíng / yíhàn / bùmǎn ［三级］

例句▶ 在我生病住院期间，同学老师们都来看望我、照顾我，我对大家的关心深表感谢。‖ 在这场事故中，有些人失去了亲人，有些人失去了房子，我对你们的不幸深表同情。‖ 现在很多孩子都吃不了苦、受不了累，专家们对这些孩子目前的状况深表担忧，希望能引起家长的注意。

解释▶ 深：很，十分。对某人或某事的发生表示出自己强烈的思想感情。多用于感谢别人对自己的帮助、关心等，以及对方遇到不理想、不好或不幸的事情时，表示同情、担心等。结构中的名词包括“感谢、尊敬、同情、遗憾、担忧、关注、关切、不安、不满、怀疑、歉意”等。用于正式场合。前面常有别的句子说明原因或情况，有时后面也有句子进行补充。可用于已发生的事情。○多用于叙事，书面语。

★（**对＋名词$_1$／代词［指人］）＋深表＋名词$_2$／动词／形容词。** 动宾结构。在句中常作谓语。结构前的“对＋名词$_1$／代词［指人］”作状语。结构中的名词$_2$多是表示心理活动或状态的双音节词，和“深表”组成四字格式。

扩展▶ 对这种观点深表怀疑；对整件事情深表关注；对所发生的事故深表遗憾；对目前的情况深表担心；对儿子的做法深表失望；对最近发生的这一事件深表不安；对他的解释深表不满；对在座的各位深表慰问；对受害者家属深表歉意。

【**深得…（的）A**】 shēn dé …（de）A ［三级］

例句▶ 这位同学不但学习好，而且很有爱心，常常帮助一些需要帮助的人，因此深得大家的喜爱。‖ 小王嘴特别甜，一见到这两位老人就“爷爷奶奶”叫个不停，深得这两位老人的欢心。‖ 虽然他是公司的老板，但对员工却十分友好，把员工当作自己的朋友，是一位深得人心的好领导。

解释▶ 深：很，十分。得：得到，受到。指某人某事得到别人的……；或者别人对某人很……。多用于好的事情，通常和褒义词组合。如“喜爱、评价、支持、理解、信任、赞赏”等。结构中常有指人的修饰词，说明是什么人的喜爱、评价等。多放在句尾，前面常有别的句子说明原因或情况。可用于已经发生的、好的事情。○多用于叙事，书面语。

★ **深得＋(名词$_1$/代词［指人］＋［的］)＋动词/名词$_2$。** 动宾结构。在句中常作谓语、定语。结构中的一些名词$_2$为表示心理活动或状态的动词用作名词。

扩展▶ 他们深得大家（的）理解；深得朋友们（的）信任；深得各位（的）支持；他很有能力，深得老板（的）赞赏；他深得邻居们（的）敬重；深得人民（的）热爱和尊重；他们的服务深得客人（的）好评；领导要做深得民心的事；深得学生爱戴的老师。

【深受…（的）A】 shēn shòu …（de）A ［三级］

例句▶ 他的父亲是一名画家，他深受父亲的影响，从小就开始学习画画儿，现在他的画在国内已经非常有名了。‖ 这家饭店的菜味道不错，服务态度也很好，是一家深受顾客称赞的饭店。‖ 王师傅五六年前得了一种病，这些年来他一直深受病痛的折磨，有时甚至整夜都睡不着。

解释▶ 深：很，十分。受：受到。指某人某事很多地、很强烈地受到（某人或某物的）……。可用于好的事（喜爱、欢迎、赞赏、尊敬、鼓舞、宠爱、爱戴、好评）和不好的事（痛苦、困扰、折磨）。这些词前面有时有相关的修饰词。结构位置比较灵活，前面常有别的句子说明原因或情况，有时后面也有句子进行补充。多用于已经发生的、抽象的事物。○多用于叙事，书面语。

★ **深受＋(名词$_1$/代词［指人］＋［的］)＋动词/名词$_2$。** 动宾结构。在句中常作谓语、定语。结构中的一些名词$_2$为表示心理活动或状态的动词用作名词，且多是双音节词。

扩展▶ 听了这个报告，大家深受感动；这些话使同学们深受鼓励；这位经理深受职工（的）喜爱；产品深受大家（的）欢迎；这位老师深受学生（的）尊敬；这是一家深受顾客好评的商店。

【深为…】 shēn wéi … ［三级］

例句▶ 这是年轻人深为喜爱的饮料，尤其是在特别热的时候，喝上一杯，感觉舒服极了。‖ 虽然他眼睛看不见，但是他弹钢琴的水平一点儿也不比正常人差，这让在场的所有观众深为感动。‖ 他因为一个小小的错误而给公司造成了重大的损失，大家对他犯的错误深为痛心。

解释▶ 深：很，十分。指某人某事使别人很……。可用于好的事（感动、感激、喜爱、尊敬、同情、钦佩等）和不好的事（不满、遗憾、失望、愤怒、担心、忧虑等）。注意▶ 结构前面一般不加修饰词。前面常有别的句子说明原因或情况，有时后面也有句子进行补充。多用于已经发生的、抽象的事情。○多用于叙事，书面语。

★ **深为＋动词。** 在句中常作谓语、定语。常有两种表示方法：1）名词$_1$＋令/使/让＋名词$_2$/代词（指人）＋深为＋动词；2）名词$_1$/代词（指人）＋对/为＋名词$_2$＋深为＋动词。

扩展▶ **用法1）**用于好的方面：使在场观众深为佩服；使我深为感激；对你深为同情；对你的情况深为关注；对他的才能深为钦佩。

用法2）用于不好的方面：不少人对此也深为不满；对他的这种行为深为愤怒；对这个孩子的将来深为担心；对这部电影深为失望；他为此事深为苦恼；有人对此深为遗憾；许多人表示深为惋惜；对此我深为抱歉。

【A什么A】 A shénme A ［一级］

例句▶ —关上窗户吧！—关什么关！外边又不热。‖ —你再等会儿，我还没吃早饭呢！—吃什么吃，都什么时候了？过一会儿就要吃午饭了。‖ —上次你帮了我的忙，实在太感谢了！—谢什么谢，咱俩是多年的朋友了，干嘛那么客气！

解释▶ 不要做某事，没必要做某事。用肯定形式的反问句表示否定。放在句首，用来回答、反驳对方的话，后面常有句子解释原因或说明情况。说话不客气、不礼貌。多用于对人表示不满，批评下级或晚辈，含有埋怨、训斥的意味，语气较强；有时也用于关系密切的人之间，比较随便。○多用于对话，口语。

★ **动词＋什么＋动词。** 框架格式。可独立成句。结构中的动词多是单音节词。

扩展▶ 看什么看；说什么说；找什么找；哭什么哭；笑什么笑；挤什么挤；怕什么怕；喝什么喝；画什么画；闹什么闹；打什么打；喊什么喊；跑什么跑；搬什么搬；吵什么吵。

【什么A啊B（啊）的】 shénme A a B（a）de ［一级］

例句▶ —这些苹果都是大家买给你的，我不能要。—什么你呀我呀的，来，先拿一些去尝尝，好吃再过来拿。‖—这些人我都不认识，还是你自己去吧，我就不去了。—什么去呀不去的，去一次不就都认识了吗？‖—算了吧，我不跟你换电影票了，我的便宜，你的贵。—什么贵啊便宜的，咱们谁跟谁啊，又不是外人，分得这么清楚干什么！

解释▶ 用在几个并列的代词、动词或形容词之前，引述别人的话，表示不同意对方说的，或不明白对方说的是什么，想了解具体情况。多用来回答对方的话，放在句首，后面一般有相关的句子进一步表明说话人的态度或问题。说话不客气，有时带有责备语气。多用于熟人之间。○多用于对话，口语。

★ 1）**什么＋代词$_1$＋啊＋代词$_2$＋（啊）的。**

2）**什么＋动词$_1$＋啊＋动词$_2$＋（啊）的。**

3）**什么＋形容词$_1$＋啊＋形容词$_2$＋（啊）的。**

可独立成句。结构中的代词、动词或形容词多是意思相对或相反的单音节词，如果是双音节词，后一个“啊”要省略。结构中的“啊”也可根据前一个字的韵母换成“呀、哪”等。

扩展▶ **句型1）**什么他啊你啊的，你们在说什么呢。

句型2）什么买啊不买的，喜欢就买，别想那么多；什么送啊不送的，不想送就别送。

句型3）什么长啊短啊的，你们在讨论什么呢；什么高啊矮啊的，只要自己喜欢就好；什么对啊错啊的，你我还分什么对错；什么好啊坏啊的，我怎么听不懂呢。

【什么A（啊），什么B（啊）】 shénme A（a），shénme B（a）［一级］

例句▶ —你一个南方人，习惯了北方的生活吗？—其他还好，只是北方人总吃什么面条啊，什么馒头啊，我还不太习惯。‖ 退休后，他的生活更加丰富了，什么跳舞啊，什么打球啊，这些以前没时间参加的活动现在都成了他生活的一部分。

解释▶ 用在几个并列的名词、动词之前，作为同类事物的代表，列举说明像这类的人、情况或事情，多用来叙述、说明情况。前面常有别的句子进行总的介绍，后面也有相关的说明、解释或判断。需要时可以多个连用。○多用于叙事和对话，口语。

★ 1）**什么＋名词$_1$＋（啊），什么＋名词$_2$＋（啊）＋（…）＋什么＋名词$_n$＋（啊）。**

2）什么＋动词$_1$＋（啊），什么＋动词$_2$＋（啊）＋（…）＋什么＋动词$_n$＋（啊）。

框架格式。在句中常作主语、宾语。结构中的前后两个名词或动词多是意思相近或相关的词。

扩展▶ **句型1）**什么鱼肉，什么水果，他都不爱吃；什么北京啊，什么上海啊，他都去过了；他们总爱吃什么早茶啊，什么甜食啊，我怎么也吃不惯。

句型2）有些话说得太难听了，什么没能力，什么不努力，说得你受不了；什么跑步啊，什么游泳啊，什么打球啊，都是我喜欢的运动；如果发生什么头疼，什么感冒等，都一定要小心。

【什么…不…啊】shénme … bù … a ［一级］

例句▶ —最近打折的商品多吗？—这时候什么商店不打折啊，都快年底了，再不打折就卖不出去了。‖ 你看看，都高三了还有什么学生不努力学啊，可你怎么还是这么不专心呢？‖ 我们俩关系这么好，什么话你不能跟我说啊？想说什么就说吧。

解释▶ 这是个反问句，用否定形式的反问句表示肯定，“什么都……”。表示在某个范围里什么情况都不例外，语气较强。多用于回答别人的话或问题，也可用于劝别人。前面常有别的句子进行说明，后面或者出现相关的结果，或者进一步劝说某人做某事等。○多用于对话，口语。

★ **什么＋名词$_1$＋（名词$_2$／代词［指人］）＋不＋动词＋啊。** 框架格式。可独立成句，也可在句中作谓语。

扩展▶ 什么人会不喜欢钱啊；你觉得还有什么人不会用手机啊；有什么植物不需要阳光啊；什么人不想好好生活啊；什么难题他解决不了啊；别人的东西他什么不喜欢啊；别看他才两岁，什么话不会说啊；什么秘密你不能告诉我啊。

【什么A不A的】shénme A bù A de ［一级］

例句▶ —这几天真的打扰你们，给你们添麻烦了。—什么打扰不打扰的，你到我家来，我高兴还来不及呢！‖—我们还是别去了吧，太远了。—什么远不远的，咱们开车去，又不用你走路。‖—我担心这次考试我不能通过，听说很难。—什么难不难的，你好好准备就是了，别想那么多。

解释▶ 结构中的动词或形容词是引述别人的话，表示不同意别人说的。后面通常有句子进一步补充或表明说话人的态度。有时是对别人的感谢表示不用太客气；有时是反驳、纠正别人的话，含有不满的意味。说话不客气，语气较强。多用于长辈对晚辈、上级对下级或熟人之间。结构比较灵活，前后常有别的句子说明、补充。○多用于对话，口语。

★ 1）**什么＋动词＋不＋动词＋的。**

2）**什么＋形容词＋不＋形容词＋的。**

框架格式。可独立成句。

扩展▶ **句型1）**什么应该不应该的，都应该去；什么可能不可能的，只要努力就有可能；什么适应不适应的，过段时间都会适应的。

句型2）什么累不累的，做完了就行了；什么好吃不好吃的，有东西吃就不错了；什么高兴不高兴的，我管不了那么多；什么贵不贵的，喜欢就买呗；什么好吃不好吃的，我看你们是吃得太好了。

【… 什么的都有】 … shénmede dōu yǒu ［一级］

例句▶ 我家附近有一条步行街，那里的商店各种各样，卖什么的都有。‖ 这种手机的质量到底好不好？怎么在网上买家说什么的都有，我都不知道应该相信谁了。‖—你同学毕业后都找了哪些工作？—做什么的都有，有的进了学校，有的进了银行，还有的进了公司。

解释▶ 表示有各种各样的情况、类型。适用范围较广，多用于对某方面各种情况的概括。结构位置比较灵活，前后常有别的句子说明情况或进行补充。○多用于叙事和对话，口语。

★ **动词＋什么的都有。** 在句中作谓语，也可独立成句。结构中的“动词＋什么的”作为名词短语，表示各种情况、类型。结构中的动词大多是单音节。

扩展▶ 大家讲什么的都有；他们问什么的都有；顾客买什么的都有；他们学什么的都有；公园里练什么的都有；老人唱什么的都有；小孩儿画什么的都有；听众信什么的都有。

【什么都不 A，就 +A / B …】 shénme dōu bù A，jiù +A / B … ［一级］

例句▶ —你不是养了一只小狗吗？它吃什么呀？—它什么都不吃，就吃肉。‖—你要出门，怎么什么都不带，就带个手机呀？—钱和钥匙不是你带着吗？‖ 你都快三十岁了，一天到晚什么都不管，就知道玩游戏，这样下去可怎么办？

解释▶ 就：只。只做某事，不做其他事，或只存在某种情况，不存在其他情况。意思是，除了某人或某物以外，别的都不……，强调后面的人或物。有时带有夸张的意味。前面或先引出话题，或有别的句子作相关的说明，有时后面也有句子进行补充。注意▶ 说话时，结构中的“就”字重读。○多用于叙事和对话，口语。

★ **什么都不＋动词$_1$，就＋动词$_1$/动词$_2$＋名词。** 框架格式。可独立成句。

扩展▶ 什么都不缺，就缺钱；什么都不怕，就怕数学考试；什么都不想，就想回家；什么都不看，就看电视；什么都不听，就听流行音乐；什么都不学，就学管理；什么都不长，就长草；什么都不管，就知道睡觉。

【什么 … 都/也＋没有】 shénme … dōu / yě + méiyǒu ［一级］

见 645 页【一点儿 … 也没有】条。

【A 什么（就）＋A/B＋什么】 A shénme（jiù）+ A / B + shénme ［一级］

例句▶ —晚上想吃点儿什么？—家里有什么吃什么，不用太讲究。‖ 你往下说吧，想到什么就说什么，说错了也没关系。‖ 孩子要什么就给什么，这样做不是爱他们，而是在害他们。‖ 我去超市买东西，缺什么就买什么，从来不多逛。

解释▶ 前面的情况决定了后面要做什么。前后两个“什么”指同样的东西。适用范围较广，表示的意思较多：随便、自由（想到什么就说什么）；不讲究（有什么［就］吃什么）；不难做到（要什么就给什么）；有专门的目的（需要什么就生产什么）；等等。前后常有别的句子作相关的说明或补充。需要时结构可连用。○多用于叙事和对话，口语。

★ **动词$_1$＋什么（就）＋动词$_1$/动词$_2$＋什么。** 框架格式。在句中作谓语，也可独立成句。结构中的两个部分有条件关系。结构中的两个动词可以是同一个主语（如：我有什么就卖什么），也可以是不同的主语（如：他问什么我就说什么）。

扩展▶ **用法 1）**表示随便、自由：爱做什么就做什么；喜欢什么（就）拿什么。

用法 2）表示不讲究：给什么就拿什么；送什么就收什么。

用法 3）表示不难做到：要什么就有什么；想要什么就能得到什么。

用法 4）表示有专门目的：不懂什么就学什么；有什么就卖什么；问什么就说什么；需要什么就生产什么；顾客需要什么就提供什么。

【什么时候才能 … 】 shénme shíhou cái néng … ［一级］

例句▶ 前面排队买票的人还有好几十个，我已经在这儿等了一个多小时了，什么时候才能买到票啊？‖ 最近工作太忙了，我已经连续加了三天班，什么时候才能好好休息一下？

解释▶ 表示想知道要多长时间会……。指很希望出现自己想看到的结果或情况。多用于那些不能很快看到结果的情况，或者过了很长时间一直没有结果的情况，带有期盼的语气和意味。前面常有别的句子说明原因或情况。可用于将来的、迫切盼望的事情。○多用于叙事和对话，口语。

★ **什么时候才能＋动词。** 在句中作谓语，也可独立成句。

扩展▶ 什么时候才能把问题解决了；什么时候才能回家；什么时候才能跟你见面呢；什么时候才能让自己瘦一点儿；什么时候才能实现自己的理想；你什么时候才能拿到工资啊；我们什么时候才能住上自己买的房子啊。

【…什么呀】 … shénme ya ［一级］

例句▶ 你笑什么呀，这有什么好笑的，不就是不小心摔了一跤吗？‖—快点儿，我们晚上要去看电影呢！—你急什么呀，电影七点半才开始，现在还早着呢！‖—真羡慕你，找了个好老公。—好什么呀，他在家什么也不干，我都快成他的保姆了。

解释▶ 别……，不用……，没什么……。用肯定形式的反问句表示否定的意思。劝说他人别做某事；或不赞同对方说的话，表示一点儿也不……，用来安慰对方；有时用来反驳他人，有时也用来责问对方，这时含有不满、责备的意味，语气较强。多放在句首，后面有别的句子作进一步解释说明。多用于已经发生的事情。○多用于对话，口语。

★ 1）**动词＋什么呀。**（劝说他人别做某事）

2）**形容词＋什么呀。**（一点儿也不……）

在句中作谓语，也可独立成句。

扩展▶ **句型 1）** 哭什么呀；你们争什么呀；怕什么呀；跑什么呀；看什么呀；叫什么呀；说什么呀；想什么呀；睡什么呀；闹什么呀；吵什么呀。

句型 2） 难过什么呀；高兴什么呀；便宜什么呀；热什么呀；好看什么呀；好吃什么呀；得意什么呀。

【A 声 A 色】 A shēng A sè ［五级］

例句▶ 这个故事主题很好，但在人物性格描写上无声无色，写得不够细致。‖ 老师在讲台上绘声绘色地讲着古代的历史事件，台下的同学们都听得特别认真。‖ 目前，大学生环境保护活动开展得有声有色，很多大学都积极地加入，希望能为环保事业尽一份力。

解释▶ 声色：声音和色彩。比喻说话或表演生动、丰富、精彩。多用于描写、叙述人说话、表演的方式；也指活动、工作开展得很好。用来夸奖某人，具有褒义色彩。多用于抽象的事物。前面常有别的句子作相关的说明，有时后面也有句子作进一步补充。注意▶ 动词搭配很有限。○多用于叙事，书面语。

★ **动词＋声＋动词＋色。** 框架格式。在句中常作谓语、状语、补语。结构中的动词多是单音节词，组成四字格式。

扩展▶ 他说起女儿来绘声绘色，没完没了；这些活动搞得有声有色；这部小说写得无声无色。

【失信于…】 shīxìn yú … ［超纲］

例句▶ —别干了，这是别人的事，跟你又没关系。—不行，既然已经答应了，我可不想失信于朋友。‖ 你为什么一次又一次地失信于大家，这叫我们以后怎么再相信你？ ‖ 公司几个月以前就说过要给大家增加工资，可到现在还没有动静，这样做迟早会失信于人的。

解释▶（自己提出或者答应别人做的事情却没有去做）得不到别人的信任。含有说话不算数的意味。结构前常有“更加、必将、就会、不要、不做、不能、决不、最终、必然、开始、不肯、迟早会”等词语。前面常有别的句子说明原因或情况，有时后面也有句子进行补充。○多用于叙事、评论，书面语。

★ **失信于＋名词／代词（指人）。** 在句中常作谓语。反义表达为“取信于…”。

扩展▶ 你为什么要失信于我们呢；这样下去会失信于社会；岂不是失信于民；老师怎能失信于学生呢；这样做迟早会失信于读者；你这么做就是失信于观众，太让人失望了。

【十有八九…】 shí yǒu bā jiǔ … ［一级］

例句▶ 在这条街上买东西的，十有八九是外地游客，因为我们当地人都知道这儿的东西比别的地方贵多了。‖ —假如你收到一封信，看信封不像是熟人寄给你的，你会怎么办？—十有八九会好奇地打开看个究竟。‖ —你打电话叫他一起来吃晚饭吧。—都八点了，十有八九他已经吃过了。

解释▶ 百分之八十到九十，指有很大的把握说某人某事。多用于估计、判断事情。含有有把握的意味。前后常有别的句子作相关的说明或补充，有时直接用于回答。○多用于对话，口语。◇ 也说“十之八九…”。

★ **十有八九＋动词／小句。** 在句中作谓语，也可独立成句。结构中的“十有八九”在句中作状语。

扩展▶ 这个礼物十有八九是学生们送的；这回十有八九是真的；他十有

八九已经回家了；看他的样子，十有八九感冒了；我看这种事情十有八九他不会同意的；他们十有八九遇到麻烦事了。

【十之八九 …】 shí zhī bā jiǔ … ［七—九级］

见 496 页【十有八九 …】 条。

【时不时地 …】 shíbùshí de … ［七—九级］

例句▶ —你怎么时不时地看手表，有事啊？—因为我约了别人五点谈生意，迟到了不太好。‖ 做了手术后，我腿上的老毛病好得差不多了，但到了下雨天，还是会时不时地疼。

解释▶ 时不时：时常，经常。可以用于一段较短的时间里重复发生或出现的情况；也可以用于较长的时间里发生或出现的情况。动作或现象是间断性的，不是持续性的。多用来描述动作、状态等。结构位置较灵活，前后常有别的句子作相关的说明或补充。○多用于叙事和对话。

★ **时不时地 + 动词。** 在句中常作谓语。结构中的“时不时地”在句中作状语。

扩展▶ 他没事就时不时地给我打电话；这几天时不时地下点儿小雨；他学习比我好，我时不时地问他问题；他时不时地开房门，伸出头往外看；他说话时，时不时地带出两句英语；谈话中他时不时地提起他父亲；肚子时不时地痛，看样子我得去找医生了。

【时而 A 时而 B】 shí'ér A shí'ér B ［六级］

例句▶ 由于山上天气不好，时而出太阳，时而下雨，爬山时大家的衣服一会儿被淋湿了，一会儿又被晒干了。‖ 对不起，我的手机信号不太好，声音时而大时而小，我听不清楚你在说什么。

解释▶ 时而：不定时地重复发生。两个或多个“时而”连用，表示不同的现象或事情在一定的时间内交替发生。可以是自然现象，也可以是人的动作，或其他物体的运动等。前面常有别的句子说明原因或情况，后面的句子多是相关的结果或补充。○多用于描述事物，书面语。

★ 1）**时而 + 动词 $_1$ + 时而 + 动词 $_2$。**

2）**时而 + 形容词 $_1$ + 时而 + 形容词 $_2$。**

框架格式。在句中常作谓语。结构中的前后两个动词多是意思相关或相对的词语，两个形容词多是意思相反的词语。

扩展▶ **句型 1）** 我们时而唱歌时而跳舞；他们时而用汉语时而用英语聊天儿；

飞机时而往上冲，时而往下降，时而穿云层；他时而叫我姐姐，时而叫我的名字。

句型 2）那天我时而高兴时而难过；广播里的声音时而大时而小；速度时而慢时而快。

【时隔…】 shígé… ［七—九级］

例句▶ 今年五月，他再次来到中国，他深深地感到，时隔十多年，中国的确发生了巨大的变化。‖ 我前段时间才听说她要去北京参加留学生汉语大赛了，时隔不久，她就拿到了比赛的一等奖。

解释▶ 时：时间。隔：间隔。表示从……到……时候两段时间之间的距离。多指某件事情以后的某个时间，后面引出在后一个时间里发生的事情。多用于描述过去事情发生的过程。前面常有别的句子说明原因或情况，后面的句子多是相关的结果或补充。○多用于叙事，书面语。

★ 1）**时隔 + 数量短语（表时间）。**

2）**时隔 + 副词 + 久。**

在句中常作时间状语。

扩展▶ **句型 1）**他说他不再回来了，可时隔数日，他又回来了；新买的东西时隔几日就坏了；结婚后时隔七年，他才回到妻子身边；认识后时隔不到一年，两人都毕业了；时隔近四十年，这事我仍印象深刻。

句型 2）那次回国时隔不久，我又回来了；尽管时隔很久，他还是认出了我。

【A 时 +A / B+ 刻】 A shí +A / B + kè ［三级］

例句▶ 我出国留学已经三年了，在这三年间，我无时无刻不在想念自己的父母，想念自己的家乡。‖—妈，我手机在哪儿呢，你看到了没有？—昨天好像看到过，但现在一时半刻也想不起来在哪儿看见的。‖ 别难过了，我也经历过失败，所以我完全了解你此时此刻的心情。

解释▶ 时：时间。刻：时间。前后搭配的词语不同，表达的意思不同：1. 什么时间都，任何时间都（无时无刻）；2. 短时间里（一时半刻）；3. 现在（此时此刻）。前后常有别的句子作相关的说明或补充。注意▶ 搭配有限。○多用于叙事和对话。

★ 1）**名词 + 时 + 名词 + 刻。**（时时刻刻）

2）**动词 + 时 + 动词 + 刻。**（无时无刻）

3）**代词 + 时 + 代词 + 刻。**（此时此刻、每时每刻）

4）**数词$_1$+时+数词$_1$/数词$_2$+刻**。（一时一刻、一时半刻）

框架格式。在句中常作状语、定语。结构中的名词、动词、代词或数词多是单音节词，组成四字格式。

扩展▶ **用法1**）表示任何时间都：我无时无刻不想念家人；现在的每时每刻都很重要；你必须时时刻刻记住自己许下的诺言；在现代经济生活中，一时一刻也离不开货币。

用法2）表示短时间里：现在一时半刻想不起他叫什么名字；现在一时半刻你叫我到哪里去给你买这东西。

用法3）表示现在：此时此刻我的心情十分激动；你们对我这么好，此时此刻我都不知道说什么好。

【时A时B】 shí A shí B ［三级］

例句▶ 三四月份的时候，天气还很冷，午后的阳光时隐时现。‖—你刚才听到广播里的新闻了吗？—没有，声音时大时小，听不清楚说什么。‖我那时快时慢的手表，那天差点儿耽误了我的大事，得送去修理一下。

解释▶ 两个“时”连用，表示有时候……，有时候……；或一会儿……，一会儿……。表示情况在很短的或一段时间内不断变化。可以是自然现象，也可以是人的动作状态，或其他物体的情况等。结构位置比较灵活，前后常有别的句子作相关的说明或补充。○多用于叙事和对话。

★ 1）**时+动词$_1$+时+动词$_2$**。

2）**时+形容词$_1$+时+形容词$_2$**。

框架格式。在句中常作谓语、定语。结构中的前后两个动词或形容词多是意思相反或相对的单音节词，构成四字格式。

扩展▶ 灯光时明时暗，看不清是什么；歌声从很远的地方传来，时断时续；比赛中他们时进时退，终于找准机会踢进了一个球；网速时快时慢，在线看电影很不方便。

【时时刻刻都…】 shíshíkèkè dōu … ［超纲］

见589页【无时无刻不…】条。

【实话告诉你，…】 shíhuà gàosu nǐ，… ［七—九级］

例句▶ —小王，吃饭了没有，没吃的话我马上给你做。—实话告诉你，我已经一天没吃饭了，都快饿死了。‖—这两天休息，你和男朋友去哪儿玩儿了？—没去哪儿。实话告诉你，我好几天没跟他见面了。‖—虽然现在你的工资不太高，但至少可以保证基本的生活。—实话告诉你吧，我现在连工作都没有了。

解释▶ 实话：真实的话。把真实的想法或实际的情况告诉对方。后面带出想和对方说的话，这些话往往会让对方感到意外。多用于家人、熟人、关系较好的朋友或同事之间。多直接用于回答问题，有时前面也有句子说明问题。○多用于对话，口语。◇也说"实话跟你说，…"。

★ **实话告诉你，句子。** 可独立成句，结构中的"实话告诉你"作插入语。

扩展▶ 实话告诉你，这些全是假的；实话告诉你，这件事是我干的；实话告诉你，我已经买了房子了；实话告诉你，我并不喜欢我现在的工作；实话告诉你，你做的坏事我都知道了；实话告诉你，我已经辞职了。

【**实话**跟你说，… 】 shíhuà gēn nǐ shuō，… ［七—九级］

见 499 页【实话告诉你，… 】条。

【**实行** …（的）A】 shíxíng …（de）A ［三级］

例句▶ 从今年五月一日起，本市的公园、展览馆已实行免费开放的制度，为人们游玩、参观提供了方便。‖ 为了把当天的面包卖出去，超市在下午五点以后，对所有面包实行打折销售的措施。‖ 自从实行新的管理制度以来，工人们都更加努力了，这个厂的生产也有了很大发展。

解释▶ 实行：具体地做。结构中的 A 多是政策、措施、改革、计划、制度等，表示通过具体地做使政策、措施、改革、计划、制度等成为现实。多用于正式场合。结构位置比较灵活，前后常有别的句子进行说明或补充。○多用于叙事。

★ **实行＋名词 $_1$ / 动词 / 形容词＋（的）＋名词 $_2$。** 动宾结构。在句中常作谓语。

扩展▶ 实行了保护环境的措施；实行了正确的措施；中国实行改革开放的政策后；实行最低工资的政策；对小公司实行保护政策；成功地实行了人口政策；这家公司实行了免费教育的制度；实行了较全面的改革；我们正在实行这个计划。

【**实在是** … 】 shízài shì … ［二级］

例句▶ 你实在是个聪明人，怎么听出来他说这句话的目的的？ ‖—你怎么没听完就出来了？—老师的声音太小，而且我对讲座的内容也实在是不感兴趣，所以就先出来了。‖ 大家都觉得这对我是个好机会，我却这样把它放弃了，实在是太可惜。

解释▶ 实在：的确。表示某人某事真的是……。含有强调的意味。或者放在句首，后面有别的句子作进一步补充；或者放在句尾，前面有别的句子作相关的说明。○多用于叙事，对话。

★ **实在是+名词/动词/形容词。** 在句中作谓语，也可独立成句。

扩展▶ 这实在是件好事情；大家实在是看不下去了；这件事实在是不好做；我实在是受不了了；这些东西我实在是不喜欢；这个问题实在是太复杂了；我实在是太幸运了；想找到他实在是太难了；时间实在是太短了。

【使不上劲儿】 shǐbushàng jìnr ［超纲］

①例句▶ 也许因为喝了太多的酒，他的腿已经使不上劲儿了，站都站不起来。‖ 大夫，不知怎么的，我最近感觉右手使不上劲儿，手上拿着东西一不小心就掉了。

解释▶ 使：用。劲儿：力气。四肢和身体因为某种疾病或其他原因而没有力气，不能正常地活动。多用来描写人的动作行为。前后常有别的句子作相关的说明或补充。多用于已经发生的、不好的情况，也可用于将来的事情。○多用于叙事和对话，口语。

②例句▶ 儿子最近工作很忙，常常加班到很晚，老张想帮帮儿子，自己却一点儿也使不上劲儿，只能干着急。‖ 我不想让他知道我的困难，因为他也帮不了我，看不见总比看见了又使不上劲儿的痛苦好一些。

解释▶ 使：用。劲儿：力气。想帮某人的忙，但因某种原因而帮不上。多含有遗憾的意味。结构位置比较灵活，前后常有别的句子作相关的说明或补充。多用于已经出现的、不好的情况，也可用于将来的事情。○多用于叙事和对话，口语。

★ **使不上劲儿。** 可独立成句，也可在句中作谓语、定语。

扩展▶ **用法1）** 表示因病等而没有力气，不能正常地活动：手使不上劲儿；腿使不上劲儿了；我那使不上劲儿的腰，每走一步都觉得困难。

用法2） 表示想帮忙而帮不上：有一种使不上劲儿的感觉；学习得靠自己，别人说什么都没用，使不上劲儿；我不懂他的专业，也使不上劲儿，只能干着急。

【使…不由得…】 shǐ … bùyóude … ［七—九级］

见461页【让…不由得…】条。

【使 A 成为 B】 shǐ A chéngwéi B ［三级］

见 461 页【让 A 成为 B】条。

【使 … 得到 … 】 shǐ … dédào … ［一级］

例句▶ 他学习十分努力，期末考试拿到了第一名，这使他得到了一等奖学金。‖ 在工作了很长时间以后，有一些简单的方法可以使大脑得到放松，比如听听音乐，做做运动等。‖ 为了使自己在毕业时得到更多的工作机会，小王大学时就在几家大公司实习，积累了很多工作经验。

解释▶ 使：让。某种情况让某人或某物有……机会（具体的和抽象的）。表示凭借某种条件或通过努力得到……（抽象事物）。多指好的方面或一般的事情。结构位置比较灵活，前后常有别的句子作相关的说明或补充。○多用于叙事和对话。◇ 也说"使…获得…""使…赢得…"。

★ **使 + 名词 $_1$ / 代词（指人）+ 得到 + 名词 $_2$ / 动词。** 兼语式。在句中常作谓语。结构中的名词 $_2$ 多是抽象的词语，结构中的动词用作名词。

扩展▶ 如何能使我得到更多的支持；这些话使他得到了大家的尊重；这样做使大家都得到好处；演员的精彩表现使这部电影得到了成功；打工使自己的能力得到提高；科学技术使人民的生活水平得到了提高；听音乐使大脑得到放松；这些措施使自然环境得到了保护。

【使 … 获得 … 】 shǐ … huòdé … ［四级］

见 502 页【使 … 得到 … 】条。

【使 … 难以置信】 shǐ … nányǐ zhìxìn ［七—九级］

见 393 页【令 … 难以置信】条。

【使 … 赢得 … 】 shǐ … yíngdé … ［三级］

见 502 页【使 … 得到 … 】条。

【使 A 与 B … 】 shǐ A yǔ B … ［六级］

见 469 页【让 A 与 B … 】条。

【世界上最 … 的 A】 shìjiè shang zuì … de A ［三级］

见 555 页【天底下最 … 的 A】条。

【事到如今，也只好 … 】 shì dào rújīn，yě zhǐhǎo … ［四级］

例句▶ 想了一个星期还是想不出别的办法，事到如今，小明也只好按照原来的方法做了。‖ —小王，我们都知道你有困难了，需要什么你尽管说吧。—事到如今，我也只好说实话了。‖ 虽然父母一直不同意我出去旅行，但我已经偷偷地买好票了，事到如今，他们也只好提醒我注意安全了。

解释▶ 如今：现在。事情已经发生了，到现在能够做的也只是……。多是说话人不希望出现的情况，含有没有别的办法的意味。多放在句尾，前面常有别的句子说明原因或情况。可用于已经发生的、不好的事情。〇多用于叙事和对话，书面语。

★ **事到如今，（名词 / 代词［指人］）+ 也只好 + 动词。** 可独立成句。

扩展▶ 事到如今也只好如此了；事到如今，也只好这样了；事到如今也只好告诉你了；事到如今，也只好承认了；事到如今，也只好同意这样做了；事到如今我也只好原谅他了；事到如今他也只好拿出钱帮助他们了。

【 … 是必不可少的】 … shì bì bùkě shǎo de ［七—九级］

例句▶ 平时我出门一个笔记本和一支笔是必不可少的，看到或听到什么有意思的，就马上记下来。‖ 我已经退休了，在家待着没什么事儿，每天除了买菜做饭以外，养养花养养鸟也是必不可少的。‖ 我有午睡的习惯，不论春夏秋冬，每天中午休息一个小时是必不可少的。

解释▶ 必：必须。某物对某人或某事来说一定不能缺少。可以是自然现象、人的一般情况或某个个体的具体情况等。多用来说明情况。结构位置比较灵活，前后常有别的句子作相关的说明或补充。〇多用于叙事，对话。

★ **名词 / 动词 + 是必不可少的。** 可独立成句，其中“是必不可少的”在句中作谓语。

扩展▶ 这一步也是必不可少的；有几个条件是必不可少的；早餐对每个人是必不可少的；没有哪个人是必不可少的；下午茶是一天中必不可少的；水果是每天必不可少的；睡前看半小时的报纸是每天必不可少的。

【A 是 A，不过 … 】 A shì A，búguò … ［二级］

见 503 页【A 是 A，但（是）… 】条。

【A 是 A，但（是）… 】 A shì A，dàn（shì）… ［二级］

例句▶ —今天晚上有部新电影，想不想一起去看？—想去是想去，但是抽不出时间来，你自己去吧。‖—房子这么大，租金还这么便宜，你还考虑什么？—房子大是大，但是交通不太方便。‖—天气这么热，我才不想出去呢！—天气热是热，但是还没有热到不敢出门吧？

解释▶ 虽然……，但是……。说话人承认、同意前面的情况，同时又指出别的问题或情况。前后小句可以是先承认有利的情况，后说明说话人担心、犹豫或感到不太好的事；也可以相反，先承认不足的地方，再肯定好的部分。可直接用于回答问题，有时前后有别的句子作相关的说明补充。可用于已经发生的事情。○多用于叙事和对话，口语。◇ 也说“A是A，不过…”“A是A，可（是）…”。

★ 1）**动词$_1$＋是＋动词$_1$，但（是）＋小句 / 动词$_2$**。

2）**形容词$_1$＋是＋形容词$_1$，但（是）＋小句 / 动词 / 形容词$_2$**。

可独立成句，结构中的两个分句有转折关系。

扩展▶ **句型1）**两人吵架是吵架，但是没有影响工作；应该是应该，但是他不愿意也没办法；你要借，可以是可以，但不是现在。

句型2）漂亮是漂亮，但性格不太好；努力是努力，但是学习效果不明显；饭馆的菜便宜是便宜，但是味道不怎么样；最近忙是忙，但是周末还是可以休息的；贵是贵，但是质量真的不错；他累是累，但是心里很轻松；颜色不好是不好，不过价钱挺便宜。

【是…的】[1] shì… de ［一级］

例句▶ 都这么大了，学习也不放在心上，整天打游戏，你这样下去是毕不了业的。‖有错就应该勇敢地承认，不想承认自己的错误，不主动道歉，想得到他的原谅是不可能的。‖虽然这顿饭很贵，但花这些钱是值得的，因为我吃到了很多美味的食物。

解释▶ 对某人或物进行评价，态度明确，带有肯定的语气。句中的“是…的”可以省略。结构位置比较灵活，前面常有别的句子说明情况，有时后面也有句子进行解释。○多用于叙事和对话。

★ **是＋动词 / 形容词＋的**。框架格式。在句中常作谓语。否定形式一般在“是”的后面加“不”。如“这是不对的”“这样做是不行的”。

扩展▶ 这件事情是经过大家讨论的；只要努力，公司的情况是会改变的；这样做是对的；学生的生活是十分丰富的；他这么做的目的是很明显的；想说明你们俩的关系是友好的；你的父母是不想让你去的；你再这样下去是没有结果的；你们的做法我是不同意的。

【是 … 的】² shì… de ［一级］

例句▶ —你这次是坐火车来的还是坐飞机来的？—我坐火车来的。‖—是谁开的窗，快把它关上，太冷了！—对不起，是我开的，我马上把它关上。‖ 其实我这次是来出差的，只待一天，办完事就得回去。

解释▶ 肯定某种在过去发生或已经完成的情况，突出或强调和动作有关的时间、地点、方式、目的、动作者和动作对象等。可以用于问话，也可以用于回答。回答时带有肯定的语气。句中的“是”可以省略。前后常有别的句子作相关的说明或补充。可用于已经发生的事情。○多用于对话。

★ **（是）+ 名词 $_1$ / 动词 $_1$ / 代词 / 介词短语 / 小句 + 动词 $_2$ + 的（名词 $_2$）。** 框架格式。在句中常作谓语。结构中的代词可以是指人代词，也可以是疑问代词，表示“谁、什么时候、在哪儿、跟谁、干什么”等。

扩展▶ 我前天去的超市；是我叫他这么做的；你是什么时候来的；我是在一个商店里听到的这首歌；这书是在书城买的；你是怎么学习英语的；他是为了找工作学习汉语的。

【是 … 的 + 标志 / 代表 / 象征】 shì … de +biāozhì / dàibiǎo / xiàngzhēng ［四级］

例句▶ 许多人把长城看作是北京的标志，如果到了北京没去长城，就感觉没到过北京。‖ 和女人喜欢漂亮衣服一样，男人喜欢汽车，他们觉得汽车是个人身份的代表。‖ 在中国，结婚要贴红“囍”字，生孩子要送红喜蛋，春节要在门上贴红对联。总之，红色是喜庆的象征。

解释▶ 标志：表明特征的记号。代表：能显示共同特征的人或事物。象征：代表某种意义的事物。表示某些事物代表着另一些事物或人及其地位、关系，具有某种意义。多用于那些能说明问题的事物或现象。结构位置比较灵活，前面常有别的句子说明原因或情况，有时后面也有别的句子进行补充。○多用于叙事，书面语。

★ **是 + 名词 + 的 + 标志 / 代表 / 象征。** 框架格式。在句中常作谓语。

扩展▶ 东方明珠是上海的标志；他就是我们队的代表；这部作品是他几十年研究成果的代表；工人阶级是先进生产力的代表；中国龙是中国的象征；国歌和国旗是一个国家的象征；把黄金和珠宝看作是社会地位的象征；太阳是光明的象征；白鸽是和平的象征。

【是 … 的不对】 shì … de búduì ［一级］

见 506 页【是 … 的不是】 条。

【是 … 的不是】 shì … de búshì ［一级］

例句▶ —你妈做得再不对，你也不能跟她吵架呀！—这事都是我的不是，我现在也特别后悔。‖ 小王，这就是你的不是了，你一声不响地出门，这么晚才回来，我们都担心死了。‖ 不事先通知你，这是他的不是，不过事情已经过去了，你就不要再生他的气了。

解释▶ 确定是某人的过错。多用来（帮助对方）分析事情的对错，语气较缓和；也可以用在自己身上，表示向对方道歉。多放在前一小句，后面常有别的句子补充说明情况或原因。○多用于对话，口语。◇ 也说“是…的不对”。

★ **是 + 名词 / 代词（指人）+ 的不是。** 框架格式。在句中作谓语，也可独立成句。

扩展▶ 是我们的不是，工作上失误了；其实是我的不是，你反而向我道歉；是妈妈的不是，不应该强迫你做不喜欢做的事情；这就是老师的不是了，不问原因就把他批评了一顿。

【是 … 的功劳】 shì … de gōngláo ［七—九级］

例句▶ —我这次能顺利地通过考试，完全是你的功劳，多亏了你帮助我。—别客气，朋友之间互相帮助是应该的。‖ 在一张不大的纸上，我们就可以了解到每个国家的大小与位置，这都是地图的功劳。‖ 这次比赛我们球队能赢，不是哪一个人的功劳，而是所有球员共同努力的结果。

解释▶ 功劳：使某事成功的某部门、单位、个人所做的贡献。表示某事的成功是因为某事或某人的作用。这时用来表扬某人或某单位，含有夸奖的意味，具有褒义色彩。如果指某事或物的作用时，是一种形象的表达。前后常有别的句子作相关的说明或补充。○多用于叙事和对话。

★ **是 + 名词 / 代词（指人）+ 的功劳。** 框架格式。在句中常作谓语。

扩展▶ 这件事说到底还是你的功劳；不能不说是他的功劳；这都是他们的功劳；试验的成功主要是大家的功劳；这全是老师的功劳；这完全是科学技术的功劳。

【是 … 的后果】 shì … de hòuguǒ ［三级］

见 507 页【是 … 的结果】 条。

【是 … 的基础】 shì … de jīchǔ ［三级］

例句▶ 在我成功的时候，我最想感谢的人是我的老师们，他们的教育是我成功的基础。‖ 已经十二点多了，别加班了，一定要注意身体，健康的身体是工作的基础。‖ 数学是多门学科的基础，要学习自然科学的人，一定要把数学学好。

解释▶ 基础：事物发展的起点或必备的因素。多用来说明事物的发展或某事的成功是因为这个最基本最重要的原因。或放在句首，后面有别的句子作进一步补充；或者放在句尾，前面有别的句子作相关的说明。○多用于分析说明，书面语。

★ **是 + 名词 / 动词 / 小句 + 的基础。** 框架格式。在句中常作谓语。

扩展▶ 态度是学习的基础；文化是社会进步的基础；大家的支持是我们工作的基础；加强学习是更好地开展工作的基础；共同的目标是两国发展友好关系的基础；中小学教育是全民教育的基础；土地是植物生长的基础。

【是 … 的**结果**】 shì … de jiéguǒ ［二级］

例句▶ —最近我总觉得肚子疼，特别难受。—你肚子疼可能是吃东西不注意的结果，你还是抽空去医院检查一下吧。‖ 他曾经告诉过我，他从不相信运气，他之所以能取得现在的成功完全是自己努力的结果。‖ 人们常说“不听老人言，吃亏在眼前”，看吧，这就是你不听我劝告的结果。

解释▶ 结果：某事物达到的最后状态。指某人某事因为某种原因而在最后阶段出现了某种状态。“结果”可以是好的，也可以是不好的。多用来分析事情。或者放在句首，后面有别的句子作进一步补充；或者放在句尾，前面有别的句子作相关的说明。○多用于分析说明，书面语。◇ 也说“是…的后果”。这时一定是不好的结果，带有贬义。

★ **是 + 动词 / 小句 + 的结果。** 框架格式。在句中常作谓语。

扩展▶ 这次没打赢对手是因为他太紧张的结果；这就是他们商量以后的结果；看到了吧，这是你不努力的结果；这次损失是合作双方没有协商的结果。

【是 … 的**时候了**】 shì … de shíhou le ［一级］

见 513 页【是时候 … 了】条。

【是 … 的**一部分**】 shì … de yí bùfen ［二级］

例句▶ 我每天晚上不管多晚，都会抽空上上网，和朋友聊聊天儿，这已经是我每天生活的一部分了。‖ 除了学习文化知识以外，音乐也是教学课程的一部分，现在学校每周大概有两节音乐课。‖ 她觉得孩子是自己生命的一部分，而且是很大一部分，所以她几乎把自己所有的时间和精力都放在了孩子身上。

解释▶ 部分：一个完整的事物中的一些。相对来说，某些事物不是一个整体，而是整体中的一些或几个。多用来说明部分和整体的联系。结构位置比较灵活，前后常有别的句子作相关的说明或补充。○多用于分析说明和叙事，书面语。

★ **1）是＋名词/动词/形容词/代词＋的一部分。**

2）是＋（名词$_1$/代词［指人］）＋名词$_2$/动词＋的一部分。

框架格式。在句中常作谓语。

扩展▶ **句型1）**你的演出也只是整个演出的一部分；健康也是美丽的一部分；现在自己就是他们中间的一部分；这些还只是他送给我的东西的一部分；这片绿地是整个公园的一部分；这个零件只是整个空调的一部分。

句型2）打羽毛球也是我每天运动的一部分；上网看看新闻、看看书是我每天生活的一部分。

【**是…的一分子**】 shì … de yí fèn zǐ ［超纲］

例句▶ 虽然你要离开我们了，但请你记住，你永远是我们班的一分子，大家都会想你的。‖ 你是这个家庭的一分子，你有困难，我们都一定会尽力帮你的。‖ 人只是自然的一分子，而不是大自然的主人，因此大家都应该保护好自然。

解释▶ 一分子：是……中的一个。意思是，B包括A，A属于B。结构中的名词多是抽象名词。多用来说明整体和部分的关系。“是”前常有“都、也许、不过、仍、还、一样、也、只、居然、一定、便、曾、本来、就是”等词。结构位置比较灵活，前面常有别的句子作相关的说明，有时后面也有句子进行补充。○多用于分析说明，书面语。◇ 也说“是…的一员”。

★ **是＋名词/代词＋的一分子。** 框架格式。可独立成句。

扩展▶ 个人是集体的一分子；每个学生都是学校的一分子；他也是公司的一分子；你是我们球队的一分子；我们是这个世界的一分子；你是我们中的一分子；我只是这儿的一分子；没想到他居然是其中的一分子。

【**是…的一员**】 shì … de yì yuán ［超纲］

见508页【是…的一分子】条。

【**是…的源泉**】 shì … de yuánquán ［七—九级］

例句▶ 他觉得音乐是他力量的源泉，无论他有多累，只要坐下来听听音乐，马上就有精神了。‖ 从书本上我们能学到很多知识，懂得很多道理，因此书是人类进步的源泉。‖ 作为一名作家，生活是他写作灵感的源泉，为了写出好作品，他必须了解生活并从中寻找材料。

解释▶ 源泉：水的源头，比喻力量、知识、感情等产生的根源。有了某人或某物，人才有了力量、知识、感情等，事物才可能发展。多用来说明事情的发展和成功跟相关的根源是分不开的。结构位置比较灵活，前面常有别的句子作相关的说明，有时后面也有句子进行补充。○多用于分析和叙事，书面语。◇ 也说“是…之源”。这时带有书面色彩。

★ **是 +（名词 $_1$ / 代词［指人］）+ 名词 $_2$ / 动词 / 形容词 + 的源泉。** 框架格式。在句中常作谓语。

扩展▶ 书是知识的源泉；水是生命的源泉；知足是快乐的源泉；理解是友谊的源泉；生活是艺术创作的源泉；音乐是他力量的源泉；家是人们幸福的源泉；人才是公司发展的源泉。

【是 … 都 … 】 shì … dōu … ［一级］

见 510 页【是 … 就 … 】条。

【是 A 还是 B】 shì A háishi B ［一级］

例句▶ 告诉我，帮我买火车票的人是你还是他，我得给你们车票钱。‖ 不知道他是紧张还是不舒服，他还没表演完就下去了。‖ 我在这儿等你半个小时了，你到底是去还是不去，如果不去早点儿告诉我。

解释▶ 选择问句，表示两个或多个中选择某一个。适用范围很广，多用于问话，也可用于猜测。前后常有句子作相关的说明或补充。可用于已经存在的和将要发生的事情。○多用于叙事和对话，口语。

★ 1）**是 + 名词 $_1$ + 还是 + 名词 $_2$。**

2）**是 + 代词 $_1$ + 还是 + 代词 $_2$。**

3）**（是）+ 动词 $_1$ + 还是 + 动词 $_2$。**

4）**（是）+ 形容词 $_1$ + 还是 + 形容词 $_2$。**

框架格式。在句中常作谓语。也可以说成“…还是…”“还是…还是…”。结构中的前后两个名词、代词、动词或形容词多是意思相近、相对或相反的词。

扩展▶ **句型 1）** 他是北京人还是上海人；我们必须完成的是这件事还是那件事。

句型 2） 写这封信的人到底是你还是他；要回答这个问题的是你还是我。

句型 3） 你是愿意陪妈妈在家里还是愿意跟爸爸出去玩；她是住你们

家，还是住你奶奶那儿；你是留在这儿还是回老家；他毕业后是找工作还是继续学习。

句型 4）谁能告诉我这样做是对还是错；不清楚他看到这些是高兴还是不高兴。

【是 … **就** … 】 shì … jiù … ［一级］

例句▶ —我这里有很多电影，你想看哪一部？—是美国电影我就看，其他电影我不感兴趣。‖—这次比赛我们居然失败了！—你也别太难过，是比赛就有可能失败，说不定下次你们就赢了。‖—最近的菜怎么比以前贵了好多？—是商品就有涨价和降价的时候，特别是蔬菜，容易受到天气的影响。

解释▶ 只要是在某个范围内的，都没有例外地……。“是”引出条件，“就”后面引出结果。通常指某个范围内个人的倾向或爱好，或一般的规律、情况。适用范围很广，有时含有夸张的意味。前后常有别的句子作相关的说明或补充。○多用于分析说明，口语。◇ 也说“是…都…”。

★ **是＋名词$_1$＋(名词$_2$/代词［指人］)＋就＋动词。** 框架格式，可独立成句。

扩展▶ **用法 1）**表示个人的倾向或爱好等：是啤酒他就喜欢喝；是京剧他就爱看；是咖啡他就喜欢；是流行的东西他就要买。

用法 2）表示一般的规律或情况：是女人就爱漂亮；是孩子就会喜欢这种玩具；是男人都会这样想；是（一）个人就会明白他话的意思；是人就有烦恼；是比赛就会有失败的一方；是猫就要吃鱼。

【A 是 A，**可**（是）… 】 A shì A，kě（shì）… ［二级］

见 503 页【A 是 A，但（是）… 】条。

【**是可以** … **的**】 shì kěyǐ … de ［二级］

例句▶ —我其他成绩都不错，就是英语没及格。—其实，只要下些功夫，英语是可以学好的。‖ 本来我是可以去的，但临时有点儿事，所以公司派其他人去了。‖ 其实这次事故是可以避免的，如果司机在出发之前检查一下车，就完全不会发生。

解释▶ 可能或者能够……。表示说话人对情况或事物的估计或判断，带有肯定和强调的语气。可用来指现在的、将来的、过去的或已经发生的事情。用于将来的事情时，表示可能做某事，只要条件成熟；用于过去的事情时，表示如果不是这样，事情是能够……，但是因为某种原因而没有……，含有遗憾的意味。结构位置比较灵活，前后常有别的句子作相关的说明或补充。○多用于分析说明。

★ **是可以＋动词＋的。** 框架格式，在句中常作谓语。

扩展▶ **用法1**）用于现在或将来的事情：如果细心些，事情是可以做好的；他的这种痛苦是可以理解的；只要好好商量，问题是可以解决的；这种技术将来是可以实现的；这件事我认为是可以试试的。

用法2）用于过去的或已经发生的事情：原来按计划，昨天的任务是可以完成的；这里以前是可以停车的；如果稍微早点儿，我们是可以赶上火车的。

【是**来**…，不是**来**…的】 shì lái…, búshì lái… de ［一级］

例句▶ 请大家安静，今天我们是来开会，不是来聊天儿的，有问题或建议请直接提出来。‖—在北京这几天你都玩了哪些地方？—我是来工作，不是来旅游的，所以哪儿也没去。

解释▶ 说明做事情的目的是什么，不是什么。这时说话人或听话人正在某个地方或正在做某事。多用来提醒听话者别忘了做某事的目的；有时也用来说明自己做某事的目的，带有强调的语气。结构位置比较灵活，前后常有别的句子作相关的说明或补充。○多用于对话，口语。◇ 也说“是去…，不是去…的”。这时说话人或听话人还没到某地或某事还没开始。

★ **是来＋动词$_1$，不是来＋动词$_2$＋的。** 在句中常作谓语。结构中的两个分句有转折关系。

扩展▶ 你们是来学习，不是来享受的；我是来交朋友，不是来找敌人的；队员们是来比赛，不是来旅游的；你们是来学习，不是来游玩的；我们是来出差，不是来参观的；我是去办事，不是去玩儿的。

【（A）是A了点儿，**不过**…】（A）shì A le diǎnr, búguò… ［二级］

见511页【（A）是A了点儿，但（是）…】条。

【（A）是A了点儿，**但**（**是**）…】（A）shì A le diǎnr, dàn(shì)… ［二级］

例句▶ —对不起，我来晚了。—你是晚了点儿，但也就晚几分钟，没关系。‖—你怎么走这条路呢，那条路不是更近吗？—这条路远是远了点儿，但没那么堵，所以开起来会比较快。‖—我们把房子租在哪儿？—

租在车站附近吧，那儿的房子是贵了点儿，不过交通很方便。

解释▶（形容词）+了点儿，有点儿……，表示程度不高。前一句承认对方说的不太好的情况，后一句多从另一个角度指出他（它）好的方面，或往好的方面说。前后两种情况，说话人更注重后一种情况，语气较委婉。有时前面有别的句子作相关的说明，“但（是）、不过”后引出的多是解释、理由或是其他。〇多用于分析说明，口语。◇ 也说“（A）是A了点儿，不过…”“（A）是有点儿A，不过…”“（A）是有点儿A，但（是）…”。

★ **（名词）+（形容词$_1$）+是+形容词$_1$+了点儿，但（是）+动词/形容词$_2$/小句。** 可独立成句，也可在句中作谓语。结构中的两个分句有转折关系。

扩展▶ 他是太老实了点儿，但是能让人放心；贵是贵了点儿，但是还能接受；天气冷是冷了点儿，但是比起北方来算不了什么；东西少是少了点儿，但是总比没有强；点心甜是甜了点儿，但是挺好吃的；鞋子脏是脏了点儿，但是洗洗就干净了；这话是难听了点儿，但都是有道理的。

【是去…，不是去…的】 shì qù …，búshì qù … de ［一级］

见511页【是来…，不是来…的】条。

【A是如此，B也是如此】 A shì rúcǐ，B yěshì rúcǐ ［五级］

例句▶ 既然我们是学生，就应该遵守学校的规定，不但你是如此，而且我也是如此。‖ 他一直都很积极、努力，上学期间是如此，参加工作以后也是如此。‖ 想做好一件事情，光有好的愿望是不行的，还得认真地计划，在学习上是如此，在工作上也是如此。

解释▶ 如此：这样。不同地区、时代、阶段，不同的人都是这样的，说明具有较强的规律性。多用来说明自然现象、人类生活中很多部分是相同的。多放在句尾，前面常有别的句子说明原因或情况。〇多用于分析说明，书面语。

★ 1）**名词$_1$/代词$_1$+是如此，名词$_2$/代词$_2$+也是如此。**

2）**介词短语$_1$+是如此，介词短语$_2$+也是如此。**

可独立成句。结构中的两个分句有并列关系。

扩展▶ **句型1）** 城市是如此，农村也是如此；国家是如此，个人也是如此；不但历史上是如此，而且现在也是如此；中国是如此，外国也是如此。

句型2） 对你来说是如此，对我来说也是如此；从经济方面看是如此，从文化方面看也是如此；在家里是如此，在外面也是如此。

【是时候…了】 shì shíhou … le ［一级］

例句▶ 有一件事我放在心里多年了，一直都没告诉你，现在是时候让你知道了。‖ 谢谢你在我最困难的时候借钱给我，现在我家情况比以前好多了，是时候把钱还给你了。‖ 我年轻的时候来到这里，一住就是三十多年，现在是时候回去了。

解释▶ 时机成熟，到了应该做某事的时间了。多放在句尾，前面常有别的句子说明原因或情况。○多用于叙事和对话，口语。◇ 也说“是…的时候了”。

★ **是时候＋动词＋了。** 框架格式。可独立成句，也可在句中作谓语。

扩展▶ 任务完成了，是时候离开这个地方了；你们年龄都不小了，是时候结婚了；你干了半天，是时候休息了；这是比赛的最后阶段，是时候为他加油了；这个问题拖了很久，现在是时候解决这个问题了。

【A是A，B是B】 A shì A，B shì B ［一级］

例句▶ 你怎么能现在给我打电话呢？上班时间是上班时间，休息时间是休息时间，有什么事下星期一再说吧！‖ 你千万别相信他，他这个人，说是说，做是做，说的话没几句是真的。‖ 虽然我和他是好朋友，但是他是他，我是我，他做错了事情你不能怪我呀！‖ 虽然咱俩关系特别好，但公是公，私是私，这件事情我还是不能帮你的忙。

解释▶ A和B是不一样的，不能混在一起，要区别对待，语气较强；也指某人前后行为不一致，这时具有贬义色彩。多用来分析说明。前面常有别的句子说明情况，后面的句子多指出两者的区别，结构中前后两部分形成对立或相反的两方面。○多用于对话，口语。

★ 1）**名词$_1$＋是＋名词$_1$，名词$_2$＋是＋名词$_2$。**

2）**动词$_1$＋是＋动词$_1$，动词$_2$＋是＋动词$_2$。**

3）**代词$_1$＋是＋代词$_1$，代词$_2$＋是＋代词$_2$。**

4）**形容词$_1$＋是＋形容词$_1$，形容词$_2$＋是＋形容词$_2$。**

可独立成句，结构中的两个分句有并列关系。结构中的前后两个名词、动词、代词或形容词多是意思相对或相反的词。

扩展▶ **句型1）**孩子是孩子，大人是大人；朋友是朋友，敌人是敌人；今天是今天，昨天是昨天；以前是以前，现在是现在。

句型2）表扬是表扬，批评是批评；交朋友是交朋友，做生意是做生意。

句型3）你是你，我是我；我们是我们，他们是他们；自己人是自己人，别人是别人；人家是人家，自己是自己。

句型 4）对是对，错是错，这是完全不同的；他画的画儿，明是明，暗是暗，显得特别清楚；男是男，女是女，要把他们分开。

【是 … 所必需的】 shì … suǒ bìxū de ［五级］

例句▶ 丰富的知识是一个老师所必需的，但要想成为优秀的老师，除了丰富的知识外，还需要正确的教学方法。‖ 水是人体生存所必需的，科学研究表明，每个人每天大约要喝六到八杯水。‖ —你都这么大了，为什么还不结婚？—这是我个人的事。再说，结婚并不是人生所必需的，我觉得现在一个人也生活得挺好的。

解释▶ 必需：一定要有的，不可少的。所：用于书面语。某人某物对另一人、物来说很重要，不能缺少的。带有肯定的语气。结构位置比较灵活，前后常有别的句子作相关的说明或补充。○多用于叙事，书面语。

★ **是 + 名词 / 动词 / 代词（指人）/ 小句 + 所必需的。** 框架格式。在句中常作谓语。

扩展▶ 钱是人生活中所必需的，但不是唯一的；竞争是发展所必需的；也许爱情并不是他所必需的；蔬菜和鸡蛋是孩子生长发育所必需的；阳光和水是植物生长所必需的；保护环境是人类生存所必需的。

【是为了 … 】 shì wèile … ［三级］

例句▶ 平时我都是九点多才起床，今天早起是为了去排队买票，起晚了票就卖光了。‖ —你怎么突然学起了画画儿，以后想当画家吗？—当然不是，我学画画儿只是为了好玩儿。‖ 请你们不要误会，我来这儿不是为了找麻烦，是真的有一些问题想请教你们。

解释▶ 做某事的目的是……。多用来说明解释。结构位置比较灵活，前后常有别的句子进行说明或补充。可用于过去的和一般的事情。○多用于叙事和对话。

★ **是为了 + 动词。** 在句中常作谓语。前面常有动词短语或小句表示做某事。

扩展▶ 学习是为了获得知识；她画画儿只是为了解闷；人们戴眼镜是为了看得更清楚；他来北京的目的是为了找我；他这样做是为了保护自己；我来是为了告诉大家；骑车是为了锻炼身体。

【是要 … 的】 shì yào … de ［一级］

例句▶ —你怎么不吃午饭呢？—饭是要吃的，只是我现在不饿，所以打算晚点儿吃。‖ 报告写好了是要再检查几遍的，这样才能做到少出错或不出错。

解释▶ 肯定某件事情，或认为某事应该做或将要做。带有肯定的语气。后面常有“但是、可是”等引出现在不能做的原因，或提出相关的要求，或指出相关的结果。多用来解释、说明原因或目的等，需要时结构可连用。多用于将要发生的事情。○多用于对话，口语。

★ **是要 + 动词 + 的。** 框架格式。在句中常作谓语。

扩展▶ 现在还早，但我是要回去的；虽然你舍不得他，可他还是要走的；做事有这种勇气是要表扬的；记住，你说话是要负责任的；计划是要做的，但要尽量符合实际；孩子是要管的，不过要注意方法；这样下去将来是要出问题的。

【**A 是一回事，B 是另一回事**】A shì yì huí shì, B shì lìng yì huí shì ［七—九级］

例句▶ 作为一名运动员，我当然希望拿到冠军，但希望是一回事，比赛是另一回事。‖ 你总跟我说你想做什么，可我从没看见你做过，要知道说是一回事，做却是另一回事。‖ 你好不好是一回事，对方觉得你好不好是另一回事，所以与人相处时应该多站在对方的角度去看问题。

解释▶ 前后两件事情不一样，不能当作同一件事去理解和对待，含有提示和强调的意味；也指在处理问题时有不一致的地方，有时含有不满的意味。多放在句尾，前面常有别的句子说明情况，有时后面也有句子作进一步补充。○多用于叙事和对话，口语。◇ 也说“A 是一回事，B 又是一回事”。

★ 1）**名词 $_1$ + 是一回事，名词 $_2$ + 是另一回事。**

2）**动词 $_1$ + 是一回事，动词 $_2$ + 是另一回事。**

3）**小句 $_1$ + 是一回事，小句 $_2$ + 是另一回事。**

可独立成句。结构中的两个分句有并列关系或转折关系。

扩展▶ **句型 1）** 理想是一回事，现实是另一回事；电影是一回事，现实生活是另一回事。

句型 2） 应该做什么是一回事，实际做什么却是另一回事；谈恋爱是一回事，结婚又是另一回事；有时候爱孩子是一回事，教育孩子又是另一回事。

句型 3） 你想写什么是一回事，读者希望看到什么又是另一回事；你有没有信心是一回事，她能不能成功又是另一回事。

【**A 是一回事，B 又是一回事**】A shì yì huí shì, B yòu shì yì huí shì ［七—九级］

见 515 页【A 是一回事，B 是另一回事】条。

【是（由）… 决定的】 shì（yóu）… juédìng de ［三级］

例句▶ 学习的好坏，进步的快慢，除了学习方法以外，很大一部分是由学习态度决定的。‖ 虽然我是这家公司的经理，但有很多事不是我一个人决定的，我必须和大家一起开会商量。‖ —他们队那么厉害居然都输了，简直太意外了！—是啊，有时候比赛的结果是由运气来决定的。

解释▶ 由：引出做事情的人或物。指某人或物决定了某事，强调做决定的人或物。结构位置比较灵活，前后常有别的句子作相关的说明或补充。○多用于叙事和对话。

★ **是（由）+ 名词 / 代词（指人）+ 决定的。** 框架格式。在句中常作谓语。

扩展▶ 人的变化是由教育来决定的；商品的价格是由它的价值决定的；生活水平往往是由收入水平决定的；有时候事情的成功与否是由过程决定的。

【是（由）… 引起的】 shì（yóu）… yǐnqǐ de ［四级］

例句▶ —这两家人关系原来挺好的，现在怎么了？—具体我也不清楚，不过据说是由房子的问题引起的。‖ 据统计，很多健康问题都是由抽烟引起的，所以为了自己和他人的健康，请不要抽烟。‖ 中国人口众多，很多社会现象都是由此引起的。‖ 医生说你掉头发是由压力太大引起的，你得放松心情，多休息休息，过一段时间自然就会好。

解释▶ 引起：一种事物、现象或活动使另一种事情、现象或变化出现。表示某种事物、现象或活动是另一事物、现象或变化的原因。多用来解释事情的原因，多指一些不好的现象或变化，也可以指一般的现象或变化。○多用于叙事和对话。

★ **是（由）+ 名词 / 动词 / 代词 / 小句 + 引起的。** 框架格式。在句中常作谓语。

扩展▶ 这场森林大火是由一个烟头引起的；这场麻烦是由一句话引起的；很多头发问题都是由饮食引起的；感冒是由着凉引起的；所有学习活动都是由学习动机引起的；整个误会都是由我引起的；环境问题是大气污染引起的；他睡不着觉是由牙疼引起的。

【是（由）… 造成的】 shì（yóu）… zàochéng de ［三级］

例句▶ —离开了她，你知道我现在有多么痛苦吗？—痛苦是由你自己造成的，谁叫你当初非要跟她分手？‖ 最近我的注意力一直不太集中，我知道这都是由失眠造成的，可就是没有解决的办法。‖ 一般说来，人类的有些不幸是由自然造成的，但有些却是人为造成的。

解释▶ 造成：因为某些原因，出现了不好的结果。某事物发展中的不好的结果是由某些原因引起的。多用来分析说明事情。结构位置比较灵活，前面常有别的句子作相关的说明，有时后面也有句子作进一步补充。可用于已经出现的、不好的事情。○多用于叙事和分析。

★ **是（由）+名词/动词/代词（指人）/小句+造成的。** 框架格式。在句中常作谓语。

扩展▶ 这是我们的失误造成的；到底是什么原因造成的呢；他的这种不幸是谁造成的呢；主要是由环境造成的；错误并不是他一个人造成的；交通事故是由司机酒后开车造成的；这一切都是由她拼命减肥造成的。

【（A）是有点儿A，**不过**…】（A）shì yǒudiǎnr A，búguò…［二级］

见511页【（A）是A了点儿，但（是）…】条。

【（A）是有点儿A，**但**（**是**）…】（A）shì yǒudiǎnr A，dàn（shì）…［二级］

见511页【（A）是A了点儿，但（是）…】条。

【…是怎么**搞**的】…shì zěnme gǎo de［五级］

①例句▶ —你的眼睛是怎么搞的，怎么红红的？—没什么，可能昨晚睡觉太晚了。‖你的手是怎么搞的，怎么伤成这样？去医院看了没有？‖—他到底是怎么搞的，怎么病成这样？—他同屋不在，我们也不清楚。

解释▶ 问原因，表示不知道为什么会有这种结果，语气较强。后面常有句子对前面的问话进行限定或补充。一般会等待对方回答。○多用于对话，口语。

②例句▶ 你是怎么搞的，说好六点半到，你看看现在都什么时候了？‖这屋子是怎么搞的，我才离开了一会儿，怎么乱成这样？‖这些人是怎么搞的，前面说得好好的，怎么又改变主意了？

解释▶ 指责（批评、抱怨）某人某事做得不好。表示对某人某事不满意。后面常接句子表示对某人某部门的责备，带有明显的质问、生气的语气，语气逐渐加强。问话的形式，但不需要对方回答。○多用于对话，口语。

★ **名词/代词（指人）+是怎么搞的。** 可独立成句。结构中的名词短语中常包括代词“这（个）、这些、那（个）、那些”等。

扩展▶ **用法1**）表示不知道为什么会有这种结果：这些书是怎么搞的；这些东西是怎么搞的；这到底是怎么搞的；这些脏东西是怎么搞的；你是怎

么搞的。

用法2）表示指责（批评、抱怨）事情做得不好：你们是怎么搞的，怎么说话不算话；这些材料是怎么搞的，怎么少了一张；你们公司是怎么搞的，怎么一个人都不来；这些人是怎么搞的，答应的事怎么又反悔了。

【…（是）**怎么**（一）**回事**】 …（shì）zěnme（yì）huí shì ［一级］

例句▶ 你的手机怎么回事，今天上午一直打不通。‖ 刚吃完晚饭，我又觉得饿了，这是怎么回事，难道晚饭吃得太少了？ ‖ 你不是说你出去有点儿事儿吗，怎么这么早就回家了，到底是怎么回事？

解释▶ 为什么，出了什么问题。因不明白什么原因造成的，所以常用来问原因，语气较强。结构前常加副词“到底、究竟”等词来加强语气。多放在句首，前面常把问题当作话题提出，后面的句子进行补充说明；有时问题在后面，前面有别的句子作相关的说明。多用于已经发生的、不愉快的事情。○多用于对话，口语。

★ **名词／动词／代词／小句＋（是）＋怎么（一）回事。** 可独立成句。

扩展▶ 你家的电话怎么（一）回事；你们的关系是怎么（一）回事；这交通事故究竟是怎么（一）回事；那究竟是怎么（一）回事；他们俩是怎么（一）回事；他不来参加考试是怎么（一）回事；她哭得这么伤心是怎么（一）回事。

【**是这么回事**】 shì zhème huí shì ［超纲］

①**例句▶** —先生，您好，请问有什么需要帮助的吗？—是这么回事，昨天我在这儿买了一部手机，回家发现有点儿问题，能不能帮我看看？ ‖ —已经下班了，你明天再来吧！—不好意思。是这么回事，我刚才来买过东西，可付完了钱却把东西落（là）在店里了，能帮我找一下吗？

解释▶ 向对方解释事情的经过或原因。多为了避免对方的误会而进行说明解释，希望得到对方的理解或帮助等，语气缓和。放在句首，后面的句子补充说明事情的经过或原因。○多用于对话，口语。

②**例句▶** —老王，不好意思，我家的狗昨晚叫了一晚上，吵到你了吧？—哦，原来是这么回事，我就说隔壁怎么这么吵。‖ —不好意思，路上堵车堵得厉害，手机又忘在家里了，所以来晚了也没法儿通知你。—是这么回事啊，我还以为你不来了呢！

解释▶ 经过别人的解释后，才了解了事情的真相。含有“原来是这样”的意味。结构前常有“原来、果然、居然”等词语。放在句首，后面的句子补充说明自己曾经有过的想法。○多用于对话，口语。

★ **是这么回事。** 在句中作谓语，也可独立成句。

扩展▶ **用法1）**表示向对方解释事情的经过或原因：是这么回事，我是过路的，想在这儿住一晚，可以吗；是这么回事，他们俩吵架了，到现在还不理对方。

用法2）表示经过别人的解释，了解了真实情况：事情的真相居然是这么回事；果然是这么回事。

【**是这样，…**】 shì zhèyàng，… ［一级］

例句▶ —小李，说好了昨晚一起唱歌的，你怎么没去？—是这样，我突然有点儿事要办，所以没有时间去了。‖—先生，已经下班了，你有什么事吗？—是这样，我今天下午坐车，把行李忘在车里了，所以过来找找。

解释▶ 向对方解释事情的原因。多为了避免对方的误会而进行说明解释，希望得到对方的理解或帮助等，语气缓和。多用于回答别人的问题。放在句首，引出后面的具体事情。多用于已经发生的、可能产生误会的事情。○多用于对话，口语。

★ **是这样，小句。** 可独立成句。结构中的“是这样”在句中作插入语。

扩展▶ 是这样，他还是不答应，我也没办法；是这样，我刚到北京，什么人也不认识，只好给你打电话；是这样，我家发生了一些事情，这两天不能去上班；是这样，我和她以前不认识，现在才认识的。

【**是…之一**】 shì…zhī yī ［七—九级］

例句▶ 边听音乐边喝咖啡，这是我每天最喜欢的也是每天必做的事情之一。‖他是我最好的朋友之一，我们同学十多年了，从没发生过矛盾。‖大熊猫是世界上最珍贵的动物之一，主要分布在我国西南地区高山中。

解释▶ 是……中的一个。某人某物是……中的一个。适用范围较广。放在句首或句尾，前后常有别的句子作相关的说明或补充。○多用于叙事，书面语。

★ **是＋名词$_1$／代词（指人）＋（最）＋形容词＋（的）＋名词$_2$＋之一。** 框架格式。在句中作谓语。多用于肯定句。

扩展▶ 广州是中国主要的大城市之一；咖啡是我最喜欢的饮料之一；这是你们俩这一段时间重要的任务之一；香蕉是世界上著名的水果之一；中国是世界上老虎最多的国家之一。

【是 … 之源】 shì … zhī yuán ［超纲］

见 508 页【是 … 的源泉】 条。

【手把手地 … 】 shǒubǎshǒu de … ［超纲］

例句▶ 从农业大学毕业后，他回到了自己的家乡，手把手地教当地人运用科学知识种菜。‖ 舞蹈课上，为了让每个动作都做得完美，老师手把手地纠正我们的每一个动作，直到完全标准为止。

解释▶ 手把手：用自己的手握住别人的手（教别人做某事）。直接动手或亲自指点、传授技艺，或帮助别人学会做某事。多用于描写某人帮助某人，含有耐心细致的意味。结构中的动词 $_1$ 多是“教、教授、指导、辅导、帮助、纠正”等词语。结构位置比较灵活，前后常有别的句子说明原因、情况或补充。○多用于描写和叙事。

★ **手把手地 + 动词 $_1$ + 名词 / 代词（指人）+（动词 $_2$）。** 在句中常作谓语。结构中的“手把手地”在句中作状语。当结构中出现动词 $_2$ 时，结构中的名词或代词既是动词 $_1$ 的宾语，又是动词 $_2$ 的主语，形成兼语式。

扩展▶ 手把手地教他，一遍又一遍；手把手地指导学生操作；手把手地传授知识；手把手地辅导一群孩子学习游泳；父亲手把手地帮助孩子练字；手把手地教学生做实验；手把手地指导新护士打针、换药。

【首先 …，其次 … 】 shǒuxiān …，qícì … ［三级］

例句▶ 买东西首先要看质量，其次要看价钱，所以要买到又好又便宜的东西还真不容易。‖ 今天能取得这样的成绩，首先我要感谢我的父母，其次要感谢我的朋友们。‖ 我不参加这次旅游团的原因有两个，首先我没时间，其次我没有那么多钱。

解释▶ 第一，……；第二，……。常用于列举事项或分析原因。多用来表示目的和原因。结构位置比较灵活，前后常有别的句子作相关的说明或补充。○多用于叙事和对话，书面语。

★ 1）**首先 + 动词 $_1$，其次 + 动词 $_2$。**

2）**首先 + 小句 $_1$，其次 + 小句 $_2$。**

可独立成句。结构中的两个部分有并列关系。如果列举的事项不止两条，该结构可以扩展为“首先…，其次…，然后…，最后…”。

扩展▶ **句型 1）** 要学好汉语，首先要有信心，其次要努力；学一种乐器首先必须感兴趣，其次必须坚持。

句型 2） 首先他不太诚实，其次他没有责任心。

【受到…（的）A】 shòudào…（de）A ［二级］

例句▶ 这种小吃不但味道好，而且闻着香，看着漂亮，所以受到了人们的欢迎。‖ 由于父母都是大学教授，他从小就受到了良好的家庭教育，是一个十分优秀的孩子。‖ 这种事我劝你还是别干了，否则会受到别人的批评，你可要想清楚。

解释▶ 受：接受，遭受。（某人某物）接受或遭受某人或某方面的……。指好的方面的有：欢迎、接待、表扬、教育、称赞、启发、重视、认可等；指不好方面的有：批评、指责、惩罚、伤害、干扰、污染、威胁等；也有的是好的、不好的都可用，如"影响"。多用于抽象事物。结构位置比较灵活，前后常有别的句子作相关的说明或补充。○多用于描写和叙事。

★ **受到＋名词 / 代词（指人）/ 形容词＋（的）＋动词。** 动宾结构。在句中常作谓语。

扩展▶ **用法 1）**用于好的方面：受到了热烈的欢迎；受到了对方热情的接待；受到了领导的表扬；受到严格的家庭教育；受到国家的重视；受到读者的认可。

用法 2）用于不好的方面：受到别人的指责；不想受到身心的伤害；受到了严厉的惩罚；受到严重的污染。

用法 3）好的、不好的都可以：受到了很深的影响；心情受到了相当大的影响。

【受A受B】 shòu A shòu B ［三级］

例句▶ 那年他十六岁，刚出来打工，由于做得不熟练，在工厂里受打受骂是常事。‖ 我们还是进屋等他吧，外面太冷了，别在这儿受累受冻了。‖ 下班后同事们常聚在一起吃饭，吃饭之前总会有人开玩笑说："来吧，为我们这些受苦受难的兄弟姐妹干杯！"

解释▶ 受：遭受。指人遭受到了……。多指因时代、环境、条件、战争等因素造成的，也指受到不平等的对待。多是让人不舒服、不愉快的情况。放在句尾，前面常有别的句子说明原因或情况。注意▶ 搭配有限。○多用于描写和叙事。

★ 1）**受＋动词** $_1$**＋受＋动词** $_2$。

2）**受＋形容词** $_1$**＋受＋形容词** $_2$。

动宾结构。在句中常作谓语、定语。结构中的两个动词或形容词多是意思相近或相关的单音节词，构成四字格式。

扩展▶ 句型1）他小时候出去做工，受打受骂是常事；为了少受打受骂，他每次做事都很小心。

句型2）他希望自己用自己的知识和本领去帮助那些受苦受难的人们；那时候家里穷，我们过着受饥受饿的日子。

【受…所托】 shòu … suǒ tuō ［三级］

见522页【受…之托】条。

【受…之苦】 shòu … zhī kǔ ［三级］

例句▶ 虽然今天大雨停了，但天气预报说，未来四五天这个地区仍然要饱受雨水之苦。‖刚开始学习汉语的时候，为了免受写汉字之苦，他只学口语，到现在他认识的汉字还不到100个。‖这场大雨对深受缺水之苦的当地人来说，就是一场及时雨。

解释▶ 受：遭受。遭受到困难和痛苦。多指因时代、环境、条件、战争等各种因素的影响，人们在某方面或做某事时受到限制。结构前常有“深、饱、免”等词语说明受苦的方式和程度等。结构位置比较灵活，前后常有别的句子作相关的说明或补充。注意▶ 结构搭配有限。○多用于描写和叙事，书面语。

★ **受+名词/动词+之苦。** 动宾结构。在句中常作谓语、定语。

扩展▶ 饱受五年战争之苦；深受贫困之苦的人们；深受缺电之苦的居民；从小深受缺少文化教育之苦；十多年他一直没有机会回家，饱受思乡之苦；那时这个地区的百姓饱受缺盐之苦；使大家免受长途乘车之苦。

【受…之托】 shòu … zhī tuō ［三级］

例句▶ 受同事之托，他来到上海后的第一件事就是去书店买书。‖—这位王先生你以前不认识吧，怎么要去机场接他呢？—我是受朋友之托，在北京接待他的。‖这件事跟她完全没关系，今天她说这些话，一定是受人之托。

解释▶ 之：的。托：委托。某人请他人帮忙做某事。多指接受有关组织的委托或某人的请求，帮助办理某事。多放在句首，后面引出的句子补充说明要办理的事情；有时放在句尾，前面有别的句子作相关的说明。○多用于叙事和对话，书面语。◇也说“受…所托”。

★ **受+名词/代词（指人）+之托。** 动宾结构。在句中常作谓语，也作连动句的前一部分。

扩展▶ 既然我受了老王之托，就不能不做；是受父母之托跟你联系的；受领导之托负责这件事；他是受一家杂志社之托拍照的。

【数…最…】 shǔ … zuì …［二级］

例句▶ 我们班数他年纪最大了，因为他是工作了两年后再来上大学的。‖ 我们一家四口人，数他吃得最多，平时一顿要吃三碗饭。‖ 许多老人都有晨练的习惯，每到清晨，就数公园最热闹了，大家都在公园打太极拳、跑步等。

解释▶ 计算起来，比较一下，某人或某物最突出。适用范围较广，多跟数量、速度、程度、范围等有关，多用来描述人或物。结构位置较灵活，不管结构在前在后，句首常有表示总数、总体的词语，前后常有别的句子作相关的说明或补充。○多用于描写叙事，口语。

★ 1）**数＋名词$_1$/代词（指人）＋（名词$_2$）＋最＋形容词。**

2）**数＋名词/代词（指人）＋动词＋得＋最＋形容词。**

框架格式。在句中作谓语，也可独立成句。

扩展▶ **句型1）**听到这个消息，数他最高兴了；家里的文化程度数小明最高；我们几个就数你认识的人最多；全国数海南最热；动物中数黑猩猩最聪明，数海龟最长寿。

句型2）员工中就数小王走得最晚；全班数他得的奖最多；女同学中数她长得最灵巧；比赛中数小明跑得最快。

【树立（…）（自）信心】 shùlì（…）（zì）xìnxīn ［七—九级］

例句▶ 在孩子失败的时候，父母不要马上批评孩子，而应该鼓励他们，帮助他们树立起战胜困难的信心。‖ 希望大家在比赛前一定要树立这种必胜的信心，有了信心，我们就成功了一半。‖ —自从生病以后，我看他心情一直不好，精神也很差。—是啊，所以现在最重要的就是帮助他树立信心，早日恢复健康。

解释▶ 自：自己。使某人相信自己能做好某事或完成某项任务，也指使那些认为自己做不好事情的人重新认识自己，对自己产生信心去勇敢面对某事。多用在学习、工作和生活中，特别是遇到困难和挫折的时候。结构前常有"一定要、应当、必须、重新、理应、牢固、还要、才能、逐步、如何"等词语。结构位置比较灵活，前面常有别的句子说明原因或情况，有时后面也有句子进行补充。○多用于叙事和对话。

★ **树立＋（名词/动词/形容词/代词）＋（的）＋（自）信心。**动宾结构。

在句中常作谓语。结构中的名词、动词、形容词和代词可以同时使用。

注意▶ 通常没有否定表达。

扩展▶ 重新树立起生活的信心；首要问题是要树立学习的信心；树立完成任务的信心；帮助他树立战胜疾病的信心；树立起成功的信心；树立前进的信心；树立坚定的信心。

【谁不希望…（呢）】 shuí bù xīwàng …（ne）［三级］

例句▶ 对于一个女人来说，谁不希望有一个家呢？可我都这么大了，连男朋友都没有，怎么办呀？ ‖ 朋友们，谁不希望自己周围的环境安静而舒适呢？为了实现这个目标，让我们大家一起来保护周围的环境吧。

解释▶ 希望：表示人的愿望。哪个人没有……的愿望呢。用否定形式的反问句表示肯定的意思：谁都想……。多用于大家都希望的事情，语气较强。结构位置比较灵活，前面或后面常有别的句子作相关的说明或补充。○可用于叙事和对话，口语。◇ 也说"谁不想…（呢）""谁不愿意…（呢）"。

★ **谁不希望+动词/小句+（呢）**。框架格式。可独立成句，多用于反问句。

扩展▶ 谁不希望能活得更好一点儿呢；谁不希望有一个好的将来呢；谁不希望增加点儿工资呢；谁不希望跟心爱的人一起生活呢；谁不希望自己能漂亮一点儿呢；谁不希望爱情长久呢；谁不希望自己的子女能进一个好学校呢。

【谁不想…（呢）】 shuí bù xiǎng …（ne）［一级］

见 524 页【谁不希望…（呢）】条。

【谁不愿意…（呢）】 shuí bú yuànyì …（ne）［二级］

见 524 页【谁不希望…（呢）】条。

【谁都不…谁】 shuí dōu bù … shuí ［一级］

见 525 页【谁也不…谁（…）】条。

【谁让…呢】 shuí ràng … ne ［二级］

例句▶ —这些碗谁来洗？—我来吧，谁让我比你大呢？ ‖ 你别担心，你的事就是我的事，谁让咱们是好朋友呢？ ‖—真不公平，她学习没我好，可一毕业就有了工作。—谁让你不像她一样提前找呢？

解释▶ 反问句，指出某人或某事怎么样的原因，强调因为某种特殊的原因而出现这样的结果。有时带有没办法、埋怨等意味和语气；有时用来开玩笑，比较风趣。多放在句尾，前面常有别的句子说明原因或情况；有时直接用来回答问题或回话。○多用于对话，口语。

★ **谁让＋小句＋呢。** 框架格式。可独立成句，多用于反问句。

扩展▶ 找不到工作别怪谁，谁让你当初不好好学习呢；没钱就不买东西了，谁让我忘带钱包了呢；少赚一点儿就少赚一点儿吧，谁让我答应了人家呢；平时辛苦点儿应该的，谁让我是班长呢；晚上睡不着怪谁，谁让你喝那么多咖啡呢。

【**谁** A **谁** B】 shuí A shuí B ［一级］

例句▶ —平时上班日，你和你丈夫谁做晚饭？—谁回去得早谁做饭。‖ 怎么家里还有这么多零食，你们谁买的谁吃完，我可不爱吃这些东西。‖ 谁有钱你找谁借去，总之别来找我，我可没钱。

解释▶ 哪个人想做或做了 A 事，他也应该做 B 事；也指哪个人怎么样了，某人应该去找这个人做某事。前后两个“谁”指同一个人。结构位置较灵活，前面或后面常有别的句子作相关的说明或补充，有时也可独立回答问题。○多用于对话，口语。

★ 1）**谁＋动词$_1$ / 形容词＋谁＋动词$_2$。**

2）**谁＋动词$_1$ / 形容词，代词＋动词$_2$＋谁。**

框架格式。可独立成句。结构中的疑问代词“谁”为特指的用法，即前后所指为同一个人。

扩展▶ **用法 1）**表示做了 A 事的人，他也应该做 B 事：谁爱去谁去；谁做错了谁负责；谁想好了谁先回答；谁捡到这个东西谁就走运；谁不愿意去谁就留在家里；谁要谁拿；谁渴了谁喝；谁想出去谁出去。

用法 2）表示哪个人做了 A 事，某人应该去找这人做某事：谁帮助你，你就谢谁去；谁有意思我就跟谁玩；谁对我好我就跟谁好；谁成绩好我就跟谁交朋友；谁答应了你，你找谁。

【**谁**也不 … **谁**（…）】 shuí yě bú … shuí（…） ［一级］

例句▶ 别看他们两个关系挺好，可争论起来谁也不让谁，谁也不听谁的。‖ —你觉得他们两个谁学得好？—很难说，他们俩谁也不比谁差，各有各的特点，一个聪明好学，一个刻苦认真。‖ 公司的人际关系挺复杂的，在公司大家是同事，可出了公司门，就谁也不认识谁了。

解释▶ 两个“谁”指不同的人。两个人互相做同样的动作；也指对两个人情况状态进行比较，结果都不……。多用于疑问句或否定句。结构位置比较灵活，前后常有别的句子作相关的说明或补充。需要时结构可连用。○多用于叙事和对话，口语。◇ 也说“谁都不…谁”。

★ **谁$_1$+也不+动词+谁$_2$+(动词/形容词)。** 框架格式。可独立成句，也可在句中作谓语。结构中的疑问代词“谁”为特指的用法，即前后所指为两个不同的人。作谓语时，前面的主语为表示总数的词语。

扩展▶ **用法1)** 两个人互相做同样的动作：两人是同屋，但谁也不喜欢谁；谁也不能离开谁；谁也不把谁放在眼里；刚吵过架，两人谁也不理谁；争论的时候谁都不服谁；双方谁也不同意谁的观点。

用法2) 对两个人情况状态进行比较，结果都不……：他们谁也不比谁好；谁也不比谁高；谁也不比谁笨；谁也不比谁学习好；谁也不比谁困难少；谁也不比谁缺钱；谁也不比谁有钱。

【谁**知道**刚 … 就 … 】 shuí zhīdào gāng … jiù … ［一级］

例句▶ 今天天气真是奇怪，出门前还好好的，谁知道刚出门就下大雨了，我全身都被淋湿了。‖ 本来我还一直在想，什么时候给你打个电话聊聊，谁知道刚上楼就碰见你了。‖ 这双鞋花了我三百多块，谁知道刚穿了几天就坏了，真倒霉。

解释▶ 谁知道：没有人知道，表示出乎意料。一件事情发生后，很快另一件事情紧接着发生了。多用在没有预料第二件事情的发生或出现结果的情况下，强调十分意外。多用来描写已经发生的、不好的、不希望看见的事情。放在句尾，前面常有别的句子说明原因或情况。○多用于叙事和对话，口语。

★ **谁知道+刚+动词$_1$+就+动词$_2$/形容词。** 框架格式。可独立成句。有时结构中的“刚”或“就”前可以加名词或代词（指人），表示动作发生的主体。

扩展▶ 谁知道车刚走了不远就停了；谁知道他的话刚说出口，大家就反对；谁知道我刚上课就想睡觉了；谁知道他刚来学校报到就想家了；谁知道她刚说了一句话就哭了；谁知道刚吃完饭就饿了。

【顺应 …（的）**潮流**】 shùnyìng …（de）cháoliú ［四级］

例句▶ 当今社会，人们的关注重点已经从吃饱发展到食品健康了，绿色食品也正是顺应了历史的潮流而产生的。‖ 现在的电脑、手机等都顺应了科学技术现代化的潮流，给人们的生活工作带来了极大的便利。‖ 节约能源、保护环境顺应了新时代发展的潮流，能使我们的家园更美好，值得大家的重视。

解释▶ 顺应：依照，符合。潮流：一个时代、阶段社会变动或发展的（可能的）方向。某人能按照社会某些方面的发展特点做某事；也指某事顺着社会中某些方面的特点发展。多用来指产品、思想、政策、决定以及某些做法等具体和抽象的事物，用于正式场合。前面常引出话题或作相关的说明，后面的句子或进一步补充，或指出相关的结果。○多用于描写和叙事，书面语。◇ 也说“顺应…（的）趋势”。

★ **顺应 + 名词 / 小句 +（的）+ 潮流**。 动宾结构。在句中常作谓语。

扩展▶ 顺应社会发展潮流；顺应了市场潮流；顺应当今世界的潮流；这样才能顺应国际潮流；顺应现代化的时代潮流；顺应经济全球化的发展潮流；顺应国际化竞争的潮流。

【顺应 …（的）**趋势**】 shùnyìng …（de）qūshì ［四级］

见 526 页【顺应 …（的）潮流】 条。

【说白了，… 】 shuō bái le，… ［三级］

例句▶ 明天的考试，你已经准备得很好了，却还在担心这担心那，说白了，你就是对自己缺乏信心。‖ 他一点儿也不懂浪漫，说白了，就是一块木头，连女朋友生日都想不起来给她准备礼物。‖ 人们常说干什么都要有一定的物质基础，其实说白了，就是要有钱。

解释▶ 说得直接一点儿、简单一点儿，用容易理解的方式进行说明；有时也用于解释某事、某种状况的原因。多用来对某人、某事、某种情况进行解释说明。前面常有别的句子作相关的说明，后面的句子是前面句子的另一种表达。○用于对话，口语。

★ **说白了，动词 / 小句**。 可独立成句。结构中的“说白了”在句中作插入语。

扩展▶ 说白了，他想故意为难你；说白了，这就是每个人不同的生活方式；说白了，他不喜欢你；西北一些地方为什么穷，说白了，就是因为缺水。

【**说**不出的 … 】 shuōbuchū de … ［一级］

例句▶ 很久没回家看望母亲了，今天到家居然发现她的头上长出了许多白发，突然间，我的心里有说不出的难过。‖ —我们至少有十年没见面了吧？—是啊，真的好长时间没见了，今天见到你，我心里有一种说不出的高兴。‖ 这个公园实在太漂亮了，坐在草地上，闻着淡淡的花香，只觉得有一股说不出的凉快。

解释▶ 无法用语言表达的。多指一种心理感受，有愉快的、让人高兴的（喜悦、激动、高兴、骄傲、自豪、轻松、舒坦等）；也有不愉快的、让人难过的（难过、伤心、心酸、伤感等）。结构前可加数量短语“一种、一股”等。放在句尾，前面常有别的句子说明原因或情况。○多用于描写、叙事、对话。

★ **说不出的 + 名词 / 形容词。** 整个结构是一个名词短语，在句中常作宾语。结构中的名词和形容词多是表示心理活动或状态的词语。

扩展▶ 心里有说不出的喜悦；心里有说不出的激动；有一种说不出的滋味；有一种说不出的骄傲和自豪；有一种说不出的兴奋和激动；有一种说不出的宁静；心里有说不出的难受；有一种说不出的遗憾和痛心；有一种说不出的失望。

【说不定 … 】 shuōbudìng … ［四级］

例句▶ —你的钱包都丢了这么久了，绝对找不到了。—我还是去找找吧，说不定就找到了。‖ 你在上海才待了一个月，别这么着急回去，再多待一段时间，说不定就能找到好工作。‖—你说都这么晚了，他还没回家，手机也打不通。到底去哪儿了呢？—我给他朋友打个电话吧，说不定他就在朋友家。

解释▶ 很有可能。表示某人或某事有很大的可能（怎么样）。多用来估计和猜测，可以是已经发生的和没有发生的事情。前面常有别的句子说明原因或情况。○多用于叙事和对话，口语。

★ **说不定 + 小句 / 动词。** 在句中作谓语，也可独立成句。结构中的“说不定”在句中作状语。

扩展▶ 我俩说不定还是校友呢；他说不定还在上海；他哪天心情好了，说不定还会给我打电话呢；说不定他就是我要找的人；我去看一下，说不定他就在家；说不定这是最后一次了；说不定他已经搬走了；说不定那个地方已经变了样。

【说不好（…）】[1] shuōbuhǎo（…）［一级］

例句▶ —看到没，小王现在哭得很伤心。发生什么事情了？—可能考试没考好，可能跟男朋友分手了，这事儿我可说不好。‖—他们什么时候来呢？—我现在还说不好，大约是晚上八点吧。‖ 最近他心情不太好，而且总睡不着觉，他自己也说不好为什么会这样。

解释▶ 说话人对某件事的发生及其原因不太确定，不能做出准确的判断或解释。含有没把握的意味。结构前常有“可、也、都、又”等词语。结构位置比较灵活，前后常有别的句子作相关的说明或补充。○多用于对话，口语。

★ 1）（**名词$_1$ / 小句**）**+ 名词$_2$ / 代词**（**指人**）**+ 说不好。**

2）**名词 / 代词**（**指人**）**+ 说不好 + 小句。**

可独立成句。结构中的小句多是问句形式。有时候小句可以放在结构的前面。

扩展▶ **句型 1**）究竟会产生什么结果，谁也说不好；他的病什么时候能好，连医生也说不好；他为什么哭我也说不好；通知什么时候出来，你也说不好。

句型 2）我也说不好这是哪一年的事儿；我现在也说不好他到底什么时候会来；他也说不好自己为什么要来这儿；他也说不好自己当时为什么答应对方。

【**说不好** … 】[2] shuōbuhǎo … ［一级］

例句▶ 现在旅游的人这么多，我们还是别去了吧，说不好连个住的地方都找不到。‖ 你怎么没叫小张跟我们一起去旅行？如果他知道我们没叫她，说不好她会生我们的气的。

解释▶ 说话人（根据已发生的或一般的情况）估计、预料，觉得某件事很可能发生。这里的事情多是不愉快的，说话人不希望发生的。多用来估计、分析事情。放在句尾，前面常有别的句子进行说明，“说不好”引出对某种情况可能出现的猜测。○多用于对话，口语。

★ **说不好 + 小句。**可独立成句。

扩展▶ 说不好明天会下雨；他们说不好会在这儿吃饭呢；说不好他们现在已经到了；说不好谁都不认识你；说不好考试通不过；光你喜欢他还不够，说不好他不喜欢你。

【**说不 A 就不 A**】 shuō bù A jiù bù A ［一级］

例句▶ 别说了！我说不买就不买，这么贵的东西，咱们哪有那么多钱！‖ 嗨，家里大事小事都是爸爸说了算，爸爸说不同意就不同意，我们谁也没办法。‖ 昨天都约好了的，你怎么可以说不来就不来了呢？我们都等了你好久了。

解释▶ 某人决定了的事情一定不改变，通常不考虑别人的想法和意见。多表示某人的办事态度坚决，这时含有固执的意味，语气强硬；有时也指某人的想法变化太快、太突然，使事情不能按原计划进行。这时含有埋怨、责备的意味。前后常有别的句子作相关的说明或补充。多用于不愉快的事情。○多用于对话，口语。◇也说“说 A 就 A”②，这时用于肯定形式。

★ **说不＋动词＋就不＋动词。** 框架格式。在句中常作谓语。

扩展▶ 说不去就不去；说不要就不要；说不行就不行；说不写就不写；说不做就不做；说不理他就不理他；说不参加就不参加；说不能做就不能做；说不愿意就不愿意。

【说不上 …】 shuōbushàng … ［七—九级］

①例句▶ 他刚来中国的时候不懂汉语，也没有朋友，一天也说不上几句话。‖ 丈夫每天加班到很晚，回来已累得不行了，有时我们说不上几句就睡觉了。‖ 他就住在山上的小房子里。要是没人路过，他有时几天都说不上一句话。

解释▶ 某人因没有机会、时间、精力、关系，或身体、其他条件不允许等原因而不能说；也指双方之间没有话；还指孤单一人，没有说话的对象。多用来描写人活动的情况。结构前常有“一天、半天、几天”等表示时间的词语；后面常有“话、几句话、一句话”等词语。前面常有别的句子说明情况，有时后面有句子作进一步补充。注意▶ 肯定表达只有反问句（“一天能说上一句话吗”）。○多用于叙事和对话，口语。

②例句▶ 你们要我说为什么喜欢这个演员，我一时半会儿也说不上理由，让我先好好想想。‖ 河水很清，低头就可以看见河底生长着一些说不上名字的水草，还有一群群小鱼。

解释▶ 因对某人某物了解不够、认识不清而不能具体地说出来。多表现为不能很好地、清楚地表达或说明，包括人或物的名字、事情的情况、过程、理由或道理等。前面常有“也、都”等词语。前面或后面常有别的句子说明情况或作进一步补充。肯定表达为“说得上”。○多用于叙事和对话，口语。

③例句▶ —听说你跟她关系不错啊！—我们只是互相认识，说不上关系很好。‖ 这条马路上有人走路，有人骑自行车，也有人开汽车，虽说不上很热闹，倒也挺有人气的。

解释▶ 因不成理由或不可靠而不值得提起；也指达不到一定的标准、程度和要求，不能被归在某类别或某个范围里。多用来评价人或物。指别的人或物时，含有一般、平常的意味；指自己有时带有谦虚的意味。前面常有“还、但、虽、倒也”等词语；有时后面也有“但、可、不过”等转折的词语，把事情往好的方面说。前面或后面常有别的句子说明情况或作进一步补充。注意▶ 肯定表达多用反问句。○多用于描写、叙事和对话，口语。◇ 也说“谈不上…”，但有时语气较强。

★ **说不上 + 名词 / 动词 / 形容词 / 小句。** 可独立成句，也可在句中作谓语、定语。

扩展▶ **用法 1）**指某人因某种原因没有机会说话：两人说不上话；夫妇俩一天也说不上几句。

用法 2）指了解不够、认识不清而不能说：这事我也说不上；知道有这么个人，但他的名字说不上来。

用法 3）指因理由不充分或不到标准不能归入：生活还过得去，说不上很富有；这部电影说不上难看，但也不太好看；她说不上漂亮，只是看上去挺舒服的；我说不上对这些问题有研究，只是感兴趣；他家说不上有钱，但也不穷。

【说 A 不 A，说 B 不 B】 shuō A bù A ，shuō B bù B ［一级］

例句▶ 我要去日本工作一年，一年时间说长不长，说短不短，我还真不知道自己能不能习惯。‖—小张，给你介绍的对象见面了吧，姑娘怎么样？漂亮吗？—长得说漂亮也不漂亮，说难看也不难看，还行吧。

解释▶ 表示某人或事物的性质、状态或程度处于中间状态，单从一个角度说不够全面，往往从两个对立的方面去看。多用来分析、描写、说明情况或提示对方。结构位置比较灵活，前面常有别的句子说明解释，后面的句子多从一个或两个不同的角度进行补充。○多用于分析、叙事和对话，口语。◇ 也说“不 A 不 B”②。

★ **说 + 形容词 $_1$ + 不 + 形容词 $_1$，说 + 形容词 $_2$ + 不 + 形容词 $_2$。** 在句中常作谓语、补语。结构中的两个分句有并列关系。结构中的前后两个形容词多是意思相反的词。

扩展▶ 这事情说大不大，说小不小；五千块钱说多不多，说少不少；房间的灯光说亮不亮，说暗不暗；这儿离北京说远不远，说近不近；这个包说新不新，说旧不旧；车开得说快不快，说慢不慢。

【说穿了，… 】 shuōchuān le，… ［一级］

例句▶ 这种东西说穿了就是减肥药，对身体没什么好处，你还是别吃了吧。‖ 这件事你还是别去找老王了，说穿了，他只是个打工的，起不了什么作用。‖—这件事明明就是他告诉我的，现在却说自己不知道。—你难道还没看出来吗？说穿了，他就是想推责任。

解释▶ 说穿：用一句话把问题的本质说清楚。从本质上、根本上说，把实际情况或根本目的、原因等说明白。多用于那些情况比较复杂、不容易一下子看清本质的事情。含提示的意味。前面常有别的句子说明情况，后面的句子是某人某事的根本原因或目的的具体内容。可用于已经存在的事情。○多用于对话，口语。

★ **说穿了，动词 / 小句。** 在句中作谓语，也可独立成句。结构中的“说穿了”在句中作插入语。

扩展▶ 说穿了也没什么了不起的；说穿了就是这么回事儿；说穿了只是自己骗自己；这东西学得好不好说穿了和兴趣有关；这事说穿了并不奇怪；说穿了原因很简单。

【说到底，… 】 shuō dàodǐ，… ［三级］

例句▶ 这件事说到底还是你的错，是你先动手打人的，你应该向他道歉。‖虽然表面上看很复杂，但这件事说到底并不复杂，只要按计划一步一步地做就能做好。‖ 我为你做了这么一件小事，你就不停地感谢，说到底你还是没把我当朋友。

解释▶ 从根本上说。多涉及事情关键的、最重要的部分，以及总的方面。多用于分析、说明问题。有时前面引出话题，后面有别的句子进行补充；有时前后有别的句子作相关的说明或补充。○多用于分析、讨论和对话，口语。

★ **说到底 + 动词 / 形容词 / 小句。** 在句中作谓语，也可独立成句。结构中的“说到底”在句中作状语。

扩展▶ 这件事说到底真的很简单；说到底没什么区别；说到底还是我俩最合适；大家说到底都是为了同一个目标；你们俩说到底没有什么大的矛盾；其实说到底没那么可怕；说到底有些事情是需要运气的。

【说到 …，就会想到 … 】 shuōdào …，jiù huì xiǎngdào … ［一级］

例句▶ 说到北京，人们自然就会想到长城，你好不容易来北京一趟，当然要去长城走走。‖ 虽然他已经不再写作了，但只要一说到他，大家就会想到他曾经写的那几部小说。

解释▶ 说到某人或某事物，会联想到另外的人或事物。多因为两者有一定的关系，可能是某地有名的建筑、产品，某人具有的特点、专长等。多用来谈论某地某人或回忆往事。结构位置比较灵活，有时前面有句子说明情况，后面也有句子解释原因或推出结果。可用于现实中已经存在的事情。○多用于叙事和对话，口语。◇也说“提起…，就会想到…”。

★ **说到＋名词$_1$／代词$_1$（指人），（名词$_2$／代词$_2$［指人］）＋就会想到＋名词$_3$。** 可独立成句，也可在句中作谓语。结构中的两个分句有承接或假设关系。

扩展▶ 如今外国人只要一说到青岛，立刻就会想到啤酒；一说到这位名人，人们就会想到他演的电影；说到名牌手表，人们就会想到瑞士。

【说到…，没有比…更…的】 shuōdào …，méiyǒu bǐ … gèng … de ［二级］

例句▶ 说到电影，没有比这部更好看的了，我已经前前后后看了十多遍，还是很喜欢。‖他学习成绩不怎么样，但说到玩游戏，他们班没有比他更厉害的了。‖这个地方有山有水，有花有草，说到拍照片，我觉得没有比这个地方更合适的了。

解释▶ 没有比…更…的：表程度，……是最……的。表示提到某个方面，某人某事是最……的。多反映某人对别的人或物的看法、评价和观点。前后常有别的句子说明情况或作进一步补充。多用于已经存在的事情。○多用于叙事、分析和对话，口语。

★ **说到＋名词$_1$／动词，没有比＋名词$_2$／代词（指人）＋更＋形容词＋的。** 可独立成句。结构中的两个分句有假设关系。

扩展▶ 说到孩子，没有比你儿子更聪明的了；说到工作环境，没有比这里更艰苦的了；说到工作，没有比你的更轻松的了；说到找工作，没有比你更幸运的了；说到买股票，没有比现在时机更好的了。

【…说到哪儿去了】 … shuōdào nǎr qù le ［一级］

例句▶ —我不在的这段时间，辛苦你了。—看你说到哪儿去了！这都是我应该做的。‖—我知道自己没能力，帮不了你什么忙。—你这是说到哪儿去了！你没少帮我，我感谢还来不及呢！‖—我不在的这几天，你又出去玩儿了吧？—妈，您说到哪儿去了？每天我都按时上下班，其余的时间都在家里待着。

解释▶ 问话形式，表示不同意对方的话。有两种情况：一是对方对自己表示感谢、赞美或客气时，回答对方的客气话，这时含有谦虚的意味；二是对方责备自己的时候，不同意对方说的话，意思是自己做的远不是对方说的那样，这时含有反驳的意味。放在句首，后面常有句子补充或说明情况。注意▶ 只用于第二人称。多用于已经存在的事情。○多用于对话，口语。

★ 1）**看／瞧＋你＋说到哪儿去了。**

2）**你＋（又／这是）＋说到哪儿去了。**

可独立成句。结构中各种形式表达的意思都一样。

扩展▶ 瞧你说到哪儿去了；这话说到哪儿去了；你又说到哪儿去了。

【… 说的没错，… 】 … shuōde méicuò，… ［四级］

例句▶ 你说的没错，果然下雨了。幸好我听了你的话，带了把雨伞。‖—大夫说了，看他这情况，要赶紧动手术，不能再拖了。—大夫说的没错，咱们听大夫的吧！‖—我到底做错了什么，怎么大家都觉得是我做错了？—人家说的没错，这件事本来就是你不对。

解释▶ 同意某人或某些人的观点或说法。多接着前面的人的话说，有时也用来引出某人的话。多放在句首，后面常有别的句子说明同意的内容或自己的态度。多用于现实生活中存在的事情。○多用于对话，口语。

★ **名词／代词（指人）＋说的没错，小句。** 可独立成句。结构中的“说的没错”在句中作谓语。

扩展▶ 我说的没错吧，他不会同意的；他说的没错，我不该这么容易就生气；他们说的没错，这是我们最后的机会；大家说的没错，是我没做好；你妈说的没错，这件事的责任在你身上。

【… 说得过去】[1] … shuōde guòqù ［二级］

例句▶ 如果成本是100块，卖120块还说得过去，要是卖到200块，那也太说不过去了吧！‖如果你来杭州旅游，一定要去西湖看看，否则怎么说得过去呢？‖虽然我们俩有过矛盾，但他生病住院那么长时间，如果自己一次也不去看，好像有点儿说不过去。

解释▶ 表示某事在情感上、道理上都讲得通，合情合理。常用否定形式或反问句形式，表示不够合情合理。结构前常有“实在、真的、太……了、有点儿、怎么也、还算、也还”等词语表示程度或判断等。结构位置比较灵活，前面常有别的句子说明原因或情况，有时后面也有句子进行补充。○多用于对话，口语。

★ **动词／小句／代词＋说得过去。** 可独立成句，结构中的“说得过去”作谓语。否定形式为“…说不过去”。

扩展▶ 道理上还是说得过去的；这样做还算说得过去；刚答应了又不去了，这怎么说得过去；无论如何也说不过去；有点儿说不过去；实在说不过去；这可真的说不过去了；似乎太说不过去了吧。

【… 说得过去】[2] … shuōde guòqù ［二级］

例句▶ —今天和你一起走的那个女孩挺漂亮的。—漂亮吗？她只能算说得过去吧。‖ 这里的环境倒说得过去，不过交通不方便，如果每天上下班要三个小时，好像有点儿说不过去吧？ ‖ 虽然工作有点儿辛苦，但既然收入还说得过去，就继续干下去吧。

解释▶ 某人某事还可以接受。表示某人某物的条件、情况、能力、水平等虽然不很好，但不是太差，能让人接受，语气委婉。多用来评价某人某物。结构前常有“还、倒也、太、真的”等词语表示程度、转折等。结构位置较灵活，前后常有别的句子说明情况或作进一步补充。需要时结构可以连用。○多用于叙事和对话，口语。

★ **名词 / 代词 + 说得过去。** 可独立成句，结构中的“说得过去”作谓语。常用肯定形式。否定形式为“…说不过去”，表示让人难以接受。

扩展▶ 这说得过去吗；这衣服的样子还说得过去，就是颜色不太好；你开出的条件还说得过去，我可以考虑一下；我给你家里买的这些礼品说得过去吧；他做事慢，但办事能力还说得过去；每次考试他都没一点儿进步，实在说不过去。

【说 A 就 A】 shuō A jiù A ［一级］

①例句▶ 他是一个说干就干，一干就要干好的人，具有很强的领导能力。‖—今天周末，我们去森林公园玩儿吧？我还没去过呢。—好啊，说走就走，咱们现在就准备出发。‖—听说小王和小李离婚了。—是吗？这么好的一个家庭，怎么说散了就散了，实在太可惜了。

解释▶ 动作发生得很快，一决定就马上去做，这反映了某人的性格和做事习惯；也指某些现象出现得快，某些事情变化得很快，让人没有思想准备，含有太突然的意味。结构位置比较灵活，前面常有别的句子进行说明，后面也有句子进行补充。可用于现实生活中存在的事情。○多用于对话，口语。

②例句▶ 我说要去就要去，决定好了的事情，你们谁也别想拦我。‖ 你这孩子，好好一个苹果，刚咬了几口，说不吃就不吃了，这不是浪费嘛？

解释▶ 决定了的事情一定要做，不容别人改变，通常不考虑别人想法和意见。多表示某人的办事态度坚决，这时含有固执的意味；有时也因想怎么就怎么而让人无法接受，这时含有耍性子、过于随意的意味。有时语气很强，带有贬义色彩。前后常有别的句子作相关的说明或补充。多用于现实生活中存在的事情。○多用于对话，口语。◇也说“说不 A 就不 A”，这时用于否定形式。

★ **说 + 动词 + 就 + 动词。** 框架格式。可独立成句，也可在句中作谓语。

扩展▶ **用法 1**）表示一决定就马上去做：他们俩说翻脸就翻脸；说看电影就看电影，我现在就去买票；这人昨天还好好的，可今天说没了就没了；说下雨就下雨，也太快了点儿。

用法 2）表示决定了的事情不容改变：她说不喜欢你就不喜欢你；我说分手就分手，你说什么都没用；他说不来就不来，怎么劝都不来；我说要买就要买，你不买我自己买。

【说来也 …】 shuōlái yě … ［一级］

例句▶ 我和她是高中最好的同学，说来也巧，后来我们才知道我妈妈和她妈妈也是关系很好的高中同学。‖ 说来也挺有意思的，上周我还在为没有接到面试电话而烦恼，可现在我却在为去哪个公司工作而发愁。‖ 说来也挺可怜的，他因为家里穷，高中没毕业就出来打工了。

解释▶ 事情说起来……。结构中的搭配大多是“巧、奇怪、可怜、有趣、有意思、简单、神、可悲”等词语。后面引出别的句子进一步说明情况。可用于表达好的或不好的方面的情况。多放在句首，后面多有别的句子把意思补充完整；有时前面也有别的句子作相关的说明。○多用于叙事和对话，口语。

★ **说来也 + 形容词。** 在句首作插入语，后面接句子进一步说明情况。

扩展▶ 说来也奇怪；说来也有趣；说来也简单；说来也可悲；说来也很可惜；说来也可笑；说来也平常；说来也不幸。

【说了半天，…】 shuōle bàntiān，… ［一级］

例句▶ 我说了半天，你还是不愿意跟我走啊，那我只好一个人走了。‖ 说了半天，你还没明白我的意思，我是说，我想和你一起合作开公司。‖ 这事我跟她说了半天，她好不容易才答应了我的请求。

解释▶ 说话人说了很长时间，或者没有达到目的或者没有相应的结果，这时含有让人失望的意味；或者才有相应的结果，这时含有很不容易的意味。

有时也含有（说话人）话说不清楚、（听话人）反应慢等的意味。多放在句首，后面有别的句子作进一步说明；有时前后都有别的句子作相关的说明或补充。多用于已经发生的事情。○多用于叙事和对话，口语。

★ **说了半天，小句。** 在句中作插入语，也作连动句中的前一部分。

扩展▶ **用法 1）**表示说了很长时间，没有达到目的：说了半天，你根本没说他是谁；说了半天他也没有反应；说了半天，还不知道你要去干什么。

用法 2）表示说了很长时间后才有结果：说了半天，这里的菜你都不喜欢吃呀；说了半天，她原来是为了这个；说了半天，你是不想让我走呀；说了半天，她才红着脸同意了。

【… 说了算】 … shuōle suàn ［二级］

例句▶ 我家所有的事情，大到买电器，小到买碗筷，都是我妈说了算。‖ 父母好不好，孩子说了算，但不是说答应孩子一切要求的父母就是好父母。‖ 公司大大小小的事务，不应该由总经理一个人说了算，他应该听听公司其他人的意见。

解释▶ 在一个范围里，所有的事都由某人决定。这个范围可以是家里，也可以是单位等。多用来叙述分析。结构位置较灵活，前后常有别的句子作相关的说明或补充。○多用于叙事和对话，口语。◇ 也说“由…说了算”。

★ **名词 / 代词（指人）+ 说了算。** 在句中作谓语，也可独立成句。

扩展▶ 什么都是由他们说了算；这个不是自己说了算的；这不是由那些人说了算的；这里的一切都由他说了算；我是打工的，怎么可能我说了算；你说了不算，得老板说了算。

【说起 … 来】 shuōqǐ … lái ［一级］

例句▶ 每个地方都有当地的特色小吃，说起上海的小吃来，很多人马上想到的就是小笼包。‖ 你怎么又说起他来了，我一听到他的名字就生气。‖ 他平时是个很安静的孩子，但每当跟别人说起打游戏来，总有说不完的话。

解释▶ 开始谈论某人、某物或某方面的话题。结构中常引出要谈论的对象，多用来讨论某人、某物、某地的特点或其他有趣的事情等，有时也用于让人不愉快的人或物。前面常有别的句子作相关的介绍，后面有相关的叙述和评价等。○多用于叙事和对话，口语。

★ **说起 + 名词 / 代词 / 动词 + 来。** 框架格式。在句中常作状语、谓语。

扩展▶ 说起小时候的事来，特别高兴；说起做饭来，阿姨们总有说不完的话；说起这些话来，他十分自信；说起以前来，他有说不完的故事；说起年轻的时候来，他特别有精神；说起这把刀来，它还有一段特殊的历史；说起那段经历来，他脸上总流露出不快的表情。

【说起 …（来）一套一套的】 shuōqǐ …（lái）yí tào yí tào de ［二级］

见 455 页【… 起（…）来一套一套的】 条。

【说什么也（不）… 】 shuō shénme yě（bù）… ［一级］

①例句▶ 虽然我最近很忙，但他生病住院了，我作为朋友说什么也得去看看他。‖ 小王，我的电脑出了点儿问题，说什么你现在也得来帮我看一下。

解释▶ 无论怎么样都得 / 必须 / 要……，表明说话人强烈要求做某事，多表示较强的意愿或期望。用于自己，表示一定要做某事，含有不做讲不过去的意味。“说什么也”后常接“应该、要、得”等词语，前面常有句子说明这样做的原因或理由，有时后面也有句子作进一步补充。○多用于叙事和对话，口语。

②例句▶ —小张，你怎么跟男朋友分手了？—我父母说什么也不同意我们在一起，我实在没办法。‖ 他一开始就怀疑我，尽管我多次向他解释，但他说什么也不相信我的话。

解释▶ 不管什么人怎么说或说什么，也不管发生了什么事情，都无法改变某人的想法或决定，这时带有不容对方解释或商量的意味和语气；也指无论怎么样，对已发生的事情都不起作用、不会改变，这时含有没有办法的意味。前一用法多用于将要发生的事，后一用法用于已经发生的事。多用于否定形式。前后常有别的句子作相关的说明或补充。○多用于叙事和对话，口语。

★ **说什么 +（代词）+ 也（不）+ 动词。** 在句中常作谓语，也可独立成句。后一用法多用于否定句。

扩展▶ **用法 1**）表示无论怎样都得 / 必须 / 要……：太累了，说什么也得好好休息几天了；这事很重要，说什么也得帮我这个忙；她中大奖了，说什么也得让她请客；这手机老死机，说什么也得换个新的；大学毕业了，说什么我也得找个工作。

用法 2）表示无论怎样都无法改变某人的想法或决定：说什么我也不去；说什么也不吃；说什么也不肯来这儿；说什么也不让他走；说什么也不承认自己的错；说什么也不肯离开老家；说什么他也不给退票；说

什么也等于白说。

【**说实话**，… 】 shuō shíhuà，… ［七—九级］

见 539 页【说实在的，… 】 条。

【**说实在的**，… 】 shuō shízài de，… ［二级］

例句▶ —王经理，我们都希望您继续留在公司。—说实在的，我也不想离开，但这是公司的安排，我只能接受。‖—李先生，您参加过大大小小无数次比赛了，在比赛的时候，您紧张吗？—说实在的，不紧张是不可能的。‖ 说实在的，她唱得真的不怎么样，但是她那么爱唱歌，我们还是支持她吧！

解释▶ 说真的，说老实话，说心里话。多放在句首，也可以放在主语后。后面接有想说的真实的话。○多用于叙事和对话，口语。◇ 也说“说实话，…”。

★ **说实在的，小句。** 可独立成句。结构中的“说实在的”在句中作插入语。

扩展▶ 说实在的，我并不喜欢这里；说实在的，他的话不是没有道理；说实在的，常年在外，哪能不想家的；孩子出国，说实在的，我们还真有些担心呢；我说实在的挺喜欢他的。

【**说是** …，**其实** … 】 shuō shì …，qíshí … ［三级］

例句▶ 小李今天请我去他家吃饭，说是随便做点儿，其实做了满满一大桌菜。‖—老王，听说你搬新家了，恭喜恭喜。—说是新家，其实只是两间旧房子。‖ 他让我帮他解答了两道数学题，说是特别难，其实还挺简单的。

解释▶ 表面上说是……，实际上却是……。表明表面上或口头上说的和实际情况差别很大，很不一致。有时用来夸奖别人；有时用来批评、指责某人，这时含有不满、抱怨的意味；也有时是用来说明实际情况，这时含有前后不一致、意外的意味，可用于直接回答别人的话；有时放在句尾，前面有别的句子作相关的说明。多是不愉快的事情。○多用于叙事和对话，口语。

★ **说是＋名词／动词$_1$／形容词$_1$，其实＋动词$_2$／形容词$_2$／小句。** 结构中的两个小句有转折关系。

扩展▶ 说是画展，其实很简单；说是卧室，其实也是他的办公室、餐厅和客厅；说是关心，其实是等着看好戏；说是很忙，其实什么事儿也没有；说是班长，其实是干活儿最辛苦的人；这份工作说是很轻松，其实累得很。

【说A也A，说不A也不A】 shuō A yě A，shuō bù A yě bù A ［一级］

例句▶ 这些题说难也难，说不难也不难，如果你好好复习了应该不难，如果没复习那就说不定了。‖ 这儿离北京说远也远，说不远也不远，坐飞机两个小时就到了，可如果坐火车要十多个小时。

解释▶ 说这样也可以，说不这样也可以。某人或事物的性状或程度等，根据条件和角度的不同，答案或结果会有不同。多用于那些可从不同角度讨论的话题或事情。结构前通常先引出话题，后面的句子多从不同的角度分析解释。○多用于对话，口语。

★ **说＋形容词＋也＋形容词，说不＋形容词＋也不＋形容词。** 在句中常作谓语。结构中的两个分句有并列关系。

扩展▶ 说长也长，说不长也不长；说好也好，说不好也不好；说贵也贵，说不贵也不贵；说重要也重要，说不重要也不重要；说怪也怪，说不怪也不怪；说大也大，说不大也不大；说小也小，说不小也不小。

【说再多也…】 shuō zài duō yě … ［一级］

例句▶ 算了，从一开始你就不相信我，我知道我说再多也没用。‖ 有时候说再多也是废话，因为大家不会看你说了什么，而会看你做了什么。

解释▶ 事情已经这样，再说什么都不能改变；也指再说什么也没用，除非情况发生变化。多用来说明或劝人没有必要再说了。结构位置比较灵活，前后常有别的句子作相关的说明或补充。○多用于对话，口语。

★ **说再多也＋动词。** 在句中常作谓语。

扩展▶ **用法1）**表示再说什么都不能改变：他不听，我说再多也是白说；他知道说再多也没用，干脆就不说了；你说再多也起不了作用，还不如不说；现在已经晚了，你说再多也没有用了。

用法2）表示除了情况发生变化，否则没用：除非有证据，否则说再多也是废话；有时候说再多也是多余的，只能用行动来证明。

【死（活）不…】 sǐ（huó）bù … ［三级］

例句▶ 我多次叫父母搬到大城市来跟我一起生活，可他们死活不同意，不愿意离开生活了几十年的家乡。‖ 你别死不承认，除了你，没有人会做这种事。

解释▶ 死活：无论如何。不管什么情况、不管怎么样，都不……。含有态度坚决，办事固执的意味。多用于那些某人非常不愿意做的事情。结构中的动词多是“愿意、肯、答应、承认、让……”等词语表示意愿。前后常有别的句子作相关的说明或补充。○多用于叙事和对话，口语。

★ **死（活）不+动词。** 在句中常作谓语。当“死不+动词”的情况时，结构中的动词不能为单音节词。

扩展▶ 他读书读不好，所以死活不愿意再读书了；我让他一块儿去，他死活不肯上车；她想去外面读大学，可妈妈死活不让她去；犯了错误，却死不悔改，还有什么希望；你怎么死不认错；做错了还死不认账，太过分了。

【…死我了】 … sǐ wǒ le ［三级］

例句▶ —昨天做手术疼不疼？—怎么不疼，都疼死我了，到现在连说话的力气都没有。‖—回来啦！外面很冷吧？—是啊，又是刮风又是下雪的，简直冻死我了，快给我准备点儿热茶。‖刚看了一个特别有意思的电影，笑死我了，有机会你也应该去看看。

解释▶ 某人某物的状态或程度很高，使说话人感到达到了极点，几乎无法承受。多用于让人感到不舒服、不愉快的事情；也用于一般或好笑的事情。带有夸张的意味。前后常有别的句子作相关的说明。多用于已经存在的事情。○多用于叙事和对话，口语。

★ **动词/形容词+死我了。** 在句中作谓语，也可独立成句。结构中的动词或形容词多是表示心理活动或感受的词语。

扩展▶ 渴死我了；气死我了；累死我了；吓死我了；想死我了；难受死我了；闷死我了；急死我了；热死我了；烦死我了；吵死我了；困死我了；郁闷死我了。

【似A非A】 sì A fēi A ［四级］

①例句▶ 我学汉语的时间不长，所以有时候老师说的话我似懂非懂。‖昨天晚上，儿子没有回家，母亲为了等他，在沙发上似睡非睡地坐了一夜。

解释▶ 似：像。非：不是。看上去某人好像在做某事，但又不像在做某事，多指不是真正地在做某事，只是给人的一种感觉。多用来描写人的动作行为。结构位置较为灵活，前后常有别的句子作相关的说明或补充。可用于已经出现的事情。○多用于叙事。

★ **似+动词+非+动词。** 框架格式。在句中常作谓语、定语、状语、补语。结构中的前后两个动词为单音节词，构成四字格式。

②例句▶ 这种动物叫麋（mí）鹿，它的脸似马非马，蹄子似牛非牛，角似鹿

非鹿，尾巴似驴非驴，因此又叫“四不像”。‖ 科学家在原始森林里除了看到很多特别的植物外，还发现了一种似虾非虾、似鱼非鱼的奇异的水中动物。

解释▶ 似：像。非：不是。某人或某物有点儿像什么，又不像什么。多指既不像A，又不像B，什么都不像，一般很难给出明确的判断。多用来描写那些从没见过的东西。前后常有别的句子作相关的说明或补充。需要时结构可连用。○多用于叙事和对话。

★ **似＋名词＋非＋名词。** 框架格式。在句中常作谓语、定语、补语。结构中的前后两个名词为单音节词，构成四字格式。

扩展▶ **用法1**）用于描写动作行为：那天早上起床太早，似醒非醒的；他对着我似笑非笑的；竞走是一种似跑非跑的运动。

用法2）用于描写没见过的事物或状态：我有一种似梦非梦的感觉；他说他看见一个似人非人、似鬼非鬼的人。

【似乎 … 似的】 sìhū … shìde ［四级］

见 311 页【好像 … 似的】 条。

【… 算不了什么】 … suànbùliǎo shénme ［二级］

例句▶ 我很喜欢干这一行，所以只要能学到东西，吃点儿苦算不了什么。‖ — 哎呀，你的腿上流血了。—没事儿，这点儿伤算不了什么。‖ 一个人能做一两件好事算不了什么，难的是一辈子都做好事。

解释▶ 算不了：不能算。意思是说话人觉得事情非常小，不值得一提；或不重要，没什么关系，所以无所谓。把问题、事情或成绩往小的方面说，含有不在乎的意味。前面常有别的句子作相关的说明，有时后面也有句子作进一步补充。○多用于叙事和对话，口语。◇ 也说“…算得了什么（呢）”。这时是用反问形式，语气较强。

★ **名词 / 动词 / 小句＋算不了什么。** 可独立成句。

扩展▶ 这点儿失败算不了什么；这一点儿成绩算不了什么；一点儿小意思，这算不了什么；10 块钱对你来说也许算不了什么；帮你这点儿忙算不了什么；受点儿委屈算不了什么；年纪大点儿算不了什么；即使你赢了比赛也算不了什么。

【… 算得了什么（呢）】 … suàndeliǎo shénme（ne）［二级］

见 542 页【… 算不了什么】 条。

【算 + 得上 / 不上 … 】 suàn + deshàng / bushàng … ［二级］

例句▶ 我们算得上是十多年的老朋友了，这么多年来一直保持联系，互相支持，互相帮助。‖ 虽说这里的温度确实很高，但这样的温度却算不上全国最高的，有的地方最高温度达到了四十多度。‖ —你吃过北京烤鸭吗，味道怎么样？—当然吃过，味道算不上十分特别，不过闻起来很香。

解释▶ 算：认作，当作。某人或某物可以被当作……。多用来比较、评价某人某物。后面常有“最、非常、十分、特别、很”等程度副词。前后常有别的句子作相关的说明或补充。可用于现实生活中存在的事情。○多用于叙事和对话，口语。

★ 1）**算 + 得上 / 不上 +（是）+ 名词。**

2）**算 + 得上 / 不上 + 形容词。**

在句中常作谓语。结构中的“算 + 得上 / 不上”是可能补语。

扩展▶ **句型 1**）他在国内算得上是一位名人了；这真算得上是个好天气；她算得上是姐妹中最漂亮的一个；这个地方算不上城市；他算得上好男人。

句型 2）只有打折的时候东西才算得上便宜；我在他们中算不上最大；这样的风景还算不上全国最美的；这个人实在算不上很有钱。

【算起来 … 】 suàn qǐlái … ［二级］

例句▶ 我是去年九月来中国的，时间过得真快，算起来我已经来了半年了。‖ 张先生家有一幅画，是祖上传下来的，算起来，至少有五十多年了。‖ —公司新来的小张你认识吗？—怎么不认识，算起来，我跟他还是亲戚呢！

解释▶ 通过计算、思考或分析后，得出某种结论。多用来粗算时间、数量、速度；也可用于跟工作、学习、能力、关系有关的其他抽象事物。结构中常出现数量词。多放在句尾，前面有别的句子作相关的说明。多用于过去的和现在的事情。○多用于叙事和对话，口语。

★ **算起来 + 小句 / 动词。** 框架格式。在句中作谓语，也可独立成句。结构中的“算起来”在句中作插入语。

扩展▶ **用法 1**）用于粗算时间、数量、速度：算起来，你帮了我好几次；算起来你大我 9 个月，我应该叫你大哥；算起来你们俩年龄差不多大；我买的东西算起来比你便宜多了。

用法 2）用于跟工作、学习、能力、关系有关的其他抽象事物：算起来，我是家中学历最高的；算起来，他现在应该已经到北京了；算起来咱俩还是校友呢。

【算（是）什么…】 suàn（shì）shénme … ［二级］

例句▶ 不就是电脑坏了吗，这对我来说，算什么问题，我马上可以帮你修好。‖他明知道朋友有困难都不帮忙，这种人算什么朋友！‖—王姐，辛苦你了，为了给我送东西，还亲自跑了一趟。—这算什么辛苦，一点儿小事。

解释▶ 算（是）：看作，当作。用肯定形式的反问句表示否定，意思是不应该被看作……，不应该是……。在说话人的眼里，某人某物不怎么……，达不到他心里的标准。多把事情往小的、轻的方面说，含有不多、不重要或不严重的意味。有时往不好的方面说，语气较强，含有责备、不满等意味，具有贬义色彩；有时也用来表示谦虚，这时多用来回答别人的感谢。前后常有别的句子作相关的说明或补充，有时也可直接用于对话。〇多用于对话，口语。

★ **算（是）什么＋名词／形容词。** 在句中作谓语，也可独立成句。

扩展▶ **用法1）**往小的、轻的方面说：钱算是什么东西；两三百块钱算什么工资；这算什么难题；这算是什么麻烦；你这算什么大事。

用法2）往不好的方面说：这样算什么男子汉，遇事就哭；这算什么学校，简直像个市场；你算是什么主人，连个主人样子都没有；他算是什么穷人，他又不缺钱。

用法3）表示谦虚：这算什么大事，只是帮点儿小忙；这算什么难的，举手之劳。

【算…一个】 suàn … yí gè ［二级］

例句▶ —我们班要表演一个舞蹈，你有没有兴趣参加？—真的吗？我最爱跳舞了，算我一个吧。‖既然你这么愿意帮助别人，我们成立志愿者组织的时候，一定会算你一个。‖—你们还不知道吧，小王足球踢得可好了。—是吗，下次比赛，一定算他一个。

解释▶ 让某人参加某个活动或加入某个组织，使他成为其中的一员。用在自己身上，多表示请求加入；用在别人身上，多表示允许某人加入。多放在句尾，前面常有别的句子作相关的说明。多用于好的、愉快的事情。〇多用于对话，口语。

★ **算＋名词／代词（指人）＋一个。** 框架格式。在句中常作谓语。

扩展▶ 算我一个吧；一定算你一个；还是算他一个吧；为什么不算小李一个。

【虽然…，但（是）…】 suīrán …，dàn（shì）… ［三级］

例句▶ —他一个月的工资不少了，怎么还说没钱用？—虽然他的工资不低，但要养一家五口人还是比较困难的。‖ 虽然已经是春天了，可是这里的温度仍然很低，我们还得穿厚厚的衣服。‖ 看她的表情我就知道，她虽然嘴上答应了，心里却有一百个不愿意。

解释▶ 前半句承认情况是事实，后半句指出某种情况也是存在的。后半句由“但（是）、可是、却”引出。有时直接用于回答，有时前后有别的句子作相关的说明或补充。○多用于叙事和对话，口语。◇ 也说“虽说…，但（是）…”。

★ **虽然＋小句$_1$，但（是）＋（名词 / 代词）＋（却）＋动词 / 形容词。** 可独立成句。结构中的两个分句有转折关系。结构中的“但（是）”也可换成“可（是）、不过、然而”等表示转折关系的词语。

扩展▶ 虽然我们认识时间不长，但我们是很好的朋友；虽然这件衣服很漂亮，但是它太贵了；虽然他有很多朋友，但是没有几个是真心的；房间虽然不大，但是很干净。

【虽说 …，但（是）… 】 suīshuō …，dàn（shì）… ［七—九级］

见 544 页【虽然 …，但（是）… 】 条。

【随便 …，都 … 】 suíbiàn …，dōu … ［三级］

例句▶ —这种花儿真漂亮，好不好养？—特别好养，随便你种在哪儿都能活，水也不用多浇。‖—你哪天方便？我去看看你。—我放暑假了，一直在家，随便哪天都可以。‖ 这个小孩儿太不爱说话了，随便人家怎么问，他都不开口。

解释▶ 在任何条件或情况下（结果或结论都是不变的）。多用来说明、解释、描写事情。结构位置比较灵活，前面常有句子对相关情况进行说明，有时后面也有句子进行补充。○多用于叙事和对话，口语。◇ 也说“随便…，也…”。这时常用于否定句。

★ 1）**随便＋疑问代词＋名词$_1$，（名词$_2$ / 代词［指人］）＋都＋动词 / 形容词。**

2）**随便＋疑问代词＋动词$_1$，（名词 / 代词［指人］）＋都＋动词$_2$ / 形容词。**

3）**随便＋动词$_1$＋疑问代词，（名词 / 代词［指人］）＋都＋动词$_2$ / 形容词。**

4）**随便＋小句，（名词 / 代词［指人］）＋都＋动词 / 形容词。**

可独立成句。结构 1）中的疑问代词多是“什么、哪、多少”等。结构

2）中的疑问代词多是“怎么、什么时候”等。结构3）中的疑问代词多是“什么、谁、哪儿、多少、什么地方”等。结构4）中的小句也多是疑问形式。结构中的两部分有条件关系。

扩展▶ **句型1）**随便什么舞她都喜欢看；只要你想读书，随便哪个学校都可以读；随便哪种工作都行。

句型2）随便怎么说，我都不会相信你；随便怎么邀请，他也不愿意去；随便什么时候都欢迎你；随便什么时候都可以来。

句型3）随便花多少钱我都不在乎；随便聊什么都行；随便开什么价，老板也不肯卖。

句型4）随便你怎么劝，他都不听；随便你们说什么都没有用；随便你什么时候来我们都欢迎。

【**随便…，也…**】 suíbiàn…，yě… ［三级］

见545页【随便…，都…】条。

【随…而…】 suí…ér… ［四级］

例句▶ 暑假时我每天八点以后才起床，但现在开学了，我的生活习惯也随着课程的安排而改变，几乎每天早上都要早起。‖现在已经是冬天了，气温很低，蔬菜的产量也随气温的降低而大大减少。‖—小李，刚来北京，生活还习惯吧？—放心吧，我是一个随遇而安的人，到哪儿都觉得习惯。

解释▶ 因为某种原因，某人、某物发生了某种变化，或出现了某种现象。这些原因大多和时间、空间、心理因素或其他物体、现象等有关。多用来描写叙述事情。前面常有别的句子作相关的说明，有时后面也有句子进行补充。○多用于描写、叙述，书面语。

★ **随＋名词／动词$_1$／小句＋而＋动词$_2$。** 框架格式。在句中常作谓语、定语。

扩展▶ 喜欢听什么歌，随心情而定；风向随季节而改变；这种动物身体颜色随环境的变化而变化；过去的事随着时间的推移而忘记；人们随音乐而起舞；地球随着转动而产生四季；诗歌随劳动而产生；让所有的烦恼都随风而去。

【**随…去**】 suí…qù ［三级］

例句▶ —孩子打算学开车，你同意不同意？—他们都大了，不要管得太紧。再说这也不是什么坏事，随他们去吧。‖我今天上午跟她谈了一上午，可她半句也听不进去，算了，随她去，我已经管不了她了。‖—老王，你不是把这猫送给别人了吗？怎么又回来了？—它自己跑回来的，想回来就回来吧，随它去。

解释▶ 某人、动物或事物想怎样就怎样，他（它）做什么都不去管。可能是没有能力管，也可能是不愿意管，有时含有无奈的意味。前面常有别的句子作相关的说明，有时后面也有句子进行补充。○多用于叙事和对话，口语。◇ 也说“让…去”。

★ **随＋代词＋去。** 框架格式。可独立成句，也作谓语。结构中的代词多是“他（们）、她（们）、它（们）”等表示第三人称的代词。

扩展▶ **用法1）**表示没有能力管：他愿意，那就随他去吧；孩子长大了，随他们去好了；一切就随他去吧；我自己身体不好，只好随他们去。

用法2）表示不愿意管：孩子这样干，你都不批评，难道就这样随他去；你自己都管不好，还想管别人，就随他去吧。

【随A随B】 suí A suí B ［三级］

例句▶ 虽然我现在搬家了，但是以后你遇到什么困难，一定要给我打电话，我保证随叫随到。‖ 如果你现在就想学英语，建议你去这家英语学校了解一下，这儿是随到随学，十分方便。

解释▶ 随：随时。前后插入两个动词或动词性词组，表明前后两个动作连着，前一动作发生后，后一动作紧接着发生。表示只要有需求，或根据某人的要求马上就……。多用于服务性工作。多放在句尾，前面常有别的句子作相关的说明。○多用于对话，口语。

★ **随＋动词$_1$＋随＋动词$_2$。** 框架格式。在句中常作谓语。结构中的前后两个动词多是单音节词，构成四字格式。

扩展▶ 文件保证随传随到；这里的菜都是随点随做；食堂是随到随吃，不用等；这家快递公司随到随发的，速度很快；这些银行卡都是随到随办。

【随着…的A】 suízhe … de A ［五级］

例句▶ 他在北京学习汉语已经一年了，随着汉语水平的提高，他在北京的朋友也越来越多了。‖ 随着社会的发展，人们不再简单地满足于吃饱穿暖和了，越来越多的人开始对旅游、健身等产生了兴趣。‖ 最近一连下了几场雨，随着温度的下降，人们渐渐感觉到秋天离我们越来越近了。

解释▶ 随：跟着。跟着某事物的变化（接着的其他事物也变化）；也指跟着某事物的出现（其他事物也出现了）。前后的事物在时间上是先后和因果关系。多用来描述某人或物的情况变化。结构中的A多是“发展、提高、进步、增加、减少、降低、下降、退步”等表示变化的词语。结构位置比较灵活，前后常有别的句子作相关的说明或补充。○多用于叙事。

★ **随着＋名词＋的＋动词。** 框架格式。在句中常作状语。结构中的动词用作名词。

扩展▶ 随着技术的提高；随着个人能力的提高；随着人口的增加；随着人们收入的增加；随着年龄的增加；随着经济的发展；随着科技的发展；随着动物种类的减少；随着家庭人口的减少；随着消费水平的下降；收入随着价格的下降而减少。

【**随着**A，B也随之…】 suízhe A，B yě suí zhī … ［五级］

例句▶ 我来中国已经两年了，随着时间的推移，我的语言能力和生活适应能力也随之提高。‖ 经济的发展确实给人们的生活带来了很多便利，但是随着经济的发展，许多社会问题也随之出现。‖ 在家人的精心照顾下，奶奶恢复得很快，随着她身体状况的好转，她的心情也随之好起来。

解释▶ 随：跟着。跟着A事物的变化，B事物也发生了变化；也指跟着A事物的出现，B事物也出现了。多用来强调AB事物在时间上的先后和因果关系。结构位置比较灵活，前后常有别的句子作相关的说明或补充。○多用于叙事和对话，书面语。◇ 也说“A的同时，B也随之…”。

★ **随着＋名词$_1$＋的＋动词$_1$，名词$_2$＋也随之＋动词$_2$。** 可独立成句。结构中的两个分句有承接关系或因果关系。结构中的动词$_1$用作名词。

扩展▶ 随着人们收入的增加，物价也随之增加了；随着社会压力的不断增大，失眠人群也随之增加；随着生活节奏的加快，消费观念也随之发生变化；随着夏天的到来，用电量也随之增加。

【**所**…**的**】 suǒ … de ［六级］

例句▶ 其实我并不在乎你怎么去做，我所在乎的是结果，只要你做好了就行。‖ —你再给我们讲讲吧！—对不起，这就是我所知道的，我都说完了。‖ 游客朋友们，你们现在所看到的是当地最有名的景观——“云海”，站在这儿你会觉得山脚下的云像大海一样宽广。

解释▶ 所：用在及物动词前。…的：代替名词。“所、的”在动词前后，和动词一起构成名词性短语。前后常有别的句子作相关的说明或补充。

注意▶ 口语里，可以不用“所”，意思相同。多用于过去的和现在的事情。○多用于叙事和对话，书面语。

★ **代词（指人）+ 所 + 动词 + 的。** 框架格式。整个结构是一个名词短语。在句中常作主语、宾语。

扩展▶ 刚才我所讲的都是我亲眼看见的；我所要的只是个结果；他所做的并没有什么特别的；他所说的就只有这些；我们所接触的主要是学生；我所了解的就是这些；大家所能给的只有帮助；这肯定也是我所需要的。

【（所谓）…，（就）是 … 】（suǒwèi）…，（jiù）shì … ［七—九级］

例句▶ 什么是真正的朋友？所谓真正的朋友，就是平时不常打电话发短信，但在你遇到困难时第一个帮助你的人。‖ 中国既是一个大国又是一个小国，所谓大国就是资源丰富；所谓小国就是平均收入低。‖ 所谓物理变化，就是没有生成新物质的变化，例如水变成冰。

解释▶ 所谓：人们通常说的。先提出要解释的词语，接着进行解释。多用于解释说明某些概念和提法。用于比较正式的场合。有时前后有别的句子作相关的说明或补充。多用于过去的和现在的事情。○多用于叙事，书面语。◇ 也说“所谓…，是指…”“所谓…，指的是…”。

★ **（所谓）+ 名词$_1$，（就）是 + 名词$_2$ / 动词 / 小句。** 框架格式。可独立成句。

扩展▶ 所谓结婚，就是把两个没有关系的人变成亲人；所谓机遇就是有利于发展的条件；所谓专才就是具有一定的专业知识和技术能力的人才；所谓提高服务质量，就是减少买卖双方的各种矛盾，创造一个良好的购物环境；所谓三高就是“高产、高质、高效”；所谓市场经济，就是由市场进行调节的经济。

【所谓 …，是指 … 】 suǒwèi …，shìzhǐ … ［七—九级］

见 549 页【（所谓）…，（就）是 … 】条。

【所谓 …，指的是 … 】 suǒwèi …，zhǐ de shì … ［七—九级］

见 549 页【（所谓）…，（就）是 … 】条。

【所有 … 都 … 】 suǒyǒu … dōu … ［二级］

例句▶ —你的钱包放哪儿了？—我也不知道，家里所有的地方都找遍了，还是没找到。‖ 王先生，辛苦您了，您今晚的表演实在太精彩了，所有观众都十分满意。

解释▶ 所有：全部，一切。在一个范围内人或某种事物的全部，或某种事物的全部类别，没有例外。结构位置比较灵活，前后常有别的句子作相关的说明或补充。○多用于叙事和对话，口语。

★ **所有（的）+名词+都+动词/形容词。** 框架格式。可独立成句，也可在句中作谓语。

扩展▶ 所有的钱都给了他；所有人都在看我；差不多把所有的时间都放在工作上；这里的所有人都认识我；所有的人都尽了全力；把桌上所有的点心都吃完了；所有的事情他都做好了；所有的客人都很开心。

T

【他呀，就是 … 】 tā ya，jiù shì … ［一级］

见 443 页【你 / 他 + 呀，就是 … 】 条。

【太 … 了】 tài … le ［一级］

①例句▶ 你去过云南吗？那里的风景太美了，有机会你一定要去看看！ ‖ 昨天的留学生汉语大赛你看了吗？太精彩了，外国学生的汉语说得真棒，回答得也非常幽默！

解释▶ 太：表示程度很高，超过一般的水平。有赞赏的意味，带有感叹语气。结构中动词多是褒义词。结果是让人高兴和满意的。结构位置比较灵活，前后常有别的句子作相关的说明或补充。○多用于叙事和对话，口语。注意▶ 否定的形式有两种，一是“太 + 不…”，用来加强否定的程度；另一个是“不 + 太…”，用来减弱否定的程度，带有婉转的语气。

②例句▶ —吃完饭我们去超市逛逛吧！—超市离这儿太远了，我们还是明天去吧！ ‖ 太让人失望了，我跟她都是十几年的好朋友了，她居然都不肯帮我这个忙。

解释▶ 太：表示程度过头。程度过头了，或让人难以接受。结果多是不太好或不能让人满意的事情，带有不满或失望的意味。结构位置比较灵活，前后常有别的句子作相关的说明或补充。可用于不好的或不愉快的事情。○多用于叙事和对话，口语。

★ **太 + 形容词 / 动词 + 了。** 框架格式。在句中作谓语，也可独立成句。两种否定形式中，加“了”或不加“了”要看具体情况。

扩展▶ **用法 1**）表示赞赏：太有意思了；太高兴了；太好了；帮了我的大忙，太感谢你了；见到家人我太激动了；这个游戏太好玩儿了。

用法 2）表示程度过头：他太高了；这东西太大了；时间太晚了；你太认真了；他太把自己当回事儿了；太过分了；西瓜太熟了。

用法 3）表示加强否定程度：他太不够朋友（了）；你太不够意思（了）；这样太不好了；他太不满意（了）；你说这话太不合适（了）；你太不给我面子了；太不像话了。

用法 4）表示减弱否定程度：这样做不太客气；这样不太好；他不太满意；你说这话不太合适；不太理解；不太够意思；不太够朋友；不太相信他的话。

【谈（不）到一块儿】 tán(bu) dào yíkuàir ［三级］

见552页【谈（不）到一起】条。

【谈（不）到一起】 tán(bu) dào yìqǐ ［三级］

例句▶ 他俩性格差不多，爱好也一样，无论是什么话题，他俩总能谈到一起。‖—老板，你就那个价格卖给我吧。—你还是加一点儿吧，如果还是那个价格，咱们可谈不到一起。‖ 对方一直觉得我们公司的要求太高，可我们觉得这已经降低了很多，所以双方谈来谈去总也谈不到一起。

解释▶ 因兴趣爱好等（不）相近、相同而（没）有共同的话题；也指在谈判、协商中双方（不）能达成一致的意见。多放在句尾，前面常有别的句子作相关的说明。可用于（不）愉快的、一般的事情。○多用于叙事和对话，口语。◇ 也说"谈（不）到一块儿"。

★ **谈（不）到一起。** 在句中常作谓语。

扩展▶ 能跟他谈到一起；两人能谈到一起；谁能跟他谈到一起；他和谁都谈不到一起；他们不是一路人，谈不到一起。

【谈不上…】 tánbushàng… ［三级］

例句▶ 我只是对太极拳感兴趣，有一些了解，还谈不上什么专家。‖—你做饭怎么样？—我根本不会做家务，更谈不上做饭做菜了。‖ 这种花儿是淡淡的黄色，而且小小的，谈不上漂亮，但是却能散发出迷人的香味。

解释▶ 因达不到标准和要求而不值得谈；也指某人某事不在考虑之列，或某事根本不可能发生或出现。指别的人或物时，含有一般、平常的意味；指自己时，带有谦虚的意味。有时语气较强。结构前常有"还、就、更、根本、因此、远远、都、也就、虽然、自然"等词语。结构位置比较灵活，前面常有表示原因或情况的解释说明，有时后面还有句子表示补充或转折。○多用于叙事和对话，口语。◇ 也说"说不上…"③，但语气较平淡。

★ **谈不上＋名词／动词／形容词。** 在句中作谓语，也可独立成句。

扩展▶ 我不太了解，也谈不上建议；只是对他有好感，谈不上喜欢；虽然谈不上满意，但总体还不错；谈不上有什么意义；没发现机会，就谈不上抓住机会，更谈不上用好机会；当时也谈不上什么害怕；这还谈不上流行，因为这种情况不多；情况虽有所改善，但远远谈不上完善。

【谈A说B】 tán A shuō B ［三级］

例句▶ 这家咖啡厅位置比较好，周围特别安静，很适合男女谈情说爱。‖ 小张和小王是大学同学，毕业后又在同一家公司工作，所以两人关系特别好，常常在一起谈天说地。‖ 王老师是一位著名的历史学家，不但对中国的历史，而且对外国的历史都有很深的研究，在课堂上，他谈古说今，特别有意思。

解释▶ 谈论某些方面的内容。通常谈论的范围十分广泛，谈论的形式也多种多样。有时是同事、朋友等在一起聊天儿，比较随意；有时是专家学者做报告、上课，涉及的范围广而深。前面常有别的句子说明情况，有时后面也有别的句子作进一步补充。多用于好的或愉快的事情。注意▶ 词语搭配有限。〇多用于叙事和对话，书面语。

★ **谈＋名词$_1$＋说＋名词$_2$。** 框架格式。在句中常作谓语、定语。结构中的前后两个名词多是意思相近或相反的单音节词，构成四字格式。两个单音节名词意思相反时，表示谈论的内容范围很大。

扩展▶ 他们在一起喜欢谈天说地；老师在课堂上谈古说今；谈情说爱的时候往往忘了时间；这些人在一起就喜欢谈花说柳。

【讨人 … 】 tǎo rén … ［超纲］

例句▶ 这小姑娘不但长得漂亮，而且一张嘴更是甜得不得了，十分讨人喜欢。‖ 这些事情跟你没关系，你就不要管了，否则会讨人厌恶的。‖ 为什么总要去说一些讨人嫌的话？少说两句不行吗？

解释▶ 说话、做事使别人产生某种好的或不好的感觉或情绪。感觉好的让人喜欢，感觉不好的让人讨厌。结构前常有“十分、特别、非常、很”等表程度的副词，前后常有别的句子作相关的说明或补充。注意▶ 词语搭配有限。〇多用于叙事和对话，口语。

★ **讨人＋动词。** 在句中常作谓语、定语。兼语式，结构中的“人”既是“讨”的宾语，又是后面动词的主语。

扩展▶ 他们是一对特别讨人厌的孩子；这个小动物极讨人怜爱；她的确讨人喜爱；你看看你，一副讨人嫌的样子。

【 … 特有】 … tèyǒu ［一级］

例句▶ 这是一种热带特有的水果，它可以做成果汁、水果糖等，很受欢迎。‖ 这种小吃是当地特有的，据说已经有好几百年历史了，你要不要尝尝？ ‖ 语言系统是人类特有的，也是人类区别于其他动物的最大特点之一。

解释▶ 某个地方特别的东西，在其他地方不多见。多因特定的环境和条件而使某地方有某个事物；也指某人有特点、有个性的东西，多指好的、具体的，也可以是抽象的事物。结构位置比较灵活，前后常有别的句子作相关的说明或补充。可用于现实生活中存在的事物。○多用于叙事和对话，口语。

★ **名词 / 代词 + 特有。** 在句中常作谓语、定语。

扩展▶ **用法 1）**表示因特定的环境和条件而有某个事物：这是海南特有的；某个地区特有的习惯；这是少数民族特有的习俗；大熊猫、华南虎等都是中国特有的动物。

用法 2）表示某人有特点、有个性的东西：用他特有的表达方式和对方谈话；用他特有的歌声吸引了在场的观众；具备特有的才能；利用自己特有的优势；展现了上海女人特有的时尚；从他们身上看到了年轻人特有的热情。

【**提起…，就会想到…**】 tíqǐ…，jiù huì xiǎngdào… ［二级］

见 532 页【说到…，就会想到…】条。

【**替…V**】 tì…V ［四级］

例句▶ —好了，就先说到这里，请你替我向你父母问好。—好的，我一定会转告他们。‖ 女士，您的行李太多了，让我替您提那只重箱子吧！‖ 小王，公司本来安排小张周二去南京出差，可他临时有事去不了，你替小王出这趟差吧！

解释▶ 替：代替，为。代替某人做某事，或为某人做某事。多用来请求、要求某人或描述某事。前面常有别的句子作相关的说明，有时后面也有句子进行补充。○多用于叙事和对话，口语。

★ **替 + 名词 / 代词（指人）+ 动词。** 框架格式。在句中常作谓语。

扩展▶ 这个问题我替他回答了；替我把它喝完；替我请假；请替我倒杯茶；替我告诉他；他愿意替你去；替小张出了主意；替孩子做决定；替他报了名。

【**替…求情**】 tì…qiúqíng ［四级］

见 554 页【替…说情】条。

【**替…说情**】 tì…shuōqíng ［四级］

例句▶ —事情都过去这么久了，你就原谅他吧。—你别再替他说情了，他不值得你这么做。‖ 这个司机是为了送生病的老人去医院而闯了红灯的，所以周围的人都来替司机说情了。

解释▶ 为 A 请求，希望得到 B 的原谅。多是 A 旁边的人做这样的事，可能是自愿的，也可能是某人要求他做的。多用来叙述事情。结构位置比较灵活，前后常有别的句子作相关的说明或补充。○多用于叙事和对话，口语。◇ 也说“替…求情”。

★ **替＋名词 / 代词（指人）＋说情。** 框架格式。在句中常作谓语。结构中的“说情”是离合词，有时可说成“说一次情、说两次情、说说情”等。

扩展▶ 会尽力替你说情的；我没法儿替你说情；他不值得你替他说情；你为什么老替他说情；我可不敢再替你说情；谁让你来替他说情的；已经替他说过一次情了。

【替 A 向 B 问好】 tì A xiàng B wènhǎo ［超纲］

见 156 页【代 A 向 B 问好】条。

【天底下最 … 的 A】 tiāndǐxia zuì … de A ［三级］

例句▶ 快乐并不是说有多少钱，有多大的权力，其实家人平安健康，才是天底下最大的快乐。‖ 他都不把你当朋友，你却还这么帮他，天底下最傻的人就是你了！ ‖ 为孩子做事就是为祖国做事，就是为未来做事，这是天底下最重要的一件事。

解释▶ 天底下：世界上。世界上最……，表示某人或某物达到了极端，超过同类所有其他的。表达夸张。多用来描述事情，可以指好的，也可以指不好的。多放在句尾，前面常有别的句子说明原因或情况。○多用于叙事和对话，口语。◇ 也说“世界上最…的 A”。

★ **天底下最＋形容词＋的＋名词。** 框架格式。整个结构是一个名词短语。在句中常作主语、宾语。

扩展▶ 天底下最好的人；天底下最倒霉的人；天底下最幸福的事；天底下最大的问题；他儿子是天底下最可爱的孩子；这是天底下最笨的行为；你是天底下最好的父亲。

【A 天 B 地】 A tiān B dì ［七—九级］

例句▶ 有困难有问题要想办法解决，整天埋天怨地的，有什么用吗？ ‖ 他的病突然又复发了，头疼得呼天唤地，家人赶紧把他送进了医院。

解释▶ 天和地可以代表整个世界，形容动作的范围广、程度深。多用于痛苦、灾难深重，病痛得厉害而忍受不了，或受到重大冤枉而无法得到解决的情况；也用于心里的怨气找不到发泄的地方，较少用于表达愉快的、好的事情。多用来描述事情的经过，多指不愉快的事情。前后常有别的句子作相关的说明或补充。动词搭配有限。〇多用于描述，书面语。

★ **动词$_1$ + 天 + 动词$_1$ / 动词$_2$ + 地。** 框架格式。在句中常作谓语、补语。结构中的前后两个动词多为意思相近的单音节词，组成四字格式。

扩展▶ 她哭天叫地，希望能改变眼前的一切；他老是怨天怨地；虽然伤得很重，但没人哭天喊地；他们欢天喜地地搬进了新家。

【天晓得 … 】 tiān xiǎode … ［六级］

例句▶ —小李怎么突然不理我们了，是不是生我们气了？—天晓得他是怎么了，真奇怪！‖—老王最近好像发财了，又买房子又买车的，他工资又不高，钱是哪儿来的？—天晓得是哪儿来的。‖如果今天早上我没有出去跑步，如果跑步的时候没有走这条路，天晓得路上这只受伤的小狗会怎么样。

解释▶ 天晓得：天知道。因为没有人知道，所以只好推测“天”知道。多用于那些无法猜测、不知道会出现什么结果的事；也指发生的事情很奇怪，不明原因的情况。多含有不想猜测的意味，用于不愉快的事。结构位置比较灵活，前后常有别的句子作相关的说明或补充。〇多用于对话，口语。◇ 也说“天知道…”。

★ **天晓得 + 动词 / 小句。** 可独立成句。结构中的动词短语或小句多是疑问形式。

扩展▶ 天晓得会出现什么结果；天晓得这些人要干什么；天晓得这两个人说了什么话；天晓得这些钱是怎么来的；天晓得这些客人要在这儿待多久；天晓得小王得了什么病；天晓得你在想什么；天晓得他们是什么时候进来的。

【天知道 … 】 tiān zhīdào … ［一级］

见 556 页【天晓得 … 】 条。

【贴上 … 的标签】 tiēshang … de biāoqiān ［七—九级］

例句▶ 走进超市，记者发现，一些蔬菜都被贴上了“绿色食品”的标签，这些蔬菜卖得特别好。‖他门门成绩都很好，虽然还没被评为优秀学生，他已被同学们贴上了“优秀学生”的标签。‖ 我只是上次答应她的事没做到，从此就被她贴上了“骗子”的标签，在她眼里，好像我就没做过好事儿。

解释▶ 标签：贴在物品上的，表明它的名称、价格、用途等的小纸片。对人或物“贴标签”，比喻把某人或某物归为某一类，认为某人或某物具有这类特点。可用于具体事物和抽象事物。结构位置比较灵活，前后常有别的句子作相关的说明或补充。○多用于叙事，书面语。

★ **贴上 + 名词 / 形容词 + 的标签。** 动宾结构。在句中常作谓语。

扩展▶ **用法 1**）用于具体事物：这些东西被贴上了“特价商品”的标签；进口水果都被贴上了国别的标签；贴上了“有毒”的标签；产品在出厂前都贴上了“合格”的标签。

用法 2）用于抽象事物：把这些作品都贴上了“名著”的标签；不希望他们的公司被贴上“家族企业”的标签；把一切都贴上“现代”的标签；给这些说法贴上“科学”的标签。

【听（从）… 的**建议**】 tīng（cóng）… de jiànyì ［三级］

例句▶ 我现在真后悔没有听他的建议，继续在这家公司工作，因为现在要找一份更好的工作实在太难了。‖ 生病了一定要听从医生的建议，该吃药的时候吃药，该休息的时候休息，这样你才能好起来。‖ 高中毕业后，我听从了父亲的建议，没去外地上大学，而是上了本地的一所大学。

解释▶ 接受并服从某人的建议，按照这个建议去做。提建议的人多是家人、朋友、某方面的专家等。多用来说明或叙述事情。结构前常有“得、没有、继续、很想、后悔没有、很少、能、还要”等词语，前后常有别的句子作相关的说明或补充。○多用于叙事和对话。

★ **听（从）+ 名词 / 代词（指人）+ 的建议。** 动宾结构。在句中常作谓语。

扩展▶ 他并没有听（从）老婆的建议；有时候还是要听听朋友们的建议；他很少听（从）别人的建议；我希望你能听（从）大家的建议；他从来没想过要听（从）我的建议。

【听 … 的话】 tīng … de huà ［一级］

例句▶ 明天你就要去学校读书了，在学校一定要好好学习，听老师的话。‖ 你怎么能听他的话呢？他的话里十句有九句半是假的。‖ 我才不想跟他谈呢，我知道他根本不会听我的话，跟他谈了也是白谈。

解释▶ 相信、同意某人的话，或者会按照某人说的话去做。这些话大多是对某人有帮助的；也有不好的、对人不利的。多用来说明或叙述事情。结构位置较灵活，前后常有别的句子作相关的说明或补充。○多用于叙事和对话，口语。

★ **听 + 名词 / 代词（指人）+ 的话。** 动宾结构。在句中常作谓语。结构中的“听话”是离合词。

扩展▶ 在家要听父母的话；不要听他的话；我一定听你的话；难道我的话你也不听；听妈妈的话，赶快去睡觉；他可不会听我们的话；他谁的话都不听；你怎么能听他的话；这种人的话你都听，你也不看看他是什么人。

【听 … 的口气】 tīng … de kǒuqì ［七—九级］

例句▶ 一听他说话的口气就知道他不简单，果然，他是这家公司的总经理。‖“都干了三个小时了，要不咱们先休息一会儿……”说到这儿，小王停住了，她想听听别人的口气。‖—听你的口气，好像你对打篮球一点儿兴趣也没有。—打篮球有什么意思，有时间我宁愿多睡睡觉。

解释▶ 口气：说话时流露出来的关于某人的情况、态度等各种信息。从某人说话的语气和态度来了解他个人的情况，猜测他对某人某物的态度、意见或情感等，有时也能帮助自己决定下面要说的话和要做的事情。多放在句首，常引出说话人对某人、某事的猜测。○多用于叙事和对话，口语。

★ **听 + 名词 / 代词（指人）+（动词 / 形容词）+ 的口气。** 动宾结构。在句中常作谓语，也作为连动句中的前一部分。

扩展▶ 听你的口气，你不想参加这次活动；听他的口气，好像事情挺严重；听他的口气不对，连忙问他要不要请医生；听你的口气，你对这地方很熟悉；听他的口气，他来头不小；听你谈话的口气，就知道你不太了解这件事；听他那么轻松的口气，感觉应该没问题。

【听 … 的意思，… 】 tīng … de yìsi，… ［二级］

例句▶ —这事儿你怎么能只怪我一个人呢？—听你的意思，还有别人参与了？‖—我丈夫总说我应该多花点儿时间照顾家庭。—听他的意思，好像你照顾家庭照顾得还不够。‖今天我跟房东见面了，听房东的意思，房子的价格还能便宜一点儿，我们改天找他好好谈谈吧。

解释▶ 从某人说的话中，判断出他对某件事的态度或看法。因为不是明确说的，只能从某人的话中猜出某种意思；有时说话人对这些态度或看法不太确定，因此听话人采用问话的方式，希望得到对方肯定的回答。多直接用于对话，有时前后有别的句子作相关的说明或补充。○多用于叙事和对话，口语。

★ **听 + 名词 / 代词（指人）+ 的意思，小句。** 动宾结构。可独立成句。结构中的代词多是第二人称的“你（们）”和第三人称的“他（们）”。

扩展▶ 听你的意思，你已经原谅他了；听你的意思，你不打算回去了；听他的意思，这件事大家都知道了；听他的意思，是不想还钱给我了；听老师的意思，结果现在还不能公布。

【听起来 …】 tīng qǐlai … ［一级］

例句▶ 面试时有的问题虽然听起来很简单，但是却能决定老板是不是要你，所以千万不能马虎对待。‖—你听出来这是谁在说话了吗？—这个声音听起来很熟悉，但我一下子想不起来了。‖—你是不是发生什么事情了，听起来你有点儿难过。—没什么，只是感冒了，不太舒服。

解释▶ 通过听某人说话的声音或从他的话里得到某种印象，猜可能发生的事情或做出判断。往往是根据声音或说的话来猜测，所以不一定准确。结构位置比较灵活，前面或后面常有别的句子作相关的说明或补充。○多用于叙事和对话，口语。◇ 也说“听上去…”。

★ **听起来 + 形容词 / 小句。** 在句中作谓语，也可独立成句。结构中的“听起来”在句中作状语。

扩展▶ 听起来很美；听起来不错；听起来很有趣；听起来非常有道理；这句话听起来实在可笑；听起来他好像有些不高兴；听起来你对这个很感兴趣；听起来你好像碰到过这样的事情；听起来他似乎完全不知道这件事。

【听上去 …】 tīng shàngqu … ［一级］

见 559 页【听起来 …】条。

【听 … 这么一说】 tīng … zhème yì shuō ［一级］

例句▶ 我本来打算明天出发的，听你这么一说，我改变主意了，决定现在就走。‖ 医生说爸爸的病没什么大问题，回家休息一段时间就好了。听医生这么一说，我总算放心了。‖ 其实我对动物不太感兴趣，可听大家这么一说，我就特别想去动物园看看了。

解释▶ 因为听了别人说的一些话，某人的思想或行动受到了一些影响。多用来描述事情的经过。前面常有别的句子作相关的说明，后面的内容多是发生的变化或结果。可用于已经发生的事情。○多用于叙事和对话，口语。

★ **听 + 名词 / 代词（指人）+ 这么一说。** 框架格式。不能独立成句，后面必须有对变化或结果的说明。

扩展▶ 听大家这么一说，我好像有点儿明白了；听你这么一说，我没那么生气了；听我朋友这么一说，我心里有点儿难受；听你这么一说，我还真有点儿好奇；听他这么一说，几个人都哈哈大笑起来；听他这么一说，大家都觉着很有道理。

【挺…的】 tǐng … de ［二级］

例句▶ 我在这儿一切都挺好的，你们不用替我担心，有时间我会给你们打电话的。‖ 这个学生不但学习好，而且会唱歌会跳舞，总之是个挺不错的孩子。‖ 这家宾馆虽然不大，但收拾得挺干净的，我们今晚就住这里吧。

解释▶ 某种状态或程度较高，或达到了较高的程度。适用范围很广。带有轻松、生动的色彩。结构位置比较灵活，前后常有别的句子作相关的说明或补充。〇多用于叙事和对话，口语。

★ **挺＋形容词＋的。** 框架格式。在句中常作谓语、定语、补语。

扩展▶ 变化挺大的；看起来挺年轻的；这个地方挺有名的；东西挺便宜的；环境挺安静的；交通挺方便的；参观的人挺多的；考试题目挺容易的；挺好的一个家庭就这样散了；挺容易的题，你怎么就答错了呢；他说得挺清楚的；长得挺漂亮的。

【同…比美】 tóng … bǐměi ［超纲］

例句▶ 这种饮料味道不错，完全可以同咖啡比美，你要不要尝尝？ ‖ 自从引进先进技术以来，这个公司的产品质量大大提高，已经能同发达国家的产品比美了。

解释▶ 表示某物（做得）很好，几乎可以跟另一事物相比，至少不差很多。常用于指差的、小的、无名的事物快达到了好的、大的、有名的事物的水平或程度。多用来夸奖某人某物，具有褒义色彩。结构前常有“简直可以、完全能、已经能、怎么、无法”等词语表示达到的程度。结构位置比较灵活，前面常有句子说明某事物在某方面怎么样，后面有时也有句子作进一步补充。〇多用于叙事，书面语。◇ 也说“同…（相）媲美”“与…（相）媲美”。后者带有书面色彩。

★ **同＋名词＋比美。** 框架格式。在句中常作谓语。结构中的“同＋名词”是介词短语。

扩展▶ 完全可以同五星级宾馆比美；这个建筑简直可同现代化建筑相比美；完全可以同他们比美；可同世界著名艺术作品比美；不能跟你的成就比

美；怎么能跟你的文章比美呢；能同世界名牌比美；同西湖风景相比美；同世界领先水平相比美。

【同 … 过不去】 tóng … guòbúqù ［七—九级］

见 261 页【跟 … 过不去】 条。

【同 … 谈话】 tóng … tánhuà ［三级］

见 271 页【跟 … 谈话】 条。

【同 … 相结合】 tóng … xiāng jiéhé ［三级］

见 274 页【跟 … 相结合】 条。

【同 …（相）媲美】 tóng …（xiāng）pìměi ［七—九级］

见 560 页【同 … 比美】 条。

【同 … 协商】 tóng … xiéshāng ［六级］

见 275 页【跟 … 协商】 条。

【头 … 】 tóu … ［二级］

例句▶ 这是我长这么大头一回坐飞机，以前看天空觉得飞机很小，坐了才知道原来飞机那么大。‖ 在大家准备节目的过程中，我常常给大家出主意，但说到自己参加节目表演，这还是头一次。‖“你怎么一点儿也没变？还是那么年轻？”这是老王十年后见我时说的头两句话。

解释▶ 头：前，第一。用在数量短语的前面，表示次序在前的。数词不一定都是“一”。结构位置较灵活，可以在句首、句中或句尾，前后常有别的句子作相关的说明或补充。○多用于叙事和对话，口语。

★ **头 + 数量短语。** 在句中常作主语、宾语、定语、状语。

扩展▶ 今天是比赛的头一天；表演节目还是头一遭；我刚看了书的头半段；难道你连头三个字也不认识；头一遍念得还不错；头十名游客免费参观；头两个月还不太适应。

【… 透了】 … tòu le ［四级］

例句▶ —你是怎么搞的，衣服和头发都湿透了？—出门没打伞，都是被雨淋湿的。‖ 最近天气糟糕透了，一连下了半个月的雨，好久没有天晴了。‖ 你老让我等你，可一等就等半个小时，真是烦透了，我下次再也不等你了。

解释▶ 透：达到充分的程度。表示程度达到了极点。用在具体事物上，表示“全部、彻底”的意思；用在抽象事物上，表示“极了”的意思，多用来表达不好的情况。用来评价某人时，带有贬义色彩；较少是好的情况。表达夸张，语气较强。结构位置比较灵活，前面或者先引出话题，或者有别的句子说明情况，后面的句子有时进行解释说明，有时指出事情的结果或变化。○多用于叙事和对话，口语。

★ 1）**动词 + 透了 +（名词）**。

2）**形容词 + 透了**。

在句中常作谓语。结构 1）中的动词多是表示心理活动或状态的词语。

扩展▶ **用法 1**）用于具体事物：水果熟透了；衣服浸透了；水浇透了。

用法 2）用于抽象事物：我倒霉透了；看透了他的心；摸透了他的脾气；你伤透了我的心；她的心凉透了；这人坏透了；那些歌红透了半边天。

【图的就是 … 】 tú de jiù shì … ［三级］

例句▶ 虽然在家也能喝咖啡，但去咖啡厅喝图的就是那里轻松安静的环境。‖ 无论买什么东西我都喜欢去大超市买，这样做图的就是省事，因为大超市的品种多，需要的东西差不多都能买到。‖ 我常坐这路公交车上下班，坐这路车的人不太多，我图的就是这辆公交车上有空座位。

解释▶ 希望取得、希望达到的目的是……。多指做某事希望给某人某事带来好处，语气较强。用来说明或解释情况。结构位置比较灵活，前后常有别的句子说明原因或情况。可用于好的和愉快的事情。○多用于叙事和对话，口语。

★ **图的就是 + 名词 / 形容词 / 动词 / 小句**。 在句中常作谓语。

扩展▶ 图的就是这个面子；跟朋友聊天儿图的就是有个好心情；大家在一起搞活动图的就是个热闹；图的就是一个痛快；大家坐飞机图的就是个方便；图的就是舒服；图的就是个放心；他这么辛苦图的就是大家能过上好日子。

【图（一）个 … 】 tú（yí）ge … ［三级］

例句▶ 我也不知道这种眼镜是不是真的能让视力变好，但既然买了就戴上吧，算是图个安慰。‖ 你们过年的时候一块儿到我家来玩吧，过年不就是图个热闹吗？ ‖ 既然我在这里上班，我就把房子租在附近了，就是图个交通方便。

解释▶ 希望达到某种目的，希望取得某种对自己有利的效果。多指做某事是因为某种原因或为了某个目的。用来说明或解释情况。结构前常有“就是、为的是、不就是、算是、究竟是、关键是”等词语表示强调。结构位置比较灵活，前面常有句子说明某事物在某方面的情况，后面有时也有句子进行补充。可用于现实生活中存在的现象。○多用于叙事和对话，口语。

★ **图（一）个＋名词 / 动词 / 形容词 / 小句。** 在句中常作谓语。

扩展▶ 关键是图个气氛；出来玩不就是图个好心情吗；挑最新鲜的卖，就是图个好价钱；图个痛快；为的就是图个吉利；想来看看，就是图个新鲜；他这样做究竟是图个啥；大家一起玩就是图个高兴；不住在市中心图个空气好；我这样做只是图个心理安慰。

【退一步讲，…】 tuì yí bù jiǎng，… ［三级］

见 563 页【退一步说，…】条。

【退一步说，…】 tuì yí bù shuō，… ［三级］

例句▶ 他的自学能力很强，退一步说，就算他没有老师，也完全能自学。‖你尽管放心去做吧，相信你一定会成功的。退一步说，即使失败了也没关系，下次再来嘛！‖他已经认错了，你就别再抓住不放了，退一步说，他还只是个孩子。

解释▶（在说明事实、观点或看法以后）对前句的说法从相反的方面进行假设，分析“退一步”可能会出现的情况或结果。多用来分析问题，说明道理，用来安慰或说服对方。结构引出的问题句中常有“即使、如果、加入、就算、就是”等表假设的词语，后面补充可能出现的结果。一般不会出现什么严重的后果。多用于现实生活中存在的事情。○多用于叙事和对话，口语。◇ 也说“退一步讲，…”。

★ **退一步说，小句。** 可独立成句。结构中的“退一步说”在句中作插入语。

扩展▶ 大家都支持你，退一步说，没人支持你自己也可以干啊；他不会不理你的，退一步说，他不理你了，还有我呢；不可能丢了工作，退一步说，工作丢了可以再找；他不会打你，退一步说，就算他想和你打，还有我们呢；干嘛都听他的，退一步说，即使你愿意，我还不愿意呢。

【托…的福】 tuō … de fú ［六级］

例句▶ —您最近怎么样？—托您的福，一切都很好。‖—现在外面下那么大的雨，我们很担心你不能按时到达北京。—刚听机场广播，我们的飞机准时起飞，托大家的福，我一定能顺利到达北京。‖ 老人辛苦了一辈子，现在年纪大了，托儿女的福过上了好日子。

解释▶ 因为有了某人的福气，所以……才很幸运地……。多用于工作、生活、身体等各方面状态比以往好，或者一直很好的情况。客套话，多用来回答别人的问候。前面常有别的句子作相关的说明，后面的句子常补充好的结果。多用于已经发生的情况，也可以是好的和愉快的事情。○多用于对话，口语。

★ **托 + 名词 / 代词（指人）+ 的福**。 动宾结构。可独立成句，后面必须有对结果的说明。结构中的“托福”是离合词。

扩展▶ 托你的福，这个问题顺利解决了；托大家的福，老人一定会好起来的；这都是托王经理的福啊。

W

【… 完了再说】 … wánle zài shuō ［二级］

例句▶ —你现在手里没什么钱，该省点儿花。—没关系，等钱用完了再说吧！‖—你不是说要一起去北京爬长城吗？—我最近这段时间有点儿忙，忙完了再说吧！

解释▶ 先做某事，然后再去谈论某个问题，或考虑某件事情。表明说话人认为那件事不是眼前最重要的。常用来回答或安慰对方，含有不用着急的意味；有时也用来推脱。多放在句尾，前面常有别的句子作相关的说明。○多用于对话，口语。

★ **动词 + 完了 +（名词）+ 再说。** 在句中作谓语，也可独立成句。结构中的名词为动词的宾语，有时上下文比较清楚，宾语不用出现。

扩展▶ 吃完了（饭）再说；看完了（信、报纸、电影等）再说；喝完了（酒）再说；聊完了再说；考试完了再说；干完了再说；解决完了再说；办完了再说；搬完了再说；选完了再说；做完了再说；修完了（车）再说。

【万万 + 不 / 没（有）… 】 wànwàn + bù / méi（yǒu）… ［七—九级］

①例句▶ 生了病可万万不能轻视，一定要去医院看看，否则会更加严重的。‖你一定要小心，万万不可让他知道我们的计划，如果他知道了，大家都会知道的。‖这是他自己的决定，没有和我商量，如果当时我知道了，我是万万不会同意的。

解释▶ 万万不：绝对不可以……，一定不能……，一定不会……。用来劝说或要求别人不能、不要做某事，含有“否则会出现严重的后果”的意味。语气比“千万”更强。结构位置较为灵活，前后常有别的句子作相关的说明或补充。○多用于叙事和对话，口语。

②例句▶ 这件事他虽然已经有了思想准备，可他万万没料到竟然会来得这么快！‖他大学毕业以后找到了一份不错的工作，可令大家万万没想到的是，才干了一个月他就辞职了。

解释▶ 万万没（有）：绝对没有（想到）……；一点儿也没……；根本没……。表示出乎意料。含有十分吃惊的意味，语气较强。多用于不好的事情，有时也用于好事。结构位置较为灵活，前后常有别的句子作相关的说明或补充。多用于已经发生的事情。○多用于叙事和对话，口语。

★ 1）**万万 + 不 + 能 / 可 / 会 / 敢 + 动词 / 形容词。** 在句中常作谓语。只能用于否定式。

2）**万万＋没（有）＋动词。** 在句中常作谓语，有时也作定语。

扩展▶ **用法1）**万万＋不：万万不会料到；平时是万万不会去注意的；没有钱是万万不能的；你可万万不能忘记；这次万万不可马虎；做这种工作万万不可粗心大意；我当然万万不敢这么想。

用法2）万万＋没（有）：我只是随便买了一张，万万没想到中了大奖；万万没有想到的结果发生了；这是大家万万没有料到的情况。

【万一…，就…】 wànyī …，jiù … ［四级］

例句▶ 这件事你一定不要告诉别人，万一有人问起来，你就说不知道。‖我先去休息一会儿，你在这儿看着，万一发生什么情况，就给我打电话。‖护照这种东西一定要放好，万一丢了就麻烦了。

解释▶ 万一：表示出现可能性极小的意外。如果出现某种（可能性极小的）情况，就……。表示假设，有时是告诉听话人碰到某事该做什么，有时是对结果进行评价和说明。多用于不希望发生的事或不太好的情况。多放在句尾，前面常有别的句子作相关的说明。多用于不好的和不愉快的事情。○多用于叙事和对话，口语。

★ **万一＋动词$_1$／句子，（名词／代词［指人］）＋就＋动词$_2$／形容词。** 可独立成句，也可在句中作谓语。结构中的两个分句有假设关系。

扩展▶ 万一考试不及格，就补考；万一输了就进不了决赛了；万一工作中出现失误就会对公司不利；万一迟到了就不能参加了；万一让他们看见了，就讲不清楚了；万一他不去就没有人去了。

【万一…呢】 wànyī … ne ［四级］

例句▶ 你想考北京大学，这是件好事儿，但北京大学这么难考，你万一考不上呢？‖我确实很生气，可我不能跟她闹，她本来就身体不好，万一把她气病了呢？‖他以前是骗过我们，可这一次万一他说的是真的呢？

解释▶ 万一：表示出现可能性极小的意外。如果出现某种（可能性极小的）情况，该怎么办。多用于不希望发生的事，含有担心的意味。省略句。多放在句尾，前面有别的句子作相关的说明或解释。多用于不太好的、不愉快的事情。○多用于叙事和对话，口语。

★ **万一＋动词／句子＋呢。** 框架格式。可独立成句，也可在句中作谓语。

扩展▶ 万一不成功呢；万一找不到呢；万一去了回不来呢；万一他说对了呢；万一被人家知道了呢；万一被人发现了呢；万一是假的呢；万一他

不回家呢；万一产生了矛盾呢；万一劝不住他呢。

【万一…，岂不是…】 wànyī …，qǐ bú shì … ［四级］

例句▶ 大四快毕业的时候，我心里很着急，想着万一毕业找不到工作，大家问起来岂不是很丢人。‖ 我多给你准备些钱吧，万一路上缺钱用，岂不是很糟糕。‖ 我们不能就这么把钱借给他，万一他是个骗子，我们岂不是上了他的当？

解释▶ 万一：表示出现可能性极小的意外。岂：表示反问。如果出现某种（可能性极小的）情况，那么不就会……了吗？多用于不希望发生的事。含有担心的意味，语气较强。用于反问，表示假设。多放在句尾，前面常有别的句子作相关的说明。多用于不好的和不愉快的事情。○多用于叙事和对话，口语。

★ **万一＋动词$_1$／小句，（名词／代词［指人］）＋岂不是＋动词$_2$／形容词。** 可独立成句，也可在句中作谓语。结构中的两个分句有假设关系。结构中的动词$_1$或小句常表示不太好的情况。

扩展▶ 万一被大家发现了，岂不是很没面子；万一出了什么问题，我们岂不是都要负责任；万一人家真的喜欢你，你岂不是很对不起她；万一找不到了，岂不是很麻烦。

【往…的方向】 wǎng … de fāngxiàng ［二级］

见 116 页【朝着…的方向】 条。

【往…拐】 wǎng … guǎi ［二级］

例句▶ 我家就住在人民路，从家里出来一直走，再往西拐就到市图书馆了。‖—请问，我要去超市，该怎么走？—超市离这儿不远，你一直往前走，在第一个十字路口往左拐，大概走五分钟就到了。‖ 请问，去中国银行是往哪个方向拐？

解释▶ 走路或开车时往某个方向转弯。常用来问路或指路。可用来叙述、说明事情。结构位置比较灵活，前后常有别的句子作相关的说明或补充。○多用于对话，口语。◇ 也说“向…拐”。

★ **往＋名词＋拐。** 框架格式。在句中常作谓语。结构中的名词常表示方位或地点。结构中的“往＋名词”是介词短语。

扩展▶ 应该往右拐吧；我记不清楚往东拐还是往西拐了；去书店往南拐，再走一会儿就到了；往北拐是条近路，我们往那儿走吧；往哪儿拐都不知道，怎么开车啊。

【往…里…】 wǎng … lǐ … ［二级］

例句▶ —这个谜语的答案是手机吗？—比较接近了，你再往深里想想。‖—今天来听音乐会的大概有多少人？—音乐厅的座位差不多都坐满了，我看往少里说也有五六百人。‖你跟他以前又没有什么矛盾，怎么能把他往死里打？出了事儿你负得起责任吗？

解释▶ 往：动作的方向。说话的角度，动作或做事的趋势；有时也指动作的目的或结果。多用于建议、说明、劝说或估计情况或事情。结构中的形容词常有“大、小、多、少、高、远、深、长、死”等词语。○多用于叙事和对话，口语。

★ **往＋形容词／动词$_1$＋里＋动词$_2$。** 框架格式。在句中常作谓语、状语。结构中的“往＋形容词／动词$_1$”是介词短语。结构中的形容词或动词$_1$多是单音节词，构成四字格式。

扩展▶ 往大里讲，是一个国家问题；先不用往多里说；这种树喜欢往高里长；生意可以往大里做；怎么能把人往死里整呢。

【往…一V】 wǎng … yī V ［二级］

例句▶ 别不高兴了，你就把不开心的事儿当作垃圾，往垃圾桶里一扔，忘了它，它也就不会再回来了。‖晚上加了一夜的班，回到家他累得往沙发上一躺，睡了一天都没醒。‖冬天的一个早晨，我很早就起床了，拉开窗帘往窗外一看，啊，外面下雪了，好大的雪啊！

解释▶ 向某个地方或某个方向先做个动作，后面接有表动作结果的句子。多用来描写人、动物的某个具体动作，强调动作的时间短。前面常有别的句子作相关的说明。○多用于描述和对话，口语。

★ **往＋名词＋一＋动词。** 框架格式。在句中常作谓语、补语。结构中的“往＋名词”是介词短语。结构中的名词常表示方位或地点。

扩展▶ 往上一爬；往上一坐；往下一拉；往下一跳；往里一推；往桌上一放；往椅子上一站；往我手里一丢；手往口袋里一伸；往门里一看；把花往头上一插；把水往杯子里一倒；把书签往书里一夹；菜往锅里一倒；气得往地上一坐。

【为…看好】 wéi … kànhǎo ［六级］

见35页【被…看好】条。

【为…所…】 wéi…suǒ… ［三级］

见35页【被…所…】条。

【围绕…（而）…】 wéirào…（ér）… ［五级］

例句▶ 大学生学习期间究竟应不应该去打工，昨天下午，我们班围绕这个问题展开了积极讨论。‖ 最近我市在积极宣传环境保护，围绕这个主题而开展的活动很多，希望大家踊跃参加。

解释▶ 把某事或某物作为主题或中心，开展相关的行动、活动或讨论。这个主题多指集体或国家等重要的、重大的问题，多跟所在的地方、行业有关联。多用于正式场合。前后常有别的句子作相关的说明或补充。○多用于叙事，书面语。

★ **围绕＋名词＋（而）＋动词。** 框架格式。在句中常作谓语、定语。结构是一个连动式，两个动作前后发生。

扩展▶ 大家都围绕着这个主题（而）发表自己的意见；围绕这个文化主题（而）举办了音乐会；企业的一切活动都是围绕生产（而）进行的；这次会议围绕一些国际重大问题（而）开展广泛的交流和讨论；围绕保护传统文化（而）进行调查。

【为…奠定（…）（的）基础】 wèi…diàndìng（…）（de）jīchǔ ［七—九级］

例句▶ 小时候父母对他很严格，他从小就比较独立，这为他以后的成长和成功奠定了基础。‖ 一个人在青少年时培养起来的兴趣，往往会为他们将来的事业奠定基础。‖ 学习汉语的同时也练习写汉字，能为将来学习高级汉语奠定牢固的基础。

解释▶ 奠定：使……稳固，稳定。（某事、某种做法或情况等）使某事能够进行或开展。多指事业的发展，学习、工作的进展等大的、重要的事。用于正式场合。多放在句尾，前面常有别的句子作相关的说明。○多用于说明问题和叙事，书面语。

★ **为＋名词$_1$＋奠定＋（形容词／名词$_2$）＋（的）基础。** 框架格式。在句中常作谓语。结构中的“为＋名词$_1$”是介词短语。结构中的形容词和名词$_2$可以同时使用。

扩展▶ 这次会议为计划奠定了重要的基础；数学为其他学科的发展奠定了重要的理论基础；他的这本书为文化的发展奠定了深厚的基础；这次活动为两国今后的合作奠定了基础；这个五年计划为公司的发展奠定了基础。

【为…(而)…】 wèi…(ér)… ［四级］

例句▶ 年轻人应该为自己的梦想而不断努力，只有这样，将来才不会后悔。‖—我已经很长时间没看到你了，你最近在忙什么呢？—我最近为公司的项目早出晚归，一直没有时间联系你。‖ 最近几年，我一直在为买房子而努力赚钱，现在房子终于买到了。

解释▶ 为了某个目的、因为某个原因做某事。强调做事情的目的或原因。多用来说明情况、表达愿望和建议。结构位置比较灵活，前后有别的句子作相关的说明或补充。○多用于叙事，书面语。

★ **为＋名词／动词$_1$／代词（指人）＋（而）＋动词$_2$。** 框架格式。在句中常作谓语。结构中的“为＋名词／动词$_1$／代词（指人）”是介词短语。结构中的动词$_2$如果是单音节动词，“而”不能省略，如：为你的事儿而来。

扩展▶ 为他（而）改变自己；为找工作（而）早出晚归；为完成任务（而）加班；为这件事（而）给大家打电话；为你的事儿而来；为合作顺利（而）互相商量；为养家（而）常年在外出差；为早日研究出结果（而）不停地工作。

【为…(而)(…)奔走】 wèi…(ér)(…) bēnzǒu ［超纲］

例句▶ 自从去年孩子生病以来，全家就为了给孩子看病四处奔走，跑遍了国内很多大医院，可孩子的身体状况还是没有好转。‖ 毕业后的这两个月，父母不停地在为我到处奔走，希望能帮我找到工作。‖ 夫妻俩为创办这所学校积极奔走，希望能得到社会的支持，帮助这些失学的孩子们重新回到课堂。

解释▶ 奔走：急走，跑。为了某人、某事而走很多地方，找很多人。形容十分忙碌或辛苦。可以为自己，也可以为别人。多用来描写比较麻烦、不容易做成的事情。结构位置比较灵活，前后常有别的句子作相关的说明或补充。○多用于叙事，书面语。

★ **为＋名词$_1$／动词／代词（指人）＋（而）＋（名词$_2$／形容词）＋奔走。** 框架格式。在句中常作谓语。结构中的“为＋名词$_1$／动词／代词（指人）”是介词短语。

扩展▶ 为这个目的（而）到处奔走；还要继续为此事（而）奔走；他一生都在为和平（而）奔走；为了得到他们的支持（而）到处奔走；他们都为建立两国的外交关系（而）奔走。

【为…（而）感到…】 wèi…（ér）gǎndào… ［二级］

例句▶ 其实你不必为我（而）感到难过，这是我自己的决定，我也想到了会有这样的结果。‖ 他是我最好的朋友，无论什么事，只要我开口，他一定会答应。我为有这样的朋友而自豪。‖ 朋友一直误会她，生她的气，她最近为了这件事而吃不好饭，睡不好觉。

解释▶ 因为某个原因而产生某种感觉。多用来强调事情的原因。“感到”后面的词语包括好的或不好的，如“愉快、自豪、高兴、骄傲、兴奋、欣喜、荣幸、忧伤、委屈、气愤、害怕、后悔、不安、遗憾、苦闷、抱歉”等。结构位置较为灵活，前后常有别的句子作相关的说明或补充。○多用于叙事和对话，书面语。

★ 1）**为＋名词／代词（指人）／动词 $_1$＋（而）＋动词 $_2$。**

2）**为＋名词／代词（指人）／动词＋（而）感到＋形容词。**

框架格式。在句中常作谓语。结构1）和2）中的“为＋名词／代词（指人）／动词”是介词短语。结构2）中的形容词多是表示心理活动或状态的词。

扩展▶ **句型1）**为明天的比赛（而）担心；为这件事（而）找过我很多次；他为自己做错了事（而）不知如何是好；他不想为自己的事（而）影响工作；不能为暂时的失败（而）不敢继续干下去。

句型2）为他（而）感到担心；为你（而）感到骄傲；为我不能去（而）感到遗憾；她竟为未来（而）感到害怕。

【为…发脾气】 wèi…fā píqi ［五级］

例句▶ 小王，何必为这种小事发脾气呢，就当作没发生过，开心点儿！‖ 老板可能最近心情不太好，常常为一些小事发脾气，我们还是小心点儿。‖ 这是爸爸最喜欢的花瓶，我不小心把它打碎了，爸爸回家肯定会为此对我发脾气的。

解释▶ 因为某件事情而不高兴，感到非常生气。通过语言或行为表现出来，多是对着某个或某些特定的人。结构前常有“何必、常常、竟然、别、怎么、肯定会、总是”等词语。结构位置比较灵活，前后常有别的句子作相关的说明或补充。多用于不好的和不愉快的事情。○多用于叙事和对话，口语。◇ 也说“为…生气”。

★ **为＋名词／代词＋发脾气。** 框架格式。在句中常作谓语。结构中的“为＋名词／代词”是介词短语。结构中“发脾气”是动宾结构，中间可以加其他修饰成分，如“发一通脾气”“发这么大的脾气”“发（一）发脾气”“发他的脾气”等。

扩展▶ 你不是为了这个发脾气，那是为了什么；别再为这个发脾气了；妈妈为此大发脾气；你竟然为了一句话而大发脾气；我不明白他为什么会为这种小事发这么大的脾气。

【为…尽（…）力】 wèi … jìn（…）lì ［四级］

例句▶ 其实我也没做什么，只是为需要帮助的人尽了自己的一份力，这是每个人都能够做到的。‖ 比赛前两个月我一直在努力地练习，希望能在比赛中发挥好，为这次比赛的成功尽力。‖ 作为教师，我应该专心教书，做好自己的工作，为国家的教育事业尽一点儿力。

解释▶ 尽力：用一切力量。为了某事而用全部的力量。多指集体、社会或国家的事，有时也指为别人或为某件事。多用来说明或叙述事情。结构位置比较灵活，前后常有别的句子作相关的说明或补充。多用于好的和愉快的事情。○多用于叙事或正式场合，书面语。

★ **为＋名词＋尽＋(形容词／代词［指人］／数量短语)＋力。** 框架格式。在句中常作谓语。结构中的"为＋名词"是介词短语。结构中的代词和形容词、数量短语可以同时使用。

扩展▶ 为表演尽自己最大的力；为本次大会尽一份力；为两国关系的发展尽微薄之力；为祖国的富强和人民的幸福尽自己的力；为我国电影事业的发展尽力；为社会的发展尽自己一点儿微薄之力；为和平尽一些力。

【为了…不得不…】 wèile … bù dé bù … ［三级］

例句▶ 来学校阅览室学习的人很多，为了能有个学习的地方，我不得不一大早就来占座位。‖ 奶奶的耳朵不太好，和她聊天儿时，为了让她能听清楚，我不得不大声说话。‖ 为了你今后的幸福，我不得不提醒你，不要这么快就结婚，多了解了解对方再做决定。

解释▶ 为了某个目的只好做某事，没有别的办法。含有无可奈何的意味。可用来描述某事，也可用来提醒某人。结构位置比较灵活，前面常有别的句子作相关的说明或解释，有时后面也有句子进行补充。○多用于叙事和对话，口语。◇ 也说"为了…只好…"。

★ **为了＋动词$_1$／名词$_1$／小句，(名词$_2$／代词［指人］)＋不得不＋动词$_2$。** 框架格式。在句中作谓语，也可独立成句，结构中的"为＋动词$_1$／名词$_1$／小句"是介词短语。结构中的两个分句有目的关系。

扩展▶ 为了生活不得不辛苦地工作；为了让自己不感冒，我不得不多穿衣服；为了生活，他们不得不互相帮助；为了减轻家里负担，他不得不过早地出去打工；为了治好病，爷爷不得不住院。

【为了 … 不惜 … 】 wèile … bùxī … ［七—九级］

例句▶ 为了让孩子接受更好的教育，小王夫妻不惜花大价钱，送孩子去国际学校读书。‖ 现代社会有很多已婚妈妈，结婚后为了家庭不惜放弃自己的事业，在家里照顾孩子。‖ 你不值得为他这样做，他是什么人你难道还不清楚吗？他是一个为了钱可以不惜一切的人。

解释▶ 不惜：舍得。为了达到某个目的或得到某物，宁愿放弃其他事物或人。多指为了较大、较重要的事情付出很多，有时是更大的代价（生命等），有的甚至是做坏事。多用来说明、描述某人。结构位置比较灵活，前后常有别的句子作相关的说明或补充。○多用于叙事，书面语。

★ **为了 + 名词 $_1$ / 动词 $_1$，（名词 $_2$ / 代词［指人］）+ 不惜 + 名词 $_3$ / 动词 $_2$。** 框架格式。可独立成句，也可在句中作谓语、定语。结构中的“为 + 名词 $_1$ / 动词 $_1$”是介词短语。结构中的两个分句有目的关系。

扩展▶ 为了成功不惜一切；为了救人不惜自己的生命；为了和平，不惜做出任何牺牲；为了找份好工作不惜再回学校学习四年；为了发展这一事业，他不惜花费一生的精力。

【为（了）… 才 … 】 wèi（le）… cái … ［二级］

例句▶ —你怎么吃药了？—你以为我爱吃啊，我是为了治病才吃的。‖ 不好意思这么晚给你打电话，我是为了弄清楚那件事情才这么晚打扰你的，希望你能跟我详细地谈谈。‖ —小王，平时你 10 点多才起床，今天怎么起得这么早？—我是为了我妈才起这么早的，我得送她去机场赶飞机。

解释▶ 为了某个目的而做某事。表示没有别的办法，所以这么做。可以是大事，也可以是小事；可以是好事，也可以是不好的事。多用来向某人说明解释。结构位置比较灵活，前后常有别的句子作相关的说明或补充。多用于已经出现的事情。○多用于对话，口语。

★ **为（了）+ 名词 / 代词 / 动词 $_1$ + 才 + 动词 $_2$。** 框架格式。整个结构是一个目的复句。结构中的“为（了）+ 名词 / 代词 / 动词 $_1$”是介词短语。

扩展▶ 为了你才这么做；为了省钱才坐这辆车的；他是为了钱才干这一行的；为了生活才来这儿工作；为了提高自己的能力才去学习的；大家为了同一个目标才走到一起来；为了看得更清楚才戴眼镜的。

【为（了）…付出…（的）代价】 wèi（le）… fùchū …（de）dàijià ［五级］

例句▶ 父亲年轻时，为一家老小的生活付出了健康的代价，现在年纪大了，身体有很多病。‖ 现在年轻人对自己的婚礼越来越重视，都希望能有一场浪漫而难忘的婚礼，他们往往为此付出了很高的物质代价。‖ 大学四年间，小王为了玩游戏付出了巨大的代价，他把所有的课余时间都用在游戏上，甚至为了玩游戏连课都不去上。

解释▶ 代价：得到某种东西而付出的钱。为了得到某种东西或达到某个目标、实现某种愿望而付出钱财、精力、时间甚至生命等；也指因为某个原因而意外地付出钱财、精力、时间甚至生命。前一种指为了较重要的事情，这时多是主动付出；后一种指因为某种错误、一句话等小事而付出，这时往往是意外的，不希望发生的事情。结果大多是不好的，有时含有不值得、遗憾的意味。结构前常有“往往、最终、正在、必须”等词语表示某种状态等，前后常有别的句子作相关的说明或补充。○多用于叙事，书面语。

★ **为（了）+名词$_1$/代词/动词+付出+名词$_2$/形容词+（的）代价。** 框架格式。在句中常作谓语。结构中的“为（了）+名词$_1$/代词/动词”是介词短语。结构中的名词$_2$和形容词可以同时使用。

扩展▶ **用法1）**表示为了某种愿望而付出钱财、精力、时间甚至生命：为了办场浪漫的婚礼自愿付出高额的代价；他愿意为照顾重病的父母付出一辈子的代价。

用法2）表示因某个原因而意外地付出钱财、精力、时间甚至生命：为两国的冲突付出了血的代价；他必须为他说的话付出一定的代价；你会为此付出一定代价的；最终为自己的错误付出了沉重的代价；许多人为此付出了生命的代价；为此付出昂贵的代价；为之付出了惨痛的代价。

【为（了）…起见】 wèi（le）… qǐjiàn ［超纲］

例句▶ 今天你喝了些酒，为安全起见，还是我来开车吧！‖ 由于孩子长得快，很多衣服不久就穿不下了，为了节约起见，我常把孩子的衣服买得大一些。‖ 这份报告你们做得很仔细，应该没什么问题了，但为保险起见，我还想再检查一下。

解释▶ 起见：为达到某种目的或因为某种原因。后面必须接别的句子，说明因为这个原因或目的而做什么事情。前面常有别的句子作相关的说明。○多用于叙事、对话，书面语。

★ **为（了）+动词/形容词+起见。** 框架格式。在句中常作状语，常在句首，后面必须有别的句子。结构中的“为（了）+动词/形容词”是介词短语。结构中的动词或形容词必须为两个或两个以上的音节。

扩展▶ 为（了）解决矛盾起见；为（了）保护环境起见；为（了）让大家放心起见；为（了）方便顾客起见；为（了）计算简便起见；为（了）方便起见；为（了）慎重起见；为（了）简洁起见；为（了）卫生起见；为（了）清楚起见；为（了）准确起见。

【为了 … **只好** … 】 wèile … zhǐhǎo … ［三级］

见 572 页【为了 … 不得不 … 】条。

【为 … **鸣不平**】 wèi … míng bùpíng ［超纲］

例句▶ 他从不缺课或迟到，成绩也是数一数二的，可为什么就没有拿到奖学金？我们都为他鸣不平。‖ 你水平这么高，教练却不让你参加比赛，我们真为你的处境鸣不平。‖ 刚开始他只是在业余时间写了些为社会鸣不平的故事，没想到很受大家欢迎，他也因此而成为某报社的记者。

解释▶ 鸣：表达、发表（情感、意见、主张）。对单位、部门处理某事上不能公平对待而为某人说话。可以用口头形式，也可以用书面形式，多是某人自发的、主动的。多用来叙述事情的经过。结构位置比较灵活，前后常有别的句子作相关的说明或补充。○多用于叙事，书面语。

★ **为+名词/代词（指人）+鸣不平。** 框架格式。在句中常作谓语、定语。结构中的“为+名词/代词（指人）”是介词短语。

扩展▶ 发表文章为他的朋友鸣不平；为他的不幸鸣不平；为他不平等的待遇鸣不平；难怪人们要为其鸣不平；为之鸣不平；为父母鸣不平；他听后很为我鸣不平；谁敢为他鸣不平啊；说了为他鸣不平的话；发了一些为教师鸣不平的文章。

【为 … **捏了（一）把汗**】 wèi … niēle（yì）bǎ hàn ［七—九级］

例句▶ 当四五岁的小演员出场表演时，在场的观众都为他们捏了一把汗，生怕他们一不小心出了错。‖ 当上半场比赛中国队 1∶2 输给对手时，台下的中国球迷都为中国队捏了一把汗。

解释▶ 捏一把汗：因担心而紧张使手上出汗。为某人或某事而心情紧张、感到担心。大多是旁边的人看到某人某种紧张、危险的情况而为他感到担心。表达夸张。结构前常有“真、不禁、暗地里、着实、曾、免不了、可是”等词语表示某人担心的状态等。前面常有别的句子作相关的说明，有时后面也有句子进一步补充担心的具体内容。多用于已经发生的、不好的事情。○多用于叙事，口语。

★ **为＋名词/代词（指人）＋捏了（一）把汗。** 框架格式。在句中常作谓语。结构中的“为＋名词/代词（指人）”是介词短语。

扩展▶ 我可是为你捏了把汗呢；所有人都为您捏了一把汗；不禁为他们捏了一把汗；真为他捏了一把汗；人们都为这个决定捏了一把汗；朋友都为她表演的角色捏了一把汗；不少人为他的表现捏了把汗。

【为什么＋不/没（有）…】 wèishénme + bù / méi（yǒu）… ［二级］

①例句▶ —一个人在家太无聊了，不知道该做点儿什么。—为什么不出来跟我喝咖啡呢？我下午有时间。‖—这个单词是什么意思，你能告诉我吗？—你自己为什么不去查查字典？

解释▶ 表示疑问，用否定形式的反问句表示应该……。多用来问对方为什么不主动做某事，含有建议、劝告、质问的意味，语气较强。结构位置比较灵活，前后常有别的句子作相关的说明或补充。○多用于叙事和对话，口语。

②例句▶ 这件事情这么重要，为什么没把实际情况告诉我，你们还打算瞒我到什么时候？‖为什么他昨天没来？不是说他有时间参加我们的晚会么？

解释▶ 表示疑问，用否定形式的反问句表示不应该……。多用来问那些应该做而没有做的事情，含有批评、责备、埋怨的意味，语气较强。结构位置比较灵活，前后常有别的句子作相关的说明或补充。多用于已经发生的、不好的和不愉快的事情。○多用于叙事和对话，口语。

★ **为什么＋不/没（有）＋动词。** 在句中作谓语，也可独立成句。

扩展▶ **用法1**）为什么＋不：为什么不留下来吃晚饭；为什么不休息几天；为什么不买一个；为什么不试试；为什么不早说；这么好的事情，为什么不高兴；有机会为什么不利用。

用法2）为什么＋没（有）：为什么没有完成作业；为什么没有去上班；材料给别人了，为什么没给我；不是很早就出发了吗，为什么没赶上火车。

【为…生气】 wèi … shēngqì ［一级］

见571页【为…发脾气】条。

【为 … 着想】 wèi … zhuóxiǎng ［七—九级］

例句▶ 我现在不让您去工作，完全是为您的健康着想，刚出院应该在家多休息。‖ 一个人不能光为自己着想，还应该主动为别人着想，如果能这样做，很多问题就容易解决了。‖ 这家医院的服务特别好，医生和护士都处处为病人着想，让病人感受到了家的温暖。

解释▶ 表示从某人或某事的角度或利益考虑问题。多指主动地从别人的角度考虑问题，这样较能为对方理解和接受。多用来说明情况或建议别人。结构前常有“处处、常常、尽力、实实在在、应该、多、时刻、充分、完全、真正、一切、一心、主动、总是”等词语说明怎样的态度。前后常有别的句子作相关的说明或补充。○多用于叙事和对话，口语。

★ **为 + 名词 / 代词（指人）+ 着想。** 框架格式。在句中常作谓语。结构中的“为 + 名词 / 代词（指人）”是介词短语。

扩展▶ 每个人都会为自己着想的；她在病中还为孩子们的事着想；实实在在地为农民着想；应该多为对方着想；一心为后代着想；常常为公司员工着想；都是为了国家着想；尽力为公司着想；为大家的安全着想；一心为公众利益着想。

【为 … 做出 …（的）贡献】 wèi … zuòchū …（de）gòngxiàn ［六级］

例句▶ 大学毕业后，我放弃了在大城市发展的机会，回到了家乡，希望能为家乡的建设做出自己的贡献。‖ 小时候他亲眼看见很多人因病无法治疗而死去，所以他决心学医，为国家的医学事业做出自己的贡献。‖ 他是一位著名的音乐家，他把传统音乐和现代音乐结合起来，为中国音乐的发展做出了新的贡献。

解释▶ 贡献：拿出自己的东西、力量、经验给大家或国家。某人做出（了）对集体、社会或国家有利的事。多指重大的事情或在工作、研究等方面取得突出的成绩，用于正式场合。多用来叙述、评价某人，具有褒义色彩。多放在句尾，前面常有别的句子说明原因或情况。○多用于表达决心，书面语。

★ **为 + 名词 + 做出 + 形容词 / 反身代词 +（的）贡献。** 框架格式。在句中常作谓语。结构中的“为 + 名词”是介词短语。

扩展▶ 为社会进步做出更大的贡献；为人类的健康事业做出了突出的贡献；为世界和平做出自己的贡献；为科学的发展做出了重大贡献；为两国文化交流做出了一定的贡献；为文学的发展做出新的贡献。

【为…做准备】 wèi … zuò zhǔnbèi ［一级］

例句▶ —你下个月就要结婚了吧，有没有为婚礼做好准备？—当然，一切都准备好了。‖ 再过一星期就是春节了，这两天我得去趟超市买点儿东西，为过年做准备。

解释▶ 为了某个目的或因为某件事情而预先安排，提早行动。适用范围较广。结构位置比较灵活，前面常有别的句子作相关的说明或解释。〇多用于叙事和对话，口语。

★ **为 + 名词 / 动词 + 做准备。** 框架格式。在句中常作谓语。结构中的“为 + 名词 / 动词”是介词短语。

扩展▶ 为他的到来做准备；为三月份的考试做准备；为明天的会议做准备；为明年的比赛做准备；为找工作做准备；为出国留学做准备；为会议的胜利举行做准备。

【未必 + 不 / 没（有）…】 wèibì + bù / méi（yǒu）… ［四级］

①例句▶ 解决问题的方法，他未必不知道，只是不愿意告诉你而已。‖ 说话要注意方式方法，有时你说得未必不对，可人家就是听不进去。

解释▶ 未必：不一定。不一定不……，“未必”和“不”两个否定表示肯定的意思。说明说话人对某人某事的肯定态度，语气比较委婉。结构位置比较灵活，前面常有别的句子进行说明，后面常有相关补充或转折性说明。〇多用于叙事和对话，书面语。

②例句▶ 一次失败不意味着永远失败，只要好好努力，你未必没有成功的希望。‖ 虽然他说他不同意这件事，可如果你好好跟他谈谈，他改变主意未必没有可能。

解释▶ 未必：不一定。不一定没有……。“未必”和“没（有）”两个否定表示肯定的意思。说明说话人对某人某事肯定的看法、态度，语气比较委婉，结构位置比较灵活，前面或者先引出话题，或者有别的句子作相关的说明，后面有别的句子作进一步补充。〇多用于叙事和对话，书面语。

★ 1）**未必 + 不 + 动词 / 形容词。**

2）**未必 + 没（有）+ 名词 / 动词。**

在句中常作谓语、补语。

扩展▶ **句型 1）** 这未必不是件好事；前者未必不如后者；这种书未必不受欢迎；她未必不会听见；他未必不诚实；说出来未必不好；你做得未必不对；你的选择未必不正确。

句型 2） 这件事跟他未必没有关系；其实他未必没有烦恼；这席话未

必没有道理；未必没有责任；老师未必没有错的时候；未必没有注意到；未必没有跟他说。

【未尝 + 不 / 没（有）…】 wèicháng + bù / méi（yǒu）… ［超纲］

例句▶ 这次的失败对他来说未尝不是一件好事，他太骄傲了，总觉得自己是最好的，不把别人放在眼里。‖ 很多人都不太理解他为什么这么做，其实仔细想想，他这么做未尝没有道理。‖ 放弃自己的爱好，去找一份工作养活自己，他未尝没有想过这么做，可就是下不了决心。

解释▶ 未尝：没有。不是不……，不是没有……。"未尝"和"不、没（有）"双重否定表示肯定的意思。后面常有相关补充或转折性说明，语气比较委婉。多用来分析事情。事情可以是好的，也可以是不好的。结构位置比较灵活，前后有别的句子作相关的说明或补充。可用于已经发生的事情。○多用于评论、叙事，书面语。

★ 1）**未尝 + 不 + 动词。**

2）**未尝 + 没（有）+ 名词。**

3）**未尝 + 没（有）+ 动词 + 过。**

在句中常作谓语。

扩展▶ **句型 1）** 这未尝不是一种进步；未尝不是一次尝试；对他来说未尝不是一种损失；这其中的道理他未尝不懂；这样选择未尝不可；这个规定未尝不可行。

句型 2） 这个决定未尝没有积极意义；他未尝没有这种想法；未尝没有好处；未尝没有希望。

句型 3） 他们未尝没有关心过这个问题；我们未尝没有尝试过，只是没有成功。

【未免太 …（了）】 wèimiǎn tài …（le） ［七—九级］

例句▶ 饭菜买了这么多，你却只吃了几口，未免太浪费了，还是多吃点儿吧。‖ 你从这儿去机场未免太远，其实我知道一条更近的路，大概可以节省三分之一的时间。‖ 你走得未免太慢了吧，从家里到学校不过几百米，你怎么走了差不多半个小时？

解释▶ 未免：实在是；不能不说是。认为某种情况太过分，表示自己对这种做法不赞同。含有否定的意味，语气比较委婉。前面或引出话题，或有别的句子作相关的说明，后面常有句子进一步补充。可用于现实生活中存在的不好的事情。○多用于评价、评论，书面语。

★ **未免太+形容词+(了)。** 在句中作谓语、补语，也可独立成句。

扩展▶ 放弃了未免太可惜；这种想法未免太天真了；再这么干未免太傻了；现在起床未免太早了一点儿；你讲得未免太多了；你说这种话未免太可笑了；你对他的要求未免太高了；这种处理方法未免太简单；这个问题对他来说未免太难了；消息来得未免太快了吧。

【**位列**第…，仅次于…】 wèi liè dì…，jǐn cì yú… ［超纲］

见446页【排名第…，仅次于…】条。

【**问题**出在…上】 wèntí chū zài…shàng ［二级］

例句▶ 你们俩产生矛盾，问题出在沟通方法上，如果能好好商量，矛盾是完全可以避免的。‖ 这次你考试失败了，不要从别的地方找原因，其实问题就出在你自己身上。‖ 冰箱卖不出去的问题不是出在质量上，其实我们公司的冰箱质量不错，只是样子没有别的冰箱那么漂亮。

解释▶ 表示不理想的事情的关键或使事情向不好的方面发展的重要原因在某个方面。多用来表达个人的观点或想法。话题比较严肃，多用于分析矛盾、错误、挫折、事故等情况。结构位置比较灵活，前后都有句子作相关的说明或补充。多用于已经存在的、不好的事情。○多用于分析、评论等正式场合。

★ **问题出在+名词/代词(指人)+上。** 框架格式。可独立成句，也可在句中作谓语。否定形式为“问题不是出在…上”。如结构中的名词或代词指人，结构为“问题出在…身上”。

扩展▶ 你们俩之间的误会，问题出在这封信上；工人工作积极性不高，问题出在管理上；这次事故问题不是出在技术上；产品卖不出去问题出在销售上；产品质量的主要问题出在工人身上；问题出在她丈夫身上。

【**问题**在于…】 wèntí zàiyú… ［二级］

例句▶ 他学习非常努力，可成绩一直处于中等水平，我觉得他的主要问题在于缺少好的学习方法。‖ 如果能得到他的支持，我们赢的可能性会很大，可问题就在于他是否会支持我们。

解释▶ 在于：在……地方。问题是……，事情的关键或重点是……。多指一个完整事情中起重要作用的部分。这个部分怎么解决和发展决定了整个事情的发展及其结果的好坏。话题比较严肃，多用来讨论学习、工作和生活中比较重要的事情。结构前常有“主要、关键、更大的、根本”等词语说明是什么样的“问题”。多放在句尾，前面常有别的句子作相关的说明。可用于已经出现的事情。○多用于分析、评论等正式场合。

★ **问题在于＋动词／小句。** 可独立成句。结构中的小句有时是疑问或否定形式。

扩展▶ 他俩的问题在于缺乏沟通；根本问题在于去还是不去；最大的问题在于如何保护他们；关键问题在于他是否同意；问题在于，也许你永远也不会完全满意；主要问题在于这种坏习惯已经养成了；问题在于我没有能力帮你。

【问A问B】 wèn A wèn B ［一级］

例句▶ 这么简单的问题自己想办法解决，别老是问东问西的，即使你问了，我也不会回答你的。‖ 好几年没回老家了，这次回家还没进家门，乡亲们就把我们围住了，不停地问这问那。‖ 节假日期间厂领导常走进工人们的宿舍，看望他们，向他们问寒问暖。

解释▶ 多次地问某人某事。指想了解一些想要知道的情况，也形容对某人的生活很关心，或对某事物很好奇。结构中可插入“这”和“那”，“寒”和“暖”，“东”和“西”等意义对立的词语，这些词不指具体事物，而是代表不同的东西或方面，实际上是指很多问题。结构位置比较灵活，前后常有别的句子作相关的说明或补充。注意▶ 词语搭配有限。○多用于叙事和对话，口语。

★ 1）**问＋名词$_1$＋问＋名词$_2$。**

2）**问＋代词$_1$＋问＋代词$_2$。**

3）**问＋形容词$_1$＋问＋形容词$_2$。**

框架格式。在句中常作谓语。结构中的前后两个名词、代词或形容词多是意思相对或相反的单音节词，构成表示并列关系的四字格式。

扩展▶ **句型1）** 别问东问西的，有问题自己想办法解决。

句型2） 他对这里的一切都感到好奇，不停地问这问那。

句型3） 好久不见了，一看到我他就问长问短的；节假日时公司领导经常到职工家里问寒问暖。

【…我不知道，但（是）…】 … wǒ bù zhīdào，dàn（shì）… ［一级］

例句▶ —如果他知道自己考试没通过会不会哭？—会不会哭我不知道，但是他一定会很难过。‖ 我没亲眼见过她，她漂亮不漂亮我不知道，但是据说很多人喜欢她。‖ 老王就住我家隔壁，他具体多大我不知道，但是一定比我爸爸大，因为我爸总叫他王大哥。

解释▶（说话人）对前一种情况不很清楚，但是对后一种情况比较了解，或者能够根据某些情况推测出后一种情况。多用来描述人或事情。有时直接用来回答，有时前后有别的句子说明情况或解释原因。可用于已经存在的事情。○多用于叙事和对话，口语。

★ **疑问句＋我不知道，但（是）＋小句。** 可独立成句，结构中的两个分句有转折关系。结构中的疑问句可以是一般疑问句形式“A 不 A”，也可以是带疑问词“怎么、为什么、如何、什么”等的特殊疑问句。

扩展▶ 那儿冷不冷我不知道，但是那儿很多人都穿羽绒服；是不是真的我不知道，但是很多人都相信；哪个队会赢我不知道，但是我们队一直比他们队厉害。

【我当是 … 呢】 wǒ dàng shì … ne ［二级］

①**例句**▶ 手机一响，我拿起来一看，是一个没见过的号，我当是谁呢，原来是你，你怎么换号码了呀？ ‖ 你这一声喊，我当是我爸爸发现了呢，吓得出了一身冷汗！ ‖ 我当是什么事儿呢，原来你找我就为了这个啊，好说好说。

解释▶ 当（dàng）：以为。我以为……（实际情况不是这样）。比如接听电话的人原先不记得对方（熟人）是谁，后来想起来了；也指看错了某人某物，或以为发生了什么大事，后来才发现不是这样的。前一小句含有意外的意味，语气夸张。后面常接句子“原来是……”，表示认识到原来不是这么回事。前面常有别的句子作相关的说明。多用于已经存在的事情。○多用于对话，口语。

②**例句**▶ 不就是个普通的花瓶吗，我当是什么宝贝呢，街上几十块就可以买到了。‖—这孩子大学毕业了，什么工作都不愿做，非要去学做生意。—哈哈！我当是什么大不了的事呢，不就是想学做生意吗？包在我身上。

解释▶ 我以为……（实际情况不是这样）。A 把某人或某物想象得很特别，B 知道了真实情况后，指出这很普通，没什么特别或了不起。前一小句带有夸张的语气。前后常有句子“不就是……吗”，把人或事情往小、简单、容易的方面说。前后还有别的句子作相关的说明或补充。多用于已经发生或存在的事情。○多用于对话，口语。

★ 1）**我当是＋疑问代词＋（名词）＋呢。**

2）**我当是＋名词 / 小句＋呢。**

框架格式。可独立成句。

扩展▶ 句型 1）原来是你，我当是谁呢；这点儿小事，我当是什么大事呢；你要告诉我的事就是这个呀，我当是什么特大新闻呢；就这个，我当是什么宝贝呢；我当是哪位呢，不就是老张吗。

句型 2）我当是人住的房子呢，原来这不是房子；我当是大家都知道了这个秘密了呢；我当是没人住在这儿呢。

【我敢说，…】 wǒ gǎn shuō，… ［三级］

例句▶ 虽然我们是十几年的朋友，但是我敢说，你完全不了解我。‖ 如果不看人光听声音，我敢说，没人听得出来她是外国人。‖ 你看他刚才说话时的那种表情，我敢说，他刚才一定在说假话。

解释▶ 非常肯定地确认某个事实或事情，后面是确认的具体内容。多是根据某些因素而对某事进行推理或判断。说话果断，语气较强。多放在句子的后半部分，前面常有别的句子作相关的说明。〇多用于对话，口语。

★ **我敢说，句子。** 可独立成句。结构中的“我敢说”在句中作插入语。

扩展▶ 我敢说，这算得上世界上最美丽的风景；如果你是我，我敢说你也一定会这么做的；虽然我没赢得比赛，但是我敢说我得到了最热烈的掌声；我敢说，你的话代表了大家的意思；我敢说，这种问题五十年后还存在。

【我就不信…】 wǒ jiù bú xìn … ［三级］

例句▶ 他刚才还在这附近的，应该走不了多远，我就不信我找不到他。‖ 我们俩是同时练乒乓球的，我的水平不比他差，我就不信今天我会输给他。

解释▶ 自己就是不相信……。“就”带有强调的意思。否定的态度十分坚决，自信。多是对眼前的事实、已经或将要发生的情况表示怀疑，甚至认为完全相反。多表达说话人对某人某事的态度，语气较强，有时带有赌气的意味。前面常有别的句子作相关的说明，后面接有“不相信”的具体内容。〇多用于对话，口语。

★ **我就不信 + 动词 / 句子。** 可独立成句。

扩展▶ 我就不信没有别的办法；我就不信我管不了你；我就不信我做不好这件事；我就不信我交不到一个好朋友；我就不信我比不过你；我就不信他比我厉害到哪里去；我就不信你不想出去玩儿；我就不信他能把我怎么样。

【我就知道 … 】 wǒ jiù zhīdào … ［一级］

例句▶ 平时他从不给我打电话，今天突然给我打电话，我就知道没什么好事。‖ 看到这套房子的第一眼，我就知道你一定会喜欢，所以就替你租了下来。

解释▶ 自己早在事情一开始就预见到了后面会有这个情况。后来发生的事情往往像预料的一样，强调自己对事情早有预见，看得准。多用在发生的事情证明预料是真的之后，语气较强。前面常有别的句子作相关的说明，有时后面也有句子作进一步补充。多用于已经发生的事情。〇多用于对话，口语。

★ **我就知道＋动词／句子。** 可独立成句。

扩展▶ 我就知道你一定懂的；我就知道你一定会帮我的；我就知道一定有什么问题；我就知道你不会相信我的；我就知道他不会轻易答应我们；我就知道他不会同意的；我就知道比赛我们能赢；一见到他我就知道他是我要找的人；我就知道他跟那些人没什么两样。

【我看 … 】 wǒ kàn … ［一级］

例句▶ —王经理，这就是我们的方案，您看看怎么样？—挺不错的，我看就按照你们的方案去做吧。‖—这件衣服颜色这么鲜艳，我穿合适吗？—我看挺合适的，你就买下来吧。‖—孩子第一次出远门，真不知道他过得怎么样。—我看你真的不用这么担心，孩子都这么大了，他懂得照顾自己。

解释▶ 我觉得……。表示说话人对某人某事的看法或态度。多用于对事情的估计或判断。结构位置比较灵活，前后常有别的句子作相关的说明或补充。〇多用于对话，口语。

★ **我看＋动词／形容词／小句。** 可独立成句。

扩展▶ 我看不会有大的变化；我看就这么办吧；我看行；我看不错；我看挺好的；我看你俩不合适；我看你一定是弄错了；我看这件事应该没问题；我看他说得很有道理；我看你还是别提意见了；我看他不会把你的事放在心上的。

【我说 … 吧，你（还）不（相）信】 wǒ shuō … ba，nǐ（hái）bù（xiāng）xìn ［二级］

例句▶ 我说他们在谈恋爱吧，你还不相信，听说他今天亲口告诉你了。‖ 我说今天会下雨吧，你还不信，看，现在衣服都被雨淋湿了。

解释▶ 以前我说过……，你却不相信。后面或说出能让对方相信的事情，或补充已经发生事情的经过，意思是，现在你该相信了吧。多用在事实证明自己是对的之后。多含得意（自己有远见）或责备（对方有错）的意味。放在句首。多用于过去的、已经存在的事情。○多用于对话，口语。

★ **我说＋小句＋吧，你（还）不（相）信。** 可独立成句。结构中的两个分句有转折关系。

扩展▶ 我说我去过你的家乡吧，你还不相信；我说我认识他吧，你还不信；我说他真的是个好人吧，你还不信；我说他爱听好话吧，你还不信；我说他太要面子吧，你还不相信；我说他已经七十岁了吧，你不信；我说你做不了吧，你不相信。

【我说 … 呢，**原来** … 】 wǒ shuō … ne，yuánlái … ［二级］

例句▶ —你知道吗，刚刚唱歌的那个人是个音乐家。—我说他怎么唱得这么好呢，原来人家是专业的。‖ 你明明是北京人，我说你为什么会说上海话呢，原来你在上海生活过好几年。

解释▶ 已经对某人某事产生了疑问，但当知道了事情的真相之后，突然明白了其中的原因。多用于事情发生之后，含有恍然大悟的意味。前后常有别的句子作相关的说明或补充。多用于已经发生的、存在的事情。○多用于对话，口语。

★ **我说＋动词／小句$_1$＋呢，原来＋小句$_2$。** 可独立成句，结构中的两个分句有因果关系。结构中的动词或小句$_1$多是带有“怎么、为什么”等词语的疑问形式。

扩展▶ 我说你为什么不喜欢小狗呢，原来你小时候被狗咬过；我说看着怎么这么眼熟呢，原来是你；我说房间里怎么这么热闹呢，原来来客人了。

【我问你，… 】 wǒ wèn nǐ，… ［一级］

例句▶ 我问你，这到底是怎么回事，才短短一个月，你的成绩怎么退步了那么多？‖ 我问你，你是不是对我有什么意见，怎么现在见了面连个招呼都不打？

解释▶ 说话人就某事用责备的语气问对方，多认为自己有充分的理由或事实依据。态度比较严肃，语气强硬，含有责备的意味。问话后面常有句子表示自己对某事的不明白或猜测。多用于现实生活中存在的或已发生的事情。○多用于对话，口语。

★ **我问你，句子。** 可独立成句。结构中的“我问你”在句中作插入语。

扩展▶ 我问你，你跟她是什么关系；我问你，他现在在哪里；我问你，你有没有想过将来怎么办；我问你，你说这些话是什么意思；我问你，东西是不是你拿走的；我问你，发生了这么大的事情为什么不告诉我；我问你，你到底把东西放在哪儿了。

【我要是你，我（就）… 】 wǒ yào shì nǐ，wǒ（jiù）… ［三级］

例句▶ 他们公司给你发这么高的工资，你怎么还不想去那儿工作呢？我要是你，我早就去了。‖ 他们不是什么好人，你还这么帮他们，我要是你，我理都不会理他们。

解释▶ 如果我是你的话，我会怎么做。这是一种假设，但实际意思是，你应该像我这样做。含有不赞同对方做法的意思，表达委婉。多用于劝说或建议别人。多放在句尾，前面常有别的句子作相关的说明。可用于已经发生的或存在的事情。○多用于对话，口语。

★ **我要是你，我（就）+ 动词。** 可独立成句。结构中的两个分句有假设关系。

扩展▶ 我要是你，我会同意他的要求；我要是你，我一点儿也不会觉得难过；我要是你，我就会去问问他；我要是你，我会认真考虑他的意见；我要是你，我要找他说清楚；我要是你，我才不会为这种事担心呢；我要是你，我不会这么快放弃。

【无 … 不 … 】 wú … bù … ［四级］

例句▶ 提起“女人街”，在当地恐怕是无人不知无人不晓，因为这是当地十分有名的一条街。‖ 我有个好朋友，他平时特别喜欢看书，对天文地理无所不知。‖ 我和他是无话不谈的好朋友，你要打听他的事，找我算是找对人了。‖ 半个月前，我在路上见到一只受伤的小狗，我把它抱回家，无微不至地照顾它，现在它的伤已经全好了。

解释▶ 没有什么不……。用两个否定表示肯定。表示在某个范围内所有的都……。多用来描述某人某物或事情的经过。结构位置比较灵活，前后都有别的句子作相关的说明或补充。需要时结构可连用。○多用于叙事，书面语。

★ 1）**无 + 名词 / 形容词 + 不 + 动词。**

2）**无所不 + 动词。**

框架格式。在句中常作谓语、定语、状语。结构中的名词、形容词和动词都是单音节词，构成四字格式。

扩展▶ 句型1）他无恶不作，就该受到惩罚；在朋友无微不至的照顾下，她恢复得很快；世界上真是无奇不有；矛盾无处不在。

句型2）他好像是无所不能；这家店虽小，但无所不有；现在的电脑学习班无所不包；他们谈话的内容无所不及；这些坏蛋们无所不为，简直无法无天。

【无不…】 wúbù… ［四级］

例句▶ 他在这家公司已经工作十多年了，说辞职就辞职，听到这个消息的人无不感到可惜。‖ 这部电影讲的是一位母亲对儿子的爱，十分感人，在座的观众无不为之感动。‖ 见到钱包被找回来，小偷儿被警察抓住，街上的观众无不拍手称赞。

解释▶ 无不：没有不……的。两个否定表示肯定的意思。表示在某个范围内所有的都……。可以指人和物，也可以指好的或不好的情况，多用于抽象的事物。结构位置比较灵活，前面或后面常有别的句子作相关的说明或补充。○多用于叙事，书面语。

★ **无不＋动词。** 在句中常作谓语。结构中的动词不能是单音节词。

扩展▶ 听到这里人们无不为之伤心；人们见了无不感动得流泪；父母对他的一切请求无不答应；提到这件事，大家无不摇头；艺术无不来源于生活；这些成绩无不是大家努力的结果。

【无非（是）…（罢了）】 wúfēi（shì）…（bàle）［七—九级］

见791页【只（是）…（而已）】条。

【无…可…】 wú…kě… ［四级］

例句▶ 从火车上下来，已经凌晨四点多了，我自然无处可去，只好先在附近找了家旅馆休息休息。‖ 老王退休在家，感到无事可做，所以最近开始学画画儿了。‖ 既然我怎么劝你你都不听，我无话可说。出了事你自己负责。

解释▶ 没有……可以……。多用来描述事情发生的过程。结构位置比较灵活，前面或后面常有别的句子作相关的说明或补充。多用于一般的、不好的和不愉快的事情。○多用于叙事，书面语。

★ **无＋名词＋可＋动词。** 框架格式。在句中常作谓语。结构中的名词和动词都是单音节词，构成四字格式，但"无…可言"例外。结构中的名词多是动词的动作对象。

扩展▶ 我们只能前进，无路可退；儿子把他的车开走了，他无车可开；这是条死胡同，前面无路可走；人们把小偷儿围了起来，他无路可逃；跟父母吵架了，现在他无家可归；能想的办法都想过了，他已经无计可用；能用的方法都用上了，看来他是无药可救了；两人水平差得很远，无竞争可言；穷人和富人收入相差很多倍，完全无平等可言。

【**无论** … **都** … 】 wúlùn … dōu … ［四级］

例句▶ 人最重要的是要对自己有信心，无论遇到什么困难都不要害怕，要相信自己一定能成功。‖ 我不知道他最近在忙什么，无论什么时候给他打电话，他都说没空。

解释▶ 在任何条件下，不管发生了什么，结果都不会改变。多用来描述人或事情。适用范围很广。前面常有别的句子作相关的说明，有时后面也有句子作进一步补充。○多用于叙事，书面语。◇ 也说“无论…也…”。

★ **无论 + 动词 $_1$ / 小句，（名词 / 代词［指人］）+ 都 + 动词 $_2$。** 在句中作谓语，也可独立成句，结构中的两个分句有条件关系。结构中的动词 $_1$ 和小句多是疑问形式。

扩展▶ 无论是谁，都要和别人交朋友；无论你要多少，我都给你；无论我怎么问，他都不说；无论什么情况，你都得坚持下去；无论怎么难过都会面带笑容；无论怎么赶，都完不成手头的任务；无论他在哪儿我都能找到他。

【**无论** …，就是（不）… 】 wúlùn …，jiùshì（bù）… ［四级］

见 78 页【不论 …，就是（不）… 】条。

【**无论**如何都 … 】 wúlùn rúhé dōu … ［四级］

例句▶ 今天是你新店开张的好日子，作为好朋友，我无论如何都得前来祝贺。‖ 他把菜放在我家就准备离开，我要给他钱，可他无论如何都不要。

解释▶ 条件怎样变化，结果或结论都不会改变。多用来描述事情的过程。前面常有别的句子作相关的说明，有时后面也有句子作进一步补充。适用范围很广。○多用于叙事，书面语。◇ 也说“无论如何也…”。

★ **无论如何 + 都 + 动词。** 可独立成句，也可在句中作谓语。结构中的两个部分有条件关系。

扩展▶ 我无论如何都要帮助你；无论如何都得把钱还给你；今天无论如何都要给我一个答复；无论如何都不能说出来；无论如何都说不过去；无论

如何都高兴不起来；无论如何都停不下来；无论如何都感觉不出来；无论如何都进不去；无论如何都想不到；无论如何都办不到；无论如何都开不动。

【无论如何也 … 】 wúlùn rúhé yě … ［四级］

见 588 页【无论如何都 … 】条。

【无论（是）A 还是 B，都 … 】 wúlùn（shì）A háishi B，dōu … ［四级］

例句▶ 他聪明好学，又有自己的学习方法，无论是英语、语文还是数学，哪门成绩都非常好。‖ 自从买了辆新自行车后，无论刮风还是下雨，他都骑自行车上下班。‖ 这件事无论是你来做还是我来做，都做不好，因为我们根本没有掌握正确的方法。

解释▶ 在任何一种情况下，结果或结论都不会变或没有变。前面常有别的句子作相关的说明，有时后面也有句子作进一步补充。适用范围很广。○多用于叙事，书面语。

★ 1）**无论（是）+ 名词 $_1$ + 还是 + 名词 $_2$，都 + 形容词 / 动词。**

2）**无论（是）+ 动词 $_1$ + 还是 + 动词 $_2$，都 + 形容词 / 动词 $_3$。**

3）**无论（是）+ 小句 $_1$ + 还是 + 小句 $_2$，都 + 形容词 / 动词。**

可独立成句。结构中的两个分句有条件关系。结构中的前后两个名词、动词或小句常表示相近、相对或相反的意思。

扩展▶ **句型 1）** 无论是过去还是将来，我都会支持你；无论是农村还是城市，生活水平都提高了；无论是冬天还是夏天，都坚持锻炼；无论身高还是体重，我都不如他。

句型 2） 无论是购物还是工作都很方便；无论是游泳还是打球都很积极；无论是唱歌还是跳舞都很拿手。

句型 3） 无论是今天去还是明天去都不合适；无论是你去参加还是他去参加都可以；无论是夏天去还是冬天去都会让你满意。

【无论 … 也 … 】 wúlùn … yě … ［四级］

见 588 页【无论 … 都 … 】条。

【无时无刻不 … 】 wúshí-wúkè bù … ［三级］

例句▶ 出国留学后，我一直定居在国外，但这些年，我无时无刻不想念着自己的父母，想念着自己的家乡。‖ 作为公司的总经理，这些年他没有睡过一个好觉，脑子里无时无刻不考虑着公司的事情。

解释▶ 刻：时间。时时刻刻都……，无论什么时候都……。两个否定表示肯定的意思。表示什么时间都在做某事，含有夸张的意味。前面常有别的句子作相关的说明，有时后面也有句子作进一步补充。多用于已经存在的事情。○多用于叙事，书面语。◇ 也说“时时刻刻都…”“每时每刻都…”。

★ **无时无刻不+动词。** 在句中常作谓语。结构中的动词多是表示持续动作的动词。

扩展▶ 他无时无刻不想着这件事；生命无时无刻不在运动；你无时无刻不提醒着我；她无时无刻不在努力地改变自己；我的心无时无刻不陪伴着你；事物无时无刻不在变化。

【**无所谓A不A**】 wúsuǒwèi A bù A ［四级］

例句▶ —对不起，请你原谅我。—你不用向我道歉，因为我从没生过你的气，无所谓原谅不原谅了。‖ 人在饿的时候，只要有东西填肚子就可以了，也无所谓好吃不好吃。

解释▶ 无所谓：说不上。由于没有前面的情况或原因，或没有相比较的东西，因此对后面的事情不好做出肯定或否定的回答。含有不能或不愿意评价的意味。多放在句尾，前面常有别的句子说明情况或理由。多用于已经出现的事情。○多用于叙事和对话，书面语。

★ 1）**无所谓+动词+不+动词。**

2）**无所谓+形容词+不+形容词。**

框架格式。在句中常作谓语。

扩展▶ **句型1）** 这里没有责任问题，无所谓负不负责任；没有希望，也就无所谓失望不失望；没有先进，无所谓落后不落后；这是公司决定的，无所谓愿意不愿意。

句型2） 没有纪律，无所谓自由不自由；没有正确，无所谓错误不错误；处理这种小事，无所谓公平不公平；我没去过别的地方，看这个风景无所谓美不美；我做这样的选择无所谓快乐不快乐。

【**无A无B**】 wú A wú B ［四级］

例句▶ 时间就像流水一样无声无息，很快四年过去了，我也该大学毕业了。‖ 孩子是我快乐的源泉，无论上班有多累，只要看到他，那些疲劳和烦恼马上就消失得无影无踪。‖ 这个孩子父母都去世了，他成了无依无靠的人，以后怎么活下去？

解释▶ 无：没有。没有……也没有……。结构中插入的两个名词或动词在意义上有关联，但搭配有限制。多用来描写状态、动作。结构位置比较灵活，前后常有别的句子作相关的说明或补充。○多用于叙事，书面语。

★ 1）**无＋名词$_1$＋无＋名词$_2$**。

2）**无＋动词$_1$＋无＋动词$_2$**。

框架格式。在句中常作谓语、定语、状语、补语。结构中的前后两个名词或动词为意思相近的单音节词，或两个成分意思相同的双音节词分别插入，构成表示并列关系的四字格式。

扩展▶ **句型1）**你简直是无法无天；你怎么无缘无故发脾气；大海无边无际。

句型2）他的生活无拘无束；为了孩子，即使付出所有也无怨无悔；科学技术的发展是无穷无尽的；他是个无牵无挂的人；你们不要再无休无止地吵架了；无忧无虑地生活。

【无一…】 wú yī … ［四级］

例句▶ 这次学校组织的南京旅游活动，我们班的同学都报名参加了，无一例外。‖ 交通事故发生后，公共汽车上的乘客无一受伤，大家在司机的帮助下很快下了车。‖ 由于天气原因，今天从北京飞往上海的20趟航班无一正常起飞，都推迟了至少一个小时。

解释▶ 没有一个……，表示所有的都不/没有……。或者全部肯定，或者全部否定。多用来描写事情的过程和说明结果。结构位置比较灵活，前面常有别的句子作相关的说明，有时后面也有句子作进一步补充。○多用于叙事，书面语。

★ **无一＋名词/动词**。 在句中常作谓语。结构中的名词、动词多是双音节词，构成四字格式。

扩展▶ 打了几场，无一胜绩；他十年开车无一失误；他们最近的三场比赛无一失利；事故中这些人无一幸免；飞机失事，机上人员无一生还；他种的这几棵果树无一死亡。

【无一不…】 wú yī bù … ［四级］

例句▶ 这场电影实在太精彩了，在场的观众无一不被感动，直到电影结束后，很多人还不愿离开。‖ 大自然是人类的衣食父母，人们吃的、穿的、用的，无一不是来自于它。

解释▶ 没有一个不……，两个否定表示肯定的意思。表示在一个范围内所有的……都……，没有例外。多用来描写、叙述事情。前后常有别的句子作相关说明或补充。○多用于叙事，书面语。

★ **无一不＋动词。** 在句中常作谓语。

扩展▶ 全家人无一不在；这些真实的故事无一不让人感动；听众们无一不在边听边记；植物的生长无一不与气候有关；附近的居民无一不受到严重影响；破坏自然环境会产生严重的后果，过去到现在无一不是如此；历史无一不在证明这是正确的。

X

【…兮兮】…xīxī ［超纲］

例句▶ 不是上午才给你换了一身衣服吗，怎么一会儿就弄得脏兮兮的了？一点儿也不爱干净！‖其实我不想再帮他了，可昨天看到他那可怜兮兮的样子，我又心软了，答应继续帮他。‖—你看，他们一直在指着我们这里，是不是在说我们啊？—没有的事，你别神经兮兮地瞎猜。

解释▶ 兮兮：后缀。放在某些形容词后面，表示有些……。多是说话人心里的感觉，用于描写不太正常的状态、行为、东西和话语。多用在不太好的方面。前后常有别的句子作相关的说明或补充。○多用于叙事和对话，口语。

★ **形容词＋兮兮。** 在句中常作谓语、定语、状语或补语。结构中的形容词多表示不好的情况。

扩展▶ 这人怪兮兮的；他被撞了，躺在地上，惨兮兮；他脸上表情紧张兮兮的；不干不净的食品，吃了心里慌兮兮的；别表扬了，肉麻兮兮的；他看着我，傻兮兮地笑着；他看不起穷兮兮的人。

【稀稀拉拉…】xīxīlālā… ［超纲］

例句▶ 这条街上住的人并不多，商店也很少，只有稀稀拉拉的几家。‖入场的观众稀稀拉拉，电影马上就开始了，可大部分座位都是空的。‖路上稀稀拉拉地下着小雨，很多人都没有带伞，他们淋着雨快步往家赶。‖今天来看表演的人不很多，观众坐得稀稀拉拉的，好像他们对这种表演不怎么感兴趣。

解释▶ 形容数量很少或规模很小，并且很分散。多用来描写人或事物的状态。指人时，含有没有人气、不热闹的意味；指物时，表示松散、量不足等。结构位置比较灵活，前后常有别的句子作相关的说明或补充。多用于已经出现的、不太好的事情或具体的事物。○多用于描写和叙事，书面语。◇也说“稀稀落落…”。

★ 1）**稀稀拉拉＋的＋名词。**

2）**名词＋稀稀拉拉。**

3）**稀稀拉拉＋地＋动词。**

4）**动词＋得＋稀稀拉拉的。**

在句中常作定语、谓语、状语、补语。

扩展▶ 句型 1）稀稀拉拉的几个观众；稀稀拉拉的几间房子；稀稀拉拉的掌声；稀稀拉拉的白发。

句型 2）这些树怎么稀稀拉拉的；掌声稀稀拉拉；入场的人稀稀拉拉。

句型 3）观众稀稀拉拉地坐着；从车上稀稀拉拉地下来几个人；学生稀稀拉拉地走出来了；那边稀稀拉拉地停了几辆车。

句型 4）头发长得稀稀拉拉的；地上的小草长得稀稀拉拉的。

【稀稀落落 …】 xīxīluòluò … ［超纲］

见 593 页【稀稀拉拉 …】条。

【习惯于 …】 xíguàn yú … ［二级］

例句▶ 刚来中国时，我常去菜市场买菜，买菜时习惯于跟卖菜的阿姨讨价还价，其实我这么做只是想练习练习汉语。‖ 我们通常把习惯于用左手做事情的人叫“左撇（piě）子”，据说，左撇子一般右脑比较发达。

解释▶ 已经适应了某种情况或环境；也指某人经常性做某事，养成了一种规律性的生活或办事方式。多用来描述事情。结构位置比较灵活，前后常有别的句子作相关的说明或补充。○多用于叙事，书面语。

★ **习惯于 + 名词 / 动词。** 在句中常作谓语、定语。

扩展▶ 习惯于这样的生活；习惯于这里的气候；习惯于从对方的角度看问题；习惯于晚睡晚起；习惯于每天加班到这个时候；习惯于在家办公；习惯于听父母的话；习惯于用法语交谈；习惯于用老办法解决新问题；习惯于每天早上 6 点起床的人。

【… 下来】[1] … xiàlai ［三级］

例句▶ 上课的时候，老师说得太快了，很多重要的部分我都没有记下来。‖ —你能把你刚才看到的东西画下来吗？—估计画不下来，刚才看得不太仔细。‖ 结婚的日期终于定下来了，就在下个月十八号，她感到既兴奋又紧张。

解释▶ 让看到的、听到的或想到的东西固定、停留在某个地方；也指某物或某事确定了。多用来描述动作或事情发生的过程。结构前常有“都、要、应该、想、有时候、已经、很快”等词，结构位置比较灵活，前后常有别的句子作相关的说明或补充。○多用于叙事和对话，口语。

★ **动词 + 下来。** 在句中常作谓语。动词和“下来”中间常加“得、不”，如“动词 + 得下来 / 不下来”，表示可能补语。

扩展▶ 用法 1）让看到的、听到的或想到的东西固定、停留在某个地方：把你说的写下来；我想拍下来；你照得下来吗；必须录下来；应该记录下来；还没有背下来；把这张图描下来。

用法 2）表示某物或某事确定了：这事已经定下来了；他答应下来；生意已经谈下来了；合同签下来了；这事谈不下来。

【…下来】²…xiàlai ［三级］

例句▶ —你刚说的这个故事是真的吗？—我也不知道，只知道这是当地流传下来的。‖退休后，他每天早上都去公园锻炼身体，这十几年他都坚持下来了。‖这里曾经有个广场，东西两边的路分别叫作广场东路和广场西路，虽然现在广场已经不在了，可名称却沿用了下来。

解释▶ 动作行为从过去持续到现在。多用来描述动作或事情发生的过程。结构前常有“一直、却、终于、全部、都、还是、已经”等词，多放在句尾，前面常有别的句子作相关的说明。○多用于叙事和对话，口语。

★ **动词＋下来。** 在句中常作谓语。结构中的动词多是少数表示持续性的动词，如“坚持、流传、传、沿用、保留、保存、遗传、继承、延续”等。

扩展▶ 以前就传下来了；已经保留下来；完好地保存下来；还是遗传了下来；全部继承下来；一直延续了下来。

【…下去】…xiàqu ［三级］

例句▶ 既然你觉得住这儿挺方便的，就在这儿住下去吧，别总是搬来搬去的，太麻烦了。‖你别打断他的话，让他说下去，我倒要听听他想说什么。‖—这本书你觉得怎么样？—我看了两页就看不下去了，实在太难懂了。

解释▶ 动作行为从现在往后仍然继续进行。结构前常有“一直、很难、还能、不会、长期、不得不、保证、应该、不断”等词，前后常有别的句子作相关的说明或补充。○多用于叙事和对话，口语。

★ **动词＋下去。** 在句中常作谓语。结构中的动词为持续性动词。否定形式为“…不下去”。

扩展▶ 一定要学下去；不要再说下去；你们听下去；一直写下去；应该坚持下去；不断研究下去；会做下去；想玩下去；继续活下去；很难搞下去；再打下去；要不断发展下去；必须生存下去；不得不干下去。

【…吓（了）一跳】…xià(le) yí tiào ［五级］

例句▶ 今天上午逛商场时，我看中了一条连衣裙，可一看价格，不禁吓一跳，都快赶上我一个月的工资了。‖ 附近突然传来的鞭炮声把正在睡觉的小狗吓了一跳，它突然大叫了几声，躲到了床底下。‖ 去朋友家玩的时候，我不知道他家有狗，进门的时候狗突然冲了出来，我被吓了一大跳。

解释▶（因为突然发生某事，使某人或动物）受到了很大的惊吓。多指通过感官的接触而产生的，带有夸张的意味。多用来叙述事情发生的经过。前面常有别的句子作相关的说明，后面的句子补充相应的动作或情况。多用于不好的或不愉快的事情。○多用于叙事和对话，口语。

★ **名词 / 代词（指人）+ 吓（了）一跳。** 可独立成句。结构前常用“把”字句或“被”字句。

扩展▶ 电话声突然响起来，他吓了一跳；吓了一大跳；不由得吓了一跳；着实吓了一跳；连我自己都吓了一跳；被这突如其来的情况吓了一跳；被他这个决定吓了一跳；我被眼前的情景吓了一跳。

【先不说 A，就（是）B 都 … 】 xiān bù shuō A，jiù（shì）B dōu … ［一级］

例句▶ —我做的菜怎么样，好吃不好吃？—我还没吃呢，先不说味道怎么样，就菜的样子都让我流口水了。‖—你是不是生他的气了？—哪能不生气呢，先不说是不是他的错，就他这态度都让人受不了。‖—这个小区问题好像挺多的。—是啊，先不说别的，就是小区的停车问题都还没解决，我们怎么搬进去啊？

解释▶ 把其他的问题都放在一边，先谈某个方面的问题。这个先要谈的问题往往是比较表面的、次要的。意思是，连表面的、不太重要的方面都这样，那么实质的、重要的方面一定会……，或更……。多放在句子后半部分，前面常有别的句子作相关的说明，有时后面也有句子进行补充；有时直接用来回答问题。多用于已经存在的事情。○多用于叙事和对话，口语。◇ 也说“先不说 A，就（是）B 也…”。

★ **先不说 + 名词 $_1$ / 动词 $_1$ / 小句，就（是）+ 名词 $_2$ + 都 + 动词 $_2$ / 形容词。** 可独立成句。结构中的小句多是疑问形式。

扩展▶ 先不说她漂亮不漂亮，就是这名字都让人觉得应该不错；先不说超市的购物环境怎么样，就是服务态度也很有问题；先不说本钱什么时候还（huán）得完，就这些利息都得还（huán）很久。

【先不说 A，就（是）B 也 … 】 xiān bù shuō A，jiù（shì）B yě … ［一级］

见 596 页【先不说 A，就（是）B 都 … 】 条。

【先 A 再 B】 xiān A zài B ［一级］

例句▶ 饭都做好了，你们先吃完再走吧，反正不赶时间。‖ 怎么才能合理安排一天的时间呢，我觉得应该把一天的事分成重要的和不重要的，先做重要的，再做不重要的。

解释▶ 先做某事，然后做另一件事，说明做事情的先后顺序。可以按重要的程度，也可按时间、习惯或兴趣等顺序排列。多用来叙述或说明情况。结构位置比较灵活，前后常有别的句子作相关的说明或补充。○多用于叙事和对话，口语。

★ **先 + 动词 $_1$ + 再 + 动词 $_2$。** 框架格式。在句中常作谓语。连动式，两个动作先后进行。

扩展▶ 我先想想再告诉你；先吃饭再买单；先把工作做完了再回家；先干完活儿再说别的；先把事情做好再休息；文章先自己修改再给老师看；我先跟他谈完了再跟你谈。

【掀起 …（的）高潮】 xiānqǐ …（de）gāocháo ［七—九级］

见 597 页【掀起 …（的）浪潮】 条。

【掀起 …（的）浪潮】 xiānqǐ …（de）làngcháo ［七—九级］

例句▶ 听说很多著名的演员都在为保护环境做广告，积极投入到最近掀起的环境保护浪潮中。‖ 随着中国经济的不断发展，中文越来越受到重视，一股学习中文的浪潮已经在世界各国掀起。‖ 本次购物节共持续了三天，由于打折力度比较大，在全市掀起了火热的购物浪潮。

解释▶ 浪潮：事物发展到最高的程度或顶点。使……运动、活动大规模地进行或达到高峰。多用来对不同时代、不同阶段的运动或活动等进行描写。多放在句尾，前面常有别的句子作相关的说明，有时后面也有句子进行补充。○多用于叙事，用于正式场合。◇ 也说"掀起…（的）高潮"。

★ **掀起 +（数量短语）+ 名词、动词、形容词 +（的）浪潮。** 动宾结构。在句中常作谓语、宾语。结构中的名词、动词、形容词可同时使用。

扩展▶ 掀起了一个个浪潮；掀起了新的浪潮；掀起了一个旅游浪潮；掀起了工业化的浪潮；掀起了新的文学浪潮；掀起爱国浪潮；掀起了植树造林的浪潮；掀起了绿化城市的浪潮；剧场内掀起了欢乐的浪潮；掀起时尚浪潮。

【闲着没事（…）】 xiánzhe méishì（…） ［五级］

例句▶ 我刚到北京时，没有什么朋友，周末闲着没事就在家上上网，看看书。‖ 她可真是个闲着没事的人，整天就关心哪里的东西好吃，哪里的衣服在打折。

解释▶ 形容不忙，比较轻松的状态，有时含无聊的意味。多用来描述人或事。前面常有别的句子作相关的说明，后面的句子多补充要找些事做的具体内容，而有时做事也是为了打发时间。○多用于叙事和对话，口语。

★ **闲着没事 +（动词）。** 在句中常作谓语、定语。

扩展▶ 闲着没事唱唱歌；闲着没事来帮帮你们；闲着没事到外面去逛逛；闲着没事到公园走走；闲着没事找朋友聊聊；闲着没事就跟你打电话了；闲着没事外出旅行；闲着没事整天看电视。

【嫌 A … 】 xián A … ［六级］

例句▶ —刚刚那位顾客怎么没买这件衣服呢？—她嫌这件衣服有点儿大。‖ 这个问题你怎么还问呢，我已经跟你说过三遍了，你还嫌我说得不够清楚吗？

解释▶ 觉得某人或某物有缺点，不太满意。句子的后半部分常常指出说话者不满意的具体内容，带有不满的意味。多放在句尾，前面常有别的句子作相关的说明，有时直接用来提问或回答问题。多用于不愉快的事情。○多用于叙事和对话，口语。

★ **嫌 + 名词 / 代词（指人）+（形容词 / 动词）。** 在句中常作谓语。结构中的名词、代词既是“嫌”的宾语，又是后面形容词、动词的主语，形成兼语式。

扩展▶ 你怎么能嫌他呢；你不嫌他烦吗；他嫌她不漂亮；他嫌钱少不肯干这份工作；嫌这里的东西太贵了；顾客嫌苹果不甜；她嫌男朋友长得太矮；我是不会嫌你钱少的；他总嫌别人工作做得不好。

【险些 … 】 xiǎnxiē … ［超纲］

例句▶ 今天车在路上突然出问题了，险些出事儿，幸好朋友及时赶过来，很快就把问题解决了。‖ 昨天他喝了不少酒，醉得险些回不了家。

解释▶ 差点儿……。多是不好的、不希望发生的事情，最后没有发生。含有侥幸的意味。多用来描述事情的经过。结构位置比较灵活，前面常有别的句子解释原因，后面的句子多说明没有出现不希望出现的事情。多用于过去的、不好的或不愉快的事情。○多用于叙事和对话，口语。

★ **险些 + 动词。** 在句中常作谓语、补语。结构中的动词不能为单音节词。

扩展▶ 这次险些出了人命；他们险些掉到河里；公司因出现问题险些关

门；我们的计划险些失败；连他都险些拿不出这些钱来；我们险些连朋友都做不成；这次旅行他们险些去不成；哭得险些晕倒；气得险些要骂人。

【现 A 现 B】 xiàn A xiàn B ［超纲］

例句▶ 您就放心吧，我们家的包子都是现做现卖的，可新鲜了。‖ 孩子喝牛奶必须现冲现喝，一次喝多少就冲多少，冲多了喝不完就浪费了。

解释▶ 现：临时，当时。两个“现”中插入两个动词，表示当时完成第一个动作，紧接着做另一个动作。前后动作有关联，前一个动作是后一个动作的条件，没有前一个动作，后面的动作不能实现。多用在前面的动作开始后，很快就能引出后一动作的情况。注意▶ 结构搭配有限。结构位置比较灵活，前后常有别的句子进行说明或补充。○多用于叙事和对话，口语。

★ **现 + 动词 $_1$ + 现 + 动词 $_2$。** 框架格式。在句中常作谓语。结构中的动词为单音节词，构成四字格式。

扩展▶ 这样的点心现做现吃就好了；我得现学现卖，学会了就教你们；咖啡还是现做现喝的好；我们现编现唱，一会儿就完成；你刚买回来的就卖给我了，这不是现买现卖吗；这种菜必须现烧现吃才新鲜。

【献 … 殷勤】 xiàn … yīnqín ［七—九级］

例句▶ —小王，你跟小李发展得怎么样了？—别提了，我都献了几个月殷勤了，可她一点儿表示都没有。‖ —平时他不常跟你说话，怎么最近向你献起殷勤来了？—可能有什么事儿要我帮忙吧。‖ 他是个爱在老板面前献殷勤的人，没事儿就帮老板拿拿报纸、冲冲咖啡，老板也比较喜欢他。

解释▶ 为了某种目的讨好某人，对他（她）特别关心、特别热情，或办事特别周到等。有拍马屁的意思，多具有贬义色彩。用于自己，有自嘲的意味。结构位置比较灵活，前后常有别的句子作相关的说明或补充。○多用于叙事和对话。

★ **献 + 数量短语 / 形容词 / 献 / 起…来 + 殷勤。** 动宾结构。在句中常作谓语、定语。结构中的“献殷勤”中间可加入“数量短语、形容词、起…来”等，动词也可以重叠。

扩展▶ 献了个殷勤；献点儿小殷勤；没事多献献殷勤；献尽了殷勤；别献错了殷勤；想乘机献一下殷勤；他是个爱向领导献殷勤的人。

【相比之下，…】 xiāng bǐ zhī xià，… ［一级］

例句▶ 由于人们生活水平提高了，并且机票常常打折，坐飞机的人逐渐增加，相比之下，坐火车的人慢慢减少了。‖ 这两瓶酒看样子差不多，但相比之下，这瓶的味道比那瓶好一些，价格也贵一些。

解释▶ 对人或物进行比较。多用于同类或不同类但互相有关联又有差别的情况，找出他（它）们的优点和不足。适用范围很广。前面常有别的句子说明情况，后面的句子多是比较后出现的结论或新情况。○多用于叙事。

★ **相比之下，小句。** 可独立成句。结构中的"相比之下"在句中作插入语。结构中的小句是得出的结论。

扩展▶ 相比之下，妹妹比姐姐安静得多；相比之下，我更喜欢吃四川菜；相比之下，她吃得太少了；相比之下，他们公司实力更强；相比之下，洋酒的价格要高出几十倍；相比之下，现在的收入比以前高多了，但压力也比以前大多了。

【相当于…】 xiāngdāng yú… ［三级］

例句▶ —这些题你会做吗？—这些题的难度只相当于高中水平，我一个大学生怎么不会做呢？ ‖ 这种食品油多、糖多，吃一包相当于要胖两斤，你还是不要再吃了。

解释▶ 相当：差不多。（在条件、数量、程度等方面）跟……相等或差不多。多用来对人或物进行比较。结构位置比较灵活，前后常有别的句子作相关的说明或补充。○多用于叙事和对话。

★ **相当于＋名词／动词。** 在句中常作谓语。

扩展▶ 这个省的面积相当于两个北京；一顿饭的价格相当于10美元；这些钱相当于他们一年的收入了；这棵树高35米，相当于12层楼高；这种动物出生时的体重相当于它妈妈的1%；当地这个节日相当于中国的春节；大小相当于一辆公共汽车。

【相对（于）…而言】 xiāngduì（yú）… ér yán ［七—九级］

例句▶ 虽然你打篮球的水平还不是很好，但相对两年前而言，已经有很大的进步了。‖ 中国人口最多的民族是汉族，相对汉族而言，其他少数民族人口数量很少。

解释▶ 相对：相比较。而言：来说。跟……相比，后面有句子指出某人或某物之间的不同特点等。用于两个或两个以上的人或事物的比较。前面常有别的句子作相关的说明，后面也有句子把意思补充完整。○多用于叙事，书面语。◇ 也说“相对（于）…来说”。

★ **相对（于）+ 名词 + 而言。** 框架格式。在句中作状语。

扩展▶ 相对（于）过去而言有很大的进步；相对（于）农村而言，这里的生活条件好得多；相对（于）你以前犯的错而言，这点儿小事又算得了什么呢；相对（于）流利的表达而言，我的词汇量还很少；这点儿工资相对（于）房价而言实在太少了；相对（于）这个国家而言，那个国家经济发展得很快。

【相对（于）… 来说】 xiāngduì（yú）… lái shuō ［七—九级］

见 600 页【相对（于）… 而言】条。

【想到 … 就 … 】 xiǎngdào … jiù … ［一级］

例句▶ 我没有好好复习，所以想到今天下午的考试，就特别担心。‖ 在这个城市生活了五年，想到马上就要离开这里了，我就觉得有点儿舍不得。‖ 其实我挺想出去逛逛的，可想到外面这么冷，我就不愿意出门了。

解释▶ 想到某人、某事或某物，就会有某种感觉或产生某种想法。多用来描述心理的变化过程。放在句子的后半部分，前面常有别的句子作相关的说明。有时可以直接用于回答。多用于已经存在的或将要发生的事情。○多用于叙事和对话，口语。

★ **想到 + 名词 $_1$ / 动词 $_1$ / 小句，（名词 $_2$ / 代词［指人］）+ 就 + 动词 $_2$ / 形容词。** 在句中作谓语，也可独立成句。两个分句有承接关系。

扩展▶ 想到父亲就感到骄傲；每想到这里就觉得特别难受；想到要离开这儿，就觉得很难过；想到明天回家，心里就特别激动；想到有机会出国学习，他就很兴奋。

【想得倒美】 xiǎngde dào měi ［二级］

例句▶ —公司的王丽长得真漂亮，要是能做我女朋友就好了。—你想得倒美，人家早就有男朋友了。‖ —我最近手头有点儿紧，借点儿钱给我行吗？—上次的钱还没还，这次又要借，想得倒美！ ‖ 他想得倒美，让我们辛辛苦苦为他工作，自己却去度假，哪儿有这么好的事儿！

解释▶ 某人为自己做了很好的安排和计划，但因为只是自己一心希望的，现实中根本就不可能，或者很少有可能实现。多有嘲笑这种想法过分、不可能实现的意思。语气较强，有时带有气愤、嘲讽的意味。结构或在句首或在句尾，前面或后面有别的句子进行说明或补充。○多用于对话，口语。

★ **想得倒美。** 在句中作谓语，也可独立成句。

扩展▶ 你想得倒美，哪有这么好的事情；想得倒美，一分钱不花，白拿那么多东西；想跟我一起去，想得倒美；让我帮你做作业，你看电视，你想得倒美。

【想都别想】 xiǎng dōu bié xiǎng ［一级］

例句▶ 我们公司需要的是有专业技能的人，就他这种水平想进我们公司工作，想都别想！‖—不知道这个月老板会给我们发多少奖金？—还奖金呢，想都别想。能拿到基本工资就已经很不错了。

解释▶ 不要抱有希望或幻想，根本没有这种可能。多用来告诫对方不要想得那么好，实际情况差得很远。有时也用于自己。语气较强。多用于将要发生的事情。多放在句尾，前面常有别的句子说明情况，有时后面也有句子作进一步补充。○多用于对话，口语。◇ 也说“（连）想都别想”“（连）想也别想”“想也别想”。

★ **想都别想。** 在句中作谓语，也可独立成句。

扩展▶ 让我原谅你，你想都别想；这种好事哪轮得上我们，想都别想；别以为我会同意的，我告诉你，你想也别想；现在想找这样的工作，想都别想；就我们这样的工资想住这样的房子，想都别想；你还想着这次考试拿第一名呢，想也别想。

【想A都A不…】 xiǎng A dōu A bù… ［一级］

例句▶ 都快半夜了，楼上的人还在吵吵闹闹、唱唱跳跳的，我想睡都睡不着。‖我想趁年轻多出去走走看看，等到老了想走都走不动了，那时后悔就来不及了。

解释▶ 想做某事却不能做。多指因为某些原因或情况而使能力达不到或愿望不能实现。有时含有遗憾、无奈的意味。适用范围很广。前面常有别的句子作相关的说明，有时后面也有句子作进一步补充。○多用于叙事和对话，口语。◇ 也说“想A也A不…”。

★ **想＋动词$_1$＋都＋动词$_1$＋不＋动词$_2$/形容词。** 框架格式。在句中常作谓语。结构中的动词$_2$和形容词为可能补语。结构中的前后两部分有假设关系或转折关系。

扩展▶ 以后想写也写不了；现在我想唱也唱不好；生病了，想吃都吃不下；

有些话想说都说不出来；上课没有听，作业想做都做不好；肚子太饱了，想吃都吃不下；这东西太贵，想买也买不起啊；想见他一面都见不上。

【想A就A】 xiǎng A jiù A ［一级］

例句▶ 零食都放在桌子上了，你想吃就吃，千万别客气。‖ 最近我买了辆新车，想去哪儿玩儿就去哪儿玩儿，真方便。‖ 这些书都借给你吧，想什么时候还就什么时候还，我不着急看。

解释▶ 如果想做某事就做某事，表示完全按照自己的意愿去做，不受控制和限制。前后常有别的句子作相关的说明或补充。○多用于叙事和对话，口语。

★ 1）**想＋动词＋就＋动词。**

2）**想＋动词＋疑问代词＋就＋动词＋疑问代词。**

3）**想＋疑问代词＋动词＋就＋疑问代词＋动词。**

框架格式。在句中作谓语，也可独立成句。结构2）中的疑问代词多是“什么、哪儿、谁、哪”等，结构3）中的疑问代词多是“怎么、什么时候”等。

扩展▶ **句型1）**想去就去；想来就来；想走就走；你想说就说吧；想睡就睡，别累着；想学习就学习；想休息就休息；你们想玩儿就玩儿，想乐就乐。

句型2）想吃什么就吃什么；想画什么就画什么；想给谁就给谁；想找谁就找谁；你想让谁去就让谁去吧；想坐哪儿就坐哪儿。

句型3）想什么时候去就什么时候去；想什么时候回家就什么时候回家；想怎么去就怎么去；想怎么做就怎么做。

【想开点儿】 xiǎngkāi diǎnr ［一级］

例句▶ 她最近总是一副很难过的样子，真希望她能想开点儿，别那么难过。‖ —这孩子太不听话了，我快被他气死了。—想开点儿，孩子现在还小，长大了就会懂事的。

解释▶ 不要总记着不如意、不愉快的事情。劝人要换个角度考虑问题。多用来劝说、安慰对方或别人。结构位置比较灵活，前面或后面常有别的句子进一步说明情况，有时也可用来直接答话。多用于已经存在的事情。○多用于对话，口语。

★ **想开点儿。** 在句中作谓语，也可独立成句。

扩展▶ 别这么不开心，想开点儿；有些事你得想开点儿；大家都应该想开点儿；凡事都要想开点儿；其实我们只要想开点儿，就没什么大不了的事儿；不就是丢了工作吗，想开点儿，一定能找到一份更好的。

【想要…（的话），…】 xiǎng yào …（dehuà），… ［一级］

例句▶ —我怎么什么工作都找不到？—告诉你，想要找一份好工作的话，你得先提高自己的能力。‖—我们什么时候才能再见？—想要见我的话，来我家找我啊。

解释▶ 如果想要……。后面的句子多是关于要做的或可以做的事情的具体内容。多用来建议别人该怎么样。有时直接用来回答，有时前面有别的句子作进一步说明。○多用于叙事和对话，口语。

★ **想要＋动词$_1$＋（的话），动词$_2$／小句。** 框架格式。可独立成句，也可在句中作谓语。结构中的两个分句有假设关系。

扩展▶ 想要知道他是谁（的话），自己可以去问他；想要赚钱（的话），应该努力工作；想要跟他们交朋友（的话），就主动去找他们；想要找人一起逛街（的话），去找小张；想要找人聊天儿（的话），打电话给我。

【想也别想】 xiǎng yě bié xiǎng ［一级］

见 602 页【想都别想】条。

【想 A 也 A 不…】 xiǎng A yě A bù… ［一级］

见 602 页【想 A 都 A 不…】条。

【向 A…】[1] xiàng A … ［二级］

例句▶ 师傅，麻烦您再向前开一点儿，我家就在前面。‖都爬了半个小时了，还没到山顶，虽然都很累了，但我们只能继续向上爬。‖他穿着一身深蓝色的运动服，一脸的微笑，向我走过来。

解释▶ 动作行为往某个方向进行。多用来描写具体的动作。前面常有别的句子作相关的说明，有时后面也有句子作进一步补充。○多用于叙事和对话。

★ **向＋名词／代词（指人）＋动词。** 在句中常作谓语。结构中的“向＋名词／代词（指人）”是介词短语。结构中的名词常表示方位或地点，代词表示某人所处的方位或地点。

扩展▶ 向左走就可以看到银行了；师傅请向右拐；大家向前看；你再向后退；他向上爬了一下；不要怕，向下跳；车向后倒 10 米；孩子向房间里走去；大家向发生事故的地方跑去；我向马路对面望去；水向低处流。

【向 A … 】 ² xiàng A … ［二级］

例句▶ —刚刚是我不好，实在对不起，请你原谅。—你不必向我道歉，其实我也有错的地方。‖ 李老师，我有一个问题想向您请教，不知道您什么时候方便？ ‖ 听说他在这次乒乓球比赛中得了第一名，大家都纷纷跑过来向他表示祝贺。

解释▶ 对某人做某事。这里的“做某事”多是具体动作，也可以是抽象的。结构位置比较灵活，前面或后面常有别的句子作相关的说明或补充。○多用于叙事、描写和对话。

★ **向 + 名词 / 代词（指人）+ 动词。** 在句中常作谓语。结构中的“向 + 名词 / 代词（指人）”是介词短语。

扩展▶ 向大家挥手；向我们打招呼；向大家学习；向他表白；向你提出这个问题；向你保证一定做到；向老师反映情况；向我提出这个问题；你应该向老师请个假；向你们问好；向大家证明了一切；向需要帮助的人提供帮助；向他借本书；向你打听个人。

【向 … **发脾气**】 xiàng … fā píqi ［五级］

见 259 页【跟 … 发脾气】条。

【向 … **告别**】 xiàng … gàobié ［三级］

见 260 页【跟 … 告别】条。

【向 … **拐**】 xiàng … guǎi ［六级］

见 567 页【往 … 拐】条。

【向 … **介绍**（…）】 xiàng … jièshào（…）［一级］

见 250 页【给 … 介绍（…）】条。

【向 … **请假**】 xiàng … qǐngjià ［一级］

见 267 页【跟 … 请假】条。

【向着 … **的方向**】 xiàngzhe … de fāngxiàng ［二级］

见 116 页【朝着 … 的方向】条。

【像那么回事】 xiàng nàme huí shì ［超纲］

例句▶ 虽然这是他第一次上台表演，可演得还挺像那么回事的，大家都觉得很有意思。‖ 听说他是个艺术家，一头长发再加上一副黑色的眼镜，看上去的确像那么回事。‖ 王阿姨教我包过两次饺子，可我包得还是不太像那么回事，有的大，有的小，有的都没合上。

解释▶（做某方面的事）像某方面的样子。形容和真的很像，或大体上符合一定的标准。多指外表、说话或做事情符合相应的标准，把事情往好的方面说，带有褒义色彩。结构前常有“还、真、总算、看起来、装得、怎么都不”等词语。前后常有别的句子进行说明或补充。○多用于叙事和对话，口语。

★ **像那么回事。** 在句中常作谓语、补语。

扩展▶ 还真像那么回事；总算像那么回事了；看起来像那么回事；怎么看都不像那么回事；装得还真像那么回事。

【像什么话】 xiàng shénme huà ［二级］

例句▶ —还是我来买单吧！—这像什么话，我请你吃饭，哪有让你付钱的道理？ ‖ 你说说这像什么话，一边做作业一边听音乐，这作业能做好吗？ ‖ 夫妻俩一吵架就动手，这到底像什么话，难道就没有别的解决办法了吗？

解释▶ 不像话。用问话的形式表示否定。指说话做事不合情理或规矩，太过分。多用来批评、指责某人的言行过分，不合情理。有质问、责备的意味，语气较强。用于自己时表示不能这样做。多放在句尾，前面常有别的句子说明情况；有时也放在句首，后面有句子作进一步补充。○多用于对话，口语。

★ **像什么话。** 在句中作谓语，也可独立成句。有时前面可加“这、那”。

扩展▶ 这还像什么话；事情传出去像什么话。

【像什么样子】 xiàng shénme yàngzi ［二级］

例句▶ —让我进去，赶快让我进去！——一大早就在我家门口大吵大闹，这像什么样子！ ‖ 你看看他，出去喝酒喝得像什么样子！ ‖ 你怎么搞的，房间弄得这么乱，客人来看见了像什么样子，赶快整理一下！

解释▶ 不像样子。用问话的形式表示批评、指责。形容某人表现得不太正常、没有礼貌、缺乏教养或水平。多用来批评、指责某人的言行过分，不合情理；也用于批评某人没有把某事做好。有质问、责备的意味，语气较强。多放在句尾，前面常有别的句子说明情况，有时后面也有句子作进一步补充。○多用于对话，口语。

★ **像什么样子。** 在句中作谓语、补语，也可独立成句。有时前面可加“这、那”。

扩展▶ **用法 1**）用来批评、指责某人的言行过分等：墙上画得乱七八糟，像什么样子；穿件睡衣就出门，像什么样子；受过教育的人说这种话，像什么样子；客人都没上桌你就开始吃饭，这像什么样子。

用法 2）用来批评某人没有把某事做好：字写成这样，像什么样子；好好的一部手机弄成这样，像什么样子；看你把玻璃擦得像什么样子。

【像 … **似的**】 xiàng … shìde ［四级］

例句▶ 自从他工作以后，像变了个人似的，比以前努力多了，也比以前成熟多了。‖ 听到巨大的响声，马群受到了惊吓，像发了疯似的往外冲。‖ 你桌子上怎么这么多书，堆得像小山似的，赶快整理整理。

解释▶ 似的：像……一样。一个人或事物和另一个人或事物，一种情况和另一种情况非常像，但只是给人的一种感觉，不是真的。结构中多用相近或相似的事物或状态来比喻，表达生动鲜明，比较夸张。多用来描写人的动作、状态或事物的状态。前面常有别的句子说明情况，后面也有句子进一步补充。○多用于叙事和对话，书面语。◇ 也说“跟…似的”。这时带有口语色彩。

★ **像＋名词 / 动词＋似的。** 框架格式。在句中常作谓语、状语、补语。

扩展▶ 我像做了一场梦似的；跟我说话像跟一个好朋友聊天儿似的；你怎么像没听见似的；像什么也没有发生似的；他突然像不认识我似的；我们像老朋友似的熟悉得很；她像大姐姐似的照顾我；那天像过节似的热闹极了；他哭得像孩子似的；壮得像头牛似的。

【像 …（所）… 的那样（…）】 xiàng …（suǒ）… de nàyàng（…）［二级］

例句▶ 如果这种洗衣机真的就像广告说的那样好，我一定会买的。‖ 朋友介绍我买了一部手机，用了一个月才发现，这个手机不像朋友说的那样好，常常出毛病。‖ 我十分同意他说的话，就像他所说的那样，我们虽然取得了一些成绩，但是不能骄傲。

解释▶ 人或物，事情或状态跟某人想的、说的、做的一样或差不多。多用来描述、评价人或事物。前面常有别的句子说明情况，后面常有别的句子补充或说明实际情况。○多用于叙事和对话。

★ **像+名词/代词（指人）+（所）+动词+的那样+（形容词）。** 框架格式。在句中常作谓语。否定形式为“不像…（所）…的那样（…）”。

扩展▶ 就像过去一直做的那样；并不像你所想的那样；正像你歌中所唱的那样；就像这篇文章所写的那样；事情不像大家想象的那样顺利；感觉像他所说的那样痛苦；他俩的关系不像你们想象的那样简单；事情就像我所预料的那样有意思。

【像A一般（…）】 xiàng A yìbān（…）［二级］

见608页【像A一样（…）】条。

【像A一样（…）】 xiàng A yíyàng（…）［一级］

例句▶ 这天说变就变，刚刚还好好的，现在就下起了像黄豆一样大的雨，你说怪不怪。‖—小明，你长大以后有什么理想？—我想像爸爸一样当一名警察，专门抓坏人。‖ 小王家有个两岁的女儿，长得像外国娃娃一样，眼睛大大的，头发卷卷的，特别可爱。

解释▶ 表示人或物的动作、行为、样子跟某人，或某个事物，或某种情况相同或差不多。“一样”后面有时直接指出“跟…一样”的状态或程度。表达鲜明生动，比较夸张。多用来描写已出现的人或事物的情况或状态，有时也可用于描写将来的事情。前面常有别的句子说明情况或状态。○多用于叙事和对话。◇ 也说“像A一般（…）”。这时多用于书面语。

★ 1）**像+名词/动词+一样。**

2）**像+名词/动词$_1$+一样+动词$_2$/形容词。**

框架格式。在句中常作谓语、定语、状语、补语。否定形式为“不像A一样B”。否定词也可加在结构后，如“像A一样不B”。但二者意思不一样。

扩展▶ **句型1）** 像花儿一样；就像从前一样；这天空像下过雨一样；怎么像个傻瓜一样；那天他像喝醉了一样；这孩子怎么像几天没吃过饭一样。

句型2） 我想像他一样优秀；头发像雪一样白；像妈妈一样漂亮；像坐公共汽车一样方便；像在自己家里一样舒服；像过节一样高兴；我希望长大后像她一样当演员；他像孩子一样哭了起来；像没出过门一样对什么都很好奇。

【像A+这么/那么…】 xiàng A+ zhème / nàme …［二级］

例句▶ 事情不像听起来那么简单，因为真正去做的时候，会遇到很多想不到的困难。‖ 我从没见过像他这么有趣的人，他在哪里，哪里就有笑声。‖ 退休后，他每天就逛逛公园，养养花草，他希望以后的日子一直过得像现在这么舒服。

解释▶ “这么”表示近指，“那么”表示远指。人或物、事情（程度、方式、数量）跟其他人或事物的情况差不多。无论肯定句还是否定句，都在“这么 / 那么”后明确指明这种状态或程度是什么样的。多用来描写人或物的动作、状态等，表达生动，有时略带夸张。结构位置比较灵活，前面或先引出话题，或有别的句子作相关的说明，有时后面也有句子进行补充。○多用于叙事和对话，口语。◇ 也说“像 A+ 这样 / 那样（…）”。“这样 / 那样”后不只是形容词，还可有动词。

★ **像 + 名词 / 动词 / 代词 + 这么 / 那么 + 形容词。** 框架格式。在句中常作谓语、定语、补语。否定形式为“没像…这么”“不像…那么”。

扩展▶ **用法 1）** 像 + 这么：像你这么漂亮的女孩儿；没有走过像今天这么远的路；他从没像今天这么激动；外面不像房间里这么暖和；这些石头像鸡蛋这么大。

用法 2） 像 + 那么：跑得像汽车那么快；事情不像以前那么难了；他是不是真的像大家说的那么好；任务不像听起来那么容易；拿到手的东西不像广告上的那么好看。

【像 A + 这样 / 那样（…）】 xiàng A + zhèyàng / nàyàng（…）［二级］

例句▶ 星期六的早上，他很早就起床了，像往常那样，他开着车去超市买东西。‖—过几天我就要去学开车了，心里特别紧张。—怕什么，开车就像骑自行车那样容易，你一定没问题。‖ 以前我没来过像北京这样的大城市，所以刚来的时候，有点儿不习惯。

解释▶ “这样”表示近指，“那样”表示远指。人或物、事情（程度、方式、性状）跟其他人或事物的情况差不多。有时“这样、那样”后明确指出这种状态或程度是什么样的。多用来描写人或物的动作、状态等，表达生动，有时略带夸张。前面常有别的句子作相关的说明，后面常有句子进一步补充说明。○多用于叙事和对话，书面语。◇ 也说“像 A+ 这么 / 那么…”。

★ **像 + 名词 / 动词$_1$ / 代词 + 这样 / 那样 +（形容词 / 动词$_2$）。** 框架格式。在句中常作谓语、定语、状语、补语。

扩展▶ **用法 1）** 像 + 这样：你只能像我这样，安心工作；像今天这样高水平的比赛；没见过像她这样漂亮的女孩儿；没听过像今天这样好听的歌曲；只好像现在这样在家等结果。

用法2）像＋那样：这次又像往常那样；就像以前说的那样；不想像他们那样每天都那么忙；不想像父母那样一直很辛苦；东西堆得像小山那样高；长得像她妈妈那样漂亮。

【像…之类】 xiàng … zhī lèi ［六级］

见475页【如…之类】条。

【A小于B】 A xiǎo yú B ［六级］

见155页【A大于B】条。

【心存…】 xīn cún … ［超纲］

例句▶ 这么多年，为了让我们生活得好些，爸爸一直早出晚归辛苦地工作，所以我对爸爸心存感激。‖ 可能有人会心存疑问，同样的商品，这里的价格怎么低了那么多，是不是质量有问题？

解释▶ 对某人或某事，心里有某种感觉。这种感觉可在做某事之前或在做某事之后，有好的和不好的、愉快的和不愉快的。结构位置比较灵活，前后常有别的句子作相关的说明和补充。常用结构为“对…心存…”。可用于已经存在或发生的事情。○多用于叙事，书面语。

★ **心存＋动词/名词。** 动宾结构。在句中常作谓语、定语。结构中的动词或名词都是表示心理活动的双音节词，构成四字格式。

扩展▶ 对此我们心存希望；我始终心存向往；对此大家心存疑虑；最好不要心存侥幸；大家对这事的处理心存不满；父母心存担忧不是没有道理的；他对我心存戒备；我对大家心存愧疚。

【心里别提有多…了】 xīnlǐ bié tí yǒu duō … le ［二级］

例句▶ 一回家，就发现全家人都在等着我，那一刻，我的心里别提有多感动了。‖ 经过了一个学期的学习，终于放暑假了，孩子们心里别提有多高兴了。‖ 看到自己心爱的女孩儿和别的男孩儿有说有笑的，他的心里别提有多痛苦了。

解释▶ 不用说心里有多么……。表示这种感觉非常强烈，达到了很高的程度。多用于描写心情或心理状态。可以是好的感觉，也可以是不好的。多放在句尾，前面常有别的句子说明情况。多用于现实生活中的事情。○多用于叙事和对话，口语。

★ **心里别提有多＋动词/形容词＋了。** 框架格式。在句中作谓语，也独立成句。结构中的动词或形容词常是表示心理活动或状态的词。

扩展▶ 听到这个消息我心里别提有多兴奋了；得了一等奖她心里别提有多得意了；看到坏人倒霉，我们心里别提有多痛快了；得到大家的关心和帮助，我心里别提有多温暖了；走进考场的那一刻，我心里别提有多紧张了。

【幸亏…，才…】 xìngkuī…，cái… ［七—九级］

例句▶ —明天是小王的生日，记得给他打个电话。—幸亏你提醒我，我才想起来。‖ 上班的路上，突然下起了大雨，我幸亏随身带着雨伞才没被淋湿。

解释▶ 由于事先有准备或出现某种有利的情况，使某人避免了不希望发生的事情。含有侥幸的意味。多放在后半句，前面常有别的句子作相关的说明。可用于现实生活中的事情。○多用于叙事和对话，口语。

★ **幸亏＋动词$_1$/小句，(名词/代词［指人］)＋才＋动词$_2$。** 在句中作谓语，也可独立成句。结构中的两个分句有条件关系。

扩展▶ 幸亏你帮助我，我才完成了任务；幸亏赶上了火车才准时到家；幸亏车上有名乘客是医生，才救了他一命；幸亏咱们今天人多，才没有吃亏；这个问题幸亏发现得早，才避免了严重的后果。

【幸亏…，否则…】 xìngkuī…，fǒuzé… ［七—九级］

见 611 页【幸亏…，(要)不然…】条。

【幸亏…，(要)不然…】 xìngkuī…，(yào) bùrán… ［七—九级］

例句▶ 今天路上堵得厉害，幸亏没坐公共汽车，不然我上班就迟到了。‖ 听说你明天就走？幸亏我今天提早回来了，要不然就没机会见你了。

解释▶ 由于自己有准备，或得到别人帮助，或有某些有利的条件，使某人避免了不希望发生的事情或不希望看到的结果。含有侥幸的意味。多放在句子的后半部分，前面常有别的句子作相关的说明。可用于现实生活中的事情。○多用于叙事和对话，口语。◇ 也说“幸亏…，否则…”。这时带有书面色彩。

★ **幸亏＋动词$_1$/小句$_1$，(要)不然＋动词$_2$/小句$_2$。** 框架格式。可独立成句。结构中的两个分句有转折关系。

扩展▶ 幸亏你提醒了我，(要)不然我又要出错了；幸亏我们今天带了伞，(要)不然都会被淋湿；幸亏你及时赶到，(要)不然就不能参加考试了；幸亏我有所准备，(要)不然这次考试就很难通过了。

Y

【压根儿（就）+ 不 / 没 … 】 yàgēnr（jiù）+ bù / méi … ［超纲］

例句▶ 你还没看出来吗？这里的人压根儿就不欢迎我，我还是回去吧。‖ 整整一个小时的会，小李压根儿就没听进去，因为他一直在担心生病住院的母亲。

解释▶ 压根儿：根本。根本（就）不……，根本（就）没……。强调否定某事，可以是某人不愿意做的，也可以是实际情况，语气较强。注意▶ 不用于愉快的、好的事情。结构位置比较灵活，前后常有别的句子作相关的说明或补充。○多用于叙事和对话，口语。

★ 1）**压根儿（就）+ 不 + 动词 / 形容词。**

2）**压根儿（就）+ 没 + 动词 +（过）。**

在句中常作谓语。只能用于否定句。

扩展▶ **句型 1）** 压根儿（就）不知道；压根儿（就）不认识他；压根儿（就）不喜欢你；压根儿（就）不想好好学习；压根儿（就）不想去；压根儿（就）不同意；压根儿（就）不愿意借。

句型 2） 压根儿（就）没想过；压根儿（就）没注意到；我压根儿（就）没说过；压根儿（就）没当回事儿；压根儿（就）没打算参加。

【… 眼（睛）都 + 不 / 没 + 眨一下】 [1]… yǎn（jing）dōu +bù / méi + zhǎ yí xià ［超纲］

例句▶ 妈妈特别爱看电视剧，看到精彩的地方，眼都不眨一下。‖ 你怎么一直看着那位姑娘，连眼睛都不眨一下，人家会害羞的。‖ 他手里拿着银行卡，足足看了一分钟，看得眼睛都没眨一下，他心想，买房的钱全都在里边了。

解释▶ 眨：眼睛闭上又马上睁开。比喻认真地看着某人或某物，不让他（它）离开视线。多用于描写人的细微动作，含有夸张的意味。结构位置比较灵活，前后常有别的句子作相关的说明或补充。○多用于叙事和对话，口语。

★ **眼（睛）都 + 不 / 没 + 眨一下。** 可独立成句，也可在句中作补语。

扩展▶ 怎么连眼（睛）都不眨一下；看了好长时间眼（睛）都不眨一下；情节太紧张了，他眼（睛）都不眨一下。

【…眼(睛)都+不/没+眨一下】[2] … yǎn(jing) dōu +bù / méi +zhǎ yí xià [超纲]

①例句▶ 有的人就是这样，不管发生什么大事，他们总能保持镇静，连眼睛都不眨一下。‖—听说你学过功夫，我想跟你比试比试。—你还是别试了，就是三个你一起上，我眼睛都不会眨一下。‖我真不知道她说的是假话，因为她说得像真的一样，眼睛都没眨一下，我怎么会怀疑她呢？

解释▶ 比喻心里不紧张，保持原有的平静。有时含有夸奖的意味，这时具有褒义色彩；用来指说谎时表示某人很老练，这时具有贬义色彩。多用来描述事情发生的经过。结构位置比较灵活，前后常有别的句子作相关的说明或补充。○多用于叙事和对话，口语。

②例句▶ "1000块有点儿贵，600块卖给我可以吗？"我小心地问道。"卖给你吧！"说这话时，卖表的人眼都没眨一下。‖小明告诉妈妈说："今天我去医院打针了，打针时我特别勇敢，眼睛都没眨一下。"

解释▶ 比喻不犹豫，很果断或很勇敢。多用来描写人的动作行为，前后常有别的句子说明或补充果断、勇敢的具体内容，有时含有夸奖的意味，这时具有褒义色彩。多用来描述事情发生的经过。○多用于叙事和对话，口语。

★ **名词/代词(指人)+眼(睛)都+不/没+眨一下。** 可独立成句。结构中的"眼(睛)都+不/没+眨一下"也可在句中作谓语、状语。

扩展▶ **用法1)** 比喻心里不紧张，很平静：说这些话的时候，他眼连眨都没眨一下；看见坏人他眼睛都不眨一下，一脚就把那人手上的刀踢飞了；说谎时他眼睛都不眨一下。

用法2) 比喻不犹豫，很果断或很勇敢：他眼都没眨一下就同意了；把东西送给我的时候，我想他会舍不得，没想到他眼连眨都没眨一下；你怎么眼睛都没眨一下就把我东西拿走了。

【眼看就要…了】 yǎnkàn jiù yào … le [六级]

例句▶ 眼看就要天黑了，我们还是找个旅馆住一晚，明天再出发吧。‖—小王，你最近工作可真努力啊！—不努力行吗，我妻子怀孕七个月了，我眼看就要做爸爸了，生活压力越来越大，得多赚点儿钱啊！

解释▶ 眼看：马上。某件事情就在眼前，比喻事情就要发生了。可以是好的或不好的、愉快的或不愉快的事情。结构后面有句子说明应该做的事或后来发生的事情，前面常有别的句子作相关的说明。○多用于叙事和对话，口语。

★ **眼看+(名词/代词[指人])+就要+动词+了。** 框架格式。在句中作谓语，也可独立成句。

扩展▶ 眼看就要开学了；眼看就要到春节了；比赛眼看就要结束了；车眼看就要到站了；两人眼看就要打起来了；试验眼看就要成功了；家里的食物眼看就要吃完了；这家公司眼看就要倒闭了；眼看他就要回国了；眼看天就要亮了。

【眼看着…】 yǎnkànzhe… ［六级］

例句▶ 出院不久，老人的身体又感到不舒服了，一连几天都吃不下饭，眼看着身体渐渐瘦了下来，家人急得不得了。‖一个月，两个月，三个月，工作一直没有找到，眼看着带来的钱都快花光了，这几个年轻人只好遗憾地回老家去了。‖自从开始学习以来，他眼看着自己一天比一天进步，心里有说不出的高兴。

解释▶ 亲眼看到，表示清楚地知道事情的发生经过，某人（预感到事情下一步的发展，或可能出现的结果等）有了某种心情或做了某事。后面的句子多是用来说明某人的心情、做了什么或怎么做。多用来描写人、物或现象一点儿一点儿地变化。可以指不如意的事情，也可以指好的、愉快的事情。前面常有别的句子作相关的说明。○多用于叙事和对话，口语。

★ **眼看着+句子。** 可独立成句，后面必须有别的句子说明状态或情况。

扩展▶ 眼看着天气一天比一天冷；眼看着孩子的病越来越严重；眼看着钱一天比一天多起来；眼看着女儿一天天长大；眼看着比赛的分差一步步变大；眼看着物价一天比一天高；眼看着树上的叶子一片片掉下来；眼看着这场比赛输给了对方；眼看着婚礼的日子一天天临近。

【眼睁睁地看着…】 yǎnzhēngzhēng de kànzhe… ［超纲］

例句▶ 你是孩子的爸爸，难道你就这样眼睁睁地看着孩子整天玩游戏，不管管他吗？‖虽然我不会游泳，但我也不能眼睁睁地看着他掉进水里呀，所以我马上去叫了附近的人过来救他。‖小明是我们班跑步最快的学生，每次跑步比赛，我们都眼睁睁地看着他超过大家，一下子冲到前面，最后夺得第一名。

解释▶ 眼睁睁：张开眼睛。只能张开眼睛看着（事情的发生），没有采取措施或不能有什么办法。多指因为没有办法（而让某事发生）；有时也表示不愿意让它发生，这时多用反问句或否定形式。多用于不好的、不愉快的、不希望看见的事情。结构位置比较灵活，前后常有别的句子作相关的说明或补充。○多用于叙事和对话，口语。

★ **眼睁睁地看着 + 小句。** 在句中作谓语，也可独立成句。否定表达为“不能（会 / 愿意 / 可能）眼睁睁地看着…”。

扩展▶ 不能眼睁睁地看着大家受累；我怎么能眼睁睁地看着这个孩子被人欺负；我不能眼睁睁地看着不管；受灾的百姓眼睁睁地看着房屋被洪水冲倒；怎么能眼睁睁地看着小偷儿逃跑呢；你就这样眼睁睁地看着他胡闹；眼睁睁地看着别人赚钱。

【… 咽（不）下这口气】 … yàn(bú) xià zhè kǒu qì ［七—九级］

例句▶ 谁叫他是我的老板呢，即使对我不客气，为了这份工作，我也只能咽下这口气！‖ 这件事情明明不是我们的责任，凭什么批评我们，我实在咽不下这口气。‖ 虽然事情过去几天了，但是他想来想去还是咽不下这口气，于是决定给对方一点儿颜色看看。

解释▶ 咽：使嘴里的东西通过喉咙到胃里去。咽下这口气，比喻忍受不公平或不合理的待遇，或接受和自己身份不符的对待。后一用法多指别人对自己不礼貌。肯定用法表示不得不这样做，含有无奈的意味；否定用法表示不愿意接受某种事实或待遇，带有不满、气愤的意味，语气较强。多用于否定用法。肯定用法前常有“没法儿、难以、怎能、不得不、暂时、只好”等词语；否定表达前常有“实在、无论如何都、真的、谁能”等词语。前面常有别的句子作相关的说明，有时后面也有句子作进一步补充。○多用于叙事和对话，口语。

★ **名词 / 代词（指人）+ 咽（不）下这口气。** 可独立成句。多用于否定句或反问句。

扩展▶ 暂时咽下这口气；难以咽下这口气；怎么能咽下这口气；无论如何也咽不下这口气；真咽不下这口气；谁能咽下这口气；没法儿咽下这口气啊；不得不咽下这口气；不咽下这口气也不行。

【咬咬牙 … 】 yǎoyǎoyá … ［五级］

见 663 页【一咬牙 … 】 条。

【要不 … 才怪呢】 yào bù … cái guài ne ［四级］

例句▶ —你怎么知道我今天不高兴？—你的不高兴都写在脸上了，要不被人发现才怪呢！‖ 你们的球队是专业队，而他们只是业余的，这次比赛你们要不赢才怪呢！

解释▶ 要不：如果不。如果某件事情不发生会让人觉得很奇怪，意思是（按正常情况推理）这件事一定会发生。多是说话人根据经验或一般的情况对某事进行推理，带有肯定的意味，语气较强。多放在句尾，前面常有句子说明事情的原因或情况。〇多用于叙事和对话，口语。

★ **要不 + 动词 + 才怪呢。** 框架格式。在句中作谓语，也可独立成句。

扩展▶ 要不生病才怪呢；他要不生我的气才怪呢；你这样做要不被人笑话才怪呢；你们要不输比赛才怪呢；手机这样放要不丢了才怪呢；一边走一边玩儿手机要不撞到人才怪呢；这么努力要学不会才怪呢；下雨不打伞要不被淋湿才怪呢。

【要不然（的话）…】 yàobùrán（dehuà）… ［六级］

例句▶ —你怎么来得这么晚？—我在来的路上遇到了一起交通事故，要不然也不会迟到了。‖ 我对这种事情很有经验，你还是照我说的去做，要不然你会后悔的。‖ 你最近一定胃口不太好或者运动得比较多，要不然的话你怎么会瘦得这么快。

解释▶ 否则。如果没有发生前面说的事情或不采取某种行动，就会出现后面的情况。常用来说明情况或给别人提建议；也用来根据现象猜测某人某事可能的情况，结构后面多采用疑问形式，也可用否定形式表达。多放在句尾，前面常有别的句子作相关的说明。〇多用于叙事和对话，口语。

★ **要不然（的话）+ 动词 / 小句。** 可独立成句。前面有别的句子，说明情况。

扩展▶ **用法 1）**用来说明情况或给别人提建议：我这次来是有点儿事情，要不然（的话）不会来你家；带上伞，要不然（的话）就被雨淋湿了。

用法 2）根据现象猜测可能的情况：没有钱了吧，要不然（的话）你不会给妈妈打电话；你喜欢上她了吧，要不然（的话）你对她这么好干什么；他生气了吧，要不然（的话）不会不说话。

【要不是…】 yàobúshì… ［七—九级］

例句▶ 小时候我的腿受过很严重的伤，要不是张大夫，我可能这辈子都站不起来了。‖—怎么这么晚了还没睡？—要不是等你回家，我早就睡下了。‖—你怎么知道这件事的？—要不是他告诉我，我可能永远都不会知道。

解释▶ 要不是：如果不是。如果没有某人或某种原因，就会出现后一句所说的结果。而事实上，前面的原因出现了，所以后面的结果没有出现。多用于已经发生的、好的和不好的事情。有时含有感谢、后悔、侥幸、庆幸等意味。前面常有别的句子作相关的说明，后面的句子说明最后没有出现的结果。○多用于叙事和对话，口语。

★ **要不是 + 名词 / 代词（指人）/ 动词 / 小句。** 后面必须有别的句子，两个句子有假设关系。

扩展▶ 要不是他们，你命都没有了；要不是你介绍，我们连自己的邻居都不认识呢；要不是跑得快，我们就有危险了；要不是为了你，我早就走了；要不是我一直在问，他可能就不会再说了。

【要不 … 也行】 yàobu … yě xíng ［七—九级］

例句▶ 我想跟你谈谈，给我十分钟好吗？要不五分钟也行。‖ 你现在还年轻，不能整天都在家上网玩游戏，应该多读读书，要不出去打打工也行。‖ 我现在还有点儿事，你去外边等我一会儿吧，要不你就在这儿等也行。

解释▶ 要么……也可以，表示选择。前面有一个建议或选择，在前一种建议或选择不能实现的情况下，后一种建议或选择也可以。常用来建议或请求别人。多放在句尾，前面常有别的句子说明原因或情况。○多用于叙事和对话，口语。

★ **要不 + 动词 / 名词 / 小句 + 也行。** 框架格式。可独立成句。

扩展▶ 给我一些蛋糕，要不一个苹果也行；你自己看电视吧，要不我们一起看也行；你们先走，要不我们再等等也行；你最好能回答我，要不你不说话，光点点头或摇摇头也行。

【要 … 才 … 】 yào … cái … ［一级］

例句▶ 听说九点的飞机不能准时起飞了，由于天气原因，要到十点才起飞。‖ 今天我加班，要很晚才到家，你就不用等我了。‖ —那辆车怎么还不走？—你不知道，那种车一般要乘客都坐满了才开。

解释▶ 只有在满足了某种条件的情况下，某事才会发生。前面事情是后面事情的条件。多用来说明情况或原因。结构位置比较灵活，前后常有别的句子作相关的说明或补充。○多用于叙事和对话，口语。

★ **要 + 动词$_1$ / 形容词 / 小句 + 才 + 动词$_2$。** 框架格式。在句中作谓语，也可独立成句。

扩展▶ 生词和课文要常读才能记住；这样的事要常做才熟练；好成绩要努力学习才能得到；这种事要慢慢来才行；要等你们都回来了我才放心；早上要喝咖啡才有精神；小孩儿要买玩具汽车才肯回家；要我怎么说你才明白；要你答应了我才会走。

【要等…才…】 yào děng … cái … ［一级］

例句▶ —你打算什么时候回家？—最近忙着考试，要等考完以后才能回去。‖ 对不起，先生，今天去北京的最后一班汽车已经走了，要等明天早上八点才有下一班。‖ 我平时工作很忙，下班后要忙孩子，晚上要等到孩子睡了以后才有时间看书。

解释▶ 在某件事情发生、某个条件出现或过了某个时间点以后才……。表示前一个情况是后一个情况发生的条件。多用来描述事情可能会出现的情况。多放在句尾，前面常有别的句子作相关的说明。○多用于叙事和对话，口语。

★ **要等＋名词／动词$_1$／小句＋才＋动词$_2$。** 框架格式。独立成句。前后两部分有条件关系。

扩展▶ 要等到月底才能知道明年的计划；要等生出来才知道是男是女；要等他出去以后才能告诉你；要等人都到了才开始上课；要等他回来以后才能知道事情的真相；要等女宾坐下，男宾才坐下；要等专家考察后才能决定下一步的工作。

【要多A有多A】 yào duō A yǒu duō A ［一级］

例句▶ 这个地方真不错，周围地铁、车站、超市、银行、菜市场等等什么都有，要多方便有多方便。‖ 这次考试前我什么也没有复习，考试时有很多写不出来，成绩要多糟糕有多糟糕。‖ 听到老师的表扬，小王像吃了蜜一样，心里要多甜有多甜。

解释▶ 表示感觉某事达到了很高的程度。适用范围较广。含有夸张的意味，语气较强。多放在句尾，前面多有别的句子对某些情况作相关的说明。○多用于叙事和对话，口语。

★ **要多＋形容词＋有多＋形容词。** 框架格式。在句中作谓语，也可独立成句。

扩展▶ 要多漂亮有多漂亮；要多痛快有多痛快；要多美有多美；要多大有多大；要多脏有多脏；要多难看有多难看；要多难听有多难听；要多伤心有多伤心；要多难受有多难受；要多别扭有多别扭。

【要 A 给 A】 yào A gěi A ［一级］

例句▶ 刚开始去菜市场买菜，老板要多少钱我就给多少钱，后来我才知道可以跟他们讲价钱。‖ 公司决定让你组织今年的年会，你有什么要求尽管提，公司一定会要钱给钱，要人给人，尽量配合你。

解释▶ 只要某人开口要求，就答应他。完全满足某人的要求，按照要求去做。用在学习、工作和生活上，含有支持的意味；用在对孩子或别人不合理要求的情况下，含有批评、指责的意味，这时带有贬义色彩。结构位置比较灵活，前后常有别的句子作相关的说明或补充。需要的时候结构可连用。○多用于叙事和对话，口语。

★ 1）**要＋名词＋给＋名词。**

2）**要＋疑问代词＋（名词），给＋疑问代词＋（名词）。**

框架格式。在句中常作谓语。否定形式为“不能要 A 给 A”“要 A 不给 A”，两个否定表达的意思不同。

扩展▶ **用法 1**）用于学习、工作和生活，表示支持：要什么文件就给什么文件；要多少就给多少吧；要车子给车子。

用法 2）用于不合理的要求，表示批评：这孩子要吃的就给吃的，要穿的给穿的，就是不听话；要房子就给房子，简直不像话；怎么能他要多少钱你就给多少钱呢。

【要怪就（只能）怪 … 】 yào guài jiù（zhǐnéng）guài … ［四级］

例句▶ 发生这样的事情，你谁也不要埋怨，要怪就怪你自己。如果早有准备，也就不会有这样的事情了。‖ 老师，不是你教得不好，要怪就只能怪我太笨了，怎么也学不会。

解释▶ 怪：责备，怨。事情不理想、不如意，如果要找原因、追究责任的话，就只能责怪某人或某事。“怪”的后面多是说话人认为事情不理想或不能成功的主要原因。含有无奈的意味。结构位置比较灵活，前面常有别的句子作相关的说明。多用于现实生活中存在的、不好的、不愉快的事情。○多用于叙事和对话，口语。

★ **要怪就（只能）怪＋名词／代词（指人）／小句。** 独立成句。

扩展▶ 要怪就只能怪他们；要怪就只能怪自己不够好；要怪就只能怪他选错了工作；要怪就只能怪我太相信他了；要怪就只能怪自己没有本事；要怪就只能怪自己没有考虑好；要怪就只能怪他太要面子；要怪就只能怪他家太穷了。

【要 A B，A 还不 B（呢）】 yào A B，A hái bù B（ne）［一级］

见 464 页【让 A B，A 还不 B（呢）】条。

【要 A 就 A…】 yào A jiù A … ［一级］

例句▶ 买电脑的话，要买就买一台好的，一台好电脑可以用很长时间。‖你为什么话说到一半又突然不说了，要么什么也别说，要说就把话说清楚。‖—妈，我想买只小兔子回家养。—小兔子也是一条小生命，要养就好好养，不能养到一半就放弃。

解释▶ 如果要做某事，就应该利用这次机会做好，否则就别做。表示说话人对某物、某事提出要求，希望达到较高的程度。多用于建议，也可用于自己，表明自己的选择和意愿。后面常有别的句子说明做事情具体要达到什么程度。结构位置比较灵活，前后常有别的句子作相关的说明或补充。○多用于叙事和对话，口语。

★ **1）要 + 动词 + 就 + 动词 + 名词 / 形容词 / 数量短语。**

2）要 + 动词 + 就 + 形容词 +（地）+ 动词。

框架格式。在句中作谓语，也可独立成句。结构中两个部分有假设关系。

扩展▶ 要做就做到最好；要画就画出精品来；要睡就睡他三天三夜；要吃就吃个饱；要做就做一番大事；要玩儿就玩儿得开心点儿；要喝酒就喝个过瘾；要跳舞就跳个痛快；要放就彻底放手。

【要 A 就 A，要 B 就 B】 yào A jiù A，yào B jiù B ［一级］

例句▶ 坐船旅行虽然时间长些，但在船上行动比较方便，要看就看，要睡就睡，要玩儿就玩儿，算得上是一种理想的旅行方式。‖爸，我真的知道错了，您要打就打，要骂就骂，我没有任何意见。

解释▶ 表示想干什么事都可以，不受限制，很自由。多指按某人的意愿做某事，含有随意的意味。多是前后两个短语对举，意思上相近或相反。前后常有别的句子作相关的说明或补充。○多用于叙事和对话，口语。

★ **要 + 动词 $_1$ + 就 + 动词 $_1$，要 + 动词 $_2$ + 就 + 动词 $_2$。**

在句中作谓语，也可独立成句。结构中的两个分句有并列关系。

扩展▶ 要留就留，要走就走；要买就买，要不买就不买；要玩儿就玩儿，要学就学；要吃就吃，要喝就喝；要打牌就打牌，要下棋就下棋；要分就分，要合就合，怎么都行。

【要…了】 yào … le ［一级］

例句▶ 要下雨了，咱俩都没带雨伞，一起去旁边的商店买一把吧！‖—小王，听说你要去北京了，买好票了没有？—已经买好了，明天出发。‖—你儿子现在在读高中吧？—是啊，都高三了，要考大学了。

解释▶ 某件事即将发生。这事离说话的时间可长可短，说话人感觉时间比较近。结构位置比较灵活，前面或后面常有别的句子作相关的说明或补充。多用于将要发生的事情。○多用于叙事和对话，口语。

★ **要＋动词＋了。** 框架格式。在句中作谓语，也可独立成句。

扩展▶ 要过年了；学期要结束了；要到家了；要毕业了；要去上班了；要放学了；要吃饭了；要睡觉了；要起床了；要学习新课了；要去买东西了。

【要（了）…的命】 yào（le）… de mìng ［七—九级］

例句▶ 有任务不提前通知，现在又要得这么急，这不是在要我的命吗！‖这些看似轻微的小毛病，如果长期得不到重视，一不小心也会要了你的命。‖这件事真的不能告诉他，他现在身体这么差，告诉了他就等于要他的命。

解释▶ 要…命：使……失去生命。表示某事太过分，会给某人带来非常严重的后果，让人受不了，甚至使他失去生命。含有夸张的意味。结构前常有“随时、立刻、简直就是、等于、不是想、一定”等词语。多放在句尾，前面常有别的句子作相关的说明。多用于已经存在的和将要发生的、不好的和不愉快的事情。○多用于叙事和对话，口语。

★ **要（了）＋名词/代词（指人）＋的命。** 动宾结构。在句中常作谓语。

扩展▶ 你们提出这种要求就是要我的命；你不就是想要我的命吗；为什么一定要我的命；这个要求有可能会要了你的命；这个决定随时会要了你的命；简直就是要了他的命；谁接受了就会要谁的命。

【要么不A，要A（就）A…】 yàome bù A，yào A（jiù）A… ［六级］

见73页【不A就不A，一A（就）…】条。

【要么不A，要么（就）A…】 yàome bù A，yàome（jiù）A… ［六级］

见73页【不A就不A，一A（就）…】条。

【要么…，要么…】 yàome …，yàome … ［六级］

见327页【或者A，或者B】条。

【要A没A，要B没B】 yào A méi A，yào B méi B ［一级］

例句▶ 我觉得自己什么都不行，要技术没技术，要能力没能力，怎么找工作？‖你真不知道，那时候这地方可穷了，要吃的没吃的，要穿的没穿的，十年九旱，连棵草都不长。‖现在不比以前，那时候过的是什么日子？要这个没这个，要那个没那个，别说什么家电了，能吃饱肚子就已经很不错了。

解释▶ 要这个没有这个，要那个没有那个，表示什么都没有。列举出一些主要的东西来说明什么都没有或条件、情况很差。多用来描写工作环境或生活条件等，把情况往不好的方面说。有时带有抱怨、无奈的意味。结构位置比较灵活，前后常有别的句子作相关的说明。○多用于叙事和对话，口语。

★ **1）要＋名词$_1$＋没＋名词$_1$，要＋名词$_2$＋没＋名词$_2$。**

2）要＋代词$_1$＋没＋代词$_1$，要＋代词$_2$＋没＋代词$_2$。

可独立成句。结构中的两个分句有并列关系。结构中的前后两个名词或代词在意思上相关或相对。

扩展▶ **句型1）** 要钱没钱，要人没人；要资金没资金，要厂房没厂房；要房子没房子，要车子没车子；要关系没关系，要能力没能力；要力气没力气，要技术没技术；要身材没身材，要长相没长相。

句型2） 要这个没这个，要那个没那个。

【要是…，不就…了（吗）】 yàoshi …，bú jiù … le（ma）［三级］

例句▶ 今晚你还是跟我一起去吧，你要是不去，不就没意思了吗？‖刚才的事情其实很小的，要是你跟他说声“对不起”，不就完事儿了，哪还有现在的麻烦？

解释▶ 不就……吗：反问句。如果发生某种情况，就会出现后面的结果。用否定形式的反问句强调后面的结果。用于事情发生之前，表示建议、劝说对方，希望对方能这样做；用于事情发生之后，表示（自己）后悔、责备（别人），含有遗憾或不满的意味，语气较强。前面常有别的句子作相关的说明。○多用于叙事和对话，口语。

★ **要是＋动词$_1$／小句，（名词／代词［指人］）＋不就＋动词$_2$＋了＋（吗）。**

在句中作谓语，也可独立成句。结构中的两个分句有假设关系。

扩展▶ **用法1）** 表示建议、劝说：要是让你朋友帮你，不就解决了吗；要是连这个都做不到，不就太让人看不起咱们了吗；要是你答应了，事情不就好说了吗。

用法2）表示后悔、责备：要是你不参加，不就没有这种事了吗；要是双方都互相体谅，不就可以大事化小了吗；我们要是早完成了，不就有时间干别的事情了吗；要是你不说这话，不就没有人跟你吵了吗。

【要是…的话】 yàoshi … dehuà ［三级］

例句▶ 我就在你家楼下，想找你聊聊，你要是方便的话，出来一下。‖ 老板，您要是相信我的话，就把这个任务交给我，我保证做得让您满意。‖ 要是你没有告诉他的话，事情就不会这么麻烦了。

解释▶ 如果……。表示假设。用于事情发生之前，多用来说明情况或给别人提建议；用于事情发生之后，表示（自己）后悔、责备（别人），含有遗憾或不满的意味。结构位置比较灵活，有时前面有句子作相关说明，后面的句子说明可能会出现的情况。○多用于叙事和对话，口语。◇ 也说“如果…的话”。

★ **要是＋动词／形容词／小句＋的话。** 框架格式。可独立成句，后面必须有别的句子说明情况或结果。两个分句有假设关系。

扩展▶ **用法1）**用于事情发生之前：要是你有时间的话，我们一起去；要是你跟我走的话，你会亲眼看到这一切；要是有机会的话，我一定会去试一试。

用法2）用于事情发生之后：要是早点儿知道的话，他就不会参加了；要是不太忙的话，我就会跟你一起去玩儿了。

【要是…，该（有）多好啊】 yàoshi …，gāi（yǒu）duō hǎo a ［三级］

例句▶ 天气实在太热了，我们已经走了一个下午了，水也喝光了，要是现在能喝上一杯冰水该多好啊！‖ 为什么人都会生病，都要忍受这样的痛苦，要是人永远都不生病该有多好啊！

解释▶ 该：估计情况应该……。如果发生某种情况，那会非常好。多表示说话人非常希望情况是这样的，但所希望的多是不会实现的。用于没有发生的事时表示非常希望；用于已经发生的事时含有遗憾的意味，带有感叹语气。多放在句尾，前面常有别的句子作相关的说明。○多用于叙事和对话，口语。

★ **要是＋动词／小句，该（有）多好啊。** 在句中作谓语，也可独立成句，结构中的两个分句有假设关系。

扩展▶ 要是永远都这么年轻该（有）多好啊；要是再多赚点儿钱该（有）多好啊；要是能见他一面该（有）多好啊；要是这是真的，该（有）多好啊；要是现在他还活着，该（有）多好啊；要是他能在我身边该（有）多好啊。

【要是…就…】 yàoshi … jiù … ［三级］

见472页【如果…就…】条。

【要是…就好了】 yàoshi … jiù hǎo le ［三级］

例句▶ 不知道明天天气怎么样，要是不下雨就好了，我就可以跟朋友一起去踢足球。‖—小林昨天刚走，你今天就回来了。—我要是提早一天回来就好了，那样我就能见到她。‖—听说他自己开了家公司，一年能赚几百万呢。—真羡慕他，要是我也能赚那么多钱就好了。

解释▶ 要是：如果。如果发生某种情况，说话人会觉得很满意、很满足。多表示说话人希望出现这样的情况，但所希望的多是不会实现的。用于没有发生的事时表示希望；用于已经发生的事时有遗憾或后悔的意思。结构位置比较灵活，前面常有别的句子作相关的说明。○多用于叙事和对话，口语。◇ 也说“如果…就好了”。

★ **要是＋动词／小句＋就好了。** 框架格式。在句中作谓语，也可独立成句。结构中的两个分句有假设关系。

扩展▶ 要是能找到工作就好了；要是再年轻20岁就好了；要是住上新房子就好了；要是他现在在这儿就好了；要是你能来帮帮忙就好了；要是大家都去就好了；要是一年能多回来几次就好了。

【要是…，看（你）…】 yàoshi …，kàn（nǐ）… ［三级］

例句▶ —这些大话他只是在我们面前说说。—是啊，要是在老板面前，看他还敢不敢这样说。‖ 你们先别答应得这么快，到时候要是拿不出东西来，看你们怎么跟人家说。‖ 爸爸生气地从书房走出来，对孩子说：“要是你下回再碰我的电脑，看我怎么收拾你。”

解释▶ 如果发生某种情况，该怎么办；也指自己会对别人、别人会对自己怎么样。这里发生的情况多是不好的事情，或者还不知道结果的事情。多用来提示、警告、吓唬别人，语气较强。多放在句尾，前面常有别的句子作相关的说明；有时直接用于对话。○多用于叙事和对话，口语。

★ **要是＋动词$_1$／小句，看＋名词／代词（指人）＋动词$_2$。** 在句中作谓语，也可独立成句，结构中的两个分句有假设关系。结构中的动词$_2$为疑问形式。

扩展▶ 要是把人家打伤了，看你怎么办；要是他骗了你，看你去哪儿找他；要是孩子有什么意外，看他们怎么向他父母交代；到时候你要是拿不出东西来，看你怎么跟人家说；要是没了老板的照顾，看他还能在公司待多久。

【要是…，也会…的】 yàoshi…，yě huì…de ［三级］

例句▶ 他是个人见人爱的男孩儿，你们要是跟他交朋友，一定也会喜欢他的。‖发生这么大的事，他们居然不告诉你，要是我是你的话，我也会生气的。‖—恭喜你，今天要成为新娘了，穿上婚纱真漂亮！—别羡慕我，要是你穿上婚纱，也会很美的。

解释▶ 如果发生某种情况，会有同样的结果。多用来说明情况或对人、物进行评价。多放在句尾，前面通常有别的句子说明事情的原因或情况，有时直接用于对话。○多用于叙事和对话，口语。

★ **要是＋动词$_1$／小句，（名词／代词［指人］）＋也会＋动词$_2$／形容词＋的。** 在句中作谓语，也可独立成句。结构中的两个分句有假设关系。

扩展▶ 要是在那种情况下，我也会那样做的；要是你是我的话，你也会这样想的；要是换作别人，他也会这么做的；要是再这样下去，我也会不干的；要是你听了他的话，也会倒霉的；要是你看到这样的情况，也会有同感的。

【要是再…一点儿就…了】 yàoshi zài…yìdiǎnr jiù…le ［三级］

例句▶ —这双鞋只有两百块，你怎么不买？—两百块是不贵，但要是再便宜一点儿就更好了。‖上次你给我买的衣服稍微小了点儿，要是再小一点儿就没法穿了。‖我们到达火车站的时候，只有十分钟火车就要开了，要是到得再晚一点儿就赶不上火车了。

解释▶ 如果情况比前面的更……一点儿，或者时间更……一点儿，就会出现某种结果。这个结果可能是好的，可能是不好的；可能是希望看到的，也可能是不希望看到的。有时含有侥幸、庆幸、遗憾等意味。多放在句尾，前面常有别的句子作相关的说明；也可直接用于对话。○多用于叙事和对话，口语。

★ **要是＋（动词$_1$＋得）＋再＋形容词$_1$＋一点儿就＋形容词$_2$／动词$_2$＋了。** 框架格式。在句中作谓语，也可独立成句。结构中的两个分句有假设关系。

扩展▶ **用法1）**表示希望看到的：要是再丰富一点儿就好了；要是再多帮他一点儿就好了；要是你再多带一点儿就好了；要是再瘦一点儿就能穿裙子了。

用法2）表示不希望看到的：要是再慢一点儿就没命了；要是再冷一点儿就生活不下去了；要是你住得再远一点儿，就该买辆汽车了。

【要说…（啊），非…莫属】 yào shuō…（a），fēi…mò shǔ ［四级］

例句▶ —你觉得咱们班谁最努力？—要说全班最努力的人啊，当然非你莫属。‖要说我最喜欢的季节，非春天莫属，春天的景色很漂亮，天气也特别暖和。‖人们常说“上有天堂，下有苏杭”，要说人间天堂，非苏州和杭州莫属了。

解释▶ 莫：不。属：是，符合。说起某个话题，除了某人或某物以外，其他的都不符合。意思是只有某人或某物才是最合适的。多用于对人或物的评价，多用于好的、愉快的方面，含有强调的意味。前后常有别的句子作相关的说明或补充，有时直接用于对话。○多用于叙事，书面语。

★ **要说＋名词$_1$＋（啊），非＋名词$_2$ / 代词（指人）＋莫属。** 可独立成句。结构中的两个分句有假设关系。

扩展▶ 要说学习成绩，非小李莫属；要说最近最流行的歌，非这首莫属；要说北京最有名的小吃，非糖葫芦莫属；要说谁的计划比较合适，非你的莫属；要说这次拿冠军，看样子非她莫属了。

【要说 …，没有比 … **更** … 的了】 yào shuō …，méiyǒu bǐ … gèng … de le ［二级］

例句▶ 虽然这家饭店比较小，但要说味道，附近没有哪家饭店比这家更好的了。‖—我有一篇文章需要翻译，你有合适的人吗？—要说翻译，没有比小王更专业的了。‖要说吃饭，家里没有比小明更能吃的了，一顿至少吃三碗。

解释▶ 说起某个话题，某人或某物是最……的，没有别的人或物可以跟他（它）相比。用否定别的人或物来表示对他（它）的肯定。可以指好的，也可以指不好的方面。有时前面或后面有别的句子作相关的说明或补充，有时直接用于对话。○多用于叙事和对话，口语。

★ **要说＋名词$_1$ / 动词$_1$，没有比＋名词$_2$ / 代词（指人）/ 动词$_2$＋更＋形容词 / 动词$_3$＋的了。** 可独立成句。结构中的动词$_3$多是“会 / 能＋动词”的形式或是表示心理活动、状态的词。结构中的两个分句有假设关系。

扩展▶ 要说家务，没有谁比你更会干的了；要说最近有什么新闻，没有比他更了解的了；要说考试，没有比这次更难的了；要说经验，这些人中没有比你更丰富的了；要说经理这个位置，没有比你更合适的人选了。

【要我说啊，…】 yào wǒ shuō a，… ［一级］

例句▶ —我在这儿干得好好的，经理非要派我去外地工作。—要我说啊，这也许是件好事，说不定别的地方更适合你呢！‖要我说啊，这事儿你还是先冷静冷静，把问题考虑清楚了再做决定。

解释▶ 依我看，从我的角度看。放在句子开始的部分，引出说话人的判断、看法和建议。多从另一个角度谈自己的看法。多用于分析情况或劝说、建议对方。多用于已经存在的事情。〇多用于对话，口语。◇ 也说“要我说呢，…”。

★ **要我说啊，小句。** 可独立成句。结构中的“要我说啊”在句子中作插入语。

扩展▶ 要我说啊，这件事你也有错；要我说啊，你最好不要见他；要我说啊，你就不应该来；要我说啊，你还是向他道个歉吧；要我说啊，事情还是有解决办法的；要我说啊，你们俩都有不对的地方。

【要我说呢，… 】 yào wǒ shuō ne，… ［一级］

见 626 页【要我说啊，… 】 条。

【要想 … 的话，**最好** … 】 yào xiǎng … dehuà，zuìhǎo … ［一级］

例句▶ 到了这个地方，你要想尝尝当地特色小吃的话，最好去人民东路，那里是有名的小吃一条街。‖ 要想大家都喜欢你的话，最好先把每个人都当作自己的朋友，真心地对待他们。

解释▶ 如果希望达到某个目的或得到某种结果，最理想的选择是……。表达委婉，常用来建议、劝告别人。结构位置比较灵活，前后常有别的句子作相关的说明或补充。〇多用于叙事和对话，口语。

★ **要想＋动词 $_1$ / 小句 $_1$＋的话，最好＋动词 $_2$ / 小句 $_2$。** 在句中作谓语，也可独立成句。结构中的两个分句有假设关系。

扩展▶ 要想减肥的话，最好少吃一点儿；要想学车的话，最好现在就学；要想买手机的话，最好在那家店买；要想找一份好工作的话，最好多学点儿东西；要想参加这个聚会的话，最好早点儿和他说；要想去那儿旅游的话，最好 9 月去。

【要想 …，（就）＋必须 / 得 / 要 … 】 yào xiǎng …，（jiù）＋ bìxū / děi / yào … ［一级］

例句▶ 要想生活得更好，就必须努力工作。不想努力的人很难有好的生活。‖ 这次考试的结果已经出来了，要想知道自己的成绩，你得自己上网去查。‖ 我们公司是根据工人做的多少来发工资的，所以道理很简单，要想多拿，就要多干。

解释▶ 如果希望达到某个目的或得到某种结果，就要做某事或满足某种条件。常用来建议、劝告别人。结构位置比较灵活，前后常有别的句子作相关的说明和补充。○多用于叙事和对话，口语。

★ **要想+动词$_1$/小句，（名词/代词［指人］）+（就）+必须/得/要+动词$_2$。** 在句中作谓语，也可独立成句。

扩展▶ 要想做好每件事，就必须认真对待；要想参加这次活动，你得找他报名；要想成为有知识的人，就要努力学习；要想教育好孩子，自己必须做榜样；要想工作不出问题，必须十分细心；要想老了不后悔，年轻时得多吃苦。

【要像个…的样子】 yào xiàng ge … de yàngzi ［二级］

例句▶ 既然你已经当老师了，就要像个老师的样子，说话办事都要注意一点儿。‖ 你是来做事的还是来做客的？如果是来做事的，就要像个做事的样子，不能一直站着看，要动动手。

解释▶ 说话就要像说话，做事就要像做事。意思是说话做事都有各自的样子，一个人说话、做事要和他的身份、角色相符合。常用来建议、劝告别人，有时含有责备的意味，语气表达委婉。前面先提出要说的事情或问题，后面有别的句子补充说明应该做什么或怎么做。○多用于叙事和对话，口语。◇ 也说“要有个…的样子”。

★ **要像个+名词/动词+的样子。** 框架格式。在句中作谓语。

扩展▶ 你是哥哥要像个哥哥的样子，要多关心和帮助弟弟妹妹；做学生就要像个做学生的样子；学习就要像个学习的样子，一边看书一边看电视，能学习么；当父母就要像个当父母的样子，自己不做好，怎么教育孩子呢。

【要A有A】 yào A yǒu A ［一级］

①例句▶ 这个女孩子要身材有身材，要长相有长相，要学历有学历，做你女朋友真的挺合适的。‖ 这是家大公司，要技术有技术，要人有人，要钱有钱，要是能在里面工作多好啊！

解释▶ 某人、某地或某部门本身具备很好的条件。多用来对某人某事进行描述或评价。结构中间插入的词语多是指具备哪方面的条件或特点，通常列举两个以上的方面。多用来夸奖某人某物，具有褒义色彩。前面或先引出话题，或有别的句子作相关的说明，有时后面也有句子作进一步补充。需要时结构可连用。○多用于叙事和对话，口语。

②例句▶ 这家超市是我们这儿最大的，里边要什么有什么，只要你能想到的都可以在这儿找到。‖ —王老板，我想从你们商店买点儿盐回去。—好啊，你随便买，要多少有多少。‖ 我这儿的人你随便挑，要唱的有唱

的，要跳的有跳的，包你满意。

解释▶ 人或物完全符合某人的要求或需要。多指所具备的类型、品种齐全，数量很多，能让人满意。表达夸张。通常列举两个以上的方面。多和服务行业（商店、餐饮等）有关。结构位置比较灵活，前后常有别的句子作相关的说明或补充。○多用于叙事和对话，口语。

★ 1）**要＋名词/代词＋有＋名词/代词。**

2）**要＋疑问代词＋有＋疑问代词。**

框架格式。在句中常作谓语。结构中的前后两个名词或疑问代词多是双音节词。结构可重复使用。

扩展▶ **用法1）**表示本身具备很好的条件：你看他，要身高有身高，要体形有体形；这地方真好，要山有山，要水有水；要能力有能力；要学历有学历；他家要房子有房子，要车子有车子。

用法2）表示完全符合要求或需要，让人满意：要这个有这个，要那个有那个，条件绝对好；院子要多大有多大；要玩的有玩的，要乐的有乐的。

【要有个…的**样子**】 yào yǒu ge … de yàngzi ［二级］

见628页【要像个…的样子】条。

【要知道，…】 yào zhīdào，… ［一级］

例句▶ 你还是现在就把真相告诉他们吧，要知道，你瞒不了多久的。‖ 当老师叫我站起来回答问题时，我紧张极了，要知道，我连她提的问题都没听懂。‖ 他能取得今天的成功实在是不容易，要知道刚开公司的时候，他什么都没有。

解释▶ 提示对方或大家注意。后面是想要告诉对方或大家的一个重要的事情，有时是说明情况，有时是分析问题。含有强调的意味。有时放在句子开始，后面有别的小句作进一步补充；有时放在句子的后半部分，前面有别的小句作相关的说明。○多用于叙事和对话，口语。

★ **要知道，小句。** 可独立成句。结构中的“要知道”在句子前面作插入语。

扩展▶ 要知道，我们把所有的希望都放在你的身上了；要知道，我只是一个女孩子；要知道，我当时对这个一点儿兴趣都没有；要知道，你现在大学已经毕业了，但你还在花父母的钱；要知道，他今天的成功是多么不容易。

【A 也罢，B 也罢】 A yěbà，B yěbà ［超纲］

例句▶ 刚才我说了，你信也罢，不信也罢，反正这就是事实。‖ 在我家都是我妻子做菜，菜做得好吃也罢，难吃也罢，我都得吃。

解释▶ 也罢：也好。用在两个或多个意义相关或相对的词语后，表示不管是这两种或多种情况中的哪一种，最后的结果都一样。前面常有别的句子引出话题，后面的句子说明结果或情况。○多用于叙事和对话，口语。◇ 也说“A 也好，B 也罢”。

★ 1）**动词$_1$ + 也罢，动词$_2$ + 也罢。**

2）**形容词$_1$ + 也罢，形容词$_2$ + 也罢。**

框架格式。在句中作谓语、补语，也可单独成小句，后面常有别的句子。结构中的两个分句有并列关系。结构中的前后两个动词或形容词是意思相反或相关的词语。

扩展▶ **句型 1**）去公司也罢，自己当老板也罢，我都支持；不管你在北京也罢，在上海也罢，在广州也罢，都离我太远了；去也罢，不去也罢，你自己决定；有酒也罢，没酒也罢，重要的是能聚一聚。

句型 2）生活就是这样，痛苦也罢，幸福也罢，各种滋味你都得尝；作文写得好也罢，差也罢，已经交上去了。

【A 也不 A】 A yě bù A ［一级］

见 196 页【A 都不 A】 条。

【A 也 A 不 …】 A yě A bù … ［一级］

见 195 页【A 都 A 不 …】 条。

【也不比 A … 多少】 yě bù bǐ A … duōshao ［一级］

例句▶ —外面太冷了，咱们赶快回家吧。—家里的空调坏了，房间温度也不比外面高多少。‖ 你就别担心我了，其实你的情况也不比我好多少，还是多想想你自己的事情吧！‖ 很多人都认为机票很贵，其实坐飞机也不比坐火车贵多少，还节约时间。

解释▶ 两人或物的情况相比较，他们（它们）的情况差不多，两者都不……。多用来对两个人、物或情况进行比较。结构位置比较灵活，前后常有别的句子作相关的解释、说明或建议等。多用于已经存在的事情。○多用于叙事和对话，口语。

★ **也不比 + 名词 / 代词 / 动词 + 形容词 + 多少。** 框架格式。在句中常作谓语。表示否定的比较句。

扩展▶ 他也不比我胖多少，应该穿得下的；你的个子也不比我高多少，应该没问题的；这件衣服也不比那件贵多少，但质量好多了；他也不比我大多少，别叫他老王了。

【也不光（光）是 … 】 yě bù guāng（guāng）shì … ［三级］

例句▶ 你平时有时间应该多读一些书，也不光（光）是中文的，英文的也要读一些。‖ 我来这儿工作也不光（光）是为了赚钱，因为我对这个行业很感兴趣，在这儿可以学到很多知识。

解释▶ 光：只。也不只是……。表示除了……以外，还有别的目的、原因、情况或方面。结构位置比较灵活，前面常有别的句子说明情况，后面有时也有句子补充别的情况、原因或建议。〇多用于叙事和对话，口语。

★ **也不光（光）是＋名词／动词。** 在句中作谓语。后面必须有别的句子，进一步补充说明情况。

扩展▶ 也不光（光）是你一个人，别人也参加；这也不光（光）是你一个人的问题，我们公司好几个人都有同样的问题；参加比赛也不光（光）是为了拿奖牌，还能比力量、比技巧、比头脑；你的工作也不光（光）是打打电话，还得了解顾客对我们产品的态度。

【A 也 A 不好，B 也 B 不好】 A yě A bù hǎo，B yě B bù hǎo ［一级］

例句▶ —我最近不知道怎么了，吃也吃不好，睡也睡不好。—可能是工作压力太大了吧，放松放松心情就好了。‖ —既然你出来了就应该痛痛快快地玩儿，担心这、担心那只会玩儿也玩儿不好，学也学不好。—你说得对，我先好好玩儿，回去再努力学习。

解释▶ 既不能好好儿……，又不能好好儿……。表示两件事情都不能做好。用来说明情况或劝说别人。有时带有焦虑、不安、无奈的意味。结构位置比较灵活，前后常有别的句子作相关的说明或补充。可用于已经发生的或将要发生的事情。〇多用于叙事和对话，口语。

★ **动词 $_1$ ＋也＋动词 $_1$ ＋不好，动词 $_2$ ＋也＋动词 $_2$ ＋不好。** 可独立成句，也可在句中作谓语。结构中的两个分句有并列关系。结构中的前后两个动词在音节上一般对应。

扩展▶ 玩儿也玩儿不好，学也学不好；他学也学不好，考也考不好，拿他一点儿没办法；你说也说不好，做也做不好，有什么用。

【也不A就B】 yě bù A jiù B ［一级］

例句▶ —他真是的，也不跟我说一声就走了，真不拿我当朋友。—也许他有什么急事吧。‖ 他也不看椅子是不是干净就一下子坐了上去，结果站起来时，裤子都弄脏了。

解释▶ 前后有两件事，应该先做前一件事再做后一件。说话人觉得某人没有做前一件事就直接做了后一件事，不应该。多用来描述某人的行为，含有埋怨、责备的意味。多放在句尾，前面或后面常有别的句子作相关的说明或补充。多用于已经发生的、不好的和不愉快的事情。○多用于叙事和对话，口语。

★ **也不＋动词$_1$＋就＋动词$_2$。** 框架格式。在句中作谓语，也可独立成句。

扩展▶ 这么贵的东西，你怎么也不考虑一下就买了；买房子这么大的事儿，你也不跟我商量就自己做决定；你这爸爸怎么当的，也不把事情问清楚就骂孩子。

【…也不例外】 … yě bú lìwài ［五级］

例句▶ 我们学校每年11月都要举行运动会，今年也不例外，听说今年报名参加的人数比去年还多。‖ 每个女孩儿都喜欢买东西，我也不例外，每个周末我都会去逛街。‖ 他每天六点准时起床，然后去公园跑步，甚至连冬天也不例外。

解释▶ 例外：超出一般的情况。在一般的规律、规定之内，没有什么特别的情况。多用来说明某人某物的情况和别的人或物的情况一样。结构位置比较灵活，前面常有别的句子说明情况，后面也有句子进行补充。○多用于叙事和对话，口语。◇ 也说“连…也不例外”。这时强调一种违反常理的意味。

★ **名词／代词（指人）＋也不例外。** 可独立成句，前面必须有别的句子说明一般的规律、规定。

扩展▶ 所有的人都去，你也不例外；他不相信任何人，连自己的孩子也不例外；所有人都得凭票入场，对儿童来说也不例外；他每天工作，周末也不例外；开会时间不超过一小时，这一次也不例外。

【A也不是，B也不是】 A yě bú shì，B yě bú shì ［一级］

例句▶ 最近我的腰疼得厉害，每天坐也不是站也不是，怎么都不舒服。‖ 现在的小孩儿特别娇气，做错了事，打也不是骂也不是，真拿他们没办法。‖ 我实在不想见他，可他就在门外等着，让我见也不是不见也不是！

解释▶ 这样也不好，那样也不好，无论怎么做都不合适、不舒服；也表示心情很矛盾，这时含有无奈或为难的意味。前后两个动词构成相对或相反的情况。结构位置比较灵活，前后常有别的句子作相关的说明或补充。多用于现实生活中存在的、不好的和不愉快的事情。○多用于叙事和对话，口语。

★ 1）**动词 $_1$ + 也不是，动词 $_2$ + 也不是。**

2）**动词 + 也不是，不 + 动词 + 也不是。**

在句中作谓语，也可独立成句，结构中的两个分句有并列关系。结构 1）中的前后两个动词多是意思相对或相反的词。

扩展▶ **句型 1）**哭也不是，笑也不是；进也不是，退也不是；走也不是，留也不是；答应也不是，拒绝也不是；表扬也不是，批评也不是。

句型 2）说也不是，不说也不是；买也不是，不买也不是；说好也不是，说不好也不是。

【… 也不要紧】 … yě bú yàojǐn ［四级］

例句▶ 书店老板人很好，我在书店一坐就是半天，不买书也不要紧。‖—糟糕，我忘了把照相机带过来了。—没带来也不要紧，用手机拍的效果也不错。‖你现在不相信我也不要紧，总有一天你会知道我说的都是实话。

解释▶ ……也没关系。表示不做或没做……没有太大问题，对事情或结果不会有很大影响。把事情往小的方面说。多用于安慰别人或自己，语气轻松。结构位置比较灵活，前后常有别的句子作相关说明或补充。○多用于对话，口语。◇ 也说“…也没关系”。

★ 1）**不 + 动词 + 也不要紧。**

2）**没 + 名词 / 动词 + 也不要紧。**

3）**小句 + 也不要紧。**

可独立成句。结构中的“也不要紧”在句中作谓语。

扩展▶ **句型 1）**不承认也不要紧；不来也不要紧；不想说也不要紧；不了解也不要紧；不参加也不要紧；不喜欢也不要紧；不记得也不要紧；不同意也不要紧；不愿意帮忙也不要紧。

句型 2）没完成也不要紧；没时间看也不要紧；事情没做完也不要紧；没人陪着也不要紧；没考虑好也不要紧。

句型 3）他知道了也不要紧；叫他一起去也不要紧；他决定了也不要紧；你想去也不要紧；去过一次也不要紧，可以再去一次。

【也称得上（是）…】 yě chēngdeshàng（shì）… ［五级］

例句▶ 他特别爱买书，如果你去他家，你会发现，他的家也称得上是个小图书馆了。‖ 这位作家的作品挺不错的，很多年轻人都很喜欢，因此在中国他也称得上是个名人了。‖ 每天上下班都堵车，用在路上的时间超过两小时，这样的交通也称得上方便吗？

解释▶ 某人某物可以被称为……，也算是……。多用来评价某人或说明某物。肯定句多用来表扬或赞赏，这时具有褒义色彩；反问句多用来表示否定，这时带有贬义色彩，语气较强。多放在句尾，前面常有别的句子作相关的说明。○多用于叙事和对话，口语。

★ **也称得上（是）+（量词）+ 名词 / 形容词。** 在句中作谓语。多用于肯定句或反问句。否定表达为"称不上（是）…"。

扩展▶ **用法 1）**用于肯定句，表示对……表扬或赞赏：现在的手机也称得上是个小电脑了，上网看小说都很方便。

用法 2）用于反问句，表示对……否定：有困难求他就躲得远远的，这样的人也称得上朋友吗；这是什么东西，这么难吃也称得上是美味。

【A 也成，B 也成】 A yě chéng，B yě chéng ［二级］

见 638 页【A 也行，B 也行】条。

【A 也得 A，不 A 也得 A】 A yě děi A，bù A yě děi A ［四级］

例句▶ 做服务行业就是这样，不管你心情怎么样，笑也得笑，不笑也得笑，工作中得始终保持微笑。‖ 我们上中学的时候，宿舍晚上十点准时关灯，你睡也得睡，不睡也得睡，老师会经常来检查。

解释▶ 不管条件是否允许，个人是否愿意，都必须做某事。用于对方多表示强迫他服从；用于自己多表示不得已。有时含有勉强、无奈的意味。前面常有别的句子说明情况，后面的句子再补充原因或情况。多用于一般的、不好的、不愉快的事情。○多用于叙事和对话，口语。

★ **动词 + 也得 + 动词，不 + 动词 + 也得 + 动词。** 在句中作谓语，也可独立成句。结构中的两个分句有并列关系。

扩展▶ 来也得来，不来也得来；去也得去，不去也得去；要也得要，不要也得要；给也得给，不给也得给；同意也得同意，不同意也得同意；愿意也得愿意，不愿意也得愿意；你学也得学，不学也得学。

【A 也好，B 也罢】 A yěhǎo，B yěbà ［超纲］

见 630 页【A 也罢，B 也罢】条。

【A 也好，B 也好，都…】A yěhǎo，B yěhǎo，dōu… ［一级］

例句▶ 他对艺术和文化特别感兴趣，京剧也好，话剧也好，他都爱看。‖ 这些题你做对了也好，做错了也好，这都是你的事儿，跟我没有关系。‖ 这是朋友送给我的礼物，漂亮也好，难看也好，我都很喜欢。‖ 这个周末咱们见个面吧，你来我家也好，我去你家也好，都行。

解释▶ 也好：放在并列的几个相关词语之后，表示列举。不管是两者中的哪一种条件或情况，结果都一样。多用来表示对某人或物的态度。适用范围很广。结构位置比较灵活，前后常有别的句子作相关的说明或补充。○多用于叙事和对话，口语。

★ 1）**名词 $_1$ + 也好，名词 $_2$ + 也好，（名词 $_3$ / 代词［指人］）+ 都 + 动词 / 形容词。**

2）**动词 $_1$ + 也好，动词 $_2$ + 也好，（名词 / 代词［指人］）+ 都 + 动词 $_3$ / 形容词。**

3）**形容词 $_1$ + 也好，形容词 $_2$ + 也好，（名词 / 代词［指人］）+ 都 + 动词 / 形容词 $_3$。**

4）**小句 $_1$ + 也好，小句 $_2$ + 也好，（名词 / 代词［指人］）+ 都 + 动词 / 形容词。**

可独立成句，也可在句中作谓语。整个结构表示条件关系。其中“A 也好，B 也好”在结构中有并列关系。

扩展▶ **句型 1）** 五块也好，十块也好，都可以帮助别人；新房子也好，旧房子也好，价钱都上去了；你也好，他也好，都可以去。

句型 2） 喜欢也好，不喜欢也好，我都得接受；现在做也好，以后做也好，你都得认真地做。

句型 3） 错了也好，对了也好，这都是你的事儿；穷也好，富也好，我们都要生活下去。

句型 4） 你给我也好，我给你也好，都行。

【也就（是）…】yě jiù（shì）… ［一级］

例句▶ —阿姨，请问从这儿去人民广场有多远？—也就两站路，你走过去都行。‖ 其实我对上海不是太熟，也就去过一次，还是几年前的事。‖ 你看，别人都下班了，也就你这么认真，非要把今天的工作做完。‖ 他也就是生气的时候说说而已，过去了也就没事了，你千万别往心里去。

解释▶ 也只有……，只是……。把数量、范围或情况往小、简单、轻、短、少的方面说。带有轻松、随便的意味。多用来解释说明某人、某物的情况。语气委婉。前面常有别的句子作相关的说明，后面的句子或补充、或说明怎么样。可用于已经存在的事情。○多用于叙事和对话，口语。

★ **也就（是）+名词/动词/代词/小句。** 在句中作谓语，也可独立成句。结构中的名词短语、动词短语或小句中有时候包含数量短语。

扩展▶ 这东西也就（是）两百块钱；也就（是）十几分钟的样子；他也就（是）二十多岁，看起来很年轻；他也就（是）睡了半个小时，让他再睡会儿吧；看得多了，知道拍电影也就（是）那么回事儿；我能做的也就（是）这些；也就（是）你会这么想，我们跟你看法完全不同。

【A也A了，B也B了】 A yě A le，B yě B le ［一级］

①例句▶ 你吃也吃了，喝也喝了，吃饱喝足了该干活儿了吧？‖—我们真拿这孩子没办法，打也打了，骂也骂了，可他还是不听话。—你得跟他讲道理，打骂是没什么用的。

解释▶ 既……了，又……了。表示该做的都做了，后面应该出现相应的动作、结果。如果希望相应的动作或结果出现，多以问话的方式提示对方该做某事了，这时含有催促的意味；如果希望的动作或结果没有出现，这时大多以“可是、但是”等词引出后面的句子，这时多带有意外、失望的意味。结构位置比较灵活，前后常有别的句子作相关的说明和补充。多用于不好的和不愉快的事情。○多用于叙事和对话，口语。

②例句▶ 他们吵也吵了，闹也闹了，事情已经过去了，就不要再提了。‖这件衣服我买也买了，穿也穿了，你再让我去退货，怎么可能呢？

解释▶ 表示事情已经发生了，再说什么、做什么都不起作用、无法再改变了。多用来劝说别人，含有无奈的意味。结构前先引出话题，后面的句子多是劝对方该怎样做。多用于已经出现的、不好的和不愉快的事情。○多用于叙事和对话，口语。

★ **动词$_1$+也+动词$_1$+了，动词$_2$+也+动词$_2$+了。** 可独立成句。结构中的两个分句有并列关系。

扩展▶ **用法1）**表示该做的都做了，后面应该出现相应的动作或结果：睡也睡了，休息也休息了，该干活儿了；学也学了，练也练了，可就是做不好；打也打了，骂也骂了，怎么说他都不听，这该怎么办。

用法2）表示事情已经发生了，再说、做什么都没有用：说也说了，做也做了，你也别计较了；买也买了，用也用了，你再说有作用吗；花也花了，吃也吃了，钱也回不来了。

【A 也 … 了，B 也 … 了】 A yě … le，B yě … le ［一级］

例句▶ 现在我钱也交了，入学手续也已经办好了，只等着开学了。‖ 自从知道他没事儿以后，我饭也吃得下了，心也放下来了，不再整天担心了。

解释▶ 两件事情都已经做好了，或者两件事都已经发生了。后面的句子多表明出现的结果或应该做的事情。多用来叙述某事、劝说某人，多含有可以安心、放心或催促等意味。当用于不好的、不希望看见的事情时，多含有失望的意味。结构位置比较灵活，前后常有别的句子作相关的说明或补充。多用于已经发生或存在的事情。○多用于叙事和对话，口语。

★ **名词$_1$ + 也 + 动词$_1$ + 了，名词$_2$ + 也 + 动词$_2$ + 了。** 可独立成句，也可在句中作谓语。结构中的两个分句有并列关系。

扩展▶ 机票也买好了，人也回来了，我们开饭吧；天也亮了，班也加完了，该回家睡觉了；人也见了，话也说了，总该回去了吧；家也没有了，工作也没有了，他真不知道怎么办好；钱包也丢了，手机也坏了，他不知道找谁好。

【… 也没关系】 … yě méi guānxi ［一级］

见 633 页【… 也不要紧】条。

【A 也没 A 就 …】 A yě méi A jiù … ［一级］

见 198 页【A 都没 A 就 …】条。

【… 也没少 V】 … yě méi shǎo V ［一级］

例句▶ 说实话，我这几年做生意钱也没少赚，可需要花钱的地方太多，一点儿也存不下来。‖—整整一个学期，他网也没少上，游戏也没少玩儿，可学习还是比我们好。—也就他有那个本事，换了我，考试早就不及格了。

解释▶ 也：表示委婉的语气。某事做得比较多。后面多接表示转折的句子，意思是和正常的推理相反，或出现的结果并不理想。多用来叙述事情，前后常有句子说明情况或进行补充。需要时两个结构可以连用。多用于已经存在的情况。○多用于叙事和对话，口语。

★ **名词 + 也没少 + 动词。** 可独立成句。结构中的名词是动词的宾语。需要时结构可连用。

扩展▶ 钱也没少花，但自己也不知道买了些什么；衣服也没少买，可还是感觉不够；电话也没少打，可有什么用呢；我的好话也没少说，但他就是不听；朋友也没少交，但关键时候都不帮忙；酒也没少喝，烟也没少抽，身体能好吗。

【… 也没用】 … yě méiyòng ［一级］

例句▶ 学习有一定的方法，如果方法不对，再怎么努力也没用。‖ 你别去找王经理了，他不在办公室，你去了也没用。

解释▶ 因为有某种原因或条件的限制，所以做……没有作用，不能改变结果。含有无奈的意味，语气委婉。放在句尾，前面有别的小句作相关的说明；放在前面，后面的小句提出相关的建议。○多用于叙事和对话，口语。

★ **动词 / 小句 + 也没用。** 可独立成句。

扩展▶ 事情已经发生了，哭也没用；他已经决定了，说再多也没用；他的病已经成这样了，用再好的药也没用；他们已经把事情办完了，你知道了也没用；我就是要这样做，谁来了也没用；说也没用，还是别说了。

【（也）算没白 … 】（yě）suàn méi bái … ［二级］

见 803 页【总算没白 … 】条。

【A 也行，B 也行】 A yě xíng，B yě xíng ［一级］

例句▶ 我都快饿死了，你那儿有吃的吗，快给我点儿，面包也行，水果也行。‖ 这里的交通很方便，坐地铁去也行，坐公共汽车去也行，看你自己的选择。‖ 我不想继续住这儿了，总之我得再找个房子，近点儿也行，远点儿也行，只要能赶快入住。‖ 下午学校有个会，我们学院得派个老师去参加，张老师去也行，王老师去也行。

解释▶ 行：可以。两个人、两个事物或两种情况都可以，表明要求不很高或选择比较多。多用来表示说话人对某人某物的态度。多放在句子的后半部分，前面或后面多有句子说明原因、情况、要求或目的。○多用于叙事和对话，口语。◇ 也说"A 也成，B 也成"。这时口语色彩更深。

★ 1）**名词 $_1$ + 也行，名词 $_2$ + 也行。**

2）**动词 $_1$ + 也行，动词 $_2$ + 也行。**

3）**形容词 $_1$ + 也行，形容词 $_2$ + 也行。**

4）**小句 $_1$ + 也行，小句 $_2$ + 也行。**

可独立成句。结构中的两个分句有并列关系。结构中的两个形容词常表示意思相反的词。

扩展▶ **句型 1）** 五块钱也行，十块钱也行，意思意思就可以了；公园也行，动物园也行，只要能出去走走。

句型 2） 租也行，买也行，我得马上搬出去；明天来也行，下星期来也行，都没问题；去爬山也行，去打球也行，随你们的便。

句型3）早点儿也行，晚点儿也行，你得把问题解决了；贵点儿也行，便宜点儿也行，我都不在乎。

句型4）这些钱你去买点儿东西也行，干点儿别的事儿也行，反正你自己决定；我先说也行，你们先说也行，总得有个先说的。

【也A也不A】 yě A yě bù A ［一级］

例句▶ —来这儿吃饭的人多吗？—怎么说呢，也多也不多，周末的时候生意特别好，可工作日没几个顾客。‖—听说你最近搬新家了，住那儿方便吗？—住那边也方便也不方便，生活上非常方便，可就是离公司太远了。‖ 你说得也对也不对，就看从哪个角度说了。

解释▶ 又……又不……。一件事情往往会有两个相反或相对的方面，这两个方面的情况都存在。说话人往往从两个不同的方面补充具体的内容或分析情况。讨论的对象可以是人或物，多用来评价或判断人或物。多放在句首，有时前面也有别的句子作相关的说明。○多用于叙事和对话，口语。

★ **也＋形容词＋也不＋形容词。** 框架格式。在句中作谓语、补语。

扩展▶ 这人也聪明也不聪明，小事很聪明大事不聪明；这么做也好也不好，对现在好，但从长远看不好；这个计划也行也不行，对个人发展挺好，但对公司发展不好。

【…也（真）是的】 … yě（zhēn）shì de ［一级］

例句▶ 你也是的，看见王叔叔怎么没跟他打招呼呢？一点儿礼貌也没有。‖ 这几天的天气也真是的，一会儿下大雨，一会儿刮大风，出门都不方便。‖ 你们公司也真是的，每个周末都要员工加班，长期这样下去，怎么行呢？

解释▶ 表示对人或事物不满。后面的句子多说明不满的原因或事情。带有抱怨、责怪的意味，语气较强。多用于已经发生的或现阶段一直在做的事情。多用于不好的和不愉快的事情。○多用于叙事和对话，口语。

★ **名词／代词（指人）＋也（真）是的。** 可独立成句。

扩展▶ 他也（真）是的，事情都这样了也不告诉我；你这个人也（真）是的，有困难怎么不早说啊；你爸也（真）是的，这么重要的事都不告诉我；学校也（真）是的，每天安排这么多作业，孩子哪能做得完啊。

【一AA】 yī A A ［一级］

见666页【一A又一A】条。

【一A半B】 yī A bàn B ［一级］

例句▶ 看样子，他一时半会儿是回不来了，你还是明天再来找他吧。‖ 她是个特别爱干净的人，家里让她收拾得连一星半点儿的灰尘都没有。‖ 真不好意思，你问错人了，我对这些问题也只是一知半解的。

解释▶ 半：很少。表示事物的数量非常少，或时间非常短。多用于对人的行为动作或事物的描写。结构位置比较灵活，前后常有别的句子作相关的说明或补充。○多用于叙事和对话，书面语。

★ 1）**一＋名词$_1$＋半＋名词$_2$**。

2）**一＋动词$_1$＋半＋动词$_2$**。

框架格式。表示数量少的常作宾语或定语；表示时间短的常作状语或补语。结构中的两个名词或动词为意思相近的单音节词，组成四字格式。

扩展▶ **句型1）** 这件事一时半刻做不好；他去国外学习，一年半载回不来；问了半天他才说了一言半语；跟他没有一星半点儿的关系。

句型2） 我也是一知半解的，不十分清楚。

【一A比一A…】[1] yī A bǐ yī A… ［一级］

例句▶ 冬天快到了，天气一天比一天冷，你要多穿点儿衣服，别感冒了。‖ 他现在学习特别努力，进步也很大，一次比一次考得好。

解释▶ 表示随着时间的推移、数量的增加，情况也越来越好或越来越差；也指情况逐渐变化。多用来描写人或物的情况、状态等。结构位置比较灵活，前后常有别的句子作相关的说明或补充。○多用于叙事和对话，口语。

★ **一＋量词＋比＋一＋量词＋（动词＋得）＋形容词**。 框架格式。在句中常作谓语。结构中的“一A比一A”在句中作状语。

扩展▶ 生活一天比一天好；身体一天比一天差；收入一年比一年多；考试成绩一次比一次高；中药一口比一口难喝；买的衣服一件比一件贵；生意一次比一次难做；训练时间一次比一次长；他一天比一天睡得晚；饭一天比一天吃得少；活儿一天比一天干得多。

【一A比一A…】[2] yī A bǐ yī A … ［一级］

例句▶ 这里住的人一定都很有钱，你看停车场的那些车，一辆比一辆高级。‖ 你昨晚去看学校的唱歌比赛了吗？实在太棒了，选手们一首比一首唱得好听。

解释▶ 通过比较，强调在一个范围内的人或事物的情况都……，没有一个不……。通过“比”达到全部的肯定或否定。用在好的方面表示夸奖，带有褒义色彩；用于不好的方面，带有贬义色彩。主语必须是复数。前面常有别的词语或句子限定要说明的范围或对象，并作一定的说明，有时后面也有句子进行补充。○多用于叙事和对话，口语。

★ **一＋量词＋比＋一＋量词＋（动词＋得）＋形容词。** 框架格式。在句中常作谓语。

扩展▶ 歌一首比一首好听；电影一部比一部好看；这些花一束比一束漂亮；他们三人一个比一个厉害；这几个孩子一个比一个调皮；村里的人一家比一家有钱；这些山一座比一座高；他们一个比一个长得难看；他们一个比一个说得流利；节目一个比一个演得精彩。

【一边A一边B】 yìbiān A yìbiān B ［一级］

见44页【边A边B】条。

【一A便B】 yī A biàn B ［六级］

见652页【一A就B】[1]条。

【一不A就B】 yí bù A jiù B ［一级］

例句▶ 我不爱运动，还特别喜欢吃东西，所以一不小心就胖了。‖ 这个旅游区的路很复杂，一不注意就会迷路，所以出门前你最好带张地图。‖—你怎么来得这么晚？—不好意思，我一不留神就看错了时间。

解释▶ 由于某个原因，很快就产生某种结果。结构中的A多是“注意、在意、留神、小心、当心”等词语。多用于描写人的行为状态，多用于不希望发生的事情（已经存在的或将会发生的）。结构位置比较灵活，前面常有别的句子作相关的说明，有时后面也有句子进行补充。○多用于叙事和对话，口语。

★ **一不＋动词$_1$＋就＋动词$_2$。** 框架格式。在句中常作谓语，也可独立成句。

扩展▶ 一不小心就会出错；一不注意就会感冒；一不留神就被他们骗了；一不认真就会出问题；一不努力就会不及格；一不当心就会出错；一不在意就会走错了门。

【一不怕A二不怕B】 yī bú pà A èr bú pà B ［二级］

例句▶ 这个小孩儿一不怕打针，二不怕吃药，每次去医院都特别勇敢，那里的医生和护士都特别喜欢他。‖ 这位保洁阿姨在打扫卫生时，一不怕脏二不怕乱，再脏再乱的地方她也能打扫得干干净净的。

解释▶ 又不怕……，又不怕……。在困难或不利的环境中，能正确或勇敢面对，不害怕，不退缩。多用来描写或表扬某人在不好的环境或情况下的态度或做法，这时具有褒义色彩。也指某人很有决心做某事。常用于口号或标语。结构位置比较灵活，前后常有别的句子作相关的说明。○多用于叙事和对话，口语。

★ 1）**一不怕＋动词$_1$，二不怕＋动词$_2$**。

2）**一不怕＋形容词$_1$，二不怕＋形容词$_2$**。

在句中作谓语、定语，也可独立成句。结构中的两个分句有并列关系。

扩展▶ **句型1）**要有"一不怕苦、二不怕死"的精神；坚持真理要一不怕没权，二不怕没钱；想把事情做好，要一不怕吃苦，二不怕吃亏。

句型2）劳动期间，大家一不怕苦，二不怕累；忙农活儿时，我们一不怕难，二不怕累，很快就完成了任务。

【…一带】 … yídài ［五级］

例句▶ —大爷，向您打听一下，这一带有房子出租吗？—我们这儿没有，你去别处问问吧。‖ 你还年轻，我劝你去上海北京一带找找工作，那里是大城市，工作机会比较多。‖ 这种鱼产于长江中下游一带，味道十分鲜美，深受大家的欢迎。

解释▶ 一带：在某个地方以及这个地方附近。前面多是某个具体地方的名称，指以这个地方为中心的大小不很确定的一个范围。结构位置比较灵活，前后常有别的句子作相关的说明或补充。○多用于叙事和对话，书面语。

★ **名词／代词＋一带**。整个结构是一个名词短语。在句中常作主语、宾语。结构中的名词常表示地点。

扩展▶ 江南一带；苏杭一带；江浙一带；东北一带；长江一带；沿海一带；云南高原一带；中亚一带；南非一带；长白山一带；那一带。

【一旦A就B】 yídàn A jiù B ［五级］

例句▶ 你不要学着抽烟，习惯一旦养成就很难改，到时候想戒烟都戒不掉。‖ 你放心，我从来不随便答应别人，但是一旦答应了，就一定会做到。‖ 你想清楚了吗，真的要辞职吗？一旦你失业了，就很难再找到这么好的工作了。

解释▶ 一旦：一天之间，在这里表示较短的时间。如果在短时间内出现某种情况，就（会）……。多用来对将来可能发生的事情进行估计。结构位置比较灵活，前后常有别的句子作相关的说明。○多用于叙事和对话。

★ **一旦＋动词$_1$／小句＋就＋动词$_2$。** 在句中作谓语，也可独立成句，结构中的两个分句有假设关系。

扩展▶ 人一旦感冒了就很不舒服；事情一旦有什么变化就马上通知我；你一旦想好了就可以做出选择；他一旦明白了就会好好去做；一旦考试不及格就不能毕业；一旦试验不成功就等于全部失败。

【一点儿都不 … 】 yìdiǎnr dōu bù … ［一级］

见 644 页【一点儿也不 … 】条。

【一点儿 … 都没有】 yìdiǎnr … dōu méiyǒu ［一级］

见 645 页【一点儿 … 也没有】条。

【… 一点儿是一点儿】 … yìdiǎnr shì yìdiǎnr ［一级］

例句▶ 你花钱别这么没计划，省着点儿用，存一点儿是一点儿，以后用钱的地方多着呢！‖ 今天我们开会是想听听各位对公司的意见和建议，希望大家积极发言，说一点儿是一点儿。

解释▶ 虽然数量少，但能做一点儿就是一点儿。意思是总比没有好，总比不做好；有时也指累积起来慢慢就多了。带有尽可能、尽自己的力（不）去做某事的意味。多用于那些量不大，但需要（慢慢）积累才能完成或改变状态的事。用来说明某事或劝说、提示别人。结构位置比较灵活，前面和后面常有别的句子作相关的说明或补充。○多用于叙事和对话，口语。

★ **动词＋一点儿是一点儿。** 在句中常作谓语。

扩展▶ 想到一点儿是一点儿；能吃一点儿是一点儿；少花一点儿是一点儿；节约一点儿是一点儿；做一点儿是一点儿；买一点儿是一点儿；听一点儿是一点儿；记一点儿是一点儿；写一点儿是一点儿；读一点儿是一点儿。

【（…）一点儿小意思（…）】（…）yìdiǎnr xiǎo yìsi（…）［二级］

例句▶ 这次去的时间太短，我没买别的礼物，这是我的一点儿小意思，你就收下吧。‖ 这是 500 块钱，一点儿小意思，感谢你对我们的帮助。‖ 这一点儿小意思是我从北京带回来的，来，大家来尝尝。

解释▶ 客气话，送给别人礼物时，表示自己的礼物很小、很轻、数量不多或价钱不贵。含有委婉、谦虚的意味。结构位置比较灵活，前后常有别的句子作相关的说明或补充。○多用于对话，口语。

★ 1）（这是）+（代词+的）+一点儿小意思。

2）这一点儿小意思+（是）+动词。

可独立成句。结构中的“一点儿小意思”在句中作主语或宾语。

扩展▶ 句型1）一点儿小意思，你收下吧；算是我们的一点儿小意思；只是一点儿小意思，别客气；一点儿小意思，希望你们能接受。

句型2）这一点儿小意思是他们给你的；这一点儿小意思是我从老家带来的。

【一点儿也不… 】 yìdiǎnr yě bù … ［一级］

例句▶ —你们刚提到的公司的这个计划，我怎么一点儿也不知道？—我们是上星期讨论的，你出差刚回来，怎么会知道呢？‖—考试结束了吗，难不难？—已经结束了，我觉得一点儿也不难。

解释▶ 一点儿：数量少，但不确定。在“不”前，表示完全否定，相当于“完全不”“根本不”等。适用范围很广。结构位置比较灵活，前面常有别的句子作相关的说明。○多用于叙事和对话，口语。◇ 也说“一点儿都不…”。

★ **一点儿也不+动词/形容词。** 在句中作谓语，也可独立成句。结构中的动词多是表示心理活动或状态的词语。

扩展▶ 一点儿也不喜欢他；一点儿也不害怕；一点儿也不满意；一点儿也不疼；这事儿他一点儿也不在乎；一点儿也不觉得累；他一点儿也不想家；这事儿一点儿也不奇怪；学习一点儿也不动脑筋怎么行。

【一点儿也不亚于… 】 yìdiǎnr yě bú yà yú … ［七—九级］

例句▶ 虽然没经过专业的学习，但他做出来的菜，一点儿也不亚于专业厨师。‖别看这位老人已经六十多了，体力一点儿也不亚于年轻人，轻轻松松就能跑个几千米。

解释▶ 亚于：比……差。一点儿也不比……差，跟……差不多。多指通过比较，人或物的条件、水平、能力、效果、功夫、质量、速度等方面和……差不多。把事情往好的方面说，具有褒义色彩。结构位置比较灵活，前后常有别的句子作相关的说明或补充。多用于已经存在的情况。○多用于叙事和对话，书面语。

★ **一点儿也不亚于+名词/代词（指人）。** 在句中作谓语，也可独立成句。

扩展▶ 他的学习成绩一点儿也不亚于你；国内的产品一点儿也不亚于外国

的；中药的效果一点儿也不亚于西药；我心里的高兴程度一点儿也不亚于他；他在工作上花的时间一点儿也不亚于大家。

【一点儿…也没有】 yìdiǎnr … yě méiyǒu ［一级］

例句▶ 图书馆里特别安静，一点儿声音也没有，大家都在认真地学习。‖—我们真的来过这里吗？我怎么一点儿印象也没有。—那时你还小，当然没有印象。

解释▶ 一点儿：数量少，但不确定。在"没有"前，表示完全否定，即某种事物完全/根本没有。有时语气较强。适用范围很广。结构位置比较灵活，前后常有别的句子作相关的说明或补充。○多用于叙事和对话，口语。◇也说"一点儿…都没有""什么…都/也＋没有"。

★ **一点儿＋名词＋也＋没有。** 框架格式。在句中作谓语，也可独立成句。

扩展▶ 一点儿感觉也没有；一点儿办法也没有；一点儿兴趣也没有；一点儿自信也没有；一点儿作用也没有；一点儿消息也没有；对他一点儿影响也没有；一点儿效果也没有；一点儿胃口也没有。

【一…**都**＋不/没（有）…】 yī … dōu ＋ bù / méi（yǒu）… ［一级］

见664页【一…也＋不/没（有）…】条。

【一肚子（的）…】 yí dùzi（de）… ［四级］

例句▶ 他说是来帮忙，可忙没帮上，倒弄坏了我的车，想起来就是一肚子火。‖他这个人一肚子的坏水，不值得我们相信。‖我猜他一定是个读书人吧，没有一肚子学问，是说不出这么有水平的话来的。

解释▶ 比喻很多。多指人在心里的感觉、想法等以及所掌握的知识（学问）。有时是因为某种原因引起的（委屈、不满、火气、苦水、话），这时含有同情、埋怨的意味；也指不好的主意等（坏点子、坏水），这时具有贬义色彩；指知识学问时多用来夸奖某人，带有褒义色彩。结构位置比较灵活，前后常有别的句子作相关的说明或补充。○多用于叙事和对话，口语。

★ **一肚子（的）＋名词。** 整个结构是一个名词短语。在句中常作主语、宾语。

扩展▶ **用法1）**表示因为某种原因引起的感觉：一肚子火还没地方发呢；那天他带着一肚子气来找我；看他一肚子怒气，我什么都不敢说了；看到妈妈，我把一肚子委屈倒了出来；我有一肚子的话要对你说；你就是一肚子不满现在也不能说；他受了一辈子的苦，有一肚子苦水。

用法 2）表示不好的主意等：这家伙一肚子坏水；别听他的，这人一肚子坏点子。

用法 3）表示知识学问：我看你有一肚子学问，跟我说说吧；学了一辈子，一肚子学识。

【一…而…】 yī … ér … ［四级］

例句▶ 看到老师来了，同学们一拥而上把他围住，纷纷打听起自己的考试成绩来。‖ 火车越开越快，车窗两边的风景在我们眼前一闪而过，远远地落在了后面。‖ 和老板交谈的这短短几分钟里，小王发现其实老板是个十分亲切的人，因此先前的紧张感一扫而光。

解释▶ 表示动作一发生就引出了另一个动作，或出现某种结果。多用来描写快速出现的动作和状态；有时也用来描写一个动作过后，所有的（东西）都……。结构位置比较灵活，前后常有别的句子作相关的说明或补充。○多用于叙事和对话，书面语。

★ **一 + 动词$_1$ + 而 + 动词$_2$ / 形容词。** 框架格式。在句中常作谓语。结构中的动词或形容词多是单音节动词，组成四字格式。

扩展▶ **用法 1**）描写快速出现的动作和状态：面对失败和困难他一笑而过；听到巨大的响声，人群立刻一哄而散；食品生产不能一哄而上；开发研究项目不能一哄而起；突然有个人影一闪而过；他一怒而去。

用法 2）描写一个动作过后，所有的（东西）都……：他饿极了，把桌上的东西一扫而光；口袋里的钱被他一扫而空。

【一而再，再而三（地）…】 yī ér zài，zài ér sān（de）… ［四级］

例句▶ 我的手机已经用了三年多了，最近一而再再而三地出毛病，我在考虑是不是该换个新的了。‖ 请你不要一而再再而三地为难我，这件事情我真的帮不了你的忙。

解释▶ 事情发生了很多次，重复了很多遍。多是发生了说话人觉得不好的、不希望出现的事情，有时含有失望、厌烦的意味。多用于描述事情的经过。结构位置比较灵活，前后常有别的句子作相关的说明或补充。多用于过去的、不好的和不愉快的事情。○多用于叙事和对话，书面语。

★ **一而再，再而三 +（地）+ 动词。** 在句中常作谓语。结构中的“一而再，再而三 +（地）”在句中作状语。

扩展▶ 这种事一而再再而三地发生；你怎么一而再再而三地麻烦我；你一而再再而三地让我失望；她一而再再而三地把她以前的故事讲给大家听；

你怎么可以一而再再而三地骗人；他一而再再而三地否认自己的错误。

【一A二B】 yī A èr B ［一级］

例句▶ 事情已经一清二楚了，你不用再多说。‖ 我以前不认识小王，前段时间，经人介绍我们成了朋友，一来二去就很熟悉了。‖ 几年前我学过太极拳，但后来再也没有练习过，到现在已经忘得一干二净了。

解释▶ “一、二”中间分别插入双音节词，构成四字格，有两个意思：一是表示数量的累计；二是表示程度或状态很深，相当于“很”，这时有强调作用。多用来描写人或物的情况。多放在句尾，前面常有别的句子作相关的说明。注意▶ 结构搭配有限。○多用于叙事和对话，书面语。

★ 1）一＋**动词** $_1$＋二＋**动词** $_2$。

2）一＋**形容词** $_1$＋二＋**形容词** $_2$。

框架格式。在句中常作谓语、补语、状语。结构中的前后两个动词或形容词为意思相近或相对的单音节词，组成四字格式。

扩展▶ **句型1**）一来二去互相就熟悉了；一来二去地积累得越来越多了。

句型2）他对这件事情了解得一清二楚；他把桌上的东西吃得一干二净；做人就应该一清二白；这个地方过去可以说是一穷二白。

【…一番】 … yìfān ［六级］

①例句▶ 刚刚被老师大大表扬了一番，王小林的心里像吃了蜜一样，甜甜的。‖ 一大早起来，她就对着镜子仔细打扮了一番，因为今天她要和男朋友约会。

解释▶ 番：量词。相当于一回、一次、一阵、一遍。放在动词后面，表示某种行为或动作用时长、费力大，所组合的动词多是一般的或褒义的，较少的是不好的。多用来描写人、动物的动作行为。结构位置比较灵活，前后常有别的句子作相关的说明或补充。○多用于叙事和对话。

★ **动词（了）＋一番。** 在句中常作谓语。结构中的动词多是表示持续性动作的词语。

②例句▶ 站在房间外面感觉还挺安静的，可走进房间，却是另一番景象，所有的人都围着桌子，边吃边聊，热闹极了。‖ 为了让大家都明白这个问题，他真费了一番功夫，给大家足足解释了一个小时。‖ —你来看我就行了，干嘛还带这么多礼物？—这是我的一番心意，请你一定要收下。

解释▶ 番：量词。相当于一种、一阵、一片、一些等。放在名词前面，名词多是心思、语言、过程等表示抽象的事物；也用于描写景色。前后常有别的句子作相关的说明或补充。○多用于叙事和对话。

★ **一番＋名词。** 整个结构是一个名词短语。在句中常作主语、宾语。

扩展▶ **用法1**）动词（了）＋一番，表示某种行为或动作用时长、费力大：他被大家夸奖了一番；我思考了一番；仔细比较了一番；认真考察了一番；对此事调查了一番；把这东西好好研究一番；这事儿他跟我解释了一番；我们已经庆祝了一番；他把我从上到下打量了一番。

用法2）一番＋名词，表示心思、语言、过程等抽象的事物：有自己的一番天地；费了一番口舌；费了一番周折；这是他的一番心血；讲了一番道理；进行了一番解释；这是他的一番好意；一番话说得他心服口服；他想把自己过去的一番经历写出来。

【**一方面** …，（另）**一方面** … 】 yī fāngmiàn …，（lìng）yī fāngmiàn … ［二级］

例句▶ 这个人也真是的，一方面总说自己没钱，一方面看见好东西又都要买，真拿她没办法。‖ 现代文明给我们的生活带来了方便，也带来了麻烦：一方面人们的生活水平越来越高，另一方面环境污染越来越严重。

解释▶ 连接两个内容有关联的事物，或者一个事物的两个方面。内容上可以是相近的，也可以是相反或对立的。多用于分析、描写、解释或建议等。多放在句子的后半部分，前面或者先引出话题，或者有别的句子作相关的解释说明。○多用于叙事和对话，口语。

★ 1）**一方面＋动词**$_1$，（**另**）**一方面＋动词**$_2$。

2）**一方面＋小句**$_1$，（**另**）**一方面＋小句**$_2$。

可独立成句，也可在句中作谓语。结构中的两个分句有并列关系。后一个“（另）一方面”后面常有“还、也、又”搭配使用。

扩展▶ **句型1**）一方面是自信，另一方面是实力；一方面要学习，另一方面要休息；一方面为了生活，另一方面为了自己的兴趣。

句型2）一方面商品卖不出去，另一方面大家买不起东西。

【（…）一分之差 … 】（…）yì fēn zhī chā … ［一级］

例句▶ 她是个成绩优秀的女孩，却因高考失误，以一分之差没考上重点大学。‖ 在学校的乒乓球比赛中，我和小王之间的差距很小，只有一分之差。

解释▶ 差：差距。比……只少了一分，表示差距非常小。由于少了一分而没有得到某个好的结果，含有遗憾、十分惋惜的意味。多用于描写事情发生的过程。结构前常有“仅仅、因、以、就、只是、只有”等词语表示差距很小等。多放在句尾，前面常有别的句子作相关的说明。○多用于叙事，书面语。

★ 1）**以 / 因 / 就 + 一分之差 + 动词。**

2）**只是 /（只）有 + 一分之差。**

在句中常作谓语。

扩展▶ **句型 1）** 以一分之差输掉了比赛；始终以一分之差落后；以一分之差获得了第二名；就一分之差没得到第一。

句型 2） 这只是一分之差，太可惜；我和第一名只有一分之差。

【一副 … 的样子】 yí fù … de yàngzi ［六级］

例句▶ 你的头发这么乱，衣服也没穿整齐，一副没睡醒的样子，怎么去上课？‖ 在朋友面前，她总是一副骄傲的样子，渐渐地大家都不太愿意跟她交往了。

解释▶ 副：量词。表示某人脸上出现的某种表情，或表现出来的某种状态。多在跟别人的接触中表现出来，从表面上（脸上或行为上）就能看出他的情绪、状态、态度等。"样子"前面的修饰词多描写是一种什么样子。样子可以是好的、愉快的，也可以是不好的、不愉快的。前后常有别的句子作相关的说明或补充。○多用于叙事和对话，口语。

★ **一副 + 动词 / 形容词 + 的样子。** 框架格式。整个结构是一个名词短语。在句中常作宾语。结构中的动词或形容词可以用否定形式。

扩展▶ 一副很生气的样子；一副生病的样子；一副没精神的样子；一副不情愿的样子；一副不在乎的样子；一副不开心的样子；一副吃惊的样子；一副不好意思的样子；一副认真的样子；一副忙碌的样子；一副激动的样子；一副惊喜的样子。

【一个个像 … 似的】 yí gègè xiàng … shìde ［四级］

例句▶ 周末我和几个朋友去郊外玩儿，谁知半路上下雨了，回到家一个个都像落汤鸡似的。‖ 走了一天，又累又饿，好不容易进了一家饭店，大家一个个像饿了好几天似的大口大口地吃，不一会儿就把盘子里的东西吃光了。‖ 第一次看到这个又高又大的外国人，小朋友吓得一个个像老鼠见了猫似的，不敢说话。

解释▶ 像……似的，像……一样。比喻每一个都跟某事物一样。多用于形容人的不太好的状态或样子，结构中的词语多用夸张的手法对人的状态或行为进行形象的描写，表达生动，有时带有贬义色彩。结构位置比较灵活，前面常有别的句子说明情况，有时后面也有句子作进一步补充。〇多用于叙事和对话。

★ **一个个+（动词$_1$+得）+像+名词/动词$_2$/小句+似的。** 框架格式。在句中作谓语、状语、补语，也独立成句。

扩展▶ 一个个像木头似的站着没反应；你们怎么了，一个个像吃错药似的；一个个像没睡醒似的反应特别慢；一个个像疯了似的拼命地跑。

【一个接一个地…】 yí gè jiē yí gè de … ［二级］

例句▶ 小王虽然不会游泳，但看着朋友们一个接一个地跳下游泳池，也很想下水试试。‖—你通知大家了没有？—电话一个接一个地打出去了，但是有几个人没有接。‖—你的银行卡找到了没有？—我今天下午把衣服口袋一个接一个地翻了个遍，终于找到了。

解释▶ 一个人或很多人按一定的顺序做某事；也指事物按一定的顺序出现。多用来描写人的行为或事物的状态。结构位置比较灵活，前后常有别的句子作相关的说明或补充。多用于已经发生的事情。〇多用于叙事和对话，口语。

★ **一个接一个地+动词。** 在句中常作谓语，结构中的“一个接一个地”作状语。

扩展▶ **用法1）**表示一个人或很多人按一定的顺序做某事：他们一个接一个地离开；同学们一个接一个地走出了教室；大家一个接一个地走了。

用法2）表示事物按一定的顺序出现：节目一个接一个地演下去；歌一个接一个地唱起来；好消息一个接一个地传过来。

【一个劲儿地…】 yígejìnr de … ［七—九级］

例句▶ —听说你跟男朋友又好了？不生他的气了吗？—他一个劲儿地向我道歉，我只好原谅他了。‖我跟在后面问她，可她什么也不说，只是一个劲儿地往前走，一边走还一边哭。

解释▶ 表示某个动作或现象连续不断，中间不停。多指在短时间里的动作或现象，用来描写人的动作、行为或事物状态。结构位置比较灵活，前面或后面常有别的句子作相关的说明或补充。〇多用于叙事和对话，口语。

★ **一个劲儿地+动词。** 在句中常作谓语，结构中的“一个劲儿地”作状语。

扩展▶ 一个劲儿地夸她；大家一个劲儿地表扬她；一个劲儿地点头；一个劲儿地哭；一个劲儿地道谢；一个劲儿地追问；他一句话也不说，只是一个劲儿地喝酒；一个劲儿地叫我喝茶；孩子一个劲儿地吵着要出去。

【一个天上，一个地下】 yí ge tiānshang, yí ge dìxia ［二级］

例句▶ 他们两兄弟的性格可以说是一个天上一个地下，一个又细心又努力，一个又顽皮又粗心。‖ 同样的商品，在旅游区和在一般商店的价格，简直是一个天上一个地下。‖ 今年的水果生意跟往年相比，真是一个天上一个地下，往年进一次货我几乎当天就卖光了，可现在要三四天才能卖完。

解释▶ 两个人或事物的差别很大。强调两者之间几乎完全相反，表达夸张。多用来描写人或物的差别。结构前常有“真是、可以说、就是、简直、几乎是、不得不说是”等词语。结构位置比较灵活，前面常有别的句子作相关的说明，有时后面也有句子作进一步补充。多用于抽象的事物。○多用于叙事和对话，口语。

★ **一个天上，一个地下。** 在句中常作谓语、宾语。结构中的两个分句有并列关系。

扩展▶ 和他比起来，真是一个天上一个地下；二者的差别简直一个天上一个地下；这两代人的生活一个天上一个地下；这两人的能力和水平可以说是一个天上一个地下。

【一会儿A一会儿B】 yíhuìr A yíhuìr B ［一级］

例句▶ 小明上课不太认真，一会儿看看窗外，一会儿跟别的同学讲话，什么也没听进去。‖ 这个周末我在家打扫卫生，一会儿扫地，一会儿洗衣服，一会儿擦桌子，好像有做不完的事。‖ 不好意思，我这边的信号一会儿好一会儿差，听不太清楚您说什么。

解释▶ 用在两个或多个不同的词前，表示不同的情况替换着出现。多用来描写动作、状态、现象等。中间插入的词可以是反义的，也可以不是。前后常有别的句子作相关的说明或补充。○多用于叙事和对话，口语。

★ 1）**一会儿＋动词$_1$，一会儿＋动词$_2$。**

2）**一会儿＋形容词$_1$，一会儿＋形容词$_2$。**

在句中作谓语、状语、补语，也可独立成句。结构中的两个分句有并列关系。

扩展▶ **句型1）** 一会儿向东，一会儿向西；一会儿哭，一会儿笑；一会儿看这儿，一会儿看那儿；一会儿说好，一会儿说不好；一会儿看看窗外，一会儿喝喝茶；一会儿看小说，一会儿写信；一会儿高兴，一会儿生气；天一会儿下雨一会儿晴。

句型2） 天气一会儿热一会儿冷；他一会儿快一会儿慢地走着；飞机

飞得一会儿高一会儿低。

【一A就B】[1] yī A jiù B ［一级］

例句▶ 你的身体不太好，一到冬天就感冒，应该多运动运动。‖—我的那件事有消息了吗？—现在还没消息呢，你先回去吧，一有消息我就通知你。

解释▶ 表示前一个动作或情况发生后，紧接着发生另一个动作或情况，或出现某种结果。中间几乎没有间隔时间，或间隔时间很短。多用来描述某人或物的情况。这些情况有的是规律性的，有的不是。结构位置比较灵活，前后常有别的句子作相关的说明或补充。○多用于叙事和对话，口语。◇ 也说“一A便B”。这时带有书面色彩。

★ **一+动词$_1$+(名词、代词)+就+动词$_2$。** 框架格式。在句中作谓语，也可独立成句。

扩展▶ 一有时间就看书；一上课就想睡觉；他一说我就懂了；一看就知道怎么回事儿了；一到家就开始写作业；一出门就下雨了；他一听就生气；一见我来他就走了；他一抬头就把水喝完了；他不会喝酒，一喝就醉；他不认路，一出门就走丢。

【一A就B】[2] yī A jiù B ［一级］

例句▶ 我平时不常逛街，但如果出去逛，一买就会买好几件衣服回来。‖爸爸因为工作原因来到北京，我们全家也搬过来了，在这儿一住就是三十年。

解释▶ 表示行为动作一发生，它涉及的数量或范围就很大，达到的程度就很深，或出现某种结果。多用来描述前后动作、现象差别很大的情况。有时含有夸张的意味。多放在句尾，前面常有别的句子作相关的说明，有时后面也有句子进行补充。○多用于叙事和对话，口语。◇也说“一A就是B”。

★ **一+动词+就+(动词/是)+数量短语。** 框架格式。在句中常作谓语。结构中的动词多是单音节词。

扩展▶ 一睡就睡大半天；一吃就是三四碗；她俩一逛街就逛一整天；一写就写十几页；一走就是好几年；一出差就是半个月不回家。

【一A就是B】 yī A jiù shì B ［一级］

见652页【一A就B】[2]条。

【一看（…）就是…】 yí kàn（…）jiù shì… ［一级］

例句▶ 你这身衣服，一看就是名牌，一定很贵吧？‖谢谢您了，一看您就是个好人，好人一定有好报的。‖一看你俩就是姐妹，长得特别像，连说话的声音也差不多。

解释▶ 表示根据某人的外表或某物的样子，立刻就能判断是怎么回事。说明说话人经验丰富，对某人某物十分有把握。结构位置比较灵活，前后常有别的句子作相关的说明或补充。○多用于叙事和对话，口语。

★ **一看+(名词$_1$/代词［指人］)+就是+名词$_2$。** 框架格式。可独立成句。结构中的两部分有条件关系。

扩展▶ 一看就是好东西；一看就是个专家；一看就是个外行；一看你就是个喝酒的人；一看你就是个老板；一看他就是有知识的人；一看穿着就是个有钱人；一看这人就不是个简单的人。

【一口…的A】 yì kǒu… de A ［一级］

例句▶ 在国外留学的这几年，他不但学了专业的知识，还学会了一口地道的英语。‖虽然在北京居住多年，但他说话时仍带有一口浓重的四川口音，一听就知道是四川人。‖能说一口流利的普通话，是电视台选择主持人最重要的标准之一。

解释▶ 某人说的是什么语言，或语言怎么样。多根据某人开口说话、发音及表达来判断他的语言情况或程度。结构中常有修饰语说明某人“语言”的具体情况，多用来夸奖某人。结构位置比较灵活，前后常有别的句子作相关的说明或补充。○多用于叙事和对话，口语。

★ **一口+形容词+的+名词（语言/话）。** 框架格式。整个结构是一个名词短语。在句中常作宾语。

扩展▶ 一口流利的普通话；讲一口地道的上海话；一口漂亮的英语；一口纯正的法语；他说的一口当地的方言，我听不懂。

【一口气…】 yìkǒuqì… ［五级］

例句▶ 可能是太饿了，回到家一口气把桌上剩下的饭菜都吃光了，可我还不觉得饱。‖周末闲来无事，天气也特别好，我一口气把所有的脏衣服都洗干净了。‖没想到1400张参观门票不到3天就卖光了，买得最多的一位客人一口气买了80张。

解释▶ 一次性地，或很短的时间内连续不停地做某事。多用来描写动作的时间短、动作快，而且后面出现事物的量也很大。表达夸张。结构位置比较灵活，前后常有别的句子作相关的说明或补充。○多用于叙事和对话，口语。

★ **一口气＋动词$_1$＋形容词／动词$_2$／数量名短语。** 在句中常作谓语，结构中的“一口气”在句中作状语。

扩展▶ 一口气背出十个电话号码；一口气围着操场跑十圈；一口气说出了十个人的名字；一口气连得10分；一口气爬上了六楼；一口气报出了十大名胜古迹；一口气把话说完；一口气把比分追回来了；一口气把一瓶啤酒都喝完了；一口气写完了所有作业。

【一来…，二来…】 yī lái…，èr lái… ［一级］

例句▶ 你还是搬过来跟我一起住吧，一来两个人住热闹些，二来可以省点儿房租。‖ 我们在周末可以组织一些体育活动，比如篮球、排球、羽毛球等，一来可以锻炼身体，二来可以交一些新朋友。

解释▶ 说明原因或目的。第一个原因或目的是……，第二个原因或目的是……。如果原因有很多，也说“一来…，二来…，三来…，四来…”等。多放在句子的后半部分，前面常有别的句子作相关的说明。○多用于叙事和对话，口语。◇ 也说“一则…，二则…”“一则…，再则…”。这时带有书面色彩。

★ 1）**一来＋动词$_1$，二来＋动词$_2$。**

2）**一来＋小句$_1$，二来＋小句$_2$。**

可独立成句，也可在句中作谓语。结构中的两个分句有并列关系。

扩展▶ **句型1）** 我没去是有原因的，一来没有时间，二来没有机会；我不想买，一来买不起，二来不知道是真是假。

句型2） 我不再负责这里的工作，一来自己年纪大了，二来也应该让年轻人多锻炼锻炼；我喜欢读书，一来这是我的爱好，二来我想多学点儿东西。

【一连…】 yìlián… ［三级］

例句▶ 从南京旅行回来后，我就感冒了，一连三天都在发烧，直到昨天才稍微好点儿。‖ 我最后一次见他，是在一个朋友的生日晚会上，此后一连好几年我都没再见过他。‖ 你已经一连工作二十个小时了，停下来休息休息吧，否则身体会受不了的。

解释▶ 相同的情况连续不断，相同的动作一直持续。时间或长或短，但至少两天或几个小时（以上）；动作或多或少，但也需两个（以上）。多用来表示时间长，动作、状态长时间不变，数量多等。结构位置比较灵活，前后常有别的句子作相关的说明或补充。〇多用于叙事和对话。

★ 1）**一连＋数量短语＋动词/小句。**

2）**一连＋动词＋数量短语。**

在句中作谓语，也可独立成句。

扩展▶ **句型1）** 一连两个月没出去工作；一连几个钟头坐在咖啡厅里；一连几个星期只吃面包；一连几个月都没休息。

句型2） 一连问了三个问题；一连说了好几遍；一连讲了几个小时；一连下了三天大雨；一连上了好几道菜；一连生了两个孩子；一连看了几套房子。

【一溜烟（地）…】 yìliūyān(de)… ［超纲］

例句▶ 妈妈很生气，伸手就要打孩子，谁知这孩子一溜烟跑了出去，怎么也追不回来。‖ 深夜，一辆汽车飞速地迎面开过来，还没等我看清楚，它又一溜烟地消失在黑夜里。

解释▶ 形容（人或物）速度很快地从眼前离开。多用来描写速度很快的人、汽车、动物或某些东西等。多放在句尾，前面常有别的句子作相关的说明，有时后面也有别的句子进行补充。〇多用于叙事和对话，口语。

★ **一溜烟（地）＋动词。** 在句中常作谓语，结构中的“一溜烟（地）”在句中作状语。结构中的动词多是表示移动的词，如“走、跑、出去、飞走、消失”等。

扩展▶ 一溜烟（地）跑掉了；那人一溜烟（地）跑出了房间；小孩儿一溜烟似的跑了；猫一溜烟（地）逃走了；只见他一溜烟（地）跑下了楼梯；车一溜烟（地）就开走了；学生们出了校门，一溜烟（地）散开，不见影子了。

【一路A一路B】 yílù A yílù B ［一级］

例句▶ 由于每天都起得很晚，为了节省时间，我会在去上班的路上买一些早点，一路走一路吃。‖ 小王，别光顾着爬山，我们要一路爬山一路看风景，这样才更有意思。

解释▶ 人在行走的路上同时做两件事，也指一边走，一边做某事。多是愉快的、好的事情，有时也有不愉快的事情。多用来描述人在行走或旅行的过程中做某事。结构位置比较灵活，前后常有别的句子作相关的说明或补充。〇多用于叙事和对话，口语。

★ **一路＋动词₁＋一路＋动词₂。** 框架格式。在句中常作谓语。结构中的两个分句有并列关系。

扩展▶ 一路走一路拍照；大家一路走一路聊天儿；他一路走一路想；他气得要命，一路走一路骂；游客们一路看一路赞叹；他一路找一路打听。

【一门心思 …】 yì mén xīnsi … ［七—九级］

例句▶ 晚饭过后，他走进书房，关上房门关掉手机，一门心思看起书来。‖其实我是第一次参加国际比赛，刚开始心里很紧张，可渐渐地我就忘掉了一切，只是一门心思打好每一个球。

解释▶ 心思：心神或精力。一心一意，集中精神、注意力或精力，把全部精力都放在（做某事）。多用来描写某人的行为、动作。结构位置比较灵活，前后常有别的句子作相关的说明或补充。○多用于叙事和对话，口语。

★ **一门心思＋动词。** 在句中常作谓语。结构中的“一门心思”在句中作状语。

扩展▶ 一门心思要去看电影；一门心思放在教学上；一门心思放在工作上；一门心思想着赚钱；一门心思地训练；他现在一门心思想找份好工作；一门心思想着这个问题；一门心思忙着晚会上的事。

【一面 A 一面 B】 yímiàn A yímiàn B ［七—九级］

见 44 页【边 A 边 B】条。

【一年比一年 …】 yì nián bǐ yì nián … ［一级］

例句▶ 自从换了自己喜欢的工作以来，他投入了更多的精力，收入也一年比一年增加了。‖我现在年纪一年比一年大，身体也越来越差，很多年轻人的活动都参加不了了。

解释▶ 以“年”为单位，表示随着时间的推移，程度、质量和数量等都在向某个方面变化。可以是向好的或不好的方面变化。注意▶ 不能用于不能渐变的情况。结构位置比较灵活，前面或后面常有别的句子说明补充。○多用于叙事和对话。

★ **一年比一年＋动词／形容词。** 在句中常作谓语。

扩展▶ 质量一年比一年提高；范围一年比一年扩大；感觉一年比一年轻松；身体一年比一年胖；过年一年比一年热闹；人数一年比一年多；新房一年比一年多；希望情况一年比一年好；环境一年比一年差；压力一年比一年大。

【一片…】 yí piàn … ［二级］

例句▶ 在新年联欢会上，同学们演出的节目十分精彩，会场上到处是一片欢乐的气氛。‖ 下了几天的大雪，路上的交通一片混乱，车子开得都很慢，堵车的情况十分严重。‖ 不知怎么，上台前我把要说的话背得特别熟，谁知一到台上脑子就一片空白，什么也想不起来了。

解释▶ 片：用于平而薄的东西。多比喻形成一定量、范围、程度的声音、光，以及感情、心意、景象等抽象事物，强调范围广、强度大或程度深。结构位置比较灵活，前后常有别的句子进行说明或补充。○多用于叙事和对话。

★ 1）**一片＋名词。** 在句中常作主语、宾语。

2）**一片＋形容词。** 在句中常作谓语、定语。

扩展▶ **句型 1）** 一片欢呼声；一片灯火；一片花的海洋；一片……的景象；一片田野风光；一片喜庆的场面；一片新气象；这是我的一片心意；一片深情；一片爱心；一片苦心。

句型 2） 一片寂静；一片慌乱；一片黑暗；一片漆黑；一片翠绿；一片灿烂；一片火红；一片光明；一片温暖；一片繁忙。

【一…起（…）来】 yī … qǐ（…）lái ［一级］

例句▶ 她特别爱看书，只要一拿起书来，就舍不得放下，恨不得一下子就把它看完。‖ 昨天踢足球时脚受了点儿伤，现在一走起路来就觉得特别疼。‖ 她平时是个特别安静的女孩儿，可一跳起舞来，就好像变了一个人似的，活泼极了。

解释▶ 动作、状态开始以后（就不间断、一直不停，或出现某种新情况或结果），这后一种情况或结果往往不是一般的情况。多用来描写人的动作、行为或事情。可以是好的和不好的。结构位置比较灵活，前面常有别的句子说明情况，后面的句子或说明相关的状态，或指出动作引出的结果。○多用于叙事和对话，口语。

★ **一＋动词＋起＋（名词）＋来。** 框架格式。常与后面的动词词组构成条件或假设关系。结构中的动词和名词可组成动宾短语。

扩展▶ **用法 1）** 动作、状态开始后就一直不停：他们俩一闹起来没完没了；她一哭起来就不停；一上起网来起码三个小时；一聊起天儿来就特别兴奋。

用法 2） 动作、状态开始后出现了某种新情况：他一笑起来声音好大；一说起话来声音很响；一玩起游戏来不吃不喝；一踢起足球来把衣服弄得很脏；一听起音乐来连吃饭都忘了。

【一时 … 不起来】 yìshí … bù qǐlái ［六级］

例句▶ 这个人我看着特别面熟，可就是一时想不起来在哪儿见过。‖ 虽然现在已经是春天了，可天气却一时暖和不起来，据说过两天还会下一场雪。

解释▶ 一时：短时间。在很短的时间内不可能发生某事或出现某种情况，或达到某种程度和目的。多用来描写、叙述或估计某人某事。前后常有别的句子作相关的说明或补充。○多用于叙事和对话，口语。

★ **一时 + 动词 / 形容词 + 不起来。** 框架格式。在句中常作谓语。

扩展▶ **用法 1）**在短时间内不可能出现某种情况：一时从地上爬不起来；腿一时站不起来；东西一时提不起来；门一时关不起来；鞋带一时系（jì）不起来；他俩一时还打不起来；一时回忆不起来；一时记不起来。

用法 2）在短时间内不可能达到某种程度和目的：腰一时直不起来；精神一时集中不起来；关系一时好不起来；意见一时统一不起来。

【… 一时说不完】 … yìshí shuō bù wán ［六级］

例句▶ —他有什么优点，让你这么喜欢他？—要说他的优点，还真一时说不完。‖ 我能取得今天的成功，和大家的帮助是分不开的。要感谢的人实在太多太多了，多到一时都说不完。

解释▶ 一时：短时间。在短时间内不能说完。表示要说的话，要表达的东西太多，包括好的和不好的、愉快的和不愉快的方面。含有夸张的意味。结构位置比较灵活，前后常有别的句子作相关的说明或补充。○多用于叙事和对话，口语。

★ 1）**（名词）+ 一时说不完。**

2）**多 + 得 / 到 + 一时说不完。**

在句中作谓语、补语，也可独立成句。

扩展▶ **句型 1）**我有很多话，一时都说不完；好玩的地方一时说不完；有意思的故事一时说不完；他去过的地方真多，一时说不完；他的经历很复杂，一时说不完；已经处理的事情太多，一时说不完。

句型 2）这个人做的坏事多得一时说不完；问题太多了，多得一时说不完。

【一时 A 一时 B】 yìshí A yìshí B ［六级］

例句▶ 你的手机信号一时有一时没有，我根本听不清楚你说了些什么。‖ 我的手表出毛病了，一时快，一时慢，下班后我得拿去修一修。‖—最近你俩的关系怎么样？—我也说不清楚，一时好一时坏。

解释▶ 一时：短时间。一会儿……，一会儿……；有时……，有时……。表示情况在很短的或一段时间内不断变化，或两种情况替换出现。有时含有情况不正常的意味。多用来描写人或物的情况。结构位置比较灵活，前面或后面常有别的句子作相关的说明或补充。○多用于叙事和对话，口语。

★ 1）**一时＋动词$_1$，一时＋动词$_2$。**

2）**一时＋形容词$_1$，一时＋形容词$_2$。**

在句中作谓语，也可独立成句。结构中的两个分句有并列关系。结构中的前后两个动词或形容词的意思相反或相对，音节上大致相同。

扩展▶ **句型1**）一时上一时下；一时哭一时笑；一时这样说，一时那样说；一时天晴一时下雨；一时前进，一时后退。

句型2）一时清楚一时糊涂；一时高兴一时难过；声音一时大，一时小；一时忙一时闲；一时高一时低；一时远一时近。

【…一A是一A】 …yī A shì yī A ［一级］

例句▶ —你今后有什么打算？—目前没有别的打算，公司情况不太好，只能走一步是一步。‖我都快八十岁了，过一天是一天，所以每天我都要过得开心快乐。‖你不能什么也不吃，还是稍微吃点儿吧，吃一点儿是一点儿，吃了才会有力气。

解释▶ 虽然目前的情况或状态不很好，能力有限、机会不多、可能性不大，但还是希望努力地去做某事，通过一点儿一点儿的积累达到最后的目的。有时含有做了比不做好的意味。多用来描写某人对做事的态度。结构位置比较灵活，前后常有别的句子作相关的说明或补充。○多用于叙事和对话，口语。◇也说“…一A算一A”。

★ **动词＋一＋量词＋是＋一＋量词。** 框架格式。在句中作谓语，也可独立成句。

扩展▶ 干一件是一件；找到一个是一个；卖一件是一件；救一个是一个；联系一个是一个；看一本是一本；做一题是一题；省一点儿是一点儿；做一点儿是一点儿；想到一点儿是一点儿。

【一手A一手B】 yì shǒu A yì shǒu B ［七—九级］

例句▶ 他在学包饺子，一脸认真地坐在饭桌前，一手拿皮儿，一手拿着筷子，看上去还挺有样子的。‖这些货你都要了？那好，咱们现在一手交钱一手交货。

解释▶ 一个人的两只手在同一个时间分别做两件不同的事，也指交易的双方互相合作，在同一时间完成同一件事。前一用法的两件事可以互相有关联，也可以没有关联；后一用法的两件事互相必须有关联。含有两方面都不耽误的意味。可用于具体的和抽象的事物。结构位置比较灵活，前后常有别的句子作相关的说明或补充。○多用于叙事和对话。

★ **一手＋动词$_1$，一手＋动词$_2$**。框架格式。在句中作谓语，也可独立成句。结构中的两个分句有并列关系。

扩展▶ **用法1）**一个人的两只手同时做两件事：一手开车一手打电话；一手接电话，一手做记录；一手打着伞，一手举着旗；一手拿着包，一手提着塑料袋。

用法2）双方互相合作完成同一件事：一手买进一手卖出；一手交钱一手交货。

【一手抓A一手抓B】 yì shǒu zhuā A yì shǒu zhuā B ［三级］

例句▶ 为了让自己在语言学习上有更大的进步，我一手抓汉语口语，一手抓汉字，每天都特别努力。‖ 任何人的身体健康都需要一手抓预防，一手抓治疗，两方面都不能耽误。‖ 我认为对子女教育应该同时抓两方面，这就是一手抓身体心理健康，一手抓智力发展，缺一不可。

解释▶ 某人或有关部门在工作、学习上同时做两方面的事，通过两个方面把事情做好；有时也指两方面都不耽误。多用于正式场合。多用于具体的和抽象的事物。结构位置比较灵活，前后常有别的句子作相关的说明或补充。○多用于叙事和对话。

★ 1）**一手抓＋名词$_1$，一手抓＋名词$_2$**。

2）**一手抓＋动词$_1$，一手抓＋动词$_2$**。

3）**一手抓＋主谓短语$_1$，一手抓＋主谓短语$_2$**。

在句中作谓语，也可独立成句。结构中的两个分句有并列关系。

扩展▶ **句型1）**大学教师应该一手抓教学，一手抓科研；一手抓业务，一手抓队伍；一手抓当前，一手抓长远；一手抓工业，一手抓农业。

句型2）一手抓发展，一手抓改革；一手抓提高生产效率，一手抓改进产品质量。

句型3）教育孩子应一手抓身心健康，一手抓智力发展；一手抓经济发展，一手抓环境治理。

【一说到 … 就来劲儿】 yì shuōdào … jiù láijìnr ［超纲］

例句▶ 你看你，一说到吃的就来劲儿，不是刚吃完午饭吗？怎么又想吃东西了？‖他是个汽车迷，一说到汽车就来劲儿，哪个品牌有哪些汽车，他都了如指掌。‖这孩子一说到拍照就来劲儿，只要大人拿着相机叫一声“看这儿！”，他马上就会对着相机镜头笑个不停。

解释▶ 来劲儿：很积极、有精神。谈到某个话题时，某人就马上表现出特别的兴趣，说话做事很有精神，很兴奋。多用来描写某人的特点和兴趣。多放在句首，后面有别的句子进一步补充说明。○多用于叙事和对话，口语。

★ **一说到 + 名词 / 动词 + 就来劲儿。** 框架格式。整个结构表示条件关系或假设关系。

扩展▶ 一说到啤酒就来劲儿；一说到钱就来劲儿；一说到电脑就来劲儿；一说到手机就来劲儿；一说到那个国家就来劲儿；一说到学习就来劲儿；一说到跳舞就来劲儿；一说到玩游戏就来劲儿。

【… 一 A 算一 A】 … yī A suàn yī A ［二级］

见 659 页【… 一 A 是一 A】条。

【一天比一天 … 】 yìtiān bǐ yìtiān … ［一级］

例句▶ 为了成为校篮球队的队员，他每天都刻苦练习打篮球，球技也一天比一天进步。‖自从他生病以来，他每天吃不下饭，也睡不好觉，看着他一天比一天瘦，我心里特别难过。

解释▶ 以“天”为单位，表示随着时间的推移，程度、质量和数量等都在向某个方面变化。可以是向好的或不好的方面变化。注意▶ 不用于不能渐变的情况。结构位置比较灵活，前后常有别的句子作相关的说明或补充。○多用于叙事和对话。

★ **一天比一天 + 动词 / 形容词。** 在句中常作谓语。

扩展▶ 一天比一天增多；一天比一天减少；一天比一天热；一天比一天冷；一天比一天多；一天比一天忙；兴趣一天比一天浓；生活一天比一天好；国家一天比一天强大；一天比一天轻松；一天比一天富裕；一天比一天老；一天比一天痛苦。

【一天到晚 … 】 yìtiān-dàowǎn … ［一级］

例句▶ 这是我第一次出国，刚来中国的那段时间，我一天到晚想家，想爸爸妈妈。‖ 对于十岁的小明来说，他多么希望爸爸妈妈周末能陪他去一次动物园，可父母一天到晚都很忙，根本抽不出时间来。‖ 小王的老婆最近常加班，每天都早出晚归，有时候一天到晚他们俩都说不上一句话。

解释▶ 从早上到晚上一直在做某事或一直保持某种状态；有时也指做某事时间比较长，这时带有夸张的意味。多用来描写人的工作、学习、生活等状态。可以是好的或不好的事情。结构位置比较灵活，前后常有别的句子作相关的说明或补充。○多用于叙事和对话，口语。

★ **一天到晚 + 动词 / 形容词 / 小句。** 在句中常作谓语。结构中的"一天到晚"在句中作状语。

扩展▶ 一天到晚都在上班；一天到晚看书；一天到晚想这想那；一天到晚聊这聊那；一天到晚就踢足球；一天到晚不在家；一天到晚忙公司的事；一天到晚接电话打电话；一天到晚都在参加学校的活动；一天到晚忙忙碌碌的；一天到晚什么事都不干；一天到晚一句话也不说。

【一天 … 到晚】 yìtiān … dàowǎn ［一级］

例句▶ 自从到这里学习以后，他一天忙到晚，不是上课，就是参加活动，根本没有时间回家。‖ 虽然你现在在住院，但也不能一天睡到晚，天气好的时候，应该出去散散步，活动活动。‖ 嗨，真是老了，就那几句相同的话，你一天说到晚，你不烦我都烦了。

解释▶ 从早上到晚上一直在做某事；有时也指做某事时间比较长，这时带有夸张、辛苦、厌烦等意味。多用来说明、描写某人的情况和状态。前后常有别的句子作相关的说明或补充。○多用于叙事和对话，口语。

★ **一天 + 动词 + 到晚。** 框架格式。在句中常作谓语。结构中的动词多是表示持续动作的单音节动词。动词的宾语往往在结构的前面。

扩展▶ **用法 1）** 表示从早上到晚上一直在做某事：一天累到晚；活儿一天干到晚；东西一天写到晚；书一天看到晚；茶一天喝到晚。

用法 2） 表示做某事时间比较长：游戏一天玩到晚；一天哭到晚；一天闹到晚；两人一天吵到晚；歌一天唱到晚；音乐一天听到晚。

【一五一十（地）… 】 yìwǔ-yìshí（de）… ［超纲］

例句▶ 在大家的再三追问下，他才把自己离开公司的原因一五一十地告诉了大家。‖ 我想请你说说你对这件事情的看法，可你现在只是把整件事一五一十地重复了一遍，并没有说出你自己的看法。

解释▶ 一五一十：数（shǔ）数（shù）的方式，即五个作为一个整数单位。

比喻把事情发生的前后细节都很清楚地讲出来，不遗漏。多用来描写叙述某些事情的经过。结构中的动词大多是“说、叙述、解释、讲、告诉、重复、汇报”等。有时先引出话题，后面有别的句子进行补充；有时前后都有别的句子作相关的说明补充。○多用于叙事和对话，口语。

★ **一五一十（地）+ 动词。** 在句中常作谓语，结构中的“一五一十（地）”在句中作状语。

扩展▶ 一五一十（地）把事情说清楚；一五一十（地）说了出来；一五一十（地）说给我听；一五一十（地）给我解释；一五一十（地）讲了一遍；一五一十（地）算给我听；一五一十（地）向领导进行了汇报。

【一下子（就）…】 yíxiàzi（jiù）… ［五级］

例句▶ 我今天上街的时候，买到了好几件喜欢的衣服，一下子就花掉了大半个月的工资。‖ 她是个害羞的姑娘，每当大家看着她的时候，她的脸一下子就红起来了。‖ 人的很多习惯都是后天养成的，有些习惯很容易改变，但很多习惯却不是一下子就能改变的。

解释▶ 在很短的时间内（很快发生某件事）。多指某人在很短的时间内发生了变化、某事出现了某种新情况等。这里的短时间是心里的感觉，有的是几秒钟，有的是几天、几个月或一年不等。多用来描写短时间内前后有明显变化的情况。结构位置比较灵活，前面常有别的句子说明情况，有时后面也有句子作进一步补充。○多用于叙事和对话，口语。

★ **一下子 +（就）+ 动词。** 在句中常作谓语，结构中的“一下子（就）”在句中作状语。

扩展▶ 一下子（就）哭了起来；一下子（就）吃完了；一下子（就）找到了；一下子（就）被深深地吸引住了；一下子（就）能听出来是谁的声音；一下子（就）喜欢上了这位姑娘；一下子（就）瘦下来了；一年里收入一下子（就）减少了很多。

【一咬牙…】 yì yǎoyá … ［超纲］

例句▶ 由于上班的地方离家太远了，附近又没公交车站，我一咬牙，买了辆小汽车。‖ 跑步比赛中，王明不小心摔倒了，可他一咬牙，爬起来继续往前跑，最后获得了第三名。‖ 遇到困难不必总是去求别人，有时候自己一咬牙也就过去了。

解释▶ 不顾一切，下定决心（做某事）。多用来描写人的心理和状态。通常用在到了关键时候才做的事，或需要很大勇气才能做出决定的事情；有时也用于那些再坚持一下就能完成的事情。不用于比较容易决定的事情。结构位置比较灵活，前后常有别的句子作相关的说明或补充。只用于已经发生的事情。○多用于叙事和对话，口语。◇ 后一种用法也说“咬咬牙…”。

★ **一咬牙＋动词。** 在句中常作谓语，连动式。

扩展▶ **用法 1）**表示关键时候，需要很大勇气才能做出决定：一咬牙报名参加高考；一咬牙把工作辞了；一咬牙把房子给卖了；一咬牙终于把实话说出来了；一咬牙使劲跳了过去；他一咬牙跳进了冰冷的水里。

用法 2）表示再坚持一下就能完成：一咬牙也就过去了；一咬牙就熬过去了；打针很疼，但一咬牙就挺过去了。

【一…**也**＋不/没（有）…】 yī … yě +bù / méi（yǒu）… ［一级］

例句▶ —老板，这件衣服100块行吗？—不行，我说了，120块，一分钱也不能少。‖ 一个月前，我为了锻炼身体办了一张健身卡，可由于太忙了，我一次也没去过。‖ 我生病这几天，你一个电话也没打给我，你也太不关心人了。

解释▶ 完全不……，完全没……。表示全部的否定。强调在某个方面什么都不/没（有）……。多用来描述事情发生的过程，有时表达夸张。使用范围很广。结构位置比较灵活，前后常有别的句子作相关的说明或补充。○多用于叙事和对话，口语。◇也说“一…都＋不/没（有）…”。

★ **一＋量词＋(名词)＋也＋不/没（有）＋动词。** 框架格式。在句中作谓语，也可独立成句。

扩展▶ 一分钱也不借；一眼也不看；一秒钟也不放松；这些衣服一件也不喜欢；一个朋友也不联系；一个人也不认识；一口也没（有）吃；一句也没（有）说；一分钱也没（有）花；一分钟也没（有）闲着；一句表扬的话也没（有）说。

【一 A 一 A】 yī A yī A ［一级］

见 666 页【一 A 又一 A】 条。

【一 A 一 B】[1] yī A yī B ［一级］

例句▶ 保护环境，要从自己做起，要从爱护一草一木做起。‖ 你刚进公司，一举一动，一言一行都要十分小心，千万不要给别人留下不好的印象。‖ 帮助别人，可以从身边一点一滴的小事做起，比如给老人让座，扶老人过马路，等等。

解释▶ 一：每一个。表示很少或很小的事物。中间插入的都是指称很小事物或动作的词语，多用来描写很细小、不会引起注意的方面。结构位置比较灵活，前后常有别的句子作相关的说明或补充。○多用于叙事和对话，书面语。

★ **一＋名词** $_1$ **＋一＋名词** $_2$。框架格式。在句中常作主语、宾语、定语。结构中的前后两个名词为意思相近或相关的单音节词，组成四字格式。

扩展▶ 老百姓的一针一线都不能随便借用；学习中一点一滴的进步都来得很不容易；要仔细观察他的一举一动；注意自己的一言一行；他计算得很准，不差一分一毫；他们的训练特别严，一招一式都要达到标准。

【一A一B】[2] yī A yī B ［一级］

例句▶ 你们是双胞胎，怎么一胖一瘦呢，是不是爸爸妈妈把好东西都给姐姐吃了？‖ 外面的雪很深，我穿着厚厚的衣服，一脚深一脚浅地走在雪地里。‖ 宿舍里就两张床，一上一下，你看你是要睡上边还是下边？

解释▶ 两个人或两个事物分别……，两个人或东西差别比较大；也指两个行为动作不一致。多用来描写人和人、动作和动作、事物和事物的情况和状态，有时也用来说明两者之间有明显的差别，这时含有不正常的意味。结构位置比较灵活，前后常有别的句子作相关的说明或补充。○多用于叙事和对话，口语。

★ 1）**一＋（名词）＋形容词** $_1$ **＋一＋（名词）＋形容词** $_2$。

2）**一＋方位名词** $_1$ **＋一＋方位名词** $_2$。

框架格式。在句中作谓语、状语、补语。当结构1）时，有时也作主语，代表具有相反特点的两个人或事物，如“这一老一少在一起”。结构中的前后两个形容词或方位名词为意思相反的单音节词，组成四字格式。

扩展▶ **句型1）** 两张桌子一长一短，不配套；这两种颜色一深一浅，很鲜明；这一老一少在一起，倒是挺好的。

句型2） 你们一前一后进来，是商量好的吧；他们两个是我的助手，正好一左一右。

【一A一A地…】 yī A yī A de… ［一级］

例句▶ 你放心吧，事情总会解决的，不过得一件一件地解决，只要你给我点儿时间。‖ 以前我汉字写得特别难看，后来我一笔一笔地练习，过了不久发现写得越来越好了。

解释▶ 按照顺序一个接一个地（做或进行），有时形容做事情很认真，很仔细。多用来描写动作进行或现象出现及变化的过程；有时也用来劝说别人不要着急，要仔细、认真地对待。前后常有别的句子作相关的说明或补充。○多用于叙事和对话，口语。

★ 1）**一＋量词＋一＋量词＋地＋动词。**

2）**一＋名词＋一＋名词＋地＋动词。**

框架格式。在句中常作谓语。结构中的“一A一A地”在句中作状语。结构中的名词借用作量词。

扩展▶ **句型1）**一口一口地吃着蛋糕；水一杯一杯地喝；一步一步地往上爬；水一滴一滴地落下来；路一步一步地走；问题一个一个地问；桌子一张一张地往教室搬；鱼一条一条地挑选；树叶一片一片地落下；一遍一遍地读；书要一本一本地读。

句型2）一笔一笔地练习写字；一字一字地看。

【一A一B的】 yī A yī B de ［一级］

例句▶ 小女孩儿去商店买了包糖，在回来的路上一蹦一跳的，看起来很高兴。‖你的汉字写得一歪一扭的，一点儿都不好看，一看就知道写得不认真。‖—你怎么走路一瘸一拐的？腿怎么了？—昨天打篮球的时候不小心摔伤了腿。

解释▶ 一个人、两个人、一些人或动物做的前后两个连着的动作或行为。可以指具体的动作，也可以指抽象的现象。多用来描写人或动物的动作行为，有好的也有不好的。结构位置比较灵活，前后常有别的句子作相关的说明或补充。○多用于叙事和对话，口语。

★ **一＋动词$_1$＋一＋动词$_2$＋的。** 框架格式。在句中常作谓语、补语。结构中的前后两个动词为意思相近的单音节词，构成四字格式。

扩展▶ 小孩子走起路来一蹦一跳的；因为腿受伤了，我走起来一瘸一拐的；他走起路来怎么一摇一晃的，是不是喝多了；鸭子走路的样子很好笑，一摇一摆的；他们夫妻一唱一和，互相配合得很好；他的字写得一歪一扭的。

【一A又一A】 yī A yòu yī A ［二级］

①例句▶ 为了请他出来，我一次又一次地去他家找他，可都被他拒绝了。‖你说的那部美国电影，他特别喜欢，看了一遍又一遍。

解释▶ 结构后面接动词，或动词后面接该结构，表示连续不断地做某事或做了很多次。多用来描写人的动作。结构位置比较灵活，前后常有别的句子作相关的说明。○多用于叙事和对话，口语。◇ 也说“一 A 一 A”“一 A A”。这时结构在句中作状语或定语。

②例句▶ 王教授的讲座实在太精彩了，在他讲的过程中，礼堂里响起了一阵又一阵的掌声。‖ 这些年随着经济的发展，村里家家户户都富起来了，马路边盖起了一排又一排小别墅。

解释▶ 结构后面接名词，表示某物的数量很多。多用于描写一般的或好的事物。多放在句尾，前面常有别的句子作相关的说明。○多用于叙事和对话，口语。◇ 也说“一 A 一 A”“一 A A”。这时结构在句中作状语或定语。

★ **一 + 量词 + 又 + 一 + 量词。** 框架格式。可作状语、补语或定语。

扩展▶ **用法 1）** 表示连续不断地做某事或做了很多次：一次又一次地问自己；一趟又一趟地出去进来；一声又一声地叫他；吃了一碗又一碗；喝了一瓶又一瓶。

用法 2） 表示某物的数量很多：拍了一张又一张美丽的照片；飘着一片又一片的白云；办了一件又一件大事；做了一个又一个报告；点了一首又一首歌；干了一件又一件坏事。

【一 A 再 A】 yī A zài A ［一级］

例句▶ 我已经给你很多次机会了，可你总是一错再错，这次不能再原谅你了。‖ 他本来打算再过两天就回老家过年，可因为年底工作太忙，他回家的日期只能一拖再拖。

解释▶ 表示行为动作发生的次数很多，一次又一次地重复进行下去。多用于不希望发生、不愉快的事情，有时也指好的事情。结构位置比较灵活，前后常有别的句子作相关的说明或补充。○多用于叙事和对话，口语。

★ **一 + 动词 + 再 + 动词。** 框架格式。在句中常作谓语。结构中的前后两个动词为表行为动作的单音节动词，组成四字格式。

扩展▶ 你怎么一问再问；计划一改再改，和原来的大不一样了；肉的价格一涨再涨，真有点儿吃不起了；他们比赛一输再输，现在已经是最后一名了；一等再等，到底等到什么时候啊；试验一试再试，最后终于成功了。

【一再 …，直到 … 】 yízài …，zhídào … ［四级］

例句▶ 每次放假在家，父母总会一再留我多住几天，直到开学的前一天。‖ 如果遇到不懂的问题，他会一再去问老师，直到完全弄懂为止。‖ 知道我生病以后，你一再来我家照顾我，直到我身体恢复。这段时间多亏了你，真的太感谢了。

解释▶ 一再：一次又一次。做某事做了很多次，一直到出现某个情况或结果后才结束。多用来描写动作的反复、细致，做事的认真、耐心等。结构位置比较灵活，前面常有别的句子说明情况，有时后面也有句子作进一步补充。○多用于叙事和对话。◇ 也说“一再…，直至…”。这时带有书面色彩。

★ **一再＋动词$_1$，直到＋名词／动词$_2$／小句。** 在句中常作谓语。结构中的两个分句有承接关系。

扩展▶ 一再提醒我给他买礼物，直到他的生日；一再提问直到有结果；一再回头张望，直到看不见他们；一再解释，直到他明白了为止；一再尝试直到成功为止；一再给他们打电话，直到他们给出答复；一再修改，直到他觉得满意。

【一再 …，直至 … 】 yízài …，zhízhì … ［四级］

见 667 页【一再 …，直到 … 】条。

【一则 …，二则 … 】 yì zé …，èr zé … ［七—九级］

见 654 页【一来 …，二来 … 】条。

【一则 …，再则 … 】 yì zé …，zài zé … ［七—九级］

见 654 页【一来 …，二来 … 】条。

【一 A …（着）一 A】 yī A …（zhe）yī A ［一级］

例句▶ 现在我们来做一个小游戏，请大家一个拉着一个，围成一个圈。‖ —这附近哪儿有吃饭的地方？—前面有一条老街，饭店一家挨着一家，又好吃又便宜。‖ 你少喝点儿，这样一杯接着一杯地喝，早晚会喝醉的。

解释▶ 两个或两个以上的人或事物相连接、联系，处于相同的情况或状态；有时也指某人连续不断地做某事或某种情况连续不断地发生，这时含有数量多的意味。多用来描述人或物的情况。前后常有别的句子进行说明或补充。○多用于叙事和对话，口语。

★ **一＋量词＋动词＋（着）＋一＋量词。** 框架格式。在句中常作谓语、状语。

扩展▶ **用法 1）**表示两个或两个以上的……连接或有联系：大树一棵挨着一棵；小苗一棵挨着一棵；写给他的信一封接着一封；人一圈围着一圈；纸一层包着一层。

用法 2）表示连续不断地做某事或状态连续不断：车一辆接着一辆开进来；烟一支接着一支地抽；电视剧一集接着一集地看；菜一个接着一个地上。

【一阵接一阵的（…）】 yízhèn jiē yízhèn de（…）［五级］

例句▶ —昨晚我听到你的房间里传出一阵接一阵的咳嗽声，怎么啦？—没什么大事，只是着凉感冒了。‖ 外面的大风一阵接一阵的，可能马上要下大雨了。

解释▶ 某事物、情况间断性地出现。多指在一段时间内，一种情况或状态一会儿出现，过一会儿又出现，强调频率高。多用来描写人或物的情况或状态。结构位置比较灵活，前后常有别的句子进行说明或补充。○多用于叙事和对话。

★ 1）**一阵接一阵的＋名词。** 整个结构是一个名词短语。在句中常作主语、宾语。结构中的“一阵接一阵的”在句中作定语。

2）**名词＋一阵接一阵的。** 可独立成句。结构中的“一阵接一阵的”在句中作谓语。

扩展▶ **句型 1**）一阵接一阵的笑声；一阵接一阵的欢呼；一阵接一阵的掌声；一阵接一阵的大风；一阵接一阵的雨；一阵接一阵的疼痛。

句型 2）笑声一阵接一阵的；掌声一阵接一阵的；汽车的喇叭声一阵接一阵的。

【A 一阵，B 一阵】 A yízhèn，B yízhèn ［五级］

例句▶ 他是个作家，常常一个人坐在电脑旁，看一阵，停一阵，想一阵，写一阵。‖ 这是村子里唯一的一条公路，路不宽而且不平，汽车开得慢一阵，快一阵的。‖ 山上的泉水，大一阵小一阵地响着，山上的清风，紧一阵慢一阵地刮着。

解释▶ 一阵：一段时间。动作或状态反复替换出现。多用来描写动作、状态、现象在一段时间中的变化。结构位置比较灵活，前面或后面常有别的句子作相关的说明或补充。需要时结构可重复使用。○多用于叙事和对话。◇ 也说“一阵 A，一阵 B”。这时 A、B 都是形容词。

★ 1）**动词$_1$＋一阵，动词$_2$＋一阵；**

2）**形容词$_1$＋一阵，形容词$_2$＋一阵。**

在句中常作谓语、状语、补语。结构中的两个分句有并列关系。需要时结构可连用。结构中的动词多是相互承接的词，形容词多是意思相反的词。

扩展▶ 句型1）他们说一阵笑一阵；我想一阵写一阵；大家走一阵坐一阵；我们打听了一阵，比较了一阵。

句型2）工作忙一阵闲一阵；他脸红一阵白一阵；天气热一阵冷一阵；声音闹一阵静一阵；灯光亮一阵暗一阵；枪声稀一阵，密一阵。

【一阵A，一阵B】 yízhèn A，yízhèn B ［五级］

见669页【A一阵，B一阵】 条。

【…一阵一阵的】 … yízhèn yízhèn de ［五级］

例句▶ —肚子还疼不疼？—一阵一阵的，有时候疼，有时候不疼。‖你别管他，他这臭脾气，一阵一阵的，过一会儿就没事了。‖—你的服装店生意怎么样？—一阵一阵的，上个月特别好，这个月就比较冷清了。

解释▶ 一种状态或情况反复出现。多指在一段时间内，一种情况或状态一会儿出现，过一会儿又出现，强调一段时间这样，一段时间那样，有的有规律，有的没有规律。可以是某种现象，也可以是人的感觉。结构位置比较灵活，前后常有别的句子作相关的说明或补充。○多用于叙事和对话，口语。

★ **（名词）+一阵一阵的。** 可独立成句。结构中的"一阵一阵的"在句中作谓语。

扩展▶ 雨一阵一阵的；肚子有时候疼，有时候不疼，一阵一阵的；生意是一阵一阵的，忙一阵，空一阵。

【一直…到现在】 yìzhí … dào xiànzài ［二级］

例句▶ 每晚9点左右他就开始读书，常常读到深夜，这个读书的习惯他大学时期就养成了，一直保持到现在。‖家里的这张床还是我十多年前结婚的时候买的，一直用到现在，没舍得扔掉。‖小王本打算上个月结婚的，可公司临时派他去外地出差一个月，所以婚期一直拖到现在。

解释▶ 人或物从过去的某个时间到现在保持同样的动作或状态。前后时间可以很短，也可以十几年甚至几十年。多用来描写人的行为、状态，物的状态或事情的过程。多放在句尾，前面常有别的句子作相关的说明。○多用于叙事和对话。

★ **一直+动词+到现在。** 框架格式。在句中常作谓语。结构中的动词多是表示持续动作的动词。

扩展▶ 一直干到现在；一直等到现在；一直睡到现在；一直活到现在；一直讲到现在；一直闹到现在；一直写到现在；一直做到现在；一直教到现在；一直流传到现在；一直保留到现在；一直坚持到现在；一直延续到现在。

【一直 … 下去】 yìzhí … xiàqu ［二级］

例句▶ 他现在烧得很厉害，需要马上打一针，如果一直烧下去的话，可能会有生命危险。‖ 既然我选择了踢足球作为我的职业，只要身体条件允许，我就会一直踢下去。

解释▶ 从现在到将来的某个时间保持同样的动作或状态。这个时间可长可短，现在无法确定。多用来描写人的动作行为、物的状态或事情的过程。结构位置比较灵活，前面常有别的句子作相关的说明。○多用于叙事和对话，口语。

★ **一直 + 动词 + 下去。** 框架格式。在句中常作谓语。结构中的动词多是表示持续动作的动词。

扩展▶ 一直等下去；一直唱下去；一直活下去；一直住下去；一直跑下去；一直教下去；一直保持下去；一直写下去；一直找下去；一直交往下去；一直问下去；一直举办下去；一直继续下去；一直流传下去。

【一致 … 】 yízhì … ［四级］

例句▶ 关于这次的寒假旅行，大家一致同意去海南，一来那儿景色特别漂亮，二来天气也比较暖和。‖ 小王每天来得最早，走得最晚，同事们一致认为，他是公司最努力的员工。‖ 这款手机虽然刚出来，但由于价格便宜，功能较多，受到了广大用户的一致认可。

解释▶ 所有的人意见都一样，没有不同意见。多用来商量、讨论某方面的事情。“一致”后面常出现“同意、认为、认定、否定、看好、通过”等词。结构位置比较灵活，前后有别的句子作相关的说明或补充。○多用于叙事，书面语。

★ **一致 + 动词 $_1$ +（名词 / 动词 $_2$ / 小句）。** 在句中常作谓语、宾语。

扩展▶ 一致通过这项新的方案；大家都一致看好小王；一致强调本次活动的重要性；一致否认自己的错误；一致希望能提高收入；一致表示很荣幸参加这个会议；一致认定这场交通事故的责任在他；一致公认老王是个好丈夫；一致赞同他当班长；得到了大家的一致好评。

【一转眼就…（了）】 yì zhuǎnyǎn jiù …（le）［七—九级］

见 797 页【转眼就…（了）】条。

【一…准…】 yī … zhǔn …［三级］

例句▶ —外面刮风了！—你出门时带上雨伞吧，一刮风准会下雨。‖—天这么热，喝杯冰水吧！—我喝不了冰水，一喝冰水准肚子疼，给我来杯温水就可以了。‖我们说都没有用，还是你去说吧，爸爸最疼你了，你一说他准同意。

解释▶ 准：一定。前面的情况一定会产生后面的结果。说话人对将要发生的事情十分有把握，说话带有十分肯定的语气。多用来预料将要发生的事情。结构位置比较灵活，前后常有别的句子进行说明或补充。○多用于叙事和对话，口语。

★ **一＋动词$_1$＋（名词／代词［指人］）＋准＋动词$_2$。** 框架格式。在句中常作谓语，也可独立成句。结构中的两个动词可以是同一个主语，也可以是不同的主语。

扩展▶ 他俩一见面准吵架；一变天我准感冒；他一来准有什么事发生；父母一批评她，她准哭；你一去事情准解决；你一说她准跳起来。

【依…看】 yī … kàn ［七—九级］

例句▶ 依我看，这个人说的话一定是假的，你千万不要相信他。‖我们找到了解决问题的方法，但是比较复杂，依你们看，是不是有更简单的方法呢？‖—你觉得哪个队会赢？—依目前的形势看，这场比赛我们队一定能赢。

解释▶ 依：按照。从某人的角度或从事情的某个方面看问题。结构中插入“我”，表示讲出自己的看法或意见；结构中插入“你（们）”，表示听取对方的意见，后一用法多用问话的形式。可放在句首或句中，前后常有别的句子作相关的说明或补充。○多用于叙事和对话，口语。◇也说“依…说”“照…看”。

★ **依＋名词／代词（指人）＋看。** 框架格式。作插入语。结构中的名词、代词多是表示第一、二人称的词，如“我、我们、你、你们”等。

扩展▶ **用法 1）**表示讲出自己的看法或意见：依我看，这事没那么简单；依我看，这事不好办；依我们看，完成项目需要一个月的时间。

用法 2）表示听取对方的意见：依先生看，这事该怎么做才最合适；依你看，什么时候能完工；依你们看，任务能否顺利完成；这事依大家看呢。

用法 3）表示从事情的某个方面看：依现在的情况看，你必须马上离开这里；依目前的形势看，经济还需要一段时间才能恢复。

【**依赖于 …** 】 yīlài yú … ［六级］

例句▶ 随着科技的普及，学生的学习和家庭作业越来越多地依赖于电脑来完成。‖ 这里主要生产杯子、碗、盆等日用品，产品都出口到国外，业务主要依赖于国际市场。‖ 由于工作压力特别大，我一直睡不好，依赖于吃药已经两个月了。

解释▶ 依赖：依靠。做某事靠着某人或某物的支持或帮助而不能脱离，没有这些支持，自己完全做不成。有时略有贬义色彩。也指事物之间互相不能脱离对方而存在，这时含有互利互助的意味。"依赖"的对象可以是自己，也可以是别人。结构位置比较灵活，前后常有别的句子作相关的说明或补充。需要时结构可连用。○多用于叙事和对话，书面语。

★ **依赖于 + 名词 / 动词 / 代词（指人）。** 在句中常作谓语。

扩展▶ **用法 1**）表示做某事靠着某人或某物的支持或帮助：过分依赖于父母；依赖于别人的帮助；长期依赖于药物；这些小公司长期依赖于出口生存；依赖于他人。

用法 2）表示事物之间互相不能脱离对方而存在：事业发展很大程度上依赖于个人的兴趣；产品的质量首先依赖于它的设计；明天的成功依赖于今天的努力。

【**依 … 说**】 yī … shuō ［七—九级］

见 672 页【依 … 看】条。

【**宜 A 不宜 B**】 yí A bùyí B ［超纲］

例句▶ 人们常说"矛盾宜解不宜结"，不管你们以前有什么矛盾，从现在开始，都成为历史了，我们应该向前看。‖ 我觉得个人的兴趣爱好宜少不宜多，有那么几个就够了，否则时间不够用。

解释▶ 宜：应当。该怎么样，不该怎么样；应该如何，不应该如何。涉及的内容多是一般的道理，多用来劝说对方，建议应该怎么做。多用于正式场合。结构位置比较灵活，前后常有别的句子作相关的说明。○多用于叙事和对话，书面语。

★ 1）**宜＋动词 $_1$＋不宜＋动词 $_2$。**

2）**宜＋形容词 $_1$＋不宜＋形容词 $_2$。**

框架格式。在句中常作谓语。结构中的前后两个动词或形容词为意思相反的单音节词。结构中的两个部分有并列关系。

扩展▶ **句型1）**矛盾宜解不宜结；这个地形宜守不宜攻。

句型2）考虑问题宜缓不宜急；饮食宜粗不宜细；拍电影宜精不宜糙；一天要吃的蔬菜品种宜多不宜少；批评人宜轻不宜重。

【已经…，还要…才…】 yǐjīng…，hái yào…cái… ［二级］

例句▶ —你的身体怎么样了，好些了吗？—已经好得差不多了，但医生说还要再待两天才能出院。‖—你不是要买笔记本电脑吗？现在钱够了吗？—还不够，我已经存了4000块了，还要1000多块才能买。‖—好香啊，面包已经做好了吗？—还没呢，已经在烤箱里烤了半个小时了，还要10分钟左右才能烤好。

解释▶ 动作、变化或数量达到了某种程度，需要继续增加，达到更高的程度或更多的数量，才能实现某个目标或得到某种结果。多用于说明情况。有时直接用来回答问题，有时前面有相关的说明。○多用于叙事和对话，口语。

★ **已经＋动词 $_1$＋（数量短语 $_1$）/ 形容词 $_1$，还要＋（动词 $_2$）＋数量短语 $_2$＋才＋动词 $_3$ / 形容词 $_2$。** 在句中作谓语，也可独立成句。结构中两个分句有递进关系。

扩展▶ 已经学会了，还要再练习几遍才比较熟悉；衣服已经有几件了，还要再买两件才够穿；已经开了一个半小时了，还要再开半个小时才到车站；已经等了三个月了，还要多久才能出结果。

【已经…了】 yǐjīng…le ［二级］

例句▶ —小王，你已经毕业了吗？—还没呢，现在大三，还有一年。‖天色已经很晚了，我们还是找一家宾馆住一晚吧，明天一早再继续赶路。‖已经好几天了，他怎么一点儿消息也没有。

解释▶ 事情完成或达到了某种程度。后面常有别的句子说明情况。多用来描写或说明情况。有时直接用于问话或答话，有时前后有别的句子进行说明或补充。○多用于叙事和对话，口语。

★ **已经＋动词 / 形容词 / 数量名短语＋了。** 框架格式。在句中作谓语，也可独立成句。

扩展▶ 已经来了；已经答应了；已经找到了；已经看见了；已经结束了；已经完成了；书已经看完了；他们已经联系上了；他已经回家了；已经想好了；脸已经红了；天已经黑下来了；日子已经很近了；对我来说已经足够了；他已经五十多岁了。

【以…（的）角度来…】 yǐ…（de）jiǎodù lái… ［二级］

见 130 页【从…角度来…】条。

【以…的名义】 yǐ…de míngyì ［六级］

例句▶ 为了让我在上海学习生活更方便，爸爸以我的名义在上海银行办了一张银行卡。‖ 他家一共有两套房，第二套房是在他儿子刚满十八岁时，以儿子的名义去买的。

解释▶ 名义：做事时用来作为依据的名称。用某人的名字、职位或某物的名称去做某事。多用于正式场合或办理某些事务，有时也指因为某些原因而用某人的名字做事。结构位置比较灵活，前后常有别的句子作相关的说明或补充。○多用于叙事和对话，书面语。

★ **以＋名词／代词（指人）＋的名义。** 介词短语。在句中常作状语，修饰动词短语。

扩展▶ 以您的名义预定了个房间；你怎么能以我的名义去跟他谈呢；以父亲的名义去参加这次聚会；以个人名义向希望小学捐款；请选择以公司或个人名义登记；以学校的名义进行调查；以银行的名义出证明。

【以…的身份】 yǐ…de shēnfèn ［四级］

例句▶ 在 16 岁那年，小王以高中生的身份参加了一个全市中学生乒乓球比赛，并在比赛中取得了好成绩。‖ 你知道吗？他这次是以工程师的身份去德国参加会议的。‖ 你得好好练钢琴，再过一段时间，你可能要以钢琴家的身份去演出了。

解释▶ 身份：指人在学习、工作中或社会上的地位，或某种场合中的角色。用某人在工作、学习或社会中的地位以及与相关人员的关系做某事。如学生则“以学生的身份”，丈夫则“以丈夫的身份”等。由于不同场合人的角色不同，所以同一个人会有不同的身份。多用于正式场合。结构位置比较灵活，前后常有别的句子作相关的说明或补充。○多用于叙事，书面语。

★ **以＋名词／代词（指人）＋的身份。** 介词短语。在句中常作状语，修饰动词短语。

扩展▶ 以运动员的身份参加比赛；以她男朋友的身份和你谈话；以老师的身份参加学生活动；以校长的身份给大家演讲；以市长的身份主持会议；以数学家的身份加入研究团队；明天我以负责人的身份去跟对方公司谈谈。

【以…的**速度**】 yǐ … de sùdù ［三级］

例句▶ 火车正以每小时100公里的速度向前开，还没等我们看清楚车窗两旁的景色，火车已经走远了。‖ 听到老王的叫喊声，我们都以最快的速度跑了过去，但已经晚了，他还是受伤了。‖ 如果你还是以这样的速度做下去的话，恐怕永远都完不成任务。

解释▶ 以：用。用某种速度（做某事）。多用来描写速度快的事物，也可用于某些生产、发展等其他具体和抽象的事物。结构中常有别的词语说明什么样的速度。前面或者先出现话题，或者有别的句子作相关的说明，后面有句子再作进一步补充。○多用于叙事，书面语。

★ **以＋名词/形容词/代词＋的速度。** 介词短语。在句中常作状语，修饰动词短语。

扩展▶ 以一定的速度飞行；以惊人的速度到达终点；以闪电般的速度到达目的地；以火箭般的速度飞行；以飞快的速度达到地点；以每年10%的速度增长；物价以每月1%的速度上涨；产量以2%的速度下滑。

【以…的**态度**】 yǐ … de tàidu ［二级］

例句▶ 读书时一定要有自己的看法，以怀疑的态度去阅读，这样才能读有所获。‖ 这件事情是你们商家的错，希望你们能以负责任的态度去面对顾客，把事情解决好。‖ 虽然在人生道路上会遇到各种各样的不幸，但一定要以乐观的态度生活，因为活着本来就是一件幸运的事。

解释▶ 以：用。用某种态度（做某事）。多指人用某种态度对待、处理生活、学习、工作上的事情。多用于对人的各种做法的评价和建议。用于正式场合。前后常有别的句子作相关的说明或补充。○多用于叙事和对话等，书面语。

★ **以＋动词/形容词＋的态度。** 介词短语。在句中常作状语，修饰动词短语。

扩展▶ 以积极的态度参加工作；以消极的态度对待工作；以平静的态度处理事情；以平等的态度对待别人；从不以高高在上的态度对人；以诚信的态度对待顾客；应该以正确的态度接受意见；以专业的态度完成这个任务。

【以…的姿态】 yǐ … de zītài ［七—九级］

例句▶ 经过一场激烈的比赛后，黄队最终以二比一赢了蓝队。比赛结束后，黄队队员们以胜利者的姿态站在了观众面前。‖ 写汉字对我这样一个欧洲人来说是个很大的挑战，但我会以积极的姿态对待它，一定要把它学好。

解释▶ 姿态：（与某种身份相适应的）态度和风格。指某人用某种态度或风格去对待、处理或做某事。多用于描写或建议，用于正式场合。前后常有别的句子作相关的说明或补充。○多用于叙事和对话，书面语。

★ **以＋名词/形容词＋的姿态。** 介词短语。在句中常作状语，修饰动词短语。

扩展▶ 以一个男人的姿态面对眼前的困难；以一个受害者的姿态诉说自己的经历；以负责人的姿态组织了这次会议；以和平使者的姿态处理问题；以开放的姿态迎接挑战；以优美的姿态展现现代艺术。

【以…而…】[1] yǐ … ér … ［四级］

例句▶ 年轻时他开过小吃店，跑过运输，但因为缺乏经验，都以失败而告终。‖ 虽然他们结婚两年了，可由于两人性格不合，最终以离婚而收场。‖ —昨晚中国学生队和留学生队的足球比赛怎么样，哪个队赢了？—刚开始中国学生队领先了很多，可最后还是以留学生队获胜而结束。

解释▶ 某件事结束时表现为某种状态、形式。情况可能是好的或不好的，可以是愉快的或不愉快的。结构中“而”后的动词主要有“结束、告终、收场”等，前面有别的词语说明是什么样的状态或形式。用于正式场合。放在句尾，前面常有别的句子作相关的说明。○多用于叙事和对话，书面语。

★ **以＋名词/动词$_1$/形容词/小句＋而＋动词$_2$。** 框架格式。在句中常作谓语。结构中动词$_2$为双音节动词，数量十分有限。

扩展▶ 以亏损而告终；以破产而告终；以悲剧而告终；以全面丰收而告终；以失望而收场；以悲剧而收场；以全胜而收场；以悲伤而结束；以一枚意外的铜牌而结束；以双方和解而结束；以3:1的成绩而赢得比赛。

【以…而…】[2] yǐ … ér … ［四级］

例句▶ 桂林其实是个不大的城市，但它却以优美的风景而闻名，每年都有成千上万的人去那儿旅游。‖ 能有这样的成就，我们已经很满意了，也以取得这样的好成绩而自豪。‖ 虽然我的爸爸很普通，但是他身上的很多优点深深影响了我，我以自己有这样一个好爸爸而感到骄傲。

解释▶ 以：因为，由于。表示因为某事而（怎么样）。“而”后多出现某种结果或某些变化。多用于特别的、有名的、好的事物，用于正式场合。结构位置比较灵活，前后常有别的句子作相关的说明或补充。○多用于叙事，书面语。

★ **以 + 名词 / 动词$_1$ / 形容词 / 小句 + 而 + 动词$_2$。** 框架格式。在句中常作谓语。

扩展▶ 地铁以方便准时而受欢迎；以取得这样的好成绩而自豪；以自己的美貌而感到骄傲；这种食物以味道鲜美而广为人知；这支球队以善于攻击而著称；玫瑰以它和爱情有关而受恋人喜欢；以他在数学领域的成就而被人们记住。

【以 …（而）著名】 yǐ …（ér）zhùmíng ［四级］

例句▶ 这是一条以特色小吃而著名的老街，当地几乎所有的特色小吃都可以在这儿找到，有机会一定要去逛逛。‖ 新疆人以能歌善舞而著名，这里上至七八十岁老人，下至几岁小孩儿，几乎人人都会唱歌跳舞。‖ 景区内有一座以奇险而著名的玻璃天桥，如果感兴趣的话可以去走一走。

解释▶ 以：因为。著名：有名。因为某个特点或特色而被人们熟悉、了解。多指某地、某人在某方面有特点而变得有名。多用于好的事物，用于正式场合。或者先出现话题，后面有别的句子作进一步补充；或者前后有别的句子作相关的说明或补充。○多用于叙事，书面语。

★ **以 + 名词 / 动词 / 形容词 / 小句 +（而）著名。** 框架格式。在句中常作谓语、定语。

扩展▶ 这个城市以发达的经济而著名；法国以产葡萄酒而著名；这家公司以生产汽车而著名；这个国家的人以严格遵守时间而著名；西湖以风景优美而著名；这家饭店的菜以做工精细而著名；她以遇事沉着冷静而著名；这是一座以商业而著名的城市；以风景画而著名的画家。

【以 … 方式】 yǐ … fāngshì ［三级］

例句▶ 为了让课堂更加生动，张老师常常以游戏、活动的方式进行教学，这样的教学方式受到了学生的喜爱。‖ 这两支球队都不错，但应该以比赛的方式决出胜负，优胜的队伍将代表学校参加比赛。‖ 如果有问题请及时跟我联系，不管是以什么方式，我都会马上答复你的。

解释▶ 以：用。方式：说话做事的方法和形式。用某种方法或手段（做某事）。多指人或部门用某种形式或方法来对待和处理生活、学习、工作上的事情；也指事物表现出来的形式。多用于正式场合。前后常有别的句子作相关的说明或补充。○多用于叙事和对话，书面语。

★ **以 + 名词 / 动词 / 形容词 / 代词 + 方式。** 介词短语。在句中常作状语。

扩展▶ 以负责人的方式做事；以相应的方式对待对方；以口头的方式表达；以说明的方式讲道理；以讨论的方式开会；以赔偿的方式解决问题；以秘密的方式接触他；以特有的方式表达爱情；这个地方仍以原始的方式生产；以各种方式与人交流；以任何方式联系我。

【以 … 来 … 】 yǐ … lái … ［七—九级］

例句▶ 你放心，我不会再以任何要求来麻烦你，让你为难。‖ 新年快到了，很多商场都以低价、打折来吸引顾客，这个周末我们也去商场看看吧。

解释▶ 以：用。用某种态度对待某事；用某种方式、方法或事物达到或实现目的。多用于描写人或相关活动。有好的也有不好的，多用于正式场合。结构位置比较灵活，前后常有别的句子作相关的说明或补充。○多用于叙事，书面语。

★ **以 + 名词 / 动词 $_1$ + 来 + 动词 $_2$。** 框架格式。在句中常作谓语。

扩展▶ 以认真的态度来做这件事；无法以言语来表达我的心情；以自己的亲身经历来说明问题；以自己最好的成绩来报答父母；花儿总是以香味来吸引虫子；以小测试来考查学生的学习情况；以送礼物来表达自己的感激之情；以做广告来达到宣传的目的。

【以前 A，后来 B】 yǐqián A，hòulái B ［二级］

例句▶ —你认识小张吗？—以前不认识，后来在一次聚会上认识了，现在跟他特别熟。‖ 以前我既不会做饭也不会洗衣服，可后来我结婚了，在家里做饭带孩子，现在什么家务都会做了。

解释▶ 过去的某段时间怎么样，在这段时间以后怎么样。多用来叙述事情变化的主要过程，含有对比的意味。前面常有句子作相关的说明，后面也有句子说明出现的结果。○多用于叙事和对话，口语。

★ 1）**以前 + 动词 $_1$，后来 + 动词 $_2$。**

2）**以前 + 小句 $_1$，后来 + 小句 $_2$。**

框架格式。在句中作谓语，也可独立成句。结构中的两个分句有并列关系。结构 2）中的小句 $_1$ 和小句 $_2$ 可以只有一个主语，也可以各有一个主语。

扩展▶ 句型1）以前在北京工作，后来换到了上海；以前只是普通的职员，后来成了公司的老板；以前不会做饭，后来成了一名厨师。

句型2）以前我是老板，后来他来这儿做老板了；以前这里还是座山，后来山移平了，房子多了起来。

【…以外的其他A】 … yǐwài de qítā A ［二级］

例句▶ 请大家把护照交给我，护照以外的其他证件请大家收好，放在安全的地方。‖ 我们常把汉族以外的其他民族叫作少数民族，中国一共有55个少数民族。‖ 人类有没有可能居住到地球以外的其他星球上呢？这是我们一直在研究的一个问题。

解释▶ 除了某个事物以外，别的事物……。也就是说，前面说的某个事物不包括在内。结构位置比较灵活，前后常有别的句子作说明或补充。〇多用于叙事和对话。

★ **名词$_1$+以外的其他+名词$_2$**。 整个结构是一个名词短语。在句中常作主语、宾语。结构中的名词$_2$包括名词$_1$。

扩展▶ 日韩以外的其他留学生；人以外的其他生物；日常生活以外的其他消费；西餐厅以外的其他饭店；中国以外的其他亚洲国家；手机以外的其他通信工具；出租车以外的其他交通工具；多看看课本以外的其他书本。

【以A为B】 yǐ A wéi B ［七—九级］

例句▶ 不同的国家，饮食习惯有着很大的区别，一般来说，亚洲地区的很多国家都以米饭为主食。‖ 我比较爱看书，但不太喜欢看以爱情为主题的书，更喜欢看历史方面的。

解释▶ 把某事或某物作为，当作……。把某物作为做事的方法、手段、目的、基础等。多用来叙述某事。结构位置比较灵活，前面常有别的句子说明情况，后面的句子再进行补充。〇多用于叙事和对话，书面语。

★ **以+名词$_1$/动词+为+名词$_2$**。 框架格式。在句中常作谓语、定语。

扩展▶ 以学生为对象；以家庭为中心；以学习为基础；以考试为手段；以刻苦工作为乐；以生病为借口；以口头表达为考试方式；以使他人痛苦为乐的人。

【以…为例】 yǐ … wéi lì ［超纲］

例句▶ 你一天三顿不能太简单，以早饭为例，早上吃馒头、包子等，喝牛奶，还要加上个鸡蛋、水果什么的，这样才算营养搭配。‖每个人读书时都会有一些小习惯，以我为例，我喜欢边喝茶边读书。

解释 例：例子。把……作为例子（来说明某个道理或规律），相当于“比如……”。多拿一般生活中的事情进行分析，用来说明某种观点、理论等，使对方更容易明白。前面常有别的句子作相关的说明，后面也有句子进一步说明情况。○多用于叙事，书面语。

★ **以 + 名词 / 代词 + 为例。** 框架格式。在句中作插入语，也作状语。

扩展 以上半年为例；以去年为例；以农业为例；以上海为例；以美国为例；以某个话题为例；以昨天的事为例；以大学生为例；以刚才的事情为例；以我个人为例；以你为例。

【以 … 为首】 yǐ … wéishǒu ［超纲］

例句 这次出国访问欧洲多所大学的代表团共有师生 10 人，以张校长为首。‖为了解决这个技术难题，公司成立了一个以张总工程师为首的研究小组，希望他们能尽快拿出解决方案。

解释 把某人作为领导，或主要负责人，或让某人带头做某事，把某事物或某方面作为最主要的或最重要的部分。多用于叙述某事，用于正式场合。结构位置比较灵活，前后常有别的句子作相关的说明或补充。○多用于叙事和对话，书面语。

★ **以 + 名词 / 代词（指人）+ 为首。** 框架格式。在句中常作谓语、定语。

扩展 以优秀运动员为首的代表团参加了本届比赛；他们派出了以张部长为首的贸易代表团；成立一个以王老板为首的贸易公司；学生教育以德育为首；苦味的食物多以蔬菜为首；抓住了以李某为首的几个罪犯；干这些坏事都是以他为首。

【以 … 为由】 yǐ … wéi yóu ［超纲］

例句 他一向不喜欢聚会之类的活动，今晚的聚会他又以有事为由不参加，我也拿他没办法。‖我们本来打算坐飞机去的，可母亲一直以安全为由不同意坐飞机，最后我们只好改坐火车。‖我只跟他谈了几分钟，之后他便以身体不舒服为由，离开了会场。

解释 由：原因，理由。某人把某事或某物作为借口、理由（来达到自己的目的）。找理由后做的事情多是请假、拒绝、反对、推辞、退出、离开、不参加等，多是不太好的、不正常的事情。多用于叙述事情的经过。前面常有别的句子作相关的说明，后面也有句子进行补充。○多用于叙事，书面语。

★ **以＋动词/形容词/小句＋为由。** 框架格式。介词短语，在句中常作状语。

扩展▶ 以开会为由结束了采访；以看病为由请了三天假；以工作忙为由不参加聚会；以不切实际为由拒绝了我的建议；以学习态度不端正为由批评他；收到货后以质量不好为由拒绝付款；以工作表现差为由开除了他；以性格不合为由提出离婚。

【以…为主】yǐ … wéi zhǔ ［五级］

例句▶ 你吃过四川菜吗，四川菜以麻辣口味为主，第一次吃的时候会有点儿受不了。‖ 这是一个主要以俄罗斯留学生为主的班级，还有一些来自美国、韩国和日本的学生。

解释▶ 某人或某事物在某个范围内占的数量比较多，所以把它作为主要部分。多用于描述某事某物。结构位置比较灵活，前后常有别的句子进行说明或补充。○多用于叙事和对话。

★ **以＋名词/动词＋为主。** 框架格式。在句中常作谓语、定语。

扩展▶ 食物以海鲜为主；以中老年人为主的兴趣班；整幅画的色彩以红色为主；一个以中文为主的网站；朝着以服务业为主的方向发展；以经典的法国菜为主的菜单；以农业为主的国家；出行方式以骑自行车和坐公共汽车为主。

【意思是说…】yìsi shì shuō … ［二级］

例句▶ 中国有一句古话叫作“三人行必有我师”，意思是说三个人一起走路，其中一定有人可以做我的老师。‖—你把书放在这个地方，别人怎么找得到？—你的意思是说我把书放错地方了？真不好意思。‖ 这篇文章的意思是说，失败了不要总是埋怨别人，应该从自己身上找原因。

解释▶ 用更加简单、直接或总结性的话来说明前面句子的实际意思。多用来解释意思比较复杂或者不容易明白的句子。有时放在句尾，前面或有别的句子作相关的说明；有时直接回答问题，前面引出话题。○多用于叙事和对话，口语。

★ **意思是说＋小句。** 在句中作谓语。前面的主语多是人、某句话或文章等。

扩展▶ 我的意思是说那不可能；我的意思是说，他是个骗子；你的意思是说我没讲实话；你的意思是说这件事你一点儿错也没有；他来信的意思是说他来不了了。

【意思意思就…了】 yìsi yìsi jiù … le ［二级］

例句▶ —师傅，太感谢您了，给您多少钱呢？—随便给点儿，意思意思就可以了。‖ 别人都是大杯大杯地喝酒，你是女的，我们也不要你喝很多，一小杯意思意思就好了。‖—明天是中秋节，你买月饼了吗？—我们家人不多，所以我就买了几个，意思意思就行了。

解释▶ 用送东西的方式表示感谢时，量不用太多，心意到了就行；也指付钱、买东西或用书面、口头或其他形式就某方面表达或体现时，不必太讲究和计较，表达出意思就行。后一种用法通常用于不重要的事情。带有一种轻松、随意的口气和意味。多放在句尾，前面常有别的句子作相关的说明。○多用于叙事和对话，口语。

★ **意思意思就＋行／可以／好＋了。** 在句中作谓语，也可独立成句。

扩展▶ **用法 1）**表示送礼时，量不用太多，心意到了就行：送一点儿小礼品意思意思就行了；送点儿小东西意思意思就行了。

用法 2）表示做事不必太讲究，表达出意思就行：给两三块钱意思意思就行了；鞭炮少放点儿，意思意思就行了；不用写太多，意思意思就行了；大家随便说点儿什么，意思意思就行了。

【因…而异】 yīn … ér yì ［七—九级］

例句▶ 这里的开学时间因学校而异，有的学校八月底开学，有的学校九月初才开学。‖ 每家超市商品的价格会有所不同，这要因位置不同而异，比如同样是福福福超市，在上海的福福福和北京的福福福商品的价格就会不一样。

解释▶ 异：不同。根据某人或某地、某物的具体情况而有所不同。多用来指同类情况中的各种不同，多是因为时间、地点、条件、方法等各种因素造成的。结构位置比较灵活，前后常有别的句子作相关的说明或补充。○多用于叙事，书面语。

★ **因＋名词／小句＋而异。** 框架格式。在句中常作谓语。

扩展▶ 具体情况因人而异；收入因公司而异；价格因地而异；植物生长因气候而异；处理问题因情况而异；学习成绩不完全因能力而异，而是因学习态度而异；教育孩子的方式应该因性别而异；选择专业因方向不同而异；成熟情况因年龄大小而异。

【因为…（的）缘故】 yīnwèi …（de）yuángù ［六级］

见 697 页【由于…（的）缘故】 条。

【因（为）… 而 … 】 yīn（wèi）… ér … ［四级］

例句▶ —你为什么学习阿拉伯语？—我学习阿拉伯语没有特别的理由，就是因为兴趣而学习。‖ 整件事都是因我而起的，我真诚地向大家道歉，希望能得到你们的原谅。‖ 小王最近因为睡不好觉而整天都没精神，下午他打算请个假去医院看看。‖ —昨天的运动会怎么没有举行？—昨天的运动会因天气不好而推迟了，据说会在下周一举行。

解释▶ 因为某种原因，所以做某事；因为某种原因，所以发生某种情况。多用来说明原因和情况。结构位置比较灵活，前后常有别的句子作相关的说明和补充。○多用于叙事，书面语。

★ **因（为）+ 名词 / 代词（指人）/ 动词 $_1$ / 小句 + 而 + 动词 $_2$。** 框架格式。在句中常作谓语。整个结构表示因果关系。

扩展▶ 运动会因雨而推迟；因（为）这件事而生我的气；因（为）考试而紧张；因（为）喜欢而学习；因（为）爱好艺术而选择这个专业；不要因为我不参加而不安；因（为）年老而失去工作能力；因（为）收入不高而打几份工。

【引人 … 】 yǐn rén … ［七—九级］

例句▶ 今天她穿了一件红色的大衣，戴了一顶红色的帽子，走在大街上，格外引人注意。‖ 今天我发现了一条引人误解的广告，上面写着“买一送一”，我进去了解才知道，是买一大袋巧克力送一小包糖。‖ 要想把故事写得引人入胜，首先你得善于观察生活，从生活中找到有趣的材料。

解释▶ 某人的话或行为、某种现象吸引大家，使大家有某种反应。反应有好的和不好的，包括“注意、发笑、共鸣、深思、赞叹、反感、误解”等等。多用于叙述事情的经过。结构位置比较灵活，前后常有别的句子作相关的说明或补充。○多用于叙事，书面语。

★ **引人 + 动词。** 在句中常作谓语、定语、补语。结构中的动词多是双音节词，组成四字格式。

扩展▶ 这种活动引人注目；他的成功格外引人关注；引人发笑的动作；这件事引人怀疑；他的做法引人共鸣；他助人为乐的行为引人赞叹；这些问题不得不引人深思；最引人注意的新闻；这种表达方式怪得引人反感。

【印象最深（刻）的是 … 】 yìnxiàng zuì shēn（kè）de shì … ［三级］

例句▶ 由于工作需要经常出差，我去过中国的很多城市，其中给我印象最深的是成都。‖ 在他所写的这些作品中，让我印象最深的是这一部，这部小说我已经读过三遍了。‖ 我跟她见过一面，印象最深的是她说话的声音特别好听，普通话也很标准，听起来像是个主持人。

解释▶ 印象：事物在人头脑中留下的痕迹。某人或某物在某人的头脑中留下的记忆最深的是……。多指所接触的人，到过的地方，做过的、经历过的事情等，多是最有个性、特点的东西。前面常有句子作相关的说明，后面的句子再作进一步的评价或补充。可用于已经出现的事情。○多用于叙事和对话。

★ **印象最深（刻）的是 + 名词 / 小句。** 可独立成句，也可在句中作谓语。

扩展▶ 给人印象最深的是……；留给你印象最深的是什么；对这儿印象最深的是……；在我的脑海中印象最深的是……；当时印象最深的是……；令人印象最深的是……；人们印象最深的是……；这次旅行印象最深的是……；我对今天参观印象最深的是……。

【应该 … 才对】 yīnggāi … cái duì ［二级］

见 685 页【应该 … 才是】条。

【应该 … 才是】 yīnggāi … cái shì ［二级］

例句▶ 现在外面下这么大的雨，你应该待在家里才是，怎么跑到外面来了？ ‖ 你刚到这个地方，语言不通，生活也不习惯，什么都得从头学习，自己应该处处小心才是。‖ 这次会议他没参加不是他的错，他不了解情况，当然应该你主动联系他才是。

解释▶ 按照一般人的看法或常理来说，做某事或怎么做比较合适。表示个人推测、分析，也表明了说话人的看法和态度，常用于建议、劝说他人。结构位置比较灵活，前面常有别的句子作相关的说明，有时后面也有句子作进一步补充。○多用于叙事和对话，口语。◇ 也说“应该…才对”。

★ **应该 + 动词 / 小句 + 才是。** 框架格式。在句中作谓语，也可独立成句。

扩展▶ 应该感谢他才是；应该主动给他打电话才是；应该早点儿告诉我才是；应该等等我才是；应该经常联系才是；你应该跟他道歉才是；想要成绩好应该努力学习才是；同学之间应该互相帮助才是；做错了应该主动承认错误才是。

【迎接 … 的到来】 yíngjiē … de dàolái ［三级］

例句▶ 世界上各个不同的地方，都用不同的方式迎接新年的到来。‖ 爸爸订好了饭店，妈妈买好了生日蛋糕，准备迎接爷爷 80 岁生日的到来。‖

她站在门口，脸上带着亲切的笑容，迎接我们的到来。

解释▶ 某人提前做好了准备，用某种方式欢迎客人，或等待某个美好的时刻或某件美好事情的来到。多用于喜庆的事。结构前常有“以欢呼声、以运动的方式、欢欢喜喜地、用传统方式、共同、准备、开始、热情”等词语表示迎接的状态和方式，多放在句尾，前面常有别的句子作相关的说明。○多用于叙事，书面语。

★ **迎接＋名词/代词（指人）＋的到来。** 动宾结构。在句中常作谓语。

扩展▶ 迎接客人的到来；迎接朋友们的到来；迎接领导的到来；迎接外国宾客的到来；迎接春节的到来；迎接春天的到来；迎接黄金周的到来；迎接奥运会的到来；迎接知识经济的到来；迎接旅游周的到来。

【营造…（的）**氛围**】 yíngzào…（de）fēnwéi ［七—九级］

见686页【营造…（的）气氛】条。

【营造…（的）**环境**】 yíngzào…（de）huánjìng ［三级］

例句▶ 为了营造良好的英语学习环境，老师规定，在学校里所有的同学都必须说英语。‖ 在学生考试之前，家里要营造出一个安静的环境，这样学生才能好好休息。‖ 在办公室，每个人都应该使自己的办公桌保持整洁，这样才能营造出美好的办公环境。

解释▶ 营造：有计划、有目的地造。为了工作、学习或生活顺利进行，有目的、有计划地让相关的条件或周围的环境变得更好。多用于叙述、分析和建议。结构前常有“努力、致力于、全力、共同、积极、继续、大力、一起”等词语。结构位置比较灵活，前后常有别的句子作相关的说明。○多用于叙事，书面语。

★ **营造＋（形容词＋［的］）＋（名词/动词＋［的］）＋环境。** 动宾结构。在句中常作谓语。

扩展▶ 营造良好的教育环境；营造一个更安全的环境；营造有利的工作环境；营造公平竞争的环境；营造和平稳定的国际环境；营造良好的人口环境；营造有利于发展的环境；为青少年营造健康发展的环境；营造一个全民健身的环境。

【营造…（的）**气氛**】 yíngzào…（de）qìfēn ［六级］

例句▶ 整场表演的灯光效果处理得特别好，营造出了迷人的舞台气氛，给观众以美的享受。‖ 本次两个公司的领导的会谈是在温泉宾馆举行的，会谈期间双方领导都特意不穿西服，不打领带，目的是要营造一种轻松的气氛。

解释▶ 营造：有计划、有目的地造。气氛：一定的环境给人某种强烈的感觉或印象。为了工作、学习或生活，有目的、有计划地改变有关的条件或周围的环境，使人产生某种感觉或印象。多用于有益的、愉快的事情。结构位置比较灵活，前后常有别的句子作相关的说明或补充。○多用于叙事，书面语。◇ 也说“营造…（的）氛围”。

★ **营造+（形容词+[的]）+（名词/动词+[的]）+气氛**。动宾结构。在句中常作谓语。

扩展▶ 营造欢乐的气氛；营造喜庆的气氛；营造自然的气氛；营造友好的气氛；营造热闹的气氛；营造良好的气氛；营造紧张的气氛；营造节日的气氛；营造和谐的气氛；营造良好的学习气氛。

【硬着头皮…】 yìngzhe tóupí … ［五级］

例句▶ 今天老师让我们写作文，我实在是写不出来，可一想到明天就要交了，只好硬着头皮写了一篇。‖ 现在你正在发烧，就不要硬着头皮去上班了，向老板请一天假吧。‖ 昨天我们班跟别的班举行足球比赛，我们队少了一名队员，没办法，我这个从不碰球的人也只能硬着头皮上场了。

解释▶ 自己不愿意做，或没能力做某事，因没有别的办法，只好去做。多含有委屈、勉强、无奈的意味。多用于叙述事情的经过。结构前常有“只得、只好、不得不、不必”等词。多放在句尾，前面常有别的句子作相关的说明，有时后面也有句子进行补充。可用于不愉快的事情。○多用于叙事，口语。

★ **硬着头皮+动词**。在句中常作谓语。

扩展▶ 只能硬着头皮去做；只好硬着头皮唱下去；不得不硬着头皮同意；只能硬着头皮跟他道歉；还是硬着头皮去找工作；只好硬着头皮把饭吃完；不喜欢的话不必硬着头皮继续练下去。

【用A代替B】 yòng A dàitì B ［四级］

例句▶ 信用卡的出现大大方便了人们的生活，现在越来越多的人选择用信用卡代替现金购物。‖ 现代社会写信的人越来越少了，为了追求更快更方便，大家都用打电话或发电子邮件代替。

解释▶ 原来的某一事物或方式换用另一事物或方式。多用于具体事物。结构位置比较灵活，前后常有句子说明、解释或补充这种替换的目的或好处。○多用于叙事和对话。

★ 1）**用＋名词$_1$＋代替＋名词$_2$**。

2）**用＋动词$_1$＋代替＋动词$_2$**。

框架格式。在句中常作谓语。结构中的名词$_2$或动词$_2$，如果前面提到，在结构中也可以不出现。

扩展▶ **句型1**）用公共汽车代替出租车；用一份新鲜水果代替餐后点心；用牛奶代替啤酒；用筷子代替刀和叉子；用字母代替数字；用酒精代替汽油；用高铁代替普通火车。

句型2）用走路代替坐车；用网上付费代替人工交费；用电脑打字代替手写。

【用…（的）话来说】 yòng…（de）huà lái shuō ［一级］

见688页【用…（的）话来形容】条。

【用…（的）话来**形容**】 yòng…（de）huà lái xíngróng ［四级］

例句▶ 他现在不爱在外边吃饭，更喜欢在家里吃，用他自己的话来形容："吃来吃去还是家里的最好吃。"‖今天上午，我参观了上海国际赛车场，要问我对这个地方的印象，只能用一句话来形容：太棒了！‖电视让我们的生活更加丰富，同时也会产生不利的影响，用一句简单的话来形容，电视让人变傻了。

解释▶ 形容：用语言或文字对事物的样子、性质特点等进行描述。用一两句话概括，或用某些人的话来描写、叙述。多用于对某些事情或现象的总结或评价。前面常有别的句子作相关的说明，后面的内容多是心里的感情和感觉、事物的形象和性质等。○多用于叙事和对话。◇也说"用…（的）话来说"。

★ **用＋名词/代词（指人）/形容词/数量短语＋（的）话来形容**。框架格式。在句中作谓语，也可独立成句。结构中的名词、代词、形容词或数量短语可以同时使用。

扩展▶ 用西方人的话来形容；用一位画家的话来形容；用这样的话来形容；用最简单的话来形容；用一句老话来形容；用心理学的一句话来形容。

【用…（的）语调/**语气**】 yòng…（de）yǔdiào/yǔqì ［七—九级］

例句▶ 我上班的路上要经过一个公园，每天早上，总会在公园听到一个女孩儿用优美的语调朗读课文。‖"请你马上离开这儿！"小王用强硬的语气，生气地对他说。‖ 为什么你总是用这种怀疑的语气跟我说话？如果你不相信我，你就当我没说过。

解释▶ 语调：说话时语音的高低、轻重变化。语气：说话时表现情绪、感情的口气。前者指，读书或和别人说话时表现出来的语音的高低轻重快慢，也就是用哪种语调来表达；后者指，通过不同的方式表达一定的情感和态度，也就是说，某人说的话给人的感觉是高兴、生气、命令、怀疑等。结构中的词多说明是什么样的语调或语气。结构位置比较灵活，前后常有别的句子作相关的说明或补充。○多用于叙事和对话。

★ **用 + 形容词 / 动词 / 代词 +（的）语调 / 语气。** 动宾结构。结构中的"用 + 形容词 / 动词 / 代词"是介词短语。在句中常作状语、谓语。

扩展▶ **用法 1）**用于读书或和别人说话时语音的高低轻重快慢：用坚定的语调；用柔和的语调；用缓慢的语调；用平静的语调；用深情的语调；用兴奋的语调；用肯定的语调；用温和的语调；用轻松、愉快的语调。

用法 2）用于说话时表达出一定的情感和态度：用平静的语气；用安慰的语气；用肯定的语气；用质问的语气；用得意的语气；用反问的语气；用命令的语气；别用这种语气跟我说话。

【用得着 …】 yòngdezháo … ［一级］

例句▶ 我就要搬家了，很多东西都不打算带走，你过来挑挑，把你用得着的东西都拿走吧。‖—老李，我开车去机场接你吧！—机场离地铁站那么近，坐地铁回来十分方便，还用得着来接吗？ ‖—都这么晚了，他怎么还不回来？—你用不着担心，他过一会儿就会回来的。

解释▶ 需要……，有用的；有必要……。指在做某事时或以后需要用到的人或事物，这时后面接名词；指在做某事时有必要……，这时后面接动词。如果句子用反问句或否定句，表示没有必要。多用于叙述说明。前后常有别的句子作相关的说明。○多用于叙事和对话，口语。

★ 1）**用 + 不 / 得 + 着 + 的 + 名词。** 在句中常作主语、宾语、定语。

2）**用 + 不 / 得 + 着 + 动词。** 在句中常作谓语。否定形式为"用不着"。

扩展▶ **句型 1）**也许你以后用得着它；我用不着那个东西；用得着我的地方尽管说；把用不着的书放回书架。

句型 2）我还用得着做计划吗；这个问题还用得着讨论吗；你用不着去开会；用不着为我难过；这些事情用不着害怕；这么小的事情，用得着发火吗。

【用…给 A…】 yòng…gěi A… ［一级］

例句▶ 师傅，我的自行车轮胎没气了，可不可以用你的气筒给自行车充一下气？‖这个小孩现在才两岁多，已经会用毛巾给自己洗脸了，做起事来有模有样的。‖这个周末，我们学校的很多志愿者都去了市中心医院，帮助那里的病人，用爱心给他们送去温暖。

解释▶ 用某种工具或事物为某人或物做某事，也指用某种形式或手段为某人服务。前一种用法多是具体的，后一种用法多是抽象的。多用来描述行为、动作等。结构位置比较灵活，前面常有别的句子作相关的说明，有时后面也有句子进行补充。○多用于叙事和对话。

★ **用＋名词$_1$＋给＋名词$_2$／代词（指人）＋动词。** 框架格式。在句中常作谓语。结构中的“用…给 A”在句中作状语。

扩展▶ **用法 1**）表示利用工具做事：用手机给朋友打电话；用电子邮件给你发过去；用手推车给大家送咖啡；用水瓶给花儿浇水；中医用针灸给病人解除病痛。

用法 2）表示以某种形式为人服务：用自己的行动给孩子带去爱心；用音乐给世界带来欢乐；用美妙的歌声给盲人送去光明。

【用 A（来）…】 yòng A（lái）… ［一级］

例句▶ 来中国快半年了，现在我已经学会了怎么用筷子吃饭。‖—你现在跟朋友用汉语聊天儿还是用法语？—有时候用汉语，有时候用法语，要看我朋友是中国人还是法国人。‖—我听说用学生证来买火车票可以打折，这是真的吗？—是真的，不过只是在寒假和暑假。

解释▶ 使用某种工具或手段做某事或达到某种目的。多用来说明情况。结构位置比较灵活，前后常有别的句子作相关的说明或补充。注意▶“来”在句中必须轻读。○多用于叙事和对话，口语。

★ **用＋名词＋（来）＋动词。** 框架格式。在句中常作谓语。结构中的“用＋名词”是介词短语。

扩展▶ 用笔（来）写字；用彩笔（来）画画儿；用电子邮件（来）跟朋友联系；用这个理由（来）拒绝他；用火（来）把水加热；用电脑（来）写文章；用盘子（来）装饺子；用毛巾（来）擦汗；用手机（来）拍照；用歌声（来）表达自己的想法。

【用来…】 yònglái… ［一级］

例句▶ —看到那片空地了吗？听说那里是用来建造一家大超市的。—真的吗？太好了，以后买东西就方便了。‖—服务员，我们需要几个塑料袋用来装这些盒子。—好的，请您稍等。‖这种包质量好，颜色也漂亮，它不仅非常适合于旅行，而且用来日常购物也很方便。

解释▶ 用某物干某事，表示做某事的目的。多用于描写叙述。结构位置比较灵活，前后常有别的句子作相关的说明或补充。○多用于叙事和对话，口语。

★ **用来＋动词。** 在句中常作谓语。句子中的主语多是“用”的对象或工具。

扩展▶ 水可以用来发电；把大部分时间用来看书；这个地方已经用来建运动场了；他的钱全用来买了书和衣服；这些草都是用来喂鱼的；这块地方打算用来做个小书房。

【由A变B】 yóu A biàn B ［三级］

例句▶ 秋天到了，树叶渐渐由绿变黄，纷纷落到了地上。‖你先别走，现在还是黄灯，等交通灯由黄变绿你再走。‖飞机慢慢起飞了，从窗口往下看，地上的一切都逐渐由大变小，直到看不见。

解释▶ 由：从。人或物从一种状态变化成另一种状态，可以是自然的或因为某种原因产生的变化。适用的范围较广。多用于描写事物、现象的变化过程，也可以用于抽象事物。结构位置比较灵活，前后常有别的句子作相关的说明。○多用于叙事，书面语。

★ **由＋形容词$_1$＋变＋形容词$_2$。** 框架格式。在句中常作谓语。结构中的“由＋形容词$_1$”是介词短语。结构中的前后两个形容词为意思相对或相反的词，组成四字格式。

扩展▶ 天空由蓝变灰；他家由穷变富；水果由硬变软；语气由强变弱；天气由阴变晴；头发由短变长；书包由重变轻；两人的关系由近变远，由好变坏。

【由A变成B】 yóu A biànchéng B ［三级］

例句▶ 以前人们希望自己能在天上飞，在水里游，现在高科技让这些看起来不可能的事情由理想变成了现实。‖入学一个月后，我逐渐熟悉了学校的环境，因此跟父母联系也由一天打三次电话变成了三天打一次电话。‖昨天，老师先说我的考试成绩只有80分，然后说这是全班最高分，我的心情也因此一下子由难过变成了高兴。‖如果孩子能转变学习观念，由父母要我学习变成我自己要学习，那么他就会有强大的学习动力。

解释▶ 人或事物从某种情况变化成另一种情况。多指因某个原因或情况的变化而引起的变化。这种变化可以是具体的或抽象的。多放在句尾，前面常有别的句子说明原因或情况。○多用于叙事和对话。

★ 1）**由＋名词$_1$＋变成＋名词$_2$**。

2）**由＋动词$_1$＋变成＋动词$_2$**。

3）**由＋形容词$_1$＋变成＋形容词$_2$**。

4）**由＋小句$_1$＋变成＋小句$_2$**。

框架格式。在句中常作谓语。结构中的“由＋名词$_1$ / 动词$_1$ / 形容词$_1$ / 小句$_1$”是介词短语。

扩展▶ **句型1）**由工人变成了老板；由液体变成固体；由一个村子变成了一个小城镇；由农业国变成工业国；一阵雷雨过后，天空由灰色变成了蓝色；他俩由朋友变成了敌人。

句型2）由失去信心变成充满信心；由拒绝参加变成主动参加；由不配合变成主动配合；由不合作变成积极合作。

句型3）由高兴变成生气；由兴奋变成难过；由伤心变成高兴。

句型4）由老师管理班级变成学生自主管理班级；由大家不愿意参加变成每个人都积极主动参加。

【由不得 … 不 … 】 yóubude … bù … ［超纲］

例句▶ —这种事情你也相信？—他太能说了，说得像真的一样，由不得你不信。‖—要是他不同意怎么办？—这件事少数服从多数，既然大家都同意了，由不得他不同意。‖ 这个地方最近发生了好几起交通事故，由不得司机们不小心开车。

解释▶ 由不得：不能依从，不能由……做主。（某事或某种情况）使（人）不能不……。表示在某种情况或情景下，某人一定会……或不想……也得……。用两个否定表示肯定的意思。多指在某种情况下，不这样做是不可能的。放在句尾，前面常有别的句子说明某种情况或情景，有时后面也有句子进行补充。○多用来叙事和对话，口语。

★ **由不得＋名词 / 代词（指人）＋不＋动词。** 框架格式。可独立成句，结构前面常有别的句子说明情况。

扩展▶ 他的话很有道理，由不得你不听；事情很急，由不得大家不表态；怎么会这么巧，由不得你不起疑心；这事由不得大家不认真考虑；这里只有这家店，由不得你不在这儿买；这地方只有这家旅馆，由不得你不去住。

【由 … 出面】 yóu … chūmiàn ［六级］

例句▶ 我想请他吃个饭，我知道你是他最好的朋友，如果由你出面去请，他一定会答应的。‖ 大学毕业已经十年了，前段时间由班长出面组织了一次班级聚会，差不多所有的同学都到了。‖ 我们只是普通的员工，没有什么权力，遇到重大的事情都是由公司出面跟对方协商的。

解释▶ 出面：亲自出来或以某人的名义出来（做事）。某事以个人或以集体的名义去做，或直接由某人或集体亲自去做。前一个用法只是名义上的，不一定是本人，只要有人做就行；后一个用法一定是本人出来做。结构前常有“需要、开始、不再、同意、决定、都是、可以、一般、应该、必须”等词语。结构位置比较灵活，前面常有别的句子作相关的说明，有时后面也有句子进行补充。○多用于叙事，书面语。

★ **由＋名词 / 代词（指人）＋出面。** 框架格式。在句中常作谓语，也作连动式的前一部分。结构中的“由＋名词 / 代词（指人）”是介词短语。

扩展▶ 由家长出面解决问题；由公司老板出面跟对方商量；由王校长出面组织这次会议；由学校出面组织这次旅行；由王教授出面帮忙联系一些学者；由政府出面解释这个问题；由他亲自出面解决双方的矛盾；这次活动由你出面组织。

【由此可见，…】 yóu cǐ kějiàn，… ［五级］

例句▶ 每次见到我，他总会问很多关于你的事情，由此可见，他真的很关心你。‖ 才学了短短一个月，他就可以跟我对话了，由此可见，他的汉语进步得多么快。

解释▶ 可见：可以做出判断或结论。从前面叙述的情况或发生的事情中可以看出，从这里可以得出结论。多用来对前面说的事情进行总结或下结论。多放在后半部分，前面常有别的句子作相关的说明，后面的句子是结论的具体内容。多用于已发生的事情。○多用于叙事和论述，书面语。

★ **由此可见，小句。** 可独立成句。结构中的“由此可见”在句中作插入语，小句为得出的结论。

扩展▶ 由此可见，你是对的；由此可见，你是多么粗心；由此可见，这个世界真的变了；由此可见，这家商店的东西确实便宜；由此可见，兴趣是最好的老师；由此可见，只有花时间学习才有进步；由此可见，这件事情是真的。

【由A⋯到B】[1] yóu A ⋯ dào B ［三级］

例句 因为最近太忙了，所以我改变了原计划的旅游时间，由三月推迟到了四月。‖ 先生，我有一批货，想由北京运到上海，大概需要多少钱？‖ 才过了短短三个月，就有5个同事离开了公司，公司的员工一下子由25个减少到了20个。

解释 由：从。通过某种方式或因为某种原因，使事情在时间、地点或数量上产生了变化。这种变化可以从一个方面转向另一个方面或相反。多用来叙述事情的经过。结构位置比较灵活，前面常有别的句子说明情况，有时后面也有句子进行补充。○多用于叙事，书面语。

★ 1）**由＋名词$_1$＋动词＋到＋名词$_2$**。

2）**由＋数量短语$_1$＋动词＋到＋数量短语$_2$**。

框架格式。在句中常作谓语。结构中的“由＋名词$_1$／数量短语$_1$”是介词短语。

扩展 由这条路走到底；会议由星期一改到星期五；会议地点已由214会议室换到216会议室；分数由65分提高到了85分；报名的人数由几个增加到几十个。

【由A⋯到B】[2] yóu A ⋯ dào B ［三级］

例句 —听说小王家的孩子受伤了，现在人在哪儿？—孩子已经由家人送到医院去了。‖ 先生请放心，您的东西将由我们转交到您朋友手中，一定会准时送到的。

解释 通过某人或某物，使另一个人或另一物从一个地方转移到另一个地方。多用来叙述事情的过程。事物可以是具体的，也可以是抽象的。结构位置比较灵活，前后常有别的句子作相关的说明或补充。○多用于叙事，书面语。

★ **由＋名词$_1$／代词（指人）＋动词＋到＋名词$_2$**。 框架格式。在句中常作谓语。结构中的“由＋名词$_1$／代词（指人）”是介词短语。

扩展 客人由出租车司机送到酒店；由我们送到你家里去；东西由我直接交到他手里；这些篮球将由货车运到篮球场；商品都是由员工放到货架上的；这个消息由别处传到了他的耳朵里。

【由A（而）⋯】 yóu A（ér）⋯ ［三级］

例句 虽然电脑给现代生活带来了极大的便利，但由电脑产生的社会问题也是不可忽视的。‖—最近我老是失眠，也不知道怎么回事？—是不是工作压力很大，据说失眠常是由压力引起的。‖—这个展览馆怎么像厂房一样又空又大呢？—你还不知道吧，这个展览馆就是由一座旧工厂改建而成的。

解释▶ 因为某种事物、某种原因或经过某个过程、变化，产生了某种结果。事物可以是具体的，也可以是抽象的；事物可以从好的方面向坏的变化，也可以相反。结构中的动词$_2$多是抽象动词，如“引起、导致、产生、发展、形成”等。多放在句尾，前面常有别的句子作相关的说明。○多用于叙事，书面语。

★ **由＋名词＋（动词$_1$）＋（而）＋动词$_2$。** 框架格式。在句中常作谓语、定语。结构中的“由＋名词”是介词短语。

扩展▶ **用法 1）**表示因为某种事物、某种原因：争吵由小事（而）引起；由吸烟（而）导致的疾病；由他的生活方式引起的心脏病；堵车是由交通事故（而）造成的。

用法 2）表示经过某个过程、变化：这个商场是由一家小商店发展（而）成的；项目是由许多人参加（而）完成的。

【由 … **发起**】 yóu … fāqǐ ［六级］

例句▶ 本次旅游是由王经理发起的，他看大家最近工作比较辛苦，想让大家出去放松放松。‖ 本次会议是由北京大学发起的，共有来自全国 30 多所学校的老师参加。‖ 由学生们发起的爱护校园环境的活动得到了学校的大力支持，在全校开展得十分成功。

解释▶ 某人或某个集体首先提出做某件事，或带头做某事（其他的人或集体都跟着一起做）。多指有利于社会和集体的较大的活动。多用来叙述事情的经过。或放在句首，或由话题引出，后面有别的句子作进一步说明补充；有时在句尾，前面有别的句子解释说明。○多用于叙事，书面语。

★ **由＋名词 / 代词（指人）＋发起。** 框架格式。在句中常作谓语、定语。结构中的“由＋名词 / 代词（指人）”是介词短语。结构中的名词或代词常表示某个人或者某个集体。

扩展▶ 这项调查由一个研究小组发起；这次跑步比赛是由三名跑步爱好者发起的；这次会议是由多位学者共同发起的；由心理学家发起的英语阅读研究；由两国政府共同发起的文化交流活动。

【由 … V 起】 yóu … V qǐ ［三级］

见 136 页【从 … V 起】 条。

【由…入手】 yóu … rùshǒu ［三级］

见137页【从…入手】条。

【由…说了算】 yóu … shuōle suàn ［三级］

见537页【…说了算】条。

【由A向B转变】 yóu A xiàng B zhuǎnbiàn ［三级］

例句▶ 学习语言应该努力实现由量向质转变，简单地说，也就是不仅要背会很多句子，更重要的是能正确地使用。‖ 在教学中，教师尝试了很多新的方法，目的是让孩子们由被动学习向主动学习转变。‖ 当前最重要的任务是利用现代技术和现代管理，使农业由传统向现代转变。

解释▶ 因为某种原因或通过某种方法或手段，人或物从某种情况变到另一种情况。大多是向好的方面变化，多用于正式场合。结构位置比较灵活，前后常有别的句子作相关的说明或补充。〇多用于叙事，书面语。

★ 1）**由＋名词$_1$＋向＋名词$_2$＋转变。**

2）**由＋动词$_1$＋向＋动词$_2$＋转变。**

3）**由＋形容词$_1$＋向＋形容词$_2$＋转变。**

框架格式。在句中常作谓语。结构中的“由＋名词$_1$／动词$_1$／形容词$_1$”是介词短语。

扩展▶ **句型1）**由旧事物向新事物转变；由农业国向工业国转变；由农民向市民转变；由传统农业向现代农业转变；由液体向气体转变。

句型2）由“要我做”向“我要做”转变；由拒绝向接受转变；由竞争向合作转变。

句型3）由粗心向细心转变；由复杂向简单转变；生活条件由差向好转变；态度由冷漠向热情转变；使公司由大向强转变。

【由于…（的）原因】 yóuyú …（de）yuányīn ［二级］

例句▶ 旅客朋友们，我们很抱歉地通知您，由于天气原因，下午1：30从上海飞往北京的航班将推迟起飞。‖ 由于他的原因，我们没赶上火车，所以展览会也就没去成。‖ 他从小就梦想去意大利留学，学习服装设计，可由于这样那样的原因，他最后还是没去成。

解释▶ 因为……的原因。后面有句子补充因这个原因产生的结果。原因可以是自然的也可以不是；结果多是不理想的或不希望看到的，也有一般的。适用范围较广。结构位置比较灵活，前后常有别的句子作相关的说明或补充。○多用于叙事和对话。

★ **由于 + 名词 / 代词 +（的）原因。** 框架格式。作为表示原因的分句，与后面的句子有因果关系。

扩展▶ 由于历史原因，这件事情一直没有解决；由于经济原因，他大学都没读完；由于身体上的原因，他提前退休了；由于工作原因，我常坐飞机去国外；由于个人原因，他不想在这个公司干下去了；由于某种原因，他俩产生了误会；由于种种原因，这个计划没有实行。

【由于 …（的）**缘故**】 yóuyú …（de）yuángù ［六级］

例句▶ 几年前，由于工作的缘故我来到了这个城市，现在我又得离开这儿去别的城市。‖ 由于吸烟的缘故，父亲的两个手指和牙齿都变黄了，还经常咳嗽。‖ 由于你上班经常迟到的缘故，公司决定减少你的年终奖金，希望你来年能有所改变。

解释▶ 缘故：原因。因为某种原因。后面有句子补充由这个原因产生的结果。原因可以是自然的也可以不是；结果可以是一般的，也可以是不理想的。适用范围较广，多用于正式场合。结构位置比较灵活，前后常有别的句子作相关的说明或补充。○多用于叙事，书面语。◇ 也说“因为…（的）缘故”。

★ **由于 + 名词 / 动词 / 代词（指人）/ 小句 +（的）缘故。** 框架格式。作为一个分句，与后面的句子有因果关系。

扩展▶ 由于堵车的缘故来晚了；由于下雨的缘故没有骑车；正是由于这个缘故；由于生病的缘故睡不好觉；由于担心的缘故吃不下饭；由于天气的缘故推迟了运动会；由于年龄的缘故退休了；他辞职是由于身体的缘故。

【由**原来**的 A … 到 B】 yóu yuánlái de A … dào B ［二级］

例句▶ 由于原材料的价格上涨，这家店的自助餐价格由原来的 100 元一位调整到 120 元一位。‖ 才短短两个月，我的体重就由原来的 45 公斤增加到了 55 公斤，看来我得减减肥了。‖ 吃了几次药，在家休息了两天，我的血压才由原来的 150 / 90 毫米汞柱降到正常水平。

解释▶ 人或物从过去的某个数量上升或下降到了现在的某个数量。多用来描写人或物的情况的变化。“到”前常用的动词有“提高、增加、发展、扩展、压缩、降低、减少、缩小”等，结构中也有数量词表明前后之间的变化。结构位置比较灵活，前面常有别的句子作相关的说明，有时后面也有句子进行补充。可用于已经出现的事情。○多用于叙事和对话。

★ **名词 ₁ + 由原来的 + 数量短语 ₁ + 动词 + 到 + 名词 ₂ / 数量短语 ₂。** 框架格式。在句中常作谓语。

扩展▶ 车速由原来的每小时 200 千米提高到每小时 250 千米；价格由原来的 400 元调整到 500 元；生产速度也由原来的每天 4000 多个发展到 20000 多个；时间由原来的 20 分钟减少到现在的 10 分钟。

【由 … **着眼**】 yóu … zhuóyǎn ［七—九级］

见 143 页【从 … 着眼】条。

【由 … 组成 / **构成**】 yóu … zǔchéng / gòuchéng ［四级］

例句▶ 这是一个由 5 个热情的大男孩儿组成的音乐组合，他们阳光帅气，而且很有音乐才华，一出来就受到了年轻人的喜爱。‖ 海水主要由水和盐构成，正是由于这个原因，海水的味道是咸咸的。

解释▶ 组成：不同的人或物合起来成为一个整体。构成：几个部分合起来成为一个整体。某些个人、事物结合起来，成为一个整体。组成一个整体后，各个部分还能保持自己的独立；而构成一个整体后，各部分已经合在一起了，无法独立。多用来描写人或物的情况。结构位置比较灵活，前面或后面常有别的句子作相关的说明。○多用于叙事和对话。

★ **由 + 名词 / 代词（指人）+ 组成 / 构成。** 框架格式。在句中常作谓语、定语。结构中的“由 + 名词 / 代词（指人）”是介词短语。

扩展▶ 观众由孩子们组成；整个大学由 8 个学院组成；这幅画主要由黑白灰三种颜色组成；由六个人组成的这个研究组不大不小；椅子由椅座和椅背构成；论文主要由四个部分构成；这套房子是由卧室、书房、厨房和卫生间构成的。

【V **有** … 】 V yǒu … ［一级］

例句▶ 我特别喜欢吃熟透了的水果，因为这样的水果都带有香味，一闻就特别想吃。‖ 我在楼前捡到了一本写有名字的笔记本，可虽然有名字，却不知道怎么联系它的主人。‖ 这是一栋普通的宿舍楼，里面住有一百多名高三学生，明年他们都将参加高考。

解释▶ 用于具体事物，表示某物存在于某个地方。换句话说，A 物中 / 上有 B 物；用于抽象的事物，表示 A 物里有 B 物。多用来描写人或物的情况，前后常有别的句子作相关的说明或补充。○多用于叙事和对话，书面语。

★ **动词＋有＋(数量短语)＋名词。** 在句中常作谓语、定语。结构中的名词为有“存在、拥有”等意思的词语。

扩展▶ 存有压力；不再抱有希望；刻有日期；地上留有他的脚印；车里装有电池；那家银行在各地设有分行；握有很大的权利；著有十多篇论文；画有山水的花瓶。

【有本事(…)就…】 yǒu běnshi(…) jiù… ［三级］

例句▶ 光嘴上说没用，有本事咱们就球场上见，两个队比比，看谁更厉害。‖—他花钱大手大脚，好像很有钱似的。—他哪儿有什么钱？还不是靠他父母，有本事就自己去赚呀。‖有本事你就自己一个人干，我不帮你，看你怎么干得下去。

解释▶ 本事：能力，本领。如果有能力，有实力，就做某事。用于双方看法不一致或不愉快的时候，主要有三种情况：1）不服对方，希望通过公平竞争证明自己的实力；2）不满意对方做的事，用话刺激对方，促使他做更难做的事情；3）明知道是很难或不可能的事，但就想看对方的笑话，用难听的话刺激对方，让他激动、生气等。含有挑战、刺激或威胁他人的意味。结构位置比较灵活，前后常有别的句子作相关的说明或补充。○多用于叙事和对话，口语。

★ **有本事＋(代词［指人］)＋就＋动词。** 框架格式。整个结构表示假设关系。

扩展▶ **用法1）**希望通过公平竞争证明自己的实力：有本事咱们就比一比；有本事就比枪法；有本事就比谁跑得快；有本事就看谁拿第一。

用法2）用话刺激对方，促使他做更难做的事情：有本事你就来试试；有本事你就站出来；有本事就给我考个第一名看看；有本事你就做个样子给我们看看。

用法3）用难听的话刺激对方，让他激动、生气等：有本事你就走；有本事你就别来找我；有本事你就自己写吧；有本事就自己开公司；有本事就拿个一等奖。

【有…不…了】 yǒu…bù…le ［一级］

见711页【有…没…了】条。

【有A才(能)有B】 yǒu A cái(néng) yǒu B ［二级］

例句▶ 你必须去找工作，有了工作才能有钱，有钱才能养活自己。‖生活就是这样，有付出才有收获，只有今天努力了，明天才能过得更好。

解释▶ 有了前一个才有后一个，前一个事物是后一个事物的条件或基础，没有前面的事物，后面的情况不可能实现。强调前面的事物对后面的事物很重要。多用来说明道理或劝说某人。结构位置比较灵活，前后常有别的句子作相关的说明或补充。需要时结构可连用。○多用于叙事和对话。

★ 1）**有 + 名词$_1$ + 才（能）有 + 名词$_2$**。

2）**有 + 动词$_1$ + 才（能）有 + 动词$_2$**。

框架格式。可独立成句，结构中的两个部分有条件关系。

扩展▶ **句型 1**）有空气和水才有生命；有了目标才能有动力；有了爱情才有诗歌；有土地才有农业；有健康的身体才有成功的希望。

句型 2）有失才有得；有了解才有理解；有比较才有差别；有改变才有发展；有发展才能有进步；有春种才有秋收。

【有 A，才有 B，才有 C】 yǒu A，cáiyǒu B，cáiyǒu C ［二级］

例句▶ —刚开始工作时我的压力很大，但我发现自己进步很快。—是啊，有压力，才有动力，才有希望。‖ 一个人在学习或工作中总会遇到问题和困难，遇到问题和困难时千万不要害怕，因为有挑战，才有进步，才有成功。

解释▶ 前一个事物或情况是后面一系列事物或活动的条件或基础，没有前面的事物或情况，后面的几种情况都不可能实现。强调前面的事物对后面的情况十分重要。多指抽象的事物，多用于正式场合。放在句尾，前面常有别的句子作相关的解释说明。○多用于叙事和对话，书面语。

★ 1）**有 + 名词$_1$，才有 + 名词$_2$，才有 + 名词$_3$**。

2）**有 + 动词$_1$，才有 + 动词$_2$，才有 + 动词$_3$**。

框架格式。在句中作谓语，也可独立成句。结构中的三个分句有条件关系。“才有”可以连用两个以上。

扩展▶ **句型 1**）有稳定的环境，才有游客，才有生意；有理想，才有目标，才有人生；有问题，才有解决问题的办法，才有改进的可能；有两国的互信，才有长期的友好关系，才有今天的发展，才有显著的成果。

句型 2）有落后，才有反思，才有进步；有争吵，才有沟通，才有互相理解。

【有 … 的份儿】 yǒu … de fènr ［超纲］

例句▶ 大人在说话，没有你小孩儿说话的份儿，赶快回房间去。‖ 优秀班级的结果出来了，我来回看了好几遍，居然没有我们班的份儿？看来我们班做得还不够好。‖ 我在公司只是个打工的，只有干活儿的份儿，你有事还是去找老板吧，我帮不上忙。

解释▶ 某（些）人有权利做某事；也指在某种情况下只能做某事，不能做另一些事，不能参与某事，或不能得到某物。多指人在某方面受到某种限制，这时多用否定或疑问形式，多含不满、无奈、抱怨的意味；有时也可用于夸奖、感谢别人。多用于已经存在的情况。前后常有别的句子作相关的说明或补充。○多用于叙事和对话，口语。

★ **1）有＋名词／代词（指人）＋（动词）＋的份儿。**

2）有＋动词＋的份儿。

动宾结构。在句中常作谓语。表达形式往往是“只有…的份儿”“哪有…的份儿”“没有…的份儿”等。

扩展▶ **句型 1）** 有你的份儿，没有他的份儿；哪有我说话的份儿；没有他们开口的份儿。

句型 2） 只有空想的份儿；看到这些只有叹气的份儿；那时普通人没有接受教育的份儿；现在只有点头认错的份儿；哪有拿主意的份儿；看到他，我只有羡慕的份儿；我们只有看的份儿；对他的事情，我只有赞成的份儿。

【有 … 的**感觉**】 yǒu … de gǎnjué ［二级］

例句▶ 虽然还没到春节，可各个商场里都挂着红灯笼，贴着红对联，让顾客有一种过节的感觉。‖ 从家里出来的时候，我总有种不安的感觉，好像忘了什么东西似的，到公司才发现我的钱包忘在家里了。

解释▶（某人、某物怎么样或做了什么）使人感觉到……。多是对某物及某人心里感觉的真实描写。结构中有词语说明感觉是什么样的。多用于已经出现或存在的情况。结构位置比较灵活，前后常有别的句子作相关的描写说明和补充。○多用于叙事和对话，书面语。

★ **有＋（一种）＋动词／形容词＋的感觉。** 动宾结构。在句中常作谓语。

扩展▶ 让我有回家的感觉；有一种不好的感觉；有一种不舒服的感觉；有一种从没有过的感觉；有不同的感觉；有一种奇怪的感觉；有一种幸福的感觉；不能让顾客有不满意的感觉；有一种既害怕又兴奋的感觉。

【有 …（的）**美称**】 yǒu …（de）měichēng ［超纲］

例句▶ 昆明四季温暖如春，全年温差较小，一年平均气温在 15℃左右，所以有“春城”的美称。‖ 榴梿是一种热带水果，营养十分丰富，一直有“水果之王”的美称。‖ 有“山城”美称的重庆位于中国的西南部，由于多山，才有了这个名字。

解释▶ 美称：赞美的称呼。某地或某物有……的美好名称。多用于描写、赞美某地某物。结构前常有“素、一直、曾、仍、确、已”等词。或者放在句首，后面有别的句子作进一步补充；或者放在句尾，前面有别的句子作相关说明。○多用于叙事和对话，书面语。

★ **有 + 名词 +（的）美称。** 动宾结构。在句中常作谓语、定语。

扩展▶ 广州有“羊城”的美称；哈尔滨有“冰城”的美称；苏州有“水城”的美称；太原有“龙城”的美称；这种树有“植物中的熊猫”的美称。

【有 … 的时候】 yǒu … de shíhou ［一级］

例句▶ 你不要做得太过分了，虽然她的脾气很好，但也会有生气的时候。‖ —你平时不是下班挺早的吗？今天怎么加班了？—我们公司一般都比较闲，但也有忙的时候。‖ 别人需要你帮助的时候，你应该尽量帮，以后总有你求别人的时候。

解释▶ 在某个时间或某种条件下，会出现某种情况。有时是概括已经出现的情况，有时是对将来可能出现情况的预料。多用来说明除了……，还有别的情况，尽管不多（好的和不好的）。多放在句尾，前面常有别的句子作相关的说明，有时后面也有句子作进一步补充。○多用于叙事和对话，口语。

★ **有 + 动词 / 形容词 / 小句 + 的时候。** 动宾结构。在句中常作谓语。

扩展▶ 总会有结束的时候；免不了有倒霉的时候；一生中都会有受苦的时候；你的那点儿钱总有花完的时候；孩子都有顽皮的时候；我居然也有得意的时候；有叫你们受不了的时候；也有阴天下雨的时候；有你哭的时候；有他不高兴的时候。

【有的是 … 】 yǒudeshì … ［三级］

例句▶ —听说他又买了套房子。—他有的是钱，买套房子算得了什么！‖ 虽然这次你没能升职，但只要你继续努力，以后有的是机会。

解释▶ 强调人或事物有很多。有时带有夸张的意味，语气较强。结构位置比较灵活，前后常有别的句子作相关的说明或补充。○多用于叙事和对话，口语。

★ **有的是 + 名词。** 在句中常作谓语。结构中的名词也可以放在结构前。

如“有的是钱”也说“钱有的是”。

扩展▶ 有的是时间；有的是力气；有的是医生；有的是东西；有的是大学生；有的是人；我家里有的是好酒；这里有的是蔬菜水果。

【有…的**说法**】 yǒu … de shuōfǎ ［五级］

例句▶ 你一会儿说是，一会儿又说不是，到底有没有一个可靠的说法？‖他的病到底严重不严重，目前我们也不清楚，要等做完检查之后才能有个明确的说法。‖男人究竟应不应该做家务，围绕这个问题有各种各样的说法，有的人觉得男人应该以事业为重，但有的却觉得男女应该共同分担家务。

解释▶ 对某个问题，有……的看法、意见或解释。包括好的和不好的。多用来叙述事情的经过。“说法”前往往有词语说明是什么样的，如“明确的、可靠的、不同的、相似的、错误的、流行的、各种各样的”等。结构位置比较灵活，前面常有别的句子说明情况，有时后面也有句子补充“说法”的具体内容。○多用于叙事和对话，口语。

★ **有＋数量短语／形容词／代词＋的说法。** 动宾结构。在句中常作谓语。结构中的数量短语和形容词可以同时使用。

扩展▶ 关于这个问题，其他人也有相似的说法；这事只有简单的说法；在这个事情上，有一种错误的说法；一直有不同的说法；有一种流行的说法；是一种有争议的说法；有一种不太准确的说法；竟然有这样的说法。

【有…的**样子**】[1] yǒu … de yàngzi ［二级］

例句▶ 报告厅来了很多人，大概有三百人的样子，大家都在认真地听王教授的报告。‖从这儿到超市有个七八百米的样子，你走路去几分钟就到了，不用坐公共汽车。‖这条河有三四米深的样子，千万不要在里边游泳，十分危险。

解释▶ 根据对人或物的某个方面进行估计，主要包括外表、容量、形状、数量、时间以及距离等。多用来对人或物进行描写，带有不确定的意味。前面常有“大概、好像、看上去”等词表示对人或物的估计等。或者先引出话题，或者有别的句子说明情况，后面常有句子作进一步补充。○多用于叙事和对话，口语。

★ **有＋数量短语＋（形容词）＋的样子。** 框架格式。在句中常作谓语。结构中的数量结构多是一个大约的数。

扩展▶ 有六七岁的样子；好像有成千上万的样子；身高有一米八的样子；箱

子的重量有二三十斤的样子；看上去他有二十多岁的样子；等了有十多分钟的样子。

【有…的样子】[2] yǒu … de yàngzi ［二级］

例句▶ 他戴着一副黑色的眼镜，手里拿着几本厚厚的书，很有学者的样子。‖ 既然你已经是个父亲了，就应该有做父亲的样子，这样孩子才能向你学习。‖ 怎么你一点儿女生的样子都没有，从不穿裙子，不留长发，也不像一般女孩子那样轻声说话。

解释▶ 指从外表、动作、神态或气质上看像……；也指具有什么身份，就应该在说话、做事上像这种身份的人。前一用法多用来描写某人的特点，后一用法用来责备某人说话做事和他的身份不符合或建议别人应该怎么做。结构前常有“很、非常、就要、一点儿也没、挺”等词语。结构位置比较灵活，前后常有别的句子作相关的说明或补充。○多用于叙事和对话，口语。

★ **有＋名词 / 动词＋的样子。** 动宾结构。在句中常作谓语。否定形式为“没有…的样子”。结构前可加程度副词，如“非常 / 很＋有…的样子”。

扩展▶ **用法 1**）表示从外表、动作、神态或气质上看像……：有副胜利者的样子；有运动员的样子；有老板的样子；他说话做事有军人的样子；她是个女的，但办起事来却有男人的样子。

用法 2）表示是什么人，就应该在说话、做事上符合这种身份：大人没有大人的样子；做家长就要有家长的样子；男人没有个男人的样子；当兵就要有当兵的样子；男孩子就应该有个男孩子的样子。

【有的…，有的…】 yǒude …，yǒude … ［一级］

例句▶ 走进图书馆，我看到同学们都安静地坐在座位上，有的在看书，有的在看杂志。‖ 我不完全同意你的看法，你的这些意见有的对，有的不对。

解释▶ 一部分……，一部分……。多指人或事物的情况不一样。多用来描写、介绍、说明人或物的不同情况。结构位置比较灵活，前面常有别的句子作相关的说明，有时后面也有句子作进一步补充。需要时结构可连用。○多用于叙事和对话，口语。

★ 1）**有的＋动词$_1$，有的＋动词$_2$。**

2）**有的＋形容词$_1$，有的＋形容词$_2$。**

在句中作谓语，也可独立成句。结构中的两个分句有并列关系。结构 2）中的两个形容词常为意思相对或相反的词语。

扩展▶ **句型 1）**有的赞成有的反对；有的成功了，有的失败了；这些信有的来自北京，有的来自上海，有的来自成都；参加会议的人有的是老师，有的是学生，有的是家长。

句型 2）有的聪明，有的却很笨；水下有的深，有的浅；公司员工有的忙，有的不忙。

【有 … 的**余地**】 yǒu … de yúdì ［七—九级］

例句▶ 你毕业后必须出国读书，在这一点上，没有任何商量的余地。‖ 这次出差他已经帮我安排好了一切，没有我选择的余地，我只能接受。‖ 你的英语已经说得很流利了，可是比起真正的英国人和美国人来，你还有进一步提高的余地。

解释▶ 余地：空余的地方。表示说话做事时留下一些空余的部分以方便自己或别人可能做出别的选择或有新的变化；也表示某事没有达到最高的程度，还可以继续……。多用来描述某事或提示对方。结构位置比较灵活，前后常有别的句子作相关的说明和补充。○多用于叙事和对话。

★ **有 +（名词 / 代词［指人］）+ 动词 + 的余地。** 动宾结构。在句中作谓语，也可独立成句。否定形式为“没有…的余地”。

扩展▶ **用法 1）**表示说话做事时留下一些空余的部分以方便做出别的选择：这是我的决定，但还有改变的余地；没有一点儿后退的余地；没有我说话的余地。

用法 2）表示某事没有达到最高的程度，还可以继续……：有仍然有发展的余地；工作大有改进的余地；还有开发的余地。

【有多 … 啊】 yǒu duō … ā ［一级］

例句▶ 如果我会开车该有多自由啊，想去哪儿就去哪儿。‖ 这么好的天气，如果和朋友们一起去公园划船，有多开心啊！ ‖ 你要他还你钱，什么时候不好说？刚才非得当着那么多人的面说出来，有多丢人哪！

解释▶ 多：多么。表示程度非常深。用于没有发生的事情，多表示很希望……；用于已发生的事情，多表示对某事的评价。可用于好的或不好的情况，感叹句，语气夸张。多放在句尾，前面常有别的句子说明原因或情况；有时也放在前一小句，后面的句子说明具体原因或情况。注意▶ 结构中的“啊”根据前一个字的音节可读成“呀、哪、哇”等。○多用于叙事和对话，口语。

★ **有多 + 形容词 / 动词 + 啊。** 框架格式。可独立成句，也可在句中作谓语。

结构中的动词多是表示心理活动或状态的词语。

扩展▶ 该有多好啊；有多难过啊；有多幸福啊；有多困难啊；有多重要啊；有多成功啊；有多难受啊；有多担心哪；有多后悔呀；有多无聊呀；有多别扭啊。

【… 有个好歹】 … yǒu ge hǎodǎi ［七—九级］

例句▶ 我有急事，先走一步。你把我的手机号码存下来，万一病人有个好歹，请马上给我打电话。‖ 大夫，您一定要把我女儿的病治好，我们就这么一个女儿，要是她真的有个什么好歹，我们也不想活了。

解释▶ 好歹：危险。（某人）发生不好的事情，多指有生命危险。多用于提醒、告诫、请求某人。结构前常有“万一、有何、要是、如果、就怕、真的”等词。前面常有别的句子作相关的说明，后面的句子补充说明可能出现的结果或要做什么。○多用于叙事和对话，口语。

★ **代词 / 名词（指人）+ 有个好歹。** 可在句中作谓语，也作为一个分句，和后面的句子有假设关系。

扩展▶ 万一她有个好歹，我们该怎么办呢；你一定要当心，千万别有个好歹；如果我有个什么好歹，你们也别太伤心；他真的有个好歹我也没办法；不怕别的，就怕他有个好歹；要是这孩子有个好歹，怎么和家长交代。

【有 … 好好儿 … 】 yǒu … hǎohaor … ［超纲］

例句▶ 你们别吵了，有话好好儿说嘛，何必生那么大的气呢？‖ 都是一家人，有事好好儿商量，没有什么解决不了的问题。‖ 你不是开了家商店吗，有生意好好儿做，只要经营好了，一定会越做越大。

解释▶ 好好儿：尽量好地、尽可能好地。要说什么话、做什么事，应该尽可能好地去说、做。多用来嘱咐、提示、建议、劝阻对方。前后常有别的句子作相关的说明或补充。○多用于叙事和对话，口语。

★ **有 + 名词 + 好好儿 + 动词。** 框架格式。整个结构表示假设关系。结构中的名词是动词的受事宾语。

扩展▶ 有问题好好儿讨论；有意见好好儿提；有活儿就好好儿干；有书好好儿读；有技术好好儿学；有钱好好儿赚；有技术要好好儿发挥；有毛病就好好儿看；有想法就好好儿谈。

【有 A（和）B 之别】 yǒu A（hé）B zhī bié ［七—九级］

见 707 页【有 A（和）B 之分】 条。

【有 A（和）B 之分】 yǒu A（hé）B zhī fēn ［七一九级］

例句▶ 他在六岁的时候眼睛因受伤而永远看不见了，所以在他的世界里，没有白天和黑夜之分。‖ 虽然大家都会说汉语，但水平有高低之分，你的水平比我高多了。‖ 在这件事情上，没有对和错之分，因为你们的目的都是为了把这件事做好。

解释▶ 之：的。表示人和人、事物和事物不完全相同，有某方面的区别或不同。多用来说明有两种不同的事物或现象的情况。结构中插入的都是相对相反的词语，前后常有别的句子作相关的说明或补充。○多用于叙事和对话，书面语。◇ 也说“有 A（和）B 之别”。

★ 1）**有 + 名词 $_1$ +（和）+ 名词 $_2$ + 之分。**

2）**有 + 形容词 $_1$ +（和）+ 形容词 $_2$ + 之分。**

框架格式。在句中常作谓语。结构中的前后两个名词或形容词为意思相反或相对的词，音节一般相同。否定形式为“没有 A 和 B 之分”。

扩展▶ **句型 1）** 有男人（和）女人之分；有穷人（和）富人之分。

句型 2） 有好（和）坏之分；有真（和）假之分；有长（和）短之分；没有贫（和）富之分；他们没有优（和）劣之分；两者没有轻（和）重之分；职位没有高（和）低之分；有先进（和）落后之分。

【有 A（就）… A】 yǒu A（jiù）… A ［一级］

①例句▶ —不知道你们要来，所以没准备什么好吃的。—没关系，我们没那么讲究，有什么吃什么。‖ 我们希望听听大家的意见，大家有什么就说什么，千万不要保留在心里。

解释▶ 按照实际情况或现有的条件去做，没有特殊的要求或严格的标准。多指形式或内容上不受限制，什么样的情况都可以接受。结构位置比较灵活，前后常有别的句子进一步说明情况或补充。○多用于对话，口语。

②例句▶ 他这人花钱太大方，有多少就花多少，从不计划。‖ 讲座马上就要开始了，可人来得不多。你赶快去各个办公室看看，有谁就请谁，叫他们都来参加。

解释▶ 根据实际的情况，尽量都用上或尽可能多地用，不保留。包括数量、范围、程度等。多用于描述某人、某种情况或提出建议。前后常有别的句子进一步说明情况或补充。○多用于对话，口语。

★ **有 + 疑问代词 +（就）+ 动词 + 疑问代词。** 框架格式。可独立成句，也可在句中作谓语。

扩展▶ **用法 1）** 表示形式内容不受限制，什么样的情况都可以接受：有什么

（就）穿什么；有什么（电影、书等）（就）看什么；有什么（酒）（就）喝什么；有什么（就）玩什么；有什么（事）（就）做什么；有什么（音乐）（就）听什么。

用法 2）表示尽量都用上或尽可能多地……：有几个人（就）去几个人；有几个（就）卖给我几个；有多少（就）给多少；有多远（就）走多远；有几个（就）拿几个。

【有 A 就有 B】 yǒu A jiù yǒu B ［一级］

例句▶ 他是个特别幽默的人，经常给大家讲笑话，所以办公室有他就有欢乐。‖ 趁你还年轻，赶快去学一门技术，在现在这个社会，有技术就有饭吃。‖—最近我和男朋友分手了，心里挺难过的。—看开点儿，谈恋爱嘛，有合就有分，不是什么事都是一直顺利的。

解释▶ 如果有前一种人、事物或情况，就会有后一个人、事物或情况。表示前一个人、事物或情况是后一个人、事物或情况的原因或条件。说明前后的联系是必然的，多用来说明情况、道理，说服、劝说、安慰某人。结构位置比较灵活，前后常有别的句子作相关的说明和补充。○多用于叙事和对话，口语。

★ 1）**有＋名词$_1$／代词（指人）＋就有＋名词$_2$**。

2）**有＋动词$_1$＋就有＋动词$_2$**。

框架格式。可独立成句。结构中的两个分句有条件关系或假设关系。

扩展▶ **句型 1**）有因就有果；有生命就有希望；有期望就有希望；有他就有欢乐；有工作就有生活的保证；有文化就有交流；有支持的就有反对的；有爱就有希望。

句型 2）有开始就有结束；有努力就有收获；有付出就有回报；有得就有失；有压迫就有反抗。

【有 … 可 … 】 yǒu … kě … ［五级］

例句▶ 奶奶快 80 岁了，还总是在家擦桌子、扫地、洗菜什么的，有事可做她才觉得高兴。‖ 我是做生意的，当然要做有利可图的买卖，赚不到钱我做什么生意？

解释▶ 可：可以。有某事可以或能够做。多指在某些工作或活动中，可以从中学到、得到某物或做某事，包括具体的和抽象的事物。多用来叙述某人某事，说明道理，提建议。结构位置比较灵活，前后常有别的句子作相关的说明或补充。○多用于叙事和对话，书面语。

★ **有 + 名词 + 可 + 动词。** 框架格式。在句中常作谓语、定语。结构中的名词是动词的受事宾语。结构中的名词和动词大多是单音节词，组成四字格式。否定表达为“没 / 无 A 可 B”。

扩展▶ 我来看看是否有事可做；我觉得这里面有东西可学；他觉得这事有机可乘；做事应该有法可依；找什么话题才能有话可说呢；过去是没房可住，现在你是有房可住的人。

【有 … 来 … 】 yǒu … lái … ［一级］

例句▶ 这个幼儿园在市中心，有三百来个孩子，不但环境好，而且教学质量不错。‖ 大楼旁边有一家小商店，老板在这儿做生意有十来年了，顾客大多是附近的居民。‖—你钓的这条鱼估计有两斤来重吧，真厉害！—这算什么，比这大得多的鱼我都钓过。

解释▶ 来：用在十、百、千等整数后面表示大概的数目。多是对人或物在数量上的估计，包括时间、数量、距离、重量、年龄等。所估计的数字不超过后面出现的数字，有“将近”的意思。结构位置比较灵活，前后有别的句子作相关的说明或补充。○多用于叙事和对话，口语。

★ 1）**有 + 数词 + 来 + 量词 +（名词）。** 框架格式。在句中常作谓语。结构中的数词多是“十、百、千、万”等。

2）**有 + 数词 + 量词 + 来 + 形容词 / 名词。** 框架格式。在句中常作谓语。结构中的数词多是个位数，表示长短、大小、轻重等。

扩展▶ **句型 1）** 有三百来米；有九十来斤；有五十来岁；有两千来块钱。
句型 2） 有两丈来高；有九米来长；有三里来远；有两米来深。

【有赖于 … 】 yǒulài yú … ［超纲］

例句▶ 美好的明天有赖于今天的行动，为了明天更美好，让我们共同努力吧！ ‖ 教育孩子是父母双方的责任，孩子的成长有赖于父母的共同教育，谁都不能放松。‖ 很多年前，这里还是一个不知名的小渔村，现在却成了著名的港口城市，这一切都有赖于便利的交通。

解释▶（事情的发展或成功）主要依靠某种原因或某方面的力量或情况。这些原因或情况等可以是具体的，也可以是抽象的。多用来说明人或事物之间的关系，用在生活、学习、社会发展、进步等方面，多用于正式场合。结构位置比较灵活，前后常有别的句子进行说明或补充。○多用于叙事，书面语。

★ 1）**有赖于 + 名词 / 代词 + 的 + 动词。**

2）有赖于＋形容词＋的＋名词。

框架格式。在句中常作谓语。

扩展▶ **句型1）**成功有赖于自己的努力；这个国家经济的发展有赖于商品的出口；人才的发展有赖于教育质量的提高。

句型2）植物生长有赖于适合的气候环境；问题的根本解决有赖于完善的法律。

【有理由…】 yóu lǐyóu … ［三级］

例句▶ 经过不断的努力，我们终于完成了大学四年的学业，今天我们有理由好好庆祝一番。‖ 其实我完全有理由拒绝你，但看在你我同事多年的份儿上，我再帮你一次吧。‖ 近几年两国的经济贸易合作越来越密切，照这样的情况，我们有理由相信，两国的关系将会得到更大的发展。

解释▶ 理由：做某事的道理。有道理（做某事）。多根据前面的情况或以往的状况推出（现在或将来要做的事情）。多用来叙述某事，可以是好的和不好的。表示肯定时，结构前常有“完全、更”；表示否定时前面常有“完全、似乎、的确”等词。结构位置比较灵活，前面常有别的句子说明做某事的理由，后面的句子多是做某事的具体内容。○多用于叙事和对话。

★ **有理由＋动词。** 在句中常作谓语。否定为“没（有）理由…”。

扩展▶ 有理由认为；有理由提出疑问；有理由感到担心；有理由感到骄傲；有理由高兴起来；有理由怀疑；有理由预计；有理由推测；有理由不选择他；有理由阻止他们这样做；有理由对未来充满信心；有理由期望；有理由期待。

【有利于…】 yǒulì yú … ［三级］

例句▶ 把这盆植物搬到阳台上吧，那里的阳光比较好，有利于它的生长。‖ 暑假期间，我选择去一家英国饭店打工，因为跟顾客交流有利于提高我的英语口语能力。‖ 大家都知道，早睡早起有利于身体健康，可很多年轻人还是喜欢晚睡晚起。

解释▶ 有利：有好处，有帮助。某事对做某事有好处、有帮助。多用来说明道理，多用于好的方面，用于正式场合。结构位置比较灵活，前面常有句子作相关的解释说明，有时后面也有句子进行补充。○多用于叙事，书面语。

★ **有利于＋名词／动词／小句。** 在句中常作谓语。结构中的动词多是双音节词。

扩展▶ 有利于阅读；有利于学习；有利于长高；有利于减肥；有利于发展；新鲜的空气有利于健康；有利于农业的发展；有利于增进两国的经贸合作；有利于维护世界和平；有利于加快经济建设；有利于节约资源；有利于社会稳定；有利于环境保护。

【有两下子】 yǒu liǎngxiàzi ［超纲］

例句▶ 别看我爸在家不常做饭，他做菜还是有两下子的，做出来的菜又好看又好吃。‖ 没想到你还挺有两下子，随便帮我按摩一下，我的头马上就不疼了。‖ 这部电影真不错，拍得特别感动人，导演真有两下子。

解释▶ “两”表示不定的数目。表示某人在某方面有一定的才能或本领。带有欣喜、意外或佩服的意味，多用来夸奖某人，具有褒义色彩。结构前常有“果然、真、还、也、确实、挺”等词语。结构位置比较灵活，前后常有别的句子进一步说明情况或补充。○多用于叙事和对话，口语。

★ **有两下子。** 在句中常作谓语。

扩展▶ 他真有两下子；在这方面你还真有两下子；你确实有两下子；这小子很有两下子；这孩子果然有两下子；你唱歌还挺有两下子的。

【有…没…了】 yǒu … méi … le ［一级］

例句▶ —老朋友，咱们有几年没见面了吧？—是啊，从毕业到现在，这还是第一次见呢！ ‖ 你去劝劝他，让他休息一会儿吧，从早上到现在，他已经有七八个小时没休息了。‖ 小王，有一段时间没和你联系了，最近过得怎么样？

解释▶ 有一段时间没有做某事或出现某种情况。其中的时间可长可短；多是大概的时间，表示说话人感觉某个时间不很短。多用来叙述事情或打招呼。结构位置比较灵活，前后常有别的句子作相关的说明或补充。注意▶ 这结构没有相应的肯定表达。○多用于叙事和对话，口语。◇ 也说“有…不…了”。

★ **有＋数量短语＋没＋动词＋了。** 框架格式。在句中作谓语，也可独立成句。结构中的数量短语常表示时间。

扩展▶ 有四五年没跳过舞了；有十天没给父母打电话了；有一个星期没游泳了；有一段时间没到球场看比赛了；有几个月没拿工资了；有好几天没来这里吃饭了；有好几个晚上没睡好了；有几年没和他见面了。

【有那么一点儿 … 】 yǒu nàme yìdiǎnr … ［二级］

例句▶ 说实话，刚开始上台说话的时候，我有那么一点儿紧张，慢慢地也就不紧张了。‖ 在外地读书的那段时间，我都是坐最便宜的慢速火车回家的，虽然现在几乎找不到那种火车了，但我对它还是有那么一点儿怀念。‖ 他各方面的条件都不错，如果不是性格上有那么一点儿小问题的话，算得上是十全十美了。

解释▶ 某人或某物具有某种状态，但程度不深。把事情往小的方面说。多用来描写人对某人某事的感觉，包括好的和不好的、愉快的和不愉快的。结构前常有“的确、多少、如果”等词。前面常有别的句子作相关的说明，有时后面也有句子补充情况的变化、结果等。○多用于叙事和对话，口语。

★ **有那么一点儿＋名词 / 动词 / 形容词。** 在句中常作谓语。结构中的动词多是表示心理活动或状态的词。

扩展▶ 在当地有那么一点儿名气；文章还是有那么一点儿诗意；对他还是有那么一点儿感情；有那么一点儿激动；有那么一点儿感动；有那么一点儿失望；有那么一点儿担心；有那么一点儿可爱；有那么一点儿不舒服；有那么一点儿不好意思；也有那么一点儿犹豫。

【有 … 呢】 yǒu … ne ［一级］

例句▶ —我的英语又不好，出国旅游万一不能跟别人交流怎么办？—怕什么，有我呢，别担心。‖—你说这么远的地方，我们又没去过，会不会走丢？—放心吧，车上有导航呢，丢不了。‖—你知道这个地方哪儿比较好玩吗？—我也不知道，不过有导游呢，问问他就知道了。

解释▶ 有某人或某物的帮助。意思是不用担心害怕。多用来回答对方对某人某事的担心、害怕，常用来安慰对方。前后常有别的句子作相关的说明或补充。○多用于叙事和对话，口语。

★ **有＋名词 / 代词（指人）＋呢。** 框架格式。可独立成句，也可在句中作谓语。

扩展▶ 没关系，有爸妈呢；不懂没什么大不了，有词典呢；担心什么，有政府呢；没关系，有医生呢；别怕，有老师呢；哭什么，有我呢；别担心，有我们呢。

【有你（们）… 的】 yǒu nǐ（men）… de ［一级］

例句▶ 你现在看着别人的孩子觉得挺好玩儿的，等你们自己有了孩子，有你们累的。‖ 趁着你现在还年轻多学点儿知识，否则到社会上去工作，有你苦的。‖ 说是休了一个星期假，事情可都堆在那儿呢！你明天一去上班，活儿有你干的。

解释▶ 预言（在将来的某个时间）对方会有某种经历或感觉。多指辛苦、劳累等不舒服的经历和感觉，强调数量多、程度深。多用来提示、劝说对方（做好思想准备），语气较强。放在句尾，前面常有别的句子作相关的说明。○多用于对话，口语。

★ **有你（们）+ 动词 / 形容词 + 的。** 框架格式。可独立成句，也可在句中作谓语。前面常有别的句子说明情况。

扩展▶ 下个星期有你们忙的；别开心得太早，以后苦有你们受的；事情有你们烦的；没有技术，找工作有你苦的；别高兴得太早，有你们难受的；别看这些都是小事，有你头疼的。

【有你（们）… 的（时候）】 yǒu nǐ（men）… de（shíhou）［一级］

例句▶ 别看他们现在赢了球，很得意，这只是暂时的，总有他们笑不出来的时候。‖ 现在的奋斗是为了将来更好的生活，请相信我，总会有你成功的时候。‖ 刚结婚的生活挺轻松挺自由的，等孩子出来了，有你们苦的时候。

解释▶ 预言一定会有这样的时候，让自己或别人有某种经历或感觉。多指辛苦、劳累等不舒服的事情，也可指愉快、高兴的事情。前后两种相反的情况常对举，多用来提示、警告、劝说或安慰对方，语气较强。多放在句尾，前面常有别的句子作相关的说明。○多用于叙事和对话，口语。◇ 也说“有他（们）…的（时候）”。这时是对第三人称情况的预言。

★ **有你 / 他（们）+ 动词 / 形容词 + 的（时候）。** 框架格式。可独立成句。

扩展▶ 有你哭的时候；别高兴得太早了，有你们受苦的时候；这活儿有你们累的时候；有了孩子，有你们烦的和苦的时候；有你们难受的时候；别看他现在很得意，有他倒霉的时候；别看现在苦，有你高兴的时候。

【有什么不好 … 的】 yǒu shénme bù hǎo … de ［一级］

例句▶ 不就是向他借点儿钱吗？有什么不好开口的，如果你不愿意去我去。‖ 这有什么不好决定的，要么就去，要么就不去，我要是你早就决定好了。

解释▶ 有什么难做的，表示说话人觉得某件事不难做。用否定形式的反问句表达肯定的意思。多用于反驳别人的话，语气较强。有时含有埋怨、责备的意味和语气。结构位置比较灵活，前后常有别的句子作相关的说明或补充。○多用于对话，口语。

★ **有什么不好＋动词＋的。** 框架格式。在句中作谓语，也可独立成句。

扩展▶ 这么简单，有什么不好办的；有意见就提，有什么不好意思的；说啊，有什么不好说的；这有什么不好接受的；这有什么不好理解的。

【有什么…的】 yǒu shénme … de ［一级］

例句▶ 他不就是个很普通的男孩儿吗，我真不知道他有什么好的，让你这么爱他。‖ 不就是考试没通过吗，有什么好伤心的，下次早做准备，考好点儿就行了。‖ 我和你都十几年朋友了，发生了这么大的事怎么不告诉我一声，有什么难开口的。

解释▶ 没什么……，不怎么……。说话人觉得某人或某事不太……，或没有什么（可）……。用肯定形式的反问句表达否定的意思。表示不值得、不应该……。可往好的方面说，也可往不好的方面说。多用来表示不赞同对方的做法或看法，用来反驳或劝说对方，语气较强。有时含有埋怨的意味。前后常有别的句子解释或补充说明。○多用于对话，口语。

★ **有什么＋动词/形容词＋的。** 框架格式。在句中作谓语，也可独立成句。

扩展▶ 有什么好怀疑的；有什么可玩儿的；有什么可担心的；有什么好高兴的；有什么了不起的；有什么方便的；有什么好奇怪的；有什么值得相信的；有什么值得回忆的；有什么值得联系的；有什么漂亮的；有什么重要的；有什么好看的。

【…有什么关系】 … yǒu shénme guānxi ［三级］

例句▶ —车开快一点儿吧，我们别迟到了。—晚点儿有什么关系，又没什么急事。‖—真倒霉，这笔生意我没赚到一分钱。—没赚到钱有什么关系，最重要的是咱们认识了新的客户。‖ 你交了男朋友是件好事儿啊，为什么不让我说出去，这和别人有什么关系？ ‖—早点儿睡觉，否则会越来越胖。—真不知道睡觉晚和长胖有什么关系。

解释▶（做某事或出现某种结果）没有关系，或没有什么严重的后果，把事情往轻的方面说，含有轻松、不在乎的意味；也指一个人或一件事和另一个人或另一件事没有必然联系。用肯定形式的反问句表达否定的意思，语气较强。结构位置比较灵活，前后常有别的句子作相关的解释说明。○多用于对话，口语。

★ 1）**动词/形容词/小句＋有什么关系。**

2）**名词 $_1$ / 代词 $_1$ + 和 + 名词 $_2$ / 代词 $_2$ + 有什么关系。**

3）**动词 $_1$ + 和 + 动词 $_2$ + 有什么关系。**

可独立成句。

扩展▶ **句型 1）**多吃点儿有什么关系；不去又有什么关系；说一说有什么关系；多一点儿少一点儿又有什么关系；别人知道了有什么关系。

句型 2）他们和我有什么关系；这个数字和我们有什么关系；这件事和你们有什么关系。

句型 3）当经理和喝酒有什么关系；谈恋爱和工作有什么关系；生育和死亡有什么关系。

【有什么好 … 的】 yǒu shénme hǎo … de ［一级］

例句▶ 不就是分手了吗，有什么好哭的！‖—告诉你一个好消息，这个月我的工资加了几百块。—就几百块钱，有什么好高兴的！‖虽然他是你的老板，可老板也是人，再说他比你大不了多少，有什么好怕的！

解释▶ 好：值得，有必要。没有什么值得……的。说话人觉得不应该、不值得、没有必要做或说某事。用肯定形式的反问句表达否定的意思。有时含有不耐烦、不关心、反感、不满的意味，语气较强。多放在句尾，前面常有别的句子说明原因或理由。○多用于对话，口语。

★ **有什么好 + 动词 / 形容词 + 的。** 框架格式。在句中作谓语，也可独立成句。结构中的形容词常表示心理活动或状态。

扩展▶ 有什么好休息的；有什么好生气的；有什么好打听的；有什么好怀疑的；有什么好责怪的；有什么好埋怨的；有什么好表扬的；有什么好讨厌的；有什么好说的；有什么好问的；有什么好笑的；有什么好奇怪的；有什么好难过的。

【有什么样的 A，就会有什么样的 B】 yǒu shénme yàng de A，jiù huì yǒu shénme yàng de B ［一级］

例句▶ 父母是孩子的第一任老师，对孩子的成长产生了重要的影响，因此我们常说，有什么样的父母就会有什么样的孩子。‖有什么样的书就会有什么样的阅读方式，小说我们可以快速地读，诗歌或散文我们应该细细地品。

解释▶ 某人或某物怎么样，和他（它）相关的另外一个、一些人或事物就会相应地怎么样。表示两个或两类人或事物密切相关，前面的人或事物影响或决定后面的人或事物。多用来说明道理。结构位置比较灵活，前后常有别的句子作相关的说明或补充。○多用于叙事和对话，口语。

★ **有什么样的+名词$_1$，就会有什么样的+名词$_2$。** 可独立成句。结构中的两个分句有条件关系或假设关系。

扩展▶ 有什么样的目标，就会有什么样的人生；有什么样的人，就会有什么样的朋友；有什么样的老师，就会有什么样的学生；有什么样的报纸，就会有什么样的读者；有什么样的性格，就会有什么样的命运。

【…有什么用】 … yǒu shénme yòng ［一级］

例句▶ 老王，你还是多注意自己的身体吧，工作别太辛苦了，身体不行了，再多的钱又有什么用呢？‖哭有什么用，又不能解决问题，还是多想想该怎么办吧。‖—这辆车真漂亮，我们就买这辆吧。—光好看有什么用，我们应该了解它的质量怎么样。‖他都已经走了，你再说这些话有什么用，他又听不到了。

解释▶ 用：用处。……有什么用处？没有什么用处。后面常补充有哪些不足或应该做什么。用肯定形式的反问句表示否定的意思。多用来劝说、斥责、反驳、埋怨他人，表明说话人对某人某事的态度，语气较强。结构位置比较灵活，前后常有别的句子作相关的说明或补充。○多用于叙事和对话，口语。

★ **名词/动词/形容词/小句+有什么用。** 独立成句。

扩展▶ 口头的表扬有什么用，又没有奖励；快去找啊，光担心有什么用；去那儿有什么用，没什么意思；学这些有什么用，根本就用不着；不会做，说这些好话有什么用；他愿意，你不愿意有什么用；你又不想看，我拿来有什么用。

【有时（候）…，有时（候）…】 yǒushí（hou）…，yǒushí（hou）… ［一级］

例句▶ —周末你在家都做些什么？—有时上网，有时看电视，有时请朋友来我家玩儿。‖我的手机有点儿问题，电话铃声有时候大，有时候小，我得去修一下。‖—听说你最近跟一个老师学中文，你们在哪儿学习？—有时候她来我家，有时候我去她家。

解释▶ 有的时候……，有的时候……。表示在事情、时间等方面不固定，或者不经常发生。如果还有更多的情况，也说“有时…，有时…，有时…”。多用来说明描述事情。前后常有别的句子作相关的说明或补充，有时直接用于回答。需要时结构可连用。○多用于对话，口语。

★ 1）**有时（候）+动词$_1$，有时（候）+动词$_2$。**

2）**有时（候）+ 形容词 $_1$，有时（候）+ 形容词 $_2$。**

3）**有时（候）+ 小句 $_1$，有时（候）+ 小句 $_2$。**

在句中作谓语，也可独立成句。结构中的两个分句有并列关系。结构中的两个动词或形容词表示意思相反或相关的词。

扩展▶ **句型1**）有时（候）来得早，有时（候）来得晚；下课后有时（候）看书，有时（候）复习；有时（候）喝茶，有时（候）喝咖啡；有时（候）给他打电话，有时（候）给他发短信。

句型2）有时（候）快，有时（候）慢；有时（候）高，有时（候）低；水有时（候）深，有时（候）浅。

句型3）有时（候）一个人去，有时（候）跟朋友一起去；有时（候）天晴，有时（候）下雨。

【有他（们）… 的（时候）】 yǒu tā（men）… de（shíhou）［一级］

见 713 页【有你（们）… 的（时候）】条。

【… 有完没完】 … yǒu wán méi wán ［二级］

例句▶ 你闹够了没有，还有完没完？我实在已经受不了了。‖ 这个问题你都问过我多少遍了，怎么还问？你有完没完啊？ ‖ 从一上车他们俩就开始吵，到现在都要下车了还在吵，他们到底有完没完？

解释▶ 有没有结束的时候？对方或第三方没完没了地说、问、做……，让人不耐烦，说话人希望不要再……，用反问的语气阻止他们继续下去。带有不耐烦、生气、斥责的意味，语气较强。结构前常有“还、究竟、到底”等词表明说话人的态度。结构位置比较灵活，前后常有别的句子作相关的说明或补充。○多用于对话，口语。

★ **代词（指人）+ 有完没完？** 可独立成句。常用于反问句。结构中的代词常常是第二人称的“你（们）”，有时也可以用第三人称的“他（们）”。

扩展▶ 到底有完没完；究竟有完没完；你有完没完；都什么时候了，还有完没完；你这个人还有完没完；你们俩有完没完；他这样下去，还有完没完。

【有 A 无 B】 yǒu A wú B ［四级］

例句▶ 你可想好了，要想学琴就一定要坚持下去，别学一会儿就放弃了，做事不能有头无尾。‖ 我这人有时候不太注意，经常说一些有口无心的话，你千万不要当真。‖ 虽然这是一首老歌，可这么多年来，它受欢迎的程度有增无减，连许多年轻人都喜欢。

解释▶ 有某种事物，没有另一种事物；发生某种情况，没有发生另一种情况。多用来对某人说话做事等特点或对某事、某种情况进行评价，包括好的方面或不好的方面。结构位置比较灵活，前后常有别的句子作相关的说明或补充。○多用于叙事和对话，书面语。

★ 1）**有＋名词$_1$＋无＋名词$_2$**。

2）**有＋动词$_1$＋无＋动词$_2$**。

框架格式。在句中常作谓语、定语。结构中的前后两个名词或动词多是意思相对或相反的单音节词，组成四字格式。

扩展▶ **句型 1）**他在这里有名无实；我的确是有心无力；这样做是有害无利的；这对双方都有损无益；你怎么做事有始无终。

句型 2）这人借钱总是有借无还；他只是个有勇无谋的人。

【有 A（也）有 B】 yǒu A（yě）yǒu B ［一级］

例句▶ 这个风景区有大大小小 100 多个湖，有人工的也有天然的，但大部分都是天然的。‖ 每到周末，运动场上就热闹起来了，附近的人都来这儿，有打球的也有跑步的，有打太极拳的也有练武术的。‖ 既然你参加了比赛，就应该知道比赛有输有赢，输了就证明别人比你更强，你要向别人学习。

解释▶ 有：存在。在一些活动、事情或事物中，同时存在着对立的两个或多个方面，有这样的情况，也有那样的情况。多用来描述、说明、提示、列举。结构位置比较灵活，前后常有别的句子作相关的说明或补充。需要时两个结构可以连用。○多用于叙事和对话。

★ 1）**有＋名词$_1$＋（也）有＋名词$_2$**。

2）**有＋动词$_1$＋（也）有＋动词$_2$**。

框架格式。在句中作谓语，也可独立成句。结构中的两个分句有并列关系。结构中的前后两个名词或动词多是意思相反或相关的词。

扩展▶ **句型 1）**生活中有快乐的时候，也有难过的时候；这对你来说有利有弊；爱情中有欢笑也有泪水；这种款式的裙子，有红的有白的，有长的也有短的。

句型 2）当然有支持也有反对；对这件事有表扬也有批评。

【有 A，（也）有 B，还有 C】 yǒu A，（yě）yǒu B，hái yǒu C ［一级］

例句▶ 今天的晚餐好丰盛啊，有鱼，有肉，还有虾，是不是来客人了？‖ 这个果园虽然不大，里面的果树可真不少，有梨树，也有苹果树，还有桃树。

解释▶ 有：存在。在某种情况下或某种活动中，几个部分同时存在，合起来表示种类多。多列举主要的、代表性的。用于人或事物的列举。结构位置比较灵活，前面常有别的句子作相关的说明，有时后面也有句子进行补充。○多用于叙事、描写和对话，口语。

★ **有＋名词$_1$，（也）有＋名词$_2$，还有＋名词$_3$。** 可独立成句，结构中的三个分句有并列关系。结构中的三个名词多是意思相关的同类词。

扩展▶ 有吃的，有喝的，还有玩儿的；有山有水还有花草；有青年人，有中年人，还有老年人；联欢会上有音乐，有绘画，还有表演；这次活动有愿意的，有不愿意的，还有无所谓的；有唱歌的，有跳舞的，还有弹钢琴的；有笑有梦还有泪。

【有（一）点儿…】 yǒu（yì）diǎnr… ［二级］

例句▶ 怎么样，现在好点儿了吗？如果你还觉得有点儿不舒服，就回去休息，我替你请一下假。‖ 房间里有点儿热，麻烦你开一下空调，好吗？ ‖ 今天晚上我吃得有一点儿多，打算过一会儿到楼下去散散步，你跟我一起去吗？

解释▶ 表示程度不高，稍微……。通常指一些让人不很满意的事情或情况。多用来说明某人某物的情况。前面先引出话题，后面常有别的句子补充要做什么的具体内容。多用于不好的和不愉快的事情。○多用于叙事和对话，口语。

★ **有（一）点儿＋动词／形容词。** 在句中常作谓语、补语。为了表示不很满意，结构中的有些形容词、动词也可用否定形式。结构中的动词多是表示心理活动或状态的词语。

扩展▶ 心里有（一）点儿不安；有（一）点儿紧张；有（一）点儿后悔；有（一）点儿吃惊；有（一）点儿痛；有（一）点儿糊涂；有（一）点儿不高兴；这事有（一）点儿难办；有（一）点儿冷；有（一）点儿胖；天气有（一）点儿不好；有（一）点儿贵；有（一）点儿辣。

【有…以来】 yǒu…yǐlái ［三级］

例句▶ 自从两个月前孩子有手机以来，已经用了四百块的话费了，真不知道他怎么打了这么多电话。‖ 李白是中国有史以来最伟大的诗人之一，他写的很多诗都流传到了现在，有的连三岁小孩儿都会背。‖ 大四快毕业时，为了找工作，父母带着我去商场买了我有生以来第一套西服。

解释▶ 从某人出生、某人拥有某物或某物存在的那个时候一直到现在。多用来说明一些特殊的人或有代表性的事，适用范围很广。结构中的名词可以是具体事物或抽象事物。前面先引出话题，结构后面常有句子补充说明具体的情况。○多用于叙事和对话。

★ **有＋名词／动词＋以来。** 框架格式。在句中常作状语。

扩展▶ 有了这条街以来；有网络以来；有战争以来；有电话以来；有火车以来；有轮船以来；有邮票以来；有电脑以来；有记录以来；有孩子以来。

【有A有B】 yǒu A yǒu B ［一级］

①例句▶ 事情总是有利有弊的，没有什么事情只有好处，没有坏处。‖一双手上有十根有长有短的手指，手指都不一般齐，怎么能要求大家都一样，都优秀呢？‖父母从我小时候就教育我做事情要有始有终，这件事既然我开始做了，就一定会把它做好。

解释▶ 既有……又有……。表示两个方面或情况同时存在。结构中前后插入的词意思相反，构成对立，表示一个事物的两个方面。多用来叙述事情或说明道理。结构中有些是自由组合，有些是固定搭配。结构位置比较灵活，前后常有别的句子作相关的说明或补充。○多用于叙事和对话，书面语。

②例句▶ 他在北京开了家公司，是个大老板，在社会上也算是有头有脸的人物。‖下班后，她俩收拾好自己的东西，有说有笑地朝地铁站的方向走去。

解释▶ 既有……又有……。表示两个方面或情况同时存在。结构中插入的两个词意思相近，互相补充，多可引出别的意思。如“有车有房”指“很有钱”，“有头有脸”指“地位高”。大多为固定搭配。结构位置比较灵活，前后常有别的句子作相关的说明或补充。○多用于叙事和对话。

★ 1）**有＋名词$_1$＋有＋名词$_2$。**

2）**有＋动词$_1$＋有＋动词$_2$。**

3）**有＋形容词$_1$＋有＋形容词$_2$。**

框架格式。在句中常作谓语、状语、定语、补语。结构中的前后两个名词、动词或形容词多是意思相反或相关的单音节词，组成四字格式。

扩展▶ **用法1）**表示一个事物同时存在的两个方面构成对立：这排房子有高有低；衣服有大有小；公司的情况有喜有忧。

用法2）表示一个事物同时存在的两个方面互相补充：他讲起故事来有声有色；看上去他有钱有势的；你属于有车有房的人；他说得有凭有

据的；他唱得有板有眼的；小说写得有血有肉。

【有 A 这么 / 那么 B】 yǒu A zhème / nàme B ［二级］

例句▶ 这种动物生活在非洲，跑得特别快，最快的时候有火车那么快。‖—从这儿到那个地方大概有多远？有从北京到上海这么远吗？—比从北京到上海还远一点儿。‖ 小明跟我是同岁，他有我这么高，但没有我这么胖。‖ 这个小岛的面积只有一个足球场那么大，岛上的居民也很少。

解释▶ 某人或某物的……跟某人或某物的……差不多。主要包括范围、距离、数量、速度、程度等。“这么 / 那么”前通常有相比较的人或事物。多用来描写、评价某人某物。用来说明情况时放在句尾，前面常有别的句子作相关的说明；有时直接用于问话和回答。注意▶ 结构中的 B 一般是一对形容词中表示程度深、距离远、数量大的一个，如“大 / 小、多 / 少、胖 / 瘦、快 / 慢、厚 / 薄、重 / 轻、高 / 矮”等中的前一个。○多用于叙事和对话，口语。

★ **有 + 名词 / 动词 / 代词（指人）/ 数量短语 + 这么 / 那么 + 形容词。** 框架格式。在句中作谓语，也可独立成句。否定形式为“没有 A 这么 / 那么 B”。

扩展▶ 有他爸爸那么胖；有老师那么聪明；有鸡蛋那么大；有雪那么白；有别人说的那么厉害；有十层楼那么高；有两间房子那么大；有两寸那么厚；有一粒黄豆这么重；有 30 厘米这么长；有她这么漂亮。

【有 … 之久】 yǒu … zhī jiǔ ［三级］

例句▶ 我在他家楼下等了他有一个小时之久，可他一直都没下来，看来他是故意不见我。‖ 这个运动队有 20 多名队员，他们平均年龄为 48 岁，大部分人都坚持跑步有 10 年之久了。

解释▶ 久：时间长。有……时间了。说话人多觉得时间很长，一般也用来描述事情发生了较长的时间，结构中常有表示时间的词。多用来叙述某事及其经过。结构位置比较灵活，前后常有别的句子作相关的说明或补充。○多用于叙事，书面语。

★ **有 + 数量短语 + 之久。** 框架格式。在句中常作谓语、补语。结构中的数量短语多表示时间。

扩展▶ 这些建筑有 100 多年之久了；他来华工作已有 20 年之久；教历史已有五年之久；在房间看书有一个小时之久；等了大约有十分钟之久；已有数月之久。

【有助于…】 yǒu zhù yú… ［超纲］

例句▶ 人在睡觉前，常会把电视关掉、手机关掉，把门也关上，因为安静的环境有助于睡眠。‖—你家孩子也在上中学吧，怎么个子比我家孩子高那么多？—我家孩子从小就参加锻炼，你让你家儿子多打打篮球，这样有助于长高。‖ 刚下过雨，外面的空气特别新鲜，我们出去走走吧，呼吸新鲜的空气有助于身体健康。

解释▶ 助：帮助。对某人或某事物有帮助。指某人某事或做某事对别的人或事有帮助。多用来说明道理。结构前常有“不仅、更、也、从而、并且、一方面”等词语。多放在句尾，前面常有别的句子作相关的说明，有时后面也有句子进行补充。可用于好的和愉快的事情。○多用于叙事和对话，书面语。

★ **有助于＋名词/动词/小句。** 在句中常作谓语。

扩展▶ 雨水有助于植物的生长；看外语电影有助于学习外语；充足的睡眠有助于提高记忆力；低温有助于保存食物；穿得暖和有助于预防感冒；吃水果有助于减肥吗；一部好词典有助于语言学习。

【又＋不/没（有）…】 yòu＋bù/méi（yǒu）… ［二级］

①例句▶ —明天要去面试了，心里有点儿害怕。—怕什么，面试的人又不会把你吃了。‖—我送花给她这么多次了，你说她知不知道我喜欢她？—人家又不是傻子，怎么会不知道？ ‖—你还是去向她道个歉吧。—我又没做错事，凭什么向她道歉！

解释▶ 加强否定的语气。强调不……或没有做某事。多用来回答别人的话，后面常接否定句或反问句，含有不满、责备的意味，语气较强。结构位置比较灵活，前面或后面常有别的句子进一步说明情况。○多用于对话，口语。

②例句▶ 这条裙子你穿着挺漂亮的，价钱又不贵，还是买了吧。‖—我们怎么回去呢？—走路回去吧，又不远。

解释▶ 加强否定的语气。强调没有到达某种状态或程度。多用来回答别人的话，后面常接否定或反问句，强调某一情况，语气较强。有时放在最后，表示补充或说明情况，语气比较缓和。结构位置比较灵活，前面或后面常有别的句子进一步说明情况。○多用于对话，口语。

★ 1）**又＋不＋动词。**

2）**又＋没（有）＋动词＋（过）。**

3）**又＋不＋形容词。**

在句中常作谓语。

扩展▶ **用法1**）又不：我又不是故意的，怎么这么看着我；我又不是你妈，别什么都问我；他又不愿意，再说也没用。

用法2）又没：我又没说过这句话，怪我干什么；我又没见过，怎么会认识；我又没生你的气，你干嘛这样；他又没说不去，你干嘛不问问他；他又没怪你，你吵什么；你又没告诉我，我怎么知道。

用法3）没有达到某种状态和程度：你又不胖，干嘛减肥；只轻轻地碰了你一下，又不疼，干嘛那么生气；家里又不乱，不用你收拾；他又不笨，你别骗他；这种题又不复杂，我看一眼就会了；他每月工资才两千块，又不多。

【又不…，怎么会…（呢）】 yòu bù …，zěnme huì …（ne）［一级］

例句▶ —这张发票是真的吗？—我们又不是皮包公司，这么大的商店，怎么会骗你？‖—孩子刚上小学，用眼的时候又不太多，眼睛怎么会近视呢？—是啊，会不会弄错了？‖他平时吃得又不多，怎么会这么胖呢？

解释▶ 某人或某物不……，为什么会……。表示前一种情况不可能发生，后一种情况也不应该发生。后一句用肯定形式的反问句强调对某事的否定。多用于对前面提问的否定，也表示对眼前发生的事情有些不明白或怀疑。多放在句尾，前面常有别的句子作相关的说明。○多用于对话，口语。

★ **又不＋动词$_1$／形容词$_1$，怎么会＋动词$_2$／形容词$_2$＋（呢）。** 在句中作谓语。结构中的两个分句有条件关系。

扩展▶ **用法1**）表示对前面提问的否定：你又不是我，怎么会知道我想什么；你又不会喝酒，怎么会喝这么多呢；我又不是瞎子，怎么会看不见。

用法2）表示不明白或怀疑：他又不是没复习，怎么会考成这样呢；他又不抽烟，怎么会咳嗽得这么厉害呢。

【又是A又是B】 yòushì A yòushì B ［二级］

例句▶ 我刚刚在开会，才一个小时，你又是短信又是电话，找我到底有什么急事儿？‖都这么晚了，而且外面又是打雷又是下雨的，你还是明天早上再走吧！‖接到这封信后，老王心里又是惊又是喜，因为他一看笔迹就知道这是他二十多年前失去联系的老朋友写来的。

解释▶ 列举几种情况、现象或事物，用来说明别的意思。如“又是打雷又是下雨”说明“天气很不好”，“家里又是老人又是孩子”说明“负担重”，

"他家又是房子又是汽车"说明"经济情况好"，多用来说明程度较高、数量较多。如果不止两种情况，也说"又是…又是…又是…"等。多用来描写人或物的情况。前后常有别的句子作相关的说明或补充。○多用于叙事和对话，口语。

★ 1）**又是＋名词$_1$＋又是＋名词$_2$**。

2）**又是＋动词$_1$＋又是＋动词$_2$**。

3）**又是＋形容词$_1$＋又是＋形容词$_2$**。

框架格式。在句中常作谓语。结构中的两个名词、动词或形容词为意思相近、相关或相反的词。结构中的两部分有并列关系。

扩展▶ **句型 1）**又是虾又是鱼；又是新衣服又是新鞋子。

句型 2）又是打又是骂；又是气又是笑；又是哭又是闹；又是唱又是跳；又是握手又是问好；又是送茶又是倒水；又是留电话又是留地址；又是化妆，又是打扮。

句型 3）又是高兴又是难过；又是惊又是喜。

【又 A 又 B】 yòu A yòu B ［二级］

例句▶ 我们爬山都爬了两个小时了，我又饿又累，想坐下来吃点儿东西。‖他在画板上画了一个又大又圆的西瓜。‖吃完饭，他们又说又笑地走出食堂，朝办公室走去。‖这次老板表扬我了，说我事情办得又快又好，我听了特别高兴。

解释▶ 表示两种动作同时进行，或两种情况同时存在。如果不止两种，也说"又…又…又…"等。可以往好的方面说，也可以往坏的方面说，还可以表达矛盾的状态。多用来叙述某事及其经过。结构中的 A 和 B 在意思上有时前后一致，有时前后相反或者矛盾。前后常有别的句子作相关的说明或补充。○多用于叙事和对话，口语。

★ 1）**又＋动词$_1$＋又＋动词$_2$**。

2）**又＋形容词$_1$＋又＋形容词$_2$**。

框架格式。在句中常作谓语、定语、状语、补语。结构中的前后两个动词或形容词多是意思相关或相反的词，多是单音节词。

扩展▶ **句型 1）**又爱又恨；又合作又竞争；又唱又跳；又吃又喝；又吃又拿；又吵又闹；又偷又骗；又敲又打。

句型 2）又贵又难看；又贵又不好；又好又便宜；又聪明又漂亮；又大又红；又矮又胖；又高又瘦；又脏又乱。

【又A又不+A/B】 yòu A yòu bù+A/ B ［二级］

例句▶ 你做得又对又不对，对的是你能按照规定办事，而不对的是，你考虑问题还不够仔细。‖现在的生意真的不好做，好不容易有个机会，辛苦了半天却什么也没得到，真是又累又不挣钱。‖—最近不知道怎么回事，每晚都是又想睡又睡不着。—是不是工作压力太大了？

解释▶ 两种矛盾的情况同时存在。有两种情况：一种是指同一个人的两种矛盾心理或同一件事情的两个方面，多是从不同角度看的；另一种是指两种矛盾的情况在同一个人身上或同一件事情上出现，是并列的。语气较强。多用来分析情况、说明关系。前一用法结构常在句首，后面有别的句子进行分析说明；后一用法结构常在句尾作为结论，前面有别的句子说明情况。○多用于叙事和对话，口语。

★ 1）**又＋动词＋又不＋动词。**

2）**又＋动词$_1$＋又不＋动词$_2$。**

3）**又＋形容词＋又不＋形容词。**

4）**又＋形容词$_1$＋又不＋形容词$_2$。**

框架格式。在句中常作谓语。结构中的前后两个动词或形容词多为意思相同或相反的词。结构中的两个分句有并列关系。

扩展▶ **用法1**）表示同一个人的两种矛盾心理或同一件事情的两个方面：又好又不好；又愿意又不愿意；又想买又不想买；又说对又说不对；又想买又不很喜欢；又喜欢又不喜欢。

用法2）表示两种矛盾的情况在同一个人身上或同一件事情上出现：又明白又不明白；又懂又不懂；又困又睡不着；又饿又不想吃。

【A又怎么样，不A又怎么样】 A yòu zěnmeyàng，bù A yòu zěnmeyàng ［二级］

例句▶ —这次考试你得了多少分，一起去问问老师吧？—问又怎么样，不问又怎么样，反正分数都在那儿。‖—我看你最近和小王的关系挺好的，他现在是你的男朋友吗？—是又怎么样，不是又怎么样？我就不告诉你。‖—你每天都这么加班，累不累啊？—累又怎么样，不累又怎么样，都是自己的事情，不做也得做。

解释▶ 不直接回答对方的话，而是反问正反两种情况的结果。有两个意思：一是不管做还是不做，结果都是一样的。说话人觉得不会影响原来的事情，无所谓。二是不想让对方知道自己是否做了某事或某种情况，或觉得这事和对方没有关系，巧妙地回避了对方的问题。语气较强。这时对方有些尴尬。多用来回答别人，后面常有别的句子进一步补充。○多用于对话，口语。

★ 1）**动词＋又怎么样，不＋动词＋又怎么样。**

2）**形容词＋又怎么样，不＋形容词＋又怎么样。**

可独立成句。结构中的两个分句有并列关系。

扩展▶ **句型1）**去又怎么样，不去又怎么样；喜欢又怎么样，不喜欢又怎么样；知道又怎么样，不知道又怎么样；上大学又怎么样，不上大学又怎么样；帮助他又怎么样，不帮助他又怎么样。

句型2）高兴又怎么样，不高兴又怎么样；好又怎么样，不好又怎么样；对又怎么样，不对又怎么样。

【…，**于是**…】…，yúshì… ［四级］

例句▶ 自从上次失败后，大家一直都鼓励我，于是我恢复了信心，又重新开始了新的实验。‖ 孩子出生后，她一头要忙于工作，一头还要照顾孩子，实在忙不过来，她于是辞了工作，在家当起了家庭主妇。

解释▶ 表示后一件事接着前一件事发生，并且是前一件事引出的结果。多用来描写、叙述事情的经过。结构位置比较灵活，前后常有别的句子作相关的说明或补充。可用于过去的事情。○多用于叙事，书面语。

★ **小句$_1$，于是＋动词／小句$_2$。** 可独立成句。结构中的两个分句有承接关系。

扩展▶ 他对那个词没有把握，于是就查了词典；房间里安静下来了，于是她开始唱了起来；他觉得没人欢迎他，于是他选择了离开；他提出的条件我不能接受，于是我拒绝了。

【与…（保持）**联系**】yǔ…（bǎochí）liánxì ［三级］

见254页【跟…（保持）联系】条。

【A与B不可**兼得**】A yǔ B bùkě jiān dé ［超纲］

例句▶ 中国有一句古话，叫“鱼与熊掌不可兼得”，意思是，在两个都非常重要的东西面前，我们只能选择一个，而要放弃另一个。‖ 谁说事业与家庭不可兼得，你看看人家王总，经营一家这么大公司，家庭不也挺幸福的吗？

解释▶ 兼：同时涉及两种或几种事物。得：得到。两种事物不可以同时得到，只能选择其中一种，意思是很难做到两方面都很美满。多用来劝说人们不可能同时得到两种美好的、理想的东西或情况。多用来叙述事情或说明道理。结构前常有“其实、谁说、要知道”等词语。或者在句首，后面有别的句子进行补充；或者在句尾，前面有句子作相关的说明。○多用于叙事和对话，书面语。

★ **名词$_1$+与+名词$_2$+不可兼得。** 框架格式。可独立成句，也可在句中作谓语。

扩展▶ 谁说爱情与工作不可兼得；美食与减肥不可兼得；物美与价廉往往不可兼得。

【与 … 不相干】 yǔ … bù xiānggān ［超纲］

例句▶ 你说的这些话我都同意，可与我们今天谈的问题不相干，不能解决实际问题。‖ 我大学学习的是法律专业，可毕业后从事了与专业不相干的工作，当了一名记者。‖ 我今后过得好不好与你不相干，你也不要再管我的事了。

解释▶ 不相干：不相关。某人或某物跟……没关系、没有联系。适用范围较广。前面常有“毫、完全、并、一点儿”等词来加强否定语气，前后常有别的句子作相关的说明或补充。○多用于叙事和对话，口语。◇ 也说“跟…不相干”“与…不相关”。

★ **与+名词/代词（指人）+不相干。** 框架格式。在句中常作谓语、定语。结构中的“与+名词/代词（指人）”是介词短语。没有肯定用法。

扩展▶ 与我不相干；这事与自己不相干；与其他人完全不相干；与作者不相干；他与这件事不相干；这与专业不相干；学的与做的不相干；我的事与你的事毫不相干；我是一个与你不相干的人；问一些与今天的内容不相干的问题。

【与 … 不相关】 yǔ … bù xiāngguān ［三级］

见 727 页【与 … 不相干】 条。

【与此同时，…】 yǔ cǐ tóngshí，… ［二级］

例句▶ 可以说，你们的研究项目确实做得非常棒，但是与此同时也还存在着一些小问题。‖ 经过一年多的努力准备，小王终于考上了北京大学的研究生，与此同时，他的室友也考上了。

解释▶ 在相同的时候。表示在一方面的事情、活动、情况等发生的时候，另一方面的事情、活动、情况等同时也在进行或发生。这些事情或情况可以是相似或相关的情况，也可以是相对或相反的情况。多用来叙述某事或说明情况。多放在句尾，前面常有别的句子作相关说明。○多用于叙事和对话，书面语。

★ **与此同时，动词 / 小句。** 可独立成句，结构中的“与此同时”在句中作插入语。

扩展▶ 与此同时，汉语水平也得到了提高；与此同时，人们的生活质量也提高了；与此同时，环境也在慢慢改善；这里发生了旱灾，与此同时，别的地方却出现了水灾；这次活动你积累了很多经验，与此同时，你也失去了不少时间。

【与 … **告别**】 yǔ … gàobié ［三级］

见 260 页【跟 … 告别】 条。

【与 … **沟通**】 yǔ … gōutōng ［五级］

见 261 页【跟 … 沟通】 条。

【与 … 结下**不解之缘**】 yǔ … jiéxià bùjiězhīyuán ［超纲］

见 264 页【跟 … 结下不解之缘】 条。

【**与其** A（倒 / 还）不如 B】 yǔqí A（dào / hái）bùrú B ［七—九级］

例句▶ 周末天气这么好，与其在家里待着不如去外面走走，咱们就去人民公园吧。‖ 如果你要去四川，与其坐飞机去，还不如坐火车去，坐火车不但便宜，而且可以一路欣赏两边的风景。‖ 你不用出门了，与其你来我家倒不如我去你家，我开车去方便得很。

解释▶ 表示在比较之后，不选择 A 事物，而选择 B 事物，觉得 B 事物比 A 事物更好。多表明了说话人的态度和想法，用来对人或事物进行比较。前后有别的句子作相关的说明或补充，有时后面的补充是解释原因。○多用于叙事，书面语。

★ 1）**与其＋动词**$_1$**，（倒 / 还）不如＋动词**$_2$。

2）**与其＋小句**$_1$**，（倒 / 还）不如＋小句**$_2$。

可独立成句。结构中的两个分句有选择关系。

扩展▶ 与其说是白色的，（倒 / 还）不如说是米白色的；与其以后走（倒 / 还）不如现在就走；与其去游泳我（倒 / 还）不如去踢足球；与其闲着，（倒 / 还）不如干点儿事情；与其让别人写我的故事，（倒 / 还）不如我自己写；与其你来讲，(倒/还)不如我自己来讲。

【与…谈话】 yǔ … tánhuà ［三级］

见 271 页【跟…谈话】条。

【与…相比】 yǔ … xiāngbǐ ［三级］

见 272 页【跟…相比】条。

【与…(相)比美】 yǔ …(xiāng) bǐměi ［超纲］

见 729 页【与…(相)媲美】条。

【与…相处】 yǔ … xiāngchǔ ［四级］

见 272 页【跟…相处】条。

【与…相等】 yǔ … xiāngděng ［五级］

见 273 页【跟…相等】条。

【与…相反】 yǔ … xiāngfǎn ［四级］

见 273 页【跟…相反】条。

【与…相结合】 yǔ … xiāng jiéhé ［三级］

见 274 页【跟…相结合】条。

【与…(相)媲美】 yǔ …(xiāng) pìměi ［七—九级］

例句▶ 她虽然是个业余的歌手，但唱得特别好，完全可以与专业歌手媲美。‖ 这里的山没有黄山那么有名，却完全拥有可与黄山相媲美的景色，很值得去看一看。

解释▶ 媲美：美的程度差不多。表示跟……差不多美，跟……一样好。把某事物的优点找出来，多跟更高、更好的事物相比较，说明它不差，具有褒义色彩。多用来说明和比较。前面常有别的句子作相关的说明，有时后面也有句子进行补充。○多用于叙事和对话，书面语。◇ 也说"同…比美""与…(相)比美"。

★ **与＋名词＋(相)媲美。** 框架格式。在句中常作谓语、定语。结构中的"与＋名词"是介词短语。否定形式为"不能/不可以＋与…(相)媲美"。

扩展▶ 效果不能与中药媲美；找不到与其媲美的了；产品的质量可与国外产品相媲美；计算机下棋的水平可与优秀棋手相媲美；这个学校拥有与国际同类学校相媲美的教育水平；可与五星级酒店相媲美的环境。

【与 … **相撞**】 yǔ … xiāngzhuàng ［五级］

见 274 页【跟 … 相撞】 条。

【与 … **协商**】 yǔ … xiéshāng ［六级］

见 275 页【跟 … 协商】 条。

【与 … **有关 / 无关**】 yǔ … yǒuguān / wúguān ［六级］

见 277 页【跟 … 有关 / 无关】 条。

【与 … **有密切（的）关系**】 yǔ … yǒu mìqiè（de）guānxi ［四级］

见 277 页【跟 … 有密切（的）关系】 条。

【与 … **有同感**】 yǔ … yǒu tónggǎn ［七—九级］

见 278 页【跟 … 有同感】 条。

【与 … **约好**】 yǔ … yuēhǎo ［三级］

见 278 页【跟 … 约好】 条。

【与 … **约会**】 yǔ … yuēhuì ［四级］

见 279 页【跟 … 约会】 条。

【与 …（在）**一起** …】 yǔ …（zài）yìqǐ … ［一级］

见 279 页【跟…（在）一起…】 条。

【与 … **作对**】 yǔ … zuòduì ［七—九级］

见 280 页【跟 … 作对】 条。

【与 … **做生意**】 yǔ … zuò shēngyi ［七—九级］

见 281 页【跟 … 做生意】 条。

【遇到…(的)情况】 yùdào…(de) qíngkuàng ［三级］

例句▶ 如果你遇到被困在电梯里的情况，你会怎么办呢？‖开车的时候千万不能打电话，因为一旦遇到突发的或紧急情况，来不及采取措施。‖坐飞机出差虽然方便，但有时会遇到飞机晚点的情况，所以为了不影响工作安排，我宁愿坐高铁。‖他晚上常常睡不着觉，遇到这种情况，他总是坐起来看看小说，看看报纸，看累了就继续睡。

解释▶ 碰到某种事情。可以是以前经常出现的，也可以是今后可能发生的。多用来说明情况或事情的经过。结构前常有“万一、如果、可能、除非、总会、往往”等词语。前后常有别的句子作相关的说明或补充。○多用于叙事和对话。

★ **遇到＋动词/形容词/小句/代词＋(的)情况。** 动宾结构。在句中常作谓语。

扩展▶ 遇到突然停电的情况；遇到意外情况；总会遇到新情况；遇到一些复杂的情况；遇到类似的情况；遇到这样的情况；遇到各种情况；不管遇到什么情况；遇到手机被偷走的情况。

【愈A愈B】 yù A yù B ［七—九级］

见732页【越A越B】条。

【越来越…】 yuè lái yuè… ［二级］

例句▶ 自从我通过了HSK五级考试后，我对自己越来越有信心了，我想只要好好准备将来肯定能通过六级。‖人们的生活水平越来越高，买车的人也越来越多，交通也越来越堵。

解释▶ 程度随着时间的推移而变化。可以往好的方面或不好的方面，包括范围、时间、数量、程度等方面。多用来描写人或事物的变化。结构位置比较灵活，前后常有别的句子作相关的说明或补充。需要时结构可连用。○多用于叙事和对话。

★ **越来越＋动词/形容词。** 在句中常作谓语。结构中的动词必须是那些表示程度高低的动词。

扩展▶ 越来越担心；越来越像她妈妈；越来越有希望；越来越了解；越来越喜欢；越来越放松；越来越理解；越来越想念；越来越好；越来越胖；越来越漂亮；越来越少；越来越快；越来越难；越来越热；越来越准确；越来越明显；越来越难看；越来越危险。

【越A越B】 yuè A yuè B ［二级］

例句▶ 巧克力虽然好吃，但不能多吃，因为这种东西会越吃越胖的。‖ 你看外面风越刮越大，雨也越下越大，出去会被淋湿的，我们还是待在家里吧！ ‖ 你有好看的电影光盘吗？能借给我看看吗，越多越好。

解释▶ 某人或某物随着情况的发展而变化，包括范围的大小、程度的深浅、数量的多少等等。有时用于描写心里感觉，有时用于描写人或事物的情况或状态。结构位置比较灵活，前后常有别的句子作相关的说明或解释。需要时结构可连用。○多用于叙事和对话。◇ 也说“愈A愈B”。这时多用于书面语。

★ **越＋动词$_1$／形容词$_1$＋越＋动词$_2$／形容词$_2$。** 框架格式。在句中常作谓语。结构中的动词$_2$多是表示心理活动或状态的词。

扩展▶ 越快越好；越爬越高；越走越远；越活越年轻；越说越气；越想越高兴；越听越生气；越跑越快；越睡越懒；越拍越好看；越练越熟；越写越好；生意越做越大；越玩越想玩；越不动越不想动；越看越喜欢；越听越觉得有问题。

Z

【…砸了】 … zá le ［七—九级］

例句▶ 我把事情办砸了，心里很过意不去，实在对不起大家。‖ 好好的生意让他给做砸了，到手的钱飞走了，老板心里特别生气。‖ 你这次一定要好好演，如果这次再演砸了，你下次就再也没有机会了。

解释▶ 砸：打破（东西），比喻失败。表示某人使事情失败了，或者没有把事情办成功。多指要完成的工作或任务没有完成。用于已经发生的事情时，含有遗憾、可惜的意味；用于将要发生的事情时，多采用否定形式，含有提醒、警告的意味。有时带有责备、埋怨的语气。结构位置比较灵活，前后常有别的句子作相关的说明或补充。○多用于叙事和对话，口语。

★ **动词 + 砸了。** 在句中常作谓语。结构中的“砸了”表示结果补语。否定表达为“别…砸了”。

扩展▶ 这事全让你弄砸了；完全干砸了；把事情搞砸了；好好的戏给唱砸了；他这次跳水跳砸了；昨天我考试考砸了。

【再…不过（了）】 zài … búguò（le） ［一级］

例句▶ —这道题目怎么做？你做了吗？—这类题的解题方法我再熟悉不过，我来告诉你。‖ 有付出才有回报，这是个再简单不过的道理。‖ 难道你没听明白吗？他说得再清楚不过了，他的意思就是叫你不要再麻烦他了。

解释▶ 某人或某物的程度最深，相当于最……，没有比这更……的了。多用来描写人或事物，可以往好的或不好的方面说。含有夸张的意味。结构位置比较灵活，前面常有别的句子作相关的说明，后面的句子或进行补充，或表示疑问等。○多用于叙事和对话，口语。◇ 也说“最…不过（了）”“再…（也）没有了”。但后一用法结构有些差别。

★ **再 + 形容词 + 不过（了）。** 框架格式。在句中常作谓语、定语、补语。

扩展▶ 这件衣服再合适不过了；他学习再认真不过了；这种产品再普通不过；这段经历再有趣不过了；这老板的心再黑不过了；这是再容易不过的事情；这是再正常不过的事了。

【再…就…】 zài … jiù … ［一级］

例句▶ —听说你爸爸去外地出差了，他什么时候回来？—再过一个星期就回来了。‖—来，我们再干一杯！—我真的不能再喝了，再多喝一口就会醉。‖—师傅，我打听一下，汽车站在哪儿？—就在前面，你再往前走几步就到了。

解释▶ 事情或状态继续，达到一定的程度就会出现某种情况，或得到某种结果。包括时间、数量、程度、范围等方面。有时用来估计某事，有时表示假设。表示估计时多是将来的事情；表示假设时可以是过去的或将来的事情。多用于建议、提醒或告知某事。放在句尾，前面常有别的句子作相关的说明，有时可以直接用来回答问题。○多用于叙事和对话。

★ **再＋动词$_1$＋数量短语＋(名词$_1$)，(名词$_2$/代词)＋就＋动词$_2$。** 框架格式。在句中作谓语，也可独立成句。整个结构表示条件关系。

扩展▶ **用法1)** 表示估计：再过两分钟就开始上课了；再晚五分钟就吃不上饭了；你只看了一遍，再看一遍就懂了。

用法2) 表示假设：再便宜5块我就买；再迟到一次就别来了；再难一点儿就看不懂了；再高两分就得优秀了；再低两分就不及格了。

【再…就不客气(了)】 zài … jiù bú kèqi (le) ［一级］

例句▶ 课都上了这么久了，你怎么还在教室外面打电话，快进来，下次再这样就对你不客气了。‖都十点多了，你怎么还不起床，再不起床妈妈就对你不客气了，小心我把你的被子拿走。‖你一边做作业一边看电视，作业能做好吗！快把电视关了，再这样做我就不客气！

解释▶ 客气：礼貌地对人。如果某人继续某种行为或做法，就不会礼貌地对待他，而是严肃、认真对待，有时甚至会采取粗暴的方式。表示说话人觉得某人太过分，所以用来警告、提示某人，语气较强。说话不客气，多用于长辈对晚辈。多放在句尾，前面常有别的句子作相关的说明，有时后面也有句子进行补充。○多用于叙事和对话，口语。

★ **再＋动词/代词＋(名词/代词［指人］)＋就不客气(了)。** 框架格式，在句中作谓语，也可独立成句。结构中的代词多是第一人称代词，如“我、我们”等。

扩展▶ 再笑我我就不客气了；你再来打扰我，我就对你不客气了；你再讲话我就对你不客气了；你们再不讲理，我们就不客气；他再这样下去，就对他不客气。

【再…也…】 zài … yě … ［一级］

①例句▶ —我们还是别买了吧，太贵了。—没关系，只要你喜欢，哪怕再贵我也愿意。‖很多病人都说，只要能让我有健康的身体，花再多的钱也

值。可他们不知道，很多时候健康是不能用钱买回来的。

解释▶ 即使程度更高，或某事继续下去，对结果也没有影响。表示为了某个目标或达到某个目的，即使付出更多，或者更加辛苦，也觉得有价值、有意义。多用来描述某人的态度、某事的状态等。多用于事情发生之前，语气较强。结构前常有“即使、哪怕、即便”等词语。结构位置比较灵活，前后常有别的句子作相关的说明或补充。○多用于叙事和对话，口语。

②例句▶ 都什么时候了？我们别等了，再等下去他也不会来，我们自己去吧。‖—事情怎么样了？还有没有别的办法？—没办法，事情已经这样了，再怎么做也改变不了。

解释▶ 即使程度更深，或某事继续下去，对结果也没有影响。表示情况的变化发展不受环境等因素的影响。含有无奈的意味，可用于事情发生之前或之后。结构位置比较灵活，前后常有别的句子作相关的说明或补充。○多用于叙事和对话，口语。

★ 1）**再＋形容词＋也＋动词。**

2）**动词＋再＋形容词＋（的）＋（名词）＋也＋动词。**

3）**再＋动词$_1$＋（名词/代词）＋也＋动词$_2$/形容词。**

框架格式。在句中作谓语，也可独立成句。结构中的前后两部分可以是同一个主语，也可以是不同的主语。结构中的前后两部分有让步关系或假设关系。

扩展▶ **用法1）**表示为了达到某个目的，即使付出更多也愿意：再冷的天气也得出门；再晚我也要回家；再难的题他也会做；为了孩子再苦再累也值；为了成功，我付出再多也没关系；我就喜欢这款手机，钱再多也要买；再苦再累也要坚持下去；再大的困难我们也能克服。

用法2）表示情况的变化发展不受环境等因素的影响：再喝点儿也没什么问题；再加一个晚班我也受得了；他不听你的，你再说也没有用；再怎么吃也不胖；再劝他也不听；再努力也不会改变。

【再也不…（了）】 zài yě bù …（le）［一级］

例句▶ 年轻的时候我常抽烟，后来身体出了些毛病，医生让我戒烟，我就再也不抽烟了。‖去年他出了一场交通事故，因为那场事故，他的腿严重受伤，再也不能走路了。‖我的新家旁边就是地铁站，以后我再也不用担心赶不上班车了。

解释▶ 表示从以前的某个时间开始不……，或者在很长时间以后的现在才发现不……；也指从现在开始不……。用于过去的事时，指（从某个时间开始）情况发生了很大的变化，以前的情况不会再出现；用于将来的事时，多指将不会出现某种情况，或表示下决心不再做某事。这时带有态度坚决的意味，语气较强。结构位置比较灵活，前面常有别的句子说明情况或原因，有时后面也有句子进一步补充。○多用于叙事和对话。

★ **再也＋不＋动词＋（了）。** 框架格式。在句中作谓语，也可独立成句。

扩展▶ **用法 1）**表示变化很大，以前的情况不会出现：再也不可能回到30年前的日子了；再也不敢小看他了；她再也不是过去的她了；再也不会出现这种情况。

用法 2）表示将不会出现某种情况或下决心：再也不去那儿了；再也不相信他了；再也不敢借钱了；再也不回来了；再也不愿意帮助他了。

【再也 … 不下去了】 zài yě … bú xiàqu le ［一级］

例句▶ —我想问问你，这本书怎么样？—这本书特别没意思，我才看了几页就再也看不下去了。‖ 她越说越难过，说到一半就哭了起来，再也说不下去了。

解释▶（某人）不能继续做某事了；也指某事不能再继续了。多指因为某种原因而不能继续做某事，用来描写事情的经过。多放在句尾，前面常有别的句子说明情况或原因，有时后面也有句子进行补充。○多用于叙事和对话，口语。

★ **再也＋动词＋不下去了。** 框架格式。在句中作谓语。结构中的动词多是表示持续动作的动词。

扩展▶ 再也画不下去了；再也写不下去了；再也唱不下去了；再也睡不下去了；再也听不下去了；再也工作不下去了；日子再也过不下去了；再也喝不下去了；再也学不下去了。

【再也没（有）…】 zài yě méi（yǒu）… ［一级］

例句▶ 早年的一些朋友中有的我能经常见到，有的或许只能见上一面，以后就再也没有机会见到了。‖—你大学毕业后回过学校没有？—自从毕业以后，就再也没有回去过。

解释▶ 从过去的某个时间以后，或到现在为止，没有做过某事或发生某种情况。只用来描述过去的事情。结构位置比较灵活，前面常有别的句子说明情况，有时后面也有句子进行补充。○多用于叙事和对话。

★ 1）**再也没（有）＋名词。**

2）**再也没（有）＋动词＋（过）。**

在句中作谓语，也可独立成句。结构中的动词后常用“过”。

扩展▶ **句型1**）再也没有他的消息了；再也没有这样的机会了。

句型2）再也没听到有人说起过她；再也没见过他；再也没和他见过面；再也没骑过自行车；再也没有去过那个地方；再也没有给对手任何机会。

【再A也没有…A】 zài A yě méiyǒu … A ［一级］

例句▶ —这家饭店做的菜挺好吃的。—饭店做的菜是好吃，可再好吃也没有我妈妈做的好吃。‖ —不买房子，天天租房子多贵啊！—可你想想，租房子再贵也没有买房子贵啊。

解释▶ 某人或某事物即使更……，也比不上另一个人或事物。表示前一个人或事物在程度、数量、范围等方面不如后一个。用于可以比较的人或事物。多用于直接回答前人的话，有时前面和后面有别的句子作相关的说明或补充。○多用于叙事和对话，口语。

★ **再＋形容词＋也没有＋名词/动词＋形容词。** 框架格式。在句中作谓语，也可独立成句。整个结构有让步关系。

扩展▶ 这部电影再感人也没有那部电影感人；你认识的字再多也没有字典多；你们再难过也没有我难过；这里再冷也没有哈尔滨冷；我再认真也没有他那么认真；我们做的再多也没有你多；跑步再快也没有开车快。

【再…（也）没有了】 zài …（yě）méiyǒu le ［一级］

例句▶ —今天晚上我们吃火锅吧！—真的吗，太好了，天气冷的时候吃火锅再合适没有了。‖ 他已经说得再清楚没有了，他不想跟你一起去，你还是找别人去吧！

解释▶ 没有比这个……更……的了，表示某人或物最……，达到了极点，含有夸张的意味。多用来评价某人某物。前后常有别的句子作相关的说明或补充；有时前面先引出话题，后面常有别的句子进行补充。○多用于叙事和对话，口语。◇也说“再…不过（了）”。但结构有些差别。

★ **再＋形容词＋（也）没有了。** 框架格式。在句中作谓语、补语。

扩展▶ 这人再普通没有了；这工作再理想也没有了；她再可爱没有了；实在再简单也没有了；心情再愉快也没有了；生活得再舒服也没有了；你说得再正确没有了；他表现得再好也没有了。

【再…一会儿】 zài … yíhuìr ［一级］

例句▶ —时间不早了，咱们回家吧！—我还想再坐一会儿，春天的风吹着特别舒服。‖—饭做好了没有，我饿死了。—别的菜都好了，只是这个肉还没熟，要再烧一会儿。

解释▶ 在短时间内继续某个动作。这里的“一会儿”只是凭感觉，可能一两分钟，也可能十分钟或半小时。多用来告诉别人某事或建议别人怎么做。前后有相关的解释说明或补充。○多用于叙事和对话，口语。

★ **再＋动词＋一会儿。** 框架格式。在句中常作谓语。结构中的动词多是表示持续动作的动词。

扩展▶ 请再等一会儿；如果他能再坚持一会儿就好了；让他再睡一会儿吧；让我再玩一会儿；再过一会儿他就来了；我要再锻炼一会儿；我需要再考虑一会儿；你再休息一会儿。

【再有…就…】 zài yǒu … jiù … ［一级］

例句▶ —他怎么还没来，我们都在等他呢。—他给我打电话说正在路上，再有十分钟就到了。‖最近几年，我过得很节约，因为我把工资都存起来了，估计再有些钱就可以买房子了。‖—师傅，我们还要等多久才出发？—车上还有两个空座位，再有两个乘客上车我们就出发了。

解释▶ 时间上延续，到一定的时间点，或数量上增加，达到一定的量，就会出现某种情况，或可以做某事。多用来告诉别人不用过多久就……了。放在句首，后面有别的句子进行补充；放在句尾，前面有别的句子作相关的说明。○多用于叙事和对话。

★ **再有＋数量短语＋（动词）＋（名词／代词［指人］）＋就＋动词。** 框架格式。在句中作谓语，也可独立成句。

扩展▶ **用法 1）** 表示到一定的时间点，就会出现某种情况：再有一周就要放假了；再有三分钟比赛就要结束了；再有一年就退休了；再有三天我们就可以出国旅行了；再有两天就是我的生日；再有一个月就要过年了。

用法 2） 表示数量上达到一定的量，就可以做某事：再有一本书箱子就装满了；再有一个人参加，我们就可以举行足球比赛了；再有一个新学员加入就可以开新班了。

【再A再B也…】 zài A zài B yě … ［一级］

例句▶ 他已经养成了这个坏习惯，你再说再劝他也改不了了。‖春节是中国的传统节日，中国人喜欢和家人一起度过，在外地工作的人，即使再忙再远也要回家过年。‖商店要开在人多的地方，如果你开在人少的地方，顾客不多，东西再好再便宜也没人买。

解释▶ 列举两种或三种情况，强调无论情况怎么样，结果都不会改变。有时说明说话人的意愿和坚决的态度，这时多用肯定式；有时说明不管怎样情况都无法改变，这时多用否定式。两个“再”连用，有加强语气的作用。结构位置比较灵活，前面常有别的句子作相关的说明，有时后面也有句子进行补充。○多用于叙事和对话，口语。

★ 1）**再＋动词$_1$＋再＋动词$_2$＋（名词/代词［指人］）＋也＋动词$_3$**。

2）**再＋形容词$_1$＋再＋形容词$_2$＋（名词/代词［指人］）＋也＋动词。**

框架格式。在句中作谓语，也可独立成句。整个结构表示假设关系。

扩展▶ **用法1）**表示意愿和态度：再苦再累我也愿意；再忙再没时间也要读书；再穷再累也要让孩子生活得好一点儿；再有钱再有时间也不去旅游。

用法2）表示无法改变：你再说再劝也没用；东西再好再便宜也没人要；奖金再多，福利再好，他们也不满意；钱再多车再好他也不满足。

【在…（担）任…】 zài…（dān）rèn… ［四级］

例句▶ 自从大学毕业以后，他就来到了这个中学，在这儿担任数学老师已经好几年了。‖—听说你参加了这部电影的演出，是真的吗？—我是参加了，但只是在电影里担任一个小角色。‖在公司任总经理的那些年是我最快乐的时候，现在退休了，经常回忆起那段日子。

解释▶ 担任：接受某个工作。在某个地方从事某种工作或做某种职务。结构中“在”的后面多是某个地方或部门，“担任”后面多是某种职务或工作。多用于叙述事情的经过。结构在句首，后面有别的句子进行补充；结构在句尾，前面有别的句子作相关的说明。○多用于叙事和对话，书面语。

★ **在＋名词$_1$/代词＋（担）任＋名词$_2$。** 框架格式。在句中常作谓语、主语、定语。结构中的“在＋名词$_1$/代词”是介词短语。

扩展▶ 在班级担任班长；在一家外贸公司担任翻译；在一家报社担任记者；在一家大医院担任医生；在那家商店担任售货员；在这家研究所任研究员；在一所中学担任辅导员；在一家医院担任心理医生。

【在…（的）背后】 zài…（de）bèihòu ［二级］

例句▶ 其实你只是看到了事情的表面情况，在这件事的背后，还有很多很多不为人知的故事。‖他能取得今天的成绩，真应该好好感谢他的妻子，他妻子一直在他的背后支持他、鼓励他。‖我不是那种喜欢在别人背后说人家坏话的人，有什么不满意，我会当面说出来。

解释▶ 背后：一个人或物的反面。在某个人或某些事物的后面（有什么事或某人在做某事）。多指一般人看不见的，或不被人知道的一些事情，包括好的和不好的。结构位置比较灵活，前面常有别的句子说明情况，后面的句子多是补充某人某事。○多用于叙事和对话。

★ **在 + 名词 / 代词（指人）+（的）背后。** 介词短语。在句中常作状语。

扩展▶ 在成功的背后有很多的汗水和泪水；其实在好消息的背后还面临着一些困难；在经济发展的背后还存在不少问题；在这些现象的背后还有很多不被人知的事情。

【在 …（的）**范围内**】 zài …（de）fànwéi nèi ［三级］

例句▶ 这家公司在招人，要求应聘者在18至45岁的年龄范围内。‖ 对不起，这件事不在我的能力范围内，我真的帮不了你。‖ 研究人员打算先在小范围内进行试验，试验成功的话再放到市场上去推广。‖ 我看中了一套房子，面积比较大，而且周围环境特别好，最重要的是价格在我们能接受的范围内，有时间一起去看看吧！

解释▶ 人或物在数量、质量、条件、状态以及活动等方面的界限；也指人的能力能够做到的部分。多用来说明情况，用于抽象事物。前后常有别的句子作相关的说明或补充。○多用于叙事和对话。

★ **在 + 名词 / 动词 / 形容词 / 小句 +（的）范围内。** 介词短语。在句中常作谓语、状语。

扩展▶ **用法 1）** 表示……在数量、质量、条件、状态以及活动等方面的界限：在世界范围内；在一定范围内；在合理范围内；在可能的范围内；在更广泛的范围内；讨论的问题要在这本书的范围内；他的行为在法律允许范围内。

用法 2） 表示人的能力能够做到的部分：你的要求不在我的能力范围内；买房子应该在能承受的范围内。

【在 … 的**过程中**】 zài … de guòchéng zhōng ［三级］

例句▶ —你今天的面试怎么样？—感觉还不错，在面试的过程中，我一点儿也不紧张，问题也回答得比较好。‖ 在孩子的成长过程中，父母应该试着放手，让孩子独立地去做一些事。‖ 感谢您购买我们公司的产品，如果在使用产品的过程中遇到任何问题，欢迎您及时跟我们联系。

解释▶ 在某事进行的这段时间里。多用于叙述事情的经过。“在”后大多是表示动作、状态进行的动词或名词。结构位置比较灵活，前面常有别的句子进行说明，后面有各种相关动作或事件进行补充。○多用于叙事和对话。

★ **在 +（名词$_1$ / 代词［指人］）+ 动词 +（名词$_2$）+ 的过程中。** 介词短语。在句中常作状语。

扩展▶ 在努力的过程中；在学习的过程中；在交流的过程中；在准备的过程中；在与朋友交往的过程中；在回答这些问题的过程中；在博览会召开的过程中；在双方谈判的过程中；在进行试验的过程中。

【在 …（的）**基础上**】 zài …（de）jīchǔ shang ［三级］

例句▶ 服务员，您好，我有一张八折的会员卡，请问在这个基础上还能便宜点儿吗？‖今年学校的新生人数大概在去年的基础上增加了10%，估计明年的人数将会更多。‖这次乒乓球比赛是在自愿的基础上报名的，希望大家积极参加。‖我们双方的合作是建立在平等的基础上的，如果你有什么地方不满意，我们还可以再商量。

解释▶ 基础：房子等建筑物埋在地下的部分。表示在事物原有的部分以外，也指有了A事物（再做B事物），或者A事物是（做B事物必需的）条件。多指不同事物或部分之间的关系，用于抽象事物。结构位置比较灵活，前面常有别的句子进行说明，后面的句子多是怎么做的相关说明。○多用于叙事和对话。

★ **在 + 代词 / 名词 / 动词 / 形容词 +（的）基础上。** 介词短语。在句中常作状语、补语。

扩展▶ 在此基础上；在事实的基础上进行分析；在科学基础上进行研究；在调查的基础上得出的结论；在相互理解的基础上开展合作；在长期思考的基础上提出新的计划；在社会稳定的基础上发展经济；这个结论是建立在事实的基础上的。

【在 … **的时候**】 zài … de shíhou ［一级］

例句▶ —你要今天的报纸吗？我这儿有一份。—不用了，谢谢！我在吃早饭的时候已经看了。‖我一直把他当作我最好的朋友，在我最困难的时候，是他帮助了我。‖在他忙的时候，最好别给他打电话，即使你打了，他也没时间接。

解释▶ 在某人做某事或某事发生的时间。多用来叙述事情的经过或描写事情发生的过程。结构位置比较灵活，前面常有别的句子进行说明，后面也有各种相关动作或事件的补充。○多用于叙事和对话。◇也说“在…

时”。这种说法比较简单。

★ **在+(名词/代词[指人])+动词/形容词+的时候。** 介词短语。在句中常作状语。

扩展▶ 在上课的时候认真听讲；在写东西的时候；在合适的时候再商量；在我记事儿的时候；在我读中学的时候；在你方便的时候给我打电话；在我小的时候就知道这个故事了；在他十九岁的时候，我们就认识了。

【在…的**同时**,(也)…】 zài … de tóngshí,(yě)… [二级]

例句▶ 他特别喜欢学习外语，在学习英语的同时，也学习了汉语，希望以后能做翻译方面的工作。‖ 获得了好成绩当然要表扬，但在表扬的同时也应该指出他的不足，这样才能进步得更快。

解释▶ 在某事进行的时候，另一件事也在进行。表示两件事同时进行，或两种情况同时存在。多用于叙述事情或提示、建议某人。前面或先引出话题，或有别的句子作相关的说明，后面的句子再进行补充。○多用于叙事和对话。

★ **在+动词$_1$+(名词)+的同时,(也)+动词$_2$。** 框架格式。在句中作谓语，也可独立成句。结构中的“在+动词$_1$+(名词)+的同时”是介词短语。

扩展▶ 在取得成绩的同时不要忘了也存在不少问题；在运动的同时也在思考事情；在休息放松的同时也不忘工作上的事；在吸收水分的同时，也吸收了养分；在适应环境的同时，也能影响环境；在充满信心的同时，也有不少压力。

【在…的…下】 zài … de … xià [一级]

例句▶ 她本来是个不太爱说话的女孩儿，自从和小王谈恋爱以来，在小王的影响下，她变得活泼多了。‖ 老师，我十分感谢您，在您的鼓励和帮助下，我完成了大学学业，顺利地毕业了。‖ 这个老板特别有能力，在他的领导下，这家公司已经成为全市最大的广告公司了。

解释▶ 因为某人的行为（产生了某种好的结果）。多指人或事物往好的方面发展变化或出现结果。结构中的动词多是表示抽象事物的名词，如“帮助、带领、支持、管理、鼓励、影响、坚持、建议、关心、培养、领导、率领、指挥”等。多用于叙述事情的经过。前后常有别的句子作相关的说明或补充。○多用于叙事。

★ **在+名词/代词(指人)+的+动词+下。** 介词短语。在句中常作状语。

扩展▶ 在我的建议下；在你的带领下；在他的坚持下；在朋友的支持下；在大家的关心下；在老板的管理下；在相关部门的推动下；在学校的培养下。

【在…（的）眼里】 zài…（de）yǎnli ［四级］

例句▶ 在同事们的眼里，小王是个努力工作的人，每天来得最早，走得最晚。‖ 我们今天来是为了招聘新员工，在我的眼里，谁有能力谁就能成为我们公司的一员。

解释▶ 在某人看来，某人觉得……。多指从某人的角度看某人或某事。多用来说明某人的看法或评价某人某物。结构位置比较灵活，或放在句首引出话题，或前面有别的句子说明情况，后面的句子说明某人某事怎么样，有时还有别的句子进行补充。〇多用于叙事和对话，口语。◇ 也说“在…看来”。但用法有些不同。

★ **在＋名词 / 代词（指人）+（的）眼里。** 介词短语。在句中作状语，有时放在句首，有时插在句中。

扩展▶ 在家人的眼里；在老师的眼里；在学生的眼里；在孩子们的眼里；在妻子的眼里；在丈夫的眼里；在老人们的眼里；在女人的眼里；在男人的眼里；这事在他的眼里很简单；在我们这些人的眼里。

【在…的预料之中】 zài…de yùliào zhī zhōng ［七—九级］

例句▶ —听说这次他英语考试没通过。—这个结果早在老师的预料之中，考试前他一天也没复习过。‖ —这些学生年龄那么小，能表演好今天的节目吗？—放心吧，一切都在我的预料之中。‖ 多年不见他了，这次见他的时候，他很礼貌地对我说了声“你好”，他的这种态度完全不在我的预料之中。

解释▶ 预料：在事情发生前估计。事情的发展、变化的趋势、程度、结果等和事先估计的一样。多用于叙述事情的经过。用在已发生的事情，表示某人的估计准确；用在将要发生的事情，表示某人对某事很有把握。结构位置比较灵活，前面或后面常有别的句子作相关的说明或补充。〇多用于叙事和对话。

★ **在＋名词 / 代词（指人）＋的预料之中。** 框架格式。在句中常作谓语。否定形式为“不在…的预料之中”“在…的预料之外”。

扩展▶ 早在我的预料之中；结果在我的预料之中；在他的预料之中；完全不在我们的预料之中；这并非在大家的预料之中；这些都在人们的预料之中；在组织者的预料之中；在对手的预料之中。

【在 … 方面】 zài … fāngmiàn ［二级］

例句▶ 你身体不太好，应该在饮食方面多注意，多吃些新鲜的蔬菜和水果，少吃油腻的东西。‖ 她在穿衣方面十分讲究，看得出来，她的每一身衣服都是经过精心搭配的。‖ 张教授，您是医学专家，在这方面，我们可不敢跟您比，要向您学的东西实在太多太多了。

解释▶ 方面：一个完整事物的一部分。在人、事物或社会活动中的某一部分。多用来说明、评价某人某物，也用于提出建议。结构中的词多是指出某个具体的方面。结构位置比较灵活，前面常有别的句子作相关的说明，后面也有具体的解释和补充。○多用于叙事和对话。

★ **在＋名词 / 动词 / 代词＋方面。** 介词短语。在句中常作状语。

扩展▶ 在音乐方面；在写作方面；在数学方面；在翻译方面；在价格方面；在农业方面；在经验方面；在外交事务方面；在教学方面；在降低生产成本方面；在改善生活条件方面；在各个方面。

【在 … 看来】 zài … kànlái ［一级］

例句▶ 在外人看来，她是个害羞的姑娘，不怎么说话，只有亲人和朋友才知道她在熟人面前是多么活泼。‖ 那年我才七岁，常常来这个地方玩儿，虽然这只是一块空地，可当时在我看来，这里是世界上最有意思的地方。

解释▶ 从某人的角度去看，某人觉得（某人或某事是怎么样的）。多用来说明某人的看法、评价某人某物。结构前或先引出话题，或有别的句子进行说明，后面的句子说明某人或某事是怎么样的，有时后面还有句子进行补充。○多用于叙事和对话，口语。◇ 也说“在…（的）眼里”。但用法有些不同。

★ **在＋名词 / 代词（指人）＋看来。** 介词短语，在句中常作状语。

扩展▶ 在我们看来，你做得对；在你看来，这有什么问题；在他看来是很自然的事；在现代人看来，这东西实在不怎么样；在各位专家们看来，这个设计很有新意；在一部分人看来，这个说法有道理；在某些人看来，这是合法的。

【在 … 立足】 zài … lìzú ［七—九级］

例句▶ 这几年，他靠开餐馆在北京立足，虽然比较辛苦，但生意做得很不错。‖ 想要在社会上立足，就要不断提高自己的能力，使自己适应社会的发展。‖ 如何才能让自己的公司在竞争中立足，这是每个老板都要面对并且思考的重要问题。

解释▶ 立足：站住脚。比喻在社会的某个地方或某种活动中能够稳定下来，并继续下去或生存下去。多用来叙述、评价、说明或建议某人等，用于抽象事物。结构前常有“如何、想要、难以、才能、真正、怎样、可能”等词语。前面或先引出话题，或进行说明，后面的句子再作进一步的补充。○多用于叙事和对话，书面语。

★ **在 + 名词 + 立足。** 框架格式。在句中常作谓语。结构中的“在 + 名词”是介词短语。

扩展▶ 如何才能在公司立足；在欧洲市场立足；了解中国才能在中国立足；怎么才能在市场上立足；难以在教育界立足；在商业世界中立足。

【在 … **面前** … 】 zài … miànqián … ［二级］

例句▶ 前边开过来一辆车，在我面前停住了，仔细一看，原来车主是我朋友。‖ 为了让自己看起来更精神，她在镜子面前整理了一下衣服和头发，觉得满意后才离开。‖ 一个人如果能在成功面前不骄傲，在失败面前不低头，那么他就能自信地应对所有问题。‖ 一开始他一直不承认错误，直到我们找到了一些证据，在事实面前他才改变了自己的态度。

解释▶（某人）面对着某人或某个地方（表现出某种状态或做某事）。多用来叙述人或物，“面前”前的词可以是具体事物，也可以是抽象事物。结构位置比较灵活，前后常有别的句子进行说明或补充。○多用于叙事和对话。

★ **在 + 名词 / 代词（指人）+ 面前 + 动词 / 形容词 / 小句。** 框架格式。在句中作谓语，也可独立成句。结构中的“在名词 / 代词（指人）+ 面前”是介词短语。

扩展▶ **用法 1）**用于具体事物：在校长面前感到很紧张；在大家面前表演节目；在陌生人面前感到不自在。

用法 2）用于抽象事物：在自然面前无能为力；在这些事实面前他改变了态度；在法律面前人人平等；在机会面前人人平等。

【在 …（上 / 中）+ **表现**出来】 zài …（shang / zhōng）+ biǎoxiàn chūlái ［三级］

见 137 页【从 …（上 / 中）+ 表现出来】条。

【在 … **上达成** … 】 zài … shang dáchéng … ［五级］

见 204 页【对 … 达成 … 】条。

【在…上占优势】 zài … shang zhàn yōushì ［三级］

例句▶ 由于他在身高上占很大的优势，因此打篮球的时候，他比一般人厉害得多。‖ 这个女孩儿长得又漂亮，在学历上又占优势，在这么多找工作的人中很突出，公司一定会选她。

解释▶ 优势：能超过别的情况。某人或某物在某个方面处在有利的地位。多指和同类相比，更好些。如比赛时，指比对方强；在生意上，指比别的卖得好；在价格上，指比别的便宜；在数量上，指比别的多；等等。“占优势”前可以有“绝对、很”等词，“占”后可有“很多、绝对、很大的、一定的、一些、一点儿”等词语。结构前常有别的句子进行说明，后面的句子指出相关的结果。〇多用于叙事和对话，书面语。

★ **在＋名词＋上占优势。** 框架格式。在句中常作谓语。结构中的“在＋名词＋上”是介词短语。

扩展▶ 在数量上占一定的优势；在人数上很占优势；在世界市场上不占优势；在收入上占一些优势；在价格上占优势；在制作方式上占优势；在产品质量上占优势；在地理位置上占绝对优势；在气候上占优势。

【在…时】 zài … shí ［三级］

见741页【在…的时候】条。

【…在望】 … zàiwàng ［超纲］

例句▶ 比赛还有几分钟就结束了，我们胜利在望，大家一定要坚持住。‖ 金秋时节，满园的果树上挂满了红红的大苹果，眼看着丰收在望，果农们心里高兴极了。‖ 从前三个季度的总结中，我们可以看出，我们公司今年的目标完成在望，希望大家继续努力。

解释▶ 在望：（盼望的好事情）就要看见了。意思是好事情就要到来，目标就要实现；也指某事很有希望。含有鼓舞人的意味，带有兴奋的语气。结构位置比较灵活，前面或后面常有别的句子作相关的说明或补充。〇多用于叙事和对话，书面语。

★ **名词／动词＋在望。** 在句中常作谓语。结构中的名词或动词多是双音节词，组成四字格式。

扩展▶ 他金牌在望；长跑已到最后一圈了，终点在望；实验到了最后一步，成功在望；比赛已到尾声，我们球队五胜一负，晋级在望；他的速度比第二名快很多，夺冠在望。

【（在）… 以后】（zài）… yǐhòu ［二级］

例句▶ 你现在可以出院了，我们把复查的时间定在半个月以后。‖—这是在吃饭以前还是在吃饭以后发生的事？—应该在吃饭以后，因为吃完饭我就去上班了，后面的事我不知道。‖ 他年轻时由于喝酒发生过很严重的交通事故，在那以后，他就再也不喝酒了。‖ 我们是认识了十多年的老朋友，可在他出国以后，我们就完全失去联系了。

解释▶ 比某个时间或行为、动作晚的时间。后面常接某人做某事或发生了某事。多用来叙述事情的经过。结构位置比较灵活，前后常有别的句子作相关的说明或补充。○多用于叙事和对话。◇ 也说“（在）…之后”。这时带有书面色彩。

★ **（在）+ 数量短语 / 动词 / 代词 / 小句 + 以后。** 介词短语。在句中常作状语、定语、补语。反义表达为“（在）…以前”。

扩展▶ 在一个星期以后我们恋爱了；在大学一年级以后，他休学了；在结婚以后就不工作了；在此以后，我们再也没见过；这件事发生在你离开以后。

【在 … 以内】 zài … yǐnèi ［三级］

例句▶ —怎样才能使体重保持在理想的范围以内？—少吃多运动是最好的方法。‖—小李，这份报告你什么时候可以完成？—放心吧，老板，在三个小时以内保证完成。‖ 这附近有几家很不错的饭店，距离都在 100 米以内，我们去其中一家吃晚饭吧。

解释▶ 内：里面。在某段时间、范围或数量之中。后面常接某人做某事或发生了某事。多用来描写、说明情况。结构位置比较灵活，前后常有别的句子作相关的说明或补充。○多用于叙事和对话，书面语。◇ 也说“在…之内”。这时带有书面色彩。

★ **在 + 名词 / 数量短语 + 以内。** 介词短语。在句中常作状语、谓语、补语。

扩展▶ 作文的字数在 500 字以内；衣服的价格都在 200 元以内；小组的人数控制在 12 个人以内；在地球的大气层以内；在火车的安全线以内等待。

【（在）… 以前】（zài）… yǐqián ［二级］

例句▶ 这都是十年以前的事情了，我哪里记得那么清楚？‖ 我们可以把旅行安排在国庆节以前，这样可以避开大量的游客。‖ 下个月朋友就要离开北京了，他打算在此以前把家里的所有家具都处理掉。‖ 在我进入这家公司以前，我没有任何工作经验，很多东西都是重新学习的。

解释▶ 比某个时间或某个行为、动作早的时间。后面常接某人做某事或发生了某事。多用来描写事情的经过、说明情况。常在句首，后面有别的句子说明某事的具体内容。○多用于叙事和对话。◇ 也说“（在）…之前”。这时带有书面色彩。

★ **（在）+数量短语 / 名词 / 动词 / 代词 / 小句 + 以前。** 介词短语。在句中常作状语、定语、补语。结构中的数量短语常表示时间。反义表达为“（在）…以后”。

扩展▶ 在三个月以前，他来找过我；在五点钟以前我已经到家了；这件事发生在天黑以前；这是在收到你的信以前的事；在我生病以前我们还一起吃过饭；在他出生以前，父母就离婚了；在你出国以前先得做这件事；在此以前，我不认识他。

【在 … 以外】 zài … yǐwài ［二级］

例句▶ 他是一位中学老师，在教学以外，他还当班主任，要做学生的管理工作。‖—先生，请问最近的加油站在哪儿？—比较远，大概在五公里以外。‖ 白天在高速公路上，如果汽车遇到故障，应该将警示标识放在距离车尾150米以外的地方。

解释▶ 在某个地方、范围、时间或数量之外。后面常接某人做某事或发生了某事。多用来描写事情的经过、说明情况。可以用于具体事物，也可以用于抽象事物。结构位置比较灵活，前后常有别的句子作相关的说明或补充。○多用于叙事和对话。◇ 也说“在…之外”。这时带有书面色彩。

★ **在 + 名词 / 动词 / 数量短语 + 以外。** 介词短语。在句中常作状语、谓语、定语、补语。

扩展▶ **用法 1）**用于具体事物：这个办公室设在公司以外；飞机场在市中心以外；加油站在五公里以外。

用法 2）用于抽象事物：在课堂以外举行些娱乐活动；在工作以外抓紧时间学习；在教学和研究以外，他很少参加别的活动；在八小时以外是自己的时间。

【在于 … 】 zàiyú … ［四级］

见 357 页【就在于 … 】 条。

【在 V（着）（…）呢】 zài V（zhe）（…）ne ［一级］

例句▶ —明天我们有两门考试，你还没复习好？—没有，我在准备着呢。‖

—小王呢，小王去哪儿了？你看见没有？—他就在家，在看电视呢。

解释▶ 呢：放在叙述句句尾，表示动作状态的持续。（某人）动作正在进行，（某事）状态正在持续。多用来说明某人某事的情况。结构位置比较灵活，前后常有别的句子作相关的说明或补充。多用于正在发生的事情。○多用于叙述某事，口语。

★ **在＋动词＋（着）＋（名词）＋呢。** 框架格式。在句中作谓语。结构中的名词是动词的宾语。

扩展▶ 在等人呢；在生气呢；在哭呢；在准备明天的考试呢；在睡觉呢；在打电话呢；在写作业呢；在跟朋友发短信呢；在举行足球比赛呢；在忙着呢；在上着网呢；在吃着饭呢；在谈着生意呢；两口子在吵架呢。

【（在）… **之后**】（zài）… zhīhòu ［五级］

见 747 页【（在）… 以后】条。

【在 … **之间**】 zài … zhījiān ［五级］

例句▶ —今天的晚餐大概什么时候开始？—大概在傍晚 5 点到 6 点之间，你可千万别迟到了。‖ 据说，孩子在儿童期到青春期之间长得特别快，在这段时间，家长应该多给他们吃有营养、有利于长身体的食物，并且让他们多参加运动。‖ 她把这片叶子捏（niē）在两个手指之间，放到眼前仔细地看了看说："我从没见过这么漂亮的叶子。"

解释▶ 之间：一个点到另一个点。在某段时间、范围或数量之中。多用来描写、说明、叙述人或物的情况，结构中常有表时间和距离的词语。结构位置比较灵活，前后常有别的句子作相关的说明或补充。○多用于叙事和对话，书面语。

★ **1）在＋数量短语／名词＋之间。**

2）在＋名词$_1$＋到／和／与＋名词$_2$＋之间。

3）在＋数量短语$_1$＋到／和＋数量短语$_2$＋之间。

介词短语。在句中常作谓语、状语、补语。

扩展▶ **句型 1）** 那条河就在两山之间；他知道不可能在一夜之间改变人们的看法；站在两个男人之间；在两地之间来回跑；端着盘子在拥挤的餐桌之间自由穿行。

句型 2） 在学校和家之间来回地跑；在窗与窗之间放了一个书架；在英国和法国之间运送汽车。

句型 3） 在十二点到两点之间他会来；平均年龄在 35 岁到 55 岁之间。

【在 … 之内】 zài … zhīnèi ［三级］

见 747 页【在 … 以内】 条。

【(在) … 之前】(zài) … zhīqián ［五级］

见 747 页【(在) …以前】条。

【在 … 之外】 zài … zhīwài ［一级］

见 748 页【在 … 以外】 条。

【在 … 中】 zài … zhōng ［一级］

例句▶ —结果到底出来了没？—现在还没有，一切还在讨论中。‖ 这个方法到底行不行，现在还说不好，因为我们还在试验中，等试验结束我们才知道。

解释▶（人的行为、活动）正在进行，（事物）处于某种持续状态。多用来描写、说明情况，后面常接某人将做某事或将发生某事。结构位置比较灵活，前后常有别的句子作相关的说明或补充。○多用于叙事和对话。

★ **在 + 动词 + 中。** 介词短语。在句中常作谓语。结构中的动词多是表示持续性动作的双音节词。

扩展▶ 在学习中；在考虑中；在进行中；在计划中；在完善中；在实施中；在争论中；在思考中；在调整中；在进展中。

【在 … 中的比重】 zài … zhōng de bǐzhòng ［五级］

例句▶ 虽然买小汽车的人很多，但公共交通在城市交通中的比重仍比较大。‖ 根据调查，65 岁以上老人在中国总人口中的比重越来越大了。

解释▶ 某物在相关整体中占的分量。从这个事物和整体的数量关系可以看出它在整体中的重要性。多用来说明、评价事物之间的关系，用在正式场合。“比重”后面常出现“很大、较小、越来越多、低、高、重、轻、提高、上升、下降”等词以及具体数字。结构位置比较灵活，前后常有别的句子作相关的说明或补充。○多用于叙事、新闻报道等。

★ **在 + 名词 + 中的比重。** 整个结构是一个名词短语，在句中构成主语的一部分。结构中的“在 + 名词 + 中”是介词短语，在结构中作定语。

扩展▶ 猪肉在肉类中的比重；农业在国民经济中的比重；中国在世界贸易中的比重；公共交通在城市交通中的比重；工资收入在农民工收入中的比重。

【在 … 中占有 …（的）位置】 zài … zhōng zhànyǒu …（de）wèizhì ［五级］

例句▶ 米饭在中国人的日常饮食中占有一定的位置，一天不吃米饭，大家都会觉得不太习惯。‖ 鼓励和表扬在教学中占有重要位置，它能增加学生的学习积极性和自信心，使他们学得更好。

解释▶ 位置：地位。某人某事物在某人的心里或日常活动的某个方面具有……地位。多是对人或事物重要性的评价，多是好的方面评价，用于抽象事物。“位置”前常有“重要、特殊、一定的、非常”等词说明是什么样的地位。前面先引出话题，后面再说明某事物重要的原因或理由；也可以放在句尾，前面有别的句子作相关的说明。○多用于叙事和对话，书面语。◇ 也说“在…中占有…地位”。

★ **在 + 名词 / 动词 + 中占有 + 形容词 +（的）位置。** 框架格式。在句中常作谓语。结构中的“在 + 名词 / 动词 + 中”是介词短语。

扩展▶ 在人们心中占有重要位置；在人民的生活中占有一定的位置；在英语学习中占有一定的位置；在经济发展中占有很重要地位；在比赛中占有重要位置。

【在 … 中占有 … 地位】 zài … zhōng zhànyǒu … dìwèi ［五级］

见 751 页【在 … 中占有 …（的）位置】 条。

【暂时 …（一）会儿】 zànshí …（yí）huìr ［五级］

例句▶ 对不起，各位，我有点儿急事，需要暂时离开一会儿，马上就回来。‖ 请问你有铅笔吗，能暂时借给我用一会儿吗，用完以后我马上还给你。

解释▶ 暂时：短时间里。在短时间内做某事，“一会儿”用来强调时间很短。常用来请求、建议别人，语气较委婉；也用来描写叙述某人某事。结构位置比较灵活，前后常有别的句子作相关的说明或补充。○多用于叙事和对话，口语。◇ 也说“暂时…一下儿”。但意思有些不同，带有尝试义，不用来描述动作。

★ **暂时 + 动词 +（一）会儿。** 框架格式。在句中常作谓语。结构中的动词多是表示持续动作的动词。

扩展▶ 暂时停留一会儿；暂时休息一会儿；暂时安静一会儿；暂时睡一会儿；暂时等一会儿；机器暂时停了一会儿；两人暂时聊了一会儿。

【暂时 … 一下儿】 zànshí … yíxiàr ［五级］

见 751 页【暂时 …（一）会儿】 条。

【早不A，晚不A，**偏偏**…A】zǎo bù A，wǎn bù A，piānpiān…A［七—九级］

例句▶ 你看这雨也真是的，早不下晚不下，偏偏在半路上下起来了。‖ 昨晚有一场足球比赛，我本来打算看，可家里早不停电晚不停电，偏偏在那个重要时刻停电了，所以我什么也没看成。

解释▶ 偏偏：某事和自己的意愿相反。某件事发生的时间正是……的时候，不合适。多是人们不希望出现的事情，也包括不希望某事在某时间出现。含有抱怨、不满的意味。前面或引出话题，或有别的句子作相关的说明，有时后面也有别的句子进行补充。可用于已经出现的、不愉快的事情。○多用于叙事和对话，口语。

★ **早不＋动词，晚不＋动词，偏偏＋（在）＋名词＋动词。** 在句中作谓语，也可独立成句。结构中的名词常常表示时间或地点。整个结构表示转折关系。结构中的“早不＋动词，晚不＋动词”有并列关系。

扩展▶ 空调早不开晚不开，偏偏今天开；早不来晚不来，偏偏在这个时候来；早不回来晚不回来，偏偏这个时间回来；为什么你早不约她，晚不约她，偏偏这个时候约；肚子早不疼晚不疼，偏偏半夜疼起来了。

【早就…了】zǎo jiù…le［一级］

例句▶ —你知道吗？小王居然已经结婚了。—其实我早就知道了，他来的第一天就告诉我了。‖—老板，给我来一斤蛋糕。—不好意思，蛋糕早就卖光了。

解释▶ 很久前就……，表示事情发生得很早，或者事情离现在很久远。这里的“早”因人的感觉不同而不同，可以指几分钟以前，也可指几年、甚至几十年以前。有时含有夸张的意味。结构位置比较灵活，前后常有别的句子作相关的说明或补充。○多用于叙事和对话，口语。

★ **早就＋动词＋了。** 框架格式。在句中作谓语。

扩展▶ 他早就来了；我们早就吃完了；你早就把他给忘了；他早就走了；我早就告诉你了；他早就想好了；我早就睡觉了；他早就退休了；我早就找到工作了；早就不想在那里做了。

【早…就…了】zǎo…jiù…le［一级］

例句▶ 你怎么现在才来，他刚走，早来一会儿就能见到他了。‖ 以前我就告诉你该做什么不该做什么，可你就是不听，早听了我的意见就不会弄成现在这样了。‖—听说你要买的那辆车这几天在打折，比以前便宜多了。—哎，要是你早告诉我就好了，可惜我已经买好了。

解释▶ 如果早点儿做某事，就会出现某种好的情况，或避免不好的情况发生。意思是现在已经晚了。用在自己身上表示后悔，用在别人身上表示埋怨或遗憾。结构位置比较灵活，前面常有别的句子作相关的说明，有时后面也有句子进行补充。多用于过去的、不愉快的事情。○多用于叙事和对话，口语。

★ **早＋动词$_1$＋（代词）＋就＋动词$_2$／形容词＋了。** 框架格式。在句中作谓语，也可独立成句，结构中的前一部分和后一部分有假设关系。

扩展▶ 早买就好了；早联系就好了；早起十分钟就不会迟到了；早到一会儿就可以赶上火车了；早知道事情是这样，我就不会那么做了；这些话早说不就好了吗；早来一天就好了。

【早A早B】 zǎo A zǎo B ［一级］

例句▶ 都十点多了，你快去吧，早去早回，说不定还可以赶回来吃晚饭呢。‖ 身体检查是十分必要的，如果身体有什么毛病，早发现早治疗，可以避免很多不必要的麻烦。‖—听说期末考试的时间推迟到下个星期四了。—我还希望现在就考呢，早考完早放松。

解释▶ 如果前一件事提早发生，那后一件事也会提早发生。两件事先后进行，多是人们希望看到的。常用来建议、提示他人，安慰自己或他人。结构位置比较灵活，前后常有别的句子作相关的说明或补充。○多用于叙事和对话，口语。

★ **早＋动词$_1$＋早＋动词$_2$。** 框架格式。在句中常作谓语。结构中的前后两个动词在音节上基本对应。

扩展▶ 早睡早起；早买早用；早开始早结束；早做完早回家；早结婚早生子；早工作早退休；早卖完早回家。

【早知道…就（不）…了】 zǎo zhīdào … jiù（bù）… le ［一级］

例句▶ —老板，我没那么多钱，你就便宜点儿卖给我吧！—不行，不行，早知道你没那么多钱我就不跟你说这么多了。‖—我今天忙得很，好不容易才抽出点儿时间跟你见面。—早知道你没时间，我就过两天再约你了。‖ 早知道离火车站这么近，我们就不用坐出租车了，走过来都行。

解释▶ 如果事情发生以前知道某种情况，某人就（不）会做某事。多是事先并不知道，所以事情已经做了，来不及再改了。含有后悔、不满、抱怨的意味。结构位置比较灵活，前后常有别的句子作相关的说明或补充。○多用于过去的、不愉快的事情。多用于对话，口语。

★ **早知道＋动词$_1$／小句，（名词／代词［指人］）＋就（不）＋动词$_2$＋了。** 框架格式。可独立成句，结构中的两个分句有假设关系。

扩展▶ 早知道你不去我就不会去了；早知道结果是这样，我当初就不嫁给你了；早知道天气这么差，就待在家里了；早知道是这样的情况就不来了；早知道上当受骗，我就不干了。

【…则不然】…zé bùrán ［七—九级］

见 754 页【…则不同】条。

【…则不同】…zé bùtóng ［七—九级］

例句▶ 往年我们公司都会组织员工集体旅游，今年则不同，公司给员工放假，让大家自己去旅游。‖ 很多人在一家公司一干就是十几年，甚至几十年，有的人则不同，他们为了拿到更高的工资，经常这家干了一段时间又跳到另一家。

解释▶ 则：表示对比，……却不一样。表示后面的情况跟前面的不一样或相反。前面的句子要说明某人或事是怎么样的，“则”再引出情况不同的后一句，使后面说的和前面说的形成明显的差别。常用于前后两种现象进行对比的情况。前后常有别的句子说明各自的情况。〇多用于叙事，书面语。◇也说“…则不然”“…却不同”。前一用法带书面色彩。

★ **名词＋则不同。** 可独立成句，结构中的“则不同”在句中作谓语。前面和后面必须有别的句子，后面的句子与前面的句子有转折关系。前后句中的名词等在意思上多是相反或相对的。

扩展▶ 这一点从英语的角度说是正确的，而法语则不同；人会这么做，动物则不同；有的地方会遵守，有的地方则不同；男人不爱发表意见，女人则不同；这种做法对成人可以，对儿童则不同；过去……，现在则不同；外国……，我国的情况则不同；目的相同，方法则不同。

【责任在…】zérèn zài… ［三级］

例句▶ 这次足球比赛，我们队 0：1 又输了，这一次责任在我，我不小心让他们进了一个球。‖ 我这么讲并不是说责任完全在你身上，但你还是有一部分责任的。应该说，责任在你们双方。‖ 其实这次事故的责任在出租车司机，是他闯了红灯。

解释▶ 责任：该做的没有做好，应当对不好的结果负责。说明错误或过失是由于某人造成的。多用来分析情况，用于正式场合。结构位置比较灵活，前面有时有别的句子进行说明，后面的句子多是说明“责任”的原因。多用于已经发生的、不好的事情。○多用于叙事和对话，书面语。

★（**名词$_1$**+［**的**］）+**责任在**+**名词$_2$**/**代词**（**指人**）+（**身上**）。可独立成句。否定表达为“责任不在…”。

扩展▶ 责任在你；责任在我方；责任不在你，而在他；责任就在你自己；责任在对方；责任在我们每个人身上；并不是说责任就完全在你身上；责任在我们公司。

【怎么比得过…呢】 zěnme bǐ de guo … ne ［一级］

例句▶ —听说他参加了这次的英语比赛，你怎么不参加？—我怎么比得过他呢，他以前可是拿过英语比赛第一名的人。‖—老王，怎么这么早就回去了？—我得回家休息，年纪大了，精力怎么比得过你们年轻人呢？‖—我们公司这次运动会拿了集体第一名，你们公司一定也不错吧？—我们公司怎么比得上你们公司呢，我们公司不拿最后一名就不错了。

解释▶ 不能和某人或某事物相比，意思是不如某人或某事物。多用来对某人某物进行比较。用肯定形式的反问句表达否定的意思，语气较强。或者在句首，后面常有别的句子作进一步补充；或者在句尾，前面有别的句子作相关的说明。○多用于叙事和对话，口语。◇也说“怎么比得上…呢”。

★ **怎么比得过**+**名词**/**代词**（**指人**）+**呢**。框架格式。在句中作谓语。

扩展▶ 我一个人怎么比得过你们两个人；怎么比得过那样的人；身上的伤痛怎么比得过心里的伤痛呢；我们的收入怎么比得过他们呢；这里的生活条件怎么比得过大城市呢。

【怎么比得上…呢】 zěnme bǐ de shang … ne ［一级］

见 755 页【怎么比得过…呢】条。

【怎么+不/没（有）…】 zěnme + bù / méi（yǒu）… ［一级］

例句▶ —这是一次很好的机会，你怎么不试一下？—机会是挺好的，可我就是没有信心。‖—你不是说他也来参加这个会议了吗，我怎么没看见他？—他来了，但因为有点儿急事，所以提前离开了。‖还是你聪明，想出了这个好的办法，我怎么就没想到呢？

解释▶ 为什么不做某事，为什么没出现某种情况。多用于对……不知道、不明白、不理解的事，这时表示疑问；也用于事情很清楚，应该怎么做却没有怎么做的情况，这时多用疑问的形式表达建议，有时带有埋怨、责备或劝说的意味，语气委婉。多放在句尾，前面常有别的句子作相关的说明。多用于已经发生的事情。○多用于叙事和对话，口语。

★ **怎么＋不/没（有）＋动词。** 在句中作谓语。

扩展▶ **句型 1）** 他怎么不问；他怎么不愿意；你怎么不着急；这事我怎么不知道；这种场合，你怎么不多说几句；节目早开始了，怎么不早点儿来；这么多好吃的，你怎么不吃。

句型 2） 怎么没回来；怎么没叫我；我怎么没听说；你怎么没有去。

【怎么A的怎么B】 zěnme A de zěnme B ［一级］

例句▶ —都这么晚了，我送送你吧？—不用，我怎么来的怎么回去，你就放心吧！‖—能帮我关一下电脑吗？我先睡觉了。—你怎么打开的怎么关上，我可不管你的事。‖这事你怎么不跟他们说呢？这有什么好怕的，你怎么跟我说的就怎么跟他们说。

解释▶ 意思是做前一件事用的是什么方式或办法，那么，也用同样的方式或方法做后一件。这两件事多是意义相反或相对的事。多用于提醒、命令、警告别人，语气较强；也可用来解释说明做事的方式。结构位置比较灵活，前后常有别的句子作相关的说明或补充。○多用于叙事和对话，口语。

★ **怎么＋动词$_1$＋的＋怎么＋动词$_2$。** 框架格式。在句中作谓语，也可独立成句。两个分句有条件关系。动词后面常有补语说明动作的结果或方向。

扩展▶ 怎么写上的怎么擦掉；怎么进来的怎么出去；怎么爬上去的怎么爬下来；怎么吃进去的怎么吐出来；怎么穿上的怎么脱下来；怎么拿下的怎么放回去；怎么偷出来的怎么还回去。

【怎么A都+A/B+（不）…】 zěnme A dōu +A/ B +（bù）… ［一级］

例句▶ —今天中午我们吃鱼，你喜欢吃什么鱼，红烧的还是清蒸的？—只要是鱼，怎么做都好吃，怎么做我都喜欢吃。‖这扇门好像有问题，钥匙已经插进去了，可怎么开都开不了，我们还是去找个师傅来修一下吧。‖我觉得自己真的很笨，开车其实是个很简单的事儿，可我就是怎么学都学不会。

解释▶ 无论怎么做，结果都是一样的，改变不了。多用来说明情况或事情的经过。当肯定和否定形式不以补语的形式出现时，表示说话人的意愿、态度、判断；当否定形式用在“都”后面作为补语时，多指不管怎么做都达不到目的或没有相应的结果，这时带有着急、无奈的意味。结构位置比较灵活，前面常有别的句子说明情况，有时后面也有句子进行补充。○多用于叙事和对话，口语。◇ 也说“怎么A 也+A / B+(不)…”。这时多用于否定形式。

★ 1）**怎么 + 动词 $_1$ + 都 +（不）+ 动词 $_2$ / 形容词。**

2）**怎么 + 动词 + 都 + 动词 + 不 + 补语。**

框架格式。在句中作谓语，也可独立成句。前后可以是同一个主语，也可以是不同的主语。如果是同一个主语，后一个主语就要省略；如果是两个不同的主语，后面的不能省略。

扩展▶ **用法 1**）表示意愿、态度、判断：你怎么说我都同意；这菜怎么做都行；这事怎么讲都是你的错；他怎么说我都不会同意；怎么求他都不帮我；我怎么说他都不听。

用法 2）表示不管怎么做都得不到结果：他怎么想也想不起来；怎么洗都洗不干净；怎么找都找不到他；怎么吃都长不胖；答案怎么都想不出来；车怎么都停不下来；怎么减都减不下来；钱怎么算都不对；怎么看都看不懂；怎么写都写不完。

【怎么个 … 法】 zěnme ge … fǎ ［一级］

例句▶ 先生，我想租这套房子，怎么个租法，一个月多少钱？‖ 他们班新来了一位男老师，听说是个帅哥，真想看看怎么个帅法。

解释▶ 怎么做某事，就是问做某事的方法；也指想知道某人或某事的具体情况，包括程度、范围、距离、好坏、美丑等等。多用于自己不了解的人或物的情况。结构位置比较灵活，前面常有别的句子说明情况，有时后面也有句子进行补充。○多用于叙事和对话，口语。

★ **怎么个 + 动词 / 形容词 + 法。** 框架格式。在句中作谓语。结构中的动词或形容词多是单音节。可简单地说成“怎么 + 动词”或“怎么 + 形容词”。

扩展▶ 去车站怎么个走法；这球怎么个打法；这封信怎么个寄法；这些钱怎么个花法；怎么个算法；怎么个吃法；怎么个讲法；怎么个玩法；怎么个做法；这东西怎么个好法；这电影怎么个无聊法；他说的怎么个有意思法；他的家怎么个干净法；我倒要看看这小孩儿怎么个聪明法。

【怎么会 … 呢】[1] zěnme huì … ne ［一级］

例句▶ —你不是去美国出差了吗？怎么会在这儿看见你呢？—我提前回来

了，昨天晚上刚到。‖ 我不是已经开空调了吗？房间里怎么会这么热呢？是不是空调坏了？ ‖ 事情怎么会这样呢，我们事先都讲好了，现在他却突然不来了。

解释▶ 为什么会发生某事，出现某种情况。表示说话人觉得很奇怪，不知道原因。带有疑惑的意味。或在句首，或在句尾，前面或后面常有别的句子作相关的说明或补充。可用于过去的事情。〇多用于叙事和对话，口语。

★ **怎么会 + 动词 / 形容词 / 代词 + 呢。** 框架格式。在句中作谓语。

扩展▶ 怎么会下雨呢；这时候怎么会停电呢；怎么会这么想呢；怎么会是你呢；他怎么会知道呢；怎么会打不开呢；怎么会找不着呢；怎么会这么不小心呢；结果怎么会这样呢。

【怎么会 … 呢】 [2] zěnme huì … ne ［一级］

例句▶ 你在家什么事情也不干，整天都在休息，怎么会累呢？ ‖ —你怎么知道我的家庭住址，难道你认识我吗？—我怎么会不认识你呢？我就住在你家楼上，我们在电梯里碰到过。‖ —外面下雪了，你冷不冷？—我穿了这么多衣服，怎么会冷呢？

解释▶ 反问句，用肯定形式表示否定的意思，用否定形式表示肯定的意思。表示说话人对某人、某事的否定或肯定的态度，觉得不应该是这样的情况，语气较强。结构位置比较灵活，前后常有别的句子作相关的说明或解释。〇多用于叙事和对话，口语。

★ **怎么会 + 动词 / 形容词 + 呢。** 框架格式。在句中作谓语。

扩展▶ **用法 1）**表示否定：我都来过很多次了，怎么会迷路呢；他准备得这么充分，怎么会失败呢；我们都是十几年的老朋友了，怎么会忘记呢；你做得这么差，老师怎么会满意呢。

用法 2）表示肯定：我说的时候他就在旁边，他怎么会不知道呢；这么冷的天只穿一件衣服，怎么会不感冒呢；就是他通知我的，他怎么会不记得呢；他终于实现了自己的梦想，怎么会不开心呢。

【怎么 A（就）怎么 B】 zěnme A（jiù）zěnme B ［一级］

例句▶ 他性格比较直，怎么想就怎么说，即使是对别人有什么意见或者不满意的地方，也会马上说出来。‖ —我们怎么去动物园呢，坐地铁还是坐公共汽车？—你决定吧，怎么方便怎么去。‖ 今天的篮球比赛虽然很重要，但你们千万别紧张，平时怎么训练，今天就怎么打。

解释▶ 如果前面是这样的，那么后面也是这样做；如果前面是那样的，那么后面的也是那样做。表示按照一种方便、合适、对自己有利的做法去做。多用于叙述或建议别人。结构位置比较灵活，前面常有别的句子说明情况，有时后面也有句子进行补充。〇多用于叙事和对话，口语。

★ **怎么 + 动词 $_1$ / 形容词，（名词 / 代词［指人］）+（就）怎么 + 动词 $_2$。** 框架格式。在句中作谓语，也可独立成句。表条件关系。两个“怎么”前如果是同一个主语，后一个主语可以省略，如果是两个不同的主语，后面的主语不能省略。

扩展▶ 你觉得怎么合适就怎么干；他从来是怎么说就怎么做；你觉得怎么好看就怎么穿；做生意怎么赚钱就怎么干；他怎么决定，我就怎么做；老板怎么说我们就怎么做。

【怎么能这么 … 呢】 zěnme néng zhème … ne ［一级］

见 759 页【怎么能这样 … 呢】 条。

【怎么能这样 … 呢】 zěnme néng zhèyàng … ne ［一级］

例句▶ 你怎么能这样对待弟弟妹妹呢，你是大哥，应该拿出点儿大哥的样子。‖ —我们怎么能这样干呢，不太合适吧？—没有什么合适不合适的，你就放心去做吧！

解释▶ 反问句，用肯定形式的反问句表示否定。表示说话人觉得这么做不好，不合适，甚至不应该。含有惊讶、不满、责备、气愤的意味。多放在句首，后面常有句子指出不合适或应该怎么做的具体内容。可用于已经出现的、不好的和不愉快的事情。〇多用于对话，口语。◇ 也说“怎么能这么…呢”。

★ **怎么能这样 + 动词 + 呢。** 框架格式。在句中作谓语。

扩展▶ 怎么能这样说呢；怎么能这样做呢；怎么能这样跟父母说话呢；怎么能这样对我呢；怎么能这样问呢；怎么能这样想呢；怎么能这样骗我呢；你怎么能这样走了呢。

【怎么说也得 … 】 zěnme shuō yě děi … ［一级］

见 761 页【怎么（着）也得 … 】 条。

【怎么 A 也 +A / B+（不）… 】 zěnme A yě + A / B +（bù）… ［一级］

见 756 页【怎么 A 都 +A / B+（不）… 】 条。

【怎么A怎么（不）B】 zěnme A zěnme（bù）B ［一级］

例句▶ 他们俩真是亲兄弟吗？可怎么看怎么不像，一个又高又胖，一个又矮又瘦。‖为什么领导要把这个任务交给我呢？小王不是更合适吗？我怎么想怎么不明白。‖—真不知道是怎么回事，这双拖鞋怎么穿怎么别扭。—你仔细看看，你把鞋穿反了，怎么会不别扭？

解释▶ 不管怎么做都不会产生某种结果，或者不管怎么做都是这个结果，无法改变。多用来述说事情或情况，含有奇怪、不满意、埋怨、责备等意味。结构位置比较灵活，前后常有别的句子进行说明或补充。○多用于叙事和对话，口语。

★ **怎么＋动词$_1$＋怎么＋（不）＋动词$_2$/形容词。** 框架格式。在句中常作谓语。

扩展▶ 怎么写怎么不像；怎么想怎么难受；怎么穿怎么难看；怎么听怎么不舒服；怎么看怎么不顺眼；怎么做怎么不开心；怎么吃怎么不是滋味儿；怎么教怎么教不会；怎么学怎么学不好。

【怎么（…）这么…】 zěnme（…）zhème… ［一级］

例句▶ —今天不是周末，公园里怎么这么多人？—好像这里有个活动，好多人都是来参加活动的。‖你看你，衣服怎么搞得这么脏，别穿这件了，还是换一件再出门吧。‖—你怎么这么早就起来了？—昨天晚上睡得早，所以今天起得比较早。

解释▶ 为什么某事物或情况是这么的……。表示对某事物或情况达到了这样深的程度不明白，询问原因；有时也指批评、责备某人某事太……。含有奇怪、疑惑或抱怨的意味。结构位置比较灵活，前后常有别的句子作相关的说明或补充。○多用于对话，口语。

★ 1）**怎么＋（动词＋得）＋这么＋形容词。**

2）**怎么＋这么＋形容词＋（副词）＋动词/名词。**

框架格式。在句中作谓语。

扩展▶ **句型1）** 这儿怎么这么安静；他怎么这么高兴；你怎么这么肯定；你怎么这么不小心；你怎么学得这么好。

句型2） 他怎么这么不懂事；你怎么这么没礼貌；你学习怎么这么不用心；你怎么这么晚才回来；大家怎么这么快就知道了；你怎么这么容易生气。

【怎么这么快就…了】 zěnme zhème kuài jiù…le ［一级］

例句▶ —小王，没什么事我就先走了。—怎么这么快就要走了，再多坐一会儿嘛！‖妈妈前几天才给了我五百块钱，可我也不知道怎么这么快就用完了，看样子以后得省着点儿用。‖—小伙子，自行车修好了。—怎么这么快就修好了？我还以为要等好久呢，真是太感谢您了。

解释▶ 为什么这么快就做某事，或出现某种情况，表示说话人觉得动作发生得很 / 太早，或时间过得太快，动作来得太快。如果是说话人希望的，这时含有惊喜的意味；如果是说话人不希望的，这时含有吃惊、失望、抱怨、感叹的意味。结构位置比较灵活，前后常有别的句子作相关的说明或补充。多用于已发生的事和最近将要发生的事。用于将要发生的事时多用“就要”。○多用于叙事和对话，口语。

★ **怎么这么快就 + 动词 + 了。** 在句中作谓语，也可独立成句。

扩展▶ 怎么这么快就忘了；怎么这么快就要开学了；怎么这么快就要毕业了；怎么这么快就要结束了；怎么这么快就要回去了；怎么这么快就买到飞机票了。

【怎么（着）也得 … 】 zěnme（zhe）yě děi … ［一级］

例句▶ 你好不容易来一趟上海，别着急回家，怎么也得住几天再走吧！‖一朵花大概五块，买一束的话怎么着也得好几十块，我才舍不得花那么多钱呢！

解释▶ 不管怎么样、不管发生了什么事，都 / 也应该……。多用来说明情况、某人的态度、估计或提出建议，语气较强。结构位置比较灵活，前后常有别的句子作相关的说明或补充。注意▶ 结构前面不能加“不管、无论”等词。○多用于叙事和对话，口语。◇ 也说“怎么说也得…”。

★ **怎么（着）也得 + 动词 / 数量短语。** 在句中作谓语，也可独立成句。

扩展▶ 这个明天要交的，今天怎么（着）也得做完；你身体不好，怎么（着）也得我们照顾你；既然是买东西，怎么（着）也得付钱；怎么（着）也得把工作做好，这是我的职责；他要结婚了，我们怎么（着）也得表示一下；这事怎么（着）也得和父母商量一下；他去拿快递，怎么着也得 10 分钟吧。

【占 … 的 … 】 zhàn … de … ［二级］

例句▶ 本次考试的参加人数有两千多，一千多人通过，占总人数的一半左右，比上次增加 10%。‖这个国家虽然不大，但环境特别好，绿化面积占全国总面积的三分之一以上。‖他的工资收入只占总收入的一小部分，大部分的收入都来自外面的兼职。

解释▶ 某人、某物的数量在总量中是什么样的情况。结构中的数量词可以是精确的，也可以是不精确的。多用来叙述人或物的情况。多放在句尾，前后常有别的句子作相关的说明。○多用于叙事和对话。

★ **占 + 名词$_1$ + 的 + 数量短语 / 名词$_2$。** 动宾结构。在句中常作谓语。结构中的名词$_2$也是表示比重的词，如“一部分、大部分、小部分”等。

扩展▶ 占年收入的三成；占总面积的七分之一；占全国的五分之一多；仅占总产量的 20%；占世界产量的 90%；占所有产品的一大部分；占总产量的大部分。

【占据 …（的）地位】 zhànjù …（de）dìwèi ［超纲］

见 762 页【占据 …（的）位置】 条。

【占据 …（的）位置】 zhànjù …（de）wèizhi ［超纲］

例句▶ 这个酒店占据了独特的地理位置，前边是海，后边是个很大的公园，环境特别优美。‖ 学习光靠上课老师讲是不够的，课后的练习、复习也占据着重要的位置，它能起到巩固、提高的作用。‖ 要想在市场上占据领先的位置，公司必须生产出高质量的产品来，让大家相信它并且购买它。

解释▶ 占据：通过某种手段取得并保持（某块地方）。表示某人或某物具有某种位置或地位。多用来说明情况或道理，可以指具体的或抽象的事物。结构中的形容词或名词常有“重要的、独特的、有利的、应有的、主要的、主导的”等。结构位置比较灵活，前后常有别的句子作相关的说明和解释。○多用于叙事，书面语。◇ 也说“占据…（的）地位”。这时更多用于抽象事物。

★ **占据 + 名词 / 动词 / 形容词 +（的）位置。** 动宾结构。在句中常作谓语。

扩展▶ 占据全国第三的位置；占据第一的位置；占据中心的位置；占据主导的位置；占据好位置；占据最特别的位置；占据有利的位置；占据至高无上的位置；占据积极的位置；占据主要的位置。

【站在 … 的一边】 zhànzài … de yìbiān ［二级］

例句▶ 你放心，不管发生什么事情，我都会站在你的一边，永远支持你。‖ 你为什么总是站在你妈妈的一边，不管我跟她有什么矛盾，你总是认为是我的不对？ ‖ 如果面对困难时，你的第一反应是害怕，那么你已经站在失败的一边了。‖ 不管这件事是谁做的，作为一名法官，我只站在公正的一边。

解释▶ 站在某人或某事一边，比喻支持某人或某事。多表示对某人某事的态度。结构前常有“不愿、始终、还是、坚定地、明确地、永远、一定、必须、真心、完全”等词。前后常有别的句子作相关的说明或补充。○多用于叙事和对话，口语。

★ **站在＋名词/代词（指人）/动词/形容词＋的一边。** 动宾结构。在句中常作谓语。

扩展▶ 到底是站在谁的一边；坚定地站在大家的一边；将站在我们朋友的一边；必然站在学生的一边；始终站在人民的一边；必须站在多数人的一边；总是站在弱者的一边；永远站在正义的一边；完全站在相反的一边；完全站在赢的一边。

【张口闭口都是…】 zhāngkǒu bìkǒu dōu shì … ［三级］

例句▶ 自从她有了孩子后，每次我们见面，她张口闭口都是孩子，说个没完。‖ 刚来时，她还挺害羞的。时间一长，跟店里的人混得可熟了，张口闭口都是“王姐姐”“高叔叔”的。‖ 你是不是喜欢上小王了，怎么张口闭口都是他？

解释▶（某人说话时）总是称呼某人或谈论某人、某事物，说明他/她对这些人或事物很重视、很在乎或很感兴趣，从话里能了解这个人的某种特点或情况；有时也指某人说话的一种习惯。表达夸张，有时带有反感、厌烦的意味。前后常有别的句子作相关的说明或补充。○多用于叙事和对话，口语。

★ **张口闭口都是＋名词/代词（指人）。** 在句中作谓语，也可独立成句。

扩展▶ 张口闭口都是老婆；张口闭口都是他家的小狗；张口闭口都是工作；张口闭口都是钱；张口闭口都是音乐；张口闭口都是压力；张口闭口都是脏话；张口闭口都是谎话。

【找…算账】 zhǎo … suànzhàng ［七—九级］

例句▶ 你给我在家老实待着，我现在没工夫，等我忙完了手里的事，回家再找你算账！‖ 这一切都是他干的，有本事你找他算账去啊，跟我闹有什么用。‖ 这个家长太过分了，明明是他孩子做错了事，他还要跑到学校去找老师算账。

解释▶ 算账：计算各种收入和付出。比喻追究某人的责任或过错；也指失败或吃亏后找某人评理、争斗高低，甚至报复。有时带有威吓、警告的意味。结构前常有“回头、改天、一定、总有一天、早晚、迟早、肯定、不准、非要、必须”等词。结构位置比较灵活，前后常有别的句子作相关的说明或补充。○多用于叙事和对话，口语。

★ **找 + 名词 / 代词（指人）+ 算账。** 框架格式。在句中常作谓语。

扩展▶ 迟早会找你们算账的；回头找你算账；不行的话我可要找你算账的；改天再找他算账；必须找他算账；非找那个人算账不可；找那个老板算账；找仇人算账。

【召开（…）大会 / 会议 / 年会】 zhàokāi（…）dàhuì / huìyì / niánhuì ［四级］

例句▶ 为了提高学校的管理水平和服务水平，学校召开了一个小型会议，专门听取大家对学校的意见和建议。‖ 除了平时的教学外，学院经常召开专题会议，邀请国内外的专家学者做讲座，让学生在专业方面得到更大的提高。‖ 每年年末，我们公司都会召开员工的年会，在年会上，大家互相交流，互相学习。

解释▶ 大会：全体或大部分人员参加，人较多。年会：一年一次。会议：有大有小，人可多可少。管理或负责部门举行某种会议。多用来说明某些具体情况，结构前常有“经常、提出、秘密、主持、独立、很快、只好、将要、决定”等词语。前面常有表示时间和地点的词语，前后也常有相关的说明或补充。○多用于叙事和对话。

★ **召开 +（名词 / 形容词）+ 大会 / 会议 / 年会。** 动宾结构。在句中常作谓语。

扩展▶ 召开计划工作会议；召开电话会议；召开全国人民代表大会；召开全体教师大会；召开职工代表大会；召开座谈会；召开公司年会；召开专业会议；召开临时会议；召开秘密会议；召开紧急会议；召开最高级的会议。

【照 … 不误】 zhào … bú wù ［三级］

例句▶ 虽然很多人都跟我说，白天喝多了咖啡晚上会睡不着，可我还是照喝不误。‖ —你们商店过年开门吗？—当然开，即使是大年初一，我们店也都照开不误。

解释▶ 不误：不耽误。能继续做某事，完全不受到影响。多用来说明情况，可以是好的和不好的。结构前常有“仍然、还、却、便、都、会、也”等词，多放在句尾，前面常有别的句子作相关的说明。○多用于叙事和对话，书面语。

★ **照 + 动词 + 不误。** 框架格式。在句中常作谓语。结构中的动词为单音节动词，组成四字格式。

扩展▶ 他迷上打牌了，白天晚上都照打不误；他手受了伤，但仍照练不误；尽管这里不让吸烟，可他还是照吸不误；他不顾别人，一个人照吃不误；尽管政府采取了措施，可物价还照涨不误；我叫他起床，可他照睡不误。

【照 … 的说法】 zhào … de shuōfǎ ［三级］

见 6 页【（按）照 … 的说法】 条。

【照 … 看】 zhào … kàn ［三级］

见 672 页【依 … 看】 条。

【照 …（来）说】 zhào …（lái）shuō ［三级］

见 5 页【按 …（来）说】 条。

【照（…）这么说，… 】 zhào（…）zhème shuō，… ［三级］

例句▶ —今天去面试的人都太厉害了，不仅英语流利，而且工作经验特别丰富。—照这么说，你一点儿希望都没有了？‖你们都说他这样的情况怎么找得到女朋友，照你们这么说，条件差的就都找不到女朋友了？‖—他说让你多花点儿时间想想自己的事情吧！—照他这么说，别的事我不应该管了吗？

解释▶ 根据某人的这种说法，从某人的这些话，可以推出某种结论。说话人通常接着对方的意思或说法往下说，后面的小句是推断的内容或得出的结论。有时也可能是不同意对方的话或感到怀疑，这时多是疑问句。

注意▶ 结构中的代词只能是单、复数第二、三人称。代词多放在句首，后面有别的句子进行补充。○多用于对话，口语。◇ 也说“这么说，…”。

★ **照 +（代词［指人］）+ 这么说，小句。** 可独立成句。结构中的“照你这么说”在句中作插入语。

扩展▶ 照这么说，我确实做得不太合适；照你这么说，后果确实比较严重；照你们这么说，他在骗我；照他这么说，我必须答应他的要求；照他们这么说，这场比赛你一点儿成功的希望也没有了；照你这么说，我们不应该相信任何人了。

【照这样 … 下去】 zhào zhèyàng … xiàqu ［三级］

例句▶ 城市里有车的人越来越多，照这样发展下去，城市交通会越来越堵。‖如果照你这样吃下去，减肥是根本不可能的，只会越来越胖。

解释▶ 如果按照目前的这种情况继续做某事（一定会出现某种现象或发生某种结果）。多是说话人对某人或某事的一种推理，用来说明情况或道理。推出的结果可好可不好。结构中常出现“发展、继续、练习、干、做、打、些、长、说、表演、走、坚持、研究、进行”等动词。结构位置比较灵活，前面常有别的句子进行说明，后面接的句子是相关的推测内容。○多用于叙事和对话，口语。

★ **照＋(代词)＋这样＋动词＋下去。** 框架格式。可作为一个小分句，和后面的句子组成表示假设关系的复句。

扩展▶ 照这样表演下去；照这样说下去；照这样干下去；照这样算下去；照这样做下去；照这样坚持下去；照这样继续下去；照这样研究下去；照这样进行下去；照他这样写下去；照他这样练习下去。

【这不，…】 zhè bu，… ［一级］

例句▶ 这款洗衣机是我朋友介绍给我的，说是特别好用。这不，今天我也买了一台。‖ 今天给我打电话的人特别多，这不，才短短几分钟就来了三个电话。‖—小王怎么不在家？—他打算下午去买台电脑，这不，他一大早就去取钱了。

解释▶ 对前面讲到的总的情况进行确认，引出后面的话。后面说的是现在正在发生或刚发生的情况，用来证明前面说的事情。放在句尾，前面常有别的句子作相关的说明。多用于已发生的或正在发生的事情。○多用于叙事和对话，口语。◇ 也说“这不是，…”。

★ **这不，小句。** 可独立成句。结构中的“这不”作为插入语。

扩展▶ 生意越来越好了，这不，连老外都被吸引来了；知道今天是大年初一，这不，一大早就跑来给你拜年了；这不，他们还真来了；最近生意特别好，这不，今天连吃饭的时间都没有。

【这不成了…】 zhè bù chéng le … ［二级］

例句▶ 堂堂一个大公司的老板，竟然连住的地方都没有，传出去这不成了天大的笑话。‖ 明明只是一个小小的感冒，却被你说得那么严重，还请假在家休息了三天，这不成了骗休假了吗？

解释▶ 从前面的情况，可以推出这样的结论。这个结论常常和一般的或者说话人的预期不一样，或不符合说话人的希望，多是说话人不同意、不愿意做的或不合乎常理的。用否定形式的反问句表示肯定的意思，语气较强，有时含有批评、责备的意味。多放在句尾，前面有别的句子说明情况。○多用于叙事和对话，口语。

★ **这不成了 + 名词 / 动词 +（吗）。** 可独立成句，也可在句中作谓语。

扩展▶ 这不成了我的事情了；这不成了假新闻；这不成了个大难题；这不成了小题大做；这不成了做广告；这不成了好心办坏事吗；这不成了带头做坏事了；这不成了说话不算数了。

【**这不等于说 …**】 zhè bù děngyú shuō … ［二级］

例句▶ 第一次考试我得了班级第一名，但这并不等于说以后我也会得第一名，今后的成绩还要靠自己去争取的。‖ 我对你出国留学的决定没有发表任何意见，这不等于说我同意你的决定，其实国外的大学不一定比国内的好。

解释▶ 等于：某个数和另一个数相等。从前面的情况不能推出后面的情况。说明前面的情况不一定就得出后面的结论，多用来分析情况讲道理。前面常有别的句子进行说明，后面的句子从相反的方面作进一步解释。○多用于叙事和对话，口语。

★ **这不等于说 + 小句。** 可独立成句，后面常接别的句子。

扩展▶ 他这次没有成功，这不等于说他没有能力；我们意见不同，这不等于说我们不能一起工作了；停电了，这不等于说什么事情都做不了了；我没有批评某些人，这不等于说这件事没有对错；买了保险，这不等于说一有事就可以拿到保险金。

【**这不是，…**】 zhè bú shì，… ［一级］

见 766 页【这不，…】条。

【**这不是 … 吗**】 zhè bú shì … ma ［一级］

见 767 页【这不是 … 嘛】条。

【**这不是 … 嘛**】 zhè bú shì … ma ［六级］

例句▶ —我觉得我跟他很不一样。—这不是废话嘛，人跟人之间本来就不一样。‖ 明明知道我不会唱歌，还在大家面前请我唱歌，这不是有意为难我嘛。‖ 你的这份工作，虽然工资不高，但是可以学到很多东西，这不是挺好的嘛！

解释▶ 这就是……。表示这种情况十分明显、很清楚。多用来说明说话人对某人某物的态度。用否定形式的反问句表示肯定的意思，语气较强。有时带有解释、赞成、不满、埋怨、责备等意味。结构位置比较灵活，前面常有别的句子说明情况，有时后面也有句子进行补充。○多用于叙事和对话，口语。◇ 也说“这不是…吗”。

★ **这不是 + 名词 / 动词 / 形容词 + 嘛。** 框架格式。可独立成句。

扩展▶ 这不是我的高中同学小丽嘛；这不是骗人嘛；这不是气我嘛；这不是开玩笑嘛；这不是过节嘛；这不是问问大家的意见嘛；这不是为了你好嘛；这不是没事找事嘛；这不是找我麻烦嘛；这不是挺可爱的嘛。

【这**倒霉**的 …】 zhè dǎoméi de … ［七—九级］

见 769 页【这该死的 …】 条。

【（这）A **倒是** … 】（zhè）A dàoshì … ［五级］

例句▶ 想法倒是挺新鲜的，我还是头一次听说，可到底行得通行不通呢？ ‖—我卖给别人都是 200 块，你就给 150 块吧。—不知道质量怎么样，价格倒是挺低的。‖ 你平时写的字不怎么样，不过今天这几个字倒是写得蛮漂亮的，是不是练习了很长时间？

解释▶ 表示跟一般情理相反、跟事实相反、出乎意料，有转折或让步等意思。有两个用法：1）用在前一小句，表示某种事物怎么样，多是比较积极、肯定的评价，后一小句常由“但是、可是、就是、不过”等词引出犹豫、担心、害怕等消极表达。2）用在后一小句，常引出表示积极意义的词语。前一小句多是一般的、不太好的评价。○多用于叙事和对话，口语。

★ **（这 +［数量短语］）+ 名词 + 倒是 +（动词 + 得）+ 形容词。** 和前面或后面的句子组成表示转折关系的复句。有时也可独立成句。

扩展▶ **用法 1）**用在前一小句：安排倒是还令人满意，可…… ；这个想法倒是蛮新鲜的，但是…… ；这个办法倒是不错，可是…… ；这天气倒是挺好的，不过…… ；这风景倒是很不错，可惜……。

用法 2）用在后一小句：买东西不太方便，但周围的环境倒是挺安静的；这酒看着不怎么样，闻着倒是挺香的；工作远了点儿，不过生活倒是挺方便的。

【（这 / 那）+ **倒**也是】（zhè / nà）+ dào yě shì ［二级］

例句▶ —别光知道买便宜的，得看看质量。—倒也是，质量不好买回去也用不了多久。‖—十多年没见面了，得好好聚聚。—这倒也是，这么多年没有见面一定有很多话要聊。‖—网上超市买东西那么方便，你干嘛自己去超市买？—那倒也是，送货上门确实省了不少麻烦。

解释▶ 同意前面的人说的话（自己以前没有想到这一层意思），认为他/她说的有道理。多放在句首，引出后面的话。后面的话或者顺着前面人的意思说，或者来证明前面的话有道理。○多用于叙事和对话，口语。

★（**这/那**）+**倒也是**。 可独立成句。

扩展▶ 倒也是，我说了也没用；倒也是，那你就再去一次；这倒也是，你说的不错；这倒也是，妹妹果然聪明；这倒也是，唉，我怎么就没想到呢；那倒也是，我们得好好计划一下；那倒也是，我得记着点儿。

【这该死的…】 zhè gāisǐ de … ［三级］

例句▶ 这该死的天气，太热了，我哪儿也去不了，什么也吃不下。‖ 看着老婆一天一天瘦下去，他心里难过极了，说："怪我，都怪我。是我这该死的病把你累成这样的。" ‖ 他仔细检查了一下，发现那些大树的叶子不知被这该死的虫子吃了多少。唉，这些可恶（kěwù）的虫子！

解释▶ 抱怨（某人某事）或埋怨。多用于自己非常不喜欢的，甚至厌恶的、给自己带来麻烦或不幸的人或物。对象可以是别人，也可以是自己。含有厌恶的意味，语气较强。结构位置比较灵活，前后常有别的句子说明情况或补充。可用于已经出现的、不愉快的事情。注意▶ 骂对方时也常说"你这该死的（…）"。○多用于叙事和对话，口语。◇ 也说"这倒霉的…"。有时该结构带有同情的意味。

★ **这该死的**+**名词**。 整个结构是一个名词短语。在句中作主语、谓语、宾语，有时也可独立成句。

扩展▶ 这该死的飞机；这该死的游戏；你这该死的胆小鬼；这该死的东西；这该死的脚；整天都在这该死的写字台前；要把这该死的手表扔进河里；这该死的坏东西把我们都骗了。

【这还（不）… 啊】 zhè hái（bù）… a ［一级］

例句▶ —你怎么这么早就睡觉？—这还早啊，你不看看时间，都十一点半了。‖—你怎么才来？—接到你的电话，我马上就开车过来了，前前后后一共才半个小时，这还不快啊？ ‖ 他这还叫跳舞啊，一个简单的动作，重复了好几遍。

解释▶ 说话人 A 不同意前面说话人 B 的观点或某种看法，用反问句表示否定这种观点或看法，表达相反的意思，语气较委婉。结构位置比较灵活，前面或后面常有别的句子解释说明相关的原因或理由。○多用于对话，口语。

★ 1）**这还 +（不）+ 形容词 + 啊。**

2）**这还 +（不）+ 动词 + 啊。**

框架格式。可独立成句，也可在句中作谓语。

扩展▶ **句型 1）**你已经有好几个了，这还少啊；这么难学，这还简单啊；这是最经典的音乐，这还不好听啊。

句型 2）就这样，这还叫不错啊；我有事他就帮，这还不算朋友啊；这还不算帮你忙啊；这么精彩的表演，这还不吸引人啊。

【这（还）叫什么 …（啊 / 呀）】 zhè（hái）jiào shénme …（a / ya）［一级］

例句▶ 你出了这么大的事，他居然一个电话都没给你打，更不用说来看你了，这还叫什么朋友啊！‖ 这叫什么打折呀，东西的价格跟以前差不多，有的甚至还比以前贵。‖—这件衣服便宜点儿卖给你，两百块吧！—这叫什么便宜啊，别的商店都只卖一百五呢。

解释▶ 这不能算……，表示某人或事物的名称和实际情况不相符合。说话人有些生气，话中带有明显的不满、批评、气愤的意味和质问的语气，语气较强。用肯定形式的反问句表示否定的意思。结构位置比较灵活，前后常有别的句子指出实际情况是什么样的。○多用于对话，口语。

★ **这（还）叫什么 + 名词 / 动词 / 形容词 +（啊 / 呀）。** 框架格式。可独立成句。

扩展▶ 这叫什么茶啊；这叫什么五星级酒店啊；这叫什么大夫啊；这叫什么态度啊；这叫什么风气啊；这叫什么事啊；这叫什么经验啊；这叫什么发明啊；这叫什么竞争啊；这叫什么帮忙；这叫什么时尚呀；这叫什么聪明啊；这还叫什么公平啊。

【这回 … 了吧】 zhè huí … le ba ［二级］

见 774 页【这下 … 了吧】 条。

【A 这就 … 】 A zhè jiù … ［一级］

例句▶ 你要的钱我早就准备好了，我这就给您送过去。‖ 我来收拾东西，你这就去订出租车，我们等会儿就出发。‖ 晚饭这就做好了，留下来一起吃完再走吧。

解释▶ 这：这时候，现在。表示马上做某事或某情况马上会发生。用第一人称时，指说明或回答对方自己现在要做某事；用第二、第三人称肯定句时，指说明、问或命令别人现在做某事。结构位置比较灵活，前后常有别的句子作相关的说明或补充。○多用于对话，口语。

★ **代词（指人）/ 名词 + 这就 + 动词。** 在句中作谓语，也可独立成句。这里的代词多是第一、第二单复数人称。在上下文意思清楚的情况下，A有时可省略。

扩展▶ **用法1）**用于第一人称：我这就去退票；我这就带你去见他；我这就给他打电话；我们这就过去；我这就去银行取钱；快把衣服脱了，我这就去洗；别急，我这就告诉你；我打算这就去办手续。

用法2）用于其他：你这就去买机票；你这就睡了吗；你这就上车吧；你这就叫他过来；你这就去找他；他说他这就到；快做，老板这就要。

【…，这可说不准】 …，zhè kě shuōbuzhǔn ［三级］

例句▶ 他什么时候回来，这可说不准，可能一会儿就回来了，也可能今天就不回来了，你还是别等了，先回去吧。‖ 你得靠自己，不能一直靠他，他会不会每次都帮你，这可说不准。

解释▶ 不能估计到，不能肯定。表示说话人对某件事情或某种情况没有十分的把握。多用于叙述和判断人或事。结构位置比较灵活，前后常有别的句子进行解释说明。○多用于对话，口语。

★ **小句，这可说不准。** 可独立成句。结构中的小句多是一个问句。

扩展▶ 他们这次能不能成功，这可说不准；这些书里哪本的影响最大，这可说不准；将来你会怎么样，这可说不准；至于他来不来，这可说不准；这次手术能否成功，这可说不准；这种办法是否可行，这可说不准。

【这么说，…】 zhème shuō，… ［二级］

见765页【照（…）这么说，…】条。

【这么下去，…】 zhème xiàqu，… ［二级］

例句▶ 你每天都加班到很晚才回家，这么下去，身体会拖垮的。‖ 这几年生意真的很难做，根本赚不到什么钱，这么下去，商店迟早会关门的。

解释▶ 如果按现在这种情况或状态持续到以后（将会出现某个结果）。表示说话人对现在情况或状态的不满，因此预料可能出现的结果多是不好的，没有希望的。多放在句尾，前面常有句子说明目前的情况或状态。多用于不好的和不愉快的事情。○多用于对话，口语。◇ 也说"这样下去，…"。

★ **这么下去，小句。** 可独立成句。

扩展▶ 这么下去，没有什么好结果；这么下去，对你的影响不太好；这么下去，真的会来不及的；这么下去，我什么时候才能买上房子；这么下去，怎么能管好一个公司；这么下去，以后我怎么工作；这么下去，早晚会出事的。

【**这么一来，…**】 zhème yì lái，… ［二级］

例句▶ 前段时间我家附近通了地铁，坐地铁可以直接到公司，这么一来，我上下班就方便多了。‖ 你已经感冒好几天了，昨天那么冷的天气还陪朋友去逛街，这么一来，感冒肯定更严重了。

解释▶ 从前面的情况或事情可以引出后面的结果。有的结果已经出现，有的没有出现。结果可以是好的也可以是不好的。多用来述说事情的经过或解释。前面有句子说明原因或情况，后面有句子说明出现的结果。○多用于对话，口语。◇ 也说“这样一来，…”。

★ **这么一来，小句。** 可独立成句。结构中的“这么一来”有连接前后句的作用。

扩展▶ 这么一来，他更加生气了；这么一来，情况就完全不一样了；这么一来，一点儿意义都没有了；这么一来，我心里轻松多了；这么一来，没人愿意跟他说话了；这么一来，事情很快就办好了；这么一来，他什么都同意了。

【**这哪里是 …**】 zhè nǎli shì … ［一级］

例句▶ 这哪里是夏天，都七八月份了，我们还得穿两件衣服，一点儿都没感觉到热。‖ 我到他家的时候正是吃午饭的时候，桌子上放着一碗咸菜和一个馒头，这哪里是吃午饭，我看着特别心酸。

解释▶ 这不是……。说话人找不出支持某一事实的理由和根据，认为这根本不是……。用肯定形式的反问句表示否定的意思。含有质问、不满、抱怨等意味，语气较强。结构位置比较灵活，前后的句子对已经出现的情况做出评价，有时前后还有别的句子说明情况或补充。多用于现实生活中存在的、不好的和不愉快的事情。○多用于对话，口语。◇ 也说“这怎么是…”。

★ **这哪里是＋名词 / 动词。** 可独立成句。

扩展▶ 这哪里是酒，一点儿酒味也没有；这哪里是机场，简直就是一个旧的公共汽车站；这哪里是卖给我，分明就是白送的；这哪里是踢足球，一个球都没有进；这哪里是做生意，简直就是骗人。

【A这A那】 A zhè A nà ［一级］

例句▶ 一下车，导游就带着游客们在风景区看这看那，详细地介绍着风景区的历史、特点、特产等。‖ 虽然孩子才三岁多，可他似乎什么都会说了，每次带他去逛超市，他总是问这问那，对什么都很好奇。‖—这房子怎么这么旧，厨房还这么小？—有个地方住就已经不错了，你不要嫌这嫌那的。

解释▶ "这、那"在这里不确指某人、某物或某地，两个词连在一起用，表示动作涉及的对象很多。表达简练、生动。多用来描写人的动作行为，有时也用来劝说某人。后一用法含有提示、责备、埋怨的意味。结构位置比较灵活，前后常有别的句子作相关的说明或补充。○多用于对话，口语。

★ **动词＋这＋动词＋那。** 框架格式。在句中常作谓语。结构中的动词多是单音节。

扩展▶ 刚来你就怕这怕那，以后怎么工作；她买这买那的，买了一大堆；一到医院就查这查那；整天在一起聊这聊那；她洗这洗那洗个没完；一到家就整理这整理那；你怎么老要这要那的；你怎么喜欢打听这打听那的。

【这算什么…】 zhè suàn shénme … ［二级］

例句▶ 这算什么朋友，只能跟人分享快乐，却不能跟人分担痛苦。这种事我做不出来。‖—现在上下班真的很辛苦，每天很早就得起床赶班车，晚上很晚才到家。—这算什么苦，我年轻的时候比你苦多了。

解释▶ 这不能算……。说话人认为某人某事物、名称或情况不符合实际；或者不赞同某人的说法，反驳对方。用肯定形式的反问句表示否定的意思。话中带有否定或不满的意味和语气，语气较强。放在句尾，前面有相关的说明；放在句首，后面有进一步的补充。○多用于对话，口语。

★ **这算什么＋名词／形容词。** 可独立成句。前面或后面有别的句子说明情况。

扩展▶ 这算什么问题；这算什么话；这算什么事儿；这算什么夫妻；这算什么男子汉；这算什么技术；这算什么艺术；这算什么困难；这算什么本事；这算什么幸福；这算什么有名；这算什么厉害；这算什么聪明。

【这下…了】 zhè xià … le ［一级］

例句▶ 家门口新开了家大超市，这下好了，买东西更加方便了。‖ 你们那么晚出门，我特别担心，看到你们安全回来了，我这下就放心了。‖ 这下我可完了，电脑突然死机了，有很多重要文件都还没来得及保存，白做了。

解释▶ 情况发生了变化，因为出现了好情况或不好的情况而引出的判断、结果或结论。情况包括对自己、对他人有利或不利的。有时带有庆幸、高兴的意味；有时带有不幸、倒霉的意味。多用来叙述事情的经过。前面或后面常有别的句子说明产生变化的原因或情况，有时后面也有句子补充情况变化可能出现的结果等。○多用于对话，口语。

★ **这下＋形容词／动词／小句＋了。** 框架格式。可独立成句。

扩展▶ 这下热闹了，这么多人；这下麻烦了；这下糟了；这下可倒霉了；这下不行了；你这下可发大财了；他们这下有好戏了；这下终于找到了；这下把他急坏了；这下把他忙坏了；这下我明白了；这下你可高兴了。

【这下…了吧】 zhè xià … le ba ［一级］

例句▶ 该买的东西都买了，该吃的东西也吃了，该玩的地方都玩了，这下你满意了吧？‖ 前面说好的大家轮着上场，我们都等了这么长时间了，这下该我们上了吧？‖ 她已经被你骂哭了，你这下高兴了吧？

解释▶（说话人根据前面已出现的情况）以问话的形式猜测或推测可能出现的结果或新情况，语气比较委婉。已出现的情况包括达到目的、有了圆满的结局、情况发生了变化等等，带有轻松、得意的意味。有时也会正话反说，这时含有责备、埋怨对方的意思，带有挖苦的意味。多放在句尾，前面常有别的句子说明已出现的情况。○多用于对话，口语。◇也说“这回…了吧”。

★ **这下＋动词／形容词／小句＋了吧。** 框架格式。可独立成句，也可在句中作谓语。

扩展▶ **用法1**）带有轻松、得意的意味：这下总算好了吧；这下知道我的厉害了吧；这下得还给我了吧；这下该不会有意见了吧；这下该消气了吧；这下你可以放心了吧；你这下明白了吧；这下你该认输了吧；这下你得帮我了吧。

用法2）含有责备、埋怨对方的意思：我批评了他，这下你高兴了吧；他倒霉了，你这下得意了吧；你这下后悔了吧。

【这样看来，…】 zhèyàng kànlái，… ［四级］

例句▶ 都等了这么久了，连个人影也没有，这样看来，我们再等下去也毫无意义。‖—最近放了一个星期的假，每天在家不是睡就是吃，无聊死了。—这样看来，还是上班比较好，至少有事情可干。

解释▶ 根据目前的情况或实际发生的事情，说话人推出以下结论或做出判断，也说明了说话人的态度或想法。结论或判断可以是好的，也可以是不好的。结构位置比较灵活，前面常有别的句子进行说明，有时后面也有句子进行补充。○多用于对话，口语。

★ **这样看来，小句。** 可独立成句。结构中的"这样看来"在句中作插入语。

扩展▶ 这样看来，我们不得不同意他们的要求；这样看来，你要找有两个卧室的房子；这样看来，他一定不会原谅我；这样看来，我一定得去看看他；这样看来，你还是很有希望的；这样看来，我真的错怪他了。

【这样下去，…】 zhèyàng xiàqu，… ［三级］

见 771 页【这么下去，…】条。

【这样…下去，恐怕…】 zhèyàng … xiàqu，kǒngpà … ［三级］

例句▶ 你刚刚吃了巧克力，现在又想吃饼干，你这样吃下去，恐怕减不了肥。还是少吃点儿吧！‖你的这个办法不太好，这样干下去，恐怕一晚上都干不完。‖你想等着机会来找你，这样等下去，恐怕永远都等不到，你应该自己主动去寻找机会。

解释▶ 恐怕：表示估计并担心。如果继续目前的这种情况、状态或方法，可能会出现某种不太好的结果。表示说话人的某种估计、推测，含有担心的意味。前面常有别的句子说明原因或情况，有时后面会提出建议。多用于已经出现的、不好的和不愉快的事情。○多用于对话，口语。

★ **这样＋动词$_1$＋下去，恐怕＋动词$_2$／小句。** 结构中的两个小句有假设关系。

扩展▶ 这样玩儿下去，恐怕会有麻烦；这样干下去，恐怕会被领导批评了；这样表演下去，恐怕没有观众愿意看你的表演了；这样说下去，恐怕没人愿意听；这样训练下去，恐怕很多人都要累倒了。

【这样一来，…】 zhèyàng yì lái，… ［二级］

见 772 页【这么一来，…】条。

【这也叫…（吗）】 zhè yě jiào …（ma）［一级］

例句▶ —对不起，今天我太忙了，把你的生日给忘了。—这也叫理由吗？怎么也说不过去吧！‖他这也叫唱歌吗？都听不出他唱的是什么，像念书一样，一点儿也不好听。‖—听说今天商场在打折，全场都打八折，挺便宜的。—才打八折，这也叫便宜？等打五折的时候我再考虑。

解释▶ 不是……，这不能算作。说话人认为某人某事物、名称或情况不符合一般的情况；或者不赞同某人的说法。用肯定形式的反问句表示否定的意思。常用来反驳别人的看法和观点，含有不满的意味，语气较强。或者放在句首，或者在句尾，前后常有别的句子说明原因、情况或进行补充。多用于现实生活中存在的、不好的和不愉快的事情。○多用于对话，口语。◇也说“这也是…（吗）”“这也算…（吗）”。

★ **这也叫＋名词／动词／形容词＋（吗）。** 框架格式。可独立成句，也可在句中作谓语。

扩展▶ 这也叫诗；这也叫新闻；这也叫男人吗；这也叫游泳；这也叫跳舞吗；这也叫帮我吗；这也叫求婚吗；这也叫理解；这也叫漂亮；这也叫难吗；这也叫热情；这也叫公平。

【这也 A，那也 +A / B】 zhè yě A，nà yě + A / B ［一级］

例句▶ 你看看她，刚开始这也想学，那也想学，结果什么都没学好。‖不要总觉得自己这也不好，那也不好，自信点儿，其实你很优秀。‖既然你把这个任务交给他了，就应该相信他，不要这也不放心，那也信不过。‖都逛了一个下午了，你总觉得这也不漂亮，那也不好看，到底要买什么样的？

解释▶ “这、那”在这里不确指某物，两个词连在一起用，代指很多事物。表示很多的东西都……，表达有些夸张。一般后面必须有结论，有时以说明、判断的方式出现，有时以反问或建议的形式出现。前一用法表示全部否定；后一用法含有不满、责备、抱怨等意味，语气较强。结构位置比较灵活，前后常有别的句子进行说明或补充。可用于不好的和不愉快的事情。○多用于叙事和对话，口语。

★ 1）**这也＋动词，那也＋动词。**

2）**这也＋动词$_1$，那也＋动词$_2$。**

3）**这也＋形容词，那也＋形容词。**

4）**这也＋形容词$_1$，那也＋形容词$_2$。**

在句中作谓语，也可独立成句。结构2）、4）中的前后两个动词或形容词意思相近。结构中的两个分句有并列关系。

扩展▶ **句型1）**这也不行，那也不行，你干什么行；这也要收费，那也要收费，什么都要收费；这也喜欢，那也喜欢，什么都想买。

句型2）这也看不惯，那也不满意，怎么都不好。

句型3）我这也不对，那也不对，好像就没做过什么对的事情；他觉得这也难吃，那也难吃，几乎没吃什么东西。

句型4）这也不好看，那也不漂亮，没有好的；这也危险，那也不安全，最好不要出门了。

【这也是…（吗）】 zhè yě shì …（ma）［一级］

见776页【这也叫…（吗）】条。

【这也算…（吗）】 zhè yě suàn …（ma）［二级］

见776页【这也叫…（吗）】条。

【这一…**不要紧**，…】 zhè yī … búyàojǐn，… ［四级］

例句▶ 好久没打过网球了，昨天约朋友打了一场，这一打不要紧，今天起床全身都觉得又酸又痛。‖ 半夜里，睡在对面铺上的小孩儿突然哭了起来，这一哭不要紧，周围的乘客全被吵醒了。

解释▶ 不要紧：不重要。正是由于某个看起来很平常的动作或事情，却产生了意想不到的结果，或引出了更大的事情、麻烦等。多是不愉快、不舒服的事情，带有出乎意料的意味。多用来叙述事情的经过。结构位置比较灵活，前面常有别的句子说明相关情况，后面的句子说明这一动作情况引出的结果。多用于现实生活中存在的、不好的和不愉快的事情。○多用于叙事和对话，口语。

★ **这一＋动词＋不要紧，小句。** 框架格式。可独立成句。结构中的两个分句有承接关系。

扩展▶ 这一问不要紧，把我问住了；这一说不要紧，大家都知道了；这一帮不要紧，都来找我帮忙了；这一找不要紧，惊动了很多人；这一骂不要紧，小孩儿马上就哭了；这一算不要紧，把账算错了；这一整理不要紧，把东西都整理丢了；这一查不要紧，查出了公司的很多问题。

【这怎么是…】 zhè zěnme shì… ［一级］

见 772 页【这哪里是…】条。

【A 着 B】 A zhe B ［一级］

例句▶ 要看书就坐起来看，不要躺着看，时间长了会影响视力。‖ 每天晚上七点钟，大家总会看着电视吃晚饭，因为爸爸最爱看七点的新闻了。

解释▶ 表示两个动作同时进行，前一个动作伴随后一个动作，描述后一个动作发生时的状态或方式等。多用于描写人的动作状态。结构位置比较灵活，前后常有别的句子作相关的说明或补充。○多用于叙事和对话，口语。

★ **动词$_1$+着+(名词$_1$)+动词$_2$+(名词$_2$)。** 框架格式。在句中常作谓语。结构中的动词$_1$多是表示持续性动作的词语。

扩展▶ 坐着写字；站着讲课；哭着回答；笑着发短信；听着音乐喝咖啡；上着网打电话；唱着歌走路；牵着狗散步；背着书包进来；带着相机旅行；开着车打电话。

【…着点儿】 … zhe diǎnr ［一级］

例句▶ 这个月咱们手里就这些钱了，得省着点儿花，否则一下子就用完了。‖ 你是孩子的爸爸，应该管着点儿他，不要让他想干什么就干什么。‖ 下午三点半在会议室开会，你可得记着点儿，千万别像上次那样迟到了。

解释▶ 点儿：少量。应该怎么做某事。多用于告诫、提示或劝说对方，也可用来提醒自己。程度往轻的方面说，语气较委婉。前后常有别的句子作相关的说明或补充。○多用于叙事和对话，口语。

★ **动词$_1$+着点儿+(动词$_2$/名词/代词)。** 在句中常作谓语。

扩展▶ 妈妈的话你听着点儿；你得注意着点儿；凡事都得忍着点儿；往后学着点儿；你给我盯着点儿；自己的事想着点儿；碰到事情机灵着点儿；你得让着点儿妹妹；有什么好事想着点儿我；看着点儿脚下的路。

【…着呢】[1] … zhene ［一级］

例句▶ —快点儿起床，否则上班要迟到了。—着什么急呀？时间还早着呢！‖ —他现在在和平路附近，到这儿估计还得半个小时。—用不着那么长时间，他开车开得快着呢，最多二十分钟就能到。

解释▶ 肯定某人某物的性质或状态，多用于强调程度深、数量多、范围广、速度快等，相当于“很”。带有夸张的意味，语气较强。结构位置比较灵活，前后常有别的句子作相关的说明或补充。○多用于叙事和对话，口语。

★ **形容词 + 着呢。** 在句中作谓语、补语，也可独立成句。注意▶ 前面不能出现“很、非常”等程度副词。

扩展▶ 离那儿远着呢；街上热闹着呢；我忙着呢；咖啡还热着呢；事情多着呢；日子还长着呢；日子舒服着呢；考试难着呢；他本事大着呢；过得好着呢；生活得幸福着呢。

【… 着呢】[2] … zhene ［一级］

例句▶ —老王，有件事想跟你商量商量。—有什么事你就说吧，我听着呢。‖—钥匙在哪儿呢？—就在桌上放着呢！你看见没有？

解释▶ 表示某个动作正在进行，或某种状态正在持续。多用来描写这些动作或状态，含有强调的意味，语气较强。结构前常有“在、正”等词。多放在句尾，前后常有别的句子作相关的说明或补充。○多用于叙事和对话，口语。

★ **动词 + 着呢。** 在句中作谓语。结构中的动词为表示持续性动作的词语。

扩展▶ 他在看着呢；大家在等着呢；人家都站着呢；门开着呢；在门上贴着呢；在墙上挂着呢；黑板上写着呢；在屋里睡着呢；照片我都留着呢；我们正准备着呢。

【… 着玩儿】 … zhe wánr ［一级］

例句▶ 我是从去年下半年才开始买彩票的，也没指望中什么奖，就买着玩儿。‖你还没看出来吗，他那是跟你说着玩儿呢，你怎么能当真呢？

解释▶ 表示做某事只是开玩笑，不能当真，或者只是为了高兴，没有什么特殊目的。含有随意、不认真的意味，有时也带有谦虚的意味。多用来叙述事情。结构位置比较灵活，前后常有别的句子作相关的说明或补充。○多用于叙事和对话，口语。

★ **动词 + 着玩儿。** 在句中常作谓语。结构中的动词多是单音节词。

扩展▶ 随便吃着玩儿，填不了肚子；买一只小狗回去养着玩儿；我照相的技术不行，只是拍着玩儿；画着玩儿，打发时间；别跟他闹着玩儿。

【A 着也是 A 着】 A zhe yě shì A zhe ［一级］

例句▶ 你的那套房子空着也是空着，还不如租出去呢，租出去还可以赚个房租。‖这些书我都看过了，放着也是放着，如果你喜欢，挑几本去看看吧！‖明天我上夜班，在那儿闲着也是闲着，不如带本书去看。

解释▶ 某人或某物没有好好利用，没有充分地发挥作用。意思是说话人想把某人或某物利用起来，有时也指一个人同时可做两件事。多用于建议别人该做什么，有时也用于解释自己做事的原因。结构中的动词多是“留、存、空、闲、放、坐、躺、荒”等表空闲义的动词。结构前先引出话题，后面有别的句子表示怎么利用某物。○多用于叙事和对话，口语。

★ **形容词 / 动词 + 着 + 也是 + 形容词 / 动词 + 着。** 框架格式。可独立成句，也可在句中作谓语。

扩展▶ **用法 1**）表示把某人或物利用起来：这东西留着也是留着，你拿去用吧；这人闲着也是闲着，还是让他做点儿事；这地荒着也是荒着，还不如种点儿什么。

用法 2）表示一人同时做两件事：我坐着也是坐着，织织毛衣有点儿事做；躺着也是躺着，听听音乐吧。

【A 着 A 着就 … 】 A zhe A zhe jiù … ［一级］

例句▶ 这里离火车站不太远，走着走着就到了，你们不用坐出租车。‖刚开始我还很清醒，可喝着喝着就醉了，最后还是小王把我送回家的。

解释▶ 伴随着某动作的持续，出现了某种结果或新的情况。表示这种变化很自然，说话人往往没有意识到。这种结果或情况可能是好的，也可能是不好的或不愉快的。多用来叙述事情的经过。前面常有别的句子说明情况，后面的句子多会指出事情的结果。○多用于叙事和对话，口语。

★ **动词 $_1$ + 着 + 动词 $_1$ + 着 + 就 + 动词 $_2$。** 框架格式。在句中作谓语，也可独立成句。结构中的动词 $_2$ 为出现的结果或新的情况。

扩展▶ 说着说着就哭了；看着看着就睡着了；想着想着就笑了；读着读着就读完了；听着听着就习惯了；车开着开着就出问题了；吃着吃着就长胖了；写着写着就写完了；唱着唱着就跑调儿了。

【真 … 得出来】 zhēn … de chūlái ［一级］

例句▶ 孩子还小，你就让他自己洗衣服，洗得干净吗？你还真做得出来。‖考试成绩那么差，连父母都替你着急了，你真笑得出来？‖这么不礼貌的话，你还真说得出来，亏你还是个大学生呢。

解释▶ 没想到某人真的会做某事。按一般人的理解或正常的情况，不应该做这种事或出现这种情况。用肯定形式的反问句表示否定的意思。多用来责备他人，含有出乎意料的意味，带有质问、批评的口气，语气较强。结构位置比较灵活，前面常有句子说明情况，后面有时有句子进行补充。多用于不好的和不愉快的事情。○多用于对话，口语。

★ **真 + 动词 + 得出来。** 框架格式。在句中作谓语。结构中的动词常用单音节动词。

扩展▶ 他真干得出来；你还真想得出来；你真骂得出来；你真装得出来；他还真哭得出来。

【**真（是）够 … 的**】 zhēn（shì）gòu … de ［二级］

例句▶ 刚才的考试题中，第三题可真够难的，我想了好久都没想出结果来。‖ 这条街上可真是够热闹的，人多车也多，街两边的商店里也挤满了人，生意好极了。‖ —你开车开得真是够慢的，我都在这儿等你一个小时了。—没办法，路上堵车堵得厉害。

解释▶ 某人、某物、某事的程度确实比较深。多用来叙述、判断事情，可以是好的方面，也可以是不好的方面。好的方面有夸奖的意味，不好的方面有讽刺、埋怨等意味。结构位置比较灵活，前面或者先引出话题，或者有别的句子进行说明，后面的句子对具体的情况进行补充。○多用于叙事和对话，口语。

★ **真（是）够 + 形容词 + 的。** 框架格式。在句中常作谓语、补语。

扩展▶ 房子真（是）够大的；你真（是）够幸运的；这两年真（是）够辛苦的；这人真（是）够傻的；书也真（是）够旧的；他俩的关系也真（是）够好的；你真（是）够用功的；菜做得真（是）够丰盛的；你想得真（是）够远的；你考虑得真够全面的。

【**真想再 V 一 …**】 zhēn xiǎng zài V yī … ［一级］

例句▶ 今天早上我六点多就起床了，那时候真想再睡一会儿，可如果再睡就要迟到了。‖ 我去北京出差时吃过一次北京烤鸭，觉得味道特别好，真想再去吃一次。‖ 看着校园生活那么精彩，那么有趣，我特别羡慕，真想再当一回学生。

解释▶ 说话人非常希望能继续做某事或再做一次。多指让人享受、愉快等好的事情，有时也指一般的情况，但多是不可能实现的。有时含有羡慕、遗憾的意味。结构位置比较灵活，前面常有句子说明相关的原因或情况，有时后面也有句子补充可能出现的结果。多用于已经出现过的、好的和愉快的事情。○多用于叙事和对话，口语。◇ 也说“很想再 V

一…”。这时希望的程度没有那么深，心情没有那么迫切。

★ **真想再＋动词＋一＋量词＋(名词)。** 框架格式。在句中作谓语，也可独立成句。

扩展▶ 很想再看一会儿；真想再去一次；真想再叫她一声；真想再住一年；真想再问一次；真想再痛哭一次；真想再看一眼她的孩子；真想再得一个大奖；真想再回一次家。

【征得…(的)**同意**】 zhēngdé…(de) tóngyì ［三级］

例句▶ —你考研究生这件事征得你父母的同意没有？—当然，我问了他们，他们都很支持我。‖ 我也很想和你一起去旅行，不过在决定之前，我得给我爸妈打个电话征得他们的同意。‖ 你怎么可以不征得他同意，就把他的书拿走了，这样做不太礼貌吧。

解释▶ 在做某事之前，先问相关的人或部门，得到他（们）的同意或有关部门的批准。多用来向人解释说明、询问或提示某人，多用于正式场合。结构前常有“必须、应该、首先、一定、得、已经、要、需要、分别”等词。结构位置比较灵活，前后常有别的句子进行说明或补充。○多用于叙事和对话，书面语。

★ **征得＋名词/代词（指人）＋(的)同意。** 动宾结构。在句中常作谓语。否定形式为“未/没有＋征得…（的）同意”。

扩展▶ 未征得我（的）同意；征得他（的）同意；征得本人（的）同意；征得病人（的）同意；征得作者（的）同意；征得公司（的）同意；征得家属（的）同意；征得领导（的）同意；征得大家（的）同意。

【**整个…跟…似的**】 zhěnggè … gēn … shìde ［三级］

例句▶ 里边太冷了，整个房间就跟冰箱似的，你怎么不开空调呢？‖ 最近很多朋友都问我怎么了，整个脸跟肿了似的，其实只有我自己最清楚，是我胖了许多。‖ 就买了一张彩票，居然中了大奖，整个事情跟做梦似的，直到现在小王还是不相信。

解释▶ 跟……似的，和……一样。用夸张的手法把某人或某物比作某物，或很像什么。不直接指出这个人或物怎么样，而是要对方根据描写的某物特点去想象和体会其中的意思。多用来描写某人或物的状态达到相当的程度，或变化太快而不敢相信。带有夸张的意味。前后常有别的句子作相关的说明或补充。○多用于对话，口语。◇ 也说“整个…跟…一样”。

★ **整个＋名词$_1$＋跟＋名词$_2$/动词＋似的。** 框架格式。可独立成句。

扩展▶ 整个人跟面条似的（很软，没有力气）；整个手跟树枝似的（很瘦）；整个画面跟油画似的（具有油画的风格）；整个房子跟危房似的（很危险）；整个脸跟球似的（太胖）；整个风景跟仙境似的（很美）。

【**整个 … 跟 … 一样**】 zhěnggè … gēn … yíyàng ［三级］

见 782 页【整个 … 跟 … 似的】条。

【**正当 … 的时候**】 zhèngdāng … de shíhou ［六级］

例句▶ 我到家不久忽然听到敲门声，正当我去开门的时候，家里的电话响了。‖ 一年前我曾去看望过一位好友，希望能有机会把他的作品拍成电影。可是正当春天到来的时候，他却永远地离开了我们。

解释▶ 正当：正在（某个时期或某个阶段）。就在某件事情发生或进行的时候（同时发生了另一件事）。多用来叙述、描写事情的经过。结构位置比较灵活，前面常有关于时间或具体事情的说明，后面常有别的句子进一步说明发生的另一件事。○多用于叙事和对话，口语。

★ **正当 + 小句 + 的时候。** 介词短语。在句中常作状语。

扩展▶ 正当我以为钱包丢了的时候，它又回来了；正当我们公司需要人的时候，我们找到了他；正当工作顺利开展的时候，传来了一个好消息；正当他打算回家乡陪父亲的时候，父亲却突然离开了人世；正当家里最需要他的时候，他却病倒了。

【**正赶上 …** 】 zhèng gǎnshang … ［六级］

例句▶ 如果你现在走，正赶上下班高峰时间，你还不如等一会儿再走呢。‖ 昨天下午下班时，正赶上大雨，我没带雨伞，只好去旁边的超市买了一把。‖ 回老家的那天，正赶上母亲生日，我买了个大蛋糕，和家人一起给母亲过生日。

解释▶（某人在做某事的时候）刚好遇到某种情况或另一件事。有好事也有不好的事。多用来叙述、描写事情的经过。前面常有句子说明情况，后面也有句子作相关的说明或建议。○多用于叙事和对话，口语。

★ **正赶上 + 名词 / 小句。** 动宾结构。在句中常作谓语。

扩展▶ 正赶上中秋节；正赶上全国比赛；正赶上中午吃饭的时间；正赶上比赛开始；正赶上他出差；正赶上两天休息；正赶上商场打折；正赶上学生放暑假。

【正如 … 所说】 zhèng rú … suǒ shuō ［一级］

见 784 页【正如 … 所说的那样】 条。

【正如 … 所说的那样】 zhèng rú … suǒ shuō de nàyàng ［一级］

例句▶ 我去了那家商店，但正如她所说的那样，商店关门了，所以我什么也没买到就回来了。‖ 每个人都应该学习，不管你多大年龄，正如中国一句古话所说的那样：活到老学到老。‖ —今天去看画展的人多吗？—怎么不多，正如新闻中所说的那样，真是人山人海。

解释▶ 情况就跟某人、某个地方或组织所说的一样。多用于叙述、描写某事的经过。结构位置比较灵活，前面常有别的句子说明情况，后面的句子或叙述别人的话，或直接引出别人的话，或对事情进行描述。○多用于叙事和对话。◇ 也说“正如…所说”。这时表达更为正式。

★ 1）**正如 + 代词（指人）+ 所说的那样。**

2）**正如 + 名词 +（上 / 中）+ 所说的那样。**

框架格式。可独立成句，后面的句子直接引出话的内容。

扩展▶ **句型 1）** 正如我所说的那样；正如你所说的那样；正如大家所说的那样。

句型 2） 正如某位科学家所说的那样；正如一家报纸上所说的那样；正如书上所说的那样；正如那份报告中所说的那样；正如一条广告中所说的那样。

【A 之 … 】 A zhī … ［七—九级］

例句▶ 昨晚我去看了场演唱会，场面之大、人数之多，简直可以用人山人海来形容。‖ 近几年，网上购物越来越流行，其发展速度之快、范围之广是所有人没有想到的。‖ 这次比赛一共有来自 13 个国家的 68 名选手参加，他们都经过了层层选拔，水平之高可以想象。

解释▶ 表示某事物的程度或状态怎么样。多往程度深、范围广、规模大、影响大、数量多、水平高等方面说，达到的程度超出了一般的情况。多用于正式场合。前面常有别的句子说明情况，后面的句子多是对这种情况做出评价。需要时结构可连用。○多用于叙事，书面语。

★ **名词 + 之 + 形容词。** 整个结构是一个名词短语。在句中常作主语。

扩展▶ 两国技术之差不难理解；任务难度之大可以预见；会议内容之广泛、意义之深远是前所未有的；分布之广泛，类型之多为世界少见；气氛之热烈，探讨之深刻给人留下很深的印象。

【… 之初】 … zhī chū ［三级］

例句 在比赛之初，我们队落后了好几分，可一进入下半场，我们一连得了十几分，最后赢得了比赛。‖ 我今年刚进大四，开学之初，老师就说今年要外出实习，大家心里都特别兴奋。‖ 我们两家公司已经合作三四年了，虽然在双方合作之初发生过一些不愉快，但总的来说，合作还是挺顺利的。

解释 初：开始的一段时间。在某个活动或事件开始的时候。后面多叙述这段时间里发生的事情。多用于正式场合。结构位置比较灵活，前面常有别的句子说明情况，后面的句子多叙述事情的具体过程，并给出结果。○多用于叙事，书面语。

★ **名词 / 动词 / 主谓短语 + 之初。** 在句中常作时间状语。结构中的动词多是双音节词，主谓短语多是四音节短语。

扩展 新世纪之初；会议之初；研究之初；结婚之初；参加培训之初；学习游泳之初；他俩认识之初；商品进入市场之初；学生入校之初；公司成立之初；电脑出现之初；产品设计之初。

【… 之类的 A】 … zhī lèi de A ［六级］

例句 我还是觉得你应该学习计算机、经济之类的专业，学的内容很实用，将来容易找工作。‖ 网球、足球之类的运动需要人一直跑，我的体力不太好，所以不适合这样的运动。

解释 之：的。类：指性质或特征相同或相似的事物。像……那样的一些事物。用来列举某些事物。前面举出事物可以是一个，也可以是两个、三个，但必须是同类或相近的东西。结构位置比较灵活，前后常有别的句子作相关的说明或补充。○多用于叙事和对话，书面语。

★ **名词$_1$ +（名词$_2$…名词$_n$）+ 之类的 + 名词。** 整个结构是一个名词短语。在句中常作主语、宾语。结构中的名词包括名词$_1$、名词$_2$…名词$_n$。

扩展 谈论了天气之类的话题；会说“你好”“谢谢”之类的简单词语；吃了大量的苹果、香蕉之类的水果；会钢琴、小提琴之类的乐器；咖啡或果汁之类的饮料；说明书上写了“饭后服用”之类的文字。

【A … 之所 +A / B】 A … zhī suǒ + A / B ［七—九级］

例句 自从打开这本书，我就完全被书里的故事情节吸引住了，喜作者之所喜，悲作者之所悲。‖ 作为一名领导，你就是应该解百姓之所忧，办百姓之所需，努力为大家服务。

解释 想的、急的、做的等都是某人或某些人想的、急的或想要做的。多指非常了解他（们），能为他们考虑，具有褒义色彩；也指作品、演讲具有吸引力，它的内容、表达方式能打动人，引导听者、读者跟着它的思路高兴、愉快、悲伤等等。多用来描写人的思想、行为和做法，用于正式场合。结构位置比较灵活，前后常有别的句子作相关的说明或补充。〇多用于叙事，书面语。

★ **动词$_1$ + 名词 / 代词（指人）+ 之所 + 动词$_1$ / 动词$_2$。** 框架格式。在句中常作谓语。

扩展 想你之所想；急你之所急；爱众人之所爱；忧群众之所忧；怒天下之所怒；思民众之所想；给人民之所需；干人民之所愿；解民之所难。

【**之所以 …，是 …**】 zhīsuǒyǐ …，shì … ［七—九级］

例句 我之所以爱好画画儿，是受了我父亲的影响，因为我爸爸就是个画家。‖ 这次我之所以来找你，是希望你能帮帮我，在这件事上，只有你能帮我了。‖ —真佩服张爷爷，都七十多岁了，还像年轻人一样健康。—他之所以身体好，是因为经常锻炼。

解释 所以做某事，是因为某种原因，或某种目的。结果在前，原因在后。带有强调的意味。多用来叙述事情的经过。多放在句首，后面常有别的句子补充说明原因或其他情况。〇多用于对话，口语。

★ **之所以 + 动词$_1$ / 小句$_1$ / 形容词，是 + 动词$_2$ / 小句$_2$。** 两个小句构成表示因果关系的复句。

扩展 之所以换学校，是觉得这个学校离家更近；之所以这样做，也是为了你好；之所以选择了这个工作，是朋友在这家公司当老板；之所以跟你这么说，是有原因的；他之所以老出错，是因为没有掌握这一技术；之所以没出去是因为下雨。

【**直到 … 才 …**】 zhídào … cái … ［三级］

例句 因为我的国家跟中国有九个小时的时差，我只能晚上跟父母在网上聊天儿，昨天晚上我跟他们聊天儿，直到半夜才睡觉。‖ —你的手机是什么时候丢的？—我也不清楚，白天在外面一直都没拿出来，直到回到家才发现不见了。‖ 我以前一直以为他是单身呢，直到你今天告诉我，我才知道，原来他已经结婚了。

解释 一直到某个时间或发生某件事情的时候，才……。表示某个动作或事情发生的时间很晚。多用于叙述、描写某事的过程。多放在句尾，前面常有别的句子解释原因或说明事情的经过。可用于过去的事情。○多用于叙事和对话，口语。

★ **直到＋名词$_1$/动词$_1$/小句，（名词$_2$/代词［指人］）＋才＋动词$_2$。** 框架格式。在句中作谓语，也可独立成句。

扩展▶ 直到今天才明白；直到昨天才改变主意；直到很晚才回家；直到这时他才知道错了；直到夜里才走；直到四月才下雨；直到去年八月才结束；直到八点才离开办公室；直到房间里有人答应了，他才停止敲门；直到太阳快落山了才钓到一条鱼。

【直到…还…】zhídào … hái … ［三级］

例句▶ —昨天晚上下雨了没有？—当然下了，直到后半夜，雨还在下个不停。‖ 我家一个月以前养了一只小狗，突然有一天它走丢了，家人找了很长时间，直到现在还没找到。‖ 这个笑话一点儿也不好笑，直到他说完，我还是不知道到底哪儿可笑。

解释▶ 一直到某个时间或发生某件事情的时候，仍然是某种状态，情况还是没有变化。常表示事情持续的过程很长。多用于叙述、描写某事的经过。多放在句尾，前面常有别的句子进行说明。○多用于对话，口语。◇ 也说"直到…也…"。这时"也"后的动词词组多用否定形式。

★ **直到＋名词$_1$/小句，（名词$_2$/代词［指人］）＋还＋动词。** 框架格式。在句中作谓语，也可独立成句。

扩展▶ 直到昨天我还看见他了；直到第二天早晨，他还发烧；直到现在，我还没告诉任何人；直到今年他还没有结婚；直到太阳落山了，还没有他的消息；直到所有的人都离开了，她还在吃。

【直到…为止】zhídào … wéizhǐ ［三级］

例句▶ 医学院毕业以后，我就到这家医院工作，直到今天为止，我已经工作20多年了。‖ 去机场送她的时候，我们一直向她挥手告别，直到看不见她为止。‖ 她是个很有耐心的老师，在讲解的过程中，如果有学生不明白，她会一遍一遍地教，直到大家都弄懂了为止。

解释▶ 一直到某个时间、出现某种情况或达到某种目的才停止做某事。多用于叙述、描写某事的经过。多放在句尾，前面常有别的句子对事情进行说明。○多用于叙事和对话。

★ **直到＋名词/动词/小句＋为止。** 框架格式。在句中常作谓语。结构中的动词多是动补结构，用来说明动作的结果。

扩展▶ 直到目前为止，他的身体状况依然很糟糕；他买了很多东西，直到把钱用光为止；我要做作业，直到做完为止；必须经常复习，直到记住为止；一遍一遍地练习，直到学会为止；我一定要减肥，直到瘦下来为止；我不断地劝他，直到他同意为止。

【直到 … 也 … 】 zhídào … yě … ［三级］

见 787 页【直到 … 还 … 】条。

【值得 … 的是，… 】 zhídé … de shì，… ［三级］

例句▶ 学校最近开了一个书法兴趣班，吸引了很多人来报名，值得注意的是，其中一大半报名者都是留学生。‖ 我们公司已经成立十年了，值得高兴的是，这十年间公司取得了巨大的成绩，也有了快速的发展。‖ 虽然他犯过错误，但是值得肯定的是，他后来改正了。

解释▶ 值得：有必要。有必要（做某事）。用“是”引出具体内容，来引起人们的注意。后面的部分多是一个完整的事情，包括好的或不好的、愉快的或不愉快的，带有强调的意味。多放在句尾，前面常有别的句子作相关的说明。○多用于叙事和对话，书面语。

★ **值得＋动词＋的是，小句。** 框架格式。可独立成句。结构中“值得…的是”在句中作主谓短语，后面的小句作宾语。

扩展▶ 值得称赞的是；值得期待的是；值得欣慰的是；值得庆幸的是；值得指出的是；值得关注的是；值得骄傲的是；值得一提的是；值得怀疑的是；值得强调的是。

【值得一 … 】 zhídé yī … ［三级］

例句▶ —你怎么不跟他们一起去博物馆呢？—我对博物馆没什么兴趣，觉得里边的东西没什么值得一看的。‖ 这个办法笨是笨了点儿，但我认为值得一试，说不定就成功了。‖ 这是本值得一读的书，它对你在生活中做人做事有很大的帮助，我建议你去买一本。

解释▶ 值得：有价值，有意义，有必要，合算。表示做某事有价值、有意义、有好的效果。“一”在这里有加强语气的作用。多用于叙述、判断和建议。前面常有“非常、很、尤其、也、特别、还是、当然、更”等词。结构位置比较灵活，前后常有别的句子作相关的说明或补充。多用于好的和愉快的事情。○多用于叙事和对话，书面语。

★ **值得一＋动词。** 在句中常作谓语、定语。结构中的动词多是单音节动词，组成四字格式。否定表达为“不值得一…”。

扩展▶ 这件事值得一提；这个地方值得一去；这首歌值得一听；这个地方值得一玩；这门艺术值得一学；还有两点值得一说；没什么值得一买的东西。

【只A不B】 zhǐ A bù B ［二级］

见288页【光A不B】条。

【只不过…，没想到…】 zhǐ búguò …，méi xiǎngdào … ［二级］

见792页【只是…，没想到…】条。

【只当是…】 zhǐ dàng shì … ［六级］

例句▶ —如果今天我说的那些话让你不高兴了，我向你道歉。—没什么，我只当是你的一句玩笑话，根本就没放在心上。‖ 你别理他，不管他说什么，你只当是没听见。‖ 你就跟我们一起去玩吧，只当是你帮大家一个忙，你不在我们玩得没意思。

解释▶ 当（dàng）：当作，认为，作为，看成。只是（把某事物）当作、作为……。表示不用太认真，只把某些话或事假装当作另外的话或事，使自己或某人的心里感觉舒服、心理平衡，避免不愉快。把事情往简单、平淡、好的方面说。多用来劝告、建议或安慰别人，也可用于自己，含有轻松的意味。结构位置比较灵活，前后常有别的句子作相关的说明或补充。○多用于叙事和对话，口语。

★ **只当是+名词/动词/小句。** 在句中常作谓语。

扩展▶ 只当是一个梦；只当是一次练习；只当是一个锻炼；只当是他的好意；只当是我的心意；只当是没有发生过；只当是没来过这里；只当是丢了这500块；只当是没有这件事；只当是没有这个人；只当是不认识他；只当是你出去玩了几天；只当是你从没说过。

【只顾着…】 zhǐ gùzhe … ［六级］

见288页【光顾着…】条。

【只管…，不管…】 zhǐ guǎn …，bù guǎn … ［四级］

例句▶ 你也太自私了吧，只管自己不管别人，以后还有谁愿意跟你交朋友？‖ 现在很多年轻的妈妈，只管生孩子不管养孩子，孩子一出生就交给老人照顾，这样做不利于孩子的成长。‖ 你怎么能只管自己方便不管他人麻烦呢？你把车停在路中间，别人怎么过去？

解释▶ 只把精力或注意力放在某人或某事物上，而不放在其他人或其他事物上。多指做事、考虑问题较为片面，只顾对自己有利的方面而不顾对别人有利或有损的方面；也指做事情考虑不够全面。有时含有批评、埋怨的意味。结构位置比较灵活，前后常有别的句子进行说明或补充。多用于不好的和不愉快的事情。○多用于叙事和对话，口语。

★ 1）**只管＋名词 $_1$ / 代词 $_1$，不管＋名词 $_2$ / 代词 $_2$**。

2）**只管＋动词 $_1$，不管＋动词 $_2$**。

3）**只管＋小句 $_1$，不管＋小句 $_2$**。

在句中作谓语，也可独立成句。结构中的两个名词、代词、动词或小句常常意思相反或相对。结构中的两个分句有并列关系。

扩展▶ 只管现在不管将来；只管大事不管小事；只管城市不管农村；只管写信给他，不管他回不回；只管开灯不管关灯；只管造房子不管修房子；只管借钱不管还钱；只管生产不管销售；只管自己快活，不管别人痛苦。

【只…就…】 zhǐ … jiù … ［二级］

例句▶ —别再让他喝了，他已经醉了。—他的酒量也太小了吧，只喝了两杯就醉了。‖ 这个年轻人好不容易才找到一份工作，可因为觉得工作太累，他只干了一个多月就辞职了。‖ 医生，我的皮肤是不是有问题，我只在阳光下晒了一会儿，皮肤就开始变红了。

解释▶ 动作、变化的范围、程度不大，数量不多或时间不长，很快就出现某种情况、产生某种结果。多用来叙述事情的经过。多放在句尾，前面有别的句子作相关的说明。○多用于叙事和对话，口语。

★ **只＋动词 $_1$＋数量短语＋（名词 / 代词［指人］）＋就＋动词 $_2$**。框架格式。在句中作谓语，也可独立成句。结构中的两个动词可以是同一个主语，也可以是不同的主语。

扩展▶ 只简单看了一眼就签名了；只差一点儿就能摘到那个苹果了；只休息了几分钟就离开了这儿；只花了两个小时就写了五封信；只差一会儿我们就能见面了；只花几块钱就可以买到；只要十分钟就能到达。

【只能A不能B】 zhǐ néng A bù néng B ［一级］

例句▶ 对不起，先生，请您收好照相机，我们博物馆展览的作品只能观看，不能拍照。‖ 这次的失败，完全是我自己造成的，我只能埋怨自己，不能责怪别人。

解释▶ 只能够做某事，不能做另一件事；只允许做某事，不允许做另一件事。用于自己，多表示无奈；用于别人，多表示命令。多用来叙述或提出建议。结构位置比较灵活，前面常有别的句子说明情况，有时后面也有句子进行补充。○多用于叙事和对话，口语。

★ **只能＋动词 $_1$ ，不能＋动词 $_2$**。在句中常作谓语。结构中的两个分句有并列关系。

扩展▶ 只能成功不能失败；只能看不能吃；只能前进，不能后退；只能代表你自己，不能代表别人；只能在图书馆看，不能借走；只能给你便宜这么多，不能再便宜了；有的衣物只能干洗，不能手洗。

【只（是）…（罢了）】 zhǐ（shì）…（bàle）［六级］

见 791 页【只（是）…（而已）】条。

【只是…，而不是…】 zhǐshì…，ér bú shì…［三级］

例句▶ 你怎么每天都加班？要知道，工作只是你生活的一个部分，而不是全部。‖我觉得你这种情况应该出国留学，当然我只是给你建议，而不是为你做决定，去不去得看你自己。

解释▶ 仅仅是……，不是……。两种情况作对比，肯定前一种情况，否定后一种情况。用来说明某种关系或道理，多用来解释说明或劝说某人。结构位置比较灵活，前面常有别的句子作相关的说明，有时后面也有句子进行补充。○多用于叙事和对话。

★ 1）**只是＋名词 $_1$，而不是＋名词 $_2$**。

2）**只是＋动词 $_1$，而不是＋名词／动词 $_2$**。

在句中常作谓语。结构中的两个分句有并列关系。

扩展▶ **句型 1）** 只是一个开始，而不是结束；只是打工的，而不是老板；只是部分地区，而不是全部地区；只是个普通员工，而不是公司领导。

句型 2） 只是做了一部分，而不是全部；只是持续几个月，而不是几年；只是不太喜欢他，而不是讨厌他。

【只（是）…（而已）】 zhǐ（shì）…（éryǐ）［七—九级］

例句▶ 你不能总是把工作中的情绪带回家，那只是一份工作而已，不要让它长期影响你的心情。‖—很早就听你说要减肥，都过去这么久了，没什么效果嘛！—我只嘴上说说而已，并没有真正下定决心。‖—这种水果很有营养，一般很难买到，你多吃点儿吧。—我知道这种水果很好，只是我还没习惯它的味道而已。

解释▶ 而已：罢了。只：仅仅，指明范围。两个词连用，把事情往小的、简单的、轻的方面说；也用于说话人不太关心、不感兴趣的人或事。表示没有特殊目的、范围不大、程度不深、不重要的意思。有时含有轻视或随便的意味。结构位置比较灵活，前后常有别的句子作相关的说明解释。○多用于叙事和对话，书面语。◇ 也说“不过 / 仅仅（是）…（而已）”“不过 / 无非（是）/ 只（是）…（罢了）”。其中结构中用“…罢了”常带有口语色彩。

★ **只（是）+ 名词 / 动词 / 小句 +（而已）。** 框架格式。在句中作谓语，也可独立成句。

扩展▶ 那只是一场梦（而已）；只是个医生（而已）；只是个开始（而已）；只是想想（而已）；只想看看（而已）；只比你多一点儿（而已）；只是在浪费时间（而已）；只是觉得好玩（而已）；只是按规定做事情（而已）；只是他不知道（而已）。

【只是 …，没想到 … 】 zhǐshì …，méi xiǎngdào … ［三级］

例句▶ —你昨晚是不是喝了很多酒？—只是喝了一小杯，没想到就醉了。‖ 刚才我们只是跟他开了个玩笑，没想到他当真了，现在正生我们的气呢！

解释▶ 某种在说话人看起来很小、很简单、很轻微的事情，却产生了意想不到的结果。这种结果可以是好的，也可以是不好的；可以是小事，也可以是大事。含有出乎意料的意味。多用来叙述事情的经过，前后常有别的句子作相关的说明或补充，有时直接用于回答。多用于已经出现的事情。○多用于叙事和对话，口语。◇ 也说“只不过…，没想到…”。

★ **只是 + 动词$_1$，没想到 + 动词$_2$ / 小句。** 可独立成句。结构中的两个分句有转折关系。

扩展▶ 以前只是当作业余爱好，没想到成了我的事业；只是抱着试试看的心态问的，没想到他竟然答应了；只不过说了她几句，没想到她竟然哭了；只是知道他要回来了，没想到会这么快。

【只是 …，**哪能跟** … 比】 zhǐshì …，nǎ néng gēn … bǐ ［超纲］

例句▶ —小王，我看你网球打得挺专业的嘛！—我只是业余水平，哪能跟专业运动员比！ ‖—听说你最近在做生意，生意挺不错的吧？—我只是做点儿小生意，哪能跟你比！ ‖—我觉得这个城市不错，安静、舒适，环境也特别好。—我们这儿只是小地方，哪能跟你们大城市比呢！

解释▶ 哪能：怎么能。表示说话人觉得某人或事很小，简单，（层次、水平）很低，不能跟另外的人或事比较，意思是比另外的人或事差得很远。用肯定的反问句表示否定的意思。有时含有谦虚的意味，语气较强。多用来直接回答问题。○多用于叙事和对话，口语。

★ **只是 + 名词 $_1$ / 动词，哪能跟 + 名词 $_2$ / 代词（指人）+ 比。** 在句中作谓语。结构中的两个分句有因果关系。

扩展▶ 只是一个普通的家庭，哪能跟你家比；只是个孩子，哪能跟大人比；只是个高中毕业生，哪能跟大学生比；这只是个小计划，哪能跟十年规划相比。

【只要 … **便** … 】 zhǐyào … biàn … ［六级］

见 793 页【只要 … 就 … 】条。

【**只要 … 就 …** 】 zhǐyào … jiù … ［二级］

例句▶ —听说你病了，现在身体怎么样？—没什么太大问题了，医生说只要休息几天就好了。‖—我们什么时候出去玩？待在家太无聊了！—这个周末，只要天气不错，我们就出去。‖—天太热了，来，喝点儿冰水。—对不起，我胃不好，只要一喝凉水就胃疼。

解释▶ 满足某种基本的、必要的条件就会出现某种结果。多用来说明要求不高、条件不难做到；也指第一种情况出现后，第二种情况很快就出现。这时多是不太好或不希望出现的情况。多用来叙述、说明事情。结构位置比较灵活，前后常有别的句子作相关的说明或补充。○多用于叙事和对话，口语。◇ 也说“只要…便…”。这时带有书面色彩。

★ 1）**只要 + 动词 $_1$ / 小句，（名词 / 代词［指人］）+ 就 + 动词 $_2$。**

2）**只要 + 一 + 动词 $_1$ +（名词），（名词 / 代词［指人］）+ 就 + 动词 $_2$。**

可独立成句，也可在句中作谓语。结构中的两个分句有条件关系。

扩展▶ **用法 1**）表示要求不高、条件不难做到：只要不下雨，我们就出去；只要走 5 分钟就可以到学校；只要努力，就能实现梦想；只要有时间他就会看书；只要你同意我们就做；只要对自己没好处，他就不参加；只要不吃辣的就没问题；只要不喜欢就可以换。

用法 2）表示第二种情况很快出现：只要他一哭，我就没有办法了；他只要一累就生病；只要一吃虾皮肤就过敏；只要一闭上眼睛，就能想起他的样子。

【只有 … 才 … 】 zhǐyǒu … cái … ［二级］

例句▶ 我住的房子在一楼，大部分时间都晒不到太阳，只有中午才能见到一些阳光。‖ 在外人看来，他是一个十分成功的人，只有他自己才明白成为这样的人付出了多少努力。‖ —您能给我介绍一些学习汉语的好方法吗？—其实学习汉语没什么好方法，只有多听多说多练才能学好。‖ 你还是跟我一起去看他吧，只有我们一起去，他才会高兴。

解释▶ 只有：表示唯一的条件，除了这个，其他都不行。只有满足某种条件才会出现某种结果。多用来叙述、分析或说明。多放在句尾，前面常有别的句子作相关的说明或解释。需要时，"只有"可以连用。○多用于叙事和对话，口语。

★ **只有 + 名词 / 代词 / 动词$_1$ / 小句 + 才 + 动词$_2$。** 可独立成句，也可在句中作谓语。结构中的两个分句有条件关系。

扩展▶ 只有晚上看书的时候，他才会戴眼镜；只有大城市才有这样的条件；只有我们自己才知道；只有他才说得出这样的话；只有他们才能帮上忙；只有常锻炼身体才能保持健康；只有办完了手续，才能做生意；只有年满十八周岁才能进网吧上网。

【只知道 … 】 zhǐ zhīdào … ［一级］

见 359 页【就知道 … 】条。

【… 至上】 … zhìshàng ［超纲］

例句▶ 很多人年轻的时候都是爱情至上，为了爱情，谁没做过一两件浪漫或疯狂的事儿。‖ 我们酒店的原则是顾客至上，一定要尽量满足客人的需要，为客人提供最好的服务。‖ 我买东西总是坚持质量至上的原则，一件商品如果质量好，即使难看点儿也没多大关系。

解释▶ 至上：(地位、权力等) 最高。把……放在首位。表示在看问题时觉得某事物或标准是最重要的。多从某行业、某方面或某个角度来说，不同人的标准也不相同，说明一些人、部门做事的态度和原则。多放在句首，后面有别的句子进行补充说明。○多用于叙事，书面语。

★ **名词 + 至上。** 在句中常作谓语、宾语、定语。结构中的名词多是双音节词，组成四字格式。

扩展▶ 人与人之间应是友谊至上；有些人坚持利益至上、金钱至上；服务行业应努力做到消费者至上、服务至上；我的原则是结果至上；法治国家应是法律至上的；本着科技至上的原则；生产部门要做到安全至上。

【A 中有 B】 A zhōng yǒu B ［一级］

例句▶ 我们常用“诗中有画，画中有诗”来形容唐代著名诗人王维的作品。‖一眼看上去，这两姐妹长得一模一样，可你再仔细看看，就会发现她们同中有异。‖随着近期天气转好，温度回升，蔬菜的价格稳中有降。‖经理，您要的报告我已经做好了，但因为做得太急，难免忙中有错，希望您能谅解。

解释▶ 某个事物中包含了另一事物，或在某种情况中伴随着另一种情况。指两种不同的状态、特点同时存在，可以是好的，也可以是好坏兼有的。多用于描写人或物、叙述事情。结构位置比较灵活，前面常有别的句子说明情况，有时后面也有句子作进一步补充。○多用于叙事，书面语。

★ **名词$_1$ / 形容词$_1$ + 中有 + 名词$_2$ / 动词 / 形容词$_2$。** 框架格式。在句中常作谓语。结构中的名词、动词和形容词为单音节词，组成四字格式。

扩展▶ **用法 1）**表示某个事物中包含了另一事物：有些诗是诗中有画；有的画却画中有诗；这人粗中有细；其实祸中也有福；相异的事物中也会异中有同；静不是绝对的静，静中有动；动是相对的，动中也有静。

用法 2）表示在某种情况中伴随着另一种情况：股市稳中有升；也许忙中有失。

【祝 A … 】 zhù A … ［三级］

例句▶ 在这个特别的日子里，我们祝你生日快乐，永远年轻。‖—我们下个星期就要期末考试了。—是吗？那我预祝大家取得好成绩！‖听说你们俩都获得了面试的机会，一定得好好准备，祝你们好运，我等着你们的好消息。

解释▶ 祝：祝愿。对对方美好的祝愿。对象是自己说话的对方，或（在场的）听话人。可用于日常的好事（升职、生日、结婚、生子等）或较重要的事（考试、搬迁、离别、换工作、生病住院等），以及节假日（元旦、春节等）；也可用于书信，这时多在信的末尾。结构位置比较灵活，前后常有别的句子作相关的说明或补充。可用于好的和愉快的事情。○多用于对话，口语。

★ 1）**祝你（们）/ 大家 +（名词 / 副词）+ 形容词。**

2）**祝你（们）/ 大家 + 动词 +（名词）。**

可独立成句。兼语式。

扩展▶ **句型 1）**祝你们新年快乐；祝大家圣诞节快乐；祝你一切顺利；祝你们生活幸福；祝你一路平安；祝你们旅途愉快；祝你们永远幸福；祝大

家身体健康，万事如意；祝你们工作顺利。

句型 2）祝您早日康复；祝你成功。

【转 A 为 B】 zhuǎn A wéi B ［三级］

例句▶ 正当我因为数学没考好而难过时，老师宣布了我英语全班第一名的消息，这使我不由得转悲为喜。‖ 就在山火越来越大之时，突然下起了大雨，使整个情况转危为安。

解释▶（因为某种原因或情况的变化，使）情况往相反的方向转变。多由坏的转向好的方面，较少由好的转向坏的方面。多用来叙述事情的经过。结构前常有“已经、终于、才、希望、刚刚、马上、逐渐、即刻、很快、开始、立刻、一下子”等词语。多放在句尾，前面常有别的句子说明情况变化的经过，有时后面也有句子进行补充。○多用于叙事，书面语。

★ 1）**转 + 动词 $_1$ + 为 + 动词 $_2$**。

2）**转 + 形容词 $_1$ + 为 + 形容词 $_2$**。

框架格式。在句中常作谓语。结构中的两个动词或形容词为意思相反的单音节词，组成四字格式。

扩展▶ **句型 1**）他们一下子转败为胜；安慰了一番以后，大家逐渐转忧为喜；立即转攻为守；公司刚刚转亏为盈。

句型 2）大家都希望转祸为福；很快转弱为强；一年以后开始转贫为富。

【转眼间 …】 zhuǎnyǎn jiān … ［七—九级］

例句▶ 天气变得可真快，刚才还是好好的，转眼间就刮起了大风，紧接着下起了大雨。‖ 冬天已经过去，转眼间春天就要来了，天气越来越暖和了。

解释▶ 转眼：眼睛一转，极短的时间里。形容时间特别短，或变化特别快。这里的时间可长可短，但多用于那些前后变化很大的情况；也指很短时间内突然发生使状态改变的情况。含有夸张的意味。前面常有别的句子说明某事发生的具体情况，后面的句子多说明出现的新情况。○多用于叙事和对话，书面语。

★ **转眼间 + 动词 / 小句**。 在句中作谓语，也可独立成句。结构中的“转眼间”在句中作状语。

扩展▶ **用法 1**）形容时间特别短：转眼间就又过了一年；转眼间我就要离开

这儿了；转眼间，孩子都这么大了；转眼间，我们的父母都退休了；转眼间，十年过去了。

用法 2）形容变化特别快：转眼间一个好好的人就没了；转眼间他就不高兴了；转眼间，那里的房屋都没了；转眼间，一盘饺子就被他吃光了。

【**转眼**就 …（了）】 zhuǎnyǎn jiù …（le）［七—九级］

例句▶ 出门前，妈妈交代我要买些东西回来，出了门我转眼就忘了，回家的时候两手空空。‖ 最近天气可真奇怪，前两天还得穿羽绒服，转眼就热起来了，现在都可以穿裙子了。

解释▶ 转眼：眼睛一转，极短的时间。形容很短的时间（之后紧接着出现了新的情况，或发生了变化）。不管时间是长是短，但感觉上很短，含有夸张的意味。多用来描写事情前后的变化。结构位置比较灵活，前面常有别的句子说明情况，有时后面也有句子进行补充。○多用于叙事和对话，书面语。◇ 也说“一转眼就…（了）”。

★ **转眼就 + 动词 / 形容词 +（了）。** 框架格式。在句中作谓语，也可独立成句。结构中的“转眼”在句中作状语。

扩展▶ 转眼就不见了；转眼就走了；转眼就消失了；转眼就要开学了；转眼就长大了；一年转眼就过去了；春节转眼就到；钱转眼就花光了。

【装作 …（的）样子】 zhuāngzuò …（de）yàngzi ［二级］

例句▶ 今天我在公司碰见了他，可他装作没看见我的样子，招呼也不打一声就走了。‖ 其实他做的菜真的不怎么好吃，为了不打消他的积极性，我们还得装作很好吃的样子。

解释▶ 装作：假装。假装成某种样子，给人的感觉或表面上看起来……，其实情况不是这样。往往是说给、做给别人看的。多用来叙述事情的经过。前面常有别的句子说明情况，后面的句子是关于假装说或做的具体内容。○多用于叙事和对话，口语。

★ **装作 + 动词 / 形容词 +（的）样子。** 动宾结构。在句中常作谓语。

扩展▶ 装作生气的样子；装作很有信心的样子；装作没事的样子；装作不在乎的样子；装作生病的样子；装作很有兴趣的样子；装作轻松的样子；装作很着急的样子；装作难受的样子；装作很穷的样子；装作认真的样子。

【**准是** A … A 的】 zhǔn shì A … A de ［超纲］

例句▶ 我猜你一定有抽烟的习惯，你的手指那么黄，准是抽烟抽的。‖ 一小王昨晚十二点多才睡觉的。—他睡得那么晚，准是玩游戏玩的。

解释▶ 准：一定。（之所以产生了某种不好结果）一定是因为做了某事。表示说话人对某人或某事十分肯定的猜测，语气较强。这个结果多是不好的。多用来描述某人某物。多放在句尾，前面常有别的句子说明某种情况或后果，常用“这么、那么”等词说明情况到了比较高的程度。○多用于叙事和对话，口语。

★ **准是＋动词＋名词＋动词＋的。** 框架格式。可独立成句。

扩展▶ 他那么胖，准是吃零食吃的；手这么粗糙，准是洗衣服洗的；肚子这么大，准是喝啤酒喝的；皮肤这么黑，准是晒太阳晒的；腿上受了这么多伤，准是踢球踢的。

【着眼于 … 】 zhuóyǎn yú … ［七—九级］

例句▶ 想要让公司更好地发展下去，就不能只着眼于眼前的利益，而应该更多地考虑长远的利益。‖ 我认为我们目前的一切都应着眼于扩大产品的影响，努力使我们的产品被广大顾客了解和接受。

解释▶ 着眼：从某方面观察、考虑。把注意力、重点主要放在某个事物上或某个方面（做……事）。多指集体、部门、国家等层面上的大问题，一般不用于个人的事，用于正式场合。多用来叙述事情、说明理由或分析问题。结构前常有“更多地、主要、还要、必须、开始、一切、大多、尤其、应该”等词。前后常有别的句子作相关的说明或补充。○多用于叙事，书面语。

★ **着眼于＋名词／动词。** 在句中常作谓语。

扩展▶ 更多地着眼于未来；必须着眼于人民；还要着眼于孩子；一切着眼于民众的需求；开始着眼于市场；尤其着眼于解决问题；着眼于保护大家的健康。

【V 自 … 】 V zì … ［五级］

例句▶ 我是发自内心地向你道歉，这次真的知道自己错了，希望你能原谅我。‖ 这些葡萄干都产自新疆，味道特别甜，你要不要尝尝？‖ 这个组织是去年刚成立的，成员都是来自世界各地的人，他们有着相同的目的，那就是帮助那些需要帮助的人。

解释▶ 某人或某物是从哪个地方来的。可以是具体的事物和抽象的事物。多用来叙述事情、说明情况。结构位置比较灵活，前后常有别的句子作相关的说明或补充。○多用于叙事，书面语。

★ **动词＋自＋名词。** 在句中常作谓语、定语、状语。结构中的名词多是地点名词，动词多是单音节动词。

扩展▶ 你来自哪个国家；这是一种产自俄罗斯的酒；很多传统和风俗都是源自民间；这些作品都是出自同一个人之手；这篇文章出自何处；发自内心的微笑；他坚强的性格源自父母。

【自A而B】 zì A ér B ［四级］

例句▶ 长江是中国的第一大河，它从中国西部开始，自西而东，最后流入东海。‖据天气预报，有一股冷空气将于明天中午自北而南地影响我市，我市将出现明显的降温、降雨和大风天气过程。‖电影开始时，出现在大家面前的是一望无边的大草原，接着传来一阵自远而近的歌声。

解释▶ 从某个方向往另一个方向……。多用于具体事物，如人或物的移动（声音、河流、山脉、风雨、气候变化等），也用于抽象事物（上下级、从政府到民众等）。多用于描写叙述事情。结构位置比较灵活，前后常有别的句子作相关的说明或补充。○多用于叙事和对话，书面语。

★ 1）**自＋名词$_1$＋而＋名词$_2$**。

2）**自＋形容词$_1$＋而＋形容词$_2$**。

框架格式。在句中常作谓语、定语、状语。结构中的两个名词或形容词多是意思相反或相对的单音节词，组成四字格式。

扩展▶ **用法1）**用于具体事物：山脉自东而西；汽车声自近而远，渐渐消失；汽车自远而近地飞奔过来。

用法2）用于抽象事物：自下而上的调查；进行自上而下的改革；采取自上而下的管理模式。

【（…）自己不会…啊】（…）zìjǐ bú huì … a ［二级］

例句▶ —她给我打电话，让我去车站接她。—这么近还要去接，她又不是小孩儿，自己不会走回来啊？‖—你帮我问问老师，这次考试我得了多少分？—你自己不会去问啊？有什么好怕的。

解释▶ 事情应该自己去做，不应该麻烦或要求别人做。用否定形式的反问句表示肯定：否定或拒绝他人的要求，意思是他应该自己去做。有时带有不满、责备的意味，语气较强。结构位置比较灵活，前面常有别的句子作相关的说明，有时后面也有句子作进一步补充。○多用于对话，口语。

★（**代词［指人］**）**＋自己不会＋动词＋啊。** 框架格式。在句中作谓语，也可独立成句。结构中的代词多是“你（们）、他（们）、她（们）”。

扩展▶ 他在家，你自己不会叫他啊；不就是做饭吗，你自己不会做啊；不愿意去你自己不会直接说啊；不明白你们自己不会去找老师啊；都这么大了，他自己不会买啊；冷了热了他自己不会说啊。

【（自己）… 自己】（zìjǐ）… zìjǐ ［二级］

例句▶ 孩子已经长大了，我们得让他学会自己照顾自己，锻炼他独立生活的能力。‖ 你明明知道任务根本不可能完成的，为什么还要继续坚持着，自己骗自己呢？

解释▶ 某人怎么对待自己。动作的结果可能对自己有利，也可能对自己不利。有时有强调的作用。多用来叙述事情、说明道理。结构位置比较灵活，前后常有别的句子作相关的说明或补充。○多用于叙事和对话，口语。

★（自己）+ 动词 + 自己。 框架格式。在句中常作谓语。

扩展▶（自己）安慰自己；（自己）帮助自己；（自己）靠自己；（自己）保护自己；（自己）相信自己；（自己）问自己；（自己）劝自己；（自己）吓自己；（自己）怀疑自己；（自己）讨厌自己；（自己）告诉自己；（自己）伤害自己。

【自 … V 起】 zì … V qǐ ［五级］

见 136 页【从 … V 起】 条。

【自 A 往 / 向 B】 zì A wǎng / xiàng B ［二级］

见 140 页【从 A 往 B】 条

【自 … 以来】 zì … yǐlái ［三级］

见 141 页【从 … 以来】 条。

【A 总比 B 好】 A zǒng bǐ B hǎo ［三级］

例句▶ 你不是还有一套房子吗？租出去总比空着好，怎么也可以收点儿房租。‖ 你心里有什么难处就跟我们说，说出来总比放在心里好，说不定大家可以帮忙想想办法。

解释▶ 总：总是。不管怎么样，前面的情况比后面的情况好。用来对两件事物或情况进行比较，语气委婉。多用来分析问题或劝说别人。前面常有别的句子说明情况，后面多补充希望或可能出现的结果。○多用于叙事和对话，口语。

★ **动词$_1$+总比+动词$_2$+好。** 框架格式，可独立成句。

扩展▶ 懂总比不懂好；商量总比不商量好；沟通总比不沟通好；有总比没有好；出去总比待在家闲着好；等待总比失望好；早发现总比晚发现好；晚来总比不来好；送给你总比送给别人好；做一点儿总比一点儿都不做好。

【总不能…（吧）】 zǒng bù néng …（ba）［三级］

例句▶ 我是来请你去我家玩儿的，你总不能让我白跑一趟吧，还是跟我一起去吧。‖ 我知道你快要考试了，要抓紧时间复习功课，可都学习到这么晚了，你总不能一直不睡觉吧。‖ 你都这么大了，该学会做家务，总不能一辈子都靠父母吧。

解释▶ 总：总归，说到底。说话人觉得这么做不合适。用问话的形式表达相反的意思。多用来劝说、建议其他的人；用于自己，表示说明做某事的原因。“吧”使语气比较委婉、缓和。结构位置比较灵活，前面常有句子作相关的说明，有时后面也有句子进行补充。〇多用于叙事和对话，口语。

★ **总不能+动词/小句+（吧）。** 框架格式。在句中作谓语，也可独立成句。

扩展▶ 他的事你总不能不管吧；总不能不帮他吧；总不能就看着他这样下去吧；总不能这样子出去吧；总不能大事小事都来问我吧；总不能一句话也不说吧；总不能有问题不解决吧。

【总的来看，…】 zǒng de lái kàn，…［三级］

见 801 页【总的来说，…】条。

【总的来说，…】 zǒng de lái shuō，…［三级］

例句▶ 虽然在旅行的路上，我们遇到了一些小麻烦，但是总的来说，还是比较顺利的。‖—我打算在网上买东西，可不知道该怎么付款。—总的来说，有两种付款方式，一种是在网上直接付款，另一种是货到付款。‖ 根据这项调查结果，大部分年轻人都爱运动，但总的来说，男孩儿比女孩儿更爱运动。

解释▶ 通过观察，从整体或主要方面进行分析、概括，得出总结性的看法。多用于对某方面进行总结。多放在句尾，前面常有别的句子作相关的说明，有时可独立回答问题。结构中的小句多是分析、总结的内容。多用于已经出现的事情。○多用于叙事和对话，口语。◇ 也说“总的来看，…”。

★ **总的来说，小句。** 可独立成句。结构中的“总的来说”作插入语。

扩展▶ 总的来说，这次会议非常成功；总的来说，他是一位好老师；总的来说，这个计划是可行的；总的来说，我们很有希望赢得比赛；总的来说，他的成绩在班级处于中上水平；总的来说，科学为我们的生活带来了很多方便；总的来说，我对结果十分满意。

【总而言之，… 】 zǒng'éryánzhī，… ［七—九级］

例句▶ 今天大家都玩得特别高兴，而且认识了很多新朋友，总而言之，这是一场很有意思的聚会。‖—明天有空吗，我们去看场电影吧？—明天我得去见个朋友，还得写个工作计划，还有一些别的事，总而言之，我可能没办法陪你去。

解释▶ 把前面所说的内容总结成下面一句简短的话。前面必须有各种解释、说明或叙述，这些内容应该由两个或两个以上部分组成；可以是自己的话，也可以是别人的话。多放在句尾，前面有多个小句说明各种情况。○多用于叙事和对话，书面语。

★ **总而言之，小句。** 可独立成句，其中“总而言之”作为连词，也可简单地说成“总之”。前面常有别的句子，说明情况。

扩展▶ 总而言之，我不能出去；总而言之，这本书真的不错；总而言之，他就是不想来；总而言之，你错了；总而言之，我们得找些事情做做；总而言之，我们会尽力去做的；总而言之，这次你一定要帮我的忙。

【总算 … 了一回】 zǒngsuàn … le yì huí ［五级］

例句▶ 我们篮球队打了好几次比赛总是输，今天总算赢了一回，大家都特别激动。‖ 买了这么多年的彩票，从来没中过奖，这次总算中了一回奖，虽说奖金只有十块钱，但我还是挺高兴的。‖ 一直想帮你忙，可都没机会，今天我总算帮了你一回，你千万别谢我。‖ 以前这种题你一道也不会做，今天总算聪明了一回，竟然全都做对了。

解释▶ 经过很长的时间或很大的努力，最后终于实现了一次愿望。含有高兴、好不容易的意味。多用来叙述事情的经过，有时也可直接用来对话。前面常有别的句子说明情况，后面的句子或者进行补充，或者说明愿望实现后的状态或心情。○多用于叙事和对话，口语。

★ 1）**总算＋动词/形容词＋了一回＋（名词）。**

2）**总算 + 动词 + 了 + 代词（指人）+ 一回。**

框架格式。在句中作谓语，也可独立成句。

扩展▶ **句型 1）**总算当了一回班长；总算做了一回好人；总算说了一回真话；总算谈了一回恋爱；总算做对了一回；总算主持了一回；总算演了一回戏；总算被表扬了一回；总算聪明了一回；总算幸运了一回；总算对了一回；总算轻松了一回。

句型 2）总算帮了你一回；总算赢了他一回。

【**总算**没白 … 】 zǒngsuàn méi bái … ［五级］

例句▶ 今天我总算没白辛苦，脏衣服都洗好了，地板也擦了，家里都收拾得干干净净的。‖ 我去找过她好几次了，可她每次都不在，今天我总算没白跑一趟，在她的办公室见到她了。‖ 当他收到大学的入学通知书时，他兴奋极了，这些年来的努力总算没白费，他终于实现自己上大学的梦想了。

解释▶ 白：付出了（力气、钱财、努力等），却没有结果。表示付出了一定的努力，终于得到了一定的回报或结果，因而觉得这些努力是值得的。多用于结果不很容易得到、需要很长时间或较多努力的事。含有庆幸的意味。结构位置比较灵活，前后有别的句子说明情况。○多用于叙事和对话，口语。◇ 也说“（也）算没白…”，这时语气没那么强。

★ **总算没白 + 动词 / 形容词。** 在句中常作谓语。

扩展▶ 今天总算没白忙；总算没白来；学费总算没白交；钱总算没白花；药总算没白吃；总算没白教育你；人总算没白找。

【**总算**没（有）… 】 zǒngsuàn méi（yǒu）… ［五级］

例句▶ 走在半路上突然下起了雨，他一路小跑回到了宿舍，总算没有被淋湿。‖ —王经理，您要我做的事，我都已经做好了。您检查一下。—嗯，干得不错，你总算没有让我失望。

解释▶ 经过很长的时间或很大的努力，最后终于避免了不好、不愉快的事情发生。这些事多是说话人不希望发生的。多是对已经发生的事情的概括总结。多往好的方面说，含有庆幸、高兴、安心的意味。放在句尾，前面常有别的句子进行说明解释。多用于已经出现结果的、好的和愉快的事情。○多用于叙事和对话，口语。

★ **总算没（有）+ 动词。** 在句中作谓语，也可独立成句。

扩展▶ 总算没（有）出问题；总算没（有）失败；总算没（有）看错你；总

算没（有）下雨；总算没（有）迟到；总算没（有）错过机会；总算没（有）白干；总算没（有）做错；总算没（有）空跑一趟；总算没（有）给你丢脸。

【总也 + 不 / 没（有）…】 zǒng yě + bù / méi（yǒu）… ［三级］

例句▶ 我咳嗽都已经好几个月了，总也不见好，不知道是什么原因。‖ 自从听到那个消息后，我就想告诉你，可给你打了几次电话，总也没联系上你。‖ —你以前来过这家商店吗？—我以前经过这里好几次，可总也没进来过。

解释▶ 某种否定的行为、状态持续了较长时间。多指过去一段时间发生的事情，直到现在仍没有达到目的或出现结果。有时含有不很如意、失望、埋怨等意味。结构位置比较灵活，前面常有别的句子作相关的说明，有时后面也有句子进行补充。多用于过去的事情或现实中存在的情况。○多用于叙事和对话，口语。

★ 1）**总也 + 不 + 动词 / 形容词。**
2）**总也 + 没（有）+ 动词。**
在句中常作谓语。

扩展▶ **句型 1）**他总也不同意；他总也不让我去；你总也不回家；你怎么总也不来看我；这样下去总也不是个事儿呀；我总也不明白为什么自己这么倒霉。

句型 2）总也没想出更好的办法；想了很长一段时间，总也没弄清楚；老毛病总也没改过来；总也没把方法学到手；试了很多次，可总也没成功。

【总这么 …】 zǒng zhème … ［三级］

例句▶ 到我家来了，别总这么站着呀，快坐下吧，有事慢慢聊。‖ —你为什么周末总这么忙，一周都没有休息时间吗？—也不是，只是最近周末比较忙，忙完了这段时间就好了。

解释▶ 总：一向，一直。表示某种程度很深的状态一直不变。不管实际时间长短，这里指人的感觉较长。多用于描写、叙述某事或劝说别人。多放在句首，后面常有别的句子说明原因或补充情况。○多用于叙事和对话。

★ **总这么 + 动词 / 形容词。** 在句中常作谓语。结构中的动词多是表示持续性动作的词语。

扩展▶ 她以前也总这么说；别总这么看着我；不能总这么闹下去；你怎么总

这么爱哭；为什么你总这么紧张；他总这么无聊；他总这么闲着；你总这么开心吗；他总这么晚才回来。

【走上（了）… 的**道路**】 zǒushàng（le）… de dàolù ［二级］

例句▶ 在昨天的讲座上，那位作家跟大家分享了他是如何走上文学的道路的。‖ 自从换了厂长后，在新厂长的带领下，我们工厂重新走上了发展的道路。‖ 以前这里是个贫穷的小山村，村长带着大家养鸡养鸭、养兔养鹅，使家家户户都走上了富裕的道路。

解释▶（个人）选择自己的职业、事业等，（集体或国家）选择今后发展的方向。多指好的、积极的方面，较少指不好的方面。多用来描写、叙述某人某事。结构前常有“甚至、早日、不至于、很容易、应该、终于、于是、尽快、已经、从此、逐渐、坚定、真正、一步步、正式”等词语。多放在句尾，前面常有别的句子说明情况。○多用于叙事，书面语。

★ **走上（了）+名词/动词/形容词+的道路**。动宾结构。在句中常作谓语。

扩展▶ 真正走上了艺术的道路；已经走上了国际化的道路；逐渐走上了现代化的道路；终于走上了科学的道路；于是走上了职业模特儿的道路；终于走上了考研的道路；希望他尽快走上正确的道路；甚至走上了犯罪的道路；再这样下去甚至会走上错误的道路。

【**最** … 不过（了）】 zuì … búguò（le）［一级］

见 733 页【再 … 不过（了）】 条。

【**最** … 的**莫过于** … 】 zuì … de mò guò yú … ［七—九级］

例句▶ 毕业以后，我一直在外地工作，最让我放心不下的莫过于家中年老的父亲，他的身体一直都不太好。‖ 对于这个孩子来说，最期待的事情莫过于跟父母一起吃一顿饭，可由于父母常年在外地打工，这个简单的愿望也很难实现。‖ 在这场新年晚会上，最有趣的节目莫过于张老师表演相声了，所有的同学都觉得有意思极了。

解释▶ 莫过于：没有超过……的。表示某人或某事物的程度最高，没有比这个人或事物程度更高的了，多用于好的和愉快的，少用于不好的和不愉快的。多用来描写、叙述某人某事。前面常有别的句子说明情况，后面的句子是关于某人某方面的具体内容。○多用于叙事，书面语。

★ **最+动词$_1$/形容词+的+（名词$_1$）+莫过于+名词$_2$/动词$_2$/小句**。框架格式。在句中作谓语，也可独立成句。

扩展▶ 最重要的节日莫过于春节；最精彩的电影莫过于这一部；最重要的莫过于工作；最感动的人莫过于张老师；最难得的莫过于坚持；最开心的事情莫过于成功了；最有意义的事莫过于帮助别人；最糟糕的事莫过于你不来；最重要的新闻莫过于他结婚了。

【最…的要数…】 zuì … de yào shǔ … ［二级］

见 806 页【最…的要算…】条。

【最…的要算…】 zuì … de yào suàn … ［二级］

例句▶ 在这个老年人乐队中，年纪最大的要算他，他今年已经 74 岁了。‖ 这个月她一直在网上买东西，买得最多的要算是衣服和鞋子，现在她的衣柜和鞋柜都已经塞得满满的了。‖ 平时我的工作比较轻松，业余时间我最喜欢的要算是听音乐和唱歌了。

解释▶ 算：比较起来最突出的。对某一方面进行比较，某人或某物的程度最高，数量最多、最少或最突出。多用来对某人某物的描写或评价。前面常有别的句子对人、物、时间、数量或范围等进行说明，后面的句子是对最突出的情况进行补充。○多用于叙事和对话，口语。◇ 也说“最…的要数…”。

★ **最＋形容词／动词$_1$＋的要算＋名词／代词／动词$_2$＋（了）。** 框架格式。可独立成句，也作谓语。

扩展▶ 最聪明的动物要算猴子了；最有名的要算是和平饭店；最热闹的时候要算每个月八号；最辛苦的要算他；这群女孩儿中最漂亮的要算她了；最聪明的决定要算搬家了；最喜欢的运动要算跑步。

【最…之一】 zuì … zhīyī ［一级］

例句▶ 他是当时最著名的演员之一，无论男女老少，都看过他演的电影和电视剧。‖ 在中国的各个地方菜中，四川菜是我最喜欢吃的菜系之一，虽然有点儿辣，但是味道真的不错。

解释▶（某人或某物是）程度最高的某些事物中的一个。多用来比较、评价、叙述事情。多用于好的、愉快的事情，较少用于不好的。结构位置比较灵活，前后常有别的句子作相关的说明或补充。○多用于叙事，书面语。

★ **最＋形容词／动词＋的＋名词＋之一。** 框架格式。整个结构是一个名词短语。在句中常作主语、宾语。

扩展▶ 世界上最美丽的城市之一；最强大的国家之一；最有名的作家之一；最古老的文化之一；最大的乐趣之一；最重要的原因之一；最发达的城市之一；最受欢迎的小说之一；最常见的问题之一；最有影响力的公司之一。

【左A右+A/B】 zuǒ A yòu +A/B ［一级］

例句▶ 汽车在山路上左拐右拐，开得特别慢，大概开了两个多小时才到目的地。‖ 说好了晚上八点给我打电话，可都八点半了，我左等右等电话还是没打过来。‖ 刚刚那个跟我打招呼的人很面熟，可他叫什么名字呢？一路上我左思右想，还是想不出来。

解释▶ 左、右：表示人或物的方向或位置。动作向不同方向或向四周进行；也指同一类行为动作反复进行。前一用法主要用于具体事物，后一用法主要用于抽象事物。多用于描写叙述事情的经过。前面常有别的句子说明情况，后面有后续句，说明某种结果。○多用于叙事和对话，口语。

★ 1）**左＋动词＋右＋动词。**

2）**左＋动词 $_1$＋右＋动词 $_2$。**

框架格式。在句中常作谓语。结构中的两个动词可以是相同的单音节动词，也可以是意思相近的单音节动词，组成四字格式。

扩展▶ **用法 1**）向不同方向或向四周进行：左找右找就是没找到他；左转右转到了公司；左扭右扭感觉好些了；车左冲右撞的好吓人；我左躲右闪还是没躲开；左移右转都不能动。

句型 2）反复进行：左劝右劝才劝住他；左想右想不对劲儿；左顾右盼还没盼来；左说右劝劝不住。

【…左右】 … zuǒyòu ［三级］

例句▶ 每天上午六点左右，很多老人都来公园锻炼身体，公园里显得特别热闹。‖ —学校离家有多远？—大概五公里左右的距离，我每天都骑自行车去上学。‖ 这间房只有八平方米左右，既是小张的书房，又是他的卧室。

解释▶ 表示大概的数，比某个数量多一点儿或少一点儿。可用于年龄、重量、时间、距离以及其他和数量有关的表达。多用来描写人或物的情况。结构位置比较灵活，前后常有别的句子作相关的说明或补充。○多用于叙事和对话，口语。

★ **数量短语＋左右。** 在句中常作谓语、定语。

扩展▶ 袋子可以装 50 公斤左右的大米；男孩儿的个子大概是一米七左右；

每个月的收入3000元左右；当地的警察一共有5000人左右；最近的平均气温在20度左右；他大概20岁左右。

【做…（的）准备】 zuò …（de）zhǔnbèi ［一级］

例句▶ 这次试验虽然成功的可能性很大，但我们还是要做好两手准备，即使失败了，也不要灰心。‖—你真的决定好了来参加训练活动吗？过程会很辛苦的。—我已经决定了，既然我现在站在这儿，就已经做好了吃苦的准备了。‖为了这次约会，小王做了充分的准备，他换上了一身新衣服，买了一束花和两张电影票。

解释▶（为了达到某种目的）事先进行考虑，做一些事情，来对待后面将要发生的事情；也指事先在心理上有所考虑，来对待可能发生的意外。"准备"可以是物质上的，也可以是精神或心理上的；可以是好的，也可以是不好的。多用于叙述事情，提出建议。结构前常有"立即、应该、必须、已经、早已、同时、认真、赶紧、尚未、继续"等词。结构位置比较灵活，前面有别的句子说明情况，有时后面也有句子进行补充。〇多用于叙事和对话。

★ **做＋名词／动词／形容词＋（的）准备。** 动宾结构。在句中常作谓语。

扩展▶ 做了一些初步的准备；做好了长期的思想准备；做了知识上的准备；做好了牺牲的准备；做好了挨骂的准备；随时做出差的准备；赶紧做必要的准备；要做最坏的准备；同时做着积极的准备；继续做精心的准备；立即做了认真的准备。

【做梦都没想到…】 zuòmèng dōu méi xiǎngdào … ［四级］

见809页【做梦也没想到…】条。

【做梦都想…】 zuòmèng dōu xiǎng … ［四级］

例句▶ 小时候，我常常在电视上看到警察，他们机智勇敢，专门抓坏人，从那个时候起，我做梦都想当警察。‖这位老人一辈子都没出过远门，但他心里一直想着北京的天安门、长城、故宫，做梦都想去那儿看看。

解释▶（平时想）做梦也想，说明每时每刻都想……。形容这个希望十分迫切、愿望十分强烈。多指较早就有的、不容易实现的愿望，含有夸张的意味。多用来叙述某人某事，多放在句尾，前面常有别的句子说明情况，"想"的后面指明想要做的事。〇多用于叙事和对话，口语。

★ **做梦都想＋动词。** 在句中常作谓语。

扩展▶ 做梦都想回家；做梦都想去上学；做梦都想找到工作；做梦都想有个哥哥；做梦都想生个孩子；做梦都想当医生；做梦都想变瘦；做梦都想拿冠军；做梦都想见你；做梦都想嫁给他；做梦都想离开这个地方。

【做梦也没想到 … 】 zuòmèng yě méi xiǎngdào … ［四级］

例句▶ 他是我的小学同学，大家十多年没见过面了，我做梦也没想到竟然会在国外遇到他。‖ 只是买了两块钱的彩票，居然中了好几万，王先生做梦都没想到自己会有这么好的运气。‖ 张爷爷住了一辈子的老房子，现在能住上这么好的房子，这是他做梦也没想到的事儿。

解释▶ 绝对没有想到，难以相信眼前的事情是真的，表示事情完全出乎自己的意料；或者事情来得突然，或者从没想过、不敢想的事情出现了；或者前后的变化太大难以相信。多是好的、给人惊喜的事情，有时也有不好的或不愉快的事情，含有惊讶、欣喜的意味，表达夸张。多放在句尾，前面常有别的句子作相关的说明。○多用于叙事和对话，口语。◇ 也说“做梦都没想到…”。

★ 1）**做梦也没想到 + 动词 / 小句。** 在句中常作谓语。

2）**做梦也没想到 + 的 + 名词。** 在句中常作宾语。

扩展▶ **句型 1**）做梦都没想到能活到 90 岁；做梦也没想到他们俩会结婚；做梦也没想到他能干出这样的事情；做梦也没想到他会丢了工作。

句型 2）这是我做梦也没想到的事儿；这是我们大家做梦也没想到的事儿。

附录

常用术语对照表

汉语	英语	日语	韩语
褒义	commendatory	プラス評価	포의（긍정적인 의미）
被动句	passive sentence	受身文	피동문
比喻	metaphor，image	比喩	비유
贬义	derogatory	マイナス評価	폄의（부정적인 의미）
宾语	object	目的語	목적어
并列关系	coordinating relation	並列関係	병렬 관계
补语	complement	補語	보어
插入语	parenthesis	挿入句	삽입구
超纲词	word beyond HSK	HSK 試験範囲外の単語	HSK 요강을 벗어난 단어
陈述句	declarative sentence	陳述文	서술문
承接关系	connective relation	順接関係	접속 관계
程度补语	complement of degree	程度補語	정도 보어
程度副词	adverb of degree	程度副詞	정도 부사
持续动词	continuous verb	継続動詞	지속 동사
持续性	continuity	継続性	지속성
重叠	reduplication	反復	중첩
重叠形式	reduplicated form	反復型	중첩 형식
抽象名词	abstract noun	抽象名詞	추상 명사
抽象事物	abstract thing	抽象物	추상적인 사물
搭配	collocation	組み合わせ	결합
代词	pronoun	代名詞	대명사
单数	singular	単数	단수
单音节	monosyllable	単音節	단음절
倒装	inversion	倒置	도치
地点名词	noun of place	場所名詞	장소 명사
递进关系	progressive relation	累加関係	점층 관계
第一人称	first person	第一人称	제 1 인칭

第二人称	second person	第二人称	제 2 인칭
第三人称	third person	第三人称	제 3 인칭
定语	attribute	連体修飾語	관형어
动宾关系	verb-object	動詞と目的語の関係	동빈 관계
动宾结构	verb-object construction	動詞目的語構造	동빈 구조
动词	verb	動詞	동사
动量词	verbal measure word	動量詞	동량사
短语	phrase	短句	구
对话	conversation	会話	대화
多音节	multisyllable	多音節	다음절
反问	to ask rhetorically	反問	반문
反问句	rhetorical question	反問文	반어문
反义词	antonym	反義語	반의어
方位名词	noun of locality	方位名詞	방위사
否定句	negative sentence	否定文	부정문
否定形式	negative form	否定	부정 형식
复句	compound sentence	複文	복문
复数	plural	複数	복수
副词	adverb	副詞	부사
感情色彩	sentimental color	プラスマイナス評価	감정 색채
感叹句	exclamatory sentence	感嘆文	감탄문
格式	form	書式	형식
固定组合	set phrase	固定構造	고유 조합
话题	topic	話題	화제
积极意义	positive meaning	積極的な意義	긍정적인 의미
及物动词	transitive verb	他動詞	타동사
假设关系	suppositional relation	仮定関係	가설 관계
兼语	subjective-object structure	兼語	겸어
兼语式	pivotal construction	兼語式	겸어식
结构	structure	構造	구조
结果补语	resultative complement	結果補語	결과 보어
介词	preposition	前置詞	전치사
介词短语	prepositional phrase	前置詞句	전치사구
近义词/同义词	near-synonym / synonym	類義語 / 同義語	유의어 / 동의어
句式	sentence pattern	文型	문장 형태
句首	the beginning of sentence	語頭	문두
句尾	the end of sentence	語尾	문말
句中	the middle of sentence	語中	문중
具体事物	specific thing	具体的な事物	구체적인 사물

可能补语	potential complement	可能補語	가능 보어
肯定句	positive sentence	肯定文	긍정문
肯定形式	positive form	肯定	긍정 형식
口语色彩	spoken color	話し言葉	구어 색채
夸张	exaggerate	誇張	과장법
框架格式	format framework	枠構造	프레임 형식
离合词	detachable word	離合詞	이합사
例句	example sentence	例文	예문
连词	conjunction	接続詞	접속사
连动结构	serial verb construction	連動構造	연동 구조
连动句	serial verb sentence	連動文	연동문
连动式	serial verb form	連動式	연동식
量词	measure word	量詞	양사
逻辑关系	logical relation	論理的な関係	논리적 관계
描述 / 描写	description	説明 / 表現	서술
名词	noun	名詞	명사
名词短语	noun phrase	名詞句	명사구
名量词	noun-measure word	名量詞	명량사
某人	somebody	ある人	어떤 사람
某事物	something	ある物	어떤 사물
内容	content	内容	내용
能愿动词	auxiliary verb	助動詞	능원 동사
拟声词	onomatopoeia	擬音語	의성어
祈使句	imperative sentence	命令文	명령문
强调	emphasis, stress	強調	강조
让步关系	concessive relation	逆接を表す条件関係	양보 관계
省略	omit	省略	생략
时间词	word for time	「時間」を表す言葉	시간사
时间名词	noun of time	時間名詞	시간 명사
时间状语	adverbials of time	「時」を表す連用修飾語	시간 부사어
事件	event	事件	사건
受事宾语	patient object	受動者目的語	수사 목적어
书面色彩	written color	書き言葉	서면 색채
数词	numeral	数詞	수사
数量词	quantifier	数量詞	수량사
数量短语	quantitative phrase	数量表現	수량구
双重否定	double negation	二重否定	이중 부정
双音节	disyllable	双音節	이음절
四字格式	four-character structure	四字格	4 자 형식

特殊疑问句	special question	疑問詞疑問文	특수 의문문
特指	refer in particular to	特に～をさす	특지
条件关系	conditional relation	条件関係	조건 관계
谓语	predicate	述語	술어
限定	restrict	限定	한정
小句	clause, minor sentence	節	절
心理动词	psychological verb	心理動詞	심리 동사
心理感受	mental feelings	気持ち	심리적 느낌
心理活动	mental activity	心理活動	심리 상태
形容词	adjective	形容詞	형용사
修饰	modify	修飾	수식
修饰语	modifier	修飾語	수식어
叙事	state	叙事	서사
叙述	narrate, describe	叙述	서술
选择关系	alternative relation	選択関係	선택 관계
延续性	continuation，duration	継続性	지속성
一般疑问句	general question	諾否疑問文	일반 의문문
疑问代词	interrogative pronoun	疑問詞	의문 대명사
疑问句	interrogative sentence	疑問文	의문문
意味	meaning, significance	意味	의미
因果关系	causal relation	因果関係	인과 관계
音节	syllable	音節	음절
语气	tone	ムード	어기
正式场合	formal occasion	正式な場面	공식 석상
主题	theme, subject, topic	主題	주제
主体	main body	主体	주체
主谓短语	subject-predicate phrase	主述フレーズ	주술구문
主语	subject	主語	주어
助词	particle	助詞	조사
转折词	adversative	逆接を表す接続詞	전환사
转折关系	turning relation	逆接関係	전환 관계
状态	status, phase	状態	상태
状态补语	phase complement	状態補語	상태 보어
状语	adverbial	連用修飾語	부사어